LAROUSSE

MINI DICCIONARIO

ESPAÑOL
INGLÉS

INGLÉS
ESPAÑOL

LAROUSSE

ISBN 2-03-542020-2
Distribución/Sales: Houghton Mifflin Company, Boston.
Library of Congress CIP Data has been applied for.

ISBN 84-8016-169-8
SPES Editorial, S.L., Aribau, 197-199, 3ª, 08021 Barcelona.

ISBN 970-22-0362-7
Ediciones Larousse, S.A. de C.V., Dinamarca 81,
México 06600 D.F.

Ediciones Larousse Argentina, S.A., I.C.,
Valentín Gómez 3530 (1191), Buenos Aires, Argentina.

Ediciones Larousse Chile S.A., Camino El Guanaco 6464,
Huechuraba, Santiago, Chile.

Achevé d'imprimer en Décembre 2002
sur les presses de «La Tipografica Varese S.p.A.» à Varese (Italie)
Dépôt légal : Janvier 2002

LAROUSSE

MINI
DICTIONARY

SPANISH
ENGLISH

ENGLISH
SPANISH

LAROUSSE

Coordinación/Coordination

SHARON J HUNTER

Redacción/Editors

DILERI BORUNDA JOHNSTON

ANA CRISTINA LLOMPART LUCAS

SINDA LÓPEZ

**Redacción de la primera edición/
Contributors to the first edition**

JOAQUÍN BLASCO

CARMEN ZAMANILLO

ANA CARBALLO VARELA

MALIHE FORGHANI-NOWBARI

CALLUM BRINES

ISABEL BROSA SÁBADA

ZÖE PETERSEN

ELENA PARSONS

LESLEY KINGSLEY

WENDY LEE

Este diccionario MINI se ha desarrollado para hacer frente tanto a las necesidades del viajero como a las del principiante.

Con sus más de 30.000 palabras y más de 40.000 traducciones, este diccionario incluye no sólo vocabulario general sino también lenguaje utilizado en situaciones de todos los días.

El diccionario utiliza claros indicadores de sentido para guiar al lector hacia la traducción correcta. Se ha puesto especial hincapié en muchas palabras básicas, ofreciendo ejemplos de uso útiles, presentados de una forma especialmente accesible.

A lo largo de todo el diccionario se facilitan notas culturales e información práctica que ofrecen una interesante visión de la vida en otro país.

Esperamos que disfruten utilizando este diccionario. No duden en enviarnos sus comentarios.

EL EDITOR

This MINI dictionary was developed to meet the needs of both the traveller and the beginner.

With over 30,000 words and phrases and 40,000 translations, this dictionary provides not only general vocabulary but also the language used in everyday life.

Clear sense markers are provided to guide the reader to the correct translation, while special emphasis has been placed on many basic words, with helpful examples of usage and a particularly user-friendly layout.

Cultural notes and practical information can be found throughout which allow an interesting insight into life in another country.

We hope you enjoy using this dictionary, and don't hesitate to send us your comments.

THE PUBLISHER

ABREVIATURAS		ABBREVIATIONS
abreviatura	*abrev/abbr*	abbreviation
adjetivo	*adj*	adjective
adverbio	*adv*	adverb
inglés americano	*Am*	American English
español latinoamericano	*Amér*	Latin American Spanish
anatomía	*ANAT*	anatomy
español de los Andes	*Andes*	Andean Spanish
español de Argentina	*Arg*	Argentinian Spanish
antes de sustantivo	*antes de s*	before noun
artículo	*art*	article
automóviles	*AUT(OM)*	automobile, cars
auxiliar	*aux*	auxiliary
español de Bolivia	*Bol*	Bolivian Spanish
inglés británico	*Br*	British English
español de Centroamérica	*CAm*	Central American Spanish
español de Caribe	*Carib*	Caribbean Spanish
español de Chile	*Chile*	Chilean Spanish
español de Colombia	*Col*	Colombian Spanish
comercio	*COM(M)*	commerce, business
comparativo	*compar*	comparative
informática	*COMPUT*	computers
conjunción	*conj*	conjunction
continuo	*cont*	continuous
español de Costa Rica	*CRica*	Costa Rican Spanish
español del Cono Sur	*CSur*	Cono Sur Spanish
español de Cuba	*Cuba*	Cuban Spanish
cocina	*CULIN*	culinary, cooking
deporte	*DEP*	sport
derecho, jurídico	*DER*	juridical, legal
despectivo	*despec*	pejorative
economía	*ECON*	economics
educación	*EDUC*	school, education
interjección	*excl*	exclamation
sustantivo femenino	*f*	feminine noun
familiar	*fam*	informal
figurado	*fig*	figurative
finanzas	*FIN*	finance, financial

formal, culto	*fml*	formal
inseparable	*fus*	inseparable
generalmente	*gen*	generally
gramática	*GRAM(M)*	grammar
familiar	*inf*	informal
español de Guatemala	*Guat*	Guatemalan Spanish
informática	*INFORM*	information technology
interjección	*interj*	exclamation
invariable	*inv*	invariable
derecho, jurídico	*JUR*	juridical, legal
sustantivo masculino	*m*	masculine noun
matemáticas	*MAT(H)*	mathematics
medicina	*MED*	medicine
español de México	*Méx*	Mexican Spanish
militar	*MIL*	military
música	*MÚS/MUS*	music
sustantivo	*n*	noun
náutica, marítimo	*NAUT*	nautical, maritime
español de Nicaragua	*Nic*	Nicaraguan Spanish
número	*núm/num*	numeral
	o.s	oneself
español de Panamá	*Pan*	Panamanian Spanish
despectivo	*pej*	pejorative
español de Perú	*Perú*	Peruvian Spanish
plural	*pl*	plural
política	*POL(IT)*	politics
participio pasado	*pp*	past participle
preposición	*prep*	preposition
español de Puerto Rico	*PRico*	Porto Rican Spanish
pronombre	*pron*	pronoun
pasado, pretérito	*pt*	past tense
marca registrada	®	registered trademark
religión	*RELIG*	religion
español del Rio de la Plata	*RP*	Rio de la Plata Spanish
sustantivo	*s*	noun
	sb	someone, somebody
educación	*SCH*	school, education
separable	*sep*	separable
singular	*sg*	singular

	sthg	something
sujeto	*suj/subj*	subject
superlativo	*superl*	superlative
tecnología	*TECN/TECH*	technology
televisión	*TV*	television
transportes	*TRANS(P)*	transport
español de Uruguay	*Urug*	Uruguayan Spanish
verbo	*v/vb*	verb
español de Venezuela	*Ven*	Venezuelan Spanish
verbo intransitivo	*vi*	intransitive verb
verbo impersonal	*v impers*	impersonal verb
verbo pronominal	*vpr*	pronominal verb
verbo transitivo	*vt*	transitive verb
vulgar	*vulg*	vulgar
equivalente cultural	≃	cultural equivalent

LA ORDENACIÓN ALFABÉTICA EN ESPAÑOL

En este diccionario se ha seguido la ordenación alfabética internacional. Esto significa que las entradas con **ch** aparecerán después de **cg** y no al final de **c**; del mismo modo las entradas con **ll** vendrán después de **lk** y no al final de **l**. Adviértase, sin embargo, que la letra **ñ** *sí* se considera letra aparte y sigue a la **n**.

SPANISH ALPHABETICAL ORDER

The dictionary follows international alphabetical order. Thus entries with **ch** appear after **cg** and not at the end of **c**. Similarly, entries with **ll** appear after **lk** and not at the end of **l**. Note, however, that **ñ** *is* treated as a separate letter and follows **n**.

LOS COMPUESTOS EN INGLÉS

En inglés se llama compuesto a una locución sustantiva de significado único pero formada por más de una palabra; p.ej. **point of view**, **kiss of life** o **virtual reality**. Uno de los rasgos distintivos de este diccionario es la inclusión de estos compuestos con entrada propia y en riguroso orden alfabético. De esta forma **blood test** vendrá después de **bloodshot**, el cual sigue a **blood pressure**.

ENGLISH COMPOUNDS

A compound is a word or expression which has a single meaning but is made up of more than one word, e.g. **point of view**, **kiss of life** and **virtual reality**. It is a feature of this dictionary that English compounds appear in the A-Z list in strict alphabetical order. The compound **blood test** will therefore come after **bloodshot** which itself follows **blood pressure**.

TRANSCRIPCIÓN FONÉTICA	PHONETIC TRANSCRIPTION

Vocales españolas	English vowels
[i] piso, imagen	[ɪ] pit, big, rid
[e] tela, eso	[e] pet, tend
[a] pata, amigo	[æ] pat, bag, mad
[o] bola, otro	[ʌ] run, cut
[u] luz, una	[ɒ] pot, log
	[ʊ] put, full
	[ə] mother, suppose
	[i:] bean, weed
	[ɑ:] barn, car, laugh
	[ɔ:] born, lawn
	[u:] loop, loose
	[ɜ:] burn, learn, bird

Diptongos españoles	English dipthongs
[ei̯] ley, peine	[eɪ] bay, late, great
[ai̯] aire, caiga	[aɪ] buy, light, aisle
[oi̯] soy, boina	[ɔɪ] boy, foil
[au̯] causa, aula	[əʊ] no, road, blow
[eu̯] Europa, deuda	[aʊ] now, shout, town
	[ɪə] peer, fierce, idea
	[eə] pair, bear, share
	[ʊə] poor, sure, tour

Semivocales		Semi-vowels
hierba, miedo	[j]	you, spaniel
agua, hueso	[w]	wet, why, wine

Consonantes españolas	English consonants
[p] papá, campo	[p] pop, people
[b] vaca, bomba	[b] bottle, bib
[β] curvo, caballo	[t] train, tip
[t] toro, pato	[d] dog, did
[d] donde, caldo	[k] come, kitchen
[k] que, cosa	[g] gag, great
[g] grande, guerra	[tʃ] chain, wretched
[ɣ] aguijón, iglesia	[dʒ] jet, fridge
[tʃ] ocho, chusma	[f] fib, physical
[f] fui, afán	[v] vine, live

[θ]	cera, paz		[θ]	think, fifth
[ð]	cada, pardo		[ð]	this, with
[s]	solo, paso		[s]	seal, peace
[z]	andinismo		[z]	zip, his
[x]	gemir, jamón		[ʃ]	sheep, machine
[m]	madre, cama		[ʒ]	usual, measure
[n]	no, pena		[h]	how, perhaps
[ŋ]	banca, encanto		[m]	metal, comb
[ɲ]	caña		[n]	night, dinner
[l]	ala, luz		[ŋ]	sung, parking
[ɾ]	atar, paro		[l]	little, help
[r]	perro, rosa		[r]	right, carry
[ʎ]	llave, collar			

Los símbolos ['] y [ˌ] indican que la sílaba siguiente lleva un acento primario o secundario respectivamente.

The symbol ['] indicates that the following syllable carries primary stress and the symbol [ˌ] that the following syllable carries secondary stress.

El símbolo [ʳ] en fonética inglesa indica que la r al final de palabra se pronuncia sólo cuando precede a una palabra que comienza por vocal. Adviértase que casi siempre se pronuncia en inglés americano.

The symbol [ʳ] in English phonetics indicates that the final r is pronounced only when followed by a word beginning with a vowel. Note that it is nearly always pronounced in American English.

NOTAS CULTURALES	CULTURAL NOTES
balneario	Bed & Breakfast
baraja española	beer
café	best man
Camino de Santiago	Boxing Day
Carnaval	broadsheet/broadside
Casa Rosada	Buckingham Palace
castellano	cajun
comunidad autónoma	devolution
Denominación de origen	Downing Street
Día de los Muertos	education system
DNI	election
estanco	fish & chips
Fallas	fourth of July
Feria de abril	garage sale
festivales	graduate school
fiestas patronales	Great Britain
fiestas patrias	green card
El Gordo	Greyhound bus
jerez	Guy Fawkes Night
mariachi	Halloween
la Moncloa	Houses of Parliament
Nochevieja	Ivy League
ONCE	Mall
paga extraordinaria	Manhattan
Palacio de la Moneda	Medicaid/Medicare
Palacio de la Zarzuela	Mount Rushmore
parador nacional	national park
parque nacional	Native American
los Pinos	Open University
preparatoria	pantomime
propina	pub
hacer puente	Saint Patrick's Day
rastro	SAT
reyes	Scouts
sanfermines	Silicon Valley
santo	Stars & Stripes
Semana Santa	Statue of Liberty

NOTAS CULTURALES

sistema educativo

tapas

taquería

tauromaquia

tuna

tuteo

zona azul

CULTURAL NOTES

Super Bowl

tabloid

Thanksgiving

tipping

Tower Bridge/Tower of London

VAT

Wall Street

Westminster/Westminster Abbey

White House

World Series

Yankee

yellow lines

ESPAÑOL – INGLÉS
SPANISH – ENGLISH

A

☞

a [a] *prep* - **1.** *(tiempo)*: **a las pocas semanas** a few weeks later; **al mes de casados** a month after marrying; **a las siete** at seven o'clock; **a los once años** at the age of eleven; **dos veces al año** twice a year; **al oír la noticia se desmayó** on hearing the news, she fainted.
- **2.** *(frecuencia)* per, every; **cuarenta horas a la semana** forty hours a week.
- **3.** *(dirección)* to; **voy a Sevilla** I'm going to Seville; **llegó a Barcelona/a la fiesta** he arrived in Barcelona/at the party.
- **4.** *(posición, lugar, distancia)*: **a la salida del cine** outside the cinema; **está a cien kilómetros** it's a hundred kilometres away; **a la derecha/izquierda** on the right/left.
- **5.** *(con complemento indirecto)* to; **dáselo a Juan** give it to Juan; **dile a Juan que venga** tell Juan to come.
- **6.** *(con complemento directo)*: **quiere a su hijo** she loves her son.
- **7.** *(cantidad, medida, precio)*: **a cientos/docenas** by the hundred/dozen; **¿a cuánto están las peras?** how much are the pears?; **vende las peras a 2 euros** he's selling pears for 2 euros; **ganaron por tres a cero** they won three nil.
- **8.** *(modo, manera)*: **a la gallega** Galician-style; **escribir a máquina** type; **a mano** by hand.
- **9.** *(finalidad)* to; **entró a pagar** he came in to pay; **aprender a nadar** to learn to swim.

abad, desa [aˈβað, desa] *m, f* abbot (f abbess).

abadía [aβaˈðia] *f* abbey.

abajo [aˈβaxo] *adv (de situación)* below; *(en edificio)* downstairs; *(de dirección)* down; **allí ~** down there; **aquí ~** down here; **más ~** further down; **para ~** downwards; **de ~** *(piso)* downstairs.

abalear [aβaleˈar] *vt Andes, CAm & Ven* to shoot.

abandonado, da [aβandoˈnaðo, ða] *adj* abandoned; *(lugar)* deserted.

abandonar [aβandoˈnar] *vt (persona, animal, proyecto)* to abandon; *(coche, lugar, examen)* to leave; *(prueba)* to drop out of. ☐ **abandonarse** *vpr* to let o.s. go.

abandono [aβanˈdono] *m (dejadez)* neglect.

abanicarse [aβaniˈkarse] *vpr* to fan o.s.

abanico [aβaˈniko] *m* fan.

abarcar [aβarˈkar] *vt (incluir)* to include; *(ver)* to have a view of.

abarrotado, da [aβaroˈtaðo, ða] *adj* packed.

abarrotero, ra [aβaroˈtero, ra] *m, f Amér* grocer.

abarrotes [aβa'rrotes] *mpl Andes, CAm & Méx* groceries.

abastecer [aβaste'θer] *vt* to supply. ❑ **abastecerse de** *v + prep* to get, to buy.

abatible [aβa'tiβle] *adj* folding.

abatido, da [aβa'tiðo, ða] *adj (desanimado)* dejected.

abatir [aβa'tir] *vt (muro)* to knock down; *(árbol)* to flatten.

abdicar [aβði'kar] *vi* to abdicate.

abdomen [aβ'ðomen] *m* abdomen.

abdominales [aβðomi'nales] *mpl* sit-ups.

abecedario [aβeθe'ðarjo] *m (alfabeto)* alphabet.

abeja [a'βexa] *f* bee.

abejorro [aβe'xoro] *m* bumblebee.

aberración [aβera'θjon] *f (disparate)* stupid thing.

abertura [aβer'tura] *f (agujero)* opening.

abeto [a'βeto] *m* fir.

abierto, ta [a'βjerto, ta] *adj* open; *(de ideas)* open-minded; **estar ~ a** to be open to.

abismo [a'βizmo] *m* abyss.

ablandar [aβlan'dar] *vt (materia)* to soften; *(persona)* to mollify.

abofetear [aβofete'ar] *vt* to slap.

abogado, da [aβo'βaðo, ða] *m, f* lawyer.

abolición [aβoli'θjon] *f* abolition.

abolir [aβo'lir] *vt* to abolish.

abollar [aβo'ʎar] *vt* to dent.

abonado, da [aβo'naðo, ða] *adj (tierra)* fertilized; **está ~ a la televisión por cable** he subscribes to cable TV.

abonar [aβo'nar] *vt (tierra)* to fertilize; *(cantidad, precio)* to pay. ❑ **abonarse a** *v + prep (revista)* to subscribe

to; *(teatro, fútbol)* to have a season ticket for.

abono [a'βono] *m (del metro, autobús)* season ticket; *(para tierra)* fertilizer.

abordar [aβor'ðar] *vt* to tackle.

aborrecer [aβore'θer] *vt* to loathe.

abortar [aβor'tar] *vi (espontáneamente)* to have a miscarriage; *(intencionadamente)* to have an abortion.

aborto [a'βorto] *m (espontáneo)* miscarriage; *(intencionado)* abortion; *fam (persona fea)* freak.

abrasador, ra [aβrasa'ðor, ra] *adj* burning.

abrasar [aβra'sar] *vt (suj: incendio)* to burn down; *(suj: sol)* to burn.

abrazar [aβra'θar] *vt* to hug. ❑ **abrazarse** *vpr* to hug.

abrazo [a'βraθo] *m* hug.

abrebotellas [ˌaβreβo'teʎas] *m inv* bottle opener.

abrecartas [aβre'kartas] *m inv* paper knife.

abrelatas [aβre'latas] *m inv* tin opener *(Br)*, can opener *(Am)*.

abreviar [aβre'βjar] *vt (texto)* to abridge; *(discurso)* to cut.

abreviatura [aβreβja'tura] *f* abbreviation.

abridor [aβri'ðor] *m* opener.

abrigar [aβri'γar] *vt (del frío)* to keep warm. ❑ **abrigarse** *vpr* to wrap up.

abrigo [a'βriγo] *m (prenda)* coat; **al ~ de** *(roca, árbol)* under the shelter of.

abril [a'βril] *m* April = setiembre.

abrillantador [aβriʎanta'ðor] *m* polish.

abrillantar [aβriʎan'tar] *vt* to polish.

abrir [a'βrir] *vt* to open; *(grifo, gas)* to turn on; *(curso)* to start; *(agujero)*

to make; *(ir delante de)* to lead. ◆ *vi*
(comercio) to open. ❏ **abrirse** *vpr*:
~ **se a alguien** to open up to sb.

abrochar [aβroˈtʃar] *vt* to do up.
❏ **abrocharse** *vpr*: ~ **se el pantalón**
to do up one's trousers; **abróchense
los cinturones** please fasten your
seatbelts.

abrumador, ra [aβrumaˈðor, ra]
adj overwhelming.

abrumarse [aβruˈmarse] *vpr (agobiarse)* to be overwhelmed.

abrupto, ta [aˈβrupto, ta] *adj (accidentado)* rough; *(empinado)* steep.

ábside [ˈaβsiðe] *m* apse.

absolución [aβsoluˈθjon] *f* DER ac-
quittal; RELIG absolution.

absolutamente [aβsoˌlutaˈmen-
te] *adv* absolutely.

absoluto, ta [aβsoˈluto, ta] *adj* absolute; **en ~** *(de ninguna manera)* not
at all; **nada en ~** nothing at all.

absolver [aβsolˈβer] *vt*: ~ **a alguien
(de)** DER to acquit sb (of).

absorbente [aβsorˈβente] *adj (material)* absorbent; *(actividad)* absorb-
ing; *(persona)* domineering.

absorber [aβsorˈβer] *vt (líquido)* to
absorb; *(tiempo)* to take up.

absorto, ta [aβˈsorto, ta] *adj*:
~ **(en)** engrossed (in).

abstemio, mia [aβsˈtemjo, mja]
m, f teetotaller.

abstención [aβstenˈθjon] *f* absten-
tion.

abstenerse [aβsteˈnerse] ◆ **abstenerse de** *v + prep* to abstain from.

abstinencia [aβstiˈnenθja] *f* absti-
nence; **hacer ~** to fast.

abstracto, ta [aβsˈtrakto, ta] *adj*
abstract.

absurdo, da [aβˈsurðo, ða] *adj* absurd.

abuelo, la [aˈβwelo, la] *m, f (fami-*

liar) grandfather *(f* grandmother);
fam (anciano) old man *(f* old
woman). ❏ **abuelos** *mpl* grandparents.

abultado, da [aβulˈtaðo, ða] *adj*
bulky.

abultar [aβulˈtar] *vi* to be bulky.

abundancia [aβunˈdanθja] *f* abundance.

abundante [aβunˈdante] *adj* abun-
dant.

aburrido, da [aβuˈriðo, ða] *adj
(que aburre)* boring; *(harto)* bored.

aburrimiento [aβuriˈmjento] *m*
boredom.

aburrir [aβuˈrir] *vt* to bore. ❏ **abu-
rrirse** *vpr (hastiarse)* to get bored;
(estar aburrido) to be bored.

abusar [aβuˈsar] ◆ **abusar de** *v +
prep (excederse)* to abuse; *(aprovecharse)* to take advantage of.

abusivo, va [aβuˈsiβo, βa] *adj (precio)* extortionate; *Amér (que abusa)*
who takes advantage; *Amér (descarado)* cheeky.

abuso [aˈβuso] *m* abuse.

a/c *(abrev de a cuenta)* as a down payment.

acá [aˈka] *adv (aquí)* here. ◆ *pron
Amér*: ~ **es mi hermana** this is my sister.

☞

acabar [akaˈβar] *vt* -1. *(concluir)* to
finish.
- 2. *(provisiones, dinero, gasolina)* to
use up; *(comida)* to finish.
◆ *vi* -1. *(concluir)* to finish; ~ **de hacer
algo** to finish doing sthg; ~ **bien/
mal** to end well/badly; **acaba en
punta** it ends in a point.
- 2. *(haber ocurrido recientemente)*: ~ **de
hacer algo** to have just done sthg.
- 3.: ~ **con** *(violencia, etc)* to put an end

to; *(salud)* to ruin; *(paciencia)* to exhaust.
- **4.** *(volverse)* to end up. ❑ **acabarse** *vpr (agotarse)* to run out.

academia [aka'ðemja] *f (escuela)* school; *(de ciencias, arte)* academy.

académico, ca [aka'ðemiko, ka] *adj* academic. ◆ *m, f* academician.

acalorado, da [akalo'raðo, ða] *adj (por el calor)* hot; *(enfadado)* worked-up; *(apasionado)* heated.

acalorarse [akalo'rarse] *vpr (por un esfuerzo)* to get hot; *(enfadarse)* to get worked-up.

acampada [akam'paða] *f* camping; ir de ~ to go camping.

acampanado, da [akampa'naðo, ða] *adj* flared.

acampar [akam'par] *vi* to camp.

acantilado [akanti'laðo] *m* cliff.

acaparar [akapa'rar] *vt (mercado)* to monopolize; *(comida)* to hoard.

acápite [a'kapite] *m Amér* paragraph.

acariciar [akari'θjar] *vt* to stroke.

acaso [a'kaso] *adv* perhaps; por si ~ just in case.

acatarrarse [akata'rarse] *vpr* to catch a cold.

acaudalado, da [akauða'laðo, ða] *adj* well-off.

acceder [akθe'ðer] *vi:* ~ a *(lugar)* to enter. ❑ **acceder a** *v + prep (petición)* to agree to.

accesible [akθe'siβle] *adj (lugar)* accessible; *(persona)* approachable.

acceso [ak'θeso] *m (a un lugar)* entrance; *(a parque, universidad)* entry; **'~ pasajeros'** 'passengers only beyond this point'.

accesorio [akθe'sorjo] *m* accessory.

accidentado, da [akθiðen-

'taðo, ða] *adj (viaje)* bumpy; *(carrera)* eventful; *(terreno)* rough.

accidental [akθiðen'tal] *adj (encuentro)* chance *(antes de s)*.

accidente [akθi'ðente] *m* accident; *(de avión, coche)* crash; por ~ by accident; ~ geográfico geographical feature; ~ laboral industrial accident.

acción [ak'θjon] *f (acto, hecho)* deed, act. ❑ **acciones** *fpl (en bolsa)* shares.

acechar [aθe'tʃar] *vt* to observe secretly.

aceite [a'θejte] *m* oil; ~ de girasol sunflower oil; ~ de oliva olive oil.

aceitoso, sa [aθej'toso, sa] *adj* oily.

aceituna [aθej'tuna] *f* olive; **~s rellenas** stuffed olives.

acelerador [aθelera'ðor] *m* accelerator.

acelerar [aθele'rar] *vt* to speed up.
◆ *vi* to accelerate.

acelga [a'θelγa] *f* chard.

acento [a'θento] *m* accent; *(intensidad)* stress.

acentuación [aθentwa'θjon] *f* accentuation.

acentuar [aθentu'ar] *vt (vocal)* to put an accent on; *(destacar)* to stress.

aceptable [aθep'taβle] *adj* acceptable.

aceptación [aθepta'θjon] *f* acceptance.

aceptar [aθep'tar] *vt* to accept.

acequia [a'θekja] *f* irrigation channel.

acera [a'θera] *f* pavement *(Br)*, sidewalk *(Am)*.

acerca [a'θerka] ◆ **acerca de** *prep* about.

acercamiento [aθerka'mjento] *m* approach.

acercar [aθer'kar] *vt:* ~ algo a alguien to pass sb sthg, to pass sthg to sb; ~ algo a algo to move sthg closer to sthg. ❑ **acercarse** *vpr (suj: tiempo)* to be near; *(suj: persona, animal)* to come closer; ~**se a** *(lugar)* to be near. ❑ **acercarse a** *v + prep (solución, idea)* to be close to.

acero [a'θero] *m* steel; ~ **inoxidable** stainless steel.

acertado, da [aθer'taðo, ða] *adj* right.

acertar [aθer'tar] *vt (respuesta, solución)* to get right. ❑ **acertar con** *v + prep (hallar)* to get right; *(elegir bien)* to choose right. ❑ **acertar en** *v + prep (dar en)* to hit; *(elegir bien)* to choose well.

acertijo [aθer'tixo] *m* riddle.

achinado, da [atʃi'naðo, ða] *adj Amér* low-class *(used of Indians)*.

ácido, da [a'θiðo, ða] *adj (sabor)* sour. ◆ *m* acid.

acierto [a'θjerto] *m (respuesta, solución)* right answer; *(habilidad)* skill.

aclamar [akla'mar] *vt* to acclaim.

aclarar [akla'rar] *vt (ropa, cabello, platos)* to rinse; *(dudas, problemas)* to clear up; *(situación)* to clarify. ❑ **aclararse** *v impers (tiempo)* to clear up. ❑ **aclararse** *vpr (entender)* to understand.

aclimatación [aklimata'θjon] *f* acclimatization.

aclimatar [aklima'tar] *vt* to acclimatize. ❑ **aclimatarse** *vpr* to become acclimatized.

acogedor, ra [akoxe'ðor, ra] *adj (lugar)* cosy.

acoger [ako'xer] *vt (suj: persona)* to welcome; *(suj: lugar)* to shelter. ❑ **acogerse a** *v + prep (ley)* to have recourse to; *(excusa)* to resort to.

acogida [ako'xiða] *f* welcome.

acomodado, da [akomo-'ðaðo, ða] *adj (rico)* well-off.

acomodador, ra [akomoða-'ðor, ra] *m, f* usher *(f usherette)*.

acomodarse [akomo'ðarse] *vpr (aposentarse)* to make o.s. comfortable. ❑ **acomodarse a** *v + prep (adaptarse)* to adapt to.

acompañamiento [akompaɲa-'mjento] *m (en música)* accompaniment.

acompañante [akompa'ɲante] *mf* companion.

acompañar [akompa'ɲar] *vt (hacer compañía)* to accompany; *(adjuntar)* to enclose; **le acompaño en el sentimiento** my condolences.

acomplejado, da [akomple-'xaðo, ða] *adj* with a complex.

acondicionado, da [akondiθjo-'naðo, ða] *adj (establo, desván)* converted.

acondicionador [akondiθjona-'ðor] *m (en peluquería)* conditioner.

acondicionar [akondiθjo'nar] *vt (establo, desván)* to convert; *(local)* to fit out.

aconsejable [akonse'xaβle] *adj* advisable.

aconsejar [akonse'xar] *vt* to advise.

acontecer [akonte'θer] *v impers* to happen.

acontecimiento [akonteθi-'mjento] *m* event.

acoplar [ako'plar] *vt (encajar)* to fit together; *(adaptar)* to adapt.

acordado, da [akor'ðaðo, ða] *adj* agreed.

acordar [akor'ðar] *vt* to agree on; ~ **hacer algo** to agree to do sthg. ❑ **acordarse** *vpr* to remember; ~**se de hacer algo** to remember to do sthg.

acorde [a'korðe] *adj (conforme)* in agreement. ◆ *m* chord; ~ **con** in keeping with.

acordeón [akorðe'on] *m* accordion.

acortar [akor'tar] *vt* to shorten.

acosar [ako'sar] *vt* (*perseguir*) to hound; (*molestar*) to harass.

acoso [a'koso] *m* harassment.

acostar [akos'tar] *vt* to put to bed. □ **acostarse** *vpr* (*irse a dormir*) to go to bed; **~ se con alguien** *fam* to sleep with sb.

acostumbrar [akostum'brar] *vt*: **~ a alguien a** (*habituar*) to get sb used to; **no acostumbro** a hacerlo I don't usually do it. □ **acostumbrarse** *vpr*: **~ se a** to get used to.

acreditado, da [akreði'taðo, ða] *adj* (*con buena reputación*) reputable.

acreditar [akreði'tar] *vt* (*con documentos*) to authorize.

acrílico, ca [a'kriliko, ka] *adj* acrylic.

acrobacia [akro'βaθja] *f* acrobatics (*pl*).

acróbata [a'kroβata] *mf* acrobat.

acta ['akta] *f* (*de reunión*) minutes (*pl*).

actitud [akti'tuð] *f* (*del ánimo*) attitude; (*postura*) posture.

activar [akti'βar] *vt* to activate.

actividad [aktiβi'ðað] *f* activity. □ **actividades** *fpl* activities.

activo, va [ak'tiβo, βa] *adj* active.

acto ['akto] *m* act; **~ seguido** straight after; **en el ~** (*llaves, arreglos*) while you wait; (*multar*) on the spot.

actor, triz [ak'tor, 'triθ] *m, f* actor (*f* actress).

actuación [aktua'θjon] *f* (*conducta*) behaviour; (*en el cine, teatro*) performance.

actual [aktu'al] *adj* current, present.

actualidad [aktuali'ðað] *f* (*momento presente*) present time; **de ~** topical; **en la ~** nowadays.

actualizar [aktuali'θar] *vt* to bring up to date.

actualmente [aktu al'mente] *adv* (*en este momento*) at the moment; (*hoy día*) nowadays.

actuar [aktu'ar] *vi* to act.

acuarela [akwa'rela] *f* watercolour.

acuario [a'kwarjo] *m* aquarium.

acuático, ca [a'kwatiko, ka] *adj* (*animal, planta*) aquatic; (*deporte*) water (*antes de s*).

acudir [aku'ðir] *vi* (*ir*) to go; (*venir*) to come; **~ a alguien** to turn to sb.

acueducto [akwe'ðukto] *m* aqueduct.

acuerdo [a'kwerðo] *m* agreement; **de ~** all right; **estar de ~** to agree; **ponerse de ~** to agree.

acumulación [akumula'θjon] *f* accumulation.

acumular [akumu'lar] *vt* to accumulate.

acupuntura [akupun'tura] *f* acupuncture.

acusación [akusa'θjon] *f* (*increpación*) accusation; *DER* charge.

acusado, da [aku'saðo, ða] *m, f*: **el/ la ~** the accused.

acusar [aku'sar] *vt*: **~ a alguien (de)** to accuse sb (of).

acústica [a'kustika] *f* (*de un local*) acoustics (*pl*).

adaptación [aðapta'θjon] *f* adaptation.

adaptador [aðapta'ðor] *m* adapter.

adaptarse [aðap'tarse] ◆ **adaptarse a** *v + prep* (*medio, situación*) to adapt to; (*persona*) to learn to get on with.

adecuado, da [aðe'kwaðo, ða] *adj* suitable, appropriate.

adecuar [aðe'kwar] *vt* to adapt.

❑ **adecuarse** *vpr (acostumbrarse)* to adjust.

a. de J.C. *(abrev de antes de Jesucristo)* BC.

adelantado, da [aðelan'taðo, ða] *adj* advanced; *(pago)* advance; **ir ~** *(reloj)* to be fast; **por ~** in advance.

adelantamiento [aðelanta-'mjento] *m* overtaking.

adelantar [aðelan'tar] *vt (sobrepasar)* to overtake; *(trabajo, reunión)* to bring forward; *(reloj)* to put forward. ◆ *vi (reloj)* to be fast. ❑ **adelantarse** *vpr (anticiparse)* to be early.

adelante [aðe'lante] *adv* ahead. ◆ *interj (pase)* come in!; **más ~** later; **en ~** from now on.

adelanto [aðe'lanto] *m* advance; *(en carretera)* overtaking.

adelgazante [aðelɣa'θante] *adj* slimming.

adelgazar [aðelɣa'θar] *vt* to lose. ◆ *vi* to lose weight.

además [aðe'mas] *adv (también)* also; *(encima)* moreover; **~ de** as well as.

adentro [a'ðentro] *adv* inside.

adherente [aðe'rente] *adj* adhesive.

adherir [aðe'rir] *vt* to stick. ❑ **adherirse a** *v + prep (propuesta, idea, opinión, etc)* to support; *(asociación, partido)* to join.

adhesión [aðe'sjon] *f (unión)* sticking; *(apoyo)* support; *(afiliación)* joining.

adhesivo, va [aðe'siβo, βa] *adj* adhesive. ◆ *m (pegatina)* sticker.

adicción [aðik'θjon] *f* addiction.

adición [aði'θjon] *f* addition.

adicional [aðiθjo'nal] *adj* additional.

adicto, ta [a'ðikto, ta] *adj:* **~ a** addicted to.

adiós [a'ðjos] *m* goodbye. ◆ *interj* goodbye!

adivinanza [aðiβi'nanθa] *f* riddle.

adivinar [aðiβi'nar] *vt (solución, respuesta)* to guess; *(futuro)* to foretell.

adivino, na [aði'βino, na] *m, f* fortune-teller.

adjetivo [aðxe'tiβo] *m* adjective.

adjuntar [aðxun'tar] *vt* to enclose.

administración [aðminis'θjon] *f (de productos)* supply; *(de oficina)* administration. ❑ **Administración** *f:* **la Administración** the Government *(Br)*, the Administration *(Am)*.

administrar [aðminis'trar] *vt (organizar, gobernar)* to run; *(medicamento)* to give.

administrativo, va [aðministra'tiβo, βa] *adj* administrative. ◆ *m, f* office worker.

admiración [aðmira'θjon] *f (estimación)* admiration; *(sorpresa)* amazement.

admirar [aðmi'rar] *vt (estimar)* to admire; *(provocar sorpresa)* to amaze.

admisible [aðmi'siβle] *adj* acceptable.

admitir [aðmi'tir] *vt* to admit.

admón. *(abrev de administración)* admin.

adobe [a'ðoβe] *m* adobe.

adolescencia [aðoles'θenθja] *f* adolescence.

adolescente [aðoles'θente] *adj & mf* adolescent.

adonde [a'ðonde] *adv* where.

adónde [a'ðonde] *adv* where.

adopción [aðop'θjon] *f (de un hijo)* adoption.

adoptar [aðop'tar] *vt* to adopt.

adoptivo, va [aðop'tiβo, βa] *adj*

adoquín 8

(padre) adoptive; *(hijo)* adopted.

adoquín [aðo'kin] *m* cobblestone.

adorable [aðo'raβle] *adj* adorable.

adoración [aðora'θjon] *f (culto)* worship; *(amor, pasión)* adoration.

adorar [aðo'rar] *vt (divinidad)* to worship; *(persona, animal, cosa)* to adore.

adornar [aðor'nar] *vt* to decorate.

adorno [a'ðorno] *m* ornament.

adosado, da [aðo'saðo, ða] *adj:* **~ a** against; **casa adosada** semi-detached house; **chalé ~** semi-detached house.

adquirir [aðki'rir] *vt (comprar)* to purchase; *(conseguir)* to acquire.

adquisición [aðkisi'θjon] *f* purchase.

adquisitivo, va [aðkisi'tiβo, βa] *adj* purchasing.

adrede [a'ðreðe] *adv* deliberately.

aduana [a'ðwana] *f* customs *(sg)*; **pasar por la ~** to go through customs.

aduanero, ra [aðwa'nero, ra] *adj* customs *(antes de s).* ◆ *m, f* customs officer.

adulterio [aðul'terjo] *m* adultery.

adúltero, ra [a'ðultero, ra] *adj* adulterous.

adulto, ta [a'ðulto, ta] *adj & m, f* adult.

adverbio [að'βerβjo] *m* adverb.

adversario, ria [aðβer'sarjo, rja] *m, f* adversary.

adverso, sa [að'βerso, sa] *adj* adverse.

advertencia [aðβer'tenθja] *f* warning.

advertir [aðβer'tir] *vt (avisar)* to warn; *(notar)* to notice.

aéreo, a [a'ereo, a] *adj* air *(antes de s).*

aerobic [ae'roβik] *m* aerobics *(sg).*

aeromodelismo [aeromoðe'lizmo] *m* airplane modelling.

aeromoza [aero'moθa] *f Amér* air hostess *Br,* flight attendant *Am.*

aeronave [aero'naβe] *f* aircraft.

aeropuerto [aero'pwerto] *m* air-port.

aerosol [aero'sol] *m* aerosol.

afán [a'fan] *m (deseo)* urge.

afear [afe'ar] *vt* to make ugly.

afección [afek'θjon] *f* formal *(enfermedad)* complaint.

afectado, da [afek'taðo, ða] *adj (afligido)* upset; *(amanerado)* affected; **~ de o por** *(enfermedad)* suffering from.

afectar [afek'tar] *vt* to affect. □ **afectar a** *v + prep* to affect; **afectarse por o con** to be affected by.

afectivo, va [afek'tiβo, βa] *adj (sensible)* sensitive.

afecto [a'fekto] *m* affection.

afectuoso, sa [afek'twoso, sa] *adj* affectionate.

afeitado, da [afej'taðo, ða] *adj (barba)* shaven; *(persona)* clean-shaven. ◆ *m* shave.

afeitarse [afej'tarse] *vpr* to shave.

afeminado, da [afemi'naðo, ða] *adj* effeminate.

afiche [a'fitʃe] *m Amér* poster.

afición [afi'θjon] *f (inclinación)* fondness; *(partidarios)* fans *(pl).*

aficionado, da [afiθjo'naðo, ða] *adj (amateur)* amateur; **~ a** *(interesado por)* fond of.

aficionarse [afiθjo'narse] ◆ **aficionarse a** *v + prep (interesarse por)* to become keen on; *(habituarse a)* to become fond of.

afilado, da [afi'laðo, ða] *adj* sharp.

afilar [afi'lar] *vt* to sharpen.

afiliado, da [afiˈljaðo, ða] *adj*: **estar ~ a** to be a member of.

afiliarse [afiˈljarse] ♦ **afiliarse a** *v* + *prep* to join.

afín [aˈfin] *adj* similar.

afinar [afiˈnar] *vt* (*instrumento*) to tune; (*puntería*) to perfect. ♦ *vi* to be in tune.

afinidad [afiniˈðað] *f* affinity.

afirmación [afirmaˈθjon] *f* statement.

afirmar [afirˈmar] *vt* (*decir con seguridad*) to assert. ♦ **afirmarse en** *v* + *prep* (*postura, idea*) to reaffirm.

afirmativo, va [afirmaˈtiβo, βa] *adj* affirmative.

afligido, da [afliˈxiðo, ða] *adj* upset.

afligir [afliˈxir] *vt* (*apenar*) to upset. ♦ **afligirse** *vpr* to get upset.

aflojar [afloˈxar] *vt* (*cuerda*) to slacken; (*nudo*) to loosen. ♦ *vi* (*en esfuerzo*) to ease off; (*ceder*) to die down.

afluencia [aˈflwenθja] *f* (*de gente*) crowds (*pl*).

afluente [aˈflwente] *m* tributary.

afónico, ca [aˈfoniko, ka] *adj*: **quedar ~** to lose one's voice.

aforo [aˈforo] *m* seating capacity.

afortunadamente [afortunaðaˈmente] *adv* fortunately.

afortunado, da [afortuˈnaðo, ða] *adj* (*con suerte*) lucky, fortunate; (*oportuno*) happy; **~ en** lucky in.

afrodisíaco [afroðiˈsiako] *m* aphrodisiac.

afrutado, da [afruˈtaðo, ða] *adj* fruity.

afuera [aˈfwera] *adv* outside. ♦ **afueras** *fpl*: **las ~s** the outskirts.

agachar [agaˈtʃar] *vt* to lower, to bend. ♦ **agacharse** *vpr* (*en cuclillas*) to crouch down; (*encorvarse*) to bend

down; (*para esconderse*) to duck.

agarrar [agaˈrar] *vt* (*con las manos*) to grab; *fam* (*enfermedad*) to catch. ♦ **agarrarse** *vpr* (*pelearse*) to fight. ♦ **agarrarse a** *v* + *prep* (*oportunidad*) to seize.

agencia [aˈxenθja] *f* agency; **~ de viajes** travel agency.

agenda [aˈxenda] *f* (*de direcciones, teléfono*) address book; (*personal*) diary *Br*; (*de actividades*) appointment book *Am*; (*actividades*) agenda.

agente [aˈxente] *mf* agent; **~ de policía** police officer.

ágil [ˈaxil] *adj* (*movimiento*) agile; (*pensamiento*) quick.

agilidad [axiliˈðað] *f* (*del cuerpo*) agility; (*de la mente*) sharpness.

agitación [axitaˈθjon] *f* restlessness.

agitado, da [axiˈtaðo, ða] *adj* (*líquido*) shaken; (*persona*) restless.

agitar [axiˈtar] *vt* (*líquido*) to shake; (*multitud*) to stir up. ♦ **agitarse** *vpr* (*aguas*) to get choppy; (*persona*) to get restless.

agnóstico, ca [aɣˈnostiko, ka] *adj* agnostic.

agobiado, da [aɣoˈβjaðo, ða] *adj* overwhelmed.

agobiar [aɣoˈβjar] *vt* to overwhelm. ♦ **agobiarse** *vpr* to be weighed down.

agosto [aˈɣosto] *m* August → **setiembre**.

agotado, da [aɣoˈtaðo, ða] *adj* (*cansado*) exhausted; (*edición, existencias*) sold-out; **el dinero está ~** the money has run out.

agotador, ra [aɣotaˈðor, ra] *adj* exhausting.

agotamiento [aɣotaˈmjento] *m* (*cansancio*) exhaustion.

agotar [aɣoˈtar] *vt* (*cansar*) to ex-

agradable

haust; (dinero, reservas) to use up; (edición, existencias) to sell out of. □ **agotarse** vpr (cansarse) to tire o.s. out; (acabarse) to run out.

agradable [aɣra'ðaβle] adj pleasant.

agradar [aɣra'ðar] vi to be pleasant.

agradecer [aɣraðe'θer] vt (ayuda, favor) to be grateful for; **agradecí su invitación** I thanked her for her invitation.

agradecido, da [aɣraðe'θiðo, ða] adj grateful.

agradecimiento [aɣraðeθi-'mjento] m gratitude.

agredir [aɣre'ðir] vt to attack.

agregado, da [aɣre'ɣaðo, ða] adj added. ◆ m, f (en embajada) attaché (f attachée).

agregar [aɣre'ɣar] vt to add.

agresión [aɣre'sjon] f attack.

agresivo, va [aɣre'siβo, βa] adj aggressive.

agresor, ra [aɣre'sor, ra] m, f attacker.

agreste [a'ɣreste] adj (paisaje) wild.

agrícola [a'ɣrikola] adj agricultural.

agricultor, ra [aɣrikul'tor, ra] m, f farmer.

agricultura [aɣrikul'tura] f agriculture.

agridulce [aɣri'ðulθe] adj sweet-and-sour.

agrio, agria [a'ɣrjo, 'aɣrja] adj sour.

agrupación [aɣrupa'θjon] f group.

agrupar [aɣru'par] vt to group.

agua [a'ɣwa] f (líquido) water; (lluvia) rain; ~ **de colonia** eau de cologne; ~ **corriente** running water; ~ **mineral** mineral water; ~ **mineral con/sin gas** sparkling/still mineral water; ~ **oxigenada** hydrogen peroxide; ~ **potable** drinking water; ~ **tónica** tonic water. □ **aguas** fpl (mar) waters.

aguacate [aɣwa'kate] m avocado.

aguacero [aɣwa'θero] m shower.

aguafiestas [aɣwa'fjestas] m inv wet blanket, party pooper Am.

aguamiel [aɣwa'mjel] f Amér drink of water and cane sugar.

aguanieve [aɣwa'njeβe] f sleet.

aguantar [aɣwan'tar] vt (sostener) to support; (soportar) to bear; (suj: ropa, zapatos) to last for; **no lo aguanto** I can't stand it. □ **aguantarse** vpr (risa, llanto) to hold back; (resignarse) to put up with it.

aguardar [aɣwar'ðar] vt to wait for. ◆ vi to wait.

aguardiente [aɣwar'ðjente] m liquor.

aguarrás [aɣwa'ras] m turpentine.

agudeza [aɣu'ðeθa] f (de ingenio) sharpness.

agudo, da [a'ɣuðo, ða] adj (persona, dolor) sharp; (sonido) high; (ángulo) acute; (palabra) oxytone.

águila ['aɣila] f eagle.

aguinaldo [aɣi'naldo] m Christmas bonus.

aguja [a'ɣuxa] f (de coser) needle; (de reloj) hand; (de pelo) hairpin; ~ **hipodérmica** hypodermic needle.

agujerear [aɣuxere'ar] vt to make holes in.

agujero [aɣu'xero] m hole.

agujetas [aɣu'xetas] fpl: **tener** ~ to feel stiff (after running).

ahí [a'i] adv there; **por** ~ (en un lugar indeterminado) somewhere or other; (fuera) out; (aproximadamente) something like that; **de** ~ **que** that's why.

ahijado, da [ai'xaðo, ða] m, f (de un padrino) godson (f goddaughter); (en *adopción)* adopted son (*f* adopted daughter).

ahogado, da [aoˈɣaðo, ða] *adj (sin respiración)* breathless. ◆ *m, f* drowned man (*f* drowned woman).

ahogarse [aoˈɣarse] *vpr (en el agua)* to drown; *(jadear)* to be short of breath; *(por calor, gas, presión)* to suffocate.

ahora [aˈora] *adv* now; **por ~** for the time being; **~ bien** however; **~ mismo** right now.

ahorcar [aorˈkar] *vt* to hang. □ **ahorcarse** *vpr* to hang o.s.

ahorita [aoˈrita] *adv Andes, CAm, Carib & Méx* right now.

ahorrar [aoˈrar] *vt* to save. □ **ahorros** *mpl (dinero)* savings.

ahuecar [awˈekar] *vt (vaciar)* to hollow out; *(pelo, colchón, almohada)* to fluff up.

ahumado, da [aˈumaðo, ða] *adj* smoked.

airbag® [ˈaɪrβaɣ] *m* airbag®.

aire [ˈaɪre] *m* air; *(viento)* wind; *(gracia, garbo)* grace; *(parecido)* resemblance; **al ~** *(descubierto)* exposed; **al ~ libre** in the open air; **se da ~s de artista** *despec* he fancies himself as a bit of an artist; **estar/quedar en el ~** to be in the air; **hace ~** it's windy; **~ acondicionado** air conditioning.

airear [aɪreˈar] *vt* to air.

airoso, sa [aɪˈroso, sa] *adj (gracioso)* graceful; *(con éxito)* successful.

aislado, da [aɪzˈlaðo, ða] *adj* isolated.

aislamiento [aɪzlaˈmjento] *m* isolation.

aislante [aɪzˈlante] *adj* insulating.

aislar [aɪzˈlar] *vt (persona, animal)* to isolate; *(local)* to insulate. □ **aislarse** *vpr* to cut o.s. off.

ajedrez [axeˈðreθ] *m* chess.

ajeno, na [aˈxeno, na] *adj*: **eso es ~ a mi trabajo** that's not part of my job; **~ a** *(sin saber)* unaware of; *(sin intervenir)* not involved in.

ajetreo [axeˈtreo] *m* bustle.

ají [aˈxi] *m Andes, RP & Ven (pimiento picante)* chilli; **ponerse como un ~** *fam (ruborizarse)* to go red.

ajiaco [aˈxjako] *m Amér* chilli, meat and vegetable stew.

ajillo [aˈxiʎo] *m*: **al ~** in a garlic and chilli sauce.

ajo [ˈaxo] *m* garlic; **estar en el ~** to be in on it.

ajuar [aˈxwar] *m* trousseau.

ajustado, da [axusˈtaðo, ða] *adj (cantidad, precio)* reasonable; *(ropa)* tight-fitting.

ajustar [axusˈtar] *vt (adaptar)* to adjust; *(puerta, ventana)* to push to; *(precios, condiciones, etc)* to agree. □ **ajustarse a** *v + prep (condiciones)* to comply with; *(circunstancias)* to adjust to.

ajusto [aˈxusto] *m*

al [al] → **a, el.**

ala [ˈala] *f* wing; *(de sombrero)* brim.

alabanza [alaˈβanθa] *f* praise.

alabar [alaˈβar] *vt* to praise.

alabastro [alaˈβastro] *m* alabaster.

alacena [alaˈθena] *f* recess for storing food.

alambrar [alamˈbrar] *vt* to fence with wire.

alambre [aˈlambre] *m (de metal)* wire; *Amér (brocheta)* shish kebab.

alameda [alaˈmeða] *f (paseo)* tree-lined avenue.

álamo [ˈalamo] *m* poplar.

alardear [alarðeˈar] ◆ **alardear de** *v + prep* to show off about.

alargar [alarˈɣar] *vt (falda, pantalón, etc)* to lengthen; *(situación)* to ex-

tend; *(acercar)* to pass. ❑ **alargarse**
vpr (en una explicación) to speak at
length.

alarma [a'larma] *f* alarm; **dar la
(voz de)** ~ to raise the alarm.

alarmante [alar'mante] *adj* alarming.

alarmar [alar'mar] *vt* to alarm.
❑ **alarmarse** *vpr* to be alarmed.

alba ['alβa] *f* dawn.

albañil [alβa'ɲil] *m* bricklayer *Br*,
construction worker *Am*.

albarán [alβa'ran] *m* delivery note.

albaricoque [alβari'koke] *m* apricot.

albatros [al'βatros] *m inv* albatross.

albedrío [alβe'ðrio] *m*: **elija el postre a su** ~ choose a dessert of your
choice.

alberca [al'βerka] *f Méx* swimming
pool.

albergar [alβer'var] *vt (personas)* to
put up; *(odio)* to harbour; *(esperanza)*
to cherish. ❑ **albergarse** *vpr* to
stay.

albergue [al'βerve] *m (refugio)*
shelter; ~ **juvenil** youth hostel.

albóndiga [al'βondiɣa] *f* meat-
ball; ~ **s a la jardinera** *meatballs in a tomato sauce with peas and carrots*.

albornoz [alβor'noθ] *(pl* -**ces** [θes]*) m*
bathrobe.

alborotado, da [alβoro'taðo, ða]
adj (persona) rash; *(cabello)* ruffled.

alborotar [alβoro'tar] *vt* to stir up.
◆ *vi* to be rowdy. ❑ **alborotarse** *vpr*
to get worked up.

alboroto [alβo'roto] *m (jaleo)* fuss.

albufera [alβu'fera] *f* lagoon.

álbum ['alβum] *m* album; ~ **familiar** family album; ~ **de fotos** photo
album.

alcachofa [alka'tʃofa] *f (planta)* artichoke; *(de ducha)* shower head.

alcalde, desa [al'kalde, 'desa] *m, f*
mayor.

alcaldía [alkal'dia] *f (cargo)* mayor-
alty.

alcance [al'kanθe] *m (de misil)*
range; *(repercusión)* extent; **a su** ~
within your reach; **dar** ~ to catch
up; **fuera del** ~ **de** out of reach of.

alcanfor [alkan'for] *m* camphor.

alcantarilla [alkanta'riʎa] *f (cloaca)* sewer; *(boca)* drain.

alcanzar [alkan'θar] *vt (autobús,
tren)* to manage to catch; *(persona)*
to catch up with; *(meta, cima, dimensiones)* to reach; *(suj: disparo)* to hit;
~ **a** *(lograr)* to be able to; ~ **algo a alguien** to pass sthg to sb. ◆ **alcanzar
para** *v + prep (ser suficiente para)* to be
enough for.

alcaparra [alka'para] *f* caper.

alcayata [alka'jata] *f* hook.

alcázar [al'kaθar] *m* fortress.

alcoba [al'koβa] *f* bedroom.

alcohol [alko'ol] *m* alcohol; **sin** ~
alcohol-free.

alcohólico, ca [alko'oliko, ka] *adj
& m, f* alcoholic.

alcoholismo [alkoo'lizmo] *m* alcoholism.

alcoholizado, da [alkooli-
'θaðo, ða] *adj* alcoholic.

alcoholizarse [alkooli'θarse] *vpr*
to become an alcoholic.

alcornoque [alkor'noke] *m* cork
oak.

aldea [al'dea] *f* small village.

aldeano, na [alde'ano, na] *m, f* villager.

alebrestarse [aleβres'tarse] *vpr
Col, Méx & Ven (ponerse nervioso)* to
get worked up; *(enojarse)* to get annoyed.

alegrar [ale'vrar] *vt (persona)* to
cheer up; *(fiesta)* to liven up. ❑ **ale-**

grarse *vpr* to be pleased; ~**se de** to be pleased about; ~**se por** to be pleased for.

alegre [a'leɣre] *adj* happy; *(local)* lively; *(color)* bright; *fam (borracho)* tipsy; *(decisión, actitud)* reckless.

alegremente [aleɣre'mente] *adv (con alegría)* happily; *(sin pensar)* recklessly.

alegría [ale'ɣria] *f* happiness.

alejar [ale'xar] *vt* to move away. ❑ **alejarse** *vpr*: ~**se de** to move away from.

alemán, ana [ale'man, ana] *adj, m, f* German.

Alemania [ale'manja] Germany.

alergia [a'lerxja] *f* allergy; **tener ~ a** to be allergic to.

alérgico, ca [a'lerxiko, ka] *adj* allergic; **ser ~ a** to be allergic to.

alero [a'lero] *m (de tejado)* eaves *(pl).*

alerta [a'lerta] *adv & f* alert. ◆ *interj* watch out!; **estar ~** to be on the lookout; ~ **roja** red alert.

aleta [a'leta] *f (de pez)* fin; *(de automóvil)* wing *Br,* fender *Am; (de nariz)* flared part. ❑ **aletas** *fpl (para nadar)* flippers.

alevín [ale'βin] *m (de pez)* fry; *(en deportes)* beginner.

alfabético, ca [alfa'βetiko, ka] *adj* alphabetical.

alfabetización [alfaβetiθa'θjon] *f (de personas)* literacy.

alfabetizar [alfaβeti'θar] *vt (personas)* to teach to read and write; *(palabras, letras)* to put into alphabetical order.

alfabeto [alfa'βeto] *m* alphabet.

alfarero, ra [alfa'rero, ra] *m, f* potter.

alférez [al'fereθ] *(pl* -**ces** [θes]) *m* ≃ second lieutenant.

alfil [al'fil] *m* bishop *(in chess).*

alfiler [alfi'ler] *m (aguja)* pin; *(joya)* brooch; ~ **de gancho** *Andes, RP & Ven* safety pin.

alfombra [al'fombra] *f (grande)* carpet; *(pequeña)* rug.

alfombrilla [alfom'briʎa] *f (de coche)* mat; *(felpudo)* doormat; *(de baño)* bathmat.

alga [ˈalɣa] *f* seaweed.

álgebra [ˈalxeβra] *f* algebra.

algo [ˈalɣo] *pron (alguna cosa)* something; *(en interrogativas)* anything. ◆ *adv (un poco)* rather; ~ **de** a little; ¿~ **más?** is that everything?; **por ~** for some reason.

algodón [alɣoˈðon] *m* cotton; **de ~** cotton; ~ **hidrófilo** cotton wool.

alguien [ˈalxjen] *pron (alguna persona)* someone, somebody; *(en interrogativas)* anyone, somebody.

algún [alˈɣun] → **alguno.**

alguno, na [alˈɣuno, na] *adj (indeterminado)* some; *(en interrogativas, negativas)* any. ◆ *pron (alguien)* somebody, some people *(pl); (en interrogativas)* anyone, anybody; **no hay mejora alguna** there's no improvement.

alhaja [aˈlaxa] *f (joya)* jewel; *(objeto)* treasure.

aliado, da [aˈljaðo, ða] *adj* allied.

alianza [aˈljanθa] *f (pacto)* alliance; *(anillo de boda)* wedding ring; ~ **matrimonial** marriage.

aliarse [aˈljarse] ◆ **aliarse con** *v + prep* to ally o.s. with.

alicates [aliˈkates] *mpl* pliers.

aliciente [aliˈθjente] *m* incentive.

aliento [aˈljento] *m (respiración)* breath; **quedarse sin ~** to be out of breath; **tener mal ~** to have bad breath.

aligerar [alixeˈrar] *vt (peso)* to lighten; *(paso)* to quicken.

alijo [aˈlixo] *m* contraband.

alimentación [alimenta'θjon] *f
(acción)* feeding; *(régimen alimenticio)*
diet.

alimentar [alimen'tar] *vt (persona,
animal)* to feed; *(máquina, motor)* to
fuel. ◆ *vi (nutrir)* to be nourishing.
❏ **alimentarse** de *v + prep* to live on.

alimenticio, cia [alimen'tiθjo, θja]
adj nourishing.

alimento [ali'mento] *m* food.

alinear [aline'ar] *vt* to line up.
❏ **alinearse** *vpr* DER to line up.

aliñar [ali'ɲar] *vt (carne)* to season;
(ensalada) to dress.

aliño [a'liɲo] *m (para carne)* seasoning; *(para ensalada)* dressing.

alioli [ali'oli] *m* garlic mayonnaise.

aliviar [ali'βjar] *vt (dolor, enfermedad)* to alleviate; *(trabajo, carga, peso)*
to lighten.

alivio [a'liβjo] *m* relief.

allá [a'ʎa] *adv (de espacio)* over there;
(de tiempo) back (then); ~ **él** that's
his problem; **más** ~ further on; **más**
~ **de** beyond.

allí [a'ʎi] *adv (de lugar)* there; ~ **mismo** right there.

alma ['alma] *f* soul.

almacén [alma'θen] *m (para guardar)* warehouse; *(por mayor)*
wholesaler. ❏ **almacenes** *mpl (comercio grande)* department store *(sg)*.

almacenar [almaθe'nar] *vt (guardar)* to store; *(acumular)* to collect.

almanaque [alma'nake] *m* alma-
nac.

almejas [al'mexas] *fpl* clams.

almendra [al'mendra] *f* almond.

almendrado [almen'draðo] *m*
round almond paste sweet.

almendro [al'mendro] *m* almond
tree.

almíbar [al'miβar] *m* syrup; **en** ~
in syrup.

almidón [almi'ðon] *m* starch.

almidonado, da [almiðo-
'naðo, ða] *adj* starched.

almidonar [almiðo'nar] *vt* to
starch.

almirante [almi'rante] *m* admiral.

almohada [almo'aða] *f (para
dormir)* pillow; *(para sentarse)* cushion.

almohadilla [almoa'ðiʎa] *f* small
cushion.

almorranas [almo'ranas] *fpl* piles.

almorzar [almor'θar] *vt (al mediodía)* to have for lunch; *(a media mañana)* to
have a mid-morning snack.
◆ *vi (al mediodía)* to have lunch; *(a media mañana)* to have for a mid-
morning snack.

almuerzo [al'mwerθo] *m (al mediodía)* lunch; *(a media mañana)* mid-
morning snack.

aló [a'lo] *interj* Andes, CAm & Carib
hello! *(on the telephone)*.

alocado, da [alo'kaðo, ða] *adj*
crazy.

alojamiento [aloxa'mjento] *m* accommodation.

alojar [alo'xar] *vt* to put up. ❏ **alojarse** *vpr (hospedarse)* to stay.

alondra [a'londra] *f* lark.

alpargata [alpar'βata] *f* espadrille.

alpinismo [alpi'nizmo] *m* mountaineering Br, mountain climbing
Am.

alpinista [alpi'nista] *mf* mountaineer Br, mountain climber Am.

alpino, na [al'pino, na] *adj* Alpine.

alpiste [al'piste] *m* birdseed.

alquilar [alki'lar] *vt (casa, apartamento, oficina)* to rent; *(coche, TV, bicicleta)* to hire Br, to rent Am; **'se
alquila'** 'to let'.

alquiler [alki'ler] *m (de casa, apartamento, oficina)* renting Br, rental Am;

(de coche, TV, bicicleta) hiring *Br*, rental *Am*; *(precio de casa, etc)* rent; *(precio de TV)* rental; *(precio de coche, etc)* hire charge *Br*, rental rate *Am*; **de ~** *(coche)* hire *(antes de s)*; *(casa, apartamento)* rented; **~ de coches** car hire.

alquitrán [alki'tran] *m* tar.

alrededor [alreðe'ðor] *adv*: **~ (de)** *(en torno a)* around; **~ de** *(aproximadamente)* about. ❑ **alrededores** *mpl*: **los ~es** the surrounding area *(sg)*.

alta ['alta] *f (de enfermedad)* (certificate of) discharge; *(en una asociación)* admission; **dar de ~** to discharge.

altar [al'tar] *m* altar.

altavoz [alta'βoθ] *m* *(para anuncios)* loudspeaker; *(de tocadiscos)* speaker.

alteración [altera'θjon] *f (cambio)* alteration; *(trastorno)* agitation.

alterado, da [alte'raðo, ða] *adj (trastornado)* agitated.

alterar [alte'rar] *vt (cambiar)* to alter; *(trastornar, excitar)* to agitate. ❑ **alterarse** *vpr (excitarse)* to get agitated.

altercado [alter'kaðo] *m* argument.

alternar [alter'nar] *vt*: **~ algo con algo** to alternate sthg with sthg. ❑ **alternar con** *v + prep (relacionarse con)* to mix with.

alternativa [alterna'tiβa] *f* alternative.

alterno, na [al'terno, na] *adj* alternate.

Alteza [al'teθa] *f*: **su ~** His/Her Highness.

altibajos [alti'βaxos] *mpl (de comportamiento, humor)* ups and downs; *(de terreno)* unevenness *(sg)*.

altillo [al'tiʎo] *m (de vivienda)* mezzanine; *(de armario)* small cupboard to use up the space near the ceiling.

altitud [alti'tuð] *f (altura)* height; *(sobre el nivel del mar)* altitude.

altivo, va [al'tiβo, βa] *adj* haughty.

alto, ta ['alto, ta] *adj* high; *(persona, edificio, árbol)* tall. ◆ *m (interrupción)* stop; *(lugar elevado)* height. ◆ *adv (hablar)* loud; *(encontrarse, volar)* high. ◆ *interj* halt!: **a altas horas de la noche** in the small hours; **en lo ~ de** at the top of; **mide dos metros de ~** *(cosa)* it's two metres high; *(persona)* he's two metres tall.

altoparlante [altopar'lante] *m Amér* loudspeaker.

altruismo [altru'izmo] *m* altruism.

altruista [altru'ista] *adj* altruistic.

altura [al'tura] *f (medida)* height; *(elevación)* altitude; **tiene dos metros de ~** *(cosa)* it's two metres high; *(persona)* he's two metres tall; **estar a la ~ de** to match up to. ❑ **alturas** *fpl*: **me dan miedo las ~s** I'm scared of heights; **a estas ~s** now.

alubias [a'luβjas] *fpl* beans.

alucinación [aluθina'θjon] *f* hallucination.

alucinar [aluθi'nar] *vi* to hallucinate.

alud [a'luð] *m* avalanche.

aludido, da [alu'ðiðo, ða] *adj*: **darse por ~** *(ofenderse)* to take it personally.

aludir [alu'ðir] ◆ **aludir a** *v + prep* to refer to.

alumbrado [alum'braðo] *m* lighting.

alumbrar [alum'brar] *vt (iluminar)* to light up. ◆ *vi (parir)* to give birth.

aluminio [alu'minjo] *m* aluminium.

alumno, na [a'lumno, na] *m, f (de escuela)* pupil *Br*, student *Am*; *(de universidad)* student.

alusión [alu'sjon] *f* reference; **hacer ~ a** to refer to.

alza ['alθa] *f* rise; **en ~** *(que sube)* rising.

alzar [al'θar] *vt* to raise. □ **alzarse** *vpr (levantarse)* to rise; *(sublevarse)* to rise up.

a.m. [a'eme] *(abrev de ante meridiem)* a.m.

amabilidad [amaβili'ðað] *f* kindness.

amable [a'maβle] *adj* kind.

amablemente [a,maβle'mente] *adv* kindly.

amaestrado, da [amaes'traðo, ða] *adj* performing.

amaestrar [amaes'trar] *vt* to train.

amamantar [amaman'tar] *vt (animal)* to suckle; *(bebé)* to breastfeed, to nurse *Am*.

amanecer [amane'θer] ◆ *m* dawn. ◆ *vi (en un lugar)* to wake up. ◆ *v impers*: **amaneció a las siete** dawn broke at seven.

amanerado, da [amane'raðo, ða] *adj* affected.

amansar [aman'sar] *vt (animal)* to tame; *(persona)* to calm down.

amante [a'mante] *mf (querido)* lover; **ser ~ de** *(aficionado)* to be keen on.

amapola [ama'pola] *f* poppy.

amar [a'mar] *vt* to love.

amargado, da [amar'ɣaðo, ða] *adj* bitter.

amargar [amar'ɣar] *vt* to make bitter. ◆ *vi* to taste bitter. □ **amargarse** *vpr (alimento, bebida)* to go sour; *(persona)* to become embittered.

amargo, ga [a'marɣo, ɣa] *adj* bitter.

amarillear [amariʎe'ar] *vi* to turn yellow.

amarillo, lla [ama'riʎo, ʎa] *adj & m* yellow.

amarilloso, sa [amari'ʎoso, sa] *adj Col, Méx, Ven* yellowish.

amarrar [ama'rar] *vt (embarcación)* to moor; *Amér (zapatos)* to tie, to lace.

amarre [a'mare] *m* mooring.

amasar [ama'sar] *vt (pan)* to knead; *(fortuna)* to amass.

amateur [ama'ter] *adj & mf* amateur.

amazona [ama'θona] *f* horsewoman.

Amazonas [ama'θonas] *m*: **el ~** the Amazon.

amazónico, ca [ama'θoniko, ka] *adj* Amazonian.

ámbar ['ambar] *m* amber.

ambición [ambi'θjon] *f* ambition.

ambicioso, sa [ambi'θjoso, sa] *adj* ambitious.

ambientador [ambjenta'ðor] *m* air freshener.

ambiental [ambjen'tal] *adj (ecológico)* environmental.

ambiente [am'bjente] *m (aire)* air; *(medio social, personal)* circles *(pl)*; *(animación)* atmosphere; *CSur (habitación)* room.

ambigüedad [ambiɣµe'ðað] *f* ambiguity.

ambiguo, gua [am'biɣµo, ɣµa] *adj* ambiguous.

ámbito ['ambito] *m* confines *(pl)*.

ambos, bas ['ambos, bas] *adj pl* both. ◆ *pron pl* both (of them).

ambulancia [ambu'lanθja] *f* ambulance.

ambulante [ambu'lante] *adj* travelling.

ambulatorio [ambula'torjo] *m* ≃ out-patient clinic.

amén [a'men] *adv* amen; **decir ~ (a todo)** to agree (with everything) unquestioningly.

amenaza [ame'naθa] *f* threat; **~ de bomba** bomb scare.

amenazar [amena'θar] vt to threaten. ◆ v impers: **amenaza lluvia** it's threatening to rain; **~ a alguien (con ○ de)** to threaten sb (with).

amenizar [ameni'θar] vt to liven up.

ameno, na [a'meno, na] adj entertaining.

América [a'merika] America.

americana [ameri'kana] f jacket.

americanismo [amerika'nizmo] m Latin Americanism.

americano, na [ameri'kano, na] adj & m, f American. ◆ m (lengua) Latin American Spanish.

ametralladora [ametraʎa'ðora] f machine gun.

ametrallar [ametra'ʎar] vt to machinegun.

amígdalas [a'miɣðalas] fpl tonsils.

amigo, ga [a'miɣo, ɣa] m, f friend; **ser ~s** to be friends.

amistad [amis'tað] f friendship. ❑ **amistades** fpl friends.

amnesia [am'nesja] f amnesia.

amnistía [amnis'tia] f amnesty.

amo, ama ['amo, ma] m, f (dueño) owner; **ama de casa** housewife; **ama de llaves** housekeeper.

amodorrado, da [amoðo'rraðo, ða] adj drowsy.

amoníaco [amo'niako] m ammonia.

amontonar [amonto'nar] vt to pile up. ❑ **amontonarse** vpr (problemas, deudas) to pile up.

amor [a'mor] m love; **hacer el ~** to make love; **~ propio** pride. ❑ **amores** mpl love affair (sg).

amordazar [amorða'θar] vt (persona) to gag; (animal) to muzzle.

amoroso, sa [amo'roso, sa] adj loving.

amortiguador [amortiɣwa'ðor] m shock absorber.

amortiguar [amorti'ɣwar] vt (golpe) to cushion; (ruido) to muffle.

amparar [ampa'rar] vt to protect. ❑ **ampararse en** v + prep to have recourse to.

amparo [am'paro] m protection; **al ~ de** under the protection of.

ampliación [amplja'θjon] f (de local) extension; (de capital, negocio) expansion; (de fotografía) enlargement.

ampliar [ampli'ar] vt (estudios, conocimientos) to broaden; (local) to add an extension to; (capital, negocio) to expand; (fotografía) to enlarge.

amplificador [amplifika'ðor] m amplifier.

amplio, plia ['amplio, plja] adj (avenida, calle) wide; (habitación, coche) spacious; (extenso, vasto) extensive.

amplitud [ampli'tuð] f (de avenida, calle) width; (de habitación, coche) spaciousness; (extensión) extent.

ampolla [am'poʎa] f (en la piel) blister; (botella) phial Br, vial Am.

amueblado, da [amɥe'βlaðo, ða] adj furnished.

amueblar [amɥe'βlar] vt to furnish.

amuermarse [amɥer'marse] vpr fam to get bored.

amuleto [amu'leto] m amulet.

amurallar [amura'ʎar] vt to build a wall around.

analfabetismo [analfaβe'tizmo] m illiteracy.

analfabeto, ta [analfa'βeto, ta] adj & m, f illiterate.

analgésico [anal'xesiko] m analgesic.

análisis [a'nalisis] m inv (de problema, situación) analysis; (de frase) parsing; **~ (de sangre)** blood test.

analítico, ca [ana'litiko, ka] adj analytical.

analizar [anali'θar] vt (problema, situación) to analyse; (frase) to parse.

analogía [analo'xia] f similarity.

análogo, ga [a'nalovo, va] adj similar.

ananás [ana'nas] m inv RP pineapple.

anaranjado, da [anaran'xaðo, ða] adj orange.

anarquía [anar'kia] f (en política) anarchism; (desorden) anarchy.

anárquico, ca [a'narkiko, ka] adj anarchic.

anarquista [anar'kista] adj anarchist.

anatomía [anato'mia] f anatomy.

anatómico, ca [ana'tomiko, ka] adj anatomical.

anca ['anka] f haunch.

ancho, cha ['antʃo, tʃa] adj wide. ◆ m width; **tener dos metros de ~** to be two metres wide; **a sus anchas** at ease; **quedarse tan ~** not to bat an eyelid; **venir ~** (prenda de vestir) to be too big.

anchoa [an'tʃoa] f anchovy.

anchura [an'tʃura] f width.

anciano, na [an'θjano, na] adj old. ◆ m, f old man (f old woman).

ancla ['ankla] f anchor.

andaluz, za [anda'luθ, θa] adj & m, f Andalusian.

andamio [an'damjo] m scaffold.

☞
andar [an'dar] vi **-1.** (caminar) to walk.
- 2. (moverse) to move.
- 3. (funcionar) to work; **el reloj no anda** the clock has stopped; **las cosas andan mal** things are going badly.
- 4. (estar) to be; **anda atareado** he is

busy; **creo que anda por ahí** I think she's around somewhere; **~ haciendo algo** to be doing sthg.
◆ vt (recorrer) to travel.
◆ m (de animal, persona) gait. ❑ **andar en** v + prep (ocuparse) to be involved in. ❑ **andar por** v + prep: **anda por los cuarenta** he's about forty. ❑ **andarse con** v + prep: **~ se con cuidado** to be careful. ❑ **andares** mpl (actitud) gait (sg).

ándele ['andele] interj Amér (vale) all right; (venga) come on!

andén [an'den] m platform Br, track Am.

Andes ['andes] mpl: **los ~** the Andes.

andinismo [andi'nizmo] m mountaineering Br, mountain climbing Am.

andinista [andi'nista] mf Amér mountaineer Br, mountain climber Am.

andino, na [an'dino, na] adj Andean.

anécdota [a'nevðota] f anecdote.

anecdótico, ca [anev'ðotiko, ka] adj incidental.

anemia [a'nemja] f anaemia.

anémico, ca [a'nemiko, ka] adj anaemic.

anémona [a'nemona] f anemone.

anestesia [anes'tesja] f anaesthesia.

anestesista [aneste'sista] mf anaesthetist.

anexo, xa [a'nekso, sa] adj (accesorio) attached. ◆ m annexe.

anfetamina [anfeta'mina] f amphetamine.

anfibios [an'fiβjos] mpl amphibians.

anfiteatro [anfite'atro] m (de teatro) circle; (edificio) amphitheatre.

anfitrión, ona [anfi'trjon, ona] *m*, *f* host (*f* hostess).

ángel ['anxel] *m* angel.

angelical [anxeli'kal] *adj* angelic.

angina [an'xina] *f*: tener ~s to have a sore throat; ~ **de pecho** angina (pectoris).

anglosajón, ona [anglosa-'xon, ona] *adj & m, f* Anglo-Saxon.

anguila [an'gila] *f* eel.

angula [an'gula] *f* elver.

angular [angu'lar] *adj* angular.

ángulo ['angulo] *m* angle.

angustia [an'gustja] *f* anxiety.

angustiado, da [angus'tjaðo, ða] *adj* distressed.

angustiarse [angus'tjarse] *vpr* to get worried.

angustioso, sa [angus'tjoso, sa] *adj* (*momentos*) anxious; (*noticia*) distressing.

anhelar [ane'lar] *vt* (*ambicionar*) to long for.

anhelo [a'nelo] *m* longing.

anidar [ani'ðar] *vi* to nest.

anilla [a'niʎa] *f* ring. ❏ **anillas** *fpl* (*en gimnasia*) rings.

anillo [a'niʎo] *m* ring.

ánima ['anima] *m o f* soul.

animación [anima'θjon] *f* (*alegría*) liveliness.

animado, da [ani'maðo, ða] *adj* (*divertido*) lively; ~ **a** (*predispuesto*) in the mood for.

animal [ani'mal] *m* animal. ◆ *adj* (*bruto, grosero*) rough; (*exagerado*) gross; ~ **de compañía** pet; ~ **doméstico** (*de granja*) domestic animal; (*de compañía*) pet.

animar [ani'mar] *vt* (*alegrar*) to cheer up; (*alentar*) to encourage. ❏ **animarse** *vpr* (*alegrarse*) to cheer

up; ~**se a** (*decidirse a*) to finally decide to.

ánimo ['animo] *m* (*humor*) mood; (*valor*) courage. ◆ *interj* come on!

aniñado, da [ani'naðo, ða] *adj* childish.

aniquilar [aniki'lar] *vt* to annihilate.

anís [a'nis] *m* (*grano*) aniseed; (*licor*) anisette.

aniversario [aniβer'sarjo] *m* (*de acontecimiento*) anniversary; (*cumpleaños*) birthday.

ano ['ano] *m* anus.

anoche [a'notʃe] *adv* last night.

anochecer [anotʃe'θer] *m* dusk. ◆ *v impers* to get dark; **al** ~ at dusk.

anomalía [anoma'lia] *f* anomaly.

anómalo, la [a'nomalo, la] *adj* anomalous.

anonimato [anoni'mato] *m* anonymity.

anónimo, ma [a'nonimo, ma] *adj* anonymous. ◆ *m* anonymous letter.

anorak [ano'rak] *m* anorak *Br*, parka *Am*.

anorexia [ano'reksja] *f* anorexia.

anotar [ano'tar] *vt* to note down.

ansia ['ansja] *f* (*deseo, anhelo*) yearning; (*inquietud*) anxiousness.

ansiedad [ansje'ðað] *f* (*inquietud*) anxiety.

ansioso, sa [an'sjoso, sa] *adj*: ~ **por** impatient for.

Antártico [an'tartiko] *m*: **el** ~ the Antarctic.

ante ['ante] *prep* (*en presencia de*) before; (*frente a*) in the face of. ◆ *m* (*piel*) suede.

anteanoche [antea'notʃe] *adv* the night before last.

anteayer [antea'jer] *adv* the day before yesterday.

antebrazo [ante'βraθo] *m* forearm.

antecedentes [anteθe'δentes] *mpl*: **tener ~ (penales)** to have a criminal record.

anteceder [anteθe'δer] *vt* to precede.

antecesor, ra [anteθe'sor, ra] *m, f* predecessor.

antelación [antela'θjon] *f*: **con ~** in advance.

antemano [ante'mano] ♦ **de antemano** *adv* beforehand.

antena [an'tena] *f* (de radio, TV) aerial *Br*, antenna *Am*; (de animal) antena; **~ parabólica** satellite dish.

anteojos [ante'oxos] *mpl Amér* glasses.

antepasados [antepa'saδos] *mpl* ancestors.

antepenúltimo, ma [antepe-'nultimo, ma] *adj* second to last.

anterior [ante'rjor] *adj* (en espacio) front; (en tiempo) previous.

☞

antes ['antes] *adv* **- 1.** (en el tiempo) before; **~ se vivía mejor** life used to be better; **¿quién llamó ~?** who rang earlier?; **lo ~ posible** as soon as possible; **~ de hacerlo** before doing it; **llegó ~ de las nueve** she arrived before nine o'clock.
- 2. (en el espacio) in front; **la farmacia está ~** the chemist's is in front; **~ de o que** in front of; **la zapatería está ~ del cruce** the shoe shop is before the crossroads.
- 3. (primero) first; **yo la vi ~** I saw her first.
- 4. (en locuciones): **iría a la cárcel ~ que mentir** I'd rather go to prison than lie; **~ (de) que** (prioridad en el tiempo) before; **~ de nada** first of all.

♦ *adj* previous; **llegó el día ~** she arrived on the previous day.

antesala [ante'sala] *f* waiting room.

antiabortista [,antjaβor'tista] *mf* antiabortionist.

antiarrugas [antja'ruɣas] *m inv* anti-wrinkle cream.

antibiótico [anti'βjotiko] *m* antibiotic.

anticiclón [antiθi'klon] *m* anticyclone.

anticipado, da [antiθi'paδo, δa] *adj* (prematuro) early; (pago) advance.

anticipar [antiθi'par] *vt* (noticias) to tell in advance; (pagos) to pay in advance. ☐ **anticiparse** *vpr*: **~ se a alguien** to beat sb to it.

anticipo [anti'θipo] *m* (de dinero) advance.

anticoncepción [,antikonθep-'θjon] *f* contraception.

anticonceptivo [,antikonθep-'tiβo] *m* contraceptive.

anticuado, da [anti'kuaδo, δo] *adj* old-fashioned.

anticuario [anti'kuarjo] *m* antique dealer.

anticuerpo [anti'kuerpo] *m* antibody.

antidepresivo [,antiδepre'siβo] *m* antidepressant.

antier [an'tjer] *adv Amér fam* the day before yesterday.

antifaz [anti'faθ] (*pl* **-ces** [θes]) *m* mask.

antiguamente [an,tiɣua'mente] *adv* formerly.

antigüedad [antiɣue'δað] *f* (en el trabajo) seniority; (época): **en la ~** in the past. ☐ **antigüedades** *fpl* (muebles, objetos) antiques.

antiguo, gua [an'tiɣuo, ɣua] *adj*

(viejo) old; *(inmemorial)* ancient; *(pasado de moda)* old-fashioned; *(anterior)* former.

antihistamínico [ˌantiista'miniko] *m* antihistamine.

antiinflamatorio [ˌantiinflama'torjo] *m* anti-inflammatory drug.

antílope [an'tilope] *m* antelope.

antipatía [antipa'tia] *f* dislike.

antipático, ca [anti'patiko, ka] *adj* unpleasant.

antirrobo [anti'roβo] *adj* antitheft. ◆ *m (en coche)* antitheft device; *(en edificio)* burglar alarm.

antiséptico [anti'septiko] *m* antiseptic.

antitérmico [anti'termiko] *m* antipyretic.

antojitos [anto'xitos] *mpl Méx* Mexican dishes such as tacos served as snacks.

antojo [an'toxo] *m (capricho)* whim; tener ~ de to have a craving for.

antología [antolo'xia] *f* anthology.

antorcha [an'tortʃa] *f* torch.

antro ['antro] *m despec* dump.

anual [anu'al] *adj* annual.

anuario [anu'arjo] *m* yearbook.

anulado, da [anu'laðo, ða] *adj (espectáculo)* cancelled; *(tarjeta, billete, etc)* void; *(gol)* disallowed

anular [anu'lar] *m* ring finger. ◆ *vt (espectáculo)* to cancel; *(partido)* to call off; *(tarjeta, billete)* to validate; *(gol)* to disallow; *(personalidad)* to repress.

anunciar [anun'θjar] *vt* to announce; *(en publicidad)* to advertise.

anuncio [a'nunθjo] *m (notificación)* announcement; *(en publicidad)* advert *Br*, commercial *Am*; *(presagio, señal)* sign.

anzuelo [an'θwelo] *m (fish)* hook.

añadidura [aɲaði'ðura] *f* addition; por ~ what is more.

añadir [aɲa'ðir] *vt* to add.

añicos [a'ɲikos] *mpl*: hacerse ~ to shatter.

año ['aɲo] *m* year; hace ~ s years ago; ¿cuántos ~ s tienes? how old are you?; tengo 17 ~ s I'm 17 (years old); ~ nuevo New Year; los ~ s 50 the fifties.

añoranza [aɲo'ranθa] *f (del pasado)* nostalgia; *(del hogar)* homesickness.

añorar [aɲo'rar] *vt* to miss.

aorta [a'orta] *f* aorta.

apachurrar [apatʃu'rar] *vt Amér fam (achatar)* to squash.

apacible [apa'θiβle] *adj (persona, carácter)* gentle; *(lugar)* pleasant; *(tiempo)* mild.

apadrinar [apaðri'nar] *vt (en bautizo)* to act as godparent to; *(proteger, ayudar)* to sponsor.

apagado, da [apa'ɣaðo, ða] *adj (luz, fuego)* out; *(aparato)* off; *(persona, color)* subdued; *(sonido)* muffled.

apagar [apa'ɣar] *vt (luz, lámpara, televisión, etc)* to turn off; *(fuego)* to put out; *(fuerzas)* to sap. ❏ **apagarse** *vpr (morirse)* to pass away.

apagón [apa'ɣon] *m* power cut.

apaisado, da [apaj'saðo, ða] *adj* oblong.

apalabrar [apala'βrar] *vt* to make a verbal agreement regarding.

apalancado, da [apalan'kaðo, ða] *adj* comfortably installed.

apañado, da [apa'ɲaðo, ða] *adj* clever.

apañarse [apa'ɲarse] *vpr* to manage; **apañárselas** to manage.

apapachado, da [apapa'tʃaðo, ða] *adj Amér* pampered.

apapachar [apapa'tʃar] *vt Méx* to stroke fawningly.

aparador [apara'ðor] *m* sideboard.

aparato [apa'rato] *m (máquina)*

machine; *(de radio, televisión)* set; *(dispositivo)* device; *(electrodoméstico)* appliance; *(avión)* plane; *(digestivo, circulatorio, etc)* system; *(ostentación)* ostentation.

aparcamiento [aparka'mjento] *m* *(lugar)* car park *Br*, parking lot *Am*; *(hueco)* parking place; *(de un vehículo)* parking; '~ **público**' 'car park'.

aparcar [apar'kar] *vt (vehículo)* to park; *(problema, decisión, etc)* to leave to one side; '**no** ~' 'no parking'.

aparecer [apare'θer] *vi (de forma repentina)* to appear; *(lo perdido)* to turn up; *(publicación)* to come out.

aparejador, ra [aparexa'ðor, ra] *m, f* quantity surveyor.

aparejar [apare'xar] *vt (embarcación)* to rig.

aparejo [apa'rexo] *m (de embarcación)* rigging.

aparentar [aparen'tar] *vt (fingir)* to feign; *(edad)* to look.

aparente [apa'rente] *adj (fingido)* apparent; *(vistoso)* showy.

aparición [apari'θjon] *f* appearance; *(de lo sobrenatural)* apparition.

apariencia [apa'rjenθja] *f* appearance; **en** ~ outwardly; **guardar las** ~**s** to keep up appearances.

apartado, da [apar'taðo, ða] *adj (lejano)* remote; *(separado)* separated. ◆ *m* paragraph; ~ **de correos** P.O. Box.

apartamento [aparta'mento] *m* apartment; '~**s de alquiler**' 'apartments to let)'.

apartar [apar'tar] *vt (separar)* to separate; *(quitar)* to remove; *(quitar de en medio)* to move out of the way; *(disuadir)* to dissuade. ◻ **apartarse** *vpr (retirarse)* to move out of the way; ~**se** *(alejarse de)* to move away from.

aparte [a'parte] *adv (en otro lugar)* to one side; *(separadamente)* separately; *(además)* besides. ◆ *adj (privado)* private; *(diferente)* separate; ~ **de** *(además de)* besides; *(excepto)* apart from.

aparthotel [aparto'tel] *m* holiday *Br* ◻ vacation *Am* apartments *(pl)*.

apasionado, da [apasjo'naðo, ða] *adj* passionate; ~ **por** *(aficionado)* mad about.

apasionante [apasjo'nante] *adj* fascinating.

apasionar [apasjo'nar] *vi*: **le apasiona el teatro** he loves the theatre. ◻ **apasionarse** *vpr (excitarse)* to get excited. ◻ **apasionarse por** *v* + *prep (ser aficionado a)* to love.

apdo. *(abrev de apartado)* P.O. Box.

apechugar [apetʃu'ɣar] *vi*: ~ **con** *fam* to put up with.

apego [a'peɣo] *m*: **tener** ~ **a** to be fond of.

apellidarse [apeʎi'ðarse] *vpr*: **se apellida Gómez** her surname is Gómez.

apellido [ape'ʎiðo] *m* surname.

apenado, da [ape'naðo, ða] *adj Andes, CAm, Carib, Col & Méx* embarrassed.

apenar [ape'nar] *vt* to sadden. ◻ **apenarse** *vpr Andes, CAm, Carib, Col & Méx (sentir vergüenza)* to be embarrassed.

apenas [a'penas] *adv* hardly; *(escasamente)* only; *(tan pronto como)* as soon as.

apéndice [a'pendiθe] *m* appendix.

apendicitis [apendi'θitis] *f inv* appendicitis.

aperitivo [aperi'tiβo] *m (bebida)* aperitif; *(comida)* appetizer.

apertura [aper'tura] f (*inauguración*) opening.

apestar [apes'tar] vi to stink.

apetecer [apete'θer] vt: ¿te apetece un café? do you fancy a coffee?

apetecible [apete'θiβle] adj appetizing.

apetito [ape'tito] m appetite; **abrir el ~** to whet one's appetite; **tener ~** to feel hungry.

apetitoso, sa [apeti'toso, sa] adj appetizing.

apicultura [apikul'tura] f beekeeping.

apiñado, da [api'ɲaðo, ða] adj packed.

apiñarse [api'ɲarse] vpr to crowd together.

apio ['apjo] m celery.

apisonadora [apisona'ðora] f steamroller.

aplanadora [aplana'ðora] f Amér steamroller.

aplanar [apla'nar] vt to level.

aplastar [aplas'tar] vt (*chafar*) to flatten.

aplaudir [aplau'ðir] vt & vi to applaud.

aplauso [a'plauso] m round of applause; **~s** applause (*sg*).

aplazar [apla'θar] vt to postpone.

aplicación [aplika'θjon] f application.

aplicado, da [apli'kaðo, ða] adj (*alumno, estudiante*) diligent; (*ciencia, estudio*) applied.

aplicar [apli'kar] vt to apply. ❑ **aplicarse** vpr **~se en** to apply o.s. to.

aplique [a'plike] m wall lamp.

aplomo [a'plomo] m composure.

apoderarse [apoðe'rarse] ◆ **apoderarse de** v + prep to seize.

apodo [a'poðo] m nickname.

apogeo [apo'xeo] m height; **estar en su ~** to be at its height.

aportación [aporta'θjon] f contribution.

aportar [apor'tar] vt to contribute.

aposta [a'posta] adv on purpose.

apostar [apos'tar] vt & vi to bet. ❑ **apostar por** v + prep to bet on.

apóstol [a'postol] m apostle.

apóstrofo [a'postrofo] m apostrophe.

apoyar [apo'jar] vt (*animar*) to support; (*fundamentar*) to base; (*respaldar*) to lean. ❑ **apoyarse** vpr **~se (en)** to lean (on).

apoyo [a'pojo] m support.

apreciable [apre'θjaβle] adj (*perceptible*) appreciable; (*estimable*) worthy.

apreciación [apreθja'θjon] f appreciation.

apreciado, da [apre'θjaðo, ða] adj (*estimado*) esteemed.

apreciar [apre'θjar] vt (*sentir afecto por*) to think highly of; (*valorar*) to appreciate; (*percibir*) to make out.

aprecio [a'preθjo] m esteem.

apremiar [apre'mjar] vt (*dar prisa*) to urge. ◆ vi (*tiempo*) to be short.

aprender [apren'der] vt to learn. ◆ vi: **~ a** to learn to.

aprendiz [apren'diθ] (pl **-ces** [θes]) m apprentice.

aprendizaje [aprendi'θaxe] m (*proceso*) learning.

aprensión [apren'sjon] f (*miedo*) apprehension; (*escrúpulo*) squeamishness.

aprensivo, va [apren'siβo, βa] adj (*miedoso*) apprehensive; (*escrupuloso*) squeamish; (*hipocondríaco*) hypochondriac.

apresurado, da [apresu'raðo, ða] *adj* hurried.

apresurarse [apresu'rarse] *vpr* to hurry; ~ **a** to hurry to.

apretado, da [apre'taðo, ða] *adj (cinturón, ropa, etc)* tight; *(victoria, triunfo)* narrow; *(agenda)* full.

apretar [apre'tar] *vt (presionar)* to press; *(gatillo)* to pull; *(ajustar)* to tighten; *(ceñir)* to be too tight for; *(con los brazos)* to squeeze. ◆ *vi (calor, hambre)* to intensify. ❑ **apretarse** *vpr (apiñarse)* to crowd together; ~ **se el cinturón** to tighten one's belt.

apretujar [apretu'xar] *vt fam* to squash. ❑ **apretujarse** *vpr* to squeeze together.

aprisa [a'prisa] *adv* quickly.

aprobado [apro'βaðo] *m* pass.

aprobar [apro'βar] *vt (asignatura, examen, ley)* to pass; *(actitud, comportamiento)* to approve of.

apropiado, da [apro'pjaðo, ða] *adj* suitable.

apropiarse [apro'pjarse] ◆ **apropiarse de** *v + prep (adueñarse de)* to appropriate.

aprovechado, da [aproβe-'tʃaðo, ða] *adj (tiempo)* well-spent; *(espacio)* well-planned.

aprovechar [aproβe'tʃar] *vt (ocasión, oferta)* to take advantage of; *(tiempo, espacio)* to make use of; *(inservible)* to put to good use. ◆ *vi:* **¡que aproveche!** enjoy your meal! ❑ **aprovecharse de** *v + prep* to take advantage of.

aproximación [aproksima'θjon] *f (acercamiento)* approach; *(en cálculo)* approximation.

aproximadamente [aproksi-,maða'mente] *adv* approximately.

aproximar [aproksi'mar] *vt* to move closer. ❑ **aproximarse** *vpr:* ~ **se a** to come closer to.

apto, ta ['apto, ta] *adj:* ~ **para** *(capacitado)* capable of; ~ **para menores** suitable for children; **no** ~ **para menores** unsuitable for children.

apuesta [a'pwesta] *f* bet.

apuesto, ta [a'pwesto, ta] *adj* dashing.

apunarse [apu'narse] *vpr Andes* to get altitude sickness.

apuntador, ra [apunta'ðor, ra] *m, f* prompter.

apuntar [apun'tar] *vt (escribir)* to note down; *(inscribir)* to put down; *(arma)* to aim; *(con el dedo)* to point at. ❑ **apuntarse** *vpr (inscribirse)* to put one's name down. ❑ **apuntarse a** *v + prep (participar en)* to join in with.

apunte [a'punte] *m (nota)* note; *(boceto)* sketch. ❑ **apuntes** *mpl* notes; **tomar** ~**s** to take notes.

apuñalar [apuɲa'lar] *vt* to stab.

apurar [apu'rar] *vt (agotar)* to finish off; *(preocupar)* to trouble. ❑ **apurarse** *vpr (darse prisa)* to hurry; ~ **se por** *(preocuparse por)* to worry about.

apuro [a'puro] *m (dificultad)* fix; *(escasez económica)* hardship; **me da** ~ **(hacerlo)** I'm embarrassed (to do it); **estar en** ~ **s** to be in a tight spot.

aquel, aquella [a'kel, a'keʎa] *adj* that.

aquél, aquélla [a'kel, a'keʎa] *pron (lejano en el espacio)* that one; *(lejano en el tiempo)* that; ~ **que** anyone who.

aquello [a'keʎo] *pron neutro* that; ~ **de su mujer es mentira** all that about his wife is a lie.

aquí [a'ki] *adv (en este lugar)* here; *(ahora)* now; ~ **arriba** up here; ~ **dentro** in here.

árabe [ˈaɾaβe] *adj & mf* Arab. ◆ *m (lengua)* Arabic.

arado [aˈɾaðo] *m* plough.

arandela [aɾanˈdela] *f* washer.

araña [aˈɾaɲa] *f* spider.

arañar [aɾaˈɲaɾ] *vt* to scratch.

arañazo [aɾaˈɲaθo] *m* scratch.

arar [aˈɾaɾ] *vt* to plough.

arbitrar [aɾβiˈtɾaɾ] *vt (partido)* to referee; *(discusión)* to arbitrate.

árbitro [ˈaɾβitɾo] *m* referee.

árbol [ˈaɾβol] *m* tree; ~ **de Navidad** Christmas tree.

arbusto [aɾˈβusto] *m* bush.

arca [ˈaɾka] *f (cofre)* chest.

arcada [aɾˈkaða] *f* arcade. ❑ **arcadas** *fpl (náuseas)* retching *(sg)*.

arcaico, ca [aɾˈkajko, ka] *adj* archaic.

arcángel [aɾˈkanxel] *m* archangel.

arcén [aɾˈθen] *m (en carretera)* verge; *(de autopista)* hard shoulder *Br*, shoulder *Am*.

archipiélago [aɾtʃiˈpjelaɣo] *m* archipelago.

archivador [aɾtʃiβaˈðoɾ] *m* filing cabinet.

archivar [aɾtʃiˈβaɾ] *vt* to file.

archivo [aɾˈtʃiβo] *m (lugar)* archive; *(documentos)* archives *(pl)*.

arcilla [aɾˈθiʎa] *f* clay.

arcilloso, sa [aɾθiˈʎoso, sa] *adj* clayey.

arco [ˈaɾko] *m (de flechas)* bow; *(en arquitectura)* arch; *(en geometría)* arc; *Amér (en deporte)* goal; ~ **iris** rainbow; ~ **de triunfo** triumphal arch.

arder [aɾˈðeɾ] *vi* to burn; **está que arde** *fam* he's fuming.

ardiente [aɾˈðjente] *adj (que arde)* burning; *(líquido)* scalding; *(apasionado)* ardent.

ardilla [aɾˈðiʎa] *f* squirrel.

área [ˈaɾea] *f* area; '~ **de descanso'** 'rest area'; '~ **de recreo'** ≃ 'picnic area'.

arena [aˈɾena] *f* sand; ~ **s movedizas** quicksand.

arenoso, sa [aɾenˈoso, sa] *adj* sandy.

arenque [aˈɾenke] *m* herring.

aretes [aˈɾetes] *mpl Col & Méx* earrings.

Argentina [aɾxenˈtina] Argentina.

argentino, na [aɾxenˈtino, na] *adj & m, f* Argentinian.

argot [aɾˈɣot] *m (popular)* slang; *(técnico)* jargon.

argumentar [aɾɣumenˈtaɾ] *vt (alegar)* to allege.

argumento [aɾɣuˈmento] *m (razón)* reason; *(de novela, película, etc)* plot.

aria [ˈaɾja] *f* aria.

árido, da [ˈaɾiðo, ða] *adj* dry.

arista [aˈɾista] *f* edge.

aristocracia [aɾistoˈkɾaθja] *f* aristocracy.

aristócrata [aɾisˈtokɾata] *mf* aristocrat.

aritmética [aɾiðˈmetika] *f* arithmetic.

arlequín [aɾleˈkin] *m* harlequin.

arma [ˈaɾma] *f* weapon; **ser de** ~ **s tomar** *(tener mal carácter)* to be a nasty piece of work.

armada [aɾˈmaða] *f (fuerzas navales)* navy.

armadillo [aɾmaˈðiʎo] *m* armadillo.

armadura [aɾmaˈðuɾa] *f (coraza)* armour.

armamento [aɾmaˈmento] *m (armas)* arms *(pl)*.

armar [aɾˈmaɾ] *vt (ejército)* to arm; *(pistola, fusil)* to load; *(mueble)* to assemble; *(tienda)* to pitch; *(alboroto,* *ruido)* to make. □**armarse** *vpr* to arm o.s. □**armarse de** *v + prep (valor, paciencia)* to summon up.

armario [ar'marjo] *m (de cajones)* cupboard *Br*, dresser *Am*; *(ropero)* wardrobe; ~ **empotrado** fitted cupboard/wardrobe.

amazón [arma'θon] *f (de cama, tienda de campaña)* frame; *(de coche)* chassis.

armisticio [armis'tiθjo] *m* armistice.

armonía [armo'nia] *f* harmony.

armónica [ar'monika] *f* harmonica.

armonizar [armoni'θar] *vt* to match.

aro ['aro] *m (anilla)* ring; *(juguete)* hoop.

aroma [a'roma] *m (olor)* aroma; *(de vino)* bouquet; ~ **artificial** artificial flavouring.

arpa ['arpa] *f* harp.

arqueología [arkeolo'xia] *f* archeology.

arqueólogo, ga [arke'olovo, va] *m, f* archeologist.

arquero [ar'kero] *m Amér* goalkeeper.

arquitecto, ta [arki'tekto, ta] *m, f* architect.

arquitectónico, ca [arkitek-'toniko, ka] *adj* architectural.

arquitectura [arkitek'tura] *f* architecture.

arraigar [araj'var] *vi* to take root.

arrancar [aran'kar] *vt (del suelo)* to pull up; *(motor)* to start; *(de las manos)* to snatch. ◆ *vi (iniciar la marcha)* to set off; *(vehículo)* to start up; ~ **de** to stem from.

arranque [a'ranke] *m (ímpetu)* drive; *(de ira, pasión)* fit.

arrastrar [aras'trar] *vt (por el suelo)*

to drag; *(convencer)* to win over. □**arrastrarse** *vpr (reptar)* to crawl; *(humillarse)* to grovel.

arrastre [a'rastre] *m* dragging; **estar para el** ~ to have had it.

arrebatar [areβa'tar] *vt* to snatch.

arrebato [are'βato] *m (de ira, pasión)* outburst.

arreglar [are'vlar] *vt (ordenar)* to tidy up *Br*, to clean up *Am*; *(reparar)* to repair; *(casa)* to do up *Br*, to decorate. □**arreglarse** *vpr (embellecerse)* to smarten up; *(solucionarse)* to sort itself out; **arreglárselas** to manage.

arreglo [a'reylo] *m (reparación)* repair; *(de ropa)* mending; *(acuerdo)* agreement.

arrendatario, ria [arenda'tarjo, rja] *m, f* tenant.

arreos [a'reos] *mpl* harness *(sg)*.

arrepentirse [arepen'tirse] ◆ **arrepentirse de** *v + prep* to regret.

arrestar [ares'tar] *vt* to arrest.

arriba [a'riβa] *adv (de situación)* above; *(de dirección)* up; *(en edificio)* upstairs; **allí** ~ up there; **aquí** ~ up here; **más** ~ further up; **para** ~ upwards; **de** ~ *(piso)* upstairs; **de** ~ **abajo** *(detenidamente)* from top to bottom; *(con desdén)* up and down.

arriesgado, da [arjez'vaðo, ða] *adj* risky.

arriesgar [arjez'var] *vt* to risk. □**arriesgarse** *vpr:* ~ **se a** to dare to.

arrimar [ari'mar] *vt* to move closer; ~ **el hombro** to lend a hand. □**arrimarse** *vpr:* ~ **se a** to move closer to.

arrodillarse [aroði'ʎarse] *vpr* to kneel down.

arrogancia [aro'vanθja] *f* arrogance.

arrogante [aro'vante] *adj* arrogant.

arrojar [aro'xar] vt (lanzar) to hurl; (vomitar) to throw up; ~ a alguien de (echar) to throw sb out of. ❑ **arrojarse** vpr (al vacío) to hurl o.s.; (sobre una persona) to leap.

arroyo [a'royo] m stream.

arroz [a'roθ] m rice; ~ blanco boiled rice; ~ a la cazuela dish similar to paella, but cooked in a pot; ~ con leche rice pudding; ~ negro rice cooked with squid ink.

arruga [a'ruɣa] f (en piel) wrinkle; (en tejido) crease.

arrugado, da [aru'ɣaðo, ða] adj (piel) wrinkled; (tejido, papel) creased.

arrugar [aru'ɣar] vt to crease. ❑ **arrugarse** vpr to get creased.

arruinar [arwi'nar] vt to ruin. ❑ **arruinarse** vpr to be ruined.

arsénico [ar'seniko] m arsenic.

arte ['arte] m o f art; tener ~ para to be good at; con malas ~s using trickery; por ~ de magia as if by magic. ❑ **artes** fpl arts.

artefacto [arte'fakto] m device.

arteria [ar'terja] f artery.

artesanal [artesa'nal] adj handmade.

artesanía [artesa'nia] f craftsmanship; de ~ handmade.

artesano, na [arte'sano, na] m, f craftsman (f craftswoman).

ártico ['artiko] adj arctic. ❑ **Ártico** m: el Ártico the Arctic.

articulación [artikula'θjon] f joint; (de sonidos) articulation.

articulado, da [artiku'laðo, ða] adj articulated.

articular [artiku'lar] vt to articulate.

articulista [artiku'lista] mf journalist.

artículo [ar'tikulo] m article; (producto) product; ~s de consumo con-

sumer goods; ~s de lujo luxury goods.

artificial [artifi'θjal] adj artificial.

artificio [arti'fiθjo] m (dispositivo) device; (habilidades) trick.

artista [ar'tista] mf artist; (de espectáculo) artiste.

artístico, ca [ar'tistiko, ka] adj artistic.

arveja [ar'βexa] f Andes, CAm, Carib, Col & RP pea.

arzobispo [arθo'βispo] m archbishop.

as [as] m ace.

asa ['asa] f handle.

asado, da [a'saðo, ða] adj & m roast; carne asada (al horno) roast meat; (a la parrilla) grilled meat; pimientos ~s roast peppers.

asador [asa'ðor] m spit Br, rotisserie Am.

asalariado, da [asala'rjaðo, ða] adj salaried. ◆ m, f wage earner.

asaltar [asal'tar] vt (robar) to rob; (agredir) to attack.

asalto [a'salto] m (a banco, tienda, persona) robbery; (en boxeo, judo, etc) round.

asamblea [asam'blea] f (de una asociación) assembly; (en política) mass meeting.

asar [a'sar] vt (al horno) to roast; (a la parrilla) to grill. ❑ **asarse** vpr to be boiling hot.

ascendencia [asθen'denθja] f (antepasados) ancestors (pl).

ascendente [asθen'dente] adj ascending.

ascender [asθen'der] vt (empleado) to promote. ◆ vi (subir) to rise. ❑ **ascender a** v + prep (suj: cantidad) to come to.

ascendiente [asθen'djente] mf ancestor.

ascenso [as'θenso] m (de sueldo) rise (Br), raise (Am); (de posición) promotion.

ascensor [asθen'sor] m lift (Br), elevator (Am).

asco ['asko] m revulsion; **ser un ~** to be awful; **me da ~** I find it disgusting; **¡qué asco!** how disgusting!; **estar hecho un ~** fam to be filthy.

ascua ['askwa] f ember; **estar en ~s** to be on tenterhooks.

aseado, da [ase'aðo, ða] adj clean.

asear [ase'ar] vt to clean. ❑ **asearse** vpr to get washed and dressed.

asegurado, da [aseɣu'raðo, ða] adj insured. ◆ m, f policy-holder.

asegurar [aseɣu'rar] vt (coche, vivienda) to insure; (cuerda, nudo) to secure; (prometer) to assure. ❑ **asegurarse de** v + prep to make sure that.

asentir [asen'tir] vi to agree.

aseo [a'seo] m (limpieza) cleaning; (habitación) bathroom; **'~s'** 'toilets' Br, 'restroom' Am.

aséptico, ca [a'septiko, ka] adj aseptic.

asequible [ase'kiβle] adj (precio, producto) affordable.

asesinar [asesi'nar] vt to murder.

asesinato [asesi'nato] m murder.

asesino, na [ase'sino, na] adj murderer.

asesor, ra [ase'sor, ra] adj advisory. ◆ m, f consultant.

asesorar [aseso'rar] vt to advise. ❑ **asesorarse** vpr to seek advice.

asesoría [aseso'ria] f consultant's office.

asfaltado, da [asfal'taðo, ða] adj tarmacked, packed Am. ◆ m road surface.

asfaltar [asfal'tar] vt to surface Br, to pave Am.

asfalto [as'falto] m asphalt.

asfixia [as'fiksja] f suffocation.

asfixiante [asfik'sjante] adj (olor) overpowering; (calor) suffocating.

asfixiar [asfik'sjar] vt to suffocate. ❑ **asfixiarse** vpr to suffocate.

así [a'si] adv & adj inv like this; **~ de grande** this big; **~ como** just as; **~ es** that's right; **~ es como** that is how; **~ no más** Amér fam (regular) just like that; **~ y todo** even so; **y ~ sucedió** and that is exactly what happened.

asiento [a'sjento] m seat.

asignatura [asiɣna'tura] f subject.

asilo [a'silo] m (para ancianos) old people's home Br, retirement home Am; **~ político** political asylum.

asimilación [asimila'θjon] f assimilation.

asimilar [asimi'lar] vt (conocimientos) to assimilate; (cambio, situación) to take in one's stride.

asistencia [asis'tenθja] f (a clase, espectáculo) attendance; (ayuda) assistance; (público) audience.

asistir [asis'tir] vt (suj: médico, enfermera) to attend to. ❑ **asistir a** v + prep (clase, espectáculo) to attend.

asma ['asma] f asthma.

asmático, ca [az'matiko, ka] adj asthmatic.

asno, na ['azno, na] m, f ass.

asociación [asoθja'θjon] f association.

asociar [aso'θjar] vt to associate. ❑ **asociarse a** v + prep to become a member of. ❑ **asociarse con** v + prep to form a partnership with.

asolar [aso'lar] vt to devastate.

asomar [aso'mar] vi to peep up. ◆ vt to stick out. ❑ **asomarse** vpr: **~ se a** (ventana) to stick one's head out of; (balcón) to go out onto.

asombrar [asom'brar] vt (causar

admiración) to amaze; *(sorprender)* to surprise. ❑ **asombrarse de** v + prep *(sentir admiración)* to be amazed at; *(sorprenderse)* to be surprised at.

asombro [a'sombro] m *(admiración)* amazement; *(sorpresa)* surprise.

asorocharse [asoro'tʃarse] *Chile al Perú* to get altitude sickness.

aspa ['aspa] f *(de molino de viento)* arms *(pl)*.

aspecto [as'pekto] m *(apariencia)* appearance; **tener buen/mal ~** *(persona)* to look well/awful; *(cosa)* to look nice/horrible.

aspereza [aspe'reθa] f roughness.

áspero, ra ['aspero, ra] *adj (al tacto)* rough; *(voz)* harsh.

aspiradora [aspira'ðora] f vacuum cleaner.

aspirar [aspi'rar] vt *(aire)* to breathe in. ❑ **aspirar a** v + prep to aspire to.

aspirina [aspi'rina] f aspirin.

asqueado, da [aske'aðo, ða] *adj* disgusted.

asquerosidad [askerosi'ðað] f filthiness.

asqueroso, sa [aske'roso, sa] *adj* filthy.

asta ['asta] f *(de lanza)* shaft; *(de bandera)* flagpole; *(de toro)* horn; *(de ciervo)* antler.

asterisco [aste'risko] m asterisk.

astillero [asti'ʎero] m shipyard.

astro ['astro] m star.

astrología [astrolo'xia] f astrology.

astrólogo, ga [as'trolovo, ɣa] m astrologer.

astronauta [astro'nauta] mf astronaut.

astronomía [astrono'mia] f astronomy.

astronómico, ca [astro'nomiko, ka] *adj* astronomical.

astrónomo, ma [as'tronomo, ma] m, f astronomer.

astuto, ta [as'tuto, ta] *adj (sagaz)* astute; *(ladino)* cunning.

asumir [asu'mir] vt *(problema)* to cope with; *(responsabilidad)* to assume.

asunto [a'sunto] m *(tema general)* subject; *(tema específico)* matter; *(problema)* issue; *(negocio)* affair.

asustar [asus'tar] vt to frighten. ❑ **asustarse** vpr to be frightened.

atacar [ata'kar] vt to attack.

atajo [a'taxo] m *(camino)* short cut; *despec (grupo de personas)* bunch; **un ~ de** a string of.

ataque [a'take] m *(agresión)* attack; *(de ira, risa, etc)* fit; *(de fiebre, tos, etc)* bout; **~ al corazón** heart attack.

atar [a'tar] vt *(con cuerda, cadena, etc)* to tie; *(ceñir)* to tie up.

atardecer [atarðe'θer] m: **al ~** at dusk.

atareado, da [atare'aðo, ða] *adj* busy.

atasco [a'tasko] m *(de tráfico)* traffic jam.

ataúd [ata'uð] m coffin.

ate ['ate] m *Amér* quince jelly.

ateísmo [ate'izmo] m atheism.

atención [aten'θjon] f *(interés)* attention; *(regalo, obsequio)* kind gesture; **~ al cliente** customer service; **llamar la ~** to be noticeable. ❑ **atenciones** fpl *(cuidados)* attentiveness *(sg)*.

atender [aten'der] vt *(solicitud, petición, negocio)* to attend to; *(clientes)* to serve; *(enfermo)* to look after. ◆ vi *(escuchar)* to pay attention; **¿le atienden?** are you being served?

atentado [aten'taðo] m attempt *(on sb's life)*.

atentamente [a̯ten̪ta'men̪te] *adv* (*en cartas*) Yours sincerely.

atento, ta [a'ten̪to, ta] *adj* (*con atención*) attentive; (*amable*) considerate.

ateo, a [a'teo, a] *m, f* atheist.

aterrizaje [ateri'θaxe] *m* landing; ~ forzoso emergency landing.

aterrizar [ateri'θar] *vi* to land.

aterrorizar [aterori'θar] *vt* to terrify.

atestado, da [ates'taðo, ða] *adj* packed.

atestiguar [atesti'ɣwar] *vt* to testify to.

ático ['atiko] *m* penthouse.

atinar [ati'nar] *vi* to guess correctly.

atípico, ca [a'tipiko, ka] *adj* atypical.

Atlántico [aθ'lan̪tiko] *m*: **el ~** the Atlantic.

atlas ['aðlas] *m inv* atlas.

atleta [aθ'leta] *mf* athlete.

atlético, ca [aθ'letiko, ka] *adj* athletic.

atletismo [aðle'tizmo] *m* athletics.

atmósfera [aθ'mosfera] *f* atmosphere.

atmosférico, ca [aθmos'feriko, ka] *adj* atmospheric.

atolondrarse [atolon̪'drarse] *vpr* to get flustered.

atómico, ca [a'tomiko, ka] *adj* nuclear.

átomo ['atomo] *m* atom.

atónito, ta [a'tonito, ta] *adj* astonished.

atontado, da [aton̪'taðo, ða] *adj* dazed.

atorado, da [ato'raðo, ða] *adj* *Amér* (*atascado*) blocked; (*agitado, nervioso*) nervous.

atorar [ato'rar] *vt* *Amér* to block. ◻ **atorarse** *vpr* *Amér* (*atascarse*) to

get blocked; (*atragantarse*) to choke.

atorrante [ato'ran̪te] *adj* *Andes & CSur* (*despreocupado*) scruffy.

atracador, ra [atraka'ðor, ra] *m, f* (*de banco, tienda*) armed robber; (*de persona*) mugger.

atracar [atra'kar] *vt* (*banco, tienda*) to rob; (*persona*) to mug. ◆ *vi* (*barco*) to dock. ◻ **atracarse de** *v + prep* to eat one's fill of.

atracción [atrak'θjon] *f* attraction. ◻ **atracciones** *fpl* fairground attractions.

atraco [a'trako] *m* robbery.

atractivo, va [atrak'tiβo, βa] *adj* attractive. ◆ *m* (*de trabajo, lugar*) attraction; (*de persona*) attractiveness.

atraer [atra'er] *vt* to attract. ◆ *vi* to be attractive.

atragantarse [atraɣan̪'tarse] *vpr* to choke.

atrapar [atra'par] *vt* to catch.

atrás [a'tras] *adv* (*de posición*) behind; (*al moverse*) backwards; (*de tiempo*) before.

atrasado, da [atra'saðo, ða] *adj* (*trabajo, tarea, proyecto*) delayed; (*pago*) overdue; (*en estudios*) backward; **ir ~** (*reloj*) to be slow.

atrasar [atra'sar] *vt* (*llegada, salida*) to delay; (*proyecto, cita, acontecimiento*) to postpone; (*reloj*) to put back. ◆ *vi* (*reloj*) to be slow. ◻ **atrasarse** *vpr* (*persona*) to be late; (*tren, avión, etc*) to be delayed; (*proyecto, acontecimiento*) to be postponed.

atraso [a'traso] *m* (*de evolución*) backwardness. ◻ **atrasos** *mpl* (*de dinero*) arrears.

atravesar [atraβe'sar] *vt* (*calle, río, puente*) to cross; (*situación difícil, crisis*) to go through; (*objeto, madero, etc*) to penetrate. ◻ **atravesarse** *vpr* to be in the way.

atreverse [atre'βerse] *vpr* to dare to.

atrevido, da [atre'βiðo, ða] *adj (osado)* daring; *(insolente)* cheeky *Br*, sassy *Am*; *(ropa, libro)* risqué; *(propuesta)* forward.

atribución [atriβu'θjon] *f (de poder, trabajo)* responsibility.

atribuir [atriβu'ir] *vt* to attribute; *(poder, cargo)* to give.

atributo [atri'βuto] *m* attribute.

atrio ['atrjo] *m (de palacio)* portico; *(de convento)* cloister.

atropellar [atrope'ʎar] *vt (suj: vehículo)* to run over; *(con empujones)* to push out of the way. □ **atropellarse** *vpr (hablando)* to trip over one's words.

atropello [atro'peʎo] *m* running over.

ATS [ate'ese] *mf (abrev de Ayudante Técnico Sanitario)* qualified nurse.

atte *abrev = atentamente.*

atún [a'tun] *m* tuna; **~ en aceite** tuna in oil.

audaz [au'ðaθ] *(pl* **-ces** [θes]) *adj* daring.

audiencia [au'ðjenθja] *f* audience.

audiovisual [auðjoβi'sual] *adj* audiovisual. ◆ *m* audiovisual display.

auditivo, va [auði'tiβo, βa] *adj* ear *(antes de s).*

auditor [auði'tor] *m* auditor.

auditoría [auðito'ria] *f (trabajo)* auditing *Br*, audit *Am*; *(lugar)* auditor's office.

auditorio [auði'torjo] *m (público)* audience; *(local)* auditorium.

auge ['auxe] *m* boom; **en ~** booming.

aula ['aula] *f (de universidad)* lecture room *Br*, class room *Am*; *(de escuela)* classroom.

aullar [au'ʎar] *vi* to howl.

aullido [au'ʎiðo] *m* howl.

aumentar [aumen'tar] *vt* to increase; *(peso)* to put on.

aumento [au'mento] *m* increase; *(en óptica)* magnification.

aun [aun] *adv* even. ◆ *conj:* **~ estando enferma, vino** she came, even though she was ill; **~ así** even so.

aún [a'un] *adv* still; **~ no han venido** they haven't come yet.

aunque [a'unke] *conj* although.

aureola [aure'ola] *f (de santo)* halo; *(fama, éxito)* aura.

auricular [auriku'lar] *m (de teléfono)* receiver. □ **auriculares** *mpl (de radio, casete)* headphones.

ausencia [au'senθja] *f* absence.

ausente [au'sente] *adj (de lugar)* absent; *(distraído)* absent-minded.

austeridad [austeri'ðað] *f* austerity.

austero, ra [aus'tero, ra] *adj* austere.

Australia [aus'tralja] Australia.

australiano, na [austra'ljano, na] *adj & m, f* Australian.

Austria ['austrja] Austria.

austríaco, ca [aus'triako, ka] *adj & m, f* Austrian.

autenticidad [autentiθi'ðað] *f* authenticity.

auténtico, ca [au'tentiko, ka] *adj (joya, piel)* genuine; *(verdadero, real)* real.

auto ['auto] *m (automóvil)* car.

autobiografía [autoβjoɣra'fia] *f* autobiography.

autobús [auto'βus] *m* bus.

autocar [auto'kar] *m* coach, bus *Am*; **~ de línea** (long-distance) coach.

autocontrol [autokon'trol] *m* self-control.

autóctono, na [auˈtoktono, na] *adj* indigenous.

autoescuela [autoesˈkwela] *f* driving school.

autógrafo [auˈtoɣrafo] *m* autograph.

automáticamente [auto,matikaˈmente] *adv* automatically.

automático, ca [autoˈmatiko, ka] *adj* automatic.

automóvil [autoˈmoβil] *m* car.

automovilismo [automoβiˈlizmo] *m* motoring *Br*, driving *Am*.

automovilista [automoβiˈlista] *mf* motorist *Br*, driver *Am*.

autonomía [autonoˈmia] *f* autonomy; ~ **de vuelo** range.

autonómico, ca [autoˈnomiko, ka] *adj (región, gobierno)* autonomous; *(ley)* devolution.

autónomo, ma [auˈtonomo, ma] *adj (independiente)* autonomous; *(trabajador)* freelance.

autopista [autoˈpista] *f* motorway; ~ **de peaje** toll motorway *(Br)*, turnpike *(Am)*.

autopsia [auˈtopsja] *f* autopsy.

autor, ra [auˈtor, ra] *m, f (de libro)* author; *(de cuadro, escultura)* artist; *(de acción, hecho)* perpetrator.

autoridad [autoriˈðað] *f* authority; **la ~** the authorities *(pl)*.

autoritario, ria [autoriˈtarjo, rja] *adj* authoritarian.

autorización [autoriθaˈθjon] *f* authorization.

autorizado, da [autoriˈθaðo, ða] *adj* authorized.

autorizar [autoriˈθar] *vt* to authorize.

autorretrato [autoreˈtrato] *m* self-portrait.

autoservicio [autoserˈβiθjo] *m* self-service.

autostop [autosˈtop] *m* hitchhiking; **hacer ~** to hitch-hike.

autostopista [autostoˈpista] *mf* hitch-hiker.

autosuficiente [autosufiˈθjente] *adj* self-sufficient.

autovía [autoˈβia] *f* dual carriageway *(Br)*, divided road *(Am)*.

auxiliar [auksiˈljar] *adj* auxiliary. ◆ *mf* assistant. ◆ *vt* to assist; ~ **administrativo** office clerk; ~ **de vuelo** flight attendant.

auxilio [aukˈsiljo] *m* help. ◆ *interj* help!; **primeros ~s** first aid *(sg)*.

aval [aˈβal] *m (persona)* guarantor; *(documento)* guarantee.

avalador, ra [aβalaˈðor, ra] *m, f* guarantor.

avalancha [aβaˈlantʃa] *f* avalanche.

avalar [aβaˈlar] *vt (crédito)* to guarantee; *(propuesta, idea)* to endorse.

avance [aˈβanθe] *m (de tecnología, ciencia, etc)* advance; *(de noticia)* summary; *(de película)* preview.

avanzado, da [aβanˈθaðo, ða] *adj* advanced.

avanzar [aβanˈθar] *vi* to advance.

avaricioso, sa [aβariˈθjoso,sa] *adj* avaricious.

avaro, ra [aˈβaro, ra] *adj* miserly.

avda *(abrev de avenida)* Ave.

AVE [ˈaβe] *m (abrev de Alta Velocidad Española)* Spanish high-speed train.

ave [ˈaβe] *f* bird.

avellana [aβeˈʎana] *f* hazelnut.

avellano [aβeˈʎano] *m* hazel tree.

avena [aˈβena] *f* oats *(pl)*.

avenida [aβeˈniða] *f* avenue.

aventar [aβenˈtar] *vt Andes & Méx* to throw. ◻ **aventarse** *vpr Col & Méx* to throw oneself.

aventón [aβenˈton] *m Amér* shove,

dar un ~ a alguien to give sb a lift.

aventura [aβenˈtura] f adventure; *(de amor)* affair.

aventurarse [aβentuˈrarse] *vpr:* **~ a hacer algo** to risk doing sth.

aventurero, ra [aβentuˈrero, ra] *adj* adventurous. ◆ *m, f* adventurer *(f adventuress)*.

avergonzado, da [aβerɣonˈθaðo, ða] *adj (abochornado)* embarrassed; *(deshonrado)* ashamed.

avergonzarse [aβerɣonˈθarse] ◆ **avergonzarse de** v + prep *(por timidez)* to be embarrassed about; *(por deshonra)* to be ashamed of.

avería [aβeˈria] f *(de coche)* breakdown; *(de máquina)* fault.

averiado, da [aβeˈrjaðo, ða] *adj (coche)* broken-down; *(máquina)* out of order.

averiarse [aβeˈrjarse] *vpr* to break down.

averiguar [aβeriˈɣwar] *vt* to find out.

aversión [aβerˈsjon] f aversion.

avestruz [aβesˈtruθ] *(pl* -ces [θes]) *m* ostrich.

aviación [aβjaˈθjon] f *(navegación)* aviation; *(cuerpo militar)* airforce.

aviador, ra [aβjaˈðor, ra] *m, f* aviator.

avión [aˈβjon] *m* plane; **en ~** by plane; **por ~** *(carta)* airmail.

avioneta [aβjoˈneta] f light aircraft.

avisar [aβiˈsar] *vt (llamar)* to call. ❑ **avisar de** v + prep *(comunicar)* to inform of; *(prevenir)* to warn of.

aviso [aˈβiso] *m (noticia)* notice; *(advertencia)* warning; *(en aeropuerto)* call; *Amér (en periódico)* ad; **hasta nuevo ~** until further notice; **sin previo ~** without notice.

avispa [aˈβispa] f wasp.

axila [akˈsila] f armpit.

ay [aj] *interj (expresa dolor)* ouch!; *(expresa pena)* oh!

ayer [aˈjer] *adv* yesterday; **~ noche** last night; **~ por la mañana** yesterday morning.

ayuda [aˈjuða] f *(en trabajo, tarea, etc)* help; *(en países, etc)* aid.

ayudante [ajuˈðante] *mf* assistant.

ayudar [ajuˈðar] *vt:* **~ a alguien a** to help sb to; **~ a alguien en** to help sb with.

ayunar [ajuˈnar] *vi* to fast.

ayuntamiento [ajuntaˈmjento] *m (edificio)* town hall *Br*, city hall *Am*; *(corporación)* town council.

azada [aˈθaða] f hoe.

azafata [aθaˈfata] f air hostess *Br*, flight attendant *Am*.

azafate [aθaˈfate] *m Andes & RP* tray.

azafrán [aθaˈfran] *m (condimento)* saffron.

azar [aˈθar] *m* chance; **al ~** at random.

azotea [aθoˈtea] f terraced roof.

azúcar [aˈθukar] *m o f* sugar; **~ glass** icing sugar *Br*, confectioner's sugar *Am*; **~ moreno** brown sugar.

azucarado, da [aθukaˈraðo, ða] *adj* sweet.

azucarera [aθukaˈrera] f sugar bowl.

azucena [aθuˈθena] f white lily.

azufre [aˈθufre] *m* sulphur.

azul [aˈθul] *adj & m* blue; **~ marino** navy (blue).

azulado, da [aθuˈlaðo, ða] *adj* bluish.

azulejo [aθuˈlexo] *m* (glazed) tile.

azuloso, sa [aθuˈloso, sa] *adj Amér* bluish.

B

baba ['baβa] f saliva.

babero [ba'βero] m bib.

babor [ba'βor] m port.

babosa [ba'βosa] f slug.

baboso, sa [ba'βoso, sa] adj (caracol) slimy; (bebé) dribbling; fam (infantil) wet behind the ears; Amér (tonto) stupid.

baca ['baka] f roof rack.

bacalao [baka'lao] m cod.

bacán [ba'kan] adj Amér elegant. ◆ m Amér dandy.

bachillerato [batʃiʎe'rato] m (former) course of secondary studies for academically orientated 14 to 16-year-olds.

bacinica [baθi'nika] f Amér chamber pot.

bacon ['bejkon] m bacon.

bádminton ['baðminton] m badminton.

bafle ['bafle] m loudspeaker.

bahía [ba'ia] f bay.

bailar [bai̯'lar] vt & vi to dance; **el pie me baila en el zapato** my shoe is too big for me.

bailarín, ina [bai̯la'rin, ina] m, f (de ballet) ballet dancer; (de otras danzas) dancer.

baile ['bai̯le] m (danza) dance; (fiesta) ball.

baja ['baxa] f (por enfermedad) sick leave; **dar de ~** (en empresa) to lay off; (en asociación, club) to expel; **darse de ~** to resign; **estar de ~** to be on sick leave.

bajada [ba'xaða] f descent; **~ de bandera** minimum fare.

bajar [ba'xar] vt (lámpara, cuadro, etc) to take down; (cabeza, mano, voz, persiana) to lower; (música, radio, volumen) to turn down; (escalera) to go down. ◆ vi (disminuir) to go down. ❑ **bajar de** v + prep (de avión, tren) to get off; (de coche) to get out of.

bajío [ba'xio] m Amér low-lying land.

bajo, ja ['baxo, xa] adj (persona) short; (objeto, cifra, precio) low; (sonido) soft. ◆ m (instrumento) bass. ◆ adv (hablar) quietly. ◆ prep (físicamente) under; (con temperaturas) below. ❑ **bajos** mpl (de un edificio) ground floor (sg).

bala ['bala] f bullet.

balacear [balaθe'ar] vt Amér to shoot.

balacera [bala'θera] f Amér shootout.

balada [ba'laða] f ballad.

balance [ba'lanθe] m (de asunto, situación) outcome; (de un negocio) balance; **hacer ~ de** to take stock of.

balancín [balan'θin] m (mecedora) rocking chair; (en el jardín) swing hammock.

balanza [ba'lanθa] f (para pesar) scales (pl).

balar [ba'lar] vi to bleat.

balcón [bal'kon] m balcony.

balde ['balde] m bucket; **de ~** free (of charge); **en ~** in vain.

baldosa [bal'dosa] f (en la calle) paving stone; (en interior) floor tile.

Baleares [bale'ares] fpl: **las (islas) ~** the Balearic Islands.

balido [ba'liðo] m bleat.

ballena [ba'ʎena] f whale.

ballet [ba'let] m ballet.

balneario [balne'arjo] m (con baños termales) spa; Méx (con piscinas, etc) ≃ lido.

❶ BALNEARIO

In Mexico, a "balneario" is a place where there are several open-air swimming pools, recreation areas and cheap facilities for sunbathing, eating and drinking etc.

balón [ba'lon] m ball.

baloncesto [balon'θesto] m basketball.

balonmano [balom'mano] m handball.

balonvolea [balombo'lea] m volleyball.

balsa ['balsa] f (embarcación) raft; (de agua) pond.

bálsamo ['balsamo] m balsam.

bambú [bam'bu] m bamboo.

banana [ba'nana] f Perú & RP banana.

banca ['banka] f (institución) banks (pl); (profesión) banking; (en juegos) bank; Col,Ven & Méx (asiento) bench; Andes & RP (en parlamento) seat.

banco ['banko] m (para dinero) bank; (para sentarse) bench; (de iglesia) pew; (de peces) shoal; **~ de arena** sandbank.

banda ['banda] f (cinta) ribbon; (franja) stripe; (lado) side; (en fútbol) touchline; (de músicos) band; **~ sonora** soundtrack.

bandeja [ban'dexa] f tray.

bandera [ban'dera] f flag.

banderilla [bande'riʎa] f (en toros)

banderilla, barbed dart thrust into bull's back; (para comer) hors d'oeuvre on a stick.

banderín [bande'rin] m pennant.

bandido [ban'diðo] m (ladrón) bandit; fam (pillo) rascal.

bando ['bando] m (en partido) side; (de alcalde) edict.

banjo ['banxo] m banjo.

banquero [ban'kero] m banker.

banqueta [ban'keta] f stool; Méx (para pedestres) pavement (Br), sidewalk (Am).

bañador [baɲa'ðor] m (para mujeres) swimsuit; (para hombres) swimming trunks (pl) Br, swimsuit Am.

bañar [ba'ɲar] vt (persona) to bath Br, to give a bath to Am; (cosa) to soak; (suj: luz) to bathe; (suj: mar) to wash the coast of. ❑ **bañarse** vpr (en río, playa, piscina) to go for a swim; (en el baño) to have a bath.

bañera [ba'ɲera] f bath (tub).

bañista [ba'ɲista] mf bather Br, swimmer Am.

baño ['baɲo] m (en bañera, de vapor, espuma) bath; (en playa, piscina) swim; (espacio, habitación) bathroom; (de oro, pintura) coat; (de chocolate) coating; **al ~ maría** cooked in a bain-marie; **darse un ~** to have a bath. ❑ **baños** mpl (balneario) spa (sg).

bar [bar] m bar; **~ musical** bar with live music.

baraja [ba'raxa] f pack (of cards).

❶ BARAJA ESPAÑOLA

The Spanish deck contains 48 cards divided into 4 suits of 12 cards each. The symbols of the four suits are gold coins, wooden clubs, swords and goblets. In each suit, the cards called "sota", "caballo" and "rey" correspond roughly to the jack, queen and king in a standard deck.

---

barajar [bara'xar] *vt (naipes)* to shuffle; *(posibilidades)* to consider; *(datos, números)* to marshal.

baranda [ba'randa] *f* handrail.

barandilla [baran'diʎa] *f* handrail.

baratija [bara'tixa] *f* trinket.

barato, ta [ba'rato, ta] *adj* cheap. ◆ *adv* cheaply.

barba [ˈbarβa] *f* beard; **por ~** per head.

barbacoa [barβaˈkoa] *f* barbecue; **a la ~** barbecued.

barbaridad [barβariˈðað] *f (crueldad)* cruelty; *(disparate)* stupid thing; **una ~** loads; **¡qué ~!** how terrible!

barbarie [barˈβarje] *f (incultura)* barbarism; *(crueldad)* cruelty.

bárbaro, ra [ˈbarβaro, ra] *adj (cruel)* cruel; *fam (estupendo)* brilliant.

barbería [barβeˈria] *f* barber's (shop).

barbero [barˈβero] *m* barber.

barbilla [barˈβiʎa] *f* chin.

barbudo, da [barˈβuðo, ða] *adj* bearded.

barca [ˈbarka] *f* small boat; **~ de pesca** fishing boat.

barcaza [barˈkaθa] *f* lighter.

Barcelona [barθeˈlona] Barcelona.

barco [ˈbarko] *m (más pequeño)* boat; *(más grande)* ship; **~ de vapor** steamboat; **~ de vela** sailing ship.

barítono [baˈritono] *m* baritone.

barman [ˈbarman] *m* barman *Br*, bartender *Am*.

barniz [barˈniθ] *m (pl* **-ces** [θes]*)* varnish.

barnizado, da [barniˈθaðo, ða] *adj* varnished.

barnizar [barniˈθar] *vt (madera)* to varnish; *(loza, cerámica)* to glaze.

barómetro [baˈrometro] *m* barometer.

barquillo [barˈkiʎo] *m* cone.

barra [ˈbara] *f* bar; *(de turrón, helado, etc)* block; **~ de labios** lipstick; **~ de pan** baguette; **~ libre** *unlimited drink for a fixed price.*

barraca [baˈraka] *f (chabola)* shack; *(para feria)* stall *Br*, stand *Am.*

barranco [baˈranko] *m (precipicio)* precipice.

barrendero, ra [barenˈdero, ra] *m, f* road sweeper.

barreño [baˈreɲo] *m* washing-up bowl.

barrer [baˈrer] *vt* to sweep.

barrera [baˈrera] *f (obstáculo)* barrier; *(de tren)* crossing gate; *(en toros)* low wall encircling central part of bullfring.

barriada [baˈrjaða] *f* area.

barriga [baˈrriɣa] *f* belly.

barril [baˈril] *m* barrel.

barrio [ˈbarjo] *m (de población)* area; *Méx (suburbio)* poor area; **~ chino** red light district; **~ comercial** shopping district.

barro [ˈbaro] *m (fango)* mud; *(en cerámica)* clay.

barroco, ca [baˈroko, ka] *adj & m* baroque.

bártulos [ˈbartulos] *mpl* things, stuff *(sg).*

barullo [baˈruʎo] *m fam* racket.

basarse [baˈsarse] ◆ **basarse en** + *prep* to be based on.

bascas ['baskas] *fpl (náuseas)* nausea *(sg)*.

báscula ['baskula] *f* scales *(pl)*.

base ['base] *f (de cuerpo, objeto)* base; *(de edificio)* foundations *(pl)*; *(fundamento, origen)* basis; **a ~ de** by (means of); **~ de datos** database.

básico, ca ['basiko, ka] *adj* basic.

basta ['basta] *interj* that's enough!

bastante [bas'tante] *adv (suficientemente)* enough; *(muy)* quite, pretty. ◆ *adj (suficiente)* enough; *(en cantidad)* quite a few.

bastar [bas'tar] *vi* to be enough; **basta con decírselo** it's enough to tell him; **basta con estos dos** these two are enough. ❑ **bastarse** *vpr:* **~se para hacer algo** to be able to do sthg o.s.

bastardo, da [bas'tarðo, ða] *adj* bastard.

bastidores [basti'ðores] *mpl:* **entre ~** behind the scenes.

basto, ta ['basto, ta] *adj* coarse. ❑ **bastos** *mpl (naipes)* suit in Spanish deck of cards bearing wooden clubs.

bastón [bas'ton] *m (para andar)* walking stick; *(de mando)* baton.

basura [ba'sura] *f* rubbish *(Br)*, garbage *(Am)*.

basurero, ra [basu'rero, ra] *m, f* dustman *(f* dustwoman *Br)*, garbage collector *(Am)*. ◆ *m* rubbish dump *Br*, dump *Br*.

bata ['bata] *f (de casa)* housecoat; *(para baño, etc)* dressing gown *Br*, bathrobe; *(de médico, científico)* coat.

batalla [ba'taʎa] *f* battle; **de ~** everyday.

batería [bate'ria] *f* battery; *(en música)* drums *(pl)*; **~ de cocina** pots and pans *(pl)*.

batido [ba'tiðo] *m* milkshake.

batidora [bati'ðora] *f* mixer.

batín [ba'tin] *m* short dressing gown *Br*, short robe *Am*.

batir [ba'tir] *vt (nata)* to whip; *(marca, huevos)* to beat; *(récord)* to break.

batuta [ba'tuta] *f* baton.

baúl [ba'ul] *m (caja)* trunk; *Col & CSur (maletero)* boot *(Br)*, trunk *(Am)*.

bautismo [bau'tizmo] *m* baptism.

bautizar [bauti'θar] *vt (en religión)* to baptize; *(dar un nombre)* to christen.

bautizo [bau'tiθo] *m (ceremonia)* baptism; *(fiesta)* christening party.

baya ['baja] *f* berry.

bayeta [ba'jeta] *f* cloth.

bayoneta [bajo'neta] *f* bayonet.

bazar [ba'θar] *m* bazaar.

beato, ta [be'ato, ta] *adj (santo)* blessed; *(piadoso)* devout; *fam (tonto)* simple-minded.

bebé [be'βe] *m* baby.

beber [be'βer] *vt & vi* to drink.

bebida [be'βiða] *f* drink.

bebido, da [be'βiðo, ða] *adj* drunk.

bebito, ta [be'βito, ta] *m, f Amér* newborn baby.

beca ['beka] *f (del gobierno)* grant; *(de fundación privada)* scholarship.

becario, ria [be'karjo, rja] *m, f (del gobierno)* grant holder; *(de fundación privada)* scholarship holder.

becerro, rra [be'θerro, rra] *m, f* calf.

bechamel [betʃa'mel] *f* béchamel sauce.

bedel [be'ðel] *m* caretaker *(Br)*, janitor *(Am)*.

begonia [be'γonja] *f* begonia.

beige [bejʃ] *adj inv* beige.

béisbol ['bejzβol] *m* baseball.

belén [be'len] *m* crib.

belga ['belɣa] *adj & mf* Belgian.

Bélgica ['belxika] Belgium.

bélico, ca ['beliko,ka] *adj* war *(antes de s).*

belleza [be'ʎeθa] *f* beauty.

bello, lla ['beʎo, ʎa] *adj (hermoso)* beautiful; *(bueno)* fine.

bellota [be'ʎota] *f* acorn.

bencina [ben'θina] *f Andes* petrol *(Br)*, gas *(Am).*

bendecir [bende'θir] *vt* to bless.

bendición [bendi'θjon] *f* blessing.

bendito, ta [ben'dito, ta] *adj* holy. ◆ *m, f (bobo)* simple soul.

beneficencia [benefi'θenθja] *f* charity.

beneficiar [benefi'θjar] *vt* to benefit. ❑ **beneficiarse de** *v + prep* to do well out of.

beneficio [bene'fiθjo] *m (bien)* benefit; *(ganancia)* profit; **a ~ de** *(concierto, gala)* in aid of.

benéfico, ca [be'nefiko,ka] *adj (gala, rifa)* charity *(antes de s)*; *(institución)* charitable.

benevolencia [beneβo'lenθja] *f* benevolence.

benévolo, la [be'neβolo,la] *adj* benevolent.

bengala [ben'gala] *f* flare.

berberechos [berβe'retʃos] *mpl* cockles.

berenjena [beren'xena] *f* aubergine *Br*, eggplant *Am*; **~s rellenas** stuffed aubergines *(usually with mince or rice).*

bermudas [ber'muðas] *mpl* Bermuda shorts.

berrinche [be'rintʃe] *m* tantrum.

berza ['berθa] *f* cabbage.

besar [be'sar] *vt* to kiss. ❑ **besarse** *vpr* to kiss.

beso ['beso] *m* kiss; **dar un ~ to** give a kiss.

bestia ['bestja] *adj (bruto)* rude; *(ignorante)* thick. ◆ *mf* brute. ◆ *f (animal)* beast.

besugo [be'suɣo] *m* sea bream.

betabel [beta'βel] *m Méx* beetroot *(Br)*, beet *(Am).*

betarraga [beta'rava] *f Andes* beetroot *(Br)*, beet *(Am).*

betún [be'tun] *m (para calzado)* shoe polish; *Chile & Méx (para bolo)* icing *Esp*, frosting *Am.*

biberón [biβe'ron] *m* (baby's) bottle.

Biblia ['biβlja] *f* Bible.

bibliografía [biβljoɣra'fia] *f* bibliography.

biblioteca [biβljo'teka] *f* library.

bibliotecario, ria [biβljote'karjo, rja] *m, f* librarian.

bicarbonato [bikarβo'nato] *m* baking soda.

bíceps ['biθeps] *m inv* biceps.

bicho ['bitʃo] *m (animal pequeño)* creature, beast *Br*; *(insecto)* bug; *(pillo)* little terror.

bici ['biθi] *f fam* bike.

bicicleta [biθi'kleta] *f* bicycle.

bicolor [biko'lor] *adj* two-coloured.

bidé [bi'ðe] *m* bidet.

bidón [bi'ðon] *m* can.

☞

bien [bjen] *m* -1. *(lo que es bueno)* good.
- 2. *(bienestar, provecho)* good; **hacer el ~** to do good.
◆ *adv* -1. *(como es debido, correcto)* well; **has actuado ~** you did the right thing; **habla ~ inglés** she speaks English well.
- 2. *(expresa opinión favorable)* well;

estar ~ (de salud) to be well; (de aspecto) to be nice; (de calidad) to be good; (de comodidad) to be comfortable.
- **3.** (suficiente): **estar** ~ to be enough.
- **4.** (muy) very; **quiero un vaso de agua** ~ **fría** I'd like a nice, cold glass of water.
- **5.** (vale, de acuerdo) all right.
◆ adj inv. (adinerado) well-to-do.
◆ conj -**1.**: ~ **...** ~ either ... or; **entrega el vale** ~ **a mi padre,** ~ **a mi madre** give the receipt to either my father or my mother.
- **2.** (en locuciones): **más** ~ rather; **¡está** ~**!** (vale) all right then!; (es suficiente) that's enough; **¡muy** ~**!** very good!
◆**bienes** mpl (patrimonio) property (sg); (productos) goods; ~ **es de consumo** consumer goods; ~ **es inmuebles** ○**raíces** real estate (sg).

bienal [bje'nal] adj biennial.

bienestar [bjenes'tar] m wellbeing.

bienvenida [bjembe'niða] f welcome.

bienvenido, da [bjembe'niðo, ða] adj welcome. ◆ interj welcome!

bife ['bife] m Andes & RP steak.

bifocal [bifo'kal] adj bifocal.

bigote [bi'vote] m moustache.

bigotudo, da [bivo'tuðo, ða] adj moustachioed.

bilingüe [bi'linɣwe] adj bilingual.

billar [bi'ʎar] m (juego) billiards; (sala) billiard hall, pool hall Am; ~ **americano** pool.

billete [bi'ʎete] m (de dinero) note (Br), bill (Am); (de transporte) ticket; (de lotería) lottery ticket; ~ **de ida y vuelta** return ticket (Br), round-trip (ticket) (Am); ~ **sencillo** single (ticket) (Br), one-way ticket (Am).

billetero [biʎe'tero] m wallet.

billón [bi'ʎon] m billion (Br), trillion (Am).

bingo ['bingo] m (juego) bingo; (sala) bingo hall.

biodegradable [bioðevra'ðaβle] adj biodegradable.

biografía [biovra'fia] f biography.

biográfico, ca [bio'vrafiko, ka] adj biographical.

biología [biolo'xia] f biology.

biopsia [bi'opsja] f biopsy.

bioquímica [bio'kimika] f biochemistry.

biquini [bi'kini] m bikini.

birlar [bir'lar] vt fam to swipe.

birra ['bira] f fam beer.

birria ['birja] f fam (persona) sight; fam (cosa) monstrosity; Amér (carne) barbecued meat.

bisabuelo, la [bisa'βwelo, la] m, f great-grandfather (f great-grandmother).

biscuit [bis'kwit] m sponge; ~ **con chocolate** chocolate sponge cake.

bisexual [bisek'swal] adj bisexual.

bisnieto, ta [biz'njeto, ta] m, f great-grandson (f great-granddaughter).

bisonte [bi'sonte] m bison.

bistec [bis'tek] m steak; ~ **a la plancha** grilled steak; ~ **de ternera** veal cutlet.

bisturí [bistu'ri] m scalpel.

bisutería [bisute'ria] f costume jewellery.

bíter ['biter] m bitters.

bizco, ca [ˈbiθko, ka] adj cross-eyed.

bizcocho [biθ'kotʃo] m sponge cake.

blanca ['blanka] f: estar sin ~ fam to be broke > **blanco**.

blanco, ca ['blanko, ka] adj & m & f white. ◆ m (color) white; (diana, objetivo) target; **dar en el** ~ (acertar) to hit the nail on the head; **en ~** *(sin dormir)* sleepless; *(sin memoria)* blank.

blando, da ['blando, da] *adj* soft; *(carne)* tender; *(débil)* weak.

blanquear [blanke'ar] *vt (pared)* to whitewash; *(ropa)* to bleach.

blindado, da [blin'daðo, ða] *adj (puerta, edificio)* armour-plated; *(coche)* armoured.

blindar [blin'dar] *vt* to armour-plate.

bloc [blok] *m (de notas)* notepad; *(de dibujo)* sketchpad.

bloque ['bloke] *m* block; **~ de pisos** block of flats *Br*, apartment building *Am*.

bloquear [bloke'ar] *vt (cuenta, crédito)* to freeze; *(por nieve, inundación)* to cut off; *(propuesta, reforma)* to block. □ **bloquearse** *vpr (mecanismo)* to jam; *(dirección)* to lock; *(persona)* to have a mental block.

bloqueo [blo'keo] *m (mental)* mental block; *(económico, financiero)* blockade.

blusa ['blusa] *f* blouse.

bluyines [blu'jines] *mpl* *Amér* jeans.

bobada [bo'βaða] *f* stupid thing; **decir ~s** to talk nonsense.

bobina [bo'βina] *f (de automóvil)* coil; *(de hilo)* reel.

bobo, ba ['boβo, βa] *adj (tonto)* stupid; *(ingenuo)* naïve.

boca ['boka] *f* mouth; **~ a ~** mouth-to-mouth resuscitation; **~ de incendios** hydrant; **~ de metro** tube entrance *(Br)*, subway entrance *(Am)*; **~ abajo** face down; **~ arriba** face up.

bocacalle [boka'kaʎe] *f (entrada)* entrance *(to a street)*; *(calle)* side street.

bocadillo [boka'ðiʎo] *m* sandwich.

bocado [bo'kaðo] *m (comida)* mouthful; *(mordisco)* bite.

bocata [bo'kata] *m fam* sarnie *Br*, sandwich.

boceto [bo'θeto] *m (de cuadro, dibujo, edificio)* sketch; *(de texto)* rough outline.

bochorno [bo'tʃorno] *m (calor)* stifling heat; *(vergüenza)* embarrassment.

bochornoso, sa [botʃor'noso, sa] *adj (caluroso)* muggy; *(vergonzoso)* embarrassing.

bocina [bo'θina] *f (de coche)* horn; *Amér (de teléfono)* receiver.

boda ['boða] *f* wedding; **~s de oro** golden wedding *(sg)*; **~s de plata** silver wedding *(sg)*.

bodega [bo'ðeβa] *f (para vinos)* wine cellar; *(tienda)* wine shop; *(bar)* bar; *(de avión, barco)* hold; *Andes, Méx & Ven (almacén)* warehouse.

bodegón [boðe'ɣon] *m (pintura)* still life.

bodrio ['boðrjo] *m despec (porquería)* rubbish *Br*, junk *Am*; *(comida)* pigswill.

bofetada [bofe'taða] *f* slap (in the face).

bogavante [boɣa'βante] *m* lobster.

bohemio, mia [bo'emjo, mja] *adj* bohemian.

bohío [bo'io] *m* *CAm, Col & Ven* hut.

boicot [boj'kot] *(pl* **boicots** [boj'kots]*) m* boycott; **hacer el ~ a** to boycott.

boicotear [bojkote'ar] *vt* to boycott.

boina ['bojna] *f* beret.

bola ['bola] *f (cuerpo esférico)* ball; *fam (mentira)* fib; *Amér fam (rumor)* racket; *Amér fam (lío)* muddle; **hacerse ~s** *Amér fam* to get into a muddle.

bolera [bo'lera] *f* bowling alley.

bolero [bo'lero] *m* bolero.

boleta [bo'leta] *f Amér (comprobante)* ticket stub; *CSur (multa)* ticket; *Méx & RP (votación)* ballot.

boletería [bolete'ria] *f Amér* box office.

boletín [bole'tin] *m (informativo)* bulletin; *(de suscripción)* subscription form.

boleto [bo'leto] *m Amér* ticket.

boli [boli] *m fam* Biro® *Br*, ball-point pen.

bolígrafo [bo'liɣrafo] *m* Biro® *Br*, ball-point pen.

bolillo [bo'liʎo] *m Méx* bread roll.

Bolivia [bo'liβja] Bolivia.

boliviano, na [boli'βjano, na] *adj & m, f* Bolivian.

bollería [boʎe'ria] *f (tienda)* bakery.

bollo [boʎo] *m (dulce)* bun; *(de pan)* roll.

bolos [bolos] *mpl (juego)* skittles.

bolsa [bolsa] *f (de plástico, papel, tela)* bag; *(en economía)* stock market; **~ de basura** bin liner; **~ de viaje** travel bag.

bolsillo [bol'siʎo] *m* pocket; **de ~** pocket *(antes de s)*.

bolso [bolso] *m (de mujer)* handbag *Br*, purse *Am*.

boludez [bolu'ðeθ] *f Col, RP & Ven* stupid thing.

boludo, da [bo'luðo, ða] *m, f Col, RP & Ven* idiot.

bomba [bomba] *f (explosivo)* bomb; *(máquina)* pump; **~ atómica** nuclear bomb; **pasarlo ~** to have a great time.

bombardear [bombarðe'ar] *vt* to bombard.

bombardeo [bombar'ðeo] *m* bombardment.

bombero [bom'bero] *m* fireman.

bombilla [bom'biʎa] *f* light bulb.

bombillo [bom'biʎo] *m CAm, Col & Ven* light bulb.

bombita [bom'bita] *f RP* light bulb.

bombo [bombo] *m (de lotería, rifa)* drum; *(tambor)* bass drum; **a ~ y platillo** with a lot of hype.

bombón [bom'bon] *m (golosina)* chocolate; *(persona)* stunner.

bombona [bom'bona] *f* cylinder; **~ de butano** gas cylinder.

bombonería [bombone'ria] *f* sweetshop *Br*, candy store *Am*.

bonanza [bo'nanθa] *f (de tiempo)* fair weather; *(de mar)* calm at sea; *(prosperidad)* prosperity.

bondad [bon'dað] *f* goodness; **tenga la ~ de** *formal* please be so kind as to.

bondadoso, sa [bonda'ðoso, sa] *adj* kind.

bonificación [bonifika'θjon] *f* discount.

bonificar [bonifi'kar] *vt* to give a discount of.

bonito, ta [bo'nito, ta] *adj (persona, cosa)* pretty; *(cantidad)* considerable. ◆ *m (pescado)* tuna.

bono [bono] *m (vale)* voucher.

bonobús [bono'βus] *m* multiple-journey ticket.

bonoloto [bono'loto] *f Spanish lottery.*

bonsai [bon'sai] *m* bonsai.

boñiga [bo'ɲiɣa] *f* cowpat.

boquerones [boke'rones] *mpl (fresh)* anchovies.

boquete [bo'kete] *m* hole.

boquilla [bo'kiʎa] *f (del cigarrillo)*

borda

cigarette holder; *(de flauta, trompeta, etc)* mouthpiece; *(de tubo, aparato)* nozzle; **de ~** insincere.

borda ['borða] *f* gunwale.

bordado, da [bor'ðaðo, ða] *adj* embroidered. ◆ *m* embroidery; **salir ~** to turn out just right.

bordar [bor'ðar] *vt (en costura)* to embroider; *(ejecutar perfectamente)* to play to perfection.

borde ['borðe] *m (extremo)* edge; *(de carretera)* side; *(de vaso, botella)* rim. ◆ *adj despec* grouchy, miserable; **al ~ de** on the verge of.

bordear [borðe'ar] *vt (rodear)* to border.

bordillo [bor'ðiʎo] *m* kerb *Br*, curb *Am*.

bordo ['borðo] *m*: **a ~ (de)** on board.

borla ['borla] *f (adorno)* tassel; *(para maquillaje)* powder puff.

borra ['bora] *f (relleno)* stuffing; *(de pólvo)* fluff.

borrachera [bora'tʃera] *f* drunkenness; **coger una ~** to get drunk.

borracho, cha [bo'ratʃo, tʃa] *adj & m, f* drunk.

borrador [bora'ðor] *m (boceto)* rough draft; *(goma)* rubber *(Br)*, eraser *(Am)*.

borrar [bo'rar] *vt (con goma)* to rub out *(Br)*, to erase *(Am)*; *(en ordenador)* to delete; *(en casete)* to erase; *(dar de baja)* to strike off *Br*, to expel from a professional organization.

borrasca [bo'raska] *f* thunderstorm.

borrón [bo'ron] *m* blot.

borroso, sa [bo'roso, sa] *adj* blurred.

bosque ['boske] *m (pequeño)* wood; *(grande)* forest.

bostezar [boste'θar] *vi* to yawn.

bostezo [bos'teθo] *m* yawn.

bota ['bota] *f (calzado)* boot; *(de vino)* small leather container in which wine is kept; **~s de agua** wellington boots; **ponerse las ~s** to stuff o.s.

botana [bo'tana] *f* *Méx* snack, tapa.

botánica [bo'tanika] *f* botany.

botar [bo'tar] *vt* *Amér* to throw away.

bote ['bote] *m (de vidrio)* jar; *(de metal)* can; *(de plástico)* bottle; *(embarcación)* boat; *(salto)* jump; **~ salvavidas** lifeboat; **tener a alguien en el ~** to have sb eating out of one's hand.

botella [bo'teʎa] *f* bottle.

botellín [bote'ʎin] *m* small bottle.

botijo [bo'tixo] *m* earthenware jug.

botín [bo'tin] *m (calzado)* ankle boot; *(tras un robo, atraco)* loot.

botiquín [boti'kin] *m (maletín)* first-aid kit; *(mueble)* medicine cabinet *Br* o chest *Am*.

botón [bo'ton] *m* button. ◆ **botones** *m inv* bellboy.

bouquet [bu'ket] *m* bouquet.

boutique [bu'tik] *f* boutique.

bóveda ['boβeða] *f* vault.

bovino, na [bo'βino, na] *adj (en carnicería)* beef *(antes de s)*.

box [boks] *m* *CSur & Méx* boxing.

boxear [bokse'ar] *vi* to box.

boxeo [bok'seo] *m* boxing.

boya ['boja] *f (en el mar)* buoy.

bragas ['braβas] *fpl* knickers *Br*, panties *Am*.

bragueta [bra'βeta] *f* flies *(pl) (Br)*, zipper *(Am)*.

bramar [bra'mar] *vi* to bellow.

brandada [bran'daða] *f*: **~ de bacalao** thick fish soup made with cod and milk.

brandy ['brandi] *m* brandy.

brasa ['brasa] f ember; **a la ~** barbecued.

brasero [bra'sero] m brazier.

brasier [bra'sjer] m Carib, Col & Méx bra.

bravo, va ['braβo, βa] adj (toro) wild; (persona) brave; (mar) rough. ◆ interj bravo!

braza ['braθa] f (en natación) breaststroke.

brazalete [braθa'lete] m bracelet.

brazo ['braθo] m arm; (de lámpara, candelabro) branch; **con los ~s abiertos** with open arms; **de ~ cruzados** without lifting a finger; **~ de gitano** ≃ swiss roll Br, ≃ jelly roll Am.

brebaje [bre'βaxe] m concoction.

brecha ['bretʃa] f (abertura) hole; (herida) gash.

brécol ['brekol] m broccoli.

breve ['breβe] adj brief; **en ~** shortly.

brevedad [breβe'ðað] f shortness.

brevemente [ˌbreβe'mente] adv briefly.

brevet [bre'βet] m Ecuad & Perú driving licence (Br), driver's license (Am).

brezo ['breθo] m heather.

bricolaje [briko'laxe] m do-it-yourself.

brida ['briða] f bridle.

brigada [bri'βaða] f (de limpieza) team; (de la policía) brigade.

brillante [bri'ʎante] adj (material) shiny; (persona, trabajo, actuación) brilliant. ◆ m (cut) diamond.

brillantina [briʎan'tina] f Brylcreem®, brillantine.

brillar [bri'ʎar] vi to shine.

brillo ['briʎo] m shine; **sacar ~ to** polish.

brilloso, sa [bri'ʎoso, sa] adj Amér shiny.

brindar [brin'dar] vi to drink a toast. ◆ vt to offer; **~ por** to drink to. ❑ **brindarse** vpr: **~ se a** to offer to.

brindis ['brindis] m inv toast.

brío ['brio] m spirit.

brisa ['brisa] f breeze.

británico, ca [bri'taniko, ka] adj British. ◆ m, f British person; **los ~s** the British.

brizna ['briθna] f (de hierba) blade.

broca ['broka] f (drill) bit.

brocal [bro'kal] m parapet (of well).

brocha ['brotʃa] f (para pintar) brush; (para afeitarse) shaving brush.

broche ['brotʃe] m (joya) brooch, pin Am; (de vestido) fastener.

brocheta [bro'tʃeta] f (plato) shish kebab; (aguja) skewer.

broma ['broma] f (chiste) joke; (travesura) prank; **gastar una ~ a alguien** to play a joke on sb; **en ~** to be joking; **tomar algo a ~** not to take sthg seriously; **~ pesada** bad joke.

bromear [brome'ar] vi to joke.

bromista [bro'mista] adj fond of playing jokes. ◆ mf joker.

bronca ['bronka] f (jaleo) row Br, quarrel; **echar una ~ a alguien** to tell sb off.

bronce ['bronθe] m bronze.

bronceado [bronθe'aðo] m tan.

bronceador [bronθea'ðor] m suntan lotion.

broncearse [bronθe'arse] vpr to get a tan.

bronquios ['bronkjos] mpl bronchial tubes.

bronquitis [bron'kitis] f inv bronchitis.

brotar

brotar [bro'tar] *vi (plantas)* to sprout; *(lágrimas, agua)* to well up.

brote ['brote] *m (de planta)* bud; *(de enfermedad)* outbreak.

bruja ['bruxa] *f fam (fea y vieja)* old hag → **brujo**.

brujería [bruxe'ria] *f* witchcraft.

brujo, ja ['bruxo, xa] *m, f* wizard *(f* witch).

brújula ['bruxula] *f* compass.

brusco, ca ['brusko, ka] *adj (repentino)* sudden; *(grosero)* brusque.

brusquedad [bruske'ðað] *f(imprevisión)* suddenness; *(grosería)* brusqueness.

brutal [bru'tal] *adj (salvaje)* brutal; *(enorme)* huge.

brutalidad [brutali'ðað] *f(brusquedad)* brutishness; *(salvajada)* brutal act.

bruto, ta ['bruto, ta] *adj (ignorante)* stupid; *(violento)* brutish; *(rudo)* rude; *(peso, precio, sueldo)* gross.

bucear [buθe'ar] *vi* to dive.

buche ['butʃe] *m (de ave)* crop.

bucle ['bukle] *m (de cabello)* curl; *(de cinta, cuerda)* loop.

bucólico, ca [bu'koliko, ka] *adj* country *(antes de s)*.

bueno, na ['bueno, na] *(compar & superl* **mejor***) adj* good. ◆ *adv (conforme)* all right. ◆ *interj Méx* (al teléfono) hello!; **¡buenas!** hello!; **¡buen día!** *Amér* hello!; **¡buenas noches!** *(despedida)* good night!; **¡buenas tardes!** *(hasta las cinco)* good afternoon!; *(después de las cinco)* good evening!; **¡~ días!** *(hola)* hello!; *(por la mañana)* good morning!; **hace buen día** it's a nice day.

buey [buei] *m* ox; **~ de mar** spider crab.

búfalo ['bufalo] *m* buffalo.

bufanda [bu'fanda] *f* scarf.

bufete [bu'fete] *m (despacho)* lawyer's practice.

buffet [bu'fet] *m* buffet; **'~ libre'** 'eat as much as you can from the buffet'.

buhardilla [buar'ðiʎa] *f (desván)* attic; *(ventana)* dormer (window).

búho ['buo] *m* owl.

buitre ['buitre] *m* vulture.

bujía [bu'xia] *f(de coche)* spark plug; *(vela)* candle.

bula ['bula] *f* (papal) bull.

bulbo ['bulβo] *m* bulb.

bulerías [bule'rias] *fpl Andalusian song with lively rhythm accompanied by clapping.*

bulevar [bule'βar] *m* boulevard.

bulla ['buʎa] *f* racket.

bullicio [bu'ʎiθjo] *m (actividad)* hustle and bustle; *(ruido)* hubbub.

bullicioso, sa [buʎi'θjoso,sa] *adj (persona)* rowdy; *(lugar)* busy.

bulto ['bulto] *m (volumen)* bulk; *(paquete)* package; *(en superficie)* bump; *(en piel, cabeza)* lump.

bumerang [bume'raŋ] *m* boomerang.

bungalow [buŋga'lo] *m* bungalow.

buñuelo [bu'ɲwelo] *m* ≃ doughnut; **~ de bacalao** *type of cod dumpling.*

BUP [bup] *m (abrev de Bachillerato Unificado Polivalente) academically-orientated secondary school course taught in Spain for pupils aged 14-17.*

buque ['buke] *m* ship.

burbuja [bur'βuxa] *f (de gas, aire)* bubble; *(flotador)* rubber ring *Br*, lifesaver *Am*.

burdel [bur'ðel] *m* brothel.

burgués, esa [bur'ɣes,esa] *adj* middle-class. ◆ *m, f* middle class person.

burguesía [burˈseˈsia] f middle class.

burla [ˈburla] f taunt.

burlar [burˈlar] vt (eludir) to evade; (ley) to flout. □ **burlarse de** v + prep to make fun of.

buró [buˈro] m writing desk; Amér bedside table.

burrada [buˈraða] f stupid thing.

burro, rra [ˈburo, ra] m, f (animal) donkey; (persona tonta) dimwit.

buscador [buskaˈðor] m COMPUT search engine.

buscar [busˈkar] vt to look for; **ir a ~** (personas) to pick up; (cosas) to go and get.

busto [ˈbusto] m (en escultura, pintura) bust; (parte del cuerpo) chest.

butaca [buˈtaka] f (asiento) armchair; (en cine, teatro) seat.

butano [buˈtano] m butane (gas).

buzo [ˈbuθo] m (persona) diver; (traje) overalls (pl).

buzón [buˈθon] m letterbox Br, mailbox Am.

C

c/ (abrev de calle) St; (abrev de cuenta) a/c.

cabalgada [kaβalˈɣaða] f mounted expedition.

cabalgar [kaβalˈɣar] vi to ride.

cabalgata [kaβalˈɣata] f procession.

caballa [kaˈβaʎa] f mackerel.

caballería [kaβaʎeˈria] f (cuerpo militar) cavalry; (animal) mount.

caballero [kaβaˈʎero] m (persona, cortés) gentleman; (formal (señor) Sir; (de Edad Media) knight; '~s' (en aseos) 'gents' Br, 'men'; (en probadores) 'men'; (en tienda de ropa) 'menswear'.

caballete [kaβaˈʎete] m (para mesa, tabla) trestle; (para cuadro, pizarra) easel.

caballito [kaβaˈʎito] m: ~ de mar sea horse. □ **caballitos** mpl (tiovivo) merry-go-round (sg).

caballo [kaˈβaʎo] m (animal) horse; (en la baraja) ≃ queen; (en ajedrez) knight; ~s de vapor horsepower.

cabaña [kaˈβaɲa] f cabin.

cabaret [kaβaˈret] m cabaret.

cabecear [kaβeθeˈar] vi (negando) to shake one's head; (afirmando) to nod one's head; (durmiéndose) to nod off; (barco) to pitch; (coche) to lurch.

cabecera [kaβeˈθera] f (de la cama) headboard; (en periódico) headline; (en libro, lista) heading; (parte principal) head.

cabecilla [kaβeˈθiʎa] mf ringleader.

cabellera [kaβeˈʎera] f long hair.

cabello [kaˈβeʎo] m hair; ~ de ángel sweet consisting of strands of pumpkin coated in syrup.

caber [kaˈβer] vi to fit; (ser posible) to be possible; **no cabe duda** there is no doubt about it; **no me caben los pantalones** my trousers are too small for me.

cabestrillo [kaβesˈtriʎo] m sling.

cabeza [kaˈβeθa] f head; ~ **de ajos** head of garlic; ~ **de familia** head of the family; ~ **rapada** skinhead; **por ~** per head; **perder la ~** to lose one's head; **sentar la ~** to settle down; **traer de ~** to drive mad.

cabezada [kaβeˈθaða] f: **dar una ~** to have a nap.

cabida [ka'βiða] *f*: tener ~ to have room.

cabina [ka'βina] *f* booth; ~ **telefónica** phone box (*Br*), phone booth.

cable ['kaβle] *m* cable; **por** ~ by cable; ~ **eléctrico** electric cable.

cabo ['kaβo] *m* (*en geografía*) cape; (*cuerda*) rope; (*militar, policía*) corporal; **al** ~ **de** after; **atar** ~ **s** to put two and two together; ~ **suelto** loose end; **de** ~ **a rabo** from beginning to end; **llevar algo a** ~ to carry sthg out.

cabra ['kaβra] *f* goat; **estar como una** ~ to be off one's head.

cabrear [kaβre'ar] *vt vulg* to piss off. ❑ **cabrearse** *vpr vulg* to get pissed off.

cabreo [ka'βreo] *m vulg*: **coger un** ~ to get pissed off.

cabrito [ka'βrito] *m* kid (goat).

cabrón, brona [ka'βron, 'βrona] *m, f vulg* bastard (*f* bitch).

cabronada [kaβro'naða] *f vulg* dirty trick.

caca ['kaka] *f* (*excremento*) pooh; (*suciedad*) dirty thing.

cacahuate [kaka'wate] *m Méx* peanut.

cacahuete [kaka'wete] *m* peanut.

cacao [ka'kao] *m* (*chocolate*) cocoa; *fam* (*jaleo*) racket; (*de labios*) lip salve.

cacarear [kakare'ar] *vi* to cluck.

cacería [kaθe'ria] *f* hunt.

cacerola [kaθe'rola] *f* pot.

cachalote [katʃa'lote] *m* sperm whale.

cacharro [ka'tʃaro] *m* (*de cocina*) pot; *fam* (*trasto*) junk; *fam* (*coche*) banger *Br*, rattle trap *Am*.

cachear [katʃe'ar] *vt* to frisk.

cachemir [katʃe'mir] *m* cashmere.

cachetada [katʃe'taða] *f Amér fam* slap.

cachete [ka'tʃete] *m* slap.

cachivache [katʃi'βatʃe] *m* knick-knack.

cacho ['katʃo] *m fam* (*trozo*) piece; *Andes & Ven* (*cuerno*) horn.

cachondearse [katʃonde'arse] ◆ **cachondearse de** *v* + *prep fam* to take the mickey out of *Br*, to make fun of.

cachondeo [katʃon'deo] *m fam*: **estar de** ~ to be joking; **ir de** ~ to go out on the town.

cachondo, da [ka'tʃondo, da] *adj fam* (*alegre*) funny.

cachorro, rra [ka'tʃoro, ra] *m, f* puppy.

cacique [ka'θike] *m* local political boss.

cactus ['kaktus] *m* cactus.

cada ['kaða] *adj* (*para distribuir*) each; (*en frecuencia*) every; ~ **vez más** more and more; ~ **vez más** corto shorter and shorter; ~ **uno** each one.

cadáver [ka'ðaβer] *m* corpse.

cadena [ka'ðena] *f* chain; (*de televisión*) channel, network *Br*; (*de radio*) station; (*de música*) sound system; (*de montañas*) range; **en** ~ (*accidente*) multiple.

cadencia [ka'ðenθja] *f* rhythm.

cadera [ka'ðera] *f* hip.

cadete [ka'ðete] *m* cadet.

caducar [kaðu'kar] *vi* (*alimento*) to pass its sell-by date *Br* ◦ best-before date *Am*; (*ley, documento, etc*) to expire.

caducidad [kaðuθi'ðað] *f* expiry.

caduco, ca [ka'ðuko, ka] *adj* (*persona*) very old-fashioned; **de hoja caduca** deciduous.

caer [ka'er] *vi* to fall; (*día, tarde, verano*) to draw to a close; ~ **bien/mal** (*comentario, noticia*) to go down

well/badly; **me cae bien/mal** *(persona)*
I like/don't like him; **cae cerca de
aquí** it's not far from here; **dejar
~ algo** to drop sthg. □ **caer en** *v* +
prep (respuesta, solución) to hit on, to
find; *(día)* to be on; *(mes)* to be in;
~ **en la cuenta** to realize. ◆ **caerse**
vpr (persona) to fall down.

café [ka'fe] *m (bebida, grano)* coffee;
(establecimiento) cafe; ~ **descafeinado**
decaffeinated coffee; ~ **irlandés**
Irish coffee; ~ **con leche** white coffee; ~ **molido** ground coffee; ~ **solo**
black coffee.

ⓘ **CAFÉ**

In Spain there are many different ways to drink coffee. An
espresso is called "un café solo"
or more commonly "un solo". A
"solo" with a dash of milk added
is called "un cortado" - this name
is also used in Uruguay, Chile,
Venezuela and Argentina. "Un
carajillo" is a black coffee with a
dash of spirits or liqueur. "Café
con leche" is a large cup filled
half with coffee and half with
milk and is usually drunk at
breakfast. In Mexico, "café de
olla", which contains sugar, cinnamon and other spices, is also
common.

cafebrería [kafeβre'ria] *f Amér*
cafe cum bookshop.

cafeína [kafe'ina] *f* caffeine.

cafetera [kafe'tera] *f (para servir)*
coffee pot; *(en bares)* espresso machine; *(eléctrica)* coffee maker.

cafetería [kafete'ria] *f* cafe.

cagar [ka'yar] *vi vulg* to shit. ◆ *vt
vulg* to fuck up.

caída [ka'iða] *f* fall.

caído, da [ka'iðo, ða] *adj (abatido)*
downhearted; **los ~s** the fallen.

caimán [kaj'man] *m* alligator.

caja ['kaxa] *f (recipiente)* box; *(para
transporte, embalaje)* crate; *(de banco)*
cashier's desk *Br*, *(teller)* window
Am; *(de supermercado)* till *Br*, checkout *Am*; *(de instrumento musical)*
body; ~ **de ahorros** savings bank;
~ **de cambios** gearbox; ~ **de herramientas** tool-box; ~ **registradora**
cash register.

cajero, ra [ka'xero, ra] *m, f (de banco)* teller; *(de tienda)* cashier; ~ **automático** cash machine.

cajetilla [kaxe'tiʎa] *f* packet *Br*,
pack *Am*. ◆ *m Amér despec* city slicker.

cajón [ka'xon] *m (de mueble)*
drawer; ~ **de sastre** muddle.

cajonera [kaxo'nera] *f* chest of
drawers.

cajuela [ka'xwela] *f Méx* boot *(Br)*,
trunk *(Am)*.

cal [kal] *f* lime.

cala ['kala] *f (ensenada)* cove.

calabacín [kalaβa'θin] *m* courgette *(Br)*, zucchini *(Am)*; ~ **relleno**
courgette stuffed with mince.

calabaza [kala'βaθa] *f* pumpkin.

calabozo [kala'βoθo] *m* cell.

calada [ka'laða] *f* drag.

calamar [kala'mar] *m* squid; ~ **es a
la romana** *squid rings fried in batter.*

calambre [ka'lambre] *m (de un
músculo)* cramp; *(descarga eléctrica)*
shock.

calamidad [kalami'ðað] *f* calamity;
ser una ~ *(persona)* to be a dead loss.

calar [ka'lar] *vt (suj: lluvia, humedad)*
to soak; *(suj: frío)* to penetrate. □ **calar en** *v* + *prep (ideas, sentimiento)* to
have an impact on. ◆ **calarse** *vpr
(mojarse)* to get soaked; *(suj: vehículo)*
to stall; *(sombrero)* to jam on.

calato, ta [ka'lato, ta] *adj Amér* naked.

calaveras [kala'βeras] *fpl Amér* rear lights *Br*, tail lights *Am*.

calcar [kal'kar] *vt (dibujo)* to trace; *(imitar)* to copy.

calcáreo, a [kal'kareo, a] *adj* lime.

calcetín [kalθe'tin] *m* sock.

calcio ['kalθjo] *m* calcium.

calcomanía [kalkoma'nia] *f* transfer.

calculador, ra [kalkula'ðor, ra] *adj* calculating.

calculadora [kalkula'ðora] *f* calculator.

calcular [kalku'lar] *vt (cantidad)* to calculate; *(suponer)* to guess.

cálculo ['kalkulo] *m (en matemáticas)* calculus.

caldear [kalde'ar] *vt (local)* to heat; *(ambiente)* to liven up.

caldera [kal'dera] *f* boiler.

calderilla [kalde'riʎa] *f* small change.

caldo ['kaldo] *m* broth; ~ **gallego** thick soup with meat.

calefacción [kalefak'θjon] *f* heating; ~ **central** central heating.

calefactor [kalefak'tor] *m* heater.

calendario [kalen'darjo] *m* calendar; *(de actividades)* timetable.

calentador [kalenta'ðor] *m* heater.

calentamiento [kalenta'mjento] *m (en deporte)* warm-up.

calentar [kalen'tar] *vt (agua, leche, comida)* to heat up; *fig (pegar)* to hit; *fig (incitar)* to incite. ❑ **calentarse** *vpr (en deporte)* to warm up; *(excitarse)* to get turned on.

calesitas [kale'sitas] *fpl Amér* merry-go-round *(sg)*.

calibrar [kali'βrar] *vt* to gauge.

calibre [ka'liβre] *m (importancia)* importance.

calidad [kali'ðað] *f* quality; *(clase)* class; **de** ~ quality; **en** ~ **de** in one's capacity as.

cálido, da ['kaliðo, ða] *adj* warm; *(agradable, acogedor)* friendly.

caliente [ka'ljente] *adj* hot; **en** ~ in the heat of the moment.

calificación [kalifika'θjon] *f (en deportes)* score; *(de un alumno)* mark, grade *Am*.

calificar [kalifi'kar] *vt (trabajo, examen)* to mark, to grade *Am*; ~ **a alguien de algo** to call sb sthg.

caligrafía [kaliɣra'fia] *f (letra)* handwriting.

cáliz ['kaliθ] *m (de flor)* calyx; *(de misa)* chalice.

callado, da [ka'ʎaðo, ða] *adj* quiet.

callar [ka'ʎar] *vi* to be quiet. ◆ *vt (secreto)* to keep; *(respuesta)* to keep to o.s. ❑ **callarse** *vpr (no hablar)* to keep quiet; *(dejar de hablar)* to be quiet.

calle ['kaʎe] *f (de población)* street; *(de carretera, en natación)* lane; **dejar a alguien en la** ~ to put sb out of a job; ~ **abajo/arriba** down/up the street.

calleja [ka'ʎexa] *f* alley, small street.

callejero, ra [kaʎe'xero, ra] *adj* street *(antes de s.)*. ◆ *m* street map.

callejón [kaʎe'xon] *m (calle estrecha)* alley; *(en toros)* passageway behind low wall encircling bullring; ~ **sin salida** cul-de-sac.

callejuela [kaʎe'xwela] *f* side street.

callo ['kaʎo] *m (de pies)* corn; *(de manos)* callus. ❑ **callos** *mpl* tripe *(sg)*.

calloso, sa [ka'ʎoso, sa] *adj* calloused.

calma ['kalma] *f* calm.

calmado, da [kal'maðo, ða] *adj* calm.

calmante [kal'mante] *m* sedative.

calmar [kal'mar] *vt* to calm. □ **calmarse** *vpr* to calm down.

calor [ka'lor] *m* (*de temperatura elevada, sensación*) heat; (*tibieza, del hogar*) warmth; **hace ~** it's hot; **tener ~** to be hot.

caloría [kalo'ria] *f* calorie.

calumnia [ka'lumnja] *f* (*oral*) slander; (*escrita*) libel.

calumniador, ra [kalumnja-'ðor, ra] *adj* slanderous.

calumniar [kalum'njar] *vt* (*oralmente*) to slander; (*por escrito*) to libel.

calumnioso, sa [kalum'njoso, sa] *adj* slanderous.

caluroso, sa [kalu'roso, sa] *adj* (*caliente*) hot; (*tibio, afectuoso, cariñoso*) warm.

calva ['kalβa] *f* (*cabeza*) bald head; (*area*) bald patch → **calvo**.

calvario [kal'βarjo] *m* (*sufrimiento*) ordeal.

calvicie [kal'βiθje] *f* baldness.

calvo, va ['kalβo, βa] *adj* bald. ◆ *m* bald man.

calzada [kal'θaða] *f* road (surface); '~ **irregular** 'uneven road surface'.

calzado [kal'θaðo] *m* footwear; '**reparación de ~s** 'shoe repairs'.

calzador [kalθa'ðor] *m* shoehorn.

calzar [kal'θar] *vt* (*zapato, bota*) to put on; **¿qué número calza?** what size (shoe) do you take? □ **calzarse** *vpr* to put on.

calzoncillos [kalθon'θiʎos] *mpl* underpants.

calzones [kal'θones] *mpl* *Amér* knickers *Br*, panties *Am*.

cama ['kama] *f* bed; **guardar ~** to be confined to bed; **~ individual**

single bed; **~ de matrimonio** double bed.

camaleón [kamale'on] *m* chameleon.

cámara¹ ['kamara] *f* (*para filmar*) camera; (*de diputados, senadores*) chamber; (*de neumático*) inner tube; **~ fotográfica** camera; **~ de vídeo** video (camera).

cámara² ['kamara] *m* cameraman (*f* camerawoman).

camarada [kama'raða] *mf* (*en el trabajo*) colleague.

camarero, ra [kama'rero, ra] *m, f* (*de bar, restaurante*) waiter (*f* waitress); (*de hotel*) steward (*f* chambermaid).

camarón [kama'ron] *m* *Amér* shrimp.

camarote [kama'rote] *m* cabin.

camastro [ka'mastro] *m* rickety bed.

cambiar [kam'bjar] *vt* to change; (*ideas, impresiones, etc*) to exchange. ◆ *vi* to change; **~ de** (*coche, vida*) to change; (*domicilio*) to move. □ **cambiarse** *vpr* (*de ropa*) to change; **~ de** (*casa*) to move; **~ se de camisa** to change one's shirt.

cambio ['kambjo] *m* change; (*de ideas, propuestas, etc*) exchange; (*valor de moneda*) exchange rate; **en ~** on the other hand; **~ de marchas** gear change; '**~ (de moneda)** 'bureau de change'.

camello [ka'meʎo] *m* camel.

camembert ['kamemβer] *m* camembert.

camerino [kame'rino] *m* dressing room.

camilla [ka'miʎa] *f* (*para enfermo, herido*) stretcher.

camillero, ra [kami'ʎero, ra] *m, f* stretcher-bearer.

caminante [kami'nante] *mf* walker.

caminar [kami'nar] *vi* to walk. ◆ *vt* to travel.

caminata [kami'nata] *f* long walk.

camino [ka'mino] *m* (vía) road; (recorrido) path; (medio) way; **a medio** ~ halfway; ~ **de** on the way to; **ir por buen/mal** ~ (ruta) to be going the right/wrong way; **ponerse en** ~ to set off.

CAMINO DE SANTIAGO

The "Camino de Santiago" is the pilgrim route, which enters Spain from France through the Pyrenees and leads to Santiago de Compostela in Galicia, where, according to tradition, the body of Saint James the Apostle is buried in the cathedral. Nowadays, it is a popular tourist trail as well as a pilgrim route.

camión [kami'on] *m* (de mercancías) lorry (Br), truck (Am); CAm & Méx (autobús) bus.

camionero, ra [kamjo'nero, ra] *m, f* lorry driver (Br), truck driver (Am).

camioneta [kamjo'neta] *f* van.

camisa [ka'misa] *f* shirt.

camisería [kamise'ria] *f* outfitter's (shop).

camisero, ra [kami'sero, ra] *adj* with buttons down the front.

camiseta [kami'seta] *f* (de verano) T-shirt; (ropa interior) knickers Br, undershirt Am.

camisola [kami'sola] *f* Amér shirt.

camisón [kami'son] *m* nightdress Br, nightgown Am.

camomila [kamo'mila] *f* camomile.

camorra [ka'mora] *f* trouble.

camote [ka'mote] *m* Andes, CAm & Méx sweet potato.

campamento [kampa'mento] *m* camp.

campana [kam'pana] *f* (de iglesia) bell; (de chimenea) chimney breast; (de cocina) hood.

campanario [kampa'narjo] *m* belfry.

campaña [kam'paɲa] *f* campaign.

campechano, na [kampe'tʃano, na] *adj* good-natured.

campeón, ona [kampe'on, ona] *m, f* champion.

campeonato [kampeo'nato] *m* championship; **de** ~ terrific.

campera [kam'pera] *f* Amér jacket.

campesino, na [kampe'sino, na] *m, f* (agricultor) farmer; (muy pobre) peasant.

campestre [kam'pestre] *adj* country.

camping ['kampin] *m* (lugar) campsite; (actividad) camping; **ir de** ~ to go camping.

campista [kam'pista] *mf* camper.

campo ['kampo] *m* field; (campiña) countryside; (de fútbol) pitch Br, field Am; (de golf) course; ~ **de deportes** sports ground; **dejar el** ~ **libre** to leave the field open.

campus ['kampus] *m* campus.

camuflar [kamu'flar] *vt* to camouflage.

cana ['kana] *f* grey hair; **tener** ~**s** to be going grey.

Canadá [kana'ða] *m*: **(el)** ~ Canada.

canadiense [kana'ðjense] *adj & mf* Canadian.

canal [ka'nal] *m* (para regar) canal; (en geografía) strait; (de televisión) channel; (de desagüe) pipe.

canalla [ka'naʎa] *mf* swine.

canapé [kana'pe] *m* canapé.

Canarias [ka'narjas] *fpl*: **(las islas)** ~ the Canary Islands.

canario, ria [ka'narjo, rja] *adj* of/relating to the Canary Islands. ◆ *m*, *f* Canary Islander. ◆ *m* (pájaro) canary.

canasta [ka'nasta] *f* basket; (en naipes) canasta.

canastilla [kanas'tiʎa] *f* (de recién nacido) layette.

cancela [kan'θela] *f* wrought-iron gate.

cancelación [kanθela'θjon] *f* cancellation.

cancelar [kanθe'lar] *vt* to cancel; (cuenta, deuda) to settle.

cáncer ['kanθer] *m* cancer.

cancerígeno, na [kanθe'rixeno, na] *adj* carcinogenic.

cancha ['kantʃa] *f* court.

canciller [kanθi'ʎer] *m* chancellor.

cancillería [kanθiʎe'ria] *f* Amér (ministerio) ≃ Foreign Office.

canción [kan'θjon] *f* song.

cancionero [kanθjo'nero] *m* songbook.

candado [kan'daðo] *m* padlock.

candela [kan'dela] *f* fire.

candelabro [kande'laβro] *m* candelabra.

candidato, ta [kandi'ðato, ta] *m*, *f*: ~ **(a)** candidate (for).

candidatura [kandiða'tura] *f* candidacy.

candil [kan'dil] *m* (lámpara) oil lamp; Amér (araña) chandelier.

candilejas [kandi'lexas] *fpl* footlights.

caneca [ka'neka] *f* Amér rubbish bin (Br), trash can (Am).

canela [ka'nela] *f* cinnamon.

canelones [kane'lones] *mpl* cannelloni.

cangrejo [kan'grexo] *m* crab.

canguro [kan'guro] *m* (animal) kangaroo; (para llevar a un niño) sling. ◆ *mf* (persona) babysitter.

caníbal [ka'niβal] *mf* cannibal.

canica [ka'nika] *f* marble. ❑ **canicas** *fpl* (juego) marbles.

canijo, ja [ka'nixo, xa] *adj* sickly.

canilla [ka'niʎa] *f* CSur (grifo) tap Br, faucet Am; (pierna) leg.

canjeable [kanxe'aβle] *adj* exchangeable.

canjear [kanxe'ar] *vt* to exchange; ~ **algo por** to exchange sthg for.

canoa [ka'noa] *f* canoe.

canoso, sa [ka'noso, sa] *adj* grey-haired.

cansado, da [kan'saðo, ða] *adj* (fatigado, aburrido) tired; (pesado) tiring; **estar** ~ **(de)** to be tired (of).

cansador, ra [kansa'ðor, ra] *adj* Andes & CSur tiring.

cansancio [kan'sanθjo] *m* tiredness.

cansar [kan'sar] *vt* to tire. ❑ **cansarse** *vpr*: ~ **se (de)** (fatigarse) to get tired (from); (hartarse) to get tired (of).

cantábrico, ca [kan'taβriko, ka] *adj* Cantabrian. ❑ **Cantábrico** *m*: **el Cantábrico** the Cantabrian Sea.

cantante [kan'tante] *mf* singer.

cantaor, ra [kanta'or, ra] *m*, *f* flamenco singer.

cantar [kan'tar] *vt* (canción) to sing; (premio) to call (out). ◆ *vi* to sing; fig (confesar) to talk.

cántaro ['kantaro] *m* large pitcher; **llover a** ~**s** to rain cats and dogs.

cantautor, ra [kantau'tor, ra] *m*, *f* singer-songwriter.

cante ['kante] *m*: ~ **flamenco** o **jondo** flamenco singing.

cantera [kan'tera] *f (de piedra)* quarry; *(de profesionales)* source.

cantidad [kanti'ðað] *f (medida)* quantity; *(importe)* sum; *(número)* number. ◆ *adv* a lot; **en** ~ in abundance.

cantimplora [kantim'plora] *f* water bottle.

cantina [kan'tina] *f (en fábrica)* canteen *Br*, cafeteria *Am*; *(en estación de tren)* buffet, station café.

canto ['kanto] *m (arte)* singing; *(canción)* song; *(borde)* edge; **de** ~ edgeways; ~ **rodado** boulder.

canturrear [kanture'ar] *vt & vi* to sing softly.

caña ['kaɲa] *f (tallo)* cane; ~ **de cerveza)** small glass of beer; ~ **de azúcar** sugarcane; ~ **de pescar** fishing rod.

cáñamo ['kaɲamo] *m* hemp.

cañaveral [kaɲaβe'ral] *m* sugarcane plantation.

cañería [kaɲe'ria] *f* pipe.

caño ['kaɲo] *m (de fuente)* jet; *(tubo)* pipe; *Amér (grifo)* tap *Br*, faucet *Am*.

cañón [ka'ɲon] *m (arma moderna)* gun; *(arma antigua)* cannon; *(de fusil)* barrel; *(entre montañas)* canyon.

cañonazo [kaɲo'naθo] *m* gunshot.

caoba [ka'oβa] *f* mahogany.

caos ['kaos] *m inv* chaos.

caótico, ca [ka'otiko, ka] *adj* chaotic.

capa ['kapa] *f (manto)* cloak; *(de pintura, barniz, chocolate)* coat; *(de la tierra, sociedad)* stratum; *(de torero)* cape; ~ **de ozono** ozone layer; **a** ~ **y espada** *(defender)* tooth and nail; **andar de** ~ **caída** to be doing badly.

capacidad [kapaθi'ðað] *f (de envase, aforo)* capacity; *(habilidad)* ability.

capacitado, da [kapaθi'taðo, ða]

adj: **estar** ~ **para** to be qualified to.

caparazón [kapara'θon] *m* shell.

capataz [kapa'taθ] *(pl -ces* [θes]*)* foreman *(f* forewoman*)*.

capaz [ka'paθ] *(pl -ces* [θes]*) adj* capable; **ser** ~ **de** to be capable of.

capazo [ka'paθo] *m* large wicker basket.

capellán [kape'ʎan] *m* chaplain.

capicúa [kapi'kua] *adj inv* reversible.

capilar [kapi'lar] *adj* hair *(antes de s)*.

capilla [ka'piʎa] *f* chapel.

capital [kapi'tal] *adj (importante)* supreme. ◆ *m* capital.

capitalismo [kapita'lizmo] *m* capitalism.

capitalista [kapita'lista] *adj & mf* capitalist.

capitán, ana [kapi'tan, ana] *m, f* captain.

capitanía [kapita'nia] *f (edificio)* ≃ field marshal's headquarters.

capitel [kapi'tel] *m* capital *(in architecture)*.

capítulo [ka'pitulo] *m* chapter.

capó [ka'po] *m* bonnet *(Br)*, hood *(Am)*.

capón [ka'pon] *m (animal)* capon; *(golpe)* rap.

capota [ka'pota] *f* hood *(Br)*, top *(Am)*.

capote [ka'pote] *m (de torero)* cape.

capricho [ka'pritʃo] *m* whim; **darse un** ~ to treat o.s.

caprichoso, sa [kapri'tʃoso, sa] *adj* capricious.

cápsula ['kapsula] *f* capsule.

captar [kap'tar] *vt (sonido, rumor)* to hear; *(persona)* to win over; *(explicación, idea)* to grasp; *(señal de radio, TV)* to receive.

capturar [kaptu'rar] vt to capture.

capucha [ka'putʃa] f (de prenda de vestir) hood; (de pluma, bolígrafo) cap.

capuchino, na [kapu'tʃino, na] adj & m, f Capuchin. ◆ m cappuccino.

capullo [ka'puʎo] m (de flor) bud; (de gusano) cocoon.

cara ['kara] f (rostro) face; (de página, tela, luna, moneda) side; ~ **a** face to face; **de ~ a** (frente a) facing; ~ **o cruz** heads or tails; **echar algo a ~ o cruz** to toss a coin for sthg; **dar la ~ to** face the consequences; **echar en ~ algo a alguien** to reproach sb for sthg; **esta comida no tiene buena ~** this meal doesn't look very good; **plantar ~ a** to stand up to; **tener (mucha) ~** to have a cheek.

carabela [kara'ßela] f caravel.

carabina [kara'ßina] f (arma) rifle; fam (persona) chaperone.

caracol [kara'kol] m snail; ~s a la **llauna** snails cooked in a pan with oil, garlic and parsley.

caracola [kara'kola] f conch.

caracolada [karako'laða] f dish made with snails.

carácter [ka'rakter] m (modo de ser) character; (tipo) nature; **tener mal/ buen ~** to be bad-tempered/good-natured; **tener mucho/poco ~** to have a strong/weak personality.

característica [karakte'ristika] f characteristic.

característico, ca [karakte-'ristiko, ka] adj characteristic.

caracterizar [karakteri'θar] vt (identificar) to characterize; (representar) to portray. ❑ **caracterizarse por** v + prep to be characterized by.

caradura [kara'ðura] mf fam cheeky Br, nervy Am.

carajillo [kara'xiʎo] m coffee with a dash of liqueur.

caramba [ka'ramba] interj (expresa sorpresa) good heavens!; (expresa enfado) for heaven's sake!

carambola [karam'bola] f cannon (in billiards); **de ~** (de casualidad) by a fluke; (de rebote) indirectly.

caramelo [kara'melo] m (golosina) sweet Br, candy Am; (azúcar fundido) caramel.

carátula [ka'ratula] f (de libro, revista) front cover; (de disco) sleeve; (de casete) inlay card.

caravana [kara'ßana] f (en carretera) tailback Br, backup Am; (remolque) caravan; **hacer ~** to sit in a tailback.

caravaning [kara'ßanin] m caravanning.

caray [ka'raj] interj (expresa sorpresa) good heavens!; (expresa enfado, daño) damn it!

carbón [kar'ßon] m coal.

carboncillo [karßon'θiʎo] m charcoal.

carbono [kar'ßono] m carbon.

carburador [karßura'ðor] m carburettor.

carburante [karßu'rante] m fuel.

carcajada [karka'xaða] f guffaw; **reír a ~s** to roar with laughter.

cárcel ['karθel] f prison; **en la ~** in prison.

carcoma [kar'koma] f woodworm.

cardenal [karðe'nal] m (en religión) cardinal; (morado) bruise.

cardíaco, ca [kar'ðiako, ka] adj cardiac.

cardinal [karði'nal] adj cardinal.

cardiólogo, ga [kar'ðjoloɣo, ɣa] m, f cardiologist.

cardo ['karðo] m (planta) thistle; fam (persona) prickly customer.

carecer [kare'θer] ◆ **carecer de** v + prep to lack.

carencia [ka'renθja] f (ausencia) lack; (defecto) deficiency.

careta [ka'reta] f mask.

carey [ka'rej] m (de tortuga) tortoiseshell.

carga ['karɣa] f (de barco, avión) cargo; (de tren, camión) freight; (peso) load; (para bolígrafo, mechero, pluma) refill; (de arma, explosivo, batería) charge; (responsabilidad) burden.

cargado, da [kar'ɣaðo, ða] adj (cielo) overcast; (habitación, ambiente) stuffy; (bebida, infusión) strong; ~ **de** (lleno de) loaded with.

cargador, ra [karɣa'ðor, ra] m, f loader. ◆ m (de arma) chamber; (de batería) charger.

cargar [kar'ɣar] vt (mercancía, arma) to load; (bolígrafo, pluma, mechero) to refill; (tener capacidad para) to hold; (factura, deudas, batería) to charge. ◆ vi (molestar) to be annoying; ~ **algo de** (llenar) to fill sthg with. ❑ **cargar con** v + prep (paquete) to carry; (responsabilidad) to bear; (consecuencia) to accept. ❑ **cargar contra** v + prep to charge. ❑ **cargarse** vpr fam (romper) to break; fam (matar) to bump off; fam (suspender) to fail; (ambiente) to get stuffy. ❑ **cargarse de** v + prep (llenarse de) to fill up with.

cargo ['karɣo] m charge; (empleo, función) post; **estar a ~ de** to be in charge of; **hacerse ~ de** (responsabilizarse) to take care of; (asumir el control) to take charge of; (comprender) to understand.

cargoso, sa [kar'ɣoso, sa] adj CSur & Perú annoying.

cariado, da [ka'rjaðo, ða] adj decayed.

Caribe [ka'riβe] m: **el ~** the Caribbean.

caribeño, ña [kari'βeɲo, ɲa] adj Caribbean.

caricatura [karika'tura] f caricature.

caricia [ka'riθja] f (a persona) caress; (a animal) stroke.

caridad [kari'ðað] f charity.

caries ['karjes] f inv tooth decay.

cariño [ka'riɲo] m (afecto) affection; (cuidado) loving care; (apelativo) love.

cariñoso, sa [kari'ɲoso, sa] adj affectionate.

carisma [ka'risma] m charisma.

caritativo, va [karita'tiβo, βa] adj charitable.

cariz [ka'riθ] m appearance.

carmín [kar'min] m (para labios) lipstick.

carnal [kar'nal] adj (pariente) first.

Carnaval [karna'βal] m Shrovetide.

CARNAVAL

"Carnaval" is the period leading up to Lent when celebrations are held throughout Spain and Latin America. There are parades with floats and lots of people, especially children, go out into the streets in fancy dress.

carne ['karne] f (alimento) meat; (de persona, fruta) flesh; ~ **de cerdo** pork; ~ **de cordero** lamb; ~ **de gallina** goose pimples (pl); ~ **picada** mince (Br), ground beef (Am); ~ **de ternera** veal; ~ **de vaca** beef.

carné [kar'ne] m (de club, partido) membership card; ~ **de conducir** driving licence (Br), driver's license

(Am); ~ **de identidad** identity card.

carnero [kar'nero] *m* ram.

carnicería [karniθe'ria] *f (tienda)* butcher's (shop); *(matanza)* carnage.

carnicero, ra [karni'θero, ra] *m, f* butcher.

carnitas [kar'nitas] *fpl Méx* snack of spicy, fried meat in taco or bread.

caro, ra ['karo, ra] *adj* expensive.
♦ *adv* at a high price; **costar** ~ to be expensive.

carpa ['karpa] *f (de circo)* big top; *(para fiestas)* marquee *Br,* tent *Am; (pez)* carp.

carpeta [kar'peta] *f* file.

carpintería [karpinte'ria] *f (oficio)* joinery; *(arte)* carpentry; *(taller)* joiner's workshop.

carpintero, ra [karpin'tero, ra] *m (profesional)* joiner; *(artista)* carpenter.

carrera [ka'rera] *f (competición)* race; *(estudios)* degree course; *(profesión)* career; *(en medias, calcetines)* ladder *(Br),* run *(Am);* **a la** ~ at full speed.

carrerilla [kare'riʎa] *f (carrera corta)* run-up; **de** ~ *fam* by heart.

carreta [ka'reta] *f* cart.

carrete [ka'rete] *m (de fotografías)* roll; *(de hilo)* reel *Br,* spool *Am.*

carretera [kare'tera] *f* ~ **de circunvalación** ring road; ~ **comarcal** minor road *Br,* state highway *Am;* ~ **de cuota** *Amér* toll road; ~ **nacional** ≃ A road *(Br),* interstate highway *(Am).*

carretilla [kare'tiʎa] *f* wheelbarrow.

carril [ka'ril] *m (de carretera, autopista)* lane; *(de tren)* rail; ~ **de aceleración** fast lane; ~ **bici** cycle lane; ~ **bus** bus lane; ~ **de los lentos** *fam* crawler lane *Br,* slow lane *Am.*

carrito [ka'rito] *m (de la compra)* trolley *Br,* shopping cart *Am; (para bebés)* pushchair *(Br),* stroller *(Am).*

carro ['karo] *m (carruaje)* cart; *Andes, CAm, Carib & Méx (automóvil) (coche)* car; ~ **comedor** *Amér* dining car; ~ **de la compra** trolley *Br,* shopping cart *Am.*

carrocería [karoθe'ria] *f* bodywork.

carromato [karo'mato] *m* covered wagon.

carroña [ka'roɲa] *f* carrion.

carroza [ka'roθa] *f* coach, carriage.

carruaje [karu'axe] *m* carriage.

carrusel [karu'sel] *m (de feria)* carousel.

carta ['karta] *f (escrito)* letter; *(de restaurante, bar)* menu; *(de la baraja)* card; ~ **de vinos** wine list.

cartabón [karta'βon] *m* set square *Br,* triangle *Am.*

cartearse [karte'arse] *vpr* to correspond.

cartel [kar'tel] *m* poster.

cartelera [karte'lera] *f (de espectáculos)* entertainments section; *(tablón)* hoarding *(Br),* billboard *(Am),* **estar en** ~ *(película)* to be showing; *(obra de teatro)* to be running.

cartera [kar'tera] *f (para dinero)* wallet; *(de colegial)* satchel; *(para documentos)* briefcase; *(sin asa)* portfolio; *(de mujer)* clutch bag.

carterista [karte'rista] *mf* pickpocket.

cartero, ra [kar'tero, ra] *m, f* postman *(f* postwoman*) Br,* mail carrier *Am.*

cartilla [kar'tiʎa] *f (para aprender a leer)* first reading book, primer *Am;* ~ **de ahorros** savings book; ~ **de la Seguridad Social** ≃ National Insurance card, ≃ Social Security card *Am*.

cartón [kar'ton] *m (material)* cardboard; *(de cigarrillos)* carton.

cartucho [kar'tutʃo] *m* cartridge.

cartulina [kartu'lina] *f* card *Br*, stiff paper *Am*.

casa ['kasa] *f (edificio)* house; *(vivienda, hogar)* home; *(familia)* family; *(empresa)* company; **en** ~ at home; **ir a** ~ to go home; ~ **de campo** country house; ~ **de huéspedes** guesthouse.

CASA ROSADA

The "Casa Rosada", just off the Plaza de Mayo in Buenos Aires, is the official residence of the Argentinian president and the seat of the Argentinian government. It is here that the president holds cabinet meetings and receives state visits.

casadero, ra [kasa'ðero, ra] *adj* marriageable.

casado, da [ka'saðo, ða] *adj* married.

casamiento [kasa'mjento] *m* wedding.

casar [ka'sar] *vt* to marry. ❏ **casar con** *v + prep (colores, tejidos)* to go with. ❏ **casarse** *vpr:* ~ **se (con)** to get married (to).

cascabel [kaska'βel] *m* bell.

cascada [kas'kaða] *f* waterfall.

cascado, da [kas'kaðo, ða] *adj fam (persona, ropa)* worn-out; *(voz)* hoarse.

cascanueces [kaska'nɥeθes] *m inv* nutcracker.

cascar [kas'kar] *vt (romper)* to crack; *fam (golpear)* to thump *Br*, to beat up *Am*.

cáscara ['kaskara] *f (de huevo, frutos secos)* shell; *(de plátano, naranja)* peel.

casco ['kasko] *m (para la cabeza)* helmet; *(envase)* empty (bottle); *(de caballo)* hoof; *(de barco)* hull; ~ **antiguo** old (part of) town; ~ **urbano** town centre; ~**s azules** Blue Berets.

caserío [kase'rio] *m (casa de campo)* country house.

caserita [kase'rita] *f Amér* housewife, homemaker *Am*.

casero, ra [ka'sero, ra] *adj (hecho en casa)* home-made; *(hogareño)* home-loving. ◆ *m, f (propietario)* landlord (*f* landlady).

caseta [ka'seta] *f (de feria)* stall, stand *Am*; *(para perro)* kennel *Br*, doghouse *Am*; *(en la playa)* bathing hut *Br*, bath house *Am*; ~ **de cobro** *Méx* toll booth; ~ **telefónica** *Méx* phone box *(Br)*, phone booth *(Am)*.

casete [ka'sete] *m (aparato)* cassette player. ◆ *m o f (cinta)* cassette, tape.

casi ['kasi] *adv* nearly, almost; ~ **nada** almost nothing, hardly anything; ~ **nunca** hardly ever.

casilla [ka'siʎa] *f (de impreso)* box; *(de tablero, juego)* square; *(de mueble, caja, armario)* compartment; ~ **de correos** *Andes & RP* P.O. Box.

casillero [kasi'ʎero] *m (mueble)* set of pigeonholes; *(casilla)* pigeonhole.

casino [ka'sino] *m* casino.

caso ['kaso] *m* case; **en** ~ **de** in the event of; **en** ~ **de que venga** if he comes; **en todo** ~ in any case; **en cualquier** ~ in any case; **hacer** ~ **a alguien** to take notice of sb; **ser un** ~ *fam* to be a case; **no venir al** ~ to be irrelevant.

caspa ['kaspa] *f* dandruff.

casquete [kas'kete] *m* skullcap.

casquillo [kas'kiʎo] *m (de bala)* cartridge case; *(de lámpara)* socket.

casta ['kasta] *f (linaje)* stock; *(en la India)* caste.

castaña [kas'taɲa] *f (fruto)* chestnut; *fam (golpe)* bash.

castaño, ña [kas'taɲo, ɲa] *adj (color)* chestnut. ◆ *m (árbol)* chestnut tree.

castañuelas [kasta'ɲwelas] *fpl* castanets.

castellano, na [kaste'ʎano, na] *adj & m, f* Castilian. ◆ *m (lengua)* Spanish.

CASTELLANO

"Castellano" (*Castilian*) is the official language of the Spanish-speaking world, although in some of Spain's autonomous regions, namely the Balearic Islands, the Basque Country, Catalonia, Galicia, Navarre and Valencia, it is co-official with the language of the region. In Latin America, "español" is the term commonly used when talking about Spanish.

castidad [kasti'ðað] *f* chastity.

castigar [kasti'ɣar] *vt* to punish.

castigo [kas'tiɣo] *m* punishment.

castillo [kas'tiʎo] *m* castle.

castizo, za [kas'tiθo, θa] *adj* pure.

casto, ta ['kasto, ta] *adj* chaste.

castor [kas'tor] *m* beaver.

castrar [kas'trar] *vt* to castrate.

casualidad [kaswali'ðað] *f* coincidence; **por ~** by chance.

catacumbas [kata'kumbas] *fpl* catacombs.

catalán, ana [kata'lan, ana] *adj, m, f* Catalan.

catálogo [ka'taloɣo] *m* catalogue.

Cataluña [kata'luɲa] Catalonia.

catamarán [katama'ran] *m* catamaran.

catar [ka'tar] *vt* to taste.

cataratas [kata'ratas] *fpl (de agua)* waterfalls, falls; *(en los ojos)* cataracts.

catarro [ka'taro] *m* cold.

catástrofe [ka'tastrofe] *f* disaster.

catastrófico, ca [katas'trofiko, ka] *adj* disastrous.

catear [kate'ar] *vt fam* to flunk.

catecismo [kate'θizmo] *m* catechism.

cátedra ['kateðra] *f (en universidad)* chair; *(en instituto)* post of head of department.

catedral [kate'ðral] *f* cathedral.

catedrático, ca [kate'ðratiko, ka] *m, f* head of department.

categoría [kateɣo'ria] *f* category; **de ~** top-class.

catequesis [kate'kesis] *f inv* catechesis.

cateto, ta [ka'teto, ta] *m, f despec* dimwit.

catire, ra [ka'tire, ra] *adj Amér* blond *(f* blonde).

catolicismo [katoli'θizmo] *m* Catholicism.

católico, ca [ka'toliko, ka] *adj & m, f* Catholic.

catorce [ka'torθe] *núm* fourteen → **seis**.

catre ['katre] *m* campbed *Br*, cot *Am*.

cauce ['kauθe] *m (de río)* riverbed; *(de lluvia, artificial)* channel.

caucho ['kautʃo] *m* rubber.

caudal [kau'ðal] *m (de un río)* volume, flow; **~es** *(dinero)* wealth (*sg*).

caudaloso, sa [kauða'loso, sa] *adj* with a large flow.

caudillo [kau'ðiʎo] *m* leader.

causa ['kausa] *f* cause; **a ~ de** because of.

causante [kau'sante] *m* *Amér* taxpayer.

causar [kau'sar] *vt* to cause.

cáustico, ca ['kaustiko, ka] *adj* caustic.

cautela [kau'tela] *f* caution; **con ~** cautiously.

cautivador, ra [kautiβa'ðor, ra] *adj* captivating.

cautivar [kauti'βar] *vt* (*seducir*) to captivate.

cautiverio [kauti'βerjo] *m* captivity; **en ~** in captivity.

cautivo, va [kau'tiβo, βa] *adj & m, f* captive.

cauto, ta ['kauto, ta] *adj* cautious.

cava ['kaβa] *f* (*bodega*) wine cellar. ◆ *m* Spanish champagne-type wine; **~ brut** brut cava.

cavar [ka'βar] *vt* to dig.

caverna [ka'βerna] *f* (*cueva*) cave; (*más grande*) cavern.

caviar [ka'βjar] *m* caviar.

cavidad [kaβi'ðað] *f* cavity.

cavilar [kaβi'lar] *vi* to ponder.

caza ['kaθa] *f* (*actividad*) hunting; (*presa*) game; **andar** o **ir a la ~ de** to chase; **dar ~** to hunt down. ◆ *m* aircraft.

cazador, ra [kaθa'ðor, ra] *m, f* hunter (*f* huntress).

cazadora [kaθa'ðora] *f* (*bomber*) jacket → **cazador**.

cazar [ka'θar] *vt* (*animales*) to hunt; *fam* (*marido, esposa*) to get o.s.; (*captar, entender*) to catch.

cazo ['kaθo] *m* (*vasija*) saucepan; (*cucharón*) ladle.

cazuela [ka'θwela] *f* (*de barro*) earthenware pot; (*guiso*) casserole; **a la ~** casseroled.

cazurro, rra [ka'θuro, ra] *adj* (*obstinado*) stubborn.

c/c ['θe'θe] (*abrev de cuenta corriente*) a/c.

CE *f* (*abrev de Comunidad Europea*) EC.

cebar [θe'βar] *vt* (*animales*) to fatten up. ◆ **cebarse en** *v + prep* to take it out on.

cebo ['θeβo] *m* bait.

cebolla [θe'βoʎa] *f* onion.

cebolleta [θeβo'ʎeta] *f* spring onion.

cebra ['θeβra] *f* zebra.

cecear [θeθe'ar] *vi* to lisp.

ceder [θe'ðer] *vt* (*sitio, asiento, etc*) to give up. ◆ *vi* (*puente*) to give way; (*cuerda*) to slacken; (*viento, lluvia, etc*) to abate; **'ceda el paso'** 'give way'.

cedro ['θeðro] *m* cedar.

cédula ['θeðula] *f* document; **~ de identidad** *Amér* identity card.

cegato, ta [θe'yato, ta] *adj fam* short-sighted.

ceguera [θe'yera] *f* blindness.

ceja ['θexa] *f* eyebrow.

celda ['θelda] *f* cell.

celebración [θeleβra'θjon] *f* celebration.

celebrar [θele'βrar] *vt* (*cumpleaños, acontecimiento, misa*) to celebrate; (*asamblea, reunión*) to hold.

célebre ['θeleβre] *adj* famous.

celebridad [θeleβri'ðað] *f* fame; **ser una ~** to be famous.

celeste [θe'leste] *adj* (*del cielo*) of the sky.

celestial [θeles'tjal] *adj* celestial, heavenly.

celo ['θelo] *m* (*cinta adhesiva*) Sellotape® *Br*, Scotch tape® *Am*; (*en el trabajo, etc*) zeal; **estar en ~** to be on heat. ◆ **celos** *mpl* jealousy (*sg*); **tener ~s** to be jealous.

celofán® [θelo'fan] m Cellophane®.

celoso, sa [θe'loso, sa] adj (en el amor) jealous.

célula ['θelula] f cell.

celulitis [θelu'litis] f inv cellulitis.

cementerio [θemen'terjo] m cemetry; ~ **de coches** breaker's yard Br, junk yard Am.

cemento [θe'mento] m cement; ~ **armado** reinforced concrete.

cena ['θena] f dinner.

cenar [θe'nar] vt to have for dinner. ◆ vi to have dinner.

cencerro [θen'θero] m cowbell; (fig) **estar como un** ~ to be mad.

cenefa [θe'nefa] f border.

cenicero [θeni'θero] m ashtray.

ceniza [θe'niθa] f ash. ❑ **cenizas** fpl (restos mortales) ashes.

censado, da [θen'saðo, ða] adj recorded.

censar [θen'sar] vt to take a census of.

censo ['θenso] m census; ~ **electoral** electoral roll.

censor [θen'sor] m censor.

censura [θen'sura] f (de película, libro, etc) censorship.

censurar [θensu'rar] vt (película, libro, etc) to censor; (conducta, etc) to censure.

centena [θen'tena] f hundred; **una** ~ **de** a hundred.

centenar [θente'nar] m hundred; **un** ~ **de** a hundred.

centenario, ria [θente'narjo, rja] adj (persona) hundred-year-old. ◆ m centenary.

centeno [θen'teno] m rye.

centésimo, ma [θen'tesimo, ma] núm hundredth ◆ **sexto**.

centígrado, da [θen'tiɣraðo, ða] adj Centigrade.

centímetro [θen'timetro] m centimetre.

céntimo ['θentimo] m (moneda) cent; **no tener un** ~ not to have a penny.

centinela [θenti'nela] mf sentry.

centollo [θen'toʎo] m spider crab.

centrado, da [θen'traðo, ða] adj (en el centro) in the centre; (persona) well-balanced; (derecho) straight; ~ **en** (trabajo, ocupación) focussed on.

central [θen'tral] adj central. ◆ f (oficina) head office; ~ **eléctrica** power station.

centralismo [θentra'lizmo] m centralism.

centralita [θentra'lita] f switchboard.

centrar [θen'trar] vt (cuadro, mueble) to centre; (miradas, atención) to be the centre of. ❑ **centrarse en** v + prep to focus on.

céntrico, ca ['θentriko, ka] adj central.

centrifugar [θentrifu'ɣar] vt (suj: lavadora) to spin.

centro ['θentro] m centre Br, downtown Am; (de ciudad) (town) centre; **en el** ~ **de** in the middle of; **ir al** ~ to go to town; **ser el** ~ **de** to be the centre of; ~ **comercial** shopping centre; ~ **juvenil** youth club; ~ **social** community centre; ~ **turístico** tourist resort; ~ **urbano** town centre.

Centroamérica [θentroa'merika] Central America.

ceñido, da [θe'niðo, ða] adj tight.

ceñir [θe'nir] vt (ajustar) to tighten; (rodear) to surround. ❑ **ceñirse a** v + prep to stick to.

ceño ['θeno] m frown.

cepa ['θepa] f (vid) vine.

cepillar [θepi'ʎar] vt (pelo, traje, etc) to brush; fam (elogiar) to butter up.

◻ **cepillarse** *vpr fam (acabar)* to polish off; *(matar)* to bump off.

cepillo [θe'piʎo] *m* brush; **~ de dientes** toothbrush.

cepo ['θepo] *m (de animales)* trap; *(de coches)* wheelclamp *Br*, Denver boot *Am*.

cera ['θera] *f* wax.

cerámica [θe'ramika] *f (objeto)* piece of pottery; *(arte)* pottery; **de ~** ceramic.

ceramista [θera'mista] *mf* potter.

cerca ['θerka] *f (valla)* fence. ◆ *adv* near; **~ de** *(en espacio)* near; *(casi)* nearly; **son ~ de las cuatro** it's nearly four o'clock; **de ~** from close up.

cercanías [θerka'nias] *fpl (alrededores)* outskirts.

cercano, na [θer'kano, na] *adj (en espacio)* nearby; *(en tiempo)* near.

cercar [θer'kar] *vt (vallar)* to fence off; *(rodear)* to surround.

cerco ['θerko] *m (de vallas)* fence.

cerda ['θerða] *f* bristle → **cerdo**.

cerdo, da ['θerðo, ða] *m, f (animal)* pig *(f* sow); *(despec: persona)* pig. ◆ *adj (despec)* filthy. ◆ *m (carne)* pork.

cereal [θere'al] *m* cereal. ◻ **cereales** *mpl (para desayuno)* breakfast cereal *(sg)*.

cerebro [θe'reβro] *m (del cráneo)* brain; *(persona inteligente)* brainy person; *(organizador, responsable)* brains *(pl)*; **~ electrónico** computer.

ceremonia [θere'monja] *f* ceremony.

ceremonioso, sa [θeremo'njoso, sa] *adj* ceremonious.

cereza [θe'reθa] *f* cherry.

cerezo [θe'reθo] *m (árbol)* cherry tree.

cerilla [θe'riʎa] *f* match.

cerillo [θe'riʎo] *m CAm & Méx* match.

cero ['θero] *núm (número)* zero, nought *Br*; *(en fútbol)* nil *Br*, zero; *(en tenis)* love; **bajo ~** below zero; **sobre ~** above zero; **ser un ~ a la izquierda** *fam (ser un inútil)* to be useless → **seis**.

cerquillo [θer'kiʎo] *m Amér* fringe *(Br)*, bangs *(Am)* (pl).

cerrado, da [θe'raðo, ða] *adj (espacio, local, etc)* closed; *(tiempo, cielo)* overcast; *(introvertido)* introverted; *(intransigente)* narrow-minded; *(acento)* broad; *(curva)* sharp.

cerradura [θera'ðura] *f* lock.

cerrajería [θeraxe'ria] *f* locksmith's (shop).

cerrajero, ra [θera'xero, ra] *m* locksmith.

cerrar [θe'rar] *vt* to close; *(con llave)* to lock; *(grifo, gas)* to turn off; *(local, negocio, fábrica)* to close down; *(ir detrás de)* to bring up the rear of; *(impedir)* to block; *(pacto, trato)* to strike. ◆ *vi (comercio)* to close. ◻ **cerrarse** *vpr (en uno mismo)* to close o.s. off. ◻ **cerrarse a** *v + prep (propuestas, innovaciones)* to close one's mind to.

cerro ['θero] *m* hill.

cerrojo [θe'roxo] *m* bolt.

certamen [θer'tamen] *m (concurso)* competition; *(fiesta)* awards ceremony.

certeza [θer'teθa] *f* certainty; **tener la ~ de** to be sure that.

certidumbre [θerti'ðumbre] *f* certainty.

certificado, da [θertifi'kaðo, ða] *adj (carta, paquete)* registered. ◆ *m* certificate.

certificar [θertifi'kar] *vt (documento)* to certify; *(carta, paquete)* to register.

cervecería [θerβeθe'ria] *f (establecimiento)* bar.

cerveza [θer'βeθa] *f* beer; **~ sin al-**

cohol alcohol-free beer; ~ **rubia** lager.

cesar [θe'sar] *vi* to stop. ◆ *vt*: ~ **a alguien de** *(cargo, ocupación)* to sack sb from; **no** ~ **de hacer algo** to keep doing sthg; **sin** ~ non-stop.

cesárea [θe'sarea] *f* Caesarean (section).

cese ['θese] *m (de empleo, cargo)* sacking; *(de actividad)* stopping.

cesión [θe'sjon] *f* transfer.

césped ['θesped] *m (superficie)* lawn; *(hierba)* grass.

cesta ['θesta] *f* basket; ~ **de la compra** shopping basket.

cesto ['θesto] *m* large basket.

cetro ['θetro] *m* sceptre.

cg *(abrev de centigramo)* cg.

chabacano, na [tʃaβa'kano, na] *adj* vulgar. ◆ *m* Méx *(fruto)* apricot; *(árbol)* apricot tree.

chabola [tʃa'βola] *f* shack; **barrios de ~s** shanty town *(sg)*.

chacha ['tʃatʃa] *f fam (criada)* maid; *(niñera)* nanny.

cháchara ['tʃatʃara] *f* chatter.

chacra ['tʃakra] *f* Andes & RP smallholding.

chafar [tʃa'far] *vt (aplastar)* to flatten; *(plan, proyecto)* to ruin; *fam (desmoralizar)* to depress.

chal [tʃal] *m* shawl.

chalado, da [tʃa'laðo, ða] *adj fam* crazy; **estar ~ por** *(estar enamorado)* to be crazy about.

chalé [tʃa'le] *m (en ciudad)* detached house; *(en el campo)* cottage; *(en alta montaña)* chalet.

chaleco [tʃa'leko] *m* waistcoat Br, vest Am; ~ **salvavidas** life jacket.

chamaco, ca [tʃa'mako, ka] *m, f* CAm & Méx kid.

chamba [tʃamba] *f* Méx, Perú & Ven *fam* job.

chambear [tʃambe'ar] *vi* Méx, Perú & Ven *fam* to work.

champán [tʃam'pan] *m* champagne.

champiñón [tʃampi'non] *m* mushroom.

champú [tʃam'pu] *m* shampoo.

chamuscado, da [tʃamus'kaðo, ða] *adj (madera)* scorched.

chamuscarse [tʃamus'karse] *vpr (barba, pelo, tela)* to singe.

chamusquina [tʃamus'kina] *f*: **oler a ~** Fig to smell fishy.

chance ['tʃanθe] *f* Amér chance.

chanchada [tʃan'tʃaða] *f* Andes, CAm & RP fig *(grosería)* rude thing; *(porquería)* filth.

chancho ['tʃantʃo] *m* Andes, CAm & CSur pig.

chancleta [tʃan'kleta] *f (de playa)* flip-flop; *(de vestir)* low sandal.

chanclo [tʃanklo] *m (de madera)* clog; *(de goma)* galosh.

chándal [tʃandal] *m* tracksuit Br, sweatsuit Am.

changarro [tʃan'garro] *m* Amér small shop.

chantaje [tʃan'taxe] *m* blackmail.

chantajista [tʃanta'xista] *mf* blackmailer.

chapa [tʃapa] *f (de metal)* plate; *(de botella)* top; Amér *(cerradura)* lock; ~ **de madera** veneer.

chapado, da [tʃa'paðo, ða] *adj (con metal)* plated; *(con madera)* veneered; ~ **a la antigua** old-fashioned.

chapar [tʃa'par] *vt (con metal)* to plate; *(con madera)* to veneer.

chaparrón [tʃapa'ron] *m* cloudburst.

chapucería [tʃapuθe'ria] *f* botch (job).

chapucero, ra [tʃapu'θero, ra] *adj*

(trabajo, obra) shoddy; *(persona)* bungling.

chapuza [tʃa'puθa] f botch (job).

chaqué [tʃa'ke] m morning coat.

chaqueta [tʃa'keta] f jacket.

chaquetilla [tʃake'tiʎa] f short jacket.

chaquetón [tʃake'ton] m three-quarter length coat.

charca [tʃarka] f pond.

charco [tʃarko] m puddle.

charcutería [tʃarkute'ria] f *(tienda)* ≃ delicatessen; *(productos)* cold cuts *(pl)* and cheese.

charla [tʃarla] f *(conversación)* chat; *(conferencia)* talk.

charlar [tʃar'lar] vi to chat.

charlatán, ana [tʃarla'tan, ana] adj *(hablador)* talkative; *(indiscreto)* gossipy.

charola [tʃa'rola] f Méx tray.

charro [tʃaro] adj Méx *typical of Mexican cowboys.* ◆ m Méx Mexican cowboy.

chárter [tʃarter] adj inv charter flight.

chasco [tʃasko] m *(decepción)* disappointment; *(broma)* practical joke.

chasis [tʃasis] m inv chassis.

chatarra [tʃa'tara] f *(metal)* scrap; *(objetos, piezas)* junk.

chatarrero, ra [tʃata'rero, ra] m, f scrap dealer.

chato, ta [tʃato, ta] adj *(nariz)* snub; *(persona)* snub-nosed. ◆ m *(apelativo)* love. ◆ m *(de vino)* small glass of wine.

chau [tʃau] interj Andes & RP bye!

chavo, va [tʃaβo, βa] m, f Méx fam kid.

che [tʃe] interj RP pah!

chef [tʃef] m chef.

cheque ['tʃeke] m cheque; ~ **de viaje** traveller's cheque.

chequeo [tʃe'keo] m *(médico)* check-up.

chequera [tʃe'kera] f Amér cheque book.

chévere ['tʃeβere] adj Andes & Carib great.

chic [tʃik] adj inv chic.

chica ['tʃika] f *(muchacha)* girl; *(criada)* maid.

chicha ['tʃitʃa] f fam meat; Andes *(bebida)* fermented maize liquor.

chícharo ['tʃitʃaro] m CAm & Méx pea.

chicharrones [tʃitʃa'rones] mpl pork crackling *(sg)*.

chichón [tʃi'tʃon] m bump.

chicle ['tʃikle] m chewing gum.

chico, ca ['tʃiko, ka] adj small. ◆ m *(muchacho)* boy.

chifa ['tʃifa] m Amér Chinese restaurant.

chiflado, da [tʃi'flaðo, ða] adj fam crazy.

chiflar [tʃi'flar] vi Amér *(aves)* to sing; **me chifla** fam I love it. ❑ **chiflarse** vpr fam to go crazy.

chiflido [tʃi'fliðo] m Amér whistle.

Chile ['tʃile] Chile.

chileno, na [tʃi'leno, na] adj & m, f Chilean.

chillar [tʃi'ʎar] vi *(gritar)* to scream.

chillido [tʃi'ʎiðo] m scream.

chillón, ona [tʃi'ʎon, ona] adj *(voz, sonido)* piercing; *(color)* loud.

chimenea [tʃime'nea] f *(de casa)* chimney; *(de barco)* funnel; *(hogar)* hearth.

chimpancé [tʃimpan'θe] m chimpanzee.

china ['tʃina] f *(piedra)* pebble; Amér

(criada) Indian maid; **le tocó la ~ he** drew the short straw.

chinche ['tʃintʃe] *f (insecto)* bedbug.
◆ *adj (pesado)* annoying.

chincheta [tʃin'tʃeta] *f* drawing pin *(Br)*, thumbtack *(Am)*.

chinchín [tʃin'tʃin] *m (en brindis)* toast; *(sonido)* clash *(of a brass band).*
◆ *excl* cheers!

chingado, da [tʃin'gaðo, ða] *adj Amér vulg (estropeado)* fucked.

chingar [tʃin'gar] *vt Amér vulg (estropear)* to fuck up.

chino, na ['tʃino, na] *adj, m, f* Chinese.

chip [tʃip] *m* chip.

chipirón [tʃipi'ron] *m* baby squid; **chipirones en su tinta** *baby squid served in its own ink.*

chirimoya [tʃiri'moja] *f* custard apple.

chirucas [tʃi'rukas] *fpl* canvas boots.

chisme ['tʃizme] *m (habladuría)* piece of gossip; *fam (objeto, aparato)* thingy.

chismoso, sa [tʃiz'moso, sa] *adj* gossipy.

chispa ['tʃispa] *f* spark; *(pizca)* bit; *(de lluvia)* spot.

chiste ['tʃiste] *m* joke.

chistorra [tʃis'tora] *f* cured pork and beef sausage typical of Aragon and Navarre.

chistoso, sa [tʃis'toso, sa] *adj* funny.

chivarse [tʃi'βarse] *vpr fam (niño)* to tell; *(delincuente)* to grass.

chivatazo [tʃiβa'taθo] *m fam* tip-off.

chivato, ta [tʃi'βato, ta] *m, f fam (acusica)* telltale; *(delator)* grass.
◆ *m Amér (hombre valioso)* brave man; *Amér (aprendiz)* apprentice.

chocar [tʃo'kar] *vi (coche, camión, etc)* to crash; *(enfrentarse)* to clash.
◆ *vt (las manos)* to shake; *(copas, vasos)* to clink; *(sorprender)* to shock.

chocho, cha ['tʃotʃo, tʃa] *adj (viejo)* senile; *(encariñado)* doting.

choclo ['tʃoklo] *m CSur & Perú* maize *(Br)*, corn *(Am)*.

chocolate [tʃoko'late] *m (alimento)* chocolate; *(bebida)* drinking chocolate *Br*, cocoa *Am*; **~ amargo** dark chocolate.

chocolatería [tʃokolate'ria] *f* bar which serves drinking chocolate.

chocolatina [tʃokola'tina] *f* chocolate bar.

chófer ['tʃofer] *m (de coche)* chauffeur; *(de autobús)* driver.

chollo ['tʃoʎo] *m fam (ganga)* bargain; *(trabajo)* cushy number.

chomba *Andes & Arg*, **chompa** *Andes* ['tʃomba, 'tʃompa] *f* jumper *(Br)*, sweater *(Am)*.

chongo ['tʃongo] *m Amér* bun.

chopo ['tʃopo] *m* poplar.

choque ['tʃoke] *m (colisión)* crash; *(pelea, riña)* clash.

chorizo [tʃo'riθo] *m (embutido)* spiced, smoked pork sausage; *fam (ladrón)* thief.

choro ['tʃoro] *m Andes* mussel.

chorrada [tʃo'raða] *f fam* stupid thing.

chorrear [tʃore'ar] *vi (ropa)* to drip.

chorro ['tʃoro] *m (de líquido)* jet; **salir a ~s** to gush out.

choto, ta ['tʃoto, ta] *m, f (cabrito)* kid.

choza ['tʃoθa] *f* hut.

christma ['krizma] *m* Christmas card.

chubasco [tʃu'βasko] *m (heavy)* shower.

chubasquero [tʃuβas'kero] *m* raincoat.

chúcaro, ra [tʃukaro, ra] *adj Andes & RP (bravío)* wild; *(huraño)* surly.

chuchería [tʃutʃe'ria] *f (golosina)* sweet *Br*, candy *Am*; *(trivialidad)* trinket.

chucho, cha [tʃutʃo, tʃa] *m, f fam* mutt.

chueco, ca [tʃueko, ka] *adj Amér (torcido)* twisted; *(patizambo)* bowlegged.

chufa [tʃufa] *f* tiger nut.

chuleta [tʃu'leta] *f (de carne)* chop; *(de examen)* crib note *Br* ◇ note *Am*; ~ **de cerdo** pork chop; ~ **de ternera** veal cutlet.

chuletón [tʃule'ton] *m* large cutlet.

chulo, la [tʃulo, la] *adj (engreído)* cocky; *fam (bonito)* lovely. ◆ *m (de prostituta)* pimp.

chumbera [tʃum'bera] *f* prickly pear.

chupachup® [tʃupa'tʃup] *m* lollipop.

chupado, da [tʃu'paðo, ða] *adj fig (flaco)* skinny; *fam (fácil)* dead easy; **está ~** *fam* it's a cinch.

chupar [tʃu'par] *vt (caramelo, fruta, etc)* to suck; *(suj: esponja, papel)* to soak up; ~ **le algo a alguien** *fam (quitar)* to milk sb for sthg.

chupe [tʃu'pe] *m Andes & Arg* stew made with potatoes and meat or fish; ~ **de camarones** thick potato and prawn soup.

chupete [tʃu'pete] *m (de bebé)* dummy *(Br)*, pacifier *(Am)*; *(de biberón)* teat *Br*, nipple *Am*.

chupito [tʃu'pito] *m (de licor)* tot *Br*, dram.

churrasco [tʃu'rasko] *m* barbecued meat.

churrería [tʃure'ria] *f* stall selling 'churros'.

churro [tʃuro] *m (dulce)* stick of dough fried in oil, usually eaten with sugar or thick drinking chocolate; *fam (chapuza)* botch.

chusma [tʃuzma] *f* mob.

chutar [tʃu'tar] *vt* to kick.

chute [tʃute] *m fam (en fútbol)* shot.

Cía [θia] *(abrev de compañía)* Co.

cibercafé [θiβerka'fe] *m* Internet café.

cicatriz [θika'triθ] *(pl* -ces [θes]) *f* scar.

cicatrizar [θikatri'θar] *vi* to form a scar, to heal. ▫ **cicatrizarse** *vpr* to heal.

ciclismo [θi'klizmo] *m* cycling.

ciclista [θi'klista] *mf* cyclist.

ciclo [θiklo] *m (periodo de tiempo)* cycle; *(de cursos, conferencias)* series.

ciclomotor [θiklomo'tor] *m* moped.

ciclón [θi'klon] *m* cyclone.

ciego, ga [θieɣo, ɣa] *adj* blind. ◆ *m, f* blind person; ~ **de** *(pasión, ira, etc)* blinded by; **los ~ s** the blind.

cielo [θielo] *m (de la tierra)* sky; *(de casa, habitación, etc)* ceiling; *(en religión)* heaven; *(apelativo)* darling; **como llovido del ~** *fig* out of the blue. ▫ **cielos** *interj* good heavens!

ciempiés [θiem'pies] *m inv* centipede.

cien [θien] *núm* one hundred o a hundred → **ciento**.

ciencia [θienθja] *f (disciplina)* science; *(saber, sabiduría)* knowledge; ~ **ficción** science fiction; ~ **s económicas** economics *(sg)*; ~ **s naturales** natural sciences. ▫ **ciencias** *fpl (en educación)* science *(sg)*.

científico, ca [θjen'tifiko, ka] *adj* scientific. ◆ *m, f* scientist.

ciento ['θjento] *núm* one hundred o a hundred → **seis**; ~ **cincuenta** one hundred and fifty; **cien mil** one hundred thousand; **por** ~ percent.

cierre ['θjere] *m (mecanismo)* fastener; *(de local, tienda, negociación)* closing; *(de trato)* striking; *(de actividad, acto)* closure; ~ **centralizado** central locking; ~ **relámpago** *Amér* zip (Br), zipper (Am).

cierto, ta ['θjerto, ta] *adj* certain; *(seguro, verdadero)* true; ~ **hombre** a certain man; **cierta preocupación** a degree of unease; **por** ~ by the way.

ciervo, va ['θjerβo, βa] *m, f* deer.

CIF [θif] *m* Spanish tax code.

cifra ['θifra] *f* figure.

cigala [θi'vala] *f* Dublin Bay prawn.

cigarra [θi'vara] *f* cicada.

cigarrillo [θiva'riλo] *m* cigarette.

cigarro [θi'varo] *m (cigarrillo)* cigarette.

cigüeña [θi'vweɲa] *f* stork.

cilindrada [θilin'draða] *f* cylinder capacity.

cilíndrico, ca [θi'lindriko, ka] *adj* cylindrical.

cilindro [θi'lindro] *m* cylinder.

cima ['θima] *f (de montaña)* summit.

cimiento [θi'mjento] *m (de edificio)* foundations *(pl)*; *(principio, raíz)* basis.

cinco ['θinko] *núm* five → **seis**.

cincuenta [θin'kwenta] *núm* fifty → **seis**.

cine ['θine] *m* cinema, the movies *Am*.

cineasta [θine'asta] *mf* (film) director.

cinematografía [θinematovra'fia] *f* cinematography.

cinematográfico, ca [θinematovra'vrafiko, ka] *adj* film o movie *Am* (antes de s).

cínico, ca ['θiniko, ka] *adj* cynical.

cinismo [θi'nizmo] *m* cynicism.

cinta ['θinta] *f (de tela)* ribbon; *(de papel, plástico)* strip; *(para grabar, medir)* tape; ~ **adhesiva** adhesive tape; ~ **aislante** insulating tape; ~ **magnética** recording tape; ~ **de vídeo** videotape.

cintura [θin'tura] *f* waist.

cinturón [θintu'ron] *m* belt; ~ **de seguridad** seat belt.

ciprés [θi'pres] *m* cypress.

circo ['θirko] *m* circus.

circuito [θir'kwito] *m (recorrido)* tour; *(en competiciones)* circuit; ~ **eléctrico** electrical circuit.

circulación [θirkula'θjon] *f (de automóviles)* traffic; *(de la sangre)* circulation.

circular [θirku'lar] *adj & f* circular.
◆ *vi (automóvil)* to drive (along); *(persona, grupo)* to move along; *(información, noticia)* to circulate.

círculo ['θirkulo] *m* circle; ~ **polar** polar circle.

circunferencia [θirkunfe'renθja] *f* circumference.

circunscribir [θirkunskri'βir] *vt*: ~ **algo a** to restrict sthg to.

circunstancia [θirkuns'tanθja] *f* circumstance; **las** ~**s** the circumstances.

circunstancial [θirkunstan'θjal] *adj* chance.

cirio ['θirjo] *m* large candle.

cirrosis [θi'rosis] *f inv* cirrhosis.

ciruela [θi'rwela] *f* plum.

ciruelo [θi'rwelo] *m* plum tree.

cirugía [θiru'xia] *f* surgery; ~ **plástica** plastic surgery.

cirujano, na [θiru'xano, na] *m, f* surgeon.

cisma ['θizma] *m (en religión)* schism.

cisne [ˈθizne] m swan.

cisterna [θisˈterna] f (de agua) tank.

cita [ˈθita] f (con médico, jefe, etc) appointment; (de novios) date; (nota) quotation; **tener una ~ con alguien** to have arranged to meet sb.

citación [θitaˈθjon] f summons.

citar [θiˈtar] vt (convocar) to summons; (mencionar) to quote. ❑ **citarse** vpr to arrange to meet.

cítrico, ca [ˈθitriko, ka] adj citric. ❑ **cítricos** mpl citrus fruits.

ciudad [θjuˈðað] f (población no rural) city; (población importante) city; ~ **universitaria** (university) campus.

ciudadanía [θjuðaðaˈnia] f citizenship.

ciudadano, na [θjuðaˈðano, na] adj city/town (antes de s). ◆ m, f citizen.

cívico, ca [ˈθiβiko, ka] adj (de la ciudad, ciudadano) civic; (educado, cortés) public-spirited.

civil [θiˈβil] adj civil; (de la ciudad) civic.

civilización [θiβiliθaˈθjon] f civilization.

civilizado, da [θiβiliˈθaðo, ða] adj civilized.

civismo [θiˈβizmo] m (educación, cortesía) civility.

cl (abrev de centilitro) cl.

clan [klan] m clan.

clara [ˈklara] f (de huevo) white; (bebida) shandy Br.

claraboya [klaraˈβoja] f skylight.

clarear [klareˈar] vt to make lighter. ◆ vi to brighten up. ◆ v impers (amanecer): **empezaba a ~ dawn** was breaking.

claridad [klariˈðað] f (en el hablar) clarity; (sinceridad) sincerity.

clarinete [klariˈnete] m clarinet.

clarividencia [klariβiˈðenθja] f farsightedness.

claro, ra [ˈklaro, ra] adj clear; (con luz) bright; (color) light; (sincero, franco) straightforward. ◆ m (de tiempo) bright spell; (en el bosque) clearing. ◆ adv clearly. ◆ interj of course!; **poner en ~** to clear up; **sacar en ~** to make out.

clase [ˈklase] f class; (variedad, tipo) kind; (aula) classroom; **dar ~s** to teach; **de primera ~** first-class; **toda ~ de** all sorts of; ~ **media** middle class; ~ **preferente** club class; ~ **turista** tourist class; **primera/segunda ~** first/second class.

clásico, ca [ˈklasiko, ka] adj classical.

clasificación [klasifikaˈθjon] f (lista) classification; (DEP) league table.

clasificador [klasifikaˈðor] m (carpeta) divider (for filing); (mueble) filing cabinet.

clasificar [klasifiˈkar] vt to classify. ❑ **clasificarse** vpr (en competición) to qualify.

claudicar [klauðiˈkar] vi (rendirse) to give up.

claustro [ˈklaustro] m (de iglesia, convento, etc) cloister; (de profesores) senate.

claustrofobia [klaustroˈfoβja] f claustrophobia.

cláusula [ˈklausula] f clause.

clausura [klauˈsura] f (de acto) closing ceremony; (de curso) end.

clausurar [klausuˈrar] vt (acto, celebración) to close; (curso) to finish; (local, establecimiento) to close down.

clavado, da [klaˈβaðo, ða] adj (en punto) on the dot; **ser ~ a** fam to be the spitting image of.

clavar [klaˈβar] vt (clavo, palo) to drive in; (cuchillo) to thrust; (alfiler) to stick; *(sujetar, fijar)* to fix; *fam (en el precio)* to rip off.

clave ['klaβe] f *(explicación, solución)* key; *(de enigma, secreto)* code. ◆ *adj inv* key.

clavel [kla'βel] m carnation.

clavícula [kla'βikula] f collar bone.

clavija [kla'βixa] f *(de madera)* peg; *(de metal)* pin.

clavo ['klaβo] m *(para sujetar)* nail; *(especia)* clove; **dar en el ~** to hit the nail on the head.

claxon ['klakson] m horn.

cleptomanía [kleptoma'nia] f kleptomania.

clérigo ['klerivo] m clergyman.

clero ['klero] m clergy.

cliché [kli'tʃe] m *(de fotografía)* negative; *(frase, actuación)* cliché.

cliente [kli'ente] mf *(de médico, abogado)* client; *(de tienda, comercio)* customer; *(de hotel)* guest.

clima ['klima] m climate.

climático, ca [kli'matiko, ka] adj climatic.

climatizado, da [klimati'θaðo, ða] adj air-conditioned.

climatología [klimatolo'xia] f *(tiempo)* weather.

clínica ['klinika] f clinic.

clínico, ca ['kliniko, ka] adj clinical.

clip [klip] m *(para papeles)* paper clip; *(para pelo)* hairclip.

cloaca [klo'aka] f sewer.

cloro ['kloro] m chlorine.

clorofila [kloro'fila] f chlorophyll.

club [kluβ] m club; **~ náutico** yacht club.

cm *(abrev de centímetro)* cm.

coacción [koak'θjon] f coercion.

coaccionar [koakθjo'nar] vt to coerce.

coartada [koar'taða] f alibi.

coba ['koβa] f: **dar ~** to suck up to.

cobarde [ko'βarðe] adj cowardly. ◆ mf coward.

cobardía [koβar'ðia] f cowardice.

cobertizo [koβer'tiθo] m *(tejado)* lean-to; *(edificio)* shed.

cobija [ko'βixa] f *Amér* blanket.

cobijar [koβi'xar] vt *(suj: edificio)* to house; *(suj: persona)* to put up; *(proteger)* to shelter. ▫ **cobijarse** vpr to (take) shelter.

cobra ['koβra] f cobra.

cobrador, ra [koβra'ðor, ra] m, f *(de autobús)* conductor *(f* conductress*)*.

cobrar [ko'βrar] vt *(dinero)* to charge; *(cheque)* to cash; *(en el trabajo)* to earn; *(importancia, fama)* to acquire; **¿me cobra, por favor?** could I have the bill, please?

cobre ['koβre] m copper; **no tener un ~** *Amér* not to have a penny.

cobro ['koβro] m *(de dinero)* collection; *(de talón)* cashing; **llamar a ~ revertido** to reverse the charges *(Br)*, to call collect *(Am)*.

coca ['koka] f *(planta)* coca; *fam (cocaína)* coke.

cocaína [koka'ina] f cocaine.

cocainómano, na [kokaj'nomano, na] m, f cocaine addict.

cocción [kok'θjon] f *(en agua)* boiling; *(en horno)* baking.

cocear [koθe'ar] vi to kick.

cocer [ko'θer] vt *(guisar)* to cook; *(en agua)* to boil; *(en horno)* to bake. ◆ vi *(hervir)* to boil. ▫ **cocerse** vpr *fig (idea, plan)* to be brewing.

coche ['kotʃe] m *(automóvil)* car; *(de tren, caballos)* carriage; **~ de alquiler** hire car *Br* ○ rental car *Am*; **~ cama** sleeper; **~ restaurante** dining car.

cochinillo [kotʃi'niʎo] m: **~ al horno** roast suckling pig, a speciality of Segovia.

cochino, na [ko'tʃino, na] adj filthy. ◆ m, f (animal) pig (f sow).

cocido, da [ko'θiðo, ða] adj boiled. ◆ m stew.

cocina [ko'θina] f (estancia, habitación) kitchen; (aparato) cooker Br, stove Am; (arte, técnica) cooking; ~ española Spanish cuisine; ~ de butano butane gas cooker; ~ eléctrica electric cooker; ~ de gas gas cooker.

cocinar [koθi'nar] vt & vi to cook.

cocinero, ra [koθi'nero, ra] m, f cook.

coco ['koko] m (fruto) coconut; (árbol) coconut palm; fam (cabeza) nut.

cocodrilo [koko'ðrilo] m (animal) crocodile; (piel) crocodile skin.

cocotero [koko'tero] m coconut palm.

cóctel ['koktel] m (bebida) cocktail; (reunión, fiesta) cocktail party.

coctelera [kokte'lera] f cocktail shaker.

codazo [ko'ðaθo] m poke with the elbow.

codiciar [koði'θjar] vt to covet.

codificado, da [koðifi'kaðo, ða] adj coded.

código ['koðiɣo] m code; ~ de barras bar code; ~ de circulación highway code; ~ penal penal code; ~ postal post code (Br), zip code (Am).

codo ['koðo] m elbow; ~ a ~ side by side.

codorniz [koðor'niθ] (pl -ces [θes]) f quail.

coeficiente [koefi'θjente] m coefficient; ~ intelectual I.Q.

coetáneo, a [koe'taneo, a] adj contemporary.

coexistencia [koeksis'tenθja] f coexistence.

cofia ['kofja] f (de tendero, camarero) cap; (de monja) coif.

cofradía [kofra'ðia] f religious fraternity.

cofre ['kofre] m (arca) chest.

coger [ko'xer] vt to take; (ladrón, pez, enfermedad, oír) to catch; (frutos) to pick; (suj: toro) to gore; (frutos) to get. ◆ vi (planta, árbol) to take; (caber) to fit; Méx, RP & Ven vulg (copular) to fuck; ~ algo a alguien to take sthg (away) from sb; coge cerca de aquí it's not far from here; ~ a la derecha to turn right. ❑ cogerse vpr: ~ se de (agarrarse a) to hold on to.

cogida [ko'xiða] f (de toro) goring.

cogollos [ko'ɣoʎos] mpl (brotes) shoots.

cogote [ko'ɣote] m nape (of the neck).

cohabitar [koaβi'tar] vi to live together.

coherencia [koe'renθja] f coherence.

coherente [koe'rente] adj coherent.

cohete [ko'ete] m rocket.

coima ['kojma] f Andes & RP fam bribe.

coincidencia [kojnθi'ðenθja] f coincidence.

coincidir [kojnθi'ðir] vi (en un lugar) to meet; (ser igual) to coincide. ❑ coincidir con v + prep (ser de la misma opinión que) to agree with; (ocurrir en el mismo momento que) to coincide with.

coito ['kojto] m (sexual) intercourse.

cojear [koxe'ar] vi (persona) to limp; (mueble) to wobble.

cojín [ko'xin] m cushion.

cojo, ja ['koxo, xa] adj (persona, animal) lame; (mesa, silla) wobbly. ◆ m, f lame person.

cojón [ko'xon] *m vulg (testículo)* ball. ❑ **cojones** *interj vulg* balls!

cojudez [koxu'ðeθ] *f Amér fam* silly thing.

cojudo, da [ko'xuðo, ða] *adj Andes fam* stupid.

col [kol] *f* cabbage; **~ de Bruselas** Brussels sprout.

cola ['kola] *f (rabo, de avión)* tail; *(fila)* queue *(Br)*, line *(Am)*; *(de tren)* back; *(de vestido)* train; *(para pegar)* glue; *(bebida)* cola; **~ de caballo** ponytail; **hacer ~** to queue *(Br)*, to stand in line *(Am)*; **traer ~** *fig* to have repercussions.

colaboración [kolaβora'θjon] *f (en trabajo, tarea)* collaboration; *(en publicación)* article.

colaborador, ra [kolaβora-'ðor, ra] *m, f (en trabajo)* collaborator; *(en periódico)* writer.

colaborar [kolaβo'rar] *vi:* **~ en** *(trabajo, tarea)* to collaborate on; *(periódico)* to write for.

colada [ko'laða] *f (de ropa)* laundry.

colado, da [ko'laðo, ða] *adj:* **estar ~ por** *fam* to have a crush on.

colador [kola'ðor] *m (para líquidos)* strainer; *(para verduras)* colander.

colar [ko'lar] *vt (líquido)* to strain; *(café)* to filter; *(lo falso, lo ilegal)* to slip through. ◆ *vi* to wash; **no cuela** it won't wash. ❑ **colarse** *vpr (en cine, metro)* to jump the queue *(Br)*, to jump the line *(Am)*; *(equivocarse)* to get it wrong.

colcha ['koltʃa] *f* bedspread.

colchón [kol'tʃon] *m* mattress; **~ inflable** air bed.

colchoneta [koltʃo'neta] *f (en la playa)* beach mat.

colección [kolek'θjon] *f* collection.

coleccionar [kolekθjo'nar] *vt* to collect.

coleccionista [kolekθjo'nista] *mf* collector.

colecta [ko'lekta] *f* collection.

colectivo, va [kolek'tiβo, βa] *adj* collective. ◆ *m* group.

colega [ko'leɣa] *mf* colleague.

colegiado, da [kole'xjaðo, ða] *m, f* referee.

colegial, la [kole'xjal, la] *m, f* schoolchild.

colegio [ko'lexjo] *m (de estudiantes)* school; *(de profesionales)* professional association.

cólera ['kolera] *m (enfermedad)* cholera. ◆ *f (enfado)* rage.

colérico, ca [ko'leriko, ka] *adj* badtempered.

colesterol [koleste'rol] *m* cholesterol.

coleta [ko'leta] *f* pigtail.

colgador [kolɣa'ðor] *m* hanger.

colgar [kol'ɣar] *vt* to hang; *(la ropa)* to hang out; *fam (abandonar)* to give up. ◆ *vi (pender)* to hang; *(al teléfono)* to hang up; **~ el teléfono** to hang up.

coliflor [koli'flor] *f* cauliflower.

colilla [ko'liʎa] *f* butt.

colina [ko'lina] *f* hill.

colirio [ko'lirjo] *m* eye drops.

colitis [ko'litis] *f inv* colitis.

collage [ko'ʎaxe] *m* collage.

collar [ko'ʎar] *m (joya)* necklace; *(para animales)* collar.

collarín [koʎa'rin] *m* surgical collar.

colmado [kol'maðo] *m* grocer's (shop).

colmar [kol'mar] *vt (cuchara, vaso, etc)* to fill to the brim; **~ a alguien de** to shower sb with.

colmena [kol'mena] *f* beehive.

colmillo [kol'miʎo] *m (de persona)* eyetooth; *(de elefante)* tusk.

colmo ['kolmo] *m*: **ser el ~ de** to be the height of; **¡eso es el ~!** that's the last straw!

colocación [koloka'θjon] *f* position.

colocado, da [kolo'kaðo, ða] *adj fam* (drogado) high; (bebido) plastered.

colocar [kolo'kar] *vt* to place; **~ a alguien** (proporcionar empleo) to give sb a job. ◻ **colocarse** *vpr fam* (drogarse) to get stoned.

Colombia [ko'lombja] Colombia.

colombiano, na [kolom'bjano, na] *adj & m, f* Colombian.

colonia [ko'lonja] *f* (perfume) (eau de) cologne; (grupo de personas, territorio) colony; *Méx* (barrio) area; **~ de verano** summer camp. ◻ **colonias** *fpl* (para niños) holiday camp (sg) *Br*, summer camp (sg) *Am*; **ir de ~s** to go to a holiday camp.

colonización [koloniθa'θjon] *f* colonization.

colonizar [koloni'θar] *vt* to colonize.

colono [ko'lono] *m* settler.

coloquial [koloki'al] *adj* colloquial.

coloquio [ko'lokjo] *m* debate.

color [ko'lor] *m* colour; (colorante) dye; (aspecto) tone; **en ~** colour (antes de s).

colorado, da [kolo'raðo, ða] *adj* (rojo) red; **ponerse ~** to go red.

colorante [kolo'rante] *m* colouring.

colorete [kolo'rete] *m* blusher.

colorido [kolo'riðo] *m* (conjunto de colores) colours (pl); (animación) colour.

colosal [kolo'sal] *adj* (extraordinario) extraordinary; (muy grande) colossal.

columna [ko'lumna] *f* column; (de

objetos) stack; **~ vertebral** spinal column.

columpiarse [kolum'pjarse] *vpr* to swing.

columpio [ko'lumpjo] *m* swing.

coma ['koma] *f* (signo ortográfico) comma; (signo matemático) decimal point. ◆ *m*: **estar en ~** to be in a coma; **cinco ~ dos** five point two.

comadre [ko'maðre] *f Amér* female friend (to a woman).

comadreja [koma'ðrexa] *f* weasel.

comadrona [koma'ðrona] *f* midwife.

comal [ko'mal] *m CAm & Méx* metal or ceramic griddle for making tortillas.

comandante [koman'dante] *mf* major.

comando [ko'mando] *m* commando.

comarca [ko'marka] *f* area.

comba ['komba] *f* (juego) skipping *Br*, jump rope *Am*.

combate [kom'bate] *m* fight. ◻ **combates** *mpl* fighting (sg).

combatir [komba'tir] *vi* to fight. ◆ *vt* to combat.

combinación [kombina'θjon] *f* combination; (de transportes) connections (pl); (prenda femenina) slip.

combinado [kombi'naðo] *m* (cóctel) cocktail.

combinar [kombi'nar] *vt* (unir, mezclar) to combine; (bebidas) to mix. ◆ *vi*: **~ (con)** (colores, ropa etc) to go together (with); **~ algo con** (compaginar) to combine sthg with.

combustible [kombus'tiβle] *m* fuel.

combustión [kombus'tjon] *f* combustion.

comecocos [kome'kokos] *m inv* (juego) brainteaser.

comedia [ko'meðja] *f* (obra humorís-

tica) comedy; *(obra en general)* play; **hacer ~ fam** to pretend.

comediante [kome'ðjante] *mf (actor)* actor (*f* actress); *(farsante)* fraud.

comedor [kome'ðor] *m (habitación)* dining room; *(muebles)* dining room furniture.

comensal [komen'sal] *mf* fellow diner.

comentar [komen'tar] *vt* to comment on.

comentario [komen'tarjo] *m (observación)* comment; *(análisis)* commentary.

comentarista [komenta'rista] *mf* commentator.

comenzar [komen'θar] *vt & vi* to begin, to start; **~ a** to begin to, to start to.

comer [ko'mer] *vt* to eat. ◆ *vi (alimentarse)* to eat; *(almorzar)* to have lunch.

comercial [komer'θjal] *adj* commercial. ◆ *m Amér* TV advert (*Br*), commercial (*Am*).

comercializar [komerθjali'θar] *vt* to market.

comerciante [komer'θjante] *mf (negociante)* trader; *(tendero)* shopkeeper.

comerciar [komer'θjar] *vi:* **~ (con)** to trade (with).

comercio [ko'merθjo] *m (negocio)* trade; *(tienda)* shop; *(actividad comercial)* business.

comestible [komes'tiβle] *adj* edible.

cometa [ko'meta] *m (astro)* comet. ◆ *f (juguete)* kite.

cometer [kome'ter] *vt (delito)* to commit; *(error)* to make.

cometido [kome'tiðo] *m* task.

cómic ['komik] *m* comic *Br*, comic book *Am*.

comicios [ko'miθjos] *mpl* formal elections.

cómico, ca ['komiko, ka] *adj (gracioso)* comical; *(de la comedia)* comedy *(antes de s.)*. ◆ *m, f* comedian (*f* comedienne).

comida [ko'miða] *f (alimento)* food; *(almuerzo, cena, etc)* meal; *(almuerzo)* lunch; **~ rápida** fast food; **~s caseras** home-made food (*sg*); **~s para llevar** takeaway food (*sg*).

comienzo [ko'mjenθo] *m* beginning, start; **a ~s de** at the beginning of.

comillas [ko'miʎas] *fpl* inverted commas *Br*, parentheses *Am*; **entre ~** in inverted commas.

comilón, ona [komi'lon, ona] *adj* greedy.

comilona [komi'lona] *f fam* blowout *Br*, feast.

comino [ko'mino] *m* cumin; **me importa un ~ fam** I couldn't care less.

comisaría [komisa'ria] *f* police station.

comisario, ria [komi'sarjo, rja] *m, f (de policía)* police superintendent; *(de exposición, museo)* curator.

comisión [komi'sjon] *f (grupo de personas)* committee; *(cantidad de dinero)* commission.

comisura [komi'sura] *f (de labios)* corner of the mouth.

comité [komi'te] *m* committee.

comitiva [komi'tiβa] *f* retinue.

como ['komo] *adv* as; *(comparativo)* like; *(aproximadamente)* roughly, more or less. ◆ *conj (ya que)* as; *(si)* if; **tan ... ~ ...** as ... as ...; **~ si** as if.

cómo ['komo] *adv* how. ◆ *m:* **el ~ y el porqué** the whys and wherefores; **¿~ es?** what's it like?; **¿~ ?** *(¿qué dices?)* sorry?; **¡~ no!** of course!

cómoda ['komoða] f chest of drawers.

cómodamente ['komoða,mente] adv comfortably.

comodidad [komoði'ðað] f comfort. □ **comodidades** fpl (ventajas) advantages; **con todas las ~ es** all mod cons.

comodín [komo'ðin] m joker.

cómodo, da ['komoðo, ða] adj comfortable.

comodón, ona [komo'ðon, ona] adj comfort-loving.

compacto, ta [kom'pakto, ta] adj compact. ◆ m compact disc.

compadecer [kompaðe'θer] vt to feel sorry for. □ **compadecerse de** v + prep to feel sorry for.

compadre [kom'paðre] m CAm & Méx mate (Br), buddy (Am).

compadrear [kompaðre'ar] vi Amér fam to brag.

compadreo [kompa'ðreo] m Amér fam friendship.

compaginar [kompaxi'nar] vt: **~ algo con** to reconcile sthg with.

compañerismo [kompaɲe'rizmo] m comradeship.

compañero, ra [kompa'ɲero, ra] m, f (acompañante) companion; (de clase) classmate; (de trabajo) colleague; (de juego) partner; (amigo) partner.

compañía [kompa'ɲia] f company; **de ~** (animal) pet; **hacer ~ a alguien** to keep sb company.

comparación [kompara'θjon] f comparison.

comparar [kompa'rar] vt to compare. □ **compararse** vpr: **~ se con** to compare with.

comparsa [kom'parsa] f (de fiesta) group of masked revellers at carnival; (de teatro) extras (pl). ◆ mf extra.

compartimento [komparti'men-to] m compartment.

compartir [kompar'tir] vt to share; **~ algo con alguien** to share sthg with sb.

compás [kom'pas] m (en dibujo) pair of compasses; (ritmo) beat.

compasión [kompa'sjon] f compassion.

compasivo, va [kompa'siβo, βa] adj compassionate.

compatible [kompa'tiβle] adj compatible; **~ con** compatible with.

compatriota [kompa'trjota] mf compatriot.

compenetrarse [kompene'trarse] vpr to be in tune.

compensación [kompensa'θjon] f compensation.

compensar [kompen'sar] vt to compensate for. ◆ vi (satisfacer) to be worthwhile; **~ algo con** to make up for sthg with.

competencia [kompe'tenθja] f (rivalidad) competition; (incumbencia) area of responsibility; (aptitud) competence.

competente [kompe'tente] adj competent.

competición [kompeti'θjon] f competition.

competir [kompe'tir] vi to compete.

competitivo, va [kompeti'tiβo, βa] adj competitive.

complacer [kompla'θer] vt to please. ◆ vi to be pleasing. □ **complacerse** vpr: **~ se en** to take pleasure in.

complaciente [kompla'θjente] adj obliging.

complejidad [komplexi'ðað] f complexity.

comprobar

complejo, ja [kom'plexo, xa] *adj & m* complex.

complementar [komplemen'tar] *vt* to complement. ❑ **complementarse** *vpr* to complement one another.

complementario, ria [komplemen'tarjo, rja] *adj* complementary.

complemento [komple'mento] *m (accesorio)* complement; *(en gramática)* complement, object.

completamente [kom,pleta'mente] *adv* completely.

completar [komple'tar] *vt* to complete; *Amér (rellenar)* to fill out.

completo, ta [kom'pleto, ta] *adj (con todas sus partes)* complete; *(lleno)* full; **por ~** completely; '**completo**' 'no vacancies'.

complexión [komplek'sjon] *f* build.

complicación [komplika'θjon] *f* complication.

complicado, da [kompli'kaðo, ða] *adj* complicated.

complicar [kompli'kar] *vt (hacer difícil)* to complicate; **~ a alguien en** *(implicar)* to involve sb in. ❑ **complicarse** *vpr (situación, problema)* to get complicated; *(enfermedad)* to get worse.

cómplice ['kompliθe] *mf* accomplice.

complot [kom'plot] *m* plot.

componente [kompo'nente] *m* component.

componer [kompo'ner] *vt (obra literaria)* to write; *(obra musical)* to compose; *(lo roto)* to repair; *(lo desordenado)* to tidy up *Br*, to clean up *Am*. ❑ **componerse de** *v + prep* to consist of; **componérselas** to manage.

comportamiento [komporta'mjento] *m* behaviour.

comportar [kompor'tar] *vt* to involve. ❑ **comportarse** *vpr* to behave.

composición [komposi'θjon] *f* composition.

compositor, ra [komposi'tor, ra] *m, f* composer.

compostura [kompos'tura] *f (buena educación)* good behaviour.

compota [kom'pota] *f* stewed fruit *Br*, compote; **~ de manzana** stewed apple.

compra ['kompra] *f* purchase; **hacer la ~** to do the shopping; **ir de ~s** to go shopping; **~ a plazos** hire purchase *Br*, installment plan *Am*.

comprador, ra [kompra'ðor, ra] *m, f* buyer.

comprar [kom'prar] *vt* to buy; **~ algo a alguien** to buy sthg from sb.

comprender [kompren'der] *vt (entender)* to understand; *(abarcar)* to comprise.

comprensible [kompren'sißle] *adj* understandable.

comprensión [kompren'sjon] *f (de ejercicio, texto)* comprehension; *(de problema, situación)* understanding.

comprensivo, va [kompren'sißo, ßa] *adj* understanding.

compresa [kom'presa] *f (para higiene femenina)* sanitary towel *Br* O napkin *Am*; *(para uso médico)* compress.

compresor [kompre'sor] *m (máquina)* compressor.

comprimido, da [kompri'miðo, ða] *adj* compressed. ◆ *m* pill.

comprimir [kompri'mir] *vt* to compress.

comprobación [komproßa'θjon] *f* checking.

comprobar [kompro'ßar] *vt (verificar)* to check; *(demostrar)* to prove.

comprometer

comprometer [komprome'ter] *vt*
to compromise. □ **comprometer-**
se *vpr* (*novios*) to get engaged; **~se**
(a) to commit o.s. (to); **~ se (con)** to
commit o.s. (to).

comprometido, da [komprome-
'tiðo, ða] *adj* (*empeñado*) committed.

compromiso [kompro'miso] *m*
(*obligación*) commitment; (*acuerdo*)
compromise; (*apuro*) difficult situation; **sin ~** uncompromising.

compuerta [kom'pwerta] *f* sluice
gate.

compuesto, ta [kom'pwesto, ta]
adj (*por varios elementos*) composed;
(*reparado*) repaired. ◆ *m* compound.

compungido, da [kompun'xiðo,
ða] *adj* remorseful.

comulgar [komul'ɣar] *vi* to take
communion. □ **comulgar con** *v +
prep* (*ideas, sentimientos*) to agree with.

común [ko'mun] *adj* (*frecuente*)
common; (*compartido*) shared.

comuna [ko'muna] *f* *CSur & Perú*
municipality.

comunicación [komunika'θjon] *f*
(*entre personas, animales*) communication; (*escrito*) communiqué; (*por
carretera, tren, etc*) communications
(*pl*); **se cortó la ~** I was cut off.

comunicado, da [komuni'kaðo,
ða] *adj* connected. ◆ *m* statement;
bien/mal ~ (*pueblo, ciudad*) with
good/bad connections.

comunicar [komuni'kar] *vt* to
communicate. ◆ *vi* (*al teléfono*) to get
through; **está comunicando** (*teléfono*)
the line's engaged.

comunicativo, va [komunika-
'tiβo, βa] *adj* communicative.

comunidad [komuni'ðað] *f* community; **~ autónoma** Spanish *autonomous region*; **Comunidad Europea**
European Community.

COMUNIDAD AUTÓNOMA

In Spain, the "comunidad autónoma" is a region consisting of
one or more provinces which
enjoys a degree of autonomy in
administrative matters. There
are 17 "comunidades autónomas": Andalusia, Aragon, the
Principality of Asturias, the Balearic Islands, the Basque Country, the Canary Islands,
Cantabria, Castile and León,
Castile and La Mancha, Catalonia, Extremadura, Galicia, La
Rioja, Madrid, Murcia, Navarre,
and Valencia. The two Spanish
enclaves on the North African
coast, Ceuta and Melilla, are
known as "comunidades autónomas".

comunión [komu'njon] *f* communion.

comunismo [komu'nizmo] *m*
communism.

comunista [komu'nista] *mf* communist.

comunitario, ria [komuni'tarjo,
rja] *adj* community (*antes de s*).

☞

con [kon] *prep* **-1.** (*modo, medio*)
with; **hazlo ~ el martillo** do it with
the hammer; **lo ha conseguido ~ su
esfuerzo** he has achieved it through
his own efforts.
- 2. (*compañía*) with; **trabaja ~ su padre** he works with his father.
- 3. (*junto a*) with; **una cartera ~ varios documentos** a briefcase containing several documents.
- 4. (*a pesar de*) in spite of; **~ lo aplica-**

do que es lo han suspendido for all his hard work, they still failed him; ~ todo iremos a su casa we'll go to her house anyway.

- **5.** *(condición)* by: ~ salir a las cinco será suficiente if we leave at five we'll have plenty of time.
- **6.** *(en locuciones)*: ~ (tal) que as long as.

conato [ko'nato] *m (de agresión)* attempt; *(de incendio)* beginnings *(pl)*.

cóncavo, va ['konkaβo, βa] *adj* concave.

concebir [konθe'βir] *vt* to conceive; **no ~** *(no entender)* to be unable to conceive of.

conceder [konθe'ðer] *vt (dar)* to grant; *(premio)* to award; *(asentir)* to admit.

concejal, la [konθe'xal, la] *m, f* councillor.

concentración [konθentra'θjon] *f (de personas)* gathering; *(de líquido)* concentration.

concentrado, da [konθen'traðo, ða] *adj (reunido)* gathered; *(espeso)* concentrated. ◆ *m*: ~ **de** ... concentrated ...

concentrar [konθen'trar] *vt (interés, atención)* to concentrate; *(lo desunido)* to bring together. ❑ **concentrarse** *vpr*: ~ **se en** *(estudio, trabajo, etc)* to concentrate on; *(lugar)* to gather in.

concepción [konθep'θjon] *f* conception.

concepto [kon'θepto] *m (idea)* concept; *(opinión)* opinion; **en ~ de** by way of.

concernir [konθer'nir] ◆ **concernir a** *v + prep* to concern.

concertación [konθerta'θjon] *f* agreement.

concertado, da [konθer'taðo, ða] *adj* agreed.

concertar [konθer'tar] *vt (precio)* to agree on; *(cita, entrevista)* to arrange; *(acuerdo)* to reach.

concesión [konθe'sjon] *f* award.

concesionario, ria [konθesjo'narjo, rja] *adj* concessionary. ◆ *m* licensee.

concha ['kontʃa] *f (caparazón)* shell; *(material)* tortoiseshell.

conciencia [kon'θjenθja] *f (conocimiento)* awareness; *(moral)* conscience; **a ~** conscientiously; **tener ~ de** to be aware of.

concienzudo, da [konθjen'θuðo, ða] *adj* conscientious.

concierto [kon'θjerto] *m (actuación musical)* concert; *(composición musical)* concerto; *(convenio)* agreement.

conciliación [konθilja'θjon] *f* reconciliation.

conciliar [konθi'ljar] *vt* to reconcile; ~ **el sueño** to get to sleep. ❑ **conciliarse con** *v + prep* to be reconciled with.

concisión [konθi'sjon] *f* conciseness.

conciso, sa [kon'θiso,sa] *adj* concise.

concluir [konklu'ir] *vt* to conclude. ◆ *vi* to (come to an) end.

conclusión [konklu'sjon] *f* conclusion.

concordancia [konkor'ðanθja] *f* agreement.

concordar [konkor'ðar] *vt* to reconcile. ◆ *vi (de género)* to agree; *(de número)* to tally; ~ **con** *(coincidir con)* to agree with.

concordia [kon'korðja] *f* harmony.

concretar [konkre'tar] *vt (especificar)* to specify; *(reducir)* to cut down.

concreto, ta [konˈkreto, ta] *adj*
(no abstracto) concrete; *(específico)*
specific. ◆ *m*: ~ **armado** *Amér* concrete.

concubina [konkuˈβina] *f* concu-
bine.

concurrencia [konkuˈrenθja] *f*
(público) audience; *(de hechos)* con-
currence; *(asistencia)* attendance.

concurrente [konkuˈrente] *adj*
concurrent.

concurrido, da [konkuˈriðo, ða]
adj crowded.

concurrir [konkuˈrir] *vi (asistir)* to
attend; *(coincidir)* to meet.

concursante [konkurˈsante] *mf*
contestant.

concursar [konkurˈsar] *vi* to compete.

concurso [konˈkurso] *m (de deportes, literatura)* competition; *(en televisión)* game show.

condado [konˈdaðo] *m* county.

condal [konˈdal] *adj* county *(antes
de s)*.

conde, desa [ˈkonde, ˈdesa] *m, f*
count [f countess].

condecoración [kondekoraˈθjon]
f medal.

condena [konˈdena] *f* sentence.

condenado, da [kondeˈnaðo, ða]
adj convicted. ◆ *m, f* convicted criminal.

condenar [kondeˈnar] *vt (suj: juez)*
to sentence; *(desaprobar)* to con-
demn.

condensación [kondensaˈθjon] *f*
condensation.

condensar [kondenˈsar] *vt* to con-
dense.

condición [kondiˈθjon] *f (supuesto)*
condition; *(modo de ser)* nature; *(estado social)* status. ❏ **condiciones**
fpl (situación) conditions; **estar en**

buenas/malas condiciones to be/not
to be in a fit state.

condicional [kondiθjoˈnal] *adj*
conditional.

condimentar [kondimenˈtar] *vt*
to season.

condimento [kondiˈmento] *m* seasoning.

condominio [kondoˈminjo] *m*
Amér (viviendas) block of flats *(Br)*,
apartment building *(Am)*; *(oficinas)*
office block *Br* ○ building *Am*.

conducción [kondukˈθjon] *f (de vehículos)* driving; *(cañerías)* pipes *(pl)*.

conducir [konduˈθir] *vt (vehículo)* to
drive; *(llevar)* to lead; *(dirigir)* to conduct. ◆ *vi* to drive.

conducta [konˈdukta] *f* behaviour.

conducto [konˈdukto] *m (tubo)*
pipe; *(vía)* channel.

conductor, ra [kondukˈtor, ra] *m, f*
driver.

conectar [konekˈtar] *vt* to
connect. ❏ **conectar con** *v + prep
(contactar con)* to get in touch with;
(comprender) to get on well with.

conejera [koneˈxera] *f (madriguera)*
warren.

conejo, ja [koˈnexo, xa] *m, f* rabbit;
~ **a la cazadora** *rabbit cooked in olive oil, with
onion, garlic and parsley.*

conexión [konekˈsjon] *f* connection.

confección [konfekˈθjon] *f (de vestido)* dressmaking. ❏ **confecciones**
fpl (tienda) clothes shop *(sg)*.

confederación [konfeðeraˈθjon] *f*
confederation.

conferencia [konfeˈrenθja] *f (diser-
tación)* lecture; *(por teléfono)* long-
distance call.

conferenciante [konferenˈθjante]
mf speaker *(at conference)*.

confesar [konfeˈsar] *vt* to confess.

❑ **confesarse** *vpr* to take confession.

confesión [konfe'sjon] *f (de los pecados)* confession; *(religión)* religion.

confesionario [konfesjo'narjo] *m* confessional.

confesor [konfe'sor] *m* confessor.

confeti [kon'feti] *m* confetti.

confiado, da [kon'fjaðo, ða] *adj (crédulo)* trusting.

confianza [kon'fjanθa] *f (seguridad)* confidence; *(fe)* faith; *(trato familiar)* familiarity.

confiar [konfi'ar] *vt (secreto)* to confide; *(persona, cosa)* to entrust. ❑ **confiar en** *v + prep (persona)* to trust; *(esperar en)* to have faith in; **~ en que** to be confident that. ❑ **confiarse** *vpr* to be overconfident.

confidencia [konfi'ðenθja] *f* confidence.

confidencial [konfiðen'θjal] *adj* confidential.

confidente [konfi'ðente] *mf (de un secreto)* confidante; *(de la policía)* informer.

configuración [konfiɣura'θjon] *f* configuration.

configurar [konfiɣu'rar] *vt* to shape.

confirmación [konfirma'θjon] *f* confirmation.

confirmar [konfir'mar] *vt* to confirm.

confiscar [konfis'kar] *vt* to confiscate.

confitado, da [konfi'taðo, ða] *adj* crystallized.

confite [kon'fite] *m* sweet *(Br)*, candy *(Am)*.

confitería [konfite'ria] *f (tienda)* sweet shop *(Br)*, candy store *(Am)*.

confitura [konfi'tura] *f* preserve.

conflictivo, va [konflik'tiβo, βa] *adj* difficult.

conflicto [kon'flikto] *m (desacuerdo)* conflict; *(situación difícil)* difficulty.

confluencia [kon'fluenθja] *f (lugar)* intersection; *(de ríos)* confluence.

confluir [konflu'ir] ◆ **confluir en** *v + prep* to meet at.

conformarse [konfor'marse] ◆ **conformarse con** *v + prep* to settle for.

conforme [kon'forme] *adj* in agreement. ◆ *adv* as; **~ a** o **con** in accordance with.

conformidad [konformi'ðað] *f:* **dar la ~** to give one's consent.

conformismo [konfor'mizmo] *m* conformism.

conformista [konfor'mista] *mf* conformist.

confort [kon'for] *m* comfort; **'todo ~'** 'all mod cons'.

confortable [konfor'taβle] *adj* comfortable.

confrontación [konfronta'θjon] *f* confrontation.

confundir [konfun'dir] *vt* to confuse; **~ algo/a alguien con** to confuse sthg/sb with. ❑ **confundirse** *vpr (equivocarse)* to make a mistake; *(al teléfono)* to get the wrong number; **~ se de casa** to get the wrong house. ❑ **confundirse con** *v + prep (mezclarse con)* to merge into.

confusión [konfu'sjon] *f (equivocación)* mix-up; *(desorden)* confusion.

confuso, sa [kon'fuso, sa] *adj (perplejo)* confused; *(no diferenciado)* unclear.

congelación [konxela'θjon] *f* freezing.

congelado, da [konxe'laðo, ða]

adj (alimentos, productos) frozen; *(persona)* freezing. ❏ **congelados** *mpl (alimentos)* frozen foods.

congelador [konxela'ðor] *m* freezer.

congelar [konxe'lar] *vt* to freeze. ❏ **congelarse** *vpr (persona)* to be freezing.

congénito, ta [kon'xenito, ta] *adj* congenital.

congestión [konxes'tjon] *f* congestion.

conglomerado [konglome'raðo] *m (de madera)* hardboard.

congregar [kongre'ɣar] *vt* to gather together. ❏ **congregarse** *vpr* to gather.

congresista [kongre'sista] *mf* delegate.

congreso [kon'greso] *m (de especialistas)* conference; *(de diputados)* parliament, congress; **el ~ de diputados** the lower house of the Spanish Parliament.

conjetura [konxe'tura] *f* conjecture.

conjugación [konxuɣa'θjon] *f (de verbos)* conjugation; *(de colores, estilos, etc)* combination.

conjugar [konxu'ɣar] *vt (verbos)* to conjugate; *(unir)* to combine.

conjunción [konxun'θjon] *f* GRAM conjunction; *(unión)* combining.

conjuntamente [kon,xunta-'mente] *adv* jointly.

conjuntivitis [konxunti'βitis] *f inv* conjunctivitis.

conjunto [kon'xunto] *m (grupo, de rock)* group; *(ropa)* outfit; *(en matemáticas)* set; **en ~** as a whole.

conmemoración [kommemora-'θjon] *f* commemoration.

conmemorar [kommemo'rar] *vt* to commemorate.

conmigo [kom'miɣo] *pron* with me.

conmoción [kommo'θjon] *f* shock; **~ cerebral** concussion.

conmover [kommo'βer] *vt (impresionar)* to move, to touch.

conmutador [kommuta'ðor] *m (de electricidad)* switch; *Amér (centralita)* switchboard.

cono ['kono] *m* cone.

conocer [kono'θer] *vt* to know; *(persona por primera vez)* to meet; *(distinguir)* to recognize. ❏ **conocerse** *vpr (tratarse)* to know one another; *(por primera vez)* to meet; *(reconocerse)* to recognize one another; *(uno mismo)* to know o.s.

conocido, da [kono'θiðo, ða] *adj* well-known. ◆ *m, f* acquaintance.

conocimiento [konoθi'mjento] *m (entendimiento)* knowledge; MED consciousness. ❏ **conocimientos** *mpl* knowledge *(sg)*.

conque [ˈkonke] *conj* so.

conquista [kon'kista] *f* conquest.

conquistador, ra [konkista-'ðor, ra] *adj* seductive. ◆ *m, f* conqueror.

conquistar [konkis'tar] *vt (país, territorio)* to conquer; *(puesto, trabajo, etc)* to obtain; *(persona)* to win over.

consagrado, da [konsa'ɣraðo, ða] *adj (en religión)* consecrated; *(dedicado)* dedicated.

consagrar [konsa'ɣrar] *vt (monumento, calle, etc)* to dedicate; *(acreditar)* to confirm.

consciente [kons'θjente] *adj;* **estar ~** to be conscious; **ser ~ de** to be aware of.

consecuencia [konse'kɥenθja] *f* consequence; **en ~** consequently.

consecuente [konse'kɥente] *adj (persona)* consistent; *(hecho)* resultant *(antes de s)*.

consecutivo, va [konseku'tiβo,
βa] *adj* consecutive.

conseguir [konse'vir] *vt (lograr)* to
obtain; *(objetivo)* to achieve.

consejo [kon'sexo] *m (advertencias)*
advice; *(advertencia concreta)* piece of
advice; *(organismo)* council; *(reunión)*
meeting.

consenso [kon'senso] *m* consen-
sus.

consentido, da [konsen'tiðo, ða]
adj spoilt *Br*, spoiled *Am*.

consentir [konsen'tir] *vt (permitir)*
to allow.

conserje [kon'serxe] *m* caretaker.

conserjería [konserxe'ria] *f* reception (desk).

conserva [kon'serβa] *f*: **en ~**
tinned *Br*, canned. ▫ **conservas** *fpl*
tinned food *(sg) Br*, canned food *(sg)
Am*.

conservador, ra [konserβa-
'ðor, ra] *adj (en ideología)* conservative; *(en política)* Conservative; *(que
mantiene)* preservative.

conservadurismo [konserβaðu-
'rizmo] *m* conservatism.

conservante [konser'βante] *m*
preservative.

conservar [konser'βar] *vt (mantener, cuidar)* to preserve; *(guardar)* to
keep. ▫ **conservarse** *vpr (persona)*
to look after o.s.; *(alimentos, productos)* to keep.

conservatorio [konserβa'torjo] *m*
conservatoire.

considerable [konside'raβle] *adj
(grande)* considerable; *(hecho)* notable.

consideración [konsiðera'θjon] *f
(respeto)* respect; **de ~** considerable.

considerar [konsiðe'rar] *vt* to consider; *(valorar)* to value.

consigna [kon'sivna] *f (orden)* in-

structions *(pl); (depósito)* left-luggage
office *Br*, baggage room *Am*; **~ automática** (left-)luggage locker.

consignación [konsivna'θjon] *f*
consignment.

consigo [kon'sivo] *pron (con él, con
ella)* with him *(f* with her); *(con usted)* with you; *(con uno mismo)* with
o.s.

consiguiente [konsivi'ente] ♦
por consiguiente *adv* therefore.

consistencia [konsis'tenθja] *f*
consistency.

consistente [konsis'tente] *adj (sólido)* solid.

consistir [konsis'tir] ♦ **consistir
en** *v + prep (componerse de)* to consist
en; *(estar fundado en)* to be based on.

consistorio [konsis'torjo] *m* town
council *Br*, city hall *Am*.

consola [kon'sola] *f (mesa)* console
table; *(de videojuegos)* console.

consolar [konso'lar] *vt* to console.
▫ **consolarse** *vpr* to console o.s.

consolidación [konsoliða'θjon] *f*
consolidation.

consolidar [konsoli'ðar] *vt* to con-
solidate.

consomé [konso'me] *m* consommé. ♦ **al jerez** *consommé made with
sherry.*

consonante [konso'nante] *f* consonant.

consorcio [kon'sorθjo] *m* consor-
tium.

consorte [kon'sorte] *mf* spouse.

conspiración [konspira'θjon] *f*
conspiracy.

conspirar [konspi'rar] *vi* to con-
spire.

constancia [kons'tanθja] *f (tenaci-
dad)* perseverance.

constante [kons'tante] *adj (que dura)* constant; *(tenaz)* persistent. ♦ *f*

constant; **~s vitales** signs of life.

constantemente [kons,tante'mente] *adv* constantly.

constar [kons'tar] ♦ **constar de** *v* + *prep* to be made up of. □ **constar en** *v* + *prep* (*figurar en*) to appear in; **me consta que** I know that; **que conste que** let there be no doubt that.

constelación [konstela'θjon] *f* constellation.

constipado [konsti'paðo] *m formal* cold.

constiparse [konsti'parse] *vpr formal* to catch a cold.

constitución [konstitu'θjon] *f (forma)* make-up; *(ley)* constitution.

constitucional [konstituθjo'nal] *adj* constitutional.

constituir [konsti'twir] *vt (formar)* to make up; *(componer, fundar)* to form; *(ser)* to be. □ **constituirse** *vpr (formarse)* to form; **~se de** *(estar compuesto de)* to be made up of.

construcción [konstruk'θjon] *f (edificio)* building; *(arte)* construction.

constructivo, va [konstruk'tiβo, βa] *adj* constructive.

constructor [konstruk'tor] *m* builder.

constructora [konstruk'tora] *f* construction company.

construir [konstru'ir] *vt* to build; *(máquina)* to manufacture.

consuelo [kon'swelo] *m* consolation.

cónsul ['konsul] *mf* consul.

consulado [konsu'laðo] *m (lugar)* consulate; *(cargo)* consulship.

consulta [kon'sulta] *f (aclaración, examen médico)* consultation; *(pregunta)* question; **~ (médica)** surgery.

consultar [konsul'tar] *vt (persona, libro)* to consult; *(dato)* to look up;

~le algo a alguien to consult sb about sthg.

consultorio [konsul'torjo] *m (de médico)* surgery *Br*, doctor's office *Am; (de revista)* problem page.

consumición [konsumi'θjon] *f (alimento)* food; *(bebida)* drink; **'~ obligatoria** 'minimum charge'.

consumidor, ra [konsumi'ðor, ra] *m, f* consumer.

consumir [konsu'mir] *vt (gastar)* to use; *(acabar totalmente)* to use up. ♦ *vi (gastar dinero)* to spend. □ **consumirse** *vpr (extinguirse)* to burn out.

consumismo [konsu'mizmo] *m* consumerism.

consumo [kon'sumo] *m* consumption.

contabilidad [kontaβili'ðað] *f (cuentas)* accounts (*pl*).

contable [kon'taβle] *mf* accountant.

contacto [kon'takto] *m* contact; *(de coche)* ignition.

contador, ra [konta'ðor, ra] *m, f Amér (prestamista)* moneylender; *(contable)* accountant. ♦ *m* meter.

contagiar [konta'xjar] *vt (persona)* to infect; *(enfermedad)* to pass on, to give.

contagio [kon'taxjo] *m* infection; **transmitirse por ~** to be contagious.

contagioso, sa [konta'xjoso, sa] *adj* infectious.

container [kontaj'ner] *m (de mercancías)* container; *(de basuras)* wheely bin for rubbish from blocks of flats etc, Dumpster® *Am*.

contaminación [kontamina'θjon] *f* pollution.

contaminado, da [kontami'naðo, ða] *adj* polluted.

contaminar [kontami'nar] *vt* to

pollute. ◻ **contaminarse** *vpr* to become polluted.

contar [kon'tar] *vt* to count; *(explicar)* to tell. ◆ *vi* to count. ◻ **contar con** *v* + *prep (tener en cuenta)* to take into account; *(tener)* to have; *(confiar en)* to count on.

contemplaciones [kontempla-'θjones] *fpl* indulgence *(sg)*; **sin ~** without standing on ceremony.

contemplar [kontem'plar] *vt* to contemplate.

contemporáneo, a [kontempo-'raneo, a] *adj* contemporary.

contenedor [kontene'ðor] *m* container; **~ de basura** wheely bin for rubbish from blocks of flats etc, Dumpster® US.

contener [konte'ner] *vt (llevar)* to contain; *(impedir)* to hold back. ◻ **contenerse** *vpr* to hold back.

contenido, da [konte'niðo, ða] *adj* restrained. ◆ *m* contents *(pl)*.

contentar [konten'tar] *vt* to please. ◻ **contentarse con** *v* + *prep* to make do with.

contento, ta [kon'tento, ta] *adj (alegre)* happy; *(satisfecho)* pleased.

contestación [kontesta'θjon] *f* answer.

contestador [kontesta'ðor] *m*: **~ automático** answering machine.

contestar [kontes'tar] *vt* to answer. ◆ *vi (responder)* to answer; *(responder mal)* to answer back.

contexto [kon'teksto] *m* context.

contigo [kon'tiɣo] *pron* with you.

contiguo, gua [kon'tiɣwo, ɣwa] *adj* adjacent.

continental [kontinen'tal] *adj* continental.

continente [konti'nente] *m* continent.

continuación [kontinwa'θjon] *f* continuation; **a ~** then.

continuamente [kon,tinwa'mente] *adv (sin interrupción)* continuously; *(repetidamente)* continually.

continuar [kontinu'ar] *vt* to continue; **continúa en la casa** it's still in the house.

continuo, nua [kon'tinwo, nwa] *adj (sin interrupción)* continuous; *(repetido)* continual.

contorno [kon'torno] *m (silueta)* outline.

contra ['kontra] *prep* against. ◆ *m*: **los pros y los ~s** the pros and cons; **en ~** against; **en ~ de** against.

contrabajo [kontra'βaxo] *m (instrumento)* double bass.

contrabandista [kontraβan'dista] *mf* smuggler.

contrabando [kontra'βando] *m (de mercancías, droga)* smuggling; *(mercancías)* contraband.

contracorriente [,kontrako-'rjente] *f* cross current; **a ~** against the flow.

contradecir [kontraðe'θir] *vt* to contradict. ◻ **contradecirse** *vpr* to be inconsistent.

contradicción [kontraðik'θjon] *f* contradiction.

contradictorio, ria [kontraðik-'torjo, rja] *adj* contradictory.

contraer [kontra'er] *vt* to contract; *(deuda)* to run up; **~ matrimonio** to marry.

contraindicado, da [,kontra-jndi'kaðo, ða] *adj* not recommended.

contraluz [kontra'luθ] *m* picture taken against the light; **a ~** against the light.

contrapartida [,kontrapar'tiða] *f* compensation; **en ~** as compensation.

contrapelo [kontra'pelo] *m*: **a ~** against the grain.

contrapeso [kontra'peso] *m* counterbalance.

contrariar [kontrari'ar] *vt (disgustar)* to upset.

contrario, ria [kon'trarjo, rja] *adj (opuesto)* opposite; *(equipo, etc)* opposing; *(negativo)* contrary. ◆ *m, f* opponent; **al ~** on the contrary; **por el ~** on the contrary; **llevar la contraria** to always take an opposing view.

contraseña [kontra'seɲa] *f* password.

contrastar [kontras'tar] *vt (comparar)* to contrast; *(comprobar)* to check. ◆ *vi* to contrast.

contraste [kon'traste] *m* contrast.

contratar [kontra'tar] *vt* to hire.

contratiempo [kontra'tjempo] *m* mishap.

contrato [kon'trato] *m* contract.

contribuir [kontriβu'ir] *vt* to contribute; **~ a** to contribute to; **~ con** to contribute.

contrincante [kontrin'kante] *mf* opponent.

control [kon'trol] *m (comprobación)* inspection; *(dominio)* control; **~ de pasaportes** passport control.

controlar [kontro'lar] *vt (comprobar)* to check; *(dominar)* to control. □ **controlarse** *vpr* to control o.s.

contusión [kontu'sjon] *f* bruise.

convalidar [kombali'ðar] *vt (estudios)* to recognize.

convencer [komben'θer] *vt* to convince. □ **convencerse de** *v* + *prep* to convince o.s. of.

convención [komben'θjon] *f* convention.

convencional [kombenθjo'nal] *adj* conventional.

conveniente [kombe'njente] *adj (oportuno)* suitable; *(hora)* conveni-

ent; *(aconsejable)* advisable; *(útil)* useful.

convenio [kom'benjo] *m* agreement.

convenir [kombe'nir] *vt* to agree on. ◆ *vi (ser adecuado)* to be suitable; **conviene hacerlo** it's a good idea to do it.

convento [kom'bento] *m (de monjas)* convent; *(de monjes)* monastery.

conversación [kombersa'θjon] *f* conversation.

conversar [komber'sar] *vi* to have a conversation.

convertir [komber'tir] *vt*: **~ algo/a alguien en** to turn sthg/sb into. □ **convertirse** *vpr*: **~ se a** *(religión, ideología)* to convert to; **~se en** *(transformarse en)* to turn into.

convicción [kombik'θjon] *f* conviction.

convincente [kombin'θente] *adj* convincing.

convivencia [kombi'βenθja] *f* living together.

convivir [kombi'βir] ◆ **convivir con** *v* + *prep* to live with.

convocar [kombo'kar] *vt (reunión)* to convene; *(huelga, elecciones)* to call.

convocatoria [komboka'torja] *f (de exámenes)* diet.

convulsión [kombul'sjon] *f (espasmo)* convulsion; *(conmoción, revolución)* upheaval.

cónyuge ['konjuxe] *mf* spouse.

coña ['koɲa] *f vulg (guasa)* joke; **estar de ~** to be pissing around *Br*, to be kidding around *Am*.

coñac [ko'nak] *m* brandy.

coñazo [ko'naθo] *m vulg* pain in the arse *Br* o ass *Am*).

coño ['kono] *interj vulg* fuck!

cooperar [koope'rar] *vi* to cooperate.

cooperativa [koopera'tiβa] f cooperative.

coordinación [koorðina'θjon] f coordination.

coordinar [koorði'nar] vt to coordinate.

copa ['kopa] f (para beber) glass; (trofeo) cup; (de árbol) top; **invitar a una ~ a uguien a una ~** to buy sb a drink; **tomar una ~** to have a drink; **ir de ~s** to go out drinking. □ **copas** fpl (de la baraja) suit with pictures of goblets in Spanish deck of cards.

copeo [ko'peo] m: **ir de ~** fam to go out drinking.

copia ['kopja] f copy.

copiar [ko'pjar] vt to copy.

copiloto [kopi'loto] m copilot.

copioso, sa [ko'pjoso, sa] adj copious.

copla ['kopla] f (estrofa) verse; (canción) popular song.

copo ['kopo] m flake.

coquetear [kokete'ar] vi to flirt.

coqueto, ta [ko'keto, ta] adj (que flirtea) flirtatious.

coraje [ko'raxe] m (valor) courage; **dar ~** to make angry.

coral [ko'ral] ◆ m coral. ◆ f (coro) choir.

coraza [ko'raθa] f (de soldado) cuirass.

corazón [kora'θon] m heart; (de fruta) core; **corazones** (de la baraja) hearts.

corbata [kor'βata] f tie.

corchete [kor'tʃete] m (cierre) hook and eye; (signo) square bracket.

corcho ['kortʃo] m cork.

cordel [kor'ðel] m cord.

cordero, ra [kor'ðero, ra] m, f lamb; **~ asado** roast lamb.

cordial [kor'ðjal] adj cordial.

cordialmente [kor,ðjal'mente] adv cordially.

cordillera [korði'ʎera] f mountain range.

cordón [kor'ðon] m (cuerda) cord; (de zapato) lace; (cable eléctrico) flex Br, cord Am; **~ umbilical** umbilical cord.

coreografía [koreovra'fia] f choreography.

corista [ko'rista] mf chorus singer.

cornada [kor'naða] f goring.

cornamenta [korna'menta] f (de toro) horns (pl); (de ciervo) antlers (pl).

córnea ['kornea] f cornea.

corneja [kor'nexa] f crow.

córner ['korner] m corner (kick).

corneta [kor'neta] f cone.

cornisa [kor'nisa] f cornice.

coro ['koro] m choir; **a ~** in unison.

corona [ko'rona] f (de rey) crown; fig (trono) throne; (de flores) garland.

coronar [koro'nar] vt to crown.

coronel [koro'nel] m colonel.

coronilla [koro'niʎa] f crown (of the head); **estar hasta la ~** to be fed up to the back teeth.

corporal [korpo'ral] adj (olor) body (antes de s).

corpulento, ta [korpu'lento, ta] adj corpulent.

Corpus ['korpus] m Corpus Christi.

corral [ko'ral] m (para animales) pen.

correa [ko'rea] f (de bolso, reloj) strap; (de pantalón) belt; (de animal) lead Br, leash Am.

corrección [korek'θjon] f (de errores) correction; (de comportamiento) correctness.

correctamente [ko,rekta'mente] adv correctly.

correcto, ta [ko'rekto, ta] *adj (sin errores)* correct; *(educado)* polite.

corredor, ra [kore'ðor, ra] *m, f (en deporte)* runner; *(intermediario)* agent. ◆ *m (pasillo)* corridor.

corregir [kore'xir] *vt (error, comportamiento)* to correct; *(exámenes)* to mark, to grade *Am*. □ **corregirse** *vpr* to mend one's ways.

correo [ko'reo] *m* post, mail; **~ aéreo** airmail; **~ certificado** ≃ registered post; **~ electrónico** ≃ e-mail; **~ urgente** ≃ special delivery. □ **Correos** *m inv* the Post Office.

correr [ko'rer] *vi (persona, animal)* to run; *(río)* to flow; *(tiempo)* to pass; *(noticia, rumor)* to go around. ◆ *vt (mesa, silla, etc)* to move up; *(cortinas)* to draw; **dejar ~ algo** to let sthg be. □ **correrse** *vpr (tintas, colores)* to run; *Amér (meias)* to ladder (Br), to run (Am).

correspondencia [korespon-'denθja] *f* correspondence; *(de transporte)* connection; **'~s'** *(en metro)* 'to other lines'.

corresponder [korespon'der] *vi:* **~ a alguien (con algo)** to repay sb (with sthg); **te corresponde hacerlo** it's your responsibility to do it.

correspondiente [korespon-'djente] *adj* corresponding.

corresponsal [korespon'sal] *mf* correspondent.

corrida [ko'riða] *f (de toros)* bullfight.

corriente [ko'rjente] *adj (agua)* running; *(común)* ordinary; *(día, mes, año)* current. ◆ *f (de agua)* draught; *(de mar)* current; **estar al ~ de** to be up to date with; **ponerse al ~ de** to bring o.s. up to date with; **~ (eléctrica)** (electric) current.

corro [ko'ro] *m* circle.

corromper [korom'per] *vt (pervertir)* to corrupt; *(sobornar)* to bribe; *(pudrir)* to rot.

corrupción [korup'θjon] *f (perversión)* corruption; *(soborno)* bribery.

corsé [kor'se] *m* corset.

corsetería [korsete'ria] *f* ladies' underwear shop.

cortacésped [korta'θespeð] *m* lawnmower.

cortado, da [kor'taðo, ða] *adj (leche)* off; *(salsa)* curdled; *(labios, manos)* chapped; *(persona)* inhibited. ◆ *m* small coffee with a drop of milk.

cortante [kor'tante] *adj (cuchilla, etc)* sharp; *(persona)* cutting; *(viento, frío)* bitter.

cortar [kor'tar] *vt* to cut; *(calle)* to block off; *(conversación)* to cut short; *(luz, gas, etc)* to cut off; *(piel)* to chap. □ **cortarse** *vpr (herirse)* to cut o.s.; *(avergonzarse)* to become tonguetied; *(leche, salsa)* to curdle.

cortaúñas [korta'uɲas] *m inv* nailclippers *(pl)*.

corte [korte] *m (herida)* cut; *(en vestido, tela, etc)* tear; *(de corriente eléctrica)* power cut; *(vergüenza)* embarrassment; **~ y confección** *(para mujeres)* dressmaking; **~ de pelo** haircut.

Cortes ['kortes] *fpl:* **Las ~** the Spanish parliament.

cortés [kor'tes] *adj* polite.

cortesía [korte'sia] *f* politeness.

corteza [kor'teθa] *f (de árbol)* bark; *(de pan)* crust; *(de queso, limón)* rind; *(de naranja)* peel; **~s de cerdo** pork scratchings.

cortijo [kor'tixo] *m* farm.

cortina [kor'tina] *f* curtain.

corto, ta [korto, ta] *adj (breve)* short; *fam (tonto)* thick; **quedarse**

~ **(al calcular)** to underestimate; ~ **de vista** short-sighted.

cortometraje [korto'metraxe] *m* short (film).

cosa ['kosa] *f* thing; **¿alguna ~ más?** anything else?; **ser ~ de alguien** to be sb's business; **como si tal ~** as if nothing had happened.

coscorrón [kosko'ron] *m* bump on the head.

cosecha [ko'setʃa] *f* harvest; **(de vino)** vintage.

cosechar [kose'tʃar] *vt* to harvest. ♦ *vi* to bring in the harvest.

coser [ko'ser] *vt & vi* to sew.

cosmopolita [kozmopo'lita] *adj* cosmopolitan.

cosmos ['kozmos] *m* cosmos.

coso ['koso] *m* CSur **(objeto)** thingy.

cosquillas [kos'kiʎas] *fpl*: **hacer ~** to tickle; **tener ~** to be ticklish.

cosquilleo [koski'ʎeo] *m* tickling sensation.

costa ['kosta] *f* **(orilla)** coast; **a ~ de** at the expense of.

costado [kos'taðo] *m* side.

costar [kos'tar] *vi* **(valer)** to cost; **me cuesta (mucho) hacerlo** it's (very) difficult for me to do it; **¿cuánto cuesta?** how much is it?

Costa Rica ['kosta'rika] Costa Rica.

costarriqueño, ña [kostari-'keɲo, na] *adj & m, f* Costa Rican.

coste ['koste] *m* **(de producción)** cost; **(de producto, mercancía)** price.

costero, ra [kos'tero, ra] *adj* coastal.

costilla [kos'tiʎa] *f* rib; **~s de cordero** lamb chops.

costo ['kosto] *m* **(de producción)** cost; **(de producto, mercancía)** price.

costoso, sa [kos'toso, sa] *adj* expensive.

costra ['kostra] *f* **(de herida)** scab.

costumbre [kos'tumbre] *f* habit; **tener la ~ de** to be in the habit of.

costura [kos'tura] *f* **(labor)** sewing; **(de vestido)** seam.

costurera [kostu'rera] *f* seamstress.

costurero [kostu'rero] *m* sewing box.

cota ['kota] *f* **(altura)** height (above sea level).

cotejo [ko'texo] *m* comparison.

cotidiano, na [koti'ðjano, na] *adj* daily.

cotilla [ko'tiʎa] *mf fam* gossip.

cotilleo [koti'ʎeo] *m fam* gossip.

cotillón [koti'ʎon] *m* New Year's Eve party.

cotización [kotiθa'θjon] *f* **(de la moneda)** price.

cotizar [koti'θar] *vt* **(en la Bolsa)** to price; **(cuota)** to pay.

coto ['koto] *m* **(terreno)** reserve; **~ (privado) de caza** (private) game preserve.

cotorra [ko'tora] *f* **(pájaro)** parrot; *fam* **(charlatán)** chatterbox.

COU [kou] *m* **(abrev de curso de orientación universitaria)** optional year of Spanish secondary education in which 17-18 year olds prepare for university entrance exams; a mixture of compulsory and optional subjects is studied.

coyuntura [kojun'tura] *f* current situation.

coz [koθ] *f* kick.

cráneo ['kraneo] *m* skull.

cráter ['krater] *m* crater.

crawl [krol] *m* crawl.

creación [krea'θjon] *f* creation.

creador, ra [krea'ðor, ra] *m, f* creator.

crear [kre'ar] vt (*inventar*) to create; (*fundar*) to found.

creatividad [kreatiβi'ðað] f creativity.

creativo, va [krea'tiβo, βa] adj creative.

crecer [kre'θer] vi to grow; (*río*) to rise; (*luna*) to wax.

crecimiento [kreθi'mjento] m growth.

credencial [kreðen'θjal] f identification.

crédito ['kreðito] m (*préstamo*) loan; (*disponibilidad*) credit; (*confianza*) confidence.

credo ['kreðo] m (*oración*) Creed.

creencia [kre'enθja] f (*en religión*) faith; (*convicción*) belief.

creer [kre'er] vt (*dar por verdadero*) to believe; (*suponer*) to think; **¡ya lo creo!** I should say so! □ **creer en** v + prep to believe in.

creído, da [kre'iðo, ða] adj (*presuntuoso*) vain.

crema ['krema] f (*nata, cosmético*) cream; (*betún*) polish; **~ de belleza** beauty cream; **~ de ave** cream of chicken soup; **~ catalana** Catalan dessert similar to a large crème caramel; **~ (pastelera)** custard.

cremallera [krema'ʎera] f zip (Br), zipper (Am).

crepe [krep] f crepe.

cresta ['kresta] f crest.

cretino, na [kre'tino, na] adj (*estúpido*) stupid.

creyente [kre'jente] mf believer.

cría ['kria] f (*de ganado*) breeding; (*hijo de animal*) young → **crío**.

criadero [kria'ðero] m farm.

criadillas [kria'ðiʎas] fpl bull's testicles.

criado, da [kri'aðo, ða] m, f servant (f maid).

crianza [kri'anθa] f (*de animales*) breeding; (*educación*) bringing up; (*de vino*) vintage.

criar [kri'ar] vt (*animales*) to breed; (*educar*) to bring up. ♦ vi to breed.

criatura [kria'tura] f creature.

cricket ['kriket] m cricket.

crimen ['krimen] m crime.

criminal [krimi'nal] mf criminal.

crío, a ['krio, a] m, f kid.

criollo, lla [kri'oʎo, ʎa] m, f *Latin American of Spanish extraction*.

crisis ['krisis] f inv (*en política*) crisis; (*económica*) recession; (*en enfermedad*) breakdown.

cristal [kris'tal] m (*sustancia*) glass; (*vidrio fino*) crystal; (*de ventana*) pane.

cristalería [kristale'ria] f (*tienda*) glassware shop; (*objetos*) glassware.

cristalino, na [krista'lino, na] adj crystalline.

cristianismo [kristja'nizmo] m Christianity.

cristiano, na [kris'tjano, na] adj & m, f Christian.

Cristo ['kristo] m Christ.

criterio [kri'terjo] m (*regla, norma*) criterion; (*opinión*) opinion.

crítica ['kritika] f (*de arte, cine, etc*) review; (*censura*) criticism → **crítico**.

criticar [kriti'kar] vt (*obra, película, etc*) to review; (*censurar*) to criticize. ♦ vi to criticize.

crítico, ca ['kritiko, ka] adj critical. ♦ m, f critic.

croar [kro'ar] vi to croak.

croissant [krua'san] m croissant.

croissantería [kruasante'ria] f *shop selling filled croissants*.

crol [krol] m (*front*) crawl.

cromo ['kromo] m (*estampa*) transfer.

crónica ['kronika] f (*de historia*)

chronicle; *(en periódico)* column.

cronometrar [kronome'trar] *vt* to time.

cronómetro [kro'nometro] *m* stopwatch.

croqueta [kro'keta] *f* croquette.

croquis ['krokis] *m inv* sketch.

cros [kros] *m inv* cross-country (running).

cruce ['kruθe] *m (de calles, caminos)* crossroads; *(en el teléfono)* crossed line.

crucero [kru'θero] *m (en barco)* cruise; *(de iglesia)* transept.

crucial [kru'θjal] *adj* crucial.

crucifijo [kruθi'fixo] *m* crucifix.

crucigrama [kruθi'ɣrama] *m* crossword.

crudo, da ['kruðo, ða] *adj (no cocido)* raw; *(novela, película)* harshly realistic; *(clima)* harsh.

cruel [kru'el] *adj* cruel.

crueldad [kruel'dað] *f* cruelty.

crujido [kru'xiðo] *m* creak.

crujiente [kru'xjente] *adj (alimento)* crunchy.

crustáceo [krus'taθeo] *m* crustacean.

cruz [kruθ] *f* cross; *(de la moneda)* tails; *fig (carga)* burden.

cruzada [kru'θaða] *f* crusade.

cruzar [kru'θar] *vt* to cross. ❑ **cruzarse** *vpr*: **~ se de brazos** *fig* to twiddle one's thumbs. ❑ **cruzarse con** *v + prep (persona)* to pass.

cta. *(abrev de cuenta)* a/c.

cte. *(abrev de corriente)* inst.

CTNE *(abrev de Compañía Telefónica Nacional de España)* Spanish state telephone company.

cuaderno [kua'ðerno] *m (libreta)* notebook; *(de colegial)* exercise book.

cuadra ['kuaðra] *f (lugar, conjunto)* stable; *Amér (esquina)* corner; *Amér (de casas)* block.

cuadrado, da [kua'ðraðo, ða] *adj & m* square.

cuadriculado, da [kuaðriku'laðo, ða] *adj* squared.

cuadrilla [kua'ðriʎa] *f* group, team.

cuadro ['kuaðro] *m (cuadrado)* square; *(pintura)* picture, painting; *(gráfico)* diagram; **a** ❍ **de ~s** checked.

cuajada [kua'xaða] *f* curd; **~ con miel** dish of curd covered in honey.

cual [kual] *pron:* **el/la ~** *(persona)* who; *(cosa)* which; **lo ~** which; **sea ~ sea su nombre** whatever his name may be.

cuál [kual] *pron (qué)* what; *(especificando)* which; **¿~ te gusta más?** which do you prefer?

cualidad [kuali'ðað] *f* quality.

cualificado, da [kualifi'kaðo, ða] *adj* skilled.

cualquier [kual'kjer] *adj* → **cualquiera**.

cualquiera [kual'kjera] *adj* any. ◆ *pron* anybody. ◆ *mf* nobody; **cualquier día iré a verte** I'll drop by one of these days.

cuando ['kuando] *adv* when. ◆ *conj (si)* if. ◆ *prep:* **la guerra** when the war was on; **de ~ en ~** from time to time; **de vez en ~** from time to time.

cuándo ['kuando] *adv* when.

cuantía [kuan'tia] *f* amount.

☞

cuanto, ta ['kuanto, ta] *adj* **-1.** *(todo):* **despilfarra ~ dinero gana** he squanders all the money he earns. **-2.** *(compara cantidades):* **cuantas más mentiras digas, menos te creerán** the more you lie, the less people will believe you.

◆ pron **-1.** (de personas) everyone who; **dio las gracias a todos ~s le ayudaron** he thanked everyone who helped him.

- 2. (todo lo que) everything; **come ~ / ~s quieras** eat as much/as many as you like; **todo ~ dijo era verdad** everything she said was true.

- 3. (compara cantidades): **~ más se tiene, más se quiere** the more you have, the more you want.

- 4. (en locuciones): **~ antes** as soon as possible; **en ~** (tan pronto como) as soon as; **en ~ a** as regards; **unos ~s** a few.

cuánto, ta ['kщanto, ta] adj (interrogativo singular) how much; (interrogativo plural) how many; (exclamativo singular) what a lot of. ◆ pron (interrogativo singular) how much; (interrogativo plural) how many; ¿~ **quieres?** how much do you want?

cuarenta [kщa'renta] núm forty → **seis.**

cuaresma [kщa'rezma] f Lent.

cuartel [kщar'tel] m barracks (pl); **~ de la Guardia Civil** headquarters of the 'Guardia Civil'.

cuartelazo [kщarte'laθo] m Amér military uprising.

cuarteto [kщar'teto] m quartet.

cuartilla [kщar'tiʎa] f sheet of (quarto) paper.

cuarto, ta ['kщarto, ta] núm fourth. ◆ m (parte, período) quarter; (habitación) room → **sexto**; **~ de baño** bathroom; **~ de estar** living room; **un ~ de hora** a quarter of an hour; **un ~ de kilo** a quarter of a kilo.

cuarzo ['kщarθo] m quartz.

cuate ['kщate] mf inv CAm & Méx fam mate Br, buddy Am.

cuatro ['kщatro] núm four → **seis.**

cuatrocientos, tas [kщatro-'θjentos,tas] núm four hundred → **seis.**

Cuba ['kuβa] Cuba.

cubano, na [ku'βano,na] adj & m, f Cuban.

cubertería [kuβerte'ria] f cutlery.

cubeta [ku'βeta] f Amér bucket.

cúbico, ca [ku'βiko, ka] adj cubic.

cubierta [ku'βjerta] f (de libro) cover; (de barco) deck.

cubierto, ta [ku'βjerto, ta] pp → **cubrir**. ◆ adj (tapado) covered; (cielo) overcast. ◆ m (pieza para comer) piece of cutlery; (para comensal) place setting; **a ~** under cover.

cubito [ku'βito] m: **~ de hielo** ice cube.

cúbito ['kuβito] m ulna.

cubo ['kuβo] m (recipiente) bucket; (en geometría, matemáticas) cube; **~ de la basura** rubbish bin (Br), trash can (Am).

cubrir [ku'βrir] vt to cover; (proteger) to protect. ◻ **cubrirse** vpr to cover o.s.

cucaracha [kuka'ratʃa] f cockroach.

cuchara [ku'tʃara] f spoon.

cucharada [kutʃa'raða] f spoonful.

cucharilla [kutʃa'riʎa] f teaspoon.

cucharón [kutʃa'ron] m ladle.

cuchilla [ku'tʃiʎa] f blade; **~ de afeitar** razor blade.

cuchillo [ku'tʃiʎo] m knife.

cuclillas [ku'kliʎas] fpl: **en ~** squatting.

cucurucho [kuku'rutʃo] m cone.

cuello ['kщeʎo] m (del cuerpo) neck; (de la camisa) collar.

cuenca ['kwenka] *f (de río, mar)* basin.

cuenco ['kwenko] *m* bowl.

cuenta ['kwenta] *f (cálculo)* sum; *(factura)* bill, check *Am*; *(de banco)* account; *(de collar)* bead; **la ~, por favor** could I have the bill, please?; **caer en la ~** to catch on; **darse ~ de** to notice; **tener en ~** to take into account.

cuentagotas [kwenta'γotas] *m inv* dropper; **en ~** in dribs and drabs.

cuentakilómetros [,kwentaki'lometros] *m inv (de distancia)* ≃ mileometer *Br*, ≃ odometer *Am*; *(de velocidad)* speedometer.

cuento ['kwento] *m (relato)* short story; *(mentira)* story.

cuerda ['kwerða] *f (fina, de instrumento)* string; *(gruesa)* rope; *(del reloj)* spring; **~s vocales** vocal cords; **dar ~ a** *(reloj)* to wind up.

cuerno ['kwerno] *m* horn; *(de ciervo)* antler.

cuero ['kwero] *m (piel)* leather; **~ cabelludo** scalp; **en ~s** stark naked.

cuerpo ['kwerpo] *m* body; *(de policía)* force; *(militar)* corps.

cuervo ['kwerβo] *m* raven.

cuesta ['kwesta] *f* slope; **~ arriba** uphill; **~ abajo** downhill; **a ~s on** one's back.

cuestión [kwes'tjon] *f* question; **ser ~ de** to be a question of.

cuestionario [kwestjo'narjo] *m* questionnaire.

cueva ['kweβa] *f* cave.

cuidado [kwi'ðaðo] *m* care. ◆ *interj* be careful!; **¡~ con la cabeza!** mind your head!; **de ~** dangerous; **estar al ~ de** to be responsible for; **tener ~** to be careful.

cuidadosamente [kwiða,ðosa'mente] *adv* carefully.

cuidadoso, sa [kwiða'ðoso, sa] *adj* careful.

cuidar [kwi'ðar] *vt* to look after. ◆ *vi:* **~ de** to look after. ❏ **cuidarse** *vpr* to look after o.s. ❏ **cuidarse de** *v + prep (encargarse de)* to look after.

culata [ku'lata] *f (de arma)* butt; *(de motor)* cylinder head.

culebra [ku'leβra] *f* snake.

culebrón [kule'βron] *m fam* soap opera.

culo ['kulo] *m fam (de persona)* bum *(Br)*, butt *(Am)*; *(de botella, etc)* bottom.

culpa ['kulpa] *f* fault; **echar la ~ a alguien** to blame sb; **tener la ~** to be to blame.

culpabilidad [kulpaβili'ðað] *f* guilt.

culpable [kul'paβle] *mf* guilty party. ◆ *adj:* **~ de** guilty of.

culpar [kul'par] *vt (echar la culpa)* to blame; *(acusar)* to accuse; **~ a algo/a alguien de** to blame sthg/sb for.

cultivar [kulti'βar] *vt (plantas)* to grow; *(tierra)* to farm.

cultivo [kul'tiβo] *m (plantas)* crop.

culto, ta ['kulto, ta] *adj (persona)* educated; *(estilo)* refined; *(lenguaje)* literary. ◆ *m* worship.

cultura [kul'tura] *f (actividades)* culture; *(conocimientos)* knowledge.

cultural [kultu'ral] *adj* cultural.

culturismo [kultu'rizmo] *m* bodybuilding.

cumbre ['kumbre] *f* summit.

cumpleaños [kumple'aɲos] *m inv* birthday.

cumplido [kum'pliðo] *m* compliment.

cumplir [kum'plir] *vt (ley, orden)* to obey; *(promesa)* to keep; *(condena)* to serve. ◆ *vi (plazo)* to expire; **~ con** *(deber)* to do; *(promesa)* to keep; **hoy**

cumple 21 años he's 21 today.

cúmulo ['kumulo] *m (de cosas)* pile; *(de nubes)* cumulus.

cuna ['kuna] *f (cama)* cot Br, crib Br; *(origen)* cradle; *(patria)* birthplace.

cuneta [ku'neta] *f (en carretera)* ditch; *(en la calle)* gutter.

cuña ['kuɲa] *f (calza)* wedge; *(en radio, televisión)* commercial break.

cuñado, da [ku'naðo, ða] *m, f (brother-in-law (f sister-in-law).*

cuota ['kwota] *f (a club, etc)* membership fee; *(a Hacienda)* tax (payment); *(precio)* fee.

cuplé [ku'ple] *m type of popular song.*

cupo ['kupo] *v → **caber**. ◆ *m (cantidad máxima)* quota; *(cantidad proporcional)* share.

cupón [ku'pon] *m (vale)* coupon; *(de sorteo, lotería)* ticket.

cúpula ['kupula] *f (de edificio)* dome.

cura[1] ['kura] *m (sacerdote)* priest.

cura[2] ['kura] *f (restablecimiento)* recovery; *(tratamiento)* cure; **~ de reposo** rest cure.

curandero, ra [kuran'dero, ra] *m, f* quack.

curar [ku'rar] *vt* to cure; *(herida)* to dress; *(pieles)* to tan. ❑ **curarse** *vpr* to recover.

curiosidad [kurjosi'ðað] *f* curiosity; **tener ~ por** to be curious about.

curioso, sa [ku'rjoso, sa] *adj (de noticias, habladurías, etc)* curious; *(interesante, raro)* strange. ◆ *m, f* onlooker.

curita [ku'rita] *f* Amér (sticking) plaster Br, Band-Aid ®Am.

curry ['kuri] *m* curry; **al ~** curried.

cursi ['kursi] *adj (persona)* pretentious; *(vestido, canción)* naff Br, cheesy Am.

cursillo [kur'siλo] *m (curso breve)*

short course; *(de conferencias)* series of talks.

curso ['kurso] *m* course; *(año académico, alumnos)* year; **en ~** *(año)* current.

cursor [kur'sor] *m* cursor.

curva ['kurβa] *f* curve; *(de camino, carretera, etc)* bend.

curvado, da [kur'βaðo, ða] *adj* curved.

custodia [kus'toðja] *f (vigilancia)* safekeeping; *(de los hijos)* custody.

cutis ['kutis] *m inv* skin, complexion.

cutre ['kutre] *adj fam (sucio)* shabby; *fam (pobre)* cheap and nasty.

cuy ['kuj] *m* Andes & RP guinea-pig.

cuyo, ya ['kujo, ja] *adj (de quien)* whose; *(de que)* of which.

D

D. *abrev* = **don**.

dado ['daðo] *m* dice.

daga ['daɣa] *f* dagger.

dalia ['dalja] *f* dahlia.

dama ['dama] *f* lady. ❑ **damas** *fpl (juego)* draughts *(sg).*

damasco [da'masko] *m* Andes & RP apricot.

danés, esa [da'nes, esa] *adj & m* Danish. ◆ *m, f* Dane.

danza ['danθa] *f* dance.

danzar [dan'θar] *vt & vi* to dance.

dañar [da'nar] *vt (persona)* to harm; *(cosa)* to damage.

dañino, na [da'nino, na] *adj (sustancia)* harmful; *(animal)* dangerous.

daño ['daɲo] *m* (*dolor*) pain; (*perjuicio*) damage; (*a persona*) harm; **hacer ~** (*producir dolor*) to hurt; **la cena me hizo ~** the meal didn't agree with me.

---

dar [dar] *vt* -1. (*entregar, regalar, decir*) to give; **da clases en la universidad** he teaches at the university; **me dio las gracias/los buenos días** he thanked me/said good morning to me. - 2. (*producir*) to produce. - 3. (*causar, provocar*) to give; **me da vergüenza** I'm embarrassed; **me da risa/sueño** it makes me laugh/sleepy. - 4. (*suj: reloj*) to strike; **el reloj ha dado las diez** the clock struck ten. - 5. (*encender*) to turn on; **por favor, da la luz** turn on the lights, please. - 6. (*comunicar, emitir*) to give. - 7. (*película, programa*) to show; (*obra de teatro*) to put on. - 8. (*mostrar*) to show; **su aspecto daba señales de cansancio** she was showing signs of weariness. - 9. (*expresar acción*) to give; **~ un grito** to give a cry; **le dio un golpe** he hit him. - 10. (*banquete, baile*) to hold; **van a ~ una fiesta** they're going to throw a party. - 11. (*considerar*): **~ algo/a alguien por algo** to consider sthg/sb to be sthg. ◆ *vi* -1. (*horas*) to strike; **han dado las tres en el reloj** the clock's struck three. - 2. (*golpear*): **le dieron en la cabeza** they hit her on the head; **la piedra dio contra el cristal** the stone hit the glass. - 3. (*sobrevenir*): **le dieron varios ataques al corazón** he had several heart attacks.

- 4.: **~ a** (*balcón, ventana*) to look out onto; (*pasillo*) to lead to; (*casa, fachada*) to face. - 5. (*proporcionar*): **~ de comer** to feed; **~ de beber a alguien** to give sb something to drink. - 6.: **~ en** (*blanco*) to hit. - 7. (*en locuciones*): **~ de sí** to stretch; **~ que hablar** to set people talking; **da igual** o **lo mismo** it doesn't matter; **¡qué más da!** what does it matter! □ **dar a** *v + prep* (*llave*) to turn. □ **dar con** *v + prep* (*encontrar*) to find. □ **darse** *vpr* (*suceder*) to happen; (*dilatarse*) to stretch; **~se contra** to bump into; **se le da bien/mal el latín** she is good/bad at Latin; **~se prisa** to hurry; **se da de listo** he likes to make out that he's clever; **~se por vencido** to give in. □ **darse a** *v + prep* (*entregarse*) to take to.

dardo ['darðo] *m* dart. □ **dardos** *mpl* (*juego*) darts (*sg*).

dátil ['datil] *m* date.

dato ['dato] *m* fact, piece of information; **~s** information (*sg*); **~s personales** personal details.

dcha. (*abrev de derecha*) r.

d. de J.C. (*abrev de después de Jesucristo*) AD.

---

de [de] *prep* -1. (*posesión, pertenencia*) of; **el coche ~ mi padre/mis padres** my father's/parents' car; **la casa es ~ ella** the house is hers. - 2. (*materia*) made of; **un reloj ~ oro** a gold watch. - 3. (*contenido*) of; **un vaso ~ agua** a glass of water. - 4. (*en descripciones*): **~ fácil manejo** user-friendly; **la señora ~ verde** the lady in green; **difícil ~ creer** hard to

believe; **una bolsa ~ deporte** a sports bag.
- **5.** *(asunto)* about; **háblame ~ ti** tell me about yourself; **libros ~ historia** history books.
- **6.** *(en calidad de)*: **trabaja ~ bombero** he works as a fireman.
- **7.** *(tiempo)*: **trabaja ~ nueve a cinco** she works from nine to five; **trabaja ~ noche y duerme ~ día** he works at night and sleeps during the day; **a las tres ~ la tarde** at three in the afternoon; **llegamos ~ madrugada** we arrived early in the morning; **~ pequeño** as a child.
- **8.** *(procedencia, distancia)* from; **vengo ~ mi casa** I've come from home; **soy ~ Zamora** I'm from Zamora; **del metro a casa voy a pie** I walk home from the underground.
- **9.** *(causa, modo)* with; **morirse ~ frío** to freeze to death; **llorar ~ alegría** to cry with joy; **~ una (sola) vez** in one go.
- **10.** *(con superlativos)*: **el mejor ~ todos** the best of all.
- **11.** *(cantidad)*: **más/menos ~** more/less than.
- **12.** *(condición)* if; **~ querer ayudarme, lo haría** if she wanted to help me, she would.

debajo [de'βaxo] *adv* underneath; **~ de** under.

debate [de'βate] *m* debate.

debatir [deβa'tir] *vt* to debate.

deber [de'βer] *m* duty. ♦ *vt* **-1.** *(expresa obligación)*: **debes dominar tus impulsos** you should control your impulses; **no debemos ir a casa a las diez** we must go home at ten.
- **2.** *(adeudar)* to owe; **me debes 200 euros** you owe me 200 euros; **¿cuánto o qué le debo?** how much does it come to?

- **3.** *(en locuciones)*: **debido a** due to. ❑ **deber de** *v + prep*: **debe de llegar a las nueve** she should arrive at nine; **deben de ser las doce** it must be twelve o'clock. ❑ **deberse a** *v + prep (ser consecuencia de)* to be due to; *(dedicarse a)* to have a responsibility towards. ❑ **deberes** *mpl (trabajo escolar)* homework *(sg)*.

debido, da [de'βiðo, ða] *adj* proper; **~ a** due to.

débil ['deβil] *adj (sin fuerzas)* weak; *(voz, sonido)* faint; *(luz)* dim.

debilidad [deβili'ðað] *f* weakness.

debilitar [deβili'tar] *vt* to weaken.

debut [de'βut] *m (de artista)* debut.

década ['dekaða] *f* decade.

decadencia [deka'ðenθja] *f (declive)* decline.

decadente [deka'ðente] *adj* decadent.

decaer [deka'er] *vi (fuerza, energía)* to fail; *(esperanzas, país)* to decline; *(ánimos)* to flag.

decaído, da [deka'iðo, ða] *adj (deprimido)* gloomy.

decano, na [de'kano, na] *m, f (de universidad)* dean; *(el más antiguo)* senior member.

decena [de'θena] *f* ten.

decente [de'θente] *adj (honesto)* decent; *(limpio)* clean.

decepción [deθep'θjon] *f* disappointment.

decepcionar [deθepθjo'nar] *vt* to disappoint. ❑ **decepcionarse** *vpr* to be disappointed.

decidido, da [deθi'ðiðo, ða] *adj* determined.

decidir [deθi'ðir] *vt* to decide. ❑ **decidirse** *vpr*: **~se a** to decide to.

decimal [deθi'mal] *adj* decimal.

décimo, ma ['deθimo,ma] *núm*

tenth. ◆ *m (en lotería)* tenth share in a lottery ticket → **sexto**.

decir [de'θir] *vt (enunciar)* to say; *(contar)* to tell; ~ **a alguien que haga algo** to tell sb to do sthg; ~ **que sí** to say yes; **¿diga?, ¿dígame?** *(al teléfono)* hello?; **es** ~ that is; **¿cómo se dice ...?** how do you say ...?; **se dice** ... they say ....

decisión [deθi'sjon] *f (resolución)* decision; *(de carácter)* determination; **tomar una** ~ to take a decision.

declaración [deklara'θjon] *f* statement; *(de amor)* declaration; **prestar** ~ to give evidence; **tomar** ~ to take a statement; ~ **de la renta** tax return.

declarado, da [dekla'raðo, ða] *adj* declared.

declarar [dekla'rar] *vt* to state; *(afirmar, bienes, riquezas)* to declare. ◆ *vi (dar testimonio)* to give evidence. ❏ **declararse** *vpr (incendio, epidemia, etc)* to break out; *(en el amor)* to declare o.s.; **me declaro a favor de ...** I'm in favour of ....

declinar [dekli'nar] *vt* to decline.

decoración [dekora'θjon] *f (de casa, habitación)* décor; *(adornos)* decorations *(pl).*

decorado [deko'raðo] *m (en teatro, cine)* set.

decorar [deko'rar] *vt* to decorate.

decretar [dekre'tar] *vt* to decree.

decreto [de'kreto] *m* decree.

dedal [de'ðal] *m* thimble.

dedicación [deðika'θjon] *f* dedication.

dedicar [deði'kar] *vt (tiempo, dinero, energía)* to devote; *(obra)* to dedicate. ❏ **dedicarse a** *v + prep (actividad, tarea)* to spend time on; **¿a qué se dedica Vd?** what do you do for a living?

dedo ['deðo] *m (de mano, bebida)* fin-

ger; *(de pie)* toe; *(medida)* centimetre; **hacer** ~ **fam** to hitchhike; ~ **corazón** middle finger; ~ **gordo** thumb.

deducción [deðuk'θjon] *f* deduction.

deducir [deðu'θir] *vt (concluir)* to deduce; *(restar)* to deduct.

defecar [defe'kar] *vi formal* to defecate.

defecto [de'fekto] *m (físico)* defect; *(moral)* fault.

defender [defen'der] *vt* to defend. ❏ **defenderse** *vpr (protegerse)* to defend o.s.; ~ **se de** *(ataque, insultos)* to defend o.s. against.

defensa [de'fensa] *f* defence.

defensor, ra [defen'sor, ra] *m, f* defender; *(abogado)* counsel for the defence.

deficiencia [defi'θjenθja] *f (defecto)* deficiency; *(falta, ausencia)* lack.

deficiente [defi'θjente] *adj (imperfecto)* deficient.

déficit ['defiθit] *m inv (en economía)* deficit; *(escasez)* shortage.

definición [defini'θjon] *f* definition.

definir [defi'nir] *vt* to define. ❏ **definirse** *vpr fig* to take a position.

definitivo, va [defini'tiβo, βa] *adj (final, decisivo)* definitive; *(terminante)* definite; **en definitiva** in short.

deformación [deforma'θjon] *f* deformation.

deformar [defor'mar] *vt* to deform.

defraudar [defrau'ðar] *vt (decepcionar)* to disappoint; *(estafar)* to defraud.

defunción [defun'θjon] *f (formal)* death.

degenerado, da [dexene'raðo, ða] *m, f* degenerate.

degenerar [dexene'rar] *vi* to degenerate.

degustación [devusta'θjon] *f* tasting.

dejadez [dexa'ðeθ] *f* neglect.

☞

dejar [de'xar] *vt* -**1.** *(colocar, poner)* to leave; **deja el abrigo en la percha** leave your coat on the hanger.
-**2.** *(prestar)* to lend; **me dejó su pluma** she lent me her pen.
-**3.** *(no tomar)* to leave; **deja lo que no quieras** leave whatever you don't want; **deja un poco de café para mí** leave a bit of coffee for me.
-**4.** *(dar)* to give; **déjame la llave** give me the key; **dejé el perro a mi madre** I left the dog with my mother.
-**5.** *(vicio, estudios)* to give up; *(casa, novia)* to leave; *(familia)* to abandon; **dejó su casa** he left home.
-**6.** *(producir)* to leave; **este perfume deja mancha en la ropa** this perfume stains your clothing.
-**7.** *(permitir)* to allow, to let; ~ **a alguien hacer algo** to let sb do sthg; **'dejen salir antes de entrar'** *(en metro, tren)* 'let the passengers off the train first, please'; **sus gritos no me dejaron dormir** his cries prevented me from sleeping.
-**8.** *(olvidar, omitir)* to leave out; ~ **algo por** o **sin hacer** to fail to do sthg; **déjalo para otro día** leave it for another day.
-**9.** *(no molestar)* to leave alone; **¡déjame!** let me be!
-**10.** *(esperar)* **dejó que acabara de llover para salir** she waited until it stopped raining before going out.
-**11.** *(en locuciones)*: **dejar aparte** to leave sthg to one side; ~ **algo/a alguien atrás** to leave sthg/sb behind; ~ **caer algo** *(objeto)* to drop sthg.

◆ *vi* -**1.** *(parar)*: ~ **de hacer algo** to stop doing sthg.
-**2.** *(no olvidar)*: **no** ~ **de hacer algo** to be sure to do sthg. ❑ **dejarse** *vpr (olvidarse)* to leave; *(descuidarse, abandonarse)* to let o.s. go; ~ **se llevar por** to get carried away with; **apenas se deja ver** we hardly see anything of her. ❑ **dejarse de** *v + prep*: **¡déjate de tonterías!** stop that nonsense!

del [del] → **de, el.**

delantal [delan'tal] *m* apron.

delante [de'lante] *adv (en primer lugar)* in front; *(en la parte delantera)* at the front; *(enfrente)* opposite; ~ **de** in front of.

delantera [delan'tera] *f (de coche, avión, etc)* front; **coger** o **tomar la** ~ to take the lead.

delantero, ra [delan'tero, ra] *adj* front. ◆ *m (en deporte)* forward.

delatar [dela'tar] *vt (persona)* to denounce; *(suj: gesto, acto)* to betray.

delco® [delko] *m* distributor.

delegación [deleva'θjon] *f (oficina)* (local) office; *(representación)* delegation; *Méx (distrito municipal)* borough *(Br)*, district *(Am)*; *Méx (de policía)* police station.

delegado, da [dele'vaðo, ða] *m, f* delegate; ~ **de curso** student elected to represent his/her classmates.

delegar [dele'var] *vt* to delegate.

deletrear [deletre'ar] *vt* to spell.

delfín [del'fin] *m* dolphin.

delgado, da [del'vaðo, ða] *adj* thin; *(esbelto)* slim.

deliberadamente [deliβe,raða'mente] *adv* deliberately.

deliberada, da [deliβe'raðo, ða] *adj* deliberate.

deliberar [deliβe'rar] *vt* to deliberate.

delicadeza [delika'ðeθa] f (atención, miramiento) consideration; (finura) delicacy; (cuidado) care.

delicado, da [deli'kaðo, ða] adj delicate; (respetuoso) considerate.

delicia [de'liθja] f delight.

delicioso, sa [deli'θjoso, sa] adj (exquisito) delicious; (agradable) lovely.

delincuencia [delin'kwenθja] f crime.

delincuente [delin'kwente] mf criminal; ~ común common criminal.

delirante [deli'rante] adj (persona) delirious; (idea) mad.

delirar [deli'rar] vi (por la fiebre) to be delirious; (decir disparates) to talk rubbish Br o nonsense Am.

delirio [de'lirjo] m (perturbación) ravings (pl).

delito [de'lito] m crime.

delta ['delta] m delta.

demanda [de'manda] f (petición) request; (reivindicación, de mercancías) demand; (en un juicio) action.

demandar [deman'dar] vt (pedir) to request; (reivindicar) to demand; (en un juicio) to sue.

demás [de'mas] adj other. ◆ pron: los/las ~ the rest; lo ~ the rest; por lo ~ apart from that.

demasiado, da [dema'sjaðo, ða] adj (con sustantivos singulares) too much; (con sustantivos plurales) too many. ◆ adv too much; ~ rápido too fast; hace ~ frío it's too cold.

demencia [de'menθja] f insanity.

demente [de'mente] adj formal insane.

democracia [demo'kraθja] f democracy.

demócrata [de'mokrata] adj democratic. ◆ mf democrat.

democráticamente [demo-ˌkratika'mente] adv democratically.

democrático, ca [demo'kratiko, ka] adj democratic.

demoledor, ra [demole'ðor, ra] adj (máquina, aparato) demolition (antes de s); (argumento, crítica) devastating.

demoler [demo'ler] vt to demolish.

demonio [de'monjo] m devil; ¿qué ~s ...? what the hell ...?

demora [de'mora] f delay.

demostración [demostra'θjon] f (de hecho) proof; (de afecto, sentimiento, etc) demonstration.

demostrar [demos'trar] vt (probar) to prove; (indicar) to demonstrate, to show.

denominación [denomina'θjon] f: ~ de origen appellation d'origine.

ⓘ DENOMINACIÓN DE ORIGEN

The "denominación de origen" or "D.O." is the term used in Spain and Latin America which acts as a guarantee of quality and appears on the labels of certain food products and especially wines which have been produced according to approved methods in specific areas.

densidad [densi'ðað] f density.

denso, sa ['denso, sa] adj dense.

dentadura [denta'ðura] f teeth (pl); ~ postiza dentures (pl).

dentífrico [den'tifriko] m toothpaste.

dentista [den'tista] mf dentist.

dentro ['dentro] adv (en el interior) inside; ~ de (en el interior) in; (en el plazo de) in, within.

denunciante [denun'θjante] *mf* person who reports a crime.

denunciar [denunθi'ar] *vt (delito, persona)* to report (to the police); *(situación irregular, escándalo)* to reveal.

departamento [departa'mento] *m (de empresa, organismo)* department; *(de armario, maleta)* compartment; *Amér (vivienda)* flat *(Br),* apartment *(Am).*

dependencia [depen'denθja] *f (subordinación)* dependence; *(habitación)* room; *(sección, departamento)* branch.

depender [depen'der] *vi:* **depende ... it depends ... □ depender de** *v + prep* to depend on.

dependiente, ta [depen'djente, ta] *m, f* shop assistant *Br,* sales associate *Am.*

depilarse [depi'larse] *vpr* to remove hair from; **~ las cejas** to pluck one's eyebrows.

depilatorio, ria [depila'torjo, rja] *adj* hair-removing.

deporte [de'porte] *m* sport; **hacer ~** to do sport; **~s de invierno** winter sports.

deportista [depor'tista] *mf* sportsman *(f* sportswoman).

deportivo, va [depor'tiβo, βa] *adj (zapatillas, pantalón, prueba)* sports *(antes de s); (persona)* sporting. ◆ *m* sports car.

depositar [deposi'tar] *vt (en un lugar)* to place; *(en el banco)* to deposit.

depósito [de'posito] *m (almacén)* store; *(de dinero)* deposit; *(recipiente)* tank; **~ de agua** water tank; **~ de gasolina** petrol tank *(Br),* gas tank *(Am).*

depresión [depre'sjon] *f* depression.

depresivo, va [depre'siβo, βa] *adj* MED depressive.

deprimido, da [depri'miðo, ða] *adj* depressed.

deprimir [depri'mir] *vt* to depress. **□ deprimirse** *vpr* to get depressed.

deprisa [de'prisa] *adv* quickly.

depuradora [depura'ðora] *f* purifier.

depurar [depu'rar] *vt (sustancia)* to purify.

derecha [de'retʃa] *f:* **la ~** *(mano derecha)* one's right hand; *(lado derecho, en política)* the right; **a la ~** on the right; **gira a la ~** turn right; **ser de ~s** to be right wing.

derecho, cha [de'retʃo, tʃa] *adj (lado, mano, pie)* right; *(recto)* straight. ◆ *m (privilegio, facultad)* right; *(estudios)* law; *(de tela, prenda)* right side. ◆ *adv* straight; **todo ~** straight on; **¡no hay ~!** it's not fair!

derivar [deri'βar] ◆ **derivar de** *v + prep* to derive from. **□ derivar en** *v + prep* to end up in.

dermoprotector, ra [ˌdermoprotek'tor, ra] *adj* barrier *(antes de s).*

derramar [dera'mar] *vt (por accidente)* to spill; *(verter)* to pour. **□ derramarse** *vpr* to spill.

derrame [de'rame] *m* spillage; **~ cerebral** brain haemorrhage.

derrapar [dera'par] *vi* to skid.

derretir [dere'tir] *vt* to melt. **□ derretirse** *vpr (hielo, mantequilla)* to melt; *(persona)* to go weak at the knees.

derribar [deri'βar] *vt (casa, muro, adversario)* to knock down; *(gobierno)* to overthrow.

derrochar [dero'tʃar] *vt* to waste.

derroche [de'rotʃe] *m (de dinero)* waste; *(de esfuerzo, simpatía)* excess.

derrota [de'rota] *f* defeat.

derrotar [dero'tar] *vt* to defeat.

derrumbar [derum'bar] *vt (casa,*

muro) to knock down. ❑ **derrumbarse** *vpr* (*casa, muro*) to collapse; (*moralmente*) to be devastated.

desabrochar [desaβro'tʃar] *vt* to undo. ❑ **desabrocharse** *vpr*: ~ **se la camisa** to unbutton one's shirt.

desacreditar [desakreði'tar] *vt* to discredit.

desacuerdo [desa'kɰerðo] *m* disagreement.

desafiar [desafi'ar] *vt* (*persona*) to challenge; (*elementos, peligros*) to defy; ~ **a alguien a** to challenge sb to.

desafinar [desafi'nar] *vi* to be out of tune. ❑ **desafinarse** *vpr* to go out of tune.

desafío [desa'fio] *m* challenge.

desafortunadamente [desafortuna,ða'mente] *adv* unfortunately.

desafortunado, da [desafortu'naðo, ða] *adj* (*sin suerte*) unlucky; (*inoportuno*) unfortunate.

desagradable [desaɣraˈðaβle] *adj* unpleasant.

desagradecido, da [desaɣraðe'θiðo, ða] *m, f* (*persona*) ungrateful; (*trabajo, tarea*) thankless.

desagüe [de'saɣɰe] *m* (*de bañera, fregadero, piscina*) drain; (*cañería*) drainpipe.

desahogarse [desao'ɣarse] *vpr* to pour one's heart out.

desaire [de'sajre] *m* snub.

desajuste [desa'xuste] *m*: ~ **horario** *m* jet lag.

desaliñado, da [desali'naðo, ða] *adj* (*persona*) unkempt.

desalojar [desalo'xar] *vt* (*por incendio, etc*) to evacuate; (*por la fuerza*) to evict; ~ **a alguien de** to evict sb from.

desamparado, da [desampa'raðo, ða] *adj* abandoned.

desangrarse [desan'grarse] *vpr* to lose a lot of blood.

desanimar [desani'mar] *vt* to discourage. ❑ **desanimarse** *vpr* to be discouraged.

desaparecer [desapare'θer] *vi* to disappear.

desaparecido, da [desapare'θiðo, ða] *m, f* missing person.

desaparición [desapari'θjon] *f* disappearance.

desapercibido, da [desaperθi-'βiðo, ða] *adj*: **pasar** ~ to go unnoticed.

desaprovechar [desaproβe'tʃar] *vt* to waste.

desarmador [desarma'ðor] *m* *Méx* screwdriver.

desarrollado, da [desaro-'kaðo, ða] *adj* developed; (*persona*) well-developed.

desarrollar [desaro'kar] *vt* to develop. ❑ **desarrollarse** *vpr* to develop; (*suceder*) to take place.

desarrollo [desa'roʎo] *m* development.

desasosiego [desaso'sjeɣo] *m* anxiety.

desastre [de'sastre] *m* disaster; (*objeto de mala calidad*) useless thing.

desatar [desa'tar] *vt* to untie; (*sentimiento*) to unleash.

desatino [desa'tino] *m* (*equivocación*) mistake.

desatornillar [desatorni'kar] *vt* *Amér* to unscrew.

desavenencia [desaβe'nenθja] *f* disagreement.

desayunar [desaju'nar] *vt* to have for breakfast. ◆ *vi* to have breakfast.

desayuno [desa'juno] *m* breakfast.

desbarajuste [dezβara'xuste] *m* disorder.

desbaratar [dezβaraˈtar] vt to ruin.

desbordarse [dezβorˈðarse] vpr (río, lago) to overflow; (sentimiento, pasión) to erupt.

descabellado, da [deskaβeˈʎaðo, ða] adj mad.

descafeinado [deskafejˈnaðo] adj decaffeinated. ◆ m decaffeinated coffee; **café** ~ decaffeinated coffee.

descalificar [deskalifiˈkar] vt (jugador) to disqualify; (desacreditar) to discredit.

descalzarse [deskalˈθarse] vpr to take one's shoes off.

descalzo, za [desˈkalθo, θa] adj barefoot; **ir** ~ to go barefoot.

descampado [deskamˈpaðo] m open ground.

descansar [deskanˈsar] vi (reposar) to rest; (dormir) to sleep.

descansillo [deskanˈsiʎo] m landing.

descanso [desˈkanso] m (reposo) rest; (pausa) break; (intermedio) interval; (alivio) relief.

descapotable [deskapoˈtaβle] m convertible.

descarado, da [deskaˈraðo, ða] adj (persona) cheeky Br, shameless Am; (intento, mentira) blatant.

descarga [desˈkarγa] f (de mercancías) unloading; ~ **eléctrica** electric shock.

descargar [deskarˈγar] vt (camión, mercancías, equipaje) to unload; (arma) to fire. ▫ **descargarse** vpr (batería) to go flat Br, to die Am; (encendedor) to run out; (desahogarse) to vent one's frustration.

descaro [desˈkaro] m cheek.

descarrilar [deskarriˈlar] vi to be derailed.

descartar [deskarˈtar] vt (ayuda) to reject; (posibilidad) to rule out.

descendencia [desθenˈdenθja] f (hijos) offspring.

descender [desθenˈder] vi to go down.

descendiente [desθenˈdjente] mf descendent.

descenso [desˈθenso] m (bajada) drop; (de un río, montaña) descent.

descifrar [desθiˈfrar] vt to decipher.

descolgar [deskolˈγar] vt (cortina, ropa, cuadro) to take down; (teléfono) to take off the hook. ◆ vi to pick up the receiver.

descolorido, da [deskoloˈriðo, ða] adj faded.

descomponer [deskompoˈner] vt Amér to break. ▫ **descomponerse** vpr Amér to break down.

descomposición [deskomposiˈθjon] f (de un alimento) decomposition; ~ **(de vientre)** formal diarrhea.

descompuesto, ta [deskomˈpwesto, ta] pp → **descomponer**. ◆ adj Amér broken.

desconcertante [deskonθerˈtante] adj disconcerting.

desconcertar [deskonθerˈtar] vt to disconcert.

desconfianza [deskonˈfjanθa] f distrust.

desconfiar [deskonfiˈar] ◆ **desconfiar de** v + prep to distrust.

descongelar [deskonxeˈlar] vt (alimentos) to thaw; (nevera) to defrost. ▫ **descongelarse** vpr (alimentos) to thaw; (nevera) to defrost.

descongestionarse [deskonxestjoˈnarse] vpr to clear.

desconocer [deskonoˈθer] vt not to know.

desconocido, da [deskonoˈθiðo, ða] m, f stranger.

desconocimiento [deskonoθi'mjento] *m* ignorance.

desconsiderado, da [deskonsiðe'raðo, ða] *adj* inconsiderate.

desconsolado, da [deskonso'laðo, ða] *adj* distressed.

desconsuelo [deskon'swelo] *m* distress.

descontar [deskon'tar] *vt* to deduct.

descrédito [des'kreðito] *m* discredit.

describir [deskri'βir] *vt* to describe.

descripción [deskrip'θjon] *f* description.

descuartizar [deskwarti'θar] *vt* to quarter.

descubierto, ta [desku'βjerto, ta] *pp* → **descubrir**. ◆ *adj (sin tapar)* uncovered; *(sin nubes)* clear; **al ~** in the open.

descubrimiento [deskuβri'mjento] *m* discovery.

descubrir [desku'βrir] *vt* to discover; *(averiguar, destapar)* to uncover.

descuento [des'kwento] *m* discount.

descuidado, da [deskwi'ðaðo, ða] *adj (persona, aspecto)* untidy Br, messy Am; *(lugar)* neglected.

descuidar [deskwi'ðar] *vt* to neglect. ❑ **descuidarse de** *v + prep (olvidarse de)* to forget to.

descuido [des'kwiðo] *m (imprudencia)* carelessness; *(error)* mistake.

desde ['dezðe] *prep (tiempo)* since; *(espacio)* from; **~ ... hasta ...** from ... to ...; **vivo aquí ~ hace dos años** I've been living here for two years; **~ luego** of course; **~ que** since.

desdén [dez'ðen] *m* disdain.

desdentado, da [dezðen'taðo, ða] *adj* toothless.

desdicha [dez'ðitʃa] *f (pena)* misfortune.

desdoblar [dezðo'βlar] *vt (papel, servilleta)* to unfold.

desear [dese'ar] *vt (querer)* to want; *(anhelar)* to wish for; *(amar)* to desire; **¿qué desea?** what can I do for you?

desechable [dese'tʃaβle] *adj* disposable.

desechar [dese'tʃar] *vt (tirar)* to throw away.

desembarcar [desembar'kar] *vi* to disembark.

desembocadura [desemboka'ðura] *f (de río)* mouth; *(de calle)* opening.

desembocar [desembo'kar] ◆ **desembocar en** *v + prep (río)* to flow into; *(calle)* to lead into; *(situación, problema)* to end in.

desempeñar [desempe'ɲar] *vt (funciones)* to carry out; *(papel)* to play; *(objeto empeñado)* to redeem.

desempleo [desem'pleo] *m* unemployment.

desencadenar [desenkaðe'nar] *vt (provocar)* to unleash. ❑ **desencadenarse** *v impers (tormenta)* to break; *(tragedia)* to strike.

desencajarse [desenka'xarse] *vpr (piezas)* to come apart; *(rostro)* to become distorted.

desencanto [desen'kanto] *m* disappointment.

desenchufar [desentʃu'far] *vt* to unplug.

desenfadado, da [desenfa'ðaðo, ða] *adj (persona)* easy-going; *(ropa)* casual; *(estilo)* light.

desenfrenado, da [desenfre'naðo, ða] *adj (ritmo)* frantic.

desengañar [desenga'ɲar] *vt* to reveal the truth to. ❑ **desengañar-**

se *vpr*: ~se de to become disillusioned with.

desengaño [desenˈgaɲo] *m* disappointment.

desenlace [desenˈlaθe] *m* ending.

desenmascarar [desemmaskaˈrar] *vt* to expose.

desenredar [desenreˈðar] *vt* (pelo, madeja, ovillo) to untangle; (situación) to unravel.

desentenderse [desentenˈderse]
◆ **desentenderse de** *v + prep* to refuse to have anything to do with.

desenvolver [desembolˈβer] *vt* to unwrap. □ **desenvolverse** *vpr* (persona) to cope.

deseo [deˈseo] *m* desire.

desequilibrado, da [desekiliˈβraðo, ða] *adj* formal (loco) (mentally) unbalanced.

desesperación [desesperaˈθjon] *f* desperation.

desesperarse [desespeˈrarse] *vpr* to lose hope.

desfachatez [desfatʃaˈteθ] *f* cheek Br, nerve Am.

desfallecer [desfaʎeˈθer] *vi* (debilitarse) to flag; (desmayarse) to faint.

desfigurarse [desfiɣuˈrarse] *vpr* to be disfigured.

desfiladero [desfilaˈðero] *m* (mountain) pass.

desfile [desˈfile] *m* (de militares) parade; (de carrozas, etc) procession; (de modelos) fashion show.

desgana [desˈɣana] *f* (falta de apetito) lack of appetite; (falta de interés) lack of enthusiasm; **con** ~ unwillingly.

desgastar [desɣasˈtar] *vt* (objeto) to wear out; (fuerza) to wear down.

desgracia [desˈɣraθja] *f* (suerte contraria) bad luck; (suceso trágico) disaster; **por** ~ unfortunately.

desgraciadamente [dezɣraˌθjaðaˈmente] *adv* unfortunately.

desgraciadamente [dezɣraˌθjaðaˈmente] *adv* unfortunately.

desgraciado, da [dezɣraˈθjaðo, ða] *m, f* poor wretch.

desgraciar [dezɣraˈθjar] *vt* (estropear) to spoil.

desgreñado, da [dezɣreˈɲaðo, ða] *adj* tousled; **ir** ~ to be dishevelled.

deshacer [desaˈθer] *vt* (lo hecho) to undo; (cama) to mess up; (quitar las sábanas de) to strip; (las maletas) to unpack; (destruir) to ruin; (disolver) to dissolve. □ **deshacerse** *vpr* (disolverse) to dissolve; (derretirse) to melt; (destruirse) to be destroyed. ◆ **deshacerse de** *v + prep* (desprenderse de) to get rid of.

deshecho, cha [deˈsetʃo, tʃa] *pp* → deshacer. ◆ *adj* (nudo, paquete) undone; (cama) unmade; (maletas) unpacked; (estropeado) ruined; (triste, abatido) shattered.

desheredar [desereˈðar] *vt* to disinherit.

deshidratarse [desiðraˈtarse] *vpr* to be dehydrated.

deshielo [dezˈjelo] *m* thaw.

deshonesto, ta [desoˈnesto, ta] *adj* (inmoral) indecent; (poco honrado) dishonest.

deshonra [deˈsonra] *f* dishonour.

deshuesar [dezweˈsar] *vt* (carne) to bone; (fruta) to stone Br, to pit Am.

desierto, ta [deˈsjerto, ta] *adj* (lugar) deserted. ◆ *m* desert.

designar [desiɣˈnar] *vt* (persona) to appoint; (lugar) to decide on.

desigual [desiˈɣwal] *adj* (no uniforme) different; (irregular) uneven.

desigualdad [desiɣwalˈdað] *f* inequality.

desilusión [desiluˈsjon] *f* disappointment.

desilusionar [desilusjo'nar] vt to disappoint.

desinfectante [desinfek'tante] m disinfectant.

desinfectar [desinfek'tar] vt to disinfect.

desinflar [desin'flar] vt (balón, globo, rueda) to let down.

desintegración [desinteɣra'θjon] f disintegration.

desinterés [desinte'res] m lack of interest.

desinteresado, da [desintere-'saðo, ða] adj unselfish.

desistir [desis'tir] ♦ **desistir de** v + prep to give up.

desliz [dez'liθ] (pl -ces [θes]) m slip.

deslizar [dezli'θar] vt to slide. ❑ **deslizarse** vpr (resbalar) to slide.

deslumbrar [dezlum'brar] vt to dazzle.

desmadrarse [dezma'ðrarse] vpr fam to go over the top.

desmaquillador [dezmakiʎa-'ðor] m make-up remover.

desmaquillarse [dezmaki'ʎarse] vpr to take one's make-up off.

desmayarse [dezma'jarse] vpr to faint.

desmayo [dez'majo] m (desvanecimiento) fainting fit.

desmentir [dezmen'tir] vt (negar) to deny.

desmesurado, da [dezmesu-'raðo, ða] adj excessive.

desmontar [dezmon'tar] vt (estructura) to take down; (aparato) to take apart. ♦ vi to dismount.

desmoralizar [dezmorali'θar] vt to demoralize.

desnatado, da [dezna'taðo, ða] adj (leche) skimmed; (yogur) low-fat.

desnivel [dezni'βel] m (del terreno) unevenness.

desnudar [deznu'ðar] vt to undress. ❑ **desnudarse** vpr to get undressed.

desnudo, da [dez'nuðo, ða] adj (sin ropa) naked; (sin adorno) bare.

desnutrición [deznutri'θjon] f undernourishment.

desobedecer [desoβeðe'θer] vt to disobey.

desobediente [desoβe'ðjente] adj disobedient.

desodorante [desoðo'rante] m deodorant.

desorden [de'sorðen] m (de objetos, papeles) mess; **en ~** in disarray.

desordenar [desorðe'nar] vt to mess up.

desorganización [desorɣaniθa-'θjon] f disorganization.

desorientar [desorjen'tar] vt (confundir) to confuse. ❑ **desorientar-se** vpr (perderse) to lose one's bearings; (confundirse) to get confused.

despachar [despa't͡ʃar] vt (vender) to sell; (despedir) to sack Br, to fire Am.

despacho [des'pat͡ʃo] m (oficina) office; (estudio) study; **~ de billetes** ticket office.

despacio [des'paθjo] adv slowly. ♦ interj slow down!

despampanante [despampa-'nante] adj stunning.

desparpajo [despar'paxo] m self-assurance.

despecho [des'pet͡ʃo] m bitterness.

despectivo, va [despek'tiβo, βa] adj derogatory.

despedida [despe'ðiða] f goodbye.

despedir [despe'ðir] vt (decir adiós) to say goodbye to; (del trabajo) to sack *Br*, to fire *Am*; *(arrojar)* to fling; *(producir)* to give off. ❑ **despedirse** *vpr (decir adiós)* to say goodbye; *(del trabajo)* to hand in one's notice.

despegar [despe'ɣar] *vt* to remove. ◆ *vi (avión)* to take off.

despegue [des'peɣe] *m* take-off.

despeinarse [despei'narse] *vpr* to mess up one's hair.

despejado, da [despe'xaðo, ða] *adj (cielo, día, camino)* clear; *(persona)* alert; *(espacio)* spacious.

despejar [despe'xar] *vt (lugar)* to clear; *(incógnita, dudas)* to clear up. ❑ **despejarse** *vpr (cielo, día, noche)* to clear up; *(persona)* to clear one's head.

despensa [des'pensa] *f* larder.

despeñadero [despeɲa'ðero] *m* precipice.

desperdiciar [desperðiˈθjar] *vt* to waste.

desperdicio [desperˈðiθjo] *m* waste. ❑ **desperdicios** *mpl (basura)* waste *(sg)*; *(de cocina)* scraps.

desperezarse [despereˈθarse] *vpr* to stretch.

desperfecto [desperˈfekto] *m (daño)* damage; *(defecto)* fault.

despertador [desperta'ðor] *m* alarm clock.

despertar [desper'tar] *vt (persona)* to wake up; *(sentimiento)* to arouse. ❑ **despertarse** *vpr* to wake up.

despido [des'piðo] *m* dismissal.

despierto, ta [des'pjerto, ta] *adj (que no duerme)* awake; *(listo)* alert.

despistado, da [despis'taðo, ða] *adj* absent-minded.

despistarse [despis'tarse] *vpr (desorientarse)* to get lost; *(distraerse)* to get confused.

despiste [des'piste] *m (olvido)* absent-mindedness; *(error)* mistake.

desplazarse [despla'θarse] *vpr (moverse)* to move; *(viajar)* to travel.

desplegar [desple'ɣar] *vt (tela, periódico, mapa)* to unfold; *(bandera)* to unfurl; *(alas)* to spread; *(cualidad)* to display.

desplomarse [desplo'marse] *vpr* to collapse.

despojos [des'poxos] *mpl (de animal)* offal *(sg)*; *(de persona)* remains; *(sobras)* leftovers.

despreciar [despre'θjar] *vt (persona, cosa)* to despise; *(posibilidad, propuesta)* to reject.

desprecio [des'preθjo] *m* contempt.

desprender [despren'der] *vt (desenganchar)* to unfasten; *(soltar)* to give off. ❑ **desprenderse** *vpr (soltarse)* to come off. ❑ **desprenderse de** *v* + *prep (deshacerse de)* to get rid of; *(deducirse de)* to be clear from.

desprendimiento [desprendi'mjento] *m (de tierra)* landslide.

desprevenido, da [despreβe'niðo, ða] *adj* unprepared.

desproporcionado, da [desproporθjo'naðo, ða] *adj* disproportionate.

🖙

después [des'pwes] *adv* -**1.** *(más tarde)* afterwards; *(entonces)* then; *(justo lo siguiente)* next; **lo haré ~** I'll do it later; **yo voy ~** it's my turn next; **años ~** years later; **poco/mucho ~** soon/a long time after.
- **2.** *(en el espacio)* next; **¿qué calle viene ~?** which street comes next?; **hay una farmacia y ~ está mi casa** there's a chemist's and then you come to my house.
- **3.** *(en una lista)* further down.

- 4. *(en locuciones)*: ~ **de** after; ~ **de que** after; ~ **de todo** after all.

destacar [desta'kar] *vt* to emphasize. ◆ *vi (resaltar)* to stand out.

destajo [des'taxo] *m*: **trabajar a ~** to do piecework.

destapador [destapa'ðor] *m Amér* bottle opener.

destapar [desta'par] *vt (caja, botella, etc)* to open.

destello [des'teʎo] *m (de luz)* flash.

destemplado, da [destem-'plaðo, ða] *adj (persona)* out of sorts.

desteñir [deste'ɲir] *vt* to bleach. ◆ *vi* to run.

desterrar [deste'rar] *vt (persona)* to exile; *(pensamiento, sentimiento)* to banish.

destierro [des'tjero] *m* exile.

destilación [destila'θjon] *f* distillation.

destilar [desti'lar] *vt* to distil.

destilería [destile'ria] *f* distillery.

destinar [desti'nar] *vt (objeto)* to earmark; *(persona)* to appoint; *(programa, medidas)* to aim.

destinatario, ria [destina'tarjo, rja] *m, f* addressee.

destino [des'tino] *m (azar)* destiny; *(de viaje)* destination; *(finalidad)* use; *(trabajo)* job; **vuelos con ~ a Londres** flights to London.

destornillador [destorniʎa'ðor] *m* screwdriver.

destornillar [destorni'ʎar] *vt* to unscrew.

destrozar [destro'θar] *vt (objeto)* to smash; *(plan, proyecto)* to ruin; *(persona)* to shatter.

destrucción [destruk'θjon] *f* destruction.

destruir [destru'ir] *vt* to destroy; *(plan, proyecto)* to ruin.

desuso [de'suso] *m* disuse; **caer en ~** to become obsolete.

desvalijar [dezβali'xar] *vt (persona)* to rob; *(casa)* to burgle.

desván [dez'βan] *m* attic.

desvanecimiento [dezβaneθi-'mjento] *m (desmayo)* fainting fit.

desvariar [dezβari'ar] *vi* to rave.

desvelar [dezβe'lar] *vt (persona)* to keep awake; *(secreto)* to reveal. ❏ **desvelarse** *vpr (no dormir)* to be unable to sleep; *CAm & Méx (quedarse levantado)* to stay up late at night.

desventaja [dezβen'taxa] *f* disadvantage.

desvergonzado, da [dezβerγon'θaðo, ða] *adj* shameless.

desvestirse [dezβes'tirse] *vpr* to get undressed.

desviar [dezβi'ar] *vt (de un camino)* to divert. ❏ **desviarse** *vpr*: ~ **se de** *(camino)* to turn off; *(propósito)* to be diverted from.

desvío [dez'βio] *m* diversion.

detallar [deta'ʎar] *vt* to describe in detail.

detalle [de'taʎe] *m (pormenor, minucia)* detail; *(delicadeza)* kind gesture; **al ~** *(minuciosamente)* in detail.

detallista [deta'ʎista] *adj (minucioso)* painstaking.

detectar [detek'tar] *vt* to detect.

detective [detek'tiβe] *mf* detective.

detener [dete'ner] *vt (parar)* to stop; *(retrasar)* to hold up; *(arrestar)* to arrest. ❏ **detenerse** *vpr (pararse)* to stop.

detenido, da [dete'niðo, ða] *m, f* prisoner.

detergente [deter'xente] *m* detergent.

determinación [determina'θjon] *f (decisión)* decision; **tomar una ~** to take a decision.

determinado, da [determi-'naðo, ða] adj (concreto) specific; (en gramática) definite.

determinante [determi'nante] adj decisive. ◆ m determiner.

determinar [determi'nar] vt (fijar) to fix; (decidir) to decide; (causar, motivar) to cause.

detestable [detes'taβle] adj detestable.

detestar [detes'tar] vt to detest.

detrás [de'tras] adv (en el espacio) behind; (en el orden) then; **el interruptor está ~** the switch is at the back; **~ de** behind; **por ~** at/on the back.

deuda [de'uða] f debt; **contraer ~s** to get into debt.

devaluación [deβalua'θjon] f devaluation.

devaluar [deβalu'ar] vt to devalue.

devoción [deβo'θjon] f devotion.

devolución [deβolu'θjon] f (de dinero) refund; (de objeto) return.

devolver [deβol'βer] vt (objeto, regalo comprado, favor) to return; (dinero) to refund; (cambio, objeto prestado) to give back; (vomitar) to bring up. ◆ vi to be sick; **'devuelve cambio'** 'change given'.

devorar [deβo'rar] vt to devour.

devoto, ta [de'βoto, ta] adj (en religión) devout; (aficionado) devoted.

dg (abrev de decigramo) dg.

día ['dia] m day; **es de ~** it's daytime; **de ~** in the daytime; **al ~ siguiente** the next day; **del ~** (fresco) fresh; **el ~ seis** the sixth; **por ~** daily; **¿qué tal ~ hace?** what's the weather like today?; **todos los ~s** every day; **~ del espectador** day on which cinema tickets are sold at a discount; **~ festivo** (public) holiday; **Día de los Inocentes** Esp 28 December, ≃ April Fools' Day; **~ laborable** working

day; **~ libre** day off; **Día de los Muertos** Méx Day of the Dead; **~ del santo** saint's day.

ⓘ DÍA DE LOS MUERTOS

In Mexico, "Day of the Dead" is the name given to All Saints' Day. Officially, the Day of the Dead is 2 November, although the celebrations start on 1 November. Nowadays, following on from the influences of Halloween, children dress up as skeletons, mummies, vampires etc, and the shops sell brightly-coloured sugar and chocolate skulls bearing the name of a dead person. These will form part of an offering where friends and relatives make an altar bearing a photograph of the deceased surrounded by their favourite foods and drinks. It may also include "pan de muerto", a type of large, round cake coated in sugar.

diabetes [dja'βetes] f inv diabetes.

diabético, ca [dja'βetiko, ka] m, f diabetic.

diablo [di'aβlo] m devil.

diablura [dja'βlura] f prank.

diabólico, ca [dja'βoliko, ka] adj diabolical.

diadema [dja'ðema] f hairband.

diagnosticar [djaɣnosti'kar] vt to diagnose.

diagnóstico [djaɣ'nostiko] m diagnosis.

dialecto [dja'lekto] m dialect.

diálogo [di'aloɣo] m (conversación) conversation.

diamante [dia'mante] m diamond. □**diamantes** *mpl (palo de la baraja)* diamonds.

diana ['djana] *f (blanco)* bull's-eye.

diapositiva [djaposi'tiβa] *f* slide.

diario, ria [di'arjo, rja] *adj* daily. ◆ *m* (daily) newspaper; **a ~** every day.

diarrea [dja'rea] *f* diarrhea.

dibujar [diβu'xar] *vt* to draw.

dibujo [di'βuxo] *m* drawing; **~s animados** cartoons.

diccionario [dikθjo'narjo] *m* dictionary.

dicha ['ditʃa] *f (felicidad)* joy.

dicho, cha ['ditʃo, tʃa] *pp* → **decir.** ◆ *m* saying. ◆ *adj*: **~ y hecho** no sooner said than done; **mejor ~** rather.

diciembre [di'θjembre] *m* December → **setiembre.**

dictado [dik'taðo] *m* dictation.

dictador [dikta'ðor] *m* dictator.

dictadura [dikta'ðura] *f* dictatorship.

dictamen [dik'tamen] *m* opinion.

dictar [dik'tar] *vt (texto)* to dictate; *(decreto)* to issue; *(ley)* to enact.

dictatorial [diktato'rjal] *adj* dictatorial.

diecinueve [djeθi'nweβe] *núm* nineteen → **seis.**

dieciocho [dje'θjotʃo] *núm* eighteen → **seis.**

dieciséis [djeθi'sejs] *núm* sixteen → **seis.**

diecisiete [djeθi'sjete] *núm* seventeen → **seis.**

diente ['djente] *m* tooth; **~ de ajo** clove of garlic; **~ de leche** milk tooth.

diéresis ['djeresis] *f inv* diaeresis.

diesel ['djesel] *m* diesel.

diestro, tra ['djestro, tra] *adj (de la*

derecha)* right-hand; *(experto)* skilful. ◆ *m* matador.

dieta ['djeta] *f* diet. □**dietas** *fpl (honorarios)* expenses.

dietética [dje'tetika] *f* dietetics *(sg)*; **tienda de ~** health food shop.

diez [djeθ] *núm* ten → **seis.**

diferencia [dife'renθja] *f* difference; **a ~ de** in contrast to.

diferenciar [diferen'θjar] *vt* to distinguish.

diferente [dife'rente] *adj* different. ◆ *adv* differently.

diferido, da [dife'riðo, ða] *adj*: **en ~** recorded.

diferir [dife'rir] *vt* to defer. □**diferir de** *v + prep* to differ from.

difícil [di'fiθil] *adj* difficult.

dificultad [difikul'taθ] *f (complejidad)* difficulty; *(obstáculo)* problem.

difundir [difun'dir] *vt (calor, luz)* to diffuse; *(noticia, idea)* to spread; *(programa)* to broadcast.

difunto, ta [di'funto, ta] *m, f*: **el ~** the deceased.

difusión [difu'sjon] *f (de noticia, idea)* dissemination; *(de programa)* broadcasting.

digerir [dixe'rir] *vt* to digest.

digestión [dixes'tjon] *f* digestion; **hacer la ~** to digest.

digital [dixi'tal] *adj (en electrónica)* digital; *(de los dedos)* finger *(antes de s)*.

dígito ['dixito] *m* digit.

dignarse [diɣ'narse] *vpr* to deign.

dignidad [diɣni'ðaθ] *f (decoro)* dignity; *(carga)* office.

digno, na ['diɣno, na] *adj (merecedor)* worthy; *(apropiado)* appropriate; *(honrado)* honourable.

dilema [di'lema] *m* dilemma.

diligente [dili'xente] *adj* diligent.

diluviar [dilu'βjar] *v impers:* **diluvió** it poured with rain.

diluvio [di'luβjo] *m* flood.

dimensión [dimen'sjon] *f (medida)* dimension; *(importancia)* extent.

diminuto, ta [dimi'nuto, ta] *adj* tiny.

dimitir [dimi'tir] *vi:* ~ **(de)** to resign (from).

Dinamarca [dina'marka] Denmark.

dinámico, ca [di'namiko, ka] *adj* dynamic.

dinamita [dina'mita] *f* dynamite.

dinastía [dinas'tia] *f* dynasty.

dinero [di'nero] *m* money; ~ **de bolsillo** pocket money; ~ **suelto** loose change.

diócesis [di'joθesis] *f inv* diocese.

dios [djos] *m* god. ❑ **Dios** *m* God; **como Dios manda** properly; **¡Dios mío!** my God!; **¡por Dios!** for God's sake!.

diploma [di'ploma] *m* diploma.

diplomacia [diplo'maθja] *f* diplomacy.

diplomado, da [diplo'maðo, ða] *m, f* qualified man (*f* qualified woman).

diplomarse [diplo'marse] ◆ **diplomarse en** *v + prep* to get a qualification in.

diplomático, ca [diplo'matiko, ka] *adj* diplomatic. ◆ *m, f* diplomat.

diplomatura [diploma'tura] *f* degree awarded after three years of study.

diptongo [dip'tongo] *m* diphthong.

diputación [diputa'θjon] *f (edificio)* building that houses the 'diputación provincial'; ~ **provincial** governing body of each province of an autonomous region in Spain, ≃ county council *(Br)*, ≃ state assembly *(Am)*.

diputado, da [dipu'taðo, ða] *m, f* ≃ MP *(Br)*, ≃ representative *(Am)*.

dique ['dike] *m* dike; ~ **seco** dry dock.

dirección [direk'θjon] *f (rumbo)* direction; *(domicilio)* address; ~ **de correo electrónico** e-mail address; *(de empresa)* management; *(de vehículo)* steering; **calle de** ~ **única** one-way street; ~ **asistida** power steering.

direccionales [direkθjo'nales] *mpl Col & Méx* indicators.

directa [di'rekta] *f (en el coche)* top gear.

directo, ta [di'rekto, ta] *adj* direct; **en** ~ live.

director, ra [direk'tor, ra] *m, f (de empresa)* director Br, CEO Am; *(de hotel)* manager *(f* manageress*)*; *(de orquesta)* conductor; *(de colegio)* head Br, principal Am.

directorio [direk'torjo] *m* directory; ~ **telefónico** Amér phone book.

dirigente [diri'xente] *mf (de partido)* leader; *(de empresa)* manager.

dirigir [diri'xir] *vt (destinar)* to address; *(conducir, llevar)* to steer; *(gobernar)* to run; *(película, obra de teatro, enfocar)* to direct; *(orquesta)* to conduct; *(periódico)* to edit; *(guiar, orientar)* to guide; ~ **la palabra a alguien** to speak to sb. ❑ **dirigirse a** *v + prep (ir, marchar)* to head for; *(hablar a)* to speak to.

discar [dis'kar] *vt Amér* to dial.

disciplina [disθi'plina] *f* discipline.

discípulo, la [disθi'θipulo, la] *m, f* disciple.

disco ['disko] *m (en música)* record; *(cilindro)* disc; *(semáforo)* (traffic) light; *(en informática)* disk; *(en deporte)* discus; ~ **compacto** compact disc.

disconformidad [diskonformi-'ðað] f disagreement.

discoteca [disko'teka] f disco.

discotequero, ra [diskote'kero, ra] adj fam disco (antes de s).

discreción [diskre'θjon] f discretion.

discrepancia [diskre'panθja] f difference.

discreto, ta [dis'kreto, ta] adj (diplomático) discreet; (mediano) modest.

discriminación [diskrimina'θjon] f discrimination.

discriminar [diskrimi'nar] vt to discriminate against.

disculpa [dis'kulpa] f (pretexto) excuse; (al pedir perdón) apology; **pedir ~s** to apologize.

disculpar [diskul'par] vt to excuse. □ **disculparse** vpr: **~ se (por algo)** to apologize (for sthg).

discurrir [disku'rir] vi (pensar) to reflect.

discurso [dis'kurso] m speech.

discusión [disku'sjon] f (debate) discussion; (riña) argument.

discutible [disku'tiβle] adj debatable.

discutir [disku'tir] vt (debatir) to discuss; (contradecir) to dispute. ◆ vi (reñir) to argue.

disecar [dise'kar] vt (planta) to dry; (animal) to stuff.

diseñador, ra [diseɲa'ðor, ra] m, f designer.

diseñar [dise'ɲar] vt to design.

diseño [di'seɲo] m design; **de ~** designer.

disfraz [dis'fraθ] (pl **-ces** [θes]) m disguise.

disfrazar [disfra'θar] vt to disguise. □ **disfrazarse (de)** to dress up (as).

disfrutar [disfru'tar] vi to enjoy o.s. □ **disfrutar de** v + prep to enjoy.

disgustar [dizɣus'tar] vt to upset. □ **disgustarse** vpr to get upset.

disgusto [diz'ɣusto] m annoyance; **llevarse un ~** to be upset.

disidente [disi'ðente] mf dissident.

disimular [disimu'lar] vt to hide. ◆ vi to pretend.

disminución [dizminu'θjon] f decrease.

disminuir [dizminu'ir] vt to decrease.

disolvente [disol'βente] m solvent.

disolver [disol'βer] vt to dissolve.

disparar [dispa'rar] vt & vi to shoot. □ **dispararse** vpr (actuar precipitadamente) to go over the top; (precios) to shoot up.

disparate [dispa'rate] m stupid thing.

disparo [dis'paro] m shot.

dispensar [dispen'sar] vt: **~ a alguien de** to excuse sb from.

dispersar [disper'sar] vt to scatter.

disponer [dispo'ner] vt (colocar) to arrange; (preparar) to lay on; (suj: ley) to stipulate. □ **disponer de** v + prep (tener) to have; (usar) to make use of. □ **disponerse** vpr: **~ se a** to get ready to.

disponible [dispo'niβle] adj available.

disposición [disposi'θjon] f (colocación) arrangement; (estado de ánimo) mood; (orden) order; **a ~ de** at the disposal of.

dispositivo [disposi'tiβo] m device.

dispuesto, ta [dis'pwesto, ta] pp → **disponer**. ◆ adj (preparado) ready; **~ a** prepared to.

disputa [dis'puta] f dispute.

disputar [dispuˈtar] *vt (competición)* to compete in; *(premio)* to compete for. ◆ *vi* to argue. ❑ **disputarse** *vpr (competir por)* to dispute.

disquete [disˈkete] *m* disquette.

disquetera [diskeˈtera] *f* disk drive.

distancia [disˈtanθja] *f* distance; *(en tiempo)* gap; **¿a qué ~?** how far away?

distanciarse [distanˈθjarse] *vpr (perder afecto)* to grow apart.

distante [disˈtante] *adj (lugar)* far away; *(persona)* distant.

distinción [distinˈθjon] *f (diferencia)* distinction; *(elegancia)* refinement.

distinguido, da [distinˈgiðo, ða] *adj (elegante)* refined; *(notable, destacado)* distinguished.

distinguir [distinˈgir] *vt (diferenciar)* to distinguish; *(lograr ver)* to make out; *(destacar)* to pick out.

distintivo [distinˈtiβo] *m* distinctive.

distinto, ta [disˈtinto, ta] *adj* different.

distracción [distrakˈθjon] *f (falta de atención)* absent-mindedness; *(descuido)* slip; *(diversión)* entertainment.

distraer [distraˈer] *vt (entretener)* to entertain. ❑ **distraerse** *vpr (descuidarse)* to get distracted; *(no prestar atención)* to let one's mind wander; *(entretenerse)* to enjoy o.s.

distraído, da [distraˈiðo, ða] *adj (entretenido)* entertaining; *(despistado)* absent-minded.

distribución [distriβuˈθjon] *f (de correo, mercancías)* delivery; *(comercial)* distribution.

distribuir [distriβuˈir] *vt (repartir)* to distribute; *(correo, mercancías)* to deliver.

distrito [disˈtrito] *m* district; **~ postal** postal district.

disturbio [disˈturβjo] *m (tumulto)* disturbance; *(del orden público)* riot.

diurno, na [diˈurno, na] *adj* daytime.

diva [ˈdiβa] *f* diva.

diván [diˈβan] *m* couch.

diversidad [diβersiˈðað] *f* diversity.

diversión [diβerˈsjon] *f* entertainment.

diverso, sa [diˈβerso, sa] *adj* diverse; **~s** various.

divertido, da [diβerˈtiðo, ða] *adj (entretenido)* enjoyable; *(que hace reír)* funny.

divertirse [diβerˈtirse] *vpr* to enjoy o.s.

dividir [diβiˈðir] *vt* to divide.

divino, na [diˈβino, na] *adj* divine.

divisar [diβiˈsar] *vt* to spy.

divisas [diˈβisas] *fpl* foreign exchange *(sg)*.

división [diβiˈsjon] *f* division.

divorciado, da [diβorˈθjaðo, ða] *m, f* divorcé/(divorcée).

divorciarse [diβorˈθjarse] *vpr* to get divorced.

divorcio [diˈβorθjo] *m* divorce.

divulgar [diβulˈgar] *vt (secreto)* to reveal; *(rumor)* to spread; *(información)* to disseminate.

DNI [deˈene'i] *m (abrev de documento nacional de identidad)* ID card.

DNI

All Spaniards over the age of 14 are required to have an identity card which they must carry at all times. The card has a photograph of the holder, their full name, date and place of birth, home address and tax number. Failure to present one's identity card when stopped by the police may result in a fine. A similar document, the "Cédula (Nacional) de Identidad" is carried in Colombia, Paraguay, Uruguay, Venezuela, Argentina and Chile. This is called the "Documento Nacional de Identidad" in Peru.

---

dobladillo [doβla'ðiʎo] m hem.

doblaje [do'βlaxe] m dubbing.

doblar [do'βlar] vt (plegar) to fold; (duplicar) to double; (flexionar) to bend; (en cine) to dub; ~ **la esquina** to go round the corner.

doble ['doβle] adj & mf double. ◆ m: **el ~ (de)** twice as much. ❑ **dobles** mpl (en tenis) doubles.

doce ['doθe] núm twelve → **seis**.

docena [do'θena] f dozen.

docente [do'θente] adj teaching.

dócil ['doθil] adj obedient.

doctor, ra [dok'tor, ra] m, f doctor.

doctorado [dokto'raðo] m doctorate.

doctorarse [dokto'rarse] vpr to get a doctorate.

doctrina [dok'trina] f doctrine.

documentación [dokumenta-'θjon] f papers (pl); ~ **del coche** registration documents (pl).

documental [dokumen'tal] m documentary.

documento [doku'mento] m (escrito) document; (de identidad) identity card; (en historia) record.

dogma ['doɣma] m dogma.

dogmático, ca [doɣ'matiko, ka] adj dogmatic.

dólar ['dolar] m dollar.

doler [do'ler] vi to hurt; **me duele la pierna** my leg hurts; **me duele la garganta** I have a sore throat.

dolor [do'lor] m (daño) pain; (pena) sorrow; **tener ~ de cabeza** to have a headache; **tener ~ de estómago** to have a stomachache; **tener ~ de muelas** to have toothache.

doloroso, sa [dolo'roso, sa] adj painful.

domador, ra [doma'ðor, ra] m, f tamer.

domar [do'mar] vt to tame.

domesticar [domesti'kar] vt to tame.

doméstico, ca [do'mestiko, ka] adj domestic.

domicilio [domi'θiljo] m (casa) residence; (dirección) address; **servicio a ~** home delivery.

dominante [domi'nante] adj dominant.

dominar [domi'nar] vt (persona, panorama) to dominate; (nación) to rule; (situación) to be in control of; (nervios, pasiones, etc) to control; (incendio) to bring under control; (idioma) to be fluent in; (divisar) to overlook. ◆ vi (sobresalir, destacar) to stand out; (ser característico) to predominate. ❑ **dominarse** vpr to control o.s.

domingo [do'mingo] m Sunday; ~ **de Pascua** Easter Sunday; ~ **de Ramos** Palm Sunday → **sábado**.

dominguero, ra [domin'gero, ra] m, f fam Sunday tripper.

dominical [domini'kal] m Sunday supplement.

dominio [do'minjo] m (control) control; (autoridad) authority; (de una lengua) command; (territorio) domain; (ámbito) realm.

dominó 110

dominó [domi'no] *m (juego)* dominoes *(sg).*

don [don] *m (regalo, talento)* gift; *(tratamiento)* ≃ Mr.

donante [do'nante] *mf* donor.

donativo [dona'tiβo] *m* donation.

donde ['donde] *adv* where; **el bolso está ~ lo dejaste** your bag is
where you left it; **de/desde ~** from
where; **por ~** wherever. ◆ *pron*
where; **la casa ~ nací** the house
where I was born; **la ciudad de
~ vengo** the town I come from; **por
~** where.

dónde ['donde] *adv* where; **de ~**
from where; **por ~** where.

donut® ['donut] *m (ring)* doughnut.

dopaje [do'paxe] *m* doping.

doparse [do'parse] *vpr* to take artificial stimulants.

doping ['dopiŋ] *m* doping.

dorado, da [do'raðo, ða] *adj* gold-
en.

dormir [dor'mir] *vi* to sleep. ◆ *vt
(niño)* to put to bed; **~ con alguien**
to sleep with sb. ❑ **dormirse** *vpr
(persona)* to fall asleep; *(parte del cuerpo)* to go to sleep.

dormitorio [dormi'torjo] *m (habitación)* bedroom; *(mobiliario)* bedroom suite.

dorsal [dor'sal] *adj* back *(antes de s).*

dorso ['dorso] *m* back; **~ de la mano** back of the hand.

dos [dos] *núm* two; **cada ~ por tres**
every five minutes → **seis.**

doscientos [dos'θjentos] *núm* two
hundred → **seis.**

dosis ['dosis] *f inv* dose.

dotado, da [do'taðo, ða] *adj*
gifted; **~ de** *(persona)* blessed with;
(edificio, instalación) equipped with.

dotar [do'tar] *vt (equipar, proveer)* to

provide; *(suj: naturaleza)* to endow.

Dr. *(abrev de doctor)* Dr.

Dra. *(abrev de doctora)* Dr.

dragón [dra'ɣon] *m* dragon.

drama ['drama] *m (obra)* play; *(género)* drama; *(desgracia)* tragedy.

dramático, ca [dra'matiko, ka] *adj*
dramatic.

dramaturgo, ga [drama'turɣo,
ɣa] *m, f* playwright.

droga ['droɣa] *f* drug; **la ~ drugs**
(pl).

drogadicción [droɣaðik'θjon] *f*
drug addiction.

drogadicto, ta [droɣa'ðikto, ta]
m, f drug addict.

droguería [droɣe'ria] *f shop selling
paint, cleaning materials etc.*

dto. *abrev* = **descuento.**

dual [du'al] *adj (emisión)* that can be
listened to either dubbed or in the original
language version.

ducha ['dutʃa] *f* shower; **darse una
~ to** have a shower.

ducharse [du'tʃarse] *vpr* to have a
shower.

duda ['duða] *f* doubt; **sin ~** doubt-
less.

dudar [du'ðar] *vi* to be unsure.
❑ **dudar de v + prep** to have one's
doubts about.

duelo ['dwelo] *m (pelea)* duel; *(en deporte)* contest; *(pena)* grief.

duende ['dwende] *m (de cuentos in-
fantiles)* goblin; *(gracia, encanto)*
charm; **tener ~** to have a certain
something.

dueño, ña ['dweno, ɲa] *m, f (propietario)* owner; *(de piso)* landlord *(f*
landlady).

dulce ['dulθe] *adj* sweet, candy *Am;
(agua)* fresh. ◆ *m (caramelo, postre)*
sweet; *(pastel)* cake; **~ de membrillo**
quince jelly.

dulzura [dul'θura] *f* sweetness.

duna ['duna] *f* dune.

dúo ['duo] *m* duet.

dúplex ['dupleks] *m inv* duplex.

duplicar [dupli'kar] *vt* to double.

duración [dura'θjon] *f* length.

durante [du'rante] *adv* during; ~ **toda la semana** all week; **lo estuve haciendo ~ dos horas** I was doing it for two hours.

durar [du'rar] *vi* (*prolongarse*) to last; (*resistir*) to wear well.

durazno [du'raθno] *m* Amér peach.

durex® ['dureks] *m* Amér Sellotape (Br), Scotch tape (Am).

dureza [du'reθa] *f* hardness; (*callosidad*) callus; (*de carácter*) harshness.

duro, ra ['duro, ra] *adj* hard; (*carácter, persona, clima*) harsh; (*carne*) tough. ◆ *m* (*moneda*) five-peseta piece. ◆ *adv* hard.

DVD *m* DVD.

DYA *m* (*abrev de detente y ayuda*) Esp voluntary organisation giving assistance to motorists.

E

ébano ['eβano] *m* ebony.

ebrio, ebria ['eβrjo, 'eβrja] *adj* formal drunk.

ebullición [eβuʎi'θjon] *f* boiling.

echado, da [e'tʃaðo, ða] *adj* (*acostado*) lying down.

 echar [e'tʃar] *vt* **- 1.** (*tirar*) to throw; **echó la pelota** she threw the ball.

- 2. (*añadir*): ~ **algo a** (*sal, azúcar*) to add sthg to; (*vino, agua*) to pour sthg into.

- 3. (*reprimenda, discurso*) to give; **me echaron la buenaventura** I had my fortune told.

- 4. (*carta, postal*) to post Br, to mail Am.

- 5. (*expulsar*) to throw out; (*del trabajo*) to sack; **lo echaron del colegio** they threw him out of school.

- 6. (*humo, vapor, chispas*) to give off.

- 7. (*accionar*): ~ **la llave/el cerrojo** to lock/bolt the door; ~ **el freno** to brake.

- 8. (*flores, hojas*) to sprout.

- 9. (*acostar*) to lie (down); **echa al niño en el sofá** lie the child down on the sofa.

- 10. (*calcular*): **¿cuántos años me echas?** how old would you say I am?

- 11. fam (*en televisión, cine*) to show; **¿qué echan esta noche en la tele?** what's on telly tonight?

- 12. (*en locuciones*): ~ **abajo** (*edificio*) to pull down; (*gobierno*) to bring down; (*proyecto*) to ruin; ~ **de menos** to miss.

◆ *vi* **- 1.** (*dirigirse*): **echó por el camino más corto** he took the shortest route.

- 2. (*empezar*): ~ **a hacer algo** to begin to do sthg; ~ **a correr** to break into a run. ❑ **echarse** *vpr* (*lanzarse*) to throw o.s.; (*acostarse*) to lie down; **nos echamos a la carretera** we set out on the road; ~**se a hacer algo** (*empezar*) to begin to do sthg.

eclesiástico, ca [ekle'sjastiko, ka] *adj* ecclesiastical.

eclipse [e'klipse] *m* eclipse.

eco ['eko] *m* echo; **tener ~** to arouse interest.

ecología [ekolo'xia] *f* ecology.

ecológico, ca [eko'loxiko, ka] *adj* ecological.

economía [ekono'mia] *f (administración)* economy; *(ciencia)* economics. ❑ **economías** *fpl (ahorros)* savings.

económico, ca [eko'nomiko, ka] *adj (situación, crisis)* economic; *(barato)* cheap; *(motor, dispositivo)* economical.

economista [ekono'mista] *mf* economist.

ecosistema [ekosis'tema] *m* ecosystem.

ecu ['eku] *m* ecu.

ecuación [ekwa'θjon] *f* equation.

ecuador [ekwa'ðor] *m* equator.

Ecuador [ekwa'ðor] *m*: **(el)** ~ Ecuador.

ecuatoriano, na [ekwato'rjano, na] *adj & m, f* Ecuadorian.

edad [e'ðað] *f age*; **tengo 15 años de** ~ I'm 15 (years old); **la Edad Media** the Middle Ages *(pl)*.

edición [eði'θjon] *f (publicación)* publication; *(ejemplares)* edition.

edificante [eðifi'kante] *adj* exemplary.

edificar [eðifi'kar] *vt* to build.

edificio [eði'fiθjo] *m* building.

editar [eði'tar] *vt (publicar)* to publish; *(disco)* to release.

editor, ra [eði'tor, ra] *m, f* publisher.

editorial [eðito'rjal] *f* publishing house.

edredón [eðre'ðon] *m* duvet.

educación [eðuka'θjon] *f (formación)* education; *(cortesía, urbanidad)* good manners *(pl)*.

educado, da [eðu'kaðo, ða] *adj* polite; **bien** ~ polite; **mal** ~ rude.

educar [eðu'kar] *vt (hijos)* to bring up; *(alumnos)* to educate; *(sensibili-*

dad, gusto) to refine.

educativo, va [eðuka'tiβo, βa] *adj* educational; *(sistema)* education *(antes de s)*.

EEUU *mpl (abrev de Estados Unidos)* USA.

efectivo [efek'tiβo] *m* cash; **en** ~ in cash.

efecto [e'fekto] *m (resultado)* effect; *(impresión)* impression; **en** ~ indeed; **~s personales** personal belongings; **~ secundarios** side effects.

efectuar [efektu'ar] *vt (realizar)* to carry out; *(compra, pago, viaje)* to make.

eficacia [efi'kaθja] *f (de persona)* efficiency; *(de medidas, plan)* effectiveness.

eficaz [efi'kaθ] *(pl* -ces *[θes]) adj (persona)* efficient; *(medidas, plan)* effective.

eficiente [efi'θjente] *adj (medicamento, solución, etc)* effective; *(trabajador)* efficient.

EGB ['e'xe'βe] *f (abrev de Enseñanza General Básica)* Spanish primary education system for pupils aged 6-14.

egoísmo [evo'izmo] *m* selfishness.

egoísta [evo'ista] *adj* selfish.

egresado, da [evre'saðo, ða] *m, f Amér* graduate.

egresar [evre'sar] *vi Amér* to graduate.

ej. *(abrev de ejemplo)* eg.

eje ['exe] *m (de rueda)* axle; *(centro, en geometría)* axis.

ejecución [exeku'θjon] *f (de condenado)* execution.

ejecutar [exeku'tar] *vt (realizar)* to carry out; *(matar)* to execute.

ejecutivo, va [exeku'tiβo, βa] *m, f* executive.

ejemplar [exem'plar] *adj* exemplary. ◆ **m** *(de especie, raza)* specimen;

(de libro) copy; *(de revista)* issue.

ejemplo [e'xemplo] *m* example; poner un ~ to give an example; por ~ for example.

ejercer [exer'θer] *vt (profesión, actividad)* to practise; *(influencia, autoridad)* to have.

ejercicio [exer'θiθjo] *m* exercise; *(de profesión, actividad)* practising; ~ **físico** physical exercise.

ejército [e'xerθito] *m* army.

ejote [e'xote] *m Amér* green bean.

☞

el, la [el, la] *(pl* **los, las** [los, las]*) art*
- **1.** *(con sustantivo genérico)* the; ~ **coche** the car; **las niñas** the girls; ~ **agua/hacha/águila** the water/axe/eagle.
- **2.** *(con sustantivo abstracto)*: ~ **amor** love; **la vida** life; **los celos** jealousy *(sg)*.
- **3.** *(indica posesión, pertenencia)*: **se rompió la pierna** he broke his leg; **tiene** ~ **pelo oscuro** she has dark hair.
- **4.** *(con días de la semana)*: **vuelven** ~ **sábado** they're coming back on Saturday.
- **5.** *(antes de adj)*: **prefiero la blanca** I prefer the white one.
- **6.** *(en locuciones)*: **cogeré** ~ **de atrás** I'll take the one at the back; **mi hermano y** ~ **de Juan** my brother and Juan's; ~ **que** *(persona)* whoever; *(cosa)* whichever (one); ~ **que más me gusta** the one I like best.

☞

él, ella [el, 'eʎa] *(pl* **ellos, ellas** ['eʎos, 'eʎas]*) pron pers* - **1.** *(sujeto, predicado)* he *(f* she); they *(pl)*; *(animal, cosa)* it, they *(pl)*; **la culpa la tiene** ~ he's to blame; **ella es una amiga de la familia** she's a friend of the family.

- **2.** *(complemento)* him *(f* her), them *(pl)*; *(animal, cosa)* it, them *(pl)*; **voy a ir de vacaciones con ellos** I'm going on holiday with them.
- **3.** *(posesivo)*: **de** ~ his; **de ella** hers.

elaborar [elaβo'rar] *vt (preparar)* to make; *(idea)* to work out; *(plan, lista)* to draw up.

elasticidad [elastiθi'ðað] *f* elasticity.

elástico, ca [e'lastiko, ka] *adj* elastic. ❏ **elásticos** *mpl (para pantalones)* braces *Br*, suspenders *Am*.

elección [elek'θjon] *f (de regalo, vestido, etc)* choice; *(de presidente, jefe, etc)* election. ❏ **elecciones** *fpl* elections.

electricidad [elektriθi'ðað] *f* electricity.

electricista [elektri'θista] *mf* electrician.

eléctrico, ca [e'lektriko, ka] *adj* electric.

electrocutar [elektroku'tar] *vt* to electrocute.

electrodoméstico [elektroðo'mestiko] *m* electrical household appliance.

electrónica [elek'tronika] *f* electronics.

electrónico, ca [elek'troniko, ka] *adj* electronic.

elefante [ele'fante] *m* elephant.

elegancia [ele'ɣanθja] *f* elegance; *(de comportamiento)* dignity.

elegante [ele'ɣante] *adj* elegant; *(comportamiento)* dignified.

elegir [ele'xir] *vt (escoger)* to choose; *(en votación)* to elect.

elemental [elemen'tal] *adj (sencillo)* obvious; *(fundamental)* basic.

elemento [ele'mento] *m* element; *(factor)* factor. ❏ **elementos** *mpl (fuerzas de la naturaleza)* elements.

elevación [eleβa'θjon] f rise.

elevado, da [ele'βaðo, ða] adj high; (edificio, monte) tall.

elevador [eleβa'ðor] m CAm & Méx lift (Br), elevator (Am).

elevadorista [eleβaðo'rista] mf CAm & Méx lift attendant (Br), elevator operator (Am).

elevar [ele'βar] vt to raise; (ascender) to promote. □ **elevarse** vpr (subir) to rise.

eliminación [elimina'θjon] f elimination.

eliminar [elimi'nar] vt to eliminate.

élite ['elite] f elite.

ello ['eλo] pron neutro it.

ellos, ellas ['eλos, 'eλas] pron pl (sujeto) they; (complemento) them; **de ~** / **ellas** theirs.

elocuencia [elo'kɥenθja] f eloquence.

elocuente [elo'kɥente] adj eloquent.

elogiar [elo'xjar] vt to praise.

elogio [e'loxjo] m praise.

elote [e'lote] m Méx & CAm cob.

eludir [elu'ðir] vt to avoid.

emancipado, da [emanθi-'paðo, ða] adj emancipated.

emanciparse [emanθi'parse] vpr to become emancipated.

embajada [emba'xaða] f (lugar) embassy; (cargo) ambassadorship.

embajador, ra [embaxa'ðor, ra] m, f ambassador.

embalar [emba'lar] vt to wrap up. □ **embalarse** vpr to race away.

embalsamar [embalsa'mar] vt to embalm.

embalse [em'balse] m reservoir.

embarazada [embara'θaða] adj f pregnant.

embarazo [emba'raθo] m (de mujer) pregnancy; (dificultad) obstacle.

embarcación [embarka'θjon] f boat.

embarcadero [embarka'ðero] m jetty.

embarcar [embar'kar] vi to board. □ **embarcarse** vpr (pasajeros) to board; (en asunto, negocio) to get involved.

embargar [embar'ɣar] vt (bienes, propiedades) to seize.

embargo [em'barɣo] m (de bienes) seizure; **sin ~** however.

embarque [em'barke] m (de pasajeros) boarding; (de equipaje) embarkation.

embestir [embes'tir] vt to attack.

emblema [em'blema] m (símbolo) symbol; (distintivo) emblem.

emborracharse [embora'tʃarse] vpr to get drunk.

emboscada [embos'kaða] f ambush.

embotellado, da [embote-'λaðo, ða] adj (vino, licor) bottled; (calle, circulación) blocked.

embotellamiento [embote λa-'mjento] m (de tráfico) traffic jam; (de vino, agua) bottling.

embotellar [embote'λar] vt (líquido) to bottle.

embrague [em'braɣe] m clutch.

embrión [embri'on] m embryo.

embrujar [embru'xar] vt to bewitch.

embudo [em'buðo] m funnel.

embustero, ra [embus'tero, ra] m, f liar.

embutidos [embu'tiðos] mpl cold meat (sg) Br, cold cuts Am.

emergencia [emer'xenθja] f emergency.

emigración [emiɣra'θjon] f (de fa-

milia, pueblo) emigration; *(de animales)* migration.

emigrante [emi'vrante] *mf* emigrant.

emigrar [emi'vrar] *vi (persona, pueblo)* to emigrate; *(animal)* to migrate.

eminente [emi'nente] *adj* eminent.

emisión [emi'sjon] *f (de sonido)* emission; *(del mensaje)* transmission; *(programa)* broadcast; *(de juicio, opinión, etc)* expression.

emisor, ra [emi'sor, ra] *adj* broadcasting.

emisora [emi'sora] *f* radio station.

emitir [emi'tir] *vt (palabras)* to utter; *(sonido)* to emit; *(programa, música, etc)* to broadcast; *(juicio, opinión, etc)* to express.

emoción [emo'θjon] *f* emotion; ¡qué ~! how exciting!.

emocionado, da [emoθjo'naðo, ða] *adj* excited.

emocionante [emoθjo'nante] *adj* exciting.

emocionarse [emoθjo'narse] *vpr* to get excited.

empacar [empa'kar] *vi Amér* to pack.

empacho [em'patʃo] *m (de comida)* upset stomach.

empanada [empa'naða] *f* pasty *Br*, turnover *Am*; ~ **gallega** *pasty containing tomato, tuna and peppers.*

empanadilla [empana'ðiʎa] *f* small pasty *Br*, small turnover *Am*.

empapado, da [empa'paðo, ða] *adj (mojado)* soaked.

empapar [empa'par] *vt (mojar)* to soak. ❑ **empaparse** *vpr* to get soaked.

empapelar [empape'lar] *vt* to paper.

empaquetar [empake'tar] *vt* to

pack; **'empaquetado para regalo'** 'gift-wrapped'.

empastar [empas'tar] *vt* to fill.

empaste [em'paste] *m* filling.

empatar [empa'tar] *vi* to draw. ❖ *vt Andes & Ven* to connect.

empate [em'pate] *m (en juego, deporte)* draw *Br*, tie; *Andes & Ven (empalme)* connection; ~ **a dos** two-two draw.

empeñar [empe'ɲar] *vt (joyas, bienes)* to pawn. ❑ **empeñarse** *vpr (endeudarse)* to get into debt.

empeño [em'peɲo] *m (constancia)* determination.

empeorar [empeo'rar] *vt* to make worse. ❖ *vi* to get worse.

emperador, triz [empera'ðor, 'triθ] *(fpl -ces [θes]) m, f* emperor *(f* empress). ❖ *m (pez)* swordfish.

empezar [empe'θar] *vt & vi* to begin, to start; ~ **a hacer algo** to begin to do sthg, to start to do sthg.

epidermis [epi'ðermis] *f inv* epidermis.

empinado, da [empi'naðo, ða] *adj* steep.

empleado, da [emple'aðo, ða] *m, f* employee; ~ **de banco** bank clerk.

emplear [emple'ar] *vt (trabajador)* to employ; *(objeto, herramienta)* to use; *(dinero, tiempo)* to spend. ❑ **emplearse en** *v + prep (empresa, oficina)* to get a job in.

empleo [em'pleo] *m (trabajo en general)* employment; *(puesto)* job; *(uso)* use.

empotrado, da [empo'traðo, ða] *adj* built-in; **armario** ~ *fitted wardrobe Br*, built-in closet *Am*.

emprender [empren'der] *vt (tarea,*

negocio, etc) to start; *(viaje)* to set off on.

empresa [em'presa] *f* company.

empresario, ria [empre'sarjo, rja] *m, f* businessman *(f* business-woman).

empujar [empu'xar] *vt* to push; ~ **alguien a hacer algo** to push sb into doing sthg.

empujón [empu'xon] *m* shove; **a empujones** *(bruscamente)* by pushing; *(de forma discontinua)* in fits and starts.

☞

en [en] *prep* - **1.** *(en el interior de)* in; **viven ~ la capital** they live in the capital.

- **2.** *(sobre la superficie de)* on; ~ **el plato/la mesa** on the plate/table.

- **3.** *(en un punto concreto de)* at; ~ **casa/el trabajo** at home/work.

- **4.** *(dirección)* into; **el avión cayó ~ el mar** the plane fell into the sea; **entraron ~ la habitación** they came into the room.

- **5.** *(tiempo)* in; *(día)* on; *(período, momento)* at; **llegará ~ mayo/Navidades** she will arrive in May/at Christmas; **nació ~ 1940/sábado** he was born in 1940/on a Saturday; ~ **un par de días** in a couple of days.

- **6.** *(medio de transporte)* by; **ir ~ coche/tren/avión/barco** to go by car/train/plane/boat.

- **7.** *(modo)* in; **lo dijo ~ inglés** she said it in English; **todo se lo gasta ~ ropa** he spends it all on clothes; ~ **voz baja** in a low voice; **aumentar ~ un 10%** to increase by 10%.

- **8.** *(precio)* in; **las ganancias se calculan ~ millones** profits are calculated in millions; **te lo dejo ~ 50 euros** I'll let you have it for 50 euros.

- **9.** *(tema):* **es un experto ~ matemá-**

ticas he's an expert on mathematics; **es doctor ~ medicina** he's a doctor of medicine.

- **10.** *(cualidad):* **rápido ~ actuar** quick to act; **le supera ~ inteligencia** she is more intelligent than he is.

enaguas [e'nayuas] *fpl* underskirt *(sg),* slip *(sg) Am.*

enamorado, da [enamo'raðo, ða] *adj:* ~ **(de)** in love (with).

enamorarse [enamo'rarse] *vpr:* ~ **(de)** to fall in love (with).

enano, na [e'nano, na] *adj (verdura)* baby *(antes de s).* ◆ *m, f* dwarf.

encabezar [enkaβe'θar] *vt (lista, carta, escrito)* to head; *(grupo)* to lead.

encadenar [enkaðe'nar] *vt (atar)* to chain; *(enlazar)* to link. ❑ **encadenarse** *vpr (hechos, sucesos)* to happen one after the other.

encajar [enka'xar] *vt (meter)* to fit; *(aceptar)* to take. ◆ *vi (caber)* to fit; *(cuadrar)* to square.

encaje [en'kaxe] *m (tejido)* lace; *(de vestido, camisa)* lace trim.

encalar [enka'lar] *vt* to whitewash.

encantado, da [enkan'taðo, ða] *adj (satisfecho)* delighted; *(lugar, edificio)* haunted; *(embrujado)* bewitched. ◆ *interj:* ~ **(de conocerle)** pleased to meet you.

encantador, ra [enkanta'ðor, ra] *adj* delightful.

encantar [enkan'tar] *vt (hechizar)* to cast a spell on; **me encanta bailar** I love dancing; **¡me encanta!** I love it! ❑ **encantarse** *vpr (distraerse)* to be entranced.

encanto [en'kanto] *m (atractivo)* charm; *(hechizo)* spell.

encapotado, da [enkapo'taðo, ða] *adj* overcast.

encapricharse [enkapri'tʃarse]

vpr: ~ **con** (obstinarse) to set one's mind on.

encarar [enka'rar] vt (problema, riesgo) to face up to. ❑ **encararse** vpr: ~ **se a** to confront.

encarcelar [enkarθe'lar] vt to imprison.

encarecer [enkare'θer] vt (precio) to make more expensive.

encargado, da [enkar'ɣaðo, ða] m, f (responsable) person in charge; (de tienda, negocio) manager (f manageress).

encargar [enkar'ɣar] vt (pedir) to order; (poner al cuidado) to put in charge. ❑ **encargarse de** v + prep to see to, to take care of.

encargo [en'karɣo] m (pedido) order; (tarea) task; (recado) errand.

encariñarse [enkari'narse] ◆ **encariñarse con** v + prep to become fond of.

encarnado, da [enkar'naðo, ða] adj (rojo) red; (personificado) incarnate.

encausar [enkau'sar] vt to prosecute.

encendedor [enθende'ðor] m lighter.

encender [enθen'der] vt (fuego, cigarrillo) to light; (luz, gas, aparato eléctrico) to turn on.

encendido [enθen'diðo] m (de motor) ignition.

encerado [enθe'raðo] m (pizarra) blackboard; (del suelo) polishing.

encerrar [enθe'rrar] vt (recluir) to lock up; (contener) to contain. ❑ **encerrarse** vpr to shut o.s. away.

encestar [enθes'tar] vt to score a basket.

enchilarse [entʃi'larse] vpr Amér (con chile) to eat a mouthful of very hot food; fig (enfadarse) to get angry.

enchinar [entʃi'nar] vt Amér to curl.

enchufar [entʃu'far] vt (aparato eléctrico) to plug in; fam (a una persona) to pull strings for.

enchufe [en'tʃufe] m (de aparato) plug; (de pared) socket; fam (recomendación) connections (pl).

encía [en'θia] f gum.

enciclopedia [enθiklo'peðja] f encyclopedia.

encierro [en'θjerro] m (de personas) sit-in; (de toros) running of the bulls in the enclosure where they are kept before a bullfight.

encima [en'θima] adv (arriba) on top; (en edificio) upstairs; (además) on top of that; **no llevo dinero** ~ I haven't got any money on me; ~ **de** (en lugar superior) above; (en edificio) upstairs from; (sobre) on (top of); **por** ~ (superficialmente) superficially; **por** ~ **de** (más arriba de) over; **por** ~ **de sus posibilidades** beyond his means; **por** ~ **de todo** more than anything.

encimera [enθi'mera] f worktop Br, counter Am.

encina [en'θina] f holm oak.

encinta [en'θinta] adj f pregnant.

encoger [enko'xer] vt (parte del cuerpo) to pull in. ◆ vi to shrink. ❑ **encogerse** vpr (tejido, ropa) to shrink; (persona) to get scared; ~**se de hombros** to shrug one's shoulders.

encolar [enko'lar] vt (pegar) to glue.

encolerizarse [enkoleri'θarse] vpr to get angry.

encomienda [enkomi'enða] f Amér parcel (Br), package (Am).

encontrar [enkon'trar] vt to find; (persona) to meet; ~ **trabajo** to find work. ◆ **encontrarse** vpr (coincidir) to meet; (hallarse) to be; ~ **se con alguien** to meet sb.

encrespado, da [enkres'paðo, ða]
adj (pelo) curly; (mar) rough.

encrucijada [enkruθi'xaða] f
crossroads (sg).

encuadernar [enkwaðer'nar] vt to
bind.

encuadre [en'kwaðre] m (de foto)
composition.

encubrir [enku'βrir] vt to conceal.

encuentro [en'kwentro] m (con persona) meeting; (partido) match Br,
game.

encuesta [en'kwesta] f survey.

encuestador, ra [enkwesta'ðor,
ra] m, f pollster.

enderezar [endere'θar] vt (lo torcido) to straighten; (lo caído) to put upright; (persona, negocio, trabajo) to set
right.

endeudado, da [endeu'ðaðo, ða]
adj in debt.

endivia [en'diβja] f endive.

enemigo, ga [ene'miyo, ya] m, f
enemy; **ser ~ de** to hate.

energía [ener'xia] f (en física, etc) energy; (de persona) strength; **~ atómica** nuclear power.

enérgico, ca [e'nerxiko, ka] adj energetic.

enero [e'nero] m January → **setiembre**.

enfadado, da [enfa'ðaðo, ða] adj
angry.

enfadarse [enfa'ðarse] vpr to get
angry.

enfado [en'faðo] m anger.

enfermar [enfer'mar] vi to fall ill
Br, to get sick Am. ❑ **enfermarse**
vpr Amér to fall ill Br, to get sick Am.

enfermedad [enferme'ðað] f (caso
concreto) illness; (morbo) disease.

enfermería [enferme'ria] f sick bay.

enfermero, ra [enfer'mero, ra] m, f
nurse.

enfermizo, za [enfer'miθo, θa] adj
unhealthy.

enfermo, ma [en'fermo, ma] adj
ill, sick. ◆ m, f (persona enferma) sick
person; (en el hospital) patient; **ponerse ~** to fall ill Br, to get sick Am.

enfocar [enfo'kar] vt (luz, foco) to
shine; (cámara) to focus; (tema, cuestión, problema) to look at.

enfoque [en'foke] m (de cámara) focus; (de cuestión, problema) approach.

enfrentamiento [enfrenta-
'mjento] m confrontation.

enfrentarse [enfren'tarse] vpr to
clash; **~ se a** (oponerse a) to confront.

enfrente [en'frente] adv opposite;
~ de opposite; **la casa de ~** the
house across the road.

enfriamiento [enfria'mjento] m
cold.

enfriarse [enfri'arse] vpr (comida,
bebida) to get cold; (relación) to
cool down; (resfriarse) to catch a
cold.

enganchar [engan'tʃar] vt (objeto,
papel) to hang up; (caballos, caravana,
coche) to hitch up. ❑ **engancharse**
vpr (ropa, persona) to get caught.

enganche [en'gantʃe] m Méx (depósito); (mecanismo, pieza)
hook; **$50 de ~** Amér a $50 deposit.

engañar [enga'ɲar] vt (decir mentiras a) to deceive; (timar) to cheat; (a
cónyuge) to cheat on. ❑ **engañarse**
vpr (equivocarse) to be wrong.

engaño [en'gaɲo] m (mentira) deceit; (timo) swindle; (infidelidad)
cheating.

engañoso, sa [enga'ɲoso, sa] adj
(apariencia) deceptive; (mirada, palabra) deceitful.

engendrar [enxen'drar] vt (persona, animal) to give birth to; (sentimiento) to give rise to.

englobar [englo'βar] vt to bring together.

engordar [engor'ðar] vi (persona) to put on weight; (alimento) to be fattening. ◻ **engordarse** vpr to put on weight.

engranaje [engra'naxe] m (de coche) gears (pl).

engrapadora [engrapa'ðora] f Amér stapler.

engrapar [engra'par] f Amér to staple.

engrasar [engra'sar] vt (mecanismo, pieza) to lubricate; (ensuciar) to make greasy.

engreído, da [engre'iðo, ða] adj conceited.

enhorabuena [enora'βwena] f congratulations (pl). ◆ interj congratulations!; **dar la ~** to congratulate.

enigma [e'niɣma] m enigma.

enjabonar [enxaβo'nar] vt (ropa) to soap; fig (persona) to butter up. ◻ **enjabonarse** vpr to soap o.s. down.

enjuagar [enxwa'ɣar] vt to rinse. ◻ **enjuagarse** vpr (boca) to rinse out one's mouth.

enlace [en'laθe] m (de trenes) connection; (de carreteras) link; formal (matrimonio) marriage. ◆ mf (intermediario) go-between.

enlazar [enla'θar] vt (conectar) to tie; (relacionar) to connect. ◆ vi: **~ con** to connect with.

enlosar [enlo'sar] vt to pave.

enmendar [emmen'dar] vt (corregir) to correct. ◻ **enmendarse** vpr to mend one's ways.

enmienda [em'mjenda] f (corrección) correction; (de ley) amendment.

enmudecer [emmuðe'θer] vi to be struck dumb.

enojado, da [eno'xaðo, ða] adj annoyed.

enojar [eno'xar] vt (enfadar) to anger; (molestar) to annoy. ◻ **enojarse** vpr (enfadarse) to get angry; (molestarse) to get annoyed.

enojo [e'noxo] m (enfado) anger; (molestia) annoyance.

enorme [e'norme] adj huge.

enredadera [enreða'ðera] f creeper.

enredar [enre'ðar] vt (lana, hilo, pelo) to tangle; **~ a alguien en** (complicar) to involve sb in.

enredo [en'reðo] m (de lana, hilo, etc) tangle; (situación difícil, desorden) mess.

enriquecer [enrike'θer] vt to make rich. ◻ **enriquecerse** vpr to get rich.

enrojecer [enroxe'θer] vt to redden. ◆ vi (sonrojarse) to blush.

enrollar [enro'ʎar] vt to roll up. ◻ **enrollarse** vpr fam (hablar mucho) to go on and on; (ligar) to get off with each other Br, to hook up Am.

ensaimada [ensai'maða] f cake made of sweet, coiled pastry.

ensalada [ensa'laða] f salad; **~ catalana** salad of lettuce, tomato, onion and cold meats; **~ de lechuga** lettuce salad; **~ mixta** mixed salad; **~ variada** o **del tiempo** salad of lettuce, tomato, carrot and onion; **~ verde** green salad.

ensaladera [ensala'ðera] f salad bowl.

ensaladilla [ensala'ðiʎa] f: **~ (rusa)** Russian salad.

ensanchar [ensan'tʃar] vt (camino) to widen; (falda, pantalón) to let out.

ensayar [ensa'jar] vt (espectáculo) to rehearse; (mecanismo, invento) to test.

ensayo [en'sajo] m (de espectáculo)

rehearsal; *(de mecanismo, invento)* test; *(escrito)* essay.

enseguida [ense'βiða] *adv (inmediatamente)* immediately; *(pronto)* very soon.

ensenada [ense'naða] *f* cove.

enseñanza [ense'ɲanθa] *f (método, sistema)* education; *(profesión)* teaching.

enseñar [ense'ɲar] *vt (en escuela, universidad)* to teach; *(indicar, mostrar)* to show.

enseres [en'seres] *mpl* belongings.

ensopar [enso'par] *vt Col, RP & Ven* to soak.

ensuciar [ensu'θjar] *vt* to make dirty. ❑ **ensuciarse** *vpr* to get dirty.

ente ['ente] *m (ser)* being; *(asociación)* organization.

entender [enten'der] *vt* to understand; *(opinar)* to think. ◆ *vi* to understand. ❑ **entender de** *v + prep (saber de)* to be an expert on. ❑ **entenderse** *vpr (comprenderse)* to understand each other; *(llegar a un acuerdo)* to reach an agreement; *fam (estar liado)* to be involved; ~**se bien/mal con** to get on well/badly with.

entendido, da [enten'diðo, ða] *m, f* expert.

enterarse [ente'rarse] ◆ **enterarse de** *v + prep (noticia, suceso)* to find out about; *fam (darse cuenta de)* to realize.

entero, ra [en'tero, ra] *adj* whole; *(de carácter)* composed; **por** ~ entirely.

enterrar [ente'rar] *vt* to bury.

entidad [enti'ðað] *f (asociación)* body.

entierro [en'tjero] *m* burial.

entlo *abrev* = **entresuelo**.

entonces [en'tonθes] *adv* then; **desde** ~ since then.

entrada [en'traða] *f (lugar)* entrance; *(puerta)* doorway; *(de espectáculo)* ticket; *(plato)* starter *Br*, appetizer *Am*; *(anticipo)* down payment; '**entrada'** 'way in'; '~ **libre**' 'admission free'; '~ **por la otra puerta'** 'enter by other door'; '**prohibida la** ~' 'no entry'; **de** ~ *(en principio)* from the beginning; ¿**qué quiere de** ~? what would you like for starters?

entrantes [en'trantes] *mpl (entremeses)* hors d'oeuvres.

entrañable [entra'ɲaβle] *adj (digno de afecto)* likeable; *(afectuoso)* affectionate.

entrañas [en'traɲas] *fpl (vísceras)* entrails.

☞

---

entrar [en'trar] *vt -* **1.** *(introducir)* to bring in; **están entrando el carbón** they're bringing in the coal; **ya puedes** ~ **el coche en el garaje** you can put your car in the garage now.
- **2.** INFORM to enter.

◆ *vi -* **1.** *(introducirse)* to enter, to come/go in; **la pelota entró por la ventana** the ball came in through the window; **entramos en el bar** we went into the bar.
- **2.** *(penetrar)* to go in; **el enchufe no entra** the plug won't go in; **el clavo ha entrado en la pared** the nail went into the wall.
- **3.** *(caber)* to fit; **este anillo no te entra** this ring doesn't fit you; **en el garaje entran dos coches** you can fit two cars in the garage.
- **4.** *(incorporarse)* to join; **para** ~ **has de hacer un test** you have to do a test to get in; **entró en el partido en abril** she joined the party in April; **entró de secretaria** she started out as a secretary.

- **5.** (*entender*): **no le entra la geometría** he can't get the hang of geometry.
- **6.** (*estado físico o de ánimo*): **me entró mucha pena** I was filled with pity; **me entraron ganas de hablar** I suddenly felt like talking.
- **7.** (*estar incluido*): ~ **(en)** to be included (in); **la consumición no entra** (*en discoteca*) drinks are not included.
- **8.** (*participar*): ~ **(en)** to participate (in).
- **9.** (*cantidad*): **¿cuántas peras entran en un kilo?** how many pears do you get to the kilo?
- **10.** AUTOM to engage; **no entra la quinta** you can't get into fifth.
- **11.** (*empezar*): ~ **a hacer algo** to start doing sthg.

☞

entre [ˈentre] *prep* - **1.** (*en medio de dos términos*) between; **aparcar** ~ **dos coches** to park between two cars; **vendré** ~ **las tres y las cuatro** I'll come between three and four.
- **2.** (*en medio de muchos*) among; **estaba** ~ **los asistentes** she was among those present; ~ **hombres y mujeres somos cien** there are a hundred of us, counting men and women.
- **3.** (*participación, cooperación*) between; ~ **todos lo consiguieron** between them they managed it; ~ **nosotros** (*en confianza*) between you and me.
- **4.** (*lugar*) among; **encontré tu carta** ~ **los libros** I found your letter among the books; ~ **más estudies, más sabrás** *Amér* the more you study, the more you'll learn.

entreacto [entreˈakto] *m* interval.
entrecejo [entreˈθexo] *m* space between the brows.

entrecot [entreˈkot] *m* entrecôte; ~ **al roquefort** entrecôte in a Roquefort sauce.
entrega [enˈtreɣa] *f* (*acto*) handing over; (*de pedido*) delivery; (*dedicación*) devotion; (*fascículo*) instalment.
entregar [entreˈɣar] *vt* (*dar*) to hand over; (*pedido, paquete*) to deliver. ❑ **entregarse a** *v* + *prep* (*rendirse*) to surrender to; (*abandonarse a*) to surrender to; (*dedicarse a*) to devote o.s. to.
entrelazar [entrelaˈθar] *vt* to interlace.
entremeses [entreˈmeses] *mpl* hors d'oeuvres.
entrenador, ra [entrenaˈðor, ra] *m, f* coach.
entrenamiento [entrenaˈmjento] *m* training.
entrenar [entreˈnar] *vt* to train. ❑ **entrenarse** *vpr* to train.
entrepierna [entreˈpjerna] *f* crotch.
entresuelo [entreˈsɣelo] *m* mezzanine.
entretanto [entreˈtanto] *adv* meanwhile.
entretecho [entreˈtetʃo] *m* Amér attic.
entretener [entreteˈner] *vt* (*divertir*) to entertain; (*hacer retrasar*) to hold up. ❑ **entretenerse** *vpr* (*divertirse*) to amuse o.s.; (*retrasarse*) to be held up.
entretenido, da [entreteˈniðo, ða] *adj* (*divertido*) entertaining; (*que requiere atención*) time-consuming.
entretenimiento [entreteniˈmjento] *m* (*diversión*) entertainment.
entretiempo [entreˈtjempo] *m*: **de** ~ mild-weather.
entrever [entreˈβer] *vt* (*ver*) to glimpse; (*sospechar*) to suspect.

entrevista [entre'βista] f interview.

entrevistador, ra [entreβista-'ðor, ra] m, f interviewer.

entrevistar [entreβis'tar] vt to interview.

entrevisto, ta [entre'βisto, ta] pp → **entrever**.

entristecer [entriste'θer] vt to make sad. ◻ **entristecerse** vpr to become sad.

entrometerse [entrome'terse] vpr to interfere.

entusiasmado, da [entusjaz-'maðo, ða] adj full of enthusiasm.

entusiasmar [entusjaz'mar] vt: me entusiasma I love it. ◻ **entusiasmarse** vpr to get excited.

entusiasmo [entu'sjazmo] m enthusiasm.

entusiasta [entu'sjasta] adj enthusiastic.

envasar [emba'sar] vt to pack.

envase [em'base] m (recipiente) container; ~ sin retorno non-returnable bottle.

envejecer [embexe'θer] vi to grow old.

envenenamiento [embenena-'mjento] m poisoning.

envenenar [embene'nar] vt to poison.

envergadura [emberva'ðura] f (importancia) extent.

enviar [embi'ar] vt to send.

envidia [em'biðja] f envy.

envidiar [embi'ðjar] vt to envy.

envidioso, sa [embi'ðjoso, sa] adj envious.

envío [em'bio] m (acción) delivery; (paquete) package.

enviudar [embiu'ðar] vi to be widowed.

envolver [embol'βer] vt (regalo, paquete) to wrap (up).

enyesar [enje'sar] vt (pared, muro) to plaster; (pierna, brazo) to put in plaster.

epidemia [epi'ðemja] f epidemic.

episodio [epi'soðjo] m (suceso) event; (capítulo) episode.

época ['epoka] f (periodo) period; (estación) season.

equilibrado, da [ekili'βraðo, ða] adj balanced.

equilibrar [ekili'βrar] vt to balance.

equilibrio [eki'liβrjo] m balance; (de persona) level-headedness.

equilibrista [ekili'βrista] mf tightrope walker.

equipaje [eki'paxe] m luggage (Br), baggage (Am); ~ de mano hand luggage.

equipar [eki'par] vt (proveer) to equip.

equipo [e'kipo] m (de personas) team; (de objetos) equipment; (de prendas) kit Br, gear Am.

equitación [ekita'θjon] f horse riding.

equivalente [ekiβa'lente] adj & m equivalent.

equivaler [ekiβa'ler] ◆ **equivaler a** v + prep to be equivalent to.

equivocación [ekiβoka'θjon] f mistake.

equivocado, da [ekiβo'kaðo, ða] adj wrong.

equivocar [ekiβo'kar] vt (confundir) to mistake. ◻ **equivocarse** vpr (cometer un error) to make a mistake; (no tener razón) to be wrong; ~ de nombre to get the wrong name; me he equivocado (al teléfono) sorry, wrong number.

era ['era] v → **ser**. ◆ f era.

erguido, da [er'γiðo, ða] *adj* erect.

erizo [e'riθo] *m* hedgehog; ~ **de mar** sea urchin.

ermita [er'mita] *f* hermitage.

erótico, ca [e'rotiko, ka] *adj* erotic.

erotismo [ero'tizmo] *m* eroticism.

errante [e'rante] *adj* wandering.

errar [e'rar] *vi* (*equivocarse*) to make a mistake.

erróneo, a [e'roneo, a] *adj* wrong.

error [e'ror] *m* mistake.

eructar [eruk'tar] *vi* to belch.

eructo [e'rukto] *m* belch.

erudito, ta [eru'ðito, ta] *m, f* erudite.

erupción [erup'θjon] *f* (*de la piel*) rash; (*de volcán*) eruption.

esbelto, ta [ez'βelto, ta] *adj* slim.

esbozo [ez'βoθo] *m* (*dibujo*) sketch; (*resumen, guión*) outline.

escabeche [eska'βetʃe] *m*: **en ~** marinated.

escala [es'kala] *f* scale; (*de barco, avión*) stopover; **a gran ~** *fam* on a large scale; **~ musical** scale; **hacer ~ en** to stop over at.

escalador, ra [eskala'ðor, ra] *m, f* climber.

escalar [eska'lar] *vt* to climb.

escalera [eska'lera] *f* (*de casa, edificio*) staircase, stairs (*pl*); (*portátil*) ladder; **~ de caracol** spiral staircase; **~ de incendios** fire escape; **~ mecánica** escalator. □ **escaleras** *frpl* stairs.

escalerilla [eskale'riʎa] *f* stairs (*pl*).

escalofrío [eskalo'frio] *m* shiver.

escalón [eska'lon] *m* step.

escalope [eska'lope] *m* escalope.

escalopín [eskalo'pin] *m*: **escalopines de ternera** escalope of veal (*sg*) Br, veal scallopini (*sg*) Am.

escama [es'kama] *f* (*de pez, reptil*) scale; (*en la piel*) flake.

escampar [eskam'par] *vi* to clear up.

escandalizar [eskandali'θar] *vt* to shock. □ **escandalizarse** *vpr* to be shocked.

escándalo [es'kandalo] *m* (*inmoralidad*) scandal; (*alboroto*) uproar.

escaño [es'kaɲo] *m* (*de diputado*) seat (*in parliament*).

escapar [eska'par] *vi*: **~ (de)** to escape (from). □ **escaparse** *vpr* (*persona*) to escape; (*líquido, gas*) to leak.

escaparate [eskapa'rate] *m* (shop) window.

escape [es'kape] *m* (*de líquido, gas*) leak; (*de coche*) exhaust; **a ~** in a rush.

escarabajo [eskara'βaxo] *m* beetle.

escarbar [eskar'βar] *vt* to scratch.

escarcha [es'kartʃa] *f* frost.

escarmentar [eskarmen'tar] *vi* to learn (one's lesson). ♦ *vt*: **~ a alguien** to teach sb a lesson.

escarola [eska'rola] *f* endive.

escasear [eskase'ar] *vi* to be scarce.

escasez [eska'seθ] *f* (*insuficiencia*) shortage; (*pobreza*) poverty.

escaso, sa [es'kaso, sa] *adj* (*recursos, número*) limited; (*víveres*) scarce; (*tiempo*) short; (*visibilidad*) poor; **un metro ~** barely a metre; **andar ~ de dinero** to be short of money.

escayola [eska'jola] *f* plaster.

escayolar [eskajo'lar] *vt* to put in plaster.

escena [es'θena] *f* scene; (*escenario*) stage.

escenario [esθe'narjo] *m* (*de teatro*) stage; (*de un suceso*) scene.

escepticismo [esθepti'θizmo] *m* scepticism.

escéptico, ca [es'θeptiko, ka] *adj* sceptical.

esclavitud [esklaβi'tuð] *f* slavery.

esclavo, va [es'klaβo, βa] *m, f* slave.

esclusa [es'klusa] *f* lock.

escoba [es'koβa] *f* broom.

escobilla [esko'βiʎa] *f* brush ; *Andes (para dientes)* toothbrush.

escocer [esko'θer] *vi* to sting.

escocés, esa [esko'θes,esa] *adj* Scottish. ◆ *m, f* Scot.

Escocia [es'koθja] Scotland.

escoger [esko'xer] *vt* to choose. ◆ *vi:* ~ **entre** to choose between.

escolar [esko'lar] *adj* school *(antes de s.)*. ◆ *mf* schoolboy *(f* schoolgirl*)*.

escolaridad [eskolari'ðað] *f* schooling.

escollo [es'koʎo] *m (roca)* reef.

escolta [es'kolta] *f* escort.

escombros [es'kombros] *mpl* rubble *(sg)*.

esconder [eskon'der] *vt* to hide. ❑ **esconderse** *vpr* to hide.

escondite [eskon'dite] *m (lugar)* hiding place; *(juego)* hide-and-seek.

escopeta [esko'peta] *f* shotgun.

escorpión [eskor'pjon] *m* scorpion.

escotado, da [esko'taðo, ða] *adj* low-cut.

escote [es'kote] *m (de vestido)* neckline.

escotilla [esko'tiʎa] *f* hatch.

escribir [eskri'βir] *vt & vi* to write; ~ **a mano** to write by hand; ~ **a máquina** to type. ❑ **escribirse** *vpr (tener correspondencia)* to write to one another; **¿cómo se escribe ...?** how do you spell ...?

escrito, ta [es'krito, ta] *pp* → **escribir**. ◆ *m (texto)* text; *(documento)* document.

escritor, ra [eskri'tor, ra] *m, f* writer.

escritorio [eskri'torjo] *m* desk.

escritura [eskri'tura] *f (letra)* script; *(documento)* deed.

escrúpulo [es'krupulo] *m* scruple. ❑ **escrúpulos** *mpl (reservas)* qualms.

escuadra [es'kwaðra] *f (en dibujo)* set square *Br,* triangle *Am; (de barcos)* squadron; *(del ejército)* squad.

escuchar [esku'tʃar] *vt* to listen to. ◆ *vi* to listen; ~ **la radio** to listen to the radio.

escudo [es'kuðo] *m (arma defensiva)* shield; *(moneda)* escudo.

escuela [es'kwela] *f* school; ~ **privada/pública** private/state school; ~ **universitaria** *university which awards degrees after three years' study.*

esculpir [eskul'pir] *vt* to sculpt.

escultor, ra [eskul'tor, ra] *m, f* sculptor *(f* sculptress*)*.

escultura [eskul'tura] *f* sculpture.

escupir [esku'pir] *vt* to spit out. ◆ *vi* to spit.

escurrir [esku'rir] *vt (ropa)* to wring out; *(platos)* to drain; *(deslizar)* to slide. ❑ **escurrirse** *vpr (deslizarse)* to slip.

ese, esa ['ese, 'esa] *adj* that.

ése, ésa ['ese, 'esa] *pron* that one.

esencia [e'senθja] *f* essence.

esencial [esen'θjal] *adj* essential.

esfera [es'fera] *f (en geometría)* sphere; *(del reloj)* face; *(ámbito)* circle.

esférico, ca [es'feriko, ka] *adj* spherical.

esforzarse [esfor'θarse] *vpr* to make an effort.

esfuerzo [es'fwerθo] *m* effort.

esfumarse [esfu'marse] *vpr* to vanish.

esgrima [ez'vrima] *f* fencing.

esguince [ez'vinθe] *m* sprain.

eslabón [ezla'βon] *m* link.

eslálom [ez'lalom] *m* slalom.

eslip [ez'lip] (*pl* **eslips** [ez'lips] *m* (*pieza interior*) brief *(pl)*; (*bañador*) swimming trunks *(pl) Br*, swimsuit *Am*.

Eslovaquia [eslo'βakia] Slovakia.

esmalte [ez'malte] *m* enamel; ~ **de uñas** nail varnish *Br*, polish *Am*.

esmeralda [ezme'ralda] *f* emerald.

esmerarse [ezme'rarse] *vpr* to take great pains.

esmero [ez'mero] *m* great care.

esmoquin [ez'mokin] *m* dinner jacket *(Br)*, tuxedo *(Am)*.

esnob [ez'noβ] (*pl* **esnobs** [ez'noβs]) *mf* person who wants to be trendy.

eso ['eso] *pron neutro* that; ~ **que tienes en la mano** that thing in your hand; **a ~ de** at) around; **por ~ te lo digo** that's why I'm telling you; **y ~ que** even though.

esos, esas ['esos,'esas] *adj pl* those.

espacial [espa'θjal] *adj* space *(antes de s)*.

espacio [es'paθjo] *m* space; *(de tiempo)* period; *(programa)* programme; ~ **aéreo** air space; ~ **publicitario** advertising spot.

espacioso, sa [espa'θjoso,sa] *adj* spacious.

espada [es'paða] *f* sword. ◻ **espadas** *fpl (naipes)* suit in Spanish deck of cards bearing swords.

espaguetis [espa'yetis] *mpl* spaghetti *(sg)*.

espalda [es'palda] *f* back. ◆ *f inv (en natación)* backstroke. ◻ **espal-**

das *fpl* back *(sg)*; **a ~ s de** behind.

espantapájaros [espanta'pa- xaros] *m inv* scarecrow.

espanto [es'panto] *m* fright.

espantoso, sa [espan'toso, sa] *adj (que asusta)* horrific; *(muy feo, desagra- dable)* horrible; *(enorme)* terrible.

España [es'paɲa] Spain.

español, la [espa'ɲol, la] *adj & m* Spanish. ◆ *m, f* Spaniard.

esparadrapo [espara'ðrapo] *m* (sticking) plaster *Br*, Band-Aid® *Am*.

esparcir [espar'θir] *vt (extender)* to spread; *(azúcar)* to sprinkle; *(semi- llas, papeles)* to scatter.

espárrago [es'paravo] *m* aspara- gus.

espasmo [es'pazmo] *m* spasm.

espátula [es'patula] *f (en cocina)* spatula.

especia [es'peθja] *f* spice.

especial [espe'θjal] *adj* special; *fam (persona)* odd; ~ **para** specially for.

especialidad [espeθjali'ðað] *f* spe- ciality *(Br)*, specialty *(Am)*; ~ **de la casa** house speciality.

especialista [espeθja'lista] *mf* spe- cialist.

especializado, da [espeθjali- 'θaðo, ða] *adj* specialized.

especialmente [espe θjal'mente] *adv* especially.

especie [es'peθje] *f (familia)* spe- cies; *fig (tipo)* type; **en ~** in kind; ~ **protegida** protected species.

especificar [espeθifi'kar] *vt* to specify.

específico, ca [espe'θifiko, ka] *adj* specific.

espectáculo [espek'takulo] *m (en teatro, circo, etc)* performance, show.

espectador, ra [espekta'ðor, ra] *m, f (en deporte)* spectator; *(en cine, tea- tro)* member of the audience.

especulación [espeku'θjon] *f* speculation.

espejismo [espe'xizmo] *m* mirage.

espejo [es'pexo] *m* mirror.

espera [es'pera] *f* wait; **en ~ de** waiting for.

esperanza [espe'ranθa] *f (deseo)* hope; *(confianza)* expectation.

esperar [espe'rar] *vt (aguardar)* to wait for; *(confiar)* to expect; *(recibir, buscar)* to meet; *(en el futuro)* to await. ◆ *vi (aguardar)* to wait; **~ que** to hope (that); **¡eso espero!** I hope so!; **¡espera y verás!** wait and see!; **espérate sentado** *fig* you're in for a long wait. ◻ **esperarse** *vpr (figurarse)* to expect; *(aguardar)* to wait.

esperma [es'perma] *m* sperm.

espeso, sa [es'peso, sa] *adj* thick.

espesor [espe'sor] *m (grosor)* thickness; *(densidad)* density.

espía [es'pia] *mf* spy.

espiar [espi'ar] *vt* to spy on.

espiga [es'piva] *f (de trigo)* ear.

espina [es'pina] *f (de planta)* thorn; *(de pez)* bone.

espinacas [espi'nakas] *fpl* spinach *(sg)*.

espinilla [espi'niʎa] *f (de la pierna)* shin; *(en la piel)* blackhead.

espionaje [espio'naxe] *m* espionage.

espiral [espi'ral] *f* spiral; **en ~** spiral.

espirar [espi'rar] *vi* to breathe out.

espiritismo [espiri'tizmo] *m* spiritualism.

espíritu [es'piritu] *m (alma)* spirit; *(en religión)* soul.

espiritual [espiritu'al] *adj* spiritual.

espléndido, da [es'plendiðo, ða] *adj (magnífico)* splendid; *(generoso)* lavish.

esplendor [esplen'dor] *m* splendour.

espliego [es'pljevo] *m* lavender.

esponja [es'ponxa] *f* sponge.

esponjoso, sa [espon'xoso, sa] *adj* spongy.

espontaneidad [espontanei'ðað] *f* spontaneity.

espontáneo, a [espon'taneo, a] *adj* spontaneous. ◆ *m spectator who takes part in bullfight on the spur of the moment.*

esposas [es'posas] *fpl* handcuffs.

esposo, sa [es'poso, sa] *m, f* husband *(f wife)*.

espray [es'praj] *m* spray.

esprint [es'prin] *m* sprint.

esprínter [es'printer] *mf* sprinter.

espuma [es'puma] *f (burbujas)* foam; *(de jabón)* lather; *(de cerveza)* head; **~ para el pelo** *(styling)* mousse.

esquash [es'kuaʃ] *m* squash.

esqueleto [eske'leto] *m* skeleton.

esquema [es'kema] *m (esbozo)* outline; *(gráfico)* diagram.

esquematizar [eskemati'θar] *vt* to outline.

esquí [es'ki] *m (patín)* ski; *(deporte)* skiing; **~ acuático** water skiing.

esquiador, ra [eskia'ðor, ra] *m, f* skier.

esquiar [eski'ar] *vi* to ski.

esquilar [eski'lar] *vt* to shear.

esquimal [eski'mal] *adj & mf* Eskimo.

esquina [es'kina] *f* corner.

esquivar [eski'βar] *vt* to avoid.

estabilidad [estaβili'ðað] *f* stability.

estable [es'taβle] *adj* stable.

establecer [estaβle'θer] *vt (fundar)* to establish; *(suj: ley, decreto)* to stipulate. ❑ **establecerse** *vpr* *(con residencia)* to settle.

establecimiento [estaβleθi'mjento] *m* *(acto)* setting up; *(local)* establishment.

establo [es'taβlo] *m* stable.

estaca [es'taka] *f* *(de tienda de campaña)* peg.

estación [esta'θjon] *f* *(de tren, autobús, etc)* station; *(del año, temporada)* season; **'~ de servicio**' 'service station'.

estacionamiento [estaθjona-'mjento] *m* *(aparcamiento)* parking; **~ indebido** parking offence; **'~ limitado**' 'restricted parking'.

estacionar [estaθjo'nar] *vt* to park; **'no ~'** 'no parking'. ◆ **estacionarse** *vpr* to park.

estadía [esta'ðia] *f* *Amér* stay.

estadio [es'taðjo] *m* *(de deporte)* stadium.

estadística [esta'ðistika] *f* *(censo)* statistics *(pl)*.

estado [es'taðo] *m* state; **estar en ~** to be expecting; **en buen/mal ~** in good/bad condition; **~ civil** marital status; **~ físico** physical condition. ❑ **Estado** *m*: **el Estado** the State.

Estados Unidos [es'taðosu'niðos] *mpl*: **(los) ~** the United States.

estadounidense [es,taðouni-'ðense] *adj* United States. ◆ *mf* United States citizen.

estafa [es'tafa] *f* swindle.

estafador, ra [estafa'ðor, ra] *m, f* swindler.

estafar [esta'far] *vt* *(engañar)* to swindle; *(robar)* to defraud.

estalactita [estalak'tita] *f* stalactite.

estalagmita [estalaɣ'mita] *f* stalagmite.

estallar [esta'ʎar] *vi* *(bomba)* to explode; *(guerra, revolución)* to break out; **~ en sollozos** to burst into tears.

estallido [esta'ʎiðo] *m* *(explosión)* explosion.

estambre [es'tambre] *m* stamen.

estamento [esta'mento] *m* class.

estampado, da [estam'paðo, ða] *adj* printed. ◆ *m* (cotton) print.

estampida [estam'piða] *f* stampede.

estampilla [estam'piʎa] *f* *Amér* *(sello)* stamp; *(cromo)* transfer.

estancado, da [estan'kaðo, ða] *adj* *(agua, río, etc)* stagnant; *(mecanismo)* jammed.

estancarse [estan'karse] *vpr* *(agua, río, etc)* to stagnate; *(mecanismo)* to jam.

estanco [es'tanko] *m* tobacconist's (shop).

ESTANCO

An "estanco" is the traditional Spanish tobacconist's which is still run by the state tobacco monopoly. As well as tobacco and cigarettes, it sells stamps, bus and metro tickets and football pools coupons.

estand [es'tan] *(pl* **estands** [es'tans]*) m* stand, stall.

estándar [es'tandar] *adj* standard.

estanque [es'tanke] *m* *(alberca)* pond; *(para riego)* reservoir.

estante [es'tante] *m* shelf.

estantería [estante'ria] *f* *(estantes)* shelves *(pl)*; *(para libros)* bookcase.

estaño [es'taɲo] *m* tin.

estar [es'tar] *vi* **-1.** *(hallarse)* to be; **¿está Juan?** is Juan in?; **estaré allí a la hora convenida** I'll be there at the agreed time. **-2.** *(con fechas)*: **¿a qué estamos hoy?** what's the date today?; **hoy estamos a martes 13 de julio** today is Tuesday the 13th of July; **estamos en febrero/primavera** it's February/spring. **-3.** *(quedarse)* to stay; **estaré un par de horas y me iré** I'll stay a couple of hours and then I'll go; **estuvo toda la tarde en casa** he was at home all afternoon. **-4.** *(hallarse listo)* to be ready; **la comida estará a las tres** the meal will be ready at three. **-5.** *(expresa duración)* to be; **están golpeando la puerta** they're banging on the door. **-6.** *(expresa valores, grados)*: **la libra está a 10 euros** the pound is at 10 euros; **estamos a 20 grados** it's 20 degrees here. **-7.** *(servir)*: **~ para** to be (there) for. **-8.** *(faltar)*: **eso está por descubrir** we have yet to discover that. **-9.** *(hallarse a punto de)*: **~ por hacer algo** to be on the verge of doing sthg.

♦ *v copulativo* **-1.** *(expresa cualidad, estado)* to be; **¿cómo estás?** how are you?; **esta calle está sucia** this street is dirty; **~ bien/mal** *(persona)* to be well/unwell; **el cielo está con nubes** the sky is cloudy; **estoy sin dinero** I've got no money; **el jefe está que muerde** the boss is furious. **-2.** *(sentar)*: **el traje te está muy bien** the suit looks good on you. **-3.** *(expresa situación, ocupación, acción)*: **~ como camarero** to be a waiter; **~ de suerte** to be in luck; **~ de viaje** to be on a trip.

-4. *(expresa permanencia)*: **~ en uso** to be in use. **-5.** *(consistir)*: **~ en** to lie in. ❑ **estarse** *vpr (permanecer)* to stay.

estárter [es'tarter] *m* starter.

estatal [esta'tal] *adj* state.

estático, ca [es'tatiko, ka] *adj (inmóvil)* stock-still.

estatua [es'tatwa] *f* statue.

estatura [esta'tura] *f* height.

estatus [es'tatus] *m* status.

estatuto [esta'tuto] *m (de compañía)* article (of association); *(de comunidad autónoma)* by-law.

este¹, esta ['este, 'esta] *adj* this.

este² ['este] *m* east. ❑ **Este** *m*: **el Este** *(de Europa)* Eastern Europe.

éste, ésta ['este, 'esta] *pron (cercano en espacio)* this one; *(cercano en el tiempo)* this.

estera [es'tera] *f* mat.

estéreo [es'tereo] *m* stereo.

estéril [es'teril] *adj (persona, animal)* sterile; *(envase, jeringuilla)* sterilized.

esterilizar [esterili'θar] *vt* to sterilize.

esternón [ester'non] *m* breastbone.

estética [es'tetika] *f (aspecto)* look.

estibador, ra [estiβa'ðor, ra] *m, f* stevedore.

estiércol [es'tjerkol] *m (excremento)* dung; *(abono)* manure.

estilo [es'tilo] *m* style; *(de natación)* stroke; **algo por el ~** something of the sort.

estilográfica [estilo'γrafika] *f* fountain pen.

estima [es'tima] *f* esteem.

estimación [estima'θjon] *f (aprecio)* esteem; *(valoración)* valuation.

estimado, da [esti'maðo, ða] *adj (querido)* esteemed; *(valorado)* valued; **Estimado señor** Dear Sir.

estimulante [estimu'lante] adj (alentador) encouraging. ◆ m stimulant.

estimular [estimu'lar] vt (animar) to encourage; (excitar) to stimulate.

estímulo [es'timulo] m incentive.

estirado, da [esti'raðo, ða] adj (orgulloso) haughty; (ropa) stretched.

estirar [esti'rar] vt to stretch. ◆ vi to pull. ❑ **estirarse** vpr (desperezarse) to stretch.

estirpe [es'tirpe] f stock.

esto ['esto] pron neutro this; ~ que dices what you're saying.

estofado [esto'faðo] m stew.

estoicismo [estoi'θizmo] m stoicism.

estoico, ca [es'tojko, ka] adj stoical.

estómago [es'tomavo] m stomach.

estorbar [estor'βar] vt (obstaculizar) to hinder; (molestar) to bother. ◆ vi (estar en medio) to be in the way; (molestar) to be a bother.

estorbo [es'torβo] m (obstáculo) hindrance.

estornudar [estornu'ðar] vi to sneeze.

estornudo [estor'nuðo] m sneeze.

estos, tas ['estos, tas] adj pl these.

éstos, tas ['estos, tas] pron pl (cercano en espacio) these (ones); (cercano en el tiempo) these.

estrafalario, ria [estrafa'larjo, rja] adj fam eccentric.

estrangulador, ra [estrangula'ðor, ra] m, f strangler.

estrangular [estrangu'lar] vt to strangle.

estrategia [estra'texja] f strategy.

estratégico, ca [estra'texiko, ka] adj strategic.

estrechar [estre'tʃar] vt (camino, ca-

lle) to narrow; (ropa) to take in; (amistad, relación) to make closer; ~ la mano a alguien to shake sb's hand. ❑ **estrecharse** vpr (apretarse) to squeeze up.

estrecho, cha [es'tretʃo, tʃa] adj (calle, camino, etc) narrow; (zapato, ropa, etc) tight; (amistad) close. ◆ m strait; **estar** ~ (en un lugar) to be cramped.

estrella [es'treʎa] f star; ~ **de cine** film star; ~ **fugaz** shooting star; ~ **de mar** starfish.

estrellarse [estre'ʎarse] vpr (chocar) to crash.

estremecerse [estreme'θerse] ◆ **estremecerse de** v + prep to tremble with.

estrenar [estre'nar] vt (ropa) to wear for the first time; (espectáculo) to première; (coche, vajilla, sábanas) to use for the first time.

estreno [es'treno] m (de espectáculo) première.

estreñimiento [estreɲi'mjento] m constipation.

estrepitoso, sa [estrepi'toso, sa] adj (ruido, caída, etc) noisy.

estrés [es'tres] m stress.

estría [es'tria] f groove.

estribillo [estri'βiʎo] m (de canción) chorus.

estribo [es'triβo] m (del jinete) stirrup; (del automóvil) step; **perder los** ~**s** to fly off the handle.

estribor [estri'βor] m starboard.

estricto, ta [es'trikto, ta] adj strict.

estrofa [es'trofa] f verse.

estropajo [estro'paxo] m scourer.

estropeado, da [estro'peaðo, ða] adj (coche) broken down; (máquina) out of order.

estropear [estro'pear] vt (proyecto, plan, comida, etc) to spoil; (averiar) to break; *(dañar)* to damage. □ **estropearse** *vpr (máquina, aparato)* to break down.

estructura [estruk'tura] *f* structure.

estuario [es'tuarjo] *m* estuary.

estuche [es'tutʃe] *m* case.

estudiante [estu'ðjante] *mf* student.

estudiar [estu'ðjar] *vt & vi* to study.

estudio [es'tuðjo] *m* study; *(de artista)* studio; *(piso)* studio apartment. □ **estudios** *mpl (de radio, televisión)* studios; *(educación)* education *(sg)*.

estudioso, sa [estu'ðjoso, sa] *adj* studious.

estufa [es'tufa] *f* heater.

estupefacto, ta [estupe'fakto, ta] *adj* astonished.

estupendo, da [estu'pendo, da] *adj* great. ♦ *interj* great!

estupidez [estupi'ðeθ] *f (calidad)* stupidity; *(dicho, acto)* stupid thing.

estúpido, da [es'tupiðo, ða] *adj* stupid.

ETA ['eta] *f (abrev de Euskadi ta Askatasuna)* ETA *(terrorist Basque separatist organization)*.

etapa [e'tapa] *f* stage.

etarra [e'tara] *mf* member of 'ETA'.

etc. *(abrev de etcétera)* etc.

etcétera [et'θetera] *adv* etcetera.

eternidad [eterni'ðað] *f* eternity; **una ~** *fam* ages *(pl)*.

eterno, na [e'terno, na] *adj (perpetuo)* eternal; *fam (que dura mucho, que se repite)* interminable.

ética ['etika] *f* ethics *(pl)*.

ético, ca [e'tiko, ka] *adj* ethical.

etimología [etimolo'xia] *f* etymology.

etiqueta [eti'keta] *f (de paquete, vestido)* label; *(normas)* etiquette; **de ~** formal.

étnico, ca ['etniko, ka] *adj* ethnic.

eucalipto [euka'lipto] *m* eucalyptus.

eucaristía [eukaris'tia] *f* Eucharist.

eufemismo [eufe'mizmo] *m* euphemism.

eufórico, ca [eu'foriko, ka] *adj* elated.

euro ['euro] *m* euro.

Europa [eu'ropa] Europe.

europeo, a [euro'peo, a] *adj & m, f* European.

Euskadi [eus'kaði] the Basque Country.

euskera [eus'kera] *adj & m* Basque.

eutanasia [euta'nasja] *f* euthanasia.

evacuación [eβakwa'θjon] *f* evacuation.

evacuar [eβa'kwar] *vt* to evacuate.

evadir [eβa'ðir] *vt* to avoid. □ **evadirse** *vpr*: **~ se** to escape from.

evaluación [eβalwa'θjon] *f (de trabajo, examen, etc)* assessment; *(de casa, terreno, etc)* valuation.

evaluar [eβalu'ar] *vt (trabajo, examen, etc)* to assess; *(casa, terreno, etc)* to value.

evangelio [eβaŋ'xeljo] *m* gospel.

evangelización [eβaŋxeliθa'θjon] *f* evangelization.

evaporarse [eβapo'rarse] *vpr* to evaporate.

evasión [eβa'sjon] *f (distracción)* amusement; *(fuga)* escape; **~ de capitales** capital flight.

eventual [eβentu'al] *adj (posible)* possible; *(trabajador)* casual.

eventualidad [eβentyali'ðað] f (posibilidad) possibility.

evidencia [eβi'ðenθja] f (seguridad) obviousness; (prueba) evidence.

evidente [eβi'ðente] adj evident.

evidentemente [eβi,ðente'mente] adv evidently.

evitar [eβi'tar] vt to avoid; (desastre, peligro) to avert.

evocar [eβo'kar] vt to evoke.

evolución [eβolu'θjon] f (desarrollo) development; (cambio) evolution; (movimiento) manoeuvre.

evolucionar [eβoluθjo'nar] vi (progresar) to evolve; (cambiar) to change; (hacer movimientos) to carry out manoeuvres.

exactamente [ek,sakta'mente] adv exactly.

exactitud [eksakti'tuð] f (fidelidad) accuracy; (rigurosidad) exactness.

exacto, ta [ek'sakto, ta] adj (riguroso) exact; (preciso) accurate; (correcto) correct; (cantidad, hora, etc) precise; (igual) exactly the same.

exageración [eksaxera'θjon] f exaggeration.

exagerado, da [eksaxe'raðo, ða] adj (poco razonable) exaggerated; (precio) exorbitant.

exagerar [eksaxe'rar] vt & vi to exaggerate.

exaltarse [eksal'tarse] vpr to get excited.

examen [ek'samen] m (prueba, ejercicio) exam; (inspección) examination.

examinar [eksami'nar] vt to examine. ▫ **examinarse** vpr: ~ se (de) to take an exam (in).

excavación [eksкaβa'θjon] f (en arqueología) dig.

excavadora [eksкaβa'ðora] f (mechanical) digger.

excavar [eksкa'βar] vt (en arqueología) to excavate.

excedencia [eksθe'ðenθja] f leave (of absence).

exceder [eksθe'ðer] vt to exceed. ▫ **excederse** vpr (propasarse) to go too far.

excelencia [eksθe'lenθja] f (calidad superior) excellence; (tratamiento) Excellency; **por** ~ par excellence.

excelente [eksθe'lente] adj excellent.

excentricidad [eksθentriθi'ðað] f eccentricity.

excéntrico, ca [eks'θentriko, ka] m, f eccentric.

excepción [eksθep'θjon] f exception; **a o con** ~ **de** except for; **de** ~ exceptional.

excepcional [eksθepθjo'nal] adj exceptional.

excepto [eks'θepto] adv except (for).

excesivo, va [eksθe'siβo, βa] adj excessive.

exceso [eks'θeso] m excess; **en** ~ excessively; ~ **de peso** excess weight; ~ **de velocidad** speeding. ▫ **excesos** mpl (abusos) excesses.

excitar [eksθi'tar] vt (provocar nerviosismo) to agitate; (ilusionar) to excite. ▫ **excitarse** vpr (ponerse nervioso) to get agitated; (ilusionarse) to get excited.

exclamación [eksklama'θjon] f (grito) cry.

excluir [eksklu'ir] vt (descartar) to rule out; (no admitir) to exclude.

exclusiva [eksklu'siβa] f (periódico) exclusive; COMM exclusive rights; **en** ~ exclusive = **exclusivo**.

exclusivo, va [eksklu'siβo, βa] adj exclusive.

excursión [ekskur'sjon] *f* trip; **'excursiones** 'day trips'.

excusa [eks'kusa] *f (pretexto)* excuse; *(disculpa)* apology.

excusar [eksku'sar] *vt (disculpar)* to excuse. □ **excusarse** *vpr* to apologize.

exento, ta [ek'sento, ta] *adj* exempt.

exhaustivo, va [eksaus'tiβo, βa] *adj* exhaustive.

exhibición [eksiβi'θjon] *f (demostración)* display; *(deportiva, artística)* exhibition; *(de películas)* showing.

exhibir [eksi'βir] *vt (productos)* to display; *(cuadros, etc)* to exhibit; *(película)* to show.

exigencia [eksi'xenθja] *f (petición)* demand; *(pretensión)* fussiness.

exigente [eksi'xente] *adj* demanding.

exigir [eksi'xir] *vt (pedir)* to demand; *(requerir)* to require.

exiliar [eksi'ljar] *vt* to exile. □ **exiliarse** *vpr* to go into exile.

exilio [ek'siljo] *m* exile.

existencia [eksis'tenθja] *f* existence. □ **existencias** *fpl* stock *(sg).*

existir [eksis'tir] *vi* to exist; **existen varias razones** there are several reasons.

éxito ['eksito] *m* success; *(canción)* hit; **tener ~** to be successful.

exitoso, sa [eksi'toso, sa] *adj Amér* successful.

exótico, ca [ek'sotiko, ka] *adj* exotic.

expedición [ekspeði'θjon] *f* expedition; *(de carné)* issuing.

expediente [ekspe'ðjente] *m (de trabajador, empleado)* file; *(documentación)* documents *(pl)*; *(de alumno)* record, transcript *Am.*

expedir [ekspe'ðir] *vt (paquete, mer-*

cancía, etc) to send; *(documento)* to draw up; *(pasaporte, carné)* to issue.

expendedor, ra [ekspende'ðor, ra] *m, f (comerciante)* dealer; *(de lotería)* vendor; **~ automático** vending machine; **'expendedora de billetes'** 'ticket machine'.

expensas [eks'pensas] *fpl* expenses; **a ~ de** at the expense of.

experiencia [ekspe'rjenθja] *f* experience; *(experimento)* experiment.

experimentado, da [eksperimen'taðo, ða] *adj* experienced.

experimental [eksperimen'tal] *adj* experimental.

experimentar [eksperimen'tar] *vt (en ciencia)* to experiment with; *(probar)* to test; *(sensación, sentimiento)* to experience.

experimento [eksperi'mento] *m* experiment.

experto, ta [eks'perto, ta] *m, f* expert; **~ en** expert on.

expirar [ekspi'rar] *vi formal* to expire.

explicación [eksplika'θjon] *f* explanation.

explicar [ekspli'kar] *vt* to explain; *(enseñar)* to teach. □ **explicarse** *vpr (hablar)* to explain o.s.; *(comprender)* to understand.

explícito, ta [eks'pliθito, ta] *adj* explicit.

explorador, ra [eksplora'ðor, ra] *m, f* explorer.

explorar [eksplo'rar] *vt* to explore.

explosión [eksplo'sjon] *f (de bomba, artefacto)* explosion; *(de alegría, tristeza)* outburst.

explosivo, va [eksplo'siβo, βa] *adj & m* explosive.

explotación [eksplota'θjon] *f (de petróleo)* drilling; *(agrícola)* farming; *(de mina)* mining; *(de negocio)* run-

extracción

ning; *(de trabajador, obrero)* exploitation; ~ **agrícola** *(instalación)* farm.

explotar [eksplo'tar] *vi* to explode. ◆ *vt (mina)* to work; *(negocio)* to run; *(terreno)* to farm; *(obreros)* to exploit.

exponente [ekspo'nente] *m (ejemplo)* example.

exponer [ekspo'ner] *vt (explicar)* to explain; *(exhibir)* to display; *(arriesgar)* to risk. ❑ **exponerse a** *v + prep* to expose o.s. to.

exportación [eksporta'θjon] *f* export.

exportar [ekspor'tar] *vt* to export.

exposición [eksposi'θjon] *f (de pinturas)* exhibition; *(en fotografía)* exposure; *(en escaparate)* display; *(de automóviles)* show; *(de tema, asunto)* explanation; ~ **de arte** art exhibition.

expositor, ra [eksposi'tor, ra] *m, f (persona)* exhibitor. ◆ *m (mueble)* display cabinet.

exprés [eks'pres] *adj (tren)* express; *(café)* espresso.

expresar [ekspre'sar] *vt* to express. ❑ **expresarse** *vpr* to express o.s.

expresión [ekspre'sjon] *f* expression.

expresivo, va [ekspre'siβo, βa] *adj (elocuente)* expressive; *(afectuoso)* affectionate.

expreso, sa [eks'preso, sa] *adj (claro)* clear; *(tren)* express. ◆ *m (tren)* express train.

exprimidor [eksprimi'ðor] *m* squeezer.

exprimir [ekspri'mir] *vt (limón, naranja)* to squeeze.

expuesto, ta [eks'pwesto, ta] *pp* → **exponer**. ◆ *adj*: **estar ~ a** to be exposed to.

expulsar [ekspul'sar] *vt (de clase, local)* to throw out; *(de colegio)* to expel; *(jugador)* to send off.

expulsión [ekspul'sjon] *f (de local)* throwing-out; *(de colegio)* expulsion; *(de jugador)* sending-off.

exquisito, ta [ekski'sito, ta] *adj (comida)* delicious.

éxtasis ['ekstasis] *m inv* ecstasy.

extender [eksten'der] *vt (desplegar)* to spread (out); *(brazos, piernas)* to stretch; *(influencia, dominio)* to extend; *(documento)* to draw up; *(cheque)* to make out; *(pasaporte)* to issue. ❑ **extenderse** *vpr (ocupar)* to extend; *(durar)* to last; *(hablar mucho)* to talk at length; *(difundirse)* to spread.

extensión [eksten'sjon] *f (en espacio)* area; *(en tiempo)* length; *(alcance)* extent; *(de teléfono)* extension.

extenso, sa [eks'tenso, sa] *adj (espacio)* extensive; *(duración)* long.

exterior [ekste'rjor] *adj (de fuera)* outside; *(capa)* outer; *(extranjero)* foreign. ◆ *m (parte exterior)* outside.

exterminar [ekstermi'nar] *vt* to exterminate.

externo, na [eks'terno, na] *adj* outer. ◆ *m, f (alumno)* day boy *(f* day girl*)* *Br,* day student *Am*; **'uso ~'** 'for external use only'.

extinguirse [ekstin'girse] *vpr (luz, fuego)* to go out; *(vida, amor)* to come to an end.

extintor [ekstin'tor] *m* fire extinguisher.

extirpar [ekstir'par] *vt formal (órgano)* to remove.

extra ['ekstra] *adj (de calidad superior)* top-quality; *(de más)* extra. ◆ *m* extra.

extracción [ekstrak'θjon] *f formal (de órgano)* removal; *(de petróleo)* drilling; *(de mineral)* mining.

extracto [eks'trakto] *m (resumen)* summary; *(sustancia)* extract; ~ **de cuentas** bank statement.

extractor [ekstrak'tor] *m* extractor (fan).

extradición [ekstraði'θjon] *f* extradition.

extraer [ekstra'er] *vt formal (órgano)* to remove; *(petróleo)* to drill for.

extranjero, ra [ekstran'xero, ra] *adj* foreign. ♦ *m, f* foreigner. ♦ *m* foreign countries *(pl)*; **en el/al ~** abroad.

extrañar [ekstra'ɲar] *vt (echar de menos)* to miss; *(sorprender)* to surprise. ❑ **extrañarse de** *v + prep* to be surprised at.

extrañeza [ekstra'ɲeθa] *f* surprise.

extraño, ña [eks'traɲo, ɲa] *adj* strange. ♦ *m, f* stranger.

extraordinario, ria [ekstraorði'narjo, rja] *adj* extraordinary.

extraterrestre [ekstrate'rrestre] *mf* extraterrestrial.

extravagante [ekstraβa'ɣante] *adj* eccentric.

extraviar [ekstraβi'ar] *vt formal (perder)* to mislay. ❑ **extraviarse** *vpr formal (objeto)* to go missing; *(persona)* to get lost.

extremar [ekstre'mar] *vt* to go to extremes with.

extremaunción [ekstremaun'θjon] *f* extreme unction.

extremidades [ekstremi'ðaðes] *fpl* extremities.

extremista [ekstre'mista] *mf* extremist.

extremo, ma [eks'tremo, ma] *adj (último)* furthest; *(exagerado)* extreme. ♦ *m (final)* end; *(punto máximo)* extreme; **en ~** extremely.

extrovertido, da [ekstroβer'tiðo, ða] *adj* extrovert *Br*, extroverted *Am*.

F

fabada [fa'βaða] *f*: ~ **(asturiana)** Asturian stew made of beans, pork sausage and bacon.

fábrica ['faβrika] *f* factory.

fabricante [faβri'kante] *mf* manufacturer.

fabricar [faβri'kar] *vt* to make, to manufacture; **'fabricado en'** 'made in'.

fábula [fa'βula] *f (relato)* fable.

fabuloso, sa [faβu'loso, sa] *adj (extraordinario)* fabulous; *(irreal)* mythical.

faceta [fa'θeta] *f* facet.

fachada [fa'tʃaða] *f (de edificio)* façade.

fácil ['faθil] *adj (dócil)* easy-going; *(probable)* likely.

facilidad [faθili'ðað] *f (aptitud)* aptitude; *(sencillez)* ease; **tener ~ para** to have a gift for; **~ es de pago** easy *(payment)* terms.

facilitar [faθili'tar] *vt (hacer fácil)* to make easy; *(hacer posible)* to make possible; *(proporcionar)* to provide.

factor [fak'tor] *m (elemento, condición)* factor; *(empleado)* luggage clerk.

factura [fak'tura] *f (de gas, teléfono, hotel)* bill; *(por mercancías, etc)* invoice.

facturación [faktura'θjon] *f (de equipaje)* checking-in; *(de empresa)* turnover; **'facturación'** 'check-in'.

facturar [faktu'rar] *vt (equipaje)* to check in; *(cobrar)* to bill.

facultad [fakul'taθ] *f* faculty; *(poder)* right; **~ de ciencias/letras** faculty *Br* o college *Am* of science/arts.

faena [fa'ena] *f (tarea, trabajo)* task; *(en los toros)* bullfighter's performance.

faisán [faj'san] *m* pheasant.

faja ['faxa] *f (ropa interior)* girdle; *(para cintura)* sash.

fajo ['faxo] *m (de billetes)* wad.

falange [fa'lanxe] *f (hueso)* phalanx

falda ['falda] *f (prenda de vestir)* skirt; *(de montaña)* mountainside; *(de persona)* lap. □ **faldas** *fpl fam (mujeres)* girls.

falla ['faʎa] *f (de terreno)* fault; *(de cartón)* cardboard figure burned during 'Fallas'. □ **Fallas** *fpl* celebrations in Valencia on 19 March during which 'fallas' are burned.

FALLAS

Valencia is famous for the festival known as "las Fallas". Throughout the year, people prepare gaudily painted wood and papiermâché sculptures representing topical events or scenes from daily life ("fallas") which almost always feature grotesque caricature figures ("ninots"). These are displayed in the streets and squares of Valencia from 16-19 March, and a jury decides which will be spared from being burned in the "cremà" at midnight on 19 March. Similar celebrations are held in other cities and towns in the region.

fallar [fa'ʎar] *vi (equivocarse)* to get it wrong; *(no acertar)* to miss; *(fracasar, no funcionar)* to fail.

fallecer [faʎe'θer] *vi formal* to pass away.

fallo ['faʎo] *m (equivocación)* mistake; *(de frenos, etc)* failure; *(sentencia)* verdict.

falsedad [false'ðaθ] *f* falseness.

falsete [fal'sete] *m* falsetto.

falsificar [falsifi'kar] *vt* to forge.

falso, sa ['falso, sa] *adj (afirmación, noticia)* false; *(puerta, sonrisa)* hidden; *(joya, piel)* fake; *(dinero, cuadro)* forged; *(hipócrita)* deceitful.

falta ['falta] *f (carencia)* lack; *(necesidad)* need; *(error)* mistake; *(de asistencia, puntualidad)* absence; *(en fútbol, etc)* foul; *(en tenis)* fault; *(infracción)* offence; **echar en ~ algo/a alguien** *(echar de menos)* to miss sthg/sb; *(notar la ausencia de)* to notice sthg/sb is missing; **hacer ~** to be necessary; **me hace ~ suerte** I need some luck; **~ de educación** rudeness.

faltar [fal'tar] *vi (no haber)* to be lacking; *(estar ausente)* to be absent; **falta aire** there isn't enough air; **falta sal** it needs some salt; **falta un lápiz** I need a pencil; **le falta interés** she lacks interest; **falta una semana** there's a week to go; **faltan 15 km para Londres** we're 15 km away from London; **a ~ a clase** not to attend one's classes; **¡no faltaba más!** that's all I/we *etc* needed! □ **faltar a** *v + prep (obligación)* to neglect; *(palabra, promesa)* to break; *(cita, trabajo)* not to turn up at; *(ofender)* to offend.

fama ['fama] *f (renombre)* fame; *(reputación)* reputation.

familia [fa'milja] *f* family; **~ numerosa** large family.

familiar [fami'ljar] *adj (de familia)* family *(antes de s)*; *(conocido)* familiar; *(llano)* informal. ◆ *mf* relative.

familiarizarse [familjari'θarse]

◆ **familiarizarse con** v + prep to familiarize o.s. with.

famoso, sa [fa'moso, sa] adj famous.

fanatismo [fana'tizmo] m fanaticism.

fandango [fan'dango] m fandango.

fanfarrón, ona [fanfa'rron, ona] adj boastful.

fantasía [fanta'sia] f (imaginación) imagination; (imagen, ilusión) fantasy.

fantasma [fan'tazma] m (aparición) ghost; fam (persona presuntuosa) show-off.

fantástico, ca [fan'tastiko, ka] adj fantastic.

farmacéutico, ca [farma'θeytiko, ka] m, f chemist.

farmacia [far'maθja] f chemist's (shop) (Br), pharmacy (Am); '~ de guardia' 'duty chemist's'.

faro ['faro] m (torre) lighthouse. ◻ **faros** mpl (de coche) headlights.

farol [fa'rol] m (lámpara) street light; (en los toros) movement in which bullfighter throws cape towards bull before passing it over his head to rest on his shoulders.

farola [fa'rola] f (poste) lamppost; (farol) street light.

farolillo [faro'liʎo] m paper lantern.

farsa ['farsa] f farce.

farsante [far'sante] adj (impostor) fraudulent; (hipócrita) deceitful.

fascismo [fas'θizmo] m fascism.

fascista [fas'θista] mf fascist.

fase ['fase] f phase.

fastidiar [fasti'ðjar] vt (molestar) to annoy; (fiesta, planes) to ruin; (máquina, objeto) to break. ◻ **fastidiarse** vpr fam (persona) to put up with it; (plan, proyecto) to be ruined.

fastidio [fas'tiðjo] m (molestia) bother.

fatal [fa'tal] adj (trágico) fatal; (inevitable) inevitable; (malo) awful. ◆ adv fam (mal) awful; **me siento** ~ I feel awful.

fatalidad [fatali'ðað] f (desgracia) misfortune; (destino, suerte) fate.

fatiga [fa'tiɣa] f (cansancio) fatigue.

fatigarse [fati'ɣarse] vpr to get tired.

fauna ['fauna] f fauna.

favor [fa'βor] m favour; **estar a ~ de** to be in favour of; **hacer un ~ a alguien** to do sb a favour; **pedir un ~ a alguien** to ask sb a favour; **por ~** please.

favorable [faβo'raβle] adj favourable.

favorecer [faβore'θer] vt (quedar bien) to suit; (beneficiar) to favour.

favorito, ta [faβo'rito, ta] adj favourite.

fax [faks] m inv fax.

fayuquero [faju'kero] m CAm & Méx contraband dealer.

fe [fe] f faith; **de buena/mala ~** in good/bad faith.

fealdad [feal'dað] f ugliness.

febrero [fe'βrero] m February ≃ setiembre.

fecha ['fetʃa] f date; **~ de caducidad** (de carné etc) expiry date; (de alimentos) sell-by date Br, best-before date Am; (de medicamentos) use-by date Br, expiration date Am; **~ de nacimiento** date of birth. ◻ **fechas** fpl (período, época) time (sg).

fechar [fe'tʃar] vt to date.

fecundo, da [fe'kundo, da] adj (mujer) fertile; (productivo, creativo) prolific.

federación [feðera'θjon] f federation.

felicidad [feliθi'ðað] f happiness. □ **felicidades** interj (enhorabuena) congratulations!; (en cumpleaños) happy birthday!

felicitación [feliθita'θjon] f (de palabra) congratulations (pl); (tarjeta) greetings card.

felicitar [feliθi'tar] vt to congratulate.

feligrés, esa [feli'ɣres, esa] m, f parishioner.

feliz [fe'liθ] adj happy; (viaje, trayecto, día) pleasant; **¡felices Pascuas!** Happy Easter!; **¡~ Año Nuevo!** Happy New Year!; **¡~ cumpleaños!** Happy Birthday!; **¡~ Navidad!** Merry Christmas.

felpudo [fel'puðo] m doormat.

femenino, na [feme'nino, na] adj feminine.

feminismo [femi'nizmo] m feminism.

feminista [femi'nista] mf feminist.

fémur ['femur] m thighbone.

fenomenal [fenome'nal] adj (estupendo) wonderful; fam (muy grande) huge.

fenómeno [fe'nomeno] m phenomenon. ◆ adv fam brilliantly.

feo, a ['feo, a] adj (rostro, decoración) ugly; (actitud, comportamiento, tiempo) nasty.

féretro ['feretro] m coffin.

feria ['ferja] f fair; **~ de muestras** trade fair. □ **ferias** fpl (fiestas) festival (sg).

The "feria de abril" in Seville is one of Spain's most famous festivals. People gather in an open-air compound to look at the hundreds of stalls and to drink, talk and dance the "sevillanas". At the same time, the first bullfights of the season are held in Seville's bullrings.

feriado [fe'rjaðo] m Amér (public) holiday.

fermentación [fermenta'θjon] f fermentation.

feroz [fe'roθ] (pl -ces [θes]) adj (animal) fierce; (cruel) savage.

ferretería [ferete'ria] f ironmonger's (shop) (Br), hardware store (Am).

ferrocarril [feroka'ril] m railway Br, railroad Am.

ferroviario, ria [fero'βjarjo, rja] adj rail (antes de s).

ferry ['feri] m ferry.

fértil ['fertil] adj fertile.

fertilidad [fertili'ðað] f fertility.

festival [festi'βal] m festival; **~ de cine** film festival.

The most important theatre festivals in Spain are the "Festival Internacional de Teatro de Mérida" and the "Fira de Teatre al Carrer de Tàrrega". Film festivals are usually held in September and October, the most important being the "Festival Internacional de Cine de San Sebastián", the "Semana Internacional de Cine de Valladolid (SEMINCI)", the "Festival de Cinema Fantàstic de Sitges" and the "Festival de Cine Iberoamericano de Huelva".

festividad [festiβi'ðað] f festivity.

festivo

festivo, va [fes'tiβo, βa] *adj (traje)* festive; *(humorístico)* funny.

feto ['feto] *m* foetus.

fiambre ['fjambre] *m* cold meat (Br), cold cut (Am).

fiambrera [fjam'brera] *f* lunch box.

fianza ['fjanθa] *f (de alquiler, venta)* deposit; *(de preso)* bail.

fiar [fi'ar] *vt (vender a crédito)* to sell on credit. □ **fiarse de** *v + prep* to trust.

fibra ['fiβra] *f* fibre.

ficción [fik'θjon] *f* fiction.

ficha ['fitʃa] *f (de datos)* card; *(de datos personales)* file; *(de guardarropa, parking)* ticket; *(de casino)* chip; *(de dominó, parchís, etc)* counter.

fichar [fi'tʃar] *vt (contratar)* to sign up; *(delincuente)* to put on police files. ◆ *vi (empleado)* to clock in/ out.

fichero [fi'tʃero] *m* file.

ficticio, cia [fik'tiθjo, θja] *adj* fictitious.

fidelidad [fiðeli'ðað] *f (lealtad)* loyalty; *(exactitud)* accuracy.

fideos [fi'ðeos] *mpl* noodles.

fiebre ['fjeβre] *f* fever; **tener ~** to have a temperature.

fiel [fjel] *adj (amigo, seguidor)* loyal; *(cónyuge)* faithful; *(exacto)* accurate. ◆ *m (cristiano)* believer.

fieltro ['fjeltro] *m* felt.

fiera ['fjera] *f (animal)* wild animal.

fiero, ra ['fjero, ra] *adj* savage.

fierro ['fjero] *m* Amér iron.

fiesta ['fjesta] *f (de pueblo, etc)* festivities *(pl)*; *(reunión)* party; *(día festivo)* public holiday; *(alegría)* delight; **~ mayor** *local celebrations for the festival of a town's patron saint.*

 FIESTAS PATRONALES

Throughout Spain and Latin America towns and villages hold 'fiestas', which consist of celebrations and cultural activities in honour of their patron saint. The types of activities organized vary greatly from place to place, but are typically outdoor and often include regional folklore, dancing, music, theatre, exhibitions, processions, firework displays, sporting events, bullfighting and funfairs. They all involve eating and drinking, and may last from a weekend up to 10 days.

FIESTAS PATRIAS

This is the name given to the national celebrations held across all of Spanish-speaking America to mark the day on which each country gained independence from Spain. The Independence Day celebrations usually last two days.

figura [fi'yura] *f (forma exterior)* shape; *(representación)* figure.

figurar [fiyu'rar] *vt (representar)* to represent; *(simular)* to feign. ◆ *vi (constar)* to appear; *(ser importante)* to be important. □ **figurarse** *vpr (imaginarse)* to imagine.

figurativo, va [fiyura'tiβo, βa] *adj* figurative.

figurín [fiyu'rin] *m (dibujo)* fashion sketch; *(revista)* fashion magazine.

fijador [fixa'ðor] *m (de pelo)* hairspray; *(crema)* hair gel.

fijar [fi'xar] *vt* to fix. □ **fijarse** *vpr (prestar atención)* to pay attention,

~ se en *(darse cuenta de)* to notice.

fijo, ja ['fixo, xa] *adj* fixed; *(sujeto)* secure; *(fecha)* definite.

fila ['fila] *f (hilera)* line.

filatelia [fila'telja] *f* philately.

filete [fi'lete] *m* fillet; *(de carne)* steak; **~ de ternera** fillet of veal; **~ de lenguado** fillet of sole.

filiación [filja'θjon] *f (datos personales)* record; *(procedencia)* relationship.

filial [fi'ljal] *adj* filial. ◆ *f* subsidiary.

Filipinas [fili'pinas] *fpl:* **(las) Filipinas** the Philippines.

filmar [fil'mar] *vt & vi* to film.

filoso, sa [fi'loso, sa] *adj Amér* sharp.

filosofar [filoso'far] *vi fam* to philosophize.

filosofía [filoso'fia] *f* philosophy.

filósofo, fa [fi'losofo, fa] *m, f* philosopher.

filtrar [fil'trar] *vt (líquido)* to filter; *(noticia, información)* to leak.

filtro ['filtro] *m* filter; **bronceador con 15 ~ s** factor 15 suntan lotion.

fin [fin] *m* end; *(objetivo)* aim; **a ~ de que** in order that; **a ~ es de** at the end of; **en ~** anyway; **por ~** finally; **'~ zona de estacionamiento'** 'end of parking zone'.

final [fi'nal] *adj & f* final. ◆ *m* end.

finalidad [finali'ðað] *f* purpose.

finalista [fina'lista] *mf* finalist.

finalizar [finali'θar] *vt & vi* to finish.

financiación [finanθja'θjon] *f* financing.

financiar [finan'θjar] *vt* to finance.

financista [finan'θista] *mf Amér* financier.

finanzas [fi'nanθas] *fpl* finance *(sg)*.

finca ['finka] *f (bienes inmuebles)* property; *(casa de campo)* country residence.

finger ['finger] *m (de aeropuerto)* jetway.

fingir [fin'xir] *vt* to feign.

finlandés, esa [finlan'des, esa] *adj* Finnish. ◆ *m, f* Finn.

Finlandia [fin'landja] Finland.

fino, na ['fino, na] *adj (delgado)* thin; *(suave)* smooth; *(esbelto)* slim; *(restaurante, hotel)* posh; *(persona)* refined; *(de calidad, sabor, olor)* fine; *(sutil)* subtle. ◆ *m* dry sherry; **finas hierbas** fines herbes.

fiordo ['fjorðo] *m* fjord.

firma ['firma] *f (de persona)* signature; *(empresa)* firm.

firmar [fir'mar] *vt* to sign.

firme ['firme] *adj* firm; *(bien sujeto)* stable; *(carácter)* resolute.

firmemente [,firme'mente] *adv* firmly.

firmeza [fir'meθa] *f (solidez)* stability; *(constancia)* firmness; *(de carácter)* resolution.

fiscal [fis'kal] *adj* tax *(antes de s).* ◆ *mf* public prosecutor *(Br)*, district attorney *(Am)*.

fiscalía [fiska'lia] *f (oficio)* post of public prosecutor *(Br)*, post of district attorney *(Am)*; *(oficina)* public prosecutor's office *(Br)*, district attorney's office *(Am)*.

física ['fisika] *f* physics *(sg)* → **físico**.

físico, ca ['fisiko, ka] *adj* physical. ◆ *m, f* physicist. ◆ *m (aspecto exterior)* physique.

fisioterapeuta [fisjotera'peɥta] *mf* physiotherapist.

fisonomía [fisono'mia] *f* appearance.

fisonomista [fisono'mista] adj good at remembering faces.

flaco, ca ['flako, ka] adj thin.

flamante [fla'mante] adj (llamativo) resplendent; (nuevo) brand-new.

flamenco, ca [fla'menko, ka] m (ave) flamingo; (cante andaluz) flamenco.

flan [flan] m crème caramel Br, flan Am; ~ **con nata** crème caramel with whipped cream.

flaqueza [fla'keθa] f weakness.

flash [flas] m (en fotografía) flash.

flauta ['flauta] f flute.

flecha ['fletʃa] f arrow.

fleco ['fleko] m (de cortina, mantel) fringe. □ **flecos** mpl (de pantalón, camisa) frayed edges.

flemón [fle'mon] m gumboil.

flequillo [fle'kiʎo] m fringe.

flexibilidad [fleksiβili'ðað] f flexibility.

flexible [flek'siβle] adj flexible.

flexión [flek'sjon] f (ejercicio) press-up Br, push-up Am.

flojera [flo'xera] f fam lethargy.

flojo, ja ['floxo, xa] adj (cuerda, clavo) loose; (carácter, persona) weak; (de poca calidad) poor.

flor [flor] f flower.

flora ['flora] f flora.

florecer [flore'θer] vi (planta) to flower; (prosperar) to flourish.

florero [flo'rero] m vase.

florido, da [flo'riðo, ða] adj (árbol) blossoming; (jardín) full of flowers.

florista [flo'rista] mf florist.

floristería [floriste'ria] f florist's (shop).

flota ['flota] f fleet.

flotador [flota'ðor] m (para la cintura) rubber ring Br, life saver Am; (para

los brazos) arm band Br, water wing Am.

flotar [flo'tar] vi to float.

flote ['flote] ◆ **a flote** adv afloat; **salir a ~** fig to get back on one's feet.

fluido, da ['fluiðo, ða] adj (líquido) fluid; (lenguaje, estilo) fluent. ◆ m fluid.

fluir [flu'ir] vi to flow.

flúor ['fluor] m (en dentífrico) fluoride.

FM [efe'eme] f (abrev de frecuencia modulada) FM.

foca ['foka] f seal.

foco ['foko] m (en teatro) spotlight; (en campo de fútbol) floodlight; (en infección, epidemia) centre; Andes & Méx (bombilla) light bulb.

foie-gras ['fua'ɣras] m inv foie-gras.

foja ['foxa] f Amér (fólio) sheet.

folio ['foljo] m sheet (of paper).

folklórico, ca [fol'kloriko, ka] adj (tradición, baile) traditional, popular; fam (ridículo) absurd.

follaje [fo'ʎaxe] m foliage.

folleto [fo'ʎeto] m (turístico, publicitario) brochure; (explicativo, de instrucciones) leaflet.

fomentar [fomen'tar] vt to encourage.

fonda ['fonda] f boarding house.

fondo ['fondo] m bottom; (de dibujo, fotografía) background; (dimensión) depth; **a ~** thoroughly; **al ~ de** (calle) at the end of; (habitación) at the back of. □ **fondos** mpl (dinero) funds; (de archivo, biblioteca) catalogue (sg).

fono ['fono] m Amér receiver.

fontanero, ra [fonta'nero, ra] m, f plumber.

footing ['futin] m jogging; **hacer ~** to go jogging.

forastero, ra [foras'tero, ra] *m, f* stranger.

forense [fo'rense] *mf* pathologist.

forestal [fores'tal] *adj* forest *(antes de s).*

forfait [for'fe] *m* ski pass.

forjar [for'xar] *vt (hierro)* to forge; *(crear)* to build up.

forma ['forma] *f (figura externa)* shape; *(modo, manera)* way; **en ~ de** in the shape of; **estar en ~** to be fit. □ **formas** *fpl (modales)* social conventions.

formación [forma'θjon] *f* formation; *(educación)* training.

formal [for'mal] *adj (de forma)* formal; *(de confianza)* reliable; *(serio)* serious.

formalidad [formali'ðað] *f (seriedad)* seriousness; *(requisito)* formality.

formar [for'mar] *vt (crear)* to form; *(educar)* to train. □ **formarse** *vpr (educarse)* to be trained.

formidable [formi'ðaβle] *adj (estupendo)* amazing; *(grande)* tremendous.

fórmula ['formula] *f* formula.

formular [formu'lar] *vt* to formulate.

formulario [formu'larjo] *m* form.

forrar [fo'rar] *vt (libro)* to cover; *(ropa)* to line. □ **forrarse** *vpr fam* to make a pile of money.

forro ['foro] *m (de prenda de vestir)* lining; *(de libro)* cover.

fortaleza [forta'leθa] *f (fuerza)* strength; *(recinto)* fortress.

fortuna [for'tuna] *f (suerte)* (good) luck; *(riqueza)* fortune.

forzado, da [for'θaðo, ða] *adj* forced.

forzar [for'θar] *vt* to force; **~ a al-**

guien a hacer algo to force sb to do sthg.

forzosamente [for,θosa'mente] *adv* necessarily.

fósforo ['fosforo] *m (cerilla)* match.

fósil ['fosil] *m* fossil.

foso ['foso] *m (de castillo)* moat; *(de orquesta)* pit; *(hoyo)* ditch.

foto ['foto] *f fam* photo; **sacar una ~** to take a photo.

fotocopia [foto'kopja] *f* photocopy.

fotocopiadora [fotokopja'ðora] *f* photocopier.

fotocopiar [fotoko'pjar] *vt* to photocopy.

fotografía [fotoɣra'fia] *f (imagen)* photograph; *(arte)* photography.

fotografiar [fotoɣrafi'ar] *vt* to photograph.

fotográfico, ca [foto'ɣrafiko, ka] *adj* photographic.

fotógrafo, fa [fo'toɣrafo, fa] *m, f* photographer.

fotomatón [fotoma'ton] *m* passport photo machine.

fra. *(abrev de factura)* inv.

fracasar [fraka'sar] *vi* to fail.

fracaso [fra'kaso] *m* failure.

fracción [frak'θjon] *f* fraction.

fractura [frak'tura] *f* fracture.

frágil ['fraxil] *adj:* **'frágil'** 'fragile'.

fragmento [fraɣ'mento] *m (pedazo)* fragment; *(de obra)* excerpt.

fraile ['fraile] *m* friar.

frambuesa [fram'bwesa] *f* raspberry.

francamente [,franka'mente] *adv (sinceramente)* frankly; *(muy)* really.

francés, esa [fran'θes,esa] *adj & m* French. ◆ *m, f* Frenchman *(f* Frenchwoman); **los franceses** the French.

Francia ['franθja] France.

franco, ca ['franko, ka] *adj (sincero)*
frank; *(sin obstáculos)* free. ◆ *m (moneda)* franc.

francotirador, ra [,frankotira-
'ðor, ra] *m, f* sniper.

franela [fra'nela] *f* flannel.

franqueo [fran'keo] *m* postage.

frasco ['frasko] *m* small bottle.

frase ['frase] *f* sentence.

fraternal [frater'nal] *adj* fraternal.

fraternidad [fraterni'ðað] *f*
brotherhood.

fraude ['frauðe] *m* fraud.

fray [fraj] *m* brother.

frazada [fra'θaða] *f Amér* blanket;
~ **eléctrica** electric blanket.

frecuencia [fre'kuenθja] *f* frequency; **con** ~ often.

frecuente [fre'kuente] *adj (repetido)* frequent; *(usual)* common.

fregadero [freɣa'ðero] *m (kitch-
en)* sink.

fregado, da [fre'ɣaðo, ða] *adj
Amér fam* annoying.

fregar [fre'ɣar] *vt (limpiar)* to wash;
(frotar) to scrub; *Amér fam (molestar)*
to bother; ~ **los platos** to do the
dishes.

fregona [fre'ɣona] *f (utensilio)*
mop; *despec (mujer)* skivvy.

freír [fre'ir] *vt* to fry.

frenar [fre'nar] *vt (parar)* to brake;
(contener) to contain. ◆ *vi* to brake.

frenazo [fre'naθo] *m*: **dar un** ~ to
slam on the brakes.

frenético, ca [fre'netiko, ka] *adj
(rabioso)* furious; *(exaltado)* frantic.

freno ['freno] *m* brake; ~ **de mano**
hand brake *(Br)*, parking brake *(Am)*;
~ **de urgencia** *(en tren)* emergency
cord.

frente¹ ['frente] *m* front; **estar al**
~ **de** *(dirigir)* to be at the head of.

frente² ['frente] *f (de la cara)* forehead; **de** ~ head on; ~ **a** opposite;
~ **a** ~ face to face.

fresa ['fresa] *f* strawberry.

fresco, ca ['fresko, ka] *adj* fresh;
(frío) cool; *(desvergonzado)* cheeky
Br, fresh *Am*; *(tejido, ropa)* light. ◆ *m,
f (desvergonzado)* cheeky *Br* ○ impu-
dent *Am* person. ◆ *m (frío suave)* cool;
(pintura) fresco; **hace** ~ it's chilly; **tomar el** ~ to get a breath of fresh air.

fresno ['freʒno] *m* ash (tree).

fresón [fre'son] *m* large strawberry.

fricandó [frikan'do] *m* frican-
deau.

frigorífico [friɣo'rifiko] *m* refrigerator.

frijol [fri'xol] *m (judía)* bean; *Amér
(tipo de judía)* pinto bean.

frío, a ['frio, a] *adj & m* cold; **hace** ~
it's cold; **tener** ~ to be cold.

fritada [fri'taða] *f* fried dish; ~ **de
pescado** *dish of fried fish.*

frito, ta ['frito, ta] *pp* → **freír.** ◆ *adj*
fried.

fritura [fri'tura] *f* fried dish.

frívolo, la ['friβolo, la] *adj* frivo-
lous.

frondoso, sa [fron'doso, sa] *adj*
leafy.

frontera [fron'tera] *f* border.

fronterizo, za [fronte'riθo, θa] *adj
(cerca de la frontera)* border *(antes de
s)*; *(vecino)* neighbouring.

frontón [fron'ton] *m (juego)* pelota,
jai alai; *(de edificio)* pediment.

frotar [fro'tar] *vt* to rub.

frustración [frustra'θjon] *f* frustration.

frustrar [frus'trar] *vt (plan, proyecto)* to thwart. ❑ **frustrarse** *vpr (persona)* to get frustrated; *(plan,
proyecto)* to fail.

fruta ['fruta] f fruit; ~ **del tiempo** fruit in season.

frutal [fru'tal] m fruit tree.

frutería [frute'ria] f fruit shop.

frutero, ra [fru'tero, ra] m, f (persona) fruiterer. ◆ m (plato) fruit bowl.

frutilla [fru'tiʎa] f Andes & RP strawberry.

fruto ['fruto] m fruit; (nuez, avellana, etc) nut. □ **frutos** mpl produce (sg); ~**s del bosque** fruits of the forest; ~**s secos** dried fruit and nuts.

fuego ['fweɣo] m fire; a ~ **lento** over a low heat; ¿tienes ~? do you have a light?; ~**s artificiales** fireworks.

fuelle ['fweʎe] m (de aire) bellows (pl); (entre vagones) concertina vestibule.

fuente ['fwente] f (manantial) spring; (en la calle) fountain; (recipiente) (serving) dish; (origen) source.

fuera ['fwera] v → **ir, ser**. ◆ adv (en el exterior) outside; (en otro lugar) away. ◆ m (fortaleza) fort; (afición) strong point. ◆ adv (con fuerza, intensidad) hard; (gritar) loudly.

fuerza ['fwerθa] f force; (de persona, animal, resistencia) strength; a ~ **de** by dint of; **a la** ~ by force; **por** ~ (por obligación) by force; (por necesidad) of necessity; **las** ~**s armadas** the armed forces.

fuga ['fuɣa] f (de persona) escape; (de gas) leak.

fugarse [fu'ɣarse] vpr to escape;

~ **de casa** to run away (from home).

fugaz [fu'ɣaθ] (pl -**ces** [θes]) adj fleeting.

fugitivo, va [fuxi'tiβo, βa] m, f fugitive.

fulana [fu'lana] f tart Br, hussy Am → **fulano**.

fulano, na [fu'lano, na] m, f what's his/her name.

fulminante [fulmi'nante] adj (muy rápido) sudden.

fumador, ra [fuma'ðor, ra] m, f smoker; '~**es**' 'smokers'; '**no** ~**es**' 'nonsmokers'.

fumar [fu'mar] vt & vi to smoke; ~ **en pipa** to smoke a pipe; '**no** ~' 'no smoking'.

función [fun'θjon] f (utilidad) function; (de teatro) show.

funcionar [funθjo'nar] vi to work; **funciona con diesel** it runs on diesel; '**no funciona**' 'out of order'.

funcionario, ria [funθjo'narjo, rja] m, f civil servant.

funda ['funda] f (cubierta) cover; (de almohada) pillowcase.

fundación [funda'θjon] f foundation.

fundador, ra [funda'ðor, ra] m, f founder.

fundamental [fundamen'tal] adj fundamental.

fundamento [funda'mento] m (base) basis. □ **fundamentos** mpl (conocimientos) basics.

fundar [fun'dar] vt (crear) to found; (apoyar) to base. □ **fundarse en** v + prep to be based on.

fundición [fundi'θjon] f (de metal) smelting; (fábrica) foundry.

fundir [fun'dir] vt (derretir) to melt; (aparato) to fuse; (bombilla, dinero) to blow; (unir) to merge. □ **fundirse** vpr (derretirse) to melt.

funeral [fune'ral] *m* funeral.

fungir [fun'xir] *vi* *Amér* to act.

funicular [funiku'lar] *m* *(por tierra)* funicular railway; *(por aire)* cable car.

furgón [fur'von] *m* *(coche grande)* van; *(vagón de tren)* wagon *Br*, boxcar *Am*.

furgoneta [furvo'neta] *f* van.

furia ['furja] *f* fury.

furioso, sa [fu'rjoso, sa] *adj (lleno de ira)* furious; *(intenso)* intense.

furor [fu'ror] *m (furia)* rage; **hacer** ~ *fam* to be all the rage.

fusible [fu'siβle] *m* fuse.

fusil [fu'sil] *m* rifle.

fusilar [fusi'lar] *vt* to shoot.

fusión [fu'sjon] *m (de metal, cuerpo sólido)* melting; *(de empresas)* merger.

fustán [fus'tan] *m* *Perú & Ven (enaguas)* underskirt, slip *Am*; *(falda)* skirt.

fútbol ['futβol] *m* football *Br*, soccer *Am*; ~ **sala** indoor five-a-side *Br*, indoor soccer *Am*.

futbolín [futβo'lin] *m* table football *Br*, foosball *Am*.

futbolista [futβo'lista] *mf* footballer *Br*, soccer player *Am*.

futuro, ra [fu'turo, ra] *adj & m* future.

G

g *(abrev de gramo)* g.

g/*abrev* = **giro**.

gabán [ga'βan] *m* overcoat.

gabardina [gaβar'ðina] *f* raincoat.

gabinete [gaβi'nete] *m (sala)* study; *(gobierno)* cabinet.

gafas ['gafas] *fpl* glasses; ~ **de sol** sunglasses.

gaita [gaita] *f* bagpipes *(pl)*; **ser una** ~ *fam* to be a pain in the neck.

gala ['gala] *f (actuación)* show; **de** ~ black tie *(antes de s)*. □ **galas** *fpl (vestidos)* best clothes.

galán [ga'lan] *m (hombre atractivo)* handsome man; *(actor)* leading man; *(mueble)* clothes stand.

galaxia [ga'laksja] *f* galaxy.

galería [gale'ria] *f* gallery; *(corredor descubierto)* verandah; ~ **de arte** art gallery. □ **galerías** *fpl (tiendas)* shopping arcade *(sg)*.

Gales ['gales] Wales.

galés, esa [ga'les, esa] *adj & m* Welsh. ♦ *m, f* Welshman *(f* Welshwoman); **los galeses** the Welsh.

gallego, ga [ga'ʎevo, ya] *adj & m, f* Galician.

galleta [ga'ʎeta] *f* biscuit *Br*, cookie *Am*.

gallina [ga'ʎina] *f (animal)* hen. ♦ *mf (cobarde)* chicken.

gallinero [gaʎi'nero] *m (corral)* henhouse; *(de teatro)* gods *(pl)* *Br*, gallery *Am*.

gallo ['gaʎo] *m (ave)* cock *Br*, rooster *Am*; *(pescado)* John Dory; *fam (nota falsa)* false note.

galopar [galo'par] *vi* to gallop.

galope [ga'lope] *m* gallop.

gama ['gama] *f* range.

gamba ['gamba] *f* prawn *Br*, shrimp *Am*; ~ **s al ajillo** prawns cooked in an earthenware dish in a sauce of oil, garlic and chilli; ~ **s a la plancha** grilled prawns.

gamberro, rra [gam'berro, ra] *m, f* hooligan.

gamuza [ga'muθa] *f (piel, para lim-*

piar el coche, etc) chamois; *(para quitar el polvo)* duster.

gana ['gana] *f (apetito)* appetite; **de buena ~** willingly; **de mala ~** unwillingly; **no me da la ~ de hacerlo** I don't feel like doing it. □ **ganas** *fpl*: **tener ~s de** to feel like.

ganadería [ganaðe'ria] *f (ganado)* livestock; *(actividad)* livestock farming; *(en toros)* breed.

ganadero, ra [gana'ðero, ra] *m, f (dueño)* livestock farmer; *(cuidador)* cattle hand.

ganado [ga'naðo] *m (animales de granja)* livestock; *(vacuno)* cattle.

ganador, ra [gana'ðor, ra] *m, f* winner.

ganancias [ga'nanθjas] *fpl* profit *(sg)*.

ganar [ga'nar] *vt* to win; *(obtener)* to earn; *(beneficio)* to make; *(aumentar)* to gain; *(derrotar)* to beat. ◆ *vi (ser vencedor)* to win; *(mejorar)* to benefit. □ **ganarse** *vpr (conseguir)* to earn; **~se la vida** to earn a living.

ganchillo [gan'tʃiʎo] *m (aguja)* crochet hook; *(labor)* crochet.

gancho ['gantʃo] *m (para colgar)* hook; *(atractivo)* sex appeal; *Amér (percha)* coat hanger.

gandul, la [gan'dul, la] *adj* lazy.

ganga ['ganga] *f* bargain.

ganso ['ganso] *m* goose.

garabato [gara'βato] *m* scribble.

garaje [ga'raxe] *m* garage.

garantía [garan'tia] *f* guarantee.

garbanzo [gar'βanθo] *m* chickpea.

garfio ['garfjo] *m* hook.

garganta [gar'ɣanta] *f (de persona)* throat; *(entre montañas)* gorge.

gargantilla [garɣan'tiʎa] *f (short)* necklace, choker.

gárgaras ['garɣaras] *fpl*: **hacer ~** to gargle.

garra ['gara] *f (de animal)* claw.

garrafa [ga'rafa] *f large bottle usually in a wicker holder.*

garrapata [gara'pata] *f* tick.

garúa [ga'rua] *f Amér* drizzle.

gas [gas] *m* gas. □ **gases** *mpl (del estómago)* wind *(sg).*

gasa ['gasa] *f* gauze.

gaseosa [gase'osa] *f* lemonade *Br*, lemon-lime soda *Am*.

gaseoso, sa [gase'oso, sa] *adj* fizzy.

gasfitería [gasfite'ria] *f Andes* plumbing.

gasfitero [gasfi'tero] *m Andes* plumber.

gasóleo [ga'soleo] *m* diesel oil.

gasolina [gaso'lina] *f* petrol *(Br)*, gas *(Am)*; **~ normal** ≃ two-star petrol *Br*, ≃ leaded gas *Am*; **~ sin plomo** unleaded petrol *Br*, ≃ regular gas *Am*; **~ súper** ≃ four-star petrol *Br*, ≃ premium unleaded gas *Am*.

gasolinera [gasoli'nera] *f* petrol station *(Br)*, gas station *(Am)*.

gastar [gas'tar] *vt (dinero)* to spend; *(usar)* to use; *(talla, número)* to take; *(acabar)* to use up. □ **gastarse** *vpr (acabarse)* to run out; *(desgastarse)* to wear out.

gasto ['gasto] *m (acción de gastar)* expenditure; *(cosa que pagar)* expense. □ **gastos** *mpl* expenditure *(sg).*

gastritis [gas'tritis] *f inv* gastritis.

gastronomía [gastrono'mia] *f* gastronomy.

gastronómico, ca [gastro'nomiko, ka] *adj* gastronomic.

gatear [gate'ar] *vi* to crawl.

gatillo [ga'tiʎo] *m* trigger.

gato, ta ['gato, ta] *m, f* cat. ◆ *m (aparato)* jack; **a gatas** on all fours.

gaucho

gaucho [ˈɡautʃo] *m* gaucho.

 GAUCHO

The "gaucho" is an emblematic figure of the South American continent. They lived in rural areas of Argentina, Uruguay and the south of Brazil where they worked on ranches. They showed great skill with horses and "boleadoras" - 3 cords tied together and weighted on one end with balls which are thrown at and entangle the feet of cattle. They typically wore short brimmed hats, baggy trousers and a narrow belt. As some of them led a nomadic life the "gauchos" became a symbol of rebellion. Real gauchos disappeared at the beginning of the 20th century when wire fences were erected which demarcated ranches.

gavilán [gaβiˈlan] *m* sparrowhawk.

gaviota [gaˈβjota] *f* seagull.

gazpacho [gaθˈpatʃo] *m*: ~ (andaluz) gazpacho.

gel [xel] *m* gel.

gelatina [xelaˈtina] *f* (*para cocinar*) gelatine; (*postre*) jelly *Br*, Jell-o® *Am*.

gemelo, la [xeˈmelo, la] *adj & m, f* twin. ◆ *m* (*músculo*) calf. ❑ **gemelos** *mpl* (*botones*) cufflinks; (*anteojos*) binoculars.

gemido [xeˈmiðo] *m* moan.

gemir [xeˈmir] *vi* to moan.

generación [xeneraˈθjon] *f* generation.

generador [xeneraˈðor] *m* generator.

general [xeneˈral] *adj & m* general; **en ~** in general; **por lo ~** generally.

generalizar [xeneraliˈθar] *vt* to make widespread. ◆ *vi* to generalize.

generalmente [xeneˌralˈmente] *adv* generally.

generar [xeneˈrar] *vt* to generate.

género [ˈxenero] *m* (*mercancía*) goods (*pl*); (*clase, especie*) type; GRAM gender; (*en literatura*) genre; ~**s de punto** knitwear.

generosidad [xenerosiˈðað] *f* generosity.

generoso, sa [xeneˈroso, sa] *adj* generous.

genial [xeˈnjal] *adj* brilliant.

genio [ˈxenjo] *m* (*carácter*) character; (*mal carácter*) bad temper; (*persona inteligente*) genius; **tener mal ~** to be bad-tempered.

genitales [xeniˈtales] *mpl* genitals.

gente [ˈxente] *f* people (*pl*); fam (*familia*) folks (*pl*).

gentil [xenˈtil] *adj* (*cortés*) kind; (*elegante*) elegant.

gentileza [xentiˈleθa] *f* (*cortesía*) kindness; (*elegancia*) elegance.

genuino, na [xeˈnwino, na] *adj* genuine.

geografía [xeoɣraˈfia] *f* geography; **la ~ nacional** the country.

geográficamente [xeoˌɣrafikaˈmente] *adv* geographically.

geometría [xeomeˈtria] *f* geometry.

geométrico, ca [xeoˈmetriko, ka] *adj* geometric.

geranio [xeˈranjo] *m* geranium.

gerente [xeˈrente] *mf* manager (*f* manageress).

germen [ˈxermen] *m* germ.

gestión [xesˈtjon] *f* (*diligencia*) step; (*administración*) management.

gestionar [xestjo'nar] *vt (tramitar)* to work towards; *(administrar)* to manage.

gesto ['xesto] *m (con las manos)* gesture; *(mueca)* grimace, face.

gestor, ra [xes'tor, ra] *m, f (de gestoría)* agent who deals with public bodies on behalf of private individuals; *(de empresa)* manager.

gestoría [xesto'ria] *f (establecimiento)* office of a 'gestor'.

Gibraltar [xiβral'tar] Gibraltar.

gigante, ta [xi'γante, ta] *adj & m, f* giant.

gigantesco, ca [xiγan'tesko, ka] *adj* gigantic.

gimnasia [xim'nasja] *f (deporte)* gymnastics *(sg)*; *(ejercicio)* exercises *(pl)*.

gimnasio [xim'nasjo] *m* gymnasium.

gimnasta [xim'nasta] *mf* gymnast.

ginebra [xi'neβra] *f* gin.

ginecólogo, ga [xine'koloγo, γa] *m, f* gynaecologist.

gin tonic [jin'tonik] *m* gin and tonic. ◆ *vt*

gira ['xira] *f* tour.

girar [xi'rar] *vt (hacer dar vueltas)* to turn; *(rápidamente)* to spin; *(letra, cheque)* to draw; *(paquete)* to send; *(dinero)* to transfer. ◆ *vi (dar vueltas)* to turn; *(rápidamente)* to spin.

girasol [xira'sol] *m* sunflower.

giro ['xiro] *m* turn; *(de letra, cheque)* draft; *(expresión, dicho)* saying; ~ **postal** postal order; ~ **urgente** *postal order delivered by the Post Office to the payee on the following day.*

gis [xis] *m Méx* chalk.

gitano, na [xi'tano, na] *adj & m, f* gypsy.

glaciar [gla'θjar] *m* glacier.

gladiolo [gla'ðjolo] *m* gladiolus.

glándula ['glandula] *f* gland.

global [glo'βal] *adj* overall.

globo ['gloβo] *m (para jugar, volar)* balloon; *(cuerpo esférico)* sphere; *(la Tierra, de lámpara)* globe; ~ **terráqueo** globe.

glóbulo ['gloβulo] *m* corpuscle.

gloria ['glorja] *f* glory; *fam (placer)* bliss; *(persona)* star.

glorieta [glo'rjeta] *f (plaza)* square; *(redonda)* ≃ roundabout *(Br)*, ≃ traffic circle *(Am)*; *(de jardín)* bower.

glorioso, sa [glo'rjoso, sa] *adj* glorious.

glucosa [glu'kosa] *f* glucose.

gluten ['gluten] *m* gluten.

gobernador, ra [goβerna'ðor, ra] *m, f* governor.

gobernante [goβer'nante] *mf* leader.

gobernar [goβer'nar] *vt (nación, país)* to govern; *(nave, vehículo)* to steer.

gobierno [go'βjerno] *m (de país)* government; *(edificio)* governor's office; *(de nave, vehículo)* steering.

goce [go'θe] *m* pleasure.

gol [gol] *m* goal.

goleador, ra [golea'ðor, ra] *m, f* scorer.

golf [golf] *m* golf.

golfo, fa ['golfo, fa] *m, f (gamberro)* lout; *(pillo)* rascal. ◆ *m (en geografía)* gulf.

golondrina [golon'drina] *f* swallow.

golosina [golo'sina] *f (dulce)* sweet *Br*, candy *Am*.

goloso, sa [go'loso, sa] *adj* sweet-toothed.

golpe ['golpe] *m (puñetazo, desgracia)* blow; *(bofetada)* smack, slap; *(en* *puerta*) knock; *(choque)* bump; DEP shot; *(gracia)* witticism; *(atraco, asalto)* raid; **de ~** suddenly; **~ de Estado** coup.

golpear [golpe'ar] vt to hit. ◆ vi to bang.

golpiza [gol'piθa] f Amér beating.

goma ['goma] f *(pegamento)* gum; *(material)* rubber; *(banda elástica)* elastic; *(gomita)* elastic band Br, rubber band Am; **~ de borrar** rubber (Br), eraser (Am).

gomina [go'mina] f hair gel.

gordo, da ['gorðo, ða] adj *(obeso)* fat; *(grueso)* thick; *(grave)* big; *(importante)* important. ◆ m, f fat person. ◆ m: **el ~** *(de la lotería)* first prize.

 EL GORDO

In Spain and Latin America this is the name given to the first prize in the national lottery, especially the one in the Christmas draw, where all the winning numbers are sung out by children on national radio.

gordura [gor'ðura] f fatness.

gorila [go'rila] m *(animal)* gorilla; *fam (guardaespaldas)* bodyguard; *fam (en discoteca)* bouncer.

gorjeo [gor'xeo] m chirping.

gorra ['gora] f cap; **de ~** for free.

gorrión [go'rjon] m sparrow.

gorro ['goro] m cap.

gota ['gota] f drop; *(enfermedad)* gout; **no quiero ni ~** I don't want anything. ❑ **gotas** fpl *(para nariz, ojos)* drops.

gotera [go'tera] f leak; *(mancha)* stain *(left by leaking water)*.

gótico, ca ['gotiko, ka] adj Gothic. ◆ m *(en arte)* Gothic (art).

gozar [go'θar] vi to enjoy o.s. ❑ **gozar de** v + prep *(disponer de)* to enjoy.

gozo ['goθo] m joy.

gr *(abrev de grado)* deg.

grabación [graβa'θjon] f recording.

grabado [gra'βaðo] m *(arte)* engraving; *(lámina)* print.

grabar [gra'βar] vt to engrave; *(canción, voz, imágenes, etc)* to record.

gracia ['graθja] f *(humor)* humour; *(atractivo)* grace; *(don)* talent; *(chiste)* joke; **no me hace ~** *(no me gusta)* I'm not keen on it; **tener ~** to be funny. ❑ **gracias** fpl thanks. ◆ interj thank you; **dar las ~ a** to thank; **~ s a** thanks to; **~ s por** thank you for; **muchas ~ s** thank you very much.

gracioso, sa [gra'θjoso, sa] adj *(que da risa)* funny; *(con encanto)* graceful.

grada ['graða] f *(de plaza de toros)* row; *(peldaño)* step; **las ~ s** the terraces Br, the stands Am.

gradería [graðe'ria] f *(de plaza de toros)* rows (pl); *(de estadio)* terraces (pl), stands (pl) Am; *(público)* crowd.

grado ['graðo] m *(medida)* degree; *(fase)* stage; *(de enseñanza)* level; *(del ejército)* rank; **de buen ~** willingly.

graduación [graðwa'θjon] f *(de bebida)* ≃ proof; *(de militar)* rank; *(acto)* grading.

graduado, da [gra'ðwaðo, ða] adj *(persona)* graduate; *(regla, termómetro)* graduated. ◆ m, f *(persona)* graduate. ◆ m *(título)* degree; **~ escolar** *qualification received on completing primary school.*

gradual [graðu'al] adj gradual.

gradualmente [graðu,al'mente] adv gradually.

graduar [graðu'ar] vt *(calefacción, calentador)* to regulate. ❑ **graduar-**

se *vpr (militar)* to receive one's commission; **~se (en)** *(estudiante)* to graduate (in).

graffiti [gra'fiti] *m* graffiti.

grafía [gra'fia] *f* written symbol.

gráfica ['grafika] *f (curva)* graph → **gráfico**.

gráfico, ca ['grafiko, ka] *adj* graphic. ◆ *m o f (dibujo)* graph.

gragea [gra'xea] *f* pill.

gramática [gra'matika] *f* grammar.

gramatical [gramati'kal] *adj* grammatical.

gramo ['gramo] *m* gram.

gran [gran] *adj* → **grande**.

granada [gra'naða] *f (fruto)* pomegranate; *(proyectil)* grenade.

granadilla [grana'ðiʎa] *f Amér* passion fruit.

granate [gra'nate] *adj inv* deep red. ◆ *m* garnet.

Gran Bretaña ['grambre'taɲa] Great Britain.

grande ['grande] *adj (de tamaño)* big; *(de altura)* tall; *(importante)* great. ◆ *m (noble)* grandee; **le va ~** *(vestido, zapato)* it's too big for him; **~s almacenes** department store *(sg)*.

grandeza [gran'deθa] *f (importancia)* grandeur; *(tamaño)* (great) size.

grandioso, sa [gran'djoso, sa] *adj* grand.

granel [ra'nel] ◆ **a granel** *loc (arroz, judías, etc)* loose; *(líquidos)* by volume; *(en abundancia)* in abundance.

granero [gra'nero] *m* granary.

granito [gra'nito] *m* granite.

granizada [grani'θaða] *f* hailstorm.

granizado [grani'θaðo] *m* ≃ SlushPuppie®, *drink consisting of crushed ice with lemon juice, coffee etc.*

granizar [grani'θar] *v impers*: **está granizando** it's hailing.

granja ['granxa] *f (en el campo)* farm; *(bar)* milk bar *Br*, ≃ snack bar *Am*.

granjero, ra [gran'xero, ra] *m, f* farmer.

grano ['grano] *m (de cereal)* grain; *(de la piel)* spot; *(de fruto, planta)* seed; *(de café)* bean; **ir al ~** *fam* to get straight to the point.

granuja [gra'nuxa] *mf (chiquillo)* rascal.

grapa ['grapa] *f* staple.

grapadora [grapa'ðora] *f* stapler.

grapar [gra'par] *vt* to staple.

grasa ['grasa] *f* grease; *(de persona, animal)* fat.

grasiento, ta [gra'sjento, ta] *adj* greasy.

graso, sa ['graso, sa] *adj* greasy.

gratificar [gratifi'kar] *vt (recompensar)* to reward; **'se gratificará'** 'reward'.

gratinado [grati'naðo] *m* gratin.

gratinar [grati'nar] *vt* to cook au gratin.

gratis ['gratis] *adv* free.

gratitud [grati'tuð] *f* gratitude.

grato, ta ['grato, ta] *adj* pleasant.

gratuito, ta [gratu'ito, ta] *adj (gratis)* free; *(sin fundamento)* unfounded.

grave ['graβe] *adj* serious; *(voz)* deep; *(tono)* low; *(palabra)* with the stress on the penultimate syllable.

gravedad [graβe'ðað] *f (importancia)* seriousness; *(de la Tierra)* gravity.

gravilla [gra'βiʎa] *f* gravel.

Grecia ['greθja] Greece.

gremio ['gremjo] *m (profesión)* profession, trade.

greña ['greɲa] *f* mop of hair.

griego, ga ['grieʝo, ɣa] *adj & m, f* Greek.

grieta ['grieta] *f* crack.

grifero, ra [gri'fero, ra] *m, f* Perú petrol-pump attendant Br, gas station attendant Am.

grifo ['grifo] *m* Esp *(de agua)* tap Br, faucet Am; Perú *(gasolinera)* petrol station *(Br)*, gas station *(Am)*.

grill [gril] *m* grill.

grillo ['grilo] *m* cricket.

gripa ['gripa] *f* Col & Méx flu.

gripe ['gripe] *f* flu.

gris [gris] *adj & m* grey.

gritar [gri'tar] *vi (hablar alto)* to shout; *(chillar)* to scream.

grito ['grito] *m (de dolor, alegría)* cry; *(palabra)* shout; **a ∼s** at the top of one's voice.

grosella [gro'seʎa] *f* redcurrant; **∼ negra** blackcurrant.

grosería [grose'ria] *f (dicho)* rude word; *(acto)* rude thing.

grosero, ra [gro'sero, ra] *adj (poco refinado)* coarse; *(maleducado)* rude.

grosor [gro'sor] *m* thickness.

grotesco, ca [gro'tesko, ka] *adj* grotesque.

grúa ['grua] *f (máquina)* crane; *(para averías)* breakdown truck; *(para aparcamientos indebidos)* towaway truck.

grueso, sa ['grueso, sa] *adj (persona)* fat; *(objeto)* thick. ◆ *m (espesor, volumen)* thickness; *(parte principal)* bulk.

grumo ['grumo] *m* lump.

gruñido [gru'niðo] *m* grunt.

gruñir [gru'nir] *vi* to grunt.

grupa ['grupa] *f* hindquarters *(pl)*.

grupo ['grupo] *m* group; **en ∼** in a group; **∼ de riesgo** high risk group; **∼ sanguíneo** blood group.

gruta ['gruta] *f* grotto.

guacamole [gwaka'mole] *m* Amér guacamole.

guachimán [gwatʃi'man] *m* Amér security guard.

guagua ['gwaɣua] *f* Carib *(autobús)* bus; Andes *(bebé)* baby.

guante ['gwante] *m* glove.

guantera [gwan'tera] *f* glove compartment.

guapo, pa ['gwapo, pa] *adj (mujer)* pretty; *(hombre)* handsome; fam *(objeto, ropa, etc)* nice.

guardabarros [gwarða'βarros] *m inv* mudguard Br, fender Am.

guardacoches [gwarða'kotʃes] *m inv* car park attendant.

guardaespaldas [ˌgwarðaes'paldas] *m inv* bodyguard.

guardameta [gwarða'meta] *m* goalkeeper.

guardapolvo [gwarða'polβo] *m (prenda)* overalls *(pl)*; *(funda)* dust cover.

guardar [gwar'ðar] *vt* to keep; *(poner)* to put (away); *(cuidar)* to look after; *(suj: guardia)* to guard; *(ley)* to observe. ❑ **guardarse** *vpr:* **∼se de** *(abstenerse de)* to be careful not to.

guardarropa [gwarða'rropa] *m (de local)* cloakroom; *(armario)* wardrobe.

guardería [gwarðe'ria] *f (escuela)* nursery (school); *(en el trabajo)* crèche Br, day care center Am.

guardia ['gwarðja] *mf (policía)* police officer. ◆ *f (vigilancia)* guard; *(turno)* duty; **∼ civil** member of the 'Guardia Civil'; **∼ municipal** ○ **urbano** local police officer who deals mainly with traffic offences; **∼ de seguridad** security guard; **farmacia de ∼** duty chemist's. ❑ **Guardia Civil** *f* Spanish police who patrol rural areas, highways and borders.

haber

guardián, ana [gu̯ar'ðjan, ana] *m*, *f* guardian.

guarida [gu̯a'riða] *f* lair.

guarnición [gu̯arni'θjon] *f* (*de comida*) garnish; (*del ejército*) garrison.

guarro, rra ['gu̯aro, ra] *adj despec* filthy.

guasa ['gu̯asa] *f fam* (*ironía*) irony; (*gracia*) humour.

Guatemala [gu̯ate'mala] Guatemala.

guatemalteco, ca [gu̯atemal-'teko, ka] *adj & m*, *f* Guatemalan.

guateque [gu̯a'teke] *m* party.

guayaba [gu̯a'jaβa] *f* guava.

guayabo [gu̯a'jaβo] *m* guava tree.

güero, ra ['gu̯ero, ra] *adj Méx fam* blond (*f* blonde).

guerra ['gera] *f* war; ~ **civil** civil war; ~ **mundial** world war.

guerrera [ge'rera] *f* (*chaqueta*) military-style jacket → **guerrero.**

guerrero, ra [ge'rero, ra] *m*, *f* warrior.

guerrilla [ge'riʎa] *f* guerilla group.

guerrillero, ra [geri'ʎero, ra] *m*, *f* guerrilla.

guía ['gia] *mf* (*persona*) guide. ◆ *f* (*libro, folleto, indicación*) guide; ~ **de ferrocarriles** train timetable; ~ **telefónica** telephone directory; ~ **turística** tourist guide.

guiar [gi'ar] *vt* (*mostrar dirección*) to guide; (*vehículo*) to steer. ☐ **guiarse por** *v + prep* to be guided by.

guijarro [gi'xaro] *m* pebble.

guillotina [giʎo'tina] *f* guillotine.

guinda ['ginda] *f* morello cherry.

guindilla [gin'diʎa] *f* chilli pepper.

guiñar [gi'ɲar] *vt*: ~ **un ojo** to wink.

guiñol [gi'ɲol] *m* puppet theatre.

guión [gi'on] *m* (*argumento*) script;

(*esquema*) outline; (*signo*) hyphen.

guionista [gio'nista] *mf* scriptwriter.

guiri ['giri] *mf fam* bloody *Br* o damn *Am* foreigner.

guirnalda [gir'nalda] *f* garland.

guisado [gi'saðo] *m* stew.

guisante [gi'sante] *m* pea; ~ **s salteados** o **con jamón** peas fried with jamón serrano.

guisar [gi'sar] *vt & vi* to cook.

guiso ['giso] *m* dish (*food*).

guitarra [gi'tara] *f* guitar.

guitarrista [gita'rista] *mf* guitarist.

gusano [gu'sano] *m* worm.

gustar [gus'tar] *vi*: **me gusta** I like it; **me gustan los pasteles** I like cakes; **no me gusta ese libro** I don't like that book.

gusto ['gusto] *m* taste; (*placer*) pleasure; **a tu** ~ as you wish; **vivir a** ~ (**bien**) to live comfortably; **un filete al** ~ a steak done the way you like it; **con mucho** ~ with pleasure; **mucho** ~ pleased to meet you.

H

h. (*abrev de hora*) h.

haba ['aβa] *f* broad bean *Br*, fava bean *Am*; ~ **s a la catalana** stew of broad beans, bacon, 'butifarra' and wine.

habano [a'βano] *m* Havana cigar.

haber [a'βer] *m* (*bienes*) assets (*pl*); **tiene tres pisos en su** ~ he owns three flats.

◆ v aux -1. *(en tiempos compuestos)* to have; **los niños han comido** the children have eaten; **habían desayunado antes** they'd had breakfast earlier.
-2. *(expresa reproche)*: **¡ ~ lo dicho!** why didn't you say so?

◆ v impers -1. *(existir, estar, tener lugar)*: **hay** there is, there are *(pl)*; **¿qué hay hoy para comer?** what's for dinner today?; **¿no hay nadie en casa?** isn't anyone at home?; **el jueves no habrá reparto** there will be no delivery on Thursday.
-2. *(expresa obligación)*: **~ que hacer algo** to have to do sthg; **habrá que soportarlo** we'll have to put up with it.
-3. *(en locuciones)*: **habérselas con alguien** to confront sb; **¡hay que ver!** honestly!; **no hay de qué** don't mention it. ▫ **haber de** v + prep to have to.

habichuela [aβi'tʃwela] f bean.

hábil ['aβil] adj *(diestro)* skilful; *(astuto)* clever; **día ~** working day.

habilidad [aβili'ðað] f *(destreza)* skill; *(astucia)* cleverness.

habiloso, sa [aβi'loso, sa] adj Amér shrewd.

habitación [aβita'θjon] f *(cuarto)* room; *(dormitorio)* bedroom; **~ doble** *(con cama de matrimonio)* double room; *(con dos camas)* twin room; **~ individual** single room.

habitante [aβi'tante] mf inhabitant.

habitar [aβi'tar] vi to live. ◆ vt to live in.

hábito ['aβito] m habit.

habitual [aβitu'al] adj *(acostumbrado)* habitual; *(cliente, lector)* regular.

habitualmente [aβitu,al'mente] adv *(generalmente)* usually; *(siempre)* regularly.

hablador, ra [aβla'ðor, ra] adj talkative.

habladurías [aβlaðu'rias] frpl gossip *(sg)*.

hablar [a'βlar] vi to talk; *(pronunciar discurso)* to speak. ◆ vt *(saber)* to speak; *(tratar)* to discuss; **~ de** to talk about; **~ por teléfono** to talk on the telephone; **¡ni ~!** no way! ▫ **hablarse** vpr *(relacionarse)* to speak (to each other); **'se habla inglés'** 'English spoken'.

☞

hacer [a'θer] vt -1. *(elaborar, crear, cocinar)* to make; **~ planes/un vestido** to make plans/a dress; **~ un poema** to write a poem; **~ la comida** to make lunch/dinner etc.
-2. *(construir)* to build.
-3. *(generar)* to produce; **la carretera hace una curva** there's a bend in the road; **el fuego hace humo** fire produces smoke; **llegar tarde hace mal efecto** arriving late makes a bad impression.
-4. *(realizar)* to make; **hizo un gesto de dolor** he grimaced with pain; **le hice una señal con la mano** I signalled to her with my hand; **estoy haciendo segundo** I'm in my second year; **haremos una excursión** we'll go on a trip.
-5. *(practicar)* to do; **deberías ~ deporte** you should start doing some sport.
-6. *(colada)* to do; *(cama)* to make.
-7. *(dar aspecto)*: **este traje te hace más delgado** this suit makes you look slimmer.
-8. *(transformar)* to make; **hizo pedazos el papel** she tore the paper to pieces; **~ feliz a alguien** to make sb happy.
-9. *(en cine y teatro)* to play; **hace el pa-**

pel de reina she plays (the part of) the queen.
- **10.** *(mandar)*: haré que tiñan el traje I'll have this dress dyed.
- **11.** *(comportarse como)*: ~ el tonto to act the fool.
- **12.** *(ser causa de)* to make; no me hagas reír/llorar don't make me laugh/cry.
- **13.** *(en cálculo, cuentas)* to make; éste hace cien this one makes (it) a hundred.
◆ *vi* - **1.** *(intervenir)*: déjame ~ a mí let me do it.
- **2.** *(en cine y teatro)*: ~ de malo to play the villain.
- **3.** *(trabajar, actuar)*: ~ de cajera to be a checkout girl.
- **4.** *(aparentar)*: ~ como si to act as if.
◆ *v impers* - **1.** *(tiempo meteorológico)*: hace frío/calor/sol it's cold/hot/sunny; hace buen/mal tiempo the weather is good/bad.
- **2.** *(tiempo transcurrido)*: hace un año que no le veo it's a year since I saw him; no nos hablamos desde hace un año we haven't spoken for a year. □ **hacerse** *vpr (convertirse en)* to become; *(formarse)* to form; *(desarrollarse, crecer)* to grow; *(cocerse)* to cook; *(resultar)* to get, to become; ~se el rico to pretend to be rich. □ **hacerse a** *v + prep (acostumbrarse)* to get used to. □ **hacerse con** *v + prep (apropiarse)* to take. □ **hacerse de** *v + prep Amér (adquirir, obtener)* to get.

hacha ['atʃa] *f* axe.

hachís [xa'tʃis] *m* hashish.

hacia ['aθja] *prep (de dirección)* towards; *(en el tiempo)* about, around; ~ **abajo** downwards; ~ **arriba** upwards; **gira ~ la izquierda** turn left.

hacienda [a'θjenda] *f (finca)* farm;

(bienes) property. □ **Hacienda** *f* the Spanish Treasury.

hada ['aða] *f* fairy.

hala ['ala] *interj (para dar prisa)* hurry up!; *(expresa contrariedad)* you're joking!

halago [a'laɣo] *m* flattery.

halcón [al'kon] *m* falcon.

hall [xol] *m* foyer.

hallar [a'ʎar] *vt (encontrar)* to find; *(inventar)* to discover. □ **hallarse** *vpr* to be.

halógeno, na [a'loxeno, na] *adj* halogen *(antes de s)*.

halterofilia [altero'filja] *f* weightlifting.

hamaca [a'maka] *f (en árbol, etc)* hammock; *(en la playa)* deck chair.

hambre ['ambre] *f* hunger; tener ~ to be hungry.

hambriento, ta [am'brjento, ta] *adj* starving.

hamburguesa [ambur'ɣesa] *f* hamburger.

hamburguesería [amburɣese-'ria] *f* hamburger joint.

hámster ['xamster] *m* hamster.

hangar [aŋ'gar] *m* hangar.

hardware [xar'war] *m* hardware.

harina [a'rina] *f* flour.

hartar [ar'tar] *vt (saciar)* to fill up; *(cansar)* to annoy. ◆ **hartarse de** *v + prep (cansarse de)* to get fed up with; ~se de algo *(hacer en exceso)* to do sthg non-stop.

harto, ta ['arto, ta] *adj (saciado)* full; estar ~ de *(cansado)* to be fed up with.

hasta ['asta] *prep (en el espacio)* as far as; *(en el tiempo)* until. ◆ *adv (incluso)* even; el agua llega ~ el borde the water comes up to the edge; desde ... ~ ... from ... to ...; ~ luego see you later; ~ mañana see you tomor-

haya

row; ~ **pronto** see you soon; ~ **que** until.

haya ['aja] v → **haber**. ◆ f beech.

haz [aθ] (pl -**ces** [θes]) v → **hacer**. ◆ m (de luz) beam; (de hierba, leña) bundle.

hazaña [a'θaɲa] f exploit.

hebilla [e'βiʎa] f buckle.

hebra ['eβra] f (de hilo) thread; (de legumbres) string.

hebreo, a [e'βreo, a] adj & m, f Hebrew.

hechizar [etʃi'θar] vt to bewitch.

hechizo [e'tʃiθo] m (embrujo) spell; (fascinación) charm.

hecho, cha ['etʃo, tʃa] pp → **hacer**. ◆ adj (carne) done. ◆ m (suceso) event; (dato) fact; (acto) action; **muy** ~ well-done; **poco** ~ rare; **~ de** (material) made of; **de** ~ in fact.

hectárea [ek'tarea] f hectare.

helada [e'laða] f frost.

heladería [elaðe'ria] f (tienda) ice-cream parlour; (quiosco) ice-cream stall Br, ice-cream stand Am.

helado, da [e'laðo, ða] adj (muy frío) freezing; (congelado) frozen; (pasmado) astonished. ◆ m ice-cream.

helar [e'lar] vt to freeze. ◆ v impers: **heló** there was a frost. ❑ **helarse** vpr to freeze.

hélice ['eliθe] f (de barco, avión) propeller.

helicóptero [eli'koptero] m helicopter.

hematoma [ema'toma] m bruise.

hembra ['embra] f (animal) female; (de enchufe) socket.

hemorragia [emo'raxja] f haemorrhage.

heno ['eno] m hay.

hepatitis [epa'titis] f inv hepatitis.

herboristería [erβoriste'ria] f herbalist's (shop).

heredar [ere'ðar] vt to inherit.

heredero, ra [ere'ðero, ra] m, f heir (f heiress).

hereje [e'rexe] mf heretic.

herejía [ere'xia] f (en religión) heresy; (disparate) silly thing.

herencia [e'renθja] f inheritance.

herida [e'riða] f (lesión) injury; (en lucha, atentado) wound → **herido**.

herido, da [e'riðo, ða] adj (lesionado) injured; (en lucha, atentado) wounded; (ofendido) hurt. ◆ m, f: **hubo 20** ~ **s** 20 people were injured.

herir [e'rir] vt (causar lesión) to injure; (en lucha, atentado) to wound; (ofender) to hurt.

hermanastro, tra [erma'nastro, -tra] m, f stepbrother (f stepsister).

hermano, na [er'mano, na] m, f brother (f sister).

hermético, ca [er'metiko, ka] adj airtight.

hermoso, sa [er'moso, sa] adj (bello) beautiful; (hombre) handsome; fam (grande) large.

hermosura [ermo'sura] f beauty; (de hombre) handsomeness.

héroe ['eroe] m hero.

heroico, ca [e'rojko, ka] adj heroic.

heroína [ero'ina] f (persona) heroine; (droga) heroin.

heroinómano, na [eroj'nomano, na] m, f heroin addict.

heroísmo [ero'izmo] m heroism.

herradura [era'ðura] f horseshoe.

herramienta [era'mjenta] f tool.

herrería [ere'ria] f (taller) forge.

herrero [e'rero] m blacksmith.

hervir [er'βir] vt & vi to boil.

heterosexual [eteroseksu'al] mf heterosexual.

hidalgo [i'ðalvo] m nobleman.

hidratante [iðra'tante] *adj* moisturizing.

hidratar [iðra'tar] *vt* to moisturize.

hiedra ['jeðra] *f* ivy.

hielo ['jelo] *m* ice.

hiena ['jena] *f* hyena.

hierba ['jerβa] *f (césped)* grass; *(planta)* herb; **mala ~** weed.

hierbabuena [jerβa'βwena] *f* mint.

hierro ['jero] *m* iron.

hígado ['iʋaðo] *m* liver.

higiene [i'xjene] *f (aseo)* hygiene; *(salud)* health.

higiénico, ca [i'xjeniko, ka] *adj* hygienic.

higo ['iʋo] *m* fig.

higuera [i'ʋera] *f* fig tree.

hijastro, tra [i'xastro, tra] *m, f* stepson *(f* stepdaughter*)*.

hijo, ja ['ixo, xa] *m, f* son *(f* daughter*)*; **~ de la chingada** *Amér vulg* son of a bitch; **~ político** son-in-law; **hija política** daughter-in-law; **~ de puta** *vulg* son of a bitch. ❑ **hijos** *mpl* children.

hilera [i'lera] *f* row.

hilo ['ilo] *m (de coser, de conversación)* thread; *(tejido)* linen; *(alambre, cable)* wire; **~ musical** piped music.

hilvanar [ilβa'nar] *vt (coser)* to tack *Br,* to baste *Am.*

hincapié [inka'pje] *m:* **hacer ~ en algo** *(insistir)* to insist on sthg; *(subrayar)* to emphasize sthg.

hinchado, da [in'tʃaðo, ða] *adj (globo, colchón)* inflated; *(parte del cuerpo)* swollen.

hinchar [in'tʃar] *vt* to blow up. ❑ **hincharse** *vpr (parte del cuerpo)* to swell up. ❑ **hincharse de** *v* + *prep (hartarse de)* to stuff o.s. with.

hinchazón [intʃa'θon] *f* swelling.

híper ['iper] *m fam* hypermarket *Br,* superstore *Am.*

hipermercado [ipermer'kaðo] *m* hypermarket *Br,* superstore *Am.*

hipermetropía [ipermetro'pia] *f* long-sightedness.

hipertensión [iperten'sjon] *f* high blood pressure.

hipertenso, sa [iper'tenso, sa] *adj* suffering from high blood pressure.

hípica ['ipika] *f (carreras de caballos)* horseracing; *(de obstáculos)* showjumping.

hipnotizar [ipnoti'θar] *vt* to hypnotize.

hipo ['ipo] *m* hiccups *(pl)*.

hipocresía [ipokre'sia] *f* hypocrisy.

hipócrita [i'pokrita] *adj* hypocritical.

hipódromo [i'poðromo] *m* racecourse *Br,* racetrack *Am.*

hipopótamo [ipo'potamo] *m* hippopotamus.

hipoteca [ipo'teka] *f* mortgage.

hipótesis [i'potesis] *f inv (supuesto)* theory.

hipotético, ca [ipo'tetiko, ka] *adj* hypothetical.

hippy ['xipi] *mf* hippy.

hispánico, ca [is'paniko, ka] *adj* Hispanic, Spanish-speaking.

hispano, na [is'pano, na] *adj (hispanoamericano)* Spanish-American; *(español)* Spanish.

Hispanoamérica [is,panoa'merika] Spanish-speaking Latin America.

hispanoamericano, na [is,panoameri'kano, na] *adj & m, f* Spanish-American, Hispanic.

hispanohablante [is,panoa'βlante] *mf* Spanish speaker.

histeria [is'terja] *f* hysteria.

histérico, ca [is'teriko, ka] *adj* hysterical.

historia [is'torja] *f (hechos pasados)* history; *(narración)* story.

histórico, ca [is'toriko, ka] *adj (real, auténtico)* factual; *(de importancia)* historic.

historieta [isto'rjeta] *f (relato)* anecdote; *(cuento con dibujos)* comic strip.

hobby ['xoβi] *m* hobby.

hocico [o'θiko] *m (de cerdo)* snout; *(de perro, gato)* nose.

hockey ['xokej] *m* hockey.

hogar [o'ɣar] *m (casa)* home; *(de chimenea)* fireplace.

hogareño, ña [oɣa'reɲo, ɲa] *adj (persona)* home-loving.

hoguera [o'ɣera] *f* bonfire.

hoja ['oxa] *f (de plantas)* leaf; *(de papel)* sheet; *(de libro)* page; *(de cuchillo)* blade; *~ de afeitar* razor blade.

hojalata [oxa'lata] *f* tinplate.

hojaldre [o'xaldre] *m* puff pastry.

hola ['ola] *interj* hello!

Holanda [o'landa] Holland.

holandés, esa [olan'des, esa] *adj & m* Dutch. ◆ *m, f* Dutchman (f Dutchwoman).

holgado, da [ol'ɣaðo, ða] *adj (ropa)* loose-fitting; *(vida, situación)* comfortable.

holgazán, ana [olɣa'θan, ana] *adj* lazy.

hombre ['ombre] *m* man. ◆ *interj* wow!; *~ de negocios* businessman.

hombrera [om'brera] *f (almohadilla)* shoulder pad.

hombro ['ombro] *m* shoulder.

homenaje [ome'naxe] *m* tribute; *en ~ a* in honour of.

homeopatía [omeopa'tia] *f* homeopathy.

homicida [omi'θiða] *mf* murderer.

homicidio [omi'θiðjo] *m* murder.

homosexual [omoseksu'al] *mf* homosexual.

hondo, da ['ondo, da] *adj (profundo, intenso)* deep.

Honduras [on'duras] Honduras.

honestidad [onesti'ðað] *f (sinceridad)* honesty.

honesto, ta [o'nesto, ta] *adj (honrado)* honest.

hongo ['ongo] *m (comestible)* mushroom; *(no comestible)* toadstool.

honor [o'nor] *m* honour; *en ~ de* in honour of.

honorario [ono'rarjo] *adj* honorary. ▫ **honorarios** *mpl* fees.

honra ['onra] *f* honour; *¡a mucha ~!* and (I'm) proud of it!

honradez [onra'ðeθ] *f* honesty.

honrado, da [on'raðo, ða] *adj* honest.

honrar [on'rar] *vt* to honour.

hora ['ora] *f (período de tiempo)* hour; *(momento determinado)* time; *¿a qué ~ ...?* what time ...? ; *¿qué ~ es?* what's the time?; *media ~* half an hour; *pedir ~ para* to ask for an appointment for; *tener ~ (con)* to have an appointment (with); *a última ~* at the last minute; *'~s convenidas'* 'appointments available'; *~s de visita* visiting times; *~ punta* rush hour.

horario [o'rarjo] *m* timetable; *'~ comercial'* 'opening hours'.

horca ['orka] *f (de ejecución)* gallows *(pl); (en agricultura)* pitchfork.

horchata [or'tʃata] *f* cold drink made from ground tiger nuts, milk and sugar.

horizontal [oriθon'tal] *adj* horizontal.

horizonte [oriˈθonte] m horizon.

horma [ˈorma] f (molde) mould; (para zapatos) last.

hormiga [orˈmiɣa] f ant.

hormigón [ormiˈɣon] m concrete; ~ armado reinforced concrete.

hormigonera [ormiɣoˈnera] f concrete mixer.

hormiguero [ormiˈɣero] m anthill.

hormona [orˈmona] f hormone.

hornear [orneˈar] vt to bake.

horno [ˈorno] m oven; al ~ (carne) roast; (pescado) baked.

horóscopo [oˈroskopo] m horoscope.

horquilla [orˈkiʎa] f (para el pelo) hairgrip Br, bobby pin Am.

hórreo [ˈoreo] m type of granary, on stilts, found in Galicia and Asturias.

horrible [oˈriβle] adj (horroroso) horrible; (pésimo) awful.

horror [oˈror] m terror; ¡qué ~! that's awful!

horrorizar [orɔriˈθar] vt to terrify.

horroroso, sa [oroˈroso, sa] adj horrible.

hortaliza [ortaˈliθa] f (garden) vegetable.

hortelano, na [orteˈlano, na] m, f market gardener Br, truck farmer Am.

hortensia [orˈtensja] f hydrangea.

hortera [orˈtera] adj fam tacky.

hospedarse [ospeˈðarse] vpr to stay.

hospital [ospiˈtal] m hospital.

hospitalario, ria [ospitaˈlarjo, rja] adj (persona) hospitable.

hospitalidad [ospitaliˈðað] f hospitality.

hospitalizar [ospitaliˈθar] vt to put in hospital.

hostal [osˈtal] m ≃ two-star hotel.

hostelería [osteleˈria] f hotel trade.

hostia [ˈostja] f (en religión) host; vulg (golpe) whack. ◆ interj vulg bloody hell!; darse una ~ vulg to have a smash-up.

hostil [osˈtil] adj hostile.

hotel [oˈtel] m hotel; ~ de lujo luxury hotel.

hotelero, ra [oteˈlero, ra] adj hotel (antes de s).

hoy [oj] adv (día presente) today; (momento actual) nowadays; ~ en día nowadays; ~ por ~ at the moment.

hoyo [ˈojo] m hole.

hoz [oθ] f sickle.

huachafería [watʃafeˈria] f Amér tacky thing.

huachafo, fa [waˈtʃafo, fa] adj Perú tacky.

hucha [ˈutʃa] f moneybox.

hueco, ca [ˈweko, ka] adj (vacío) hollow. ◆ m (agujero) hole; (de tiempo) spare moment.

huelga [ˈwelɣa] f strike.

huella [ˈweʎa] f (de persona) footprint; (de animal) track; ~s dactilares fingerprints.

huérfano, na [ˈwerfano, na] m, f orphan.

huerta [ˈwerta] f market garden Br, truck farm Am.

huerto [ˈwerto] m (de hortalizas) vegetable patch; (de frutales) orchard.

hueso [ˈweso] m (del esqueleto) bone; (de una fruta) stone.

huésped, da [ˈwespeð, ða] m, f guest.

huevada [weˈβaða] f Andes fam stupid thing.

huevear [weβeˈar] vi Chile & Perú fam to mess about (Br), to goof off (Am).

huevo ['weβo] *m* egg; ~ **de la copa**
o **tibio** *Amér* hard-boiled egg; ~ **duro**
hard-boiled egg; ~ **escalfado**
poached egg; ~ **estrellado** *Amér* fried
egg; ~ **frito** fried egg; ~ **pasado por
agua** soft-boiled egg; ~ **s a la flamen-
ca** *'huevos al plato' with fried pork sausage,
black pudding and a tomato sauce;* ~ **s revueltos** scrambled eggs.

huevón [we'βon] *m* *Andes & Ven*
idiot.

huida [u'iða] *f* escape.

huir [u'ir] *vi* (*escapar*) to flee; (*de cárcel*) to escape; ~ **de algo/alguien**
(*evitar*) to avoid sthg/sb.

humanidad [umani'ðað] *f*
humanity. ○ **humanidades** *fpl* humanities.

humanitario, ria [umani'tarjo, rja]
adj humanitarian.

humano, na [u'mano, na] *adj* (*del
hombre*) human; (*benévolo, compasivo*)
humane. ♦ *m* human (being).

humareda [uma'reða] *f* cloud of
smoke.

humedad [ume'ðað] *f*
(*de piel*)
moisture; (*de atmósfera*) humidity;
(*en la pared*) damp.

humedecer [umeðe'θer] *vt* to
moisten.

húmedo, da [u'meðo, ða] *adj* (*ropa, toalla, etc*) damp; (*clima, país*) humid; (*piel*) moist.

humilde [u'milde] *adj* humble.

humillación [umiʎa'θjon] *f* humiliation.

humillante [umi'ʎante] *adj* humiliating.

humillar [umi'ʎar] *vt* to humiliate.

humo ['umo] *m* (*gas*) smoke; (*de coche*) fumes (*pl*). ○ **humos** *mpl* airs.

humor [u'mor] *m* (*estado de ánimo*)
mood; (*gracia*) humour; **estar de
buen** ~ to be in a good mood; **estar**

de mal ~ to be in a bad mood.

humorismo [umo'rizmo] *m* comedy.

humorista [umo'rista] *mf* comedian (*f* comedienne).

humorístico, ca [umo'ristiko, ka]
adj humorous.

hundir [un'dir] *vt* (*barco*) to sink;
(*edificio*) to knock down; (*techo*) to
knock in; (*persona*) to devastate.
○ **hundirse** *vpr* (*barco*) to sink; (*edificio, techo*) to collapse; (*persona*) to be
devastated.

húngaro, ra ['ungaro, ra] *adj & m, f*
Hungarian.

Hungría [un'gria] Hungary.

huracán [ura'kan] *m* hurricane.

hurtadillas [urta'ðiʎas] ♦ **a hurtadillas** *adv* stealthily.

hurto ['urto] *m* theft.

I

IBERIA [i'βerja] *f* IBERIA (*Spanish
national airline*).

ibérico, ca [i'βeriko, ka] *adj* Iber-
ian.

Ibiza [i'βiθa] Ibiza.

iceberg [iθe'βer] *m* iceberg.

icono [i'kono] *m* icon.

ida [i'ða] *f* outward journey; (**billete de**) ~ **y vuelta** return (ticket).

idea [i'ðea] *f* idea; (*propósito*) intention; (*opinión*) impression; **no tengo
ni** ~ I've no idea.

ideal [iðe'al] *adj & m* ideal.

idealismo [iðea'lizmo] *m* ideal-
ism.

idealista [iðea'lista] *mf* idealist.

idéntico, ca [i'ðentiko, ka] *adj* identical.

identidad [iðenti'ðað] *f* identity.

identificación [iðentifika'θjon] *f* identification.

identificar [iðentifi'kar] *vt* to identify. ◻ **identificarse** *vpr (mostrar documentación)* to show one's identification.

ideología [iðeolo'xia] *f* ideology.

idilio [i'ðiljo] *m* love affair.

idioma [i'ðjoma] *m* language.

idiota [i'ðjota] *adj despec* stupid.
◆ *mf* idiot.

ídolo ['iðolo] *m* idol.

idóneo, a [i'ðoneo, a] *adj* suitable.

iglesia [i'vlesja] *f* church.

ignorancia [ivno'ranθja] *f* ignorance.

ignorante [ivno'rante] *adj* ignorant.

ignorar [ivno'rar] *vt (desconocer)* not to know; *(no hacer caso)* to ignore.

igual [i'vwal] *adj (idéntico)* the same; *(parecido)* similar; *(cantidad, proporción)* equal; *(ritmo)* steady. ◆ *adv* the same; **ser ~ que** to be the same as; **da ~** it doesn't matter; **me da ~** I don't care; **es ~** it doesn't matter; **al ~ que** just like; **por ~** equally.

igualado, da [ivua'laðo, ða] *adj* level.

igualdad [ivual'dað] *f* equality.

igualmente [i,vual'mente] *adv* likewise.

ilegal [ile'val] *adj* illegal.

ilegítimo, ma [ile'xitimo, ma] *adj* illegitimate.

ileso, sa [i'leso, sa] *adj* unhurt.

ilimitado, da [ilimi'taðo, ða] *adj* unlimited.

ilógico, ca [i'loxiko, ka] *adj* illogical.

iluminación [ilumina'θjon] *f (alumbrado)* lighting.

iluminar [ilumi'nar] *vt (suj: luz, sol)* to light up.

ilusión [ilu'sjon] *f (esperanza)* hope; *(espejismo)* illusion; **el regalo me ha hecho ~** I liked the present; **me hace ~ la fiesta** I'm looking forward to the party; **hacerse ilusiones** to get one's hopes up.

ilusionarse [ilusjo'narse] *vpr (esperanzarse)* to get one's hopes up; *(emocionarse)* to get excited.

ilustración [ilustra'θjon] *f* illustration.

ilustrar [ilus'trar] *vt* to illustrate.

ilustre [i'lustre] *adj* illustrious.

imagen [i'maxen] *f* image; *(en televisión)* picture.

imaginación [imaxina'θjon] *f* imagination.

imaginar [imaxi'nar] *vt (suponer)* to imagine; *(inventar)* to think up.
◻ **imaginarse** *vpr* to imagine.

imaginario, ria [imaxi'narjo, rja] *adj* imaginary.

imaginativo, va [imaxina'tiβo, βa] *adj* imaginative.

imán [i'man] *m* magnet.

imbécil [im'beθil] *adj despec* stupid.
◆ *mf* idiot.

imitación [imita'θjon] *f (de persona)* impression; *(de obra de arte)* imitation.

imitar [imi'tar] *vt* to imitate.

impaciencia [impa'θjenθja] *f* impatience.

impaciente [impa'θjente] *adj* impatient; **~ por** impatient to.

impar [im'par] *adj* odd.

imparable [impa'raβle] *adj* unstoppable.

imparcial [impar'θjal] *adj* imparcial.

impasible [impa'siβle] *adj* impassive.

impecable [impe'kaβle] *adj* impeccable.

impedimento [impeði'mento] *m* obstacle.

impedir [impe'ðir] *vt (no permitir)* to prevent; *(obstaculizar)* to hinder.

impensable [impen'saβle] *adj* unthinkable.

imperativo [impera'tiβo] *m (en gramática)* imperative.

imperceptible [imperθep'tiβle] *adj* imperceptible.

imperdible [imper'ðiβle] *m* safety pin.

imperdonable [imperðo'naβle] *adj* unforgivable.

imperfecto, ta [imper'fekto, ta] *adj (incompleto)* imperfect; *(defectuoso)* faulty. ◆ *m* imperfect tense.

imperial [impe'rjal] *adj* imperial.

imperio [im'perjo] *m (territorio)* empire; *(dominio)* rule.

impermeable [imperme'aβle] *adj* waterproof. ◆ *m* raincoat.

impersonal [imperso'nal] *adj* impersonal.

impertinencia [imperti'nenθja] *f (insolencia)* impertinence; *(comentario)* impertinent remark.

impertinente [imperti'nente] *adj* impertinent.

ímpetu ['impetu] *m (energía)* force.

implicar [impli'kar] *vt* to involve; *(significar)* to mean.

implícito, ta [im'pliθito, ta] *adj* implicit.

imponer [impo'ner] *vt (obligación, castigo, impuesto)* to impose; *(obediencia, respeto)* to command. ◆ *vi* to be imposing.

importación [importa'θjon] *f (producto)* import.

importancia [impor'tanθja] *f* importance.

importante [impor'tante] *adj (destacado)* important; *(cantidad)* large.

importar [impor'tar] *vt (mercancías)* to import. ◆ *vi (interesar)* to matter; ¿le importa que fume? do you mind if I smoke?; ¿le importaría venir? would you mind coming?; no importa it doesn't matter; no me importa I don't care.

importe [im'porte] *m (precio)* price; *(en cuenta, factura)* total; '~ del billete' 'ticket price'.

imposibilidad [imposiβili'ðað] *f* impossibility.

imposible [impo'siβle] *adj* impossible. ◆ *interj* never! ◆ *m*: pedir un ~ to ask the impossible.

impostor, ra [impos'tor, ra] *m, f* impostor.

impotencia [impo'tenθja] *f* impotence.

impotente [impo'tente] *adj* impotent.

impreciso, sa [impre'θiso, sa] *adj* vague.

impregnar [impreɣ'nar] *vt (humedecer)* to soak.

imprenta [im'prenta] *f (arte)* printing; *(taller)* printer's (shop).

imprescindible [impresθin'diβle] *adj* indispensable.

impresión [impre'sjon] *f (de un libro)* edition; *(sensación)* feeling; *(opinión)* impression.

impresionante [impresjo'nante] *adj* impressive.

impresionar [impresjo'nar] *vt* to impress. ◆ *vi (causar admiración)* to be impressive.

impreso, sa [im'preso] *pp* → **imprimir**. ◆ *m (formulario)* form.

impresora [impre'sora] *f* printer.

imprevisto [impre'βisto] *m* unexpected event.

imprimir [impri'mir] *vt* to print.

improvisación [improβisa'θjon] *f* improvisation.

improvisado, da [improβi'saðo, ða] *adj* improvised.

improvisar [improβi'sar] *vt* to improvise.

imprudente [impru'ðente] *adj* rash.

impuesto, ta [im'pwesto, ta] *pp* → **imponer**. ◆ *m* tax.

impulsar [impul'sar] *vt (empujar)* to drive; ~ **a alguien a** to drive sb to.

impulsivo, va [impul'siβo, βa] *adj* impulsive.

impulso [im'pulso] *m (empuje)* momentum; *(estímulo)* stimulus.

impuro, ra [im'puro, ra] *adj* impure.

inaceptable [inaθep'taβle] *adj* unacceptable.

inadecuado, da [inaðe'kwaðo, ða] *adj* unsuitable.

inadmisible [inaðmi'siβle] *adj* unacceptable.

inaguantable [inaɣwan'taβle] *adj* unbearable.

inauguración [inaɣwura'θjon] *f* inauguration, opening.

inaugurar [inaɣwu'rar] *vt* to inaugurate, to open.

incapacidad [inkapaθi'ðað] *f (incompetencia)* incompetence; *(por enfermedad)* incapacity.

incapaz [inka'paθ] *(pl* -**ces** [θes]*) adj* incapable; **ser ~ de** to be unable to.

incendio [in'θendjo] *m* fire; **contra ~s** *(medidas)* fire-fighting; *(seguro, brigada)* fire *(antes de s)*.

incentivo [inθen'tiβo] *m* incentive.

incidente [inθi'ðente] *m* incident.

incineradora [inθinera'ðora] *f* incinerator.

incinerar [inθine'rar] *vt* to incinerate.

incitar [inθi'tar] *vt (animar)* to encourage; *(a la violencia)* to incite.

inclinación [inklina'θjon] *f (saludo)* bow; *(tendencia)* tendency; *(afecto)* fondness.

incluido, da [inklu'iðo, ða] *adj* included.

incluir [inklu'ir] *vt (contener)* to include; *(adjuntar)* to enclose.

inclusive [inklu'siβe] *adv* inclusive.

incluso [in'kluso] *adv* even.

incógnita [in'koɣnita] *f (cosa desconocida)* mystery.

incoherente [inkoe'rente] *adj (contradictorio)* inconsistent.

incoloro, ra [inko'loro, ra] *adj* colourless.

incómodo, da [in'komoðo, ða] *adj* uncomfortable.

incomparable [inkompa'raβle] *adj* incomparable.

incompatibilidad [inkompatiβili'ðað] *f* incompatibility.

incompetente [inkompe'tente] *adj* incompetent.

incomprensible [inkompren'siβle] *adj* incomprehensible.

incomunicado, da [inkomuni'kaðo, ða] *adj (pueblo)* cut off.

incondicional [inkondiθjo'nal] *adj (apoyo, ayuda)* wholehearted; *(amigo)* staunch.

inconfundible [inkonfun'diβle] *adj* unmistakable.

inconsciencia [inkons'θjenθja] *f (irresponsabilidad)* thoughtlessness.

inconsciente [inkons'θjente] *adj (sin conocimiento)* unconscious; *(insensato)* thoughtless.

incontable [inkon'taβle] *adj* countless.

inconveniente [inkombe'njente] *m (dificultad)* difficulty; *(desventaja)* disadvantage.

incorporación [inkorpora'θjon] *f (unión)* inclusion.

incorporar [inkorpo'rar] *vt (agregar)* to incorporate; *(levantar)* to sit up. □ **incorporarse** *vpr (levantarse)* to sit up; ~ **se a** *(ingresar en)* to join.

incorrecto, ta [inko'rekto, ta] *adj (erróneo)* incorrect; *(descortés)* impolite.

incorregible [inkorre'xiβle] *adj* incorrigible.

incrédulo, la [in'kreδulo, la] *adj* sceptical.

increíble [inkre'iβle] *adj (inverosímil)* hard to believe; *(extraordinario)* incredible.

incremento [inkre'mento] *m* increase.

incubadora [inkuβa'δora] *f* incubator.

incubar [inku'βar] *vt* to incubate.

inculpado, da [inkul'paδo, δa] *m, f* accused.

inculto, ta [in'kulto, ta] *adj (persona)* uneducated.

incumbir [inkum'bir] *vi:* **no te incumbe hacerlo** it's not for you to do it.

incurable [inku'raβle] *adj* incurable.

incurrir [inku'rir] ◆ **incurrir en** *v + prep (error)* to make; *(delito)* to commit.

indecente [inde'θente] *adj* indecent.

indeciso, sa [inde'θiso, sa] *adj (falta de iniciativa)* indecisive; *(falto de decisión)* undecided; *(poco claro)* inconclusive.

indefenso, sa [inde'fenso, sa] *adj* defenceless.

indefinido, da [indefi'niδo, δa] *adj* indefinite; *(impreciso)* vague.

indemnización [indemniθa'θjon] *f* compensation.

indemnizar [indemni'θar] *vt* to compensate.

independencia [indepen'denθja] *f* independence.

independiente [indepen'djente] *adj* independent.

independizarse [independi'θarse] ◆ **independizarse de** *v + prep* to become independent of.

indeterminado, da [indetermi'naδo, δa] *adj* indefinite.

indicación [indika'θjon] *f (señal)* sign. □ **indicaciones** *fpl (instrucciones)* instructions; *(para llegar a un sitio)* directions.

indicador [indika'δor] *m* indicator; ~ **de dirección** indicator.

indicar [indi'kar] *vt (señalar)* to indicate; *(lugar, dirección)* to show; *(suj: señal, reloj)* to read.

indicativo, va [indika'tiβo, βa] *adj* indicative.

índice ['indiθe] *m (de libro, precios)* index; *(de natalidad, mortalidad)* rate; *(de la mano)* index finger.

indicio [in'diθjo] *m (señal)* sign.

indiferencia [indife'renθja] *f* indifference.

indiferente [indife'rente] *adj* indifferent; **es** ~ it makes no difference.

indígena [in'dixena] *mf* native.

indigestión [indixes'tjon] *f* indigestion.

indigesto, ta [indi'xesto, ta] *adj* hard to digest.

indignación [indiɣna'θjon] f indignation.

indignado, da [indiɣ'naðo, ða] adj indignant.

indignante [indiɣ'nante] adj outrageous.

indirecta [indi'rekta] f hint.

indirecto, ta [indi'rekto, ta] adj indirect.

indiscreto, ta [indis'kreto, ta] adj indiscreet.

indiscriminado, da [indiskrimi'naðo, ða] adj indiscriminate.

indiscutible [indisku'tiβle] adj indisputable.

indispensable [indispen'saβle] adj indispensable.

indispuesto, ta [indis'pwesto, ta] adj unwell.

individual [indiβiðu'al] adj (del individuo) individual; (cama, habitación) single; ~es DEPsingles.

individuo [indi'βiðwo] m individual.

índole ['indole] f (tipo) type.

indudablemente [indu'ðaβle'mente] adv undoubtedly.

indumentaria [indumen'tarja] f clothes (pl).

industria [in'dustrja] f (actividad) industry; (fábrica) factory.

industrial [indus'trjal] adj industrial. ◆ mf industrialist.

industrializado, da [industrjali'θaðo, ða] adj industrialized.

inédito, ta [in'eðito, ta] adj (desconocido) unprecedented.

inepto, ta [in'epto, ta] adj inept.

inequívoco, ca [ine'kiβoko, ka] adj (clarísimo) unequivocal; (inconfundible) unmistakable.

inesperado, da [inespe'raðo, ða] adj unexpected.

inestable [ines'taβle] adj unstable.

inevitable [ineβi'taβle] adj inevitable.

inexperto, ta [ineks'perto, ta] adj (sin experiencia) inexperienced.

infalible [infa'liβle] adj infallible.

infancia [in'fanθja] f childhood.

infanta [in'fanta] f princess.

infantería [infante'ria] f infantry.

infantil [infan'til] adj (para niños) children's; despec (inmaduro) childish.

infarto [in'farto] m heart attack.

infección [infek'θjon] f infection.

infeccioso, sa [infek'θjoso,sa] adj infectious.

infectar [infek'tar] vt to infect. ❑ **infectarse** vpr to become infected.

infelicidad [infeliθi'ðað] f unhappiness.

infeliz [infe'liθ] (pl -ces [θes]) adj unhappy. ◆ mf (desgraciado) wretch; fam (ingenuo) naive person.

inferior [infe'rjor] adj (de abajo, menos importante, cantidad) lower; (de menos calidad) inferior. ◆ mf inferior.

inferioridad [inferjori'ðað] f inferiority.

infidelidad [infiðeli'ðað] f infidelity.

infiel [in'fjel] adj (a la pareja) unfaithful. ◆ mf (no cristiano) infidel.

infierno [in'fjerno] m hell.

ínfimo, ma ['infimo, ma] adj very low.

infinito, ta [infi'nito, ta] adj infinite. ◆ m infinity.

inflación [infla'θjon] f inflation.

inflar [in'flar] vt (de aire) to inflate; (globo) to blow up. ❑ **inflarse de** v + prep (comer, beber) to stuff o.s. with.

inflexible [inflek'siβle] adj inflexible.

influencia [influ'enθja] f influence; **tener ~** to have influence.

influenciar [influen'θjar] vt to influence.

influir [influ'ir] ♦ **influir en** v + prep to influence.

influjo [in'fluxo] m influence.

influyente [influ'jente] adj influential.

información [informa'θjon] f (datos) information; (noticias) news; (oficina) information office; (mostrador) information desk; (de teléfono) directory enquiries (pl) (Br), directory assistance (Am).

informal [infor'mal] adj (persona) unreliable; (lenguaje, traje) informal.

informalidad [informali'ðað] f (irresponsabilidad) unreliability.

informar [infor'mar] vt to tell. ❑ **informarse** vpr to find out.

informática [infor'matika] f information technology, computing → **informático**.

informático, ca [infor'matiko, ka] m, f computer expert.

informativo [informa'tiβo] m news bulletin.

informe [in'forme] m report. ❑ **informes** mpl (referencias) references.

infracción [infrak'θjon] f (delito) offence.

infundir [infun'dir] vt to inspire.

infusión [infu'sjon] f infusion; **~ de tila** lime blossom tea.

ingeniería [inxenje'ria] f engineering.

ingeniero, ra [inxe'njero, ra] m, f engineer.

ingenio [in'xenjo] m (agudeza) wit; (inteligencia) ingenuity; (máquina) device.

ingenioso, sa [inxe'njoso, sa] adj (agudo) witty; (inteligente) ingenious.

ingenuidad [inxenwi'ðað] f naivety.

ingenuo, nua [in'xenwo, nwa] adj naive.

Inglaterra [ingla'terra] England.

ingle ['ingle] f groin.

inglés, esa [in'gles, esa] adj & m English. ♦ m, f Englishman (f Englishwoman); **los ingleses** the English.

ingrato, ta [in'grato, ta] adj (trabajo) thankless; (persona) ungrateful.

ingrediente [ingre'ðjente] m ingredient.

ingresar [ingre'sar] vt (dinero) to deposit. ♦ vi (en hospital) to be admitted; (en sociedad) to join; (en universidad) to enter Br, to enroll Am.

ingreso [in'greso] m (entrada, en universidad) entry Br, enrollment Am; (de dinero) deposit; (en hospital) admission; (en sociedad) joining. ❑ **ingresos** mpl (sueldo) income (sg).

inhabitable [inaβi'taβle] adj uninhabitable.

inhalar [ina'lar] vt to inhale.

inhibición [iniβi'θjon] f inhibition.

inhumano, na [inu'mano, na] adj inhumane.

iniciación [iniθja'θjon] f (comienzo) beginning.

inicial [ini'θjal] adj & f initial.

iniciar [ini'θjar] vt (empezar) to begin, to start. ❑ **iniciarse en** v + prep (conocimiento, práctica) to learn.

iniciativa [iniθja'tiβa] f initiative; **tener ~** to have initiative.

inicio [i'niθjo] m beginning, start.

inimaginable [inimaxi'naβle] adj unimaginable.

injerto [in'xerto] m graft.

injusticia [inxus'tiθja] f injustice.

injusto, ta [in'xusto, ta] adj unfair.

inmaduro, ra [imma'ðuɾo, ɾa] *adj (persona)* immature; *(fruta)* unripe.

inmediatamente [immeˌðjata'mente] *adv* immediately.

inmediato, ta [imme'ðjato, ta] *adj (tiempo)* immediate; *(contiguo)* next; **de ~** immediately.

inmejorable [immexo'ɾaβle] *adj* unbeatable.

inmenso, sa [im'menso, sa] *adj* immense.

inmigración [immiɣɾa'θjon] *f* immigration.

inmigrante [immi'ɣɾante] *mf* immigrant.

inmigrar [immi'ɣɾaɾ] *vi* to immigrate.

inmobiliaria [immoβi'ljaɾja] *f* estate agency *(Br)*, real-estate office *(Am)*.

inmoral [immo'ɾal] *adj* immoral.

inmortal [immor'tal] *adj* immortal.

inmóvil [im'moβil] *adj (persona)* motionless; *(coche, tren)* stationary.

inmovilizar [immoβili'θaɾ] *vt* to immobilize.

inmueble [im'mweβle] *m* building.

inmune [im'mune] *adj* immune.

inmunidad [immuni'ðað] *f* immunity.

innato, ta [in'nato, ta] *adj* innate.

innecesario, ria [inneθe'saɾjo, ɾja] *adj* unnecessary.

innovación [innoβa'θjon] *f* innovation.

inocencia [ino'θenθja] *f* innocence.

inocentada [inoθen'taða] *f (bobada)* foolish thing; *(broma)* practical joke.

inocente [ino'θente] *adj* innocent.

inofensivo, va [inofen'siβo, βa] *adj* harmless.

inolvidable [inolβi'ðaβle] *adj* unforgettable.

inoportuno, na [inopor'tuno, na] *adj (inadecuado)* inappropriate; *(molesto)* inconvenient; *(en mal momento)* untimely.

inoxidable [inoksi'ðaβle] *adj (material)* rustproof; *(acero)* stainless.

inquietarse [inkje'taɾse] *vpr* to worry.

inquieto, ta [inki'eto, ta] *adj (preocupado)* worried; *(aventurero)* restless.

inquietud [inkje'tuð] *f* worry.

inquilino, na [inki'lino, na] *m, f* tenant.

Inquisición [inkisi'θjon] *f*: **la ~** the (Spanish) Inquisition.

insaciable [insa'θjaβle] *adj* insatiable.

insalubre [insa'luβɾe] *adj* unhealthy.

insatisfacción [insatisfak'θjon] *f* dissatisfaction.

insatisfecho, cha [insatis'fetʃo, tʃa] *adj* dissatisfied.

inscribir [inskɾi'βiɾ] ♦ **inscribirse en** *v + prep* to enrol on.

inscripción [inskɾip'θjon] *f (de moneda, piedra, etc)* inscription; *(en registro)* enrolment.

insecticida [insekti'θiða] *m* insecticide.

insecto [in'sekto] *m* insect.

inseguridad [inseɣuɾi'ðað] *f (falta de confianza)* insecurity; *(peligro)* lack of safety.

inseguro, ra [inse'ɣuɾo, ɾa] *adj (sin confianza)* insecure; *(peligroso)* unsafe.

insensato, ta [insen'sato, ta] *adj* foolish.

insensible [insen'siβle] *adj (persona)* insensitive; *(aumento, subida, bajada)* imperceptible.

inseparable [insepaˈraβle] *adj* inseparable.

insertar [inserˈtar] *vt* to insert; ~ **algo en** to insert sthg into.

inservible [inserˈβiβle] *adj* useless.

insignia [inˈsiɣnja] *f (distintivo)* badge; *(de militar)* insignia; *(estandarte)* flag.

insignificante [insiɣnifiˈkante] *adj* insignificant.

insinuar [insinuˈar] *vt* to hint at. ❑ **insinuarse** *vpr* to make advances.

insípido, da [inˈsipiðo, ða] *adj* insipid.

insistencia [insisˈtenθja] *f* insistence.

insistir [insisˈtir] *vi*: ~ **(en)** to insist (on).

insolación [insolaˈθjon] *f (indisposición)* sunstroke.

insolencia [insoˈlenθja] *f (dicho, hecho)* insolent thing.

insolente [insoˈlente] *adj (desconsiderado)* insolent; *(orgulloso)* haughty.

insólito, ta [inˈsolito, ta] *adj* unusual.

insolvente [insolˈβente] *adj* insolvent.

insomnio [inˈsomnjo] *m* insomnia.

insonorización [insonoriθaˈθjon] *f* soundproofing.

insoportable [insoporˈtaβle] *adj* unbearable.

inspeccionar [inspekθjoˈnar] *vt* to inspect.

inspector, ra [inspekˈtor, ra] *m, f* inspector; ~ **de aduanas** customs official.

inspiración [inspiraˈθjon] *f (de aire)* inhalation; *(de un artista)* inspiration.

inspirar [inspiˈrar] *vt (aire)* to inhale; *(ideas)* to inspire. ❑ **inspirarse en** *v + prep* to be inspired by.

instalación [instalaˈθjon] *f (acto)* installation; *(equipo)* installations *(pl)*; ~ **eléctrica** wiring. ❑ **instalaciones** *fpl (edificios)* facilities; **instalaciones deportivas** sports facilities.

instalar [instaˈlar] *vt (teléfono, antena, etc)* to install; *(gimnasio, biblioteca, etc)* to set up; *(alojar)* to settle. ❑ **instalarse** *vpr (en nueva casa)* to move in.

instancia [insˈtanθja] *f (solicitud)* application.

instantánea [instanˈtanea] *f* snapshot.

instantáneo, a [instanˈtaneo, a] *adj* instantaneous.

instante [insˈtante] *m* instant; **al** ~ straight away.

instintivo, va [instinˈtiβo, βa] *adj* instinctive.

instinto [insˈtinto] *m* instinct.

institución [instituˈθjon] *f* institution. ❑ **instituciones** *fpl* institutions.

institucional [instituθjoˈnal] *adj* institutional.

instituir [instiˈtuir] *vt* to set up.

instituto [instiˈtuto] *m* institute; *(centro de enseñanza)* state secondary school, ≃ high school *Am*.

institutriz [instituˈtriθ] *(pl* -ces [θes]) *f* governess.

instrucción [instrukˈθjon] *f (formación)* education. ❑ **instrucciones** *fpl (indicaciones)* instructions.

instruir [instruˈir] *vt (enseñar)* to teach; *(enjuiciar)* to prepare.

instrumental [instrumenˈtal] *m* instruments *(pl)*.

instrumento [instruˈmento] *m* instrument.

insuficiente [insufiˈθjente] *adj* insufficient. ◆ *m* fail.

insufrible [insuˈfriβle] *adj* insufferable.

insultante [insulˈtante] adj insulting.

insultar [insulˈtar] vt to insult. ☐ **insultarse** vpr to insult each other.

insulto [inˈsulto] m insult.

insuperable [insupeˈraβle] adj (inmejorable) unsurpassable; (problema) insurmountable.

intacto, ta [inˈtakto, ta] adj intact.

integración [inteɣraˈθjon] f integration.

integrarse [inteˈɣrarse] ♦ **integrarse en** v + prep to become integrated in.

íntegro, gra [ˈinteɣro, ɣra] adj (cosa) whole; (persona) honourable.

intelectual [intelektuˈal] mf intellectual.

inteligencia [inteliˈxenθja] f intelligence.

inteligente [inteliˈxente] adj intelligent.

intemperie [intemˈperje] f: a la ~ in the open air.

intención [intenˈθjon] f intention; con la ~ de with the intention of; tener la ~ de to intend to.

intencionado, da [intenθjoˈnaðo, ða] adj deliberate; **bien ~** well-meaning; **mal ~** ill-intentioned.

intensivo, va [intenˈsiβo, βa] adj intensive.

intenso, sa [inˈtenso, sa] adj intense; (luz) bright; (lluvia) heavy.

intentar [intenˈtar] vt to try; ~ **hacer algo** to try to do sthg.

intento [inˈtento] m (propósito) intention; (tentativa) try.

intercalar [interkaˈlar] vt to insert.

intercambio [interˈkambjo] m exchange.

interceder [interθeˈðer] ♦ **interceder por** v + prep to intercede on behalf of.

interceptar [interθepˈtar] vt to intercept.

interés [inteˈres] m interest; (provecho) self-interest. ☐ **intereses** mpl (dinero) interest (sg); (fortuna, aspiraciones) interests.

interesado, da [intereˈsaðo, ða] adj (que tiene interés) interested; (egoísta) self-interested.

interesante [intereˈsante] adj interesting.

interesar [intereˈsar] vi to be of interest; ¿te interesa la música? are you interested in music? ☐ **interesarse en** v + prep to be interested in. ☐ **interesarse por** v + prep to take an interest in.

interferencia [interfeˈrenθja] f interference.

interina [inteˈrina] f (criada) cleaning lady.

interino, na [inteˈrino, na] adj (trabajador) temporary.

interior [inteˈrjor] adj inner; (mercado, política) domestic. ♦ m (parte de dentro) inside; fig (mente) inner self; (en deporte) inside forward; **el ~ de España** inland Spain.

interlocutor, ra [interlokuˈtor, ra] m, f speaker.

intermediario, ria [intermeˈðjarjo, rja] m, f middleman.

intermedio, dia [interˈmeðjo, ðja] adj intermediate. ♦ m interval.

interminable [intermiˈnaβle] adj endless.

intermitente [intermiˈtente] m indicator.

internacional [internaθjoˈnal] adj international.

internacionalmente [internaθjonalˈmente] adv internationally.

internado [interˈnaðo] m boarding school.

Internet [inter'net] *m* Internet; en ~ on the Internet.

interno, na [in'terno, na] *adj* internal. ◆ *m, f (en colegio)* boarder; *(en hospital)* intern.

interponerse [interpo'nerse] *vpr* to intervene.

interpretación [interpreta'θjon] *f (en teatro, cine, etc)* performance; *(traducción)* interpreting.

interpretar [interpre'tar] *vt (en teatro, cine, etc)* to perform; *(traducir)* to interpret.

intérprete [in'terprete] *mf (en teatro, cine, etc)* performer; *(traductor)* interpreter.

interrogación [interoɣa'θjon] *f (pregunta)* question; *(signo)* question mark.

interrogante [intero'ɣante] *m o f* question mark.

interrogar [intero'ɣar] *vt* to question.

interrogatorio [interoɣa'torjo] *m* questioning.

interrumpir [interum'pir] *vt* to interrupt.

interrupción [interup'θjon] *f* interruption.

interruptor [interup'tor] *m* switch.

interurbano, na [interur'βano, na] *adj* long-distance.

intervalo [inter'βalo] *m (tiempo)* interval; *(espacio)* gap.

intervención [interβen'θjon] *f (discurso)* speech; ~ quirúrgica operation.

intervenir [interβe'nir] *vt (en medicina)* to operate on; *(confiscar)* to seize. ◆ *vi (tomar parte)* to participate.

interviú [inter'βju] *f* interview.

intestino [intes'tino] *m* intestine.

intimidad [intimi'ðað] *f (vida privada)* private life.

íntimo, ma ['intimo, ma] *adj (cena, pensamiento, etc)* private; *(amistad, relación)* close; *(ambiente, restaurante)* intimate.

intocable [into'kaβle] *adj* untouchable.

intolerable [intole'raβle] *adj* intolerable.

intolerante [intole'rante] *adj* intolerant.

intoxicación [intoksika'θjon] *f* poisoning; ~ alimenticia food poisoning.

intoxicarse [intoksi'karse] *vpr* to be poisoned.

intranquilo, la [intran'kilo, la] *adj (nervioso)* restless; *(preocupado)* worried.

intransigente [intransi'xente] *adj* intransigent.

intransitable [intransi'taβle] *adj* impassable.

intrépido, da [in'trepiðo, ða] *adj* intrepid.

intriga [in'triɣa] *f (maquinación)* intrigue; *(trama)* plot.

intrigar [intri'ɣar] *vt & vi* to intrigue.

introducción [introðuk'θjon] *f* introduction.

introducir [introðu'θir] *vt* to introduce; *(meter)* to put in; '~ monedas' 'insert coins'.

introvertido, da [introβer'tiðo, ða] *adj* introverted.

intruso, sa [in'truso, sa] *m, f* intruder.

intuición [intɥi'θjon] *f* intuition.

inundación [inunda'θjon] *f* flood.

inundar [inun'dar] *vt* to flood.

inusual [inusu'al] *adj* unusual.

inútil [i'nutil] *adj* useless; *(no provechoso)* unsuccessful; *(inválido)* disabled.

invadir [imba'ðir] *vt (país, territorio)* to invade; *(suj: alegría, tristeza)* to overwhelm.

inválido, da [im'baliðo, ða] *m, f* disabled person.

invasión [imba'sjon] *f* invasion.

invasor, ra [imba'sor, ra] *m, f* invader.

invención [imben'θjon] *f* invention.

inventar [imben'tar] *vt* to invent.

inventario [imben'tarjo] *m* inventory.

invento [im'bento] *m* invention.

invernadero [imberna'ðero] *m* greenhouse.

inversión [imber'sjon] *f (de dinero)* investment; *(de orden)* reversal.

inverso, sa [im'berso, sa] *adj* opposite; **a la inversa** the other way round.

invertir [imber'tir] *vt (dinero, tiempo)* to invest; *(orden)* to reverse.

investigación [imbestiɣa'θjon] *f (de delito, crimen)* investigation; *(en ciencia)* research.

investigador, ra [imbestiɣa'ðor, ra] *m, f* researcher.

investigar [imbesti'ɣar] *vt (delito, crimen)* to investigate; *(en ciencia)* to research.

invidente [imbi'ðente] *mf* blind person.

invierno [im'bjerno] *m* winter; **en ~** in (the) winter.

invisible [imbi'siβle] *adj* invisible.

invitación [imbita'θjon] *f* invitation; **es ~ de la casa** it's on the house.

invitado, da [imbi'taðo, ða] *m, f* guest.

invitar [imbi'tar] *vt (a fiesta, boda, etc)* to invite; **os invito** *(a café, copa, etc)* it's my treat; **te invito a cenar fue-** ra I'll take you out for dinner; **~ a alguien a** *(incitar)* to encourage sb to.

involucrar [imbolu'krar] *vt* to involve. ❑ **involucrarse en** *v + prep* to get involved in.

invulnerable [imbulne'raβle] *adj* invulnerable.

inyección [injek'θjon] *f* injection.

☞

ir [ir] *vi* - **1.** *(desplazarse)* to go; **fuimos andando** we went on foot; **iremos en coche** we'll go by car; **¡vamos!** let's go!
- **2.** *(asistir)* to go; **nunca va a las juntas** he never goes to meetings.
- **3.** *(extenderse)* to go; **la carretera va hasta Valencia** the road goes as far as Valencia.
- **4.** *(funcionar)* to work; **la televisión no va** the television's not working.
- **5.** *(desenvolverse)* to go; **le va bien en su trabajo** things are going well (for him) in his job; **los negocios van mal** business is bad; **¿cómo te va?** how are you doing?
- **6.** *(vestir):* **~ en o con** to wear; **~ de azul/de uniforme** to wear blue/a uniform.
- **7.** *(tener aspecto físico)* to look like; **tal como voy no puedo entrar** I can't go in looking like this.
- **8.** *(valer)* to be; **¿a cuánto va el pollo?** how much is the chicken?
- **9.** *(expresa duración gradual):* **~ haciendo algo** to be doing sthg; **voy mejorando mi estilo** I'm working on improving my style.
- **10.** *(sentar):* **le va fatal el color negro** black doesn't suit him at all; **le irían bien unas vacaciones** she could do with a holiday.
- **11.** *(referirse):* **~ por o con alguien** to go for sb.
- **12.** *(en locuciones):* **ni me va ni me vie-**

ne *fam* I'm not bothered; **¡qué va!** you must be joking!; **vamos, no te preocupes** come on, don't worry; **¿vamos bien a Madrid?** is this the right way to Madrid? ❑ **ir a** *v + prep (expresa intención)* to be going to. ❑ **ir de** *v + prep (película, libro)* to be about. ❑ **ir por** *v + prep (buscar)* to go and fetch; **voy por la mitad del libro** I'm halfway through the book. ❑ **irse** *vpr* to go; **~se abajo** *(edificio)* to fall down; *(negocio)* to collapse; *(proyecto)* to fall through.

---

ira ['ira] *f* fury, rage.

Irlanda [ir'landa] Ireland; **~ del Norte** Northern Ireland.

irlandés, esa [irlan'des, esa] *adj* Irish. ♦ *m, f* Irishman *(f* Irishwoman*)*; **los irlandeses** the Irish.

ironía [iro'nia] *f* irony.

irónico, ca [i'roniko, ka] *adj* ironic.

IRPF ['i'ere'pe'efe] *m (abrev de Impuesto sobre la Renta de las Personas Físicas)* Spanish income tax.

irracional [iraθjo'nal] *adj* irrational.

irrecuperable [irekupe'raβle] *adj* irretrievable.

irregular [iregu'lar] *adj* irregular; *(objeto, superficie)* uneven.

irregularidad [iregulari'ðað] *f* irregularity; *(de superficie, contorno)* unevenness.

irresistible [iresis'tiβle] *adj (inaguantable)* unbearable; *(apetecible)* irresistible.

irresponsable [irespon'saβle] *adj* irresponsible.

irreversible [ireβer'siβle] *adj* irreversible.

irrigar [iri'var] *vt* to irrigate.

irritable [iri'taβle] *adj (persona)* irritable; *(piel, ojos)* itchy.

irritación [irita'θjon] *f* irritation.

irritante [iri'tante] *adj* irritating.

irritar [iri'tar] *vt* to irritate. ❑ **irritarse** *vpr* to get irritated.

isla ['izla] *f* island.

islote [iz'lote] *m* islet.

istmo [iz'ðmo] *m* isthmus.

Italia [i'talja] Italy.

italiano, na [ita'ljano, na] *adj, m, f* Italian.

itinerario [itine'rarjo] *m* itinerary.

IVA ['iβa] *m (abrev de impuesto sobre el valor añadido)*, *Amér (abrev de impuesto sobre el valor agregado)* VAT.

izda *(abrev de izquierda)* l.

izquierda [iθ'kjerða] *f*: **la ~** *(lado izquierdo)* the left; *(mano izquierda)* one's left hand; **a la ~** on the left; **girar a la ~** to turn left; **ser de ~s** to be left-wing.

izquierdo, da [iθ'kjerðo, ða] *adj* left.

J

jabalí [xaβa'li] *m* wild boar.

jabalina [xaβa'lina] *f* javelin.

jabón [xa'βon] *m* soap.

jabonera [xaβo'nera] *f* soap dish.

jacuzzi® [xa'kusi] *m* Jacuzzi®.

jade ['xaðe] *m* jade.

jaguar [xa'ɣwar] *m* jaguar.

jalea [xa'lea] *f* jelly; **~ real** royal jelly.

jaleo [xa'leo] *m (barullo)* row *Br*, racket; *(lío)* mess.

jamás [xa'mas] *adv* never; **lo mejor que he visto ~** the best I've ever seen.

jamón [xa'mon] *m* ham; ~ **de bellota** *cured ham from pigs fed on acorns*; ~ **de jabugo** *type of top-quality cured ham from Jabugo*; ~ **serrano** cured ham, Parma ham; ~ **(de) York** York ham.

jarabe [xa'raβe] *m* syrup; ~ **para la tos** cough mixture *Br* o syrup *Am*.

jardín [xar'ðin] *m* garden; ~ **botánico** botanical gardens *(pl)*; ~ **de infancia** nursery school; ~ **público** park.

jardinera [xarði'nera] *f (recipiente)* plant pot holder *Br*, cachepot *Am* → **jardinero**.

jardinero, ra [xarði'nero, ra] *m, f* gardener; **a la jardinera** garnished with vegetables.

jarra [xara] *f* jug *Br*, pitcher *Am*; **en ~s** *(posición)* hands on hips.

jarro [xaro] *m* jug *Br*, pitcher *Am*.

jarrón [xa'ron] *m* vase.

jaula ['xaula] *f* cage.

jazmín [xaθ'min] *m* jasmine.

jazz [dʒas] *m* jazz.

jefatura [xefa'tura] *f (lugar)* headquarters *(pl)*; *(cargo)* leadership; ~ **de policía** police headquarters.

jefe, fa ['xefe, fa] *m, f (de trabajador)* boss; *(de empresa)* manager; *(de partido, asociación)* leader; *(de departamento)* head; ~ **de gobierno** head of state.

jerez [xe'reθ] *m* sherry.

which is not to be confused with the camomile tea widely available.

jerga ['xerva] *f (argot)* slang; *(lenguaje difícil)* jargon.

jeringuilla [xerin'giʎa] *f* syringe.

jeroglífico [xero'vlifiko] *m (escritura)* hieroglyphic; *(pasatiempo)* rebus.

jersey [xer'sej] *m* sweater; ~ **de cuello alto** polo neck *Br*, turtle neck *Am*.

Jesucristo [xesu'kristo] *m* Jesus Christ.

jesús [xe'sus] *interj (después de estornudo)* bless you!; *(de asombro)* good heavens!

jinete [xi'nete] *m* rider.

jirafa [xi'rafa] *f* giraffe.

jirón [xi'ron] *m Perú* avenue.

jitomate [xito'mate] *m CAm & Méx* tomato.

joder [xo'ðer] *vt vulg (fastidiar)* to fuck up. ◆ *vi vulg (copular)* to fuck. ◆ *interj vulg* fucking hell!

jornada [xor'naða] *f (de trabajo)* working day; *(de viaje, trayecto)* day's journey.

jornal [xor'nal] *m* day's wage.

jornalero, ra [xorna'lero, ra] *m, f* day labourer.

jota ['xota] *f (baile) popular dance of Aragon and Galicia.*

joven ['xoβen] *adj* young. ◆ *mf* young man *(f* young woman*)* ◆ **jóvenes** *mpl (juventud):* los **jóvenes** young people.

joya ['xoja] *f* jewel; *fig (persona)* gem.

joyería [xoje'ria] *f* jeweller's *(shop).*

joyero, ra [xo'jero, ra] *m, f* jeweller. ◆ *m* jewellery box.

joystick [dʒojstik] *m* joystick.

jubilación [xuβila'θjon] f (retiro) retirement; (pensión) pension.

jubilado, da [xuβi'laðo, ða] m, f pensioner Br, retiree Am.

jubilarse [xuβi'larse] vpr to retire.

judaísmo [xuða'izmo] m Judaism.

judía [xu'ðia] f bean; ~ **tierna** young, stringless bean; ~**s blancas** haricot beans Br, navy beans Am; ~**s pintas** kidney beans; ~**s verdes** green beans → **judío**.

judío, a [xu'ðio, a] adj Jewish. ◆ m, f Jew.

judo ['xuðo] m judo.

juego ['xweɣo] m (entretenimiento, en tenis) game; (acción) play; (con dinero) gambling; (conjunto de objetos) set; **hacer ~ (con algo)** to match (sthg); ~ **de azar** game of chance; ~ **de manos** (conjuring) trick; ~ **de sociedad** parlour games; ~**s olímpicos** Olympic Games.

juerga ['xwerɣa] f party; **irse de ~** to go out on the town.

jueves ['xweβes] m inv Thursday; **Jueves Santo** Maundy Thursday → **sábado**.

juez [xweθ] (pl **-ces** [θes]) mf judge; ~ **de línea** (en fútbol) linesman.

jugador, ra [xuɣa'ðor, ra] m, f (participante) player; (de dinero) gambler.

jugar [xu'ɣar] vi (entretenerse) to play; (con dinero) to gamble. ◆ vt to play. ❑ **jugar a** v + prep (fútbol, parchís, etc) to play. ❑ **jugar con** v + prep (no tomar en serio) to play with. ❑ **jugarse** vpr (arriesgar) to risk; (apostar) to bet.

jugo ['xuɣo] m (líquido) juice; (interés) substance.

jugoso, sa [xu'ɣoso, sa] adj juicy.

juguete [xu'ɣete] m toy.

juguetería [xuɣete'ria] f toy shop.

juguetón, ona [xuɣe'ton, ona] adj playful.

juicio ['xwiθjo] m (sensatez) judgment; (cordura) sanity; (ante juez, tribunal) trial; (opinión) opinion; **a mi ~** in my opinion.

julio ['xuljo] m July → **setiembre**.

junco ['xunko] m reed.

jungla ['xungla] f jungle.

junio ['xunjo] m June → **setiembre**.

junta ['xunta] f committee; (sesión) meeting.

juntar [xun'tar] vt (dos cosas) to put together; (personas) to bring together; (fondos, provisiones) to get together. ❑ **juntarse** vpr (ríos, caminos) to meet; (personas) to get together; (pareja) to live together.

junto, ta ['xunto, ta] adj (unido) together. ◆ adv at the same time; ~ **a** (al lado de) next to; (cerca de) near; **todo ~** all together.

jurado [xu'raðo] m (de juicio) jury; (de concurso, oposición) panel of judges.

jurar [xu'rar] vt & vi to swear.

jurídico, ca [xu'riðiko, ka] adj legal.

justicia [xus'tiθja] f justice; (organismo) law.

justificación [xustifika'θjon] f justification.

justificar [xustifi'kar] vt to justify; (persona) to make excuses for; (demostrar) to prove. ❑ **justificarse** vpr (excusarse) to excuse o.s.

justo, ta ['xusto, ta] adj (equitativo) fair; (exacto) exact; (adecuado) right; (apretado) tight. ◆ adv just; ~ **en medio** right in the middle.

juvenil [xuβe'nil] adj (persona) youthful.

juventud [xuβen'tuð] f (etapa de la

vida) youth; *(jóvenes)* young people *(pl).*

juzgado [xuθ'γaðo] *m* court; *(territorio)* jurisdiction.

juzgar [xuθ'γar] *vt (procesar)* to try; *(considerar, opinar)* to judge.

K

karaoke [kara'oke] *m (juego)* karaoke; *(lugar)* karaoke bar.

kárate ['karate] *m* karate.

kg *(abrev de kilogramo)* kg.

kilo ['kilo] *m fam* kilo; **un cuarto de ~ de ...** a quarter of a kilo of ....

kilogramo [kilo'γramo] *m* kilogram.

kilómetro [ki'lometro] *m* kilometre; **~s por hora** kilometres per hour.

kimono [ki'mono] *m* silk dressing gown.

kiwi ['kiwi] *m* kiwi fruit.

kleenex® ['klineks] *m inv* tissue.

km *(abrev de kilómetro)* km.

KO ['kao] *m (abrev de knock-out)* KO.

L

l *(abrev de litro)* l.

la [la] → **el, lo.**

laberinto [laβe'rinto] *m* labyrinth.

labio ['laβjo] *m* lip.

labor [la'βor] *f (trabajo)* work; *(tarea)* task; *(en agricultura)* farmwork; *(de costura)* needlework.

laborable [laβo'raβle] *adj (día)* working. ◆ *m:* **'sólo ~s'** 'working days only'.

laboral [laβo'ral] *adj* labour *(antes de s).*

laboratorio [laβora'torjo] *m* laboratory; **~ fotográfico** developer's (shop).

laborioso, sa [laβo'rjoso, sa] *adj (trabajador)* hard-working; *(complicado, difícil)* laborious.

labrador, ra [laβra'ðor, ra] *m, f (agricultor)* farmer.

labrar [la'βrar] *vt (tierra)* to farm; *(madera, piedra, etc)* to carve.

laca ['laka] *f (de cabello)* hairspray; *(barniz)* lacquer.

lacio, cia ['laθjo, θja] *adj (cabello)* straight.

lacón [la'kon] *m* shoulder of pork; **~ con grelos** Galician dish of shoulder of pork with turnip tops.

lácteo, a ['lakteo, a] *adj (de leche)* milk *(antes de s); (producto)* dairy *(antes de s).*

ladera [la'ðera] *f (de cerro)* slope; *(de montaña)* mountainside.

lado ['laðo] *m* side; *(sitio)* place; **al ~** *(cerca)* nearby; **al ~ de** beside; **al otro ~ de** on the other side of; **de ~** to one side; **en otro ~** somewhere else; **la casa de al ~** the house next door.

ladrar [la'ðrar] *vi* to bark.

ladrido [la'ðriðo] *m* bark.

ladrillo [la'ðriʎo] *m* brick.

ladrón, ona [la'ðron, ona] *m, f* thief. ◆ *m (enchufe)* adapter.

lagartija [layar'tixa] *f (small)* lizard.

lagarto [la'yarto] *m* lizard.

lago ['lavo] *m* lake.

lágrima ['lavrima] *f* tear.

laguna [la'vuna] *f (de agua)* lagoon; *(de ley)* loophole; *(de memoria)* gap.

lamentable [lamen'taßle] *adj* pitiful.

lamentar [lamen'tar] *vt* to be sorry about. □ **lamentarse** *vpr:* ~ **se (de)** to complain (about).

lamer [la'mer] *vt* to lick.

lámina ['lamina] *f (de papel, metal, etc)* sheet; *(estampa)* plate.

lámpara ['lampara] *f* lamp.

lampista [lam'pista] *m* plumber.

lana ['lana] *f* wool; *Amér fam (dinero)* dough.

lancha ['lantʃa] *f* boat; ~ **motora** motorboat.

langosta [lan'gosta] *f (crustáceo)* lobster; *(insecto)* locust.

langostino [langos'tino] *m* king prawn; ~**s al ajillo** *king prawns cooked in an earthenware dish in garlic and chilli sauce;* ~**s a la plancha** grilled king prawns.

lanza ['lanθa] *f (arma)* spear.

lanzar [lan'θar] *vt (pelota, dardo, etc)* to throw; *(producto, novedad)* to launch. □ **lanzarse** *vpr (al mar, piscina, etc)* to dive; *(precipitarse)* to rush into it.

lapa ['lapa] *f* limpet.

lapicera [lapi'θera] *f CSur* pen.

lapicero [lapi'θero] *m CAm & Perú (de tinta)* pen.

lápida ['lapiða] *f* memorial stone.

lápiz ['lapiθ] *m (pl -ces* [θes]*) m* pencil; ~ **de labios** lipstick; ~ **de ojos** eyeliner.

largavistas [larva'bistas] *m inv CSur* binoculars.

largo, ga ['larvo, ya] *adj* long. ◆ *m* length; **tiene 15 metros de** ~ it's 15 metres long; **a la larga** in the long

run; **a lo** ~ **de** *(playa, carretera, etc)* along; *(en el transcurso de)* throughout; **de** ~ **recorrido** long-distance.

largometraje [larvome'traxe] *m* feature film.

laringe [la'rinxe] *f* larynx.

lástima ['lastima] *f (compasión)* pity; *(disgusto, pena)* shame; **¡qué** ~! what a pity!

lata ['lata] *f (envase, lámina)* tin *Br,* can; *(de bebidas)* can; **ser una** ~ *fam* to be a pain.

latido [la'tiðo] *m* beat.

látigo ['lativo] *m* whip.

latín [la'tin] *m* Latin.

Latinoamérica [latinoa'merika] Latin America.

latinoamericano, na [la,tinoameri'kano, na] *adj & m, f* Latin American.

latir [la'tir] *vi* to beat.

laurel [lau'rel] *m (hoja)* bay leaf; *(árbol)* laurel.

lava ['laßa] *f* lava.

lavabo [la'ßaßo] *m (cuarto de baño)* toilet *Br,* bathroom *Am; (pila)* washbasin *Br,* sink *Am.*

lavadero [laßa'ðero] *m (de coches)* carwash.

lavado [la'ßaðo] *m* wash; ~ **automático** automatic wash.

lavadora [laßa'ðora] *f* washing machine; ~ **automática** automatic washing machine.

lavanda [la'ßanda] *f* lavender.

lavandería [laßande'ria] *f (establecimiento)* launderette *Br,* laundromat *Am; (de hotel, residencia)* laundry.

lavaplatos [laßa'platos] *m inv (máquina)* dishwasher. ◆ *mf inv (persona)* dishwasher.

lavar [la'ßar] *vt* to do the washing □ **laundry** *Am.* □ **lavarse** *vpr* to wash; ~ **se las ma-**

nos to wash one's hands; **~se los dientes** to brush one's teeth.

lavavajillas [ˌlaβaβaˈxiʎas] *m inv (máquina)* dishwasher; *(detergente)* washing-up liquid *Br*, dish-washing detergent *Am*.

laxante [lakˈsante] *m* laxative.

lazo [ˈlaθo] *m (nudo)* bow; *(para animales)* lasso; *(vínculo)* tie, link.

le [le] *pron (a él)* him; *(a ella)* her; *(a usted)* you.

leal [leˈal] *adj* loyal.

lealtad [lealˈtað] *f* loyalty.

lección [lekˈθjon] *f* lesson.

lechal [leˈtʃal] *adj*: **cordero ~** baby lamb.

leche [ˈletʃe] *f* milk; *(golpe)* whack. ◆ *interj* shit!; **~ condensada** condensed milk; **~ desnatada** o **descremada** skimmed milk; **~ semidesnatada** semiskimmed milk *Br*, low-fat milk *Am*; **~ entera** full-cream milk *(Br)*, whole milk; **~ frita** *sweet made from fried milk, cornflour and lemon rind*; **~ limpiadora** cleansing milk *Br* o cream *Am*.

lechera [leˈtʃera] *f (jarra)* milk jug → lechero.

lechería [letʃeˈria] *f* dairy.

lechero, ra [leˈtʃero, ra] *m, f* milkman *(f* milkwoman*)*.

lecho [ˈletʃo] *m* bed.

lechuga [leˈtʃuɣa] *f* lettuce.

lechuza [leˈtʃuθa] *f* owl.

lector, ra [lekˈtor, ra] *m, f (persona)* reader; *(profesor)* language assistant. ◆ *m (aparato)* scanner.

lectura [lekˈtura] *f* reading.

leer [leˈer] *vt & vi* to read.

legal [leˈɣal] *adj* legal.

legalidad [leɣaliˈðað] *f (cualidad)* legality; *(conjunto de leyes)* law.

legible [leˈxiβle] *adj* legible.

legislación [lexizlaˈθjon] *f* legislation.

legislatura [lexizlaˈtura] *f* term (of office).

legítimo, ma [leˈxitimo, ma] *adj (legal)* legitimate; *(auténtico)* genuine.

legumbre [leˈɣumbre] *f* pulse, legume.

lejano, na [leˈxano, na] *adj* distant.

lejía [leˈxia] *f* bleach.

lejos [ˈlexos] *adv (en el espacio)* far (away); *(en el pasado)* long ago; *(en el futuro)* far away; **~ de** far from; **a lo ~** in the distance; **de ~** from a distance.

lencería [lenθeˈria] *f (ropa interior)* lingerie; *(tienda)* draper's (shop) *Br*, dry goods store *Am*.

lengua [ˈleŋgua] *f (órgano)* tongue; *(idioma)* language; **~ materna** mother tongue; **~ oficial** official language.

lenguado [leŋˈguaðo] *m* sole; **~ menier** sole meunière.

lenguaje [leŋˈguaxe] *m* language.

lengüeta [leŋˈgueta] *f* tongue.

lentamente [ˌlentaˈmente] *adv* slowly.

lente [ˈlente] *m o f* lens; **~s de contacto** contact lenses. ▫ **lentes** *mpl formal (gafas)* spectacles.

lenteja [lenˈtexa] *f* lentil; **~s estofadas** lentil stew *(with wine) (sg)*.

lentitud [lentiˈtuð] *f* slowness.

lento, ta [ˈlento, ta] *adj* slow. ◆ *adv* slowly.

leña [ˈleɲa] *f* firewood.

leñador, ra [leɲaˈðor, ra] *m, f* woodcutter.

leño [ˈleɲo] *m* log.

león, ona [leˈon, ona] *m, f* lion *(f* lioness*)*.

leopardo [leoˈparðo] *m (animal)* leopard; *(piel)* leopard skin.

leotardos [leo'tarðos] *mpl* thick tights.

lesbiana [lez'βjana] *f* lesbian.

lesión [le'sjon] *f (herida)* injury.

letal [le'tal] *adj* lethal.

letra ['letra] *f (signo)* letter; *(de persona)* handwriting; *(de canción)* lyrics *(pl)*; *(de una compra)* bill of exchange; ~ **de cambio** bill of exchange. □ **letras** *fpl (en enseñanza)* arts.

letrero [le'trero] *m* sign.

levantamiento [leβanta'mjento] *m (sublevación)* uprising; ~ **de pesos** weightlifting.

levantar [leβan'tar] *vt* to raise; *(caja, peso, prohibición)* to lift; *(edificio)* to build. □ **levantarse** *vpr (de la cama)* to get up; *(ponerse de pie)* to stand up; *(sublevarse)* to rise up.

levante [le'βante] *m (este)* east; *(viento)* east wind. ■ **Levante** *m the east coast of Spain between Castellón and Cartagena.*

léxico ['leksiko] *m* vocabulary.

ley [lei] *f* law; *(parlamentaria)* act.

leyenda [le'jenda] *f* legend.

liar [li'ar] *vt (atar)* to tie up; *(envolver)* to roll up; *fam (complicar)* to muddle up. □ **liarse** *vpr (enredarse)* to get muddled up; ~ **se a** *(comenzar a)* to start to.

libélula [li'βelula] *f* dragonfly.

liberal [liβe'ral] *adj* liberal.

liberar [liβe'rar] *vt* to free.

libertad [liβer'tað] *f* freedom. □ **libertades** *fpl (atrevimiento)* liberties.

libertador, ra [liβerta'ðor, ra] *m, f* liberator.

libra ['liβra] *f (moneda, unidad de peso)* pound; ~ **esterlina** pound (sterling).

librar [li'βrar] *vt (de trabajo)* to free; *(de peligro)* to save; *(letra, orden de pago)* to make out. ◆ *vi (tener fiesta)* to

be off work. □ **librarse de** *v + prep (peligro, obligación)* to escape from.

libre ['liβre] *adj* free; *(no ocupado)* vacant; *(soltero)* available; '**libre**' *(taxi)* 'for hire'; ~ **de** free from; ~ **de impuestos** tax-free.

librería [liβre'ria] *f (establecimiento)* bookshop; *(mueble)* bookcase.

librero [li'βrero] *m* Chile & Méx bookshelf.

libreta [li'βreta] *f (cuaderno)* notebook; *(de ahorros)* savings book.

libro ['liβro] *m* book; ~ **de bolsillo** paperback; ~ **de cheques** cheque book; ~ **de reclamaciones** complaints book; ~ **de texto** textbook.

licencia [li'θenθja] *f* licence; ~ **de conducir** o **manejar** *Amér* driving licence *(Br)*, driver's license *(Am)*.

licenciado, da [liθen'θjaðo, ða] *m, f* graduate.

licenciarse [liθen'θjarse] *vpr (en universidad)* to graduate; *(de servicio militar)* to be discharged.

licenciatura [liθenθja'tura] *f* degree.

liceo [li'θeo] *m* CSur & Ven secondary school *(Br)*, high school *(Am)*.

licor [li'kor] *m* liquor.

licorería [likore'ria] *f (tienda)* ≃ off-licence *(Br)*, ≃ liquor store *(Am)*.

licuadora [likwa'ðora] *f* liquidizer *Br*, blender *Am*.

líder ['liðer] *mf* leader.

lidia [li'ðja] *f (corrida)* bullfight; **la** ~ bullfighting.

liebre [li'eβre] *f* hare.

lienzo ['ljenθo] *m (tela)* canvas; *(pintura)* painting.

liga ['liγa] *f* league; *(para medias)* suspender *Br*, garter *Am*.

ligar [li'γar] *vt (atar)* to tie; *(relacionar)* to link. ◆ *vi:* ~ **con** *fam* to get off with *Br*, to hook up with *Am*.

ligeramente [li,xeraˈmente] adv (poco) slightly.

ligero, ra [liˈxero, ra] adj light; (rápido) quick; (ágil) agile; (leve) slight; (vestido, tela) thin; **a la ligera** lightly.

light [lait] adj inv (comida) low-calorie, light; (bebida) diet (antes de s); (cigarrillo) light.

ligue [ˈliɣe] m fam (relación) fling; **ir de ~** to go out on the pull Br, to go out on the make Am.

liguero [liˈɣero] m suspender belt (Br), garter belt (Am).

lija [ˈlixa] f (papel) sandpaper.

lijar [liˈxar] vt to sandpaper.

lila [ˈlila] adj inv & f lilac.

lima [ˈlima] f (herramienta) file; (fruto) lime; **~ para uñas** nail file.

límite [ˈlimite] m limit; (línea de separación) boundary; **~ de velocidad** speed limit.

limón [liˈmon] m lemon.

limonada [limoˈnaða] f lemonade.

limonero [limoˈnero] m lemon tree.

limosna [liˈmozna] f alms (pl); **pedir ~** to beg.

limpiabotas [ˌlimpjaˈβotas] m inv shoeshine Br, boot black Am.

limpiacristales [ˌlimpjakrisˈtales] m inv (detergente) window-cleaning fluid. ◆ mf inv (persona) window cleaner.

limpiador, ra [limpjaˈðor, ra] m, f cleaner.

limpiaparabrisas [ˌlimpjaparaˈβrisas] m inv (de automóvil) windscreen wiper (Br), windshield wiper (Am). ◆ mf inv (persona) windscreen cleaner (Br), windshield cleaner (Am).

limpiar [limˈpjar] vt (quitar suciedad) to clean; (zapatos) to polish; (con trapo) to wipe; (mancha) to wipe

away; fam (robar) to pinch; **~ la casa** to do the housework.

limpieza [limˈpjeθa] f (cualidad) cleanliness; (acción) cleaning; (destreza) skill; (honradez) honesty; **hacer la ~** to do the cleaning.

limpio, pia [ˈlimpjo, pja] adj (sin suciedad) clean; (pulcro) neat; (puro) pure; (correcto) honest; (dinero) net; **en ~** (escrito) fair.

linaje [liˈnaxe] m lineage.

lince [ˈlinθe] m lynx.

lindo, da [ˈlindo, da] adj pretty; Amér (agradable) lovely; **de lo ~** a great deal.

línea [ˈlinea] f line; (pauta) course; (aspecto) shape; **~ aérea** airline; **~ telefónica** (telephone) line.

lingote [linˈɡote] m ingot; **~ de oro** gold ingot.

lingüística [linˈɡwistika] f linguistics (sg).

lingüístico, ca [linˈɡwistiko, ka] adj linguistic.

lino [ˈlino] m (tejido) linen; (planta) flax.

linterna [linˈterna] f (utensilio) torch (Br), flashlight (Am).

lío [ˈlio] m (paquete) bundle; fam (desorden, embrollo) mess; fam (relación amorosa) affair; **hacerse un ~** to get muddled up.

liquidación [likiðaˈθjon] f (de cuenta) settlement; (de mercancías, género) clearance sale; **'~ total'** 'closing down sale'.

liquidar [likiˈðar] vt (cuenta) to settle; (mercancías, existencias) to sell off; fam (matar) to bump off.

líquido [ˈlikiðo] m liquid.

lira [ˈlira] f (instrumento) lyre.

lirio [ˈlirjo] m iris.

liso, sa [ˈliso, sa] adj (llano) flat; (sin asperezas) smooth; (vestido, color) plain; (pelo) straight. ◆ m, Amér rude person.

lista ['lista] f (enumeración) list; (de tela) strip; ~ **de boda** wedding list; ~ **de correos** poste restante; ~ **de espera** waiting list; ~ **de precios** price list; ~ **de vinos** wine list.

listín [lis'tin] m directory; ~ **telefónico** telephone directory.

listo, ta ['listo, ta] adj (inteligente, astuto) clever; (preparado) ready. ◆ interj I'm/we're/it's ready!

listón [lis'ton] m (de madera) lath; (en deporte) bar.

lisura [li'sura] f Amér swearword.

litera [li'tera] f (de tren) couchette; (de barco) berth; (mueble) bunk (bed).

literal [lite'ral] adj literal.

literario, ria [lite'rarjo, rja] adj literary.

literatura [litera'tura] f literature.

litro ['litro] m litre.

llaga ['ʎaɣa] f wound.

llama ['ʎama] f (de fuego) flame; (animal) llama.

llamada [ʎa'maða] f call; **hacer una** ~ **a cobro revertido** to reverse the charges (Br), to call collect (Am); ~ **automática** direct-dialled call; ~ **interprovincial** national call; ~ **interurbana** long-distance call; ~ **metropolitana** local call; ~ **provincial** ≃ local area call Br, ≃ regional toll call Am; ~ **telefónica** telephone call.

llamar [ʎa'mar] vt to call. ◆ vi (a la puerta) to knock; (al timbre) to ring; ~ **por teléfono** to phone. ❑ **llamarse** vpr to be called; **¿cómo te llamas?** what's your name?

llano, na ['ʎano, na] adj (superficie, terreno) flat; (amable) straightforward. ◆ m plain.

llanta ['ʎanta] f (de rueda) rim; Amér (rueda de coche, camión) wheel, tyre.

llanura [ʎa'nura] f plain.

llave ['ʎaβe] f key; (para tuercas) spanner Br, wrench Am; (signo ortográfico) curly bracket; **echar la** ~ to lock up; ~ **de contacto** ignition key; ~ **inglesa** monkey wrench; ~ **maestra** master key; ~ **de paso** mains tap.

llegada [ʎe'ɣaða] f (de viaje, trayecto, etc) arrival; (en deporte) finish. ❑ **llegadas** fpl (de tren, avión, etc) arrivals; '~s **internacionales**' 'international arrivals'.

llegar [ʎe'ɣar] vi (a un lugar) to arrive; (fecha, momento) to come; (ser suficiente) to be enough; ~ **a** o **hasta** (extenderse) to reach; ~ **a hacer algo** (expresa conclusión) to come to do sthg; (expresa esfuerzo) to manage to do sthg. ❑ **llegar a** v + prep (presidente, director) to become; (edad, altura, temperatura) to reach; ~ **a conocer** to get to know; ~ **a ser** to become.

llenar [ʎe'nar] vt (recipiente, espacio) to fill; (impreso) to fill out. ❑ **llenarse** vpr (lugar) to fill up; (hartarse) to be full. ❑ **llenarse de** v + prep (cubrirse) to get covered with.

lleno, na ['ʎeno, na] adj (ocupado) full; (espectáculo, cine) sold out. ◆ m (en espectáculo) full house; **de** ~ (totalmente) completely.

llevar [ʎe'βar] vt - 1. (transportar) to carry; **el barco lleva carga y pasajeros** the boat carries cargo and passengers.

- 2. (acompañar) to take; **llevó al niño a casa** she took the child home; **me llevaron en coche** they drove me there.

- 3. (prenda, objeto personal) to wear; **lleva gafas** he wears glasses; **no llevamos dinero** we don't have any money on us.

- **4.** *(coche, caballo)* to handle.
- **5.** *(conducir):* ~ **a alguien a** to lead sb to.
- **6.** *(ocuparse, dirigir)* to be in charge of; **lleva muy bien sus estudios** he's doing very well in his studies.
- **7.** *(tener)* to have; ~ **el pelo largo** to have long hair; **llevas las manos sucias** your hands are dirty.
- **8.** *(soportar)* to deal with.
- **9.** *(con tiempo):* **lleva tres semanas de viaje** he's been travelling for three weeks; **me llevó mucho tiempo hacer el trabajo** I took a long time to get the work done.
- **10.** *(sobrepasar):* **te llevo seis puntos** I'm six points ahead of you; **le lleva seis años** she's six years older than him.

◆ *vi* -**1.** *(dirigirse)* to lead; **este camino lleva a Madrid** this road leads to Madrid.
- **2.** *(haber)* **llevo leída media novela** I'm halfway through the novel.
- **3.** *(estar):* **lleva viniendo cada día** she's been coming every day. ❑ **llevarse** *vpr (coger)* to take; *(conseguir, recibir)* to get; *(estar de moda)* to be in (fashion); ~ **se bien/mal (con)** to get on well/badly (with).

llorar [ʎoˈɾaɾ] *vi* to cry. ◆ *vt* to mourn.

llorón, ona [ʎoˈɾon, ona] *m, f* crybaby.

llover [ʎoˈβeɾ] *v impers:* **está lloviendo** it's raining. ◆ *vi (ser abundante)* to rain down; ~ **a cántaros** to rain cats and dogs.

llovizna [ʎoˈβiθna] *f* drizzle.

lloviznar [ʎoβiθˈnaɾ] *v impers:* **está lloviznando** it's drizzling.

lluvia [ˈʎuβja] *f* rain; *fig (de preguntas)* barrage.

lluvioso, sa [ʎuˈβjoso, sa] *adj* rainy.

lo, la [lo, la] *pron (cosa)* it, them *(pl)*; *(persona)* him *(f her)*, them *(pl)*; *(usted, ustedes)* you. ◆ *pron neutro* it. ◆ *art:* ~ **mejor** the best; ~ **bueno del asunto** the good thing about it; **ella es guapa, él no** ~ **es** she's goodlooking, he isn't; **siento** ~ **de tu padre** I'm sorry about your father; ~ **que** what.

lobo, ba [ˈloβo, βa] *m, f* wolf.

local [loˈkal] *adj* local. ◆ *m (lugar)* premises *pl.*

localidad [lokaliˈðað] *f (población)* town; *(asiento)* seat; *(entrada)* ticket.

localización [lokaliθaˈθjon] *f* location.

localizar [lokaliˈθaɾ] *vt (encontrar)* to locate; *(limitar)* to localize. ❑ **localizarse** *vpr (situarse)* to be located.

loción [loˈθjon] *f* lotion; ~ **bronceadora** suntan lotion.

loco, ca [ˈloko, ka] *adj* mad. ◆ *m, f* madman *(f madwoman)*; ~ **por** *(aficionado)* mad *Br* ○ crazy *Am* about; **a lo** ~ *(sin pensar)* hastily; **volver** ~ **a alguien** to drive sb crazy.

locomotora [lokomoˈtoɾa] *f* engine, locomotive.

locura [loˈkuɾa] *f (falta de juicio)* madness; *(acción insensata)* folly; **tener** ~ **por** to be mad *Br* ○ crazy *Am* about.

locutor, ra [lokuˈtoɾ, ra] *m, f* presenter.

locutorio [lokuˈtoɾjo] *m (de emisora)* studio; *(de convento)* visiting room.

lodo [ˈloðo] *m* mud.

lógica [ˈloxika] *f* logic.

lógico, ca [ˈloxiko, ka] *adj* logical.

logrado, da [loˈɣɾaðo, ða] *adj (bien hecho)* accomplished.

lograr [loˈɣɾaɾ] *vt (resultado, objetivo)* to achieve; *(beca, puesto)* to obtain;

~ **hacer algo** to manage to do sthg;
~ **que alguien haga algo** to manage
to get sb to do sthg.

logro ['loɣro] *m* achievement.

lombriz [lom'briθ] (*pl* **-ces** [θes]) *f* earthworm.

lomo ['lomo] *m* (*de animal*) back; (*carne*) loin; (*de cerdo*) spine; ~ **de cerdo** pork loin; ~ **embuchado** *pork loin stuffed with seasoned mince;* ~ **ibérico** *cold, cured pork sausage;* ~ **s de merluza** hake steak (*sg*).

lona ['lona] *f* canvas.

loncha ['lontʃa] *f* slice.

lonche ['lontʃe] *m* *Amér* lunch.

Londres ['londres] London.

longaniza [longa'niθa] *f* *type of spicy, cold pork sausage.*

longitud [lonxi'tuð] *f* length.

lonja ['lonxa] *f* (*edificio*) exchange; (*loncha*) slice.

loro ['loro] *m* parrot.

lote ['lote] *m* (*porción*) share.

lotería [lote'ria] *f* lottery; ~ **primitiva** *twice-weekly state-run lottery.*

lotero, ra [lo'tero, ra] *m, f* lottery ticket seller.

loza ['loθa] *f* (*material*) earthenware; (*porcelana*) china; (*vajilla*) crockery.

ltda. (*abrev de limitada*) Ltd.

lubina [lu'βina] *f* sea bass.

lubricante [luβri'kante] *m* lubricant.

lucha ['lutʃa] *f* (*pelea*) fight; (*oposición*) struggle; ~ **libre** all-in wrestling.

luchador, ra [lutʃa'ðor, ra] *m, f* fighter.

luchar [lu'tʃar] *vi* (*pelear*) to fight; (*esforzarse*) to struggle.

luciérnaga [lu'θjernaɣa] *f* glowworm.

lucir [lu'θir] *vt* (*llevar puesto*) to wear.
◆ *vi* to shine; *Amér* (*verse bien*) to look good. ◆ **lucirse** *vpr* (*quedar bien*) to shine; (*exhibirse*) to be seen; *fam* (*hacer el ridículo*) to mess things up.

lucro ['lukro] *m* profit.

lúdico, ca ['luðiko, ka] *adj*: **actividades lúdicas** fun and games.

luego ['lɣeɣo] *adv* (*justo después*) then; (*más tarde*) later; *Amér* (*pronto*) soon. ◆ *conj* so; **desde** ~ (*sin duda*) of course; (*para reprochar*) for heaven's sake; **luego luego** *Chile & Méx* straight away.

lugar [lu'ɣar] *m* place; **tener** ~ to take place; **en** ~ **de** instead of.

lujo ['luxo] *m* luxury; (*abundancia*) profusion; **de** ~ luxury (*antes de s*).

lujoso, sa [lu'xoso, sa] *adj* luxurious.

lujuria [lu'xurja] *f* lust.

lumbago [lum'baɣo] *m* lumbago.

luminoso, sa [lumi'noso, sa] *adj* bright.

luna ['luna] *f* (*astro*) moon; (*de vidrio*) window (pane).

lunar [lu'nar] *m* (*de la piel*) mole. ◆ **lunares** *mpl* (*estampado*) spots *Br*, polka dots *Am*.

lunes ['lunes] *m inv* Monday → **sábado**.

luneta [lu'neta] *f* (*de coche*) windscreen *Br*, windshield *Am*; ~ **térmica** demister *Br*, defogger *Am*.

lupa ['lupa] *f* magnifying glass.

lustrabotas [lustra'βotas] *m inv Andes & RP* bootblack.

lustrador [lustra'ðor] *m Andes & RP* bootblack.

luto ['luto] *m* mourning.

luz [luθ] (*pl* **-ces** [θes]) *f* light; (*electricidad*) electricity; ~ **solar** sunlight; **dar a** ~ to give birth. ◆ **luces** *fpl* (*de coche*) lights.

lycra® ['likɾa] f Lycra®.

M

m (abrev de metro) m.

macanudo [maka'nuðo] adj CSur & Perú fam great.

macarrones [maka'rones] mpl macaroni (sg).

macedonia [maθe'ðonja] f: ~ (de frutas) fruit salad.

maceta [ma'θeta] f flowerpot.

machacar [matʃa'kaɾ] vt to crush.

machismo [ma'tʃizmo] m machismo.

machista [ma'tʃista] mf male chauvinist.

macho ['matʃo] adj (animal, pieza) male; (hombre) macho. ◆ m (animal) male.

macizo, za [ma'θiθo, θa] adj solid. ◆ m (de montañas) massif; (de flores) flowered.

macramé [makɾa'me] m macramé.

macuto [ma'kuto] m backpack.

madeja [ma'ðexa] f hank.

madera [ma'ðeɾa] f wood; (pieza) piece of wood; **de** ~ wooden.

madrastra [ma'ðɾastɾa] f stepmother.

madre ['maðɾe] f mother; ~ política mother-in-law; ¡ ~ mía! Jesus!

madreselva [maðɾe'selβa] f honeysuckle.

Madrid [ma'ðɾið] Madrid; ~ capital (the city) of Madrid.

madriguera [maðɾi'ɣeɾa] f (de tejón) den; (de conejo) burrow.

madrileño, ña [maðɾi'leɲo, ɲa] adj of/relating to Madrid. ◆ m, f native/inhabitant of Madrid.

madrina [ma'ðɾina] f (de bautizo) godmother; (de boda) bridesmaid; (de fiesta, acto) patroness.

madrugada [maðɾu'βaða] f (noche) early morning; (amanecer) dawn.

madrugador, ra [maðɾuɣa'ðoɾ, ɾa] adj early-rising.

madrugar [maðɾu'ɣaɾ] vi to get up early.

madurar [maðu'ɾaɾ] vt (proyecto, plan, idea) to think through. ◆ vi (fruto) to ripen; (persona) to mature.

madurez [maðu'ɾeθ] f (sensatez) maturity; (edad adulta) adulthood; (de fruto) ripeness.

maduro, ra [ma'ðuɾo, ɾa] adj (fruto, grano) ripe; (sensato, mayor) mature; (proyecto, plan, idea) well thought-out.

maestría [maes'tɾia] f (habilidad) mastery.

maestro, tra [ma'estɾo, tɾa] m, f (de escuela) teacher; (de arte, oficio) master; (músico) maestro.

mafia ['mafja] f mafia.

magdalena [maɣða'lena] f fairy cake Br, cupcake Am.

magia ['maxja] f magic.

mágico, ca [ma'xiko, ka] adj (maravilloso) magical; (de la magia) magic.

magistrado, da [maxis'tɾaðo, ða] m, f (de justicia) judge.

magistratura [maxistɾa'tuɾa] f (tribunal) tribunal; (cargo) judgeship.

magnate [maɣ'nate] m magnate.

magnesio [maɣ'nesjo] m magnesium.

magnético, ca [maɣ'netiko, ka] adj magnetic.

magnetófono [maɣne'tofono] m tape recorder.

magnífico, ca [maɣˈnifiko, ka] *adj* magnificent.

magnitud [maɣniˈtuð] *f* magnitude.

magnolia [maɣˈnolja] *f* magnolia.

mago, ga [ˈmaɣo, ɣa] *m, f* (*en espectáculo*) magician; (*personaje fantástico*) wizard.

magro, gra [ˈmaɣro, ɣra] *adj* (*carne*) lean.

maicena [majˈθena] *f* cornflour (*Br*), cornstarch (*Am*).

maillot [maˈʎot] *m* (*de ballet, deporte*) maillot.

maíz [maˈiθ] *m* maize (*Br*), corn (*Am*).

majestuoso, sa [maxesˈtwoso, sa] *adj* majestic.

majo, ja [ˈmaxo, xa] *adj* (*agradable*) nice; (*bonito*) pretty.

mal [mal] *m* (*daño*) harm; (*enfermedad*) illness. ◆ *adv* (*incorrectamente*) wrong; (*inadecuadamente*) badly. ◆ *adj* → **malo**; **el ~** evil; **encontrarse ~** to feel ill; **oír/ver ~** to have poor hearing/eyesight; **oler ~** to smell bad; **saber ~** to taste bad; **sentar ~ a alguien** (*ropa*) not to suit sb; (*comida*) to disagree with sb; (*comentario*) to upset sb; **ir de ~ en peor** to go from bad to worse.

malcriar [malkriˈar] *vt* to spoil.

maldad [malˈdað] *f* (*cualidad*) evil; (*acción*) evil thing.

maldición [maldiˈθjon] *f* curse.

maldito, ta [malˈdito, ta] *adj* damned; **¡maldita sea!** damn it!

maleable [maleˈaβle] *adj* malleable.

malecón [maleˈkon] *m* (*atracadero*) jetty; (*rompeolas*) breakwater; *Amér* (*paseo marítimo*) seafront promenade.

maleducado, da [maleðuˈkaðo, ða] *adj* rude.

malentendido [ˌmalentenˈdiðo] *m* misunderstanding.

malestar [malesˈtar] *m* (*inquietud*) uneasiness; (*dolor*) discomfort.

maleta [maˈleta] *f* suitcase; **hacer las ~s** to pack (one's bags).

maletero [maleˈtero] *m* boot (*Br*), trunk (*Am*).

maletín [maleˈtin] *m* briefcase.

malformación [ˌmalformaˈθjon] *f* malformation.

malgastar [malɣasˈtar] *vt* (*dinero, esfuerzo, tiempo*) to waste.

malhablado, da [malaˈβlaðo, ða] *adj* foul-mouthed.

malhechor, ra [maleˈtʃor, ra] *adj* criminal.

malhumorado, da [ˌmalumoˈraðo, ða] *adj* bad-tempered.

malicia [maˈliθja] *f* (*maldad*) wickedness; (*mala intención*) malice; (*astucia*) sharpness.

malintencionado, da [ˌmalintenθjoˈnaðo, ða] *adj* malicious.

malla [ˈmaʎa] *f* (*tejido*) mesh; (*traje*) leotard. ◆ **mallas** *fpl* (*pantalones*) leggings.

Mallorca [maˈʎorka] Majorca.

malo, la [ˈmalo, la] (*compar* & *superl* **peor**) *adj* bad; (*travieso*) naughty; **estar ~** (*enfermo*) to be ill; **estar de malas** to be in a bad mood; **por las malas** by force.

malograr [maloˈɣrar] *vt Amér* to waste. ◻ **malograrse** *vpr Amér* to fail.

malpensado, da [malpenˈsaðo, ða] *m, f* malicious person.

maltratar [maltraˈtar] *vt* (*persona*) to ill-treat; (*objeto*) to damage.

mamá [maˈma] *f fam* mum *Br*, mom *Am*; **~ grande** *Amér* grandma.

mamadera [mamaˈðera] *f* CSur &

Perú (biberón) (baby's) bottle; *(tetilla)* teat *Br*, nipple *Am*.

mamar [ma'mar] *vt & vi* to suckle.

mamífero [ma'mifero] *m* mammal.

mamila [ma'mila] *f Cuba, Méx, Ven* baby bottle.

mampara [mam'para] *f* screen.

manada [ma'naða] *f (de vacas)* herd.

mánager ['manajer] *m* manager.

manantial [manan'tjal] *m* spring.

mancha ['mantʃa] *f* stain.

manchar [man'tʃar] *vt (ensuciar)* to make dirty; *(con manchas)* to stain. ❑ **mancharse** *vpr* to get dirty.

manco, ca ['manko, ka] *adj* one-handed.

mancuerna [man'kɣerna] *f Amér* cufflink.

mandar [man'dar] *vt (suj: ley, orden)* to decree; *(ordenar)* to order; *(dirigir)* to be in charge of; *(enviar)* to send; ~ **hacer algo** to have sthg done; **¿mande?** *Amér* eh? *Br*, excuse me? *Am*.

mandarina [manda'rina] *f* mandarin, tangerine.

mandíbula [man'diβula] *f* jaw.

mando ['mando] *m (autoridad)* command; *(jefe)* leader; *(instrumento)* control; ~ **a distancia** remote control.

manecilla [mane'θiʎa] *f* hand *(of clock)*.

manejable [mane'xaβle] *adj* manageable.

manejar [mane'xar] *vt (herramienta, persona)* to handle; *(aparato)* to operate; *(dinero)* to manage; *Amér (conducir)* to drive.

manejo [ma'nexo] *m (de instrumento)* handling; *(de aparato)* operation; *(de dinero)* management; *(engaño, astucia)* intrigue.

manera [ma'nera] *f* way; **de cualquier ~** *(mal)* any old how; *(de todos modos)* anyway; **de esta ~** *(así)* this way; **de ninguna ~** certainly not; **de ~ que** *(así que)* so (that). ❑ **maneras** *fpl (comportamiento)* manners.

manga ['manga] *f (de vestido)* sleeve; *(tubo flexible)* hosepipe *Br*, hose *Am*; *(de campeonato)* round.

mango ['mango] *m (asa)* handle; *(fruto)* mango.

manguera [man'gera] *f* hosepipe *Br*, hose *Am*.

maní [ma'ni] *m Andes, CAm & RP* peanut.

manía [ma'nia] *f (obsesión)* obsession; *(afición exagerada)* craze; *(antipatía)* dislike.

maniático, ca [mani'atiko, ka] *adj (tiquismiquis)* fussy. ◆ *m, f*; **es un ~ del fútbol** he's football crazy.

manicomio [mani'komjo] *m* mental hospital.

manicura [mani'kura] *f* manicure; **hacerse la ~** to have a manicure.

manifestación [manifesta'θjon] *f (de personas)* demonstration; *(muestra)* display; *(declaración)* expression.

manifestante [manifes'tante] *mf* demonstrator.

manifestar [manifes'tar] *vt (declarar)* to express; *(mostrar)* to show. ❑ **manifestarse** *vpr* to demonstrate.

manifiesto, ta [mani'fjesto, ta] *adj* clear. ◆ *m* manifesto.

manillar [mani'ʎar] *m* handlebars *(pl)*.

maniobra [ma'njoβra] *f (de coche, barco, tren)* manoeuvre; *(astucia)* trick.

manipular [manipu'lar] *vt (con las manos)* to handle; *(persona, información)* to manipulate.

maniquí

maniquí [mani'ki] *m (muñeco)* dummy. ◆ *mf (persona)* model.

manito [ma'nito] *m* Amér fam pal.

manivela [mani'βela] *f* crank.

mano [mano] *f* hand; *(capa)* coat. ◆ *m* CAm & Méx pal; **a** ~ *(sin máquina)* by hand; *(cerca)* to hand; **a** ~ **derecha** on the right; **de segunda** ~ second-hand; **dar la** ~ **a alguien** to shake hands with sb; **echar una** ~ **a alguien** to lend sb a hand; ~ **de obra** *(trabajadores)* workforce.

manoletina [manole'tina] *f (zapato)* type of open, low-heeled shoe, often with a bow.

manopla [ma'nopla] *f* mitten.

manosear [manose'ar] *vt* to handle roughly.

mansión [man'sjon] *f* mansion.

manso, sa [manso, sa] *adj (animal)* tame; *(persona)* gentle.

manta [manta] *f* blanket.

manteca [man'teka] *f (de animal)* fat; *(de cerdo)* lard; *(de cacao, leche)* butter.

mantecado [mante'kaðo] *m (dulce)* shortcake; *(sorbete)* ice-cream made of milk, eggs and sugar.

mantel [man'tel] *m* tablecloth.

mantelería [mantele'ria] *f* table linen.

mantener [mante'ner] *vt* to keep; *(sujetar)* to support; *(defender)* to maintain; *(relación, correspondencia)* to have. □ **mantenerse** *vpr (edificio)* to be standing; *(alimentarse)* to support o.s.

mantenimiento [manteni'mjento] *m (de persona)* sustenance; *(de edificio, coche)* maintenance.

mantequería [manteke'ria] *f* dairy.

mantequilla [mante'kiʎa] *f* butter.

mantilla [man'tiʎa] *f (de mujer)* mantilla.

mantón [man'ton] *m* shawl.

manual [ma'nual] *adj & m* manual.

manuscrito [manus'krito] *m* manuscript.

manzana [man'θana] *f (fruto)* apple; *(de casas)* block; ~ **al horno** baked apple.

manzanilla [manθa'niʎa] *f (infusión)* camomile tea; *(vino)* manzanilla *(sherry)*.

manzano [man'θano] *m* apple tree.

mañana [ma'ɲana] *f* morning. ◆ *adv & m* tomorrow; **las dos de la** ~ two o'clock in the morning; ~ **por la** ~ tomorrow morning; **por la** ~ in the morning.

mapa [mapa] *m* map.

maqueta [ma'keta] *f* model.

maquillaje [maki'ʎaxe] *m (producto)* make-up; *(acción)* making-up.

maquillar [maki'ʎar] *vt* to make up. □ **maquillarse** *vpr* to put on one's make up.

máquina [makina] *f (aparato)* machine; *(locomotora)* engine; Amér *(coche)* car; **a** ~ by machine; ~ **de afeitar** electric razor; ~ **de coser** sewing machine; ~ **de escribir** typewriter; ~ **fotográfica** camera.

maquinaria [maki'narja] *f (conjunto de máquinas)* machinery.

maquinilla [maki'niʎa] *f* razor.

maquinista [maki'nista] *mf (de metro, tren)* engine driver (Br), engineer (Am).

mar [mar] *m o f* sea. □ **Mar** *m*: **el Mar del Norte** the North Sea.

maracas [ma'rakas] *fpl* maracas.

maratón [mara'ton] *m (carrera)* marathon; *fig (de cine)* three or more films by the same director or on the same subject, shown consecutively.

maravilla [mara'βiʎa] *f (cosa ex-*

traordinaria) marvel; *(impresión)* wonder.

maravilloso, sa [maraβiˈʎoso, sa] *adj* marvellous.

marc [mark] *m*: ~ **de champán** champagne brandy.

marca [ˈmarka] *f (señal, huella)* mark; *(nombre) brand; (en deporte)* record; **de** ~ *(ropa, producto)* designer *(antes de s)*; ~ **registrada** registered trademark.

marcado, da [marˈkaðo, ða] *adj* marked.

marcador [markaˈðor] *m (panel)* scoreboard; *(rotulador)* marker (pen).

marcapasos [markaˈpasos] *m inv* pacemaker.

marcar [marˈkar] *vt (poner señal) to* mark; *(anotar)* to note down; *(un tanto)* to score; *(suj: termómetro, contador)* to read; *(suj: reloj)* to say; *(número de teléfono)* to dial; *(pelo)* to set; *(con el precio)* to price; ~ **un gol** to score a goal; ~ **un número** to dial a number.

marcha [ˈmartʃa] *f (partida)* departure; *(de vehículo)* gear; *(desarrollo)* progress; *fam (animación)* life; *(pieza musical)* march; **dar** ~ **atrás** to reverse; **en** ~ *(motor)* running; **poner en** ~ to start.

marchar [marˈtʃar] *vi (aparato, mecanismo)* to work; *(asunto, negocio)* to go well; *(soldado)* to march. ❑ **marcharse** *vpr (irse)* to go; *(partir)* to leave.

marchitarse [martʃiˈtarse] *vpr* to wither.

marchoso, sa [marˈtʃoso, sa] *adj fam* lively.

marciano, na [marˈθjano, na] *m, f* Martian; *(extraterrestre)* alien.

marco [ˈmarko] *m* frame; *(límite)* framework.

marea [maˈrea] *f* tide; ~ **negra** oil slick.

mareado, da [mareˈaðo, ða] *adj (con náuseas)* sick; *(en coche)* carsick; *(en barco)* seasick; *(en avión)* airsick; *(aturdido)* dizzy.

marearse [mareˈarse] *vpr (en coche)* to be carsick; *(en barco)* to be seasick; *(en avión)* to be airsick; *(aturdirse)* to get dizzy.

marejada [mareˈxaða] *f* heavy sea.

marejadilla [marexaˈðiʎa] *f* slight swell.

maremoto [mareˈmoto] *m* tidal wave.

mareo [maˈreo] *m (náuseas)* sickness; *(aturdimiento)* dizziness.

marfil [marˈfil] *m* ivory.

margarina [margaˈrina] *f* margarine.

margarita [margaˈrita] *f* daisy.

margen [ˈmarxen] *m (de página, beneficio)* margin; *(de camino)* side; *(de río)* bank; *(tiempo, de actuar)* leeway.

marginación [marxinaˈθjon] *f* exclusion.

marginado, da [marxiˈnaðo, ða] *m, f* outcast.

mariachi [maˈrjatʃi] *m* Méx *(orquesta)* mariachi band.

MARIACHI

Mariachi bands are groups of Mexican musicians who wear traditional Mexican dress and play their music at local "fiestas", in restaurants and in the streets. They are often hired for private functions such as birthdays and weddings.

maricón [mariˈkon] *m vulg* poof.

marido [maˈriðo] *m* husband.

marihuana [mari'wana] f marijuana.

marina [ma'rina] f (armada) navy; (cuadro) seascape.

marinero, ra [mari'nero, ra] adj (ropa) sailor (antes de s); **a la marinera** cooked in a white wine and garlic sauce.

marino [ma'rino] m sailor.

marioneta [marjo'neta] f (muñeco) puppet. ▫ **marionetas** fpl (teatro) puppet show (sg).

mariposa [mari'posa] f butterfly.

mariquita [mari'kita] f ladybird (Br), ladybug (Am).

mariscada [maris'kaða] f seafood dish.

mariscos [ma'riskos] mpl seafood (sg).

marisma [ma'rizma] f salt marsh.

marítimo, ma [ma'ritimo, ma] adj (paseo) seaside (antes de s); (barco) seagoing.

mármol ['marmol] m marble.

marqués, esa [mar'kes, esa] m, f marquis (f marchioness).

marquesina [marke'sina] f (de puerta, andén) glass canopy; (parada de autobús) bus shelter.

marrano, na [ma'rano, na] adj (sucio) filthy; (innoble) contemptible. ◆ m, f (cerdo) pig.

marrón [ma'ron] adj inv brown.

martes ['martes] m inv Tuesday → **sábado**.

martillo [mar'tiʎo] m hammer.

mártir ['martir] mf martyr.

marzo ['marθo] m March → **setiembre**.

☞

más [mas] adv **-1.** (comparativo) more; **Pepe es ~ alto/ambicioso** Pepe is taller/more ambitious; **tengo ~ hambre** I'm hungrier; **~ de/que**

more than; **~ ... que ...** more ... than ...; **de ~** (de sobra) left over.
- 2. (superlativo): **el/la ~ ...** the most ...; **el ~ listo** the cleverest.
- 3. (en frases negativas) any more; **no necesitas ~ trabajo** you don't need any more work.
- 4. (con pron interrogativo o indefinido) else; **¿quién/qué ~?** who/what else?; **nadie ~** no one else.
- 5. (indica intensidad): **¡qué día ~ bonito!** what a lovely day!; **¡es ~ tonto!** he's so stupid!
- 6. (indica suma) plus; **dos ~ dos igual a cuatro** two plus two is four.
- 7. (indica preferencia): **~ vale que te quedes en casa** it would be better for you to stay at home.
- 8. (en locuciones): **es ~** what is more; **~ bien** rather; **~ o menos** more or less; **poco ~** little more; **por ~ que** however much; **por ~ que lo intente** however hard she tries; **¿qué ~ da?** what difference does it make?
◆ **m inv: tiene sus ~ y sus menos** it has its good points and its bad points.

masa ['masa] f mass; (de pan, bizcocho) dough; Amér (dulce) small cake.

masaje [ma'saxe] m massage.

masajista [masa'xista] mf masseur (f masseuse).

mascar [mas'kar] vt to chew.

máscara ['maskara] f mask.

mascarilla [maska'riʎa] f (crema, loción) face pack Br ○ mask Am; (para nariz y boca) mask.

mascota [mas'kota] f mascot.

masculino, na [masku'lino, na] adj (sexo) male; (viril) manly; (en gramática) masculine.

masía [ma'sia] f farm (in Aragon or Catalonia).

masticar [masti'kar] vt to chew.

mástil ['mastil] *m (de barco)* mast.

matadero [mata'ðero] *m* slaughterhouse.

matador [mata'ðor] *m* matador.

matamoscas [mata'moskas] *m inv (palo)* flyswatter; *(espray)* flyspray.

matanza [ma'tanθa] *f (de personas, animales)* slaughter; *(de cerdo)* pig-killing.

matar [ma'tar] *vt* to kill; *(hacer sufrir)* to drive mad; *(brillo, color)* to tone down; *(en juegos, cartas)* to beat. ❑ **matarse** *vpr (tomarse interés, trabajo)* to go to great lengths.

matarratas [mata'ratas] *m inv (insecticida)* rat poison; *(bebida mala)* rotgut.

matasellos [mata'seʎos] *m inv* postmark.

mate ['mate] *adj* matt. ◆ *m (en ajedrez)* mate; *(planta, infusión)* maté.

matemáticas [mate'matikas] *fpl* mathematics.

matemático, ca [mate'matiko, ka] *adj* mathematical.

materia [ma'terja] *f (sustancia, tema)* matter; *(material)* material; *(asignatura)* subject; ~ **prima** raw material.

material [mate'rjal] *adj (de materia)* material; *(físico)* physical. ◆ *m (componente)* material; *(instrumento)* equipment.

maternidad [materni'ðað] *f (cualidad)* motherhood; *(clínica)* maternity hospital.

materno, na [ma'terno, na] *adj (de madre)* maternal; *(lengua)* mother *(antes de s)*.

matinal [mati'nal] *adj* morning *(antes de s)*.

matiz [ma'tiθ] *m* -ces [θes]) *m (de color)* shade; *(leve diferencia)* nuance.

matizar [mati'θar] *vt (colores)* to

tinge; *(concepto, idea, proyecto)* to explain in detail.

matón [ma'ton] *m (guardaespaldas)* bodyguard; *(asesino)* hired assassin.

matorral [mato'ral] *m* thicket.

matrícula [ma'trikula] *f (de colegio)* registration; *(de universidad)* matriculation *Br*, enrollment *Am*; *(de vehículo)* numberplate *Br*, license plate *Am*; ~ **de honor** top marks *(pl) Br*, honor roll *Am*.

matricular [matriku'lar] *vt* to register. ❑ **matricularse** *vpr* to register.

matrimonio [matri'monjo] *m (ceremonia)* marriage; *(pareja)* married couple.

matutino, na [matu'tino, na] *adj* morning *(antes de s)*.

maullar [mau'ʎar] *vi* to miaow.

maullido [mau'ʎiðo] *m* miaow.

máxima ['maksima] *f (temperatura)* highest temperature; *(frase)* maxim.

máximo, ma ['maksimo, ma] *superl* → **grande**. ◆ *adj (triunfo, pena, frecuencia)* greatest; *(temperatura, puntuación, galardón)* highest. ◆ *m* maximum; **como** ~ at the most.

maya ['maja] *adj* Mayan. ◆ *mf* Maya Indian. ◆ *m (lengua)* Maya.

mayo ['majo] *m* May → **setiembre**.

mayonesa [majo'nesa] *f* mayonnaise.

mayor [ma'jor] *adj (en tamaño)* bigger; *(en número)* higher; *(en edad)* older; *(en importancia)* greater; *(adulto)* grown-up; *(anciano)* elderly. ◆ *m (en el ejército)* major; **el/la ~** *(en tamaño)* the biggest; *(en número)* the highest; *(en edad)* the oldest; *(en importancia)* the greatest; **al por** ~ wholesale; **la ~ parte (de)** most (of); **ser ~ de edad** to be an adult. ❑ **mayores** *mpl*

los ~ es *(adultos)* grown-ups; *(ancianos)* the elderly.

mayoreo [majo'reo] *m Amér* wholesale.

mayoría [majo'ria] *f* majority; **la ~ de** most of.

mayúscula [ma'juskula] *f* capital letter; **en ~ s** in capitals.

mazapán [maθa'pan] *m* marzipan.

mazo ['maθo] *m (de madera)* mallet; *Amér (baraja)* pack of cards.

me [me] *pron (complemento directo)* me; *(complemento indirecto)* (to) me; *(reflexivo)* myself; **~ voy** I'm going.

mear [me'ar] *vi fam* to piss.

mecánica [me'kanika] *f (mecanismo)* mechanics *(pl)*.

mecánico, ca [me'kaniko, ka] *adj* mechanical. ◆ *m* mechanic.

mecanismo [meka'nizmo] *m (funcionamiento)* procedure; *(piezas)* mechanism.

mecanografía [mekanovra'fia] *f* typing.

mecanógrafo, fa [meka'novrafo, fa] *m, f* typist.

mecedora [meθe'ðora] *f* rocking chair.

mecer [me'θer] *vt* to rock.

mecha ['metʃa] *f (de vela)* wick; *(de explosivo)* fuse; *(de pelo)* highlight; *(de tocino)* strip of meat used as stuffing for chicken etc.

mechero [me'tʃero] *m (cigarette)* lighter.

mechón [me'tʃon] *m (de pelo)* lock.

medalla [me'ðaʎa] *f* medal.

medallón [meða'ʎon] *m* medallion; **medallones de solomillo** medallions of sirloin steak.

media ['meðja] *f (calcetín)* stocking; *(punto)* average. ◻ **medias** *fpl* tights, panty hose *Am*.

mediado, da [me'ðjaðo, ða] *adj*: **a ~ s de** in the middle of.

mediana [me'ðjana] *f (de autopista)* central reservation *(Br)*, median *(Am)*.

mediano, na [me'ðjano, na] *adj (en tamaño)* medium; *(en calidad)* average.

medianoche [meðja'notʃe] *f* midnight.

mediante [me'ðjante] *prep* by means of.

mediar [me'ðjar] *vi (llegar a la mitad)* to be halfway through; *(transcurrir)* to pass; *(interceder)* to intercede; **~ entre** to be between.

medicamento [meðika'mento] *m* medicine.

medicina [meði'θina] *f* medicine.

medicinal [meðiθi'nal] *adj* medicinal.

médico, ca ['meðiko, ka] *m, f* doctor; **~ de guardia** duty doctor.

medida [me'ðiða] *f (dimensión)* measurement; *(cantidad, disposición)* measure; *(intensidad)* extent; **tomar ~ s** to take measures; **~ s de seguridad** safety measures; **a ~** *(de ropa)* made-to-measure; **a ~ que** as; **en cierta ~** to some extent.

medieval [meðje'βal] *adj* medieval.

medio, dia ['meðjo, ðja] *adj* half; *(tamaño, estatura)* medium; *(posición, punto, clase)* middle; *(de promedio)* average. ◆ *m (centro)* middle; *(entorno, ambiente)* environment; *(manera, medida, de transporte)* means; *(en matemáticas)* average. ◆ *adv* half; **en ~ de** *(entre dos)* between; *(entre varios, en mitad de)* in the middle of; **a medias** *(partido entre dos)* half; **hacer algo a medias** to half-do something; **~ ambiente** environment;

media hora half an hour; ~ **kilo (de)** half a kilo (of); **media docena/libra (de)** half a dozen/pound (of); **un vaso y** ~ a glass and a half; **media pensión** half board. ◻ **medios** mpl (económicos) resources; **los** ~ **s de comunicación** the media.

mediocre [me'ðjokre] adj mediocre.

mediocridad [meðjokri'ðað] f mediocrity.

mediodía [meðjo'ðia] m midday.

mediopensionista [ˌmeðjopensjo'nista] mf child who has lunch at school.

medir [me'ðir] vt (dimensión, intensidad) to measure; (comparar) to weigh up; (fuerzas) to compare; (palabras, acciones) to weigh; ¿**cuánto mides?** how tall are you?

meditar [meði'tar] vt to ponder. ◆ vi to meditate.

mediterráneo, a [meðite'rra-neo, a] adj Mediterranean. ◻ **Mediterráneo** m: **el (mar) Mediterráneo** the Mediterranean (Sea).

médium ['meðjum] mf inv medium.

medusa [me'ðusa] f jellyfish.

megáfono [me'ɣafono] m megaphone.

mejilla [me'xiʎa] f cheek.

mejillón [mexi'ʎon] m mussel; **mejillones a la marinera** moules marinières.

mejor [me'xor] adj & adv better; **el/la** ~ the best; **a lo** ~ maybe.

mejora [me'xora] f improvement.

mejorar [mexo'rar] vt to improve; (superar) to better; (enfermo) to make better. ◆ vi (enfermo) to get better; (tiempo, clima) to improve. ◻ **mejorarse** vpr (persona) to get better; (tiempo, clima) to improve.

mejoría [mexo'ria] f improvement.

melancolía [melanko'lia] f melancholy.

melancólico, ca [melan'koliko, ka] adj melancholic.

melena [me'lena] f (de persona) long hair; (de león) mane.

mella ['meʎa] f (en metal) nick; (en diente) chip; **hacer** ~ (causar impresión) to make an impression.

mellizo, za [me'ʎiθo, θa] adj twin (antes de s). ◻ **mellizos** mpl twins.

melocotón [meloko'ton] m peach; ~ **en almíbar** peaches (pl) in syrup.

melocotonero [melokoto'nero] m peach tree.

melodía [melo'ðia] f tune.

melodrama [melo'ðrama] m melodrama.

melodramático, ca [meloðra'matiko, ka] adj melodramatic.

melón [me'lon] m melon; ~ **con jamón** melon with 'serrano' ham.

membrillo [mem'briʎo] m (fruto) quince; (dulce) quince jelly.

memorable [memo'raβle] adj memorable.

memoria [me'morja] f memory; (estudio) paper; (informe) report; **de** ~ by heart. ◻ **memorias** fpl (de persona) memoirs.

memorizar [memori'θar] vt to memorize.

menaje [me'naxe] m (de cocina) kitchenware.

mención [men'θjon] f mention.

mencionar [menθjo'nar] vt to mention.

mendigo, ga [men'diɣo, ɣa] m, f beggar.

menestra [me'nestra] f: ~ (**de verduras**) vegetable stew.

menor [me'nor] adj (en edad) younger; (en tamaño) smaller; (en nú-

mero) lower; *(en calidad)* lesser. ◆ *m (persona)* minor; **el/la ~ *(en tamaño)*** the smallest; *(en edad)* the youngest; *(en número)* the lowest; **~ de edad** under age.

Menorca [me'norka] Minorca.

🖙

menos ['menos] *adv* - 1. *(comparativo)* less; **está ~ gordo** he's not as fat; **tengo ~ hambre** I'm not as hungry; **~ leche** less milk; **~ manzanas** fewer apples; **~ de/que** fewer/less than; **~ ... que ...** fewer/less ... than ...; **me han dado 2 euros de ~** they've given me 2 euros too little.
- **2.** *(superlativo)*: **el/la ~ ... the least ...**; **lo ~ que puedes hacer** the least you can do.
- **3.** *(indica resta)* minus; **tres ~ dos igual a uno** three minus two is one.
- **4.** *(con las horas)*: **son las cuatro ~ diez** it is ten to four.
- **5.** *(en locuciones)*: **a ~** unless; **poco ~ de** just under; **¡~ mal!** thank God!; **eso es lo de ~** that's the least of it.
◆ *prep (excepto)* except (for); **acudieron todos ~ él** everyone came except him; **todo ~ eso** anything but that.
◆ *m inv*: **al ~ por lo ~** at least.

menospreciar [menospre'θjar] *vt (despreciar)* to despise; *(apreciar poco)* to undervalue.

menosprecio [menos'preθjo] *m (desprecio)* scorn; *(poco aprecio)* undervaluing.

mensaje [men'saxe] *m* message.

mensajero, ra [mensa'xero, ra] *m, f (de paquetes, cartas)* courier; *(de comunicados)* messenger.

menstruación [menstrwa'θjon] *f* menstruation.

mensual [men'swal] *adj* monthly.

menta ['menta] *f* mint; **a la ~** with mint.

mental [men'tal] *adj* mental.

mente ['mente] *f (inteligencia)* mind; *(forma de pensar)* mentality.

mentir [men'tir] *vi* to lie.

mentira [men'tira] *f* lie.

mentiroso, sa [menti'roso, sa] *m, f* liar.

mentón [men'ton] *m* chin.

menú [me'nu] *m* menu; *(de precio reducido)* set menu; **~ de degustación** meal consisting of several small portions of different dishes; **~ (del día)** set meal.

menudeo [menu'ðeo] *m* Amér retail.

menudo, da [me'nuðo, ða] *adj* small; **a ~** often; **¡~ gol!** what a goal!

meñique [me'ɲike] *m* little finger.

mercadillo [merka'ðiʎo] *m* flea market.

mercado [mer'kaðo] *m* market.

mercancía [merkan'θia] *f* merchandise.

mercantil [merkan'til] *adj* commercial.

mercería [merθe'ria] *f* haberdasher's (shop) *(Br)*, notions store *(Am)*.

mercurio [mer'kurjo] *m* mercury.

merecer [mere'θer] *vt* to deserve. □ **merecerse** *vpr* to deserve.

merendar [meren'dar] *vt* ≃ to have for tea *Br* ○ supper. ◆ *vi* ≃ to have for tea *Br* ○ supper.

merendero [meren'dero] *m* open air café or bar in the country or on the beach.

merengue [me'renge] *m* meringue.

meridiano, na [meri'ðjano, na] *adj (evidente)* crystal-clear; *(del medio-día)* midday *(antes de s).* ◆ *m* meridian.

meridional [meriðjo'nal] *adj* southern.

merienda [me'rjenda] *f (de media tarde)* Br *(light afternoon meal)* tea; *(para excursión)* picnic.

mérito ['merito] *m* merit.

merluza [mer'luθa] *f* hake; ~ **a la plancha** grilled hake; ~ **a la romana** hake fried in batter.

mermelada [merme'laða] *f* jam.

mero ['mero] *m* grouper; ~ **a la plancha** grilled grouper.

mes [mes] *m* month; *(salario mensual)* monthly salary; **en el** ~ **de** in *(the month of).*

mesa ['mesa] *f* table; *(escritorio)* desk; *(de personas)* committee; **poner la** ~ to lay the table; **quitar la** ~ to clear the table.

mesero, ra [me'sero, ra] *m, f Amér* waiter *(f* waitress).

meseta [me'seta] *f* plateau.

mesilla [me'siʎa] *f*: ~ **de noche** bedside table.

mesón [me'son] *m (restaurante)* old, country-style restaurant and bar.

mestizo, za [mes'tiθo, θa] *m, f* person of mixed race.

meta ['meta] *f* goal; *(de carrera)* finishing line.

metáfora [me'tafora] *f* metaphor.

metal [me'tal] *m* metal.

metálico, ca [me'taliko, ka] *adj (de metal)* metal. ◆ *m* cash; **en** ~ in cash.

meteorito [meteo'rito] *m* meteorite.

meteorología [meteorolo'xia] *f* meteorology.

meter [me'ter] *vt* **-1.** *(introducir, ingresar, invertir)* to put in; ~ **algo/a alguien en algo** to put sthg/sb in sthg; **lo han metido en la cárcel** they've put him in prison.
- 2. *(hacer partícipe):* ~ **a alguien en algo** to get sb into sthg.
- 3. *fam (hacer soportar):* **nos meterá su discurso** she'll make us listen to her speech.
- 4. *fam (imponer, echar)* to give; **me han metido una multa** they've given me a fine; **le metieron una bronca** they told him off.
- 5. *(causar):* ~ **miedo/prisa a alguien** to scare/rush sb. ❏ **meterse** *vpr (entrar)* to get in; *(estar)* to get to; *(entrometerse)* to meddle; ~**se a** *(dedicarse a)* to become; *(empezar)* to start; ~**se en** *(mezclarse con)* to get involved in. ❏ **meterse con** *v* + *prep (molestar)* to hassle; *(atacar)* to go for.

método ['metoðo] *m (modo ordenado)* method; *(de enseñanza)* course.

metralla [me'traʎa] *f (munición)* shrapnel; *(fragmento)* piece of shrapnel.

metro ['metro] *m (unidad de longitud)* metre; *(transporte)* underground *(Br)*, subway *(Am)*; *(instrumento)* tape measure.

metrópoli [me'tropoli] *f* metropolis.

mexicano, na [mexi'kano, na] *adj & m, f* Mexican.

México ['mexiko] Mexico.

mezcla ['meθkla] *f* mixture.

mezclar [meθ'klar] *vt* to mix; *(confundir, involucrar)* to mix up. ❏ **mezclarse en** *v* + *prep* to get mixed up in.

mezquino, na [meθˈkino, na] *adj* mean.

mezquita [meθˈkita] *f* mosque.

mg (*abrev de miligramo*) mg.

mi [mi] (*pl* **mis**) [mis] *adj* my.

mí [mi] *pron (después de preposición)* me; *(reflexivo)* myself; **¡a ~ qué!** so what!; **por ~ ...** as far as I'm concerned ...

mico [ˈmiko] *m* monkey.

microbio [miˈkroβjo] *m* germ.

micrófono [miˈkrofono] *m* microphone.

microondas [mikroˈondas] *m inv* microwave (oven).

microscopio [mikrosˈkopjo] *m* microscope.

miedo [ˈmjeðo] *m* fear; **tener ~ de** to be afraid of.

miedoso, sa [mjeˈðoso, sa] *adj* fearful.

miel [mjel] *f* honey.

miembro [ˈmjembro] *m (de grupo, asociación)* member; *(extremidad)* limb.

mientras [ˈmjentras] *conj (a la vez)* while; **~ no se apruebe** until it has been approved; **~ (que)** whilst; **~ (tanto)** in the meantime.

miércoles [ˈmjerkoles] *m inv* Wednesday → **sábado**.

mierda [ˈmjerða] *f vulg* shit. ◆ *interj vulg* shit!

miga [ˈmiγa] *f* crumb; *(parte sustanciosa)* substance. ❑ **migas** *fpl (guiso)* fried breadcrumbs.

migaja [miˈγaxa] *f* crumb.

mil [mil] *núm* a thousand; **dos ~** two thousand → **seis**.

milagro [miˈlaγro] *m* miracle; **de ~** miraculously.

milenario, ria [mileˈnarjo, rja] *adj* ancient. ◆ *m* millennium.

milenio [miˈlenjo] *m* millennium.

milésimo, ma [miˈlesimo, ma] *adj* thousandth.

mili [ˈmili] *f fam* military service; **hacer la ~ fam** to do one's military service.

miligramo [miliˈγramo] *m* milligram.

mililitro [miliˈlitro] *m* millilitre.

milímetro [miˈlimetro] *m* millimetre.

militante [miliˈtante] *mf* militant.

militar [miliˈtar] *adj* military. ◆ *m* soldier.

milla [ˈmiʎa] *f (en tierra)* mile; *(en mar)* nautical mile.

millar [miˈʎar] *m* thousand.

millón [miˈʎon] *núm* million; **dos millones** two million → **seis**.

millonario, ria [miʎoˈnarjo, rja] *m, f* millionaire (*f* millionairess).

mimado, da [miˈmaðo, ða] *adj* spoilt *Br*, spoiled *Am*.

mimar [miˈmar] *vt* to spoil.

mímica [ˈmimika] *f* mime.

mimosa [miˈmosa] *f* mimosa.

min (*abrev de minuto*) min.

mina [ˈmina] *f* mine; *(de lápiz)* lead.

mineral [mineˈral] *adj & m* mineral.

minero, ra [miˈnero, ra] *m, f* miner.

miniatura [minjaˈtura] *f* miniature.

minifalda [miniˈfalda] *f* mini skirt.

mínimo, ma [ˈminimo, ma] *superl* → **pequeño**. ◆ *adj & m* minimum; **como ~** at the very least.

ministerio [ministeˈrjo] *m* ministry.

ministro, tra [miˈnistro, tra] *m, f* minister.

minoría [minoˈria] *f* minority.

minoritario, ria [minoriˈtarjo, rja] *adj* minority (*antes de s*).

minucioso, sa [minuˈθjoso,sa] *adj (persona)* meticulous; *(trabajo)* very detailed.

minúscula [miˈnuskula] *f* small letter; **en ~** in lower-case letters.

minúsculo, la [miˈnuskulo,la] *adj (muy pequeño)* minute.

minusválido, da [minuzˈβaliðo,ða] *m, f* disabled person.

minutero [minuˈtero] *m* minute hand.

minuto [miˈnuto] *m* minute.

mío, mía [ˈmio,ˈmia] *adj* mine.
◆ *pron:* **el ~, la mía** mine; **lo ~** *(lo que me gusta)* my thing; **un amigo ~** a friend of mine.

miope [miˈope] *adj* shortsighted.

miopía [mioˈpia] *f* shortsightedness.

mirada [miˈraða] *f* look; *(rápida)* glance; **echar una ~ a** to have a quick look at.

mirador [miraˈðor] *m (lugar)* viewpoint; *(balcón cerrado)* enclosed balcony.

mirar [miˈrar] *vt (ver)* to look at; *(observar, vigilar)* to watch; *(considerar)* to consider. ◆ *vi (buscar)* to look; **~ a** *(estar orientado)* to face; **estoy mirando** *(en tienda)* I'm just looking.
❑ **mirarse** *vpr* to look at o.s.

mirilla [miˈriʎa] *f* spyhole.

mirlo [ˈmirlo] *m* blackbird.

mirón, ona [miˈron,ona] *m, f (espectador)* onlooker.

misa [ˈmisa] *f* mass; **~ del gallo** midnight mass.

miserable [miseˈraβle] *adj (muy pobre)* poor; *(desgraciado, lastimoso)* wretched; *(mezquino)* mean.

miseria [miˈserja] *f (pobreza)* poverty; *(poca cantidad)* pittance.

misericordia [miseriˈkorðja] *f* compassion.

misil [miˈsil] *m* missile.

misión [miˈsjon] *f* mission; *(tarea)* task.

misionero, ra [misjoˈnero,ra] *m, f* missionary.

mismo, ma [ˈmizmo,ma] *adj (igual)* same. ◆ *pron:* **el ~, la misma** the same; **el ~ que vi ayer** the same one I saw yesterday; **ahora ~** right now; **lo ~ (que)** the same thing (as); **da lo ~** it doesn't matter; **en este ~ cuarto** in this very room; **yo ~** I myself.

misterio [misˈterjo] *m (secreto)* mystery; *(sigilo)* secrecy.

misterioso, sa [misteˈrjoso,sa] *adj* mysterious.

mitad [miˈtað] *f (parte)* half; *(centro, medio)* middle; **a ~ de camino** halfway there; **a ~ de precio** half-price; **en ~ de** in the middle of.

mitin [ˈmitin] *m* rally.

mito [ˈmito] *m* myth.

mitología [mitoloˈxia] *f* mythology.

mixto, ta [ˈmiksto,ta] *adj (colegio, vestuario)* mixed; *(comisión, agrupación)* joint. ◆ *m* ham and cheese toasted sandwich.

ml *(abrev de mililitro)* ml.

mm *(abrev de milímetro)* mm.

mobiliario [moβiˈljarjo] *m* furniture.

mocasín [mokaˈsin] *m* moccasin.

mochila [moˈtʃila] *f* backpack.

mocho, cha [ˈmotʃo,tʃa] *m (fregona)* mop.

mochuelo [moˈtʃuelo] *m* little owl.

moco [ˈmoko] *m* mucus; **tener ~s** to have a runny nose.

moda [ˈmoða] *f* fashion; **a la ~** fashionable; **estar de ~** to be fashionable; **pasado de ~** unfashionable.

modalidad [moðali'ðað] f (variante) type; (en deporte) discipline.

modelo [mo'ðelo] m model; (vestido) number. ◆ mf model.

modem ['moðem] (pl **modems**) ['moðems] m modem.

moderno, na [mo'ðerno, na] adj modern.

modestia [mo'ðestja] f modesty.

modesto, ta [mo'ðesto, ta] adj modest.

modificación [moðifika'θjon] f alteration.

modificar [moðifi'kar] vt to alter.

modisto, ta [mo'ðisto, ta] m, f (sastre) tailor (f dressmaker).

modo ['moðo] m (manera) way; (en gramática) mood; de ~ que (de manera que) in such a way that; de ningún ~ in no way; de todos ~s in any case; en cierto ~ in some ways; ~ de empleo instructions (pl).

moflete [mo'flete] m chubby cheek.

mogollón [moɣo'ʎon] m fam (cantidad) loads (pl).

moho ['moo] m (hongo) mould.

mojado, da [mo'xaðo, ða] adj (empapado) wet; (húmedo) damp.

mojar [mo'xar] vt (empapar) to wet; (humedecer) to dampen; (pan) to dunk. ❑ **mojarse** vpr to get wet.

molde ['molde] m mould.

moldeado [molde'aðo] m (en peluquería) soft perm.

moldear [molde'ar] vt (dar forma) to mould; (en peluquería) to give a soft perm to.

mole ['mole] m Méx dish featuring a spicy sauce made from ground chillies, spices, nuts and sometimes chocolate.

molestar [moles'tar] vt (incordiar) to annoy; (disgustar) to bother; (doler) to hurt. ❑ **molestarse** vpr (enfa-

darse, ofenderse) to take offence; (darse trabajo) to bother.

molestia [mo'lestja] f (fastidio) nuisance; (dolor) discomfort.

molesto, ta [mo'lesto, ta] adj (fastidioso) annoying; **estar ~ (enfadado)** to be annoyed.

molino [mo'lino] m mill; ~ de viento windmill.

molusco [mo'lusko] m mollusc.

momento [mo'mento] m moment; (época) time; **hace un ~** a moment ago; **por el ~** for the moment; **al ~** straightaway; **de un ~ a otro** any minute now; **¡un ~!** just a moment!

momia ['momja] f mummy.

monada [mo'naða] f fam (cosa) lovely thing; (niño) little darling.

monaguillo [mona'ɣiʎo] m altar boy.

monarca [mo'narka] m monarch.

monarquía [monar'kia] f monarchy.

monasterio [monas'terjo] m monastery.

Moncloa [mon'kloa] f: la ~ the Moncloa palace.

 LA MONCLOA

The Moncloa palace has been the official residence of the Spanish premier and the seat of the Spanish government since 1977. It is situated in the northwest of Madrid, near the Complutense university campus. It forms part of a complex of government buildings and has been rebuilt several times, most notably after the Spanish Civil War.

moneda [mo'neða] f (pieza) coin;

(divisa) currency; **~ de duro** five-peseta coin.

monedero [mone'ðero] *m* purse.

monitor, ra [moni'tor, ra] *m, f (persona)* instructor. ◆ *m* monitor.

monja ['monxa] *f* nun.

monje ['monxe] *m* monk.

mono, na ['mono, na] *adj* lovely. ◆ *m, f (animal)* monkey. ◆ *m (con peto)* dungarees *(pl) Br*, overalls *(pl) Am*; *(con mangas)* overalls *(pl) Br*, coveralls *(pl) Am*; **¡qué ~!** I how lovely!

monólogo [mo'noloɣo] *m* monologue.

monopatín [,monopa'tin] *m* skateboard.

monopolio [mono'poljo] *m* monopoly.

monótono, na [mo'notono, na] *adj* monotonous.

monovolumen [,monoβo'lumen] *m* people carrier.

monstruo ['monstruo] *m* monster.

montacargas [monta'karɣas] *m inv* goods lift *(Br)*, freight elevator *(Am)*.

montaje [mon'taxe] *m (de una máquina)* assembly; *(de espectáculo)* staging; *(de película)* editing; *(estafa)* put-up job *Br*, con job *Am*.

montaña [mon'taɲa] *f* mountain; **~ rusa** roller coaster.

montañismo [monta'nizmo] *m* mountaineering.

montañoso, sa [monta'ɲoso, sa] *adj* mountainous.

montar [mon'tar] *vt (caballo, burro)* to ride; *(tienda de campaña)* to put up; *(máquina, instalación)* to assemble; *(negocio, tienda)* to set up; *(clara de huevo)* to beat; *(nata)* to whip; *(película)* to edit. ◆ *vi (subir)*: **~ en** *(animal, bicicleta)* to get on; *(coche)* to get into; **~ en bicicleta** to ride a bicycle; **~ a caballo** to ride a horse.

monte ['monte] *m (montaña)* mountain; *(bosque)* woodland.

montera [mon'tera] *f* bullfighter's cap.

montón [mon'ton] *m* heap; **un ~ de** *fam* loads of.

montura [mon'tura] *f (de gafas)* frame; *(caballo, burro, etc)* mount.

monumental [monumen'tal] *adj (lugar, ciudad)* famous for its monuments; *(enorme)* monumental.

monumento [monu'mento] *m* monument.

moño ['moɲo] *m* bun.

moqueta [mo'keta] *f (fitted)* carpet *Br*, wall-to-wall carpet *Am*.

mora ['mora] *f* blackberry → **moro**.

morado, da [mo'raðo, ða] *adj* purple. ◆ *m (color)* purple; *(herida)* bruise.

moral [mo'ral] *adj* moral. ◆ *f* morality; *(ánimo)* morale.

moraleja [mora'lexa] *f* moral.

moralista [mora'lista] *mf* moralist.

morcilla [mor'θiʎa] *f* ≃ black pudding *(Br)*, ≃ blood sausage *(Am)*.

mordaza [mor'ðaθa] *f* gag.

mordedura [morðe'ðura] *f* bite.

morder [mor'ðer] *vt* to bite.

mordida [mor'ðiða] *f* *Méx fam* bribe.

mordisco [mor'ðisko] *m* bite.

moreno, na [mo'reno, na] *adj (por el sol)* tanned; *(piel, pelo)* dark.

moribundo, da [mori'βundo, da] *adj* dying.

morir [mo'rir] *vi* to die. ❑ **morirse** *vpr (fallecer)* to die; *fig (tener deseo fuerte)* to be dying.

moro, ra ['moro, ra] *adj* Moorish. ◆ *m, f* Moor.

morocho, cha [mo'rotʃo, tʃa] *adj* *Amér fam (robusto)* tough; *(moreno)* dark.

moroso, sa [mo'roso, sa] *m, f* defaulter.

morralla [mo'raʎa] *f Amér* change.

morro ['moro] *m (de animal)* snout; *vulg (de persona)* thick lips *(pl)*; **por el ~** *fam* without asking ; **qué ~!** what a cheek! *Br*, what a nerve! *Am*.

morsa ['morsa] *f* walrus.

mortadela [morta'ðela] *f* Mortadella, *type of cold pork sausage.*

mortal [mor'tal] *adj (vida)* mortal; *(herida, accidente)* fatal; *fig (aburrido)* deadly.

mortero [mor'tero] *m* mortar.

mosaico [mo'sajko] *m* mosaic.

mosca ['moska] *f* fly; **por si las ~s** just in case.

moscatel [moska'tel] *m* Muscatel.

mosquito [mos'kito] *m* mosquito.

mostaza [mos'taθa] *f* mustard.

mostrador [mostra'ðor] *m (en tienda)* counter; *(en bar)* bar; **~ de facturación** 'check-in desk'; **~ de ayuda** *COMPUT* help desk.

mostrar [mos'trar] *vt* to show. ❑ **mostrarse** *vpr*: **se mostró muy interesado** he expressed great interest.

motel [mo'tel] *m* motel.

motivación [motiβa'θjon] *f (motivo)* motive.

motivar [moti'βar] *vt (causar)* to cause.

motivo [mo'tiβo] *m (causa, razón)* reason; *(en música, pintura)* motif; **con ~ de** *(a causa de)* because of; *(con ocasión de)* on the occasion of.

moto ['moto] *f* motorbike, motorcycle; **~ acuática** jet-ski.

motocicleta [motoθi'kleta] *f* motorbike, motorcycle.

motociclismo [,motoθi'klizmo] *m* motorcycling.

motociclista [,motoθi'klista] *mf* motorcyclist.

motocross [moto'kros] *m inv* motocross.

motoneta [moto'neta] *f Amér* moped.

motor [mo'tor] *m* engine, motor; **~ de arranque** starter.

motora [mo'tora] *f* motorboat.

motorista [moto'rista] *mf* motorcyclist.

mountain bike ['mountajm'bajk] *f* mountain biking.

mousse [mus] *f* mousse; **~ de chocolate/limón** chocolate/lemon mousse; **~ de limón** lemon mousse.

mover [mo'βer] *vt* to move; *(hacer funcionar)* to drive. ❑ **moverse** *vpr* *fam (realizar gestiones)* to make an effort.

movida [mo'βiða] *f fam* scene.

movido, da [mo'βiðo, ða] *adj (persona)* restless.

móvil ['moβil] *adj* mobile. ◆ *m (motivo)* motive; *(teléfono)* mobile *Br*, cell phone *Am*.

movimiento [moβi'mjento] *m* movement; *(circulación)* activity; *(de cuenta corriente)* transactions *(pl)*.

mozo, za ['moθo, θa] *m, f* young boy *(fem* young girl). ◆ *m (de hotel, estación)* porter; *(recluta)* conscript; *Andes & RP (camarero)* waiter.

mucamo, ma [mu'kamo, ma] *m, f Amér* servant.

muchacha [mu'tʃatʃa] *f fam (criada)* maid ➙ **muchacho**.

muchachada [mutʃa'tʃaða] *f Amér* crowd of young people.

muchacho, cha [mu'tʃatʃo, tʃa] *m, f* boy *(f* girl).

muchedumbre [mutʃe'ðumbre] *f* crowd.

mucho, cha ['mutʃo, tʃa] *adj* a lot of. ◆ *pron* a lot. ◆ *adv* a lot; *(indica comparación)* much; **tengo ~ sueño**

I'm very sleepy; ~ **antes** long before; ~ **gusto** (saludo) pleased to meet you; **como** ~ at most; **¡con** ~ **gusto!** (encantado) with pleasure!; **vinieron** ~**s** a lot of people came; **ni** ~ **menos** by no means; **por** ~ **que** no matter how much.

mudanza [mu'ðanθa] f (de casa) move.

mudar [mu'ðar] vt (piel, plumas) to moult. □ **mudarse** vpr (de ropa) to change; ~**se (de casa)** to move (house).

mudo, da ['muðo, ða] adj (que no habla) dumb; (película, letra) silent. ◆ m, f mute.

mueble ['mweβle] m piece of furniture; **los** ~**s** the furniture.

mueca ['mweka] f (gesto) face; (de dolor) grimace.

muela ['mwela] f (diente) tooth.

muelle ['mweʎe] m (de colchón) spring; (de puerto) dock.

muerte ['mwerte] f (fallecimiento) death; (homicidio) murder.

muerto, ta ['mwerto, ta] pp → **morir**. ◆ adj dead. ◆ m, f dead person; ~ **de frío** freezing; ~ **de hambre** starving.

muestra ['mwestra] f (de mercancía) sample; (señal) sign; (demostración) demonstration; (exposición) show; (prueba) proof.

mugido [mu'xiðo] m moo.

mugir [mu'xir] vi to moo.

mujer [mu'xer] f woman; (esposa) wife.

mulato, ta [mu'lato, ta] m, f mulatto.

muleta [mu'leta] f (bastón) crutch; (de torero) muleta, red cape hanging from a stick used to tease the bull.

mulo, la ['mulo, la] m, f mule.

multa ['multa] f fine.

multar [mul'tar] vt to fine.

multicine [multi'θine] m multiscreen cinema Br, multiplex Am.

multinacional [ˌmultinaθjo'nal] f multinational.

múltiple ['multiple] adj multiple. □ **múltiples** adj pl (numerosos) numerous.

multiplicación [multiplika'θjon] f multiplication.

multiplicar [multipli'kar] vt to multiply. □ **multiplicarse** vpr (persona) to do lots of things at the same time.

múltiplo ['multiplo] m multiple.

multitud [multi'tuð] f (de personas) crowd.

mundial [mundi'al] adj world (antes de s).

mundo ['mundo] m world; **un hombre de** ~ a man of the world; **todo el** ~ everyone.

munición [muni'θjon] f ammunition.

municipal [muniθi'pal] adj municipal. ◆ m, f local police officer who deals mainly with traffic offences.

municipio [muni'θipjo] m (territorio) town; (organismo) town council Br, city hall Am.

muñeca [mu'neka] f (de la mano) wrist → **muñeco**.

muñeco, ca [mu'neko, ka] m, f doll.

muñeira [mu'neira] f type of music and dance from Galicia.

muñequera [muɲe'kera] f wristband.

mural [mu'ral] m mural.

muralla [mu'raʎa] f wall.

murciélago [mur'θjelaɣo] m bat.

muro ['muro] m wall.

musa ['musa] f muse.

músculo ['muskulo] m muscle.

museo [mu'seo] *m* museum; ~ **de arte** art gallery.

musgo ['muzɣo] *m* moss.

música ['musika] *f* music; ~ **ambiental** background music; ~ **clásica** classical music; ~ **pop** pop music → **músico**.

musical [musi'kal] *adj* musical.

musicalmente [musikal'mente] *adv* musically.

músico, ca ['musiko, ka] *m, f* musician.

muslo ['muzlo] *m* thigh; ~ **de pollo** chicken thigh.

musulmán, ana [musul'man, ana] *adj & m, f* Muslim.

mutilado, da [muti'laðo, ða] *m, f* cripple.

mutua ['mutɣa] *f* mutual benefit society.

muy [muj] *adv* very.

N

nabo ['naβo] *m* turnip.

nacer [na'θer] *vi* (persona, animal) to be born; (vegetal) to sprout; (arroyo, río) to rise.

nacimiento [naθi'mjento] *m* (de persona, animal) birth; (de vegetal) sprouting; (de río, arroyo) source; (belén) Nativity scene.

nación [na'θjon] *f* nation.

nacional [naθjo'nal] *adj* national; (vuelo, mercado) domestic.

nacionalidad [naθjonali'ðað] *f* nationality.

nada ['naða] *pron* (ninguna cosa)

nothing; (en negativas) anything.
♦ *adv*: **no me gustó** ~ I didn't like it at all; **de** ~ (respuesta a gracias) you're welcome; ~ **más** nothing else; ~ **más llegar** as soon as he arrived.

nadador, ra [naða'ðor, ra] *m, f* swimmer.

nadar [na'ðar] *vi* to swim.

nadie ['naðje] *pron* nobody; **no se lo dije a** ~ I didn't tell anybody.

nailon® ['najlon] *m* nylon.

naipe ['najpe] *m* (playing) card.

nalga ['nalɣa] *f* buttock. ❑ **nalgas** *fpl* backside (sg).

nana ['nana] *f* (nana) *f* lullaby; *Amér* (para niño) nanny.

naranja [na'ranxa] *adj inv & m & f* orange; ~ **exprimida** freshly-squeezed orange juice.

naranjada [naran'xaða] *f* orangeade.

naranjo [na'ranxo] *m* orange tree.

narcotraficante [narkotrafi'kante] *mf* drug trafficker.

narcotráfico [narko'trafiko] *m* drug trafficking.

nariz [na'riθ] (*pl* **-ces** [θes]) *f* nose.

narración [nara'θjon] *f* (relato) story.

narrador, ra [nara'ðor, ra] *m, f* narrator.

narrar [na'rar] *vt* to tell.

narrativa [nara'tiβa] *f* narrative.

nata ['nata] *f* cream; ~ **montada** whipped cream.

natación [nata'θjon] *f* swimming.

natillas [na'tiʎas] *fpl* custard (sg).

nativo, va [na'tiβo, βa] *m, f* native.

natural [natu'ral] *adj* natural; (alimento) fresh; **ser** ~ **de** to come from; **al** ~ (fruta) in its own juice.

naturaleza [natura'leθa] *f* nature; **por** ~ by nature.

naufragar [nau̯fra'var] *vi* to be wrecked.

naufragio [nau̯'fraxjo] *m* shipwreck.

náuseas ['nau̯seas] *fpl* nausea *(sg)*; **tener ~** to feel sick.

náutico, ca ['nau̯tiko, ka] *adj (de navegación)* nautical; DEP *water (antes de s)*.

navaja [na'βaxa] *f (pequeña)* penknife; *(más grande)* jackknife; *(de afeitar)* razor; *(molusco)* razor clam.

naval [na'βal] *adj* naval.

nave ['naβe] *f (barco)* ship; *(en iglesia)* nave; *(en una fábrica)* plant; **~ espacial** spaceship.

navegable [naβe'vaβle] *adj* navigable.

navegador® [naβeva'ðor] *m* COMPUT browser.

navegar [naβe'var] *vi (en barco)* to sail.

Navidad [naβi'ðað] *f* Christmas (Day). □ **Navidades** *fpl* Christmas *(sg)*.

nazareno [naθa'reno] *m man dressed in hood and tunic who takes part in Holy Week processions.*

neblina [ne'βlina] *f* mist.

necedad [neθe'ðað] *f (cualidad)* stupidity; *(dicho)* stupid thing.

necesario, ria [neθe'sarjo, rja] *adj* necessary.

neceser [neθe'ser] *m* toilet bag.

necesidad [neθesi'ðað] *f* need; **de primera ~** essential. □ **necesidades** *fpl*: **hacer sus ~es** to answer the call of nature.

necesitar [neθesi'tar] *vt* to need; **'se necesita '** 'wanted'.

necio, cia ['neθjo, θja] *adj* foolish.

nécora ['nekora] *f* fiddler crab.

necrológicas [nekro'loxikas] *fpl* obituaries.

negación [neva'θjon] *f (desmentido)* denial; *(negativa)* refusal.

negado, da [ne'vaðo, ða] *adj* useless.

negar [ne'var] *vt* to deny. □ **negarse** *vpr*: **~ se (a)** to refuse (to).

negativa [neva'tiβa] *f* refusal; *(desmentido)* denial.

negativo, va [neva'tiβo, βa] *adj & m* negative.

negociable [nevo'θjaβle] *adj* negotiable.

negociación [nevoθja'θjon] *f* negotiation.

negociador, ra [nevoθja'ðor, ra] *m, f* negotiator.

negociar [nevo'θjar] *vt* to negotiate. ♦ *vi (comerciar)* to do business; **~ en** to deal in.

negocio [ne'voθjo] *m* business; *(transacción)* deal; *(beneficio)* good deal; **hacer ~s** to do business.

negro, gra ['nevro, vra] *adj & m* black. ♦ *m, f (persona)* black man *(f* black woman*)*.

nene, na ['nene, na] *m, f fam* baby.

nenúfar [ne'nufar] *m* water lily.

nervio ['nerβjo] *m (de persona)* nerve; *(de planta)* vein; *(de carne)* sinew; *(vigor)* energy. □ **nervios** *mpl (estado mental)* nerves.

nerviosismo [nerβjo'sizmo] *m* nerves *(pl)*.

nervioso, sa [ner'βjoso, sa] *adj* nervous; *(irritado)* worked-up.

neto, ta ['neto, ta] *adj (peso, precio)* net; *(contorno, línea)* clean.

neumático ['neumatiko] *m* tyre.

neurosis [neu̯'rosis] *f inv* neurosis.

neutral [neu̯'tral] *adj* neutral.

neutro, tra ['neu̯tro, tra] *adj* neutral.

nevada [ne'βaða] *f* snowfall.

nevado, da [ne'βaðo, ða] *adj* snowy.

nevar [ne'βar] *v impers*: **está nevando** it's snowing.

nevera [ne'βera] *f* fridge *(Br)*.

ni [ni] *conj*: **no ... ~ ...** neither ... nor ...; **no es alto ~ bajo** he's neither tall nor short; **~ mañana ~ pasado** neither tomorrow nor the day after; **~ un/una** not a single ...; **~ siquiera lo ha probado** she hasn't even tried it; **~ que** as if. ♦ *adv* not even; **está tan atareado que ~ come** he's so busy he doesn't even eat.

Nicaragua [nika'raɣua] Nicaragua.

nicaragüense [nikara'ɣuense] *adj & mf* Nicaraguan.

nicho ['nitʃo] *m* niche.

nido ['niðo] *m* nest.

niebla ['njeβla] *f (densa)* fog; *(neblina)* mist; **hay ~** it's foggy.

nieto, ta ['njeto, ta] *m, f* grandson *(f* granddaughter*).

nieve ['njeβe] *f* snow.

NIF [nif] *m (abrev de número de identificación fiscal)* ≃ National Insurance number *(Br)*, ≃ Social Security number *(Am)*.

ningún [nin'gun] *adj* → ninguno.

ninguno, na [nin'guno, na] *adj* → ninguno. ♦ *pron (ni uno)* none; *(nadie)* nobody; **no tengo ningún abrigo** I don't have a coat; **~ me gusta** I don't like any of them; **~ de los dos** neither of them.

niña ['nina] *f (del ojo)* pupil → niño.

niñera [ni'nera] *f* nanny.

niñez [ni'neθ] *f* childhood.

niño, ña ['nino, na] *m, f (crío)* child, boy *(f* girl*); (bebé)* baby; **los ~s** the children.

níquel ['nikel] *m* nickel.

níspero ['nispero] *m* medlar.

nítido, da ['nitiðo, ða] *adj* clear.

nitrógeno [ni'troxeno] *m* nitrogen.

nivel [ni'βel] *m* level; **al ~ de** level with; **~ de vida** standard of living.

no [no] *adv (de negación)* not; *(en respuestas)* no; **¿ ~ vienes?** aren't you coming?; **estamos de acuerdo ¿ ~?** so, we're agreed then, are we?; **~ sé** I don't know; **~ veo nada** I can't see anything; **¿cómo ~?** of course; **eso sí que ~** certainly not; **¡qué ~!** I said no!

n° *(abrev de número)* no.

noble ['noβle] *adj (metal)* precious; *(honrado)* noble. ♦ *mf* noble.

nobleza [no'βleθa] *f* nobility.

noche ['notʃe] *f (más tarde)* night; *(atardecer)* evening; **ayer por la ~** last night; **esta ~** tonight; **por la ~** at night; **las diez de la ~** ten o'clock at night.

Nochebuena [notʃe'βuena] *f* Christmas Eve.

Nochevieja [notʃe'βjexa] *f* New Year's Eve.

ⓘ NOCHEVIEJA

New Year's Eve traditions in Spain include dinner-dances at which "bolsas de cotillón" containing such items as confetti, paper hats, party blowers and so on are given out. To see out the old year and bring good luck for the new, twelve grapes must be eaten, one with each of the twelve chimes of midnight.

---

noción [no'θjon] *f* notion. ❑ **nociones** *fpl*: **tener nociones de** to have a smattering of.

nocivo, va [no'θiβo, βa] *adj* harmful.

noctámbulo, la [nok'tambulo, la] *m, f* night owl.

nocturno, na [nok'turno, rna] *adj* (tren, vuelo, club) night *(antes de s)*; *(clase)* evening *(antes de s)*.

nogal [no'ɣal] *m* walnut.

nómada [nomaða] *mf* nomad.

nombrar [nom'brar] *vt (mencionar)* to mention; *(para un cargo)* to appoint.

nombre ['nombre] *m* name; *(en gramática)* noun; **a ~ de** *(cheque)* on behalf of; *(carta)* addressed to; **~ de pila** first name; **~ y apellidos** full name.

nomeolvides [ˌnomeol'βiðes] *m inv* forget-me-not.

nómina ['nomina] *f* (lista de empleados) payroll; *(sueldo)* wages *(pl)*.

nórdico, ca ['norðiko, ka] *adj (del norte)* northern.

noreste [no'reste] *m* north-east.

noria ['norja] *f* (de feria) Ferris wheel, big wheel *(Br)*.

norma ['norma] *f* (principio) standard; *(regla)* rule.

normal [nor'mal] *adj* normal.

normalmente [ˌnor.mal'mente] *adv* normally.

noroeste [noro'este] *m* northwest.

norte ['norte] *m* north.

Norteamérica [ˌnortea'merika] North America.

norteamericano, na [ˌnortea meri'kano, na] *adj & m, f* (North) American.

Noruega [no'rɣexa] Norway.

noruego, ga [no'rɣexo, va] *adj, m, f* Norwegian.

nos [nos] *pron (complemento directo)* us; *(complemento indirecto)* (to) us; *(reflexivo)* ourselves; *(recíproco)* each other; **~ vamos** we're going.

nosotros, tras [no'sotros, tras] *pron (sujeto)* we; *(complemento)* us.

nostalgia [nos'talxja] *f (de país, casa)* homesickness.

nostálgico, ca [nos'talxiko, ka] *adj (de país, casa)* homesick.

nota ['nota] *f* note; *(en educación)* mark, grade *Am*; *(cuenta)* bill *Br*, check *Am*; **tomar ~ de** to note down.

notable [no'taβle] *adj* remarkable.

notar [no'tar] *vt (darse cuenta de)* to notice; *(sentir)* to feel.

notario, ria [no'tarjo, rja] *m, f* notary.

noticia [no'tiθja] *f* piece of news.
❑ **noticias** *fpl (telediario)* news.

novatada [noβa'taða] *f (broma)* joke *(played on new arrivals)*.

novato, ta [no'βato, ta] *m, f* beginner.

novecientos, tas [noβe'θjentos, tas] *núm* nine hundred → **seis**.

novedad [noβe'ðað] *f (cualidad)* newness; *(suceso)* new development; *(cosa)* new thing; '**~es**' *(discos)* 'new releases'; *(ropa)* 'latest fashion *(sg)*'.

novela [no'βela] *f novel*; **~ de aventuras** adventure story; **~ policíaca** detective story; **~ rosa** romantic novel.

novelesco, ca [noβe'lesko, ka] *adj* fictional.

novelista [noβe'lista] *mf* novelist.

noveno, na [no'βeno, na] *núm* ninth → **sexto**.

noventa [no'βenta] *núm* ninety → **seis**.

noviazgo [no'βjaθɣo] *m* engagement.

noviembre [no'βjembre] *m* November → **setiembre**.

novillada [noβiˈʎaða] *f* bullfight *with young bulls*.

novillero [noβiˈʎero] *m* apprentice bullfighter.

novillo 202

novillo, lla [no'βiʎo, ʎa] *m, f* young bull (*f* young cow) (2-3 years old).

novio, via [noβjo, βja] *m, f (prometido)* fiancé (*f* fiancée); *(amigo)* boyfriend (*f* girlfriend). ❑ **novios** *mpl (recién casados)* newlyweds.

nubarrón [nuβa'ron] *m* storm cloud.

nube [nuβe] *f* cloud.

nublado, da [nu'βlaðo, ða] *adj* cloudy.

nublarse [nu'βlarse] *v impers*: **se está nublando** it's clouding over.

nubosidad [nuβosi'ðað] *f* cloudiness.

nuboso, sa [nu'βoso, sa] *adj* cloudy.

nuca ['nuka] *f* nape.

nuclear [nukle'ar] *adj* nuclear.

núcleo ['nukleo] *m (parte central)* centre.

nudillos [nu'ðiʎos] *mpl* knuckles.

nudismo [nu'ðizmo] *m* nudism.

nudista [nu'ðista] *mf* nudist.

nudo ['nuðo] *m (de cuerda, hilo)* knot; *(de comunicaciones)* major junction; *(en argumento)* crux.

nuera ['nwera] *f* daughter-in-law.

nuestro, tra ['nwestro, tra] *adj* our. ◆ *pron*: **el ~, la nuestra** ours; **lo ~** *(lo que nos gusta)* our thing; **un amigo ~** a friend of ours.

nuevamente [,nweβa'mente] *adv* again.

Nueva Zelanda ['nweβaθe'landa] New Zealand.

nueve ['nweβe] *núm* nine > **seis**.

nuevo, va ['nweβo, βa] *adj* new; **de ~** again.

nuez [nweθ] *(pl* **-ces** [θes]) *f (fruto seco en general)* nut; *(de nogal)* walnut; *(del cuello)* Adam's apple.

nulidad [nuli'ðað] *f (anulación)* nul-

lity; *(persona)* useless idiot.

nulo, la ['nulo, la] *adj (sin valor legal)* null and void; *(inepto)* useless.

núm. *(abrev de número)* no.

numerado, da [nume'raðo, ða] *adj* numbered.

número ['numero] *m* number; *(de lotería)* ticket; *(de una publicación)* issue; *(talla)* size; **~ de teléfono** telephone number.

numeroso, sa [nume'roso, sa] *adj* numerous.

numismática [numiz'matika] *f* coin-collecting.

nunca ['nunka] *adv* never; *(en negativas)* ever.

nupcial [nup'θjal] *adj* wedding *(antes de s)*.

nupcias ['nupθjas] *fpl* wedding *(sg)*.

nutria ['nutrja] *f* otter.

nutrición [nutri'θjon] *f* nutrition.

nutritivo, va [nutri'tiβo, βa] *adj* nutritious.

ñandú [nan'du] *m* rhea.

ñato, ta ['nato, ta] *adj Andes & RP* snub.

ñoñería [none'ria] *f* insipidness.

ñoño, ña ['nono, na] *adj (remilgado)* squeamish; *(quejica)* whining; *(soso)* dull.

ñoqui ['noki] *m* gnocchi *(pl)*.

o [o] *conj* or; **~ sea** in other words.

oasis [o'asis] *m inv* oasis.

obedecer [oβeðe'θer] *vt* to obey.

□ **obedecer** a *v* + *prep* (*ser motivado por*) to be due to.

obediencia [oβe'ðjenθja] *f* obedience.

obediente [oβe'ðjente] *adj* obedient.

obesidad [oβesi'ðað] *f* obesity.

obeso, sa [o'βeso, sa] *adj* obese.

obispo [o'βispo] *m* bishop.

objeción [oβxe'θjon] *f* objection.

objetividad [oβxetiβi'ðað] *f* objectivity.

objetivo, va [oβxe'tiβo, βa] *adj* objective. ◆ *m* (*finalidad*) objective; (*blanco*) target; (*lente*) lens.

objeto [oβ'xeto] *m* object; (*finalidad*) purpose; **con el ~ de** with the aim of; **'~s perdidos'** 'lost property'.

obligación [oβliva'θjon] *f* (*deber*) obligation; (*de una empresa*) bond.

obligar [oβli'var] *vt* to force. □ **obligarse a** *v* + *prep* (*comprometerse a*) to undertake to.

obligatorio, ria [oβliva'torjo, rja] *adj* compulsory.

obra [o'βra] *f* (*realización*) work; (*en literatura*) book; (*en teatro*) play; (*en música*) opus; (*edificio en construcción*) building site; **~ de caridad** charity; **~ (de teatro)** play. □ **obras** *fpl* (*reformas*) alterations; **'obras'** (*en carretera*) 'roadworks'.

obrador [oβra'ðor] *m* workshop.

obrero, ra [o'βrero, ra] *m, f* worker.

obsequiar [oβse'kjar] *vt*: **~ a alguien con algo** to present sb with sthg.

obsequio [oβ'sekjo] *m* gift.

observación [oβserβa'θjon] *f* observation.

observador, ra [oβserβa'ðor, ra] *adj* observant.

observar [oβser'βar] *vt* to observe; (*darse cuenta de*) to notice.

observatorio [oβserβa'torjo] *m* observatory.

obsesión [oβse'sjon] *f* obsession.

obsesionar [oβsesjo'nar] *vt* to obsess. □ **obsesionarse** *vpr* to be obsessed.

obstáculo [oβs'takulo] *m* obstacle.

obstante [oβs'tante] ◆ **no obstante** *conj* nevertheless.

obstinado, da [oβsti'naðo, ða] *adj* (*persistente*) persistent; (*terco*) obstinate.

obstruir [oβs'trɥir] *vt* to obstruct. □ **obstruirse** *vpr* (*agujero, cañería*) to get blocked (up).

obtener [oβte'ner] *vt* to get.

obvio, via [o'βββjo, βja] *adj* obvious.

oca [o'ka] *f* (*ave*) goose; (*juego*) board game similar to snakes and ladders.

ocasión [oka'sjon] *f* (*momento determinado*) moment; (*vez*) occasion; (*oportunidad*) chance; **de ~** (*rebajado*) bargain (*antes de*).

ocasional [okasjo'nal] *adj* (*eventual*) occasional; (*casual*) accidental.

ocaso [o'kaso] *m* (*de sol*) sunset; *fig* (*decadencia*) decline.

occidental [okθiðen'tal] *adj* western.

occidente [okθi'ðente] *m* west. □ **Occidente** *m* the West.

océano [o'θeano] *m* ocean.

ochenta [o'tʃenta] *núm* eighty → **seis**.

ocho [o'tʃo] *núm* eight → **seis**.

ochocientos, tas [otʃo'θjentos, tas] *núm* eight hundred → **seis**.

ocio [o'θjo] *m* leisure.

ocioso, sa [o'θjoso, sa] *adj* (*inactivo*) idle.

ocre [o'kre] *adj inv* ochre.

octavo, va [ok'taβo, βa] *núm* eighth → **sexto**.

octubre [ok'tuβre] *m* October → **setiembre**.

oculista [oku'lista] *mf* ophthalmologist.

ocultar [okul'tar] *vt (esconder)* to hide; *(callar)* to cover up.

oculto, ta [o'kulto, ta] *adj* hidden.

ocupación [okupa'θjon] *f* occupation; *(oficio)* job.

ocupado, da [oku'paðo, ða] *adj (plaza, asiento)* taken; *(aparcamiento)* full; *(lavabo)* engaged Br, occupied Am; *(atareado)* busy; *(invadido)* occupied; **'ocupado'** *(taxi)* sign indicating that a taxi is not for hire.

ocupar [oku'par] *vt* to occupy; *(habitar)* to live in; *(mesa)* to sit at; *(en tiempo)* to take up; *(cargo, posición, etc)* to hold; *(dar empleo)* to provide work for. ▫ **ocuparse de** *v + prep (encargarse de)* to deal with; *(persona)* to look after.

ocurrir [oku'rir] *vi* to happen. ▫ **ocurrirse** *vpr*: **no se me ocurre la respuesta** I can't think of the answer.

odiar [o'ðjar] *vt* to hate.

odio [o'ðjo] *m* hatred.

oeste [o'este] *m* west.

ofensiva [ofen'siβa] *f* offensive.

oferta [o'ferta] *f (propuesta)* offer; *(en precio)* bargain; *(surtido)* range.

oficial [ofi'θjal] *adj* official. ◆ *m, f (militar)* officer.

oficina [ofi'θina] *f* office; **~ de correos** post office; **~ de objetos perdidos** lost property office; **~ de turismo** tourist office.

oficinista [ofiθi'nista] *mf* office worker.

oficio [o'fiθjo] *m (profesión)* trade; *(empleo)* job; *(misa)* service.

ofrecer [ofre'θer] *vt* to offer; *(mos-*

trar) to present. ▫ **ofrecerse** *vpr (ser voluntario)* to volunteer.

oftalmología [oftalmolo'xia] *f* ophthalmology.

ogro ['oxro] *m* ogre.

oído [o'iðo] *m (sentido)* hearing; *(órgano)* ear; **hablar al ~ a alguien** to have a word in sb's ear.

oír [o'ir] *vt (ruido, música, etc)* to hear; *(atender)* to listen to; **¡oiga, por favor!** excuse me!

ojal [o'xal] *m* buttonhole.

ojalá [oxa'la] *interj* if only!

ojeras [o'xeras] *fpl* bags under the eyes.

ojo ['oxo] *m* eye; *(de cerradura)* keyhole. ◆ *interj* watch out!; **~ de buey** porthole; **a ~** *fig* roughly.

OK [o'kej] *interj* OK.

okupa [o'kupa] *mf fam* squatter.

ola ['ola] *f* wave; **~ de calor** heatwave; **~ de frío** cold spell.

ole ['ole] *interj* bravo!

oleaje [ole'axe] *m* swell.

óleo ['oleo] *m* oil (painting).

oler [o'ler] *vt & vi* to smell; **~ bien** to smell good; **~ mal** to smell bad. ▫ **olerse** *vpr* to sense.

olfato [ol'fato] *m (sentido)* sense of smell; *(astucia)* nose.

olimpiadas [olim'pjaðas] *fpl* Olympics.

olímpico, ca [o'limpiko, ka] *adj* Olympic.

oliva [o'liβa] *f* olive.

olivo [o'liβo] *m* olive tree.

olla ['oʎa] *f* pot; **~ a presión** pressure cooker.

olmo ['olmo] *m* elm (tree).

olor [o'lor] *m* smell.

olvidar [olβi'ðar] *vt* to forget; *(dejarse)* to leave. ▫ **olvidarse de** *v + prep (dejarse)* to leave.

olvido [olˈβiðo] *m (en memoria)* forgetting; *(descuido)* oversight.

ombligo [omˈbliɣo] *m (de vientre)* navel; *fig (centro)* heart.

omitir [omiˈtir] *vt* to omit.

once [ˈonθe] *núm* eleven → **seis**.

ONCE [ˈonθe] *f Spanish association for the blind.*

ONCE

The ONCE is an independent organization in Spain which was originally set up to help the blind, although it now covers other disabled people as well. One of its main aims is to provide work for its members, and to this end it runs a daily national lottery, tickets for which are sold by the blind. The lottery is the ONCE's main source of income.

onda [ˈonda] *f* wave.

ondulado, da [onduˈlaðo, ða] *adj* wavy.

ONU [ˈonu] *f* UN.

opaco, ca [oˈpako, ka] *adj* opaque.

opción [opˈθjon] *f* option; **tener ~ a** to be eligible for.

ópera [ˈopera] *f* opera.

operación [operaˈθjon] *f* operation; *(negocio)* transaction.

operadora [operaˈðora] *f (de teléfonos)* operator.

operar [opeˈrar] *vt (enfermo)* to operate on; *(realizar)* to bring about. ❑ **operarse** *vpr (del hígado, etc)* to have an operation.

operario, ria [opeˈrarjo, rja] *m, f* worker.

opinar [opiˈnar] *vt* to think. ◆ *vi* to give one's opinion.

opinión [opiˈnjon] *f* opinion; **la ~ pública** public opinion.

oponer [opoˈner] *vt (obstáculo, resistencia)* to use against; *(razón, argumento, etc)* to put forward. ❑ **oponerse** *vpr (contrarios, fuerzas)* to be opposed. ❑ **oponerse a** *v + prep (ser contrario a)* to oppose; *(negarse a)* to refuse to.

oportunidad [oportuniˈðað] *f* opportunity; **'~es'** 'bargains'.

oportuno, na [oporˈtuno, na] *adj (adecuado)* appropriate; *(propicio)* timely; *(momento)* right.

oposición [oposiˈθjon] *f (impedimento)* opposition; *(resistencia)* resistance; **la ~** the opposition. ❑ **oposiciones** *fpl (para empleo)* public entrance examinations.

oprimir [opriˈmir] *vt (botón)* to press; *(reprimir)* to oppress.

optar [opˈtar] ◆ **optar a** *v + prep (aspirar a)* to go for. ❑ **optar por** *v + prep*; **~ por algo** to choose sthg; **~ por hacer algo** to choose to do sthg.

optativo, va [optaˈtiβo, βa] *adj* optional.

óptica [ˈoptika] *f (ciencia)* optics; *(establecimiento)* optician's (shop).

optimismo [optiˈmizmo] *m* optimism.

optimista [optiˈmista] *adj* optimistic.

opuesto, ta [oˈpu̯esto, ta] *pp* → **oponer**. ◆ *adj (contrario)* conflicting; **~ a** contrary to.

oración [oraˈθjon] *f (rezo)* prayer; *(frase)* sentence.

orador, ra [oraˈðor, ra] *m, f* speaker.

oral [oˈral] *adj* oral.

órale [ˈorale] *interj Méx* that's right!

orangután [oranguˈtan] *m* orangutang.

oratoria [ora'torja] f oratory.

órbita ['orßita] f (de astro) orbit; (de ojo) eye socket; (ámbito) sphere.

orca ['orka] f killer whale.

orden¹ ['orðen] m order; **en ~** (bien colocado) tidy Br, neat Am; (en regla) in order.

orden² ['orðen] f order.

ordenación [orðena'θjon] f (colocación) arrangement; (de sacerdote) ordination.

ordenado, da [orðe'naðo, ða] adj (en orden) tidy Br, neat Am.

ordenador [orðena'ðor] m computer.

ordenar [orðe'nar] vt (colocar) to arrange; (armario, habitación) to tidy up Br, to clean up Am; (mandar) to order; (sacerdote) to ordain.

ordeñar [orðe'nar] vt to milk.

ordinario, ria [orði'narjo, rja] adj (habitual) ordinary; (basto, grosero) coarse.

orégano [o'reßano] m oregano.

oreja [o'rexa] f ear; (de sillón) wing.

orgánico, ca [or'ßaniko, ka] adj organic.

organillo [orßa'niʎo] m barrel organ.

organismo [orßa'nizmo] m (de ser vivo) body; (institución) organization.

organización [orßaniθa'θjon] f organization.

organizador, ra [orßaniθa'ðor, ra] m, f organizer.

organizar [orßani'θar] vt to organize; (negocio, empresa, etc) to set up.

órgano ['orßano] m organ.

orgullo [or'ßuʎo] m pride.

orgulloso, sa [orßu'ʎoso, sa] adj proud; **~ de** proud of.

oriental [orjen'tal] adj (del este)

eastern; (del Lejano Oriente) oriental.
◆ mf oriental.

orientar [orjen'tar] vt (guiar) to direct; **~ algo hacia algo** to place sthg facing sthg.

oriente [o'rjente] m (punto cardinal) east; (viento) east wind. ❏ **Oriente** m: **el Oriente** the East.

orificio [ori'fiθjo] m hole.

origen [o'rixen] m origin; (motivo) cause; (ascendencia) birth.

original [orixi'nal] adj original; (extraño) eccentric.

originario, ria [orixi'narjo, rja] adj (país, ciudad) native; (inicial) original; **ser ~ de** to come from.

orilla [o'riʎa] f (de mar, lago) shore; (de río) bank; (borde) edge.

orillarse [ori'ʎarse] vpr Col & Ven to move to one side.

orina [o'rina] f urine.

orinal [ori'nal] m chamberpot.

orinar [ori'nar] vi to urinate.

oro ['oro] m (metal) gold; (riqueza) riches pl. ❏ **oros** mpl (de la baraja) suit of Spanish cards bearing gold coins.

orquesta [or'kesta] f (de música) orchestra; (lugar) orchestra pit.

orquestar [orkes'tar] vt to orchestrate.

orquídea [or'kiðea] f orchid.

ortiga [or'tißa] f (stinging) nettle.

ortodoxo, xa [orto'ðokso, sa] adj orthodox.

oruga [o'rußa] f caterpillar.

os [os] pron (complemento directo) you; (complemento indirecto) (to) you; (reflexivo) yourselves; (recíproco) each other.

oscilar [osθi'lar] vi (moverse) to swing; **~ (entre)** (variar) to fluctuate (between).

oscuridad [oskuri'ðað] f (falta de luz) darkness; (confusión) obscurity.

oscuro, ra [os'kuro, ra] *adj* dark; *(confuso)* obscure; *(nublado)* overcast; **a oscuras** in the dark.

oso, osa ['oso, sa] *m, f* bear; ~ **hormiguero** anteater.

osobuco [oso'ßuko] *m* osso bucco.

ostra ['ostra] *f* oyster. ❏ **ostras** *interj fam* wow!

OTAN ['otan] *f* NATO.

otoño [o'toɲo] *m* autumn, fall *(Am)*.

otorrino, na [oto'rino, na] *m, f fam* ear, nose and throat specialist.

otorrinolaringólogo, ga [oto,rinolarin'golovo, va] *m, f* ear, nose and throat specialist.

otro, otra ['otro, 'otra] *adj* another *(sg)*, other *(pl)*. ◆ *pron (otra cosa)* another *(sg)*, others *(pl)*; *(otra persona)* someone else; **el** ~ the other one; **los** ~**s** the others; ~ **vaso** another glass; ~ **s dos vasos** another two glasses; **el** ~ **día** the other day; **la otra tarde** the other evening.

ovalado, da [oßa'laðo, ða] *adj* oval.

ovario [o'ßarjo] *m* ovary.

oveja [o'ßexa] *f* sheep.

ovni [o'ßni] *m* UFO.

óxido ['oksiðo] *m (herrumbre)* rust.

oxígeno [ok'sixeno] *m* oxygen.

oyente [o'jente] *mf* listener.

ozono [o'θono] *m* ozone.

P

p. *(abrev de paseo)* Av.

pabellón [paße'ʎon] *m (edificio)* pavilion; *(de hospital)* block; *(tienda de campaña)* bell tent; *(de oreja)* outer ear.

pacer [pa'θer] *vi* to graze.

pacharán [patʃa'ran] *m liqueur made from brandy and sloes.*

paciencia [pa'θjenθja] *f* patience; **perder la** ~ to lose one's patience; **tener** ~ to be patient.

paciente [pa'θjente] *adj & mf* patient.

pacificación [paθifika'θjon] *f* pacification.

pacífico, ca [pa'θifiko, ka] *adj* peaceful. ❏ **Pacífico** *m*: **el Pacífico** the Pacific.

pacifismo [paθi'fizmo] *m* pacifism.

pacifista [paθi'fista] *mf* pacifist.

pack [pak] *m* pack.

pacto ['pakto] *m (entre personas)* agreement.

padecer [paðe'θer] *vt (enfermedad)* to suffer from; *(soportar)* to endure. ◆ *vi* to suffer; **padece del hígado** she has liver trouble.

padrastro [pa'ðrastro] *m (pariente)* stepfather; *(pellejo)* hangnail.

padre ['paðre] *m* father. ◆ *adj Méx fam (estupendo)* brilliant. ❏ **padres** *mpl (de familia)* parents.

padrino [pa'ðrino] *m (de boda)* best man; *(de bautizo)* godfather. ❏ **padrinos** *mpl* godparents.

padrísimo [pa'ðrisimo] *adj Amér fam* brilliant.

paella [pa'eʎa] *f* paella.

pág. *(abrev de página)* p.

paga ['paɣa] *f (sueldo)* wages *(pl)*.

pagadero, ra [paɣa'ðero, ra] *adj*: ~ **a 90 días** payable within 90 days.

pagado, da [pa'ɣaðo, ða] *adj (deuda, cuenta, etc)* paid.

pagano, na [pa'ɣano, na] *m, f* pagan.

pagar

pagar [pa'var] vt (cuenta, deuda, etc) to pay; (estudios, gastos, error) to pay for; (corresponder) to repay. ◆ vi to pay.

página ['paxina] f page.

pago ['paɣo] m payment; (recompensa) reward.

 PAGA EXTRAORDINARIA

Salaries for most permanent posts in Spain are worked out on a basis of 14 equal payments which allow for employees to receive double pay or "paga extraordinaria" twice a year, in June and December.

país [pa'is] m country.

paisaje [pai'saxe] m landscape; (vista panorámica) view.

paisano, na [pai'sano, na] m, f (persona no militar) civilian; (de país) compatriot; (de ciudad) person from the same city.

Países Bajos [pa'isez 'βaxos] mpl: los ~ the Netherlands.

País Vasco [pa'iz'βasko] m: el ~ the Basque country.

paja ['paxa] f straw; (parte desechable) padding.

pajarita [paxa'rita] f (corbata) bow tie; ~ **de papel** paper bird.

pájaro ['paxaro] m bird.

paje ['paxe] m page.

pala ['pala] f (herramienta) spade; (de ping-pong) bat Br, paddle Am; (de cocina) slice Br, spatula Am; (de remo, hacha) blade.

palabra [pa'laβra] f word; **dar la ~ a alguien** to give sb the floor; **de ~** (hablando) by word of mouth. ❑ **palabras** fpl (discurso) words.

palacio [pa'laθjo] m palace; ~ **municipal** Amér town hall.

 PALACIO DE LA MONEDA

The Palacio de la Moneda is the official residence of the Chilean president and the seat of the Chilean government. It is here that the president holds Cabinet meetings and receives State visits.

 PALACIO DE LA ZARZUELA

This is the current residence of the Spanish monarch and is situated in the El Pardo hills to the northwest of Madrid. It was built during the reign of Philip IV, who used it as a country retreat and a hunting lodge. A neoclassical building that consists of a single floor built around an interior courtyard, it was rebuilt in the 18th century and redecorated in the rococo style.

paladar [pala'ðar] m palate.

paladear [palaðe'ar] vt to savour.

palanca [pa'lanka] f lever; ~ **de cambio** gear lever Br, gearshift Am.

palangana [palan'gana] f (para fregar) washing-up bowl Br; (para lavarse) wash bowl.

palco ['palko] m box (at theatre).

paletilla [pale'tiʎa] f shoulder blade; ~ **de cordero** shoulder of lamb.

pálido, da ['paliðo, ða] adj pale.

palillo [pa'liʎo] *m* (*para dientes*) toothpick; (*para tambor*) drumstick.

paliza [pa'liθa] *f* (*zurra, derrota*) beating; (*esfuerzo*) hard grind.

palma ['palma] *f* (*de mano, palmera*) palm; (*hoja de palmera*) palm leaf. ❑ **palmas** *fpl* applause (*sg*); **dar ~s** to applaud.

palmada [pal'maða] *f* (*golpe*) pat; (*ruido*) clap.

palmera [pal'mera] *f* (*árbol*) palm (tree).

palmitos [pal'mitos] *mpl* (*de cangrejo*) crab sticks; **~ a la vinagreta** *crab sticks in vinegar.*

palo ['palo] *m* (*de madera*) stick; (*de golf*) club; (*de portería*) post; (*de tienda de campaña*) pole; (*golpe*) blow (*with a stick*); (*de barco*) mast; (*en naipes*) suit.

paloma [pa'loma] *f* dove, pigeon.

palomar [palo'mar] *m* dovecote.

palomitas [palo'mitas] *fpl* popcorn (*sg*).

palpitar [palpi'tar] *vi* (*corazón*) to beat; (*sentimiento*) to shine through.

palta ['palta] *f Andes & RP* avocado.

pamela [pa'mela] *f* sun hat.

pampa ['pampa] *f* pampas (*pl*).

pan [pan] *m* (*alimento*) bread; (*hogaza*) loaf; **~ dulce** *Amér* (sweet) pastry; **~ integral** wholemeal bread; **~ de molde** sliced bread; **~ de muerto** *Méx* sweet pastry eaten on All Saints' Day; **~ rallado** breadcrumbs (*pl*); **~ con tomate** *bread rubbed with tomato and oil*; **~ tostado** toast.

panadería [panaðe'ria] *f* bakery.

panadero, ra [pana'ðero, ra] *m, f* baker.

panal [pa'nal] *m* honeycomb.

Panamá [pana'ma] Panama.

panameño, ña [pana'meɲo, ɲa] *adj & m, f* Panamanian.

pancarta [paŋ'karta] *f* banner.

pandereta [pande'reta] *f* tambourine.

pandilla [pan'diʎa] *f* gang.

panecillo [pane'θiʎo] *m* (bread) roll.

panel [pa'nel] *m* panel.

panera [pa'nera] *f* (*cesta*) bread basket; (*caja*) bread bin *Br*, bread box *Am*.

pánico ['paniko] *m* panic.

panorama [pano'rama] *m* (*paisaje*) panorama; (*situación*) overall state.

panorámica [pano'ramika] *f* panorama.

panorámico, ca [pano'ramiko, ka] *adj* panoramic.

pantaletas [panta'letas] *fpl CAm & Ven* knickers *Br*, panties *Am*.

pantalla [pan'taʎa] *f* (*de cine, televisión*) screen; (*de lámpara*) lampshade.

pantalones [panta'lones] *mpl* trousers *Br*, pants *Am*; **~ cortos** shorts; **~ vaqueros** jeans.

pantano [pan'tano] *m* (*embalse*) reservoir; (*ciénaga*) marsh.

pantanoso, sa [panta'noso, sa] *adj* marshy.

pantera [pan'tera] *f* panther.

pantimedias [panti'meðjas] *fpl Méx* tights *Br*, pantyhose *Am*.

pantorrilla [panto'riʎa] *f* calf.

pantys [pantis] *mpl* tights *Br*, pantyhose *Am*.

pañal [pa'nal] *m* nappy *(Br)*, diaper *(Am)*; **~es higiénicos** disposable nappies.

paño ['paɲo] *m* cloth; **~ de cocina** tea towel *Br*, dishcloth.

pañuelo [pa'ɲuelo] m (para limpiarse) handkerchief; (de adorno) scarf.

Papa ['papa] m: **el ~** the Pope.

papa ['papa] f Amér potato; **~s fritas** (de cocina) chips (Br), French fries (Am); (de paquete) crisps (Br), chips (Am).

papá [pa'pa] m fam dad; **~ grande** Amér grandad. □ **papás** mpl fam (padres) parents.

papachador, ra [papatʃa'ðor, ra] adj Amér pampering.

papachar [papa'tʃar] vt Amér to spoil.

papagayo [papa'vajo] m parrot.

papel [pa'pel] m paper; (hoja) sheet of paper; (función, de actor) role; **~ higiénico** toilet paper; **~ pintado** wallpaper. □ **papeles** mpl (documentos) papers.

papeleo [pape'leo] m red tape.

papelera [pape'lera] f wastepaper basket.

papelería [papele'ria] f stationer's (shop).

papeleta [pape'leta] f (de votación) ballot paper; (de examen) slip of paper with university exam results; fig (asunto difícil) tricky thing.

paperas [pa'peras] fpl mumps.

papilla [pa'piʎa] f (alimento) baby food.

paquete [pa'kete] m (postal) parcel; (de cigarrillos, klinex, etc) pack; **~ turístico** package tour.

par [par] adj (número) even. ◆ m (de zapatos, guantes, etc) pair; (de veces) couple; **abierto de ~ en ~** wide open; **sin ~** matchless; **un ~ de ... a** couple of ...

☞ **para** [para] prep **-1.** (finalidad) for; **esta agua no es buena ~ beber** this

water isn't fit for drinking; **lo he comprado ~ ti** I bought it for you; **te lo repetiré ~ que te enteres** I'll repeat it so you understand. **- 2.** (motivación) in order to; **lo he hecho ~ agradarte** I did it to please you. **- 3.** (dirección) towards; **ir ~ casa** to head (for) home; **salir ~ el aeropuerto** to leave for the airport. **- 4.** (tiempo) for; **lo tendré acabado ~ mañana** I'll have it finished for tomorrow. **- 5.** (comparación) considering; **está muy delgado ~ lo que come** he's very thin considering how much he eats. **- 6.** (inminencia, propósito): **la comida está lista ~ servir** the meal is ready to be served.

parabólica [para'βolika] f satellite dish.

parabrisas [para'βrisas] m inv windscreen (Br), windshield (Am).

paracaídas [paraka'iðas] m inv parachute.

parachoques [para'tʃokes] m inv bumper (Br), fender (Am).

parada [pa'raða] f stop; **~ de autobús** bus stop; **~ de taxis** taxi rank → **parado.**

paradero [para'ðero] m Andes bus stop.

parado, da [pa'raðo, ða] adj (coche, máquina, etc) stationary; (desempleado) unemployed; (sin iniciativa) unenterprising; Amér (de pie) standing up. ◆ m, f unemployed person.

paradoja [para'ðoxa] f paradox.

paradójico, ca [para'ðoxiko, ka] adj paradoxical.

parador [para'ðor] m (mesón) roadside inn; **~ nacional** state-owned luxury hotel.

ⓘ PARADOR NACIONAL

A "parador nacional" is a state-run luxury hotel in Spain; the majority have four stars, although there are some three-star and five-star "paradores". They are either housed in buildings of historical or artistic interest, or are purpose-built and set in areas of outstanding natural beauty. Their restaurants usually offer regional or local specialities.

paraguas [pa'raɣwas] *m inv* umbrella.

Paraguay [para'ɣwai] Paraguay.

paraguayo, ya [para'ɣwajo, ja] *adj & m, f* Paraguayan.

paraíso [para'iso] *m* paradise.

paraje [pa'raxe] *m* spot.

paralelas [para'lelas] *fpl* parallel bars.

paralelo, la [para'lelo, la] *adj & m* parallel.

parálisis [pa'ralisis] *f inv* paralysis.

paralítico, ca [para'litiko, ka] *m, f* paralytic.

paralizar [parali'θar] *vt* to paralyse.

parapente [para'pente] *m* paraskiing.

parar [pa'rar] *vt* to stop; *Amér (levantar)* to lift. ◆ *vi (detenerse)* to stop; *(hacer huelga)* to go on strike; **- de hacer algo** to stop doing sthg; **sin -** non-stop. ◆ **pararse** *vpr (detenerse)* to stop; *Amér (ponerse de pie)* to stand up.

pararrayos [para'rajos] *m inv* lightning conductor.

parasol [para'sol] *m* parasol.

parchís [par'tʃis] *m inv* ludo Br, Parcheesi® Am.

parcial [par'θjal] *adj* partial; *(injusto)* biased. ◆ *m (examen)* end-of-term examination.

parecer [pare'θer] *m (opinión)* opinion. ◆ *v copulativo* to look, to seem. ◆ *v impers:* **me parece que ...** I think (that) ...; **parece que va a llover** it looks like it's going to rain; **¿qué te parece?** what do you think?; **de buen -** good-looking. ◆ **parecerse** *vpr* to look alike; **- se a** to resemble.

parecido, da [pare'θiðo, ða] *adj* similar. ◆ *m* resemblance.

pared [pa'reð] *f (muro)* wall.

pareja [pa'rexa] *f (conjunto de dos)* pair; *(de casados, novios)* couple; *(compañero)* partner.

parentesco [paren'tesko] *m* relationship.

paréntesis [pa'rentesis] *m inv (signo de puntuación)* bracket Br, parenthesis Am; *(interrupción)* break; **entre -** in brackets.

pareo [pa'reo] *m* wraparound skirt.

pariente, ta [pa'rjente, ta] *m, f* relative.

parking ['parkin] *m* car park Br, parking lot Am.

parlamentario, ria [parlamen'tarjo, rja] *m, f* member of parliament.

parlamento [parla'mento] *m (asamblea legislativa)* parliament; *(discurso)* speech.

parlanchín, ina [parlan'tʃin, ina] *adj* talkative.

paro ['paro] *m (desempleo)* unemployment; *(parada)* stoppage, *(huelga)* strike; **estar en ~** to be unemployed.

parpadear [parpaðe'ar] *vi (ojos)* to blink.

párpado ['parpaðo] *m* eyelid.

parque ['parke] *m (jardín)* park; *(de niños)* playpen; *(de automóviles)* fleet; ~ **acuático** waterpark; ~ **de atracciones** amusement park; ~ **de bomberos** fire station; ~ **infantil** children's playground; ~ **nacional** national park; ~ **zoológico** zoo.

 PARQUE NACIONAL

National parks are areas of natural beauty that are protected by the government. Although admission is free, there are strict regulations governing what visitors may do, to minimize the damage they may cause to the surroundings. Some of the best-known national parks are the Coto de Doñana in Huelva, the Ordesa national park in Huesca, the Delta del Ebro park in Tarragona, los Glaciares national park in Argentina, Noel Kempff Mercado national park in Bolivia, Isla Cocos national park in Costa Rica, Darién national Park in Panama and Canaima national park in Venezuela.

parqué [par'ke] *m* parquet.
parquear [parke'ar] *vt Col* to park.
parquímetro [par'kimetro] *m* parking meter.
parra ['para] *f* vine.
párrafo ['parafo] *m* paragraph.
parrilla [pa'riʎa] *f (para cocinar)* grill; *Amér (de coche)* roof rack; **a la ~** grilled.
parrillada [pari'ʎaða] *f* mixed grill; ~ **de carne** selection of grilled meats; ~ **de pescado** selection of grilled fish.

parroquia [pa'rokja] *f (iglesia)* parish church; *(conjunto de fieles)* parish; *fig (clientela)* clientele.
parte ['parte] *f* part; *(bando, lado, cara)* side. ◆ *m* report; **dar** ~ **de** to report sthg; **de** ~ **de** *(en nombre de)* on behalf of; **¿de** ~ **de quién?** *(en el teléfono)* who's calling?; **en alguna** ~ somewhere; **en otra** ~ somewhere else; **en** ~ partly; **en o por todas** ~**s** everywhere; ~ **meteorológico** weather forecast; **por otra** ~ *(además)* what is more.
participación [partiθipa'θjon] *f (colaboración)* participation; *(de boda, bautizo)* notice; *(en lotería)* share.
participar [partiθi'par] *vi*: ~ **(en)** to participate (in); ~ **algo a alguien** to notify sb of sthg.
partícula [par'tikula] *f* particle.
particular [partiku'lar] *adj (privado)* private; *(propio)* particular; *(especial)* unusual; **en** ~ in particular.
partida [par'tiða] *f (marcha)* departure; *(en el juego)* game; *(certificado)* certificate; *(de género, mercancías)* consignment.
partidario, ria [parti'ðarjo, rja] *m, f* supporter; **ser** ~ **de** to be in favour of.
partidista [parti'ðista] *adj* partisan.
partido [par'tiðo] *m (en política)* party; *(en deporte)* game; **sacar** ~ **de** to make the most of; ~ **de ida** away leg; ~ **de vuelta** home leg.
partir [par'tir] *vt (dividir)* to divide; *(romper)* to break; *(nuez)* to crack; *(repartir)* to share. ◆ *vi (ponerse en camino)* to set off; **a** ~ **de** from. ❑ **partir de** *v + prep (tomar como base)* to start from.
partitura [parti'tura] *f* score.
parto ['parto] *m* birth.

parvulario [parβu'larjo] *m* nursery school.

pasa ['pasa] *f* raisin.

pasable [pa'saβle] *adj* passable.

pasada [pa'saða] *f (con trapo)* wipe; *(de pintura, barniz)* coat; *(en labores de punto)* row; **de ~** in passing.

pasado, da [pa'saðo, ða] *adj (semana, mes, etc)* last; *(viejo)* old; *(costumbre)* old-fashioned; *(alimento)* off Br, bad. ◆ *m* past; **el año ~** last year; **bien ~** *(carne)* well-done; **~ de moda** old-fashioned; **~ mañana** the day after tomorrow.

pasaje [pa'saxe] *m (de avión, barco)* ticket; *(calle)* alley; *(conjunto de pasajeros)* passengers (*pl*); *(de novela, ópera)* passage; **'~ particular** 'pedestrianized zone'.

pasajero, ra [pasa'xero, ra] *adj* passing. ◆ *m, f* passenger.

pasamanos [pasa'manos] *m inv (barandilla)* handrail.

pasaporte [pasa'porte] *m* passport.

☞ ─────────────

pasar [pa'sar] *vt* - **1.** *(deslizar, filtrar)* to pass; **me pasó la mano por el pelo** she ran her hand through my hair; **~ algo por** to pass sthg through.

- **2.** *(cruzar)* to cross; **~ la calle** to cross the road.

- **3.** *(acercar, hacer llegar)* to pass; **¿me pasas la sal?** would you pass me the salt?

- **4.** *(contagiar)* **me has pasado la tos** you've given me your cough.

- **5.** *(trasladar)*: **~ algo a** to move sthg to.

- **6.** *(llevar adentro)* to show in; **nos pasó al salón** he showed us into the living room.

- **7.** *(admitir)* to accept.

- **8.** *(rebasar)* to go through; **no pases el semáforo en rojo** don't go through a red light.

- **9.** *(sobrepasar)*: **ya ha pasado los veinticinco** he's over twenty-five now.

- **10.** *(tiempo)* to spend; **pasó dos años en Roma** she spent two years in Rome.

- **11.** *(padecer)* to suffer.

- **12.** *(adelantar)* to overtake.

- **13.** *(aprobar)* to pass.

- **14.** *(revisar)* to go over.

- **15.** *(en cine)* to show.

- **16.** *(en locuciones)*: **~ lo bien/mal** to have a good/bad time; **~ lista** to call the register; **~ visita** to see one's patients.

◆ *vi* - **1.** *(ir, circular)* to go; **el autobús pasa por mi casa** the bus goes past my house; **el Manzanares pasa por Madrid** the Manzanares goes through Madrid; **~ de largo** to go by.

- **2.** *(entrar)* to go in; **'no ~'** 'no entry'; **¡pase!** come in!; **'pasen por caja'** 'please pay at the till'.

- **3.** *(poder entrar)* to get through; **déjame más sitio, que no paso** move up, I can't get through.

- **4.** *(ir a menudo)* to pop in; **pasaré por tu casa** I'll drop by (your place).

- **5.** *(suceder)* to happen; **¿qué (te) pasa?** what's the matter (with you)?; **¿qué pasa aquí?** what's going on here?; **pase lo que pase** whatever happens.

- **6.** *(terminarse)* to be over; **cuando pase el verano** when the summer's over.

- **7.** *(transcurrir)* to go by; **el tiempo pasa muy deprisa** time passes very quickly.

- **8.** *(cambiar de acción, tema)*: **~ a** to move on to.

-9. *(servir)* to be all right; **puede ~** it'll do.

-10. *fam (prescindir)*: **paso de política** I'm not into politics. □ **pasarse** *vpr (acabarse)* to pass; *(comida)* to go off *Br*, to go bad; *(flores)* to fade; *fam (propasarse)* to go over the top; *(tiempo)* to spend; *(omitir)* to miss out; **se me pasó decírtelo** I forgot to mention it to you; **no se le pasa nada** she doesn't miss a thing.

pasarela [pasaˈrela] *f (de barco)* gangway; *(para modelos)* catwalk *Br*, runway *Am*.

pasatiempo [pasaˈtjempo] *m* pastime.

Pascua [ˈpaskwa] *f (en primavera)* Easter. □ **Pascuas** *fpl (Navidad)* Christmas *(sg)*.

pase [ˈpase] *m* pass.

pasear [paseˈar] *vt* to take for a walk. ◆ *vi* to go for a walk. □ **pasearse** *vpr* to walk.

paseíllo [paseˈiλo] *m* opening procession of bullfighters.

paseo [paˈseo] *m (caminata)* walk; *(calle ancha)* avenue; *(distancia corta)* short walk; **dar un ~** to go for a walk; **ir de ~** to go for a walk; **~ marítimo** promenade.

pasillo [paˈsiλo] *m* corridor, hall *Am*.

pasión [paˈsjon] *f* passion.

pasiva [paˈsiβa] *f (en gramática)* passive voice.

pasividad [pasiβiˈðað] *f* passivity.

pasivo, va [paˈsiβo, βa] *adj* passive. ◆ *m (deudas)* debts *(pl)*.

paso [ˈpaso] *m (acción de pasar)* passing; *(manera de andar)* walk; *(ritmo)* pace; *(en montaña)* pass; **de ~** in passing; **estar de ~** to be passing through; **a dos ~s** *(muy cerca)* round the corner; **~ de cebra** zebra

ing *Br*, crosswalk *Am*; **~ a nivel** level *Br* ○ grade *Am* crossing; **~ de peatones** pedestrian crossing; **~ subterráneo** subway *(Br)*, underpass *(Am)*.

pasodoble [pasoˈðoβle] *m* paso doble.

pasta [ˈpasta] *f (macarrones, espague-ti, etc)* pasta; *(para pastelería)* pastry; *(pastelillo)* cake; *fam (dinero)* dough; **~ de dientes** toothpaste.

pastel [pasˈtel] *m (tarta)* cake; *(salado)* pie; *(en pintura)* pastel.

pastelería [pasteleˈria] *f (establecimiento)* cake shop *Br*, bakery *Am*; *(bollos)* pastries *(pl)*.

pastelero, ra [pasteˈlero, ra] *m, f* cake shop owner *Br*, baker *Am*.

pastilla [pasˈtiλa] *f (medicamento)* pill; *(de chocolate)* bar.

pastor, ra [pasˈtor, ra] *m, f (de ganado)* shepherd *(f shepherdess)*. ◆ *m (sacerdote)* minister.

pastoreo [pastoˈreo] *m* shepherding.

pata [ˈpata] *f (pierna, de mueble)* leg; *(de perro, gato)* paw. ◆ *m Perú mate Br*, buddy *Am*; **~ negra** *type of top-quality cured ham*; **estar ~s arriba** *fig* to be upside-down; **meter la ~** to put one's foot in it; **tener mala ~** *fig* to be unlucky → **pato.**

patada [paˈtaða] *f* kick.

patata [paˈtata] *f (planta)* potato; **~s fritas** *(de sartén)* chips *(Br)*, French fries *(Am)*; *(de bolsa)* crisps *(Br)*, chips *(Am)*.

paté [paˈte] *m* paté.

patente [paˈtente] *adj* obvious. ◆ *f* patent; *CSur (de coche)* number plate *(Br)*, license plate *(Am)*.

paterno, na [paˈterno, na] *adj* paternal.

patilla [paˈtiλa] *f (de barba)* sideboard *(Br)*, sideburn *(Am)*; *(de gafas)* arm.

patín [pa'tin] *m (de ruedas)* roller skate; *(de hielo)* ice skate; ~ **(de pedales)** pedal boat.

patinaje [pati'naxe] *m* skating; ~ **sobre hielo** ice skating.

patinar [pati'nar] *vi (con patines)* to skate; *(resbalar)* to skid; *fam (equivocarse)* to put one's foot in it.

patinazo [pati'naθo] *m (resbalón)* skid; *fam (equivocación)* blunder.

patineta [pati'neta] *f CSur, Méx & Ven* skateboard.

patinete [pati'nete] *m* scooter.

patio ['patjo] *m (de casa)* patio; *(de escuela)* playground; ~ **de butacas** stalls *(pl) Br*, orchestra *Am*; ~ **interior** courtyard.

pato, ta ['pato, ta] *m, f* duck; ~ **a la naranja** duck à l'orange.

patoso, sa [pa'toso, sa] *adj* clumsy.

patria ['patrja] *f* native country.

patriota [pa'trjota] *mf* patriot.

patriótico, ca [pa'trjotiko, ka] *adj* patriotic.

patrocinador, ra [patroθina-'ðor, ra] *m, f* sponsor.

patrón, ona [pa'tron, ona] *m, f (de pensión)* landlord *(f landlady)*; *(jefe)* boss; *(santo)* patron saint. ◆ *m (de barco)* skipper; *(en costura)* pattern; *fig (modelo)* standard.

patronal [patro'nal] *f (de empresa)* management.

patrono, na [pa'trono, na] *m, f (jefe)* boss; *(protector)* patron *(f patroness)*.

patrulla [pa'truʎa] *f* patrol; ~ **urbana** vigilante group.

pausa ['pausa] *f* break.

pauta ['pauta] *f* guideline.

pavada [pa'βaða] *f Perú & RP* stupid thing.

pavimento [paβi'mento] *m* road surface, pavement *Am*.

pavo, va ['paβo, βa] *m, f* turkey; ~ **real** peacock.

payaso, sa [pa'jaso, sa] *m, f* clown.

paz [paθ] (*pl* **-ces** [θes]) *f* peace; **dejar en ~** to leave alone; **hacer las paces** to make it up; **que en ~ descanse** may he/she rest in peace.

pazo ['paθo] *m* Galician country house.

PC ['pe'θe] *m (abrev de personal computer)* PC.

PD *(abrev de posdata)* PS.

peaje [pe'axe] *m* toll.

peatón [pea'ton] *m* pedestrian.

peatonal [peato'nal] *adj* pedestrian *(antes de s)*.

peca ['peka] *f* freckle.

pecado [pe'kaðo] *m* sin.

pecador, ra [peka'ðor, ra] *m, f* sinner.

pecar [pe'kar] *vi* to sin.

pecera [pe'θera] *f (acuario)* fish tank.

pecho ['petʃo] *m (en anatomía)* chest; *(de la mujer)* breast.

pechuga [pe'tʃuβa] *f* breast *(meat)*.

pecoso, sa [pe'koso, sa] *adj* freckly.

peculiar [peku'ljar] *adj (propio)* typical; *(extraño)* peculiar.

pedagogía [peðaɣo'xia] *f* education.

pedagogo, ga [peða'ɣoɣo, ɣa] *m, f (profesor)* teacher.

pedal [pe'ðal] *m* pedal.

pedalear [peðale'ar] *vi* to pedal.

pedante [pe'ðante] *adj* pedantic.

pedazo [pe'ðaθo] *m* piece; **hacer ~s** to break to pieces.

pedestal [peðes'tal] *m* pedestal.

pediatra [pe'ðjatra] *mf* paediatrician.

pedido [pe'ðiðo] *m* order.

pedir [pe'ðir] *vt (rogar)* to ask for; *(poner precio)* to ask; *(en restaurante, bar)* to order; *(exigir)* to demand. ◆ *vi (mendigar)* to beg; **~ a alguien que haga algo** to ask sb to do sthg; **~ disculpas** to apologize; **~ un crédito** to ask for a loan; **~ prestado algo** to borrow sthg.

pedo ['peðo] *m vulg (ventosidad)* fart.

pedregoso, sa [peðre'ɣoso, sa] *adj* stony.

pedrisco [pe'ðrisko] *m* hail.

pega ['peɣa] *f (pegamento)* glue; *fam (inconveniente)* hitch; **poner ~s** to find problems.

pegajoso, sa [peɣa'xoso, sa] *adj (cosa)* sticky; *fig (persona)* clinging.

pegamento [peɣa'mento] *m* glue.

pegar [pe'ɣar] *vi (sol)* to beat down; *(armonizar)* to go (together). ◆ *vt (adherir, unir)* to stick; *(cartel)* to put up; *(golpear)* to hit; *(contagiar)* to give, to pass on; *(grito, salto)* to give; **~ algo a algo** *(arrimar)* to put sthg up against sthg. ◆ **pegarse** *vpr (chocar)* to hit o.s.; *(adherirse)* to stick; *(una persona)* to attach o.s.

pegatina [peɣa'tina] *f* sticker.

peinado [pej'naðo] *m* hairstyle.

peinador, ra [pejna'ðor, ra] *m, f Méx & RP* hairdresser.

peinar [pej'nar] *vt* to comb. ❑ **peinarse** *vpr* to comb one's hair.

peine ['pejne] *m* comb.

peineta [pej'neta] *f* ornamental comb.

p.ej. *(abrev de por ejemplo)* e.g.

peladilla [pela'ðiʎa] *f* sugared almond.

pelar [pe'lar] *vt (patatas, fruta)* to peel; *(ave)* to pluck. ❑ **pelarse** *vpr:* **~ se de frío** to be freezing cold.

peldaño [pel'daɲo] *m* step.

pelea [pe'lea] *f* fight.

pelear [pele'ar] *vi* to fight. ❑ **pelearse** *vpr* to fight.

peletería [pelete'ria] *f (tienda)* furrier's (shop).

pelícano [pe'likano] *m* pelican.

película [pe'likula] *f* film, movie *Am.*

peligro [pe'liɣro] *m (riesgo)* risk; *(amenaza)* danger; **correr ~** to be in danger.

peligroso, sa [peli'ɣroso, sa] *adj* dangerous.

pelirrojo, ja [peli'roxo, xa] *adj* red-haired.

pellejo [pe'ʎexo] *m* skin.

pellizcar [peʎiθ'kar] *vt* to pinch.

pellizco [pe'ʎiθko] *m* pinch.

pelma ['pelma] *mf fam* pain.

pelo ['pelo] *m* hair; *(de animal)* coat; *fig (muy poco)* tiny bit; **con ~ s y señales** in minute detail; **por un ~** by the skin of one's teeth; **tomar el ~ a alguien** to pull sb's leg; **~ rizado** curly hair.

pelota [pe'lota] *f* ball. ◆ *mf fam* crawler *Br,* brown-nose *Am;* **jugar a la ~** to play ball; **hacer la ~** to suck up; **~ (vasca)** *(juego)* pelota, jai alai.

pelotari [pelo'tari] *mf* pelota o jai alai player.

pelotón [pelo'ton] *m (de gente)* crowd; *(de soldados)* squad.

pelotudo, da [pelo'tuðo, ða] *adj RP fam* thick *Br,* dense *Am.*

peluca [pe'luka] *f* wig.

peludo, da [pe'luðo, ða] *adj* hairy.

peluquería [peluke'ria] *f (local)* hairdresser's (salon); *(oficio)* hairdressing; **'~-estética'** 'beauty salon'.

peluquero, ra [pelu'kero, ra] *m, f* hairdresser.

pelvis ['pelβis] *f inv* pelvis.

pena ['pena] *f (lástima)* pity; *(tristeza)* sadness; *(desgracia)* problem; *(castigo)* punishment; *(condena)* sentence; *CAm, Carib, Col, Méx & Ven (vergüenza)* embarrassment; **me da ~** *(lástima)* I feel sorry for him; *(vergüenza)* I'm embarrassed about it; **a duras ~s** with great difficulty; **vale la ~** it's worth it; **¡qué ~!** what a pity!

penalti [pe'nalti] *m* penalty.

pendiente [pen'djente] *adj (por hacer)* pending. ◆ *m* earring. ◆ *f* slope.

péndulo ['pendulo] *m* pendulum.

pene ['pene] *m* penis.

penetrar [pene'trar] ◆ *penetrar en v + prep (filtrarse por)* to penetrate; *(entrar en)* to go into; *(perforar)* to pierce.

penicilina [peniθi'lina] *f* penicillin.

península [pe'ninsula] *f* peninsula.

peninsular [peninsu'lar] *adj (de la península española)* of/relating to mainland Spain.

penitencia [peni'tenθja] *f* penance; **hacer ~** to do penance.

penitente [peni'tente] *m (en procesión)* person in Holy Week procession wearing penitent's clothing.

penoso, sa [pe'noso, sa] *adj (lamentable)* distressing; *(dificultoso)* laborious; *CAm, Carib, Col, Méx & Ven (vergonzoso)* shy.

pensador, ra [pensa'ðor, ra] *m, f* thinker.

pensamiento [pensa'mjento] *m* thought.

pensar [pen'sar] *vi* to think. ◆ *vt (meditar)* to think about; *(opinar)* to think; *(idear)* to think up; **hacer algo** to intend to do sthg; **~ en algo** to

think about sthg; **~ en un número** to think of a number.

pensativo, va [pensa'tiβo, βa] *adj* pensive.

pensión [pen'sjon] *f (casa de huéspedes)* ≃ guesthouse; *(paga)* pension; **media ~** half board; **~ completa** full board.

peña ['pena] *f (piedra)* rock; *(acantilado)* cliff; *(de amigos)* group.

peñasco [pe'nasko] *m* large rock.

peón [pe'on] *m (obrero)* labourer; *(en ajedrez)* pawn.

peonza [pe'onθa] *f (spinning)* top.

peor [pe'or] *adj & adv* worse. ◆ *interj* too bad!; **el/la ~** the worst; **el que lo hizo ~** the one who did it worst.

pepino [pe'pino] *m* cucumber.

pepita [pe'pita] *f (de fruta)* pip *Br*, seed *Am*; *(de metal)* nugget.

pequeño, ña [pe'keno, na] *adj* small, little; *(cantidad)* low; *(más joven)* little.

pera ['pera] *f* pear.

peral [pe'ral] *m* pear tree.

percebe [per'θeβe] *m* barnacle.

percha ['pertʃa] *f (coat)* hanger.

perchero [per'tʃero] *m (de pared)* clothes' rail; *(de pie)* coat stand.

percibir [perθi'βir] *vt (sentir, notar)* to notice; *(cobrar)* to receive.

perdedor, ra [perðe'ðor, ra] *m, f* loser.

perder [per'ðer] *vt* to lose; *(tiempo)* to waste; *(tren, oportunidad)* to miss. ◆ *vi (en competición)* to lose; *(empeorar)* to get worse; **echar a ~** *fam* to spoil. ❑ **perderse** *vpr (extraviarse)* to get lost.

pérdida ['perðiða] *f* loss.

perdigón [perði'von] *m* pellet.

perdiz [per'ðiθ] *(pl -ces* [θes]*)* *f* partridge.

perdón [per'ðon] *m* forgiveness.
◆ *interj* sorry!

perdonar [perðo'nar] *vt (persona)* to forgive; ~ **algo a alguien** *(obligación, castigo, deuda)* to let sb off sthg; *(ofensa)* to forgive sb for sthg.

peregrinación [pereɣrina'θjon] *f (romería)* pilgrimage.

peregrino, na [pere'ɣrino, na] *m, f* pilgrim.

perejil [pere'xil] *m* parsley.

pereza [pe'reθa] *f (gandulería)* laziness; *(lentitud)* sluggishness.

perezoso, sa [pere'θoso,sa] *adj* lazy.

perfección [perfek'θjon] *f* perfection.

perfeccionista [perfekθjo'nista] *mf* perfectionist.

perfectamente [per,fekta'mente] *adv (sobradamente)* perfectly; *(muy bien)* fine.

perfecto, ta [per'fekto, ta] *adj* perfect.

perfil [per'fil] *m (contorno)* outline; *(de cara)* profile; **de ~** in profile.

perforación [perfora'θjon] *f* MED puncture.

perforar [perfo'rar] *vt* to make a hole in.

perfumar [perfu'mar] *vt* to perfume. ☐ **perfumarse** *vpr* to put on perfume.

perfume [per'fume] *m* perfume.

perfumería [perfume'ria] *f* perfumery; '~-**cosmética**' 'beauty products'.

pergamino [perɣa'mino] *m* parchment.

pérgola ['perɣola] *f* pergola.

periferia [peri'ferja] *f (de ciudad)* outskirts *(pl)*.

periódico, ca [pe'rjoðiko, ka] *adj* periodic. ◆ *m* newspaper.

periodismo [perjo'ðizmo] *m* journalism.

periodista [perjo'ðista] *mf* journalist.

período [pe'rioðo] *m* period.

periquito [peri'kito] *m* parakeet.

peritaje [peri'taxe] *m* expert's report.

perito, ta [pe'rito, ta] *m, f (experto)* expert; *(ingeniero técnico)* technician.

perjudicar [perxuði'kar] *vt* to harm.

perjuicio [per'xµiθjo] *m* harm.

perla ['perla] *f* pearl; **me va de ~s** it's just what I need.

permanecer [permane'θer] *vi (seguir)* to remain; ~ **(en)** *(quedarse en)* to stay (in).

permanencia [perma'nenθja] *f* continued stay.

permanente [perma'nente] *adj* permanent. ◆ *f* perm.

permiso [per'miso] *m (autorización)* permission; *(documento)* permit; *(de soldado)* leave; ~ **de conducir** driving licence *(Br)*, driver's license *(Am)*.

permitir [permi'tir] *vt* to allow.

pernoctar [pernok'tar] *vi* to spend the night.

pero ['pero] *conj* but; ~ **¿no lo has visto?** you mean you haven't seen it?

perpendicular [perpendiku'lar] *adj* perpendicular. ◆ *f* perpendicular line; ~ **a** at right angles to.

perpetuo, tua [per'petµo, tµa] *adj* perpetual.

perplejo, ja [per'plexo, xa] *adj* bewildered.

perra ['pera] *f (rabieta)* tantrum; *(dinero)* penny → **perro**.

perrito [pe'rito] *m*: ~ **caliente** hot dog.

perro, rra ['pero, ra] *m, f* dog *(f* bitch).

persecución [perseku'θjon] *f (seguimiento)* pursuit.

perseguir [perse'vir] *vt* to pursue.

persiana [per'sjana] *f* blind.

persona [per'sona] *f* person; **cuatro ~s** four people; **en ~** in person.

personaje [perso'naxe] *m (celebridad)* celebrity; *(en cine, teatro)* character.

personal [perso'nal] *adj* personal. ◆ *m (empleados)* staff; *fam (gente)* people *(pl)*; **'sólo ~ autorizado'** 'staff only'.

personalidad [personali'ðað] *f* personality.

perspectiva [perspek'tiβa] *f (vista, panorama)* view; *(aspecto)* perspective; *(esperanzas, porvenir)* prospect.

persuadir [perswa'ðir] *vt* to persuade.

persuasión [perswa'sjon] *f* persuasion.

pertenecer [pertene'θer] *vi:* **~ a** to belong to; *(corresponder a)* to belong in.

perteneciente [pertene'θjente] *adj:* **~ a** belonging to.

pertenencias [perte'nenθjas] *fpl (objetos personales)* belongings.

Perú [pe'ru] *m:* **(el) ~** Peru.

peruano, na [pe'rwano, na] *adj & m, f* Peruvian.

pesa ['pesa] *f* weight. ◆ **pesas** *fpl (en gimnasia)* weights.

pesadez [pesa'ðeθ] *f (molestia)* drag; *(sensación)* heaviness.

pesadilla [pesa'ðiʎa] *f* nightmare.

pesado, da [pe'saðo, ða] *adj (carga, sueño)* heavy; *(broma)* bad; *(agotador)* tiring; *(aburrido)* boring; *(persona)* annoying.

pesadumbre [pesa'ðumbre] *f* sorrow.

pésame ['pesame] *m:* **dar el ~** to offer one's condolences.

pesar [pe'sar] *m (pena)* grief. ◆ *vt* to weigh. ◆ *vi (tener peso)* to weigh; *(ser pesado)* to be heavy; *(influir)* to carry weight; **me pesa tener que hacerlo** it grieves me to have to do it; **a ~ de** in spite of.

pesca ['peska] *f (actividad)* fishing; *(captura)* catch.

pescadería [peskaðe'ria] *f* fishmonger's (shop).

pescadero, ra [peska'ðero, ra] *m, f* fishmonger.

pescadilla [peska'ðiʎa] *f* whiting.

pescado [pes'kaðo] *m* fish.

pescador, ra [peska'ðor, ra] *m, f* fisherman *(fisherwoman)*.

pescar [pes'kar] *vt (peces)* to fish for; *fam (pillar)* to catch.

pesebre [pe'seβre] *m (establo)* manger; *(belén)* crib.

pesero [pe'sero] *m* CAm & Méx *small bus used in towns.*

peseta [pe'seta] *f* peseta.

pesimismo [pesi'mizmo] *m* pessimism.

pesimista [pesi'mista] *adj* pessimistic.

pésimo, ma ['pesimo, ma] *superl →* **malo.** ◆ *adj* awful.

peso ['peso] *m* weight; *(moneda)* peso.

pesquero, ra [pes'kero, ra] *adj* fishing. ◆ *m (barco)* fishing boat.

pestañas [pes'taɲas] *fpl* eyelashes.

peste ['peste] *f (mal olor)* stink; *(enfermedad)* plague.

pesticida [pesti'θiða] *m* pesticide.

pestillo [pes'tiʎo] *m (cerrojo)* bolt; *(en verjas)* latch.

pétalo ['petalo] *m* petal.

petanca [pe'tanka] *f* boules, form

petardo

petardo [peˈtaɾðo] *m* firecracker.

petición [petiˈθjon] *f (solicitud)* request.

peto [ˈpeto] *m (vestidura)* bib.

petróleo [peˈtroleo] *m* oil.

petrolero, ra [petroˈleɾo, ɾa] *adj* oil *(antes de s).* ◆ *m (barco)* oil tanker.

petrolífero, ra [petroˈlifeɾo, ɾa] *adj* oil *(antes de s).*

petulancia [petuˈlanθja] *f (comentario)* opinionated remark.

petulante [petuˈlante] *adj* opinionated.

petunia [peˈtunja] *f* petunia.

pez [peθ] *m (pl* **-ces** [ˈθes]) *m* fish; **~ espada** swordfish.

pezón [peˈθon] *m (de mujer)* nipple.

pezuña [peˈθuɲa] *f* hoof.

pianista [pjaˈnista] *mf* pianist.

piano [ˈpjano] *m* piano; **~ bar** piano bar.

piar [ˈpjaɾ] *vi* to tweet.

pibe, ba [ˈpiβe, βa] *m, f RP* fam boy *(f* girl*).*

picador, ra [pikaˈðoɾ, ɾa] *m, f (torero)* picador.

picadora [pikaˈðoɾa] *f* mincer → picador.

picadura [pikaˈðuɾa] *f (de mosquito, serpiente)* bite; *(de avispa, ortiga)* sting; *(tabaco picado)* (loose) tobacco.

picante [piˈkante] *adj (comida)* spicy; *(broma, chiste)* saucy.

picar [piˈkaɾ] *vt (suj: mosquito, serpiente, pez)* to bite; *(suj: avispa, ortiga)* to sting; *(al toro)* to goad; *(piedra)* to hack at; *(carne)* to mince *Br,* to grind *Am; (verdura)* to chop; *(billete)* to clip. ◆ *vi (comer un poco)* to nibble; *(sal, pimienta, pimiento)* to be hot; *(la piel)* to itch; *(sol)* to burn. ▫ **picarse** *vpr (vino)* to go sour; *(muela)*

to decay; *fam (enfadarse)* to get upset.

pícaro, ra [ˈpikaɾo, ɾa] *adj (astuto)* crafty.

picas [ˈpikas] *fpl (palo de la baraja)* spades.

pichón [piˈtʃon] *m* (young) pigeon.

picnic [ˈpivnik] *m* picnic.

pico [ˈpiko] *m (de ave)* beak; *(de montaña)* peak; *(herramienta)* pickaxe; **cincuenta y ~** fifty-odd; **a las tres y ~** just after three o'clock.

picor [piˈkoɾ] *m* itch.

picoso, sa [piˈkoso, sa] *adj Méx* spicy.

pie [pje] *m* foot; *(apoyo)* stand; **a ~** on foot; **en ~** *(válido)* valid; **estar de ~** to be standing up; **no hacer ~** *(en el agua)* to be out of one's depth; **~s de cerdo** (pig's) trotters.

piedad [pjeˈðað] *f* pity.

piedra [ˈpjeðɾa] *f* stone; *(granizo)* hailstone; **~ preciosa** precious stone.

piel [pjel] *f (de persona, animal, fruta)* skin; *(cuero)* leather; *(pelo)* fur.

pierna [ˈpjeɾna] *f* leg; **estirar las ~s** to stretch one's legs; **~ de cordero** leg of lamb.

pieza [ˈpjeθa] *f (en mecánica)* part; *(en pesca, caza)* specimen; **~ de recambio** spare part.

pijama [piˈxama] *m* pyjamas *(pl).*

pilar [piˈlaɾ] *m* pillar.

píldora [ˈpilðoɾa] *f* pill.

pillar [piˈʎaɾ] *vt (agarrar)* to grab hold of; *(atropellar)* to hit; *(dedos, ropa, delincuente)* to catch; **~ una insolación** *fam* to get sunstroke; **~ un resfriado** *fam* to catch a cold.

pilotar [piloˈtaɾ] *vt (avión)* to pilot; *(barco)* to steer.

piloto [piˈloto] *mf (de avión)*

(de barco) navigator. ◆ *m (luz de coche)* tail light; **~ automático** automatic pilot.

pimentón [pimen'ton] *m* paprika.

pimienta [pi'mjenta] *f* pepper *(for seasoning);* **a la ~ verde** in a green peppercorn sauce.

pimiento [pi'mjento] *m (fruto)* pepper *(vegetable); (fruto)* pepper; **~ s del piquillo** type of hot red pepper eaten baked.

pin [pin] *m* pin *(badge).*

pincel [pin'θel] *m* paintbrush.

pinchar [pin'tʃar] *vt (con aguja, pinchos)* to prick; *(rueda)* to puncture; *(globo, balón)* to burst; *(provocar)* to annoy; *fam (con inyección)* to jab. **□ pincharse** *vpr fam (drogarse)* to shoot up.

pinchazo [pin'tʃaθo] *m (de rueda)* puncture *Br,* flat *Am; (en la piel)* prick.

pinche ['pintʃe] *adj Amér fam* damned.

pincho ['pintʃo] *m (punta)* point; *(tapa)* aperitif on a stick, or a small sandwich; **~ moruno** shish kebab.

ping-pong® ['pim'pon] *m* table tennis, ping-pong *Am.*

pingüino [pin'gwino] *m* penguin.

pino ['pino] *m* pine tree; **los Pinos** official residence of the Mexican president.

ⓘ **LOS PINOS**

Los Pinos is the official residence of the Mexican president and the seat of the Mexican government. It is here that the president holds Cabinet meetings and receives State visits.

pintada [pin'taða] *f* graffiti.

pintado, da [pin'taðo, ða] *adj (coloreado)* coloured; *(maquillado)* made-up; **'recién ~'** 'wet paint'.

pintalabios [pinta'laβjos] *m inv* lipstick.

pintar [pin'tar] *vt* to paint. **□ pintarse** *vpr* to make o.s. up.

pintor, ra [pin'tor, ra] *m, f* painter.

pintoresco, ca [pinto'resko, ka] *adj* picturesque.

pintura [pin'tura] *f (arte, cuadro)* painting; *(sustancia)* paint.

piña ['piɲa] *f (ananás)* pineapple; *(del pino)* pine cone; *fam (de gente)* close-knit group; **~ en almíbar** pineapple in syrup; **~ natural** fresh pineapple.

piñata [pi'ɲata] *f* pot of sweets.

piñón [pi'ɲon] *m (semilla)* pine nut.

piojo ['pjoxo] *m* louse.

pipa ['pipa] *f (de fumar)* pipe; *(semilla) seed.* **□ pipas** *fpl (de girasol)* salted sunflower seeds.

pipí [pi'pi] *m fam* wee, pee.

pique ['pike] *m fam (enfado)* bad feeling; **irse a ~** *(barco)* to sink.

piragua [pi'raɣwa] *f* canoe.

piragüismo [pira'ɣwizmo] *m* canoeing.

pirámide [pi'ramiðe] *f* pyramid.

piraña [pi'raɲa] *f* piranha.

pirata [pi'rata] *adj & m* pirate.

piratear [pirate'ar] *vt (programa informático)* to hack.

Pirineos [piri'neos] *mpl:* **los ~** the Pyrenees.

pirómano, na [pi'romano, na] *m, f* pyromaniac.

piropo [pi'ropo] *m* flirtatious comment.

pirueta [pi'rweta] *f* pirouette.

pisada [pi'saða] *f (huella)* footprint; *(ruido)* footstep.

pisar [pi'sar] *vt* to step on.

piscina [pis'θina] *f* swimming pool.

pisco

pisco ['pisko] *m Amér strong liquor made from grapes, popular in Chile and Peru.*

piso ['piso] *m (vivienda)* flat *(Br)*, apartment *(Am); (suelo, planta)* floor; *Amér fig (influencia)* influence; **~ bajo** ground floor.

pisotón [piso'ton] *m* stamp *(on sb's foot).*

pista ['pista] *f* track; *(indicio)* clue; **~ de aterrizaje** runway; **~ de baile** dance floor; **~ de esquí** ski slope; **~ de tenis** tennis court.

pistacho [pis'tatʃo] *m* pistachio.

pistola [pis'tola] *f* pistol.

pistolero [pisto'lero] *m* gunman.

pitar [pi'tar] *vi (tocar el pito)* to blow a whistle; *(tocar la bocina)* to toot o honk *Am* one's horn; **salir pitando** *fig* to leave in a hurry.

pitillera [piti'ʎera] *f* cigarette case.

pitillo [pi'tiʎo] *m* cigarette.

pito ['pito] *m* whistle.

pitón [pi'ton] *m (del toro)* tip of the horn; *(de botijo, jarra)* spout; *(serpiente)* python.

pizarra [pi'θara] *f (encerado)* blackboard; *(roca)* slate.

pizarrón [piθa'ron] *m Amér* blackboard.

pizza ['pidsa] *f* pizza.

pizzería [pidse'ria] *f* pizzeria.

placa ['plaka] *f (lámina)* plate; *(inscripción)* plaque; *(insignia)* badge.

placer [pla'θer] *m* pleasure; **es un ~** it's a pleasure.

plan [plan] *m (proyecto, intención)* plan; *(programa)* programme; **hacer ~es** to make plans; **~ de estudios** syllabus.

plancha ['plantʃa] *f (para planchar)* iron; *(para cocinar)* grill; *(de metal)* sheet; *fam (error)* boob *Br*, blunder; **a la ~** grilled.

planchar [plan'tʃar] *vt* to iron.

planeta [pla'neta] *m* planet.

plano, na ['plano, na] *adj* flat. ◆ *m (mapa)* plan; *(nivel)* level; *(en cine, fotografía)* shot; *(superficie)* plane.

planta ['planta] *f (vegetal, fábrica)* plant; *(del pie)* sole; *(piso)* floor; **~ baja** ground floor *Br*, first floor *Am*; **~ segunda** second floor *Br*, third floor *Am*.

plantar [plan'tar] *vt (planta, terreno)* to plant; *(poste)* to put in; *(tienda de campaña)* to pitch; *(persona)* to stand up. □ **plantarse** *vpr (ponerse)* to plant o.s.; *(en naipes)* to stick.

planteamiento [plantea'mjento] *m (exposición)* raising; *(perspectiva)* approach.

plantear [plante'ar] *vt (plan, proyecto)* to set out; *(problema, cuestión)* to raise. □ **plantearse** *vpr* to think about.

plantilla [plan'tiʎa] *f (personal)* staff; *(de zapato)* insole; *(patrón)* template.

plástico, ca ['plastiko, ka] *adj & m* plastic; **de ~** plastic.

plastificar [plastifi'kar] *vt* to plasticize.

plastilina® [plasti'lina] *f* Plasticine®, modeling clay *Am*.

plata ['plata] *f* silver; *Andes & RP fam (dinero)* money; **de ~** silver.

plataforma [plata'forma] *f (tarima)* platform; *(del tren, autobús, etc)* standing room.

plátano ['platano] *m (fruta)* banana; *(árbol platanáceo)* plane tree.

platea [pla'tea] *f* stalls *(pl) Br*, orchestra *Am*.

plateresco, ca [plate'resko, ka] *adj* plateresque.

plática [pla'tika] *f Amér* chat.

platicar [plati'kar] *vi Amér* to have a chat.

platillo [pla'tiʎo] *m (plato pequeño)* small plate; *(de taza)* saucer; *(de balanza)* pan. □ **platillos** *mpl (en música)* cymbals.

plato ['plato] *m (recipiente)* plate; *(comida)* dish; *(parte de una comida)* course; ~ **combinado** single-course meal usually of meat or fish with chips and vegetables; ~ **del día** today's special; ~ **principal** main course; ~**s caseros** home-made food *(sg)*; **primer** ~ starter.

platudo, da [pla'tuðo, ða] *adj Andes & RP fam* loaded.

playa ['plaja] *f* beach; **ir a la ~ de vacaciones** to go on holiday to the seaside; ~ **de estacionamiento** *CSur & Perú* car park *Br*, parking lot *Am*.

play-back ['plejβak] *m*: **hacer ~ to** mime (the lyrics).

playeras [pla'jeras] *fpl (de deporte)* tennis shoes; *(para la playa)* canvas shoes.

plaza ['plaθa] *f (en una población)* square; *(sitio, espacio)* space; *(puesto, vacante)* job; *(asiento)* seat; *(mercado)* market; ~ **de toros** bullring.

plazo ['plaθo] *m (de tiempo)* period; *(pago)* instalment; **hay 20 días de ~** the deadline is in 20 days; **a corto** ~ in the short term; **a largo** ~ in the long term; **a ~s** in instalments.

plegable [ple'βaβle] *adj (silla)* folding.

pleito ['plejto] *m (en un juicio)* lawsuit.

plenamente [ˌplena'mente] *adv* completely.

plenitud [pleni'tuð] *f (apogeo)* peak.

pleno, na ['pleno, na] *adj* complete. ◆ *m* plenary *(sesión)*; **en ~ día** in broad daylight; **en ~ invierno** in the middle of the winter.

pliegue ['pljeγe] *m (en tela)* pleat.

plomería [plome'ria] *f Amér* plumbing.

plomero [plo'mero] *m Amér* plumber.

plomo ['plomo] *m (metal)* lead; *(bala)* bullet; *fam (persona pesada)* pain; *(fusible)* fuse.

pluma ['pluma] *f (de ave)* feather; *(para escribir)* pen; ~ **estilográfica** fountain pen; ~ **fuente** *Amér* fountain pen.

plumaje [plu'maxe] *m (de ave)* plumage; *(adorno)* plume.

plumero [plu'mero] *m (para el polvo)* feather duster; *(estuche)* pencil case; *(adorno)* plume.

plumier [plu'mjer] *(pl* **plumiers** [plu'mjers]) *m* pencil case.

plumilla [plu'miʎa] *f* nib.

plumón [plu'mon] *m* down.

plural [plu'ral] *adj & m* plural.

pluralidad [plurali'ðað] *f (diversidad)* diversity.

plusmarca [plus'marka] *f* record.

plusmarquista [plusmar'kista] *mf* record holder.

p.m. ['pe'eme] *(abrev de post meridiem)* p.m.

PM *(abrev de policía militar)* MP.

p.n. *(abrev de peso neto)* nt. wt.

p.o. *(abrev de por orden)* by order.

población [poβla'θjon] *f (habitantes)* population; *(ciudad)* town; *(más grande)* city; *(pueblo)* village.

poblado, da [po'βlaðo, ða] *adj* populated. ◆ *m (ciudad)* town; *(pueblo)* village.

poblar [po'βlar] *vt (establecerse en)* to settle.

pobre ['poβre] *adj* poor. ◆ *mf (mendigo)* beggar.

pobreza [po'βreθa] *f (miseria)* poverty; *(escasez)* scarcity.

pocilga [po'θilva] *f* pigsty.

pocillo [po'θiʎo] *m Amér* small coffee cup.

poco, ca ['poko, ka] *adj & pron (en singular)* little, not much; *(en plural)* few, not many. ◆ *adv (con escasez)* not much; *(tiempo corto)* not long; **tengo ~ dinero** I don't have much money; **unos ~s días** a few days; **tengo ~s** I don't have many; **come ~** he doesn't eat much; **dentro de ~** shortly; **hace ~** not long ago; **~ a ~** bit by bit; **por ~** almost; **un ~ (de)** a bit (of).

poda ['poða] *f (acto)* pruning.

podar [po'ðar] *vt* to prune.

☞

poder [po'ðer] *m* - 1. *(facultad, gobierno)* power; **~ adquisitivo** purchasing power; **estar en el ~** to be in power.
- 2. *(posesión):* **estar en ~ de alguien** to be in sb's hands.
◆ *v aux* - 1. *(tener facultad para)* can, to be able to; **puedo hacerlo** I can do it.
- 2. *(tener permiso para)* can, to be allowed to; **¿se puede fumar aquí?** can I smoke here?; **no puedo salir por la noche** I'm not allowed to go out at night.
- 3. *(ser capaz moralmente de)* can; **no podemos abandonarle** we can't abandon him.
- 4. *(tener posibilidad de)* may, can; **puedo ir en barco o en avión** I can go by boat or by plane; **podías haber cogido el tren** you could have caught the train.
- 5. *(expresa queja, reproche):* **¡hubiera podido invitarnos!** she could have invited us!
- 6. *(en locuciones):* **es tonta a o hasta más no ~** he's as stupid as can be; **no ~ más** *(estar lleno)* to be full (up);

(estar enfadado) to have had enough; *(estar cansado)* to be too tired to carry on; **¿se puede?** may I come in?
◆ *v impers (ser posible)* may; **puede ser que llueva** it may rain; **no puede ser verdad** it can't be true; **¿vendrás mañana? - puede** will you come tomorrow? - I may do.
◆ *vt (tener más fuerza que)* to be stronger than. ❑ **poder con** *v + prep (enfermedad, rival)* to be able to overcome; *(tarea, problema)* to be able to cope with; **no puedo con tanto trabajo** I can't cope with all this work.

poderoso, sa [poðe'roso, sa] *adj* powerful.

podio ['poðjo] *m* podium.

podrido, da [po'ðriðo, ða] *pp* → **pudrir.** ◆ *adj* rotten.

poema [po'ema] *m* poem.

poesía [poe'sia] *f (poema)* poem; *(arte)* poetry.

poeta [po'eta] *mf* poet.

poético, ca [po'etiko, ka] *adj* poetic.

polar [po'lar] *adj* polar.

polaroid® [pola'roʝð] *f* Polaroid®.

polea [po'lea] *f* pulley.

polémica [po'lemika] *f* controversy.

polémico, ca [po'lemiko, ka] *adj* controversial.

polen ['polen] *m* pollen.

polichinela [politʃi'nela] *m (títere)* marionette.

policía [poli'θia] *f (cuerpo)* police.
◆ *mf* policeman (*f* policewoman); **~ municipal o urbana** local police who deal mainly with traffic offences and administrative matters; **~ nacional** national police.

policíaco, ca [poli'θiako, ka] *adj* police *(antes de s.)*.

polideportivo [poliðepor'tiβo] *m* sports centre.

poliéster [po'ljester] *m* polyester.

políglota [po'liʝlota] *mf* polyglot.

polígono [po'liɣono] *m*: ~ **industrial** industrial estate *Br* ○ **park** *Am*.

politécnica [poli'teɣnika] *f* university faculty devoted to technical subjects.

política [po'litika] *f* (arte de gobernar) politics; (modo de gobernar) policy → **político**.

político, ca [po'litiko, ka] *m, f* politician. ◆ *adj* political; **hermano** ~ brother-in-law.

póliza [po'liθa] *f* (de seguros) policy; (sello) stamp on a document proving payment of tax.

pollito [po'ʎito] *m* chick.

pollo [po'ʎo] *m* chicken; ~ **al ajillo** chicken pieces fried in garlic until crunchy; ~ **asado** roast chicken; ~ **a l'ast** chicken roasted on a spit; ~ **al curry** chicken curry; ~ **a la plancha** grilled chicken.

polluelo [po'ʎwelo] *m* chick.

polo ['polo] *m* (helado) ice lolly *Br*, Popsicle® *Am*; (de una pila) pole; (jersey) polo shirt; (juego) polo.

Polonia [po'lonja] Poland.

Polo Norte ['polo'norte] *m*: **el** ~ the North Pole.

Polo Sur ['polo'sur] *m*: **el** ~ the South Pole.

polución [polu'θjon] *f* pollution.

polvera [pol'βera] *f* powder compact.

polvo ['polβo] *m* dust. ❑ **polvos** *mpl* (en cosmética, medicina) powder (*sg*); ~**s de talco** talcum powder (*sg*).

pólvora ['polβora] *f* gunpowder.

polvoriento, ta [polβo'rjento, ta] *adj* dusty.

polvorón [polβo'ron] *m* powdery sweet made of flour, sugar and butter.

pomada [po'maða] *f* ointment.

pomelo [po'melo] *m* grapefruit.

pomo ['pomo] *m* knob.

pómulo ['pomulo] *m* cheekbone.

ponchar [pon'tʃar] *vt* *CAm & Méx* to puncture. ❑ **poncharse** *vpr* *CAm & Méx* to get a puncture *Am* ○ flat *Am*.

poner [po'ner] *vt* **- 1.** (colocar, añadir) to put; **pon el libro en el estante** put the book on the shelf; **pon más azúcar al café** put some more sugar in the coffee.
- 2. (vestir): ~ **algo** to put sthg on.
- 3. (contribuir, invertir) to put in; **puso su capital en el negocio** he put his capital into the business.
- 4. (hacer estar de cierta manera): **me has puesto colorado** you've made me blush; **lo puso de mal humor** it put him in a bad mood.
- 5. (radio, televisión, luz, etc) to switch on; (gas, instalación) to put in.
- 6. (oponer): ~ **inconvenientes** to raise objections.
- 7. (telegrama, fax) to send; (conferencia) to make; **¿me pones con Juan?** can you put me through to Juan?
- 8. (asignar, imponer) to fix; **le han puesto una multa** they've fined him; **¿qué nombre le han puesto?** what have they called her?
- 9. (aplicar facultad) to put; **no pone ningún interés** he shows no interest.
- 10. (montar) to set up; (casa) to do up; (tienda de campaña) to pitch; **han puesto una tienda nueva** they've opened a new shop.
- 11. (en cine, teatro, televisión) to show; **¿qué ponen en la tele?** what's on (the) telly?
- 12. (suponer, decir) to say; **no sé qué pone ahí** I don't know what that says.
- 13. (suponer) to suppose; **pongamos**

que sucedió así (let's) suppose that's what happened.
- **14.** (en locuciones): **~ en marcha** (iniciar) to start.
♦ vi (ave) to lay (eggs). ❑ **ponerse** vpr (ropa, gafas, maquillaje) to put on; (estar de cierta manera) to become; (astro) to set; **ponte aquí** stand here; **se puso rojo** he went red; **~se bien** (de salud) to get better; **~se malo** to fall ill.

poniente [po'njente] m (oeste) west.

popa ['popa] f stern.

popote [po'pote] m Méx straw.

popular [popu'lar] adj (del pueblo) of the people; (arte, música) folk; (famoso) popular.

popularidad [populari'ðað] f popularity.

póquer ['poker] m poker.

☞📖

por [por] prep -**1.** (causa) because of; **se enfadó ~ tu comportamiento** she got angry because of your behaviour.
- **2.** (finalidad) (in order) to; **lo hizo ~ complacerte** he did it to please you; **lo compré ~ ti** I bought it for you; **luchar ~ algo** to fight for sthg.
- **3.** (medio, modo, agente) by; **~ mensajero/fax** by courier/fax; **~ escrito** in writing; **el récord fue batido ~ el atleta** the record was broken by the athlete.
- **4.** (tiempo): **~ la mañana/tarde** in the morning/afternoon; **~ la noche** at night; **~ unos días** for a few days; **creo que la boda será ~ abril** I think the wedding will be some time in April.
- **5.** (aproximadamente en): **está ~ ahí** it's round there somewhere;

¿ ~ dónde vive? whereabouts does she live?
- **6.** (a través de) through; **pasar ~ la aduana** to go through customs; **entramos en Francia ~ Irún** we entered France via Irún.
- **7.** (a cambio, en lugar de) for; **cambió el coche ~ una moto** he exchanged his car for a motorbike.
- **8.** (distribución) per; **50 euros ~ unidad** 50 euros each; **20 km ~ hora** 20 km an hour.
- **9.** (en matemáticas) times; **dos ~ dos igual a cuatro** two times two is four.

porcelana [porθe'lana] f (material) porcelain; (vasija) piece of porcelain.

porcentaje [porθen'taxe] m percentage.

porche ['portʃe] m porch.

porción [por'θjon] f (cantidad) portion; (parte) share.

porno ['porno] adj fam porno, porn.

pornografía [pornoɣra'fia] f pornography.

pornográfico, ca [porno'ɣrafiko, ka] adj pornographic.

porque ['porke] conj because.

porqué [por'ke] m reason.

porrón [po'ron] m wine jar with a long spout for drinking.

portaaviones [portaaβi'ones] m inv aircraft carrier.

portada [por'taða] f (de libro) title page; (de revista) cover.

portador, ra [porta'ðor, ra] m, f carrier; **al ~** (cheque) to the bearer.

portaequipajes [portaeki'paxes] m inv boot (Br), trunk (Am).

portafolios [porta'foljos] m inv (carpeta) file.

portal [por'tal] m (vestíbulo) hallway; (entrada) main entrance.

portalámparas [porta'lamparas] *m inv* socket.

portarse [por'tarse] *vpr* to behave; ~ **bien/mal** to behave well/badly.

portátil [por'tatil] *adj* portable.

portavoz [porta'βoθ] (*pl* -**ces** (θes)) *mf* spokesman (*f* spokeswoman).

portazo [por'taθo] *m* slam; **dar un** ~ to slam the door.

portería [porte'ria] *f* (*conserjería*) porter's office *Br*, ≃ doorman's desk *Am*; (*en deporte*) goal.

portero, ra [por'tero, ra] *m*, *f* (*conserje*) porter, ≃ doorman *Am*; (*en deporte*) goalkeeper; ~ **electrónico** entryphone.

Portugal [portu'val] Portugal.

portugués, esa [portu'ves, esa] *adj* & *m*, *f* Portuguese.

porvenir [porβe'nir] *m* future.

posada [po'saða] *f* (*alojamiento*) accommodation; (*hostal*) guesthouse.

posarse [po'sarse] *vpr* (*ave*) to perch; (*insecto*) to settle.

posavasos [posa'βasos] *m inv* coaster.

posdata [poz'ðata] *f* postscript.

pose ['pose] *f* pose.

poseedor, ra [posee'ðor, ra] *m*, *f* (*dueño*) owner; (*de cargo, récord*) holder.

poseer [pose'er] *vt* (*ser dueño de*) to own; (*tener*) to have, to possess.

posesión [pose'sjon] *f* possession.

posesivo, va [pose'siβo, βa] *adj* & *m* possessive.

posibilidad [posiβili'ðað] *f* possibility.

posible [po'siβle] *adj* possible.

posición [posi'θjon] *f* position; (*social*) status; (*económica*) situation.

positivamente [posi,tiβa'mente] *adv* positively.

positivo, va [posi'tiβo, βa] *adj* positive. ◆ *m* (*en fotografía*) print.

posmoderno, na [pozmo'ðerno, na] *adj* postmodern.

poso ['poso] *m* sediment.

postal [pos'tal] *f* postcard.

poste ['poste] *m* post.

póster ['poster] *m* poster.

posterior [poste'rjor] *adj* (*en tiempo, orden*) subsequent; (*en espacio*) back; ~ **a** after.

postre ['postre] *m* dessert; ~ **de la casa** chef's special dessert.

póstumo, ma ['postumo, ma] *adj* posthumous.

postura [pos'tura] *f* position.

potable [po'taβle] *adj* (*agua*) drinkable; *fam* (*aceptable*) palatable.

potaje [po'taxe] *m* stew; ~ **de garbanzos** chickpea stew.

potencia [po'tenθja] *f* power.

potenciar [poten'θjar] *vt* to foster.

potro ['potro] *m* (*caballo*) colt; (*en gimnasia*) vaulting horse.

pozo ['poθo] *m* (*de agua*) well.

p.p. (*abrev de por poder*) pp.

práctica ['praktika] *f* practice; (*de un deporte*) playing. ❑ **prácticas** *fpl* (*de conducir*) lessons.

practicante [prakti'kante] *mf* (*en religión*) practising member; ~ (**ambulatorio**) medical assistant.

practicar [prakti'kar] *vt* (*ser dueño de, ejercer*) to practise; (*deporte*) to play. ◆ *vi* to practise.

práctico, ca ['praktiko, ka] *adj* practical.

pradera [pra'ðera] *f* large meadow, prairie.

prado ['praðo] *m* meadow.

pral. *abrev* = principal.

precario, ria [pre'karjo, rja] *adj* precarious.

precaución [prekau̯'θjon] f (*medida*) precaution; (*prudencia*) care.

precintado, da [preθin'taðo, ða] *adj* sealed.

precio ['preθjo] *m* price; ¿qué ~ tiene? how much is it?; ~ fijo fixed price; ~ de venta al público retail price; ~ s de coste warehouse prices.

preciosidad [preθjosi'ðað] f (*cosa preciosa*) beautiful thing.

precioso, sa [pre'θjoso, sa] *adj* (*bonito*) lovely; (*valioso*) precious.

precipicio [preθi'piθjo] *m* precipice.

precipitación [preθipita'θjon] f (*imprudencia, prisa*) haste; (*lluvia*) rainfall.

precipitado, da [preθipi'taðo, ða] *adj* hasty.

precipitarse [preθipi'tarse] *vpr* (*actuar sin pensar*) to act rashly.

precisamente [preˌθisa'mente] *adv* precisely.

precisar [preθi'sar] *vt* (*especificar*) to specify; (*necesitar*) to need.

preciso, sa [pre'θiso, sa] *adj* (*detallado, exacto*) precise; (*imprescindible*) necessary.

precoz [pre'koθ] *adj* (*persona*) precocious.

predicar [preði'kar] *vt* to preach.

predilecto, ta [preði'lekto, ta] *adj* favourite.

predominar [preðomi'nar] *vi* to prevail.

preescolar [preesko'lar] *adj* preschool.

preferencia [prefe'renθja] f preference; (*en carretera*) right of way.

preferible [prefe'riβle] *adj* preferable.

preferir [prefe'rir] *vt* to prefer.

prefijo [pre'fixo] *m* (*en gramática*)

prefix; (*de teléfono*) dialling code Br, area code Am.

pregón [pre'ɣon] *m* (*de fiesta*) opening speech.

pregonar [preɣo'nar] *vt* (*noticia*) to announce; (*secreto*) to spread about.

pregonero [preɣo'nero] *m* town crier.

pregunta [pre'ɣunta] f question; hacer una ~ to ask a question.

preguntar [preɣun'tar] *vt* to ask. ❑ **preguntar por** *v + prep* to ask after. ❑ **preguntarse** *vpr* to wonder.

prehistórico, ca [prejs'toriko, ka] *adj* prehistoric.

prejuicio [pre'xwiθjo] *m* prejudice.

prematuro, ra [prema'turo, ra] *adj* premature.

premeditación [premeðita'θjon] f premeditation.

premiar [pre'mjar] *vt* to award a prize to.

premio ['premjo] *m* prize; (*recompensa*) reward; ~ gordo first prize.

prenatal [prena'tal] *adj* antenatal Br, prenatal Am.

prenda ['prenda] f (*vestido*) item of clothing; (*garantía*) pledge.

prensa ['prensa] f press; la ~ the press.

preocupación [preokupa'θjon] f worry.

preocupado, da [preoku'paðo, ða] *adj* worried.

preocupar [preoku'par] *vt* to worry. ❑ **preocuparse de** *v + prep* (*encargarse de*) to take care of. ❑ **preocuparse por** *v + prep* to worry about.

preparación [prepara'θjon] f (*arreglo, disposición*) preparation; (*formación*) training.

preparar [prepa'rar] *vt* (*disponer*)

prepare; *(maletas)* to pack; *(estudiar)* to study for. ❑ **prepararse** *vpr (arreglarse)* to get ready.

preparativos [prepara'tiβos] *mpl* preparations.

preparatoria [prepara'torja] *f* Méx pre-university course in Mexico.

ⓘ **PREPARATORIA**

This is the name given to the three years of pre-university education in Mexico. Students usually begin the "prepa", as it is known colloquially, at the age of 16 and finish when they are 19.

---

preponderante [preponde'rante] *adj* prevailing.

preposición [preposi'θjon] *f* preposition.

prepotente [prepo'tente] *adj* dominant.

presa ['presa] *f (de un animal)* prey; *(embalse)* dam → **preso**.

presbiterio [prezβi'terjo] *m* chancel.

prescindir [presθin'dir] ◆ **prescindir de** *v + prep (renunciar a)* to do without; *(omitir)* to dispense with.

presencia [pre'senθja] *f* presence.

presenciar [presen'θjar] *vt* to attend.

presentable [presen'taβle] *adj* presentable.

presentación [presenta'θjon] *f* presentation; *(entre personas)* introduction.

presentador, ra [presenta'ðor, ra] *m, f* presenter.

presentar [presen'tar] *vt* to present; *(queja)* to lodge; *(a dos personas)* to introduce; *(excusas, respetos)* to offer; *(aspecto, apariencia)* to have.

❑ **presentarse** *vpr (comparecer)* to turn up; *(como candidato, voluntario)* to put o.s. forward; ~ **se a** *(examen)* to sit; *(elección)* to stand for.

presente [pre'sente] *adj & m* present; **tener ~** to remember.

presentimiento [presenti'mjento] *m* feeling, hunch.

preservar [preser'βar] *vt* to protect.

preservativo [preserβa'tiβo] *m* condom.

presidencia [presi'ðenθja] *f (cargo)* presidency; *(lugar)* president's office; *(grupo de personas)* board.

presidencial [presiðen'θjal] *adj* presidential.

presidente, ta [presi'ðente, ta] *m, f (de nación)* president; *(de asamblea)* chairperson.

presidiario, ria [presi'ðjarjo, rja] *m, f* convict.

presidir [presi'ðir] *vt (ser presidente de)* to preside over; *(reunión)* to chair; *(predominar)* to dominate.

presión [pre'sjon] *f* pressure; ~ **sanguínea** blood pressure.

preso, sa ['preso, sa] *m, f* prisoner.

préstamo ['prestamo] *m* loan.

prestar [pres'tar] *vt (dinero)* to lend; *(colaboración, ayuda)* to give; *(declaración)* to make; *(atención)* to pay. ❑ **prestarse a** *v + prep (ofrecerse a)* to offer to; *(dar motivo a)* to be open to.

prestigio [pres'tixjo] *m* prestige.

presumido, da [presu'miðo, ða] *adj* conceited.

presumir [presu'mir] *vt* to presume. ◆ *vi* to show off; ~ **de guapo** to think o.s. good-looking.

presunción [presun'θjon] *f (suposición)* assumption; *(vanidad)* conceit.

presunto, ta [pre'sunto, ta] adj (delincuente, etc) alleged.

presuntuoso, sa [presuntu'oso, sa] adj conceited.

presupuesto [presu'pwesto] m (cálculo) budget; (de costo) estimate.

pretencioso, sa [preten'θjoso,sa] adj pretentious.

pretender [preten'der] vt (aspirar a) to aim at; (afirmar) to claim; ~ hacer algo to try to do sthg.

pretendiente [preten'djente] mf (al trono) pretender; (a una mujer) suitor.

pretensión [preten'sjon] f (intención) aim; (aspiración) aspiration.

pretexto [pre'teksto] m pretext.

prever [pre'βer] vt (presagiar) to foresee; (prevenir) to plan.

previo, via [pre'βjo, βja] adj prior.

previsor, ra [preβi'sor, ra] adj farsighted.

previsto, ta [pre'βisto, ta] adj (planeado) anticipated.

primaria [pri'marja] f (enseñanza) primary school.

primario, ria [pri'marjo, rja] adj (primordial) primary; (elemental) primitive.

primavera [prima'βera] f spring.

primer [pri'mer] núm → primero.

primera [pri'mera] f (velocidad) first gear; (clase) first class; **de ~** first-class → primero.

primero, ra [pri'mero, ra] núm & adv first. ◆ m, f: **el ~ de la clase** top of the class; **a ~s de** at the beginning of; **lo ~** the main thing; **primera clase** first class; **~s auxilios** first aid (sg) → sexto.

primo, ma ['primo, ma] m, f (familiar) cousin; fam (bobo) sucker.

primogénito, ta [primo'xenito, ta] m, f firstborn (child).

princesa [prin'θesa] f princess.

principado [prinθi'paðo] m principality.

principal [prinθi'pal] adj main. ◆ m first floor.

príncipe ['prinθipe] m prince.

principiante [prinθi'pjante] m beginner.

principio [prin'θipjo] m (inicio) beginning; (causa, origen) origin; (norma) principle; **a ~s de** at the beginning of; **al ~** at the beginning; **en ~** in principle; **por ~s** on principle.

pringoso, sa [prin'goso, sa] adj (pegajoso) sticky.

prioridad [priori'ðað] f priority.

prisa ['prisa] f (rapidez) speed; (urgencia) urgency; **darse ~** to hurry up; **tener ~** to be in a hurry.

prisión [pri'sjon] f (cárcel) prison.

prisionero, ra [prisjo'nero, ra] m, f prisoner.

prisma ['prisma] m prism.

prismáticos [priz'matikos] mpl binoculars.

privado, da [pri'βaðo, ða] adj private.

privar [pri'βar] vt to deprive. ❑ **privarse de** v + prep to go without.

privilegiado, da [priβile'xjaðo, ða] adj privileged.

privilegio [priβi'lexjo] m privilege.

proa ['proa] f bows (pl).

probabilidad [proβaβili'ðað] f (cualidad) probability; (oportunidad) chance.

probable [pro'βaβle] adj probable.

probador [proβa'ðor] m changing room Br, fitting room Am.

probar [pro'βar] vt (demostrar) to prove; (examinar) to check; (comida, bebida) to taste. ◆ vi to try.

❑ **probarse** *vpr (ropa, zapato)* to try on.

probeta [pro'βeta] *f* test tube.

problema [pro'βlema] *m* problem.

problemático, ca [proβle'matiko, ka] *adj* problematic.

procedencia [proθe'ðenθja] *f (origen, fuente)* origin; **con ~ de** *(arriving)* from.

procedente [proθe'ðente] *adj (oportuno)* appropriate; **~ de** from.

proceder [proθe'ðer] *m* behaviour. ♦ *vi (actuar)* to act; *(ser oportuno)* to be appropriate. ❑ **proceder de** *v + prep* to come from.

procedimiento [proθeði'mjento] *m (método)* procedure.

procesado, da [proθe'saðo, ða] *m, f* accused.

procesar [proθe'sar] *vt (enjuiciar)* to try.

procesión [proθe'sjon] *f* procession.

proceso [pro'θeso] *m* process; *(transcurso, evolución)* course; *(juicio)* trial.

proclamación [proklama'θjon] *f* proclamation.

proclamar [prokla'mar] *vt* to proclaim; *(aclamar)* to acclaim. ❑ **proclamarse** *vpr* to proclaim o.s.

procurar [proku'rar] *vt*: **~ hacer algo** to try to do sthg.

prodigarse [proði'γarse] *vpr (esforzarse)* to put o.s. out; **~ en algo** to overdo sthg.

producción [proðuk'θjon] *f* production; *(producto)* products (pl).

producir [proðu'θir] *vt* to produce; *(provocar)* to cause. ❑ **producirse** *vpr (ocurrir)* to take place.

productividad [proðuktiβi'ðað] *f* productivity.

productivo, va [proðuk'tiβo, βa]

adj (que produce) productive; *(que da beneficio)* profitable.

producto [pro'ðukto] *m* product; *(de la tierra)* produce; *(beneficios)* profit.

productor, ra [proðuk'tor, ra] *m, f* producer.

productora [proðuk'tora] *f (en cine)* production company → **productor.**

profecía [profe'θia] *f* prophecy.

profesión [profe'sjon] *f* profession.

profesional [profesjo'nal] *adj & mf* professional.

profesionista [profesjo'nista] *mf Amér* professional.

profesor, ra [profe'sor, ra] *m, f* teacher.

profeta [pro'feta] *m* prophet.

profiteroles [profite'roles] *mpl* profiteroles.

profundidad [profundi'ðað] *f* depth; **tiene dos metros de ~** it's two metres deep.

profundo, da [pro'fundo, da] *adj* deep; *(notable)* profound.

programa [pro'γrama] *m* programme; *(de estudios)* syllabus; *(plan)* schedule; *(en informática)* program.

programación [proγrama'θjon] *f (en televisión, radio)* programmes (pl); *(en informática)* programming.

programador, ra [proγrama-'ðor, ra] *m, f* programmer.

programar [proγra'mar] *vt (planear)* to plan; *(en televisión, radio)* to put on; *(en informática)* to program.

progresar [proγre'sar] *vi* to (make) progress.

progresivo, va [proγre'siβo, βa] *adj* progressive.

progreso [pro'γreso] *m* progress.

prohibición [proiβi'θjon] f ban.

prohibido, da [proi'βiðo, ða] adj prohibited; '~ aparcar' 'no parking'; '~ el paso' 'no entry'; '~ el paso a personas ajenas a la obra' 'no entry for unauthorised personnel'; '~ fijar carteles' 'billposters will be prosecuted'; '~ fumar' 'no smoking'; 'prohibida la entrada' 'no entry'; 'prohibida la entrada a menores' 'adults only'.

prohibir [proi'βir] vt (vedar) to forbid; (por ley) to prohibit; (práctica existente) to ban.

prójimo ['proximo] m fellow human being.

proliferación [prolifera'θjon] f proliferation.

prólogo ['proloγo] m (en libro, revista) introduction.

prolongar [prolon'gar] vt (alargar) to extend; (hacer durar más) to prolong. ◻ **prolongarse** vpr to go on.

promedio [pro'meðjo] m average.

promesa [pro'mesa] f promise.

prometer [prome'ter] vt to promise. ◆ vi to show promise. ◻ **prometerse** vpr to get engaged.

prometido, da [prome'tiðo, ða] m, f fiancé (fiancée).

promoción [promo'θjon] f (ascenso) promotion; (curso) class.

promocionar [promoθjo'nar] vt to promote. ◻ **promocionarse** vpr to promote o.s.

promotor, ra [promo'tor, ra] m, f promoter.

pronóstico [pro'nostiko] m (predicción) forecast; (en medicina) prognosis; ~ **del tiempo** weather forecast.

pronto ['pronto] adv (temprano) early; (dentro de poco) soon; (rápida-

mente) quickly; **de** ~ suddenly; **tan** ~ **como** as soon as.

pronunciación [pronunθja'θjon] f pronunciation.

pronunciar [pronun'θjar] vt to pronounce; (discurso) to make.

propaganda [propa'vanda] f advertising.

propensión [propen'sjon] f: ~ **a** tendency towards.

propenso, sa [pro'penso, sa] adj: **ser** ~ **a** to have a tendency to.

propicio, cia [pro'piθjo, θja] adj favourable.

propiedad [propje'ðað] f property; (posesión) ownership.

propietario, ria [propje'tarjo, rja] m, f owner.

propina [pro'pina] f tip.

ⓘ **PROPINA**

Tips in Spain are not as standardized as in Great Britain, especially in everyday restaurants and bars. When people leave something after a meal or drink, it is usually just part of the change.

---

propio, pia ['propjo, pja] adj (de propiedad) own; (peculiar) characteristic; (apropiado) appropriate; (natural) natural; **el** ~ **presidente** the president himself.

proponer [propo'ner] vt to propose. ◻ **proponerse** vpr to intend.

proporcionado, da [proporθjo'naðo, ða] adj proportionate.

proporcionar [proporθjo'nar] vt (facilitar) to give, to provide; (ser causa de) to add.

proposición [proposi'θjon] f (propuesta) proposal.

propósito [pro'posito] *m (intención)* intention; *(objetivo)* purpose; **a ~ on** purpose; **a ~ de** with regard to.

propuesta [pro'pwesta] *f* proposal.

prórroga ['prorowa] *f (aplazamiento)* extension; *(en deporte)* extra time *Br*, overtime *Am*.

prorrogar [proro'yar] *vt* to extend.

prosa ['prosa] *f* prose.

proscrito, ta [pros'krito, ta] *m, f* exile.

prospecto [pros'pekto] *m (folleto)* leaflet; *(de medicamento)* instructions leaflet.

próspero, ra ['prospero, ra] *adj* prosperous.

prostíbulo [pros'tiβulo] *m* brothel.

prostitución [prostitu'θjon] *f* prostitution.

prostituta [prosti'tuta] *f* prostitute.

protagonista [protayo'nista] *mf (de libro)* main character; *(en cine, teatro)* lead.

protección [protek'θjon] *f* protection.

proteger [prote'xer] *vt* to protect. □ **protegerse** *vpr (resguardarse)* to shelter.

protegido, da [prote'xiðo, ða] *m, f* protegé *(f* protegée*)*.

proteína [prote'ina] *f* protein.

protesta [pro'testa] *f* protest.

protestante [protes'tante] *mf* Protestant.

protestar [protes'tar] *vi* to protest.

protocolo [proto'kolo] *m* protocol.

provecho [pro'βetʃo] *m* benefit; **buen ~** enjoy your meal!; **sacar ~ de** to make the most of.

provechoso, sa [proβe'tʃoso, sa] *adj* advantageous.

provenir [proβe'nir] ◆ **provenir de** *v + prep* to come from.

proverbio [pro'βerβjo] *m* proverb.

provincia [pro'βinθja] *f* province.

provisional [proβisjo'nal] *adj* provisional.

provocación [proβoka'θjon] *f* provocation.

provocar [proβo'kar] *vt (incitar, enojar)* to provoke; *(excitar sexualmente)* to arouse; *(causar)* to cause; *(incendio)* to start; **¿te provoca hacerlo?** *Andes* do you feel like doing it?

provocativo, va [proβoka'tiβo, βa] *adj* provocative.

próximo, ma ['proksimo, ma] *adj (cercano)* near; *(ciudad, casa)* nearby; *(siguiente)* next; **'próximas llegadas'** 'arriving next'.

proyección [projek'θjon] *f (de película)* showing.

proyectar [projek'tar] *vt (película)* to show; *(luz)* to shine; *(sombra, figura)* to cast; *(idear)* to plan.

proyecto [pro'jekto] *m (plan)* plan; *(propósito)* project; *(de ley)* bill.

proyector [projek'tor] *m (de cine, diapositivas)* projector.

prudencia [pru'ðenθja] *f (cautela)* caution; *(moderación)* moderation.

prudente [pru'ðente] *adj (cauteloso)* cautious; *(sensato)* sensible.

prueba [pru'eβa] *f (testimonio)* proof; *(ensayo, examen)* test; *(competición)* event.

psicoanálisis [sikoa'nalisis] *m inv* psychoanalysis.

psicología [sikolo'xia] *f* psychology.

psicológico, ca [siko'loxiko, ka] *adj* psychological.

psicólogo, ga [si'kolovo, ya] *m, f*

psychologist.

psicópata [si'kopata] *mf* psychopath.

psiquiatra [si'kjatra] *mf* psychiatrist.

psiquiátrico [si'kjatriko] *m* psychiatric hospital.

psíquico, ca ['sikiko, ka] *adj* psychic.

pta. *(abrev de peseta)* pta.

púa ['pua] *f (de planta)* thorn; *(de peine)* tooth.

pub [paβ] *m* upmarket pub.

pubertad [puβer'tað] *f* puberty.

pubis ['puβis] *m inv* pubis.

publicación [puβlika'θjon] *f* publication.

públicamente [,puβlika'mente] *adv* publicly.

publicar [puβli'kar] *vt* to publish; *(noticia)* to make public.

publicidad [puβliθi'ðað] *f (propaganda)* advertising; *(en televisión)* adverts *(pl)* Br, commercials *(pl)* Am.

publicitario, ria [puβliθi'tarjo, rja] *adj* advertising *(antes de s)*.

público, ca ['puβliko, ka] *adj* public; *(colegio)* state Br, public Am. ◆ *m* *(en cine, teatro, televisión)* audience; *(en partido)* crowd; **en ~** in public.

pucha ['putʃa] *interj* Andes & RP good heavens!.

pudding ['puðin] *m* pudding.

pudor [pu'ðor] *m (recato)* modesty; *(timidez)* shyness.

pudrir [pu'ðrir] *vt* to rot. ❑ **pudrirse** *vpr* to rot.

pueblo ['pweβlo] *m* people; *(localidad pequeña)* village; *(más grande)* town.

puente ['pwente] *m* bridge; **hacer ~** to take a day off between two public holidays; **~ aéreo** shuttle.

When a public holiday in Spain falls on a Tuesday or Thursday, businesses usually also close for the Monday or Friday respectively to allow everyone to have a long weekend.

puerco, ca ['pwerko, ka] *adj* filthy. ◆ *m, f* pig.

puerro ['pwero] *m* leek.

puerta ['pwerta] *f* door; *(de jardín, ciudad)* gate; *(en deporte)* goal; **~ de embarque** boarding gate; **~ principal** front door.

puerto ['pwerto] *m (de mar)* port; *(de montaña)* pass; **~ deportivo** marina.

Puerto Rico ['pwerto'riko] Puerto Rico.

pues [pwes] *conj (ya que)* since; *(así que)* so; *(uso enfático)* well.

puesta ['pwesta] *f*: **~ de sol** sunset.

puesto, ta ['pwesto, ta] *pp* → **poner**. ◆ *adj (elegante)* smart. ◆ *m (lugar)* place; *(cargo)* post; *(tienda pequeña)* stall Br, stand Am; *(de la Guardia Civil)* station; **~ que** as, since.

pulga ['pulɣa] *f* flea.

pulgar [pul'ɣar] *m* thumb.

pulidora [puli'ðora] *f* polisher.

pulir [pu'lir] *vt* to polish.

pulmón [pul'mon] *m* lung.

pulmonía [pulmo'nia] *f* pneumonia.

pulpa ['pulpa] *f* flesh.

pulpo ['pulpo] *m* octopus.

pulsar [pul'sar] *vt (timbre, botón)* to press; *(cuerdas de un instrumento)* to play.

pulsera [pul'sera] *f* bracelet.

pulso ['pulso] *m (latido)* pulse; *(firmeza)* steady hand.

puma ['puma] *m* puma.

puna ['puna] *f Andes & Arg* altitude sickness.

punk [pank] *mf* punk.

punta ['punta] *f (extremo agudo)* point; *(extremo)* end; *(de dedo)* tip; *(de tierra)* point; **en la ~ de la lengua** on the tip of one's tongue.

puntapié [punta'pje] *m* kick.

puntera [pun'tera] *f* toecap.

puntería [punte'ria] *f (habilidad)* marksmanship.

puntiagudo, da ['puntja 'ɣuðo, ða] *adj* pointed.

puntilla [pun'tiʎa] *f* point lace.

punto ['punto] *m* point; *(marca)* dot; *(signo ortográfico)* full stop *Br*, period *Am*; *(lugar)* spot, place; *(momento)* moment; *(grado, intensidad)* level; *(en cirugía, costura)* stitch; **estar a ~ de** to be about to; **en ~ on** the dot; **hacer ~** to knit; **dos ~s** colon *(sg)*; **~ de encuentro** meeting point; **~ muerto** neutral; **~ de vista** point of view; **~ y aparte** new paragraph; **~ y coma** semi-colon; **~ y seguido** full-stop; **~s suspensivos** suspension points.

puntuación [puntɣa'θjon] *f (en gramática)* punctuation; *(en competición)* score; *(en examen)* mark, grade *Am*.

puntual [puntu'al] *adj (persona)* punctual; *(detallado)* detailed.

puntualidad [puntuali'ðað] *f (de persona)* punctuality.

puntualización [puntualiθa 'θjon] *f* detailed explanation.

puntualizar [puntuali'θar] *vt* to explain in detail.

puntuar [puntu'ar] *vt (texto)* to punctuate; *(examen)* to mark, to grade *Am*.

punzón [pun'θon] *m* punch.

puñado [pu'naðo] *m* handful.

puñal [pu'nal] *m* dagger.

puñalada [puna'laða] *f (golpe)* stab; *(herida)* stabwound.

puñetazo [pune'taθo] *m* punch.

puño ['puno] *m (mano cerrada)* fist; *(de arma)* hilt; *(de camisa)* cuff; *(de bastón, paraguas)* handle.

pupa ['pupa] *f (en el labio)* blister; *fam (daño)* **hacerse ~** to hurt o.s.

pupitre [pu'pitre] *m* desk.

puré [pu're] *m (concentrado)* purée; *(sopa)* thick soup; **~ de patatas** o **papas** *Amér* mashed potatoes *(pl)*.

puritano, na [puri'tano, na] *adj* puritanical.

puro, ra ['puro, ra] *adj* pure; *(cielo)* clear; *(verdad)* simple. ♦ *m* cigar.

puta ['puta] *f vulg* whore.

puzzle ['puθle] *m* jigsaw puzzle.

PVP *m abrev* = **precio de venta al público**.

pza. *(abrev de plaza)* Sq.

Q

☞

que [ke] *pron* - **1.** *(cosa)* that, which; **la moto ~ me gusta** the motorbike (that) I like; **el libro ~ le regalé** the book (that) I gave her; **la playa a la ~ fui** the beach I went to; **el día en ~ me fui** the day I left.
- **2.** *(persona: sujeto)* who, that; **el hombre ~ corre** the man who's running.
- **3.** *(persona: complemento)* whom, that; **el hombre ~ conociste** the

man you met; **la chica a la ~ lo presté** the girl to whom I lent it; **la mujer con la ~ hablas** the woman you are talking to.

◆ *conj* **- 1.** *(con oraciones de sujeto)* that; **es importante ~ me escuches** it's important that you listen to me.
- 2. *(con oraciones de complemento directo)* that; **me ha confesado ~ me quiere** he has told me that he loves me.
- 3. *(comparativo)* than; **es más rápido ~ tú** he's quicker than you; **antes morir ~ vivir la guerra** I'd rather die than live through a war.
- 4. *(expresa causa):* **hemos de esperar, ~ todavía no es la hora** we'll have to wait, as it isn't time yet.
- 5. *(expresa consecuencia): tanto me lo pidió ~ se lo di* she asked for it so persistently that I gave it to her.
- 6. *(expresa finalidad)* so (that); **ven aquí ~ te vea** come here so (that) I can see you.
- 7. *(expresa deseo)* that; **espero ~ te diviertas** I hope (that) you enjoy yourself; **quiero ~ lo hagas** I want you to do it.
- 8. *(expresa disyunción)* or; **quieras ~ no** whether you want to or not.
- 9. *(en oraciones exclamativas):* **¡~ te diviertas!** have fun!; **¡~ sí/no!** I said yes/no!

qué [ke] *adj (interrogativo)* what; *(al elegir, concretar)* which. ◆ *pron* what. ◆ *adv* how; **¿qué?** *(¿cómo?)* sorry?, excuse me? *Am; ¿por ~ (...)?* why (...)?

quebrado [keˈβɾaðo] *m* fraction.

quebrar [keˈβɾar] *vt* to break. ◆ *vi* to go bankrupt.

quedar [keˈðar] *vi (permanecer)* to remain, to stay; *(haber suficiente,*

faltar) to be left; *(llegar a ser, resultar)* to turn out; *(sentar)* to look; *(estar situado)* to be; *~ bien/mal con alguien* to make a good/bad impression on sb; *~ en nada* to come to nothing. ❑ **quedar con** *v + prep (citarse)* to arrange to meet. ❑ **quedar en** *v + prep (acordar)* to agree to. ❑ **quedarse** *vpr (permanecer)* to stay; *(cambio)* to keep; *(comprar)* to take; **se quedó ciego** he went blind. ❑ **quedarse con** *v + prep (preferir)* to go for; *fam (burlarse de)* to take the mickey out of *Br,* to make fun of.

quehacer [kea'θer] *m* task.

quejarse [keˈxarse] *vpr (protestar)* to complain; *(lamentarse)* to cry out; **~ de/por** to complain about.

quejido [keˈxiðo] *m* cry.

quemadura [kemaˈðura] *f* burn.

quemar [keˈmar] *vt* to burn. ◆ *vi* to be (scalding) hot. ❑ **quemarse** *vpr (casa, bosque, etc)* to burn down; *(persona)* to get burnt.

querer [keˈrer] *m* love. ◆ *vt* **- 1.** *(desear)* to want; **quiere una bicicleta** she wants a bicycle; **queremos que las cosas vayan bien** we want things to go well; **quiero que vengas** I want you to come; **quisiera hacerlo** I would like to do it; **tal vez él quiera acompañarte** maybe he'll go with you.
- 2. *(amar)* to love; **quiere mucho a su hijo** he loves his son very much.
- 3. *(en preguntas formales):* **¿quiere pasar?** would you like to come in?
- 4. *(precio)* to want; **¿cuánto quiere**

por el coche? how much does he want for the car?
- **5.** *(requerir)* to need; **esta habitación quiere más luz** this room needs more light. ◆ *vi* -**1.** *(apetecer)* to want; **ven cuando quieras** come whenever you like o want; **estoy aquí porque quiero** I'm here because I want to be.
- **2.** *(en locuciones)*: **queriendo** *(con intención)* on purpose; **~ decir** to mean; **sin ~** accidentally. ◆ *v impers*: **parece que quiere llover** it looks like rain. ❏ **quererse** *vpr* to love each other.

---

querido, da [ke'riðo, ða] *adj* dear.

queso ['keso] *m* cheese; **~ de bola** Gouda; **~ manchego** hard, mild yellow cheese made in La Mancha; **~ rallado** grated cheese.

quiebra ['kjeβra] *f (de empresa)* bankruptcy.

quien [kjen] *pron (relativo sujeto)* who; *(relativo complemento)* whom; *(indefinido)* whoever.

quién [kjen] *pron* who; **¡~ pudiera verlo!** if only I could have seen it!; **¿~ es?** *(en la puerta)* who is it?; *(al teléfono)* who's speaking?

quieto, ta ['kjeto, ta] *adj (inmóvil)* still; *(inactivo)* at a standstill; *(de carácter)* quiet.

quilla ['kiʎa] *f* keel.

quilo ['kilo] *m* = **kilo**.

química ['kimika] *f* chemistry → **químico**.

químico, ca ['kimiko, ka] *m, f* chemist.

quince ['kinθe] *núm* fifteen → **seis**; **~ días** fortnight *Br*, two weeks *Am*.

quincena [kin'θena] *f* fortnight *Br*, two weeks *Am*.

quiniela [ki'njela] *f (juego)* (football) pools *(pl) Br*, ≃ sweepstakes *(pl)*.

quinientos, tas [ki'njentos, tas] *núm* five hundred → **seis**.

quinqué [kin'ke] *m* oil lamp.

quinteto [kin'teto] *m* quintet.

quinto, ta ['kinto, ta] *núm* fifth. ◆ *m (recluta)* recruit → **sexto**.

quiosco [ki'osko] *m (puesto)* kiosk; *(de periódicos)* newspaper stand.

quirófano [ki'rofano] *m* operating theatre *Br*, operating room *Am*.

quisquilla [kis'kiʎa] *f* shrimp.

quisquilloso, sa [kiski'ʎoso, sa] *adj (detallista)* pernickety; *(susceptible)* touchy.

quitamanchas [kita'mantʃas] *m inv* stain remover.

quitar [ki'tar] *vt (robar)* to take; *(separar, retirar, suprimir)* to remove; *(ropa, zapatos)* to take off; **~ le algo a alguien** to take sthg away from sb. ❏ **quitarse** *vpr (apartarse)* to get out of the way; **~ se la ropa** to take off one's clothes.

quizá(s) [ki'θa(s)] *adv* perhaps.

R

rábano ['raβano] *m* radish.

rabia ['raβja] *f (ira)* rage; *(enfermedad)* rabies.

rabieta [ra'βjeta] *f* tantrum.

rabioso, sa [ra'βjoso, sa] *adj (enfermo)* rabid; *(violento)* furious.

rabo ['raβo] *m* tail.

racha ['ratʃa] *f (de viento, aire)* gust; *fam (período)* spell; **buena/mala ~** good/bad patch.

racial [ra'θjal] *adj* racial.

racimo [ra'θimo] *m* bunch.

ración [ra'θjon] *f* portion; *(en un bar)* large portion of a particular dish, served as a snack.

racismo [ra'θizmo] *m* racism.

racista [ra'θista] *mf* racist.

radar [ra'ðar] *m* radar.

radiación [raðja'θjon] *f* radiation.

radiador [raðja'ðor] *m* radiator.

radiante [ra'ðjante] *adj* radiant.

radiar [ra'ðjar] *vt (irradiar)* to radiate; *(en la radio)* to broadcast; *(en medicina)* to give X-ray treatment to.

radical [raði'kal] *adj* radical.

radio ['raðjo] *f* radio. ◆ *m* radius; *(de una rueda)* spoke.

radioaficionado, da [ˌraðjo afiθjo'naðo, ða] *m, f* radio ham.

radiocasete [ˌraðjoka'sete] *m o f* radio cassette (player).

radiodespertador [ˌraðjo despertaˈðor] *m* clock radio *(with alarm)*.

radiodifusión [ˌraðjoðifu'sjon] *f* broadcasting.

radiodifusora [ˌraðjoðifu'sora] *f* Amér radiostation.

radiografía [raðjovra'fia] *f (fotografía)* X-ray.

radiólogo, ga [ra'ðjolovo, va] *m, f* radiologist.

radionovela [ˌraðjono'βela] *f* radio soap opera.

radiorreloj [ˌraðjore'lox] *m* clock radio.

radioyente [raðjo'jente] *mf* listener.

ráfaga ['rafava] *f (de viento, aire)* gust; *(de luz)* flash; *(de disparos)* burst.

rafia ['rafja] *f* raffia.

rafting ['raftin] *m* white-water rafting.

raíl [ra'il] *m* rail.

raíz [ra'iθ] *(pl* -ces [θes]) *f* root; a ~ de as a result of.

raja ['raxa] *f (grieta)* crack; *(porción)* slice.

rajatabla [raxa'taβla] ◆ a rajatabla *adv* to the letter.

rallador [raʎa'ðor] *m* grater.

rallar [ra'ʎar] *vt* to grate.

rally ['rali] *(pl* rallys) ['ralis] *m* rally.

rama ['rama] *f* branch.

rambla ['rambla] *f* avenue.

ramo ['ramo] *m (de flores)* bunch; *(de actividad)* branch.

rampa ['rampa] *f (pendiente)* steep incline; *(para ayudar el acceso)* ramp.

rana ['rana] *f* frog.

ranchera [ran'tʃera] *f* Méx popular Mexican song and dance.

rancho ['rantʃo] *m (granja)* ranch; *(comida)* mess.

rancio, cia [ˈranθjo, θja] *adj (vino)* mellow; *(pasado)* rancid.

rango ['rango] *m (categoría social)* standing; *(en una jerarquía)* rank.

ranura [ra'nura] *f (surco)* groove; *(para monedas)* slot.

rape ['rape] *m* monkfish; ~ a la plancha grilled monkfish.

rápidamente [ˌrapiða'mente] *adv* quickly.

rapidez [rapi'ðeθ] *f* speed.

rápido, da [ˈrapiðo, ða] *adj (veloz)* fast; *(que dura poco)* quick. ◆ *adv* quickly. ◆ *m (tren)* express train. ❑ rápidos *mpl* rapids.

raptar [rap'tar] *vt* to abduct.

raqueta [ra'keta] *f (de tenis)* racquet; *(para la nieve)* snowshoe.

raramente [ˌrara'mente] *adv* rarely.

raro, ra ['raro, ra] *adj (poco frecuente)* unusual; *(extraño)* strange; *(escaso)* rare; *(extravagante)* odd.

rascacielos [raska'θjelos] m inv skyscraper.

rascador [raska'ðor] m scraper.

rascar [ras'kar] vt (con las uñas) to scratch; (limpiar) to scrub; (pintura) to scrape (off).

rasgar [raz'γar] vt to tear.

rasgo ['razɣo] m (de rostro) feature; (característica) characteristic; (trazo) stroke.

raso, sa ['raso, sa] adj (superficie) flat; (cucharada, etc) level. ◆ m satin; **al ~** in the open (air).

rastrillo [ras'triʎo] m rake; Méx (para barbear) razor.

rastro ['rastro] m (huella) trace; (mercadillo) flea market.

ⓘ RASTRO

A "rastro" is a street market where antiques, second-hand and new goods are sold. The most famous "rastro" is the one in Madrid, although they are to be found in many Spanish cities.

rata ['rata] f rat.

ratero, ra [ra'tero, ra] m, f petty thief.

rato ['rato] m while; **a ~s** from time to time; **pasar un buen ~** to have a good time; **pasar un mal ~** to have a hard time of it; **~s libres** spare time (sg).

ratón [ra'ton] m mouse.

rattán [ra'tan] m Amér wicker.

raya ['raja] f (línea) line; (estampado) stripe; (del pelo) parting; (de pantalón) crease; (arañazo) scratch; (pez) ray; **a o de ~s** stripy.

rayo ['rajo] m ray; (de tormenta) bolt of lightning; **~s lightning** (sg); **~s-X** X-rays.

raza ['raθa] f (de personas) race; (de animales) breed; **de ~** pedigree.

razón [ra'θon] f reason; **dar la ~ a alguien** to say that sb is right; **entrar en ~** to see reason; 'se vende piso: **~ portería** 'flat for sale: enquire at caretaker's office'; **tener ~** to be right.

razonable [raθo'naβle] adj reasonable.

razonamiento [raθona'mjento] m reasoning.

razonar [raθo'nar] vt to reason out. ◆ vi to reason.

reacción [reak'θjon] f reaction.

reaccionar [reakθjo'nar] vi (responder) to react; (a tratamiento) to respond.

reactor [reak'tor] m (avión) jet (plane); (motor) jet engine.

real [re'al] adj (verdadero) real; (de rey) royal.

realeza [rea'leθa] f royalty.

realidad [reali'ðað] f (existencia) reality; (verdad) truth; **en ~** in fact.

realismo [rea'lizmo] m realism.

realización [realiθa'θjon] f (de tarea, trabajo) carrying-out; (de proyecto, plan) implementation; (de deseo, sueño) fulfilment; (de película) production.

realizar [reali'θar] vt (tarea, trabajo) to carry out; (proyecto, plan) to implement; (deseo, sueño) to fulfil; (película) to produce.

realmente [re,al'mente] adv (en verdad) actually; (muy) really.

realquilado, da [realki'laðo, ða] m, f sub-tenant.

realquilar [realki'lar] vt to sublet.

reanimación [reanima'θjon] f (de fuerzas, energía) recovery; (de enfermo) revival; (del ánimo) cheering-up.

rebaja [re'βaxa] f (de precio) dis-

count; *(de altura, nivel, etc)* reduction.
❑ **rebajas** *fpl* sales.

rebajado, da [reβa'xaðo, ða] *adj* reduced.

rebajar [reβa'xar] *vt (precio)* to reduce; *(altura, nivel, etc)* to lower; *(humillar)* to humiliate.

rebanada [reβa'naða] *f* slice.

rebanar [reβa'nar] *vt* to slice.

rebaño [re'βaɲo] *m (de ovejas)* flock.

rebelarse [reβe'larse] *vpr* to rebel.

rebelde [re'βelde] *adj* rebellious; *(niño, pelo)* unruly; *(enfermedad)* persistent. ♦ *mf* rebel.

rebeldía [reβel'dia] *f (cualidad)* rebelliousness; *(acción)* rebellion.

rebelión [reβe'ljon] *f* rebellion.

rebozado, da [reβo'θaðo, ða] *adj* coated in batter or fried breadcrumbs.

rebozo [re'βoθo] *m Amér* shawl.

recado [re'kaðo] *m (mensaje)* message.

recaer [reka'er] *vi (en enfermedad)* to have a relapse; *(en vicio, error, etc)* to relapse.

recalcar [rekal'kar] *vt* to stress.

recalentar [rekalen'tar] *vt (volver a calentar)* to warm up; *(calentar demasiado)* to overheat. ❑ **recalentarse** *vpr* to overheat.

recámara [re'kamara] *f CAm, Col & Méx* bedroom.

recamarera [rekama'rera] *f Amér* maid.

recambio [re'kambjo] *m (pieza)* spare (part); *(de pluma)* refill.

recargar [rekar'var] *vt (mechero, recipiente)* to refill; *(batería)* to recharge; *(arma)* to reload; *(cargar demasiado)* to overload; *(impuesto)* to increase.

recato [re'kato] *m (pudor)* modesty; *(prudencia)* caution.

recepción [reθep'θjon] *f* reception.

recepcionista [reθepθjo'nista] *mf* receptionist.

receptor [reθep'tor] *m* receiver.

recesión [reθe'sjon] *f* recession.

receta [re'θeta] *f (de guiso)* recipe; ~ **(médica)** prescription.

recetar [reθe'tar] *vt* to prescribe.

rechazar [retʃa'θar] *vt* to reject; *(físicamente)* to push away; *(denegar)* to turn down.

rechazo [re'tʃaθo] *m* rejection.

recibidor [reθiβi'ðor] *m* entrance hall.

recibimiento [reθiβi'mjento] *m* reception.

recibir [reθi'βir] *vt* to receive; *(dar la bienvenida a)* to welcome; *(ir a buscar)* to meet. ❑ **recibirse** *vpr Amér* to graduate.

recibo [re'θiβo] *m* receipt.

reciclado, da [reθi'klaðo, ða] *adj* recycled.

reciclaje [reθi'klaxe] *m (de papel, plástico, etc)* recycling.

reciclar [reθi'klar] *vt* to recycle. ❑ **reciclarse** *vpr (persona)* to retrain.

recién [re'θjen] *adv* recently; ~ **hecho** fresh; ~ **nacido** newborn baby; '~ **pintado**' 'wet paint'.

reciente [re'θjente] *adj* recent.

recientemente [re,θjente'mente] *adv* recently.

recinto [re'θinto] *m* area.

recipiente [reθi'pjente] *m* container.

recital [reθi'tal] *m (de música pop)* concert; *(de música clásica)* recital.

recitar [reθi'tar] *vt* to recite.

reclamación [reklama'θjon] *f (queja)* complaint; *(petición)* claim; '**reclamaciones y quejas**' 'complaints'.

reclamar [rekla'mar] vt to demand.

recluir [reklu'ir] vt to shut away.

reclusión [reklu'sjon] f (encarcelamiento) imprisonment; (voluntaria) seclusion.

recobrar [reko'βrar] vt to recover. □ **recobrarse de** v + prep to recover from.

recogedor [rekoxe'ðor] m dustpan.

recoger [reko'xer] vt (coger) to pick up; (reunir) to collect; (fruta) to pick; (ir a buscar) to meet; (mesa) to clear; (acoger) to take in. □ **recogerse** vpr (retirarse) to withdraw; (acostarse) to retire.

recogida [reko'xiða] f (de objetos, basura, etc) collection; (de frutos) harvest.

recolección [rekolek'θjon] f (de frutos) harvesting.

recomendar [rekomen'dar] vt to recommend.

recompensa [rekom'pensa] f reward.

recompensar [rekompen'sar] vt to reward.

reconocer [rekono'θer] vt to recognize; (examinar) to examine; (terreno) to survey.

reconocimiento [rekonoθi'mjento] m recognition; (agradecimiento) gratitude; (en medicina) examination.

reconquista [rekon'kista] f Esp: **la R~** the Reconquest (of Spain).

récord ['rekor] m record.

recordar [rekor'ðar] vt to remember; ~ **a alguien a** to remind sb of.

recorrer [reko'rer] vt (país, etc) to travel across; (distancia) to cover.

recorrido [reko'riðo] m (trayecto) route; (viaje) journey; **tren de largo ~** intercity train.

recortar [rekor'tar] vt (pelo) to trim; (papel) to cut out; (tela, gastos, precio) to cut.

recostarse [rekos'tarse] vpr to lie down.

recreo [re'kreo] m (diversión) recreation; (de escolares) break.

recta ['rekta] f straight line.

rectangular [rektaŋgu'lar] adj rectangular.

rectángulo [rek'taŋgulo] m rectangle.

rectitud [rekti'tuð] f rectitude.

recto, ta ['rekto, ta] adj (camino, línea, etc) straight; (severo, honesto) upright; **todo ~** straight on.

rector, ra [rek'tor, ra] m, f vice chancellor (Br), president (Am).

recuerdo [re'kwerðo] m (del pasado) memory; (de viaje) souvenir. □ **recuerdos** mpl (saludos) regards; **dar ~s a** to give one's regards to.

recuperación [rekupera'θjon] f recovery.

recuperar [rekupe'rar] vt to recover; (tiempo) to make up. □ **recuperarse** vpr (volver en sí) to come to. □ **recuperarse de** v + prep to recover from.

recurrir [reku'rir] vi (en juicio) to appeal; ~ **a** (pedir ayuda) to turn to.

recurso [re'kurso] m (medio) resort; (reclamación) appeal. □ **recursos** mpl resources; ~**s humanos** human resources.

red [reð] f (malla, en deporte) net; (de pelo) hairnet; (de carreteras, conductos, etc) network; (de tiendas, empresas, etc) chain.

redacción [reðak'θjon] f (de texto, periódico) editing; (en escuela) essay; (estilo) wording; (conjunto de personas) editorial team; (oficina) editorial office.

redactar [reðak'tar] *vt* to write.

redactor, ra [reðak'tor, ra] *m, f (escritor)* writer; *(editor)* editor.

redil [re'ðil] *m (sheep)* pen.

redondeado, da [reðonde-'aðo, ða] *adj (material, forma, etc)* rounded; *(precio, cantidad, etc)* rounded up/down.

redondel [reðon'del] *m* ring.

redondo, da [re'ðondo, ða] *adj* round; *(perfecto)* excellent.

reducción [reðuk'θjon] *f* reduction.

reducir [reðu'θir] *vt* to reduce; *(someter)* to suppress. □ **reducirse a** *v* + *prep* to be reduced to.

reembolsar [reembol'sar] *vt (gastos)* to reimburse; *(dinero)* to refund; *(deuda)* to repay.

reembolso [reem'bolso] *m (de gastos)* reimbursement; *(de dinero)* refund; *(de deuda)* repayment; **contra ∼ cash** on delivery.

reemplazar [reempla'θar] *vt* to replace.

reestrenar [reestre'nar] *vt* to rerelease.

reestreno [rees'treno] *m* rerelease.

reestructurar [reestruktu'rar] *vt* to restructure.

refacción [refak'θjon] *f Chile & Méx* spare *(part); Andes & RP (en edificio)* renovation.

refaccionar [refakθjo'nar] *vt Amér* to repair.

referencia [refe'renθja] *f* reference. □ **referencias** *fpl* references.

referéndum [refe'rendum] *m* referendum.

referente [refe'rente] *adj*: ∼ **a** concerning.

referirse [refe'rirse] ◆ **referirse a** *v* + *prep* to refer to.

refinería [refine'ria] *f* refinery.

reflector [reflek'tor] *m* spotlight.

reflejar [refle'xar] *vt* to reflect. □ **reflejarse** *vpr* to be reflected.

reflejo, ja [re'flexo, xa] *adj (movimiento)* reflex. ◆ *m (luz)* gleam; *(imagen)* reflection. □ **reflejos** *mpl (reacción rápida)* reflexes; **hacerse ∼s** to have highlights put in.

reflexión [reflek'sjon] *f* reflection.

reflexionar [refleksjo'nar] *vi* to reflect.

reforma [re'forma] *f* reform; *(de casa, edificio)* alteration; *(de idea, plan)* change.

reformar [refor'mar] *vt* to reform; *(casa, edificio)* to do up; *(idea, plan)* to alter. □ **reformarse** *vpr* to mend one's ways.

reforzar [refor'θar] *vt* to reinforce.

refrán [re'fran] *m* proverb.

refrescante [refres'kante] *adj* refreshing.

refresco [re'fresko] *m* soft drink; '∼**s**' 'refreshments'.

refrigerado, da [refrixe'raðo, ða] *adj (con aire acondicionado)* airconditioned.

refrigerador [refrixera'ðor] *m* refrigerator.

refugiado, da [refu'xjaðo, ða] *m, f* refugee.

refugiar [refu'xjar] *vt* to give refuge to. □ **refugiarse** *vpr* to take refuge.

refugio [re'fuxjo] *m* refuge; *(de guerra)* shelter.

regadera [reya'ðera] *f (para plantas)* watering can; *Col, Méx & Ven (ducha)* shower head.

regalar [reya'lar] *vt (obsequiar)* to give (as a present); *(dar gratis)* to give away.

regaliz [reya'liθ] *m* liquorice.

regalo [re'valo] *m* present, gift.

regañar [reva'ɲar] *vt* to tell off. ◆ *vi* (*pelearse*) to argue.

regar [re'var] *vt* (*campos, plantas*) to water; (*suj: río*) to flow through; (*canal*) irrigation channel.

regata [re'vata] *f* (*competición*) regatta; (*canal*) irrigation channel.

regatear [revate'ar] *vt* (*precio*) to haggle over; (*esfuerzos, ayuda*) to be sparing with; (*en deporte*) to beat, to dribble past.

regazo [re'vaθo] *m* lap.

regenerar [rexene'rar] *vt* (*cosa*) to regenerate; (*persona*) to reform. ❑ **regenerarse** *vpr* (*persona*) to mend one's ways.

régimen ['reximen] *m* (*de alimentación*) diet; (*conjunto de normas*) rules (*pl*); (*forma de gobierno*) regime.

región [re'xjon] *f* region.

regional [rexjo'nal] *adj* regional.

regir [re'xir] *vt* (*dirigir*) to run. ◆ *vi* to apply.

registrar [rexis'trar] *vt* (*inspeccionar*) to search; (*cachear*) to frisk; (*en lista, registro, cinta*) to record. ❑ **registrarse** *vpr* (*ocurrir*) to occur.

registro [re'xistro] *m* (*libro*) register; (*inspección*) search; (*de luz, agua, etc*) cupboard containing electricity/water meter; ~ (**civil**) registry office.

regla ['revla] *f* (*norma*) rule; (*instrumento*) ruler; (*menstruación*) period; **en** ~ in order; **por** ~ **general** as a rule.

reglamento [revla'mento] *m* regulations (*pl*).

regresar [revre'sar] *vt* Amér to return. ◆ *vi* to return. ❑ **regresarse** *vpr* Amér to return.

regreso [re'vreso] *m* return.

regular [revu'lar] *adj* (*uniforme*) regular; (*de tamaño*) medium; (*vuelo*) scheduled; (*habitual*) normal; (*medio-*

cre) average. ◆ *vt* (*reglamentar*) to regulate; (*mecanismo*) to adjust. ◆ *adv* all right.

regularidad [revulari'ðað] *f* regularity.

rehabilitar [reaβili'tar] *vt* (*local, casa, etc*) to restore; (*persona*) to rehabilitate.

rehén [re'en] *mf* hostage.

rehogar [reo'var] *vt* to fry over a low heat.

reina ['rejna] *f* queen.

reinado [rej'naðo] *m* reign.

reinar [rej'nar] *vi* to reign.

reincorporar [rejnkorpo'rar] *vt* to reincorporate. ❑ **reincorporarse a** *v* + *prep* to go back to.

reino ['rejno] *m* kingdom.

Reino Unido ['rejno u'niðo] *m*: **el** ~ the United Kingdom.

reintegro [rejn'tevro] *m* (*pago*) reimbursement; (*en banco*) withdrawal; (*en lotería*) return of one's stake.

reír [re'ir] *vi* to laugh. ◆ *vt* to laugh at. ❑ **reírse de** *v* + *prep* to laugh at.

reivindicación [rejβindika'θjon] *f* claim.

reivindicar [rejβindi'kar] *vt* to claim.

reja ['rexa] *f* (*de puerta, ventana*) bars (*pl*).

rejilla [re'xiʎa] *f* (*para abertura*) grid; (*de ventana*) grille; (*de horno*) gridiron Br, rack Am; (*de silla*) wickerwork; (*para equipaje*) luggage rack.

rejuvenecer [rexuβene'θer] *vt* & *vi* to rejuvenate.

relación [rela'θjon] *f* (*nexo*) relation; (*trato*) relationship; (*enumeración*) list; (*narración*) account. ❑ **relaciones** *fpl* (*amistades*) relations; (*influencias*) connections; (*noviazgo*) relationship (*sg*).

relacionar [relaθjo'nar] *vt* to

relate. □ **relacionarse** *vpr* (*ideas, objetos, etc*) to be related; (*personas*) to mix.

relajación [relaxa'θjon] *f* relaxation.

relajar [rela'xar] *vt* to relax. □ **relajarse** *vpr* to relax.

relajo [re'laxo] *m Amér* commotion.

relámpago [re'lampaɣo] *m* flash of lightning.

relampaguear [relampaɣe'ar] *v impers*: **relampagueó** lightning flashed.

relatar [rela'tar] *vt* to relate.

relativo, va [rela'tiβo, βa] *adj* (*no absoluto*) relative; (*escaso*) limited; ~ a concerning.

relato [re'lato] *m* (*cuento*) tale; (*exposición*) account.

relevo [re'leβo] *m* (*sustitución*) relief; (*en deporte*) relay. □ **relevos** *mpl* relay (*race*) (*sg*).

relieve [re'ljeβe] *m* relief; (*importancia*) importance.

religión [reli'xjon] *f* religion.

religioso, sa [reli'xjoso, sa] *adj* religious. ◆ *m, f* (*monje*) monk (*f* nun).

relinchar [relin'tʃar] *vi* to neigh.

relincho [re'lintʃo] *m* neigh.

rellano [re'ʎano] *m* landing.

rellenar [reʃe'nar] *vt* (*volver a llenar*) to refill; (*pastel*) to fill; (*pollo, almohada*) to stuff; (*formulario, documento*) to fill in.

relleno, na [re'ʎeno, na] *adj* stuffed. ◆ *m* stuffing; (*de pastel*) filling.

reloj [re'lox] *m* clock; ~ **de arena** hourglass; ~ **(de pared)** clock; ~ **(de pulsera)** watch.

relojería [reloxe'ria] *f* (*tienda*) watchmaker's (shop); (*taller*) watchmaker's workshop.

relojero, ra [relo'xero, ra] *m, f* watchmaker.

remar [re'mar] *vi* to row.

remediar [reme'ðjar] *vt* (*solucionar*) to put right; (*problema*) to solve.

remedio [re'meðjo] *m* (*solución*) solution; (*auxilio*) help; (*para enfermedad*) remedy; **no queda más** ~ there's nothing for it; **no tener más** ~ to have no choice; **sin** ~ hopeless.

remendar [remen'dar] *vt* to mend.

remite [re'mite] *m* sender's name and address *Br*, return address *Am*.

remitente [remi'tente] *mf* sender.

remitir [remi'tir] *vt* to send. □ **remitir a** *v + prep* to refer to.

remo [ˈremo] *m* oar.

remojar [remo'xar] *vt* to soak.

remojo [re'moxo] *m*: **poner en** ~ to leave to soak.

remolacha [remo'latʃa] *f* beetroot (*Br*), beet (*Am*).

remolcador [remolka'ðor] *m* (*embarcación*) tugboat; (*camión*) breakdown lorry *Br*, tow truck *Am*.

remolcar [remol'kar] *vt* to tow.

remolque [re'molke] *m* (*vehículo*) trailer.

remontar [remon'tar] *vt* to go up. □ **remontarse a** *v + prep* to date back to.

remordimiento [remorði'mjento] *m* remorse.

remoto, ta [re'moto, ta] *adj* remote.

remover [remo'βer] *vt* (*café, sopa*) to stir; (*tierra*) to dig up; (*recuerdos*) to rake up.

remuneración [remunera'θjon] *f* remuneration.

renacuajo [rena'kuaxo] *m* tadpole.

rencor [ren'kor] *m* resentment.

rendición [rendi'θjon] *f* surrender.

rendimiento [rendi'mjento] *m (de motor)* performance.

rendir [ren'dir] *vt (homenaje)* to pay. ◆ *vi (máquina)* to perform well; *(persona)* to be productive; *(negocio, dinero)* to be profitable. ▫ **rendirse** *vpr (someterse)* to surrender.

RENFE ['renfe] *f Spanish state railway network.*

reno ['reno] *m* reindeer.

renovación [renoβa'θjon] *f (de decoración, local)* renovation; *(de contrato, carné)* renewal.

renovar [reno'βar] *vt (decoración, local)* to renovate; *(contrato, carné, relación)* to renew; *(vestuario)* to clear out.

renta ['renta] *f (ingresos)* income; *(beneficio)* return; *(alquiler)* rent.

rentable [ren'taβle] *adj* profitable.

rentar [ren'tar] *vt Amér* to rent.

renunciar [renun'θjar] ◆ **renunciar a** *v + prep (prescindir de)* to give up; *(declinar)* to refuse to.

reñir [re'ɲir] *vt (reprender)* to tell off. ◆ *vi (pelearse)* to argue; *(romper relaciones)* to fall out.

reo, a ['reo, a] *m, f* offender.

reparación [repara'θjon] *f (de coche, avería, etc)* repair; *(de daño, ofensa, etc)* reparation.

reparar [repa'rar] *vt (coche, máquina, etc)* to repair; *(equivocación, ofensa, etc)* to make amends for. ▫ **reparar en** *v + prep* to notice.

repartidor, ra [reparti'ðor, ra] *m, f* deliveryman *(f* deliverywoman*)*.

repartir [repar'tir] *vt (dividir)* to share out; *(distribuir)* to deliver.

reparto [re'parto] *m (de bienes, dinero, etc)* division; *(de mercancías, periódicos, etc)* delivery; *(de actores)* cast.

repasar [repa'sar] *vt* to go over; *(trabajo, lección)* to revise *Br*, to re-

view *Am*; *(releer)* to go over; *(remendar)* to mend; ~ **apuntes** to go over one's notes.

repaso [re'paso] *m* revision *Br*, review *Am*; *fam (reprensión)* telling off.

repelente [repe'lente] *adj* repulsive.

repente [re'pente] ◆ **de repente** *adv* suddenly.

repentino, na [repen'tino, na] *adj* sudden.

repercusión [reperku'sjon] *f* repercussion.

repertorio [reper'torjo] *m (catálogo)* list; *(de actor, compañía, etc)* repertoire.

repetición [repeti'θjon] *f* repetition.

repetidor, ra [repeti'ðor, ra] *m, f (alumno)* student repeating a year. ◆ *m (en telecomunicaciones)* repeater.

repetir [repe'tir] *vt* to repeat; *(comida, bebida)* to have seconds of. ◆ *vi (sabor)* to repeat.

réplica ['replika] *f (copia)* replica; *(contestación)* reply.

replicar [repli'kar] *vt & vi* to answer back.

repoblación [repoβla'θjon] *f (de ciudad, región, etc)* repopulation; *(de bosque, campos)* replanting; ~ **forestal** reafforestation.

repoblar [repo'βlar] *vt (ciudad, región, etc)* to repopulate; *(bosque, campos, etc)* to replant.

reponer [repo'ner] *vt* to replace; *(película, obra de teatro)* to re-run. ▫ **reponerse** *vpr* to recover.

reportaje [repor'taxe] *m (en radio, televisión)* report; *(en periódico, revista)* article.

reportar [repor'tar] *vt Méx* to report. ▫ **reportarse** *vpr Andes, CAm & Méx* to report.

reporte [re'porte] *m Méx* report.

reportero, ra [repor'tero, ra] *m, f* reporter.

reposo [re'poso] *m (descanso)* rest; *(quietud)* calm.

repostería [reposte'ria] *f* confectionery.

representación [representa'θjon] *f* representation; *(de obra de teatro)* performance; **en ~ de** on behalf of.

representante [represen'tante] *mf (de actor, cantante, etc)* agent; *(vendedor)* representative.

representar [represen'tar] *vt* to represent; *(obra de teatro)* to perform; *(edad)* to look; *(importar)* to mean.

representativo, va [representa 'tiβo, βa] *adj* representative.

represión [repre'sjon] *f* suppression.

reprimir [repri'mir] *vt* to suppress. □ **reprimirse** *vpr* to restrain o.s.

reprochar [repro'tʃar] *vt* to reproach.

reproche [re'protʃe] *m* reproach.

reproducción [reproðuk'θjon] *f* reproduction.

reproducir [reproðu'θir] *vt* to reproduce. □ **reproducirse** *vpr (seres vivos)* to reproduce.

reptar [rep'tar] *vi* to crawl.

reptil [rep'til] *m* reptile.

república [re'puβlika] *f* republic.

República Dominicana [re 'puβlikaðomini'kana] *f*: **la ~** the Dominican Republic.

republicano, na [repuβli'kano, na] *adj* republican.

repuesto, ta [re'puesto, ta] *pp* → **reponer**. ◆ *m (recambio)* spare (part); **de ~** spare.

repugnar [repuɣ'nar] *vt*: **me repugna ese olor** I find that smell disgusting.

reputación [reputa'θjon] *f* reputation.

requerir [reke'rir] *vt* to require.

requesón [reke'son] *m* cottage cheese.

res [res] *f (animal)* cow; *Col, Méx &* *Ven (carne)* beef.

resaca [re'saka] *f (de borrachera)* hangover; *(del mar)* undertow.

resbalada [rezβa'laða] *f Amér* slip.

resbaladizo, za [rezβala'ðiθo, θa] *adj* slippery.

resbalar [rezβa'lar] *vi (deslizarse)* to slide; *(caer)* to slip; *(equivocarse)* to slip up. □ **resbalarse** *vpr* to slip.

rescatar [reska'tar] *vt* to rescue.

rescate [res'kate] *m (dinero)* ransom.

resentimiento [resenti'mjento] *m* resentment.

reserva¹ [re'serβa] *f (de habitación, asiento, comedimiento)* reservation; *(cautela)* discretion; *(de alimentos, provisiones, etc)* reserves *(pl)*; *(de animales)* reserve; **de ~** *(de repuesto)* in reserve; **~ natural** nature reserve.

reserva² [re'serβa] *m (vino)* vintage.

reservación [reserβa'θjon] *f Amér* reservation.

reservado, da [reser'βaðo, ða] *adj* reserved. ◆ *m (compartimento)* reserved compartment.

reservar [reser'βar] *vt (asiento, billete, etc)* to reserve, to book; *(callar)* to reserve; *(noticia, datos)* to keep to o.s.; *(guardar)* to set aside.

resfriado, da [res'frjaðo, ða] *m* cold. ◆ *adj*: **estar ~** to have a cold.

resfriarse [res'frjarse] *vpr* to catch a cold.

resfrío [res'frio] *m Amér* cold.

resguardar [resɣwar'ðar] *vt* to protect. □ **resguardarse de** *v + prep* to shelter from.

resguardo [rez'ɣwaɾðo] m (documento) receipt.

residencia [resi'ðenθja] f (estancia) stay; (casa) residence; (de estudiantes) hall of residence Br, dormitory Am; (de ancianos) old people's home Br, retirement home Am; (pensión) guest house.

residuo [re'siðwo] m residue. ❑ **residuos** mpl waste (sg).

resignarse [resiɣ'naɾse] vpr to resign o.s.

resistencia [resis'tenθja] f resistance; (para correr, etc) stamina; (de pared, material, etc) strength.

resistente [resis'tente] adj tough.

resistir [resis'tiɾ] vt (carga, dolor, enfermedad) to withstand; (tentación, deseo, ataque) to resist; (tolerar) to stand. ◆ vi (durar) to keep going. ❑ **resistirse a** v + prep to refuse to.

resolver [resol'βeɾ] vt (duda, crisis) to resolve; (problema, caso) to solve.

resonancia [reso'nanθja] f (de sonido) resonance; (repercusión) repercussions (pl).

resorte [re'soɾte] m spring.

respaldo [res'paldo] m (de asiento) back.

respectivo, va [respek'tiβo, βa] adj respective.

respecto [res'pekto] m: **al ~** in this respect; **(con) ~ a** regarding.

respetable [respe'taβle] adj (digno de respeto) respectable; (considerable) considerable.

respetar [respe'taɾ] vt to respect.

respeto [res'peto] m respect.

respiración [respira'θjon] f breathing.

respirar [respi'raɾ] vi to breathe; (sentir alivio) to breathe again.

respiro [res'piro] m (alivio) relief; **darse un ~** to have a breather.

resplandor [resplan'doɾ] m brightness.

responder [respon'deɾ] vt to answer. ◆ vi (contestar) to answer; (replicar) to answer back; (reaccionar) to respond; **~ a algo** to reply to sthg. ❑ **responder a** v + prep (deberse a) to be due to. ❑ **responder de** v + prep to answer for. ❑ **responder por** v + prep to answer for.

responsabilidad [responsaβili'ðað] f responsibility.

responsable [respon'saβle] adj responsible; **~ de** responsible for.

respuesta [res'pwesta] f (contestación) answer; (reacción) response.

resta ['resta] f subtraction.

restar [res'taɾ] vt (quitar) to take away; (en matemáticas) to subtract.

restauración [restaura'θjon] f restoration; (en hostelería) restaurant trade.

restaurado, da [restau'raðo, ða] adj restored.

restaurador, ra [restaura'ðoɾ, ra] m, f (de pintura, escultura, etc) restorer; (en hostelería) restaurateur.

restaurante [restau'rante] m restaurant.

restaurar [restau'raɾ] vt to restore.

resto ['resto] m rest. ❑ **restos** mpl remains; (de comida) leftovers.

restricción [restrik'θjon] f restriction.

resucitar [resuθi'taɾ] vt (persona) to bring back to life. ◆ vi to rise from the dead.

resuelto, ta [re'swelto, ta] pp → resolver. ◆ adj (decidido) determined.

resultado [resul'taðo] m result.

resultar [resul'taɾ] vi (acabar en) to turn out to be; (tener éxito) to work out; (ser) to be. ❑ **resultar de** v + prep to result from.

resumen [re'sumen] *m* summary.

resumir [resu'mir] *vt* to summarize.

retablo [re'taβlo] *m* altarpiece.

retal [re'tal] *m* remnant.

retención [reten'θjon] *f* (de tráfico) hold-up; (de líquidos, grasas) retention.

retirado, da [reti'raðo, ða] *adj* (apartado) secluded; (jubilado) retired.

retirar [reti'rar] *vt* (quitar, recoger) to remove; (carné, permiso, dinero, afirmación) to withdraw. ☐ **retirarse** *vpr* to retire.

reto ['reto] *m* challenge.

retocar [reto'kar] *vt* (fotografía, pintura) to touch up; (trabajo) to put the finishing touches to.

retorcer [retor'θer] *vt* (brazo) to twist; (ropa) to wring. ☐ **retorcerse de** *v* + *prep* (dolor) to writhe in; (risa) to double up with.

retórica [re'torika] *f* rhetoric.

retornable [retor'naβle] *adj* returnable.

retorno [re'torno] *m* return.

retransmisión [retranzmi'sjon] *f* broadcast; (repetición) repeat.

retransmitir [retranzmi'tir] *vt* to broadcast; (repetir) to repeat.

retrasado, da [retra'saðo, ða] *adj* (tren) delayed; (trabajo) behind; (reloj) slow; (no actual) old-fashioned; (persona) backward Br, mentally handicapped.

retrasar [retra'sar] *vt* (aplazar) to postpone; (reloj) to put back; (hacer más lento) to hold up. ☐ **retrasarse** *vpr* (llegar tarde) to be late; (reloj) to be behind time; (en el pago) to be behind.

retraso [re'traso] *m* (de persona, tren, etc) delay; (de reloj) slowness; (de pueblo, cultura, etc) backwardness;

(deuda) arrears (pl); **con** ~ late; **llevar** ~ to be late.

retratar [retra'tar] *vt* (fotografiar) to photograph; (dibujar, pintar) to do a portrait of; (describir) to portray.

retrato [re'trato] *m* (fotografía) photograph; (dibujo, pintura) portrait; (descripción) portrayal; (imagen parecida) spitting image.

retrete [re'trete] *m* toilet Br, bathroom Am.

retroceder [retroθe'ðer] *vi* to go back.

retrospectivo, va [retrospek-'tiβo, βa] *adj* retrospective.

retrovisor [retroβi'sor] *m* rearview mirror.

reuma ['reuma] *m o f* rheumatism.

reunión [reu'njon] *f* meeting.

reunir [reu'nir] *vt* (personas) to bring together; (dinero, fondos) to raise; (condiciones) to meet. ☐ **reunirse** *vpr* to meet.

revancha [re'βantʃa] *f* revenge.

revelado [reβe'laðo] *m* developing; ~ **en color/blanco y negro** colour/black and white developing.

revelar [reβe'lar] *vt* (secreto, noticia, etc) to reveal; (fotografía) to develop.

reventar [reβen'tar] *vt* (romper) to burst; *fam* (fastidiar) to bug. ♦ *vi* (cansar) to get exhausted; (bomba) to explode; (globo) to burst; *fam* (morir) to kick the bucket. ☐ **reventarse** *vpr* (romperse) to burst.

reventón [reβen'ton] *m* puncture.

reverencia [reβe'renθja] *f* (inclinación) bow.

reversa [re'βersa] *f* Col & Méx reverse.

reversible [reβer'siβle] *adj* reversible.

reverso [re'βerso] *m* back.

revés [re'βes] *m* (de moneda, folio, etc)

back; *(con raqueta)* backhand; *(con mano)* slap; *(desgracia)* setback; **al ~** *(en orden contrario)* the other way round; *(en mal orden)* the wrong way round; *(al contrario)* on the contrary.

revestimiento [reβesti'mjento] *m (de pintura)* coat.

revisar [reβi'sar] *vt (corregir)* to revise; *(coche)* to service; *Amér (paciente)* to examine.

revisión [reβi'sjon] *f (repaso)* revision; *(arreglo)* amendment.

revisor, ra [reβi'sor, ra] *m, f (en tren)* ticket inspector; *(en autobús)* conductor.

revista [re'βista] *f (publicación)* magazine; *(espectáculo)* revue; *(inspección)* inspection.

revistero [reβis'tero] *m* magazine rack.

revolcarse [reβol'karse] *vpr* to roll about.

revoltillo [reβol'tiʎo] *m (confusión)* jumble; *(guiso)* scrambled egg, *usually with fried prawns and mushrooms.*

revoltoso, sa [reβol'toso, sa] *adj (travieso)* naughty; *(rebelde)* rebellious.

revolución [reβolu'θjon] *f* revolution.

revolucionario, ria [reβoluθjo'narjo, rja] *m, f* revolutionary.

revolver [reβol'βer] *vt (mezclar)* to mix; *(desordenar)* to mess up; *(líquido)* to stir.

revólver [re'βolβer] *m* revolver.

revuelta [re'βɥelta] *f (rebelión)* revolt.

revuelto, ta [re'βɥelto, ta] *pp* → **revolver.** ◆ *adj (desordenado)* in a mess; *(turbio)* cloudy; *(tiempo)* unsettled; *(mar)* choppy; *(alborotado)* turbulent. ◆ *m* scrambled eggs *(pl).*

rey [rei] *m* king; **los Reyes Magos** the Three Wise Men. ❑ **Reyes** *m (fiesta)* Epiphany, *6 January when Spanish children traditionally receive presents.*

REYES

On 6 January, "el día de Reyes" or "Reyes", Spanish children traditionally receive presents supposedly brought by the Three Wise Men. The "roscón de reyes" is a large ring-shaped bun eaten for dessert on this day, in which a bean and a small figure are hidden. Whoever gets the slice with the bean has to pay for the "roscón", whilst the person who finds the figure is proclaimed "king of the party".

rezar [re'θar] *vt* to say. ◆ *vi* to pray.

rezo ['reθo] *m* prayer.

ría ['ria] *f* estuary.

riachuelo [ria'tʃɥelo] *m* stream.

riada [ri'aða] *f* flood.

ribera [ri'βera] *f (del río)* bank; *(del mar)* shore; *(terreno)* plain *(irrigated by a river).*

ribete [ri'βete] *m (de vestido, zapato, etc)* edging; *(añadido)* touch.

rico, ca ['riko, ka] *adj (rich; (sabroso)* tasty; *fam (simpático)* cute; *Amér (día, casa, danza, etc)* wonderful.

ridículo, la [ri'ðikulo, la] *adj (cómico)* ridiculous; *(escaso)* laughable. ◆ *m*: **hacer el ~** to make a fool of o.s.

riego ['rjeɣo] *m* irrigation.

rienda ['rjenda] *f* rein.

riesgo ['rjezɣo] *m* risk; **a todo ~** comprehensive.

riesgoso, sa ['rjezɣoso, sa] *adj Amér* risky.

rifar [ri'far] *vt* to raffle.

rigidez [rixi'ðeθ] f (de palo, tela, etc) stiffness; (de carácter) inflexibility; (de norma, regla) strictness.

rígido, da ['rixiðo, ða] adj (palo, tela, etc) stiff; (carácter, persona) inflexible; (norma, regla) strict.

rigor [ri'ɣor] m (exactitud) accuracy; (severidad) strictness; (del clima) harshness; **de** ~ essential.

riguroso, sa [riɣu'roso, sa] adj (exacto) rigorous; (severo, normas, leyes, etc) strict; (frío, calor) harsh.

rima ['rima] f rhyme.

rímel ['rimel] m mascara.

rincón [rin'kon] m corner.

ring [rin] m (boxing) ring.

rinoceronte [rinoθe'ronte] m rhinoceros.

riña ['riɲa] f (discusión) fight; (pelea) fight.

riñón [ri'ɲon] m kidney. ❑ **riñones** mpl (parte del cuerpo) lower back (sg); **riñones al jerez** kidneys cooked in sherry.

riñonera [riɲo'nera] f bum bag (Br), fanny pack (Am).

río ['rio] m river.

rioja [ri'oxa] m Rioja (wine).

RIP (abrev de requiescat in pace) RIP.

riqueza [ri'keθa] f (fortuna) wealth; (cualidad) richness.

risa ['risa] f laughter.

ristra ['ristra] f string.

ritmo ['riðmo] m (armonía) rhythm; (velocidad) pace.

rito ['rito] m rite; (costumbre) ritual.

ritual [ritu'al] m ritual.

rival [ri'βal] mf rival.

rizado, da [ri'θaðo, ða] adj (pelo) curly; (papel, tela, etc) curly; (mar) choppy.

rizo ['riθo] m (de pelo) curl.

RNE (abrev de Radio Nacional de España) Spanish national radio station.

robar [ro'βar] vt (quitar) to steal; (casa) to burgle; (cobrar demasiado) to rob; (en naipes, dominó) to draw.

roble [ro'βle] m oak.

robo [ro'βo] m robbery; (en casa) burglary; (estafa): **es un** ~ it's daylight robbery.

robot [ro'βot] m (de cocina) food processor.

robusto, ta [ro'βusto, ta] adj robust.

roca ['roka] f rock.

roce [ro'θe] m (acción) rub; (más suave) brush; (desgaste) wear; (trato) close contact; (desavenencia) brush.

rociar [roθi'ar] vt (mojar) to sprinkle; (con spray) to spray.

rocío [ro'θio] m dew.

rock [rok] m rock.

rocoso, sa [ro'koso, sa] adj rocky.

rodaballo [roða'βaʎo] m turbot.

rodaje [ro'ðaxe] m (de película) shooting; (de vehículo) running-in.

rodar [ro'ðar] vt (película) to shoot; (vehículo) to run in. ◆ vi (bola, pelota, etc) to roll; (coche) to go, to travel; (caerse) to tumble; (deambular) to wander.

rodeado, da [roðe'aðo, ða] adj surrounded; ~ **de** surrounded by.

rodear [roðe'ar] vt (cercar) to surround; (dar la vuelta a) to go around. ❑ **rodearse de** v + prep to surround o.s. with.

rodeo [ro'ðeo] m (camino largo, vuelta) detour; (al hablar) evasiveness; (espectáculo) rodeo; **dar** ~**s** to beat about the bush.

rodilla [ro'ðiʎa] f knee; **de** ~**s** on one's knees.

rodillo [ro'ðiʎo] m (de máquina) roller; (utensilio) rolling pin.

roedor [roe'ðor] m rodent.

roer [ro'er] vt (raspar, atormentar) to

gnaw (at); (desgastar) to eat away (at).

rogar [ro'var] vt (pedir) to ask.

rojo, ja ['roxo, xa] adj, m, f red.

rollito [ro'ʎito] m: ~ **de primavera** spring roll.

rollo ['roʎo] m (cilindro) roll; (película fotográfica) (roll of) film; fam (persona, cosa, actividad aburrida) bore.

romana [ro'mana] f: **a la** ~ fried in batter.

románico, ca [ro'maniko, ka] adj (lengua) Romance; (en arte) Romanesque. ◆ m Romanesque.

romano, na [ro'mano, na] adj Roman.

romántico, ca [ro'mantiko, ka] adj (sentimental) romantic; (en arte) Romantic.

rombo ['rombo] m (símbolo) lozenge Br, rhombus.

romería [rome'ria] f (fiesta) popular religious festival combining a religious ceremony and dancing, eating etc.

romero [ro'mero] m (planta) rosemary.

romo, ma ['romo, ma] adj blunt.

rompecabezas [ˌrompeka'βeθas] m inv (juego) jigsaw; (asunto complicado) puzzle.

rompeolas [rompe'olas] m inv breakwater.

romper [rom'per] vt to break; (rasgar) to tear; (hacer añicos) to smash; (terminar) to break off. ◆ vi (olas, día) to break; ~ **con alguien** to split up with sb; ~ **a hacer algo** to suddenly start doing sthg. ❏ **romperse** vpr (partirse) to break; (desgarrarse) to tear.

ron [ron] m rum.

roncar [ron'kar] vi (persona) to snore; (mar, viento etc) to roar.

ronco, ca ['ronko, ka] adj hoarse.

ronda ['ronda] f (paseo) nighttime walk on which young men serenade young women outside their windows; (grupo de personas) group of serenaders; (vigilancia) rounds (pl); fam (de copas, tapas) round; (de circunvalación) ring road.

ronquido [ron'kiðo] m (de persona) snore; (de motor, máquina) roar.

ronronear [ronrone'ar] vi to purr.

ronroneo [ronro'neo] m purr.

ropa ['ropa] f clothes (pl); ~ **interior** underwear.

roquefort [roke'for] m Roquefort; **al** ~ in a Roquefort sauce.

rosa ['rosa] f rose. ◆ adj inv pink; ~ **de los vientos** compass.

rosado, da [ro'saðo, ða] adj pink. ◆ m rosé.

rosal [ro'sal] m rose(bush).

rosario [ro'sarjo] m rosary.

roscón [ros'kon] m: ~ **(de reyes)** ring-shaped cake eaten on 6 January.

rosetón [rose'ton] m rose window.

rosquilla [ros'kiʎa] f round biscuit with a hole in the middle.

rostro ['rostro] m face.

roto, ta ['roto, ta] pp → **romper**. ◆ adj broken. ◆ m (en ropa) tear.

rotonda [ro'tonda] f (plaza) circus; (edificio) rotunda; (en carretera) roundabout Br, traffic circle Am.

rotulador [rotula'ðor] m (para dibujar) felt-tip pen; (para marcar) marker (pen).

rótulo ['rotulo] m (letrero) sign.

rotundo, da [ro'tundo, da] adj (respuesta, negación) emphatic.

rozar [ro'θar] vt (frotar) to rub; (tocar) to brush (against). ❏ **rozarse** vpr (desgastarse) to get worn.

r.p.m. (abrev de revoluciones por minuto) rpm.

Rte. abrev = **remitente**.

RTVE f Spanish state broadcasting company.

rubí [ru'βi] m ruby.

rubio, bia ['ruβjo, βja] adj blond (f blonde).

rubor [ru'βor] m (enrojecimiento) blush; (vergüenza) embarrassment.

ruborizarse [ruβori'θarse] vpr to blush.

rudimentario, ria [ruðimen-'tarjo, rja] adj rudimentary.

rudo, da ['ruðo, ða] adj rough; (descortés) rude.

rueda ['rweða] f (pieza) wheel; (corro) circle; ~ **de prensa** press conference; ~ **de repuesto** o **de recambio** spare wheel.

ruedo ['rweðo] m (plaza de toros) bullring; (de falda) hem.

ruego ['rweɣo] m request.

rugby ['ruɣβi] m rugby.

rugido [ru'xiðo] m roar.

rugir [ru'xir] vi to roar.

rugoso, sa [ru'ɣoso, sa] adj (áspero) rough; (con arrugas) wrinkled.

ruido ['rwiðo] m (sonido desagradable) noise; (sonido cualquiera) sound.

ruidoso, sa [rɥi'ðoso, sa] adj noisy.

ruin [rɥin] adj mean.

ruina ['rɥina] f ruin. ▢ **ruinas** fpl ruins.

ruinoso, sa [rɥi'noso, sa] adj (edificio, puente) tumbledown; (negocio, trabajo) ruinous.

ruiseñor [rɥise'nor] m nightingale.

ruleta [ru'leta] f roulette.

rulo ['rulo] m (rizo) curl; (objeto) curler.

ruma ['ruma] f Andes pile.

rumba ['rumba] f rumba.

rumbo ['rumbo] m (dirección) direction; (con) a ~ a heading for.

rumiante [ru'mjante] m ruminant.

rumiar [ru'mjar] vt (masticar) to chew; fig (reflexionar) to chew over.

rumor [ru'mor] m (chisme) rumour; (ruido) murmur.

ruptura [rup'tura] f (de relaciones) breaking-off.

rural [ru'ral] adj rural.

Rusia ['rusja] f Russia.

ruso, sa ['ruso, sa] adj & m, f Russian.

ruta ['ruta] f route.

rutina [ru'tina] f routine.

S

s [se'ɣundo] (abrev de segundo) sec.

S (abrev de San) St.

SA f (abrev de sociedad anónima) ≃ Ltd Br, ≃ PLC Br, ≃ Inc Am.

sábado ['saβaðo] m Saturday; **cada en ~, todos los ~** every Saturday; **caer en ~** to be on a Saturday; **el próximo ~, el ~ que viene** next Saturday; **viene el ~** she's coming on Saturday; **el ~ pasado** last Saturday; **el ~ por la mañana/tarde/noche** (on) Saturday morning/afternoon/night; **este ~** (próximo) this (coming) Saturday; **los ~s** (on) Saturdays.

sábana ['saβana] f sheet.

sabañón [saβa'non] m chilblain.

saber [sa'βer] m knowledge. ♦ vt (conocer) to know; (entender de) to know. ♦ vi: ~ **hacer algo** (ser capaz de) to know how to do sthg, to be able to do sthg; (poder hablar) to speak. ♦ vi: ~ **hacer algo** (ser capaz de) to know how to do sthg, to be able to do sthg; (poder hablar) to speak. Amér (soler) to usually do sthg; **¿sabes algo de él?** have you heard from him?; ~ **bien/mal** (*alimento, bebida*) to taste good/bad; ~ **mal a alguien** to upset sb. □ **saber a** *v + prep* to taste of.

sabiduría [saβiðu'ria] *f* (*prudencia*) wisdom; (*conocimiento profundo*) knowledge.

sabio, bia ['saβjo, βja] *adj* (*prudente*) wise; (*con conocimientos profundos*) knowledgeable. ◆ *m, f* (*persona prudente*) wise person; (*persona sabia*) knowledgeable person.

sable ['saβle] *m* sabre.

sabor [sa'βor] *m* (*gusto*) taste; (*variedad*) flavour; **tener ~ a** to taste of; **helado con ~ a fresa** strawberry ice cream.

saborear [saβore'ar] *vt* to savour.

sabotaje [saβo'taxe] *m* sabotage.

sabroso, sa [sa'βroso, sa] *adj* (*comida*) tasty; (*comentario, noticia, etc*) juicy; (*cantidad*) substantial.

sacacorchos [saka'kortʃos] *m inv* corkscrew.

sacapuntas [saka'puntas] *m inv* pencil sharpener.

sacar [sa'kar] *vt* (*extraer, llevar*) to take out; (*quitar*) to remove; (*salvar, información*) to get out; (*conseguir, obtener*) to get; (*en el juego*) to play; (*ensanchar*) to let out; (*pecho, barriga*) to stick out; (*crear, fabricar*) to bring out; (*copia*) to make. ◆ *vi* (*en tenis*) to serve; ~ **billetes o entradas** to get tickets; ~ **brillo a** to polish; ~ **dinero** to withdraw money; ~ **fotos** to take photos; ~ **la lengua** to stick one's tongue out; ~ **nota** to get a good mark; ~ **buenas/malas notas** to get good/bad marks; **sacan tres puntos a sus rivales** they are three points ahead of their rivals. □ **sacarse** *vpr* (*carné, permiso*) to get.

sacarina [saka'rina] *f* saccharine.

sacerdote [saθer'ðote] *m* priest.

saciar [sa'θjar] *vt* to satisfy; (*sed*) to quench.

saco ['sako] *m* sack, bag; *Amér* (*chaqueta*) jacket; ~ **de dormir** sleeping bag.

sacramento [sakra'mento] *m* sacrament.

sacrificar [sakrifi'kar] *vt* (*renunciar a*) to sacrifice; (*animal*) to slaughter. □ **sacrificarse** *vpr*: ~ **se por** to make sacrifices for.

sacrificio [sakri'fiθjo] *m* sacrifice; (*de animal*) slaughter.

sacristán [sakris'tan] *m* sacristan.

sacudida [saku'ðiða] *f* (*movimiento brusco*) shake; (*de vehículo*) bump; (*terremoto*) tremor.

sacudir [saku'ðir] *vt* (*agitar*) to shake; (*alfombra, sábana*) to shake out; (*pegar*) to hit. ◆ *vi* *CSur & Méx* (*limpiar*) to dust.

safari [sa'fari] *m* (*expedición*) safari; (*parque zoológico*) safari park.

sagrado, da [sa'ɣraðo, ða] *adj* sacred.

sal [sal] *f* (*condimento*) salt; *fig* (*gracia*) wit. □ **sales** *fpl* (*de baño*) bath salts; (*para reanimar*) smelling salts.

sala ['sala] *f* (*habitación*) room; (*de hospital*) ward; (*de cine*) screen, cinema *Br*; (*tribunal*) court; ~ **de espera** waiting room; ~ **de estar** living room; ~ **de fiestas** discothèque; ~ **de juegos** casino; '~ **climatizada**' 'air-conditioning'.

salado, da [sa'laðo, ða] *adj* (*comida*) salty; (*persona*) funny; *Amér* (*pessoa*) jinxed.

salamandra [sala'mandra] *f* salamander.

salar [sa'lar] *vt* (*comida*) to add salt to; (*para conservar*) to salt.

salario [sa'larjo] *m* salary.

salchicha [sal'tʃitʃa] *f* sausage.
salchichón [saltʃi'tʃon] *m* ≃ salami.
saldo ['saldo] *m (de cuenta)* balance; *(pago)* payment; *(mercancía)* remnant.
salero [sa'lero] *m (recipiente)* salt cellar *Br*, salt shaker *Am*; *(gracia)* wit.
salida [sa'liða] *f (de lugar)* exit; *(de tren, avión, autobús)* departure; *(excursión)* outing; *(ocurrencia)* witty remark; *(recurso)* way out; *(de productos)* market; ~ **de incendios** fire escape; ~ **de socorro** o **emergencia** emergency exit; ~**s internacionales** international departures.
salina [sa'lina] *f* saltmine. ▫ **salinas** *fpl* saltworks *(sg).*

☞
salir [sa'lir] *vi* - 1. *(ir fuera)* to go out; *(venir fuera)* to come out; **salió a la calle** he went outside; **¡sal aquí fuera!** come out here!; ~ **de** to leave.
- 2. *(marcharse)* to leave; **el tren sale muy temprano** the train leaves very early; **él ha salido para Madrid** he's left for Madrid.
- 3. *(ser novios)* to go out; **Juan y María salen juntos** Juan and María are going out together.
- 4. *(separarse)* to come off; **el anillo no le sale del dedo** the ring won't come off her finger.
- 5. *(resultar)* to turn out; **ha salido muy estudioso** he has turned out to be very studious; **ha salido perjudicado** he came off badly; ~ **bien/mal** to turn out well/badly; **mi número ha salido premiado** my ticket won a prize.
- 6. *(resolverse):* **este problema no me sale** I can't solve this problem.
- 7. *(proceder):* ~ **de** to come from.
- 8. *(surgir)* to come out; **ha salido el**

sol *(al amanecer)* the sun has come up.
- 9. *(aparecer)* to appear; *(publicación, producto, disco)* to come out; **¡qué bien sales en la foto!** you look great in the photo!; **en la película sale tu actor favorito** your favourite actor is in the film.
- 10. *(costar):* **la comida le ha salido por 100 euros** the meal worked out at 100 euros.
- 11. *(sobresalir)* to stick out.
- 12. *(librarse):* ~ **de** to get out of.
- 13. *(en locuciones):* ~ **adelante** *(persona, empresa)* to get by; *(proyecto, empuesta)* to be successful. ▫ **salirse** *vpr (marcharse)* to leave; *(rebosar)* to overflow; ~**se de** *(desviarse)* to come off; *fig (escaparse)* to deviate from.

saliva [sa'liβa] *f* saliva.
salmón [sal'mon] *m* salmon; ~ **ahumado** smoked salmon; ~ **fresco** fresh salmon.
salmonete [salmo'nete] *m* red mullet.
salón [sa'lon] *m (de casa)* living room; *(de edificio público)* hall; *(muebles)* lounge suite; *(exposición)* show; ~ **del automóvil** motor show; ~ **recreativo** arcade.
salpicadera [salpika'ðera] *f Méx* mudguard *(Br)*, fender *(Am).*
salpicadero [salpika'ðero] *m* dashboard.
salpicar [salpi'kar] *vt* to splash.
◆ *vi (aceite)* to spit.
salpicón [salpi'kon] *m:* ~ **de marisco** cold dish of chopped seafood with pepper, salt, oil, vinegar and onion.
salpimentar [salpimen'tar] *vt* to season.
salsa ['salsa] *f (para comidas)* sauce; *(de carne)* gravy; *(gracia)* spice; *(baile, música)* salsa; ~ **bechamel** bechamel

sauce; ~ **rosa** thousand island dressing; ~ **de tomate** tomato sauce; ~ **verde** *sauce made with mayonnaise, parsley, capers and gherkins.*

salsera [sal'seɾa] *f* gravy boat.

saltamontes [salta'montes] *m inv* grasshopper.

saltar [sal'taɾ] *vi* to jump; *(tapón, corcho)* to pop out; *(levantarse)* to jump (up); *(botón, pintura)* to come off; *(enfadarse)* to flare up; *(explotar)* to explode. ◆ *vt* to jump over. ❑ **saltarse** *vpr (omitir)* to miss out; *(cola, semáforo)* to jump; *(ley, norma)* to break.

salteado, da [salte'aðo, ða] *adj (discontinuo)* unevenly spaced; *(frito)* sautéed.

saltear [salte'aɾ] *vt (freír)* to sauté.

salto ['salto] *m* jump; *(en el tiempo, omisión)* gap; ~ **de agua** waterfall; ~ **de cama** negligée.

salud [sa'luð] *f* health; **tener buena/mala** ~ to be healthy/in poor health; **estar bien/mal de** ~ to be healthy/in poor health; **¡(a su)** ~! cheers!

saludable [salu'ðaβle] *adj* healthy; *(provechoso)* beneficial.

saludar [salu'ðaɾ] *vt* to greet. ❑ **saludarse** *vpr* to greet each other.

saludo [sa'luðo] *m* greeting. ❑ **saludos** *mpl (recuerdos)* regards.

salvación [salβa'θjon] *f (rescate)* rescue.

Salvador [salβa'ðoɾ] *m*: **El** ~ **El** Salvador.

salvadoreño, ña [salβaðo-'ɾeɲo, ɲa] *adj & m, f* Salvadoran.

salvaje [sal'βaxe] *adj* wild.

salvamanteles [salβaman'teles] *m inv* tablemat.

salvar [sal'βaɾ] *vt* to save; *(rescatar)* to rescue; *(obstáculo)* to go round;

(peligro, dificultad) to get through; *(distancia, espacio)* to cover. ❑ **salvarse** *vpr (escapar)* to escape.

salvaslip [salβaz'lip] *m Esp* panty liner.

salvavidas [salβa'βiðas] *m inv (chaleco)* lifejacket *Br*, lifesaver *Am*; *(cinturón)* lifebelt.

salvo ['salβo] *adv* except; **a** ~ safe.

san [san] *adj* → **santo**.

sanatorio [sana'toɾjo] *m* sanatorium.

sanción [san'θjon] *f (castigo)* punishment.

sancochar [sanko'tʃaɾ] *vt Amér* to stew.

sandalia [san'dalja] *f* sandal.

sandía [san'dia] *f* watermelon.

sandwich ['sanwitʃ] *m* toasted *Br* o grilled *Am* sandwich.

sanfermines [sanfeɾ'mines] *mpl* Pamplona bullfighting festival.

ⓘ **SANFERMINES**

The capital of Navarre, Pamplona is famous for the "sanfermines", named after the patron saint of the city, "san Fermín", whose feast day is celebrated there on July 7th. It is a week-long festival starting on 7 July, in which bulls are let loose in the streets of the town and young men demonstrate their bravery by running in front of them on the way to the bullring, sometimes receiving fatal wounds in the process. Bullfights are held every afternoon of the festival.

---

sangrar [san'gɾaɾ] *vi* to bleed. ◆ *vt (línea, párrafo)* to indent.

sangre ['sangre] f (liquido) blood; ~ **azul** blue blood; ~ **fría** sangfroid.

sangría [san'gria] f sangría.

sangriento, ta [san'grjento, ta] adj bloody.

sanidad [sani'ðað] f (servicios de salud) (public) health; (higiene) health.

sanitario, ria [sani'tarjo, rja] adj health (antes de s). ◆ m, f health worker. □ **sanitarios** mpl (instalaciones) bathroom fittings.

sano, na ['sano, na] adj healthy; (sin daño) undamaged; ~ **y salvo** safe and sound.

santiguarse [santi'ɣwarse] vpr to make the sign of the Cross.

santo, ta ['santo, ta] adj holy. ◆ m, f saint. ◆ m (festividad) saint's day.

SANTO

Catholic tradition dictates that each day of the year is dedicated to a particular saint or saints. In some parts of Spain, people with the same name as the saint whose feast day it is celebrate in much the same way as if it were their birthday. People wish them a "feliz santo", they are sent greetings cards and receive presents. In return, they buy drinks for their friends and family or have a meal or a party.

santuario [santu'arjo] m shrine.

sapo ['sapo] m toad.

saque ['sake] m (en tenis) serve.

saquear [sake'ar] vt (tienda) to loot; (vaciar) to ransack.

sarampión [sarampi'on] m measles.

sarcástico, ca [sar'kastiko, ka] adj

sarcastic.

sardana [sar'ðana] f popular Catalan dance.

sardina [sar'ðina] f sardine; ~ **s a la plancha** grilled sardines.

sargento [sar'xento] m sergeant.

sarna ['sarna] f (de persona) scabies.

sarpullido [sarpu'ʎiðo] m rash.

sarro ['saro] m (de dientes) tartar.

sartén [sar'ten] f frying pan.

sastre ['sastre] m tailor.

sastrería [sastre'ria] f (tienda) tailor's (shop); (oficio) tailoring.

satélite [sa'telite] m satellite.

sátira ['satira] f satire.

satírico, ca [sa'tiriko, ka] adj satirical.

satisfacción [satisfak'θjon] f satisfaction.

satisfacer [satisfa'θer] vt to satisfy; (deuda) to pay; (duda, pregunta, dificultad) to deal with.

satisfecho, cha [satis'fetʃo, tʃa] pp → **satisfacer**. ◆ adj satisfied.

sauce ['sauθe] m willow.

sauna ['sauna] f sauna.

saxofón [sakso'fon] m saxophone.

sazonar [saθo'nar] vt to season.

se [se] pron -1. (reflexivo) himself (f herself), themselves (pl); (usted mismo) yourself, yourselves (pl); (de cosas, animales) itself, themselves (pl); ~ **lavó los dientes** she cleaned her teeth.
-2. (recíproco) each other; ~ **aman** they love each other; ~ **escriben** they write to each other.
-3. (en construcción pasiva): ~ **ha suspendido la reunión** the meeting has been cancelled.
-4. (en construcción impersonal): ' ~ **habla inglés**' 'English spoken'; ' ~ **pro-**

híbe fumar' 'no smoking'; ~ **dice que** it is said that.

- 5. *(complemento indirecto)* to him *(f* to her), to them *(pl)*; *(usted, ustedes)* to you; *(de cosa, animal)* to it, to them *(pl)*; **yo ~ lo daré** I'll give it to him/ her *etc*.

secador [seka'ðor] *m* dryer; ~ **de cabello** hairdryer.

secadora [seka'ðora] *f* (tumble) dryer.

secano [se'kano] *m* dry land.

secar [se'kar] *vt* to dry; *(sudor, sangre)* to wipe away. ☐ **secarse** *vpr (río, fuente)* to dry up; *(planta, árbol)* to wilt; *(ropa, cabello, superficie)* to dry.

sección [sek'θjon] *f* section; *(de empresa, oficina)* department.

seco, ca ['seko, ka] *adj* dry; *(planta, árbol)* wilted; *(delgado)* lean; *(ruido, sonido)* dull; *(brusco)* brusque; **a secas** just, simply; **parar en ~** to stop dead.

secretaría [sekreta'ria] *f (oficina)* secretary's office; *(cargo)* post of secretary.

secretariado [sekreta'rjaðo] *m (estudios)* secretarial studies *(pl)*; *(profesión)* secretaries *(pl)*.

secretario, ria [sekre'tarjo, rja] *m*, *f* secretary; *(de ministerio)* Secretary of State.

secreto, ta [se'kreto, ta] *adj* secret. ♦ *m* secret; *(reserva)* secrecy; **en ~** in secret.

secta ['sekta] *f* sect.

sector [sek'tor] *m* sector.

secuestrador, ra [sekyestra-'ðor, ra] *m*, *f (de persona)* kidnapper; *(de avión)* hijacker.

secuestrar [sekyes'trar] *vt (persona)* to kidnap; *(avión)* to hijack.

secuestro [se'kyestro] *m (de perso-*

na) kidnap; *(de avión)* hijacking.

secundario, ria [sekun'darjo, rja] *adj* secondary.

sed [seð] *v* → **ser**. ♦ *f* thirst; **correr me da ~** running makes me thirsty; **tener ~** to be thirsty.

seda ['seða] *f* silk.

sedante [se'ðante] *m* sedative.

sede ['seðe] *f* headquarters *(pl)*.

sedentario, ria [seðen'tarjo, rja] *adj* sedentary.

sediento, ta [se'ðjento, ta] *adj* thirsty.

seductor, ra [seðuk'tor, ra] *adj (persona)* seductive; *(oferta, libro)* enticing.

segador, ra [seya'ðor, ra] *m*, *f* harvester.

segadora [seya'ðora] *f (máquina)* reaping machine → **segador**.

segar [se'yar] *vt (hierba)* to mow; *(cereal)* to reap.

segmento [sey'mento] *m* segment.

seguido, da [se'yiðo, ða] *adj (continuo)* continuous; *(consecutivo)* consecutive. ♦ *adv (en línea recta)* straight on; *Amér (muitas vezes)* often; **dos años ~s** two years in a row; **en seguida** straight away; **todo ~** straight ahead.

seguir [se'yir] *vt* to follow; *(perseguir)* to chase; *(reanudar)* to continue. ♦ *vi* to continue; ~ **a algo** to follow sthg; **sigue nevando** it's still snowing.

según [se'yun] *prep (de acuerdo con)* according to; *(dependiendo de)* depending on. ♦ *adv* as; ~ **yo/tú** in my/your opinion.

segunda [se'yunda] *f (velocidad)* second (gear) → **segundo**.

segundero [seyun'dero] *m* second hand.

segundo, da [se'yundo, da] *núm*

second. ◆ *m, f* second-in-command.
◆ *m (de tiempo)* second → **sexto**.

seguramente [se,yura'mente] *adv (con seguridad)* for certain; *(probablemente)* probably.

seguridad [seyuri'ðað] *f (falta de peligro)* safety; *(protección)* security; *(certidumbre)* certainty; *(confianza)* confidence. ❑ **Seguridad Social** *f* Social Security.

seguro, ra [se'yuro, ra] *adj (sin riesgo, peligro)* safe; *(confiado)* sure; *(infalible)* reliable; *(amigo)* firm. ◆ *adv* definitely. ◆ *m (de coche, vida, casa)* insurance; *(de arma, máquina)* safety catch; *CAm & Méx (para roupa)* safety pin; **estar ~ *(sin temor)*** to be safe; *(cierto, confiado)* to be sure; **~ Social** *Amér* Social Security.

seis [sejs] *adj inv* six. ◆ *m* six; *(día)* sixth. ◆ *mpl* six; *(temperatura)* six (degrees). ◆ *fpl*: **(son) las ~** (it's) six o'clock; **el ~ de agosto** the sixth of August; **doscientos ~** two hundred and six; **treinta y ~** thirty-six; **de ~ en ~** in sixes; **los ~** the six of them; **empataron a ~** they drew six-all; **~ a cero** six-nil.

seiscientos [sejs'θjentos] *núm* six hundred → **seis**.

selección [selek'θjon] *f* selection; *(equipo nacional)* team.

seleccionador, ra [selekθjona-'ðor, ra] *m, f* ≃ manager.

seleccionar [selekθjo'nar] *vt* to pick.

selectividad [selektiβi'ðað] *f (examen)* Spanish university entrance examination.

selecto, ta [se'lekto, ta] *adj* fine, choice.

selector [selek'tor] *m* selector.

self-service [self'serβis] *m* self-service restaurant.

sello [ˈseʎo] *m (de correos)* stamp; *(tampón)* rubber stamp.

selva [ˈselβa] *f (jungla)* jungle; *(bosque)* forest.

semáforo [se'maforo] *m* traffic lights *(pl)*.

semana [se'mana] *f* week. ❑ **Semana Santa** *f* Easter; *RELIG* Holy Week.

ⓘ SEMANA SANTA

Throughout Easter week in Spain and Latin America, a number of processions take place. People line the streets and pray, as statues of Christ and the saints are carried past. The most famous processions are those of Seville in Spain, Taxco in Mexico and Lima in Peru.

---

semanal [sema'nal] *adj (que sucede cada semana)* weekly; *(que dura una semana)* week-long.

semanario [sema'narjo] *m* weekly (newspaper).

sembrar [sem'brar] *vt* to sow.

semejante [seme'xante] *adj (parecido)* similar; *(tal, uso despectivo)* such. ◆ *m* fellow human being; **~ cosa** such a thing.

semejanza [seme'xanθa] *f* similarity.

semen [ˈsemen] *m* semen.

semestre [se'mestre] *m* six-month period.

semidesnatado, da [semiðezna'taðo, ða] *adj* semi-skimmed *Br*, low-fat *Am*.

semidirecto, ta [semiði'rekto, ta] *adj*: **tren ~** through train, a section of which becomes a stopping train.

semifinal [semifi'nal] *f* semifinal.

semilla [seˈmiʎa] *f* seed.

sémola [ˈsemola] *f* semolina.

Senado [seˈnaðo] *m*: **el ~** the Senate.

senador, ra [senaˈðor, ra] *m, f* senator.

sencillo, lla [senˈθiʎo, ʎa] *adj* simple; *(espontáneo)* unaffected; *Amér (monedas)* small change.

sendero [senˈdero] *m* track.

seno [ˈseno] *m (pecho)* breast; *(interior)* heart.

sensación [sensaˈθjon] *f* sensation; *(premonición)* feeling.

sensacional [sensaθjoˈnal] *adj* sensational.

sensacionalismo [sensaθjonaˈlizmo] *m* sensationalism.

sensacionalista [sensaθjonaˈlista] *adj* sensationalist.

sensato, ta [senˈsato, ta] *adj* sensible.

sensibilidad [sensiβiliˈðað] *f (don)* feel; *(sentimentalismo, de aparato)* sensitivity; *(de los sentidos)* feeling.

sensible [senˈsiβle] *adj* sensitive.

sensual [senˈswal] *adj* sensual.

sentado, da [senˈtaðo, ða] *adj (persona)* sensible; **dar por ~** to take for granted.

sentar [senˈtar] *vt (basar)* to base. ◆ *vi*: **~ bien/mal a alguien** *(comida, bebida)* to agree/disagree with sb; *(ropa, zapatos, joyas)* to suit/not to suit sb; *(dicho, hecho, broma)* to go down well/badly with sb. ❑ **sentarse** *vpr* to sit (down).

sentencia [senˈtenθja] *f (de juez, tribunal)* sentence; *(frase corta)* saying.

sentenciar [sentenˈθjar] *vt* to sentence.

sentido [senˈtiðo] *m* sense; *(dirección)* direction; *(conocimiento)* consciousness; **~ común** common sense.

sentimental [sentimenˈtal] *adj* sentimental.

sentimiento [sentiˈmjento] *m* feeling; **le acompaño en el ~** my deepest sympathy.

sentir [senˈtir] *m* feeling. ◆ *vt* to feel; *(lamentar)* to be sorry about; to regret; **lo siento** I'm sorry. ❑ **sentirse** *vpr* to feel; **~ se bien/mal** *(de salud)* to feel well/ill; *(de ánimo)* to feel good/bad.

seña [ˈseɲa] *f (gesto)* sign; *(marca)* mark. ❑ **señas** *fpl (domicilio)* address *(sg)*; **~s personales** description.

señal [seˈɲal] *f* sign; *(aviso, orden)* signal; *(fianza)* deposit; *(cicatriz)* mark; *(de teléfono)* tone; **~ de tráfico** road sign.

señalado, da [seɲaˈlaðo, ða] *adj (fecha, día)* special; *(persona)* distinguished.

señalar [seɲaˈlar] *vt (poner marca, herir)* to mark; *(con la mano, dedo)* to point out; *(lugar, precio, fecha)* to fix; *(nombrar)* to pick; *(ser indicio de)* to indicate.

señor, ra [seˈɲor, ra] *adj (gran)* big. ◆ *m (hombre)* man; *(antes de nombre)* Mr; *(al dirigir la palabra)* Sir; *(dueño)* owner; *(caballero)* gentleman; **muy ~ mío** Dear Sir.

señora [seˈɲora] *f (mujer, dama)* lady; *(antes de nombre)* Mrs; *(al dirigir la palabra)* Madam Dr, Ma'am *Am*; *(esposa)* wife; *(dueña)* owner; **muy ~ mía** Dear Madam.

señorita [seɲoˈrita] *f (maestra)* teacher; *(mujer joven)* young woman; *(mujer soltera)* Miss.

señorito, ta [seɲoˈrito, ta] *adj despec.* ◆ *m* master.

separación [separaˈθjon] *f* separation; *(espacio, distancia)* space.

separado, da [sepaˈraðo, ða] *adj*

(persona, matrimonio) separated.

separar [sepa'rar] *vt* to separate; *(silla, etc)* to move away; *(reservar)* to put aside. □ **separarse** *vpr (persona)* to leave; *(pareja)* to separate.

sepia ['sepja] *f* cuttlefish; ~ **a la plancha** grilled cuttlefish.

septentrional [septentrjo'nal] *adj* northern.

septiembre [sep'tjembre] *m* = **se-tiembre**.

séptimo, ma ['septimo, ma] *núm* seventh → **sexto**.

sepulcro [se'pulkro] *m* tomb.

sequía [se'kia] *f* drought.

☞

ser [ser] *m* being; ~ **humano** human being. ◆ *v aux (forma la voz pasiva)* to be; **el atracador fue visto** the robber was seen. ◆ *v copulativo* **- 1.** *(descripción)* to be; **mi abrigo es lila** my coat is lilac; **este señor es alto/gracioso** this man is tall/funny; ~ **como** to be like.
- 2. *(empleo, dedicación)* to be; **su mujer es abogada** his wife is a lawyer.
- 3. : ~ **de** *(materia)* to be made of; *(origen)* to be from; *(posesión)* to belong to; *(pertenencia)* to be a member of. ◆ *vi* **- 1.** *(suceder, ocurrir)* to be; **la final fue ayer** the final was yesterday.
- 2. *(haber, existir)* to be.
- 3. *(valer)* to be; **¿cuánto es? - son doscientos euros** how much is it? - two hundred euros, please.
- 4. *(día, fecha, hora)* to be; **hoy es martes** it's Tuesday today; **¿qué hora es?** what time is it?; **son las tres (de la tarde)** it's three o'clock (in the afternoon).
- 5. *(en locuciones)*: **a no ~ que** unless; **como sea** somehow or other; **o sea I**

mean. ◆ *v impers (expresión de tiempo)* to be; **es de día/de noche** it's day-time/night; **es muy tarde** it is very late. ◆ *para* **a** *v + prep (servir para, adecuarse a)* to be for.

serenar [sere'nar] *vt* to calm. □ **se-renarse** *vpr (persona, ánimo)* to calm down; *(mar)* to become calm; *(tiempo)* to clear up.

serenidad [sereni'ðað] *f* calm.

sereno, na [se'reno, na] *adj* calm; *(tiempo)* fine.

serie ['serje] *f* series; *(en deportes)* heat.

seriedad [serje'ðað] *f* seriousness; *(formalidad)* responsible nature.

serio, ria ['serjo, rja] *adj* serious; *(responsable)* responsible; *(sin adornos)* sober; **en** ~ seriously; **ir en** ~ to be serious; **tomar en** ~ to take seriously.

sermón [ser'mon] *m* sermon.

serpentina [serpen'tina] *f* streamer.

serpiente [ser'pjente] *f* snake.

serrar [se'rar] *vt* to sow.

serrín [se'rin] *m* sawdust.

serrucho [se'rutʃo] *m* handsaw.

servicio [ser'βiθjo] *m* service; *(retrete)* toilet *Br*, bathroom *Am*; **estar de** ~ to be on duty; ~ **militar** military service; ~ **público** public service; ~ **de revelado rápido** ≃ developing in one hour; ~ **urgente** express service; ~ **s mínimos** skeleton service *(pl)*. □ **servicios** *mpl (baño)* toilets *Br*, restrooms *Am*.

servidumbre [serβi'ðumbre] *f (criados)* servants *(pl)*; *(dependencia)* servitude.

servilleta [serβi'ʎeta] *f* serviette *Br*, napkin *Am*.

servir [ser'βir] *vt (bebida, comida)* to

serve; *(mercancía)* to supply; *(ayudar)*
to help. ◆ *vi* to serve; *(ser útil)* to be
useful; **no sirven** *(ropa, zapatos)*
they're no good; ~ **de algo** to serve
as sthg; *¿en qué le puedo ~?* what
can I do for you? ❑ **servirse** *vpr (bebida, comida)* to help o.s. to; *'sírvase
usted mismo'* 'please help yourself'.
❑ **servirse de** *v + prep* to make use
of.

sesenta [se'senta] *núm* sixty → **seis**.

sesión [se'sjon] *f* session; *(de cine)*
showing; *(de teatro)* performance;
~ **continua** continuous showing;
~ **golfa** late-night showing; ~ **matinal** matinée; ~ **de noche** evening
showing; ~ **de tarde** afternoon matinée.

sesos ['sesos] *mpl* brains.

seta ['seta] *f* mushroom; ~**s al ajillo**
garlic mushrooms; ~**s con gambas**
mushrooms filled with prawns and egg.

setecientos, tas [sete'θjentos,
tas] *núm* seven hundred → **seis**.

setenta [se'tenta] *núm* seventy →
seis.

setiembre [se'tjembre] *m* September; **a principios/mediados/finales
de** ~ at the beginning/in the mid-
dle/at the end of September; **el nueve de** ~ the ninth of September; **el
pasado/próximo (mes de)** ~ last/
next September; **en** ~ in September; **este (mes de)** ~ *(pasado)* last
September; *(próximo)* this (coming)
September; **para** ~ by September.

seto ['seto] *m* hedge.

severidad [seßeri'ðað] *f* severity.

severo, ra [se'ßero, ra] *adj* severe;
(estricto) strict.

Sevilla [se'ßiʎa] Seville.

sevillanas [seßi'ʎanas] *fpl (baile)*
dance from Andalusia; *(música)* music of
the *'sevillanas'.*

sexismo [sek'sizmo] *m* sexism.

sexista [sek'sista] *mf* sexist.

sexo ['sekso] *m* sex; *(órganos sexuales)* genitals *(pl).*

sexto, ta [seksto, ta] *adj* sixth. ◆ *m,
f*: **el** ~, **la sexta** *(persona, cosa)* the
sixth; *(piso, planta)* the sixth floor;
~ **(de E.G.B.)** *year six of Spanish primary education system;* **llegar el** ~ to come sixth;
capítulo ~ chapter six; **el** ~ **día** the
sixth day; **en** ~ **lugar, en sexta posición** in sixth place; **la sexta parte** a
sixth.

sexual [sek'sual] *adj* sexual.

sexualidad [seksuali'ðað] *f* sexual-
ity.

shorts [tʃors] *mpl* shorts.

show [tʃow] *m* show.

si [si] *conj* if.

sí [si] *(pl* **síes**) ['sies] *adv* yes. ◆ *pron
(de personas)* himself *(f* herself),
themselves *(pl); (usted)* yourself,
yourselves *(pl); (de cosas, animales)* itself, themselves *(pl); (impersonal)*
oneself. ◆ *m* consent; **creo que** ~ I
think so.

sida ['siða] *m* AIDS.

sidecar [siðe'kar] *m* sidecar.

sidra ['siðra] *f* cider.

siega ['sjeɣa] *f (acción)* harvesting;
(temporada) harvest.

siembra ['sjembra] *f (acción)* sowing; *(temporada)* sowing time.

siempre ['sjempre] *adv* always;
Amér (con toda seguridad) definitely;
desde ~ always.

sien [sjen] *f* temple.

sierra ['sjera] *f (herramienta)* saw;
(de montañas) mountain range.

siesta ['sjesta] *f* afternoon nap;
echar una ~ to have an afternoon
nap.

siete ['sjete] *núm* seven → **seis**. ◆ *excl*:
¡la gran ~! *Amér* sam Jesus!

sifón [si'fon] *m* (*botella*) siphon; (*agua con gas*) soda water.

siglas [si'vlas] *fpl* acronym (*sg*).

siglo ['sivlo] *m* century; *fam* (*periodo muy largo*) ages (*pl*).

significado [sivnifi'kaðo] *m* meaning.

significar [sivnifi'kar] *vt* to mean.

significativo, va [sivnifika'tiβo, -βa] *adj* significant.

signo ['sivno] *m* sign; ~ de admiración exclamation mark; ~ de interrogación question mark.

siguiente [si'vjente] *adj* (*en el tiempo, espacio*) next; (*a continuación*) following. ◆ *mf*: el/la ~ the next one.

sílaba ['silaβa] *f* syllable.

silbar [sil'βar] *vi* to whistle. ◆ *vt* (*abuchear*) to boo.

silbato [sil'βato] *m* whistle.

silbido [sil'βiðo] *m* whistle.

silenciador [silenθja'ðor] *m* silencer.

silencio [si'lenθjo] *m* silence.

silenciosamente [silen.θjosa-'mente] *adv* silently.

silencioso, sa [silen'θjoso,sa] *adj* silent, quiet.

silicona [sili'kona] *f* silicone.

silla ['siʎa] *f* chair; ~ de montar saddle; ~ de ruedas wheelchair.

sillín [si'ʎin] *m* saddle.

sillón [si'ʎon] *m* armchair.

silueta [si'lueta] *f* figure; (*contorno*) outline.

silvestre [sil'βestre] *adj* wild.

símbolo ['simbolo] *m* symbol.

simétrico, ca [si'metriko, ka] *adj* symmetrical.

similar [simi'lar] *adj* similar.

similitud [simili'tuð] *f* similarity.

simpatía [simpa'tia] *f* (*cariño*) affection; (*cordialidad*) friendliness.

simpático, ca [sim'patiko, ka] *adj* (*amable*) nice; (*amigable*) friendly.

simpatizante [simpati'θante] *mf* sympathizer.

simpatizar [simpati'θar] *vi*: ~ (con) (*persona*) to get on/along (with); (*cosa*) to sympathize (with).

simple ['simple] *adj* simple; (*sin importancia*) mere. ◆ *m* (*en tenis, ping-pong*) singles (*pl*).

simplicidad [simpliθi'ðað] *f* (*sencillez*) simplicity; (*ingenuidad*) simpleness.

simular [simu'lar] *vt* to feign.

simultáneo, a [simul'taneo, a] *adj* simultaneous.

sin [sin] *prep* without; está ~ hacer it hasn't been done before; estamos ~ vino we're out of wine; ~ embargo however.

sinagoga [sina'vova] *f* synagogue.

sinceridad [sinθeri'ðað] *f* sincerity.

sincero, ra [sin'θero, ra] *adj* sincere.

sincronizar [sinkroni'θar] *vt* to synchronize.

sindicato [sindi'kato] *m* (trade) union.

sinfonía [sinfo'nia] *f* symphony.

sinfónico, ca [sin'foniko, ka] *adj* symphonic.

singular [singu'lar] *adj* (*único*) unique; (*extraordinario*) strange; (*en gramática*) singular. ◆ *m* singular.

siniestro, tra [si'njestro, tra] *adj* sinister. ◆ *m* (*accidente, desgracia*) disaster; (*de coche, avión*) crash.

sinnúmero [sin'numero] *m*: un ~ de countless.

sino [sino] *conj* (*para contraponer*) but; (*excepto*) except.

sinónimo [si'nonimo] *m* synonym.

síntesis ['sintesis] f (resumen) summary.

sintético, ca [sin'tetiko, ka] adj synthetic.

sintetizador [sinteti θa'ðor] m synthesizer.

síntoma ['sintoma] m symptom.

sintonía [sinto'nia] f (música, canción) signature tune; (de televisión, radio) tuning.

sintonizar [sintoni'θar] vt to tune in to.

sinvergüenza [simber'ɣɣenθa] mf (descarado) cheeky Br o shameless Am person; (estafador) scoundrel.

siquiera [siki'era] adv at least; **ni** ~ not even.

sirena [si'rena] f (sonido) siren; (en mitología) mermaid.

sirviente, ta [sir'βjente, ta] m, f servant.

sisa ['sisa] f (robo) pilfering; (de vestido) armhole.

sistema [sis'tema] m system; (método) method; **por** ~ systematically.

ⓘ SISTEMA EDUCATIVO

The Spanish education system is divided into primary and secondary levels. Children start primary school or "educación primaria" at 6 and proceed to "educación secundaria obligatoria" at 12. In Spain, students who wish to continue their studies move onto a two-year bachillerato at 16. At the end of this, those wishing to go onto university need to sit a series of special exams known as the "selectividad". In Mexico, there are three years of pre-university

education called the "preparatoria". See also note at **preparatoria**.

---

sitiar [si'tjar] vt to besiege.

sitio ['sitjo] m (lugar) place; (espacio) space, room; (de ciudad, pueblo) siege; Amér (de taxis) rank Br, stand Am; **en otro** ~ somewhere else; **hacer** ~ to make room.

situación [sitwa'θjon] f (estado, condición, localización) position; (circunstancias) situation.

situar [situ'ar] vt (colocar) to put; (localizar) to locate. ◻ **situarse** vpr (establecerse) to get established.

skin head [es'kin xeθ] mf skinhead.

SL f (abrev de sociedad limitada) ≃ Ltd Br, ≃ Inc Am.

SM (abrev de Su Majestad) HM.

s/n abrev = sin número.

sobaco [so'βako] m armpit.

sobado, da [so'βaðo, ða] adj (vestido) shabby; (libro) dog-eared; (chiste, broma) old.

soberbia [so'βerβja] f arrogance.

soberbio, bia [so'βerβjo, βja] adj (orgulloso) arrogant; (magnífico) magnificent.

soborno [so'βorno] m bribe.

sobrar [so'βrar] vi (haber demasiado) to be more than enough; (estar de más) to be superfluous; (quedar) to be left (over).

sobras ['soβras] fpl (de comida) leftovers.

sobrasada [soβra'saða] f spicy Mallorcan sausage.

sobre¹ ['soβre] prep - **1.** (encima de) on (top of); **el libro estaba** ~ **la mesa** the book was on the table. - **2.** (por encima de) over, above; **el pato vuela** ~ **el lago** the duck is flying over the lake.

- **3.** *(acerca de)* about; **un libro ~ el amor** a book about love.
- **4.** *(alrededor)* about; **llegaron ~ las diez** they arrived at about ten o'clock.
- **5.** *(en locuciones):* **~ todo** above all.

sobre² ['soβɾe] *m* envelope.

sobreático [soβɾe'atiko] *m* penthouse.

sobrecarga [soβɾe'kaɾʋa] *f* excess weight.

sobredosis [soβɾe'ðosis] *f inv* overdose.

sobrehumano, na [soβɾeɣ-'mano, na] *adj* superhuman.

sobremesa [soβɾe'mesa] *f period of time sitting around the table after lunch;* **hacer la ~** to have a chat after lunch.

sobrenombre [soβɾe'nombɾe] *m* nickname.

sobrepasar [soβɾepa'saɾ] *vt (exceder)* to exceed; *(aventajar)* to overtake.

sobreponer [soβɾepo'neɾ] *vt (poner delante)* to put first. ☐ **sobreponerse a** *v + prep* to overcome.

sobrepuesto, ta [soβɾe'pwesto, ta] *adj* superimposed.

sobresaliente [soβɾesa'ljente] *adj* outstanding. ◆ *m (nota)* excellent.

sobresalir [soβɾesa'liɾ] *vi (en altura)* to jut out; *(en importancia)* to stand out.

sobresalto [soβɾe'salto] *m* fright.

sobrevivir [soβɾeβi'βiɾ] *vi* to survive.

sobrevolar [soβɾeβo'laɾ] *vt* to fly over.

sobrino, na [so'βɾino, na] *m, f* nephew *(f niece)*.

sobrio, bria ['soβɾjo, βɾja] *adj* sober; *(moderado)* restrained.

sociable [so'θjaβle] *adj* sociable.

social [so'θjal] *adj (de la sociedad)* so-

cial; *(de los socios)* company *(antes de s).*

socialista [soθja'lista] *mf* socialist.

sociedad [soθje'ðað] *f* society; *(empresa)* company.

socio, cia ['soθjo, θja] *m, f (de club, asociación)* member; *(de negocio)* partner.

sociología [soθjolo'xia] *f* sociology.

sociólogo, ga [so'θjoloɣo, ɣa] *m, f* sociologist.

socorrer [soko'reɾ] *vt* to help.

socorrismo [soko'rizmo] *m (primeros auxilios)* first aid; *(en la playa)* lifesaving.

socorrista [soko'rista] *mf (primeros auxilios)* first aid worker; *(en la playa)* lifeguard.

socorro [so'koro] *m* help. ◆ *interj* help!

soda ['soða] *f* soda water.

sofá [so'fa] *m* sofa, couch.

sofisticado, da [sofisti'kaðo, ða] *adj* sophisticated.

sofocante [sofo'kante] *adj* stifling.

sofoco [so'foko] *m (ahogo)* breathlessness; *(disgusto)* fit (of anger); *(vergüenza)* embarrassment.

sofrito [so'frito] *m* tomato and onion sauce.

software ['sofwar] *m* software.

sol [sol] *m* sun.

solamente [.sola'mente] *adv* only.

solapa [so'lapa] *f (de vestido, chaqueta)* lapel; *(de libro)* flap.

solar [so'lar] *adj* solar. ◆ *m (undeveloped)* plot.

solárium [so'larjum] *m* solarium.

soldado [sol'daðo] *m* soldier; **~ raso** private.

soldador [solda'ðoɾ] *m* soldering iron.

soldar [sol'dar] *vt* to weld, to solder.

soleado, da [sole'aðo, ða] *adj* sunny.

soledad [sole'ðað] *f (falta de compañía)* solitude; *(tristeza)* loneliness.

solemne [so'lemne] *adj* solemn; *(grande)* utter.

solemnidad [solemni'ðað] *f* ceremony.

soler [so'ler] *vi*: ~ **hacer algo** to usually do sthg; **solíamos hacerlo** we used to do it.

solicitar [soliθi'tar] *vt (pedir)* to request; *(puesto)* to apply for.

solicitud [soliθi'tuð] *f (petición)* request; *(de puesto)* application; *(impreso)* application form.

solidaridad [soliðari'ðað] *f* solidarity.

sólido, da ['soliðo, ða] *adj (cimientos, casa, muro)* solid; *(argumento, conocimiento)* sound. ◆ *m* solid.

solista [so'lista] *mf* soloist.

solitario, ria [soli'tarjo, rja] *adj (sin compañía)* solitary; *(lugar)* lonely. ◆ *m, f* loner. ◆ *m (juego)* patience; *(joya)* solitaire.

sollozar [soʎo'θar] *vi* to sob.

sollozo [so'ʎoθo] *m* sob.

solo, la ['solo, la] *adj (sin compañía, familia)* alone; *(único)* single; *(sin añadidos)* on its own; *(café)* black; *(whisky)* neat, straight; *(solitario)* lonely; **a solas** on one's own.

sólo ['solo] *adv* only.

solomillo [solo'miʎo] *m* sirloin; ~ **a la parrilla** grilled sirloin steak; ~ **de ternera** veal sirloin.

soltar [sol'tar] *vt (de la mano)* to let go of; *(desatar)* to undo; *(dejar libre)* to set free; *(desenrollar)* to pay out; *(decir)* to come out with; *(lanzar)* to let out.

soltero, ra [sol'tero, ra] *adj* single. ◆ *m, f bachelor (f single woman).*

solterón, ona [solte'ron, ona] *m, f* old bachelor *(f old maid).*

soltura [sol'tura] *f* fluency; **con** ~ fluently.

solución [solu'θjon] *f* solution.

solucionar [soluθjo'nar] *vt* to solve.

solvente [sol'βente] *adj* solvent.

sombra ['sombra] *f (oscuridad)* shade; *(de un cuerpo)* shadow.

sombrero [som'brero] *m* hat.

sombrilla [som'briʎa] *f* sunshade.

someter [some'ter] *vt (dominar)* to subdue; *(mostrar)* to submit; ~ **a alguien a algo** to subject sb to sthg. ❑ **someterse** *vpr (rendirse)* to surrender.

somier [so'mjer] *m (de muelles)* divan.

somnífero [som'nifero] *m* sleeping pill.

sonajero [sona'xero] *m* rattle.

sonar [so'nar] *vi* to sound; *(teléfono, timbre)* to ring; *(ser conocido)* to be familiar; *(letra)* to be pronounced. ◆ *vt (nariz)* to blow; **suena a verdad** it sounds true. ❑ **sonarse** *vpr* to blow one's nose.

sonido [so'niðo] *m* sound.

sonoro, ra [so'noro, ra] *adj* resonant; *(banda)* sound *(antes de s)*; *(consonante, vocal)* voiced.

sonreír [sonre'ir] *vi* to smile. ❑ **sonreírse** *vpr* to smile.

sonriente [sonri'ente] *adj* smiling.

sonrisa [son'risa] *f* smile.

sonrojarse [sonro'xarse] *vpr* to blush.

sonso, sa ['sonso, sa] *adj Amér fam* dummy.

soñar [so'nar] *vi* to dream. ◆ *vt* to

dream about; ~ **con** to dream of.

sopa ['sopa] f soup; ~ **de ajo** garlic soup; ~ **de cebolla** onion soup; ~ **de pescado** fish soup.

sopera [so'pera] f soup tureen.

soplar [so'plar] vi to blow. ◆ vt (polvo, migas) to blow away; (respuesta) to whisper.

soplete [so'plete] m blowtorch.

soplido [so'pliðo] m puff.

soplo ['soplo] m (soplido) puff; (del corazón) murmur; fam (chivatazo) tip-off.

soportales [sopor'tales] mpl arcade (sg).

soportar [sopor'tar] vt (carga, peso) to support; (persona) to stand; (dolor, molestia) to bear.

soporte [so'porte] m support.

soprano [so'prano] f soprano.

sorber [sor'ßer] vt (beber) to sip; (haciendo ruido) to slurp; (absorber) to soak up.

sorbete [sor'ßete] m sorbet; ~ **de frambuesa** raspberry sorbet; ~ **de limón** lemon sorbet.

sordo, da ['sorðo, ða] adj deaf; (ruido, sentimiento) dull. ◆ m, f deaf person.

sordomudo, da [sorðo'muðo, ða] m, f deaf-mute.

soroche [so'rotʃe] m Andes altitude sickness.

sorprendente [sorpren'dente] adj surprising.

sorprender [sorpren'der] vt to surprise. ❑ **sorprenderse** vpr to be surprised.

sorpresa [sor'presa] f surprise; **por** ~ by surprise.

sorpresivo, va [sorpre'sißo, ßa] adj Amér unexpected.

sortear [sorte'ar] vt (rifar) to raffle; (evitar) to dodge.

sorteo [sor'teo] m (lotería) draw; (rifa) raffle.

sortija [sor'tixa] f ring.

SOS m (abrev de save our souls) SOS.

sosiego [so'sjeɣo] m peace, calm.

soso, sa ['soso, sa] adj bland.

sospechar [sospe'tʃar] vt to suspect. ❑ **sospechar de** v + prep to suspect.

sospechoso, sa [sospe'tʃoso, sa] adj suspicious. ◆ m, f suspect.

sostén [sos'ten] m (apoyo) support; (prenda femenina) bra.

sostener [soste'ner] vt to support; (defender, afirmar) to defend. ❑ **sostenerse** vpr (sujetarse) to stay fixed; (tenerse en pie) to stand up.

sota ['sota] f (baraja) ≃ jack.

sotana [so'tana] f cassock.

sótano ['sotano] m basement.

squash [es'kwaʃ] m squash.

Sr. (abrev de señor) Mr.

Sra. (abrev de señora) Mrs.

Sres. (abrev de señores) Messrs.

Srta. = **señorita**.

SSMM abrev = **Sus Majestades**.

Sta. (abrev de santa) St.

Sto. (abrev de santo) St.

stock [es'tok] m stock.

stop [es'top] m stop sign.

su [su] (pl **sus** [sus]) adj (de él) his; (de ella) her; (de cosa, animal) its; (de ellos, ellas) their; (de usted, ustedes) your.

suave ['swaße] adj (agradable al tacto) soft; (liso) smooth; (cuesta, brisa) gentle; (clima, temperatura) mild.

suavidad [swaßi'ðað] f (al tacto) softness; (de cuesta, brisa) gentleness; (de clima, temperatura) mildness.

suavizante [swaßi'θante] m conditioner.

subasta [su'ßasta] f auction.

subcampeón, ona [suβkampe'on, 'ona] *m, f* runner-up.

subconsciente [suβkons'θjente] *m* subconscious.

subdesarrollado, da [suβðesaro'λaðo, ða] *adj* underdeveloped.

subdesarrollo [suβðesa'roλo] *m* underdevelopment.

subdirector, ra [suβðirek'tor, ra] *m, f* assistant manager (*f* assistant manageress).

subdirectorio [suβðirek'torjo] *m* subdirectory.

súbdito, ta ['suβðito, ta] *m, f (de país)* citizen.

subida [su'βiða] *f (de precios, temperatura)* increase; *(pendiente, cuesta)* hill.

subir [su'βir] *vt (escaleras, calle, pendiente)* to go up; *(montaña)* to climb; *(llevar arriba)* to take up; *(brazo, precio, volumen, persiana)* to raise; *(ventanilla)* to close. ◆ *vi* to rise; **~ a** *(piso, desván)* to go up to; *(montaña, torre)* to go up; *(coche)* to get into; *(avión, barco, tren, bicicleta)* to get onto; *(cuenta, factura)* to come to; **~ de** *(categoría)* to be promoted from.

súbito, ta ['suβito, ta] *adj* sudden.

subjetivo, va [suβxe'tiβo, βa] *adj* subjective.

subjuntivo [suβxun'tiβo] *m* subjunctive.

sublevar [suβle'βar] *vt (indignar)* to infuriate. □ **sublevarse** *vpr* to rebel.

sublime [su'βlime] *adj* sublime.

submarinismo [suβmari'nizmo] *m* skin-diving.

submarinista [suβmari'nista] *mf* skin-diver.

submarino [suβma'rino] *m* submarine.

subrayar [suβra'jar] *vt* to underline.

subsidio [suβ'siðjo] *m* benefit.

subsistencia [suβsis'tenθja] *f* subsistence.

subsuelo [suβ'swelo] *f (terreno)* subsoil; *(Andes, RP (sótano)* basement.

subterráneo, a [suβte'raneo, a] *adj* underground. ◆ *m* underground tunnel *Br*; subway tunnel *Am*.

subtitulado, da [suβtitu'laðo, ða] *adj* with subtitles.

subtítulo [suβ'titulo] *m* subtitle.

suburbio [su'βurβjo] *m* poor suburb.

subvención [suββen'θjon] *f* subsidy.

sucedáneo [suθe'ðaneo] *m* substitute.

suceder [suθe'ðer] *v impers* to happen. □ **suceder a** *v + prep (en un cargo, trono)* to succeed; *(venir después de)* to follow.

sucesión [suθe'sjon] *f* succession; *(descendencia)* heirs (*pl*).

sucesivo, va [suθe'siβo, βa] *adj (consecutivo)* successive; **en días ~s** over the next few days.

suceso [su'θeso] *m* event.

sucesor, ra [suθe'sor, ra] *m, f (en un cargo, trono)* successor; *(heredero)* heir (*f* heiress).

suciedad [suθje'ðað] *f (cualidad)* dirtiness; *(porquería)* dirt.

sucio, cia ['suθjo, θja] *adj* dirty; *(al comer, trabajar)* messy. ◆ *adv (en juego)* dirty.

suculento, ta [suku'lento, ta] *adj* tasty.

sucumbir [sukum'bir] *vi (rendirse)* to succumb; *(morir)* to die.

sucursal [sukur'sal] *f* branch.

sudadera [suða'ðera] *f* sweatshirt.

Sudamérica [suða'merika] South America.

sudamericano, na [suðameri-
'kano, na] *adj & m, f* South American.

sudar [su'ðar] *vi* to sweat.

sudeste [su'ðeste] *m* southeast.

sudoeste [suðo'este] *m* southwest.

sudor [su'ðor] *m* sweat.

Suecia [sueθja] Sweden.

sueco, ca ['sueko, ka] *adj & m*
Swedish. ◆ *m, f* Swede.

suegro, gra ['sueɣro, ɣra] *m, f*
father-in-law (*f* mother-in-law).

suela [suela] *f* sole.

sueldo ['sueldo] *m* salary, wages
(*pl*).

suelo ['suelo] *m* (*piso*) floor; (*superficie terrestre*) ground; (*terreno*) soil;
(*para edificar*) land; **en el** ~ on the
ground/floor.

suelto, ta ['suelto, ta] *adj* loose; (*separado*) separate; (*calcetín, guante*)
odd; (*arroz*) fluffy. ◆ *m* (*dinero*)
change.

sueño ['sueɲo] *m* (*acto de dormir*)
sleep; (*ganas de dormir*) drowsiness;
(*imagen mental, deseo*) dream; **coger
el** ~ to get to sleep; **tener** ~ to be
sleepy.

suero ['suero] *m* (*en medicina*) ser-
um.

suerte ['suerte] *f* (*azar*) chance;
(*fortuna, casualidad*) luck; (*futuro*)
fate; (*en el toreo*) each of the three parts
of a bullfight. ◆ *interj* good luck!; **por**
~ luckily; **tener** ~ to be lucky.

suéter ['sueter] *m* sweater.

suficiente [sufi'θjente] *adj* enough. ◆ *m* (*nota*) pass.

sufragio [su'fraxjo] *m* suffrage.

sufrido, da [su'friðo, ða] *adj* (*persona*) uncomplaining; (*color*) that does
not show the dirt.

sufrimiento [sufri'mjento] *m* suffering.

sufrir [su'frir] *vt* (*accidente, caída*) to
have; (*persona*) to bear. ◆ *vi* to suffer;
~ **de** to suffer from; ~ **del estómago**
to have a stomach complaint.

sugerencia [suxe'renθja] *f* suggestion.

sugerir [suxe'rir] *vt* to suggest;
(*evocar*) to evoke.

suicidio [sui'θiðjo] *m* suicide.

suite [suit] *f* suite.

Suiza ['suiθa] Switzerland.

suizo, za ['suiθo, θa] *adj & m, f*
Swiss.

sujetador [suxeta'ðor] *m* bra.

sujetar [suxe'tar] *vt* (*agarrar*) to
hold down; (*asegurar, aguantar*) to
fasten. ❑ **sujetarse** *vpr* (*agarrarse*)
to hold on.

sujeto, ta [su'xeto, ta] *adj* fas-
tened. ◆ *m* subject; *despec* (*individuo*)
individual.

suma ['suma] *f* (*operación*) addition;
(*resultado*) total; (*conjunto de cosas, dinero*) sum.

sumar [su'mar] *vt* to add together.

sumario [su'marjo] *m* (*resumen*)
summary; (*de juicio*) indictment.

sumergible [sumer'xiβle] *adj*
waterproof.

sumergirse [sumer'xirse] *vpr* to
plunge.

suministrar [suminis'trar] *vt* to
supply.

suministro [sumi'nistro] *m* (*acción*) supplying; (*abasto, víveres*) supply.

sumiso, sa [su'miso, sa] *adj* sub-
missive.

súper ['super] *adj fam* great. ◆ *m fam*
supermarket. ◆ *f* (*gasolina*) ≃ four-
star *Br*, ≃ premium *Am*.

superación [supera'θjon] *f* over-
coming.

superar [supe'rar] *vt* (*prueba, obs-*

táculo) to overcome; *(persona)* to beat. ❑ **superarse** *vpr (mejorar)* to better o.s.

superficial [superfiˈθjal] *adj* superficial.

superficie [superˈfiθje] *f* surface; *(área)* area.

superfluo, flua [suˈperfluo, flua] *adj* superfluous.

superior [supeˈrjor] *adj (de arriba)* top; *(excepcional)* excellent; **~ a** *(mejor)* superior to; *(en cantidad, importancia)* greater than, superior.

supermercado [supermerˈkaðo] *m* supermarket.

superstición [superstiˈθjon] *f* superstition.

supersticioso, sa [superstiˈθjoso, sa] *adj* superstitious.

superviviente [superβiˈβjente] *mf* survivor.

suplemento [supleˈmento] *m* supplement.

suplente [suˈplente] *adj (médico)* locum Br, doctor who temporarily fills in for another; *(jugador)* substitute.

supletorio [supleˈtorjo] *m (teléfono)* extension.

súplica [ˈsuplika] *f* plea.

suplir [suˈplir] *vt (falta, carencia)* to compensate for; *(persona)* to replace.

suponer [supoˈner] *vt (creer)* to suppose; *(representar, implicar)* to involve; *(imaginar)* to imagine.

suposición [suposiˈθjon] *f* assumption.

supositorio [suposiˈtorjo] *m* suppository.

suprema [suˈprema] *f* chicken breast.

suprimir [supriˈmir] *vt (proyecto, puesto)* to axe; *(anular)* to abolish; *(borrar)* to delete.

supuesto, ta [suˈpuesto, ta] *pp* → **suponer.** ◆ *adj (presunto)* supposed; *(delincuente)* alleged; *(falso)* false. ◆ *m* assumption; **por ~** of course.

sur [sur] *m* south; *(viento)* south wind.

surco [ˈsurko] *m (en la tierra)* furrow; *(de disco)* groove; *(de piel)* line.

sureño, ña [suˈreɲo, ɲa] *adj* southern.

surf [surf] *m* surfing.

surfista [surˈfista] *mf* surfer.

surgir [surˈxir] *vi (brotar)* to spring forth; *(destacar)* to rise up; *(producirse)* to arise.

surtido, da [surˈtiðo, ða] *adj* assorted. ◆ *m* range.

surtidor [surtiˈðor] *m (de agua)* spout; *(de gasolina)* pump.

susceptible [susθepˈtiβle] *adj (sensible)* oversensitive; **~ de** liable to.

suscribir [suskriˈβir] *vt (escrito)* to sign; *(opinión)* to subscribe to. ❑ **suscribirse a** *v + prep* to subscribe to.

suscripción [suskripˈθjon] *f* subscription.

suspender [suspenˈder] *vt (interrumpir)* to adjourn; *(anular)* to postpone; *(examen)* to fail; *(de empleo, sueldo)* to suspend; *(colgar)* to hang (up).

suspense [susˈpense] *m* suspense.

suspenso [susˈpenso] *m* fail.

suspirar [suspiˈrar] *vi* to sigh. ❑ **suspirar por** *v + prep* to long for.

suspiro [susˈpiro] *m* to sigh.

sustancia [susˈtanθja] *f* substance; *(esencia)* essence; *(de alimento)* nutritional value.

sustancial [sustanˈθjal] *adj* substantial.

sustantivo [sustanˈtiβo] *m* noun.

sustituir [sustituˈir] *vt* to replace.

~ algo/a alguien por to replace sthg/sb with.

susto ['susto] *m* fright; **¡qué ~!** what a fright!

sustracción [sustrak'θjon] *f (robo)* theft; *(resta)* subtraction.

sustraer [sustra'er] *vt (robar)* to steal; *(restar)* to subtract.

susurrar [susu'rar] *vt & vi* to whisper.

suyo, ya ['sujo, ja] *adj (de él)* his; *(de ella)* hers; *(de usted, ustedes)* yours; *(de ellos, de ellas)* theirs. ◆ *pron:* **el ~, la suya** *(de él)* his; *(de ella)* hers; *(de usted, ustedes)* yours; *(de ellos, de ellas)* theirs; **lo ~** his/her *etc* thing; **un amigo ~** a friend of his/hers *etc*.

T

tabaco [ta'βako] *m* tobacco; *(cigarrillos)* cigarettes *(pl)*.

tábano ['taβano] *m* horsefly.

tabasco® [ta'βasko] *m* tabasco sauce.

taberna [ta'βerna] *f* country-style bar, usually cheap.

tabique [ta'βike] *m* partition (wall).

tabla [ta'βla] *f (de madera)* plank; *(lista, de multiplicar)* table; *(de navegar, surf)* board; *(en arte)* panel. ❑ **tablas** *fpl (en juego)* stalemate *(sg)*; *(escenario)* stage *(sg)*.

tablao [ta'βlao] *m:* **~ flamenco** flamenco show.

tablero [ta'βlero] *m* board.

tableta [ta'βleta] *f (de chocolate)* bar; *(medicamento)* tablet.

tablón [ta'βlon] *m* plank; **~ de anuncios** notice *Br* o bulletin *Am* board.

tabú [ta'βu] *m* taboo.

taburete [taβu'rete] *m* stool.

tacaño, ña [ta'kaɲo, ɲa] *adj* mean.

tachar [ta'tʃar] *vt* to cross out.

tacho [tatʃo] *m CSur* bin *Br*, trash can *Am*.

tácito, ta ['taθito, ta] *adj (acuerdo, trato)* unwritten.

taco ['tako] *m (para pared)* plug; *(de billar)* cue; *(de jamón, queso)* hunk; *(de papel)* wad; *fam (palabrota)* swearword; *(lío)* muddle; *CAm & Méx (tortilla)* taco.

tacón [ta'kon] *m* heel.

tacto ['takto] *m (sentido)* sense of touch; *(textura)* feel; *(en el trato)* tact.

taekwondo [tae'kʝondo] *m* tae kwon do.

tajada [ta'xaða] *f* slice; **agarrarse una ~** *fam* to get sloshed.

tal [tal] *adj* such. ◆ *pron:* **~ cosa** such a thing; **¿qué ~?** how are you doing?; **~ vez** perhaps.

taladradora [talaðra'ðora] *f* drill.

taladrar [tala'ðrar] *vt* to drill.

taladro [ta'laðro] *m* drill.

talco ['talko] *m* talc.

talento [ta'lento] *m (aptitud)* talent; *(inteligencia)* intelligence.

talgo ['talɣo] *m Spanish intercity high-speed train.*

talla [ta'ʎa] *f (de vestido, calzado)* size; *(estatura)* height; *(de piedra preciosa)* cutting; *(escultura)* sculpture.

tallarines [taʎa'rines] *mpl* tagliatelle *(sg)*.

taller [ta'ʎer] *m (de coches)* garage; *(de trabajo manual)* workshop.

tallo ['taʎo] *m* stem.

talón [ta'lon] *m* heel; *(cheque)* cheque; *(resguardo)* stub.

talonario [talo'narjo] *m* cheque book.

tamaño [ta'maɲo] *m* size.

también [tam'bjen] *adv* also; **~ dijo que ...** she also said that ...; **yo ~** me too.

tambor [tam'bor] *m* drum.

tampoco [tam'poko] *adv* neither; **yo ~** me neither; **si a ti no te gusta a mí ~** if you don't like it, then neither do I.

tampón [tam'pon] *m (sello)* stamp; *(para la menstruación)* tampon.

tan [tan] *adv* → **tanto**.

tanda ['tanda] *f (turno)* shift; *(serie)* series.

tándem ['tandem] *m (bicicleta)* tandem; *(dúo)* duo.

tanga ['tanga] *m* tanga.

tango ['tango] *m* tango.

tanque ['tanke] *m (vehículo cisterna)* tanker; *(de guerra)* tank.

tanto, ta ['tanto, ta] *adj* -1. *(gran cantidad)* so much, so many *(pl)*; **tiene ~ dinero** he's got so much money; **tanta gente** so many people; **~ ... que** so much ... that. - 2. *(cantidad indeterminada)* so much, so many *(pl)*; **tantos euros al día** so many euros a day; **cincuenta y ~s** fifty-something, fifty-odd. - 3. *(en comparaciones)*: **~ ... como** as much ... as, as many... as *(pl)*; **tiene tanta suerte como tú** she's as lucky as you. ◆ *adv* -1. *(gran cantidad)* so much; **no merece la pena disgustarse ~** it's not worth getting so upset; **~ que** so much that. - 2. *(en comparaciones)*: **~ ... como** as

much ... as; **sabe ~ como yo** she knows as much as I do. - 3. *(en locuciones)*: **por (lo) ~** so, therefore; **~ (es así) que** so much so that. ◆ *pron* -1. *(gran cantidad)* so much, so many *(pl)*; **él no tiene ~s** he doesn't have so many. - 2. *(igual cantidad)* as much, as many *(pl)*; **había mucha gente allí, aquí no tanta** there were a lot of people there, but not as many here. - 3. *(cantidad indeterminada)* so much, so many *(pl)*; **supongamos que vengan ~** let's suppose so many come; **a ~s de agosto** on such-and-such a date in August. - 4. *(en locuciones)*: **eran las tantas** it was very late. ◆ *m* -1. *(punto)* point; *(gol)* goal; **marcar un ~** to score. - 2. *(cantidad indeterminada)*: **un ~** so much; **un ~ por ciento** a percentage.

tanto ['tanto] *m (punto)* point; *(gol)* goal; **un ~** so much; **~ por ciento** percentage.

tapa ['tapa] *f (de recipiente)* lid; *(de libro)* cover; *(de comida)* tapa; *(de zapato)* heel plate; '**~s variadas**' selection of tapas.

ⓘ   **TAPAS**

In Spain a "tapa" is a small portion of food, usually eaten with a glass of wine or beer in a bar before a main meal. Many bars specialize in "tapas", particularly in the north of Spain and in Andalusia. "Botanas" are the equivalent found in Latin America.

tapadera [tapa'ðera] *f (de recipiente)* lid; *(para encubrir)* front.

tapar [ta'par] *vt (cofre, caja, botella)* to close; *(olla)* to put the lid on; *(encu-*

brir) to cover up; *(en la cama)* to tuck in; *(con ropa)* to wrap up. □ **taparse** *vpr (en la cama)* to tuck o.s. in; *(con ropa)* to wrap up.

tapete [ta'pete] *m* runner.

tapia ['tapja] *f* (stone) wall.

tapicería [tapiθe'ria] *f* (*tela*) upholstery; *(tienda)* upholsterer's (shop).

tapiz [ta'piθ] *(pl* -ces [θes]) *m* tapestry.

tapizado [tapi'θaðo] *m* upholstery.

tapizar [tapi'θar] *vt* to upholster.

tapón [ta'pon] *m (de botella)* stopper; *(de rosca)* top; *(de bañera, fregadero)* plug; *(para el oído)* earplug.

taquería [take'ria] *f Méx* taco restaurant.

(i) **TAQUERÍA**

This is a type of restaurant in Mexico where tacos are the speciality of the house. The huge variety of tacos on offer is astounding which gives the diner a great selection of food to choose from. In recent years, fast-food outlets called "taquerías" have become popular outside Mexico, especially in the United States. Many of these establishments bear only a passing resemblance to the authentic Mexican "taquerías".

taquigrafía [takiɣra'fia] *f* shorthand.

taquilla [ta'kiʎa] *f (de cine, teatro)* box office; *(de tren)* ticket office; *(armario)* locker; *(recaudación)* takings *(pl).*

taquillero, ra [taki'ʎero, ra] *adj*

who/that pulls in the crowds. ◆ *m, f* ticket clerk.

tara ['tara] *f (defecto)* defect.

tardar [tar'ðar] *vt (tiempo)* to take. ◆ *vi (retrasarse)* to be late; **el comienzo tardará aún dos horas** it doesn't start for another two hours.

tarde ['tarðe] *f (hasta las cinco)* afternoon; *(después de las cinco)* evening. ◆ *adv* late; **las cuatro de la** ~ four o'clock in the afternoon; **por la** ~ in the afternoon/evening; **buenas** ~**s** good afternoon/evening.

tarea [ta'rea] *f (trabajo)* task; *(deberes escolares)* homework.

tarifa [ta'rifa] *f (de electricidad, etc)* charge; *(en transportes)* fare; *(lista de precios)* price list; ' ~**s de metro'** 'underground fares'.

tarima [ta'rima] *f* platform.

tarjeta [tar'xeta] *f* card; ' ~**s admitidas'** 'credit cards accepted'; ~ **de crédito** credit card; ~ **de débito** debit card; ~ **de embarque** boarding pass; ~ **postal** postcard; ~ **10 viajes** *(en metro)* underground travelcard valid for ten journeys.

tarro ['taro] *m* jar.

tarta ['tarta] *f* cake; *(plana, con base de pasta dura)* tart; ~ **de la casa** chef's special cake; ~ **de chocolate** chocolate cake; ~ **helada** ice cream gâteau; ~ **de Santiago** *sponge cake filled with almond paste;* ~ **al whisky** *whisky-flavoured ice-cream gâteau.*

tartamudo, da [tarta'muðo, ða] *m, f* stammerer.

tasa ['tasa] *f* rate.

tasca ['taska] *f* = pub.

tatuaje [tatu'axe] *m* tattoo.

taurino, na [tau'rino, na] *adj* bullfighting *(antes de s).*

tauromaquia [tauro'makja] *f* bullfighting.

TAUROMAQUIA

Bullfights begin with a procession in which all the participants parade across the bullring in traditional costume. The fight itself is divided into three parts: in the first part, the "picador" goads the bull with a lance; in the second, the "banderillero" sticks barbed darts into it and in the final part, the "matador" performs a series of passes before killing the bull.

taxi ['taksi] *m* taxi.

taxímetro [tak'simetro] *m* taximeter.

taxista [tak'sista] *mf* taxi driver.

taza ['taθa] *f* cup; *(de retrete)* bowl.

tazón [ta'θon] *m* bowl.

te [te] *pron (complemento directo)* you; *(complemento indirecto)* (to) you; *(reflexivo)* yourself.

té [te] *m* tea.

teatral [tea'tral] *adj (de teatro)* theatre *(antes de s); (afectado)* theatrical.

teatro [te'atro] *m* theatre.

tebeo® [te'βeo] *m* (children's) comic book.

techo ['tetʃo] *m (de habitación, persona, avión)* ceiling; *(tejado)* roof.

tecla ['tekla] *f* key.

teclado [te'klaðo] *m* keyboard.

teclear [tekle'ar] *vi (en ordenador)* to type.

técnica ['tevnika] *f* technique; *(de ciencia)* technology.

técnico, ca ['tevniko, ka] *adj* technical.

tecnología [tevnolo'xia] *f* technology.

tecnológico, ca [tevno'loxiko, -ka] *adj* technological.

teja ['texa] *f* tile.

tejado [te'xaðo] *m* roof.

tejanos [te'xanos] *mpl* jeans.

tejer [te'xer] *vt (jersey, labor)* to knit; *(tela)* to weave.

tejido [te'xiðo] *m (tela)* fabric; *(del cuerpo humano)* tissue.

tejo ['texo] *m (juego)* hopscotch.

tel. *(abrev de teléfono)* tel.

tela ['tela] *f (tejido)* material, cloth; *(lienzo)* canvas; *fam (dinero)* dough.

telaraña [tela'raɲa] *f* spider's web.

tele ['tele] *f fam* telly *Br*, TV.

telearrastre [telea'rastre] *m* ski-tow.

telebanca [tele'banka] *f* telebanking.

telecabina [teleka'βina] *f* cable-car.

telecomunicación [telekomunika'θjon] *f (medio)* telecommunication; *(estudios)* telecommunications.

teleconferencia [telekonfe-'renθja] *f* conference call.

telediario [tele'ðjarjo] *m* television news.

teledirigido, da [teleðiri'xiðo, ða] *adj* remote-controlled.

telefax [tele'faks] *m inv* fax.

teleférico [tele'feriko] *m* cable-car.

telefonazo [telefo'naθo] *m fam* phone call.

telefonear [telefone'ar] *vt* to phone.

telefónico, ca [tele'foniko, ka] *adj* telephone *(antes de s)*.

telefonista [telefo'nista] *mf* telephonist.

teléfono [te'lefono] *m* telephone; **~ móvil** mobile telephone *Br*, cell telephone *Am*.

telégrafo [te'leɣrafo] *m* telegraph.

telegrama [tele'ɣrama] *m* telegram; **poner un ~** to send a telegram.

telenovela [teleno'βela] *f* television soap opera.

teleobjetivo [teleoβxe'tiβo] *m* telephoto lens.

telepatía [telepa'tia] *f* telepathy.

telescopio [teles'kopjo] *m* telescope.

telesilla [tele'siʎa] *f* chair lift.

telespectador, ra [telespekta'ðor, ra] *m, f* viewer.

telesquí [teles'ki] *m* ski lift.

teletexto [tele'teksto] *m* Teletext®.

teletipo [tele'tipo] *m* teleprinter.

televidente [teleβi'ðente] *mf* viewer.

televisado, da [teleβi'saðo, ða] *adj* televised.

televisión [teleβi'sjon] *f* television.

televisor [teleβi'sor] *m* television (set).

télex ['teleks] *m inv* telex.

telón [te'lon] *m* curtain.

tema ['tema] *m* subject; *(melodía)* theme.

temática [te'matika] *f* subject matter.

temático, ca [te'matiko, ka] *adj* thematic.

temblar [tem'blar] *vi* to tremble; *(de frío)* to shiver.

temblor [tem'blor] *m (de persona)* trembling; *(de suelo)* earthquake.

temer [te'mer] *vt* to fear; **~ por** to fear for. ❑ **temerse** *vpr* to fear.

temor [te'mor] *m* fear.

temperamento [tempera'mento] *m* temperament.

temperatura [tempera'tura] *f* temperature.

tempestad [tempes'taθ] *f* storm.

templado, da [tem'plaðo, ða] *adj (líquido, comida)* lukewarm; *(clima)* temperate.

templo ['templo] *m (pagano)* temple; *(iglesia)* church.

temporada [tempo'raða] *f (periodo concreto)* season; *(de una actividad)* period; **de ~** seasonal.

temporal [tempo'ral] *adj* temporary. ◆ *m* storm.

temprano, na [tem'prano, na] *adj & adv* early.

tenazas [te'naθas] *fpl* pliers.

tendedero [tende'ðero] *m* clothes line.

tendencia [ten'denθja] *f* tendency.

tender [ten'der] *vt (colgar)* to hang out; *(extender)* to spread; *(tumbar)* to lay (out); *(cable)* to lay; *(cuerda)* to stretch (out); *(entregar)* to hand; **~ la cama** *Amér* to make the bed. ❑ **tender a** *v + prep* to tend to. ❑ **tenderse** *vpr* to lie down.

tenderete [tende'rete] *m* stall *Br*, stand *Am*.

tendero, ra [ten'dero, ra] *m, f* shopkeeper *Br*, storekeeper *Am*.

tendón [ten'don] *m* tendon.

tenedor [tene'ðor] *m* fork.

☞

tener [te'ner] *vt* - **1.** *(poseer, contener)* to have; **tiene mucho dinero** she has a lot of money; **tengo dos hijos** I have two children; **~ un niño** *(parir)* to have a baby; **la casa tiene cuatro habitaciones** the house has four bedrooms; **tiene los ojos azules** she has blue eyes.

- **2.** *(medidas, edad)* to be; **la sala tiene cuatro metros de largo** the room is four metres long; **¿cuántos años tie-**

nes? how old are you?; **tiene diez años** he's ten (years old).
- 3. *(padecer, sufrir)* to have; ~ **dolor de muelas/fiebre** to have toothache/a temperature.
- 4. *(sujetar, coger)* to hold; **tiene la olla por las asas** she's holding the pot by its handles; **¡ten!** here you are!
- 5. *(sentir)* to be; ~ **frío/calor** to be cold/hot; ~ **hambre/sed** to be hungry/thirsty.
- 6. *(sentimiento)* **nos tiene cariño** he's fond of us.
- 7. *(mantener)* to have; **hemos tenido una discusión** we've had an argument.
- 8. *(para desear)* to have; **que tengan unas felices fiestas** have a good holiday.
- 9. *(deber asistir a)* to have; **hoy tengo clase** I have to go to school today; **el médico no tiene consulta hoy** the doctor is not seeing patients today.
- 10. *(valorar, considerar)* ~ **algo/alguien por algo** to think sthg/sb is sthg; **ten por seguro que lloverá** you can be sure it will rain.
- 11. *(haber de)* **tengo mucho que contaros** I have a lot to tell you; *Amér (levar)*: **tengo tres años aquí** I've been here three years.
◆ v aux - 1. *(haber)*: **tiene alquilada una casa en la costa** she has a rented house on the coast.
- 2. *(hacer estar)*: **me tienes loca** you're driving me mad.
- 3. *(obligación)*: ~ **que hacer algo** to have to do sthg; **tenemos que estar a las ocho** we have to be there at eight.

teniente [te'njente] *m* lieutenant.

tenis [te'nis] *m* tennis; ~ **de mesa** table tennis, ping-pong.

tenista [te'nista] *mf* tennis player.

tenor [te'nor] *m* tenor.

tensión [ten'sjon] *f* tension; *(de la sangre)* blood pressure; *(fuerza)* stress; *(voltaje)* voltage.

tenso, sa ['tenso, sa] *adj (persona)* tense; *(objeto, cuerda)* taut.

tentación [tenta'θjon] *f* temptation.

tentáculo [ten'takulo] *m* tentacle.

tentempié [tentem'pje] *m (bebida, comida)* snack.

tenue ['tenue] *adj (color, luz)* faint; *(tela, cortina)* fine.

teñir [te'ɲir] *vt* to dye.

teología [teolo'xia] *f* theology.

teoría [teo'ria] *f* theory; **en ~** in theory.

terapeuta [tera'peuta] *mf* therapist.

tercermundista [ter,θermun'dista] *adj* third-world *(antes de s)*.

tercero, ra [ter'θero, ra] *núm* third. ◆ *m (persona)* third party; *(piso)* third floor → **sexto**.

tercio ['terθjo] *m (tercera parte)* third.

terciopelo [terθjo'pelo] *m* velvet.

terco, ca ['terko, ka] *adj* stubborn.

termas ['termas] *fpl* hot baths, spa *(sg)*.

terminado, da [termi'naðo, ða] *adj* finished.

terminal [termi'nal] *adj (enfermo)* terminal; *(estación)* final. ◆ *m* terminal. ◆ *f (de aeropuerto)* terminal; *(de autobús)* terminus.

terminar [termi'nar] *vt* to finish. ◆ *vi (acabar)* to end; *(tren)* to terminate; ~ **en** to end in; ~ **por hacer algo** to end up doing sthg.

término ['termino] *m* end; *(plazo)* period; *(palabra)* term; ~ **municipal** district; *Col, Méx & Ven (de carne)* level of cooking *(of meat)*. □ **términos** *mpl* terms.

terminología [terminolo'xia] f terminology.

termita [ter'mita] f termite.

termo ['termo] m Thermos® (flask).

termómetro [ter'mometro] m thermometer.

termostato [termos'tato] m thermostat.

ternera [ter'nera] f veal; ~ **asada** roast veal.

ternero, ra [ter'nero, ra] m, f calf.

terno ['terno] m Andes, RP & Ven suit.

ternura [ter'nura] f tenderness.

terraplén [tera'plen] m embankment.

terrateniente [terate'njente] mf landowner.

terraza [te'raθa] f (balcón) balcony; (techo) terrace roof; (de bar, restaurante, cultivo) terrace.

terremoto [tere'moto] m earthquake.

terreno [te'reno] m (suelo) land; (parcela) plot (of land); fig (ámbito) field.

terrestre [te'restre] adj terrestrial.

terrible [te'riβle] adj (que causa terror) terrifying; (horrible) terrible.

territorio [teri'torjo] m territory.

terrón [te'ron] m (de azúcar) lump.

terror [te'ror] m terror.

terrorismo [tero'rizmo] m terrorism.

terrorista [tero'rista] mf terrorist.

tertulia [ter'tulja] f (personas) regular meeting of people for informal discussion of a particular issue of common interest; (lugar) area in café given over to billiard and card tables.

tesis ['tesis] f inv thesis.

tesoro [te'soro] m (botín) treasure; (hacienda pública) treasury.

test [tes] m test.

testamento [testa'mento] m will.

testarudo, da [testa'ruðo, ða] adj stubborn.

testículo [tes'tikulo] m testicle.

testigo [tes'tiγo] m witness.

testimonio [testi'monjo] m (prueba) proof; (declaración) testimony.

teta ['teta] f fam tit.

tetera [te'tera] f teapot.

tetrabrick [tetra'βrik] m tetrabrick.

textil [teks'til] adj textile.

texto ['teksto] m text; (pasaje, fragmento) passage.

textura [teks'tura] f texture.

ti [ti] pron (después de preposición) you; (reflexivo) yourself.

tianguis ['tjangis] m inv Amér (open-air) market.

tibia ['tiβja] f shinbone.

tibio, bia ['tiβjo, βja] adj (cálido) warm; (falto de calor) lukewarm.

tiburón [tiβu'ron] m shark.

tícket ['tiket] m (billete) ticket; (recibo) receipt.

tiempo ['tjempo] m time; (en meteorología) weather; (edad) age; (en deporte) half; (en gramática) tense; **a** ~ on time; **al mismo** ~ **que** at the same time as; **con** ~ in good time; **del** ~ (bebida) at room temperature; **en otros** ~**s** in a different age; **hace** ~ a long time ago; **hace** ~ **que no te veo** it's a long time since I saw you; **tener** ~ to have time; **todo el** ~ (todo el rato) all the time; (siempre) always; ~ **libre** spare time.

tienda ['tjenda] f shop; (para acampar) tent; ~ **de campaña** tent; ~ **de comestibles** grocery (shop); ~ **de confecciones** clothes shop.

tierno, na ['tjerno, na] adj tender; (pan) fresh.

tierra ['tjɛɾa] f land; *(materia)* soil; *(suelo)* ground; *(patria)* homeland; **~ adentro** inland; **tomar** ~ to touch down. □**Tierra** f: **la Tierra** the Earth.

tieso, sa ['tjɛso, sa] adj *(rígido)* stiff; *(erguido)* erect; *(antipático)* haughty.

tiesto ['tjɛsto] m flowerpot.

tigre, gresa ['tiɣɾe, ɣɾesa] m, f tiger *(f* tigress*)*.

tijeras [ti'xeɾas] fpl scissors.

tila ['tila] f lime blossom tea.

tilde ['tilde] f *(acento)* accent; *(de ñ)* tilde.

timbal [tim'bal] m kettledrum.

timbre ['timbɾe] m *(aparato)* bell; *(de voz, sonido)* tone; *(sello)* stamp.

tímido, da ['timiðo, ða] adj shy.

timo ['timo] m swindle.

timón [ti'mon] m rudder; *Andes (de carro)* steering wheel.

tímpano ['timpano] m *(del oído)* eardrum.

tina ['tina] f *(vasija)* pitcher; *(bañera)* bathtub.

tino ['tino] m *(juicio)* good judgment; *(moderación)* moderation.

tinta ['tinta] f ink; **en su** ~ cooked in its ink.

tintero [tin'teɾo] m *(en pupitre)* inkwell.

tinto ['tinto] m red wine.

tintorería [tintoɾe'ɾia] f dry cleaner's.

tío, a ['tio, a] m, f *(pariente)* uncle *(f* aunt*)*; *fam (compañero, amigo)* mate *Br,* buddy *Am; fam (persona)* guy *(f* girl*)*.

tiovivo [ˌtio'βiβo] m merry-go-round.

típico, ca ['tipiko, ka] adj typical; *(traje, restaurante)* traditional.

tipo ['tipo] m *(clase)* type; *(figura de*

mujer*)* figure; *(figura de hombre)* build; *fam (individuo)* guy; *(modelo)* model; **~ de cambio** exchange rate.

tipografía [tipoɣɾa'fia] f *(arte)* printing.

tira ['tiɾa] f strip.

tirabuzón [tiɾaβu'θon] m ringlet.

tirada [ti'ɾaða] f *(número de ventas)* circulation; *(en juegos)* throw; *(distancia grande)* long way.

tiradero [tiɾa'ðeɾo] m *Amér* dump.

tirador [tiɾa'ðoɾ] m *(de puerta, cajón)* handle.

tiranía [tiɾa'nia] f tyranny.

tirano, na [ti'ɾano, na] m, f tyrant.

tirante [ti'ɾante] adj *(estirado)* taut; *(relación, situación)* tense. ◆**tirantes** mpl braces *(Br),* suspenders *(Am).*

tirar [ti'ɾaɾ] vt *(arrojar, lanzar)* to throw; *(desechar, malgastar)* to throw away; *(derribar)* to knock down; *(dejar caer)* to drop; *(volcar)* to knock over; *(derramar)* to spill; *(disparar)* to fire. ◆ vi *(atraer)* to be attractive; *(desviarse)* to head; *fam (durar)* to keep going; *(en juegos)* to have one's go; **~ de** to pull; **voy tirando** I'm O.K., I suppose; **'tirar' 'pull'.** □**tirar a** v + *prep (parecerse a)* to take after; **~ a gris** to be greyish. □**tirarse** vpr to throw o.s.; *(tiempo)* to spend.

tirita® [ti'ɾita] f *(sticking)* plaster *(Br),* Band-Aid® *(Am).*

tiritar [tiɾi'taɾ] vi to shiver.

tiro ['tiɾo] m shot; *(actividad)* shooting; *(herida)* gunshot wound; *(de chimenea)* draw; *(de carruaje)* team.

tirón [ti'ɾon] m *(estirón)* pull; *(robo)* bagsnatching.

tisú [ti'su] m lamé.

títere ['titeɾe] m puppet. □**títeres** mpl *(espectáculo)* puppet show *(sg).*

titular [titu'laɾ] adj official. ◆ m headline. ◆ vt to title. □**titularse**

vpr *(llamarse)* to be called; *(en estudios)* to graduate.

título ['título] *m* title; *(diploma)* qualification; *(licenciatura)* degree.

tiza ['tiθa] *f* chalk.

tlapalería [tlapale'ria] *f* *Amér* hardware shop.

toalla [to'aʎa] *f* towel; ~ **de ducha** bath towel; ~ **de manos** hand towel.

tobillo [to'βiʎo] *m* ankle.

tobogán [toβo'ɣan] *m* *(en parque de atracciones)* helter-skelter *Br*, slide; *(rampa)* slide; *(en piscina)* flume *Br*, waterslide; *(trineo)* toboggan.

tocadiscos [toka'ðiskos] *m inv* record player.

tocador [toka'ðor] *m* *(mueble)* dressing table; *(habitación)* powder room.

tocar [to'kar] *vt* to touch; *(palpar)* to feel; *(instrumento musical)* to play; *(alarma)* to sound; *(timbre, campana)* to ring; *(tratar)* to touch on. ◆ *vi (a la puerta)* to knock; *(al timbre)* to ring; *(estar próximo)* to border; **te toca a ti** *(es tu turno)* it's your turn; *(es tu responsabilidad)* it's up to you; **le tocó la mitad** he got half of it; **le tocó el gordo** she won first prize; **'no ~ el género'** 'do not touch'.

tocino [to'θino] *m* bacon fat; ~ **de cielo** dessert made of sugar and eggs.

todavía [toða'βia] *adv* still; ~ **no** not yet.

todo, da ['toðo, ða] *adj* all; *(cada, cualquier)* every. ◆ *pron (para cosas)* everything, all of them *(pl)*; *(para personas)* everybody. ◆ *m* whole; ~ **el libro** all (of) the book; ~ **s los lunes** every Monday; **tenemos de** ~ we've got lots of things; **ante** ~ first of all; **sobre** ~ above all.

toga ['toɣa] *f* *(de abogado, juez)* gown.

toldo ['toldo] *m* *(de tienda)* awning; *(de playa)* sunshade.

tolerado, da [tole'raðo, ða] *adj* *Esp* *(película, espectáculo)* ≃ PG.

tolerancia [tole'ranθja] *f* tolerance.

tolerante [tole'rante] *adj* tolerant.

tolerar [tole'rar] *vt* to tolerate; *(sufrir)* to stand.

toma ['toma] *f* *(de leche)* feed; *(de agua, gas)* inlet; *(de luz)* socket.

tomar [to'mar] *vt* to take; *(contratar)* to take on; *(comida, bebida, baño, ducha)* to have; *(sentir)* to acquire; ~ **a alguien por** to take sb for; ~ **algo a mal** to take sth the wrong way; ~ **algo** *(comer, beber)* to have sthg to eat/drink; ~ **el fresco** to get a breath of fresh air; ~ **el sol** to sunbathe; ~ **prestado** to borrow.

tomate [to'mate] *m* tomato.

tómbola ['tombola] *f* tombola.

tomillo [to'miʎo] *m* thyme.

tomo ['tomo] *m* volume.

tonel [to'nel] *m* barrel.

tonelada [tone'laða] *f* tonne.

tónica ['tonika] *f* *(bebida)* tonic water.

tónico, ca ['toniko, ka] *adj* *(vigorizante)* revitalizing; *(con acento)* tonic. ◆ *m* *(cosmético)* skin toner.

tono ['tono] *m* tone; *(de color)* shade.

tontería [tonte'ria] *f* *(cualidad)* stupidity; *(indiscreción)* stupid thing; *(cosa sin valor)* trifle.

tonto, ta ['tonto, ta] *adj* stupid; *(ingenuo)* innocent.

tope ['tope] *m* *(punto máximo)* limit; *(pieza)* block.

tópico, ca ['topiko, ka] *adj* *(medicamento)* topical. ◆ *m* *(frase recurrente)* recurring theme; *(frase muy repetida)* cliché.

topo ['topo] m mole.

tórax ['toraks] m inv thorax.

torbellino [torβe'ʎino] m (de viento) whirlwind; (de sucesos, preguntas, etc) spate.

torcer [tor'θer] vt (retorcer) to twist; (doblar) to bend; (girar) to turn; (inclinar) to tilt. ◆ vi to turn. □ **torcerse** vpr (fracasar) to go wrong; (no cumplirse) to be frustrated; ~ **se el brazo** to twist one's arm; ~ **se el tobillo** to sprain one's ankle.

torcido, da [tor'θiðo, ða] adj (retorcido) twisted; (doblado) bent; (inclinado) crooked.

tordo ['torðo] m thrush.

torear [tore'ar] vt (toro, vaquilla) to fight; fig (evitar) to dodge; fig (burlarse de) to mess about. ◆ vi to fight bulls.

torera [to'rera] f bolero (jacket).

torero, ra [to'rero, ra] m, f bullfighter.

tormenta [tor'menta] f storm.

tormentoso, sa [tormen'toso, sa] adj stormy.

torneo [tor'neo] m tournament.

tornillo [tor'niʎo] m screw.

torniquete [torni'kete] m (para hemorragia) tourniquet.

toro ['toro] m bull. □ **toros** mpl (corrida) bullfight (sg); (fiesta) bullfighting (sg).

torpe ['torpe] adj (poco ágil) clumsy; (poco inteligente, lento) slow.

torpedo [tor'peðo] m torpedo.

torpeza [tor'peθa] f (falta de agilidad) clumsiness; (falta de inteligencia, lentitud) slowness.

torre ['tore] f tower; (de oficinas, etc) tower block Br, high-rise Am; (en ajedrez) castle, rook.

torrente [to'rente] m torrent.

torrija [to'rixa] f French toast.

torta ['torta] f fam (bofetada) thump; fam (accidente) bump; Amér (de verduras, de carne) pie; CSur & Ven (doce) cake; Méx (de pão) sandwich; ni ~ fam not a thing.

tortazo [tor'taðo] m fam (bofetada) thump; (golpe fuerte) bump.

tortilla [tor'tiʎa] f omelette; Méx (de harina) tortilla; ~ **de atún** tuna omelette; ~ **de champiñón** mushroom omelette; ~ **(a la) francesa** plain omelette; ~ **de gambas** prawn omelette; ~ **de jamón** ham omelette; ~ **de patatas** Spanish omelette.

tórtola ['tortola] f turtledove.

tortuga [tor'tuɣa] f (terrestre) tortoise; (marina) turtle.

torturar [tortu'rar] vt to torture.

tos [tos] f cough.

toser [to'ser] vi to cough.

tosta ['tosta] f piece of toast with a topping.

tostada [tos'taða] f piece of toast.

tostador [tosta'ðor] m toaster.

tostar [tos'tar] vt to toast. □ **tostarse** vpr (broncearse) to get brown.

total [to'tal] adj & m total. ◆ adv so, anyway.

totalidad [totali'ðað] f: **la** ~ **de** all of.

tóxico, ca ['toksiko, ka] adj poisonous.

toxicomanía [toksikoma'nia] f drug addiction.

toxicómano, na [toksi'komano, na] m, f drug addict.

trabajador, ra [traβaxa'ðor, ra] adj hard-working. ◆ m, f worker.

trabajar [traβa'xar] vt & vi to work; ~ **de** to work as; ~ **de canguro** to babysit.

trabajo [tra'βaxo] m work; (empleo) job; (esfuerzo) effort; (en el colegio) essay; ~s manuales arts and crafts.

trabalenguas [traβa'leŋɡwas] *m inv* tongue-twister.

traca ['traka] *f* string of firecrackers.

tractor [trak'tor] *m* tractor.

tradición [traði'θjon] *f* tradition.

tradicional [traðiθjo'nal] *adj* traditional.

tradicionalmente [traðiθjo,nal'mente] *adv* traditionally.

traducción [traðuk'θjon] *f* translation.

traducir [traðu'θir] *vt* to translate.

traductor, ra [traðuk'tor, ra] *m, f* translator.

traer [tra'er] *vt* -1. *(trasladar)* to bring; *(llevar)* to carry; **me trajo un regalo** she brought me a present; **¿qué traes ahí?** what have you got there?
- **2.** *(provocar, ocasionar)* to bring; **le trajo graves consecuencias** it had serious consequences for him.
- **3.** *(contener)* to have; **el periódico trae una gran noticia** the newspaper has an important piece of news in it.
- **4.** *(llevar puesto)* to wear. ◘ **traerse** *vpr:* **se las trae** *fam* it's got a lot to it.

traficante [trafi'kante] *mf* trafficker.

traficar [trafi'kar] *vi* to traffic.

tráfico ['trafiko] *m (de vehículos)* traffic; *(de drogas)* trafficking.

tragar [tra'ɣar] *vt (ingerir)* to swallow; *fam (devorar, consumir)* to guzzle; *(soportar)* to put up with. ◆ *vi* to swallow; **no ~ a alguien** not to be able to stand sb. ◘ **tragarse** *vpr fam* to swallow.

tragedia [tra'xeðja] *f* tragedy.

trágico, ca ['traxiko, ka] *adj* tragic.

tragicomedia [traxiko'meðja] *f* tragicomedy.

trago ['traɣo] *m (de líquido)* mouthful; *fam (copa)* drink; *(disgusto)* difficult situation.

traición [trai'θjon] *f (infidelidad)* betrayal; *(delito)* treason.

traje ['traxe] *m (vestido)* dress; *(de hombre)* suit; *(de chaqueta)* two-piece suit; *(de región, época, etc)* costume; **~ de baño** swimsuit; **~ (de) chaqueta** woman's two-piece suit; **~ de luces** matador's outfit.

trama ['trama] *f (de novela, historia)* plot; *(maquinación)* intrigue.

tramar [tra'mar] *vt* to weave.

tramitar [trami'tar] *vt (suj: autoridades)* to process *(document)*; *(suj: solicitante)* to obtain.

tramo ['tramo] *m (de camino, calle)* stretch; *(de escalera)* flight (of stairs).

tramontana [tramon'tana] *f* north wind.

tramoya [tra'moja] *f (en teatro)* stage machinery.

tramoyista [tramo'jista] *mf* stage hand.

trampa ['trampa] *f (para cazar)* trap; *(engaño)* trick; *(en juego)* cheating; *(puerta)* trapdoor; **hacer ~** to cheat.

trampolín [trampo'lin] *m (en piscina)* diving board; *(en esquí)* ski jump; *(en gimnasia)* springboard.

trance ['tranθe] *m (momento difícil)* difficult situation; *(estado hipnótico)* trance.

tranquilidad [traŋkili'ðað] *f (de lugar)* peacefulness; *(de carácter)* calmness; *(despreocupación)* peace of mind.

tranquilo, la [traŋ'kilo, la] *adj (lu-*

gar) peaceful; *(de carácter, mar, tiempo)* calm; *(libre de preocupaciones)* unworried.

transbordador [tranzβorða'ðor] *m* ferry.

transbordar [tranzβor'ðar] *vt* to transfer.

transbordo [tranz'βorðo] *m* change *(of tnuin etc)*; **hacer** ~ to change.

transcurrir [transku'rir] *vi* to take place.

transeúnte [transe'unte] *mf* passer-by.

transferencia [transfe'renθja] *f* transfer.

transformación [transforma'θjon] *f* transformation.

transformador [transforma'ðor] *m* transformer.

transformar [transfor'mar] *vt* to transform; ~ **algo/a alguien en** to turn sthg/sb into. ◻ **transformarse** *vpr (cambiar)* to be transformed; ~**se en** to be converted into.

transfusión [transfu'sjon] *f* transfusion.

transición [transi'θjon] *f* transition.

transigir [transi'xir] *vi (ceder)* to compromise; *(ser tolerante)* to be tolerant.

transistor [transis'tor] *m* transistor.

tránsito ['transito] *m (de vehículos)* traffic.

translúcido, da [tranz'luθiðo, ða] *adj* translucent.

transmitir [tranzmi'tir] *vt (difundir)* to broadcast; *(comunicar)* to pass on; *(contagiar)* to transmit.

transparente [transpa'rente] *adj* transparent.

transportar [transpor'tar] *vt* to transport.

transporte [trans'porte] *m* trans-

port *Br*, transportation *Am*; ~ **público** public transport *Br*, transportation *Am*.

transversal [tranzβer'sal] *adj (atravesado)* transverse; *(perpendicular)* cross *(antes de s)*.

tranvía [tram'bia] *m* tram.

trapear [trape'ar] *vt Amér* to mop.

trapecio [tra'peθjo] *m* trapeze.

trapecista [trape'θista] *mf* trapeze artist.

trapo ['trapo] *m (trozo de tela)* rag; *(para limpiar)* cloth.

tráquea ['trakea] *f* windpipe.

tras [tras] *prep (detrás de)* behind; *(después de)* after.

trasero, ra [tra'sero, ra] *adj* back *(antes de s)*. ◆ *m fam* backside.

trasladar [trazla'ðar] *vt (mudar)* to move; *(empleado, trabajador)* to transfer; *(aplazar)* to postpone. ◻ **trasladarse** *vpr (desplazarse)* to go; *(mudarse)* to move.

traslado [traz'laðo] *m (de muebles, libros, etc)* moving; *(de puesto, cargo, etc)* transfer.

traspasar [traspa'sar] *vt (cruzar)* to cross (over); *(atravesar)* to go through; *(suj: líquido)* to soak through; *(negocio)* to sell (as a going concern).

traspiés [tras'pjes] *m inv (tropezón)* trip; *(equivocación)* slip.

trasplantar [trasplan'tar] *vt* to transplant.

trasplante [tras'plante] *m* transplant.

traste ['traste] *m CSur (trasero)* backside. ◻ **trastes** *mpl Andes, CAm & Méx* things; **lavar los** ~ to do the dishes.

trasto ['trasto] *m (objeto inútil)* piece of junk; *fig (persona)* nuisance. ◻ **trastos** *mpl (equipo)* things.

tratado [tra'taðo] *m (acuerdo)* treaty; *(escrito)* treatise.

tratamiento [trata'mjento] *m* treatment; *(título)* title.

tratar [tra'tar] *vt* to treat; *(discutir)* to discuss; *(conocer)* to come into contact with. ❑ **tratar de** *v + prep (hablar sobre)* to be about; *(intentar)* to try to.

tratativas [trata'tiβas] *fpl CSur* negotiations.

trato ['trato] *m (de persona)* treatment; *(acuerdo)* deal; *(tratamiento)* dealings *(pl)*.

trauma ['trauma] *m* trauma.

través [tra'βes] ◆ **a través de** *prep (en espacio)* across; *(en tiempo)* through.

travesaño [traβe'saɲo] *m (de portería)* crossbar.

travesía [traβe'sia] *f (calle)* cross-street; *(por mar)* crossing; *(por aire)* flight.

travesti [tra'βesti] *m* transvestite.

travieso, sa [tra'βjeso, sa] *adj* mischievous.

trayecto [tra'jekto] *m (camino, distancia)* distance; *(viaje)* journey; *(ruta)* route.

trayectoria [trajek'torja] *f (recorrido)* trajectory; *(desarrollo)* path.

trazado [tra'θaðo] *m (de carretera, canal)* course; *(de edificio)* design.

trazar [tra'θar] *vt (línea, dibujo)* to draw; *(proyecto, plan)* to draw up.

trazo ['traθo] *m* line; *(de escritura)* stroke.

trébol ['treβol] *m (planta)* clover; *(en naipes)* club.

trece ['treθe] *núm* thirteen → **seis**.

tregua ['treɣwa] *f (en conflicto)* truce; *(en trabajo, estudios)* break.

treinta ['treinta] *núm* thirty → **seis**.

tremendo, da [tre'mendo, da] *adj*

(temible) terrible; *(muy grande)* enormous; *(travieso)* mischievous.

tren [tren] *m* train; ~ **de cercanías** local train; ~ **de lavado** car wash.

trenza ['trenθa] *f* plait *Br*, braid *Am*.

trepar [tre'par] *vt* to climb.

tres [tres] *núm* three → **seis**.

tresillo [tre'siʎo] *m (sofá)* three-piece suite; *(juego)* ombre, card game for three players.

trial [tri'al] *m* trial.

triangular [trjaŋgu'lar] *adj* triangular.

triángulo [tri'aŋgulo] *m* triangle.

tribu ['triβu] *f* tribe.

tribuna [tri'βuna] *f (para orador)* rostrum; *(para espectadores)* stand.

tribunal [triβu'nal] *m* court; *(en examen, oposición)* board of examiners.

triciclo [tri'θiklo] *m* tricycle.

trigo ['triɣo] *m* wheat.

trilladora [triʎa'ðora] *f* threshing machine.

trillar [tri'ʎar] *vt* to thresh.

trillizos, zas [tri'ʎiθos, θas] *m, fpl* triplets.

trimestral [trimes'tral] *adj (cada tres meses)* quarterly; *(de tres meses)* three-month.

trimestre [tri'mestre] *m (periodo)* quarter, three months *(pl)*; *(en escuela)* term *Br*, quarter *Am*.

trinchante [trin'tʃante] *m (cuchillo)* carving knife; *(tenedor)* meat fork.

trineo [tri'neo] *m* sledge.

trío ['trio] *m* trio.

tripa ['tripa] *f (barriga)* belly; *(intestino)* gut. ❑ **tripas** *fpl (interior)* insides.

triple ['triple] *adj* triple. ◆ *m (en baloncesto)* basket worth three points; ~ **de** three times as much as.

trípode ['tripoðe] *m* tripod.

tripulación [tripula'θjon] f crew.

tripulante [tripu'lante] mf crew member.

triste ['triste] adj sad; (color, luz) pale; (insuficiente) miserable.

tristeza [tris'teθa] f sadness.

triturar [tritu'rar] vt (desmenuzar) to grind; (mascar) to chew.

triunfal [triun'fal] adj triumphant.

triunfar [triun'far] vi (vencer) to win; (tener éxito) to succeed.

triunfo [tri'unfo] m (victoria) triumph; (en encuentro) victory, win.

trivial [tri'βjal] adj trivial.

trizas ['triθas] fpl bits; hacer ~ (hacer añicos) to smash to pieces; (desgarrar) to tear to shreds.

trofeo [tro'feo] m trophy.

trombón [trom'bon] m trombone.

trompa ['trompa] f (de elefante) trunk; (instrumento) horn; coger una ~ fam to get sloshed.

trompazo [trom'paθo] m bump.

trompeta [trom'peta] f trumpet.

tronar [tro'nar] v impers: tronaba it was thundering.

tronco ['tronko] m trunk; ~ de merluza thick hake steak taken from the back of the fish.

trono ['trono] m throne.

tropa ['tropa] f (de soldados) troops (pl); (de personas) crowd. □ tropas fpl troops.

tropezar [trope'θar] vi to trip; ~ con to walk into.

tropezón [trope'θon] m (tropiezo) trip; (de jamón, pan) small chunk; (equivocación) slip.

tropical [tropi'kal] adj tropical.

trópico ['tropiko] m tropic.

tropiezo [tro'pjeθo] m (tropezón) trip; (dificultad) obstacle; (equivocación) slip.

trotar [tro'tar] vi (caballo) to trot; (persona) to dash around.

trote ['trote] m (de caballo) trot; (trabajo, esfuerzo) dashing around.

trozo ['troθo] m piece; a ~s in patches; un ~ de a piece of.

trucaje [tru'kaxe] m (en cine) trick photography.

trucha ['trutʃa] f trout.

truco ['truko] m (trampa, engaño) trick; (en cine) special effect.

trueno ['trweno] m (durante tormenta) (roll of) thunder; (de arma) boom.

trufa ['trufa] f truffle; ~s heladas frozen chocolate truffles.

tu [tu] (pl tus) adj your.

tú [tu] pron you; hablar o tratar de ~ a alguien to address sb as 'tú'.

tuberculosis [tuβerku'losis] f inv tuberculosis.

tubería [tuβe'ria] f pipe.

tubo ['tuβo] m (de agua, gas) pipe; (recipiente) tube; ~ de escape exhaust pipe.

tuerca ['twerka] f nut.

tuerto, ta ['twerto, ta] adj (sin un ojo) one-eyed.

tul [tul] m tulle.

tulipán [tuli'pan] m tulip.

tullido, da [tu'ʎiðo, ða] adj paralysed.

tumba ['tumba] f grave.

tumbar [tum'bar] vt (derribar) to knock down; fam to fail. □ tumbarse vpr to lie down.

tumbona [tum'bona] f (en la playa) deck chair; (en el jardín) sun lounger.

tumor [tu'mor] m tumour.

tumulto [tu'multo] m (disturbio) riot; (confusión) uproar.

tuna ['tuna] f group of student minstrels.

A "tuna" is a musical group made up of university students who wear black capes and coloured ribbons. They wander the streets playing music, singing and dancing, either for pleasure or to collect money.

túnel ['tunel] m tunnel.

túnica ['tunika] f tunic.

tupido, da [tu'piðo, ða] adj thick.

turbina [tur'βina] f turbine.

turbio, bia ['turβjo, βja] adj (líquido, agua) cloudy; (asunto) shady.

turbulencia [turβu'lenθja] f turbulence.

turismo [tu'rizmo] m tourism; (coche) private car.

turista [tu'rista] mf tourist.

turistear [turiste'ar] vi Andes & Méx to go sightseeing.

turístico, ca [tu'ristiko, ka] adj tourist (antes de s).

túrmix® ['turmiks] f inv blender.

turno ['turno] m (momento) turn; (en el trabajo) shift; **su** ~ ' 'next customer, please'.

turrón [tu'ron] m sweet eaten at Christmas, made with almonds and honey.

tutear [tute'ar] vt to address as 'tú'. ◆ **tutearse** vpr to address one another as 'tú'.

"Tuteo" refers to speakers using the informal "tú" style of address to each other rather than the formal "usted". Nowadays in Spain, "tuteo" has become more widespread and the use of "usted" is not as common as it once was, tending to be reserved for first meetings or for formal or business situations when it is important to show respect. Many people, especially among the younger generations, are happy to be addressed as "tú" even by people they have never met before.

tutor, ra [tu'tor, ra] m, f (de bienes, menor) guardian; (de curso) class teacher.

tuyo, ya ['tujo, ja] adj yours. ◆ pron: **el** ~, **la tuya** yours; **lo** ~ your thing; **un amigo** ~ a friend of yours.

TV (abrev de televisión) TV.

U

UCI ['uθi] f (abrev de unidad de cuidados intensivos) ICU.

Ud. abrev = usted.

Uds. abrev = ustedes.

UE (abrev de Unión Europea) f EU.

úlcera ['ulθera] f ulcer.

último, ma ['ultimo, ma] adj last; (más reciente) latest; (más bajo) bottom; (más alto) top; **a** ~**s de** at the end of; **por** ~ finally; **última llamada** last call.

ultramarinos [ultrama'rinos] m inv (tienda) grocer's (shop) Br, grocery store Am.

ultravioleta [ultraβjo'leta] adj ultraviolet.

umbral [um'bral] m threshold.

un, una ['un, 'una] art a, an (antes de

sonido vocálico). ◆ *adj* → **uno**; ~ **hombre** a man; **una mujer** a woman; ~ **águila** an eagle.

unánime [u'nanime] *adj* unanimous.

UNED [u'neð] *f Spanish open university.*

únicamente [,unika'mente] *adv* only.

único, ca ['uniko,ka] *adj (solo)* only; *(extraordinario)* unique; *(precio)* single; **lo ~ que quiero** all I want.

unidad [uni'ðað] *f* unit; *(unión, acuerdo)* unity.

unido, da [u'niðo, ða] *adj (cariñosamente)* close; *(físicamente)* joined.

unifamiliar [unifami'ljar] *adj* detached.

unificación [unifika'θjon] *f* unification.

uniforme [uni'forme] *m* uniform. ◆ *adj* even.

unión [u'njon] *f* union; *(coordinación, acuerdo)* unity; *(cariño)* closeness.

unir [u'nir] *vt (juntar)* to join; *(mezclar)* to mix; *(personas)* to unite; *(comunicar)* to link. ❑ **unirse** *vpr* to join together.

unisex [uni'seks] *adj inv* unisex.

universal [uniβer'sal] *adj* universal.

universidad [uniβersi'ðað] *f* university.

universitario, ria [uniβersi'tarjo, rja] *m, f (estudiante)* student; *(licenciado)* graduate.

universo [uni'βerso] *m* universe.

☞ ─────────────

uno, una ['uno, 'una] *adj* **- 1.** *(indefinido)* one, some *(pl)*; **un día volveré** one day I will return; **~s coches** some cars.
- 2. *(para expresar cantidades)* one;

treinta y un días thirty-one days.
- 3. *(aproximadamente)* around, about; **había unas doce personas** there were around twelve people.
◆ *pron* **- 1.** *(indefinido)* one, some *(pl)*; **coge ~** take one; **dame unas** give me some; **~ de ellos** one of them; **~ ... otro** one ... another, some ... others *(pl)*.
- 2. *fam (referido a personas)* someone; **ayer hablé con ~ que te conoce** I spoke to someone who knows you yesterday.
- 3. *(yo)* one.
- 4. *(en locuciones):* **de ~ en ~** one by one; **~ a ~** one by one; **más de ~** many people, → **seis**.

─────────────

untar [un'tar] *vt (pan, tostada)* to spread; *(manchar)* to smear. ❑ **untarse** *vpr* to smear o.s.

uña ['uɲa] *f (de persona)* nail; *(de animal)* claw; **hacerse las ~s** to do one's nails.

uralita® ['ura'lita] *f corrugated material made from cement and asbestos, used for roofing.*

uranio [u'ranjo] *m* uranium.

urbanización [urβaniθa'θjon] *f* housing development.

urbano, na [ur'βano, na] *adj* urban. ◆ *m, f* local police officer who deals mainly with traffic offences.

urgencia [ur'xenθja] *f* emergency. ❑ **Urgencias** *fpl* casualty (department) *(sg) Br*, emergency room *(sg) Am.*

urgente [ur'xente] *adj* urgent; **'urgente'** *(en cartas)* 'express'.

urgentemente [ur,xente'mente] *adv* urgently.

urinario [uri'narjo] *m* urinal.

urna ['urna] *f (de votación)* (ballot) box; *(para restos mortales)* urn; *(de exposición)* glass case.

urraca [u'raka] *f* magpie.

urticaria [urti'karja] *f* nettle rash.

Uruguay [uru'ɣwaj] Uruguay.

uruguayo, ya [uru'ɣwajo, ja] *adj & m, f* Uruguayan.

usado, da [u'saðo, ða] *adj (gastado)* worn.

usar [u'sar] *vt* to use; *(llevar)* to wear; **¿qué talla usa?** what size do you take?

uso ['uso] *m* use; *(costumbre)* custom.

usted [us'teð] *(pl -des* [ðes]) *pron* you.

usual [u'swal] *adj* usual.

usuario, ria [u'swarjo, rja] *m, f* user.

utensilio [uten'siljo] *m (herramienta)* tool; *(de cocina)* utensil.

útero ['utero] *m* womb.

útil ['util] *adj* useful. ◆ *m* tool.

utilidad [utili'ðað] *f (cualidad)* usefulness; *(provecho)* use.

utilitario [utili'tarjo] *m* small car.

utilizar [utili'θar] *vt* to use.

uva ['uβa] *f* grape; **~s de la suerte** *twelve grapes eaten for luck as midnight chimes on New Year's Eve in Spain.*

V

vaca ['baka] *f (animal)* cow; *(carne)* beef.

vacaciones [baka'θjones] *fpl* holidays *Br*, vacation *Am*; **estar de ~** to be on holiday; **ir de ~** to go on holiday.

vacante [ba'kante] *f* vacancy.

vaciar [baθi'ar] *vt* to empty; *(hacer hueco)* to hollow out.

vacilar [baθi'lar] *vi (dudar)* to hesitate; *(tambalearse)* to wobble.

vacío, a [ba'θio,a] *adj* empty. ◆ *m (espacio)* void; *(hueco)* gap; **envasado al ~** vacuum-packed.

vacuna [ba'kuna] *f* vaccine.

vacunación [bakuna'θjon] *f* vaccination.

vacunar [baku'nar] *vt* to vaccinate.

vado ['baðo] *m (en la calle)* lowered kerb *Br*, entrance; *(de río)* ford; **'~ permanente'** 'keep clear'.

vagabundo, da [baβa'βundo, da] *m, f* tramp.

vagamente [baβa'mente] *adv* vaguely.

vagina [ba'xina] *f* vagina.

vago, ga ['baɣo, ɣa] *adj (perezoso)* lazy; *(impreciso)* vague.

vagón [ba'ɣon] *m (de pasajeros)* carriage *Br*, car *Am*.

vagoneta [baɣo'neta] *f* cart.

vaho ['bao] *m (vapor)* steam; *(aliento)* breath. ❑ **vahos** *mpl* inhalation *(sg)*.

vaina ['bajna] *f (de guisantes, habas)* pod.

vainilla [baj'niʎa] *f* vanilla.

vajilla [ba'xiʎa] *f* dishes.

vale ['bale] *m (papel)* voucher; *Ven (amigo)* mate *Br*, buddy *Am*. ◆ *interj* OK!

valentía [balen'tia] *f* bravery.

valer [ba'ler] *vt (costar)* to cost; *(tener un valor de)* to be worth; *(originar)* to earn. ◆ *vi (ser eficaz, servir)* to be of use; *(persona)* to be good; *(ser válido)* to be valid; *(estar permitido)* to be allowed; **¿cuánto vale?** how much is it?; **¿vale?** OK?; **vale la pena** it's worth it. ❑ **valerse de** *v + prep* to make use of.

valeriana [bale'rjana] f (infusión) valerian tea.

validez [bali'ðeθ] f validity.

válido, da ['baliðo, ða] adj (documento, ley) valid.

valiente [ba'ljente] adj (persona) brave; (actitud, respuesta) fine.

valioso, sa [ba'ljoso, sa] adj valuable.

valla ['baʎa] f (cercado) fence; (muro) barrier; (de publicidad) billboard; (en deporte) hurdle.

valle ['baʎe] m valley.

valor [ba'lor] m value; (valentía) bravery.

valoración [balora'θjon] f (de precio) valuation.

valorar [balo'rar] vt (tasar) to value; (evaluar) to evaluate.

vals [bals] m waltz.

válvula ['balβula] f valve.

vanguardista [bangwar'ðista] adj avant-garde.

vanidad [bani'ðað] f vanity.

vanidoso, sa [bani'ðoso, sa] adj vain.

vano ['bano] ◆ **en vano** adv in vain.

vapor [ba'por] m vapour; (de agua) steam; (barco) steamship; **al ~** steamed.

vaporizador [baporiθa'ðor] m spray.

vaquero, ra [ba'kero, ra] adj (ropa) denim. ❏ **vaqueros** mpl (pantalones) jeans.

vara ['bara] f (de árbol) stick; (de metal) rod; (de mando) staff.

variable [ba'rjaβle] adj changeable.

variado, da [ba'rjaðo, ða] adj (que varía) varied; (bombones, dulces) assorted.

variar [ba'rjar] vt (cambiar) to change; (dar variedad) to vary. ◆ vi: **~ de** (cambiar) to change; (ser diferente) to be different from.

varicela [bari'θela] f chickenpox.

varices [ba'riθes] fpl varicose veins.

variedad [barje'ðað] f variety. ❏ **variedades** fpl (espectáculo) variety (sg).

varios, rias ['barjos, rjas] adj pl (algunos) several; (diversos) various.

varón [ba'ron] m male.

varonil [baro'nil] adj (de varón) male; (valiente, fuerte) manly.

vasallo, lla [ba'saʎo, ʎa] m, f subject.

vasco, ca ['basko, ka] adj, m, f Basque.

vasija [ba'sixa] f container (earthenware).

vaso ['baso] m glass; (de plástico) cup.

vasto, ta ['basto, ta] adj vast.

Vaticano [bati'kano] m: **El ~** the Vatican.

vaya ['baja] v → ir. ◆ interj well!

Vda. abrev = **viuda**.

Vdo. (abrev de viudo) widower.

vecindad [beθin'dað] f (vecindario) community; (alrededores) neighbourhood.

vecindario [beθin'darjo] m community.

vecino, na [be'θino, na] adj neighbouring. ◆ m, f (de una casa) neighbour; (de barrio) resident; (de pueblo) inhabitant.

vegetación [bexeta'θjon] f vegetation.

vegetal [bexe'tal] adj (planta) plant (antes de s); (sandwich) salad (antes de s). ◆ m vegetable.

vegetariano, na [bexeta'rjano, -na] m, f vegetarian.

vehículo [be'ikulo] *m* vehicle; *(de infección)* carrier.

veinte [bejnte] *núm* twenty → **seis**.

vejez [be'xeθ] *f* old age.

vejiga [be'xiɣa] *f* bladder.

vela ['bela] *f (cirio)* candle; *(de barco)* sail; *(vigilia)* vigil; **pasar la noche en ~** not to sleep all night.

velcro® [belkro] *m* velcro®.

velero [be'lero] *m (más pequeño)* sailing boat; *(más grande)* sailing ship.

veleta [be'leta] *f* weather vane.

vello ['beʎo] *m* down.

velo ['belo] *m (prenda)* veil; *(tela)* cover.

velocidad [beloθi'ðað] *f (rapidez)* speed; *(marcha)* gear; **'~ controlada por radar'** ≃ 'speed cameras in operation'.

velódromo [be'loðromo] *m* cycle track.

velomotor [belomo'tor] *m* moped.

velorio [be'lorjo] *m* wake.

veloz [be'loθ] *adj* fast.

vena ['bena] *f* vein.

venado [be'naðo] *m (carne)* venison.

vencedor, ra [benθe'ðor, ra] *m, f* winner.

vencejo [ben'θexo] *m* swift.

vencer [ben'θer] *vt (rival, enemigo)* to beat; *(dificultad, suj: sueño)* to overcome. ◆ *vi (ganar)* to win; *(plazo, garantía)* to expire; *(pago)* to be due.

vencido, da [ben'θiðo, ða] *adj* beaten; **darse por ~** to give in.

vencimiento [benθi'mjento] *m (de plazo, garantía)* expiry *Br*, expiration *Am*; *(de pago)* due date.

venda ['benda] *f* bandage.

vendaje [ben'daxe] *m* bandaging.

vendar [ben'dar] *vt* to bandage.

vendaval [benda'βal] *m* gale.

vendedor, ra [bende'ðor, ra] *m, f* seller.

vender [ben'der] *vt* to sell.

vendimia [ben'dimja] *f* grape harvest.

vendimiador, ra [bendimja'ðor, ra] *m, f* grape picker.

vendimiar [bendi'mjar] *vt* to pick *(grapes)*.

veneno [be'neno] *m* poison.

venenoso, sa [bene'noso, sa] *adj* poisonous.

venezolano, na [beneθo'lano, na] *adj & m, f* Venezuelan.

Venezuela [bene'θwela] Venezuela.

venganza [ben'ganθa] *f* revenge.

vengarse [ben'garse] *vpr* to take revenge.

venida [be'niða] *f (llegada)* arrival; *(regreso)* return.

I[☞]

venir [be'nir] *vi* - 1. *(presentarse)* to come; **vino a verme** he came to see me. - 2. *(llegar)* to arrive; **vino a las doce** he arrived at twelve o'clock. - 3. *(seguir en el tiempo)* to come; **el año que viene** next year; **ahora viene la escena más divertida** the funniest scene comes next. - 4. *(suceder)* **le vino una desgracia inesperada** she suffered an unexpected misfortune; **vino la guerra** the war came. - 5. *(proceder)*: **~ de** to come from. - 6. *(hallarse, estar)* to be; **el texto viene en inglés** the text is in English. - 7. *(ropa, zapatos)*: **el abrigo le viene pequeño** the coat is too small for her; **tus zapatos no me vienen** your shoes don't fit me.

- 8. *(en locuciones)*: ¿a qué viene esto? what do you mean by that? ▫ **venirse** vpr *(llegar)* to come back; **~ se abajo** *(edificio, persona)* to collapse; *(proyecto)* to fall through.

venta ['benta] f sale; *(hostal)* country inn; **'~ de billetes'** 'tickets on sale here'; **'en ~'** 'for sale'; **~ anticipada** advance sale; **~ al detalle** retail; **~ al mayor** wholesale.

ventaja [ben'taxa] f advantage.

ventana [ben'tana] f window.

ventanilla [benta'niʎa] f *(de oficina, banco)* counter; *(de cine, etc)* ticket office; *(de coche)* window.

ventilación [bentila'θjon] f ventilation.

ventilador [bentila'ðor] m ventilator, fan.

ventisca [ben'tiska] f blizzard.

ventosa [ben'tosa] f sucker.

ventoso, sa [ben'toso, sa] adj windy.

ventrílocuo, cua [ben'trilokwo, kwa] m, f ventriloquist.

☞

ver ['ber] vt **- 1.** *(percibir)* to see; *(mirar)* to look at; *(televisión, partido)* to watch; **desde casa vemos el mar** we can see the sea from our house; **he estado viendo tu trabajo** I've been looking at your work; **~ la televisión** to watch television.

- 2. *(visitar, encontrar)* to see; **fui a ~ a unos amigos** I went to see some friends.

- 3. *(darse cuenta de, entender)* to see; **ya veo que estás de mal humor** I see you're in a bad mood; **ya veo lo que pretendes** now I see what you're trying to do.

- 4. *(investigar)* to see; **voy a ~ si han**

venido I'm going to see whether they've arrived.

- 5. *(juzgar)*: **yo no lo veo tan mal** I don't think it's that bad.

- 6. *(en locuciones)*: **hay que ~ qué lista es** you wouldn't believe how clever she is; **por lo visto** ⊙ **que se ve** apparently; **~ mundo** to see the world. ◆ vi to see; **a ~** let's see. ▫ **verse** vpr *(mirarse)* to see o.s.; *(encontrarse)* to meet, to see each other; **desde aquí se ve el mar** you can see the sea from here.

veraneante [berane'ante] mf holidaymaker Br, vacationer Am.

veranear [berane'ar] vi to have one's summer holiday Br, to go on summer vacation Am.

veraneo [bera'neo] m summer holidays (pl) Br ⊙ vacation Am.

veraniego, ga [bera'njeɣo, ɣa] adj summer *(antes de s)*.

verano [be'rano] m summer; **en ~** in summer.

veras [be'ras] ◆ **de veras** adv really.

verbena [ber'βena] f *(fiesta)* street party *(on the eve of certain saints' days)*; *(planta)* verbena.

verbo ['berβo] m verb; **~ auxiliar** auxiliary verb.

verdad [ber'ðað] f truth; **es ~** it's true; **de ~** *(en serio)* really; *(auténtico)* real; **está bueno ¿~?** it's good, isn't it?

verdadero, ra [berða'ðero, ra] adj *(cierto, real)* real; *(no falso)* true.

verde ['berðe] adj inv green; *(obsceno)* blue, dirty. ◆ m green.

verdulería [berðule'ria] f greengrocer's (shop).

verdulero, ra [berðu'lero, ra] m, f greengrocer.

verdura [ber'ðura] f vegetables (pl), greens (pl).

vereda [be'reða] f CSur & Perú pavement (Br), sidewalk (Am).

veredicto [bere'ðikto] m verdict.

vergonzoso, sa [berɣon'θoso,sa] adj (persona) bashful; (acción) shameful.

vergüenza [ber'ɣuenθa] f (timidez) bashfulness; (sofoco) embarrassment; (dignidad) pride; (pudor) shame; (escándalo) disgrace; **me dio ~** I was embarrassed.

verificar [berifi'kar] vt (comprobar) to check, to verify; (confirmar) to confirm.

verja ['berxa] f (puerta) iron gate.

vermut [ber'mut] m vermouth.

verosímil [bero'simil] adj probable.

verruga [be'ruɣa] f wart.

versión [ber'sjon] f version; **en ~ original** undubbed (film).

verso ['berso] m (unidad) line; (poema) poem.

vertedero [berte'ðero] m (de basuras) (rubbish) dump.

verter [ber'ter] vt (contenido, líquido) to pour out; (recipiente) to empty; (derramar) to spill.

vertical [berti'kal] adj vertical.

vértice [bertiθe] m vertex, apex.

vertido [ber'tiðo] m (residuo) waste.

vertiente [ber'tjente] f slope.

vértigo ['bertiɣo] m (mareo) dizziness; (fobia) vertigo.

vestíbulo [bes'tiβulo] m (de casa) hall; (de hotel) foyer, lobby Am.

vestido [bes'tiðo] m (ropa) clothes (pl); (prenda de mujer) dress.

vestimenta [besti'menta] f clothes (pl).

vestir [bes'tir] vt (con ropa) to dress; (llevar puesto) to wear; (mantener) to clothe. ◆ vi to dress. ❑ **vestirse** vpr to get dressed.

vestuario [bestu'arjo] m (ropa) wardrobe; (de gimnasio, etc) changing room Br, locker room Am; (de teatro) dressing room.

veterano, na [bete'rano, na] m, f veteran.

veterinario, ria [beteri'narjo, rja] m, f vet.

vez [beθ] f (pl -ces [θes]) f time; (turno) turn; **a veces** sometimes; **¿lo has hecho alguna ~?** have you ever done it?; **cada ~ más** more and more; **de ~ en cuando** from time to time; **dos veces** twice; **en ~ de** instead of; **muchas veces** a lot, often; **otra ~** again; **pocas veces** hardly ever; **tres veces por día** three times a day; **una ~** once; **unas veces** sometimes.

VHS m VHS.

vía ['bia] f (rail) track Br; (andén) platform, track Am; (medio de transporte) route; (calzada, calle) road; (medio) channel; **en ~s de** in the process of; **por ~ aérea/marítima** by air/sea; **por ~ oral** orally.

viaducto [bja'ðukto] m viaduct.

viajar [bja'xar] vi to travel.

viaje ['bjaxe] m (trayecto) journey; (excursión) trip; (en barco) voyage; **ir de ~** to go away; **¡buen ~!** have a good trip!; **~ de novios** honeymoon.

viajero, ra [bja'xero, ra] m, f (persona que viaja) traveller; (pasajero) passenger.

víbora ['biβora] f viper.

vibrar [bi'βrar] vi to vibrate.

vicepresidente, ta [ˌbiθepresiˈðente,ta] m, f vicepresident.

vichysoisse [bitʃi'swas] f vichysoisse.

viciarse [bi'θjarse] vpr to get corrupted.

vicio ['biθjo] m (mala costumbre) bad habit; (inmoralidad) vice.

vicioso, sa [bi'θjoso,sa] *adj* depraved.

víctima ['biktima] *f* victim; *(muerto)* casualty; **ser ~ de** to be the victim of.

victoria [bik'torja] *f* victory.

vid [bið] *f* vine.

vida ['biða] *f* life; *(medios de subsistencia)* living; **de toda la ~** *(amigo, etc)* lifelong; **buena ~** good life; **mala ~** vice; **~ familiar** family life.

vidente [bi'ðente] *mf* clairvoyant.

video ['biðeo] *m Amér* video.

vídeo ['biðeo] *m* video.

videocámara [,biðeo'kamara] *f* camcorder.

videocasete [,biðeoka'sete] *m* video(tape).

videojuego [,biðeo'xɣeɣo] *m* video game.

vidriera [bi'ðrjera] *f (de iglesia)* stained glass window.

vidrio ['biðrjo] *m* glass.

vieira ['bjeira] *f* scallop.

viejo, ja ['bjexo, xa] *adj* old. ◆ *m, f (anciano)* old man *(f old woman)*; *RP & Ven (amigo)* mate *Br*, buddy *Am*.

viento ['bjento] *m* wind; **hace ~** it's windy.

vientre ['bjentre] *m* stomach.

viernes ['bjernes] *m inv* Friday → **sábado.** □ **Viernes Santo** *m* Good Friday.

viga ['biɣa] *f (de madera)* beam; *(de hierro)* girder.

vigencia [bi'xenθja] *f (de ley, documento)* validity; *(de costumbre)* use.

vigente [bi'xente] *adj (ley, documento)* in force; *(costumbre)* in use.

vigilante [bixi'lante] *mf* guard.

vigilar [bixi'lar] *vt (niños, bolso)* to keep an eye on; *(presos, banco)* to guard.

vigor [bi'ɣor] *m* vigour; **en ~** in force.

vigoroso, sa [bivo'roso, sa] *adj* vigorous.

vil [bil] *adj* despicable.

villancico [biʎan'θiko] *m* Christmas carol.

vinagre [bi'naɣre] *m* vinegar.

vinagreras [bina'ɣreras] *fpl* cruet set *(sg)*.

vinagreta [bina'ɣreta] *f: (salsa) ~* vinaigrette; **a la ~** with vinaigrette.

vinculación [binkula'θjon] *f* link.

vincular [binku'lar] *vt* to link.

vino ['bino] *v* → **venir.** ◆ *m* wine; **~ blanco** white wine; **~ de la casa** house wine; **~ corriente** cheap wine; **~ de mesa** table wine; **~ rosado** rosé; **~ tinto** red wine.

viña ['biɲa] *f* vineyard.

violación [biola'θjon] *f (de persona)* rape.

violador, ra [biola'ðor, ra] *m, f* rapist.

violar [bio'lar] *vt (ley, acuerdo)* to break; *(mujer)* to rape; *(territorio)* to violate.

violencia [bio'lenθja] *f (agresividad)* violence; *(fuerza)* force; *(incomodidad)* embarrassment.

violento, ta [bio'lento, ta] *adj* violent; *(incómodo)* awkward.

violeta [bio'leta] *f* violet.

violín [bio'lin] *m* violin.

violinista [bioli'nista] *mf* violinist.

violoncelo [bjolon'tʃelo] *m* cello.

VIP [bip] *m* VIP.

virgen ['birxen] *adj (mujer)* virgin; *(cinta)* blank; *(película)* new. □ **Virgen** *f:* **la Virgen** the Virgin Mary.

virtud [bir'tuð] *f* virtue; **en ~ de** by virtue of.

viruela [bi'rɣela] *f* smallpox.

virus ['biɾus] *m inv* virus.

viruta [bi'ɾuta] *f* shaving; ~s de jamón small flakes of 'serrano' ham.

visado [bi'saðo] *m* visa.

víscera ['bisθeɾa] *f* internal organ.

viscosa [bis'kosa] *f* viscose.

visera [bi'seɾa] *f (en gorra)* peak; *(suelta)* visor.

visible [bi'siβle] *adj* visible.

visillos [bi'siʎos] *mpl* net *Br*○ lace *Am* curtains.

visita [bi'sita] *f* visit; *(persona)* visitor; **hacer una ~ a** to visit.

visitante [bisi'tante] *mf* visitor.

visitar [bisi'taɾ] *vt* to visit.

vislumbrar [bizlum'braɾ] *vt (entrever)* to make out; *(adivinar)* to get an idea of.

víspera [ˈbispeɾa] *f* eve.

vista [ˈbista] *f (sentido)* sight; *(ojos)* eyes *(pl)*; *(panorama)* view; *(perspicacia)* foresight; *(juicio)* hearing; **a primera ~** at first sight; **a simple ~** at first sight; **¡hasta la ~!** see you!

vistazo [bis'taθo] *m* glance; **echar un ~ a** to have a quick look at.

visto, ta ['bisto, ta] *pp* → **ver**. ◆ *adj (pasado de moda)* old-fashioned; **estar bien/mal ~** to be approved of/frowned on; **por lo ~** apparently.

vistoso, sa [bis'toso, sa] *adj* eye-catching.

vital [bi'tal] *adj (de la vida)* life *(antes de s)*; *(fundamental)* vital; *(con vitalidad)* lively.

vitalidad [bitali'ðað] *f* vitality.

vitamina [bita'mina] *f* vitamin.

vitrina [bi'tɾina] *f* glass cabinet; *Amér (de tienda)* (shop) window.

viudo, da [ˈbjuðo, ða] *m, f* widower *(f* widow*)*.

viva [ˈbiβa] *interj* hurray!

víveres [ˈbiβeɾes] *mpl* supplies.

vivienda [biˈβjenda] *f (casa)* dwelling.

vivir [bi'βiɾ] *vi* to live. ◆ *vt* to experience; ~ **de** to live on.

vivo, va [ˈbiβo, βa] *adj* alive; *(dolor, ingenio)* sharp; *(detallado)* vivid; *(ágil, enérgico)* lively; *(color)* bright.

vizcaíno, na [biθka'ino, na] *adj* → **la vizcaína** in a thick sauce of olive oil, onion, tomato, herbs and red peppers.

vocabulario [bokaβu'laɾjo] *m* vocabulary.

vocación [boka'θjon] *f* vocation.

vocal [bo'kal] *f* vowel.

vodka [ˈboðka] *m* vodka.

vol. *(abrev de volumen)* vol.

volador, ra [bola'ðor, ra] *adj* flying.

volante [bo'lante] *adj* flying. ◆ *m (de coche)* steering wheel; *(adorno)* frill.

volar [bo'laɾ] *vi* to fly; *(desaparecer)* to vanish. ◆ *vt* to blow up.

volcán [bol'kan] *m* volcano.

volcánico, ca [bol'kaniko, ka] *adj* volcanic.

volcar [bol'kaɾ] *vt (sin querer)* to knock over; *(vaciar)* to empty out. ◆ *vi (recipiente)* to tip over; *(camión, coche)* to overturn; *(barco)* to capsize.

voleibol [bolei'βol] *m* volleyball.

volquete [bol'kete] *m* dumper truck.

voltaje [bol'taxe] *m* voltage.

voltear [bolte'ar] *vt* Andes, CAm, Méx & Ven *(cuadro)* to turn; *Amér (derramar)* to knock over. ❑ **voltearse** *vpr* Andes, CAm, Carib & Méx *(dar la vuelta)* to turn over.

voltereta [bolte'ɾeta] *f (en el aire)* somersault; *(en el suelo)* handspring.

volumen [bo'lumen] *m* volume.

voluntad [bolun'tað] *f (facultad, deseo)* will; *(resolución)* willpower.

voluntario, ria [bolun'tarjo, rja] *adj* voluntary. ◆ *m, f* volunteer.

voluntarioso, sa [bolunta-'rjoso, sa] *adj* willing.

☞

volver [bol'βer] *vt* - **1.** *(cabeza, ojos, vista)* to turn; **la mirada** to look round.
- **2.** *(lo de arriba abajo)* to turn over; *(boca abajo)* to turn upside down; *(lo de dentro fuera)* to turn inside out; **vuelve la tortilla** turn the omelette over.
- **3.** *(convertir)*: **lo volvió un delincuente** it turned him into a criminal; **me vuelve loco** it makes me mad.
◆ *vi* to return; **~ a** *(tema)* to return to; **~ a hacer algo** to do sthg again. ☐ **volverse** *vpr (darse la vuelta)* to turn round; *(ir de vuelta)* to return; *(convertirse)* to become; **~se loco** to go mad; **~se atrás** *(de decisión)* to back out; *(de afirmación)* to go back on one's word.

vomitar [bomi'tar] *vt* to vomit.

vos [bos] *pron Andes, CAm, Carib & RP* you.

VOSE *f (abrev de versión original subtitulada en español) original language version with Spanish subtitles.*

vosotros, tras [bo'sotros, tras] *pron* you.

votación [bota'θjon] *f* vote.

votante [bo'tante] *mf* voter.

votar [bo'tar] *vt* to vote for. ◆ *vi* to vote.

voto ['boto] *m (en elecciones)* vote; *(en religión)* vow.

voz [boθ] *f (pl -ces* [θes]*) f* voice; *(grito)* shout; *(palabra)* word; *(rumor)* rumour; **en ~ alta** aloud; **en ~ baja** softly.

vuelo ['bwelo] *m* flight; *(de un vesti-*

do) fullness; **~ chárter** charter flight; **~ regular** scheduled flight; '**~s nacionales**' 'domestic flights'.

vuelta ['bwelta] *f (movimiento, de llave)* turn; *(acción)* turning; *(regreso)* return; *(monedas)* change; *(paseo)* walk; *(en coche)* drive; *(cambio)* twist; **dar la ~ a algo** *(rodear)* to go round sthg; **dar una ~** to go for a walk/drive; **dar ~s** to spin; **darse la ~** to turn round; **estar de ~** to be back; **a la ~** *(volviendo)* on the way back; **a la ~ de la esquina** round the corner; **~ de correo** by return (of post); '**~ al colegio**' 'back to school'.

vuelto, ta ['bwelto, ta] *pp* → **volver**. ◆ *m Amér* change.

vuestro, tra ['bwestro, tra] *adj* your. ◆ *pron*: **el ~, la vuestra** yours; **lo ~** your thing; **un amigo ~** a friend of yours.

vulgar [bul'var] *adj (popular)* ordinary; *(no técnico)* lay; *(grosero)* vulgar.

W

walkman® ['walman] *m* Walkman®.

wáter ['bater] *m* toilet *Br*, bathroom *Am*.

waterpolo [bater'polo] *m* water polo.

WC *m* WC.

whisky ['wiski] *m* whisky.

windsurf ['winsurf] *m* windsurfing; **hacer ~** to windsurf.

X

xenofobia [seno'foβja] *f* xenophobia.
xenófobo, ba [se'nofoβo, βa] *adj* xenophobic.
xilófono [si'lofono] *m* xylophone.

Y

y [i] *conj* and; *(pero)* and yet; *(en preguntas)* what about.
ya [ja] *adv (ahora, refuerza al verbo)* now; *(ahora mismo)* at once; *(denota pasado)* already; *(denota futuro)* some time soon. ◆ *interj (expresa asentimiento)* that's it!; *(expresa comprensión)* yes! ◆ *conj*: ~ ... ~ ... whether ... or ...; ~ *que* since.
yacimiento [jaθi'mjento] *m* deposit.
yanqui ['janki] *mf despec* Yank.
yate ['jate] *m* yacht.
yegua ['jeɣwa] *f* mare.
yema ['jema] *f (de huevo)* yolk; *(de dedo)* fingertip; *(de planta)* bud; *(dulce)* sweet made of sugar and egg yolk, similar to marzipan.
yen [jen] *m* yen.
yerbatero [jerβa'tero] *m Andes* herbalist.

yerno ['jerno] *m* son-in-law.
yeso ['jeso] *m* plaster.
yo [jo] *pron* I; **soy** ~ it's me; ~ *que* **tú/él** *etc* if I were you/him *etc.*
yodo ['joðo] *m* iodine.
yoga ['joɣa] *m* yoga.
yogur [jo'ɣur] *m* yoghurt.
Yugoslavia [juɣoz'laβja] Yugoslavia.
yunque ['junke] *m* anil.

Z

zafiro [θa'firo] *m* sapphire.
zaguán [θa'ɣwan] *m* entrance hall.
zambullida [θambu'ʎiða] *f* dive.
zambullirse [θambu'ʎirse] *vpr* to dive.
zanahoria [θana'orja] *f* carrot.
zancadilla [θanka'ðiʎa] *f* trip.
zanco ['θanko] *m* stilt.
zancudo [θan'kuðo] *m Amér* mosquito.
zanja ['θanxa] *f* ditch.
zapateado [θapate'aðo] *m type of flamenco foot-stamping dance.*
zapatería [θapate'ria] *f (tienda)* shoe shop *Br* o store *Am*; *(taller)* shoemaker's (shop).
zapatero, ra [θapa'tero, ra] *m, f* cobbler. ◆ *m (mueble)* shoe cupboard.
zapatilla [θapa'tiʎa] *f* slipper; ~ **de deporte** trainer *Br*, tennis shoe *Am.*
zapato [θa'pato] *m* shoe; ~**s de caballero/señora** men's/women's shoes.

zapping [ˈθapin] *m* channel-hopping *Br*, surfing *Am*; **hacer ~** to channel-hop *Br*, to surf *Am*.

zarandear [θarandeˈar] *vt* to shake.

zarpar [θarˈpar] *vi* to set sail.

zarpazo [θarˈpaθo] *m* clawing.

zarza [ˈθarθa] *f* bramble.

zarzuela [θarˈθwela] *f (obra musical)* light opera; *(guiso)* spicy fish stew.

zinc [θink] *m* zinc.

zíper [ˈθiper] *m CAm, Carib & Méx* zip *(Br)*, zipper *(Am)*.

zipizape [ˌθipiˈθape] *m fam* squabble.

zócalo [ˈθokalo] *m (del edificio)* plinth; *(de muro, pared)* skirting board *Br*, baseboard *Am*.

zodíaco [θoˈðiako] *m* zodiac.

zona [ˈθona] *f* area, zone; *(parte)* part.

ⓘ   **ZONA AZUL**

In Spain, blue lines on the road surface indicate areas where a pay-and-display street parking system is in operation, usually in town centres. Parking in "zonas azules" is free at certain times, which are displayed on the ticket machine.

---

zonzo, za [ˈθonθo, θa] *adj Amér* stupid; **hacerse el ~** to act dumb.

zoo [ˈθoo] *m* zoo.

zoología [θooloˈxia] *f* zoology.

zoológico, ca [θooˈloxiko, ka] *adj* zoological. ◆ *m* zoo.

zopenco, ca [θoˈpenko, ka] *adj* stupid.

zorra [ˈθora] *f vulg (prostituta)* whore → **zorro**.

zorro, rra [ˈθoro, ra] *m, f* fox. ◆ *m (piel)* fox (fur).

zueco [ˈθweko] *m* clog.

zumbar [θumˈbar] *vt fam* to thump. ◆ *vi* to buzz.

zumbido [θumˈbiðo] *m* buzzing.

zumo [ˈθumo] *m* juice; **~ de fruta** fruit juice; **~ de naranja** orange juice.

zurcir [θurˈθir] *vt* to darn.

zurdo, da [ˈθurðo, ða] *adj (izquierdo)* left; *(que usa la mano izquierda)* left-handed.

zurrar [θuˈrar] *vt* to hit.

CONJUGACIONES ESPAÑOLAS

ENGLISH VERB TABLES

CONJUGACIONES ESPAÑOLAS

CONJUGACIONES ESPAÑOLAS

Llave: A = presente indicativo, **B** = imperfecto indicativo,
C = pretérito perfecto simple, **D** = futuro, **E** = condicional,
F = presente subjuntivo, **G** = imperfecto subjuntivo,
H = imperativo, **I** = gerundio, **J** = participio

acertar A acierto, acertamos, etc., F acierte, acertemos, etc., H acierta, acierte, acertemos, acertad, etc.

adquirir A adquiero, adquirimos, etc., F adquiera, adquiramos, etc., H adquiere, adquiramos, adquirid, etc.

AMAR A amo, amas, ama, amamos, amáis, aman, B amaba, amabas, amaba, amábamos, amabais, amaban, C amé, amaste, amó, amamos, amasteis, amaron, D amaré, amarás, amará, amaremos, amaréis, amarán, E amaría, amarías, amaría, amaríamos, amaríais, amarían, F ame, ames, ame, amemos, améis, amen, G amara, amaras, amáramos, amarais, amaran, H ama, ame, amemos, amad, amen, I amando, J amado, -da

andar C anduve, anduvimos, etc., G anduviera, anduviéramos, etc.

avergonzar A avergüenzo, avergonzamos, etc., C avergoncé, avergonzó, avergonzamos, etc., F avergüence, avergoncemos, etc., H avergüenza, avergüence, avergoncemos, avergonzad, etc.

caber A quepo, cabe, cabemos, etc., C cupe, cupimos, etc., D cabré, cabremos, etc., E cabría, cabríamos, etc., F quepa, quepamos, cabed, etc., G cupiera, cupiéramos, etc., H cabe, quepa, quepamos, etc.

caer A caigo, cae, caemos, etc., C cayó, caímos, cayeron, etc., F caiga, caigamos, etc., G cayera, cayéramos, etc., H cae, caiga, caigamos, caed, etc., I cayendo

conducir A conduzco, conduce, conducimos, etc., C conduje, condujimos, etc., F conduzca, conduzcamos, etc., G condujera, condujéramos, etc., H conduce, conduzca, conduzcamos, conducid, etc.

conocer A conozco, conoce, conocemos, etc., F conozca, conozcamos, etc., H conoce, conozca, conozcamos, etc.

dar A doy, da, damos, etc., C di, dio, dimos, etc., F dé, demos, etc., G diera, diéramos, etc., H da, dé, demos, dad, etc.

decir A digo, dice, decimos, etc., C dije, dijimos, etc., D diré, diremos, etc., E diría, diríamos, etc., F diga, digamos, etc., G dijera, dijéramos, etc., H di, diga, digamos, decid, etc., I diciendo, J dicho, -cha

dormir A duermo, dormimos, etc., C durmió, dormimos, durmieron, etc., F duerma, durmamos, etc., G durmiera, durmiéramos, etc., H duerme, duerma, durmamos, dormid, etc., I durmiendo

errar A yerro, erramos, etc., F yerre, erremos, etc., H yerra, yerre, erremos, errad, etc.

estar A estoy, está, estamos, etc., C estuve, estuvimos, etc., F esté, estemos, etc., G estuviera, estuviéramos, etc., H está, esté, estemos, estad, etc.

HABER A he, has, ha, hemos, habéis, han, B había, habías, había, habíamos, habíais, habían, C hube, hubiste, hubo, hubimos, hubisteis, hubieron, D habré, habrás, habrá, habremos, habréis, habrán, E habría, habrías, habría, habríamos, habríais, habrían, F haya, hayas, haya, hayamos, hayáis, hayan, G hubiera, hubieras, hubiera, hubiéramos, hubierais, hubieran, H he, haya, hayamos, habed, hayan, I habiendo, J habido, -da

hacer A hago, hace, hacemos, etc., C hice, hizo, hicimos, etc., D haré, haremos, etc., E haría, haríamos, etc., F haga, hagamos, etc., G hiciera, hiciéramos, etc., H haz, haga, hagamos, haced, etc., J hecho, -cha

huir A huyo, huimos, etc., C huyó, huimos, huyeron, F huya, huyamos, etc. G huyera, huyéramos, etc. H huye, huya, huyamos, huid, etc., I huyendo

ir A voy, va, vamos, etc., C fui, fue, fuimos, etc., F vaya, vayamos, etc., G fuera, fuéramos, etc., H ve, vaya, vayamos, id, etc., I yendo

leer C leyó, leímos, leyeron, etc., G leyera, leyéramos, etc., I leyendo

lucir A luzco, luce, lucimos, etc., H luzca, luzcamos, etc., H luce, luzca, luzcamos, lucid, etc.

mover A muevo, movemos, etc., F mueva, movamos, etc., H mueve, mueva, movamos, moved, etc.

nacer A nazco, nace, nacemos, etc., F nazca, nazcamos, etc., H nace, nazca, nazcamos, naced, etc.

oír A oigo, oye, oímos, etc., C oyó, oímos, oyeron, etc., F oiga, oigamos, etc., G oyera, oyéramos, etc., H oye, oiga, oigamos, oíd, etc., I oyendo

oler A huelo, olemos, etc., F huela, olamos, etc., H huele, huela, olamos, oled, etc.

parecer A parezco, parece, parecemos, etc., F parezca, parezcamos, etc., H parece, parezca, parezcamos, pareced, etc.

PARTIR A parto, partes, parte, partimos, partís, parten, B partía, partías, partía, partíamos, partíais, partían, C partí, partiste, partió, partimos, partisteis, partieron, D partiré, partirás, partirá, partiremos, partiréis, partirán, E partiría, partirías, partiría, partiríamos, partiríais, partirían, F parta, partas, parta, partamos, partáis, partan, G partiera, partieras, partiera, partiéramos, partierais, partieran, H parte, parta, partamos, partid, partan, I partiendo, J partido, -da.

pedir A pido, pedimos, etc., C pidió, pedimos, pidieron, etc., F pida, pidamos, etc., G pidiera, pidiéramos, etc., H pide, pida, pidamos, pedid, etc., I pidiendo

poder A puedo, podemos, etc., C pude, pudimos, etc., D podré, podremos, etc., E podría, podríamos, etc., F pueda, podamos, etc., H puede, pueda, podamos, poded, etc., I pudiendo

poner A pongo, pone, ponemos,

etc., C puse, pusimos, etc., D pondré, pondremos, etc., E pondría, pondríamos, etc., F ponga, pongamos, etc., G pusiera, pusiéramos, etc., H pon, ponga, pongamos, poned, etc., J puesto, -ta

querer A quiero, queremos, etc., C quise, quisimos, etc., D querré, querremos, etc., E querría, querríamos, etc., F quiera, queramos, etc., G quisiera, quisiéramos, etc., H quiere, quiera, queramos, quered, etc.

reír A río, reímos, etc., C rió, reímos, rieron, etc., F ría, riamos, etc., G riera, riéramos, etc., H ríe, ría, riamos, reíd, etc., I riendo

saber A sé, sabe, sabemos, etc., C supe, supimos, etc., D sabré, sabremos, etc., E sabría, sabríamos, etc., F sepa, sepamos, etc., G supiera, supiéramos, etc., H sabe, sepa, sepamos, sabed, etc.

salir A salgo, sale, salimos, etc., D saldré, saldremos, etc., E saldría, saldríamos, etc., F salga, salgamos, etc., H sal, salga, salgamos, salid, etc.

sentir A siento, sentimos, etc., C sintió, sentimos, sintieron, etc., F sienta, sintamos, etc., G sintiera, sintiéramos, etc., H siente, sienta, sintamos, sentid, etc., I sintiendo

SER A soy, eres, es, somos, sois, son, B era, eras, era, éramos, erais, eran, C fui, fuiste, fue, fuimos, fuisteis, fueron, D seré, serás, será, seremos, seréis, serán, E sería, serías, sería, seríamos, seríais, serían, F sea, seas, sea, seamos, seáis, sean, G fuera, fueras, fuera, fuéramos, fuer-ais, fueran, H sé, sea, seamos, sed, sean, I siendo, J sido, -da

sonar A sueno, sonamos, etc., F suene, sonemos, etc., H suena, suene, sonemos, sonad, etc.

TEMER A temo, temes, teme, teme-mos, teméis, temen, B temía, te-mías, temía, temíamos, temíais, temían, C temí, temiste, temió, temimos, temisteis, temieron, D te-meré, temerás, temerá, temeremos, temeréis, temerán, E temería, te-merías, temería, temeríamos, te-meríais, temerían, F tema, temas, tema, temamos, temáis, teman, G temiera, temieras, temiera, temié-ramos, temierais, temieran, H teme, tema, temamos, temed, teman, I te-miendo, J temido, -da

tender A tiendo, tendemos, etc., F tienda, tendamos, etc., H tiende, tendamos, etc.

tener A tengo, tiene, tenemos, etc., C tuve, tuvimos, etc., D tendré, ten-dremos, etc., E tendría, tendríamos, etc., F tenga, tengamos, etc., G tuvie-ra, tuviéramos, etc., H ten, ten-ga, tengamos, tened, etc.

traer A traigo, trae, traemos, etc., C traje, trajimos, etc., F traiga, traiga-mos, etc., G trajera, trajéramos, etc., H trae, traiga, traigamos, traed, etc., I trayendo

valer A valgo, vale, valemos, etc., D valdré, valdremos, etc., F valga, val-gamos, etc., H vale, valga, valga-mos, valed, etc.

venir A vengo, viene, venimos, etc., C vine, vinimos, etc., D vendré, vendremos, etc., E vendría, vendría-mos, etc., F venga, vengamos, etc.,

G viniera, viniéramos, etc., H ven, venga, vengamos, venid, etc., I viniendo

ver A veo, ve, vemos, etc., C vi, vio, vimos, etc., G viera, viéramos, etc., H ve, vea, veamos, ved, etc., I viendo, J visto, -ta.

ENGLISH IRREGULAR VERBS

Infinitive	Past Tense	Past Participle	Infinitive	Past Tense	Past Participle
arise	arose	arisen	drive	drove	driven
awake	awoke	awoken	eat	ate	eaten
be	was/were	been	fall	fell	fallen
bear	bore	born(e)	feed	fed	fed
beat	beat	beaten	feel	felt	felt
begin	began	begun	fight	fought	fought
bend	bent	bent	find	found	found
bet	bet	bet	fling	flung	flung
	/betted	/betted	fly	flew	flown
bid	bid	bid	forget	forgot	forgotten
bind	bound	bound	freeze	froze	frozen
bite	bit	bitten	get	got	got (*Am* gotten)
bleed	bled	bled			
blow	blew	blown	give	gave	given
break	broke	broken	go	went	gone
breed	bred	bred	grind	ground	ground
bring	brought	brought	grow	grew	grown
build	built	built	hang	hung/	hung
burn	burnt	burnt		hanged	/hanged
	/burned	/burned	have	had	had
burst	burst	burst	hear	heard	heard
buy	bought	bought	hide	hid	hidden
can	could	-	hit	hit	hit
cast	cast	cast	hold	held	held
catch	caught	caught	hurt	hurt	hurt
choose	chose	chosen	keep	kept	kept
come	came	come	kneel	knelt	knelt
cost	cost	cost		/kneeled	/kneeled
creep	crept	crept	know	knew	known
cut	cut	cut	lay	laid	laid
deal	dealt	dealt	lead	led	led
dig	dug	dug	lean	leant	leant
do	did	done		/leaned	/leaned
draw	drew	drawn	leap	leapt	leapt
dream	dreamed	dreamed		/leaped	/leaped
	/dreamt	/dreamt	learn	learnt	learnt
drink	drank	drunk		/learned	/learned

Infinitive	Past Tense	Past Participle	Infinitive	Past Tense	Past Participle
leave	left	left	sit	sat	sat
lend	lent	lent	sleep	slept	slept
let	let	let	slide	slid	slid
lie	lay	lain	sling	slung	slung
light	lit/lighted	lit/lighted	smell	smelt	smelt
lose	lost	lost		/smelled	/smelled
make	made	made	sow	sowed	sown
may	might	-			/sowed
mean	meant	meant	speak	spoke	spoken
meet	met	met	speed	sped	sped
mow	mowed	mown		/speeded	/speeded
		/mowed	spell	spelt	spelt
pay	paid	paid		/spelled	/spelled
put	put	put	spend	spent	spent
quit	quit	quit	spill	spilt	spilt
	/quitted	/quitted		/spilled	/spilled
read	read	read	spin	spun	spun
rid	rid	rid	spit	spat	spat
ride	rode	ridden	split	split	split
ring	rang	rung	spoil	spoiled	spoiled
rise	rose	risen		/spoilt	/spoilt
run	ran	run	spread	spread	spread
saw	sawed	sawn	spring	sprang	sprung
say	said	said	stand	stood	stood
see	saw	seen	steal	stole	stolen
seek	sought	sought	stick	stuck	stuck
sell	sold	sold	sting	stung	stung
send	sent	sent	stink	stank	stunk
set	set	set	strike	struck	struck
shake	shook	shaken			/stricken
shall	should	-	swear	swore	sworn
shed	shed	shed	sweep	swept	swept
shine	shone	shone	swell	swelled	swollen
shoot	shot	shot			/swelled
show	showed	shown	swim	swam	swum
shrink	shrank	shrunk	swing	swung	swung
shut	shut	shut	take	took	taken
sing	sang	sung	teach	taught	taught
sink	sank	sunk	tear	tore	torn

Infinitive	Past Tense	Past Participle	Infinitive	Past Tense	Past Participle
tell	told	told	weave	wove /weaved	woven /weaved
think	thought	thought			
throw	threw	thrown	weep	wept	wept
tread	trod	trodden	win	won	won
wake	woke /waked	woken /waked	wind	wound	wound
			wring	wrung	wrung
wear	wore	worn	write	wrote	written

ENGLISH – SPANISH
INGLÉS – ESPAÑOL

A

a [stressed eɪ, unstressed ə] *indef art*
- 1. (referring to indefinite thing, person) un (una); **a friend** un amigo; **a table** una mesa; **an apple** una manzana; **to be a doctor** ser médico.
- 2. (instead of the number one) un (una); **a hundred and twenty pounds** ciento veinte libras; **a month ago** hace un mes; **a thousand** mil; **four and a half** cuatro y medio.
- 3. (in prices, ratios) por; **they're £2 a kilo** están a dos libras el kilo; **three times a year** tres veces al año.

AA *n Br* (abbr of Automobile Association) asociación británica del automóvil, ≃ RACE *m*.

AAA *n Am* (abbr of American Automobile Association) ≃ RACE *m*.

aback [ə'bæk] *adv*: **to be taken ~** quedarse atónito(ta).

abandon [ə'bændən] *vt* abandonar.

abattoir [æbətwɑ:'] *n* matadero *m*.

abbey [æbɪ] *n* abadía *f*.

abbreviation [ə,bri:vɪ'eɪʃn] *n* abreviatura *f*.

abdomen [æbdəmən] *n* abdomen *m*.

abide [ə'baɪd] *vt*: **I can't ~ him** no le aguanto. ❑ **abide by** *vt fus* (rule, law) acatar.

ability [ə'bɪlətɪ] *n* (capability) capacidad *f*, facultad *f*; (skill) dotes *fpl*.

able ['eɪbl] *adj* capaz, competente; **to be ~ to do sthg** poder hacer algo.

abnormal [æb'nɔ:ml] *adj* anormal.

aboard [ə'bɔ:d] *adv* a bordo. ◆ *prep* (ship, plane) a bordo de; (train, bus) en.

abolish [ə'bɒlɪʃ] *vt* abolir.

abort [ə'bɔ:t] *vt* abortar.

abortion [ə'bɔ:ʃn] *n* aborto *m*; **to have an ~** abortar.

about [ə'baʊt] *adv* **-1.** (approximately) más o menos; **~ 50** unos cincuenta; **at ~ six o'clock** a eso de las seis.
- 2. (referring to place) por ahí; **to walk ~** pasearse.
- 3. (on the point of): **to be ~ to do sthg** estar a punto de hacer algo; **it's ~ to rain** va a empezar a llover.
◆ *prep* **-1.** (concerning) acerca de; **a book ~ Scotland** un libro sobre Escocia; **what's it ~?** ¿de qué (se) trata?; **what ~ a drink?** ¿qué tal si tomamos algo?
- 2. (referring to place) por; **there are lots of hotels ~ the town** hay muchos hoteles por toda la ciudad.

above [ə'bʌv] *prep* por encima de.
◆ *adv* (higher) arriba; **children aged ten and ~** niños mayores de diez años; **the room ~** la habitación de arriba; **~ all** sobre todo.

abroad [ə'brɔ:d] *adv* (be, live, work)

en el extranjero; *(go, move)* al extranjero.

abrupt [əˈbrʌpt] *adj* repentino(na).

abscess [ˈæbses] *n* absceso *m*.

absence [ˈæbsəns] *n* ausencia *f*.

absent [ˈæbsənt] *adj* ausente.

absent-minded [-ˈmaɪndɪd] *adj* despistado(da).

absolute [ˈæbsəluːt] *adj* absoluto(ta).

absolutely [*adv* ˈæbsəluːtlɪ, *excl* ˌæbsəˈluːtlɪ] *adv (completely)* absolutamente. ◆ *excl* ¡por supuesto!

absorb [əbˈsɔːb] *vt (liquid)* absorber.

absorbed [əbˈsɔːbd] *adj*: to be ~ in sthg estar absorto(ta) en algo.

absorbent [əbˈsɔːbənt] *adj* absorbente.

abstain [əbˈsteɪn] *vi*: to ~ (from) abstenerse (de).

absurd [əbˈsɜːd] *adj* absurdo(da).

abuse [*n* əˈbjuːs, *vb* əˈbjuːz] *n (insults)* insultos *mpl*; *(wrong use, maltreatment)* abuso *m*. ◆ *vt (insult)* insultar; *(use wrongly)* abusar de; *(maltreat)* maltratar.

abusive [əˈbjuːsɪv] *adj* insultante.

academic [ˌækəˈdemɪk] *adj (educational)* académico(ca). ◆ *n* profesor *m* universitario, profesora universitaria *f*.

academy [əˈkædəmɪ] *n* academia *f*.

accelerate [əkˈseləreɪt] *vi* acelerar.

accelerator [əkˈseləreɪtəʳ] *n* acelerador *m*.

accent [ˈæksent] *n* acento *m*.

accept [əkˈsept] *vt* aceptar; *(blame, responsibility)* admitir.

acceptable [əkˈseptəbl] *adj* aceptable.

access [ˈækses] *n* acceso *m*.

accessible [əkˈsesəbl] *adj* accesible.

accessories [əkˈsesərɪz] *npl (extras)* accesorios *mpl*; *(fashion items)* complementos *mpl*.

accident [ˈæksɪdənt] *n* accidente *m*; **by** ~ sin querer; *(by chance)* por casualidad.

accidental [ˌæksɪˈdentl] *adj* accidental.

accident insurance *n* seguro *m* contra accidentes.

accident-prone *adj* propenso(sa) a los accidentes.

acclimatize [əˈklaɪmətaɪz] *vi* aclimatarse.

accommodate [əˈkɒmədeɪt] *vt* alojar.

accommodation [əˌkɒməˈdeɪʃn] *n* alojamiento *m*.

accommodations [əˌkɒməˈdeɪʃnz] *npl Am* = **accommodation**.

accompany [əˈkʌmpənɪ] *vt* acompañar.

accomplish [əˈkʌmplɪʃ] *vt* conseguir, lograr.

accord [əˈkɔːd] *n*: of one's own ~ por propia voluntad.

accordance [əˈkɔːdəns] *n*: in ~ with conforme a.

according to [əˈkɔːdɪŋ-] *prep* según.

account [əˈkaʊnt] *n (at bank, shop)* cuenta *f*; *(spoken report)* relato *m*; **to take into** ~ tener en cuenta; **on no** ~ bajo ningún pretexto; **on** ~ of debido a. ❑ **account for** *vt fus (explain)* justificar; *(constitute)* representar.

accountant [əˈkaʊntənt] *n* contable *mf Esp*, contador *mf Amér*.

account number *n* número *m* de cuenta.

accumulate [əˈkjuːmjʊleɪt] *vt* acumular.

accurate ['ækjʊrət] *adj (description, report)* veraz; *(work, measurement, figure)* exacto(ta).

accuse [ə'kju:z] *vt*: **to ~ sb of sthg** acusar a alguien de algo.

accused [ə'kju:zd] *n*: **the ~** el acusado *m*, la acusada *f*.

ace [eɪs] *n* as *m*.

ache [eɪk] ◆ *n* dolor *m*. ◆ *vi*: **my leg ~s** me duele la pierna.

achieve [ə'tʃi:v] *vt* conseguir.

acid ['æsɪd] *adj* ácido(da). ◆ *n* ácido *m*.

acid rain *n* lluvia *f* ácida.

acknowledge [ək'nɒlɪdʒ] *vt (accept)* reconocer; *(letter)* acusar recibo de.

acne ['ækni] *n* acné *m*.

acorn ['eɪkɔ:n] *n* bellota *f*.

acoustic [ə'ku:stɪk] *adj* acústico (ca).

acquaintance [ə'kweɪntəns] *n (person)* conocido *m*, -da *f*.

acquire [ə'kwaɪəʳ] *vt* adquirir.

acre ['eɪkəʳ] *n* acre *m*.

acrobat ['ækrəbæt] *n* acróbata *mf*.

across [ə'krɒs] *prep (to, on other side of)* al otro lado de; *(from one side to the other of)* de un lado a otro de. ◆ *adv (to other side)* al otro lado; **it's ten miles ~** tiene diez millas de ancho; **we walked ~ the road** cruzamos la calle; **~ from** en frente de.

acrylic [ə'krɪlɪk] *n* acrílico *m*.

act [ækt] *vi* actuar; *(behave)* comportarse. ◆ *n (action)* acto *m*, acción *f*; POL ley *f*; *(of play)* acto *m*; *(performance)* número *m*; **to ~ as** *(serve as)* hacer de.

action ['ækʃn] *n* acción *f*; **to take ~** tomar medidas; **to put sthg into ~** poner algo en acción; **out of ~** *(machine)* averiado; *(person)* fuera de combate.

action movie *n* película *f* de acción.

active ['æktɪv] *adj* activo(va).

activity [æk'tɪvətɪ] *n* actividad *f*. ❏ **activities** *npl (leisure events)* atracciones *fpl*.

activity holiday *n* vacaciones organizadas para niños de actividades deportivas, etc.

actor ['æktəʳ] *n* actor *m*.

actress ['æktrɪs] *n* actriz *f*.

actual ['æktʃʊəl] *adj (exact, real)* verdadero(ra); *(for emphasis)* mismísimo(ma).

actually ['æktʃʊəlɪ] *adv (really)* realmente; *(in fact)* la verdad es que.

acupuncture ['ækjʊpʌŋktʃəʳ] *n* acupuntura *f*.

acute [ə'kju:t] *adj (feeling, pain)* intenso(sa); *(angle, accent)* agudo(da).

ad [æd] *n inf* anuncio *m*.

AD *(abbr of Anno Domini)* d.C., d. de J.C.

adapt [ə'dæpt] *vt* adaptar. ◆ *vi* adaptarse.

adapter [ə'dæptəʳ] *n (for foreign plug)* adaptador *m*; *(for several plugs)* ladrón *m*.

add [æd] *vt (say in addition)* añadir; *(numbers, prices)* sumar. ❏ **add up to** *vt sep* sumar. ❏ **add up to** *vt fus (total)* venir a ser.

adder ['ædəʳ] *n* víbora *f*.

addict ['ædɪkt] *n* adicto *m*, -ta *f*.

addicted [ə'dɪktɪd] *adj*: **to be ~ to sthg** ser adicto a algo.

addiction [ə'dɪkʃn] *n* adicción *f*.

addition [ə'dɪʃn] *n (added thing)* adición *f*; *(in maths)* suma *f*; **in ~** además; **in ~ to** además de.

additional [ə'dɪʃənl] *adj* adicional.

additive ['ædɪtɪv] *n* aditivo *m*.

address [ə'dres] *n (on letter)* dirección f. ◆ vt (speak to) dirigirse a; (letter) dirigir.

address book n agenda f de direcciones.

addressee [ˌædreˈsiː] n destinatario m, -ria f.

adequate [ˈædɪkwət] adj (sufficient) suficiente; (satisfactory) aceptable.

adhere [ədˈhɪər] vi: to ~ to (stick to) adherirse a; (obey) observar.

adhesive [ədˈhiːsɪv] adj adhesivo (va). ◆ n adhesivo m.

adjacent [əˈdʒeɪsənt] adj adyacente.

adjective [ˈædʒɪktɪv] n adjetivo m.

adjoining [əˈdʒɔɪnɪŋ] adj contiguo(gua).

adjust [əˈdʒʌst] vt ajustar. ◆ vi: to ~ to adaptarse a.

adjustable [əˈdʒʌstəbl] adj ajustable.

adjustment [əˈdʒʌstmənt] n ajuste m.

administration [ədˌmɪnɪˈstreɪʃn] n administración f.

administrator [ədˈmɪnɪstreɪtər] n administrador m, -ra f.

admire [ədˈmaɪər] vt admirar.

admission [ədˈmɪʃn] n (permission to enter) admisión f; (entrance cost) entrada f.

admission charge n entrada f.

admit [ədˈmɪt] vt admitir. ◆ vi: to ~ to sthg admitir algo; '~ one' (on ticket) 'válido para una persona'.

adolescent [ˌædəˈlesnt] n adolescente mf.

adopt [əˈdɒpt] vt adoptar.

adopted [əˈdɒptɪd] adj adoptivo (va).

adorable [əˈdɔːrəbl] adj adorable.

adore [əˈdɔːr] vt adorar.

adult [ˈædʌlt] n adulto m, -ta f. ◆ adj

(entertainment, films) para adultos; (animal) adulto(ta).

adult education n educación f para adultos.

adultery [əˈdʌltəri] n adulterio m.

advance [ədˈvɑːns] n (money) anticipo m; (movement) avance m. ◆ adj (warning) previo(via); (payment) anticipado(da). ◆ vt adelantar. ◆ vi avanzar.

advance booking n reserva f OR reservación f Amér anticipada.

advanced [ədˈvɑːnst] adj (student, level) avanzado(da).

advantage [ədˈvɑːntɪdʒ] n (benefit) ventaja f; to take ~ of (opportunity, offer) aprovechar; (person) aprovecharse de.

adventure [ədˈventʃər] n aventura f.

adventurous [ədˈventʃərəs] adj (person) aventurero(ra).

adverb [ˈædvɜːb] n adverbio m.

adverse [ˈædvɜːs] adj adverso(sa).

advert [ˈædvɜːt] = **advertisement**.

advertise [ˈædvətaɪz] vt (product, event) anunciar.

advertisement [ədˈvɜːtɪsmənt] n anuncio m.

advice [ədˈvaɪs] n consejos mpl; a piece of ~ un consejo.

advisable [ədˈvaɪzəbl] adj aconsejable.

advise [ədˈvaɪz] vt aconsejar; to ~ sb to do sthg aconsejar a alguien que haga algo; to ~ sb against doing sthg aconsejar a alguien que no haga algo.

advocate [n ˈædvəkət, vb ˈædvəkeɪt] n JUR abogado m, -da f. ◆ vt abogar por.

aerial [ˈeəriəl] n antena f.

aerobics [eəˈrəʊbɪks] n aerobic m.

aeroplane ['eərəpleɪn] n avión m.

aerosol ['eərəsɒl] n aerosol m.

affair [ə'feə'] n (matter) asunto m; (love affair) aventura f (amorosa); (event) acontecimiento m.

affect [ə'fekt] vt (influence) afectar.

affection [ə'fekʃn] n afecto m.

affectionate [ə'fekʃnət] adj cariñoso(sa).

affluent ['æfluənt] adj opulento (ta).

afford [ə'fɔ:d] vt: **to be able to ~ sthg** (holiday, new coat) poder permitirse algo; **I can't ~ it** no me lo puedo permitir; **I can't ~ the time** no tengo tiempo.

affordable [ə'fɔ:dəbl] adj asequible.

afloat [ə'fləʊt] adj a flote.

afraid [ə'freɪd] adj: **to be ~ of** (person) tener miedo a; (thing) tener miedo de; **I'm ~ so/not** me temo que sí/no.

after ['ɑ:ftə'] prep después de. ♦ conj después de que. ♦ adv después; **a quarter ~ ten** Am las diez y cuarto; **to be ~ sthg/sb** (in search of) buscar algo/a alguien; **~ all** (in spite of everything; it should be remembered) al fin y al cabo.

aftercare ['ɑ:ftəkeə'] n asistencia f post-hospitalaria.

aftereffects ['ɑ:ftərɪˌfekts] npl efectos mpl secundarios.

afternoon [ˌɑ:ftə'nu:n] n tarde f; **good ~!** ¡buenas tardes!

afternoon tea n ≃ merienda f.

aftershave ['ɑ:ftəʃeɪv] n colonia f para después del afeitado.

aftersun ['ɑ:ftəsʌn] n aftersún m.

afterwards ['ɑ:ftəwədz] adv después.

again [ə'gen] adv de nuevo, otra vez; **~ and ~** una y otra vez; **never**

~ nunca jamás.

against [ə'genst] prep contra; (in disagreement with) en contra de; **to lean ~ sthg** apoyarse en algo; **~ the law** ilegal.

age [eɪdʒ] n edad f; (old age) vejez f; **under ~** menor de edad; **I haven't seen her for ~s** (inf) hace siglos que no la veo.

aged [eɪdʒd] adj: **~ eight** de ocho años de edad.

age group n grupo m de edad.

age limit n edad f máxima/mínima.

agency ['eɪdʒənsɪ] n agencia f.

agenda [ə'dʒendə] n orden m del día.

agent ['eɪdʒənt] n agente mf.

aggression [ə'greʃn] n agresividad f.

aggressive [ə'gresɪv] adj agresivo (va).

agile [Br 'ædʒaɪl, Am 'ædʒəl] adj ágil.

agitated ['ædʒɪteɪtɪd] adj agitado (da).

ago [ə'gəʊ] adv: **a month ~** hace un mes; **how long ~?** ¿cuánto tiempo hace?

agonizing ['ægənaɪzɪŋ] adj (delay) angustioso(sa); (pain) atroz.

agony ['ægənɪ] n dolor m intenso.

agree [ə'gri:] vi (be in agreement) estar de acuerdo; (consent) acceder; (correspond) concordar; **it doesn't ~ with me** (food) no me sienta bien; **to ~ to sthg** acceder a algo; **to ~ to do sthg** acceder a hacer algo. ❑ **agree on** vt fus (time, price) acordar.

agreed [ə'gri:d] adj acordado(da); **to be ~** (person) estar de acuerdo.

agreement [ə'gri:mənt] n acuerdo m; **in ~ with** de acuerdo con.

agriculture ['ægrɪkʌltʃə'] n agricultura f.

ahead

ahead [ə'hed] *adv (in front)* delante; *(forwards)* adelante; **the months ~** los meses que vienen; **to be ~** *(winning)* ir ganando; **~ of** *(in front of)* delante de; *(in better position than)* por delante de; **~ of schedule** por delante de lo previsto; **go straight ~** sigue todo recto; **they're two points ~** llevan dos puntos de ventaja.

aid [eɪd] *n* ayuda *f*. ♦ *vt* ayudar; **in ~ of** a beneficio de; **with the ~ of** con la ayuda de.

AIDS [eɪdz] *n* SIDA *m*.

ailment ['eɪlmənt] *n fml* achaque *m*.

aim [eɪm] *n (purpose)* propósito *m*. ♦ *vt* apuntar. ♦ *vi*: **to ~ (at)** apuntar (a); **to ~ to do sthg** aspirar a hacer algo.

air [eəʳ] *n* aire *m*. ♦ *vt (room)* ventilar. ♦ *aéreo(a)*; **by ~** *(travel)* en avión; *(send)* por avión.

airbed ['eəbed] *n* colchón *m* de aire.

airborne ['eəbɔːn] *adj* en el aire.

air-conditioned [-kən'dɪʃnd] *adj* climatizado(da).

air-conditioning [-kən'dɪʃnɪŋ] *n* aire *m* acondicionado.

aircraft ['eəkrɑːft] *(pl inv)* *n* avión *m*.

airforce ['eəfɔːs] *n* fuerzas *fpl* aéreas.

air freshener [-ˌfreʃnəʳ] *n* ambientador *m*.

airhostess ['eəˌhəʊstɪs] *n* azafata *f*, aeromoza *f Amér.*

airletter ['eəˌletəʳ] *n* aerograma *m*.

airline ['eəlaɪn] *n* línea *f* aérea.

airliner ['eəˌlaɪnəʳ] *n* avión *m* (grande) de pasajeros.

airmail ['eəmeɪl] *n* correo *m* aéreo; **by ~** por avión.

airplane ['eəpleɪn] *n Am* avión *m*.

airport ['eəpɔːt] *n* aeropuerto *m*.

airsick ['eəsɪk] *adj* mareado(da) *(en avión)*.

air steward *n* auxiliar *m* de vuelo, sobrecargo *mf Amér.*

air stewardess *n* azafata *f*, aeromoza *f Amér.*

air traffic control *n (people)* personal *m* de la torre de control.

aisle [aɪl] *n (in church)* nave *f* lateral; *(in plane, cinema, supermarket)* pasillo *m*.

aisle seat *n (on plane)* asiento *m* junto al pasillo.

ajar [ə'dʒɑːʳ] *adj* entreabierto(ta).

alarm [ə'lɑːm] *n* alarma *f*. ♦ *vt* alarmar.

alarm clock *n* despertador *m*.

alarmed [ə'lɑːmd] *adj (door, car)* con alarma.

alarming [ə'lɑːmɪŋ] *adj* alarmante.

album ['ælbəm] *n* álbum *m*.

alcohol ['ælkəhɒl] *n* alcohol *m*.

alcohol-free *adj* sin alcohol.

alcoholic [ˌælkə'hɒlɪk] *adj* alcohólico(ca). ♦ *n* alcohólico *m*, -ca *f*.

alcoholism ['ælkəhɒlɪzm] *n* alcoholismo *m*.

alcove ['ælkəʊv] *n* hueco *m*.

ale [eɪl] *n* cerveza oscura de sabor amargo y alto contenido en alcohol.

alert [ə'lɜːt] *adj* atento(ta). ♦ *vt* alertar.

A-level *n* examen necesario para acceder a la universidad.

algebra ['ældʒɪbrə] *n* álgebra *f*.

alias ['eɪlɪəs] *adv* alias.

alibi ['ælɪbaɪ] *n* coartada *f*.

alien ['eɪlɪən] *n (foreigner)* extranjero *m*, -ra *f*; *(from outer space)* extraterrestre *mf*.

alight [ə'laɪt] *adj* ardiendo. ♦ *vi fml (from train, bus)*: **to ~ (from)** apearse (de).

align [ə'laɪn] *vt* alinear.

alike [ə'laɪk] *adj* parecido(da). ◆ *adv* igual; **to look ~** parecerse.

alive [ə'laɪv] *adj* vivo(va).

🗝️

all [ɔːl] *adj* - **1.** (*with singular noun*) todo(da); **~ the money** todo el dinero; **~ the time** todo el rato; **~ day** todo el día.
- **2.** (*with plural noun*) todos(das); **~ the houses** todas las casas; **~ three died** los tres murieron. ◆ *adv* - **1.** (*completely*) completamente; **~ alone** completamente solo.
- **2.** (*in scores*): **it's two ~** van empatados a dos.
- **3.** (*in phrases*): **~ but empty** casi vacío; **~ over** (*finished*) terminado, por todo. ◆ *pron* - **1.** (*everything*) todo *m*, -da *f*; **~ of the work** todo el trabajo; **is that ~?** (*in shop*) ¿algo más?; **the best of ~** lo mejor de todo.
- **2.** (*everybody*) todos *mpl*, -das *fpl*; **~ of us went** fuimos todos.
- **3.** (*in phrases*): **in ~** (*in total*) en total; **can I help you at ~?** ¿le puedo ayudar en algo?

Allah ['ælə] *n* Alá *m*.

allege [ə'ledʒ] *vt* alegar.

allergic [ə'lɜːdʒɪk] *adj*: **to be ~ to** ser alérgico(ca) a.

allergy ['ælədʒɪ] *n* alergia *f*.

alleviate [ə'liːvɪeɪt] *vt* aliviar.

alley ['ælɪ] *n* (*narrow street*) callejón *m*.

alligator ['ælɪgeɪtə'] *n* caimán *m*.

all-in *adj Br* (*inclusive*) con todo incluido.

all-night *adj* (*bar, petrol station*) abierto(ta) toda la noche.

allocate ['æləkeɪt] *vt* asignar.

allow [ə'laʊ] *vt* (*permit*) permitir;

(*time, money*) contar con; **to ~ sb to do sthg** dejar a alguien hacer algo; **to be ~ed to do sthg** poder hacer algo. ❑ **allow for** *vt fus* contar con.

allowance [ə'laʊəns] *n* (*state benefit*) subsidio *m*; (*for expenses*) dietas *fpl*; *Am* (*pocket money*) dinero *m* de bolsillo.

all right ◆ *adv* (*satisfactorily*) bien; (*yes, okay*) vale. ◆ *adj* bien.

ally ['ælaɪ] *n* aliado *m*, -da *f*.

almond ['ɑːmənd] *n* almendra *f*.

almost ['ɔːlməʊst] *adv* casi.

alone [ə'ləʊn] *adj & adv* solo(la); **to leave sb ~** dejar a alguien en paz; **to leave sthg ~** dejar algo.

along [ə'lɒŋ] *prep* (*towards one end of*) por; (*alongside*) a lo largo de. ◆ *adv*: **she was walking ~** iba caminando; **to bring sthg ~** traerse algo; **all ~** siempre, desde el principio; **~ with** junto con.

alongside [ə,lɒŋ'saɪd] *prep* junto a. ◆ *adv*: **to come ~** ponerse al lado.

aloud [ə'laʊd] *adv* en voz alta.

alphabet ['ælfəbet] *n* alfabeto *m*.

Alps [ælps] *npl*: **the ~** los Alpes.

already [ɔːl'redɪ] *adv* ya.

also ['ɔːlsəʊ] *adv* también.

altar ['ɔːltə'] *n* altar *m*.

alter ['ɔːltə'] *vt* alterar.

alteration [,ɔːltə'reɪʃn] *n* alteración *f*.

alternate [*Br* ɔːl'tɜːnət, *Am* 'ɔːltərnət] *adj* alterno(na).

alternative [ɔːl'tɜːnətɪv] *adj* alternativo(va). ◆ *n* alternativa *f*.

alternatively [ɔːl'tɜːnətɪvlɪ] *adv* o bien.

although [ɔːl'ðəʊ] *conj* aunque.

altitude ['æltɪtjuːd] *n* altitud *f*.

altogether [,ɔːltə'geðə'] *adv* (*completely*) completamente; (*in total*) por total.

aluminium [ˌæljʊˈmɪnɪəm] *n Br* aluminio *m*.

aluminum [əˈluːmɪnəm] *Am* = **aluminium**.

always [ˈɔːlweɪz] *adv* siempre.

am [æm] → **be**.

a.m. *(abbr of ante meridiem)*: at 2 ~ a las dos de la mañana.

amateur [ˈæmətəʳ] *n* aficionado *m*, -da *f*.

amazed [əˈmeɪzd] *adj* asombrado (da).

amazing [əˈmeɪzɪŋ] *adj* asombroso(sa).

ambassador [æmˈbæsədəʳ] *n* embajador *m*, -ra *f*.

amber [ˈæmbəʳ] *adj* (traffic lights) (de color) ámbar; (jewellery) de ámbar.

ambiguous [æmˈbɪɡjʊəs] *adj* ambiguo(gua).

ambition [æmˈbɪʃn] *n* ambición *f*.

ambitious [æmˈbɪʃəs] *adj* ambicioso(sa).

ambulance [ˈæmbjʊləns] *n* ambulancia *f*.

ambush [ˈæmbʊʃ] *n* emboscada *f*.

amenities [əˈmiːnətɪz] *npl* instalaciones *fpl*.

America [əˈmerɪkə] *n* América.

American [əˈmerɪkən] *adj* americano(na). ◆ *n* (person) americano *m*, -na *f*.

amiable [ˈeɪmɪəbl] *adj* amable.

ammunition [ˌæmjʊˈnɪʃn] *n* municiones *fpl*.

amnesia [æmˈniːzɪə] *n* amnesia *f*.

among(st) [əˈmʌŋ(st)] *prep* entre.

amount [əˈmaʊnt] *n* cantidad *f*. ❑ **amount to** *vt fus* (total) ascender a.

amp [æmp] *n* amperio *m*; **a 13-**

~ **plug** un enchufe con un fusible de 13 amperios.

ample [ˈæmpl] *adj* más que suficiente.

amplifier [ˈæmplɪfaɪəʳ] *n* amplificador *m*.

amputate [ˈæmpjʊteɪt] *vt* amputar.

amuse [əˈmjuːz] *vt* (make laugh) divertir; (entertain) entretener.

amusement arcade [əˈmjuːz-mənt-] *n* salón *m* de juegos.

amusement park [əˈmjuːz-mənt-] *n* parque *m* de atracciones.

amusements [əˈmjuːzmənts] *npl* atracciones *fpl*.

amusing [əˈmjuːzɪŋ] *adj* divertido (da).

an [stressed æn, unstressed ən] → **a**.

anaemic [əˈniːmɪk] *adj Br* (person) anémico(ca).

anaesthetic [ˌænɪsˈθetɪk] *n Br* anestesia *f*.

analgesic [ˌænælˈdʒiːzɪk] *n* analgésico *m*.

analyse [ˈænəlaɪz] *vt* analizar.

analyst [ˈænəlɪst] *n* (psychoanalyst) psicoanalista *mf*.

analyze [ˈænəlaɪz] *Am* = **analyse**.

anarchy [ˈænəkɪ] *n* anarquía *f*.

anatomy [əˈnætəmɪ] *n* anatomía *f*.

ancestor [ˈænsestəʳ] *n* antepasado *m*, -da *f*.

anchor [ˈæŋkəʳ] *n* ancla *f*.

anchovy [ˈæntʃəvɪ] *n* (salted) anchoa *f*; (fresh) boquerón *m*.

ancient [ˈeɪnʃənt] *adj* antiguo (gua).

and [strong form ænd, weak form ənd, ən] *conj* y; (before "i" or "hi") e; ~ **you?** ¿y tú?; **a hundred** ~ **one** ciento uno; **more** ~ **more** cada vez más; **to try** ~ **do sthg** intentar hacer algo;

to go ~ see ir a ver.
Andalusia [ˌændə'luːzɪə] n Andalucía.
anecdote ['ænɪkdəʊt] n anécdota f.
anemic [ə'niːmɪk] Am = **anaemic**.
anesthetic [ˌænɪs'θetɪk] Am = **anaesthetic**.
angel ['eɪndʒl] n ángel m.
anger ['æŋgə'] n ira f, furia f.
angina [æn'dʒaɪnə] n angina f de pecho.
angle ['æŋgl] n ángulo m; **at an ~** torcido.
angler ['æŋglə'] n pescador m, -ra f (con caña).
angling ['æŋglɪŋ] n pesca f (con caña).
angry ['æŋgrɪ] adj (person) enfadado(da); (words, look, letter) airado (da); **to get ~ (with sb)** enfadarse (con alguien).
animal ['ænɪml] n animal m.
aniseed ['ænɪsiːd] n anís m.
ankle ['æŋkl] n tobillo m.
annex ['æneks] n (building) edificio m anejo.
anniversary [ˌænɪ'vɜːsərɪ] n aniversario m.
announce [ə'naʊns] vt anunciar.
announcement [ə'naʊnsmənt] n anuncio m.
announcer [ə'naʊnsə'] n (on TV) presentador m, -ra f; (on radio) locutor m, -ra f.
annoy [ə'nɔɪ] vt molestar, fastidiar.
annoyed [ə'nɔɪd] adj molesto(ta); **to get ~ (with)** enfadarse (con).
annoying [ə'nɔɪɪŋ] adj molesto (ta), fastidioso(sa).
annual ['ænjʊəl] adj anual.
anonymous [ə'nɒnɪməs] adj anónimo(ma).

anorak ['ænəræk] n anorak m.
another [ə'nʌðə'] adj otro m, otra f.
♦ pron otro m, otra f; **~ one** otro (otra); **one ~** el uno al otro (la una a la otra); **they love one ~** se quieren; **with one ~** el uno con el otro (la una con la otra); **one after ~** uno tras otro (una tras otra).
answer [ɑːnsə'] n respuesta f. ♦ vt (person, question) contestar a; (letter, advert) responder a. ♦ vi contestar; **to ~ the door** abrir la puerta; **to ~ the phone** coger el teléfono. ❑ **answer back** vi replicar.
answering machine [ɑːnsər-ɪŋ-] n = **answerphone**.
answerphone [ɑːnsəfəʊn] n contestador m automático.
ant [ænt] n hormiga f.
Antarctic [æn'tɑːktɪk] n: **the ~** el Antártico.
antenna [æn'tenə] n Am (aerial) antena f.
anthem ['ænθəm] n himno m.
antibiotics [ˌæntɪbaɪ'ɒtɪks] npl antibióticos mpl.
anticipate [æn'tɪsɪpeɪt] vt prever.
anticlimax [ˌæntɪ'klaɪmæks] n anticlímax m inv.
anticlockwise [ˌæntɪ'klɒkwaɪz] adv Br en sentido contrario al de las agujas del reloj.
antidote ['æntɪdəʊt] n antídoto m.
antifreeze ['æntɪfriːz] n anticongelante m.
antihistamine [ˌæntɪ'hɪstəmɪn] n antihistamínico m.
antiperspirant [ˌæntɪ'pɜːspərənt] n desodorante m.
antique [æn'tiːk] n antigüedad f.
antique shop n tienda f de antigüedades.
antiseptic [ˌæntɪ'septɪk] n antiséptico m.

antisocial [ˌæntɪˈsəʊʃl] *adj (person)* insociable; *(behaviour)* antisocial.

antlers [ˈæntləz] *npl* cornamenta *f*.

anxiety [æŋˈzaɪətɪ] *n* inquietud *f*, ansiedad *f*.

anxious [ˈæŋkʃəs] *adj (worried)* preocupado(da); *(eager)* ansioso (sa).

☞

any [ˈenɪ] *adj* - 1. *(in questions)* algún(una); **have you got ~ money?** ¿tienes (algo de) dinero?; **have you got ~ rooms?** ¿tienes habitaciones libres?
- 2. *(in negatives)* ningún(una); **I haven't got ~ money** no tengo (nada de) dinero; **we don't have ~ rooms** no tenemos ninguna habitación.
- 3. *(no matter which)* cualquier; **take ~ one you like** coge el que quieras.
♦ *pron* - 1. *(in questions)* alguno *m*, -na *f*; **I'm looking for a hotel - are there ~ nearby?** estoy buscando un hotel ¿hay alguno por aquí cerca?
- 2. *(in negatives)* ninguno *m*, -na *f*; **I don't want ~ (of them)** no quiero ninguno; **I don't want ~ (of it)** no quiero (nada).
- 3. *(no matter which one)* cualquiera; **you can sit at ~ of the tables** puede sentarse en cualquier mesa.
♦ *adv* - 1. *(in questions)*: **is that ~ better?** ¿es así mejor?; **is there ~ more cheese?** ¿hay más queso?; **~ other questions?** ¿alguna otra pregunta?
- 2. *(in negatives)*: **he's not ~ better** no se siente nada mejor; **we can't wait ~ longer** ya no podemos esperar más.

anybody [ˈenɪˌbɒdɪ] = **anyone**.

anyhow [ˈenɪhaʊ] *adv (carelessly)* de cualquier manera; *(in any case)* en cualquier caso; *(in spite of that)* de

dos modos.

anyone [ˈenɪwʌn] *pron (in questions)* alguien; *(any person)* cualquiera; **I don't like ~** no me gusta nadie.

anything [ˈenɪθɪŋ] *pron (in questions)* algo; *(no matter what)* cualquier cosa; **he didn't say ~** no dijo nada.

anyway [ˈenɪweɪ] *adv* de todos modos.

anywhere [ˈenɪweə] *adv (in questions)* en/a algún sitio; *(any place)* en/a cualquier sitio; **I can't find it ~** no lo encuentro en ningún sitio; **~ you like** donde quieras.

apart [əˈpɑːt] *adv* aparte; **they're miles ~** están muy separados; **to come ~** romperse; **~ from** *(except for)* salvo; *(as well as)* además de.

apartheid [əˈpɑːtheɪt] *n* apartheid *m*.

apartment [əˈpɑːtmənt] *n Am* piso *m Esp*, apartamento *m*.

apathetic [ˌæpəˈθetɪk] *adj* apático (ca).

ape [eɪp] *n* simio *m*.

aperitif [əˌperɪˈtiːf] *n* aperitivo *m*.

aperture [ˈæpətʃə] *n (of camera)* abertura *f*.

APEX [ˈeɪpeks] *n (plane ticket)* APEX *f*; *Br (train ticket)* billete de precio reducido no transferible que se compra con dos días de antelación.

apiece [əˈpiːs] *adv* cada uno (una).

apologetic [əˌpɒləˈdʒetɪk] *adj* lleno(na) de disculpas.

apologize [əˈpɒlədʒaɪz] *vi*: **to ~ (to sb for sthg)** disculparse (con alguien por algo).

apology [əˈpɒlədʒɪ] *n* disculpa *f*.

apostrophe [əˈpɒstrəfɪ] *n* apóstrofo *m*.

appal [əˈpɔːl] *vt* horrorizar.

appall [əˈpɔːl] *Am* = **appal**.

appalling [əˈpɔːlɪŋ] *adj* horrible.

apparatus [ˌæpəˈreɪtəs] n aparato m.

apparently [əˈpærəntlɪ] adv (it seems) por lo visto; (evidently) aparentemente.

appeal [əˈpiːl] n JUR apelación f; (fundraising campaign) campaña f para recaudar fondos. ♦ vi JUR apelar; **to ~ to sb (for sthg)** hacer un llamamiento a alguien (para algo); **it doesn't ~ to me** no me atrae.

appear [əˈpɪər] vi (come into view) aparecer; (seem) parecer; (in play, on TV) salir; (before court) comparecer; **it ~s that** parece que.

appearance [əˈpɪərəns] n (arrival) aparición f; (look) aspecto m.

appendicitis [əˌpendɪˈsaɪtɪs] n apendicitis f inv.

appendix [əˈpendɪks] (pl **-dices**) n apéndice m.

appetite [ˈæpɪtaɪt] n apetito m.

appetizer [ˈæpɪtaɪzər] n aperitivo m.

appetizing [ˈæpɪtaɪzɪŋ] adj apetitoso(sa).

applaud [əˈplɔːd] vt & vi aplaudir.

applause [əˈplɔːz] n aplausos mpl.

apple [ˈæpl] n manzana f.

apple crumble n budín de manzana cubierto con una masa de harina, azúcar y mantequilla que se sirve caliente.

apple juice n zumo de manzana Esp, jugo m de manzana Amér.

apple pie n pastel de hojaldre relleno de compota de manzana.

apple sauce n compota de manzana.

apple tart n tarta f de manzana.

appliance [əˈplaɪəns] n aparato m; **electrical/domestic ~** electrodoméstico m.

applicable [əˈplɪkəbl] adj: **to be ~ (to)** ser aplicable (a); **if ~** si corresponde.

applicant [ˈæplɪkənt] n solicitante mf.

application [ˌæplɪˈkeɪʃn] n solicitud f.

application form n impreso m de solicitud.

apply [əˈplaɪ] vt (lotion) aplicar; (brakes) pisar. ♦ vi: **to ~ to sb for sthg** (make request) solicitar algo a alguien; **to ~ (to sb)** (be applicable) ser aplicable (a alguien).

appointment [əˈpɔɪntmənt] n (with businessman) cita f; (with doctor, hairdresser) hora f; **to have an ~ (with)** (businessman) tener una cita (con); (doctor, hairdresser) tener hora (con); **to make an ~ (with)** (businessman) pedir una cita (con); (doctor, hairdresser) pedir hora (con); **by ~** mediante cita.

appreciable [əˈpriːʃəbl] adj apreciable.

appreciate [əˈpriːʃɪeɪt] vt (be grateful for) agradecer; (understand) ser consciente de; (like, admire) apreciar.

apprehensive [ˌæprɪˈhensɪv] adj inquieto(ta).

apprentice [əˈprentɪs] n aprendiz m, -za f.

apprenticeship [əˈprentɪʃɪp] n aprendizaje m.

approach [əˈprəʊtʃ] n (road) acceso m; (to problem, situation) enfoque m, planteamiento m. ♦ vt (come nearer to) acercarse a; (problem, situation) enfocar. ♦ vi acercarse.

appropriate [əˈprəʊprɪət] adj apropiado(da).

approval [əˈpruːvl] n (favourable opinion) aprobación f; (permission) permiso m.

approve [əˈpruːv] vi: **to ~ of sthg/sb** ver con buenos ojos algo/a alguien.

approximate [ə'prɒksɪmət] *adj* aproximado(da).

approximately [ə'prɒksɪmətlɪ] *adv* aproximadamente.

apricot ['eɪprɪkɒt] *n* albaricoque *m*.

April ['eɪprəl] *n* abril *m* → **September**.

April Fools' Day *n* ≃ Día *m* de los Santos Inocentes.

apron ['eɪprən] *n* delantal *m*.

apt [æpt] *adj (appropriate)* acertado(da); **to be ~ to do sthg** ser propenso(sa) a hacer algo.

aquarium [ə'kweərɪəm] *(pl* -ria [-rɪə]) *n* acuario *m*.

aqueduct ['ækwɪdʌkt] *n* acueducto *m*.

arbitrary ['ɑːbɪtrərɪ] *adj* arbitrario(ria).

arc [ɑːk] *n* arco *m*.

arcade [ɑː'keɪd] *n (for shopping)* centro *m* comercial; *(of video games)* salón *m* de juegos.

arch [ɑːtʃ] *n* arco *m*.

archaeology [,ɑːkɪ'ɒlədʒɪ] *n* arqueología *f*.

archbishop [,ɑːtʃ'bɪʃəp] *n* arzobispo *m*.

archery ['ɑːtʃərɪ] *n* tiro *m* con arco.

archipelago [,ɑːkɪ'peləgəʊ] *n* archipiélago *m*.

architect ['ɑːkɪtekt] *n* arquitecto *m*, -ta *f*.

architecture ['ɑːkɪtektʃə*] *n* arquitectura *f*.

archive ['ɑːkaɪv] *n* archivo *m*.

Arctic ['ɑːktɪk] *n*: **the ~** el Ártico.

are [*weak form* ə*, *strong form* ɑː*] → **be**.

area ['eərɪə] *n (region, space, zone)* zona *f*, área *f*; *(surface size)* área *f*.

area code *n* prefijo *m* (telefónico).

arena [ə'riːnə] *n (at circus)* pista *f*; *(at sportsground)* campo *m*.

aren't [ɑːnt] = **are not**.

Argentina [,ɑːdʒən'tiːnə] *n* Argentina.

Argentinian [,ɑːdʒən'tiːnɪən] *adj* argentino(na). ◆ *n* argentino *m*, -na *f*.

arid ['ærɪd] *adj* árido(da).

arise [ə'raɪz] *(pt* arose, *pp* arisen [ə'rɪzn]) *vi*: **to ~ (from)** surgir (de).

aristocracy [,ærɪ'stɒkrəsɪ] *n* aristocracia *f*.

arithmetic [ə'rɪθmətɪk] *n* aritmética *f*.

arm [ɑːm] *n (of person, chair)* brazo *m*; *(of garment)* manga *f*.

arm bands *npl (for swimming)* brazaletes *mpl (de brazos)*, alitas *fpl* Amér.

armchair ['ɑːmtʃeə*] *n* sillón *m*.

armed [ɑːmd] *adj* armado(da).

armed forces *npl*: **the ~** las fuerzas armadas.

armor ['ɑːmər] *Am* = **armour**.

armour ['ɑːmə*] *n Br* armadura *f*.

armpit ['ɑːmpɪt] *n* axila *f*.

arms [ɑːmz] *npl (weapons)* armas *fpl*.

army ['ɑːmɪ] *n* ejército *m*.

A-road *n Br* ≃ carretera *f* nacional.

aroma [ə'rəʊmə] *n* aroma *m*.

aromatic [,ærə'mætɪk] *adj* aromático(ca).

arose [ə'rəʊz] *pt* → **arise**.

around [ə'raʊnd] *adv (about, round)* por ahí; *(present)* por ahí/aquí. ◆ *prep (surrounding, approximately)* alrededor de; *(to the other side of)* al otro lado de; *(near, all over)* por; ~ **here** *(in the area)* por aquí; **to go ~ the corner** doblar la esquina; **to turn ~** volverse; **to look ~** *(turn head)* volver la mirada; *(visit)* visitar; **is Paul ~?** ¿está Paul por aquí?

arouse [əˈraʊz] *vt (suspicion, interest)* suscitar.

arrange [əˈreɪndʒ] *vt (flowers, books)* colocar; *(meeting, event)* organizar; **to ~ to do sthg (with sb)** acordar hacer algo (con alguien); **we've ~ed to meet at seven** hemos quedado para las siete.

arrangement [əˈreɪndʒmənt] *n (agreement)* acuerdo *m*; *(layout)* disposición *f*; **by ~** sólo con cita previa; **to make ~s (to do sthg)** hacer los preparativos (para hacer algo).

arrest [əˈrest] *n* detención *f*. ◆ *vt* detener; **to be under ~** estar detenido.

arrival [əˈraɪvl] *n* llegada *f*; **on ~** al llegar; **new ~** *(person)* recién llegado *m*, -da *f*.

arrive [əˈraɪv] *vi* llegar; **to ~ at** llegar a.

arrogant [ˈærəgənt] *adj* arrogante.

arrow [ˈærəʊ] *n* flecha *f*.

arson [ˈɑːsn] *n* incendio *m* provocado.

art [ɑːt] *n* arte *m*. ❑ **arts** *npl (humanities)* letras *fpl*; **the ~s** *(fine arts)* las bellas artes.

artefact [ˈɑːtɪfækt] *n* artefacto *m*.

artery [ˈɑːtərɪ] *n* arteria *f*.

art gallery *n (commercial)* galería *f* (de arte); *(public)* museo *m* (de arte).

arthritis [ɑːˈθraɪtɪs] *n* artritis *f inv*.

artichoke [ˈɑːtɪtʃəʊk] *n* alcachofa *f*.

article [ˈɑːtɪkl] *n* artículo *m*.

articulate [ɑːˈtɪkjʊlət] *adj* elocuente.

artificial [ˌɑːtɪˈfɪʃl] *adj* artificial.

artist [ˈɑːtɪst] *n* artista *mf*.

artistic [ɑːˈtɪstɪk] *adj (person)* con sensibilidad artística; *(design)* artístico(ca).

arts centre *n* ≃ casa *f* de cultura.

arty [ˈɑːtɪ] *adj pej* con pretensiones artísticas.

as [unstressed əz, stressed æz] *adv (in comparisons)*: ~ ... ~ tan ... como; **he's ~ tall ~ I am** es tan alto como yo; **twice ~ big ~** el doble de grande que; ~ **many ~** tantos como; ~ **much ~** tanto como. ◆ *conj* **-1.** *(referring to time)* mientras; ~ **the plane was coming in to land** cuando el avión iba a aterrizar.

- 2. *(referring to manner)* como; **do ~ you like** haz lo que quieras; ~ **expected** (tal) como era de esperar.

- 3. *(introducing a statement)* como; ~ **you know** como sabes.

- 4. *(because)* como, ya que.

- 5. *(in phrases)*: ~ **for** en cuanto a; ~ **from** a partir de; ~ **if** como si. ◆ *prep (referring to function)* como; *(referring to job)* de; **I work ~ a teacher** soy profesor.

asap *(abbr of as soon as possible)* a la mayor brevedad posible.

ascent [əˈsent] *n* ascenso *m*.

ascribe [əˈskraɪb] *vt*: **to ~ sthg to** atribuir algo a.

ash [æʃ] *n (from cigarette, fire)* ceniza *f*; *(tree)* fresno *m*.

ashore [əˈʃɔːr] *adv (be)* en tierra; **to go ~** desembarcar.

ashtray [ˈæʃtreɪ] *n* cenicero *m*.

aside [əˈsaɪd] *adv* a un lado; **to move ~** apartarse.

ask [ɑːsk] *vt (person)* preguntar; *(request)* pedir; *(invite)* invitar; **to ~ a question** hacer una pregunta. ◆ *vi*: **to ~ about sthg** preguntar acerca de algo; **to ~ sb sthg** preguntar algo a alguien; **to ~ sb about sthg** preguntar a alguien acerca de algo; **to ~ sb to do sthg** pedir a alguien que haga algo; **to ~ sb for sthg** pedir a alguien algo. ❑ **ask for** vt fus (ask to talk to) preguntar por; (request) pedir.

asleep [ə'sli:p] adj dormido(da); **to fall ~** quedarse dormido.

AS level n Brit examen de asignaturas complementarias al examen de A level.

asparagus [ə'spærəgəs] n espárragos mpl.

aspect ['æspekt] n aspecto m.

aspirin ['æsprɪn] n aspirina f.

ass [æs] n (animal) asno m, -na f.

assassinate [ə'sæsɪneɪt] vt asesinar.

assault [ə'sɔ:lt] n agresión f. ◆ vt agredir.

assemble [ə'sembl] vt (bookcase, model) montar. ◆ vi reunirse.

assembly [ə'semblɪ] n (at school) reunión cotidiana de todos los alumnos y profesores en el salón de actos.

assembly hall n (at school) salón m de actos.

assembly point n punto m de reunión.

assert [ə'sɜ:t] vt (fact, innocence) afirmar; (authority) imponer; **to ~ o.s.** imponerse.

assess [ə'ses] vt evaluar.

assessment [ə'sesmənt] n evaluación f.

asset ['æset] n (valuable person, thing) elemento m valioso.

assign [ə'saɪn] vt: **to ~ sthg to sb** ceder algo a alguien; **to ~ sb to do sthg** asignar algo a alguien.

assignment [ə'saɪnmənt] n (task) misión f; SCH trabajo m.

assist [ə'sɪst] vt ayudar.

assistance [ə'sɪstəns] n ayuda f; **to**

be of ~ (to sb) ayudar (a alguien).

assistant [ə'sɪstənt] n ayudante mf.

associate [n ə'səʊʃɪət, vb ə'səʊʃɪeɪt] n socio m, -cia f. ◆ vt: **to ~ sthg/sb with** asociar algo/a alguien con; **to be ~d with** estar asociado con.

association [ə,səʊsɪ'eɪʃn] n asociación f.

assorted [ə'sɔ:tɪd] adj surtido(da), variado(da).

assortment [ə'sɔ:tmənt] n surtido m.

assume [ə'sju:m] vt (suppose) suponer; (control, responsibility) asumir.

assurance [ə'ʃʊərəns] n (promise) garantía f; (insurance) seguro m.

assure [ə'ʃʊə'] vt asegurar; **to ~ sb (that) ...** asegurar a alguien que ...

asterisk ['æstərɪsk] n asterisco m.

asthma ['æsmə] n asma f.

asthmatic [æs'mætɪk] adj asmático(ca).

astonished [ə'stɒnɪʃt] adj estupefacto(ta), pasmado(da).

astonishing [ə'stɒnɪʃɪŋ] adj asombroso(sa).

astound [ə'staʊnd] vt asombrar, pasmar.

astray [ə'streɪ] adv: **to go ~** extraviarse.

astrology [ə'strɒlədʒɪ] n astrología f.

astronomy [ə'strɒnəmɪ] n astronomía f.

☞

at [unstressed ət, stressed æt] prep -**1.** (indicating place, position) en; ~ **the bottom of the hill** al pie de la colina; ~ **school** en la escuela; ~ **the hotel** en el hotel; ~ **home** en casa; ~ **my mother's** en casa de mi madre. -**2.** (indicating direction) a; **to throw sthg ~ sthg** arrojar algo contra algo;

to look ~ sthg/sb mirar algo/a alguien; to smile ~ sb sonreír a alguien.
- **3.** *(indicating time)* a; ~ Christmas en Navidades; ~ nine o'clock a las nueve; ~ night por la noche.
- **4.** *(indicating rate, level, speed)* a; it works out ~ £5 each sale a 5 libras cada uno; ~ 60 km/h a 60 km/h.
- **5.** *(indicating activity)*: to be ~ lunch estar comiendo; I'm good/bad ~ maths se me dan bien/mal las matemáticas.
- **6.** *(indicating cause)*: shocked ~ sthg horrorizado ante algo; angry ~ sb enfadado con alguien; delighted ~ sthg encantado con algo.

ate [Br et, Am eit] pt → **eat**.

atheist ['eiθɪɪst] n ateo m, -a f.

athlete ['æθli:t] n atleta mf.

athletics [æθ'letɪks] n atletismo m.

Atlantic [ət'læntɪk] n: the ~ (Ocean) el (océano) Atlántico.

atlas ['ætləs] n atlas m inv.

atmosphere ['ætməsfɪə'] n atmósfera f.

atrocious [ə'trəʊʃəs] adj atroz.

attach [ə'tætʃ] vt sujetar; to ~ sthg to sthg sujetar algo a algo.

attachment [ə'tætʃmənt] n (device) accesorio m.

attack [ə'tæk] n ataque m. ♦ vt atacar.

attacker [ə'tækə'] n atacante mf.

attain [ə'teɪn] vt fml alcanzar, conseguir.

attempt [ə'tempt] n intento m. ♦ vt intentar; to ~ to do sthg intentar hacer algo.

attend [ə'tend] vt asistir a. □ **attend to** vt fus ocuparse de.

attendance [ə'tendəns] n asistencia f.

attendant [ə'tendənt] n (in museum) conserje mf; (in car park) encargado m, -da f.

attention [ə'tenʃn] n atención f; to pay ~ (to) prestar atención (a).

attic ['ætɪk] n desván m.

attitude ['ætɪtju:d] n actitud f.

attorney [ə'tɜ:nɪ] n Am abogado m, -da f.

attract [ə'trækt] vt atraer.

attraction [ə'trækʃn] n atracción f; (attractive feature) atractivo m.

attractive [ə'træktɪv] adj atractivo(va).

attribute [ə'trɪbju:t] vt: to ~ sthg to atribuir algo a.

aubergine ['əʊbəʒi:n] n Br berenjena f.

auburn ['ɔ:bən] adj castaño rojizo.

auction ['ɔ:kʃn] n subasta f.

audience ['ɔ:dɪəns] n (of play, concert, film) público m; (of TV, radio) audiencia f.

audio ['ɔ:dɪəʊ] adj (store, department) de sonido.

audio-visual [-'vɪʒʊəl] adj audiovisual.

August ['ɔ:gəst] n agosto m → September.

aunt [ɑ:nt] n tía f.

au pair [ˌəʊ'peə'] n au pair f.

aural ['ɔ:rəl] adj auditivo(va).

Australia [ɒ'streɪlɪə] n Australia.

Australian [ɒ'streɪlɪən] adj australiano(na). ♦ n (person) australiano m, -na f.

Austria ['ɒstrɪə] n Austria.

Austrian ['ɒstrɪən] adj austríaco(ca). ♦ n (person) austríaco m, -ca f.

authentic [ɔ:'θentɪk] adj auténtico(ca).

author ['ɔ:θə'] n (of book, article) autor m, -ra f; (by profession) escritor m, -ra f.

authority [ɔːˈθɒrəti] n autoridad f; **the authorities** las autoridades.

authorization [ˌɔːθəraɪˈzeɪʃn] n autorización f.

authorize [ˈɔːθəraɪz] vt autorizar; **to ~ sb to do sthg** autorizar a alguien a hacer algo.

autobiography [ˌɔːtəbaɪˈɒɡrəfi] n autobiografía f.

autograph [ˈɔːtəɡrɑːf] n autógrafo m.

automatic [ˌɔːtəˈmætɪk] n (car) coche m automático. ◆ adj automático(ca).

automatically [ˌɔːtəˈmætɪkli] adv automáticamente.

automobile [ˈɔːtəməbiːl] n Am coche m, automóvil m.

autumn [ˈɔːtəm] n otoño m; **in (the) ~** en otoño.

auxiliary (verb) [ɔːɡˈzɪljərɪ-] n verbo m auxiliar.

available [əˈveɪləbl] adj disponible.

avalanche [ˈævəlɑːnʃ] n avalancha f.

Ave. (abbr of avenue) Avda.

avenue [ˈævənjuː] n avenida f.

average [ˈævərɪdʒ] adj medio(dia); (not very good) regular. ◆ n media f, promedio m; **on ~** por término medio.

aversion [əˈvɜːʃn] n aversión f.

aviation [ˌeɪvɪˈeɪʃn] n aviación f.

avid [ˈævɪd] adj ávido(da).

avocado (pear) [ˌævəˈkɑːdəʊ-] n aguacate m.

avoid [əˈvɔɪd] vt evitar; **to ~ doing sthg** evitar hacer algo.

await [əˈweɪt] vt esperar, aguardar.

awake [əˈweɪk] (pt **awoke**, pp **awoken**) adj despierto(ta). ◆ vi despertarse.

award [əˈwɔːd] n premio m, galardón m. ◆ vt: **to ~ sb sthg** (prize) otorgar algo a alguien; (damages, compensation) adjudicar algo a alguien.

aware [əˈweə] adj consciente; **to be ~ of** ser consciente de.

away [əˈweɪ] adv (move, look, turn) hacia otra parte; (not at home, in office) fuera; **put your toys ~!** ¡recoge tus juguetes!; **to take sthg ~ (from sb)** quitarle algo (a alguien); **far ~** lejos; **it's 10 miles ~ (from here)** está a 10 millas de aquí); **it's two weeks ~** faltan dos semanas; **to look ~** apartar la vista; **to walk/drive ~** alejarse; **we're going ~ on holiday** nos vamos de vacaciones.

awesome [ˈɔːsəm] adj impresionante.

awful [ˈɔːfəl] adj (very bad) fatal; (very great) tremendo(da); **how ~!** ¡qué horror!

awfully [ˈɔːfli] adv (very) tremendamente.

awkward [ˈɔːkwəd] adj (movement) torpe; (position, situation) incómodo(da); (shape, size) poco manejable; (time) inoportuno(na); (question, task) difícil.

awning [ˈɔːnɪŋ] n toldo m.

awoke [əˈwəʊk] pt → **awake**.

awoken [əˈwəʊkn] pp → **awake**.

axe [æks] n hacha f.

axle [ˈæksl] n eje m.

B

BA (abbr of Bachelor of Arts) (titular de

una) licenciatura de letras.

babble ['bæbl] *vi (person)* farfullar.

baby ['beɪbɪ] *n (newborn baby)* bebé *m*; *(infant)* niño *m*, -ña *f*; **to have a ~** tener un niño.

baby carriage *n Am* cochecito *m* de niños.

baby food *n* papilla *f*.

baby-sit *vi* cuidar a niños.

baby wipe *n* toallita *f* húmeda para bebés.

back [bæk] *n (of person)* espalda *f*; *(of chair)* respaldo *m*; *(of room)* fondo *m*; *(of car, book)* parte *f* trasera; *(of hand, banknote)* dorso *m*. ◆ *adj* trasero(ra). ◆ *vt (support)* respaldar. ◆ *adv (towards the back)* hacia atrás; *(to previous position, state)* de vuelta; **to get ~** llegar; **to give ~** devolver; **to put sthg ~** devolver algo a su sitio; **to stand ~** apartarse; **to write ~** contestar; **at the ~ of** detrás de; **in ~ of** *Am* detrás de; **~ to front** al revés. ❑ **back up** ◆ *vt sep (support)* apoyar. ◆ *vi (car, driver)* dar marcha atrás, meter reversa *Col, Méx.*

backache ['bækeɪk] *n* dolor *m* de espalda.

backbone ['bækbəʊn] *n* columna *f* vertebral.

back door *n* puerta *f* trasera.

backfire [,bæk'faɪə˞] *vi (car)* petardear.

background ['bækgraʊnd] *n (in picture, on stage)* fondo *m*; *(to situation)* trasfondo *m*; *(upbringing)* origen *m.*

backlog ['bæklɒg] *n* acumulación *f.*

backpack ['bækpæk] *n* mochila *f.*

backpacker ['bækpækə˞] *n* mochilero *m*, -ra *f.*

back seat *n* asiento *m* trasero OR de atrás.

backside [,bæk'saɪd] *n* inf trasero *m.*

back street *n* callejuela *f* en una zona periférica deprimida.

backstroke ['bækstrəʊk] *n* espalda *f (en natación).*

backwards ['bækwədz] *adv (move, look)* hacia atrás; *(the wrong way round)* al revés.

bacon ['beɪkən] *n* tocino *m*, panceta *f RP*, bacon *m Esp*; **~ and eggs** huevos fritos con bacon.

bacteria [bæk'tɪərɪə] *npl* bacterias *fpl.*

bad [bæd] *(compar* **worse**, *superl* **worst**) *adj* malo(la); *(accident, wound)* grave; *(cold)* fuerte; *(poor, weak)* débil; **not ~** *(bastante)* bien; **to go ~** echarse a perder.

badge [bædʒ] *n* chapa *f*, botón *m Amér.*

badger ['bædʒə˞] *n* tejón *m.*

badly ['bædlɪ] *(compar* **worse**, *superl* **worst**) *adv (poorly)* mal; *(seriously)* gravemente; *(very much)* mucho.

badly paid [-peɪd] *adj* mal pagado(da).

badminton ['bædmɪntən] *n* bádminton *m.*

bad-tempered [-'tempəd] *adj* de mal genio.

bag [bæg] *n (of paper, plastic)* bolsa *f*; *(handbag)* bolso *m Esp*, cartera *f Amér*; *(suitcase)* maleta *f*; **a ~ of crisps** una bolsa de patatas fritas.

bagel ['beɪgl] *n* bollo *m* de pan en forma de rosca.

baggage ['bægɪdʒ] *n* equipaje *m.*

baggage allowance *n* equipaje *m* permitido.

baggage reclaim *n* recogida *f* de equipajes.

baggy ['bægɪ] *adj* holgado(da).

bagpipes ['bægpaɪps] *npl* gaita *f*.

bail [beɪl] *n* fianza *f*.

bait [beɪt] *n* cebo *m*.

bake [beɪk] *vt* cocer al horno. ◆ *n* CULIN gratén *m*.

baked [beɪkt] *adj* asado(da) al horno.

baked beans *npl* alubias *fpl* Esp OR frijoles *mpl* Amér cocidas en salsa de tomate.

baked potato *n* patata *f* Esp OR papa *f* Amér asada OR al horno (con piel).

baker ['beɪkəʳ] *n* panadero *m*, -ra *f*; ~'s (shop) panadería *f*.

balance ['bæləns] *n* (of person) equilibrio *m*; (of bank account) saldo *m*; (remainder) resto *m*. ◆ *vt* mantener en equilibrio.

balcony ['bælkənɪ] *n* (small) balcón *m*; (big) terraza *f*.

bald [bɔːld] *adj* calvo(va).

bale [beɪl] *n* fardo *m*.

Balearic Islands [,bælɪˈærɪk-] *npl*: the ~ (las) Baleares.

ball [bɔːl] *n* (in tennis, golf, table tennis) pelota *f*; (in football) balón *m*; (in snooker, pool, of paper) bola *f*; (of wool, string) ovillo *m*; (dance) baile *m*; **on the ~** *fig* al tanto de todo.

ballerina [,bæləˈriːnə] *n* bailarina *f*.

ballet ['bæleɪ] *n* ballet *m*.

ballet dancer *n* bailarín *m*, -ina *f*.

balloon [bəˈluːn] *n* globo *m*.

ballot ['bælət] *n* votación *f*.

ballpoint pen ['bɔːlpɔɪnt-] *n* bolígrafo *m*.

ballroom ['bɔːlrʊm] *n* salón *m* de baile.

ballroom dancing *n* baile *m* de salón.

bamboo [bæmˈbuː] *n* bambú *m*.

ban [bæn] *n* prohibición *f*. ◆ *vt*

prohibir; **to ~ sb from doing sthg** prohibir a alguien hacer algo.

banana [bəˈnɑːnə] *n* plátano *m*.

band [bænd] *n* (pop group) grupo *m*; (military orchestra) banda *f*; (strip of paper, rubber) cinta *f*.

bandage ['bændɪdʒ] *n* venda *f*. ◆ *vt* vendar.

B and B *abbr* = **bed and breakfast**.

bandstand ['bændstænd] *n* quiosco *m* de música.

bang [bæŋ] *n* estruendo *m*. ◆ *vt* (hit loudly) golpear; (shut loudly) cerrar de golpe; **to ~ one's head** golpearse la cabeza.

banger ['bæŋəʳ] *n* Br inf (sausage) salchicha *f*; ~s and mash salchichas con puré de patatas.

bangle ['bæŋgl] *n* brazalete *m*.

bangs [bæŋz] *npl* Am flequillo *m*, cerquillo *m* Amér.

banister ['bænɪstəʳ] *n* barandilla *f*.

banjo ['bændʒəʊ] *n* banjo *m*.

bank [bæŋk] *n* (for money) banco *m*; (of river, lake) orilla *f*, ribera *f*; (slope) loma *f*.

bank account *n* cuenta *f* bancaria.

bank book *n* libreta *f* (del banco).

bank charges *npl* comisiones *fpl* bancarias.

bank clerk *n* empleado *m* de banco.

bank draft *n* giro *m* bancario.

banker ['bæŋkəʳ] *n* banquero *m*, -ra *f*.

banker's card *n* tarjeta *f* de identificación bancaria.

bank holiday *n* Br día *m* festivo.

bank manager *n* director *m*, -ra *f* de banco.

bank note *n* billete *m* de banco.

bankrupt ['bæŋkrʌpt] adj quebra-do(da).

bank statement n extracto m de cuenta.

banner ['bænə'] n pancarta f.

bannister ['bænɪstə'] = **banis-ter**.

banquet ['bæŋkwɪt] n (formal din-ner) banquete m.

bap [bæp] n Br panecillo m, bollo m.

baptize [Br bæp'taɪz, Am 'bæptaɪz] vt bautizar.

bar [ba:'] n (pub, in restaurant, hotel) bar m; (counter in pub, metal rod) barra f; (of wood) tabla f; (of soap) pastilla f; (of chocolate) tableta f. ◆ vt (obstruct) bloquear.

barbecue ['ba:bɪkju:] n barbacoa f. ◆ vt asar a la parrilla.

barbecue sauce n salsa f para barbacoa.

barbed wire [ba:bd-] n alambre m de espino.

barber ['ba:bə'] n barbero m; ~'s (shop) barbería f, peluquería f.

bar code n código m de barras.

bare [beə'] adj (feet) descalzo(za); (head) descubierto(ta); (arms) desnu-do(da); (room, cupboard) vacío(a); (facts, minimum) esencial.

barefoot [ˌbeə'fʊt] adv: to go ~ ir descalzo.

barely ['beəlɪ] adv apenas.

bargain ['ba:gɪn] n (agreement) tra-to m, acuerdo m; (cheap buy) ganga f. ◆ vi negociar. ❏ bargain for vt fus contar con.

bargain basement n sección f de oportunidades.

barge [ba:dʒ] n barcaza f. ❏ barge in vi: to ~ in (on sb) interrumpir (a alguien).

bark [ba:k] n (of tree) corteza f. ◆ vi ladrar.

barley ['ba:lɪ] n cebada f.

barmaid ['ba:meɪd] n camarera f Esp, mesera f Amér.

barman ['ba:mən] (pl -men [-mən]) n camarero m Esp, barman m Esp.

bar meal n comida sencilla en un pub o en el bar de un hotel.

barn [ba:n] n granero m.

barometer [bə'rɒmɪtə'] n baróme-tro m.

baron ['bærən] n barón m.

baroque [bə'rɒk] adj barroco(ca).

barracks ['bærəks] npl cuartel m.

barrage ['bæra:ʒ] n (of questions, criticism) lluvia f, alud m.

barrel ['bærəl] n (of beer, wine, oil) ba-rril m; (of gun) cañón m.

barren ['bærən] adj (land, soil) esté-ril.

barricade [ˌbærɪ'keɪd] n barricada f.

barrier ['bærɪə'] n barrera f.

barrister ['bærɪstə'] n abogado m, -da f (de tribunales superiores).

bartender ['ba:tendə'] n Am cama-rero m, -ra f Esp.

barter ['ba:tə'] vi hacer trueques.

base [beɪs] n base f. ◆ vt: to ~ sthg on basar algo en; to be ~d (company) tener la sede; (person) trabajar.

baseball ['beɪsbɔ:l] n béisbol m.

baseball cap n gorra f de béisbol.

basement ['beɪsmənt] n sótano m.

bases ['beɪsi:z] pl → **basis**.

bash [bæʃ] vt (door) dar un porrazo a; to ~ one's head darse un porrazo en la cabeza.

basic ['beɪsɪk] adj (fundamental) bá-sico(ca); (accommodation, meal) simple. ❏ basics npl: the ~s los funda-mentos.

basically ['beɪsɪklɪ] adv en realidad.

basil ['bæzl] n albahaca f.

basin ['beɪsn] n (washbasin) lavabo m; (bowl) barreño m.

basis ['beɪsɪs] n (pl -ses) n base f; **on a weekly ~** semanalmente; **on the ~ of** partiendo de.

basket ['bɑːskɪt] n cesto m, cesta f.

basketball ['bɑːskɪtbɔːl] n baloncesto m.

basmati rice [bæz'mɑːti-] n arroz de origen pakistani utilizado en muchos platos de cocina oriental.

Basque [bɑːsk] adj vasco(ca). ◆ n (person) vasco m, -ca f; (language) euskera m.

Basque Country n: **the ~** el País Vasco, Euskadi.

bass¹ [beɪs] n (singer) bajo m.

bass² [bæs] n (fish) lubina f, róbalo m.

bass guitar [beɪs-] n bajo m.

bassoon [bə'suːn] n fagot m.

bastard ['bɑːstəd] n vulg cabrón m, -ona f.

bat [bæt] n (in cricket, baseball) bate m; (in table tennis) paleta f; (animal) murciélago m.

batch [bætʃ] n lote m.

bath [bɑːθ] n (tub) bañera f, tina f Amér. ◆ vt bañar; **to have a ~** bañarse. ❑ **baths** npl Br (public swimming pool) piscina f municipal.

bathe [beɪð] vi bañarse.

bathrobe ['bɑːθrəʊb] n (for bathroom, swimming pool) albornoz m Esp, bata f Amér; (dressing gown) bata f.

bathroom ['bɑːθrʊm] n (room with bath) cuarto m de baño; Am (toilet) servicio m, baño m Amér.

bathroom cabinet n armario m de aseo.

bathtub ['bɑːθtʌb] n bañera f, tina f Amér.

baton ['bætən] n (of conductor) batuta f; (truncheon) porra f.

batter ['bætə'] n CULIN masa f para rebozar. ◆ vt (wife, child) maltratar.

battered ['bætəd] adj CULIN rebozado(da).

battery ['bætərɪ] n (for radio, torch etc) pila f; (for car) batería f.

battery charger [-ˌtʃɑːdʒə'] n cargador m de pilas.

battle ['bætl] n (in war) batalla f; (struggle) lucha f.

bay [beɪ] n (on coast) bahía f; (for parking) plaza f.

bay leaf n hoja f de laurel.

bay window n ventana f saprediza.

B & B abbr = **bed and breakfast**.

BC (abbr of before Christ) a.C., a. de J.C.

be [biː] (pt was OR were, pp been) vi - 1. (exist) ser; **there is/are** hay; **are there any shops near here?** ¿hay alguna tienda por aquí? - 2. (referring to location) estar; **the hotel is near the airport** el hotel está cerca del aeropuerto. - 3. (go, come) estar; **have you ever been to Ireland?** ¿has estado alguna vez en Irlanda?; **I'll ~ there in five minutes** estaré ahí dentro de cinco minutos. - 4. (occur) ser; **the final is in May** la final es en mayo. - 5. (describing quality, permanent condition) ser; **he's a doctor** es médico; **I'm British** soy británico. - 6. (describing state, temporary condition) estar; **I'm angry** estoy enfadado; **I'm hot/cold** tengo calor/frío. - 7. (referring to health) estar; **how are you?** ¿cómo estás?; **I'm fine** estoy

bien; **she's ill** está enferma.
- **8.** *(referring to age)*: **how old are you?** ¿cuántos años tienes?; **I'm 14 (years old)** tengo 14 años (de edad).
- **9.** *(referring to cost)*: valer, costar; **how much is it?** ¿cuánto es?; **it's ten pounds** son diez libras.
- **10.** *(referring to time, dates)*: ser; **what time is it?** ¿qué hora es?; **it's ten o'clock** son las diez; **it's the 9th of April** estamos a 9 de abril.
- **11.** *(referring to measurement)*: **it's 2 metres wide/long** mide 2 metros de ancho/largo; **he's 2 metres tall** mide 2 metros; **I'm 60 kilos** peso 60 kilos.
- **12.** *(referring to weather)*: hacer; **it's hot/cold** hace calor/frío; **it's sunny/windy** hace sol/viento; **it's going to be nice today** hoy va a hacer buen tiempo.

♦ *aux vb* - **1.** *(forming continuous tense)*: estar; **I'm learning French** estoy aprendiendo francés; **we've been visiting the museum** hemos estado visitando el museo; **I was eating when ...** estaba comiendo cuando ...
- **2.** *(forming passive)*: ser; **to ~ loved** ser amado; **the flight was delayed** el avión se retrasó.
- **3.** *(with infinitive to express order)*: **all rooms are to ~ vacated by ten a.m.** las habitaciones han de ser desocupadas antes de las diez de la mañana.
- **4.** *(with infinitive to express future tense)*: **the race is to start at noon** la carrera empezará a mediodía.
- **5.** *(in tag questions)*: **it's cold, isn't it?** hace frío ¿no?

---

beach [biːtʃ] *n* playa *f*.

bead [biːd] *n* cuenta *f*; *(glass)* abalorio *m*.

beak [biːk] *n* pico *m*.

beaker [ˈbiːkər] *n* taza *f* *(sin asa)*.

beam [biːm] *n* *(of light)* rayo *m*; *(of wood, concrete)* viga *f*. ♦ *vi* *(smile)* sonreír resplandeciente.

bean [biːn] *n* *(haricot)* judía *f* Esp, frijol *m* Amér; *(pod)* judía *f* verde; *(of coffee)* grano *m*.

beansprouts [ˈbiːnsprauts] *npl* brotes *mpl* de soja Esp or soya Amér.

bear [beəʳ] *(pt* bore, *pp* borne) *n* *(animal)* oso *m*, osa *f*. ♦ *vt* aguantar, soportar; **to ~ left/right** torcer a la izquierda/derecha.

bearable [ˈbeərəbl] *adj* soportable.

beard [biəd] *n* barba *f*.

bearer [ˈbeərəʳ] *n* *(of cheque)* portador *m*, -ra *f*; *(of passport)* titular *mf*.

bearing [ˈbeərɪŋ] *n* *(relevance)* relación *f*; **to get one's ~s** orientarse.

beast [biːst] *n* bestia *f*.

beat [biːt] *(pt* beat, *pp* beaten [ˈbiːtn]) *n* *(of heart, pulse)* latido *m*; MUS ritmo *m*. ♦ *vt* *(defeat)* ganar, derrotar; *(hit)* golpear; *(eggs, cream)* batir. ❑ **beat down** *vt sep* convencer que rebaje el precio. ♦ *vi* *(rain)* descargar; *(sun)* pegar fuerte. ❑ **beat up** *vt sep* dar una paliza a.

beautiful [ˈbjuːtɪful] *adj* *(in appearance, very good)* precioso(sa); *(person)* guapo(pa).

beauty [ˈbjuːtɪ] *n* belleza *f*.

beauty parlour *n* salón *m* de belleza.

beauty spot *n* *(place)* bello paraje *m*.

beaver [ˈbiːvəʳ] *n* castor *m*.

became [bɪˈkeɪm] *pt* → **become**.

because [bɪˈkɒz] *conj* porque; **~ of** a causa de.

beckon [ˈbekən] *vi*: **to ~ (to)** hacer señas para atraer la atención (a).

become [bɪˈkʌm] *(pt* became, *pp* **become)** *vi* hacerse; *(ill, angry, cloudy)* ponerse; *(champion, prime*

bed

minister) llegar a ser; **what became of him?** ¿qué fue de él?

bed [bed] *n (for sleeping in)* cama *f; (of river, CULIN)* lecho *m; (of sea)* fondo *m;* **in ~** en la cama; **to get out of ~** levantarse (de la cama); **to go to ~** irse a la cama; **to go to ~ with sb** acostarse con alguien; **to make the ~** hacer la cama.

bed and breakfast *n Br casa privada donde se ofrece cama y desayuno a precios asequibles.*

① BED AND BREAKFAST

Los "B & B" o "guest houses" son casas particulares en lugares turísticos con habitaciones para huéspedes. En el precio de la habitación se incluye el "desayuno inglés", consistente en salchichas, huevos, beicon, tostadas y té o café.

bedclothes ['bedkləʊðz] *npl* ropa *f* de cama.

bedding ['bedɪŋ] *n* ropa *f* de cama.

bed linen *n* sábanas y fundas de almohada.

bedroom ['bedrʊm] *n (en casa)* dormitorio *m; (en hotel)* habitación *f.*

bedside table ['bedsaɪd-] *n* mesita *f* de noche.

bedsit ['bed,sɪt] *n Br* habitación alquilada con cama e instalaciones para cocinar y lavarse.

bedspread ['bedspred] *n* colcha *f.*

bedtime ['bedtaɪm] *n* hora *f* de dormir.

bee [bi:] *n* abeja *f.*

beech [bi:tʃ] *n* haya *f.*

beef [bi:f] *n* carne *f* de vaca OR res *Amér;* **~ Wellington** ternera *f* al hojaldre.

beefburger ['bi:f,bɜːgəʳ] *n* hamburguesa *f.*

beehive ['bi:haɪv] *n* colmena *f.*

been [bi:n] *pp* → **be**.

beer [bɪəʳ] *n* cerveza *f;* **to have a couple of ~s** tomarse un par de cervezas.

① BEER

A grandes rasgos, la cerveza británica se puede dividir en "bitter" y "lager". La "bitter", o "heavy" en Escocia, es oscura y tiene un sabor ligeramente amargo, mientras que la "lager" es la cerveza rubia. "Real ale" es un tipo de "bitter" en barril que se produce utilizando métodos y recetas tradicionales.

beer garden *n* patio *m* de bar.

beer mat *n* posavasos *m inv* (de bar).

beetle ['bi:tl] *n* escarabajo *m.*

beetroot ['bi:tru:t] *n* remolacha *f.*

before [bɪˈfɔːʳ] *adv* antes. ◆ *prep (earlier than)* antes de; *(in order)* antes que; *fml (in front of)* frente a. ◆ *conj* antes de; **~ you leave** antes de irte; **the day ~** el día anterior; **the week ~ last** la semana pasada no, la anterior.

beforehand [bɪˈfɔːhænd] *adv* con antelación.

befriend [bɪˈfrend] *vt* hacer amistad con.

beg [beg] *vi* mendigar. ◆ *vt:* **to ~ sb to do sthg** rogar a alguien que haga algo.

began [bɪˈgæn] *pt* → **begin**.

beggar ['begəʳ] *n* mendigo *m,* -ga *f.*

begin [bɪˈgɪn] (*pt* **began,** *pp* **begun**) *vt & vi* empezar, comenzar; **to**

~ **doing** OR **to do sthg** empezar a hacer algo; **to** ~ **by doing sthg** empezar haciendo algo; **to** ~ **with** (firstly) de entrada; (in restaurant) de primero.

beginner [bɪˈgɪnəʳ] n principiante mf.

beginning [bɪˈgɪnɪŋ] n comienzo m; **at the** ~ **of** a principios de.

begun [bɪˈgʌn] pp → **begin**.

behalf [bɪˈhɑːf] n: **on** ~ **of** en nombre de.

behave [bɪˈheɪv] vi comportarse; **to** ~ **(o.s.)** (be good) portarse bien.

behavior [bɪˈheɪvjəʳ] Am = **behaviour**.

behaviour [bɪˈheɪvjəʳ] n comportamiento m.

behind [bɪˈhaɪnd] adv detrás. ◆ n inf trasero m. ◆ prep (at the back of) detrás de; **to be** ~ **sb** (supporting) apoyar a alguien; **to be** ~ **(schedule)** ir retrasado; **to leave sthg** ~ dejarse algo (olvidado); **to stay** ~ quedarse.

beige [beɪʒ] adj beige (inv).

being [ˈbiːɪŋ] n ser m.

belated [bɪˈleɪtɪd] adj tardío(a).

belch [beltʃ] vi eructar.

Belgian [ˈbeldʒən] adj belga. ◆ n belga mf.

Belgian waffle n Am gofre m Esp, wafle m Amér.

Belgium [ˈbeldʒəm] n Bélgica.

belief [bɪˈliːf] n (faith) creencia f; (opinion) opinión f.

believe [bɪˈliːv] vt creer. ◆ vi: **to** ~ **in** creer en; **to** ~ **in doing sthg** ser partidario de x hacer algo.

believer [bɪˈliːvəʳ] n creyente mf.

bell [bel] n (of church) campana f; (of phone, door) timbre m.

bellboy [ˈbelbɔɪ] n botones m inv.

bellow [ˈbeləʊ] vi rugir.

bell pepper n Am pimiento m.

belly [ˈbelɪ] n inf barriga f.

belly button n inf ombligo m.

belong [bɪˈlɒŋ] vi (be in right place) ir; **to** ~ **to** (property) pertenecer a; (to club, party) ser miembro de.

belongings [bɪˈlɒŋɪŋz] npl pertenencias fpl; **personal** ~ efectos mpl personales.

below [bɪˈləʊ] prep por debajo de. ◆ adv (lower down) abajo; (in text) más abajo; **the flat** ~ el piso de abajo; ~ **zero** bajo cero; **children** ~ **the age of ten** niños menores de diez años.

belt [belt] n (for clothes) cinturón m; TECH correa f.

beltway [ˈbeltweɪ] n Am carretera f de circunvalación.

bench [bentʃ] n banco m.

bend [bend] (pt & pp **bent**) n curva f. ◆ vt doblar. ◆ vi torcerse. □ **bend down** vi agacharse. □ **bend over** vi inclinarse.

beneath [bɪˈniːθ] adv debajo. ◆ prep bajo.

beneficial [ˌbenɪˈfɪʃl] adj beneficioso(sa).

benefit [ˈbenɪfɪt] n (advantage) ventaja f; (money) subsidio m. ◆ vt beneficiar. ◆ vi: **to** ~ **(from)** beneficiarse (de); **for the** ~ **of** en atención a.

benign [bɪˈnaɪn] adj MED benigno (na).

bent [bent] pt & pp → **bend**.

bereaved [bɪˈriːvd] adj desconsolado(da).

beret [ˈbereɪ] n boina f.

Bermuda shorts [bəˈmjuːdə-] npl bermudas fpl.

berry [ˈberɪ] n baya f.

berserk [bəˈzɜːk] adj: **to go** ~ ponerse hecho(cha) una fiera.

berth [bɜːθ] n (for ship) amarradero m; (in ship, train) litera f.

beside [bɪ'saɪd] *prep* junto a; **it's ~ the point** no viene al caso.

besides [bɪ'saɪdz] *adv* además.
◆ *prep* además de.

best [best] *adj* & *adv* mejor. ◆ *n*: **the ~ el** mejor (la mejor); **a pint of ~** *(beer)* una pinta de "bitter" de máxima calidad; **I like it ~** me gusta más; **the ~ thing to do is ...** lo mejor es ...; **to make the ~ of it** apañárselas; **to do one's ~** hacer lo mejor que uno puede; **'~ before ...'** 'consumir preferentemente antes de ...'; **at ~** en el mejor de los casos; **all the ~!** *(in letter)* saludos.

best man *n* padrino *m* de boda.

BEST MAN

En los países anglosajones existe una costumbre consistente en que el padrino de boda entrega el anillo al novio y luego pronuncia un breve discurso durante el banquete nupcial, en el cual es habitual que se incluya algún chascarrillo o comentario jocoso acerca del novio.

best-seller [-'selə^r] *n (book)* éxito *m* editorial.

bet [bet] *(pt & pp* bet) *n* apuesta *f*.
◆ *vt (gamble)* apostar. ◆ *vi*: **to ~ (on)** apostar (por); **I ~ (that) you can't do it** a que no puedes hacerlo.

betray [bɪ'treɪ] *vt* traicionar.

better ['betə^r] *adj* & *adv* mejor; **you had ~ go** más vale que te vayas; **to get ~** mejorar.

betting ['betɪŋ] *n* apuestas *fpl*.

betting shop *n Br* casa *f* de apuestas.

between [bɪ'twiːn] *prep* entre.
◆ *adv (in time)* entremedias; **in ~** entre; *(in space)* en medio; *(in time)* en-

tremedias; **'closed ~ 1 and 2'** 'cerrado de 1 a 2'.

beverage ['bevərɪdʒ] *n fml* bebida *f*.

beware [bɪ'weə^r] *vi*: **to ~ of** tener cuidado con; **'~ of the dog'** 'cuidado con el perro'.

bewildered [bɪ'wɪldəd] *adj* desconcertado(da).

beyond [bɪ'jɒnd] *prep* más allá de.
◆ *adv* más allá; **to be ~ doubt** estar fuera de toda duda.

biased ['baɪəst] *adj* parcial.

bib [bɪb] *n (for baby)* babero *m*.

bible ['baɪbl] *n* biblia *f*; **the Bible** la Biblia.

biceps ['baɪseps] *n* bíceps *m inv.*

bicycle ['baɪsɪkl] *n* bicicleta *f*.

bicycle path *n* camino *m* para bicicletas.

bicycle pump *n* bomba *f* (de bicicleta).

bid [bɪd] *(pt & pp* bid) *n (at auction)* puja *f*; *(attempt)* intento *m*. ◆ *vt* pujar.
◆ *vi*: **to ~ (for)** pujar (por).

bidet ['biːdeɪ] *n* bidé *m*.

big [bɪg] *adj* grande; **a ~ problem** un gran problema; **my ~ brother** mi hermano mayor; **how ~ is it?** ¿cómo es de grande?.

bike [baɪk] *n inf (bicycle)* bici *f*; *(motorcycle)* moto *f*.

biking ['baɪkɪŋ] *n*: **to go ~** ir en bici.

bikini [bɪ'kiːnɪ] *n* biquini *m*.

bilingual [baɪ'lɪŋgwəl] *adj* bilingüe.

bill [bɪl] *n (for meal)* cuenta *f*; *(for electricity, hotel room)* factura *f*; *Am (bank note)* billete *m*; *(at cinema, theatre)* programa *m*; POL proyecto *m* de ley; **can I have the ~ please?** la cuenta, por favor.

billboard ['bɪlbɔːd] *n* cartelera *f*.

billfold ['bɪlfəʊld] *n Am* billetera *f*, cartera *f*.

billiards ['bɪljədz] n billar m.

billion ['bɪljən] n (thousand million) millar m de millones; Br (million million) billón m.

bin [bɪn] n (rubbish bin) cubo m de la basura; (wastepaper bin) papelera f; (for bread) panera f; (for flour) bote m; (on plane) maletero m superior.

bind [baɪnd] (pt & pp **bound**) vt atar.

binding ['baɪndɪŋ] n (of book) encuadernación f; (for ski) fijación f.

bingo ['bɪŋɡəʊ] n bingo m.

binoculars [bɪ'nɒkjʊləz] npl prismáticos mpl.

biodegradable [ˌbaɪəʊdɪ'greɪdəbl] adj biodegradable.

biography [baɪ'ɒɡrəfɪ] n biografía f.

biological [ˌbaɪə'lɒdʒɪkl] adj biológico(ca).

biology [baɪ'ɒlədʒɪ] n biología f.

birch [bɜːtʃ] n abedul m.

bird [bɜːd] n (smaller) pájaro m; (large) ave f; Br inf (woman) tía f Esp, chica f.

bird-watching [ˌwɒtʃɪŋ] n observación f de aves.

Biro® ['baɪrəʊ] n bolígrafo m.

birth [bɜːθ] n nacimiento m; **by ~** de nacimiento; **to give ~** to dar a luz.

birth certificate n partida f de nacimiento.

birth control n control m de natalidad.

birthday ['bɜːθdeɪ] n cumpleaños m inv; **happy ~!** ¡feliz cumpleaños!

birthday card n tarjeta f de cumpleaños.

birthday party n fiesta f de cumpleaños.

birthplace ['bɜːθpleɪs] n lugar m de nacimiento.

biscuit ['bɪskɪt] n Br galleta f; Am (scone) masa cocida al horno que se suele comer con salsa de carne.

bishop ['bɪʃəp] n RELIG obispo m; (in chess) alfil m.

bistro ['biːstrəʊ] n ≃ bar-restaurante m.

bit [bɪt] pt → **bite**. ◆ n (piece) trozo m; (of drill) broca f; (of bridle) bocado m, freno m; **a ~ of** un poco de; **a ~** un poco; **not a ~ interested** nada interesado; **~ by ~** poco a poco.

bitch [bɪtʃ] n (vulg: woman) bruja f; (dog) perra f.

bite [baɪt] (pt bit, pp bitten ['bɪtn]) n (when eating) mordisco m; (from insect, snake) picadura f. ◆ vt (subj: person, dog) morder; (subj: insect, snake) picar; **to have a ~ to eat** comer algo.

bitter ['bɪtər] adj (taste, food) amargo(ga); (lemon, grapefruit) agrio (agria); (cold, wind) penetrante; (person) resentido(da); (argument, conflict) encona(do)da). ◆ n Br (beer) tipo de cerveza amarga.

bitter lemon n bíter m de limón.

bizarre [bɪ'zɑːr] adj extravagante.

black [blæk] adj negro(gra); (coffee, tea) solo. ◆ n (colour) negro m; (person) negro m, -gra f. □ **black out** vi desmayarse.

black and white adj en blanco y negro.

blackberry ['blækbrɪ] n mora f.

blackbird ['blækbɜːd] n mirlo m.

blackboard ['blækbɔːd] n pizarra f, pizarrón m Amér.

blackcurrant [ˌblæk'kʌrənt] n grosella f negra.

black eye n ojo m morado.

Black Forest gâteau n pastel m (de chocolate) Selva Negra.

black ice n hielo transparente en el suelo.

blackmail ['blækmeɪl] n chantaje m. ◆ vt chantajear.

blackout ['blækaʊt] n (power cut) apagón m.

black pepper n pimienta f negra.

black pudding n Br ≃ morcilla f.

blacksmith ['blæksmɪθ] n herrero m.

bladder ['blædər] n vejiga f.

blade [bleɪd] n (of knife, saw) hoja f; (of propeller, oar) aleta f; (of grass) brizna f.

blame [bleɪm] n culpa f. ◆ vt echar la culpa a; **to ~ sb for sthg** culpar a alguien de algo; **to ~ sthg on sb** echar la culpa de algo a alguien.

bland [blænd] adj soso(sa).

blank [blæŋk] adj (space, page) en blanco; (cassette) virgen; (expression) vacío(a). ◆ n (empty space) espacio m en blanco.

blank cheque n cheque m en blanco.

blanket ['blæŋkɪt] n manta f.

blast [blɑːst] n (explosion) explosión f; (of air, wind) ráfaga f. ◆ excl inf ¡maldita sea!; **at full ~** a todo trapo.

blaze [bleɪz] n (fire) incendio m. ◆ vi (fire) arder; (sun, light) resplandecer.

blazer ['bleɪzər] n chaqueta f de sport generalmente con la insignia de un equipo, colegio, etc.

bleach [bliːtʃ] n lejía f, cloro m Amér. ◆ vt (hair) decolorar; (clothes) blanquear.

bleak [bliːk] adj (weather) desapacible; (day, city) sombrío(a).

bleed [bliːd] (pt & pp **bled**) vi sangrar.

blend [blend] n (of coffee, whisky) mezcla f. ◆ vt mezclar.

blender ['blendər] n licuadora f.

bless [bles] vt bendecir; **~ you!** ¡jesús!

blessing ['blesɪŋ] n bendición f.

blew [bluː] pt → **blow**.

blind [blaɪnd] adj ciego(ga). ◆ n (for window) persiana f. ◆ npl: **the ~** los ciegos.

blind corner n curva f sin visibilidad.

blindfold ['blaɪndfəʊld] n venda f (en los ojos). ◆ vt vendar los ojos a.

blind spot n AUT ángulo m muerto.

blink [blɪŋk] vi parpadear.

blinkers ['blɪŋkəz] npl Br anteojeras fpl.

bliss [blɪs] n gloria f.

blister ['blɪstər] n ampolla f.

blizzard ['blɪzəd] n ventisca f (de nieve).

bloated ['bləʊtɪd] adj (after eating) hinchado(da).

blob [blɒb] n gota f.

block [blɒk] n bloque m; Am (in town, city) manzana f. ◆ vt bloquear; **to have a ~ed (up) nose** tener la nariz bloqueada. □ **block up** vt sep obstruir.

blockage ['blɒkɪdʒ] n obstrucción f.

block capitals npl mayúsculas fpl.

block of flats n bloque m de pisos Esp, edificio m de departamentos Amér.

bloke [bləʊk] n Br inf tipo m.

blond [blɒnd] adj rubio. ◆ n rubio m.

blonde [blɒnd] adj rubia. ◆ n rubia f.

blood [blʌd] n sangre f.

blood donor n donante mf de sangre.

blood group n grupo m sanguíneo.

blood poisoning n septicemia f.

blood pressure n tensión f; **to have high ~** tener la tensión alta; **to have low ~** tener la tensión baja.

bloodshot ['blʌdʃɒt] adj (eye) rojo; inyectado(da) de sangre.

blood test n análisis m inv de sangre.

blood transfusion n transfusión f de sangre.

bloody ['blʌdɪ] adj (hands, handkerchief) ensangrentado(da); Br vulg (damn) maldito(ta). ◆ adv Br vulg acojonantemente.

Bloody Mary [-'meərɪ] n (drink) Bloody Mary m, vodka con zumo de tomate.

bloom [blu:m] n flor f. ◆ vi florecer; **in ~** en flor.

blossom ['blɒsəm] n flor f.

blot [blɒt] n borrón m.

blotch [blɒtʃ] n mancha f.

blotting paper ['blɒtɪŋ-] n papel m secante.

blouse [blaʊz] n blusa f.

blow [bləʊ] (pt **blew**, pp **blown**) vt (subj: wind) hacer volar; (whistle, trumpet) tocar; (bubbles) hacer. ◆ vi (wind, person) soplar; (fuse) fundirse. ◆ n (hit) golpe m; **to ~ one's nose** sonarse la nariz. □ **blow up** ◆ vt sep (cause to explode) volar; (inflate) inflar. ◆ vi estallar.

blow-dry n secado m (con secador). ◆ vt secar (con secador).

blown [bləʊn] pp → **blow**.

BLT n (sandwich) sándwich de bacon, lechuga y tomate.

blue [blu:] adj (colour) azul; (film) porno. ◆ n azul m. □ **blues** n MUS blues m inv.

bluebell ['blu:bel] n campanilla f.

blueberry ['blu:bərɪ] n arándano m.

bluebottle ['blu:ˌbɒtl] n moscardón m.

blue cheese n queso m azul.

bluff [blʌf] n (cliff) peñasco m. ◆ vi farolear.

blunder ['blʌndəʳ] n metedura f de pata.

blunt [blʌnt] adj (knife, pencil) desafilado(da); fig (person) franco(ca).

blurred [blɜːd] adj borroso(sa).

blush [blʌʃ] vi ruborizarse.

blusher ['blʌʃəʳ] n colorete m.

blustery ['blʌstərɪ] adj borrascoso(sa).

board [bɔːd] n (plank) tabla f; (notice board) tablón m; (for games) tablero m; (blackboard) pizarra f, pizarrón m Amér; (of company) junta f directiva; (hardboard) conglomerado m. ◆ vt (plane, ship) embarcar en; (bus) subir a; **~ and lodging** comida y habitación; **full ~** pensión completa; **half ~** media pensión; **on ~** ◆ a bordo; (plane, ship) a bordo de; (bus) dentro de.

board game n juego m de tablero.

boarding ['bɔːdɪŋ] n embarque m.

boarding card n tarjeta f de embarque.

boarding house n casa f de huéspedes.

boarding school n internado m.

board of directors n junta f directiva.

boast [bəʊst] vi: **to ~ (about sthg)** alardear (de algo).

boat [bəʊt] n (large) barco m; (small) barca f; **by ~** en barco.

bob [bɒb] n (hairstyle) media melena *f* (en una capa).

bobby pin ['bɒbɪ-] *n Am* horquilla f.

bodice ['bɒdɪs] *n* cuerpo *m*.

body ['bɒdɪ] *n (of person, wine)* cuerpo *m; (corpse)* cadáver *m; (of car)* carrocería *f; (organization)* organismo *m*.

bodyguard ['bɒdɪgɑːd] *n* guardaespaldas *m inv*.

body piercing [-'pɪrsɪŋ] *n* piercing *m*.

bodywork ['bɒdɪwɜːk] *n* carrocería *f*.

bog [bɒg] *n* cenagal *m*.

bogus ['bəʊgəs] *adj* falso(sa).

boil [bɔɪl] *vt (water)* hervir; *(kettle)* poner a hervir; *(food)* cocer. ◆ *vi* hervir. ◆ *n* pústula *f*.

boiled egg [bɔɪld-] *n* huevo *m* pasado por agua.

boiled potatoes [bɔɪld-] *npl* patatas *fpl Esp* OR papas *fpl Amér* cocidas.

boiler ['bɔɪlə'] *n* caldera *f*.

boiling (hot) ['bɔɪlɪŋ-] *adj inf (person)* asado(da) de calor; *(weather)* abrasador(ra); *(water)* ardiendo.

bold [bəʊld] *adj (brave)* audaz.

Bolivia [bə'lɪvɪə] *n* Bolivia.

Bolivian [bə'lɪvɪən] *adj* boliviano (na). ◆ *n* boliviano *m*, -na *f*.

bollard ['bɒlɑːd] *n Br (on road)* poste *m*.

bolt [bəʊlt] *n (on door, window)* cerrojo *m; (screw)* tornillo *m*. ◆ *vt (door, window)* echar el cerrojo a.

bomb [bɒm] *n* bomba *f*. ◆ *vt* bombardear.

bombard [bɒm'bɑːd] *vt* bombardear.

bomb scare *n* amenaza *f* de bomba.

bond [bɒnd] *n (tie, connection)* lazo *m*, vínculo *m*.

bone [bəʊn] *n (of person, animal)* hueso *m; (of fish)* espina *f*.

boned [bəʊnd] *adj (chicken)* deshuesado(da); *(fish)* limpio(pia).

boneless ['bəʊnləs] *adj (chicken, pork)* deshuesado(da).

bonfire ['bɒn,faɪə'] *n* hoguera *f*.

bonnet ['bɒnɪt] *n Br (of car)* capó *m*, cofre *m Méx*.

bonus ['bəʊnəs] *(pl* -es*)* *n (extra money)* paga *f* extra; *(additional advantage)* beneficio *m* adicional.

bony ['bəʊnɪ] *adj (fish)* lleno(na) de espinas; *(chicken)* lleno de huesos.

boo [buː] *vi* abuchear.

book [bʊk] *n (for reading)* libro *m; (for writing in)* libreta *f*, cuaderno *m; (of stamps)* librillo *m; (of matches)* cajetilla *f; (of tickets)* talonario *m*. ◆ *vt (reserve)* reservar. ❑ **book in** *vi* registrarse.

bookable ['bʊkəbl] *adj (seats, flight)* reservable.

bookcase ['bʊkkeɪs] *n* estantería *f*.

booking ['bʊkɪŋ] *n (reservation)* reserva *f*, reservación *f Amér*.

booking office *n* taquilla *f*.

bookkeeping ['bʊk,kiːpɪŋ] *n* contabilidad *f*.

booklet ['bʊklɪt] *n* folleto *m*.

bookmaker's ['bʊk,meɪkəz] *n* casa *f* de apuestas.

bookmark ['bʊkmɑːk] *n* separador *m*.

bookshelf ['bʊkʃelf] *(pl* -shelves [-ʃelvz]*)* *n (shelf)* estante *m; (bookcase)* estantería *f*.

bookshop ['bʊkʃɒp] *n* librería *f*.

bookstall ['bʊkstɔːl] *n* puesto *m* de libros.

bookstore ['bʊkstɔː'] = bookshop.

book token *n* vale *m* para comprar libros.

boom [buːm] *n (sudden growth)* auge *m.* ◆ *vi (voice, guns)* retumbar.

boost [buːst] *vt (profits, production)* incrementar; *(confidence, spirits)* estimular.

booster ['buːstəʳ] *n (injection)* inyección *f* de revacunación.

boot [buːt] *n (shoe)* bota *f; Br (of car)* maletero *m.*

booth [buːð] *n (for telephone)* cabina *f; (at fairground)* puesto *m.*

booze [buːz] *n inf* bebida *f,* alcohol *m.* ◆ *vi inf* empinar el codo.

bop [bɒp] *n inf (dance):* **to have a ~** mover el esqueleto.

border ['bɔːdəʳ] *n (of country)* frontera *f; (edge)* borde *m.*

bore [bɔːʳ] *pt* → **bear.** ◆ *n (person)* pelmazo *m,* -za *f; (thing)* rollo *m.* ◆ *vt (person)* aburrir.

bored [bɔːd] *adj* aburrido(da).

boredom ['bɔːdəm] *n* aburrimiento *m.*

boring ['bɔːrɪŋ] *adj* aburrido(da).

born [bɔːn] *adj:* **to be ~** nacer.

borne [bɔːn] *pp* → **bear.**

borough ['bʌrə] *n* municipio *m.*

borrow ['bɒrəʊ] *vt:* **to ~ sthg (from sb)** tomar algo prestado (de alguien).

bosom ['bʊzəm] *n* pecho *m.*

boss [bɒs] *n* jefe *m,* -fa *f.* ◻ **boss around** *vt sep* mangonear.

bossy ['bɒsɪ] *adj* mandón(ona).

botanical garden [bə'tænɪkl-] *n* jardín *m* botánico.

both [bəʊθ] *adj* ambos(bas). ◆ *pron* los dos *mpl,* las dos *fpl.* ◆ *adv:* **she speaks ~ French and German** habla francés y alemán; **~ of them/us** los dos (las dos).

bother ['bɒðəʳ] *vt (worry)* preocupar; *(annoy, pester)* molestar. ◆ *vi* molestarse. ◆ *n* molestia *f;* **I can't be ~ed** no tengo ganas.

bottle ['bɒtl] *n (container, contents)* botella *f; (of shampoo)* bote *m; (of medicine)* frasco *m; (for baby)* biberón *m.*

bottle bank *n* contenedor *m* de vidrio *(para reciclaje).*

bottled ['bɒtld] *adj* embotellado (da); **~ beer** cerveza *f* de botella; **~ water** agua *f* mineral (embotellada).

bottle opener [-ˌəʊpnəʳ] *n* abrebotellas *m inv.*

bottom ['bɒtəm] *adj (shelf, line, object in pile)* inferior; *(floor)* bajo(ja); *(last, worst)* peor. ◆ *n (of sea, bag)* fondo *m; (of hill, stairs, ladder)* pie *m; (of page)* final *m; (of glass, bin)* culo *m; (farthest part)* final *m,* fondo *m; (buttocks)* trasero *m.*

bought [bɔːt] *pt & pp* → **buy.**

boulder ['bəʊldəʳ] *n* canto *m* rodado.

bounce [baʊns] *vi (rebound)* rebotar; *(jump)* saltar; *(cheque)* ser rechazado por el banco.

bouncer ['baʊnsəʳ] *n inf* matón *m (en discoteca, bar, etc).*

bouncy ['baʊnsɪ] *adj (person)* dinámico(ca).

bound [baʊnd] *pt & pp* → **bind.** ◆ *vi* ir dando saltos. ◆ *adj:* **it's ~ to rain** seguro que llueve; **to be ~ for** ir rumbo a; **to be out of ~s** estar en zona prohibida.

boundary ['baʊndrɪ] *n* frontera *f.*

bouquet [bʊ'keɪ] *n (of flowers)* ramo *m.*

bout [baʊt] *n (of illness)* ataque *m; (of activity)* racha *f.*

boutique [buː'tiːk] *n* boutique *f.*

bow¹ [baʊ] n (of head) reverencia f; (of ship) proa f. ◆ vi inclinarse.

bow² [baʊ] n (knot) lazo m; (weapon, MUS) arco m.

bowels ['baʊəlz] npl intestinos mpl.

bowl [baʊl] n (for salad, fruit, sugar) bol m, cuenco m; (for soup, of soup) tazón m; (for washing-up) barreño m; (of toilet) taza f. ◻ **bowls** npl bochas fpl.

bowling alley ['baʊlɪŋ-] n bolera f.

bow tie [baʊ-] n pajarita f Esp, corbata f de mono Amér.

box [bɒks] n (container, contents) caja f; (of jewels) estuche m; (on form) casilla f; (in theatre) palco m. ◆ vi boxear; **a ~ of chocolates** una caja de bombones.

boxer ['bɒksə'] n boxeador m.

boxer shorts npl calzoncillos mpl boxer.

boxing ['bɒksɪŋ] n boxeo m.

Boxing Day n el 26 de diciembre, fiesta nacional en Gran Bretaña.

ⓘ BOXING DAY

El 26 de diciembre, "Boxing Day", es fiesta en Gran Bretaña. Tradicionalmente era el día en el que los comerciantes y criados recibían un dinero extra llamado "Christmas box". Aún hoy, los repartidores de leche, los basureros y los niños que reparten periódicos suelen recibir este aguinaldo.

boxing gloves npl guantes mpl de boxeo.

boxing ring n cuadrilátero m.

box office n taquilla f, boletería f Amér.

boy [bɔɪ] n (male) chico m, niño m;

(son) hijo m. ◆ excl Am inf: **(oh) ~!** ¡jolín!

boycott ['bɔɪkɒt] vt boicotear.

boyfriend ['bɔɪfrend] n novio m.

boy scout n (boy) scout m.

bra [brɑː] n sujetador m Esp, sostén m.

brace [breɪs] n (for teeth) aparato m corrector. ◻ **braces** npl Br tirantes mpl.

bracelet ['breɪslɪt] n pulsera f.

bracken ['brækn] n helecho m.

bracket ['brækɪt] n (written symbol) paréntesis m inv; (support) soporte m.

brag [bræg] vi fanfarronear.

brain [breɪn] n cerebro m.

brainy ['breɪnɪ] adj inf listo(ta).

braised [breɪzd] adj cocido(da) a fuego lento.

brake [breɪk] n freno m. ◆ vi frenar.

brake light n luz f de freno.

brake pad n pastilla f de freno.

brake pedal n pedal m de freno.

bran [bræn] n salvado m.

branch [brɑːntʃ] n (of tree, subject) rama f; (of bank, company) sucursal f. ◻ **branch off** vi desviarse.

branch line n ramal m.

brand [brænd] n marca f. ◆ vt: **to ~ sb (as)** tildar a alguien (de).

brand-new adj completamente nuevo(va).

brandy ['brændɪ] n coñac m.

brash [bræʃ] adj pej insolente.

brass [brɑːs] n latón m.

brass band n banda f de metal.

brasserie ['bræsərɪ] n restaurante m.

brassiere [Br 'bræsɪə', Am brə'zɪr] n sujetador m Esp, sostén m.

brat [bræt] n inf mocoso m, -sa f.

brave [breɪv] adj valiente.

bravery ['breɪvərɪ] n valentía f.

brew

bravo [ˌbrɑːˈvəʊ] *excl* ¡bravo!.

brawl [brɔːl] *n* gresca f.

brazil nut *n* nuez f de Pará.

breach [briːtʃ] *vt (contract)* incumplir; *(confidence)* abusar de.

bread [bred] *n* pan *m*; ~ **and butter** pan con mantequilla.

bread bin *n* Br panera f.

breadboard ['bredbɔːd] *n* tabla f *(de cortar pan)*.

bread box Am = bread bin.

breadcrumbs ['bredkrʌmz] *npl* pan *m* rallado.

breaded ['bredɪd] *adj* empanado (da).

bread knife *n* cuchillo *m* de pan.

bread roll *n* panecillo *m*.

breadth [bretθ] *n* anchura f.

break [breɪk] *(pt* broke, *pp* broken) *n (interruption)* interrupción f; *(in transmission)* corte *m*; *(in line)* espacio *m*; *(rest, pause)* descanso *m*; *SCH (playtime)* recreo *m*. ◆ *vt (cup, window, record)* romper; *(machine)* estropear; *(disobey)* violar, infringir; *(fail to fulfil)* incumplir; *(journey)* interrumpir; *(news)* dar. ◆ *vi (cup, window, chair)* romperse; *(machine)* estropearse; *(dawn)* romper; *(voice)* cambiar; **without a ~** sin parar; **a lucky ~** un golpe de suerte; **to ~ one's leg** romperse la pierna. ❑ **break down** ◆ *vi (car, machine)* estropearse. ◆ *vt sep (door, barrier)* derribar. ❑ **break in** *vi* entrar a la fuerza. ❑ **break off** ◆ *vt (detach)* partir; *(holiday)* interrumpir. ◆ *vi (stop suddenly)* pararse, detenerse. ❑ **break out** *vi (fire, war)* desencadenarse; *(panic)* cundir; **he broke out in a rash** le salió un sarpullido. ❑ **break up** *vi (with spouse, partner)* romper; *(meeting)* disolverse; *(marriage)* deshacerse;

(school, pupils) terminar el curso.

breakage ['breɪkɪdʒ] *n* rotura f.

breakdown ['breɪkdaʊn] *n (of car)* avería f; *(in communications, negotiations)* ruptura f; *(acute depression)* crisis f nerviosa.

breakdown truck *n* camión *m* grúa.

breakfast ['brekfəst] *n* desayuno *m*; **to have ~** desayunar; **to have sthg for ~** desayunar algo.

breakfast cereal *n* cereales *mpl* (para desayuno).

break-in *n* robo *m* (con allanamiento de morada).

breakwater ['breɪkˌwɔːtə^r] *n* rompeolas *m inv*.

breast [brest] *n (of woman)* pecho *m*, seno *m*; *(of chicken, duck)* pechuga f.

breastbone ['brestbəʊn] *n* esternón *m*.

breast-feed *vt* dar el pecho a.

breaststroke ['breststrəʊk] *n* braza f.

breath [breθ] *n* aliento *m*; **out of ~** sin aliento; **to go for a ~ of fresh air** salir a tomar un poco de aire; **to take a deep ~** respirar hondo.

Breathalyser® ['breθəlaɪzə^r] *n* Br alcoholímetro *m*.

Breathalyzer® ['breθəlaɪzər] Am = Breathalyser.

breathe [briːð] *vi* respirar. ❑ **breathe in** *vi* aspirar. ❑ **breathe out** *vi* espirar.

breathtaking ['breθˌteɪkɪŋ] *adj* sobrecogedor(ra).

breed [briːd] *(pt* & *pp* bred [bred]) *n (of animal)* raza f; *(of plant)* especie f. ◆ *vt* criar. ◆ *vi* reproducirse.

breeze [briːz] *n* brisa f.

breezy ['briːzɪ] *adj*: **it's ~** hace aire.

brew [bruː] *vt (beer)* elaborar; *(tea,*

coffee) preparar. ◆ *vi (tea, coffee)* reposar.

brewery ['brʊərɪ] *n* fábrica *f* de cerveza.

bribe [braɪb] *n* soborno *m.* ◆ *vt* sobornar.

bric-a-brac ['brɪkəbræk] *n* baratijas *fpl.*

brick [brɪk] *n* ladrillo *m.*

bricklayer ['brɪkˌleɪə*r*] *n* albañil *m.*

brickwork ['brɪkwɜːk] *n* enladrillado *m.*

bride [braɪd] *n* novia *f.*

bridegroom ['braɪdgrʊm] *n* novio *m.*

bridesmaid ['braɪdzmeɪd] *n* dama *f* de honor.

bridge [brɪdʒ] *n (across road, river)* puente *m; (of ship)* puente *m* de mando ; *(card game)* bridge *m.*

brief [briːf] *adj* breve. ◆ *vt* informar; **in ~** en resumen. ❑ **briefs** *npl (underpants)* calzoncillos *mpl; (knickers)* bragas *fpl Esp,* calzones *mpl Amér.*

briefcase ['briːfkeɪs] *n* cartera *f.*

briefly ['briːflɪ] *adv (for a short time)* brevemente; *(in few words)* en pocas palabras.

brigade [brɪ'geɪd] *n* brigada *f.*

bright [braɪt] *adj (light)* brillante; *(sun, smile)* radiante; *(weather)* despejado(da); *(room)* luminoso(sa); *(colour)* vivo(va); *(clever)* listo(ta), inteligente; *(idea)* genial.

brilliant ['brɪljənt] *adj (colour)* vivo(va); *(light, sunshine)* resplandeciente; *(idea, person)* genial; *inf (wonderful)* fenomenal.

brim [brɪm] *n (of hat)* ala *f;* **it's full to the ~** está lleno hasta el borde.

brine [braɪn] *n* salmuera *f.*

bring [brɪŋ] *n (of hat)* (*pt & pp* **brought**) *vt* traer; *(cause)* producir. ❑ **bring along** *vt sep* traer. ❑ **bring back** *vt*

sep devolver. ❑ **bring in** *vt sep (introduce)* introducir; *(earn)* ganar. ❑ **bring out** *vt sep (new product)* sacar. ❑ **bring up** *vt sep (child)* criar; *(subject)* sacar a relucir; *(food)* devolver.

brink [brɪŋk] *n:* **on the ~ of** al borde de.

brisk [brɪsk] *adj (quick)* rápido(da); *(efficient)* enérgico(ca).

bristle ['brɪsl] *n (of brush)* cerda *f; (on chin)* pelillo *m.*

Britain ['brɪtn] *n* Gran Bretaña.

British ['brɪtɪʃ] *adj* británico(ca). ◆ *npl:* **the ~** los británicos.

British Rail *n* compañía ferroviaria británica.

British Telecom [-'telɪkɒm] *n* principal empresa británica de telecomunicaciones.

Briton ['brɪtn] *n* británico *m,* -ca *f.*

brittle ['brɪtl] *adj* quebradizo(za).

broad [brɔːd] *adj (wide)* ancho(cha); *(wide-ranging)* amplio(plia); *(description, outline)* general ; *(accent)* cerrado(da).

B road *n Br* ≃ carretera *f* comarcal.

broad bean *n* haba *f* de mayo.

broadcast ['brɔːdkɑːst] *(pt & pp* **broadcast**) *n* emisión *f.* ◆ *vt* emitir.

broadly ['brɔːdlɪ] *adv* en general; **~ speaking** en líneas generales.

broadsheet ['brɔːdʃiːt] *n Br* periódico serio en formato grande.

BROADSHEET/ BROADSIDE

El término "broadsheet" en Gran Bretaña, o "broadside" en los Estados Unidos, se utiliza para referirse a los periódicos más formales y respetados, los cuales se imprimen en formato grande, presentan las noticias con seriedad y ofrecen secciones importantes sobre cultura, deporte y finanzas. Por lo general, se consideran más respetables que los llamados "tabloids", que se inclinan por un estilo más sencillo y se publican en un formato más pequeño.

broccoli ['brɒkəlɪ] n brócoli m, brécol m.

brochure ['brəʊʃəˈ] n folleto m.

broiled [brɔɪld] adj Am a la parrilla.

broke [brəʊk] pt → **break**. ◆ adj inf sin blanca Esp, sin dinero.

broken ['brəʊkən] pp → **break**. ◆ adj (window, glass, leg) roto(ta); (machine) estropeado(da); (English, Spanish) macarrónico(ca).

bronchitis [brɒŋ'kaɪtɪs] n bronquitis f inv.

bronze [brɒnz] n bronce m.

brooch [brəʊtʃ] n broche m.

brook [brʊk] n arroyo m.

broom [bruːm] n escoba f.

broomstick ['bruːmstɪk] n palo m de escoba.

broth [brɒθ] n caldo m.

brother ['brʌðəˈ] n hermano m.

brother-in-law n cuñado m.

brought [brɔːt] pt & pp → **bring**.

brow [braʊ] n (forehead) frente f; (eyebrow) ceja f.

brown [braʊn] adj (earth, paint, wood) marrón, café Amér; (hair, eyes) castaño(ña); (skin) moreno(na); (tanned) bronceado(da). ◆ n marrón m, café m Amér.

brown bread n pan m moreno.

brownie ['braʊnɪ] n CULIN pequeño bizcocho de chocolate y nueces de forma cuadrada.

Brownie ['braʊnɪ] n guía f (de 7-10 años).

brown rice n arroz m integral.

brown sauce n Br salsa f inglesa.

brown sugar n azúcar m moreno.

browse [braʊz] vi (in shop) mirar, curiosear; **to ~ through** sthg hojear algo.

browser ['braʊzəˈ] n COMPUT navegador m; **'~s welcome'** 'le invitamos a curiosear'.

bruise [bruːz] n cardenal m.

brunch [brʌntʃ] n desayuno-almuerzo que se toma por la mañana tarde.

brunette [bruː'net] n morena f.

brush [brʌʃ] n (for hair, teeth) cepillo m; (of artist) pincel m; (for decorating) brocha f. ◆ vt (floor) barrer; (clothes) cepillar; (move with hand) quitar; **to ~ one's hair** cepillarse el pelo; **to ~ one's teeth** cepillarse los dientes.

Brussels sprouts ['brʌslz-] npl coles fpl de Bruselas.

brutal ['bruːtl] adj brutal.

BSc n (abbr of Bachelor of Science) (titular de una) licenciatura de ciencias.

BT abbr = British Telecom.

bubble ['bʌbl] n burbuja f.

bubble bath n espuma f de baño.

bubble gum n chicle m (para hacer globos).

bubbly ['bʌblɪ] n inf champán m.

buck [bʌk] n Am inf (dollar) dólar m; (male animal) macho m.

bucket ['bʌkɪt] n cubo m.

Buckingham Palace ['bʌkɪŋəm-] n el palacio de Buckingham.

BUCKINGHAM PALACE

El palacio de Buckingham, construido en 1703 por el duque de Buckingham, es la residencia oficial del monarca británico en Londres. La ceremonia del cambio de guardia tiene lugar a diario frente al palacio.

buckle ['bʌkl] n hebilla f. ◆ vt (fasten) abrochar (con hebilla). ◆ vi (warp) combarse.

bud [bʌd] n (shoot) brote m; (flower) capullo m. ◆ vi brotar.

Buddhist ['budɪst] n budista mf.

buddy ['bʌdɪ] n inf amiguete m, -ta f.

budge [bʌdʒ] vi moverse.

budgerigar ['bʌdʒərigaː'] n periquito m.

budget ['bʌdʒɪt] adj (holiday, travel) económico(ca). ◆ n presupuesto m; **the Budget** Br los presupuestos del Estado. ❑ budget for vt fus contar con.

budgie ['bʌdʒɪ] n inf periquito m.

buff [bʌf] n inf aficionado m, -da f.

buffalo ['bʌfələu] n búfalo m.

buffer ['bʌfə'] n (on train) tope m.

buffet (n Br 'bufeɪ, Am bə'feɪ) n (meal) bufé m; (cafetería) cafetería f.

buffet car ['bufeɪ-] n coche m restaurante (sólo mostrador).

bug [bʌg] n (insect) bicho m; inf (mild illness) virus m inv. ◆ vt inf (annoy) fastidiar.

buggy ['bʌgɪ] n (pushchair) silla f de niño; Am (pram) cochecito m de niño.

build [bɪld] (pt & pp **built**) n complexión f. ◆ vt construir. ❑ build up

◆ vt sep (strength, speed) ir aumentando. ◆ vi acumularse.

builder ['bɪldə'] n constructor m, -ra f.

building ['bɪldɪŋ] n edificio m.

building site n solar m.

building society n Br ≃ caja f de ahorros.

built [bɪlt] pt & pp → build.

built-in adj empotrado(da).

built-up area n zona f urbanizada.

bulb [bʌlb] n (for lamp) bombilla f; (of plant) bulbo m.

bulge [bʌldʒ] vi hacer bulto.

bulk [bʌlk] n: **the ~ of** la mayor parte de; **in ~** a granel.

bulky ['bʌlkɪ] adj voluminoso(sa).

bull [bul] n toro m.

bulldog ['buldog] n buldog m.

bulldozer ['buldəuzə'] n bulldozer m.

bullet ['bulɪt] n bala f.

bulletin ['bulətɪn] n boletín m.

bullfight ['bulfaɪt] n corrida f (de toros).

bull's-eye n diana f.

bully ['bulɪ] n abusón m, -ona f. ◆ vt intimidar.

bum [bʌm] n inf (bottom) culo m; Am inf (tramp) vagabundo m, -da f.

bum bag n Br riñonera f.

bumblebee ['bʌmblbiː] n abejorro m.

bump [bʌmp] n (on surface) bulto m; (on road) bache m; (on head, leg) chichón m; (sound, minor accident) golpe m. ◆ vt: **to ~ one's head** golpearse la cabeza. ❑ bump into vt fus (hit) darse con; (meet) toparse con.

bumper ['bʌmpə'] n (on car) parachoques m inv; Am (on train) tope m.

bumpy ['bʌmpɪ] adj (road) lleno

(na) de baches; *(flight, journey)* con muchas sacudidas.

bun [bʌn] *n (cake)* bollo *m; (bread roll)* panecillo *m; (hairstyle)* moño *m*.

bunch [bʌntʃ] *n (of people)* grupo *m; (of flowers)* ramo *m; (of grapes, bananas)* racimo *m; (of keys)* manojo *m*.

bundle ['bʌndl] *n (of clothes)* bulto *m; (of notes, papers)* fajo *m*.

bung [bʌŋ] *n* tapón *m*.

bungalow ['bʌŋgələʊ] *n* bungalow *m*.

bunion ['bʌnjən] *n* juanete *m*.

bunk [bʌŋk] *n* litera *f*.

bunk bed *n* litera *f*.

bunker ['bʌŋkəʳ] *n (shelter)* búnquer *m; (for coal)* carbonera *f; (in golf)* búnker *m*.

bunny ['bʌnɪ] *n* conejito *m*.

buoy [Br bɔɪ, Am 'buːɪ] *n* boya *f*.

buoyant ['bɔɪənt] *adj (that floats)* boyante.

burden ['bɜːdn] *n* carga *f*.

bureaucracy [bjʊə'rɒkrəsɪ] *n* burocracia *f*.

bureau de change [ˌbjʊərəʊdə'ʃɒndʒ] *n* casa *f* de cambio.

burger ['bɜːgəʳ] *n (hamburger)* hamburguesa *f*.

burglar ['bɜːgləʳ] *n* ladrón *m*, -ona *f*.

burglar alarm *n* alarma *f* antirrobo.

burglarize ['bɜːgləraɪz]   *Am* = burgle.

burglary ['bɜːglərɪ] *n* robo *m (de una casa)*.

burgle ['bɜːgl] *vt* robar *(una casa)*.

burial ['berɪəl] *n* entierro *m*.

burn [bɜːn] *(pt & pp* **burnt** *o* **burned)** *n* quemadura *f*. ◆ *vt* quemar. ◆ *vi (be on fire)* arder; **to ~ one's hand** quemarse la mano. ▫ **burn**

down ◆ *vt sep* incendiar. ◆ *vi* incendiarse.

burning (hot) ['bɜːnɪŋ-] *adj* muy caliente.

Burns' Night ['bɜːnz-] *n* fiesta escocesa del 25 de enero.

burnt [bɜːnt] *pt & pp →* **burn**.

burp [bɜːp] *vi* infeructar.

burrow ['bʌrəʊ] *n* madriguera *f*.

burst [bɜːst] *(pt & pp* **burst**) *n (of gunfire, applause)* estallido *m*. ◆ *vt & vi* reventar; **he ~ into the room** irrumpió en la habitación; **to ~ into tears** romper a llorar; **to ~ open** *(door)* abrirse de golpe.

bury ['berɪ] *vt* enterrar.

bus [bʌs] *n* autobús *m*, bús *m Amér; (in city)* autobús *m*, bús *m Amér; by ~* en autobús.

busboy ['bʌsbɔɪ] *n Am* ayudante *m (de camarero)*.

bus conductor [-ˌkən'dʌktəʳ] *n* cobrador *m*, -ra *f* de autobús.

bus driver *n* conductor *m*, -ra *f* de autobús.

bush [bʊʃ] *n* arbusto *m*.

business ['bɪznɪs] *n (commerce)* negocios *mpl; (shop, firm, trade)* negocio *m; (things to do)* asuntos *mpl*, tareas *fpl; (affair)* asunto *m*; **mind your own ~!** ¡no te metas donde no te llaman!; **'~ as usual'** 'abierto como de costumbre'.

business card *n* tarjeta *f* de visita.

business class *n* clase *f* preferente.

business hours *npl* horario *m* de apertura.

businessman ['bɪznɪsmæn] *(pl* **-men** [-mən]) *n* hombre *m* de negocios.

business studies *npl* empresariales *fpl*.

businesswoman ['bɪznɪs-

‚wʊmən] (*pl* **-women** [-‚wɪmɪn]) *n* mujer *f* de negocios.

busker [ˈbʌskəʳ] *n Br* músico *m* callejero, música callejera *f*.

bus lane *n* carril *m* de autobús.

bus pass *n* abono *m* (de autobús).

bus shelter *n* marquesina *f* (de parada de autobús).

bus station *n* estación *f* de autobuses.

bus stop *n* parada *f* de autobús.

bust [bʌst] *n* (*of woman*) busto *m*. ◆ *adj*: **to go ~** *inf* quebrar.

bustle [ˈbʌsl] *n* bullicio *m*.

bus tour *n* excursión *f* (en autobús).

busy [ˈbɪzɪ] *adj* (*person, telephone, line*) ocupado(da); (*day*) ajetreado(da); (*schedule*) lleno(na); (*street, office*) concurrido(da); **to be ~ doing sthg** estar ocupado haciendo algo.

busy signal *n Am* señal *f* de comunicando *Esp* OR ocupado *Amér.*

but [bʌt] *conj* pero. ◆ *prep* menos; **not just one ~ two** no uno sino dos; **you've done nothing ~ moan** no has hecho más que quejarte; **the last ~ one** el penúltimo; **~ for** de no ser por.

butcher [ˈbʊtʃəʳ] *n* carnicero *m*, -ra *f*; **~'s** (*shop*) carnicería *f*.

butt [bʌt] *n* (*of rifle*) culata *f*; (*of cigarette, cigar*) colilla *f*.

butter [ˈbʌtəʳ] *n* mantequilla *f*. ◆ *vt* untar con mantequilla.

butter bean *n* judía *f* blanca *Esp*, frijol *m* blanco *Amér.*

buttercup [ˈbʌtəkʌp] *n* ranúnculo *m*.

butterfly [ˈbʌtəflaɪ] *n* mariposa *f*.

butterscotch [ˈbʌtəskɒtʃ] *n* dulce hecho hirviendo azúcar y mantequilla.

buttocks [ˈbʌtəks] *npl* nalgas *fpl.*

button [ˈbʌtn] *n* (*on clothing, machine*) botón *m*; *Am* (*badge*) chapa *f*, botón *m Amér.*

buttonhole [ˈbʌtnhəʊl] *n* (*hole*) ojal *m*.

button mushroom *n* champiñón *m* pequeño.

buy [baɪ] (*pt* & *pp* **bought**) *vt* comprar. ◆ *n*: **a good ~** una buena compra; **to ~ sthg for sb, to ~ sb sthg** comprar algo a alguien; **to ~ sthg from sb** comprar algo a alguien.

buzz [bʌz] *vi* zumbar.

buzzer [ˈbʌzəʳ] *n* timbre *m*.

by [baɪ] *prep* **- 1.** (*expressing cause, agent*) por; **funded ~ the government** subvencionado *m* por el gobierno; **a book ~ Joyce** un libro de Joyce.

- 2. (*expressing method, means*): **~ car/train/plane** en coche/tren/avión; **~ post/phone** por correo/teléfono; **to pay ~ credit card** pagar con tarjeta de crédito; **to win ~ cheating** ganar haciendo trampa.

- 3. (*near to, beside*) junto a; **~ the sea** junto al mar.

- 4. (*past*) por delante de; **a car went ~ the house** pasó un coche por delante de la casa.

- 5. (*via*) por; **exit ~ the door on the left** salgan por la puerta a la izquierda.

- 6. (*with time*) para; **be there ~ nine** estate allí para las nueve; **~ day/night** de día/noche; **~ now** ya.

- 7. (*expressing quantity*) por; **prices fell ~ 20%** los precios bajaron en un 20%; **we charge ~ the hour** cobramos por horas.

- 8. (*expressing meaning*) por; **what do you mean ~ that?** ¿qué quieres decir con eso?

- 9. *(in division, multiplication)* por; **two metres ~ five** dos metros por cinco.

- 10. *(according to)* según; **~ law** según la ley; **it's fine ~ me** por mí no hay problema.

- 11. *(expressing gradual process):* **one ~ one** uno a uno; **day ~ day** día a día.

- 12. *(in phrases):* **~ mistake** por equivocación; **~ oneself** *(alone)* solo; **he did it ~ himself** lo hizo él solo; **~ profession** de profesión.

◆ *adv (past):* **to go/drive ~** pasar.

bye(-bye) [baɪ(baɪ)] *excl inf* ¡hasta luego!

bypass ['baɪpɑːs] *n* carretera *f* de circunvalación.

C

C *(abbr of Celsius, centigrade)* C.

cab [kæb] *n (taxi)* taxi *m*; *(of lorry)* cabina *f*.

cabaret ['kæbəreɪ] *n* cabaret *m*.

cabbage ['kæbɪdʒ] *n* col *f*.

cabin ['kæbɪn] *n (on ship)* camarote *m*; *(of plane)* cabina *f*; *(wooden house)* cabaña *f*.

cabin crew *n* personal *m* de cabina.

cabinet ['kæbɪnɪt] *n (cupboard)* armario *m*; POL consejo *m* de ministros.

cable ['keɪbl] *n* cable *m*.

cable car *n* teleférico *m*.

cable television *n* televisión *f* por cable.

cactus ['kæktəs] *(pl* **-tuses** OR **-ti** [-taɪ]*) n* cactus *m inv.*

Caesar salad [ˌsiːzə-] *n* ensalada *verde con anchoas, aceitunas, queso parmesano y croutons.*

cafe ['kæfeɪ] *n* cafetería *f*.

cafeteria [ˌkæfɪˈtɪərɪə] *n* cantina *f*.

cafetière [kæfˈtjeə] *n* cafetera *f* de émbolo.

caffeine ['kæfiːn] *n* cafeína *f*.

cage [keɪdʒ] *n* jaula *f*.

cagoule [kəˈguːl] *n* Br chubasquero *m*.

Cajun ['keɪdʒən] *adj* cajún.

 CAJUN

La comunidad "Cajun", originariamente constituida por colonos franceses en Nueva Escocia, fue deportada a Luisiana en el siglo XVIII. Allí desarrollaron una lengua y cultura propia, cuya cocina, caracterizada por el uso de especias picantes, es hoy muy conocida, así como su música popular, que destaca por el uso del violín y el acordeón.

cake [keɪk] *n (sweet)* pastel *m*; *(savoury)* medallón *m* empanado.

calculate ['kælkjʊleɪt] *vt* calcular.

calculator ['kælkjʊleɪtə] *n* calculadora *f*.

calendar ['kælɪndə] *n* calendario *m*.

calf [kɑːf] *(pl* **calves** *) n (of cow)* ternero *m*, -ra *f*; *(part of leg)* pantorrilla *f*.

call [kɔːl] *n (visit)* visita *f*; *(phone call, at airport)* llamada *f*; *(of bird)* reclamo *m*. ◆ *vt* llamar; *(meeting, elections, strike)* convocar; *(flight)* anunciar. ◆ *vi (phone)* llamar; **to ~ at** *(visit)* pasarse (por); **to be ~ed** llamarse;

what is he ~ed? ¿cómo se llama?; **on ~** *(nurse, doctor)* de guardia; **she ~ed my name** me llamó; **to pay sb a ~** hacer una visita a alguien; **this train ~s at ...** este tren para en ...; **who's ~ing?** ¿de parte de quién? ▫ **call back** ◆ *vt sep* llamar (más tarde). ◆ *vi (phone again)* llamar (más tarde); *(visit again)* volver a pasarse. ▫ **call for** *vt fus (come to fetch)* ir a buscar; *(demand)* pedir; *(require)* requerir. ▫ **call on** *vt fus (visit)* visitar; **to ~ on sb to do sthg** pedir a alguien que haga algo. ◆ **call out** ◆ *vt sep (name, winner)* anunciar; *(doctor, fire brigade)* llamar. ◆ *vi* gritar.

call box *n* cabina *f* telefónica.

caller ['kɔːləʳ] *n (visitor)* visita *f*; *(on phone)* persona *f* que llama.

calm [kɑːm] *adj (person)* tranquilo (la); *(sea)* en calma; *(weather, day)* apacible. ◆ *vt* calmar. ▫ **calm down** ◆ *vt sep* calmar. ◆ *vi* calmarse.

calorie ['kælərɪ] *n* caloría *f*.

calves [kɑːvz] *pl* → **calf**.

camcorder ['kæm,kɔːdəʳ] *n* cámara *f* de vídeo.

came [keɪm] *pt* → **come**.

camel ['kæml] *n* camello *m*.

camera ['kæmərə] *n* cámara *f*.

cameraman ['kæmərəmæn] *(pl -men* [-mən]) *n* cámara *m*.

camera shop *n* tienda *f* de fotografía.

camisole ['kæmɪsəul] *n* picardías *m inv Esp*, camisola *f*.

camp [kæmp] *n (for holidaymakers)* colonia de vacaciones para toda la familia, con parque de atracciones; *(for soldiers)* campamento *m*; *(for prisoners)* campo *m*. ◆ *vi* acampar.

campaign [kæm'peɪn] *n* campaña *f*. ◆ *vi:* **to ~ (for/against)** hacer campaña (a favor de/contra).

camp bed *n* cama *f* de campaña.

camper ['kæmpəʳ] *n (person)* campista *mf*; *(van)* caravana *f*.

camping ['kæmpɪŋ] *n:* **to go ~** ir de camping.

camping stove *n* cocina *f* de camping.

campsite ['kæmpsaɪt] *n* camping *m*.

can¹ [kæn] *n (container)* lata *f*.

can² [*weak form* kən, *strong form* kæn] *(pt & conditional* **could**) *aux vb* **- 1.** *(be able to)* poder; **~ you help me?** ¿puedes ayudarme?; **I ~ see the sea** veo el mar.

- 2. *(know how to)* saber; **~ you drive?** ¿sabes conducir?; **I ~ speak Spanish** hablo español.

- 3. *(be allowed to)* poder; **I speak to the manager?** ¿puedo hablar con el director?

- 4. *(in polite requests)* poder; **~ you tell me the time?** ¿me puedes decir la hora?

- 5. *(expressing occasional occurrence):* **it ~ get cold at night** a veces hace frío por la noche.

- 6. *(expressing possibility)* poder; **I could do it** podría hacerlo; **they could be lost** puede que se hayan perdido.

Canada ['kænədə] *n* Canadá *m*.

Canadian [kə'neɪdɪən] *adj* canadiense. ◆ *n* canadiense *mf*.

canal [kə'næl] *n* canal *m*.

canapé ['kænəpeɪ] *n* canapé *m*.

Canaries [kə'neərɪz] *npl:* **the ~** (las islas) Canarias.

Canary Islands [kə'neərɪ-] *npl:* **the ~** (las islas) Canarias.

cancel ['kænsl] *vt* cancelar.

cancellation [,kænsə'leɪʃn] *n* cancelación *f*.

cancer ['kænsəʳ] *n* cáncer *m*.

candidate ['kændɪdət] *n (for parliament, job)* candidato *m*, -ta *f*; *(in exam)* examinando *m*, -da *f*.

candle ['kændl] *n* vela *f*.

candlelit dinner ['kændllɪt-] *n* cena *f* a la luz de las velas.

candy ['kændɪ] *n Am (confectionery)* golosinas *fpl*, dulces *mpl Amér; (sweet)* caramelo *m*, dulce *m Amér.*

cane [keɪn] *n (for walking)* bastón *m; (stick)* vara *f; (for furniture, baskets)* caña *f.*

canister ['kænɪstə'] *n (for tea)* bote *m; (for gas)* bombona *f.*

canned [kænd] *adj (food, drink)* en lata.

cannot ['kænɒt] = can not.

canoe [kə'nu:] *n SPORT* piragua *f.*

canoeing [kə'nu:ɪŋ] *n* piragüismo *m.*

canopy ['kænəpɪ] *n (over bed etc)* dosel *m.*

can't [kɑ:nt] = cannot.

canteen [kæn'ti:n] *n* cantina *f.*

canvas ['kænvəs] *n (for tent, bag)* lona *f.*

cap [kæp] *n (hat)* gorra *f; (without peak)* gorro *m; (of pen)* capuchón *m; (of bottle)* tapón *m; (contraceptive)* diafragma *m.*

capable ['keɪpəbl] *adj (competent)* competente, hábil; **to be ~ of doing sthg** ser capaz de hacer algo.

capacity [kə'pæsɪt] *n (ability)* habilidad *f*, facultad *f; (of stadium, theatre)* capacidad *f.*

cape [keɪp] *n (of land)* cabo *m; (cloak)* capa *f.*

capers ['keɪpəz] *npl* alcaparras *fpl.*

capital ['kæpɪtl] *n (of country)* capital *f; (money)* capital *m; (letter)* mayúscula *f.*

capital punishment *n* pena *f* capital.

cappuccino [ˌkæpʊ'tʃi:nəʊ] *n* capuchino *m.*

capsicum ['kæpsɪkəm] *n* pimiento *m.*

capsize [kæp'saɪz] *vi* volcar.

capsule ['kæpsju:l] *n* cápsula *f.*

captain ['kæptɪn] *n* capitán *m*, -ana *f.*

caption ['kæpʃn] *n* pie *m*, leyenda *f.*

capture ['kæptʃə'] *vt (person, animal)* capturar; *(town, castle)* tomar.

car [kɑ:'] *n (motorcar)* coche *m*, carro *m (Amér); (railway wagon)* vagón *m.*

carafe [kə'ræf] *n* vasija sin mango para servir vino y agua.

caramel ['kærəmel] *n (sweet)* caramelo hecho con leche y azúcar *m; (burnt sugar)* azúcar *m* quemado.

carat ['kærət] *n* quilate *m;* **24-~ gold** oro de 24 quilates.

caravan ['kærəvæn] *n Br* caravana *f.*

caravanning ['kærəvænɪŋ] *n Br:* **to go ~** ir de vacaciones en caravana.

caravan site *n Br* camping *m* para caravanas.

carbohydrate [ˌkɑ:bəʊ'haɪdreɪt] *n* hidrato *m* de carbono.

carbon dioxide [ˌkɑ:bəndaɪ'ɒksaɪd] *n* dióxido *m* de carbono.

car boot sale *n Br* mercadillo *m* de objetos usados exhibidos en el maletero del coche.

carburetor [ˌkɑ:bə'retə'] *Am* = **carburettor**.

carburettor [ˌkɑ:bə'retə'] *n Br* carburador *m.*

car crash *n* accidente *m* de tráfico.

card [kɑ:d] *n* tarjeta *f; (postcard)* postal *f; (playing card)* carta *f*, naipe *m; (cardboard)* cartulina *f;* **~s** *(game)* las cartas.

cardboard ['kɑ:dbɔ:d] *n* cartón *m.*

cardiac arrest [ˌkɑːdɪæk-] n paro m cardíaco.

cardigan [ˈkɑːdɪgən] n cárdigan m.

cardphone [ˈkɑːdfəʊn] n Br teléfono m de tarjeta.

care [keəʳ] n (attention) cuidado m. ◆ vi (mind): **to take ~ of** (look after) cuidar de; (deal with) encargarse de; **would you ~ to ...?** fml ¿le importaría ...?; **take ~!** (goodbye) ¡cuídate!; **with ~** con cuidado; **'handle with ~'** 'frágil'; **to ~ about** (think important) preocuparse por; (person) tener aprecio a.

career [kəˈrɪəʳ] n carrera f.

carefree [ˈkeəfriː] adj despreocupado(da).

careful [ˈkeəfʊl] adj (cautious) cuidadoso(sa); (driver) prudente; (thorough) esmerado(da); **be ~!** ¡ten cuidado!

carefully [ˈkeəflɪ] adv (cautiously) cuidadosamente; (drive) con prudencia; (thoroughly) detenidamente, con atención.

careless [ˈkeələs] adj (inattentive) descuidado(da); (unconcerned) despreocupado(da).

caretaker [ˈkeəˌteɪkəʳ] n Br (of school, flats) conserje mf.

car ferry n transbordador m de coches.

cargo [ˈkɑːgəʊ] (pl -es OR -s) n cargamento m.

car hire n Br alquiler m de coches.

caring [ˈkeərɪŋ] adj solícito(ta).

carnation [kɑːˈneɪʃn] n clavel m.

carnival [ˈkɑːnɪvl] n carnaval m.

carousel [ˌkærəˈsel] n (for luggage) cinta f transportadora; Am (merry-go-round) tiovivo m Esp, carrusel m.

car park n Br aparcamiento m Esp, estacionamiento m Amér.

carpenter [ˈkɑːpəntəʳ] n carpinte-

ro m, -ra f.

carpentry [ˈkɑːpəntrɪ] n carpintería f.

carpet [ˈkɑːpɪt] n (not fitted) alfombra f; (fitted) moqueta f.

carport [ˈkɑːpɔːt] n Am cochera f.

car rental n Am alquiler m de coches.

carriage [ˈkærɪdʒ] n Br (of train) vagón m; (horse-drawn) carruaje m.

carriageway [ˈkærɪdʒweɪ] n Br carril m.

carrier (bag) [ˈkærɪəʳ-] n bolsa f (de papel o plástico).

carrot [ˈkærət] n zanahoria f.

carrot cake n pastel de bizcocho hecho con zanahoria rallada y cubierto con azúcar glaseado.

carry [ˈkærɪ] vt llevar; (disease) transmitir. ◆ vi (voice, sound) oírse a lo lejos. ❑ **carry on** ◆ vi continuar. ◆ vt fus (continue) continuar; (conduct) mantener; **to ~ on doing sthg** seguir haciendo algo. ❑ **carry out** vt sep (perform) llevar a cabo; (fulfil) cumplir.

carrycot [ˈkærɪkɒt] n Br moisés m inv.

carryout [ˈkærɪaʊt] n Am & Scot comida f para llevar.

carsick [ˈkɑːˌsɪk] adj mareado(da) (en coche).

cart [kɑːt] n (for transport) carro m; inf (video game cartridge) cartucho m; Am (in supermarket) carrito m.

carton [ˈkɑːtn] n cartón m, envase m.

cartoon [kɑːˈtuːn] n (film) dibujos mpl animados; (drawing) chiste m (en viñeta).

cartridge [ˈkɑːtrɪdʒ] n (for gun) cartucho m; (for pen) recambio m.

carve [kɑːv] vt (wood, stone) tallar; (meat) cortar, trinchar.

carvery ['kɑːvərɪ] n restaurante donde se sirve un bufé de carne que se trincha delante del cliente.

car wash n lavado m de coches.

case [keɪs] n Br (suitcase) maleta f; (container) estuche m; (instance, patient) caso m; JUR (trial) pleito m; **in any** ~ de todas formas; **in** ~ **of** en caso de; **(just) in** ~ por si acaso; **in that** ~ en ese caso.

cash [kæʃ] n (coins, notes) efectivo m; (money in general) dinero m. ◆ vt: to ~ **a cheque** cobrar un cheque; **to pay** ~ pagar en efectivo.

cash desk n caja f.

cash dispenser [-,dɪ'spensə^r] n cajero m automático.

cashew (nut) ['kæʃuː-] n anacardo m.

cashier [kæ'ʃɪə^r] n cajero m, -ra f.

cashless ['kæʃlɪs] adj: ~ **society** sociedad f sin dinero.

cashmere [kæʃ'mɪə^r] n cachemir m.

cashpoint ['kæʃpɔɪnt] n Br cajero m automático.

cash register n caja f (registradora).

casino [kə'siːnəʊ] (pl -s) n casino m.

casserole ['kæsərəʊl] n (stew) guiso m; ~ **(dish)** cacerola f.

cassette [kæ'set] n casete m, cinta f.

cassette recorder n casete m.

cast [kɑːst] (pt & pp **cast**) n (actors) reparto m; (for broken bone) escayola f Esp, yeso m. ◆ vt (shadow, light) proyectar; (look) echar; (vote) emitir; **to** ~ **doubt on** poner en duda.

caster sugar ['kɑːstə^r-] n Br azúcar m extrafino.

Castile [kæs'tiːl] n Castilla.

castle ['kɑːsl] n (building) castillo m; (in chess) torre f.

casual ['kæʒʊəl] adj (relaxed) despreocupado(da); (offhand) superficial; (clothes) informal; ~ **work** trabajo eventual.

casualty ['kæʒjʊəltɪ] n víctima f; ~ **(ward)** urgencias fpl.

cat [kæt] n gato m.

Catalan ['kætə,læn] adj catalán(ana). ◆ n (person) catalán m, -ana f; (language) catalán m.

catalog ['kætəlɒg] Am = **catalogue**.

catalogue ['kætəlɒg] n catálogo m.

Catalonia [,kætə'ləʊnɪə] n Cataluña.

Catalonian [,kætə'ləʊnɪən] adj catalán(ana).

catapult ['kætəpʌlt] n tirachinas m inv.

cataract ['kætərækt] n (in eye) catarata f.

catarrh [kə'tɑː^r] n catarro m.

catastrophe [kə'tæstrəfɪ] n catástrofe f.

catch [kætʃ] (pt & pp **caught**) vt coger, agarrar (Amér); (fish) pescar; (bus, train, plane, taxi) coger, tomar (Amér); (hear) coger, escuchar (Amér); (attract) despertar. ◆ vi (become hooked) engancharse. ◆ n (of window, door) pestillo m; (snag) pega f. □ **catch up** ◆ vt sep alcanzar. ◆ vi: **to** ~ **up (with)** ponerse a la misma altura (que).

catching ['kætʃɪŋ] adj inf contagioso(sa).

category ['kætəgərɪ] n categoría f.

cater ['keɪtə^r] ❑ **cater for** vt fus Br (needs, tastes) atender a, satisfacer; (anticipate) contar con.

caterpillar ['kætəpɪlə^r] n oruga f.

cathedral [kə'θiːdrəl] n catedral f.

Catholic ['kæθlɪk] adj católico(ca).

Catseyes® n católico m, -ca f.

Catseyes® ['kætsaız] npl Br catafaros mpl.

cattle ['kætl] npl ganado m (vacuno).

caught [kɔːt] pt & pp → **catch**.

cauliflower ['kɒlɪˌflaʊə'] n coliflor f.

cauliflower cheese n coliflor en salsa bechamel con queso.

cause [kɔːz] n causa f; (justification) motivo m. ◆ vt causar; **to ~ sb to do sthg** hacer que alguien haga algo.

causeway ['kɔːzweɪ] n carretera f elevada.

caution ['kɔːʃn] n (care) cautela f; (warning) amonestación f.

cautious ['kɔːʃəs] adj cauteloso (sa).

cave [keɪv] n cueva f. ❑ **cave in** vi hundirse, derrumbarse.

caviar(e) ['kævɪɑː'] n caviar m.

cavity ['kævətɪ] n (in tooth) caries f inv.

CD n (abbr of compact disc) CD m.

CDI n (abbr of compact disc interactive) CDI m.

CD player n reproductor m de CD.

cease [siːs] vt fml suspender. ◆ vi fml cesar.

ceasefire ['siːsˌfaɪə'] n alto m el fuego, cese m del fuego Amér.

ceilidh ['keɪlɪ] n baile popular en Escocia e Irlanda.

ceiling ['siːlɪŋ] n techo m.

celebrate ['selɪbreɪt] vt celebrar. ◆ vi: **let's ~** ¡hay que celebrarlo!

celebration [ˌselɪ'breɪʃn] n (event) festejo m. ❑ **celebrations** npl (festivities) conmemoraciones fpl.

celebrity [sɪ'lebrɪtɪ] n (person) celebridad f.

celeriac [sɪ'lerɪæk] n apio m nabo.

celery ['selərɪ] n apio m.

cell [sel] n (of plant, body) célula f; (in prison) celda f.

cellar ['selə'] n sótano m.

cello ['tʃeləʊ] n violoncelo m.

Cellophane® ['seləfeɪn] n celofán® m.

cell phone n Am teléfono m móvil Esp, celular m Amér.

Celsius ['selsɪəs] adj centígrado (da).

cement [sɪ'ment] n cemento m.

cemetery ['semɪtrɪ] n cementerio m.

cent [sent] n Am centavo m.

center ['sentə'] Am = **centre**.

centigrade ['sentɪgreɪd] adj centígrado (da); **five degrees ~** cinco grados (centígrados).

centimetre ['sentɪˌmiːtə'] n centímetro m.

centipede ['sentɪpiːd] n ciempiés m inv.

central ['sentrəl] adj (in the middle) central; (near town centre) céntrico (ca).

central heating n calefacción f central.

central locking [-'lɒkɪŋ] n cierre m centralizado.

central reservation n Br mediana f, camellón m Amér.

centre ['sentə'] n Br centro m. ◆ adj Br central; **the ~ of attention** el centro de atención.

century ['sentʃʊrɪ] n siglo m.

ceramic [sɪ'ræmɪk] adj de cerámica. ❑ **ceramics** npl cerámicas fpl.

cereal ['sɪərɪəl] n (breakfast food) cereales mpl.

ceremony ['serɪmənɪ] n ceremonia f.

certain [ˈsɜːtn] adj (sure) seguro
(ra); (particular) cierto(ta); **she's ~
to be late** seguro que llega tarde; **to
be ~ of sthg** estar seguro de algo; **to
make ~ (that)** asegurarse de que.

certainly [ˈsɜːtnlɪ] adv desde luego.

certificate [səˈtɪfɪkət] n (of studies,
medical) certificado m; (of birth) partida f de nacimiento.

certify [ˈsɜːtɪfaɪ] vt (declare true) certificar.

chain [tʃeɪn] n cadena f. ◆ vt: **to ~
sthg to sthg** encadenar algo a algo.

chain store n tienda f de una cadena.

chair [tʃeəʳ] n silla f.

chair lift n telesilla m.

chairman [ˈtʃeəmən] (pl -men
[-mən]) n presidente m.

chairperson [ˈtʃeəˌpɜːsn] n presidente m, -ta f.

chairwoman [ˈtʃeəˌwʊmən] (pl
-women [-ˌwɪmɪn]) n presidenta f.

chalet [ˈʃæleɪ] n chalé m.

chalk [tʃɔːk] n (for writing) tiza f, gis
m Méx; (substance) creta f; **a piece of
~** una tiza.

chalkboard [ˈtʃɔːkbɔːd] n Am pizarra f, pizarrón m Amér.

challenge [ˈtʃælɪndʒ] n desafío m.
◆ vt (question) poner en tela de juicio;
to ~ sb (to sthg) desafiar a alguien (a
algo).

chamber [ˈtʃeɪmbəʳ] n (room) cámara f.

chambermaid [ˈtʃeɪmbəmeɪd] n
camarera f.

champagne [ˌʃæmˈpeɪn] n champán m.

champion [ˈtʃæmpjən] n (of competition) campeón m, -ona f.

championship [ˈtʃæmpjənʃɪp] n

campeonato m.

chance [tʃɑːns] n (luck) azar m; (possibility) posibilidad f; (opportunity)
oportunidad f. ◆ vt: **to ~ it** inf arriesgarse; **to take a ~** correr un riesgo;
by ~ por casualidad; **on the off ~**
por si acaso.

Chancellor of the Exchequer [ˌtʃɑːnsələrəvðəɪksˈtʃekəʳ]
n ministro de economía y hacienda en
Gran Bretaña.

chandelier [ˌʃændəˈlɪəʳ] n lámpara
f de araña.

change [tʃeɪndʒ] n cambio m;
(coins) suelto m Esp, cambio m. ◆ vt
cambiar; (job) cambiar de. ◆ vi (become different) cambiar; (on bus, train)
hacer transbordo; (change clothes)
cambiarse; **a ~ of clothes** una muda;
do you have ~ for a pound? ¿tienes
cambio de una libra?; **for a ~** para
variar; **to get ~** cambiarse; **to ~
money** cambiar dinero; **to ~ a nappy**
cambiar un pañal; **to ~ a wheel**
cambiar una rueda; **to ~ trains/
planes** cambiar de tren/avión; **all
~!** (on train) ¡cambio de tren!

changeable [ˈtʃeɪndʒəbl] adj
(weather) variable.

change machine n máquina f
de cambio.

changing room [ˈtʃeɪndʒɪŋ-] n
(for sport) vestuario m, vestidor m
Amér; (in shop) probador m.

channel [ˈtʃænl] n canal m; **the
(English) Channel** el Canal de la
Mancha.

Channel Islands npl: **the ~** las
islas del Canal de la Mancha.

Channel Tunnel n: **the ~** el túnel del Canal de la Mancha.

chant [tʃɑːnt] vt RELIG cantar;
(words, slogan) corear.

chaos [ˈkeɪɒs] n caos m inv.

chaotic [keɪˈɒtɪk] *adj* caótico(ca).

chap [tʃæp] *n Br inf* chico *m*, tío *m Esp.*

chapatti [tʃəˈpætɪ] *n tipo de pan ázimo de origen indio.*

chapel [ˈtʃæpl] *n* capilla *f.*

chapped [tʃæpt] *adj* agrietado(da).

chapter [ˈtʃæptər] *n* capítulo *m.*

character [ˈkærəktər] *n* carácter *m*; *(in film, book, play)* personaje *m*; *inf (person, individual)* tipo *m.*

characteristic [ˌkærəktəˈrɪstɪk] *adj* característico(ca). ◆ *n* característica *f.*

charcoal [ˈtʃɑːkəʊl] *n (for barbecue)* carbón *m (vegetal).*

charge [tʃɑːdʒ] *n (price)* tarifa *f*; JUR cargo *m.* ◆ *vt (money, customer)* cobrar; JUR acusar; *(battery)* cargar. ◆ *vi (ask money)* cobrar; **she ~ d** in entró en tromba; **to be in ~ (of)** ser el encargado (de); **to take ~ (of)** hacerse cargo (de); **extra ~** suplemento *m*; **free of ~** gratis; **there is no ~ for service** el servicio está incluido.

chargrilled [ˈtʃɑːgrɪld] *adj* asado(da) a la parrilla.

charity [ˈtʃærətɪ] *n (organization)* organización *f* benéfica; **to give to ~** hacer donaciones a organizaciones benéficas.

charity shop *n* tienda de objetos usados cuyas ventas se destinan a organizaciones benéficas.

charm [tʃɑːm] *n (attractiveness)* encanto *m.* ◆ *vt* encantar, hechizar.

charming [ˈtʃɑːmɪŋ] *adj* encantador(ra).

chart [tʃɑːt] *n (diagram)* gráfico *m*; **the ~s** la lista de éxitos.

chartered   accountant [ˌtʃɑːtəd-] *n* contable *m* colegiado, contable colegiada *f.*

charter flight [ˈtʃɑːtə-] *n* vuelo *m* chárter.

chase [tʃeɪs] *n* persecución *f.* ◆ *vt* perseguir.

chat [tʃæt] *n* charla *f.* ◆ *vi* charlar; **to have a ~ (with)** charlar (con). ❑ **chat up** *vt sep Br inf* ligarse.

chat room *n* COMPUT chat *m*, sala *f* de charla.

chat show *n Br* programa *m* de entrevistas.

chatty [ˈtʃætɪ] *adj (letter)* informal; *(person)* hablador(ra), dicharachero(ra).

chauffeur [ˈʃəʊfər] *n* chófer *mf.*

cheap [tʃiːp] *adj (inexpensive)* barato(ta); *pej (low-quality)* de mala calidad.

cheap day return *n Br* billete de ida y vuelta más barato que se ha de utilizar en el día y después de las 9.15.

cheaply [ˈtʃiːplɪ] *adv* barato.

cheat [tʃiːt] *n* tramposo *m*, -sa *f.* ◆ *vi* hacer trampa. ◆ *vt*: **to ~ sb (out of sthg)** estafar (algo) a alguien.

check [tʃek] *n (inspection)* inspección *f*; *Am (bill)* cuenta *f*; *Am (tick)* señal *f (de visto bueno)*; *Am* = **cheque.** ◆ *vt (inspect)* revisar; *(verify)* comprobar. ◆ *vi*: **to ~ on sthg** comprobar algo; **to ~ with sb** consultar con alguien. ❑ **check in** *vt sep (luggage)* facturar, documentar *Méx.* ◆ *vi (at hotel)* registrarse; *(at airport)* facturar, documentar *Méx.* ❑ **check off** *vt sep* ir comprobando *(en una lista)*. ❑ **check out** *vi* dejar el hotel. ❑ **check up** *vi*: **to ~ up (on)** informarse (acerca de).

checked [tʃekt] *adj* a cuadros.

checkers [ˈtʃekəz] *n Am* damas *fpl.*

check-in desk *n* mostrador *m* OR documentación *Méx* de facturación.

checking account [ˈtʃekɪŋ-]

Am cuenta *f* corriente.

checkout ['tʃɛkaʊt] *n* caja *f*.

checkpoint ['tʃɛkpɔɪnt] *n* control *m*.

checkroom ['tʃɛkrʊm] *n Am* guardarropa *m*.

checkup ['tʃɛkʌp] *n* chequeo *m*.

cheddar ['tʃɛdə^r] *n* cheddar *m*.

cheek [tʃiːk] *n* mejilla *f*; **what a ~!** ¡qué cara!

cheeky ['tʃiːkɪ] *adj* descarado(da).

cheer [tʃɪə^r] *n* aclamación *f*. ◆ *vi* gritar con entusiasmo.

cheerful ['tʃɪəfʊl] *adj* alegre.

cheerio [,tʃɪərɪ'əʊ] *excl Br inf* ¡hasta luego!

cheers [tʃɪəz] *excl (when drinking)* ¡salud!; *Br inf (thank you)* ¡gracias!

cheese [tʃiːz] *n* queso *m*.

cheeseboard ['tʃiːzbɔːd] *n (cheese and biscuits)* tabla *f* de quesos.

cheeseburger ['tʃiːz,bɜːgə^r] *n* hamburguesa *f* con queso.

cheesecake ['tʃiːzkeɪk] *n* tarta *f* de queso *(fresco, sin hornear)*.

chef [ʃef] *n* jefe *m* de cocina.

chef's special *n* especialidad *f* de la casa.

chemical ['kemɪkl] *adj* químico (ca). ◆ *n* sustancia *f* química.

chemist ['kemɪst] *n Br (pharmacist)* farmacéutico *m*, -ca *f*; *(scientist)* químico *m*, -ca *f*; **~ 's** *Br (shop)* farmacia *f*.

chemistry ['kemɪstrɪ] *n* química *f*.

cheque [tʃek] *n Br* cheque *m*; **to pay by ~** pagar con cheque.

chequebook ['tʃekbʊk] *n* talonario *m* de cheques.

cheque card *n* tarjeta *f* de identificación bancaria.

cherry ['tʃerɪ] *n* cereza *f*.

chess [tʃes] *n* ajedrez *m*.

chest [tʃest] *n (of body)* pecho *m*; *(box)* arca *f*.

chestnut ['tʃesnʌt] *n* castaña *f*. ◆ *adj (colour)* castaño(ña).

chest of drawers *n* cómoda *f*.

chew [tʃuː] *vt* masticar. ◆ *n (sweet)* gominola *f*.

chewing gum ['tʃuːɪŋ-] *n* chicle *m*.

chic [ʃiːk] *adj* elegante.

chicken ['tʃɪkɪn] *n (bird)* gallina *f*; *(meat)* pollo *m*.

chickenpox ['tʃɪkɪnpɒks] *n* varicela *f*.

chickpea ['tʃɪkpiː] *n* garbanzo *m*.

chicory ['tʃɪkərɪ] *n* achicoria *f*.

chief [tʃiːf] *adj (highest-ranking)* jefe(fa); *(main)* principal. ◆ *n* jefe *m*, -fa *f*.

chiefly ['tʃiːflɪ] *adv (mainly)* principalmente; *(especially)* por encima de todo.

child [tʃaɪld] *(pl* **children)** *n (young boy, girl)* niño *m*, -ña *f*; *(son, daughter)* hijo *m*, -ja *f*.

child abuse *n* maltrato *m* de niños.

child benefit *n* subsidio pagado a todas las familias británicas por cada hijo.

childhood ['tʃaɪldhʊd] *n* infancia *f*.

childish ['tʃaɪldɪʃ] *adj pej (immature)* infantil.

childminder ['tʃaɪld,maɪndə^r] *n Br* niñera *f (durante el día)*.

children ['tʃɪldrən] *pl* → **child**.

child seat *n* asiento *m* de seguridad para niños.

Chile ['tʃɪlɪ] *n* Chile.

Chilean ['tʃɪlɪən] *adj* chileno(na). ◆ *n* chileno *m*, -na *f*.

chill [tʃɪl] *n (illness)* resfriado *m*. ◆ *vt* enfriar; **there's a ~ in the air** hace un poco de fresco.

chilled [tʃɪld] *adj* frío(a); **'serve ~'** 'sírvase muy frío'.

chilli ['tʃɪlɪ] (*pl* **-ies**) *n* (*vegetable*) guindilla *f Esp*, chile *m*, ají *m Amér*; (*dish*) = chilli con carne.

chilli con carne *~*kɒn'kɑːnɪ] *n* picadillo *m* de carne en una salsa picante de guindilla con cebolla, tomate y judías pintas.

chilly ['tʃɪlɪ] *adj* frío(a).

chimney ['tʃɪmnɪ] *n* chimenea *f*.

chimneypot ['tʃɪmnɪpɒt] *n* cañón *m* de chimenea.

chimpanzee [,tʃɪmpæn'zi:] *n* chimpancé *mf*.

chin [tʃɪn] *n* barbilla *f*.

china ['tʃaɪnə] *n* (*material*) porcelana *f*.

China ['tʃaɪnə] *n* la China.

Chinese [,tʃaɪ'ni:z] *adj* chino(na). ◆ *n* (*language*) chino *m*. ◆ *npl*: **the ~** los chinos; **a ~ restaurant** un restaurante chino.

chip [tʃɪp] *n* (*small piece*) pedacito *m*; (*mark*) mella *f*; (*counter*) ficha *f*; COMPUT chip *m*. ◆ *vt* desportillar. ❑ **chips** *npl Br* (*French fries*) patatas *fpl* fritas (de sartén); *Am* (*crisps*) patatas *fpl* fritas (de bolsa).

chiropodist [kɪ'rɒpədɪst] *n* podólogo *m*, -ga *f*.

chives [tʃaɪvz] *npl* cebollino *m*, cebolleta *f*.

chlorine ['klɔ:ri:n] *n* cloro *m*.

choc-ice ['tʃɒkaɪs] *n Br* tipo de bombón helado en forma de bloque y sin palo.

chocolate ['tʃɒkələt] *n* (*food, drink*) chocolate *m*; (*sweet*) bombón *m*. ◆ *adj* de chocolate.

chocolate biscuit *n* galleta *f* de chocolate.

choice [tʃɔɪs] *n* (*option*) elección *f*; (*person or thing chosen*) opción *f*; (*vari-* ety) variedad *f*. ◆ *adj* de primera calidad; **'pizzas with the topping of your ~'** 'elija los ingredientes de su pizza'.

choir ['kwaɪə'] *n* coro *m*.

choke [tʃəʊk] *n* AUT estárter *m*. ◆ *vt* asfixiar. ◆ *vi* (*on fishbone etc*) atragantarse; (*to death*) asfixiarse.

cholera ['kɒlərə] *n* cólera *m*.

choose [tʃu:z] (*pt* **chose**, *pp* **chosen**) *vt & vi* elegir; **to ~ to do sthg** decidir hacer algo.

chop [tʃɒp] *n* (*of meat*) chuleta *f*. ◆ *vt* cortar. ❑ **chop down** *vt sep* talar, cortar. ❑ **chop up** *vt sep* picar.

chopper ['tʃɒpə'] *n inf* (*helicopter*) helicóptero *m*.

chopping board ['tʃɒpɪŋ-] *n* tabla *f* de cocina.

choppy ['tʃɒpɪ] *adj* picado(a).

chopsticks ['tʃɒpstɪks] *npl* palillos *mpl* (chinos).

chop suey [,tʃɒp'su:ɪ] *n* plato chino de brotes de soja, verdura, arroz y carne de cerdo o pollo con salsa de soja.

chord [kɔ:d] *n* acorde *m*.

chore [tʃɔ:'] *n* tarea *f*.

chorus ['kɔ:rəs] *n* (*part of song*) estribillo *m*; (*group of singers, dancers*) coro *m*.

chose [tʃəʊz] *pt* → **choose**.

chosen ['tʃəʊzn] *pp* → **choose**.

Christ [kraɪst] *n* Cristo *m*.

christen ['krɪsn] *vt* (*baby*) bautizar.

Christian ['krɪstʃən] *adj* cristiano (na). ◆ *n* cristiano *m*, -na *f*.

Christian name *n* nombre *m* de pila.

Christmas ['krɪsməs] *n* (*day*) Navidad *f*; (*period*) Navidades *fpl*; **Happy ~!** ¡Felices Navidades!

Christmas card *n* tarjeta *f* de Navidad.

Christmas carol [-'kærəl] *n* villancico *m*.

Christmas Day *n* día *m* de Navidad.

Christmas Eve *n* Nochebuena *f*.

Christmas pudding *n* pudín *m* de frutas que se come caliente el día de Navidad.

Christmas tree *n* árbol *m* de Navidad.

chrome [krəum] *n* cromo *m*.

chuck [tʃʌk] *vt inf (throw)* tirar; *(boyfriend, girlfriend)* mandar a paseo, dejar. ❏ **chuck away** *vt sep* tirar.

chunk [tʃʌŋk] *n* trozo *m*.

church [tʃɜːtʃ] *n* iglesia *f*; **to go to ~** ir a misa.

churchyard ['tʃɜːtʃjɑːd] *n* cementerio *m*.

chute [ʃuːt] *n* vertedor *m*.

cider ['saɪdə'] *n* sidra *f*.

cigar [sɪ'gɑː'] *n* puro *m*.

cigarette [sɪgə'ret] *n* cigarrillo *m*.

cigarette lighter *n* mechero *m* Esp, encendedor *m*.

cinema ['sɪnəmə] *n* cine *m*.

cinnamon ['sɪnəmən] *n* canela *f*.

circle ['sɜːkl] *n* círculo *m*; *(in theatre)* anfiteatro *m*. ◆ *vt (draw circle around)* rodear con un círculo; *(move round)* dar vueltas alrededor de. ◆ *vi* dar vueltas.

circuit ['sɜːkɪt] *n (track)* circuito *m*; *(lap)* vuelta *f*.

circular ['sɜːkjʊlə'] *adj* circular. ◆ *n* circular *f*.

circulation [sɜːkjʊ'leɪʃn] *n (of blood)* circulación *f*; *(of newspaper, magazine)* tirada *f*.

circumstances ['sɜːkəmstənsɪz] *npl* circunstancias *fpl*; **in** OR **under the ~** dadas las circunstancias.

circus ['sɜːkəs] *n* circo *m*.

cistern ['sɪstən] *n (of toilet)* cis-

terna *f*.

citizen ['sɪtɪzn] *n (of country)* ciudadano *m*, -na *f*; *(of town)* habitante *mf*.

city ['sɪtɪ] *n* ciudad *f*; **the City** la City.

city centre *n* centro *m* de la ciudad.

city council *n* Am consejo *m* municipal.

city hall *n* Am ayuntamiento *m*.

civilian [sɪ'vɪljən] *n* civil *mf*.

civilized ['sɪvɪlaɪzd] *adj (society)* civilizado(da); *(person, evening)* agradable.

civil rights [sɪvl-] *npl* derechos *mpl* civiles.

civil servant [sɪvl-] *n* funcionario *m*, -ria *f*.

civil service [sɪvl-] *n* administración *f* pública.

civil war [sɪvl-] *n* guerra *f* civil.

cl *(abbr of centilitre)* cl.

claim [kleɪm] *n (assertion)* afirmación *f*, declaración *f*; *(demand)* demanda *f*, reivindicación *f*; *(for insurance)* reclamación *f*. ◆ *vt (allege)* afirmar; *(demand)* reclamar; *(credit, responsibility)* reivindicar. ◆ *vi (on insurance)* reclamar.

claimant ['kleɪmənt] *n (of benefit)* solicitante *mf*.

claim form *n* impreso *m* de solicitud.

clam [klæm] *n* almeja *f*.

clamp [klæmp] *n (for car)* cepo *m*. ◆ *vt (car)* poner un cepo a.

clap [klæp] *vi* aplaudir.

claret ['klærət] *n* burdeos *m inv*.

clarinet [klærə'net] *n* clarinete *m*.

clash [klæʃ] *n (noise)* estruendo *m*; *(confrontation)* enfrentamiento *m*. ◆ *vi (colours)* desentonar; *(event, date)* coincidir.

clasp

clasp [klɑːsp] *n* cierre *m.* ◆ *vt* agarrar.

class [klɑːs] *n* clase *f.* ◆ *vt:* to ~ sthg/sb (as) clasificar algo/a alguien (de).

classic ['klæsɪk] *adj (typical)* clásico(ca). ◆ *n* clásico *m.*

classical ['klæsɪkl] *adj* clásico(ca).

classical music *n* música *f* clásica.

classification [ˌklæsɪfɪ'keɪʃn] *n* clasificación *f.*

classified ads [ˈklæsɪfaɪd-] *npl* anuncios *mpl* por palabras.

classroom [ˈklɑːsrʊm] *n* aula *f.*

claustrophobic [ˌklɔːstrə'fəʊbɪk] *adj* claustrofóbico(ca).

claw [klɔː] *n (of bird, cat, dog)* garra *f*; *(of crab, lobster)* pinza *f.*

clay [kleɪ] *n* arcilla *f.*

clean [kliːn] *adj* limpio(pia); *(page)* en blanco; *(driving licence)* sin sanciones. ◆ *vt* limpiar; to ~ one's teeth lavarse los dientes.

cleaner [ˈkliːnə^r] *n (person)* hombre *m* de la limpieza, mujer *f* de la limpieza *f*; *(substance)* producto *m* de limpieza.

cleanse [klenz] *vt* limpiar.

cleanser [ˈklenzə^r] *n* tónico *m.*

clear [klɪə^r] *adj* claro(ra); *(road, view, sky)* despejado(da). ◆ *vt (remove obstructions from)* limpiar, despejar; *(jump over)* saltar; *(declare not guilty)* declarar inocente; *(authorize)* aprobar; *(cheque)* compensar. ◆ *vi (weather, fog)* despejarse; to be ~ (about sthg) entender (algo); to be ~ of sthg *(not touching)* no estar en contacto con algo; to ~ one's throat carraspear; to ~ the table quitar la mesa. ❑ clear up ◆ *vt sep (room, toys)* ordenar; *(problem, confusion)* aclarar. ◆ *vi (weather)* despejarse; *(tidy up)*

recoger.

clearance [ˈklɪərəns] *n (authorization)* permiso *m*; *(free distance)* distancia *f* de seguridad; *(for take-off)* autorización *f* (para despegar).

clearing [ˈklɪərɪŋ] *n* claro *m.*

clearly [ˈklɪəlɪ] *adv* claramente; *(obviously)* obviamente.

clementine [ˈkleməntaɪn] *n* clementina *f.*

clerk [Br klɑːk, Am klɜːrk] *n (in office)* oficinista *mf*; *Am (in shop)* dependiente *m*, -ta *f.*

clever [ˈklevə^r] *adj (person)* listo(ta); *(idea, device)* ingenioso(sa).

click [klɪk] *n* chasquido *m.* ◆ *vi (make sound)* hacer clic.

client [ˈklaɪənt] *n* cliente *m*, -ta *f.*

cliff [klɪf] *n* acantilado *m.*

climate [ˈklaɪmɪt] *n* clima *m.*

climax [ˈklaɪmæks] *n* clímax *m inv.*

climb [klaɪm] *vt (tree)* trepar a; *(ladder)* subir; *(mountain)* escalar. ◆ *vi (person)* ascender; *(plane)* subir. ❑ climb down ◆ *vt fus (tree, mountain)* descender de; *(ladder)* bajar. ◆ *vi* bajar. ❑ climb up *vt fus (tree)* trepar a; *(ladder)* subir; *(mountain)* escalar.

climber [ˈklaɪmə^r] *n (person)* escalador *m*, -ra *f.*

climbing [ˈklaɪmɪŋ] *n* montañismo *m*; to go ~ ir de montañismo.

climbing frame *n Br* barras de metal para trepar los niños.

clingfilm [ˈklɪŋfɪlm] *n Br* film *m* de plástico adherente.

clinic [ˈklɪnɪk] *n* clínica *f.*

clip [klɪp] *n (fastener)* clip *m*; *(of film, programme)* fragmento *m.* ◆ *vt (fasten)* sujetar; *(cut)* recortar; *(ticket)* picar.

cloak [kləʊk] *n* capa *f.*

cloakroom [ˈkləʊkrʊm] *n (for*

coats) guardarropa *m; Br (toilet)* servicios *mpl,* baños *mpl.*

clock [klɒk] *n (for telling time)* reloj *m; (mileometer)* cuentakilómetros *m inv;* **round the ~** *día y noche.*

clockwise ['klɒkwaɪz] *adv* en el sentido de las agujas del reloj.

clog [klɒg] *n* zueco *m.* ◆ *vt* obstruir.

close¹ [kləʊs] *adj (near)* cercano(na); *(friend)* íntimo(ma); *(relation, family)* cercano(na); *(contact, cooperation, family)* estrecho(cha); *(examination)* detallado(da); *(race, contest)* reñido(da).* ◆ *adv (near)* cerca; **~ by** cerca; **~ to (near)** cerca de; **~ to tears** a punto de llorar.

close² [kləʊz] *vt* cerrar. ◆ *vi (door, jar, eyes)* cerrarse; *(shop, office)* cerrar; *(deadline, offer, meeting)* terminar. ◻ **close down** *vt sep & vi* cerrar (definitivamente).

closed [kləʊzd] *adj* cerrado(da).

closely ['kləʊslɪ] *adv (related, involved)* estrechamente; *(follow, examine)* atentamente.

closet ['klɒzɪt] *n Am (cupboard)* armario *m,* closet *m Amér.*

close-up ['kləʊs-] *n* primer plano *m.*

closing time ['kləʊzɪŋ-] *n* hora *f* de cierre.

clot [klɒt] *n (of blood)* coágulo *m.*

cloth [klɒθ] *n (fabric)* tela *f; (piece of cloth)* trapo *m.*

clothes [kləʊðz] *npl* ropa *f.*

clothesline ['kləʊðzlaɪn] *n* cuerda *f* para tender la ropa.

clothes peg *n Br* pinza *f* (para la ropa).

clothespin ['kləʊðzpɪn] *Am* = **clothes peg.**

clothes shop *n* tienda *f* de ropa.

clothing ['kləʊðɪŋ] *n* ropa *f.*

clotted cream [ˌklɒtɪd-] *n* nata muy espesa típica de Cornualles.

cloud [klaʊd] *n* nube *f.*

cloudy ['klaʊdɪ] *adj (sky, day)* nublado(da); *(liquid)* turbio(bia).

clove [kləʊv] *n (of garlic)* diente *m.* ◻ **cloves** *npl (spice)* clavos *mpl.*

clown [klaʊn] *n* payaso *m.*

club [klʌb] *n (organization)* club *m; (nightclub)* ≃ sala *f* de fiestas *(abierta sólo por la noche); (stick)* garrote *m.* ◻ **clubs** *npl (in cards)* tréboles *mpl.*

clubbing ['klʌbɪŋ] *n:* **to go ~** *inf* ir de disco.

club class *n* clase *f* club.

club sandwich *n Am* sandwich *m* de tres pisos.

club soda *n Am* soda *f.*

clue [kluː] *n (information)* pista *f; (in crossword)* clave *f;* **I haven't got a ~** no tengo ni idea.

clumsy ['klʌmzɪ] *adj (person)* torpe.

clutch [klʌtʃ] *n (on car, motorbike)* embrague *m,* clutch *m Amér; (clutch pedal)* pedal *m* de embrague OR clutch *m Amér.* ◆ *vt* agarrar.

cm *(abbr of centimetre)* cm.

c/o *(abbr of care of)* c/d.

Co. *(abbr of company)* Cía.

coach [kəʊtʃ] *n (bus)* autocar *m Esp,* autobus *m; (of train)* vagón *m; SPORT* entrenador *m,* -ra *f*

coach station *n* estación *f* de autocares *Esp* OR autobuses.

coach trip *n Br* excursión *f* en autocar *Esp* OR autobus.

coal [kəʊl] *n* carbón *m.*

coal mine *n* mina *f* de carbón.

coarse [kɔːs] *adj (rough)* áspero(ra); *(vulgar)* ordinario(ria).

coast [kəʊst] *n* costa *f.*

coaster ['kəʊstə'] *n* posavasos *m inv.*

coastguard ['kəʊstgɑːd] n (person) guardacostas mf inv; (organization) guardacostas mpl.

coastline ['kəʊstlaɪn] n litoral m.

coat [kəʊt] n (garment) abrigo m; (of animal) pelaje m. ◆ vt: **to ~ sthg (with)** rebozar algo (en).

coating ['kəʊtɪŋ] n (of chocolate) baño m; (on surface) capa f; **with a ~ of breadcrumbs** rebozado en pan rallado.

cobbles ['kɒblz] npl adoquines mpl.

cobweb ['kɒbweb] n telaraña f.

Coca-Cola® [,kəʊkə'kəʊlə] n Coca-Cola® f.

cocaine [kəʊ'keɪn] n cocaína f.

cock [kɒk] n (male chicken) gallo m.

cockles ['kɒklz] npl berberechos mpl.

cockpit ['kɒkpɪt] n cabina f.

cockroach ['kɒkrəʊtʃ] n cucaracha f.

cocktail ['kɒkteɪl] n cóctel m.

cocktail party n cóctel m.

cock-up n Br (vulg): **to make a ~ of sthg** joborar algo.

cocoa ['kəʊkəʊ] n (drink) chocolate m.

coconut ['kəʊkənʌt] n coco m.

cod [kɒd] (pl inv) n bacalao m.

code [kəʊd] n (system) código m; (dialling code) prefijo m.

coeducational [,kəʊedju:'keɪʃənl] adj mixto(ta).

coffee ['kɒfɪ] n café m; **black/white ~** café solo/con leche; **ground/instant ~** café molido/instantáneo.

coffee bar n Br cafetería f (en aeropuerto, etc.).

coffee break n descanso en el trabajo, por la mañana y por la tarde.

coffeepot ['kɒfɪpɒt] n cafetera f.

coffee shop n (cafe) cafetería f.

coffee table n mesita f baja.

coffin ['kɒfɪn] n ataúd m.

cog(wheel) ['kɒg(wi:l)] n rueda f dentada.

coil [kɔɪl] n (of rope) rollo m; Br (contraceptive) DIU m. ◆ vt enrollar.

coin [kɔɪn] n moneda f.

coinbox ['kɔɪnbɒks] n Br teléfono m público.

coincide [,kəʊɪn'saɪd] vi: **to ~ (with)** coincidir (con).

coincidence [kəʊ'ɪnsɪdəns] n coincidencia f.

Coke® [kəʊk] n Coca-Cola® f.

colander ['kʌləndə'] n colador m.

cold [kəʊld] adj (illness) resfriado m; (low temperature) frío m; **I'm ~** tengo frío; **it's ~** hace frío; **to get ~** enfriarse; **to catch (a) ~** resfriarse.

cold cuts Am = **cold meats**.

cold meats npl fiambres mpl.

coleslaw ['kəʊlslɔ:] n ensalada de col, zanahoria, cebolla y mayonesa.

colic ['kɒlɪk] n cólico m.

collaborate [kə'læbəreɪt] vi colaborar.

collapse [kə'læps] vi (building, tent) desplomarse; (person) sufrir un colapso.

collar ['kɒlə'] n (of shirt, coat) cuello m; (of dog, cat) collar m.

collarbone ['kɒləbəʊn] n clavícula f.

colleague ['kɒli:g] n colega mf.

collect [kə'lekt] vt (gather) reunir; (as a hobby) coleccionar; (go and get) recoger; (money) recaudar. ◆ vi acumularse. ◆ adv Am: **to call (sb) ~** llamar (a alguien) a cobro revertido.

collection [kə'lekʃn] n colección f; (of money) recaudación f; (of mail) recogida f.

collector [kə'lektər] n (as a hobby) coleccionista mf.

college ['kɒlɪdʒ] n (school) instituto m, escuela f; Br (of university) colegio universitario que forma parte de ciertas universidades; Am (university) universidad f.

collide [kə'laɪd] vi: to ~ (with) colisionar (con).

collision [kə'lɪʒn] n colisión f.

cologne [kə'ləʊn] n colonia f.

Colombia [kə'lɒmbɪə] n Colombia.

Colombian [kə'lɒmbɪən] adj colombiano(na). ◆ n colombiano m, -na f.

colon ['kəʊlən] n GRAMM dos puntos mpl.

colony ['kɒlənɪ] n (country) colonia f.

color ['kʌlər] Am = **colour**.

colour ['kʌlər] n color m. ◆ adj (photograph, film) en color. ◆ vt (skin) teñir; (food) colorear. ◆ **colour in** vt sep colorear.

colour-blind adj daltónico(ca).

colourful ['kʌləfʊl] adj (picture, garden, scenery) de vivos colores; fig (person, place) pintoresco(ca).

colouring ['kʌlərɪŋ] n (of food) colorante m; (complexion) tez f.

colouring book n libro m de colorear.

colour supplement n suplemento m en color.

colour television n televisión f en color.

column ['kɒləm] n columna f.

coma ['kəʊmə] n coma m.

comb [kəʊm] n peine m. ◆ vt: to ~ one's hair peinarse (el pelo).

combination [ˌkɒmbɪ'neɪʃn] n combinación f.

combine [kəm'baɪn] vt: to ~ sthg (with) combinar algo (con).

☞

come [kʌm] (pt came, pp come) vi -1. (move) venir; we came by taxi vinimos en taxi; ~ here! ¡ven aquí! -2. (arrive) llegar; they still haven't ~ todavía no han llegado; 'coming soon' 'próximamente'. -3. (in order): to ~ first/last (in race) llegar el primero/el último; (in exam) quedar el primero/el último. -4. (reach): the water ~s up to my ankles el agua me llega hasta los tobillos. -5. (become): to ~ loose aflojarse; to ~ undone deshacerse. -6. (be sold): they ~ in packs of six vienen en paquetes de seis. ❑ **come across** vt fus encontrarse con. ❑ **come along** vi (progress) ir; (arrive) venir; ~ along! ¡venga! ❑ **come apart** vi (book, clothes) deshacerse. ❑ **come back** vi (return) volver. ❑ **come down** vi (price) bajar. ❑ **come down with** vt fus (illness) coger, agarrar (Amér). ❑ **come from** vt fus (person) ser de; (noise, product) venir de. ❑ **come in** vi (enter) entrar; (arrive) llegar; (tide) crecer; ~ in! ¡adelante! ❑ **come off** vi (become detached) desprenderse; (succeed) salir bien. ❑ **come on** vi (progress) ir; (improve) mejorar; ~ on! ¡venga! ❑ **come out** vi salir; (film) estrenarse; (stain) quitarse. ❑ **come over** vi (visit) venir. ❑ **come round** vi (visit) venir; (regain consciousness) volver en sí. ❑ **come to** vt fus (subj: bill) ascender a. ❑ **come up** vi (go upstairs) subir; (be mentioned, arise) surgir; (sun, moon) salir. ❑ **come up with** vt fus: she came up with a brilliant idea se le ocurrió una idea estupenda.

comedian [kə'miːdjən] *n* humorista *mf*.

comedy ['kɒmədɪ] *n (TV programme, film, play)* comedia *f; (humour)* humor *m*.

comfort ['kʌmfət] *n* comodidad *f; (consolation)* consuelo *m*. ◆ *vt* consolar.

comfortable ['kʌmftəbl] *adj* cómodo(da); *(after illness, operation)* en estado satisfactorio; *(financially)* acomodado(da).

comforter ['kʌmfətə'] *n Am* edredón *m*.

comic ['kɒmɪk] *adj* cómico(ca). ◆ *n (person)* humorista *mf; (adult magazine)* cómic *m; (children's magazine)* tebeo *m Esp*, revista *f* de historietas.

comical ['kɒmɪkl] *adj* cómico(ca).

comic strip *n* tira *f* cómica.

comma ['kɒmə] *n* coma *f*.

command [kə'mɑːnd] *n (order)* orden *f; (mastery)* dominio *m*. ◆ *vt (order)* ordenar; *(be in charge of)* estar al mando de.

commander [kə'mɑːndə'] *n* comandante *m*.

commemorate [kə'meməreɪt] *vt* conmemorar.

commence [kə'mens] *vi fml* comenzar.

comment ['kɒment] *n* comentario *m*. ◆ *vi* hacer comentarios.

commentary ['kɒməntrɪ] *n (on TV, radio)* comentario *m*.

commentator ['kɒmənteɪtə'] *n (on TV, radio)* comentarista *mf*.

commerce ['kɒmɜːs] *n* comercio *m*.

commercial [kə'mɜːʃl] *adj* comercial. ◆ *n* anuncio *m (televisivo o radiofónico)*, comercial *m Amér*.

commercial break *n* pausa *f* para la publicidad.

commission [kə'mɪʃn] *n* comisión *f*.

commit [kə'mɪt] *vt (crime, sin)* cometer; **to ~ o.s. (to sthg)** comprometerse (a algo); **to ~ suicide** suicidarse.

committee [kə'mɪtɪ] *n* comité *m*.

commodity [kə'mɒdətɪ] *n* producto *m*.

common ['kɒmən] *adj* común; *pej (vulgar)* ordinario(ria). ◆ *n Br (land)* zona de hierba abierta accesible a todo el mundo; **in ~** en común.

commonly ['kɒmənlɪ] *adv (generally)* generalmente.

Common Market *n* Mercado *m* Común.

common sense *n* sentido *m* común.

Commonwealth ['kɒmənwelθ] *n* Commonwealth *f*.

communal ['kɒmjunl] *adj* comunal.

communicate [kə'mjuːnɪkeɪt] *vi*: **to ~ (with)** comunicarse (con).

communication [kə,mjuːnɪ'keɪʃn] *n* comunicación *f*.

communication cord *n Br* alarma *f (de un tren o metro)*.

communist ['kɒmjunɪst] *n* comunista *mf*.

community [kə'mjuːnətɪ] *n* comunidad *f*.

community centre *n* centro *m* social.

commute [kə'mjuːt] *vi* viajar diariamente al lugar de trabajo, especialmente en tren.

commuter [kə'mjuːtə'] *n* persona que viaja diariamente al lugar de trabajo, especialmente en tren.

compact [*adj* kəm'pækt, *n*

'kɒmpækt] adj compacto(ta). ◆ *n* (for make-up) polvera *f*; *Am* (car) utilitario *m* *Esp*, coche *m* de compact.

compact disc player [ˌkɒmpækt-] *n* compact *m* (disc).

company ['kʌmpəni] *n* compañía *f*; **to keep sb ~** hacer compañía a alguien.

company car *n* coche *m* de la empresa.

comparatively [kəm'pærətɪvli] *adv* relativamente.

compare [kəm'peəʳ] *vt*: **to ~ sthg (with)** comparar algo (con); **~d with** en comparación con.

comparison [kəm'pærɪsn] *n* comparación *f*; **in ~ with** en comparación con.

compartment [kəm'pɑːtmənt] *n* compartimento *m*.

compass ['kʌmpəs] *n* brújula *f*; **(a pair of) ~es** (un) compás.

compatible [kəm'pætəbl] *adj* compatible.

compensate ['kɒmpenseɪt] *vt* compensar. ◆ *vi*: **to ~ for sthg** compensar algo; **to ~ sb for sthg** compensar a alguien por algo.

compensation [ˌkɒmpen'seɪʃn] *n* (money) indemnización *f*.

compete [kəm'piːt] *vi* competir; **to ~ with sb for sthg** competir con alguien por algo.

competent ['kɒmpɪtənt] *adj* competente.

competition [ˌkɒmpɪ'tɪʃn] *n* SPORT competición *f*, competencia *f* Amér; (of writing, music etc) concurso *m* ; (rivalry) competencia *f*; **the ~** la competencia.

competitive [kəm'petətɪv] *adj* competitivo(va).

competitor [kəm'petɪtəʳ] *n* (in race, contest) participante *mf*; (in game

---

show) concursante *mf*; COMM competidor *m*, -ra *f*.

complain [kəm'pleɪn] *vi*: **to ~ (about)** quejarse (de).

complaint [kəm'pleɪnt] *n* (statement) queja *f*; (illness) dolencia *f*.

complement ['kɒmplɪˌment] *vt* complementar.

complete [kəm'pliːt] *adj* (whole) completo(ta); (finished) terminado (da); (change, disaster) total; (idiot) consumado(da). ◆ *vt* (finish) terminar; (a form) rellenar; (make whole) completar; **~ with** con.

completely [kəm'pliːtli] *adv* completamente.

complex ['kɒmpleks] *adj* complejo(ja). ◆ *n* complejo *m*.

complexion [kəm'plekʃn] *n* (of skin) cutis *m inv*.

complicated ['kɒmplɪkeɪtɪd] *adj* complicado(da).

compliment [*n* 'kɒmplɪmənt, *vb* 'kɒmplɪment] *n* cumplido *m*. ◆ *vt* felicitar.

complimentary [ˌkɒmplɪ'mentərɪ] *adj* (seat, ticket) gratuito(ta); (words, person) halagador(ra).

compose [kəm'pəʊz] *vt* componer; **to be ~ d of** estar compuesto de.

composed [kəm'pəʊzd] *adj* tranquilo(la).

composer [kəm'pəʊzəʳ] *n* compositor *m*, -ra *f*.

composition [ˌkɒmpə'zɪʃn] *n* (essay) redacción *f*.

compound ['kɒmpaʊnd] *n* (substance) compuesto *m*; (word) palabra *f* compuesta.

comprehensive [ˌkɒmprɪ'hensɪv] *adj* amplio(plia).

comprehensive (school) *n* Br instituto de enseñanza media no selectiva en Gran Bretaña.

comprise [kəm'praɪz] *vt* comprender.

compromise ['kɒmprəmaɪz] *n* arreglo *m*, acuerdo *m*.

compulsory [kəm'pʌlsərɪ] *adj* obligatorio(ria).

computer [kəm'pju:tə⁽ʳ⁾] *n* ordenador *m Esp*, computadora *f Amér*.

computer game *n* videojuego *m*.

computer-generated [-'dʒenəreɪtɪd] *adj* generado(da) por ordenador *Esp* OR computadora *Amér*.

computerized [kəm'pju:təraɪzd] *adj* informatizado(da).

computer-literate *adj* competente en el uso de ordenadores *Esp* OR computadoras *Amér*.

computer operator *n* operador *m*, -ra *f* de ordenador *Esp* OR computadora *Amér*.

computer programmer [-'prəʊgræmə⁽ʳ⁾] *n* programador *m*, -ra *f* (de ordenadores).

computing [kəm'pju:tɪŋ] *n* informática *f*.

con [kɒn] *n inf* (*trick*) timo *m*, estafa *f*; **all mod** ~**s** con todas las comodidades.

conceal [kən'si:l] *vt* ocultar.

conceited [kən'si:tɪd] *adj pej* engreído(da).

concentrate ['kɒnsəntreɪt] *vi* concentrarse. ◆ *vt*: **to be** ~**d** (*in one place*) concentrarse; **to** ~ **on sthg** concentrarse en algo.

concentrated ['kɒnsəntreɪtɪd] *adj* concentrado(da).

concentration [ˌkɒnsən'treɪʃn] *n* concentración *f*.

concern [kən'sɜ:n] *n* (*worry*) preocupación *f*; (*matter of interest*) asunto *m*; COMM empresa *f*. ◆ *vt* (*be about*) tratar de; (*worry*) preocupar; (*involve*)

concernir; **to be** ~**ed about** estar preocupado por; **to be** ~**ed with** tratar de; **to** ~ **o.s. with sthg** preocuparse por algo; **as far as I'm** ~**ed** por lo que a mí respecta.

concerned [kən'sɜ:nd] *adj* preocupado(da).

concerning [kən'sɜ:nɪŋ] *prep* acerca de.

concert ['kɒnsət] *n* concierto *m*.

concession [kən'seʃn] *n* (*reduced price*) descuento *m*.

concise [kən'saɪs] *adj* conciso(sa).

conclude [kən'klu:d] *vt* concluir. ◆ *vi fml* (*end*) concluir.

conclusion [kən'klu:ʒn] *n* (*decision*) conclusión *f*; (*end*) final *m*.

concrete ['kɒŋkri:t] *adj* (*building, path*) de hormigón, concreto *m Amér*; (*idea, plan*) concreto(ta). ◆ *n* hormigón *m*.

concussion [kən'kʌʃn] *n* conmoción *f* cerebral.

condensation [ˌkɒnden'seɪʃn] *n* (*on window*) vaho *m*.

condition [kən'dɪʃn] *n* (*state*) estado *m*; (*proviso*) condición *f*; (*illness*) afección *f*; **on** ~ **that** a condición de que. ❑ **conditions** *npl* (*circumstances*) condiciones *fpl*.

conditioner [kən'dɪʃnə⁽ʳ⁾] *n* suavizante *m Esp*, enjuague *m Amér*.

condo ['kɒndəʊ] *Am inf* = **condominium**.

condom ['kɒndəm] *n* condón *m*.

condominium [ˌkɒndə'mɪnɪəm] *n* Am apartamento *m*, condominio *m Amér*.

conduct [*vb* kən'dʌkt, *n* 'kɒndʌkt] *vt* (*investigation, business*) llevar a cabo; MUS dirigir. ◆ *n fml* conducta *f*; **to** ~ **o.s.** *fml* comportarse.

conductor [kən'dʌktə⁽ʳ⁾] *n* MUS director *m*, -ra *f*; (*on bus*) cobrador *m*,

-ra f; Am (on train) revisor m, -ra f.

cone [kəʊn] n (shape, on roads) cono m; (for ice cream) cucurucho m, barquillo m.

confectioner's sugar [kən'fekʃnəz] n Am azúcar m glas.

confectionery [kən'fekʃnərɪ] n dulces mpl.

conference ['kɒnfərəns] n conferencia f, congreso m.

confess [kən'fes] vi: to ~ (to sthg) confesar (algo).

confession [kən'feʃn] n confesión f.

confidence ['kɒnfɪdəns] n (self-assurance) seguridad f (en sí mismo); (trust) confianza f; **to have ~ in** tener confianza en.

confident ['kɒnfɪdənt] adj (self-assured) seguro de sí mismo (segura de sí misma); (certain) seguro(ra).

confined [kən'faɪnd] adj limitado(da).

confirm [kən'fɜːm] vt confirmar.

confirmation [ˌkɒnfə'meɪʃn] n confirmación f.

conflict [n 'kɒnflɪkt, vb kən'flɪkt] n conflicto m. ◆ vi: to ~ (with) estar en desacuerdo (con).

conform [kən'fɔːm] vi: to ~ (to) ajustarse (a).

confuse [kən'fjuːz] vt confundir; **to ~ sthg with sthg** confundir algo con algo.

confused [kən'fjuːzd] adj confuso(sa).

confusing [kən'fjuːzɪŋ] adj confuso(sa).

confusion [kən'fjuːʒn] n confusión f.

congested [kən'dʒestɪd] adj (street) congestionado(da).

congestion [kən'dʒestʃn] n (traffic) congestión f.

congratulate [kən'grætʃʊleɪt] vt: to ~ sb (on sthg) felicitar a alguien (por algo).

congratulations [kənˌgrætʃʊ'leɪʃənz] excl ¡enhorabuena!.

congregate ['kɒŋgrɪgeɪt] vi congregarse.

Congress ['kɒŋgres] n Am el Congreso.

conifer ['kɒnɪfə'] n conífera f.

conjunction [kən'dʒʌŋkʃn] n GRAMM conjunción f.

conjurer ['kʌndʒərə'] n prestidigitador m, -ra f.

connect [kə'nekt] vt conectar; (caller on phone) comunicar, poner. ◆ vi: to ~ with (train, plane) enlazar con; **to ~ sthg with sthg** (associate) asociar algo con algo.

connecting flight [kə'nektɪŋ-] n vuelo m de enlace.

connection [kə'nekʃn] n (link) conexión f; (train, plane) enlace m; **a bad ~** (on phone) mala línea; **a loose ~** (in machine) un hilo suelto; **in ~ with** con relación a.

conquer ['kɒŋkə'] vt conquistar.

conscience ['kɒnʃəns] n conciencia f.

conscientious [ˌkɒnʃɪ'enʃəs] adj concienzudo(da).

conscious ['kɒnʃəs] adj (awake) consciente; (deliberate) deliberado (da); **to be ~ of** ser consciente de.

consent [kən'sent] n consentimiento m.

consequence ['kɒnsɪkwəns] n (result) consecuencia f.

consequently ['kɒnsɪkwəntlɪ] adv por consiguiente.

conservation [ˌkɒnsə'veɪʃn] n conservación f.

conservative [kən'sɜːvətɪv] adj conservador(ra). ◻ **Conservative**

adj conservador(ra). ◆ *n* conservador *m*, -ra *f*.

conservatory [kən'sɜːvətrɪ] *n* pequeña habitación acristalada aneja a la casa.

consider [kən'sɪdəʳ] *vt* considerar; **to ~ doing sthg** pensarse si hacer algo.

considerable [kən'sɪdrəbl] *adj* considerable.

consideration [kən,sɪdə'reɪʃn] *n* consideración *f*; **to take sthg into ~** tener algo en cuenta.

considering [kən'sɪdərɪŋ] *prep* teniendo en cuenta.

consist [kən'sɪst] ◆ **consist in** *vt fus* consistir en. ❑ **consist of** *vt fus* consistir en.

consistent [kən'sɪstənt] *adj (coherent)* coherente; *(worker, performance)* constante.

consolation [,kɒnsə'leɪʃn] *n* consuelo *m*.

console ['kɒnsəʊl] *n* consola *f*.

consonant ['kɒnsənənt] *n* consonante *f*.

conspicuous [kən'spɪkjʊəs] *adj* visible.

constable ['kʌnstəbl] *n* Br policía *mf*.

constant ['kɒnstənt] *adj* constante.

constantly ['kɒnstəntlɪ] *adv (all the time)* constantemente.

constipated ['kɒnstɪpeɪtɪd] *adj* estreñido(da).

constitution [,kɒnstɪ'tjuːʃn] *n (health)* constitución *f*.

construct [kən'strʌkt] *vt* construir.

construction [kən'strʌkʃn] *n* construcción *f*; **'under ~'** 'en construcción'.

consul ['kɒnsəl] *n* cónsul *mf*.

consulate ['kɒnsjʊlət] *n* consulado *m*.

consult [kən'sʌlt] *vt* consultar.

consultant [kən'sʌltənt] *n* Br *(doctor)* especialista *mf*.

consume [kən'sjuːm] *vt* consumir.

consumer [kən'sjuːməʳ] *n* consumidor *m*, -ra *f*.

contact ['kɒntækt] *n* contacto *m*. ◆ *vt* ponerse en contacto con; **in ~ with** en contacto con.

contact lens *n* lentilla *f Esp*, lente *m* de contacto *Amér*.

contagious [kən'teɪdʒəs] *adj* contagioso(sa).

contain [kən'teɪn] *vt* contener.

container [kən'teɪnəʳ] *n (box etc)* envase *m*.

contaminate [kən'tæmɪneɪt] *vt* contaminar.

contemporary [kən'tempərərɪ] *adj* contemporáneo(a). ◆ *n* contemporáneo *m*, -a *f*.

contend [kən'tend] ◆ **contend with** *vt fus* afrontar.

content [*adj* kən'tent, *n* 'kɒntent] *adj* contento(ta). ◆ *n (of vitamins, fibre etc)* contenido *m*. ❑ **contents** *npl (things inside)* contenido *m*; *(at beginning of book)* índice *m* (de materias).

contest [*n* 'kɒntest, *vb* kən'test] *n (competition)* competición *f*, concurso *m*; *(struggle)* contienda *f* ◆ *vt (election, seat)* presentarse como candidato a; *(decision, will)* impugnar.

context ['kɒntekst] *n* contexto *m*.

continent ['kɒntɪnənt] *n* continente *m*; **the Continent** Br la Europa continental.

continental [,kɒntɪ'nentl] *adj* Br *(European)* de la Europa continental.

continental breakfast *n* desayuno *m* continental.

cookie

continental quilt *n Br* edredón *m.*

continual [kən'tɪnjʊəl] *adj* continuo(nua).

continually [kən'tɪnjʊəlɪ] *adv* continuamente.

continue [kən'tɪnjuː] *vt & vi* continuar; **to ~ doing sth** continuar haciendo algo; **to ~ with sth** continuar con algo.

continuous [kən'tɪnjʊəs] *adj* continuo(nua).

continuously [kən'tɪnjʊəslɪ] *adv* continuamente.

contraception [ˌkɒntrə'sepʃn] *n* anticoncepción *f.*

contraceptive [ˌkɒntrə'septɪv] *n* anticonceptivo *m.*

contract [*n* 'kɒntrækt, *vb* kən'trækt] *n* contrato *m.* ◆ *vt fml (illness)* contraer.

contradict [ˌkɒntrə'dɪkt] *vt* contradecir.

contrary ['kɒntrərɪ] *n:* **on the ~** al contrario.

contrast [*n* 'kɒntrɑːst, *vb* kən'trɑːst] *n* contraste *m.* ◆ *vt* contrastar; **in ~ to** a diferencia de.

contribute [kən'trɪbjuːt] *vt (help, money)* contribuir. ◆ *vi:* **to ~ to** contribuir a.

contribution [ˌkɒntrɪ'bjuːʃn] *n* contribución *f.*

control [kən'trəʊl] *n* control *m.* ◆ *vt* controlar; *(restrict)* restringir; **to be in ~** estar al mando; **out of ~** fuera de control; **under ~** bajo control. ❑ **controls** *npl (for TV, video)* botones *mpl* de mando; *(of plane)* mandos *mpl.*

control tower *n* torre *f* de control.

controversial [ˌkɒntrə'vɜːʃl] *adj* controvertido(da).

convenience [kən'viːnjəns] *n (convenient nature)* conveniencia *f; (convenient thing)* comodidad *f;* **at your ~** cuando le venga bien.

convenient [kən'viːnjənt] *adj (suitable)* conveniente; *(well-situated)* bien situado(da); **would tomorrow be ~?** ¿le viene bien mañana?

convent ['kɒnvənt] *n* convento *m.*

conventional [kən'venʃənl] *adj* convencional.

conversation [ˌkɒnvə'seɪʃn] *n* conversación *f.*

conversion [kən'vɜːʃn] *n (change)* conversión *f; (to building)* reforma *f.*

convert [kən'vɜːt] *vt* convertir; **to ~ sth into** convertir algo en.

converted [kən'vɜːtɪd] *adj (barn, loft)* acondicionado(da).

convertible [kən'vɜːtəbl] *n* descapotable *m,* convertible *m Amér.*

convey [kən'veɪ] *vt fml (transport)* transportar; *(idea, impression)* transmitir.

convict [*n* 'kɒnvɪkt, *vb* kən'vɪkt] *n* presidiario *m,* -ria *f.* ◆ *vt:* **to ~ sb (of)** declarar a alguien culpable (de).

convince [kən'vɪns] *vt:* **to ~ sb (of sth)** convencer a alguien (de algo); **to ~ sb to do sth** convencer a alguien para que haga algo.

convoy ['kɒnvɔɪ] *n* convoy *m.*

cook [kʊk] *n* cocinero *m,* -ra *f.* ◆ *vt (meal)* preparar; *(food)* cocinar, guisar. ◆ *vi (person)* cocinar, guisar; *(food)* cocerse, hacerse.

cookbook ['kʊkˌbʊk] = **cookery book.**

cooker ['kʊkəʳ] *n* cocina *f (aparato),* estufa *f Col, Méx.*

cookery ['kʊkərɪ] *n* cocina *f (arte).*

cookery book *n* libro *m* de cocina.

cookie ['kʊkɪ] *n Am* galleta *f.*

cooking ['kʊkɪŋ] n cocina f.

cooking apple n manzana f para asar.

cooking oil n aceite m para cocinar.

cool [ku:l] adj (temperature) fresco (ca); (calm) tranquilo(la); (unfriendly) frío(a); inf (great) chachi Esp, sensacional. ◆ vt refrescar. ◆ **cool down** vi (become colder) enfriarse; (become calmer) calmarse.

cooperate [kəʊ'ɒpəreɪt] vi cooperar.

cooperation [kəʊˌɒpə'reɪʃn] n cooperación f.

cooperative [kəʊ'ɒpərətɪv] adj dispuesto(ta) a cooperar.

coordinates [kəʊ'ɔ:dɪnəts] npl (clothes) conjuntos mpl.

cope [kəʊp] vi: to ~ with (problem, situation) hacer frente a; (work) poder con.

copilot ['kəʊˌpaɪlət] n copiloto mf.

copper ['kɒpə[r]] n (metal) cobre m; Br inf (coin) moneda de cobre de uno o dos peniques.

copy ['kɒpɪ] n copia f; (of newspaper, book) ejemplar m. ◆ vt (duplicate) hacer una copia de; (imitate) copiar.

cord(uroy) ['kɔ:d(ərɔɪ)] n pana f.

core [kɔ:[r]] n (of fruit) corazón m.

coriander [ˌkɒrɪ'ændə[r]] n cilantro m.

cork [kɔ:k] n (in bottle) corcho m.

corkscrew ['kɔ:kskru:] n sacacorchos m inv.

corn [kɔ:n] n Br (crop) cereal m; Am (maize) maíz m; (on foot) callo m.

corned beef [ˌkɔ:nd-] n carne de vaca cocinada y enlatada.

corner ['kɔ:nə[r]] n (outside angle, bend in road) esquina f; (inside angle) rincón m; (in football) córner m; **it's just around the ~** está a la vuelta de la esquina.

corner shop n Br pequeña tienda de ultramarinos de barrio.

cornflakes ['kɔ:nfleɪks] npl copos mpl de maíz.

corn-on-the-cob [-'kɒb] n mazorca f.

corporal ['kɔ:pərəl] n cabo m y f.

corpse [kɔ:ps] n cadáver m.

correct [kə'rekt] adj correcto(ta). ◆ vt corregir.

correction [kə'rekʃn] n corrección f.

correspond [ˌkɒrɪ'spɒnd] vi: to ~ (to) (match) concordar con; to ~ (with) (exchange letters) cartearse (con).

corresponding [ˌkɒrɪ'spɒndɪŋ] adj correspondiente.

corridor ['kɒrɪdɔ:[r]] n pasillo m.

corrugated iron ['kɒrəgeɪtɪd-] n chapa f ondulada.

corrupt [kə'rʌpt] adj corrupto(ta).

cosmetics [kɒz'metɪks] npl cosméticos mpl.

cost [kɒst] (pt & pp cost) n coste m. ◆ vt costar; **how much does it ~?** ¿cuánto cuesta?

Costa Rica [ˌkɒstɪ'ri:kə] n Costa Rica.

Costa Rican [ˌkɒstɪ'ri:kən] adj costarricense. ◆ n costarricense mf.

costly ['kɒstlɪ] adv (expensive) costoso(sa).

costume ['kɒstju:m] n traje m.

cosy ['kəʊzɪ] adj Br (room, house) acogedor(ra).

cot [kɒt] n Br (for baby) cuna f; Am (camp bed) cama f plegable.

cottage ['kɒtɪdʒ] n casita f de campo.

cottage cheese n queso m fresco.

cottage pie *n Br* pastel de carne de vaca picada y cebollas con una capa de puré de patatas cocinado al horno.

cotton ['kɒtn] *adj (dress, shirt)* de algodón. ◆ *n (cloth)* algodón *m*; *(thread)* hilo *m* (de algodón).

cotton wool *n* algodón *m* (hidrófilo).

couch [kaʊtʃ] *n (sofa)* sofá *m*; *(at doctor's)* camilla *f*.

couchette [ku:'ʃet] *n (bed on train)* litera *f*; *(seat on ship)* butaca *f*.

cough [kɒf] *n* tos *f*. ◆ *vi* toser; **to have a ~** tener tos.

cough mixture *n* jarabe *m* para la tos.

could [kʊd] *pt* → **can.**

couldn't ['kʊdnt] = **could not.**

could've ['kʊdəv] = **could have.**

council ['kaʊnsl] *n Br (of town)* ayuntamiento *m*; *(of county)* ≃ diputación *f*; *(organization)* consejo *m*.

council house *n Br* ≃ casa *f* de protección oficial.

councillor ['kaʊnsələ'] *n Br* concejal *mf*.

council tax *n Br* ≃ contribución *f* urbana.

count [kaʊnt] *vt & vi* contar. ◆ *n (nobleman)* conde *m*. ❑ **count on** *vt fus* contar con.

counter ['kaʊntə'] *n (in shop)* mostrador *m*; *(in bank)* ventanilla *f*; *(in board game)* ficha *f*.

counterclockwise [,kaʊntə'klɒkwaɪz] *adv Am* en sentido opuesto a las agujas del reloj.

counterfoil ['kaʊntəfɔɪl] *n* matriz *f Esp*, talón *m Amér.*

countess ['kaʊntɪs] *n* condesa *f*.

country ['kʌntrɪ] *n (state)* país *m*; *(countryside)* campo *m*; *(population)* pueblo *m*. ◆ *adj* campestre.

country and western *n* música *f* country.

country house *n* casa *f* de campo.

country road *n* camino *m* vecinal.

countryside ['kʌntrɪsaɪd] *n* campo *m*.

county ['kaʊntɪ] *n (in Britain)* condado *m*; *(in US)* división administrativa de un estado en EEUU.

couple ['kʌpl] *n* pareja *f*; **a ~ (of)** un par (de).

coupon ['ku:pɒn] *n* cupón *m*.

courage ['kʌrɪdʒ] *n* valor *m*.

courgette [kɔ:'ʒet] *n Br* calabacín *m*.

courier ['kʊrɪə'] *n (for holiday-makers)* guía *mf*; *(for delivering letters)* mensajero *m*, -ra *f*.

course [kɔ:s] *n* curso *m*; *(of meal)* plato *m*; *(of treatment, injections)* tratamiento *m*; *(for golf)* campo *m* (de golf); **of ~** por supuesto, claro; **of ~ not** claro que no; **in the ~ of** en el curso de.

court [kɔ:t] *n* JUR *(building, room)* juzgado *m*; SPORT cancha *f*.

court shoes *npl* zapatos *m* de señora de tacón alto y sin adornos.

courtyard ['kɔ:tjɑ:d] *n* patio *m*.

cousin ['kʌzn] *n* primo *m*, -ma *f*.

cover ['kʌvə'] *n (soft covering)* funda *f*; *(lid)* tapa *f*; *(of book, magazine)* cubierta *f*; *(blanket)* manta *f*; *(insurance)* cobertura *f*. ◆ *vt* cubrir; *(travel)* recorrer; *(apply to)* afectar; *(discuss)* abarcar; **to be ~ed in** estar cubierto de, **to ~ sthg with sthg** *(food, tray, furniture etc)* cubrir algo con algo; *(hole, ears)* tapar algo con algo; **to take ~** refugiarse. ❑ **cover up** *vt sep (put cover on)* cubrir; *(facts, truth)* encubrir.

cover charge *n* precio *m* del cubierto.

cover note n Br póliza f provisional.

cow [kaʊ] n vaca f.

coward ['kaʊəd] n cobarde mf.

cowboy ['kaʊbɔɪ] n vaquero m.

crab [kræb] n cangrejo m.

crack [kræk] n (in cup, glass, wood) grieta f; (gap) rendija f. ◆ vt (cup, glass, wood) agrietar, rajar; (nut, egg) cascar; inf (joke) contar; (whip) chasquear. ◆ vi agrietarse, rajarse.

cracker ['krækə'] n (biscuit) galleta f salada; (for Christmas) tubo con sorpresa típico de Navidades que produce un pequeño restallido al ser abierto.

cradle ['kreɪdl] n cuna f.

craft [krɑːft] n (skill, trade) oficio m; (boat: pl inv) embarcación f.

craftsman ['krɑːftsmən] (pl -men [-mən]) n artesano m.

cram [kræm] vt: to ~ sthg into embutir algo en; to be crammed with estar atestado de.

cramp [kræmp] n calambres mpl; stomach ~s retortijones mpl.

cranberry ['krænbərɪ] n arándano m (agrio).

cranberry sauce n salsa de arándanos agrios que se suele comer con pavo.

crane [kreɪn] n (machine) grúa f.

crap [kræp] adj vulg de mierda. ◆ n vulg (excrement) mierda f.

crash [kræʃ] n (accident) choque m; (noise) estruendo m. ◆ vt (car) estrellar. ◆ vi (two vehicles) chocar; (into wall, ground) estrellarse. ❑ **crash into** vt fus estrellarse contra.

crash helmet n casco m protector.

crash landing n aterrizaje m forzoso.

crate [kreɪt] n caja f (para embalaje o transporte).

crawl [krɔːl] vi (baby) gatear; (person, insect) arrastrarse; (traffic) ir a paso de tortuga. ◆ n (swimming stroke) crol m.

crawler lane ['krɔːlə-] n Br carril m de los lentos.

crayfish ['kreɪfɪʃ] (pl inv) n (freshwater) cangrejo m de río; (sea) cigala f.

crayon ['kreɪɒn] n lápiz m de color; (wax) lápiz m de cera.

craze [kreɪz] n moda f.

crazy ['kreɪzɪ] adj loco(ca); to be ~ about estar loco por.

crazy golf n minigolf m, golfito m Amér.

cream [kriːm] n (food) nata f Esp, crema f Amér; (for face, burns) crema f. ◆ adj (in colour) crema (inv).

cream cheese n queso m cremoso Esp, queso m crema Amér.

cream tea n Br merienda de té con bollos, nata cuajada y mermelada.

creamy ['kriːmɪ] adj cremoso(sa).

crease [kriːs] n arruga f.

creased [kriːst] adj arrugado(da).

create [kriː'eɪt] vt (make) crear; (impression, interest) producir.

creative [kriː'eɪtɪv] adj creativo (va).

creature ['kriːtʃə'] n criatura f.

crèche [kreʃ] n Br guardería f.

credit ['kredɪt] n (praise) mérito m; (money, for studies) crédito m; to be in ~ estar con saldo acreedor. ❑ **credits** npl (of film) rótulos mpl de crédito, créditos mpl.

credit card n tarjeta f de crédito; to pay by ~ pagar con tarjeta de crédito; 'all major ~s accepted' 'se aceptan las principales tarjetas de crédito'.

creek [kriːk] n (inlet) cala f; Am (river) riachuelo m.

creep [kriːp] (pt & pp crept) vi

arrastrarse. ◆ *n inf (groveller)* peloti-
llero *m*, -ra *f Esp*, adulador *m*, -ra *f*.

cremate [krɪˈmeɪt] *vt* incinerar.

crematorium [ˌkreməˈtɔːrɪəm] *n*
crematorio *m*.

crepe [kreɪp] *n (thin pancake)* crepe
f.

crept [krept] *pt & pp* → **creep**.

cress [kres] *n* berro *m*.

crest [krest] *n (of hill)* cima *f*; *(of
wave)* cresta *f*; *(emblem)* blasón *m*.

crew [kruː] *n (of ship, plane)* tripulación *f*.

crew neck *n* cuello *m* redondo.

crib [krɪb] *n Am (cot)* cuna *f*.

cricket [ˈkrɪkɪt] *n (game)* críquet *m*;
(insect) grillo *m*.

crime [kraɪm] *n (serious offence)* crimen *m*; *(less serious offence)* delito *m*;
(illegal activity) delincuencia *f*.

criminal [ˈkrɪmɪnl] *adj* criminal.
◆ *n (serious)* criminal *mf*; *(less serious)*
delincuente *mf*; ~ **offence** delito *m*.

cripple [ˈkrɪpl] *n* lisiado *m*, -da *f*.
◆ *vt* dejar inválido.

crisis [ˈkraɪsɪs] *(pl* **crises** [ˈkraɪsiːz]*)*
n crisis *f*.

crisp [krɪsp] *adj* crujiente. □ **crisps**
npl Br patatas *fpl Esp* OR papas *fpl*
Amér fritas *fpl (de bolsa)*.

crispy [ˈkrɪspɪ] *adj* crujiente.

critic [ˈkrɪtɪk] *n (reviewer)* crítico *m*,
-ca *f*.

critical [ˈkrɪtɪkl] *adj* crítico(ca);
(very serious, dangerous) grave.

criticize [ˈkrɪtɪsaɪz] *vt* criticar.

crockery [ˈkrɒkərɪ] *n* vajilla *f*.

crocodile [ˈkrɒkədaɪl] *n* cocodrilo
m.

crocus [ˈkrəʊkəs] *(pl* **-es***)* *n* azafrán
m (flor).

crooked [ˈkrʊkɪd] *adj* torcido(da).

crop [krɒp] *n (kind of plant)* cultivo

m; *(harvest)* cosecha *f*. □ **crop up** *vi*
surgir.

cross [krɒs] *adj* enfadado(da). ◆ *n*
cruz *f*; *(mixture)* mezcla *f*. ◆ *vt* cruzar. ◆ *vi* cruzarse. □ **cross out** *vt*
sep tachar. □ **cross over** *vt fus* cruzar.

crossbar [ˈkrɒsbɑːʳ] *n (of goal)* lar-
guero *m*; *(of bicycle)* barra *f*.

cross-Channel ferry *n* ferry *que
hace la travesía del Canal de la Mancha*.

cross-country (running) *n*
cross *m*.

crossing [ˈkrɒsɪŋ] *n (on road)* cruce
m; *(sea journey)* travesía *f*.

crossroads [ˈkrɒsrəʊdz] *(pl inv)* *n*
cruce *m*.

crosswalk [ˈkrɒswɔːk] *n Am* paso
m Esp OR cruce *m Amér* de peatones.

crossword (puzzle) [ˈkrɒs-
wɜːd-] *n* crucigrama *m*.

crotch [krɒtʃ] *n* entrepierna *f*.

crouton [ˈkruːtɒn] *n* cuscurro *m*,
crutón *m*.

crow [krəʊ] *n* cuervo *m*.

crowbar [ˈkrəʊbɑːʳ] *n* palanca *f*.

crowd [kraʊd] *n (large group of people)* multitud *f*; *(at match)* público *m*.

crowded [ˈkraʊdɪd] *adj* atestado
(da).

crown [kraʊn] *n* corona *f*; *(of head)*
coronilla *f*.

Crown Jewels *npl* joyas de la corona británica.

crucial [ˈkruːʃl] *adj* crucial.

crude [kruːd] *adj (rough)* tosco(ca);
(rude) ordinario(ria).

cruel [krʊəl] *adj* cruel.

cruelty [ˈkrʊəltɪ] *n* crueldad *f*.

cruet (set) [ˈkruːɪt-] *n* vinagreras
fpl.

cruise [kruːz] *n* crucero *m*. ◆ *vi (car,
plane, ship)* ir a velocidad de crucero.

cruiser ['kru:zə'] n crucero m.

crumb [krʌm] n miga f.

crumble ['krʌmbl] n compota de fruta cubierta con una masa de harina, azúcar y mantequilla que se sirve caliente. ◆ vi (building, cliff) desmoronarse; (cheese) desmenuzarse.

crumpet ['krʌmpɪt] n bollo que se come tostado y con mantequilla.

crunchy ['krʌntʃɪ] adj crujiente.

crush [krʌʃ] vt (flatten) aplastar; (garlic, ice) triturar.

crust [krʌst] n corteza f.

crusty ['krʌstɪ] adj crujiente.

crutch [krʌtʃ] n (stick) muleta f; (between legs) = **crotch**.

cry [kraɪ] n grito m. ◆ vi (weep) llorar; (shout) gritar. ❑ **cry out** vi gritar.

crystal ['krɪstl] n cristal m.

cub [kʌb] n (animal) cachorro m.

Cuba ['kju:bə] n Cuba.

Cuban ['kju:bən] adj cubano(na). ◆ n cubano m, -na f.

cube [kju:b] n (shape) cubo m; (of sugar) terrón m; (of ice) cubito m.

cubicle ['kju:bɪkl] n (at swimming pool) caseta f; (in shop) probador m.

Cub (Scout) explorador de entre 8 y 11 años.

cuckoo ['koku:] n cuclillo m.

cucumber ['kju:kʌmbə'] n pepino m.

cuddle ['kʌdl] n abrazo m.

cuddly toy ['kʌdlɪ-] n muñeco m de peluche.

cue [kju:] n (in snooker, pool) taco m.

cuff [kʌf] n (of sleeve) puño m; Am (of trousers) vuelta f.

cuff links npl gemelos mpl.

cuisine [kwɪ'zi:n] n cocina f.

cul-de-sac ['kʌldəsæk] n callejón m sin salida.

cult [kʌlt] n culto m. ◆ adj de culto.

cultivate ['kʌltɪveɪt] vt cultivar.

cultivated ['kʌltɪveɪtɪd] adj (person) culto(ta).

cultural ['kʌltʃərəl] adj cultural.

culture ['kʌltʃə'] n cultura f.

cumbersome ['kʌmbəsəm] adj aparatoso(sa).

cumin ['kju:mɪn] n comino m.

cunning ['kʌnɪŋ] adj astuto(ta).

cup [kʌp] n (for drinking, cupful) taza f; (trophy, competition, of bra) copa f.

cupboard ['kʌbəd] n armario m.

curator [,kjuə'reɪtə'] n director m, -ra f (de museo, biblioteca, etc).

curb [kɜ:b] Am = **kerb**.

curd cheese [,kɜ:d-] n requesón m.

cure [kjuə'] n cura f. ◆ vt curar.

curious ['kjuərɪəs] adj curioso(sa).

curl [kɜ:l] n (of hair) rizo m. ◆ vt (hair) rizar.

curler ['kɜ:lə'] n rulo m.

curly ['kɜ:lɪ] adj rizado(da).

currant ['kʌrənt] n pasa f de Corinto.

currency ['kʌrənsɪ] n (money) moneda f.

current ['kʌrənt] adj actual. ◆ n corriente f.

current account n Br cuenta f corriente.

current affairs npl temas mpl de actualidad.

currently ['kʌrəntlɪ] adv actualmente.

curriculum [kə'rɪkjələm] n temario m, plan m de estudios.

curriculum vitae [-'vi:taɪ] n Br currículum m (vitae).

curried ['kʌrɪd] adj al curry.

curry ['kʌrɪ] n curry m.

curse [kɜ:s] vi maldecir.

cursor ['kɜːsə'] n cursor m.

curtain ['kɜːtn] n (in house) cortina f; (in theatre) telón m.

curve [kɜːv] n curva f. ◆ vi torcer.

curved ['kɜːvd] adj curvo(va).

cushion ['kʊʃn] n cojín m.

custard ['kʌstəd] n natillas fpl.

custom ['kʌstəm] n (tradition) costumbre f; 'thank you for your ~' 'gracias por su visita'.

customary ['kʌstəmrɪ] adj habitual.

customer ['kʌstəmə'] n (of shop) cliente m, -ta f.

customer services n (department) servicio m de atención al cliente.

customs ['kʌstəmz] n aduana f; to go through ~ pasar por la aduana.

customs duty n derechos mpl de aduana.

customs officer n empleado m, -da f de aduana.

cut [kʌt] (pt & pp **cut**) n corte m; (reduction) reducción f, recorte m. ◆ vt cortar; (reduce) reducir. ◆ vi (knife, scissors) cortar; ~ **and blow-dry** corte y peinado; **to ~ one's finger** cortarse el dedo; **to ~ one's nails** cortarse las uñas; **to ~ o.s.** cortarse; **to have one's hair ~** cortarse el pelo; **to ~ the grass** cortar el césped; **to ~ sthg open** abrir algo (cortándolo). ❑ **cut back** vi: **to ~ back on sthg** reducir algo. ❑ **cut down** vt sep (tree) talar. ❑ **cut down on** vt fus: **to ~ down on sweets** comer menos golosinas. ❑ **cut off** vt sep (remove, disconnect) cortar; **I've been ~ off** (on phone) me han desconectado; **to be ~ off** (isolated) estar aislado. ❑ **cut out** vt sep (newspaper article, photo) recortar. ◆ vi (engine) calarse Esp, pararse; **to ~ out smoking** dejar de fumar; ~ **it**

out! inf ¡basta ya! ❑ **cut up** vt sep desmenuzar.

cute [kjuːt] adj mono(na).

cut-glass adj de cristal labrado.

cutlery ['kʌtlərɪ] n cubertería f.

cutlet ['kʌtlɪt] n (of meat) chuleta f.

cut-price adj de oferta.

cutting ['kʌtɪŋ] n (from newspaper) recorte m.

CV n Br (abbr of curriculum vitae) CV m.

cwt abbr = **hundredweight**.

cycle ['saɪkl] n (bicycle) bicicleta f; (series) ciclo m. ◆ vi ir en bicicleta.

cycle hire n alquiler m de bicicletas.

cycle lane n carril-bici m.

cycle path n camino m para bicicletas.

cycling ['saɪklɪŋ] n ciclismo m; **to go ~** ir en bicicleta.

cycling shorts npl pantalones mpl de ciclista.

cyclist ['saɪklɪst] n ciclista mf.

cylinder ['sɪlɪndə'] n (container) bombona f Esp, tanque m; (in engine) cilindro m.

cynical ['sɪnɪkl] adj cínico(ca).

Czech [tʃek] adj checo(ca). ◆ n (person) checo m, (ca f); (language) checo m.

Czech Republic: the ~ la República Checa.

D

dab [dæb] vt (ointment, cream) aplicar una pequeña cantidad de.

dad

dad [dæd] *n inf* papá *m*.

daddy [ˈdædɪ] *n inf* papá *m*.

daddy longlegs [-ˈlɒŋlegz] (*pl inv*) *n* típula *f*.

daffodil [ˈdæfədɪl] *n* narciso *m*.

daft [dɑːft] *adj Br inf* tonto(ta).

daily [ˈdeɪlɪ] *adj* diario(ria). ◆ *adv* diariamente. ◆ *n*: a ~ (newspaper) un diario.

dairy [ˈdeərɪ] *n* (on farm) vaquería *f*; (shop) lechería *f*.

dairy product *n* producto *m* lácteo.

daisy [ˈdeɪzɪ] *n* margarita *f*.

dam [dæm] *n* presa *f*.

damage [ˈdæmɪdʒ] *n* (physical harm) daño *m*; fig (to reputation, chances) perjuicio *m*. ◆ *vt* (house, car) dañar; (back, leg) hacerse daño en, lastimarse *Amér*; fig (reputation, chances) perjudicar.

damn [dæm] *excl inf* ¡maldita sea! ◆ *adj inf* maldito(ta). ◆ *n*: I don't give a ~ me importa un rábano.

damp [dæmp] *adj* húmedo(da). ◆ *n* humedad *f*.

damson [ˈdæmzn] *n* ciruela *f* damascena.

dance [dɑːns] *n* baile *m*; to have a ~ bailar. ◆ *vi* bailar.

dance floor *n* pista *f* de baile.

dancer [ˈdɑːnsə*r*] *n* bailarín *m*, -ina *f*.

dancing [ˈdɑːnsɪŋ] *n* baile *m*; to go ~ ir a bailar.

dandelion [ˈdændɪlaɪən] *n* diente *m* de león.

dandruff [ˈdændrʌf] *n* caspa *f*.

danger [ˈdeɪndʒə*r*] *n* peligro *m*; in ~ en peligro.

dangerous [ˈdeɪndʒərəs] *adj* peligroso(sa).

Danish [ˈdeɪnɪʃ] *adj* danés(esa). ◆ *n* (language) danés *m*.

dare [deə*r*] *vt*: to ~ to do sthg atreverse a hacer algo; to ~ sb to do sthg desafiar a alguien a hacer algo; how ~ you! ¿cómo te atreves?

daring [ˈdeərɪŋ] *adj* atrevido(da).

dark [dɑːk] *adj* oscuro(ra); (day, weather) sombrío(a); (person, skin) moreno(na). ◆ *n*: after ~ después del anochecer; the ~ la oscuridad.

dark chocolate *n* chocolate *m* amargo.

darkness [ˈdɑːknɪs] *n* oscuridad *f*.

darling [ˈdɑːlɪŋ] *n* (term of affection) querido *m*, -da *f*.

dart [dɑːt] *n* dardo *m*. ❑ **darts** *n* (game) dardos *mpl*.

dartboard [ˈdɑːtbɔːd] *n* diana *f*.

dash [dæʃ] *n* (of liquid) gotas *fpl*; (in writing) guión *m*. ◆ *vi* ir de prisa.

dashboard [ˈdæʃbɔːd] *n* salpicadero *m Esp*, tablero *m* de mandos.

data [ˈdeɪtə] *n* datos *mpl*.

database [ˈdeɪtəbeɪs] *n* base *f* de datos.

data protection *n* COMPUT protección *f* de datos.

date [deɪt] *n* (day) fecha *f*; (meeting) cita *f*; Am (person) pareja *f* (con la que se sale); (fruit) dátil *m*. ◆ *vt* (cheque, letter) fechar; (person) salir con. ◆ *vi* (become unfashionable) pasar de moda; what's the ~? ¿qué fecha es?; to have a ~ with sb tener una cita con alguien.

date of birth *n* fecha *f* de nacimiento.

daughter [ˈdɔːtə*r*] *n* hija *f*.

daughter-in-law *n* nuera *f*.

dawn [dɔːn] *n* amanecer *m*.

day [deɪ] *n* día *m*; what ~ is it today? ¿qué día es hoy?; what a lovely ~! ¡qué día más bonito!; to have a ~ off tomarse un día libre; to have a ~ out ir de excursión; by ~ de día; the

~ **after tomorrow** pasado mañana; **the ~ before** el día anterior; **the ~ before yesterday** anteayer; **the following** ~ el día siguiente; **have a nice ~!** ¡adiós y gracias!

daylight ['deɪlaɪt] *n* luz *f* del día.

day return *n Br* billete *m* de ida y vuelta *para un día.*

dayshift ['deɪʃɪft] *n* turno *m* de día.

daytime ['deɪtaɪm] *n* día *m*.

day-to-day [adj] cotidiano(na).

day trip *n* excursión *f* (de un día).

dazzle ['dæzl] *vt* deslumbrar.

dead [ded] *adj (not alive)* muerto (ta); *(not lively)* sin vida; *(telephone, line)* cortado(da); *(battery)* descargado(da). ◆ *adv (precisely)* justo; *inf (very)* la mar de; **it's ~ ahead** está justo enfrente; **'~ slow'** 'al paso'.

dead end *n (street)* callejón *m* sin salida.

deadline ['dedlaɪn] *n* fecha *f* límite.

deaf [def] *adj* sordo(da). ◆ *npl:* **the ~** los sordos.

deal [di:l] *(pt & pp* dealt) *n (agreement)* trato *m*. ◆ *vt (cards)* repartir; **to be a good/bad ~** estar bien/mal de precio; **a great ~** of mucho; **it's a ~!** ¡trato hecho! ❑ **deal in** *vt fus* comerciar en. ❑ **deal with** *vt fus (handle)* hacer frente a; *(be about)* tratar de.

dealer ['di:lə'] *n COMM* comerciante *mf*; *(in drugs)* traficante *mf (que vende).*

dealt [delt] *pt & pp* → **deal**.

dear [dɪə'] *adj (loved)* querido(da); *(expensive)* caro(ra). ◆ *n:* **my ~** querido m, -da f; **Dear Sir** Muy señor mío; **Dear Madam** Estimada señora; **Dear John** Querido John; **oh ~!** ¡vaya por Dios!

death [deθ] *n* muerte *f*.

debate [dɪ'beɪt] *n* debate *m*. ◆ *vt*

(wonder) pensar, considerar.

debit ['debɪt] *n* debe *m*. ◆ *vt:* **to ~ sb's account with an amount** deducir una cantidad de la cuenta de alguien.

debit card *n* tarjeta *f* de débito.

debt [det] *n* deuda *f*; **to be in ~** tener deudas.

decaff ['di:kæf] *n inf* descafeinado *m*.

decaffeinated [dɪ'kæfɪneɪtɪd] *adj* descafeinado(da).

decanter [dɪ'kæntə'] *n* licorera *f*.

decay [dɪ'keɪ] *n (of building, wood)* deterioro *m*; *(of tooth)* caries *f inv*. ◆ *vi* descomponerse.

deceive [dɪ'si:v] *vt* engañar.

decelerate [ˌdi:'seləreɪt] *vi* desacelerar.

December [dɪ'sembə'] *n* diciembre *m* → **September**.

decent ['di:snt] *adj* decente; *(kind)* amable.

decide [dɪ'saɪd] *vt & vi* decidir; **to ~ to do sthg** decidir hacer algo. ❑ **decide on** *vt fus* decidirse por.

decimal ['desɪml] *adj* decimal, punto *m* decimal.

decimal point *n* coma *f* decimal.

decision [dɪ'sɪʒn] *n* decisión *f*; **to make a ~** tomar una decisión.

decisive [dɪ'saɪsɪv] *adj (person)* decidido(da); *(event, factor)* decisivo(va).

deck [dek] *n (of ship)* cubierta *f*; *(of bus)* piso *m*; *(of cards)* baraja *f*.

deckchair ['dektʃeə'] *n* tumbona *f Esp*, silla *f* de playa.

declare [dɪ'kleə'] *vt* declarar; **to ~ that** declarar que; **'goods to ~'** cartel que indica la ruta para personas con objetos que declarar en la aduana; **'nothing to ~'** cartel que indica la ruta para personas sin objetos que declarar en la aduana.

decline [dɪ'klaɪn] n declive m. ◆ vi (get worse) disminuir; (refuse) rehusar.

decorate ['dekəreɪt] vt (with wallpaper) empapelar; (with paint) pintar; (make attractive) decorar.

decoration [ˌdekə'reɪʃn] n (wallpaper, paint, furniture) decoración f; (decorative object) adorno m.

decorator ['dekəreɪtə'] n (painter) pintor m, -ra f; (paperhanger) empapelador m, -ra f.

decrease n 'di:kri:s, vb dɪ'kri:s] n disminución f. ◆ vi disminuir.

dedicated ['dedɪkeɪtɪd] adj dedicado(da).

deduce [dɪ'dju:s] vt deducir.

deduct [dɪ'dʌkt] vt deducir.

deduction [dɪ'dʌkʃn] n deducción f.

deep [di:p] adj profundo(da); (colour) intenso(sa); (breath, sigh) hondo(da); (voice) grave. ◆ adv hondo; it's two metres ~ tiene dos metros de profundidad.

deep end n (of swimming pool) parte f honda.

deep freeze n congelador m.

deep-fried [-'fraɪd] adj frito(ta) en aceite abundante.

deep-pan adj de masa doble.

deer [dɪə'] (pl inv) n ciervo m.

defeat [dɪ'fi:t] n derrota f. ◆ vt derrotar.

defect ['di:fekt] n defecto m.

defective [dɪ'fektɪv] adj defectuoso(sa).

defence [dɪ'fens] n Br defensa f.

defend [dɪ'fend] vt defender.

defense [dɪ'fens] Am = **defence**.

deficiency [dɪ'fɪʃnsɪ] n (lack) deficiencia f.

deficit ['defɪsɪt] n déficit m inv.

define [dɪ'faɪn] vt definir.

definite ['defɪnɪt] adj (answer, plans) definitivo(va); (improvement) claro(ra); (person) concluyente; it's not ~ no es seguro.

definite article n artículo m definido.

definitely ['defɪnɪtlɪ] adv (certainly) sin duda alguna.

definition [ˌdefɪ'nɪʃn] n (of word) definición f.

deflate [dɪ'fleɪt] vt (tyre) desinflar.

deflect [dɪ'flekt] vt desviar.

defogger [ˌdi:'fɒgə'] n Am luneta f térmica.

deformed [dɪ'fɔ:md] adj deforme.

defrost [ˌdi:'frɒst] vt (food, fridge) descongelar; Am (demist) desempañar.

degree [dɪ'gri:] n grado m; (qualification) ≃ licenciatura f; to have a ~ in sthg ser licenciado(da) en algo.

dehydrated [ˌdi:haɪ'dreɪtɪd] adj deshidratado(da).

de-ice [ˌdi:'aɪs] vt descongelar.

de-icer [ˌdi:'aɪsə'] n descongelante m.

dejected [dɪ'dʒektɪd] adj abatido(da).

delay [dɪ'leɪ] n retraso m. ◆ vt retrasar. ◆ vi retrasarse; without ~ sin demora.

delayed [dɪ'leɪd] adj: to be ~ ir con retraso; our train was ~ by two hours nuestro tren llegó con dos horas de retraso.

delegate [n 'delɪgət, vb 'delɪgeɪt] n delegado m, -da f. ◆ vt (person) delegar.

delete [dɪ'li:t] vt borrar.

deli ['delɪ] n inf (abbr of delicatessen) ≃ charcutería f.

deliberate [dɪ'lɪbərət] adj (intentional) deliberado(da).

deliberately [dɪˈlɪbərətlɪ] *adv (intentionally)* deliberadamente.

delicacy [ˈdelɪkəsɪ] *n (food)* manjar *m*.

delicate [ˈdelɪkət] *adj* delicado (da); *(object, china)* frágil; *(taste, smell)* suave.

delicatessen [ˌdelɪkəˈtesn] *n* ≃ charcutería *f*.

delicious [dɪˈlɪʃəs] *adj* delicioso (sa).

delight [dɪˈlaɪt] *n (feeling)* gozo *m.* ◆ *vt* encantar; **to take (a) ~ in doing sthg** deleitarse haciendo algo.

delighted [dɪˈlaɪtɪd] *adj* encantado(da).

delightful [dɪˈlaɪtfʊl] *adj* encantador(ra).

deliver [dɪˈlɪvər] *vt (goods, letters, newspaper)* entregar; *(speech, lecture)* pronunciar; *(baby)* traer al mundo.

delivery [dɪˈlɪvərɪ] *n (of goods, letters)* entrega *f; (birth)* parto *m.*

delude [dɪˈluːd] *vt* engañar.

de-luxe [dəˈlʌks] *adj* de lujo.

demand [dɪˈmaːnd] *n (request)* demanda *f; (requirement)* requisito *m.* ◆ *vt (request forcefully)* exigir; *(require)* requerir; **to ~ to do sthg** exigir hacer algo; **in ~** solicitado.

demanding [dɪˈmaːndɪŋ] *adj* absorbente.

demerara sugar [deməˈreərə-] *n* azúcar *m* moreno.

demist [ˌdiːˈmɪst] *vt Br* desempañar.

demister [ˌdiːˈmɪstər] *n Br* luneta *f* térmica.

democracy [dɪˈmɒkrəsɪ] *n* democracia *f.*

Democrat [ˈdeməkræt] *n Am* demócrata *mf.*

democratic [deməˈkrætɪk] *adj* democrático(ca).

demolish [dɪˈmɒlɪʃ] *vt (building)* demoler.

demonstrate [ˈdemənstreɪt] *vt (prove)* demostrar; *(machine, appliance)* hacer una demostración de. ◆ *vi* manifestarse.

demonstration [demənˈstreɪʃn] *n (protest)* manifestación *f; (of machine, proof)* demostración *f.*

denial [dɪˈnaɪəl] *n* negación *f.*

denim [ˈdenɪm] *n* tela *f* vaquera, mezclilla *f Chile, Méx.* ❑ **denims** *npl* vaqueros *mpl.*

denim jacket *n* cazadora *f* vaquera *Esp,* chaqueta *f* vaquera.

Denmark [ˈdenmaːk] *n* Dinamarca.

dense [dens] *adj (crowd, smoke, forest)* denso(sa).

dent [dent] *n* abolladura *f.*

dental [ˈdentl] *adj* dental.

dental floss [-flɒs] *n* hilo *m* dental.

dental surgeon *n* odontólogo *m,* -ga *f.*

dental surgery *n (place)* clínica *f* dental.

dentist [ˈdentɪst] *n* dentista *mf;* **to go to the ~'s** ir al dentista.

dentures [ˈdentʃəz] *npl* dentadura *f* postiza.

deny [dɪˈnaɪ] *vt (declare untrue)* negar; *(refuse)* denegar.

deodorant [diːˈəʊdərənt] *n* desodorante *m.*

depart [dɪˈpaːt] *vi* salir; **this train will ~ from platform 3** este tren efectuará su salida de la vía 3.

department [dɪˈpaːtmənt] *n* departamento *m; (of government)* ministerio *m.*

department store *n* grandes almacenes *mpl.*

departure [dɪˈpaːtʃər] *n* salida *f;*

'~**s**' 'salidas'.

departure lounge n (at airport) sala f de embarque; (at coach station) vestíbulo m de salidas.

depend [dɪ'pend] vi: **it ~s** depende. □ **depend on** vt fus (be decided by) depender de; (rely on) confiar en; **~ing on** dependiendo de.

dependable [dɪ'pendəbl] adj fiable.

deplorable [dɪ'plɔːrəbl] adj deplorable.

deport [dɪ'pɔːt] vt deportar.

deposit [dɪ'pɒzɪt] n (in bank) ingreso m Esp, depósito m; (part-payment) entrada f Esp, depósito m; (against damage) depósito m; (substance) sedimento m. ◆ vt (put down) depositar; (money in bank) ingresar.

deposit account n Br cuenta f de ahorro a plazo fijo.

depot ['diːpəʊ] n Am (for buses, trains) terminal f.

depressed [dɪ'prest] adj deprimido(da).

depressing [dɪ'presɪŋ] adj deprimente.

depression [dɪ'preʃn] n depresión f.

deprive [dɪ'praɪv] vt: **to ~ sb of sthg** privar a alguien de algo.

depth [depθ] n profundidad f; **I'm out of my ~** (when swimming) he perdido pie; fig (unable to cope) no puedo; **~ of field** profundidad de campo.

deputy ['depjʊtɪ] adj suplente; **~ head** subdirector m, -ra f.

derailment [dɪ'reɪlmənt] n descarrilamiento m.

derelict ['derəlɪkt] adj abandonado(da).

descend [dɪ'send] vt descender por. ◆ vi descender.

descendant [dɪ'sendənt] n descendiente mf.

descent [dɪ'sent] n (going down) descenso m; (downward slope) pendiente f.

describe [dɪ'skraɪb] vt describir.

description [dɪ'skrɪpʃn] n descripción f.

desert [n 'dezət, vb dɪ'zɜːt] n desierto m. ◆ vt abandonar.

deserted [dɪ'zɜːtɪd] adj desierto (ta).

deserve [dɪ'zɜːv] vt merecer.

design [dɪ'zaɪn] n diseño m. ◆ vt diseñar; **to be ~ed for** estar diseñado para.

designer [dɪ'zaɪnə'] n diseñador m, -ra f. ◆ adj (clothes, sunglasses) de marca.

desirable [dɪ'zaɪərəbl] adj deseable.

desire [dɪ'zaɪə'] n deseo m. ◆ vt desear; **it leaves a lot to be ~d** deja mucho que desear.

desk [desk] n (in home, office) escritorio m; (in school) pupitre m; (at airport, station, hotel) mostrador m.

desktop publishing ['desk-ˌtɒp-] n autoedición f de textos.

despair [dɪ'speə'] n desesperación f.

despatch [dɪ'spætʃ] = **dispatch**.

desperate ['desprət] adj desesperado(da); **to be ~ for sthg** necesitar algo desesperadamente.

despicable [dɪ'spɪkəbl] adj despreciable.

despise [dɪ'spaɪz] vt despreciar.

despite [dɪ'spaɪt] prep a pesar de.

dessert [dɪ'zɜːt] n postre m.

dessertspoon [dɪ'zɜːtspuːn] n (spoon) cuchara f de postre; (spoonful) cucharada f (de postre).

destination [ˌdestɪ'neɪʃn] n

destino *m*.

destroy [dɪ'strɔɪ] *vt* destruir.

destruction [dɪ'strʌkʃn] *n* destrucción *f*.

detach [dɪ'tætʃ] *vt* separar.

detached house [dɪ'tætʃt-] *n* casa *f* individual.

detail ['diːteɪl] *n (minor point)* detalle *m*; *(facts, information)* detalles *mpl*; **in ~** detalladamente. ❏ **details** *npl (facts)* información *f*.

detailed ['diːteɪld] *adj* detallado (da).

detect [dɪ'tekt] *vt* detectar.

detective [dɪ'tektɪv] *n* detective *mf*; **a ~ story** una novela policíaca.

detention [dɪ'tenʃn] *n* SCH castigo *de permanecer en la escuela después de clase*.

detergent [dɪ'tɜːdʒənt] *n* detergente *m*.

deteriorate [dɪ'tɪərɪəreɪt] *vi* deteriorarse.

determination [dɪˌtɜːmɪ'neɪʃn] *n* determinación *f*.

determine [dɪ'tɜːmɪn] *vt* determinar.

determined [dɪ'tɜːmɪnd] *adj* decidido(da); **to be ~ to do sthg** estar decidido a hacer algo.

deterrent [dɪ'terənt] *n* fuerza *f* disuasoria.

detest [dɪ'test] *vt* detestar.

detour ['diːˌtʊər] *n* desvío *m*.

deuce [djuːs] *excl (in tennis)* cuarenta iguales.

devastate ['devəsteɪt] *vt* devastar.

develop [dɪ'veləp] *vt (idea, company)* desarrollar; *(land)* urbanizar; *(film)* revelar; *(machine, method)* elaborar; *(illness)* contraer; *(habit, interest)* adquirir. ◆ *vi (evolve)* desarrollarse.

developing country [dɪ'velə-

pɪŋ-] *n* país *m* en vías de desarrollo.

development [dɪ'veləpmənt] *n (growth)* desarrollo *m*; *(new event)* (nuevo) acontecimiento *m*; **a housing ~** una urbanización.

device [dɪ'vaɪs] *n* dispositivo *m*.

devil ['devl] *n* diablo *m*; **what the ~ ...?** *(inf)* ¿qué demonios ...?

devise [dɪ'vaɪz] *vt* diseñar.

devolution [diːvə'luːʃn] *n* POL descentralización *f*.

ⓘ   **DEVOLUTION**

En 1999, el gobierno laborista concedió el traspaso de competencias (proceso denominado "devolution") del gobierno central a asambleas legislativas autónomas creadas en Escocia, Gales, Irlanda del Norte y Londres, dándoles así a estas regiones el poder de gobernar sus propios asuntos. Los cuatro cuerpos autónomos que ahora existen dentro del Reino Unido son: el Parlamento escocés, la Asamblea Nacional de Gales, la Asamblea de Irlanda del Norte y la Asamblea de Londres. De éstos, el Parlamento escocés es el que tiene mayor poder de autogobierno, con un sistema jurídico propio y la autoridad para regir, entre otros, los sistemas de sanidad, educación y transporte de Escocia.

devoted [dɪ'vəʊtɪd] *adj* dedicado (da), leal.

dew [djuː] *n* rocío *m*.

diabetes [ˌdaɪə'biːtiːz] *n* diabetes *f inv.*

diabetic [ˌdaɪə'betɪk] *adj (person)*

diagnosis

diabético(ca); *(chocolate)* para diabéticos. ◆ n diabético m, -ca f.

diagnosis [ˌdaɪəgˈnəʊsɪs] *(pl -oses* [-əʊsiːz]) n diagnóstico m.

diagonal [daɪˈægənl] adj diagonal.

diagram [ˈdaɪəgræm] n diagrama m.

dial [ˈdaɪəl] n *(of clock)* esfera f. ◆ vt marcar, discar Amér.

dialling code [ˈdaɪəlɪŋ-] n Br prefijo m (telefónico).

dialling tone [ˈdaɪəlɪŋ-] n Br señal f de llamada.

dial tone Am = dialling tone.

diameter [daɪˈæmɪtəʳ] n diámetro m.

diamond [ˈdaɪəmənd] n diamante m. ❑ **diamonds** npl *(in cards)* diamantes mpl.

diaper [ˈdaɪpəʳ] n Am pañal m.

diarrhoea [ˌdaɪəˈrɪə] n diarrea f.

diary [ˈdaɪərɪ] n *(for appointments)* agenda f; *(journal)* diario m.

dice [daɪs] *(pl inv)* n dado m.

diced [daɪst] adj cortado(da) en cuadraditos.

dictate [dɪkˈteɪt] vt dictar.

dictation [dɪkˈteɪʃn] n dictado m.

dictator [dɪkˈteɪtəʳ] n dictador m, -ra f.

dictionary [ˈdɪkʃənrɪ] n diccionario m.

did [dɪd] pt → do.

die [daɪ] *(cont dying)* vi morir; **to be dying for sthg** inf morirse por algo; **to be dying to do sthg** inf morirse por hacer algo. ❑ **die away** vi desvanecerse. ❑ **die out** vi extinguirse.

diesel [ˈdiːzl] n *(fuel)* gasóleo m; *(car)* vehículo m diesel.

diet [ˈdaɪət] n *(for slimming, health)* dieta f, régimen m; *(food eaten)* dieta

f. ◆ vi estar a régimen. ◆ adj bajo(ja) en calorías.

diet Coke® n Coca-Cola® f light.

differ [ˈdɪfəʳ] vi: **to ~ (from)** *(be dissimilar)* ser distinto (de); *(disagree)* discrepar (de).

difference [ˈdɪfrəns] n diferencia f; **it makes no ~** da lo mismo; **a ~ of opinion** un desacuerdo.

different [ˈdɪfrənt] adj distinto (ta); **to be ~ (from)** ser distinto (de).

differently [ˈdɪfrəntlɪ] adv de otra forma.

difficult [ˈdɪfɪkəlt] adj difícil.

difficulty [ˈdɪfɪkəltɪ] n dificultad f.

dig [dɪg] *(pt & pp dug)* vt *(hole, tunnel)* excavar; *(garden, land)* cavar. ◆ vi cavar. ❑ **dig out** vt sep sacar. ❑ **dig up** vt sep desenterrar.

digest [dɪˈdʒest] vt digerir.

digestion [dɪˈdʒestʃn] n digestión f.

digestive (biscuit) [dɪˈdʒestɪv-] n Br galleta hecha con harina integral.

digit [ˈdɪdʒɪt] n *(figure)* dígito m; *(finger, toe)* dedo m.

digital [ˈdɪdʒɪtl] adj digital.

dill [dɪl] n eneldo m.

dilute [daɪˈluːt] vt diluir.

dim [dɪm] adj *(light)* tenue; *(room)* sombrío(a); inf *(stupid)* torpe. ◆ vt atenuar.

dime [daɪm] n Am moneda de diez centavos.

dimensions [dɪˈmenʃnz] npl *(measurements)* dimensiones fpl; *(extent)* dimensión f.

din [dɪn] n estrépito m.

dine [daɪn] vi cenar. ❑ **dine out** vi cenar fuera.

diner [ˈdaɪnəʳ] n Am *(restaurant)* restaurante m económico; *(person)* cliente mf (en un restaurante).

dinghy ['dɪŋgɪ] n bote m.

dingy ['dɪndʒɪ] adj lóbrego(ga).

dining car ['daɪnɪŋ-] n vagón m restaurante.

dining hall ['daɪnɪŋ-] n SCH comedor m.

dining room ['daɪnɪŋ-] n comedor m.

dinner ['dɪnə'] n (at lunchtime) almuerzo m; (in evening) cena f; **to have ~** (at lunchtime) almorzar; (in evening) cenar.

dinner jacket n esmoquin m.

dinner party n cena f (de amigos en casa).

dinner set n vajilla f.

dinner suit n traje m de esmoquin.

dinnertime ['dɪnətaɪm] n (at lunchtime) hora f del almuerzo; (in evening) hora de la cena.

dinosaur ['daɪnəsɔ:'] n dinosaurio m.

dip [dɪp] n (in road, land) pendiente f; (food) salsa f. ◆ vt (into liquid) mojar. ◆ vi descender ligeramente; **to have a ~** darse un chapuzón; **to ~ one's headlights** Br poner las luces de cruce.

diploma [dɪ'pləʊmə] n diploma m.

dipstick ['dɪpstɪk] n varilla f (para medir el nivel) del aceite.

direct [dɪ'rekt] adj directo(ta). ◆ vt dirigir; (give directions to) indicar el camino a. ◆ adv directamente.

direction [dɪ'rekʃn] n dirección f; **to ask for ~s** pedir señas. ❏ **directions** npl (instructions) instrucciones fpl (de uso).

directly [dɪ'rektlɪ] adv (exactly) directamente; (soon) pronto.

director [dɪ'rektə'] n director m, -ra f.

directory [dɪ'rektərɪ] n guía f (tele-

fónica).

directory assistance n Am servicio m de información telefónica.

directory enquiries n Br servicio m de información telefónica.

dirt [dɜ:t] n suciedad f; (earth) tierra f.

dirty ['dɜ:tɪ] adj sucio(cia); (joke) verde.

disability [,dɪsə'bɪlətɪ] n minusvalía f.

disabled [dɪs'eɪbld] adj minusválido(da). ◆ npl: **the ~** los minusválidos; **'~ toilet'** 'aseo para minusválidos'.

disadvantage [,dɪsəd'vɑ:ntɪdʒ] n desventaja f.

disagree [,dɪsə'gri:] vi (people) discrepar; **to ~ with sb (about)** no estar de acuerdo con alguien (sobre); **those mussels ~d with me** esos mejillones me sentaron mal.

disagreement [,dɪsə'gri:mənt] n (argument) discusión f; (dissimilarity) discrepancia f.

disappear [,dɪsə'pɪə'] vi desaparecer.

disappearance [,dɪsə'pɪərəns] n desaparición f.

disappoint [,dɪsə'pɔɪnt] vt decepcionar.

disappointed [,dɪsə'pɔɪntɪd] adj decepcionado(da).

disappointing [,dɪsə'pɔɪntɪŋ] adj decepcionante.

disappointment [,dɪsə'pɔɪntmənt] n decepción f.

disapprove [,dɪsə'pru:v] vi: **to ~ of** censurar.

disarmament [dɪs'ɑ:məmənt] n desarme m.

disaster [dɪ'zɑ:stə'] n desastre m.

disastrous [dɪ'zɑ:strəs] adj desastroso(sa).

disc

disc [dɪsk] *n Br (circular object, record)* disco *m; (CD)* disco compacto; **to slip a ~** sufrir una hernia discal.

discard [dɪsˈkɑːd] *vt* desechar.

discharge [dɪsˈtʃɑːdʒ] *vt (prisoner)* poner en libertad; *(patient)* dar de alta; *(soldier)* licenciar; *(liquid, smoke, gas)* emitir.

discipline [ˈdɪsɪplɪn] *n* disciplina *f.*

disc jockey *n* pinchadiscos *mf inv* Esp, disc jockey *mf.*

disco [ˈdɪskəʊ] *n (place)* discoteca *f; (event)* baile *m.*

discoloured [dɪsˈkʌləd] *adj* descolorido(da).

discomfort [dɪsˈkʌmfət] *n (pain)* malestar *m.*

disconnect [ˌdɪskəˈnekt] *vt (unplug)* desenchufar; *(telephone, gas supply, pipe)* desconectar.

discontinued [ˌdɪskənˈtɪnjuːd] *adj (product)* que ya no se fabrica.

discount [ˈdɪskaʊnt] *n* descuento *m.*

discover [dɪsˈkʌvə] *vt* descubrir.

discovery [dɪsˈkʌvəri] *n* descubrimiento *m.*

discreet [dɪsˈkriːt] *adj* discreto(ta).

discrepancy [dɪsˈkrepənsɪ] *n* discrepancia *f.*

discriminate [dɪsˈkrɪmɪneɪt] *vi:* **to ~ against sb** discriminar a alguien.

discrimination [dɪˌskrɪmɪˈneɪʃn] *n* discriminación *f.*

discuss [dɪsˈkʌs] *vt* discutir.

discussion [dɪsˈkʌʃn] *n* discusión *f.*

disease [dɪˈziːz] *n* enfermedad *f.*

disembark [ˌdɪsɪmˈbɑːk] *vi* desembarcar.

disgrace [dɪsˈgreɪs] *n* vergüenza *f;* **it's a ~** ¡es una vergüenza!

disgraceful [dɪsˈgreɪsfʊl] *adj* ver-

gonzoso(sa).

disguise [dɪsˈgaɪz] *n* disfraz *m.* ◆ *vt* disfrazar; **in ~** disfrazado.

disgust [dɪsˈgʌst] *n* asco *m.* ◆ *vt* asquear.

disgusting [dɪsˈgʌstɪŋ] *adj* asqueroso(sa).

dish [dɪʃ] *n (container)* fuente *f; (food)* plato *m; Am (plate)* plato; **to do the ~es** fregar los platos; "**~ of the day**" "plato del día". ❑ **dish up** *vt sep* servir.

dishcloth [ˈdɪʃklɒθ] *n* trapo *m* de fregar los platos.

disheveled [dɪˈʃevəld] *Am* = **dishevelled.**

dishevelled [dɪˈʃevəld] *adj Br (person)* desaliñado(da).

dishonest [dɪsˈɒnɪst] *adj* deshonesto(ta).

dish towel *n Am* paño *m* de cocina.

dishwasher [ˈdɪʃˌwɒʃə] *n (machine)* lavavajillas *m inv.*

dishwashing liquid [ˈdɪʃˌwɒʃɪŋ-] *n Am* lavavajillas *m inv.*

disinfectant [ˌdɪsɪnˈfektənt] *n* desinfectante *m.*

disintegrate [dɪsˈɪntɪgreɪt] *vi* desintegrarse.

disk [dɪsk] *n Am* = **disc;** COMPUT disquete *m,* disco *m.*

disk drive *n* disquetera *f.*

dislike [dɪsˈlaɪk] *n (poor opinion)* aversión *f.* ◆ *vt* tener aversión a; **to take a ~ to** cogerle manía a.

dislocate [ˈdɪsləkeɪt] *vt* dislocar.

dismal [ˈdɪzml] *adj (weather, place)* sombrío(a); *(terrible)* lamentable.

dismantle [dɪsˈmæntl] *vt* desmontar.

dismay [dɪsˈmeɪ] *n* consternación *f.*

dismiss [dɪsˈmɪs] *vt (not consider)* desechar; *(from job)* despedir; *(from* *classroom)* echar.

disobedient [ˌdɪsəˈbiːdjənt] *adj* desobediente.

disobey [ˌdɪsəˈbeɪ] *vt* desobedecer.

disorder [dɪsˈɔːdəʳ] *n (confusion)* desorden *m*; *(violence)* disturbios *mpl*; *(illness)* afección *f*.

disorganized [dɪsˈɔːɡənaɪzd] *adj* desorganizado(da).

dispatch [dɪˈspætʃ] *vt* enviar.

dispense [dɪˈspens] *vt* ◆ **dispense with** *vt fus* prescindir de.

dispenser [dɪˈspensəʳ] *n* máquina *f* expendedora.

dispensing chemist [dɪˈspensɪŋ-] *n Br (person)* farmacéutico *m*, -ca *f*; *(shop)* farmacia *f*.

disperse [dɪˈspɜːs] *vt* dispersar. ◆ *vi* dispersarse.

display [dɪˈspleɪ] *n (of goods in window)* escaparate *m*; *(public event)* demostración *f*; *(readout)* pantalla *f*. ◆ *vt (goods, information)* exponer; *(feeling, quality)* mostrar; **on** ~ expuesto.

displeased [dɪsˈpliːzd] *adj* disgustado(da).

disposable [dɪˈspəʊzəbl] *adj* desechable.

dispute [dɪˈspjuːt] *n (argument)* disputa *f*; *(industrial)* conflicto *m*. ◆ *vt* cuestionar.

disqualify [dɪsˈkwɒlɪfaɪ] *vt* descalificar; **he has been disqualified from driving** *Br* se le ha retirado el permiso de conducir.

disregard [ˌdɪsrɪˈɡɑːd] *vt* hacer caso omiso de.

disrupt [dɪsˈrʌpt] *vt* trastornar.

disruption [dɪsˈrʌpʃn] *n* trastorno *m*.

dissatisfied [ˌdɪsˈsætɪsfaɪd] *adj* descontento(ta).

dissolve [dɪˈzɒlv] *vt* disolver. ◆ *vi*

disolverse.

dissuade [dɪˈsweɪd] *vt*: **to** ~ **sb from doing sthg** disuadir a alguien de hacer algo.

distance [ˈdɪstəns] *n* distancia *f*; **from a** ~ desde lejos; **in the** ~ a lo lejos.

distant [ˈdɪstənt] *adj* lejano(na); *(reserved)* distante.

distilled water [dɪˈstɪld-] *n* agua *f* destilada.

distillery [dɪˈstɪlərɪ] *n* destilería *f*.

distinct [dɪˈstɪŋkt] *adj (separate)* distinto(ta); *(noticeable)* notable.

distinction [dɪˈstɪŋkʃn] *n (difference)* distinción *f*; *(mark for work)* sobresaliente *m*.

distinctive [dɪˈstɪŋktɪv] *adj* característico(ca).

distinguish [dɪˈstɪŋɡwɪʃ] *vt* distinguir; **to** ~ **sthg from sthg** distinguir algo de algo.

distorted [dɪˈstɔːtɪd] *adj (figure, shape)* deformado(da); *(sound)* distorsionado(da).

distract [dɪˈstrækt] *vt* distraer.

distraction [dɪˈstrækʃn] *n* distracción *f*.

distress [dɪˈstres] *n (pain)* dolor *m*; *(anxiety)* angustia *f*.

distressing [dɪˈstresɪŋ] *adj* angustioso(sa).

distribute [dɪˈstrɪbjuːt] *vt* distribuir.

distributor [dɪˈstrɪbjutəʳ] *n COMM* distribuidor *m*, -ra *f*.

district [ˈdɪstrɪkt] *n (region)* región *f*; *(of town)* distrito *m*.

district attorney *n Am* fiscal *mf* (del distrito).

disturb [dɪˈstɜːb] *vt (interrupt)* molestar; *(worry)* inquietar; *(move)* mover; **'do not** ~' 'no molestar'.

disturbance [dɪˈstɜːbəns] *n (riot)*

disturbio m; (small altercation) altercado m.

ditch [dɪtʃ] n zanja f.

ditto ['dɪtəʊ] adv ídem m.

divan [dɪ'væn] n diván m.

dive [daɪv] (pt Am **-d** OR **dove**, pt Br **-d**) n (of swimmer) zambullida f, clavado m Amér. ◆ vi (from divingboard, rock) zambullirse, echarse un clavado Amér; (under water) bucear; (bird, plane) bajar en picada; (rush) lanzarse.

diver ['daɪvə^r] n (from divingboard, rock) saltador m, -ra f, clavadista m/f Amér; (under water) buceador m, -ra f

diversion [daɪ'vɜ:ʃn] n (of traffic) desvío m; (amusement) diversión f.

divert [daɪ'vɜ:t] vt (traffic, river) desviar; (attention) distraer.

divide [dɪ'vaɪd] vt dividir; (share out) repartir. □ **divide up** vt sep (into two parts) dividir; (share out) repartir.

diving ['daɪvɪŋ] n (from divingboard, rock) salto m; (under water) buceo m; **to go ~** bucear.

divingboard ['daɪvɪŋbɔːd] n trampolín m.

division [dɪ'vɪʒn] n división f.

divorce [dɪ'vɔːs] n divorcio m. ◆ vt divorciarse de.

divorced [dɪ'vɔːst] adj divorciado (da).

DIY n (abbr of do-it-yourself) bricolaje m.

dizzy ['dɪzɪ] adj mareado(da).

DJ n (abbr of disc jockey) pinchadiscos m/f inv Esp, discjockey m/f.

☞

do [duː] (pt **did**, pp **done**, pl **dos**) aux vb **- 1.** (in negatives): **don't ~ that!** ¡no hagas eso!; **she didn't listen** no hizo caso.
- 2. (in questions): **~ you like it?** ¿te

gusta?; **how ~ you do it?** ¿cómo se hace?
- 3. (referring to previous verb): **I eat more than you** yo como más que tú; **~ you smoke? - yes, I ~ /no,** I don't ¿fumas? - sí /no; **so ~ I** yo también.
- 4. (in question tags): **so, you like Scotland, ~ you?** así que te gusta Escocia ¿no?
◆ vt **- 1.** (gen) hacer; **to ~ one's homework** hacer los deberes; **what can I ~ for you?** ¿en qué puedo servirle?; **to ~ one's hair** peinarse; **to ~ one's teeth** lavarse los dientes; **to ~ damage** hacer daño; **to ~ sb good** sentarle bien a alguien.
- 2. (have as job): **what do you ~?** ¿a qué te dedicas?
- 3. (provide, offer) hacer; **we ~ pizzas for under £4** vendemos pizzas a menos de 4 libras.
- 4. (study) hacer.
- 5. (subj: vehicle) ir a.
- 6. inf (visit) recorrer.
◆ vi **- 1.** (behave, act) hacer; **~ as I say** haz lo que te digo.
- 2. (progress, get on) ir; **I did well/ badly** me fue bien/mal.
- 3. (be sufficient) valer; **will £5 ~?** ¿llegará con cinco libras?
- 4. (in phrases): **how do you ~?** (greeting) ¿cómo está usted?; (answer) mucho gusto; **what has that got to ~ with it?** ¿y eso qué tiene que ver?
◆ n (party) fiesta f; **~s and don'ts** normas f/pl de conducta. □ **do out of** vt sep inf timar. □ **do up** vt sep (shirt, buttons) abrochar; (shoes, laces) atar; (zip) subir; (decorate) renovar; (wrap up) envolver. □ **do with** vt fus: **I could ~ with a drink** no me vendría mal una copa. □ **do without** vt fus pasar sin.

dock [dɒk] n (for ships) muelle m; JUR banquillo m (de los acusados).

◆ *vi* atracar.

doctor ['dɒktə⁰] *n (of medicine)* médico *m*, -a *f*; *(academic)* doctor *m*, -ra *f*; **to go to the ~'s** ir al médico.

document ['dɒkjʊmənt] *n* documento *m*.

documentary [‚dɒkjʊ'mentərɪ] *n* documental *m*.

Dodgems® ['dɒdʒəmz] *npl Br* coches *mpl* de choque.

dodgy ['dɒdʒɪ] *adj Br inf (plan, car)* poco fiable; *(person)* delicado(da).

does [*weak form* dəz, *strong form* dʌz] → **do**.

doesn't ['dʌznt] = **does not**.

dog [dɒg] *n* perro *m*.

dog food *n* comida *f* para perros.

doggy bag ['dɒgɪ-] *n* bolsa *f* que da el restaurante para llevarse las sobras.

do-it-yourself *n* bricolaje *m*.

dole [dəʊl] *n*: **to be on the ~** *Br* estar parado *Esp*, estar cobrando subsidio de desempleo.

doll [dɒl] *n* muñeca *f*.

dollar ['dɒlə⁰] *n* dólar *m*.

dolphin ['dɒlfɪn] *n* delfín *m*.

dome [dəʊm] *n* cúpula *f*.

domestic [də'mestɪk] *adj (of house, family)* doméstico(ca); *(of country)* nacional.

domestic appliance *n* electrodoméstico *m*.

domestic flight *n* vuelo *m* nacional.

domestic science *n* hogar *m (asignatura) Esp*, economía *f* doméstica.

dominate ['dɒmɪneɪt] *vt* dominar.

dominoes ['dɒmɪnəʊz] *n* dominó *m*.

donate [də'neɪt] *vt* donar.

donation [də'neɪʃn] *n* donación *f*.

done [dʌn] *pp* → **do**. ◆ *adj (finished)*

listo(ta); *(cooked)* hecho(cha) *Esp*, cocido(da).

donkey ['dɒŋkɪ] *n* burro *m*.

don't [dəʊnt] = **do not**.

door [dɔː⁰] *n* puerta *f*.

doorbell ['dɔːbel] *n* timbre *m*.

doorknob ['dɔːnɒb] *n* pomo *m*, perilla *f Amér.*

doorman ['dɔːmən] *(pl* **-men** [-mən]*) n* portero *m*.

doormat ['dɔːmæt] *n* felpudo *m*.

doormen ['dɔːmən] *pl* → **doorman.**

doorstep ['dɔːstep] *n (in front of door)* peldaño *m* de la puerta; *Br (piece of bread)* rebanada de pan muy gruesa.

doorway ['dɔːweɪ] *n* portal *m*.

dope [dəʊp] *n inf (any illegal drug)* droga *f*; *(marijuana)* maría *f Esp*, hierba *f*.

dormitory ['dɔːmɪtrɪ] *n* dormitorio *m*.

Dormobile® ['dɔːmə‚biːl] *n* autocaravana *f*, cámper *m*.

dosage ['dəʊsɪdʒ] *n* dosis *f* inv.

dose [dəʊs] *n (amount)* dosis *f* inv; *(of illness)* ataque *m*.

dot [dɒt] *n* punto *m*; **on the ~** *fig* en punto.

dotted line ['dɒtɪd-] *n* línea *f* de puntos.

double ['dʌbl] *adj* doble. ◆ *n (twice the amount)* el doble; *(alcohol)* doble *m*. ◆ *vt* doblar. ◆ *vi* doblarse. ◆ *adv*: **it's ~ the size** es el doble de grande; **to bend sthg ~** doblar algo; **a whisky** un whisky doble; *(reading out a number)* ~ **three, four, two** treinta y tres, cuarenta y dos; **it's spelt with a ~ "s"** se escribe con dos eses. ❑ **doubles** *n* dobles *mpl*.

double bed *n* cama *f* de matrimonio.

double-breasted [-'brestɪd] *adj*

cruzado(da).

double cream *n Br* nata *f* enriquecida *Esp*, crema *f* doble *Amér*.

double-decker (bus) [-'dekə'] *n* autobús *m* de dos pisos.

double doors *npl* puerta *f* de dos hojas.

double-glazing [-'gleɪzɪŋ] *n* doble acristalamiento *m*.

double room *n* habitación *f* doble.

doubt [daut] *n* duda *f*. ◆ *vt (distrust)* dudar de; **I ~ it** lo dudo; **I ~ she'll be there** dudo que esté ahí; **to be in ~** *(person)* estar dudando; *(matter, outcome)* ser incierto; **no ~** sin duda.

doubtful ['dautful] *adj (uncertain)* dudoso(sa); **it's ~ that ...** es improbable que ...

dough [dəʊ] *n* masa *f*.

doughnut ['dəʊnʌt] *n (without hole)* buñuelo *m*; *(with hole)* dónut® *m Esp*, rosquilla *f*.

dove¹ [dʌv] *n (bird)* paloma *f*.

dove² [dəʊv] *pt Am* → **dive**.

down [daʊn] *adv* - 1. *(towards the bottom)* (hacia) abajo; **~ here/there** aquí/allí abajo; **to fall ~** caer.
- 2. *(along)*: **I'm going ~ to the shops** voy a acercarme a las tiendas.
- 3. *(downstairs)* abajo; **I'll come ~ later** bajaré más tarde.
- 4. *(southwards)* hacia el sur; **we're going ~ to London** vamos a bajar a Londres.
- 5. *(in writing)*: **to write sthg ~** apuntar algo.
- 6. *(in phrases)*: **to go ~ with** *(illness)* pillar.
◆ *prep* - 1. *(towards the bottom of)*: **they ran ~ the hill** corrieron cuesta abajo.
- 2. *(along)* por; **I was walking ~ the**

street iba andando por la calle.
◆ *adj inf (depressed)* deprimido(da).
◆ *n (feathers)* plumón *m*.

downhill [,daʊn'hɪl] *adv* cuesta abajo.

Downing Street ['daʊnɪŋ-] *n* Downing Street *m*.

ⓘ DOWNING STREET

Esta calle de Londres es famosa por ser la residencia del primer ministro británico (en el número 10) y del ministro de Economía y Hacienda (en el número 11). El nombre "Downing Street" se utiliza también para referirse al primer ministro y sus asistentes.

downpour ['daʊnpɔː'] *n* chaparrón *m*.

downstairs [,daʊn'steəz] *adj* de abajo. ◆ *adv* abajo; **to go ~** bajar (la escalera).

downtown [*adj* ,daʊntaʊn, *adv* ,daʊn'taʊn] *adj* céntrico(ca). ◆ *adv (live)* en el centro; *(go)* al centro; **~ New York** el centro de Nueva York.

down under *adv Br inf* en/a Australia.

downwards ['daʊnwədz] *adv* hacia abajo.

doz. *abbr* = **dozen**.

doze [dəʊz] *vi* dormitar.

dozen ['dʌzn] *n* docena *f*; **a ~ eggs** una docena de huevos.

Dr *(abbr of Doctor)* Dr.

drab [dræb] *adj (clothes, wallpaper)* deslustrado(da).

draft [drɑːft] *n (early version)* borrador *m*; *(money order)* giro *m*; *Am* = **draught**.

drag [dræg] *vt* arrastrar. ◆ *vi (along ground)* arrastrarse; **what a ~!** *inf*

drill

¡qué rollo! □ **drag on** *vi* ser interminable.

dragonfly ['drægnflaɪ] *n* libélula *f*.

drain [dreɪn] *n* (*sewer*) desagüe *m*; (*grating in street*) sumidero *m*, resumidero *m* Amér. ◆ *vt* (*tank, radiator*) vaciar. ◆ *vi* (*vegetables, washing-up*) escurrirse.

draining board ['dreɪnɪŋ-] *n* escurridero *m*.

drainpipe ['dreɪnpaɪp] *n* tubo *m* de desagüe.

drama ['drɑːmə] *n* (*play, excitement*) drama *m*; (*art*) teatro *m*.

dramatic [drə'mætɪk] *adj* (*impressive*) dramático(ca).

drank [dræŋk] *pt* → **drink**.

drapes [dreɪps] *npl* Am cortinas *fpl*.

drastic ['dræstɪk] *adj* (*extreme*) drástico(ca); (*change, improvement*) radical.

drastically ['dræstɪklɪ] *adv* drásticamente.

draught [drɑːft] *n* Br (*of air*) corriente *f* de aire.

draught beer *n* cerveza *f* de barril.

draughts [drɑːfts] *n* Br damas *fpl*.

draughty ['drɑːftɪ] *adj*: **it's ~** hay corriente.

draw [drɔː] (*pt* **drew**, *pp* **drawn**) *vt* (*picture, map*) dibujar; (*line*) trazar; (*pull*) tirar de; (*attract*) atraer; (*comparison*) señalar; (*conclusion*) llegar a. ◆ *vi* (*with pen, pencil*) dibujar; SPORT empatar. ◆ *n* SPORT (*result*) empate *m*; (*lottery*) sorteo *m*; **to ~ the curtains** (*open*) descorrer las cortinas; (*close*) correr las cortinas. □ **draw out** *vt sep* (*money*) sacar. □ **draw up** ◆ *vt sep* (*list, plan*) preparar. ◆ *vi* (*car, bus*) pararse.

drawback ['drɔːbæk] *n* desventaja *f*.

drawer [drɔː'] *n* cajón *m*.

drawing ['drɔːɪŋ] *n* dibujo *m*.

drawing pin *n* Br chincheta *f*.

drawing room *n* cuarto *m* de estar.

drawn [drɔːn] *pp* → **draw**.

dreadful ['dredfʊl] *adj* terrible.

dream [driːm] *n* sueño *m*. ◆ *vt* (*when asleep*) soñar; (*imagine*) imaginar. ◆ *vi*: **to ~ (of)** soñar (con); **a ~ house** una casa de ensueño.

dress [dres] *n* (*for woman, girl*) vestido *m*; (*clothes*) traje *m*. ◆ *vt* (*person, baby*) vestir; (*wound*) vendar; (*salad*) aliñar. ◆ *vi* (*get dressed*) vestirse; (*in particular way*) vestir; **to be ~ed in** ir vestido de; **to get ~ed** vestirse. □ **dress up** *vi* (*in costume*) disfrazarse; (*in best clothes*) engalanarse.

dress circle *n* piso *m* principal.

dresser ['dresə'] *n* Br (*for crockery*) aparador *m*; Am (*chest of drawers*) cómoda *f*.

dressing ['dresɪŋ] *n* (*for salad*) aliño *m*, aderezo *m*; (*for wound*) vendaje *m*.

dressing gown *n* bata *f*.

dressing room *n* vestuario *m*, vestidor *m*.

dressing table *n* tocador *m*.

dressmaker ['dres,meɪkə'] *n* modisto *m*, -ta *f*.

dress rehearsal *n* ensayo *m* general.

drew [druː] *pt* → **draw**.

dribble ['drɪbl] *vi* (*liquid*) gotear; (*baby*) babear.

drier ['draɪə'] = **dryer**.

drift [drɪft] *n* (*of snow*) ventisquero *m*. ◆ *vi* (*in wind*) dejarse llevar por el viento; (*in water*) dejarse llevar por el agua.

drill [drɪl] *n* (*tool*) taladro *m*; (*of dentist*) fresa *f*. ◆ *vt* (*hole*) taladrar.

drink

drink [drɪŋk] (*pt* **drank**, *pp* **drunk**) *n (of water, tea etc)* bebida *f; (alcoholic)* copa *f.* ◆ *vt* & *vi* beber; **to have a ~** *(alcoholic)* tomar una copa; **would you like a ~?** ¿quieres beber algo?

drinkable ['drɪŋkəbl] *adj (safe to drink)* potable; *(wine)* agradable.

drinking water ['drɪŋkɪŋ-] *n* agua *f* potable.

drip [drɪp] *n (drop)* gota *f;* MED gotero *m.* ◆ *vi* gotear.

drip-dry *adj* de lava y pon.

dripping (wet) ['drɪpɪŋ-] *adj* empapado(da).

drive [draɪv] (*pt* **drove**, *pp* **driven**) *n (journey)* viaje *m* (en coche); *(in front of house)* camino *m* (de entrada). ◆ *vt (car, bus, train)* conducir ; *(take in car)* llevar (en coche) ; *(operate, power)* impulsar. ◆ *vi (drive car)* conducir; *(travel in car)* ir en coche; **to ~ sb to do sthg** llevar a alguien a hacer algo; **to go for a ~** dar una vuelta en coche; **to ~ sb mad** volver loco a alguien.

drivel ['drɪvl] *n* tonterías *fpl.*

driven ['drɪvn] *pp* → **drive**.

driver ['draɪvə'] *n (of car, bus)* conductor *m,* -ra *f; (of train)* maquinista *mf.*

driver's license *Am* = **driving licence**.

driveway ['draɪvweɪ] *n* camino *m* de entrada.

driving lesson ['draɪvɪŋ-] *n* clase *f* de conducir.

driving licence ['draɪvɪŋ-] *n Br* permiso *m Esp* OR licencia de conducir.

driving test ['draɪvɪŋ-] *n* examen *m* de conducir.

drizzle ['drɪzl] *n* llovizna *f.*

drop [drɒp] *n (drip, small amount)* gota *f; (distance down)* caída *f; (decrease)* descenso *m; (in wages)* dismi-

nución *f.* ◆ *vt (let fall)* dejar caer; *(reduce)* reducir; *(from vehicle)* dejar; *(omit)* omitir. ◆ *vi (fall)* caer; *(decrease)* disminuir; *(price, temperature)* bajar; **to ~ a hint** lanzar una indirecta; **to ~ sb a line** escribir unas líneas a alguien. ❑ **drop in** *vi inf:* **to ~ in on** sb pasarse por casa de alguien. ❑ **drop off** ◆ *vt sep (from vehicle)* dejar. ◆ *vi (fall asleep)* quedarse dormido; *(fall off)* desprenderse. ❑ **drop out** *vi (of college)* abandonar los estudios; *(of race)* retirarse.

drought [draʊt] *n* sequía *f.*

drove [drəʊv] *pt* → **drive**.

drown [draʊn] *vi* ahogarse.

drug [drʌg] *n* MED medicamento *m; (stimulant)* droga *f.* ◆ *vt* drogar.

drug addict *n* drogadicto *m,* -ta *f.*

druggist ['drʌgɪst] *n Am* farmacéutico *m,* -ca *f.*

drum [drʌm] *n* MUS tambor *m; (container)* bidón *m;* **~s** *(in pop music)* batería *f.*

drummer ['drʌmə'] *n (in pop music)* batería *mf.*

drumstick ['drʌmstɪk] *n (of chicken)* pata *f.*

drunk [drʌŋk] *pp* → **drink**. ◆ *adj* borracho(cha). ◆ *n* borracho *m,* -cha *f;* **to get ~** emborracharse.

dry [draɪ] *adj* seco(ca); *(day)* sin lluvia. ◆ *vt* secar. ◆ *vi* secarse; **to ~ o.s.** secarse; **to ~ one's hair** secarse el pelo; **to ~ one's hands** secarse las manos. ❑ **dry up** *vi (become dry)* secarse; *(dry the dishes)* secar.

dry-clean *vt* limpiar en seco.

dry cleaner's *n* tintorería *f.*

dryer ['draɪə'] *n (for clothes)* secadora *f; (for hair)* secador *m.*

dry-roasted   **peanuts** [-'rəʊstɪd-] *npl* cacahuetes *mpl* tostados y salados.

DSS n Br ministerio británico de la seguridad social.

DTP n (abbr of desktop publishing) autoed. f.

dual carriageway ['dju:əl-] n Br autovía f.

dubbed [dʌbd] adj (film) doblado (da).

dubious ['dju:bjəs] adj (suspect) sospechoso(sa).

duchess ['dʌtʃɪs] n duquesa f.

duck [dʌk] n (bird) pato m, -ta f; (food) pato m. ◆ vi agacharse.

due [dju:] adj (bill, rent) pagadero (ra); **when is the train ~?** ¿cuándo debería llegar el tren?; **the money ~ to me** el dinero que se me debe; **in ~ course** a su debido tiempo; **~ to** debido a.

duet [dju:'et] n dúo m.

duffel bag ['dʌfl-] n morral m.

duffel coat ['dʌfl-] n trenca f.

dug [dʌg] pt & pp → **dig**.

duke [dju:k] n duque m.

dull [dʌl] adj (boring) aburrido(da); (not bright) torpe; (weather) gris; (pain) sordo(da).

dumb [dʌm] adj inf (stupid) estúpido(da); (unable to speak) mudo(da).

dummy ['dʌmi] n Br (for baby) chupete m, chupón m Amér; (for clothes) maniquí m.

dump [dʌmp] n (for rubbish) vertedero m, basural m Amér; (place) tugurio m. ◆ vt (drop carelessly) dejar; (get rid of) deshacerse de.

dumpling ['dʌmplɪŋ] n bola de masa que se guisa al vapor con carne y verduras.

dune [dju:n] n duna f.

dungarees [ˌdʌŋgə'ri:z] npl Br (for work) mono m Esp, overol m; (fashion item) pantalones mpl de peto; Am

(jeans) vaqueros de tela gruesa utilizados para trabajar.

dungeon ['dʌndʒən] n mazmorra f.

duplicate ['dju:plɪkət] n copia f.

during ['djuərɪŋ] prep durante.

dusk [dʌsk] n crepúsculo m.

dust [dʌst] n polvo m. ◆ vt quitar el polvo a, sacudir Amér.

dustbin ['dʌstbɪn] n Br cubo m de la basura.

dustcart ['dʌstkɑ:t] n Br camión m de la basura.

duster ['dʌstər] n trapo m (de quitar el polvo).

dustman ['dʌstmən] (pl -men [-mən]) n Br basurero m.

dustpan ['dʌstpæn] n recogedor m.

dusty ['dʌsti] adj lleno(na) de polvo.

Dutch [dʌtʃ] adj holandés(esa). ◆ n (language) holandés m. ◆ npl: **the ~** los holandeses.

duty ['dju:ti] n (moral obligation) deber m; (tax) impuesto m; **to be on ~** estar de servicio; **to be off ~** no estar de servicio. ▢ **duties** npl (job) tareas fpl.

duty chemist's n farmacia f de guardia.

duty-free adj libre de impuestos. ◆ n (article) artículo m libre de impuestos.

duvet ['du:veɪ] n edredón m.

DVD (abbr of Digital Video or Versatile Disc) n DVD m.

dwarf [dwɔ:f] (pl **dwarves** [dwɔ:vz]) n enano m, -na f.

dwelling ['dwelɪŋ] n fml morada f.

dye [daɪ] n tinte m. ◆ vt teñir.

dying ['daɪɪŋ] cont → **die**.

dynamite ['daɪnəmaɪt] n dinamita *f*.

dynamo ['daɪnəməʊ] (*pl* **-s**) *n* dínamo *f*.

dyslexic [dɪs'leksɪk] *adj* disléxico (ca).

E

E (*abbr of east*) E.

E111 *n* E111 *m*, impreso para obtener asistencia médica en otros países de la Unión Europea.

each [iːtʃ] *adj* cada. ◆ *pron* cada uno *m*, cada una *f*; ~ **one** cada uno (cada una); ~ **other** el uno al otro; **they hate** ~ **other** se odian; **we know** ~ **other** nos conocemos; *one* ~ **uno** cada uno (uno cada una); **one of** ~ uno de cada.

eager ['iːgə^r] *adj (pupil)* entusiasta; *(expression)* de entusiasmo; **to be** ~ **to do sthg** estar deseoso(sa) de hacer algo.

eagle ['iːgl] *n* águila *f*.

ear [ɪə^r] *n (of person, animal)* oreja *f*; *(of corn)* espiga *f*.

earache ['ɪəreɪk] *n*: **to have** ~ tener dolor de oídos.

earl [ɜːl] *n* conde *m*.

early ['ɜːlɪ] *adj* temprano(na). ◆ *adv* temprano; ~ **last year** a principios del año pasado; ~ **morning** la madrugada; **it arrived an hour** ~ llegó con una hora de adelanto; **at the earliest** como muy pronto; ~ **on** al principio; **to have an** ~ **night** irse a la cama temprano.

earn [ɜːn] *vt (money)* ganar; *(praise, success)* ganarse; **to** ~ **a living** ganar-se la vida.

earnings ['ɜːnɪŋz] *npl* ingresos *mpl*.

earphones ['ɪəfəʊnz] *npl* auriculares *mpl*, audífonos *mpl*.

earplugs ['ɪəplʌgz] *npl* tapones *mpl* para los oídos.

earrings ['ɪərɪŋz] *npl* pendientes *mpl Esp*, aretes *mpl Amér*.

earth [ɜːθ] *n* tierra *f*; **how on** ~ **...?** ¿cómo demonios ...?

earthenware ['ɜːθnweə^r] *adj* de loza.

earthquake ['ɜːθkweɪk] *n* terremoto *m*.

ease [iːz] *n* facilidad *f*. ◆ *vt (pain)* aliviar; *(problem)* atenuar; **at** ~ cómodo; **with** ~ con facilidad. ❑ **ease off** *vi (pain)* calmarse; *(rain)* amainar.

easily ['iːzɪlɪ] *adv (without difficulty)* fácilmente; *(by far)* sin lugar a dudas.

east [iːst] *n* este *m*. ◆ *adv* hacia el este; **in the** ~ **of England** al este de Inglaterra; **the East** *(Asia)* el Oriente.

eastbound ['iːstbaʊnd] *adj* con dirección este.

Easter ['iːstə^r] *n (day)* Domingo *m* de Pascua; *(period)* Semana *f* Santa.

eastern ['iːstən] *adj* del este. ❑ **Eastern** *adj (Asian)* oriental.

Eastern Europe *n* Europa del Este.

eastwards ['iːstwədz] *adv* hacia el este.

easy ['iːzɪ] *adj (not difficult)* fácil; *(without problems)* cómodo(da); **to take it** ~ *(relax)* relajarse.

easygoing [ˌiːzɪ'gəʊɪŋ] *adj* tranquilo(la).

eat [iːt] (*pt* **ate**, *pp* **eaten**) *vt & vi* comer. ❑ **eat out** *vi* comer fuera.

ebony ['ebənɪ] *n* ébano *m*.

e-business *n* negocio *m* electrónico.

EC *n* (*abbr of European Community*) CE *f*.

eccentric [ɪk'sentrɪk] *adj* excéntrico(ca).

echo ['ekəʊ] (*pl* **-es**) *n* eco *m*. ◆ *vi* resonar.

eco-friendly [ɪkə-] *adj* que no daña el ambiente.

ecological [ˌiːkə'lɒdʒɪkl] *adj* ecológico(ca).

ecology [ɪ'kɒlədʒɪ] *n* ecología *f*.

e-commerce *n* comercio *m* electrónico.

economic [ˌiːkə'nɒmɪk] *adj* (*relating to the economy*) económico(ca); (*profitable*) rentable. □ **economics** *n* economía *f*.

economical [ˌiːkə'nɒmɪkl] *adj* económico(ca).

economize [ɪ'kɒnəmaɪz] *vi* economizar.

economy [ɪ'kɒnəmɪ] *n* economía *f*.

economy class *n* clase *f* turista.

economy size *adj* de tamaño económico.

ecstasy ['ekstəsɪ] *n* éxtasis *m inv*.

ECU ['ekjuː] *n* ECU *m*.

Ecuador ['ekwədɔː] *n* Ecuador.

Ecuadorian [ˌekwə'dɔːrən] *adj* ecuatoriano(na). ◆ *n* ecuatoriano *m*, -na *f*.

eczema ['eksɪmə] *n* eccema *m*.

edge [edʒ] *n* (*border*) borde *m*; (*of table, coin, ruler*) canto *m*; (*of knife*) filo *m*.

edible ['edɪbl] *adj* comestible.

Edinburgh ['edɪnbrə] *n* Edimburgo.

Edinburgh Festival *n*: the ~ el festival de Edimburgo.

edition [ɪ'dɪʃn] *n* edición *f*.

editor ['edɪtə] *n* (*of newspaper, magazine*) director *m*, -ra *f*; (*of book*) autor *m*, -ra *f* de la edición, redactor *m*, -ra *f*; (*of film, TV programme*) montador *m*, -ra *f Esp*, editor *m*, -ra *f*.

editorial [ˌedɪ'tɔːrɪəl] *n* editorial *m*.

educate ['edʒʊkeɪt] *vt* educar.

education [ˌedʒʊ'keɪʃn] *n* (*field*) enseñanza *f*; (*process or result of teaching*) educación *f*.

① EDUCATION SYSTEM

El sistema educativo, tanto en Gran Bretaña como en los Estados Unidos, se divide en dos niveles básicos: primaria y secundaria. La escuela primaria (llamada "primary school" en Gran Bretaña y "grade school" en los Estados Unidos) abarca del primer al sexto año, aunque en Gran Bretaña los niños cursan un año de preparación en "reception" antes de entrar en primer curso. En Gran Bretaña, se va a la escuela secundaria ("secondary school") desde los 11 hasta los 16 años, edad en que se hacen los exámenes llamados GCSE (General Certificate of Secondary Education). Los estudiantes que desean seguir estudiando hasta los 18 años han de aprobar al menos cinco asignaturas con objeto de prepararse para los "A-levels", que son un requisito obligatorio para acceder a la universidad. En los Estados Unidos, la primaria va seguida de una etapa intermedia de dos o tres años ("middle school" o "junior high school").

Los alumnos entran en la "high school", la etapa secundaria, aproximadamente a los 14 años; este nivel abarca cuatro años (del noveno al duodécimo curso) y los estudiantes se gradúan generalmente a la edad de 18.

EEC *n* CEE *f*.

eel [i:l] *n* anguila *f*.

effect [ɪ'fekt] *n* efecto *m*; **to put sthg into** ~ hacer entrar algo en vigor; **to take** ~ *(medicine)* hacer efecto; *(law)* entrar en vigor.

effective [ɪ'fektɪv] *adj (successful)* eficaz; *(law, system)* operativo(va).

effectively [ɪ'fektɪvlɪ] *adv (successfully)* eficazmente ; *(in fact)* de hecho.

efficient [ɪ'fɪʃənt] *adj* eficiente.

effort ['efət] *n* esfuerzo *m*; **to make an** ~ **to do sthg** hacer un esfuerzo por hacer algo; **it's not worth the** ~ no merece la pena.

e.g. *adv* p. ej.

egg [eg] *n* huevo *m*.

egg cup *n* huevera *f*.

egg mayonnaise *n* relleno de bocadillo consistente en huevo duro triturado con mayonesa.

eggplant ['egplɑ:nt] *n Am* berenjena *f*.

egg white *n* clara *f* (de huevo).

egg yolk *n* yema *f* (de huevo).

eiderdown ['aɪdədaʊn] *n* edredón *m*.

eight [eɪt] *num* ocho → **six**.

eighteen [,eɪ'ti:n] *num* dieciocho → **six**.

eighteenth [,eɪ'ti:nθ] *num* decimoctavo(va) → **sixth**.

eighth [eɪtθ] *num* octavo(va) → **sixth**.

eightieth ['eɪtɪɪθ] *num* octogési-

---

mo(ma) → **sixth**.

eighty ['eɪtɪ] *num* ochenta → **six**.

Eire ['eərə] *n* Eire.

either ['aɪðə', 'i:ðə'] *adj*: ~ **book will do** cualquiera de los dos libros vale. ◆ *pron*: **I'll take** ~ **(of them)** me llevaré cualquiera de los dos); **I don't like** ~ **(of them)** no me gusta ninguno (de los dos). ◆ *adv*: **I can't** ~ yo tampoco (puedo); ~ ... **or** o ... o; **I don't speak** ~ **French or Spanish** no hablo ni francés ni español; **on** ~ **side** a ambos lados.

eject [ɪ'dʒekt] *vt (cassette)* expulsar.

elaborate [ɪ'læbrət] *adj* elaborado(da).

elastic [ɪ'læstɪk] *n* elástico *m*.

elastic band *n Br* goma *f* (elástica).

elbow ['elbəʊ] *n* codo *m*.

elder ['eldə'] *adj* mayor.

elderly ['eldəlɪ] *adj* anciano(na). ◆ *npl*: **the** ~ los ancianos.

eldest ['eldɪst] *adj* mayor.

elect [ɪ'lekt] *vt (by voting)* elegir; **to** ~ **to do sthg** *fml* optar por hacer algo.

election [ɪ'lekʃn] *n* elección *f*.

ⓘ **ELECTION**

Las elecciones presidenciales estadounidenses tienen lugar cada cuatro años. Por ley, el presidente no puede mantenerse en el cargo más de dos periodos consecutivos. Las elecciones generales británicas se celebran cada cinco años, pero el primer ministro puede convocar elecciones en cualquier momento de la legislatura. Tanto en el sistema electoral británico como en el estadounidense, está permitida la abstención.

electric [ɪ'lektrɪk] adj eléctrico(ca).

electrical goods [ɪ'lektrɪkl-] npl electrodomésticos mpl.

electric blanket n manta f eléctrica.

electric drill n taladro m eléctrico.

electric fence n cercado m electrificado.

electrician [ˌɪlek'trɪʃn] n electricista mf.

electricity [ˌɪlek'trɪsəti] n electricidad f.

electric shock n descarga f eléctrica.

electrocute [ɪ'lektrəkju:t] vt electrocutar.

electronic [ˌɪlek'trɒnɪk] adj electrónico(ca).

elegant ['elɪgənt] adj elegante.

element ['elɪmənt] n (part, chemical) elemento m; (degree) toque m, matiz m; (of fire, kettle) resistencia f; **the ~s** los elementos.

elementary [ˌelɪ'mentəri] adj elemental.

elephant ['elɪfənt] n elefante m.

elevator ['elɪveɪtə] n Am ascensor m.

eleven [ɪ'levn] num once → **six**.

eleventh [ɪ'levnθ] num undécimo (ma) → **sixth**.

eligible ['elɪdʒəbl] adj elegible.

eliminate [ɪ'lɪmɪneɪt] vt eliminar.

Elizabethan [ɪ,lɪzə'bi:θn] adj isabelino(na).

elm [elm] n olmo m.

El Salvador [,el'sælvədɔ:ʳ] n El Salvador.

else [els] adv: **I don't want anything ~** no quiero nada más; **anything ~?**

¿algo más?; **everyone ~** todos los demás (todas las demás); **nobody ~** nadie más; **nothing ~** nada más; **somebody ~** otra persona; **something ~** otra cosa; **somewhere ~** a/ en otra parte; **what ~?** ¿qué más?; **who ~?** ¿quién más?; **or ~** si no.

elsewhere [els'weəʳ] adv a/en otra parte.

e-mail ['i:meɪl] n (system) correo m electrónico, email m; (message) mensaje m (de correo) electrónico, mail m, email m. ♦ vt: **to ~ sb** mandarle a alguien un mensaje (de correo) electrónico; **to ~ sthg to sb** mandarle algo a alguien por correo electrónico.

e-mail address n dirección f de correo electrónico Esp, dirección f electrónica Amér.

embankment [ɪm'bæŋkmənt] n (next to river) dique m; (next to road, railway) terraplén m.

embark [ɪm'bɑ:k] vi (board ship) embarcar.

embarrass [ɪm'bærəs] vt avergonzar.

embarrassed [ɪm'bærəst] adj: **I was ~** me daba vergüenza OR pena Amér.

embarrassing [ɪm'bærəsɪŋ] adj embarazoso(sa), penoso(sa).

embarrassment [ɪm'bærəsmənt] n vergüenza f, pena f Amér.

embassy ['embəsi] n embajada f.

emblem ['embləm] n emblema m.

embrace [ɪm'breɪs] vt abrazar.

embroidered [ɪm'brɔɪdəd] adj bordado(da).

embroidery [ɪm'brɔɪdəri] n bordado m.

emerald ['emərəld] n esmeralda f.

emerge [ɪ'mɜ:dʒ] vi (from place) salir; (fact, truth) salir a la luz.

emergency [ɪ'mɜ:dʒənsɪ] n emergencia f. ◆ adj de emergencia; **in an ~** en caso de emergencia.

emergency exit n salida f de emergencia.

emergency landing n aterrizaje m forzoso.

emergency services npl servicios mpl de emergencia.

emigrate ['emɪgreɪt] vi emigrar.

emit [ɪ'mɪt] vt emitir.

emotion [ɪ'məʊʃn] n emoción f.

emotional [ɪ'məʊʃənl] adj emotivo(va).

emphasis ['emfəsɪs] (pl **-ases** [-əsi:z]) n énfasis m inv.

emphasize ['emfəsaɪz] vt enfatizar, subrayar.

empire ['empaɪə'] n imperio m.

employ [ɪm'plɔɪ] vt emplear.

employed [ɪm'plɔɪd] adj empleado(da).

employee [ɪm'plɔɪi:] n empleado m, -da f.

employer [ɪm'plɔɪə'] n patrono m, -na f.

employment [ɪm'plɔɪmənt] n empleo m.

employment agency n agencia f de trabajo.

empty ['emptɪ] adj vacío(a); (threat, promise) vano(na). ◆ vt vaciar.

EMU n (abbr of European Monetary Union) UME f.

emulsion (paint) [ɪ'mʌlʃn-] n pintura f mate.

enable [ɪ'neɪbl] vt: **to ~ sb to do sthg** permitir a alguien hacer algo.

enamel [ɪ'næml] n esmalte m.

enclose [ɪn'kləʊz] vt (surround) rodear; (with letter) adjuntar.

enclosed [ɪn'kləʊzd] adj (space) cerrado(da).

encounter [ɪn'kaʊntə'] vt encontrarse con.

encourage [ɪn'kʌrɪdʒ] vt (person) animar; **to ~ sb to do sthg** animar a alguien a hacer algo.

encouragement [ɪn'kʌrɪdʒmənt] n aliento m, ánimo m.

encrypt [en'krɪpt] vt COMPUT codificar.

encyclopedia [ɪn,saɪklə'pi:djə] n enciclopedia f.

end [end] n fin m; (furthest point) extremo m; (of finger, toe) punta f. ◆ vt terminar. ◆ vi acabarse; **to come to an ~** acabarse; **to put an ~ to sthg** poner fin a algo; **for days on ~** día tras día; **in the ~** al final; **to make ~s meet** llegar al final de mes; **at the ~ of** (street, garden) al final de; **at the ~ of April** a finales de abril. ❏ **end up** vi acabar, terminar; **to ~ up doing sthg** acabar por hacer algo.

endangered species [ɪn-'deɪndʒəd-] n especie f en peligro.

ending ['endɪŋ] n (of story, film) final m; GRAMM terminación f.

endive ['endaɪv] n (curly) endibia f; (chicory) achicoria f.

endless ['endlɪs] adj interminable.

endorsement [ɪn'dɔ:smənt] n (of driving licence) nota de sanción en el carné de conducir.

endurance [ɪn'djʊərəns] n resistencia f.

endure [ɪn'djʊə'] vt soportar.

enemy ['enɪmɪ] n enemigo m, -ga f.

energy ['enədʒɪ] n energía f.

enforce [ɪn'fɔ:s] vt hacer cumplir.

engaged [ɪn'geɪdʒd] adj (to be married) prometido(da); Br (phone) ocupado(da), comunicando Esp; (toilet) ocupado(da); **to get ~** prometerse.

engaged tone n Br señal f de comunicando OR ocupado.

engagement [ɪnˈgeɪdʒmənt] n (to marry) compromiso m; (appointment) cita f.

engagement ring n anillo m de compromiso.

engine [ˈendʒɪn] n (of vehicle) motor m; (of train) máquina f.

engineer [ˌendʒɪˈnɪəʳ] n ingeniero m, -ra f.

engineering [ˌendʒɪˈnɪərɪŋ] n ingeniería f.

engineering works npl (on railway line) trabajos mpl de mejora en la línea.

England [ˈɪŋglənd] n Inglaterra f.

English [ˈɪŋglɪʃ] adj inglés(esa). ◆ n (language) inglés m. ◆ npl: **the ~** los ingleses.

English breakfast n desayuno m inglés.

English Channel n: **the ~** el Canal de la Mancha.

Englishman [ˈɪŋglɪʃmən] (pl **-men** [-mən]) n inglés m.

Englishwoman [ˈɪŋglɪʃˌwʊmən] (pl **-women** [-ˌwɪmɪn]) n inglesa f.

engrave [ɪnˈgreɪv] vt grabar.

engraving [ɪnˈgreɪvɪŋ] n grabado m.

enjoy [ɪnˈdʒɔɪ] vt: I **~ed the film** me gustó la película; I **~ swimming** me gusta nadar; **to ~ o.s.** divertirse; **~ your meal!** ¡que aproveche!

enjoyable [ɪnˈdʒɔɪəbl] adj agradable.

enjoyment [ɪnˈdʒɔɪmənt] n placer m.

enlargement [ɪnˈlɑːdʒmənt] n (of photo) ampliación f.

enormous [ɪˈnɔːməs] adj enorme.

enough [ɪˈnʌf] adj, pron & adv bastante; **~ time** bastante tiempo; **is that ~?** ¿es bastante?; **it's not big ~** no es lo bastante grande; **to have**

had ~ (of) estar harto (de).

enquire [ɪnˈkwaɪəʳ] vi informarse.

enquiry [ɪnˈkwaɪərɪ] n (question) pregunta f; (investigation) investigación f; **'Enquiries'** 'Información'.

enquiry desk n información f.

enrol [ɪnˈrəʊl] vi Br matricularse, inscribirse.

enroll [ɪnˈrəʊl] Am = **enrol**.

en suite bathroom [ɒnˈswiːt-] n baño m adjunto.

ensure [ɪnˈʃɔːʳ] vt asegurar.

entail [ɪnˈteɪl] vt conllevar.

enter [ˈentəʳ] vt (room, building) entrar en; (plane, bus) subir a; (college) matricularse a, inscribirse en; (army) alistarse en; (competition) presentarse a; (on form) escribir. ◆ vi (come in) entrar; (in competition) presentarse, participar.

enterprise [ˈentəpraɪz] n empresa f.

entertain [ˌentəˈteɪn] vt (amuse) entretener.

entertainer [ˌentəˈteɪnəʳ] n artista mf.

entertaining [ˌentəˈteɪnɪŋ] adj entretenido(da).

entertainment [ˌentəˈteɪnmənt] n (amusement) diversión f; (show) espectáculo m.

enthusiasm [ɪnˈθjuːzɪæzm] n entusiasmo m.

enthusiast [ɪnˈθjuːzɪæst] n entusiasta mf.

enthusiastic [ɪnˌθjuːzɪˈæstɪk] adj entusiasta.

entire [ɪnˈtaɪəʳ] adj entero(ra).

entirely [ɪnˈtaɪəlɪ] adv enteramente.

entitle [ɪnˈtaɪtl] vt: **to ~ sb to sthg** dar a alguien derecho a algo; **to ~ sb to do sthg** autorizar a alguien a hacer algo.

entrance ['entrəns] n entrada f.

entrance fee n precio m de entrada.

entry ['entrɪ] n entrada f; (in competition) respuesta f; **'no ~'** 'prohibido el paso'.

envelope ['envələʊp] n sobre m.

envious ['envɪəs] adj envidioso (sa).

environment [ɪn'vaɪərənmənt] n (surroundings) entorno m; **the ~** el medio ambiente.

environmental [ɪn,vaɪərən'mentl] adj medioambiental.

environmentally friendly [ɪn,vaɪərən'mentəlɪ-] adj ecológico (ca).

envy ['envɪ] vt envidiar.

epic ['epɪk] n epopeya f.

epidemic [,epɪ'demɪk] n epidemia f.

epileptic [,epɪ'leptɪk] adj epiléptico(ca).

episode ['epɪsəʊd] n episodio m.

equal ['i:kwəl] adj igual. ◆ vt (number) ser igual a; **to be ~** to ser igual a.

equality [ɪ'kwɒlətɪ] n igualdad f.

equalize ['i:kwəlaɪz] vi marcar el empate.

equally ['i:kwəlɪ] adv igualmente; (pay, treat) equitativamente; (share) por igual.

equation [ɪ'kweɪʒn] n ecuación f.

equator [ɪ'kweɪtə*] n: **the ~** el ecuador.

equip [ɪ'kwɪp] vt: **to ~** sb with proveer a alguien (de); **to ~** sthg with equipar algo (con).

equipment [ɪ'kwɪpmənt] n equipo m.

equipped [ɪ'kwɪpt] adj: **to be ~** with estar provisto(ta) de.

equivalent [ɪ'kwɪvələnt] adj equi-

valente. ◆ n equivalente m.

ER n Am (abbr of emergency room) urgencias fpl.

erase [ɪ'reɪz] vt borrar.

eraser [ɪ'reɪzə*] n goma f de borrar.

erect [ɪ'rekt] adj (person, posture) erguido(da). ◆ vt (tent) montar; (monument) erigir.

erotic [ɪ'rɒtɪk] adj erótico(ca).

errand ['erənd] n recado m.

erratic [ɪ'rætɪk] adj irregular.

error ['erə*] n error m.

escalator ['eskəleɪtə*] n escalera f mecánica.

escalope [ɪ'skæləp] n escalope m.

escape [ɪ'skeɪp] n (flight) fuga f; (of gas, water) escape m. ◆ vi: **to ~ (from)** (prison, danger) escaparse (de); (leak) fugarse (de).

escort [n 'eskɔːt, vb ɪ'skɔːt] n (guard) escolta f. ◆ vt escoltar.

especially [ɪ'speʃəlɪ] adv especialmente.

esplanade [,esplə'neɪd] n paseo m marítimo.

essay ['eseɪ] n (at school) redacción f; (at university) trabajo m.

essential [ɪ'senʃl] adj esencial. ❑ **essentials** npl: **the (bare) ~s** lo (mínimo) indispensable.

essentially [ɪ'senʃəlɪ] adv esencialmente.

establish [ɪ'stæblɪʃ] vt (set up, create) establecer; (fact, truth) verificar.

establishment [ɪ'stæblɪʃmənt] n (business) establecimiento m.

estate [ɪ'steɪt] n (land in country) finca f; (for housing) urbanización f; Br (car) = **estate car**.

estate agent n Br agente m inmobiliario, agente f inmobiliaria.

estate car n Br coche m familiar, coche m ranchera, camioneta f Amér.

estimate [n 'estimət, vb 'estimeɪt] n (guess) estimación f; (for job) presupuesto m. ◆ vt calcular.

estuary ['estjʊərɪ] n estuario m.

ethnic minority ['eθnɪk-] n minoría f étnica.

EU n (abbr of European Union) UE f; ~ policy directriz f de la UE.

euro ['jʊərəʊ] n euro m.

Eurocheque ['jʊərəʊ,tʃek] n eurocheque m.

Europe ['jʊərəp] n Europa.

European [,jʊərə'pɪən] adj europeo(a). ◆ n europeo m, -a f.

European Central Bank n Banco m Central Europeo.

European Commission n Comisión f Europea.

European Community n Comunidad f Europea.

Eurostar® ['jʊərəstɑː] n Eurostar® m.

evacuate [ɪ'vækjʊeɪt] vt evacuar.

evade [ɪ'veɪd] vt eludir.

eve [iːv] n: on the ~ of en la víspera de.

even ['iːvn] adj (uniform) constante, uniforme; (level, flat) llano(na), liso (sa); (equal) igualado(da); (number) par. ◆ adv (emphasizing surprise) hasta; (in comparisons) aun; to break ~ acabar sin ganar ni perder; ~ so aun así; ~ though aunque; not ~ ni siquiera.

evening ['iːvnɪŋ] n (from 5 p.m. to 8 p.m.) tarde f; (from 9 p.m. onwards) noche f; (event) velada f; good ~! ¡buenas tardes!, ¡buenas noches!; in the ~ por la tarde, por la noche.

evening classes npl clases fpl nocturnas.

evening dress n (formal clothes) traje m de etiqueta; (woman's garment) traje de noche.

evening meal n cena f.

event [ɪ'vent] n (occurrence) suceso m; SPORT prueba f; in the ~ of fml en caso de.

eventual [ɪ'ventʃʊəl] adj final, definitivo(va).

eventually [ɪ'ventʃʊəlɪ] adv finalmente.

ever ['evə] adv (at any time) alguna vez; (in negatives) nunca; I don't ~ do that no hago eso nunca; the best I've ~ seen lo mejor que nunca he visto; he was ~ so angry estaba muy enfadado; for ~ (eternally) para siempre; we've been waiting for ~ hace siglos que esperamos; hardly ~ casi nunca; ~ since desde entonces, desde, desde que.

every ['evrɪ] adj cada; ~ day cada día; ~ other day un día sí y otro no; one in ~ ten uno de cada diez; we make ~ effort ... hacemos todo lo posible ...; ~ so often de vez en cuando.

everybody ['evrɪ,bɒdɪ] = everyone.

everyday ['evrɪdeɪ] adj diario(ria).

everyone ['evrɪwʌn] pron todo el mundo, todos mpl, todas fpl.

everyplace ['evrɪ,pleɪs] Am = everywhere.

everything ['evrɪθɪŋ] pron todo.

everywhere ['evrɪweə] adv (be, search) por todas partes; (with verbs of motion) a todas partes; ~ you go por todas partes.

evidence ['evɪdəns] n (proof) prueba f; JUR declaración f.

evident ['evɪdənt] adj evidente.

evidently ['evɪdəntlɪ] adv (apparently) aparentemente; (obviously) evidentemente.

evil ['iːvl] adj malvado(da). ◆ n mal m.

ex [eks] *n inf* ex *mf*.

exact [ɪgˈzækt] *adj* exacto(ta); '~ fare ready please' 'tenga listo el precio exacto del billete'.

exactly [ɪgˈzæktlɪ] *adv* exactamente. ◆ *excl* ¡exacto!.

exaggerate [ɪgˈzædʒəreɪt] *vt & vi* exagerar.

exaggeration [ɪgˌzædʒəˈreɪʃn] *n* exageración *f*.

exam [ɪgˈzæm] *n* examen *m*; **to take an** ~ examinarse, presentarse a un examen.

examination [ɪgˌzæmɪˈneɪʃn] *n* (*exam*) examen *m*; MED reconocimiento *m*.

examine [ɪgˈzæmɪn] *vt* (*inspect*) examinar; (*consider carefully*) considerar; MED reconocer.

example [ɪgˈzɑːmpl] *n* ejemplo *m*; **for** ~ por ejemplo.

exceed [ɪkˈsiːd] *vt* (*be greater than*) exceder; (*go beyond*) rebasar.

excellent [ˈeksələnt] *adj* excelente.

except [ɪkˈsept] *prep & conj* salvo; ~ **for** aparte de; '~ **for access'** cartel que indica que el tránsito no está permitido; '~ **for loading'** 'salvo carga y descarga'.

exception [ɪkˈsepʃn] *n* excepción *f*.

exceptional [ɪkˈsepʃnəl] *adj* excepcional.

excerpt [ˈeksɜːpt] *n* extracto *m*, pasaje *m*.

excess [ɪkˈses, *before noun* ˈekses] *adj* excedente. ◆ *n* exceso *m*.

excess baggage *n* exceso *m* de equipaje.

excess fare *n Br* suplemento *m*.

excessive [ɪkˈsesɪv] *adj* excesivo(va).

exchange [ɪksˈtʃeɪndʒ] *n* (*of telephones*) central *f* telefónica; (*of stu-*

dents) intercambio *m*. ◆ *vt* intercambiar; **to** ~ **sthg for sthg** cambiar algo por algo; **to be on an** ~ estar de intercambio.

exchange rate *n* tipo *m* de cambio.

excited [ɪkˈsaɪtɪd] *adj* emocionado(da).

excitement [ɪkˈsaɪtmənt] *n* emoción *f*.

exciting [ɪkˈsaɪtɪŋ] *adj* emocionante.

exclamation mark [ˌekskləˈmeɪʃn-] *n Br* signo *m* de admiración.

exclamation point [ˌekskləˈmeɪʃn-] *Am* = **exclamation mark**.

exclude [ɪkˈskluːd] *vt* excluir.

excluding [ɪkˈskluːdɪŋ] *prep* excepto, con excepción de.

exclusive [ɪkˈskluːsɪv] *adj* (*high-class*) selecto(ta); (*sole*) exclusivo(va). ◆ *n* exclusiva *f*; ~ **of** excluyendo.

excursion [ɪkˈskɜːʃn] *n* excursión *f*.

excuse [*n* ɪkˈskjuːs, *vb* ɪkˈskjuːz] *n* excusa *f* ◆ *vt* (*forgive*) perdonar; (*let off*) dispensar; ~ **me!** (*attracting attention*) ¡perdone!; (*trying to get past*) ¿me deja pasar, por favor?; (*as apology*) perdone.

ex-directory *adj Br* que no figura en la guía telefónica.

execute [ˈeksɪkjuːt] *vt* ejecutar.

executive [ɪgˈzekjʊtɪv] *adj* (*desk, suite*) para ejecutivos. ◆ *n* (*person*) ejecutivo *m*, -va *f*.

exempt [ɪgˈzempt] *adj*: ~ (**from**) exento(ta) (de).

exemption [ɪgˈzempʃn] *n* exención *f*.

exercise [ˈeksəsaɪz] *n* ejercicio *m*. ◆ *vi* hacer ejercicio; **to do** ~**s** hacer ejercicio.

exercise book n cuaderno m de ejercicios.

exert [ɪg'zɜːt] vt ejercer.

exhaust [ɪg'zɔːst] vt agotar. ◆ n: ~ (pipe) tubo m de escape.

exhausted [ɪg'zɔːstɪd] adj agotado(da).

exhibit [ɪg'zɪbɪt] n (in museum, gallery) objeto m expuesto. ◆ vt (in exhibition) exponer.

exhibition [ˌeksɪ'bɪʃn] n (of art) exposición f.

exist [ɪg'zɪst] vi existir.

existence [ɪg'zɪstəns] n existencia f; to be in ~ existir.

existing [ɪg'zɪstɪŋ] adj existente.

exit ['eksɪt] n salida f. ◆ vi salir.

exotic [ɪg'zɒtɪk] adj exótico(ca).

expand [ɪk'spænd] vi (in size) extenderse, expandirse; (in number) aumentar; (in business) ampliarse.

expect [ɪk'spekt] vt esperar; to ~ to do sthg esperar hacer algo; to ~ sb to do sthg esperar que alguien haga algo; to be ~ing (be pregnant) estar embarazada.

expedition [ˌekspɪ'dɪʃn] n (to explore etc) expedición f; (short outing) salida f.

expel [ɪk'spel] vt (from school) expulsar.

expense [ɪk'spens] n gasto m; at the ~ of a costa de. ❑ **expenses** npl (of business person) gastos mpl.

expensive [ɪk'spensɪv] adj caro (ra).

experience [ɪk'spɪərɪəns] n experiencia f. ◆ vt experimentar.

experienced [ɪk'spɪərɪənst] adj experimentado(da).

experiment [ɪk'sperɪmənt] n experimento m. ◆ vi experimentar.

expert ['ekspɜːt] adj experto(ta). ◆ n experto m, -ta f.

expire [ɪk'spaɪər] vi caducar.

expiry date [ɪk'spaɪərɪ-] n fecha f de caducidad.

explain [ɪk'spleɪn] vt explicar.

explanation [ˌeksplə'neɪʃn] n explicación f.

explode [ɪk'spləʊd] vi estallar.

exploit [ɪk'splɔɪt] vt explotar.

explore [ɪk'splɔː-] vt explorar.

explosion [ɪk'spləʊʒn] n explosión f.

explosive [ɪk'spləʊsɪv] n explosivo m.

export [n 'ekspɔːt, vb ɪk'spɔːt] n exportación f. ◆ vt exportar.

exposed [ɪk'spəʊzd] adj (place) al descubierto.

exposure [ɪk'spəʊʒə-] n exposición f; MED hipotermia f.

express [ɪk'spres] adj (letter, delivery) urgente; (train) rápido(da). ◆ n (train) expreso m. ◆ vt expresar. ◆ adv urgente.

expression [ɪk'spreʃn] n expresión f.

expresso [ɪk'spresəʊ] n café m exprés.

expressway [ɪk'spresweɪ] n Am autopista f.

extend [ɪk'stend] vt (visa, permit) prorrogar; (road, railway) prolongar; (hand) tender. ◆ vi (stretch) extenderse.

extension [ɪk'stenʃn] n (of building) ampliación f; (for phone, permit, essay) extensión f.

extension lead [-liːd] n alargador m, extensión f.

extensive [ɪk'stensɪv] adj (damage, area) extenso(sa); (selection) amplio (plia).

extent [ɪk'stent] n (of damage, knowledge) extensión f; to a certain ~ hasta cierto punto; to what ~ ...?

¿hasta qué punto ...?.

exterior [ɪkˈstɪərɪəʳ] *adj* exterior.
◆ *n* (of car, building) exterior *m*.

external [ɪkˈstɜːnl] *adj* externo (na).

extinct [ɪkˈstɪŋkt] *adj* extinto(ta).

extinction [ɪkˈstɪŋkʃn] *n* extinción *f*.

extinguish [ɪkˈstɪŋgwɪʃ] *vt* (fire) extinguir; (cigarette) apagar.

extinguisher [ɪkˈstɪŋgwɪʃəʳ] *n* extintor *m*.

extortionate [ɪkˈstɔːʃnət] *adj* exorbitante.

extra [ˈekstrə] *adj* (additional) extra *inv*; (spare) de más. ◆ *n* (bonus) paga *f* extraordinaria; (optional thing) extra *m*. ◆ *adv* (more) más; **an ~ special offer** una oferta muy especial; **be ~ careful** ten mucho cuidado; **I need some ~ help** necesito más ayuda; **~ charge** suplemento *m*; **~ large** extra-grande. ❏ **extras** *npl* (in price) suplementos *mpl*.

extract [*n* ˈekstrækt, *vb* ɪkˈstrækt] *n* (of food, malt etc) extracto *m*; (from book, opera) fragmento *m*. ◆ *vt* (tooth) extraer.

extraordinary [ɪkˈstrɔːdnrɪ] *adj* extraordinario(ria).

extravagant [ɪkˈstrævəgənt] *adj* (wasteful) derrochador(ra); (expensive) exorbitante.

extreme [ɪkˈstriːm] *adj* extremo (ma). ◆ *n* extremo.

extremely [ɪkˈstriːmlɪ] *adv* extremadamente.

extrovert [ˈekstrəvɜːt] *n* extrovertido *m*, -da *f*.

eye [aɪ] *n* ojo *m*. ◆ *vt* mirar detenidamente; **to keep an ~ on** vigilar.

eyebrow [ˈaɪbraʊ] *n* ceja *f*.

eyeglasses [ˈaɪglɑːsɪz] *npl* Am gafas *fpl* Esp, anteojos *mpl* Amér.

eyelash [ˈaɪlæʃ] *n* pestaña *f*.

eyelid [ˈaɪlɪd] *n* párpado *m*.

eyeliner [ˈaɪˌlaɪnəʳ] *n* lápiz *m* de ojos, delineador *m*.

eye shadow *n* sombra *f* de ojos.

eyesight [ˈaɪsaɪt] *n* vista *f*.

eye test *n* prueba *f* de visión.

eyewitness [ˌaɪˈwɪtnɪs] *n* testigo *mf* presencial.

F

F (abbr of Fahrenheit) F.

fabric [ˈfæbrɪk] *n* (cloth) tejido *m*.

fabulous [ˈfæbjʊləs] *adj* fabuloso (sa).

facade [fəˈsɑːd] *n* fachada *f*.

face [feɪs] *n* cara *f*; (of clock, watch) esfera *f*. ◆ *vt* (look towards) mirar a; (confront, accept) hacer frente a; (cope with) soportar; **to be ~d with** enfrentarse con. ❏ **face up to** *vt fus* hacer frente a.

facecloth [ˈfeɪsklɒθ] *n Br* toalla *f* de cara.

facial [ˈfeɪʃl] *n* limpieza *f* de cutis.

facilitate [fəˈsɪlɪteɪt] *vt fml* facilitar.

facilities [fəˈsɪlɪtiːz] *npl* instalaciones *fpl*.

facsimile [fækˈsɪmɪlɪ] *n* facsímil *m*.

fact [fækt] *n* (established truth) hecho *m*; (piece of information) dato *m*; **in ~** (in reality) en realidad; (moreover) de hecho.

factor [ˈfæktəʳ] *n* (condition) factor *m*; (of suntan lotion) factor (de protección solar).

factory [ˈfæktərɪ] *n* fábrica *f*.

faculty ['fæklti] n (at university) facultad f.

fade [feɪd] vi (light, sound) irse apagando; (flower) marchitarse; (jeans, wallpaper) descolorarse.

faded ['feɪdɪd] adj (jeans) desteñido(da).

fag [fæg] n Br inf (cigarette) pitillo m, tabaco m.

fail [feɪl] vt (exam) suspender Esp, reprobar Amér. ◆ vi (not succeed) fracasar; (in exam) suspender, reprobar Amér; (engine) fallar; **to ~ to do sthg** (not do) no hacer algo.

failing ['feɪlɪŋ] n defecto m. ◆ prep: **~ that** en su defecto.

failure ['feɪljə] n fracaso m; (unsuccessful person) fracasado m, -da f; **~ to comply with the regulations** el incumplimiento de las normas.

faint [feɪnt] adj (sound, colour) débil; (outline) impreciso(sa); (dizzy) mareado(da). ◆ vi desmayarse; **I haven't the ~est idea** no tengo ni la más mínima idea.

fair [feə] adj (just) justo(ta); (quite large) considerable; (quite good) bastante bueno(na); SCH satisfactorio(ria); (hair, person) rubio(bia); (skin) blanco(ca); (weather) bueno(na). ◆ n feria f; **~ enough!** ¡vale!.

fairground ['feəgraund] n recinto m de la feria.

fair-haired [-'heəd] adj rubio (bia).

fairly ['feəlɪ] adv (quite) bastante.

fairy ['feərɪ] n hada f.

fairy tale n cuento m de hadas.

faith [feɪθ] n fe f.

faithfully ['feɪθfʊlɪ] adv: **Yours ~** le saluda atentamente.

fake [feɪk] n (false thing) falsificación f. ◆ vt (signature, painting) falsificar.

fall [fɔːl] (pt fell, pp fallen ['fɔːln]) vi caer; (lose balance) caerse; (decrease) bajar. ◆ n (accident) caída f; (decrease) descenso m; (of snow) nevada f; Am (autumn) otoño m; **to ~ asleep** dormirse; **to ~ ill** ponerse enfermo; **to ~ in love** enamorarse. □ **falls** npl (waterfall) cataratas fpl. □ **fall behind** vi (with work, rent) retrasarse. □ **fall down** vi (lose balance) caerse. □ **fall off** vi (person) caerse; (handle, branch) desprenderse. □ **fall out** vi (argue) pelearse; **my tooth fell out** se me cayó un diente. □ **fall over** vi caerse. □ **fall through** vi fracasar.

false [fɔːls] adj falso(sa); (artificial) postizo(za).

false alarm n falsa alarma f.

false teeth npl dentadura f postiza.

fame [feɪm] n fama f.

familiar [fə'mɪljə] adj (known) familiar; (informal) demasiado amistoso(sa); **to be ~ with** (know) estar familiarizado(da) con.

family ['fæmlɪ] n familia f. ◆ adj (large) familiar; (film, holiday) para toda la familia.

family planning clinic [-'plænɪŋ-] n clínica f de planificación familiar.

family room n (at hotel) habitación f familiar; (at pub, airport) habitación para familias con niños pequeños.

famine ['fæmɪn] n hambruna f.

famished ['fæmɪʃt] adj inf muerto (ta) de hambre.

famous ['feɪməs] adj famoso(sa).

fan [fæn] n (held in hand) abanico m; (electric) ventilador m; (enthusiast) admirador m, -ra f; (supporter) aficionado m, -da f.

fan belt n correa f OR banda Méx del ventilador.

fancy ['fænsɪ] adj (elaborate) recargado(da); (food) elaborado(da). ◆ vt inf: I ~ an ice cream me apetece tomar un helado; he fancies Jane le gusta Jane; ~ (that)! ¡fíjate!

fancy dress n disfraz m.

fantastic [fæn'tæstɪk] adj fantástico(ca).

fantasy ['fæntəsɪ] n fantasía f.

FAQ [fæk] (abbr of frequently asked questions) n COMPUT fichero m de preguntas frecuentes.

far [fɑː'] (compar **further** OR **farther**, superl **furthest** OR **farthest**) adv (in distance, time) lejos; (in degree) mucho. ◆ adj (end) extremo (ma); (side) opuesto(ta); **how ~ you come ~**? ¿vienes de lejos?; **how ~ is it?** ¿está lejos?; **how ~ is it to London?** ¿cuánto hay de aquí a Londres?; **as ~ as** (place) hasta; **as ~ as I'm concerned** por lo que a mí se refiere; **as ~ as I know** que yo sepa; **~ better** mucho mejor; **by ~** con mucho; **it's ~ too difficult** es demasiado difícil; **so ~** hasta ahora; **to go too ~** pasarse.

farce [fɑːs] n farsa f.

fare [feə'] n (on bus, train etc) precio m del billete; fml (food) comida f. ◆ vi: she ~d well le fue bien.

Far East n: the ~ el Lejano Oriente.

farm [fɑːm] n granja f.

farmer ['fɑːmə'] n agricultor m, -ra f.

farmhouse ['fɑːmhaus] n caserío m.

farming ['fɑːmɪŋ] n agricultura f.

farmland ['fɑːmlænd] n tierras fpl de labranza.

farmyard ['fɑːmjɑːd] n corral m.

farther ['fɑːðə'] compar → far.

farthest ['fɑːðəst] superl → far.

fascinating ['fæsɪneɪtɪŋ] adj fascinante.

fascination [ˌfæsɪ'neɪʃn] n fascinación f.

fashion ['fæʃn] n (trend, style) moda f; (manner) manera f; **to be in** ~ estar de moda; **to be out of** ~ estar pasado de moda.

fashionable ['fæʃnəbl] adj de moda.

fashion show n desfile m de moda.

fast [fɑːst] adj (quick) rápido(da); (clock, watch) adelantado(da). ◆ adv (quickly) rápidamente; (securely) firmemente; ~ **asleep** profundamente dormido; **a** ~ **train** un tren rápido.

fasten ['fɑːsn] vt (belt, coat) abrochar; (two things) sujetar.

fastener ['fɑːsnə'] n (of window, box) cierre m; (of dress) corchete m.

fast food n comida f rápida.

fat [fæt] adj (person) gordo(da); (meat) con mucha grasa. ◆ n grasa f; (for cooking) manteca f.

fatal ['feɪtl] adj (accident, disease) mortal.

fat-free adj sin grasa.

father ['fɑːðə'] n padre m.

Father Christmas n Br Papá m Noel.

father-in-law n suegro m.

fattening ['fætnɪŋ] adj que engorda.

fatty ['fætɪ] adj graso(sa).

faucet ['fɔːsɪt] n Am grifo m Esp, llave f.

fault ['fɔːlt] n (responsibility) culpa f; (flaw) defecto m; (in machine) fallo m; **it's your** ~ tú tienes la culpa.

faulty ['fɔːltɪ] adj defectuoso(sa).

favor ['feɪvər] Am = favour.

favour ['feɪvə'] n Br (kind act) favor m. ◆ vt (prefer) preferir; **to be in** ~ of estar a favor de; **to do sb a ~** hacerle un favor a alguien.

favourable ['feɪvrəbl] *adj* favorable.

favourite ['feɪvrɪt] *adj* favorito (ta). ◆ *n* favorito *m*, -ta *f*.

fawn [fɔːn] *adj* beige *inv*.

fax [fæks] *n* fax *m inv*. ◆ *vt* (*document*) enviar por fax; (*person*) enviar un fax a.

fear [fɪəʳ] *n* (*sensation*) miedo *m*; (*thing feared*) temor *m*. ◆ *vt* (*be afraid of*) temer; **for ~** por miedo a.

feast [fiːst] *n* banquete *m*.

feather ['feðəʳ] *n* pluma *f*.

feature ['fiːtʃəʳ] *n* (*characteristic*) característica *f*; (*of face*) rasgo *m*; (*in newspaper*) artículo de fondo; (*on radio, TV*) programa *m* especial. ◆ *vt* (*subj: film*) estar protagonizado por.

feature film *n* largometraje *m*.

Feb [feb] (*abbr of February*) feb.

February ['februərɪ] *n* febrero *m* → **September**.

fed [fed] *pt & pp* → **feed**.

fed up *adj* harto(ta); **to be ~ with** estar harto de.

fee [fiː] *n* (*for entry*) precio *m*; (*for service*) tarifa *f*; (*of doctor, lawyer*) honorarios *mpl*.

feeble ['fiːbəl] *adj* (*weak*) débil.

feed [fiːd] *vt* (*pt & pp* **fed**) (*person, animal*) dar de comer a; (*insert*) introducir.

feel [fiːl] (*pt & pp* **felt**) *vt* (*touch*) tocar; (*experience*) sentir; (*think*) pensar que. ◆ *vi* (*tired, ill, better*) encontrarse; (*sad, angry, safe*) sentirse. ◆ *n* (*of material*) tacto *m*; **my nose ~s cold** tengo la nariz fría; **to ~ cold** tener frío; **to ~ hungry** tener hambre; **I ~ like a cup of tea** me apetece una taza de té; **to ~ up to doing sthg** sentirse con ánimos de hacer algo.

feeling ['fiːlɪŋ] *n* (*emotion*) sentimiento *m*; (*sensation*) sensación *f*; (*belief*) impresión *f*; **to hurt sb's ~s** herir los sentimientos de alguien.

feet [fiːt] *pl* → **foot**.

fell [fel] *pt* → **fall**. ◆ *vt* talar.

fellow ['feləʊ] *n* (*man*) tío *m*. ◆ *adj*: **my ~ students** mis compañeros de clase.

felt [felt] *pt & pp* → **feel**. ◆ *n* fieltro *m*.

felt-tip pen *n* rotulador *m*, marcador *m Amér.*

female ['fiːmeɪl] *adj* (*animal*) hembra; (*person*) femenino(na). ◆ *n* hembra *f*.

feminine ['femɪnɪn] *adj* femenino (na).

feminist ['femɪnɪst] *n* feminista *mf*.

fence [fens] *n* valla *f*.

fencing ['fensɪŋ] *n* SPORT esgrima *f*.

fend [fend] *vi*: **to ~ for o.s.** valerse por sí mismo(ma).

fender ['fendəʳ] *n* (*for fireplace*) guardafuego *m*; *Am* (*on car*) guardabarros *m inv*.

fennel ['fenl] *n* hinojo *m*.

fern [fɜːn] *n* helecho *m*.

ferocious [fəˈrəʊʃəs] *adj* feroz.

ferry ['ferɪ] *n* ferry *m*.

fertile ['fɜːtaɪl] *adj* fértil.

fertilizer ['fɜːtɪlaɪzəʳ] *n* abono *m*.

festival ['festɪvl] *n* (*of music, arts etc*) festival *m*; (*holiday*) día *m* festivo.

feta cheese ['fetə-] *n* queso blando de origen griego fabricado con leche de oveja.

fetch [fetʃ] *vt* (*person*) ir a buscar; (*object*) traer; (*be sold for*) alcanzar.

fete [feɪt] *n* fiesta al aire libre.

fever ['fiːvəʳ] *n* fiebre *f*; **to have a ~** tener fiebre.

feverish

feverish [ˈfiːvərɪʃ] *adj* febril.

few [fjuː] *adj* pocos(cas). ◆ *pron* pocos *mpl*, -cas *fpl*; ~ **people** poca gente; **a** ~ algunos(nas), unos pocos *mpl*, unas pocas *fpl*; **quite a** ~ bastantes.

fewer [ˈfjuːəʳ] *adj & pron* menos.

fiancé [fɪˈɒnseɪ] *n* prometido *m*.

fiancée [fɪˈɒnseɪ] *n* prometida *f*.

fib [fɪb] *n inf* bola *f*, mentira *f*.

fiber [ˈfaɪbər] *Am* = **fibre**.

fibre [ˈfaɪbəʳ] *n Br* fibra *f*.

fibreglass [ˈfaɪbəglɑːs] *n* fibra *f* de vidrio.

fickle [ˈfɪkl] *adj* voluble.

fiction [ˈfɪkʃn] *n* ficción *f*.

fiddle [ˈfɪdl] *n* (*violin*) violín *m*. ◆ *vi*: **to** ~ **with sthg** juguetear con algo.

fidget [ˈfɪdʒɪt] *vi* moverse inquietamente.

field [fiːld] *n* campo *m*.

field glasses *npl* prismáticos *mpl*.

fierce [fɪəs] *adj* (*animal, person*) feroz; (*storm, heat*) fuerte.

fifteen [fɪfˈtiːn] *num* quince → **six**.

fifteenth [fɪfˈtiːnθ] *num* decimoquinto(ta) → **sixth**.

fifth [fɪfθ] *num* quinto(ta) → **sixth**.

fiftieth [ˈfɪftɪəθ] *num* quincuagésimo(ma) → **sixth**.

fifty [ˈfɪftɪ] *num* cincuenta → **six**.

fig [fɪg] *n* higo *m*.

fight [faɪt] (*pt & pp* **fought**) *n* (*physical clash, argument*) pelea *f*; (*struggle*) lucha *f*. ◆ *vt* (*enemy, crime, illness*) luchar contra; (*in punch-up*) pelearse con. ◆ *vi* (*in war, struggle*) luchar; (*quarrel*) discutir; **to have a** ~ **with sb** pelearse con alguien. ❑ **fight back** *vi* defenderse. ❑ **fight off** *vt sep* (*attacker*) rechazar; (*illness*) sanar de.

fighting [ˈfaɪtɪŋ] *n* (*at football match, in streets*) violencia *f*; (*in war*) combate *m*.

figure [*Br* ˈfɪgəʳ, *Am* ˈfɪgjər] *n* (*number, statistic*) cifra *f*; (*shape of body*) tipo *m*; (*outline of person*) figura *f*; (*diagram*) gráfico *m*. ❑ **figure out** *vt sep* (*answer*) dar con; **I can't** ~ **out how to do it** no sé cómo hacerlo.

file [faɪl] *n* (*document holder*) carpeta *f*; (*information on person*) expediente *m*; COMPUT fichero *m*, archivo *m*; (*tool*) lima *f*. ◆ *vt* (*complaint, petition*) presentar; (*nails*) limar; **in single** ~ en fila india.

filing cabinet [ˈfaɪlɪŋ-] *n* archivador *m*.

fill [fɪl] *vt* (*make full*) llenar; (*hole*) rellenar; (*role*) desempeñar; (*tooth*) empastar. ❑ **fill in** *vt sep* (*form*) rellenar. ❑ **fill out** *vt sep* = **fill in**. ❑ **fill up** *vt sep* llenar (hasta el tope).

filled roll [ˈfɪld-] *n* bocadillo *m* (de bollo).

fillet [ˈfɪlɪt] *n* filete *m*.

fillet steak *n* filete *m* de carne de vaca.

filling [ˈfɪlɪŋ] *n* (*of cake, sandwich*) relleno *m*; (*in tooth*) empaste *m*. ◆ *adj* que llena mucho.

filling station *n* estación *f* de servicio, gasolinera *f*.

film [fɪlm] *n* película *f*. ◆ *vt* rodar.

film star *n* estrella *f* de cine.

filter [ˈfɪltəʳ] *n* filtro *m*.

filthy [ˈfɪlθɪ] *adj* (*very dirty*) sucísimo(ma).

fin [fɪn] *n* (*of fish*) aleta *f*; *Am* (*of swimmer*) aleta *f*.

final [ˈfaɪnl] *adj* (*last*) último(ma); (*decision, offer*) definitivo(va). ◆ *n* final *f*.

finalist [ˈfaɪnəlɪst] *n* finalista *mf*.

finally [ˈfaɪnəlɪ] *adv* (*at last*) por fin;

(lastly) finalmente.

finance [n 'faɪnæns, vb faɪ'næns] n *(money)* fondos mpl; *(management of money)* finanzas fpl. ♦ vt financiar. ❏ **finances** npl finanzas fpl.

financial [fɪ'nænʃl] adj financiero (ra).

find [faɪnd] *(pt & pp* **found)** vt encontrar; *(find out)* enterarse de. ♦ n hallazgo m; **to ~ the time to do sthg** encontrar tiempo para hacer algo. ❏ **find out** ♦ vt sep *(fact, truth)* averiguar. ♦ vi: **to ~ out about sthg** averiguar algo.

fine [faɪn] adj *(good)* bueno(na); *(food, wine)* excelente; *(thin)* fino(na). ♦ adv *(thinly)* finamente; *(well)* bien. ♦ n multa f. ♦ vt multar. ♦ excl vale; **I'm ~** estoy bien; **it's ~** está bien.

fine art n bellas artes fpl.

finger ['fɪŋgə'] n dedo m.

fingernail ['fɪŋgəneɪl] n uña f de la mano.

fingertip ['fɪŋgətɪp] n yema f del dedo.

finish ['fɪnɪʃ] n *(end)* final m; *(on furniture)* acabado m. ♦ vt & vi acabar; **to ~ doing sthg** terminar de hacer algo. ❏ **finish off** vt sep *(complete)* acabar del todo; *(eat or drink)* acabar. ❏ **finish up** vi acabar.

Finland ['fɪnlənd] n Finlandia.

Finnish ['fɪnɪʃ] adj finlandés(esa). ♦ n *(language)* finlandés m.

fir [fɜː'] n abeto m.

fire [faɪə'] n fuego m; *(uncontrolled)* incendio m; *(device)* estufa f. ♦ vt *(gun)* disparar; *(from job)* despedir; **on ~** en llamas; **to catch ~** prender fuego; **to make a ~** encender un fuego.

fire alarm n alarma f antiincendios.

fire brigade n Br cuerpo m de bomberos.

fire department Am = **fire brigade**.

fire engine n coche m de bomberos.

fire escape n escalera f de incendios.

fire exit n salida f de incendios.

fire extinguisher n extintor m.

fire hazard n: **it's a ~** podría causar un incendio.

fireman ['faɪəmən] *(pl* **-men** [-mən]) n bombero m.

fireplace ['faɪəpleɪs] n chimenea f.

fire regulations npl ordenanzas fpl en caso de incendio.

fire station n parque m Esp OR estación f de bomberos.

firewood ['faɪəwʊd] n leña f.

firework display ['faɪəwɜːk-] n espectáculo m de fuegos artificiales.

fireworks ['faɪəwɜːks] npl fuegos mpl artificiales.

firm [fɜːm] adj firme. ♦ n firma f, empresa f.

first [fɜːst] adj primero(ra). ♦ adv primero; *(for the first time)* por primera vez. ♦ n *(event)* acontecimiento m sin precedentes. ♦ pron: **the ~** el primero; **~ (gear)** primera f (marcha); **~ thing (in the morning)** a primera hora (de la mañana); **for the ~ time** por primera vez; **the ~ of January** el uno de enero; **at ~** al principio; **~ of all** antes de nada.

first aid n primeros auxilios mpl.

first-aid kit n botiquín m de primeros auxilios.

first class n *(mail)* correo que se distribuye el día siguiente; *(on train, plane, ship)* primera clase f.

first-class adj *(stamp)* para la UE o distribución al día siguiente; *(ticket)* de primera (clase); *(very good)* de primera.

first floor n Br (floor above ground floor) primer piso m; Am (ground floor) bajo m Esp, planta f baja.

firstly ['fɜːstlɪ] adv en primer lugar.

First World War n: the ~ la Primera Guerra Mundial.

fish [fɪʃ] (pl inv) n (animal) pez m; (food) pescado m. ◆ vi pescar.

fish and chips n filete de pescado blanco rebozado, con patatas fritas.

FISH AND CHIPS

Con esta denominación se hace referencia a la tradicional comida británica para llevar, consistente en pescado rebozado y patatas fritas, todo ello envuelto en papel de estraza o de periódico y por lo general consumido al aire libre y directamente del envoltorio. En las tiendas de "fish and chips" se pueden encontrar otras frituras, como salchichas, pollo, morcillas o pasteles de carne.

fishcake ['fɪʃkeɪk] n tipo de croqueta de pescado.

fisherman ['fɪʃəmən] (pl **-men** [-mən]) n pescador m.

fish farm n piscifactoría f.

fish fingers npl Br palitos mpl de pescado.

fishing ['fɪʃɪŋ] n pesca f; **to go ~** ir de pesca.

fishing boat n barco m de pesca.

fishing rod n caña f de pescar.

fishmonger's ['fɪʃˌmʌŋgəz] n (shop) pescadería f.

fish sticks Am = fish fingers.

fist [fɪst] n puño m.

fit [fɪt] adj (healthy) en forma. ◆ vt (be right size for) sentar bien a; (a lock, kitchen, bath) instalar; (insert) insertar. ◆ vi (clothes, shoes) estar bien de talla; (in space) caber. ◆ n ataque m; **to be ~ for sthg** ser apto(ta) para algo; **~ to eat** apto para el consumo; **it's a good ~** sienta bien; **it doesn't ~** no cabe; **to get ~** ponerse en forma; **to keep ~** mantenerse en forma. □ **fit in** ◆ vt sep (find time to do) hacer un hueco a. ◆ vi (belong) encajar.

fitness ['fɪtnɪs] n (health) estado m físico.

fitted carpet [ˌfɪtəd-] n moqueta f Esp, alfombra f de pared a pared.

fitted sheet [ˌfɪtəd-] n sábana f ajustable.

fitting room ['fɪtɪŋ-] n probador m.

five [faɪv] num cinco → **six**.

fiver ['faɪvə'] n Br inf (£5) cinco libras fpl; (£5 note) billete m de cinco libras.

fix [fɪks] vt (attach, decide on) fijar; (mend) reparar; (drink, food) preparar; **have you ~ed anything for tonight?** ¿tienes planes para esta noche? □ **fix up** vt sep: **to ~ sb up with sthg** proveer a alguien de algo.

fixture ['fɪkstʃə'] n SPORT encuentro m; **~s and fittings** instalaciones fpl domésticas.

fizzy ['fɪzɪ] adj gaseoso(sa).

flag [flæg] n bandera f.

flake [fleɪk] n (of snow) copo m. ◆ vi descamarse.

flame [fleɪm] n llama f.

flammable ['flæməbl] adj inflamable.

flan [flæn] n tarta f.

flannel ['flænl] n (material) franela f; Br (for washing face) toalla f de cara. □ **flannels** npl pantalones mpl de franela.

flap [flæp] n (of envelope, pocket) solapa f; (of tent) puerta f. ◆ vt (wings) batir.

flapjack ['flæpdʒæk] n Br torta f de avena.

flare [fleə²] n (signal) bengala f.

flared [fleəd] adj acampanado(da).

flash [flæʃ] n (of light) destello m; (for camera) flash m. ◆ vi (light) destellar; a ~ **of lightning** un relámpago; **to** ~ **one's headlights** dar las luces.

flashlight ['flæʃlaɪt] n linterna f.

flask [flɑːsk] n (Thermos) termo m; (hip flask) petaca f.

flat [flæt] adj (level) llano(na); (battery) descargado(da); (drink) muerto(ta), sin gas; (rate, fee) único(ca). ◆ n Br piso m Esp, apartamento m. ◆ adv: **to lie** ~ estar extendido; **a** ~ (tyre) un pinchazo; ~ **out** a toda velocidad.

flatter ['flætə²] vt adular.

flavor ['fleɪvə²] Am = **flavour**.

flavour ['fleɪvə²] n Br sabor m.

flavoured ['fleɪvəd] adj de sabores.

flavouring ['fleɪvərɪŋ] n aroma m.

flaw [flɔː] n fallo m.

flea [fliː] n pulga f.

flea market n mercado de objetos curiosos y de segunda mano, ≃ rastro m Esp.

fleece [fliːs] n (downy material) vellón m.

fleet [fliːt] n flota f.

flesh [fleʃ] n (of person, animal) carne f; (of fruit, vegetable) pulpa f.

flew [fluː] pt → **fly**.

flex [fleks] n cable m.

flexible ['fleksəbl] adj flexible.

flick [flɪk] vt (a switch) apretar; (with finger) golpear rápidamente. ❏ **flick through** vt fus hojear rápidamente.

flies [flaɪz] npl bragueta f.

flight [flaɪt] n vuelo m; **a** ~ **(of stairs)** un tramo (de escaleras).

flight attendant n auxiliar mf de vuelo, sobrecargo mf.

flimsy ['flɪmzɪ] adj (object) frágil, poco sólido(da); (clothes) ligero(ra).

fling [flɪŋ] (pt & pp flung) vt arrojar.

flint [flɪnt] n (of lighter) piedra f.

flip-flop [flɪp-] n Br chancleta f.

flirt [flɜːt] vi: **to** ~ **(with sb)** coquetear (con alguien).

float [fləʊt] n (for swimming) flotador m; (for fishing) corcho m; (in procession) carroza f. ◆ vi flotar.

flock [flɒk] n (of birds) bandada f; (of sheep) rebaño m. ◆ vi (people) acudir en masa.

flood [flʌd] n inundación f. ◆ vt inundar. ◆ vi desbordarse.

floodlight ['flʌdlaɪt] n foco m.

floor [flɔː²] n (of room) suelo m; (storey) piso m; (of nightclub) pista f de baile.

floorboard ['flɔːbɔːd] n tabla f del suelo.

flop [flɒp] n inf fracaso m.

floppy disk ['flɒpɪ-] n floppy disk m.

floral ['flɔːrəl] adj (pattern) floreado(da).

Florida Keys ['flɒrɪdə-] npl: **the** ~ las Florida Keys.

florist's ['flɒrɪsts] n (shop) floristería f, florería f Amér.

flour ['flaʊə²] n harina f.

flow [fləʊ] n corriente f. ◆ vi correr.

flower ['flaʊə²] n flor f.

flowerbed ['flaʊəbed] n arriate m.

flowerpot ['flaʊəpɒt] n tiesto m Esp, maceta f.

flown [fləʊn] pp → **fly**.

flu [fluː] n gripe f.

fluent ['fluːənt] adj: **to be ~ in/to speak ~ Spanish** dominar el español.

fluff [flʌf] n pelusa f.

flume [fluːm] n tobogán m acuático.

flung [flʌŋ] pt & pp → **fling**.

flunk [flʌŋk] vt Am inf catear Esp, reprobar Amér.

fluorescent [floə'resənt] adj fluorescente.

flush [flʌʃ] vi (toilet) funcionar. ◆ vt: **to ~ the toilet** tirar de la cadena.

flute [fluːt] n flauta f.

fly [flaɪ] (pt **flew**, pp **flown**) n (insect) mosca f; (of trousers) bragueta f. ◆ vt (plane, helicopter) pilotar; (travel by) volar con; (transport) transportar en avión. ◆ vi volar; (pilot a plane) pilotar; (flag) ondear.

fly-drive n paquete turístico que incluye vuelo y coche alquilado.

flying ['flaɪɪŋ] n: **I like ~** me gusta ir en avión.

flyover ['flaɪˌəʊvəʳ] n Br paso m elevado.

flysheet ['flaɪʃiːt] n doble techo m.

foal [fəʊl] n potro m.

foam [fəʊm] n (bubbles) espuma f; (foam rubber) gomaespuma f.

focus ['fəʊkəs] n (of camera) foco m. ◆ vi (with camera, binoculars) enfocar; **in ~** enfocado; **out of ~** desenfocado.

fog [fɒg] n niebla f.

fogbound ['fɒgbaʊnd] adj (airport) cerrado(da) a causa de la niebla.

foggy ['fɒgɪ] adj (weather) brumoso(sa).

fog lamp n faro m antiniebla.

foil [fɔɪl] n papel m de aluminio.

fold [fəʊld] n pliegue m. ◆ vt (paper, material) doblar; (wrap) envolver; **to**

~ one's arms cruzarse de brazos. ❑ **fold up** vi plegarse.

folder ['fəʊldəʳ] n carpeta f.

foliage ['fəʊlɪdʒ] n follaje m.

folk [fəʊk] npl (people) gente f. ◆ n: **~ (music)** folk m. ❑ **folks** npl inf (relatives) familia f.

follow ['fɒləʊ] vt seguir; (understand) comprender. ◆ vi (go behind) ir detrás; (in time) seguir; (understand) comprender; **~ed by** seguido de; **as ~s** como sigue. ❑ **follow on** vi ir detrás.

following ['fɒləʊɪŋ] adj siguiente. ◆ prep tras.

fond [fɒnd] adj: **to be ~ of** (person) tener cariño a; (thing) ser aficionado (da) a.

fondue ['fɒnduː] n fondue f.

food [fuːd] n (nourishment) comida f; (type of food) alimento m.

food poisoning [-ˌpɔɪznɪŋ] n intoxicación f alimenticia.

food processor [-ˌprəʊsesəʳ] n robot m de cocina Esp, procesador m de cocina.

foodstuffs ['fuːdstʌfs] npl comestibles mpl.

fool [fuːl] n (idiot) tonto m, -ta f; (pudding) mousse de nata y fruta. ◆ vt engañar.

foolish ['fuːlɪʃ] adj tonto(ta).

foot [fʊt] n (pl **feet**) n pie m; (of animal, wardrobe, tripod) pata f; **by ~ a** pie; **on ~ a** pie.

football ['fʊtbɔːl] n Br (soccer) fútbol m; Am (American football) fútbol americano; Br (in soccer) balón m (de fútbol); Am (in American football) balón (de fútbol americano).

footballer ['fʊtbɔːləʳ] n Br futbolista mf.

football pitch n Br campo m de fútbol.

footbridge ['fʊtbrɪdʒ] *n* pasarela *f*.

footpath ['fʊtpɑːθ *pl* -ðz] *n* sendero *m*.

footprint ['fʊtprɪnt] *n* huella *f*.

footstep ['fʊtstep] *n* paso *m*.

footwear ['fʊtweə'] *n* calzado *m*.

---

for [fɔː'] *prep* - **1.** *(expressing intention, purpose, destination)* para; **this book is** ~ **you** este libro es para ti; **what did you do that** ~? ¿por qué hiciste eso?; **what's it** ~? *¿*para qué es?; **to go** ~ **a walk** dar un paseo; '~ **sale**' 'se vende'; **a ticket** ~ **Edinburgh** un billete para Edimburgo; **the train** ~ **London** el tren de Londres.

- **2.** *(expressing reason)* por; **a town famous** ~ **its wine** una ciudad famosa por sus vinos; **the reason** ~ **it** el motivo de ello.

- **3.** *(during)* durante; **I've lived here** ~ **ten years** llevo diez años viviendo aquí; **we've lived here** ~ **years** vivimos aquí desde hace años; **we talked** ~ **hours** estuvimos hablando durante horas y horas.

- **4.** *(by, before)* para; **be there** ~ **8 p.m.** estate allí para las ocho de la tarde.

- **5.** *(on the occasion of)* por; **what's** ~ **dinner?** ¿qué hay de cena?; ~ **the first time** por primera vez.

- **6.** *(on behalf of)* por; **to do sthg** ~ **sb** hacer algo por alguien; **to work** ~ **sb** trabajar para alguien.

- **7.** *(with time and space)* para; **there's no room/time** ~ **it** no hay sitio/tiempo para eso.

- **8.** *(expressing distance)*: **road works** ~ **20 miles** obras por espacio de 20 millas; **we walked** ~ **miles** andamos millas y millas.

- **9.** *(expressing price)* por; **I bought it** ~ **five pounds** lo compré por cinco

libras; **they sell** ~ **a pound** se venden a una libra.

- **10.** *(expressing meaning)*: **what's the Spanish** ~ "**boy**"? ¿cómo se dice "boy" en español?

- **11.** *(with regard to)* por; **it's cold** ~ **summer** para ser verano, hace frío; **I'm sorry** ~ **them** me dan pena.

- **12.** *(introducing more information)* para; **it's too far** ~ **us to walk** nos queda demasiado lejos para ir andando; **it's time** ~ **dinner** es hora de cenar.

forbid [fə'bɪd] *(pt* -**bade** [-'beɪd], *pp* -**bidden)** *vt* prohibir; **to** ~ **sb to do sthg** prohibir a alguien hacer algo.

forbidden [fə'bɪdn] *adj* prohibido(da).

force [fɔːs] ◆ *n* fuerza *f*. ◆ *vt* forzar; **to** ~ **sb to do sthg** forzar a alguien a hacer algo; **to** ~ **one's way through** abrirse camino; **the** ~**s** las fuerzas armadas.

ford [fɔːd] *n* vado *m*.

forecast ['fɔːkɑːst] *n* pronóstico *m*.

forecourt ['fɔːkɔːt] *n* patio *m*.

forefinger ['fɔːˌfɪŋgə'] *n* dedo *m* índice.

foreground ['fɔːgraʊnd] *n* primer plano *m*.

forehead ['fɔːhed] *n* frente *f*.

foreign ['fɒrən] *adj* extranjero(ra).

foreign currency *n* divisa *f*.

foreigner ['fɒrənə'] *n* extranjero *m*, -ra *f*.

foreign exchange *n* divisas *fpl*.

Foreign Secretary *n Br* ministro *m*, -tra *f* de Asuntos Exteriores.

foreman ['fɔːmən] *(pl* -**men** [-mən]) *n* capataz *m*.

forename ['fɔːneɪm] *n fml* nombre *m* de pila.

foresee [fɔː'siː] *(pt* -**saw** [-'sɔː], *pp* -**seen** [-'siːn]) *vt* prever.

forest ['fɒrɪst] *n* bosque *m*.

forever [fə'revə*r*] *adv (eternally)* para siempre; *(continually)* siempre.

forgave [fə'geɪv] *pt* → **forgive**.

forge [fɔːdʒ] *vt* falsificar.

forgery ['fɔːdʒərɪ] *n* falsificación *f*.

forget [fə'get] *(pt* **-got,** *pp* **-gotten)** *vt* olvidar. ◆ *vi* olvidarse; **to ~ about sthg** olvidarse de algo; **to ~ how to do sthg** olvidar cómo se hace algo; **to ~ to do sthg** olvidarse de hacer algo; **~ it!** ¡no importa!

forgetful [fə'getful] *adj* olvidadizo(za).

forgive [fə'gɪv] *(pt* **-gave,** *pp* **-given** [-'gɪvn]) *vt* perdonar.

forgot [fə'gɒt] *pt* → **forget**.

forgotten [fə'gɒtn] *pp* → **forget**.

fork [fɔːk] *n (for eating with)* tenedor *m*; *(for gardening)* horca *f*; *(of road, path)* bifurcación *f*.

form [fɔːm] *n (type, shape)* forma *f*; *(piece of paper)* impreso *m*; SCH clase *f*. ◆ *vt* formarse; **off ~** en baja forma; **on ~** en forma; **to ~ part of** formar parte de.

formal ['fɔːml] *adj* formal.

formality [fɔː'mælətɪ] *n* formalidad *f*; **it's just a ~** es una pura formalidad.

format ['fɔːmæt] *n* formato *m*.

former ['fɔːmə*r*] *adj (previous)* antiguo(gua); *(first)* primero(ra). ◆ *pron:* **the ~** el primero (la primera).

formerly ['fɔːməlɪ] *adv* previamente, antiguamente.

formula ['fɔːmjʊlə] *(pl* **-as** OR **-ae** [-iː]) *n* fórmula *f*.

fort [fɔːt] *n* fortaleza *f*.

forthcoming [fɔːθ'kʌmɪŋ] *adj (future)* próximo(ma).

fortieth ['fɔːtɪɪθ] *num* cuadragésimo(ma) → **sixth**.

fortnight ['fɔːtnaɪt] *n* Br quincena *f*.

fortunate ['fɔːtʃnət] *adj* afortunado(da).

fortunately ['fɔːtʃnətlɪ] *adv* afortunadamente.

fortune ['fɔːtʃuːn] *n (money)* fortuna *f*; *(luck)* suerte *f*; **it costs a ~** *inf* cuesta un riñón.

forty ['fɔːtɪ] *num* cuarenta → **six**.

forward ['fɔːwəd] *adv* hacia adelante. ◆ *n* delantero *m*, -ra *f*. ◆ *vt* reenviar; **to look ~** esperar (con ilusión).

forwarding address ['fɔːwədɪŋ-] *n* nueva dirección *f* para reenvío del correo.

fought [fɔːt] *pt* & *pp* → **fight**.

foul [faʊl] *adj (unpleasant)* asqueroso(sa). ◆ *n* falta *f*.

found [faʊnd] *pt* & *pp* → **find**. ◆ *vt* fundar.

foundation (cream) [faʊn'deɪʃn-] *n* base *f* (hidratante).

foundations [faʊn'deɪʃnz] *npl* cimientos *mpl*.

fountain ['faʊntɪn] *n* fuente *f*.

fountain pen *n* pluma *f*, pluma *f* fuente *Amér*.

four [fɔː*r*] *num* cuatro → **six**.

fourteen [ˌfɔː'tiːn] *num* catorce → **six**.

fourteenth [ˌfɔː'tiːnθ] *num* decimocuarto(ta) → **sixth**.

fourth [fɔːθ] *num* cuarto(ta) → **sixth**.

 FOURTH OF JULY

El 4 de julio, también llamado "Día de la Independencia", es una de las fiestas nacionales de mayor importancia en los Estados Unidos; conmemora la consecución de la independencia en el año 1776 respecto de Inglaterra. Como parte de los festejos, en muchas ciudades de ese país se organizan desfiles por las calles, y por la noche se encienden castillos de fuegos artificiales en los que predominan los colores rojo, blanco y azul. Los edificios se decoran con adornos de estos mismos colores o con banderas estadounidenses. Mucha gente sale de la ciudad, va de picnic con la familia y, siguiendo la tradición, come perritos calientes y sandía.

---

four-wheel drive n coche m con tracción a las cuatro ruedas.

fowl [faʊl] (pl inv) n volatería f.

fox [fɒks] n zorro m.

foyer [ˈfɔɪeɪ] n vestíbulo m.

fraction [ˈfrækʃn] n fracción f.

fracture [ˈfræktʃəʳ] n fractura f. ◆ vt fracturar, romper.

fragile [ˈfrædʒaɪl] adj frágil.

fragment [ˈfrægmənt] n fragmento m.

fragrance [ˈfreɪgrəns] n fragancia f.

frail [freɪl] adj débil.

frame [freɪm] n (of window, photo, door) marco m; (of glasses) montura f; (of tent, bicycle, bed) armazón m. ◆ vt (photo, picture) enmarcar.

France [frɑːns] n Francia f.

frank [fræŋk] adj franco(ca).

frankfurter [ˈfræŋkfɜːtəʳ] n salchicha f de Francfort.

frankly [ˈfræŋklɪ] adv francamente.

frantic [ˈfræntɪk] adj frenético(ca).

fraud [frɔːd] n (crime) fraude m.

freak [friːk] adj estrafalario(ria).

◆ n inf (fanatic) fanático m, -ca f.

freckles [ˈfreklz] npl pecas fpl.

free [friː] adj libre; (costing nothing) gratis inv. ◆ vt (prisoner) liberar. ◆ adv (without paying) gratis; ~ of charge gratis; **to be ~ to do sthg** ser libre de hacer algo.

freedom [ˈfriːdəm] n libertad f.

freefone [ˈfriːfəʊn] n Br teléfono m gratuito.

free gift n obsequio m.

free house n Br "pub" no controlado por una compañía cervecera.

free kick n tiro m libre.

freelance [ˈfriːlɑːns] adj autónomo(ma).

freely [ˈfriːlɪ] adv (available) fácilmente; (speak) francamente; (move) libremente.

free period n hora f libre.

freepost [ˈfriːpəʊst] n franqueo m pagado.

free-range adj de granja.

free time n tiempo m libre.

freeway [ˈfriːweɪ] n Am autopista f.

freeze [friːz] (pt **froze**, pp **frozen**) vt congelar. ◆ vi helarse. ◆ v impers helar.

freezer [ˈfriːzəʳ] n (deep freeze) arcón m congelador; (part of fridge) congelador m.

freezing [ˈfriːzɪŋ] adj helado(da); **it's ~** hace un frío cortante.

freezing point n: **below ~** bajo cero.

freight [freɪt] n (goods) mercancías fpl.

French [frentʃ] adj francés(esa). ◆ n (language) francés m. ◆ npl: **the ~** los franceses.

French bean n judía f verde.

French bread n pan m de barra.

French dressing n (in UK) vinagreta f; (in US) salsa f rosa.

French fries npl patatas fpl Esp OR papas Amér fritas.

French windows npl puertaventanas fpl.

frequency ['fri:kwənsɪ] n frecuencia f.

frequent ['fri:kwənt] adj frecuente.

frequently ['fri:kwəntlɪ] adv frecuentemente.

fresh [freʃ] adj fresco(ca); (bread) del día; (coffee) recién hecho; (refreshing) refrescante; (water) dulce; (developments, instructions, start) nuevo(va); (news) reciente; **to get some ~ air** tomar el aire.

fresh cream n nata f (no artificial) Esp, crema f natural Amér.

freshen ['freʃn] ◆ **freshen up** vi refrescarse.

freshly ['freʃlɪ] adv recién.

Fri (abbr of Friday) v.

Friday ['fraɪdɪ] n viernes m inv → **Saturday**.

fridge [frɪdʒ] n nevera f, refrigerador m.

fried egg [fraɪd-] n huevo m frito.

fried rice [fraɪd-] n arroz m frito, mezclado a veces con huevo, carne o verduras, servido como acompañamiento de platos chinos.

friend [frend] n amigo m, -ga f; **to be ~s with sb** ser amigo de alguien; **to make ~s with sb** hacerse amigo de alguien.

friendly ['frendlɪ] adj (kind) amable; **to be ~ with sb** ser amigo(ga) de alguien.

friendship ['frendʃɪp] n amistad f.

fries [fraɪz] = French fries.

fright [fraɪt] n terror m; **to give sb a ~** darle un susto a alguien.

frighten ['fraɪtn] vt asustar.

frightened ['fraɪtnd] adj asustado(da); **to be ~ of** tener miedo a.

frightening ['fraɪtnɪŋ] adj aterrador(ra).

frightful ['fraɪtfʊl] adj horrible.

frilly ['frɪlɪ] adj con volantes.

fringe [frɪndʒ] n Br (of hair) flequillo m, cerquillo m Amér; (of clothes, curtain etc) fleco m.

frisk [frɪsk] vt cachear.

fritter ['frɪtə'] n buñuelo m.

fro [frəʊ] adv → **to**.

frog [frɒg] n rana f.

☞

from [weak form frəm, strong form frɒm] prep **-1.** (expressing origin, source) de; **I'm ~ Spain** soy de España; **I bought it ~ a supermarket** lo compré en un supermercado; **the train ~ Manchester** el tren (procedente) de Manchester. **- 2.** (expressing removal, separation) de; **away ~ home** fuera de casa; **to take sthg away ~ sb** quitarle algo a alguien; **10% will be deducted ~ the total** se descontará un 10% del total. **- 3.** (expressing distance) de; **five miles ~ London** a cinco millas de Londres. **- 4.** (expressing position) desde; **~ here you can see the valley** desde aquí se ve el valle. **- 5.** (expressing starting point) desde; **~ now on** de ahora en adelante; **open ~ nine to five** abierto de nueve a cinco; **tickets are ~ £10** hay entradas desde 10 libras. **- 6.** (expressing change) de; **the price has gone up ~ £1 to £2** el precio ha subido de 1 a 2 libras. **- 7.** (expressing range) de; **it could take ~ two to six months** podría tardar entre dos y seis meses. **- 8.** (as a result of) de; **I'm tired -**

walking estoy cansado de haber andado tanto.

-9. (expressing protection) de; **sheltered ~ the wind** resguardado del viento.

-10. (in comparisons): **different ~** diferente a.

fromage frais [ˌfrɒmɑːʒˈfreɪ] n tipo de queso fresco.

front [frʌnt] adj delantero(ra). ◆ n (foremost part) parte f delantera; (of building) fachada f; (of weather) frente m; (by the sea) paseo m marítimo; in ~ delante, adelante Amér; **to be in ~** ir ganando; **in ~ of** delante de.

front door n puerta f principal.

frontier [frʌnˈtɪə] n frontera f.

front page n portada f, primera plana f.

front seat n asiento m delantero.

frost [frɒst] n (on ground) escarcha f; (cold weather) helada f.

frosty [ˈfrɒstɪ] adj (morning, weather) de helada.

froth [frɒθ] n espuma f.

frown [fraʊn] n ceño m. ◆ vi fruncir el ceño.

froze [frəʊz] pt → freeze.

frozen [ˈfrəʊzn] pp → freeze. ◆ adj helado(da); (food) congelado(da).

fruit [fruːt] n fruta f; **a piece of ~** una fruta; **~s of the forest** frutas del bosque.

fruit cake n pastel de pasas y frutas confitadas.

fruit juice n zumo m Esp OR jugo Amér de fruta.

fruit machine n Br máquina f tragaperras Esp OR tragamonedas Esp.

fruit salad n macedonia f (de frutas).

frustrating [frʌˈstreɪtɪŋ] adj frustrante.

frustration [frʌˈstreɪʃn] n frustración f.

fry [fraɪ] vt freír.

frying pan [ˈfraɪ-] n sartén f.

ft abbr = **foot, feet**.

fudge [fʌdʒ] n caramelo fabricado con leche, azúcar y mantequilla.

fuel [fjʊəl] n combustible m.

fuel pump n surtidor m de gasolina.

fulfil [fʊlˈfɪl] vt Br (promise, duty, conditions) cumplir; (need) satisfacer; (role) desempeñar.

fulfill [fʊlˈfɪl] Am = **fulfil**.

full [fʊl] adj (filled) lleno(na); (complete) completo(ta); (maximum) máximo(ma); (busy) atareado(da); (flavour) rico(ca). ◆ adv de lleno; **I'm ~ (up)** estoy lleno; **~ of** lleno de; **in ~** íntegramente.

full board n pensión f completa.

full-cream milk n leche f entera.

full-length adj (skirt, dress) largo (ga) (hasta los pies).

full moon n luna f llena.

full stop n punto m.

full-time adj de jornada completa. ◆ adv a tiempo completo.

fully [ˈfʊlɪ] adv (completely) completamente.

fully-licensed adj autorizado para vender bebidas alcohólicas durante el horario completo establecido legalmente.

fumble [ˈfʌmbl] vi: **to ~ for sthg** buscar algo a tientas.

fun [fʌn] n (amusement) diversión f; **it's good ~** es muy divertido; **for ~** de broma; **to have ~** divertirse; **to make ~ of** burlarse de.

function [ˈfʌŋkʃn] n (role) función f; (formal event) acto m. ◆ vi funcionar.

fund [fʌnd] n fondo m. ◆ vt financiar. ❑ **funds** npl fondos mpl.

fundamental [ˌfʌndəˈmentl] *adj* fundamental.

funeral [ˈfjuːnərəl] *n* funeral *m*.

funfair [ˈfʌnfeəʳ] *n* parque *m* de atracciones.

funky [ˈfʌŋkɪ] *adj inf (music)* funky *(inv)*.

funnel [ˈfʌnl] *n (for pouring)* embudo *m; (on ship)* chimenea *f*.

funny [ˈfʌnɪ] *adj (person)* gracioso *(sa); (thing)* divertido(da); *(strange)* raro(ra); **to feel ~** *(ill)* sentirse raro.

fur [fɜːʳ] *n (on animal)* pelaje *m; (garment)* piel *f*.

furious [ˈfjʊərɪəs] *adj* furioso(sa).

furnished [ˈfɜːnɪʃt] *adj* amueblado(da).

furnishings [ˈfɜːnɪʃɪŋz] *npl* mobiliario *m*.

furniture [ˈfɜːnɪtʃəʳ] *n* muebles *mpl;* **a piece of ~** un mueble.

furry [ˈfɜːrɪ] *adj* peludo(da).

further [ˈfɜːðəʳ] *compar* → **far.**
◆ *adv (in distance)* más lejos; *(more)* más. ◆ *adj (additional)* otro (otra); **until ~ notice** hasta nuevo aviso.

furthermore [ˌfɜːðəˈmɔːʳ] *adv* además.

furthest [ˈfɜːðɪst] *superl* → **far.**
◆ *adj (most distant)* más lejano(na). ◆ *adv (in distance)* más lejos.

fuse [fjuːz] *n (of plug)* fusible *m; (on bomb)* mecha *f.* ◆ *vi (plug)* fundirse; *(electrical device)* estropearse.

fuse box *n* caja *f* de fusibles.

fuss [fʌs] *n (agitation)* jaleo *m; (complaints)* quejas *fpl*.

fussy [ˈfʌsɪ] *adj (person)* quisquilloso(sa).

future [ˈfjuːtʃəʳ] *n* futuro *m.* ◆ *adj* futuro(ra); **in ~** de ahora en adelante.

G

g *(abbr of gram)* g.

gable [ˈgeɪbl] *n* aguilón *m*.

gadget [ˈgædʒɪt] *n* artilugio *m*.

Gaelic [ˈgeɪlɪk] *n* gaélico *m*.

gag [gæg] *n inf (joke)* chiste *m*.

gain [geɪn] *vt (get more of)* ganar; *(achieve)* conseguir; *(subj: clock, watch)* adelantarse. ◆ *vi (get benefit)* beneficiarse. ◆ *n (improvement)* mejora *f; (profit)* ganancia *f*.

gale [geɪl] *n* vendaval *m*.

gallery [ˈgælərɪ] *n (for art etc)* galería *f; (at theatre)* gallinero *m*.

gallon [ˈgælən] *n (in UK)* = 4,546 litros, galón *m; (in US)* = 3,785 litros, galón *m*.

gallop [ˈgæləp] *vi* galopar.

gamble [ˈgæmbl] *n* riesgo *m.* ◆ *vi (bet money)* apostar.

gambling [ˈgæmblɪŋ] *n* juego *m (de dinero)*.

game [geɪm] *n* juego *m; (of football, tennis, cricket)* partido *m; (of chess, cards, snooker)* partida *f; (wild animals, meat)* caza *f.* ❏ **games** *n SCH* deportes *mpl.* ◆ *npl (sporting event)* juegos *mpl*.

game show *n* programa *m* concurso.

gammon [ˈgæmən] *n* jamón *m*.

gang [gæŋ] *n (of criminals)* banda *f; (of friends)* pandilla *f*.

gangster [ˈgæŋstəʳ] *n* gángster *m*.

gaol [dʒeɪl] *Br* = **jail.**

gap [gæp] *n (space)* hueco *m; (of time)* intervalo *m; (difference)* discordancia *f.*

gap year *n* año libre que algunos estudiantes se toman antes de entrar en la universidad, frecuentemente para viajar.

garage ['gɑːrɑːʒ, 'gærɪdʒ] *n (for keeping car)* garaje *m,* garage *m* Amér; Br *(for petrol)* gasolinera *f; (for repairs)* taller *m* (de reparaciones); Br *(for selling cars)* concesionario *m* (de automóviles).

GARAGE SALE

Las "garage sales" son muy populares en los Estados Unidos. Cuando la gente quiere deshacerse de objetos o pertenencias que ya no necesita - libros, ropa, muebles, herramientas, etc. -, monta un tenderete para venderlos en el garaje, dentro de la casa, en el jardín o incluso en la calle, delante de la casa. Estas ventas aparecen anunciadas en los periódicos locales o en carteles colocados en puntos concurridos del barrio.

garbage ['gɑːbɪdʒ] *n* Am *(refuse)* basura *f.*

garbage can *n* Am cubo *m* de la basura.

garbage truck *n* Am camión *m* de la basura.

garden ['gɑːdn] *n* jardín *m.* ◆ *vi* trabajar en el jardín. □ **gardens** *npl (public park)* jardines *mpl.*

garden centre *n* centro *m* de jardinería.

gardener ['gɑːdnə'] *n* jardinero *m,* -ra *f.*

gardening ['gɑːdnɪŋ] *n* jardi-

nería *f.*

garden peas *npl* guisantes *mpl.*

garlic ['gɑːlɪk] *n* ajo *m.*

garlic bread *n* pan untado con mantequilla y ajo y cocido al horno.

garlic butter *n* mantequilla *f* con ajo.

garment ['gɑːmənt] *n* prenda *f* (de vestir).

garnish ['gɑːnɪʃ] *n (herbs, vegetables)* adorno *m; (sauce)* guarnición *f.* ◆ *vt* adornar.

gas [gæs] *n* gas *m;* Am *(petrol)* gasolina *f.*

gas cooker *n* Br cocina *f* OR estufa *f* Col, Méx de gas.

gas cylinder *n* bombona *f* OR tanque *m* de gas.

gas fire *n* Br estufa *f* de gas.

gasket ['gæskɪt] *n* junta *f* (de culata).

gas mask *n* máscara *f* antigás.

gasoline ['gæsəliːn] *n* Am gasolina *f.*

gasp [gɑːsp] *vi (in shock, surprise)* ahogar un grito.

gas pedal *n* Am acelerador *m.*

gas station *n* Am gasolinera *f.*

gas stove Br = **gas cooker**.

gas tank *n* Am depósito *m* OR tanque *m* de gasolina.

gasworks ['gæswɜːks] *(pl inv)* *n* fábrica *f* de gas.

gate [geɪt] *n (to garden, field)* puerta *f; (at airport)* puerta *f* de embarque.

gâteau ['gætəʊ] *(pl -x [-z])* *n* Br tarta *f* (con nata).

gateway ['geɪtweɪ] *n* entrada *f.*

gather ['gæðə'] *vt (collect)* recoger; *(speed)* ganar; *(understand)* deducir. ◆ *vi* reunirse.

gaudy ['gɔːdɪ] *adj* chillón(ona).

gauge [geɪdʒ] *n (for measuring)* indi-

cador m; *(of railway track)* ancho m de
vía. ◆ vt *(calculate)* calibrar.

gauze [gɔːz] n gasa f.

gave [geɪv] pt → **give**.

gay [geɪ] adj *(homosexual)* homosexual.

gaze [geɪz] vi: **to ~ at** mirar fijamente.

GB *(abbr of Great Britain)* GB.

GCSE n examen final de enseñanza media en Gran Bretaña.

gear [gɪəʳ] n *(wheel)* engranaje m; *(speed)* marcha f, velocidad f; *(equipment, clothes)* equipo m; *(belongings)* cosas fpl; **in ~** con una marcha metida.

gearbox ['gɪəbɒks] n caja f de cambios OR velocidades.

gear lever n palanca f de cambios.

gear shift Am = **gear lever**.

gear stick Br = **gear lever**.

geese [giːs] pl → **goose**.

gel [dʒel] n *(for hair)* gomina f, gel m; *(for shower)* gel m (de ducha).

gelatine [ˌdʒelə'tiːn] n gelatina f.

gem [dʒem] n piedra f preciosa.

gender ['dʒendəʳ] n género m.

general ['dʒenrəl] adj general. ◆ n general m; **in ~** *(as a whole)* en general; *(usually)* generalmente.

general anaesthetic n anestesia f general.

general election n elecciones fpl generales.

generally ['dʒenrəlɪ] adv en general.

general practitioner [-præk'tɪʃnəʳ] n médico m, -a f de cabecera.

general store n tienda f de ultramarinos.

generate ['dʒenəreɪt] vt generar.

generation [ˌdʒenə'reɪʃn] n generación f.

generator ['dʒenəreɪtəʳ] n generador m.

generosity [ˌdʒenə'rɒsətɪ] n generosidad f.

generous ['dʒenərəs] adj generoso(sa).

genetically [dʒɪ'netɪklɪ] adv genéticamente; **~ modified** transgénico(ca), modificado genéticamente.

genitals ['dʒenɪtlz] npl genitales mpl.

genius ['dʒiːnjəs] n genio m.

gentle ['dʒentl] adj *(careful)* cuidadoso(sa); *(kind)* dulce, amable; *(movement, breeze)* suave.

gentleman ['dʒentlmən] *(pl* -men [-mən]) n *(man)* señor m; *(well-behaved man)* caballero m; **'gentlemen'** 'caballeros'.

gently ['dʒentlɪ] adv *(carefully)* con cuidado.

gents [dʒents] n Br caballeros mpl.

genuine ['dʒenjʊɪn] adj *(authentic)* auténtico(ca); *(sincere)* sincero(ra).

geographical [dʒɪə'græfɪkl] adj geográfico(ca).

geography [dʒɪ'ɒgrəfɪ] n geografía f.

geology [dʒɪ'ɒlədʒɪ] n geología f.

geometry [dʒɪ'ɒmətrɪ] n geometría f.

Georgian ['dʒɔːdʒən] adj georgiano(na).

geranium [dʒɪ'reɪnjəm] n geranio m.

German ['dʒɜːmən] adj alemán (ana). ◆ n *(person)* alemán m, (ana f); *(language)* alemán m.

German measles n rubéola f.

Germany ['dʒɜːmənɪ] n Alemania f.

germs [dʒɜːmz] npl microbios mpl.

gesture ['dʒestʃə'] n (movement)
gesto m.

¡vete a la porra!

- **2.** (into particular state, position) meterse; **how do you ~ to Luton from here?** ¿cómo se puede ir a Luton desde aquí?; **to ~ into the car** meterse en el coche.

- **3.** (arrive) llegar; **when does the train ~ here?** ¿a qué hora llega el tren?

- **4.** (in phrases): **to ~ to do sthg** llegar a hacer algo.

◆ aux vb: **to ~ delayed** retrasarse; **to ~ killed** resultar muerto. ❏ **get back** vi (return) volver. ❏ **get in** vi (arrive) llegar; (enter) entrar. ❏ **get off** vi (leave train, bus) bajarse; (depart) salir. ❏ **get on** vi (enter train, bus) subirse; (in relationship) llevarse; **how are you getting on?** ¿cómo te va? ❏ **get out** vi (of car, bus, train) bajarse. ❏ **get through** vi (on phone) conseguir comunicar. ❏ **get up** vi levantarse.

get-together n inf reunión f.

ghastly ['gɑːstlɪ] adj inf (very bad) horrible.

gherkin ['gɜːkɪn] n pepinillo m.

ghetto blaster ['getəʊˌblɑːstə'] n inf radiocasete portátil de gran tamaño y potencia.

ghost [gəʊst] n fantasma m.

giant ['dʒaɪənt] adj gigantesco(ca).
◆ n (in stories) gigante m.

giblets ['dʒɪblɪts] npl menudillos mpl.

giddy ['gɪdɪ] adj (dizzy) mareado (da).

gift [gɪft] n (present) regalo m; (talent) don m.

gifted ['gɪftɪd] adj (talented) dotado(da); (very intelligent) superdotado(da).

gift shop n tienda f de souvenirs.

gift voucher n Br vale m (para can-

---

gesture ['dʒestʃə'] n (movement)
gesto m.

get [get] (Br pt & pp got, Am pt got, pp gotten) vt - **1.** (obtain) conseguir; **I got some crisps from the shop** compré unas patatas fritas en la tienda; **she got a job** consiguió un trabajo; **I ~ a lot of enjoyment from it** me gusta mucho (hacerlo).

- **2.** (receive) recibir; **I got a book for Christmas** me regalaron un libro por Navidades.

- **3.** (means of transport) coger, tomar (Amér); **let's ~ a taxi** ¡vamos a coger un taxi!

- **4.** (fetch) traer; **could you ~ me the boss?** (in shop) ¿puede ver al jefe?; (on phone) ¿puede ponerme con el jefe?; **~ me a drink** tráeme algo de beber.

- **5.** (illness) coger, agarrar (Amér); **I've got a cold** tengo un catarro.

- **6.** (cause to become, do): **to ~ sthg done** mandar hacer algo; **to ~ sb to do sthg** hacer que alguien haga algo; **can I ~ my car repaired here?** ¿pueden arreglarme el coche aquí?; **to ~ sthg ready** preparar algo.

- **7.** (move): **to ~ sthg out** sacar algo; **I can't ~ it through the door** no puedo meterlo por la puerta.

- **8.** (understand) entender; **to ~ a joke** coger un chiste.

- **9.** (time, chance) tener; **we didn't ~ the chance to see everything** no tuvimos la oportunidad de verlo todo.

- **10.** (phone) contestar.

- **11.** (in phrases): **you ~ a lot of rain here in winter** aquí llueve mucho en invierno.

◆ vi - **1.** (become, do): ponerse; **it's getting late** se está haciendo tarde; **to ~ dark** oscurecer; **to ~ lost** perderse; **to ~ ready** prepararse; **~ lost!** inf

jear por un regalo).

gig [gɪg] *n inf* concierto *m* (de música pop).

gigantic [dʒaɪˈgæntɪk] *adj* gigantesco(ca).

giggle [ˈgɪgl] *vi* reírse a lo tonto.

gimmick [ˈgɪmɪk] *n* reclamo *m*.

gin [dʒɪn] *n* ginebra *f*; **~ and tonic** gin tonic *m*.

ginger [ˈdʒɪndʒə²] *n* jengibre *m*. ◆ *adj (colour)* rojizo(za).

ginger ale *n* ginger-ale *m*.

ginger beer *n* refresco de jengibre *con bajo contenido en alcohol.*

gingerbread [ˈdʒɪndʒəbred] *n* pan *m* de jengibre.

gipsy [ˈdʒɪpsɪ] *n* gitano *m*, -na *f*.

giraffe [dʒɪˈrɑːf] *n* jirafa *f*.

girl [gɜːl] *n (child, daughter)* niña *f*; *(young woman)* chica *f*.

girlfriend [ˈgɜːlfrend] *n (of boy, man)* novia *f*; *(of girl, woman)* amiga *f*.

Girl Guide *n Br* exploradora *f*.

Girl Scout *Am* = **Girl Guide**.

giro [ˈdʒaɪrəʊ] *(pl* **-s***)* *n (system)* giro *m*.

give [gɪv] *(pt* **gave***, pp* **given** [ˈgɪvn]*) vt* dar; *(a laugh, look)* echar; *(attention)* prestar; *(time)* dedicar; **to ~ sth sthg** *(hand over, convey)* dar algo a alguien; *(as present)* regalar algo a alguien; **to ~ sthg a push** empujar algo; **to ~ sb a kiss** dar un beso a alguien; **~ or take** más o menos; **"~ way"** 'ceda el paso'. ❑ **give away** *vt sep (get rid of)* regalar; *(reveal)* revelar. ❑ **give back** *vt sep* devolver. ❑ **give in** *vi* ceder. ❑ **give off** *vt fus* despedir. ❑ **give out** *vt sep (distribute)* repartir. ❑ **give up** *vt sep (seat)* ceder. ◆ *vi (stop smoking)* dejar de fumar; *(admit defeat)* darse por vencido; **to ~ up cigarettes** OR **smoking** dejar de fumar.

given name [ˈgɪvn-] *n Am* nombre *m* de pila.

glacier [ˈglæsjə²] *n* glaciar *m*.

glad [glæd] *adj* contento(ta); **to be ~ to do sthg** tener mucho gusto en hacer algo.

gladly [ˈglædlɪ] *adv (willingly)* con mucho gusto.

glamorous [ˈglæmərəs] *adj* atractivo(va).

glance [glɑːns] *n* vistazo *m*. ◆ *vi*: **to ~ (at)** echar un vistazo (a).

gland [glænd] *n* glándula *f*.

glandular fever [ˈglændjʊlə-] *n* mononucleosis *f* infecciosa.

glare [gleə²] *vi (person)* lanzar una mirada asesina; *(sun, light)* brillar.

glass [glɑːs] *n (material)* cristal *m*; *(container, glassful)* vaso *m*. ◆ *adj* de cristal. ❑ **glasses** *npl* gafas *fpl*.

glassware [ˈglɑːsweə²] *n* cristalería *f*.

glen [glen] *n Scot* cañada *f*.

glider [ˈglaɪdə²] *n* planeador *m*.

glimpse [glɪmps] *vt* vislumbrar.

glitter [ˈglɪtə²] *vi* relucir.

global warming [ˌgləʊblˈwɔːmɪŋ] *n* calentamiento *m* de la atmósfera.

globe [gləʊb] *n (with map)* globo *m* *(terráqueo)*; **the ~** *(Earth)* la Tierra.

gloomy [ˈgluːmɪ] *adj (room, day)* oscuro(ra); *(person)* melancólico(ca).

glorious [ˈglɔːrɪəs] *adj (weather, sight)* espléndido(da); *(victory, history)* glorioso(sa).

glory [ˈglɔːrɪ] *n* gloria *f*.

gloss [glɒs] *n (shine)* brillo *m*; **~ (paint)** pintura *f* de esmalte.

glossary [ˈglɒsərɪ] *n* glosario *m*.

glossy [ˈglɒsɪ] *adj (magazine, photo)* de papel satinado.

glove [glʌv] *n* guante *m*.

glove compartment n guantera f.

glow [gləʊ] n fulgor m. ◆ vi brillar, lucir.

glucose ['glu:kəʊs] n glucosa f.

glue [glu:] n pegamento m. ◆ vt pegar.

GM (abbr of genetically modified) adj transgénico(ca); **~ foods/products** alimentos/productos mpl transgénicos.

gnat [næt] n mosquito m.

gnaw [nɔ:] vt roer.

GNVQ (abbr of general national vocational qualification) n Br curso de formación profesional de dos años.

☞

go [gəʊ] (pt **went**, pp **gone**, pl **goes**) vi -1. (move, travel, attend) ir; **to ~ home** irse a casa; **to ~ to Spain** ir a España; **to ~ by bus** ir en autobús; **to ~ to church/school** ir a misa/la escuela; **to ~ for a walk** ir a dar una vuelta; **to ~ and do sthg** ir a hacer algo; **to ~ shopping** ir de compras; **where does this path ~?** ¿adónde lleva este camino?

-2. (leave) irse; (bus) salir; **it's time to ~** ya es hora de irse; **~ away!** ¡largo de aquí!

-3. (become) ponerse; **she went pale** se puso pálida; **the milk has gone sour** la leche se ha cortado.

-4. (expressing intention, probability, certainty): **to be going to do sthg** ir a hacer algo.

-5. (function) funcionar; **the car won't ~** el coche no funciona.

-6. (stop working) estropearse; **the fuse has gone** se ha fundido el plomo.

-7. (pass) pasar.

-8. (progress) ir; **to ~ well** ir bien; **how's it going?** ¿qué tal te va?

-9. (bell, alarm) sonar.

-10. (match, be appropriate): **to ~ with** ir bien con.

-11. (be sold) venderse; **'everything must ~'** 'liquidación total'.

-12. (fit) caber.

-13. (belong) ir.

-14. (in phrases): **~ on!** ¡venga!; **to let ~ of sthg** soltar algo; **to ~** Am (to take away) para llevar; **there are three weeks to ~** faltan tres semanas.

◆ n -1. (turn) turno m; **it's your ~** te toca a ti.

-2. (attempt) jugada f; **to have a ~ at sthg** probar algo; **'50p a ~'** 'a 50 peniques la jugada'. ❑ **go ahead** vi (take place) tener lugar; **go ~!** ¡adelante! ❑ **go back** vi volver. ❑ **go down** vi (price, standard) bajar; (sun) ponerse; (tyre) deshincharse. ❑ **go down with** vt fus inf inf (illness) pescar. ❑ **go in** vi entrar. ❑ **go off** vi (alarm, bell) sonar; (food) estropearse; (milk) cortarse; (stop operating) apagarse. ❑ **go on** vi (happen) ocurrir, pasar; (start operating) encenderse; **to ~ on doing sthg** seguir haciendo algo. ❑ **go out** vi (leave house) salir; (light, fire, cigarette) apagarse; **to ~ out (with sb)** salir (con alguien); **to ~ out for a meal** cenar fuera. ❑ **go over** vt fus (check) repasar. ❑ **go round** vi (revolve) girar; **there isn't enough to ~ round** no hay bastante para todos. ❑ **go through** vt fus (experience) pasar (por); (spend) gastar; (search) registrar. ❑ **go up** vi (increase) subir. ❑ **go with** vt fus (be included with) venir con. ❑ **go without** vt fus pasar sin.

goal [gəʊl] n (posts) portería f; (point scored) gol m; (aim) objetivo m.

goalkeeper ['gəʊl,ki:pə'] n portero m, -ra f.

goalpost ['gəʊlpəʊst] n poste m (de la portería).

goat [gəʊt] n cabra f.

gob [gɒb] n Br inf (mouth) pico m.

god [gɒd] n dios m. ❑ **God** n Dios m.

goddaughter ['gɒd,dɔ:təʳ] n ahijada f.

godfather ['gɒd,fɑ:ðəʳ] n padrino m.

godmother ['gɒd,mʌðəʳ] n madrina f.

gods [gɒdz] npl: **the** ~ Br inf (in theatre) el gallinero.

godson ['gɒdsʌn] n ahijado m.

goes [gəʊz] → **go**.

goggles ['gɒglz] npl (for swimming) gafas fpl Esp OR anteojos mpl Amér submarinas; (for skiing) gafas Esp anteojos & Amér de esquí.

going ['gəʊɪŋ] adj (available) disponible; **the** ~ **rate** el precio actual.

go-kart [-kɑ:t] n kart m.

gold [gəʊld] n oro m. ◆ adj de oro.

goldfish ['gəʊldfɪʃ] (pl inv) n pez m de colores.

gold-plated [-'pleɪtɪd] adj chapado(da) en oro.

golf [gɒlf] n golf m.

golf ball n pelota f de golf.

golf club n (place) club m de golf; (piece of equipment) palo m de golf.

golf course n campo m de golf.

golfer ['gɒlfəʳ] n jugador m, -ra f de golf.

gone [gɒn] pp → **go**. ◆ prep Br: **it's** ~ **ten** ya pasa de las diez.

good [gʊd] (compar **better**, superl **best**) adj bueno(na). ◆ n el bien; **that's very** ~ **of you** es muy amable por tu parte; **be** ~! ¡pórtate bien!; **to have a** ~ **time** pasarlo bien; **I'm** ~ **at maths** se me dan bien las matemáti-

cas; **a** ~ **ten minutes** diez minutos por lo menos; **in** ~ **time** a tiempo de sobra; **to make** ~ **sthg** compensar algo; **for** ~ para siempre; **for the** ~ **of** en bien de; **to do sb** ~ sentarle bien a alguien; **it's no** ~ (there's no point) no vale la pena; ~ **afternoon!** ¡buenas tardes!; ~ **evening!** (in the evening) ¡buenas tardes!; (at night) ¡buenas noches!; ~ **morning!** ¡buenos días!; ~ **night!** ¡buenas noches! ❑ **goods** npl productos mpl.

goodbye [,gʊd'baɪ] excl ¡adiós!

Good Friday n Viernes m inv Santo.

good-looking [-'lʊkɪŋ] adj guapo(pa).

goose [gu:s] (pl **geese**) n ganso m.

gooseberry ['gʊzbərɪ] n grosella f espinosa.

gorge [gɔ:dʒ] n desfiladero m.

gorgeous ['gɔ:dʒəs] adj (day, meal, countryside) magnífico(ca); **to be** ~ inf (good-looking) estar buenísimo (ma).

gorilla [gə'rɪlə] n gorila mf.

gossip ['gɒsɪp] n (talk) cotilleo m. ◆ vi cotillear.

gossip column n ecos mpl OR crónica f de sociedad.

got [gɒt] pt & pp → **get**.

gotten ['gɒtn] pp Am → **get**.

goujons ['gu:dʒɒnz] npl fritos mpl (rebozados).

goulash ['gu:læʃ] n gulasch m.

gourmet ['gʊəmeɪ] n gastrónomo m, -ma f. ◆ adj para gastrónomos.

govern ['gʌvn] vt gobernar.

government ['gʌvnmənt] n gobierno m.

gown [gaʊn] n (dress) vestido m (de noche).

GP n (abbr of general practitioner) médico de cabecera.

grab [græb] vt (grasp) agarrar; (snatch away) arrebatar.

graceful ['greisful] adj elegante.

grade [greid] n (quality) clase f; (in exam) nota f, calificación f; Am (year at school) curso m.

grade crossing n Am paso m a nivel.

gradient ['greidjənt] n pendiente f.

gradual ['grædʒʊəl] adj paulatino (na).

gradually ['grædʒʊəli] adv paulatinamente.

graduate [n 'grædʒʊət, vb 'grædʒʊeit] n (from university) licenciado m, -da f; Am (from high school) ≃ bachiller mf. ◆ vi (from university) licenciarse; Am (from high school) ≃ obtener el título de bachiller.

ⓘ **GRADUATE SCHOOL**

En los Estados Unidos, muchos licenciados siguen con sus estudios para conseguir un másters o un doctorado. El másters requiere de uno a dos años de estudios de posgrado y luego es posible acceder al doctorado, el cual se puede conseguir después de otros dos o tres años más y con la presentación de una tesis doctoral. Los que desean matricularse en "graduate school" tienen que presentarse a un examen nacional (el GRE). Aunque los cursos de posgrado sean una opción algo cara, hoy día, en muchos campos, un título de este tipo se considera casi imprescindible para conseguir un buen empleo.

graduation [ˌgrædʒʊ'eiʃn] n (ceremony) graduación f.

graffiti [grə'fi:ti] n pintadas fpl, graffiti mpl.

grain [grein] n (seed, granule) grano m; (crop) cereales mpl.

gram [græm] n gramo m.

grammar ['græmər] n gramática f.

grammar school n (in UK) colegio de enseñanza secundaria tradicional para alumnos de 11 a 18 años, con examen de acceso.

gramme [græm] = **gram**.

gramophone ['græməfəʊn] n gramófono m.

gran [græn] n Br inf abuelita f.

grand [grænd] adj (impressive) grandioso(sa). ◆ n inf (£1,000) mil libras fpl; ($1,000) mil dólares mpl.

grandchild ['græntʃaild] (pl -children [-ˌtʃildrən]) n nieto m, -ta f.

granddad ['grændæd] n inf abuelito m.

granddaughter ['grænˌdɔ:tər] n nieta f.

grandfather ['grændˌfɑ:ðər] n abuelo m.

grandma ['grænmɑ:] n inf abuelita f.

grandmother ['grænˌmʌðər] n abuela f.

grandpa ['grænpɑ:] n inf abuelito m.

grandparents ['grænˌpeərənts] npl abuelos mpl.

grandson ['grænsʌn] n nieto m.

granite ['grænit] n granito m.

granny ['græni] n inf abuelita f.

grant [grɑ:nt] n (for study) beca f; POL subvención f. ◆ vt fml (give) conceder; **to take sthg/sb for ~ed** no saber apreciar algo/a alguien por lo que vale.

grape [greip] n uva f.

grapefruit ['greɪpfruːt] n pomelo m Esp, toronja f Amér.

grapefruit juice n zumo m de pomelo, jugo m de toronja Amér.

graph [grɑːf] n gráfico m.

graph paper n papel m cuadriculado.

grasp [grɑːsp] vt (grip) agarrar; (understand) entender.

grass [grɑːs] n (plant) hierba f, pasto m Amér; (lawn) césped m, pasto m Amér; 'keep off the ~' 'prohibido pisar el césped'.

grasshopper ['grɑːsˌhɒpə'] n saltamontes m inv.

grate [greɪt] n parrilla f.

grated ['greɪtɪd] adj rallado(da).

grateful ['greɪtfʊl] adj agradecido (da).

grater ['greɪtə'] n rallador m.

gratitude ['grætɪtjuːd] n agradecimiento m.

gratuity [grə'tjuːɪtɪ] n fml propina f.

grave¹ [greɪv] adj (mistake, news, concern) grave. ◆ n tumba f.

grave² [grɑːv] adj (accent) grave.

gravel ['grævl] n gravilla f.

graveyard ['greɪvjɑːd] n cementerio m.

gravity ['grævɪtɪ] n gravedad f.

gravy ['greɪvɪ] n salsa f de carne.

gray [greɪ] Am = **grey**.

graze [greɪz] vt (injure) rasguñar.

grease [griːs] n grasa f.

greaseproof paper ['griːspruːf-] n Br papel m de cera.

greasy ['griːsɪ] adj (tools, clothes, food) grasiento(ta); (skin, hair) graso(sa).

great [greɪt] adj grande; (very good) estupendo(da); ~ **success** gran éxito; (that's) ~! ¡genial!; **to have a ~ time** pasarlo genial.

Great Britain n Gran Bretaña.

 GREAT BRITAIN

Gran Bretaña es la isla que comprende Inglaterra, Escocia y Gales. No debe confundirse con el Reino Unido, que incluye además Irlanda del Norte, ni tampoco con las islas Británicas, que incluyen además la República de Irlanda, la isla de Man, las Orcadas, las Shetland y las islas del Canal de la Mancha.

great-grandfather n bisabuelo m.

great-grandmother n bisabuela f.

greatly ['greɪtlɪ] adv enormemente.

Greece [griːs] n Grecia.

greed [griːd] n (for food) glotonería f; (for money) codicia f.

greedy ['griːdɪ] adj (for food) glotón(ona); (for money) codicioso(sa).

Greek [griːk] adj griego(ga). ◆ n (person) griego m, (ga f); (language) griego m.

green [griːn] adj verde; inf (inexperienced) novato(ta). ◆ n (colour) verde m; (in village) pequeña zona de hierba accesible a todo el mundo; (on golf course) green m. ❑ **greens** npl (vegetables) verduras fpl.

green beans npl judías fpl verdes.

green card n Br (for car) seguro de automóvil para viajar al extranjero; Am (work permit) permiso m de residencia y trabajo (para EEUU).

 GREEN CARD

Aunque ya no sea verde, este es

el nombre que se le sigue dando al documento que permite a un ciudadano extranjero vivir y trabajar en los Estados Unidos. El trámite para obtenerlo es largo y complicado. Quienes lo solicitan deben ser parientes cercanos de un ciudadano americano o empleados de una empresa americana, o bien demostrar que tienen recursos para poder invertir una cantidad importante de dinero en la economía estadounidense.

green channel *n* pasillo en la *aduana para la gente sin artículos que declarar.*

greengage ['griːŋgeɪdʒ] *n* ciruela *f* claudia.

greengrocer's ['griːnˌgrəʊsəz] *n (shop)* verdulería *f*.

greenhouse ['griːnhaʊs, *pl* -haʊzɪz] *n* invernadero *m*.

greenhouse effect *n* efecto *m* invernadero.

green light *n* luz *f* verde.

green pepper *n* pimiento *m* verde.

green salad *n* ensalada *f* verde.

greet [griːt] *vt (say hello to)* saludar.

greeting ['griːtɪŋ] *n* saludo *m*.

grenade [grə'neɪd] *n* granada *f*.

grew [gruː] *pt* → **grow**.

grey [greɪ] *adj (in colour)* gris; *(weather)* nublado(da). ◆ *n* gris *m*; **he's going** ~ se están saliendo canas.

greyhound ['greɪhaʊnd] *n* galgo *m*.

 GREYHOUND BUS

Tal vez el medio de transporte más económico para viajar por los Estados Unidos sea el autobús. Los "Greyhound Buses" son los únicos que cubren todas las partes de los Estados Unidos y también llegan a algunas partes de Canadá y México. También son importantes porque ofrecen un servicio a muchas zonas del país que carecen de líneas aéreas comerciales.

grid [grɪd] *n (grating)* reja *f*; *(on map etc)* cuadrícula *f*.

grief [griːf] *n* pena *f*, aflicción *f*; **to come to** ~ *(plan)* ir al traste.

grieve [griːv] *vi*: **to** ~ **for** llorar por.

grill [grɪl] *n (on cooker)* grill *m*; *(for open fire, part of restaurant)* parrilla *f*; *(beefburger)* hamburguesa *f*. ◆ *vt* asar a la parrilla.

grille [grɪl] *n* AUT rejilla *f*.

grilled [grɪld] *adj* asado(da) a la parrilla.

grim [grɪm] *adj (expression)* adusto (ta); *(news, reality)* deprimente.

grimace ['grɪməs] *n* mueca *f*.

grimy ['graɪmɪ] *adj* mugriento(ta).

grin [grɪn] *n* sonrisa *f* (amplia). ◆ *vi* sonreír (ampliamente).

grind [graɪnd] *(pt & pp* **ground)** *vt (pepper, coffee)* moler.

grip [grɪp] *vt (hold)* agarrar. ◆ *n (of tyres)* adherencia *f*; *(handle)* asidero *m*; *(bag)* bolsa *f* de viaje; **to have a** ~ **on sthg** agarrar algo.

gristle ['grɪsl] *n* cartílago *m*.

groan [grəʊn] *n* gemido *m*. ◆ *vi (in pain)* gemir; *(complain)* quejarse.

groceries ['grəʊsərɪz] *npl* comestibles *mpl*.

grocer's ['grəʊsəz] *n (shop)* tienda *f* de comestibles.

grocery ['grəʊsərɪ] *n (shop)* tienda *f*

de comestibles.

groin [grɔɪn] n ingle f.

groove [gru:v] n ranura f.

grope [grəʊp] vi: **to ~ around for
sth** buscar algo a tientas.

gross [grəʊs] adj (weight, income)
bruto(ta).

grossly ['grəʊslɪ] adv (extremely)
enormemente.

grotty ['grɒtɪ] adj Br inf cocham-
broso(sa).

ground [graʊnd] pt & pp → **grind**.
◆ n (surface of earth) suelo m; (soil) tierra f; SPORT campo m. ◆ vt: **to be ~ed** (plane)
tener que permanecer en tierra; Am
(child) no poder salir por estar castigado;
below ~ bajo tierra. ❑ **grounds** npl
(of building) jardines mpl; (of coffee)
poso m; (reason) razones fpl.

ground floor n planta f baja.

groundsheet ['graʊndʃi:t] n lona
f impermeable (para tienda de campaña).

group [gru:p] n grupo m.

grouse [graʊs] (pl inv) n urogallo
m.

grovel ['grɒvl] vi (be humble) humillarse.

grow [grəʊ] (pt grew, pp grown) vi
vi crecer; (become) volverse. ◆ vt
(plant, crop) cultivar; (beard) dejarse
crecer. ❑ **grow up** vi hacerse mayor.

growl [graʊl] vi (dog) gruñir.

grown [grəʊn] pp → **grow**.

grown-up adj adulto(ta). ◆ n
persona f mayor.

growth [grəʊθ] n (increase) aumento m; MED bulto m.

grub [grʌb] n inf (food) papeo m.

grubby ['grʌbɪ] adj mugriento(ta).

grudge [grʌdʒ] n rencor m. ◆ vt: **to
~ sb sthg** dar algo a alguien de mala

gana.

grueling ['gruəlɪŋ] Am = gruelling.

gruelling ['gruəlɪŋ] adj Br ago-
tador(ra).

gruesome ['gru:səm] adj horripi-
lante.

grumble ['grʌmbl] vi refunfuñar.

grumpy ['grʌmpɪ] adj inf cascarra-
bias (inv).

grunt [grʌnt] vi gruñir.

guarantee [ˌgærən'ti:] n garantía
f. ◆ vt garantizar.

guard [gɑ:d] n (of prisoner etc) guardia mf; Br (on train) jefe m de tren;
(protective cover) protector m. ◆ vt
(watch over) guardar; **to be on one's ~**
estar en guardia.

Guatemala [ˌgwɑ:tə'mɑ:lə] n Guatemala.

Guatemalan [ˌgwɑ:tə'mɑ:lən] adj
guatemalteco(ca). ◆ n guatemalteco m, -ca f.

guess [ges] n suposición f. ◆ vt adivinar. ◆ vi suponer; **I ~ (so)** me ima-
gino (que sí).

guest [gest] n (in home) invitado m,
-da f; (in hotel) huésped mf.

guesthouse ['gesthaʊs, pl -haʊzɪz]
n casa f de huéspedes.

guestroom ['gestrʊm] n cuarto m
de los huéspedes.

guidance ['gaɪdəns] n orientación
f.

guide [gaɪd] n (for tourists) guía mf;
(guidebook) guía f. ◆ vt guiar.
❑ **Guide** n Br exploradora f.

guidebook ['gaɪdbʊk] n guía f.

guide dog n perro m lazarillo.

guided tour ['gaɪdɪd-] n visita f
guiada.

guidelines ['gaɪdlaɪnz] npl direc-
trices fpl.

guilt [gɪlt] n (feeling) culpa f; JUR culpabilidad f.

guilty [ˈgɪltɪ] adj culpable.

guinea pig [ˈgɪnɪ-] n conejillo m de Indias.

guitar [gɪˈtɑː] n guitarra f.

guitarist [gɪˈtɑːrɪst] n guitarrista mf.

gulf [gʌlf] n (of sea) golfo m.

Gulf War n: the ~ la Guerra del Golfo.

gull [gʌl] n gaviota f.

gullible [ˈgʌləbl] adj ingenuo (nua).

gulp [gʌlp] n trago m.

gum [gʌm] n (chewing gum, bubble gum) chicle m; (adhesive) pegamento m. ❑ **gums** npl (in mouth) encías fpl.

gun [gʌn] n (pistol) pistola f; (rifle) escopeta f; (cannon) cañón m.

gunfire [ˈgʌnfaɪə] n disparos mpl.

gunshot [ˈgʌnʃɒt] n tiro m.

gust [gʌst] n ráfaga f.

gut [gʌt] n inf (stomach) buche m, barriga f. ❑ **guts** npl inf (intestines) tripas fpl; (courage) agallas fpl.

gutter [ˈgʌtə] n (beside road) cuneta f; (of house) canalón m Esp, canaleta f.

guy [gaɪ] n inf (man) tío m Esp, tipo m. ❑ **guys** npl Am inf (people) tíos mpl Esp, gente f.

Guy Fawkes Night [-ˈfɔːks-] n Br el 5 de noviembre.

ⓘ GUY FAWKES NIGHT

Esta fiesta, que también se conoce como "Bonfire Night", se celebra en Inglaterra cada 5 de noviembre con hogueras y fuegos artificiales. Conmemora el descubrimiento en 1605 del "Gunpowder Plot", una conjuración católica para volar el Parlamento de Londres y asesinar al rey Jaime I. Es tradicional, en los días anteriores a la fiesta, que los niños hagan monigotes de uno de los conspiradores, Guy Fawkes, y los lleven por las calles recolectando dinero. Estos monigotes luego se queman en las hogueras del 5 de noviembre.

guy rope n cuerda f (de tienda de campaña).

gym [dʒɪm] n (place) gimnasio m; (school lesson) gimnasia f.

gymnast [ˈdʒɪmnæst] n gimnasta mf.

gymnastics [dʒɪmˈnæstɪks] n gimnasia f.

gym shoes npl zapatillas fpl de gimnasia.

gynaecologist [ˌgaɪnəˈkɒlədʒɪst] n ginecólogo m, -ga f.

gypsy [ˈdʒɪpsɪ] = gipsy.

H

H (abbr of hot) C (en grifo); (abbr of hospital) H.

habit [ˈhæbɪt] n costumbre f.

hacksaw [ˈhæksɔː] n sierra f para metales.

had [hæd] pt & pp → have.

haddock [ˈhædək] n (pl inv) n eglefino m.

hadn't [ˈhædnt] = had not.

haggis [ˈhægɪs] n plato típico escocés hecho con las asaduras del cordero, harina de avena y especias.

haggle [ˈhægl] vi regatear.

hail [heɪl] n granizo m. ◆ v impers: **it's
~ing** está granizando.

hailstone ['heɪlstəʊn] n granizo m.

hair [heəʳ] n pelo m; (on skin) vello
m; **to have one's ~ cut** cortarse el pelo; **to wash one's ~** lavarse el pelo.

hairband ['heəbænd] n turbante m
(banda elástica).

hairbrush ['heəbrʌʃ] n cepillo m
(del pelo).

hairclip ['heəklɪp] n prendedor m
(del pelo).

haircut ['heəkʌt] n (style) corte m
(de pelo); **to have a ~** cortarse el pelo.

hairdo ['heəduː] n (pl **-s**) peinado
m.

hairdresser ['heə,dresəʳ] n peluquero m, -ra f; **~'s** (salon) peluquería
f; **to go to the ~'s** ir a la peluquería.

hairdryer ['heə,draɪəʳ] n secador m
(del pelo).

hair gel n gomina f.

hairgrip ['heəgrɪp] n Br horquilla f.

hairnet ['heənet] n redecilla f (para
el pelo).

hairpin bend ['heəpɪn-] n curva f
muy cerrada.

hair remover [-rɪ,muːvəʳ] n depilatorio m.

hair slide n prendedor m.

hairspray ['heəspreɪ] n laca f (para
el pelo).

hairstyle ['heəstaɪl] n peinado m.

hairy ['heərɪ] adj peludo(da).

half [Br haːf, Am hæf] (pl **halves**) n
(50%) mitad f; (of match) tiempo m;
(half pint) media pinta f; (child's ticket)
billete m medio. ◆ adv: **~ cooked** a
medio cocinar; **~ full** medio lleno; **I'm
~ Scottish** soy medio escocés; **four and a
~** cuatro y medio; **~ past seven** las siete y media; **~ as big as** la mitad de

grande que; **an hour and a ~** una hora y media; **~ an hour** media hora;
~ a dozen media docena; **~ price** a
mitad de precio.

half board n media pensión f.

half-day n media jornada f.

half fare n medio billete m Esp,
medio boleto m Amér.

half portion n media ración f.

half-price adj a mitad de precio.

half term n Br semana de vacaciones
escolares a mitad de cada trimestre.

half time n descanso m.

halfway [haːfˈweɪ] adv: **~ between**
a mitad de camino entre; **~ through
the film** a mitad de la película.

halibut ['hælɪbət] (pl inv) n halibut
m.

hall [hɔːl] n (of house) vestíbulo m;
(large room) sala f; (building) pabellón
m; (country house) mansión f.

hallmark ['hɔːlmaːk] n (on silver,
gold) contraste m.

hallo [həˈləʊ] = **hello**.

hall of residence n colegio m
mayor Esp, residencia f universitaria.

Halloween [,hæləʊˈiːn] n el 31 de octubre.

HALLOWEEN

Halloween, que se celebra el 31
de octubre, es tradicionalmente
la noche en que se aparecen los
fantasmas y brujas. Los niños se
disfrazan y visitan a sus vecinos
jugando a "trick or treat", un
juego en que amenazan con
gastar una broma si no se les da
dinero o golosinas. En Gran Bretaña y Estados Unidos son tradicionales las calabazas vaciadas
en cuyo interior se coloca una

vela que ilumina a través de una cara recortada en la corteza.

---

halt [hɔːlt] *vi* detenerse. ◆ *n*: **to come to a ~** detenerse.

halve [*Br* hɑːv, *Am* hæv] *vt (reduce by half)* reducir a la mitad; *(divide in two)* partir por la mitad.

halves [*Br* hɑːvz, *Am* hævz] *pl* → **half**.

ham [hæm] *n* jamón *m*.

hamburger ['hæmbɜːgə[r]] *n (beefburger)* hamburguesa *f* ; *Am (mince)* carne *f* picada *Esp* or molida.

hamlet ['hæmlɪt] *n* aldea *f*.

hammer ['hæmə[r]] *n* martillo *m*. ◆ *vt (nail)* clavar.

hammock ['hæmək] *n* hamaca *f*.

hamper ['hæmpə[r]] *n* cesta *f*.

hamster ['hæmstə[r]] *n* hámster *m*.

hamstring ['hæmstrɪŋ] *n* tendón *m* de la corva.

hand [hænd] *n* mano *f* ; *(of clock, watch, dial)* aguja *f* ; **to give sb a ~** echar una mano a alguien; **to get out of ~** hacerse incontrolable; **by ~** a mano; **in ~** *(time)* de sobra; **on the one ~** por una parte; **on the other ~** por otra parte. □ **hand in** *vt sep* entregar. □ **hand out** *vt sep* repartir. □ **hand over** *vt sep (give)* entregar.

handbag ['hændbæg] *n* bolso *m Esp*, cartera *f Am*.

handbasin ['hændbeɪsn] *n* lavabo *m*.

handbook ['hændbʊk] *n* manual *m*.

handbrake ['hændbreɪk] *n* freno *m* de mano.

hand cream *n* crema *f* de manos.

handcuffs ['hændkʌfs] *npl* esposas *fpl*.

handful ['hændfʊl] *n (amount)* puñado *m*.

handicap ['hændɪkæp] *n (physical, mental)* incapacidad *f* ; *(disadvantage)* desventaja *f*.

handicapped ['hændɪkæpt] *adj* disminuido(da). ◆ *npl*: **the ~** los minusválidos.

handkerchief ['hæŋkətʃɪf] *(pl* **-chiefs** OR **-chieves** [-tʃiːvz]) *n* pañuelo *m*.

handle ['hændl] *n (round)* pomo *m* ; *(long)* manilla *f* ; *(of knife, pan)* mango *m* ; *(of suitcase)* asa *f*. ◆ *vt (touch)* tocar; *(deal with)* encargarse de; **'~ with care'** 'frágil'.

handlebars ['hændlbɑːz] *npl* manillar *m*, manubrio *m Amér*.

hand luggage *n* equipaje *m* de mano.

handmade [,hænd'meɪd] *adj* hecho(cha) a mano.

handout ['hændaʊt] *n (leaflet)* hoja *f* informativa.

handrail ['hændreɪl] *n* barandilla *f*.

handset ['hændset] *n* auricular *m (de teléfono)*; **'please replace the ~'** mensaje que avisa que el teléfono está descolgado.

handshake ['hændʃeɪk] *n* apretón *m* de manos.

handsome ['hænsəm] *adj (man)* guapo.

handstand ['hændstænd] *n* pino *m*.

handwriting ['hænd,raɪtɪŋ] *n* letra *f*.

handy ['hændɪ] *adj (useful)* práctico(ca); *(good with one's hands)* mañoso(sa); *(near)* a mano; **to come in ~** *inf* venir de maravilla.

hang [hæŋ] *(pt & pp* **hung**) *vt (on hook, wall etc)* colgar; *(execute: pt & pp* **hanged**) ahorcar. ◆ *vi (be sus-*

pended) colgar. ◆ *n*: **to get the ~ of sthg** coger el tranquillo a algo.
❏ **hang about** *vi Br inf* pasar el rato. ❏ **hang around** *inf* = **hang about**. ❏ **hang down** *vi* caer, estar colgado. ❏ **hang on** *vi inf (wait)* esperar. ❏ **hang out** ◆ *vt sep* tender. ◆ *vi inf (spend time)* pasar el rato. ❏ **hang up** *vi (on phone)* colgar.

hanger ['hæŋəʳ] *n* percha *f Esp*, gancho *m Amér*.

hang gliding [-'glaɪdɪŋ] *n* vuelo *m* con ala delta.

hangover ['hæŋ,əʊvəʳ] *n* resaca *f*.

hankie ['hæŋkɪ] *n inf* pañuelo *m*.

happen ['hæpən] *vi* pasar; **I ~ed to be alone** dio la casualidad de que estaba solo.

happily ['hæpɪlɪ] *adv (luckily)* afortunadamente.

happiness ['hæpɪnɪs] *n* felicidad *f*.

happy ['hæpɪ] *adj* feliz; **to be ~ about sthg** *(satisfied)* estar contento (ta) con algo; **to be ~ to do sthg** estar muy dispuesto(ta) a hacer algo; **to be ~ with sthg** estar contento con algo; **Happy Birthday!** ¡Feliz Cumpleaños!; **Happy Christmas!** ¡Feliz Navidad!; **Happy New Year!** ¡Feliz Año Nuevo!

happy hour *n inf* tiempo en que las bebidas se venden a precio reducido en un bar.

harassment ['hærəsmənt] *n* acoso *m*.

harbor ['hɑːbəʳ] *Am* = **harbour**.

harbour ['hɑːbəʳ] *n Br* puerto *m*.

hard [hɑːd] *adj* duro(ra); *(difficult, strenuous)* difícil; *(blow, push, frost)* fuerte. ◆ *adv (try, work, rain)* mucho; *(listen)* atentamente; *(hit)* con fuerza.

hardback ['hɑːdbæk] *n* edición *f* en pasta dura.

hardboard ['hɑːdbɔːd] *n* aglome-

rado *m*.

hard-boiled egg [-bɔɪld-] *n* huevo *m* duro.

hardcover ['hɑːd,kʌvəʳ] *n Am* edición *f* en pasta dura.

hard disk *n* disco *m* duro.

hardly ['hɑːdlɪ] *adv* apenas; **~ ever** casi nunca.

hardship ['hɑːdʃɪp] *n (difficult conditions)* privaciones *fpl*; *(difficult circumstance)* dificultad *f*.

hard shoulder *n Br* arcén *m*.

hard up *adj inf* sin un duro.

hardware ['hɑːdweəʳ] *n (tools, equipment)* artículos *mpl* de ferretería; *COMPUT* hardware *m*.

hardwearing [,hɑːd'weərɪŋ] *adj Br* resistente.

hardworking [,hɑːd'wɜːkɪŋ] *adj* trabajador(ra).

hare [heəʳ] *n* liebre *f*.

harm [hɑːm] *n* daño *m*. ◆ *vt (person)* hacer daño a; *(object)* dañar; *(chances, reputation)* perjudicar.

harmful ['hɑːmful] *adj* perjudicial.

harmless ['hɑːmlɪs] *adj* inofensivo(va).

harmonica [hɑː'mɒnɪkə] *n* armónica *f*.

harmony ['hɑːmənɪ] *n* armonía *f*.

harness ['hɑːnɪs] *n (for horse)* arreos *mpl*; *(for child)* andadores *mpl*.

harp [hɑːp] *n* arpa *f*.

harsh [hɑːʃ] *adj (conditions, winter)* duro(ra); *(cruel)* severo(ra); *(weather, climate)* inclemente; *(sound, voice)* áspero(ra).

harvest ['hɑːvɪst] *n* cosecha *f*.

has [weak form həz, strong form hæz] → **have**.

hash browns [hæʃ-] *npl Am* patatas cortadas en trozos y fritas con cebolla en forma de bola.

hasn't ['hæznt] = has not.

hassle ['hæsl] *n inf (problems)* jaleo *m*; *(annoyance)* fastidio *m*.

hastily ['heɪstɪlɪ] *adv (rashly)* a la ligera.

hasty ['heɪstɪ] *adj (hurried)* precipitado(da); *(rash)* irreflexivo(va).

hat [hæt] *n* sombrero *m*.

hatch [hætʃ] *n (for serving food)* ventanilla *f*. ◆ *vi (egg)* romperse.

hatchback ['hætʃˌbæk] *n* coche *m* con puerta trasera.

hatchet ['hætʃɪt] *n* hacha *f*.

hate [heɪt] *n* odio *m*. ◆ *vt* odiar; to ~ doing sthg odiar hacer algo.

hatred ['heɪtrɪd] *n* odio *m*.

haul [hɔːl] *vt* arrastrar. ◆ *n*: a long ~ un buen trecho.

haunted ['hɔːntɪd] *adj (house)* encantado(da).

🕮

have [hæv] *(pt & pp had)* aux vb - **1.** *(to form perfect tenses)* haber; I ~ finished he terminado; ~ you been there? - No, I haven't ¿has estado allí? - No; we had already left ya nos habíamos ido.
- **2.** *(must)*: to ~ (got) to do sthg tener que hacer algo; do you ~ to pay? ¿hay que pagar?
◆ *vt* - **1.** *(possess)*: to ~ (got) tener; do you ~ OR ~ you got a double room? ¿tiene una habitación doble?; **she has (got) brown hair** tiene el pelo castaño.
- **2.** *(experience)* tener; to ~ a cold tener catarro; to ~ a good time pasarlo bien.
- **3.** *(replacing other verbs)*: to ~ breakfast desayunar; to ~ dinner comer; to ~ lunch comer; to ~ a drink tomar algo; to ~ a shower ducharse; to ~ a swim ir a nadar; to ~ a walk

dar un paseo.
- **4.** *(feel)* tener; I ~ no doubt about it no tengo ninguna duda.
- **5.** *(invite)*: to ~ sb round for dinner invitar a alguien a cenar.
- **6.** *(cause to)*: to ~ sthg done hacer que se haga algo; to ~ one's hair cut cortarse el pelo.
- **7.** *(be treated in a certain way)*: **I've had my wallet stolen** me han robado la cartera.

haversack ['hævəsæk] *n* mochila *f*.

havoc ['hævək] *n* estragos *mpl*.

hawk [hɔːk] *n* halcón *m*.

hawker ['hɔːkə'] *n* vendedor *m*, -ra *f* ambulante.

hay [heɪ] *n* heno *m*.

hay fever *n* alergia *f* primaveral.

haystack ['heɪˌstæk] *n* almiar *m*.

hazard ['hæzəd] *n* riesgo *m*.

hazardous ['hæzədəs] *adj* arriesgado(da).

hazard warning lights *npl Br* luces *fpl* de emergencia.

haze [heɪz] *n* neblina *f*.

hazel ['heɪzl] *adj* avellanado.

hazelnut ['heɪzlˌnʌt] *n* avellana *f*.

hazy ['heɪzɪ] *adj (misty)* neblinoso (sa).

he [hiː] *pron* él; **~'s tall** (él) es alto.

head [hed] *n (part of body)* cabeza *f*; *(of queue, page, letter)* principio *m*; *(of table, bed)* cabecera *f*; *(of company, department, school)* director *m*, -ra *f*; *(of beer)* espuma *f*. ◆ *vt* estar a la cabeza de. ◆ *vi* dirigirse hacia; **£10 a** ~ diez libras por persona; **~s or tails?** ¿cara o cruz? □ **head for** *vt fus (place)* dirigirse a.

headache ['hedeɪk] *n (pain)* dolor *m* de cabeza; **I have a** ~ me duele la cabeza.

head band *n Am* turbante *m (ban-*

da elástica).

heading ['hedɪŋ] *n* encabezamiento *m*.

headlamp ['hedlæmp] *Br* = **headlight**.

headlight ['hedlaɪt] *n* faro *m*.

headline ['hedlaɪn] *n* titular *m*.

headmaster [ˌhed'mɑːstəʳ] *n* director *m* (de colegio).

headmistress [ˌhed'mɪstrɪs] *n* directora *f* (de colegio).

head of state *n* jefe *m*, -fa *f* de estado.

headphones ['hedfəʊnz] *npl* auriculares *mpl*.

headquarters [ˌhed'kwɔːtəz] *npl* sede *f* central.

headrest ['hedrest] *n* apoyacabezas *m inv*.

headroom ['hedrʊm] *n* (under bridge) altura *f* libre.

headscarf ['hedskɑːf] (*pl* **-scarves** [-skɑːvz]) *n* pañoleta *f*.

head start *n* ventaja *f* (desde el comienzo).

head teacher *n* director *m*, -ra *f* (de colegio).

head waiter *n* jefe *m* (de camareros).

heal [hiːl] *vt* curar. ◆ *vi* cicatrizar.

health [helθ] *n* salud *f*; **to be in good ~** tener buena salud; **to be in poor ~** tener mala salud; **your (very) good ~!** ¡a tu salud!

health centre *n* centro *m* de salud.

health food *n* alimentos *mpl* naturales.

health food shop *n* tienda *f* de alimentos naturales.

health insurance *n* seguro *m* médico.

healthy ['helθɪ] *adj* (person, skin) sa-

no(na); (good for one's health) saludable.

heap [hiːp] *n* montón *m*; **~s of** *inf* montones de.

hear [hɪəʳ] (*pt & pp* **heard** [hɜːd]) *vt* oír; ◆ *vi* oír; **to ~ about sthg** enterarse de algo; **to ~ from sb** tener noticias de alguien; **to have heard of** haber oído hablar de.

hearing ['hɪərɪŋ] *n* (sense) oído *m*; (at court) vista *f*; **to be hard of ~** ser duro de oído.

hearing aid *n* audífono *m*.

heart [hɑːt] *n* corazón *m*; **to know sthg (off) by ~** saberse algo de memoria; **to lose ~** desanimarse. □ **hearts** *npl* (in cards) corazones *mpl*.

heart attack *n* infarto *m*.

heartbeat ['hɑːtbiːt] *n* latido *m*.

heartburn ['hɑːtbɜːn] *n* ardor *m* de estómago.

heart condition *n*: **to have a ~** padecer del corazón.

hearth [hɑːθ] *n* chimenea *f*.

hearty ['hɑːtɪ] *adj* (meal) abundante.

heat [hiːt] *n* calor *m*; (specific temperature) temperatura *f*. □ **heat up** *vt sep* calentar.

heater ['hiːtəʳ] *n* calentador *m*.

heath [hiːθ] *n* brezal *m*.

heather ['heðəʳ] *n* brezo *m*.

heating ['hiːtɪŋ] *n* calefacción *f*.

heat wave *n* ola *f* de calor.

heave [hiːv] *vt* (push) empujar; (pull) tirar de.

Heaven ['hevn] *n* el cielo.

heavily ['hevɪlɪ] *adv* mucho.

heavy ['hevɪ] *adj* (in weight) pesado (da); (rain, fighting, traffic) intenso (sa); (losses, defeat) grave; (food) indigesto(ta); **how ~ is it?** ¿cuánto pesa?; **to be a ~ smoker** fumar mucho.

heavy cream *n* *Am* nata *f* para montar *Esp*, crema *f* doble *Amér*.

heavy goods vehicle *n* *Br* vehículo *m* pesado.

heavy industry *n* industria *f* pesada.

heavy metal *n* heavy metal *m*.

heckle ['hekl] *vt* reventar.

hectic ['hektɪk] *adj* ajetreado(da).

hedge [hedʒ] *n* seto *m*.

hedgehog ['hedʒhɒg] *n* erizo *m*.

heel [hiːl] *n* (*of person*) talón *m*; (*of shoe*) tacón *m*, taco *m* *CSur*.

hefty ['heftɪ] *adj* (*person*) fornido (da); (*fine*) considerable.

height [haɪt] *n* altura *f*; (*of person*) estatura *f*; (*peak period*) punto *m* álgido; **what ~ is it?** ¿cuánto mide?

heir [eə^r] *n* heredero *m*.

heiress ['eərɪs] *n* heredera *f*.

held [held] *pt* & *pp* → **hold**.

helicopter ['helɪkɒptə^r] *n* helicóptero *m*.

Hell [hel] *n* el infierno *m*.

he'll [hiːl] = **he will**.

hello [hə'ləʊ] *excl* (*as greeting*) ¡hola!; (*when answering phone*) ¡diga!, ¡bueno! (*Amér*); (*when phoning, to attract attention*) ¡oiga!

helmet ['helmɪt] *n* casco *m*.

help [help] ◆ *n* ayuda *f*. ◆ *vt* & *vi* ayudar. ◆ *excl* ¡socorro!; **I can't ~ it** no puedo evitarlo; **to ~ sb (to) do sthg** ayudar a alguien a hacer algo; **to ~ o.s. (to sthg)** servirse (algo); **can I ~ you?** (*in shop*) ¿en qué puedo servirle? ❑ **help out** *vi* echar una mano.

help desk *n* mostrador *m* de ayuda.

helper ['helpə^r] *n* (*assistant*) ayudante *mf*; *Am* (*cleaner*) mujer *f* de la limpieza.

helpful ['helpfʊl] *adj* (*person*) atento(ta), servicial; (*useful*) útil.

helping ['helpɪŋ] *n* ración *f*.

helpless ['helplɪs] *adj* (*person*) indefenso(sa).

hem [hem] *n* dobladillo *m*.

hemophiliac [ˌhiːmə'fɪliæk] *n* hemofílico *m*.

hemorrhage ['hemərɪdʒ] *n* hemorragia *f*.

hen [hen] *n* (*chicken*) gallina *f*.

hepatitis [ˌhepə'taɪtɪs] *n* hepatitis *f* *inv*.

her [hɜː^r] *adj* su, sus (*pl*). ◆ *pron*: **I know ~** la conozco; **it's ~** es ella; **send it to ~** enviáselo; **tell ~ to come** dile que venga; **he's worse than ~** él es peor que ella.

herb [hɜːb] *n* hierba *f*.

herbal tea ['hɜːbl-] *n* infusión *f*.

herd [hɜːd] *n* (*of sheep*) rebaño *m*; (*of cattle*) manada *f*.

here [hɪə^r] *adv* aquí; **~'s your book** aquí tienes tu libro; **~ you are** aquí tienes.

heritage ['herɪtɪdʒ] *n* patrimonio *m*.

hernia ['hɜːnjə] *n* hernia *f*.

hero ['hɪərəʊ] (*pl* **-es**) *n* héroe *m*.

heroin ['herəʊɪn] *n* heroína *f*.

heroine ['herəʊɪn] *n* heroína *f*.

heron ['herən] *n* garza *f* real.

herring ['herɪŋ] *n* arenque *m*.

hers [hɜːz] *pron* suyo *m*, -ya *f*, suyos *mpl*, -yas *fpl*; **a friend of ~** un amigo suyo.

herself [hɜː'self] *pron* (*reflexive*) se; (*after prep*) sí misma; **she did it ~** lo hizo ella sola.

hesitant ['hezɪtənt] *adj* indeciso (sa).

hesitate ['hezɪteɪt] *vi* vacilar.

hesitation [ˌhezɪ'teɪʃn] *n*

vacilación f.

heterosexual [ˌhetərəʊˈsekʃʊəl] adj heterosexual. ◆ n heterosexual mf.

hey [heɪ] excl inf ¡eh!, ¡oye!

HGV abbr = **heavy goods vehicle**.

hi [haɪ] excl inf ¡hola!

hiccup [ˈhɪkʌp] n: to have (the) ~s tener hipo.

hide [haɪd] (pt hid [hɪd], pp hidden [ˈhɪdn]) vt esconder; (truth, feelings) ocultar. ◆ vi esconderse. ◆ n (of animal) piel f.

hideous [ˈhɪdɪəs] adj horrible.

hi-fi [ˈhaɪfaɪ] n equipo m de alta fidelidad.

high [haɪ] adj alto(ta); (winds) fuerte; (good) bueno(na); (position, rank) elevado(da); inf (from drugs) flipado(da) Esp, drogado(da). ◆ n (weather front) zona f de altas presiones. ◆ adv alto; **how ~ is it?** ¿cuánto mide?; **it's 10 metres ~** mide 10 metros de alto.

high chair n silla f alta.

high-class adj de categoría.

Higher [ˈhaɪə] n examen al final de la enseñanza secundaria en Escocia.

higher education n enseñanza f superior.

high heels npl tacones mpl altos.

high jump n salto m de altura.

Highland Games [ˈhaɪlənd-] npl festival típico de Escocia.

Highlands [ˈhaɪləndz] npl: **the ~** las tierras altas del norte de Escocia.

highlight [ˈhaɪlaɪt] n (best part) mejor parte f. ◆ vt (emphasize) destacar. ◻ **highlights** npl (of football match etc) momentos mpl más interesantes; (in hair) mechas fpl, reflejos mpl.

highly [ˈhaɪlɪ] adv (extremely) enormemente; (very well) muy bien.

high-pitched [-ˈpɪtʃt] adj agudo (da).

high-rise building n rascacielos m inv.

high school n ≃ instituto m de bachillerato.

high season n temporada f alta.

high-speed train n tren m de alta velocidad.

high street n Br calle f mayor Esp OR principal.

high tide n marea f alta.

highway [ˈhaɪweɪ] n Am (between towns) autopista f; Br (any main road) carretera f.

Highway Code n Br código m de la circulación.

hijack [ˈhaɪdʒæk] vt secuestrar.

hijacker [ˈhaɪdʒækə] n secuestrador m, -ra f.

hike [haɪk] n caminata f. ◆ vi ir de excursión.

hiking [ˈhaɪkɪŋ] n: **to go ~** ir de excursión.

hilarious [hɪˈleərɪəs] adj desternillante.

hill [hɪl] n colina f.

hillwalking [ˈhɪlwɔːkɪŋ] n senderismo m.

hilly [ˈhɪlɪ] adj montañoso(sa).

him [hɪm] pron: **I know ~** le conozco, lo conozco; **it's ~** es él; **send it to ~** envíaselo; **tell ~ to come** dile que venga; **she's worse than ~** ella es peor que él.

himself [hɪmˈself] pron (reflexive) se; (after prep) sí mismo; **he did it ~** lo hizo él solo.

hinder [ˈhɪndə] vt estorbar.

Hindu [ˈhɪnduː] (pl -s) adj hindú. ◆ n (person) hindú mf.

hinge [hɪndʒ] n bisagra f.

hint [hɪnt] n (indirect suggestion) indirecta f; (piece of advice) consejo m; (slight amount) asomo m. ◆ vi: to ~ at sthg insinuar algo.

hip [hɪp] n cadera f.

hippopotamus [ˌhɪpə'pɒtəməs] n hipopótamo m.

hippy ['hɪpɪ] n hippy mf.

hire ['haɪə'] vt alquilar; for ~ (taxi) libre; 'boats for ~' 'se alquilan barcos'. ❑ **hire out** vt sep alquilar.

hire car n Br coche m de alquiler.

hire purchase n Br compra f a plazos.

his [hɪz] adj su, sus (pl). ◆ pron suyo m, -ya f, suyos mpl, -yas fpl; **a friend of ~** un amigo suyo.

historical [hɪ'stɒrɪkəl] adj histórico(ca).

history ['hɪstərɪ] n historia f; (record) historial m.

hit [hɪt] (pt & pp **hit**) vt (strike on purpose) pegar; (collide with) chocar contra; (bang) golpearse; (a target) alcanzar. ◆ n (record, play, film) éxito m; COMPUT visita f, hit m.

hit-and-run adj (accident) en que el conductor se da a la fuga.

hitch [hɪtʃ] n obstáculo m. ◆ vi hacer autostop. ◆ vt: **to ~ a lift** conseguir que le lleven a uno en coche.

hitchhike ['hɪtʃhaɪk] vi hacer autostop.

hitchhiker ['hɪtʃhaɪkə'] n autostopista mf.

hive [haɪv] n (of bees) colmena f.

HIV-positive adj seropositivo(va).

hoarding ['hɔːdɪŋ] n Br (for adverts) valla f publicitaria.

hoarse [hɔːs] adj ronco(ca).

hoax [həʊks] n engaño m.

hob [hɒb] n encimera f.

hobby ['hɒbɪ] n hobby m.

hockey ['hɒkɪ] n (on grass) hockey m (sobre hierba) ; Am (ice hockey) hockey m sobre hielo.

hoe [həʊ] n azada f.

hold [həʊld] (pt & pp **held**) vt (in hand, arms etc) tener cogido OR agarrado Amér; (keep in position) sujetar; (organize) celebrar; (contain) contener; (number of people) tener cabida para; (possess) poseer. ◆ vi (weather, luck) mantenerse; (offer) seguir en pie; (on telephone) esperar. ◆ n (of ship, aircraft) bodega f; **to ~ sb prisoner** tener a alguien como prisionero; **~ the line, please** no cuelgue, por favor; **to put sb on ~** poner a alguien en espera. ❑ **hold back** vt sep (restrain) contener; (keep secret) ocultar. ❑ **hold on** vi (wait) esperar; (on telephone) no colgar; **to ~ on to sthg** (grip) agarrarse a algo. ❑ **hold out** vt sep (extend) extender. ❑ **hold up** vt sep (delay) retrasar.

holdall ['həʊldɔːl] n Br bolsa f de viaje.

holder ['həʊldə'] n (of passport, licence) titular mf; (container) soporte m.

holdup ['həʊldʌp] n (delay) retraso m.

hole [həʊl] n agujero m; (in ground, in golf) hoyo m.

holiday ['hɒlɪdɪ] n Br (period of time) vacaciones fpl; (day off) fiesta f, día m festivo. ◆ vi Br veranear, ir de vacaciones; **to be on ~** estar de vacaciones; **to go on ~** ir de vacaciones.

holidaymaker ['hɒlɪdɪˌmeɪkə'] n Br turista mf.

holiday pay n Br sueldo m de vacaciones.

Holland ['hɒlənd] n Holanda f.

hollow ['hɒləʊ] adj hueco(ca).

holly ['hɒlɪ] n acebo m.

holy ['həʊlɪ] *adj* (*sacred*) sagrado (da), santo(ta).

home [həʊm] *n* (*house*) casa *f*; (*own country*) tierra *f*; (*one's family*) hogar *m*; (*for old people*) residencia *f* de ancianos. ◆ *adv* (*to one's house*) a casa; (*in one's house*) en casa. ◆ *adj* (*not foreign*) nacional; (*cooking*) casero(ra); **at ~** en casa; **make yourself at ~** estás como en casa; **to go ~** ir a casa; **~ address** domicilio *m* particular; **~ number** número *m* particular.

home help *n* Br asistente *que ayuda en las tareas domésticas a enfermos y ancianos.*

homeless ['həʊmlɪs] *npl*: **the ~** los sin hogar.

homemade [,həʊm'meɪd] *adj* casero(ra).

homeopathic [,həʊmɪəʊ'pæθɪk] *adj* homeopático(ca).

Home Secretary *n* Br Ministro *m* del Interior.

homesick ['həʊmsɪk] *adj*: **to be ~** tener morriña.

homework ['həʊmwɜːk] *n* deberes *mpl.*

homosexual [,həmə'sekʃʊəl] *adj* homosexual. ◆ *n* homosexual *mf.*

Honduran [hɒn'djʊərən] *adj* hondureño(ña). ◆ *n* hondureño *m*, -ña *f.*

Honduras [hɒn'djʊərəs] *n* Honduras.

honest ['ɒnɪst] *adj* (*trustworthy*) honrado(da); (*frank*) sincero(ra).

honestly ['ɒnɪstlɪ] *adv* (*truthfully*) honradamente; (*frankly*) sinceramente.

honey ['hʌnɪ] *n* miel *f.*

honeymoon ['hʌnɪmuːn] *n* luna *f* de miel.

honor ['ɒnər] Am = **honour**.

honour ['ɒnər] *n* Br honor *m.*

honourable ['ɒnrəbl] *adj* honora-

ble.

hood [hʊd] *n* (*of jacket, coat*) capucha *f*; (*on convertible car*) capota *f*; Am (*car bonnet*) capó *m*, cofre *m* Méx.

hoof [huːf] *n* (*of horse*) casco *m*; (*of cow, goat*) pezuña *f.*

hook [hʊk] *n* (*for picture, coat*) gancho *m*; (*for fishing*) anzuelo *m*; **off the ~** (*telephone*) descolgado.

hooligan ['huːlɪgən] *n* gamberro *m*, -rra *f.*

hoop [huːp] *n* aro *m.*

hoot [huːt] *vi* (*driver*) sonar.

Hoover® ['huːvə] *n* Br aspiradora *f.*

hop [hɒp] *vi* saltar a la pata coja.

hope [həʊp] *n* esperanza *f.* ◆ *vt* esperar que; **to ~ for sthg** esperar algo; **to ~ to do sthg** esperar hacer algo; **I ~ so** espero que sí.

hopeful ['həʊpfʊl] *adj* (*optimistic*) optimista.

hopefully ['həʊpfəlɪ] *adv* (*with luck*) con suerte.

hopeless ['həʊplɪs] *adj inf* (*useless*) inútil; (*without any hope*) desesperado(da).

horizon [hə'raɪzn] *n* horizonte *m.*

horizontal [,hɒrɪ'zɒntl] *adj* horizontal.

horn [hɔːn] *n* (*of car*) claxon *m*; (*on animal*) cuerno *m.*

horoscope ['hɒrəskəʊp] *n* horóscopo *m.*

horrible ['hɒrəbl] *adj* horrible.

horrid ['hɒrɪd] *adj* (*person*) antipático(ca); (*place*) horroroso(sa).

horrific [hɒ'rɪfɪk] *adj* horrendo (da).

hors d'oeuvres [ɔː'dɜːvr] *npl* entremeses *mpl.*

horse [hɔːs] *n* caballo *m.*

horseback ['hɔːsbæk] *n*: **on ~** a caballo.

horse chestnut n castaña f de Indias.

horsepower ['hɔːsˌpaʊəʳ] n caballos mpl de vapor.

horse racing n carreras fpl de caballos.

horseradish (sauce) ['hɔːsˌrædɪʃ-] n salsa picante de rábano silvestre, que se suele servir con rosbif.

horse riding n equitación f.

horseshoe ['hɔːsʃuː] n herradura f.

hose(pipe) ['həʊz(paɪp)] n manguera f.

hosiery ['həʊzɪərɪ] n medias fpl y calcetines.

hospitable [hɒ'spɪtəbl] adj hospitalario(ria).

hospital ['hɒspɪtl] n hospital m; **in ~** en el hospital.

hospitality [ˌhɒspɪ'tælətɪ] n hospitalidad f.

host [həʊst] n (of party, event) anfitrión m, -ona f; (of show, TV programme) presentador m, -ra f.

hostage ['hɒstɪdʒ] n rehén m.

hostel ['hɒstl] n (youth hostel) albergue m.

hostess ['həʊstes] n (on plane) azafata f, aeromoza f Amér; (of party, event) anfitriona f.

host family n familia f de acogida.

hostile [Br 'hɒstaɪl, Am 'hɒstl] adj hostil.

hostility [hɒ'stɪlətɪ] n hostilidad f.

hot [hɒt] adj caliente; (spicy) picante; **to be ~** (person) tener calor; **it's ~** (weather) hace calor.

hot chocolate n chocolate m (bebida).

hot-cross bun n bollo con pasas y dibujo en forma de cruz que se come en Se-

mana Santa.

hot dog n perrito m caliente.

hotel [həʊ'tel] n hotel m.

hot line n teléfono m rojo.

hotplate ['hɒtpleɪt] n calentador m.

hotpot ['hɒtpɒt] n estofado de cabrito cubierto con patatas en rodajas y cocido al horno.

hot-water bottle n bolsa f de agua caliente.

hour ['aʊəʳ] n hora f; **I've been waiting for ~s** llevo horas esperando.

hourly ['aʊəlɪ] adj por hora. ◆ adv (pay, charge) por hora; (depart) cada hora.

house [n haʊs, pl 'haʊzɪz, vb haʊz] n casa f; SCH división de los alumnos de una escuela para actividades extra-académicas. ◆ vt (person) alojar.

household ['haʊshəʊld] n hogar m.

housekeeping ['haʊsˌkiːpɪŋ] n quehaceres mpl domésticos.

House of Commons n Cámara f de los Comunes.

House of Lords n Cámara f de los Lores.

Houses of Parliament npl Br Parlamento m británico.

HOUSES OF PARLIAMENT

El Parlamento británico, conocido también como Palacio de Westminster, consta de dos cámaras: la de los Comunes y la de los Lores. Los edificios donde hoy se alojan fueron construidos a mediados del siglo XIX para reemplazar el antiguo Palacio, destruido por un incendio en 1834.

En estos últimos años, los Lores tienen cada vez menos poder.

housewife ['haʊswaɪf] (pl -**wives** [-waɪvz]) n ama f de casa.

house wine n vino m de la casa.

housework ['haʊswɜːk] n quehaceres mpl domésticos.

housing ['haʊzɪŋ] n (houses) vivienda f.

housing estate n Br urbanización de viviendas de protección oficial.

housing project Am = **housing estate**.

hovercraft ['hɒvəkrɑːft] n aerodeslizador m.

hoverport ['hɒvəpɔːt] n terminal f de aerodeslizador.

☞

how [haʊ] adv - 1. (asking about way or manner) cómo; ~ **does it work?** ¿cómo funciona?; **tell me** ~ **to do it** dime cómo se hace.
- 2. (asking about health, quality, event) cómo; ~ **are you?** ¿cómo estás?; ~ **are you doing?** ¿qué tal estás?; ~ **are things?** ¿cómo van las cosas?; ~ **do you do?** (greeting) ¿cómo está usted?; (answer) mucho gusto.
- 3. (asking about degree, amount): ~ **far?** ¿a qué distancia?; ~ **long?** ¿cuánto tiempo?; ~ **many?** ¿cuántos?; ~ **much?** ¿cuánto?; ~ **much is it?** ¿cuánto es?
- 4. (in phrases): ~ **about a drink?** ¿qué tal si tomamos algo?; ~ **lovely!** ¡qué precioso!

however [haʊ'evər] adv (nevertheless) sin embargo; ~ **hard I try** por mucho que lo intente; ~ **easy it may be** por muy fácil que sea.

howl [haʊl] vi (dog) aullar; (person) gritar; (wind) bramar.

HP abbr Br = **hire purchase**.

HQ abbr = **headquarters**.

hubcap ['hʌbkæp] n tapacubos m inv.

hug [hʌg] vt abrazar. ◆ n: **to give sb a** ~ abrazar a alguien.

huge [hjuːdʒ] adj enorme.

hum [hʌm] vi (bee, machine) zumbar; (person) canturrear.

human ['hjuːmən] adj humano(na). ◆ n: ~ **(being)** ser m humano.

humanities [hjuː'mænətɪz] npl humanidades fpl.

human rights npl derechos mpl humanos.

humble ['hʌmbl] adj humilde.

humid ['hjuːmɪd] adj húmedo(da).

humidity [hjuː'mɪdətɪ] n humedad f.

humiliating [hjuː'mɪlɪeɪtɪŋ] adj humillante.

humiliation [hjuːˌmɪlɪ'eɪʃn] n humillación f.

hummus ['hʊməs] n puré de garbanzos, ajo y pasta de sésamo.

humor ['hjuːmər] Am = **humour**.

humorous ['hjuːmərəs] adj humorístico(ca).

humour ['hjuːmər] n humor m; **a sense of** ~ un sentido del humor.

hump [hʌmp] n (bump) montículo m; (of camel) joroba f.

hunch [hʌntʃ] n presentimiento m.

hundred ['hʌndrəd] num cien; **a** ~ cien; **a** ~ **and ten** ciento diez → **six**.

hundredth ['hʌndrətθ] num centésimo(ma) → **sixth**.

hung [hʌŋ] pt & pp → **hang**.

Hungarian [hʌŋ'geərɪən] adj húngaro(ra). ◆ n (person) húngaro m, (ra f); (language) húngaro m.

Hungary ['hʌŋgərɪ] n Hungría.

hunger ['hʌŋgə'] n hambre f.

hungry ['hʌŋgrɪ] adj hambriento (ta); **to be ~** tener hambre.

hunt [hʌnt] n Br (for foxes) caza f (del zorro). ◆ vt (animals) cazar. ◆ vi (for animals) cazar; **to ~ (for sthg)** (search) buscar (algo).

hunting ['hʌntɪŋ] n (for animals) caza f; Br (for foxes) caza del zorro.

hurl [hɜːl] vt arrojar.

hurricane ['hʌrɪkən] n huracán m.

hurry ['hʌrɪ] vt (person) meter prisa a. ◆ vi apresurarse. ◆ n: **to be in a ~** tener prisa; **to do sthg in a ~** hacer algo de prisa. ❑ **hurry up** vi darse prisa.

hurt [hɜːt] (pt & pp hurt) vt hacerse daño en, lastimarse Amér; (emotionally) herir. ◆ vi doler; **my arm ~s** me duele el brazo; **to ~ o.s.** hacerse daño.

husband ['hʌzbənd] n marido m.

hustle ['hʌsl] n: **~ and bustle** bullicio m.

hut [hʌt] n cabaña f.

hyacinth ['haɪəsɪnθ] n jacinto m.

hydrofoil ['haɪdrəfɔɪl] n hidrofoil m.

hygiene ['haɪdʒiːn] n higiene f.

hygienic [haɪ'dʒiːnɪk] adj higiénico(ca).

hymn [hɪm] n himno m.

hyperlink ['haɪpəlɪŋk] n hiperenlace m, hipervínculo m.

hypermarket ['haɪpəˌmɑːkɪt] n hipermercado m.

hyphen ['haɪfn] n guión m.

hypocrite ['hɪpəkrɪt] n hipócrita mf.

hypodermic needle [ˌhaɪpə-'dɜːmɪk-] n aguja f hipodérmica.

hysterical [hɪs'terɪkl] adj histérico(ca); inf (very funny) tronchante.

I

I [aɪ] pron yo; **I'm a doctor** soy médico.

ice [aɪs] n hielo m; (ice cream) helado m.

iceberg ['aɪsbɜːg] n iceberg m.

iceberg lettuce n lechuga f iceberg.

icebox ['aɪsbɒks] n Am refrigerador m.

ice-cold adj helado(da).

ice cream n helado m.

ice cube n cubito m de hielo.

ice hockey n hockey m sobre hielo.

Iceland ['aɪslənd] n Islandia.

ice lolly n Br polo m Esp, paleta f helada.

ice rink n pista f de hielo.

ice skates npl patines mpl de cuchilla.

ice-skating n patinaje m sobre hielo; **to go ~** ir a patinar.

icicle ['aɪsɪkl] n carámbano m.

icing ['aɪsɪŋ] n glaseado m.

icing sugar n azúcar m glas.

icy ['aɪsɪ] adj helado(da).

I'd [aɪd] = I would, I had.

ID n (abbr of identification) documentos mpl de identificación.

ID card n carné m de identidad.

idea [aɪ'dɪə] n idea f; **I've no ~** no tengo ni idea.

ideal [aɪ'dɪəl] adj ideal. ◆ n ideal m.

ideally [aɪ'dɪəlɪ] adv idealmente;

(suited) perfectamente.

identical [aɪ'dentɪkl] *adj* idéntico (ca).

identification [aɪ,dentɪfɪ'keɪʃn] *n* identificación *f.*

identify [aɪ'dentɪfaɪ] *vt* identificar.

identity [aɪ'dentɪtɪ] *n* identidad *f.*

idiom ['ɪdɪəm] *n (phrase)* locución *f.*

idiot ['ɪdɪət] *n* idiota *mf.*

idle ['aɪdl] *adj (lazy)* perezoso(sa); *(not working)* parado(da). ◆ *vi (engine)* estar en punto muerto.

idol ['aɪdl] *n (person)* ídolo *m.*

idyllic [ɪ'dɪlɪk] *adj* idílico(ca).

i.e. *(abbr of id est)* i.e.

if [ɪf] *conj* si; ~ I were you yo que tú; ~ not *(otherwise)* si no.

ignition [ɪg'nɪʃn] *n* AUT ignición *f.*

ignorant ['ɪgnərənt] *adj pej* ignorante; to be ~ of desconocer.

ignore [ɪg'nɔ:ʳ] *vt* ignorar.

ill [ɪl] *adj* enfermo(ma); *(bad)* malo (la).

I'll [aɪl] = I will, I shall.

illegal [ɪ'li:gl] *adj* ilegal.

illegible [ɪ'ledʒəbl] *adj* ilegible.

illegitimate [,ɪlɪ'dʒɪtɪmət] *adj* ilegítimo(ma).

illiterate [ɪ'lɪtərət] *adj* analfabeto (ta).

illness ['ɪlnɪs] *n* enfermedad *f.*

illuminate [ɪ'lu:mɪneɪt] *vt* iluminar.

illusion [ɪ'lu:ʒn] *n (false idea)* ilusión *f; (visual)* ilusión óptica.

illustration [,ɪlə'streɪʃn] *n* ilustración *f.*

I'm [aɪm] = I am.

image ['ɪmɪdʒ] *n* imagen *f.*

imaginary [ɪ'mædʒɪnrɪ] *adj* imaginario(ria).

imagination [ɪ,mædʒɪ'neɪʃn] *n* imaginación *f.*

imagine [ɪ'mædʒɪn] *vt* imaginar; *(suppose)* imaginarse que.

imitate ['ɪmɪteɪt] *vt* imitar.

imitation [,ɪmɪ'teɪʃn] *n* imitación *f.* ◆ *adj* de imitación.

immaculate [ɪ'mækjʊlət] *adj (very clean)* inmaculado(da); *(perfect)* impecable.

immature [,ɪmə'tjʊəʳ] *adj* inmaduro(ra).

immediate [ɪ'mi:djət] *adj (without delay)* inmediato(ta).

immediately [ɪ'mi:djətlɪ] *adv (at once)* inmediatamente. ◆ *conj Br* en cuanto.

immense [ɪ'mens] *adj* inmenso (sa).

immersion heater [ɪ'mɜ:ʃn-] *n* calentador *m* de inmersión.

immigrant ['ɪmɪgrənt] *n* inmigrante *mf.*

immigration [,ɪmɪ'greɪʃn] *n* inmigración *f.*

imminent ['ɪmɪnənt] *adj* inminente.

immune [ɪ'mju:n] *adj:* to be ~ to MED ser inmune a.

immunity [ɪ'mju:nətɪ] *n* MED inmunidad *f.*

immunize ['ɪmjʊnaɪz] *vt* inmunizar.

impact ['ɪmpækt] *n* impacto *m.*

impair [ɪm'peəʳ] *vt (sight)* dañar; *(ability)* mermar; *(movement)* entorpecer.

impatient [ɪm'peɪʃnt] *adj* impaciente; to be ~ to do sthg estar impaciente por hacer algo.

imperative [ɪm'perətɪv] *n* imperativo *m.*

imperfect [ɪm'pɜ:fɪkt] *n* imperfecto *m.*

impersonate [ɪm'pɜ:səneɪt] *vt (for amusement)* imitar.

impertinent [ɪmˈpɜːtɪnənt] *adj* impertinente.

implement [*n* ˈɪmplɪmənt, *vb* ˈɪmplɪment] *n* herramienta *f.* ◆ *vt* llevar a cabo.

implication [ˌɪmplɪˈkeɪʃn] *n* (*consequence*) consecuencia *f.*

imply [ɪmˈplaɪ] *vt* (*suggest*) insinuar.

impolite [ˌɪmpəˈlaɪt] *adj* maleducado(da).

import [*n* ˈɪmpɔːt, *vb* ɪmˈpɔːt] *n* importación *f.* ◆ *vt* importar.

importance [ɪmˈpɔːtns] *n* importancia *f.*

important [ɪmˈpɔːtnt] *adj* importante.

impose [ɪmˈpəʊz] *vt* imponer. ◆ *vi* abusar; **to ~ sthg on** imponer algo a.

impossible [ɪmˈpɒsəbl] *adj* imposible; (*person, behaviour*) inaguantable.

impractical [ɪmˈpræktɪkl] *adj* poco práctico(ca).

impress [ɪmˈpres] *vt* impresionar.

impression [ɪmˈpreʃn] *n* impresión *f.*

impressive [ɪmˈpresɪv] *adj* impresionante.

improbable [ɪmˈprɒbəbl] *adj* improbable.

improper [ɪmˈprɒpə] *adj* (*incorrect, illegal*) indebido(da); (*rude*) indecoroso(sa).

improve [ɪmˈpruːv] *vt & vi* mejorar. ❑ **improve on** *vt fus* mejorar.

improvement [ɪmˈpruːvmənt] *n* mejora *f;* (*to home*) reforma *f.*

improvise [ˈɪmprəvaɪz] *vi* improvisar.

impulse [ˈɪmpʌls] *n* impulso *m;* **on ~** sin pensárselo dos veces.

impulsive [ɪmˈpʌlsɪv] *adj* impulsivo(va).

☞

in [ɪn] *prep* - **1.** (*expressing location, position*) en; **it comes ~ a box** viene en una caja; **~ the bedroom** en la habitación; **~ Scotland** en Escocia; **~ the sun** al sol; **~ here/there** aquí/allí dentro; **~ the middle** en el medio; **I'm not ~ the photo** no estoy en la foto. - **2.** (*participating in*) en; **who's ~ the play?** ¿quién actúa? - **3.** (*expressing arrangement*): **~ a row** en fila; **they come ~ packs of three** vienen en paquetes de tres. - **4.** (*with time*) en; **~ April** en abril; **~ the afternoon** por la tarde; **~ the morning** por la mañana; **at ten o'clock ~ the morning** a las diez de la mañana; **~ 1994** en 1994; **it'll be ready ~ an hour** estará listo en una hora; **they're arriving ~ two weeks** llegarán dentro de dos semanas. - **5.** (*expressing means*) en; **~ writing** por escrito; **they were talking ~ English** estaban hablando en inglés; **write ~ ink** escribe a bolígrafo. - **6.** (*wearing*) de; **the man ~ the suit** el hombre del traje. - **7.** (*expressing condition*) en; **~ good health** bien de salud; **to be ~ pain** tener dolor; **~ ruins** en ruinas; **a rise ~ prices** una subida de precios; **to be 50 metres ~ length** medir 50 metros de largo; **she's ~ her twenties** tiene unos veintitantos años. - **8.** (*with numbers*): **one ~ ten** uno de cada diez. - **9.** (*with colours*): **it comes ~ green or blue** viene en verde o en azul. - **10.** (*with superlatives*) de; **the best ~ the world** el mejor del mundo.
◆ *adv* - **1.** (*inside*) dentro; **you can go ~ now** puedes entrar ahora. - **2.** (*at home, work*): **she's not ~** no está; **to stay ~** quedarse en casa.

- **3.** *(train, bus, plane)*: **the train's not ~ yet** el tren todavía no ha llegado.
- **4.** *(tide)*: **the tide is ~** la marea está alta.
♦ *adj inf (fashionable)* de moda.

inability [ˌɪnəˈbɪlətɪ] *n*: **~ (to do sthg)** incapacidad *f* (de hacer algo).
inaccessible [ˌɪnəkˈsesəbl] *adj* inaccesible.
inaccurate [ɪnˈækjʊrət] *adj* incorrecto(ta).
inadequate [ɪnˈædɪkwət] *adj (insufficient)* insuficiente.
♦ *adj (inappropriate)* inapropiado(da).
inappropriate [ɪnəˈprəʊprɪət] *adj* impropio(pia).
inauguration [ɪˌnɔːgjʊˈreɪʃn] *n (of leader)* investidura *f*; *(of building)* inauguración *f*.
incapable [ɪnˈkeɪpəbl] *adj*: **to be ~ of doing sthg** ser incapaz de hacer algo.
incense [ˈɪnsens] *n* incienso *m*.
incentive [ɪnˈsentɪv] *n* incentivo *m*.
inch [ɪntʃ] *n* = 2,5 cm, pulgada *f*.
incident [ˈɪnsɪdənt] *n* incidente *m*.
incidentally [ˌɪnsɪˈdentəlɪ] *adv* por cierto.
incline [ˈɪnklaɪn] *n* pendiente *f*.
inclined [ɪnˈklaɪnd] *adj (sloping)* inclinado(da); **to be ~ to do sthg** tener tendencia a hacer algo.
include [ɪnˈkluːd] *vt* incluir.
included [ɪnˈkluːdɪd] *adj* incluido (da); **to be ~ in sthg** estar incluido en algo.
including [ɪnˈkluːdɪŋ] *prep* inclusive.
inclusive [ɪnˈkluːsɪv] *adj*: **from the 8th to the 16th ~** del ocho al dieciseis inclusive; **~ of VAT** incluido IVA.
income [ˈɪnkʌm] *n* ingresos *mpl*.
income support *n Br* subsidio *para personas con muy bajos ingresos o desempleados sin derecho a subsidio de paro.*
income tax *n* impuesto *m* sobre la renta.
incoming [ˈɪnˌkʌmɪŋ] *adj (train, plane)* que efectúa su llegada; **'~ calls only'** *cartel que indica que sólo se pueden recibir llamadas en un teléfono.*
incompetent [ɪnˈkɒmpɪtənt] *adj* incompetente.
incomplete [ˌɪnkəmˈpliːt] *adj* incompleto(ta).
inconsiderate [ˌɪnkənˈsɪdərət] *adj* desconsiderado(da).
inconsistent [ˌɪnkənˈsɪstənt] *adj* inconsecuente.
incontinent [ɪnˈkɒntɪnənt] *adj* incontinente.
inconvenient [ˌɪnkənˈviːnjənt] *adj (time)* inoportuno(na); *(place)* mal situado(da); **tomorrow's ~** mañana no me viene bien.
incorporate [ɪnˈkɔːpəreɪt] *vt* incorporar.
incorrect [ˌɪnkəˈrekt] *adj* incorrecto(ta).
increase [*n* ˈɪnkriːs, *vb* ɪnˈkriːs] *n* aumento *m*. ♦ *vt & vi* aumentar; **an ~ in sthg** un aumento en algo.
increasingly [ɪnˈkriːsɪŋlɪ] *adv* cada vez más.
incredible [ɪnˈkredəbl] *adj* increíble.
incredibly [ɪnˈkredəblɪ] *adv* increíblemente.
incur [ɪnˈkɜː] *vt* incurrir en.
indecisive [ˌɪndɪˈsaɪsɪv] *adj* indeciso(sa).
indeed [ɪnˈdiːd] *adv (for emphasis)* verdaderamente; *(certainly)* ciertamente.
indefinite [ɪnˈdefɪnɪt] *adj (time, number)* indefinido(da); *(answer,*

opinion) impreciso(sa).

indefinitely [ɪnˈdefɪnɪtlɪ] *adv (closed, delayed)* indefinidamente.

independence [ˌɪndɪˈpendəns] *n* independencia *f*.

independent [ˌɪndɪˈpendənt] *adj* independiente.

independently [ˌɪndɪˈpendəntlɪ] *adv* independientemente.

independent school *n Br* colegio *m* privado.

index [ˈɪndeks] *n (of book)* índice *m; (in library)* catálogo *m*.

index finger *n* dedo *m* índice.

Indian [ˈɪndjən] *adj* indio(dia) *(de India).* ◆ *n* indio *m*, -dia *f (de India);* ~ **restaurant** restaurante indio.

indicate [ˈɪndɪkeɪt] *vt & vi* indicar.

indicator [ˈɪndɪkeɪtə'] *n* AUT intermitente *m*.

indifferent [ɪnˈdɪfrənt] *adj* indiferente.

indigestion [ˌɪndɪˈdʒestʃn] *n* indigestión *f*.

indigo [ˈɪndɪɡəʊ] *adj* añil.

indirect [ˌɪndɪˈrekt] *adj* indirecto (ta).

individual [ˌɪndɪˈvɪdʒʊəl] *adj (tuition, case)* particular; *(portion)* individual. ◆ *n* individuo *m*.

individually [ˌɪndɪˈvɪdʒʊəlɪ] *adv* individualmente.

indoor [ˈɪndɔː'] *adj (swimming pool)* cubierto(ta); *(sports)* en pista cubierta.

indoors [ˌɪnˈdɔːz] *adv* dentro.

indulge [ɪnˈdʌldʒ] *vi:* **to ~ in** sthg permitirse algo.

industrial [ɪnˈdʌstrɪəl] *adj* industrial.

industrial estate *n Br* polígono *m* industrial *Esp,* zona *m* industrial.

industry [ˈɪndəstrɪ] *n* industria *f*.

inedible [ɪnˈedɪbl] *adj* no comestible.

inefficient [ˌɪnɪˈfɪʃnt] *adj* ineficaz.

inequality [ˌɪnɪˈkwɒlətɪ] *n* desigualdad *f*.

inevitable [ɪnˈevɪtəbl] *adj* inevitable.

inevitably [ɪnˈevɪtəblɪ] *adv* inevitablemente.

inexpensive [ˌɪnɪkˈspensɪv] *adj* barato(ta).

infamous [ˈɪnfəməs] *adj* infame.

infant [ˈɪnfənt] *n (baby)* bebé *m; (young child)* niño *m* pequeño, niña *f* pequeña.

infant school *n Br* colegio *m* preescolar.

infatuated [ɪnˈfætjʊeɪtɪd] *adj:* **to be ~ with** estar encaprichado(da) con.

infected [ɪnˈfektɪd] *adj* infectado (da).

infectious [ɪnˈfekʃəs] *adj* contagioso(sa).

inferior [ɪnˈfɪərɪə'] *adj* inferior.

infinite [ˈɪnfɪnət] *adj* infinito(ta).

infinitely [ˈɪnfɪnətlɪ] *adv* infinitamente.

infinitive [ɪnˈfɪnɪtɪv] *n* infinitivo *m*.

infinity [ɪnˈfɪnətɪ] *n* infinito *m*.

infirmary [ɪnˈfɜːmərɪ] *n* hospital *m*.

inflamed [ɪnˈfleɪmd] *adj* inflamado(da).

inflammation [ˌɪnfləˈmeɪʃn] *n* inflamación *f*.

inflatable [ɪnˈfleɪtəbl] *adj* hinchable *Esp,* inflable.

inflate [ɪnˈfleɪt] *vt* inflar.

inflation [ɪnˈfleɪʃn] *n* inflación *f*.

inflict [ɪnˈflɪkt] *vt* infligir.

in-flight *adj* de a bordo.

influence ['ɪnfluəns] *vt* influenciar. ◆ *n*: ~ (on) influencia *f* (en).

inform [ɪn'fɔ:m] *vt* informar.

informal [ɪn'fɔ:ml] *adj (occasion, dress)* informal.

information [,ɪnfə'meɪʃn] *n* información *f*; **a piece of** ~ un dato.

information desk *n* información *f*.

information superhighway *n* COMPUT superautopista *f* de la información.

information office *n* oficina *f* de información.

informative [ɪn'fɔ:mətɪv] *adj* informativo(va).

infuriating [ɪn'fjʊərɪeɪtɪŋ] *adj* exasperante.

ingenious [ɪn'dʒi:njəs] *adj* ingenioso(sa).

ingredient [ɪn'gri:djənt] *n* ingrediente *m*.

inhabit [ɪn'hæbɪt] *vt* habitar.

inhabitant [ɪn'hæbɪtənt] *n* habitante *mf*.

inhale [ɪn'heɪl] *vi* respirar.

inhaler [ɪn'heɪlə'] *n* inhalador *m*.

inherit [ɪn'herɪt] *vt* heredar.

inhibition [,ɪnhɪ'bɪʃn] *n* inhibición *f*.

initial [ɪ'nɪʃl] *adj* inicial. ◆ *vt* poner las iniciales a. □ **initials** *npl* iniciales *fpl*.

initially [ɪ'nɪʃəlɪ] *adv* inicialmente.

initiative [ɪ'nɪʃətɪv] *n* iniciativa *f*.

injection [ɪn'dʒekʃn] *n* inyección *f*.

injure ['ɪndʒə'] *vt* herir; *(leg, arm)* lesionar; **to** ~ **o.s.** hacerse daño.

injured ['ɪndʒəd] *adj* herido(da).

injury ['ɪndʒərɪ] *n* lesión *f*.

ink [ɪŋk] *n* tinta *f*.

inland [*adj* 'ɪnlənd, *adv* ɪn'lænd] *adj*

interior. ◆ *adv* hacia el interior.

Inland Revenue *n* Br ≃ Hacienda *f*.

inner ['ɪnə'] *adj (on inside)* interior.

inner city *n* núcleo *m* urbano.

inner tube *n* cámara *f* (de aire).

innocence ['ɪnəsəns] *n* inocencia *f*.

innocent ['ɪnəsənt] *adj* inocente.

inoculate [ɪ'nɒkjʊleɪt] *vt*: **to** ~ **sb (against sthg)** inocular a alguien (contra algo).

inoculation [ɪ,nɒkjʊ'leɪʃn] *n* inoculación *f*.

input ['ɪnput] *(pt & pp* **input** OR **-ted)** *vt* COMPUT entrar.

inquire [ɪn'kwaɪə'] = **enquire**.

inquiry [ɪn'kwaɪərɪ] = **enquiry**.

insane [ɪn'seɪn] *adj* demente.

insect ['ɪnsekt] *n* insecto *m*.

insect repellent [-rə'pelənt] *n* loción *f* antiinsectos.

insensitive [ɪn'sensətɪv] *adj* insensible.

insert [ɪn'sɜ:t] *vt* introducir.

inside [ɪn'saɪd] *prep* dentro de. ◆ *adv (be, remain)* dentro; *(go, run)* adentro. ◆ *adj* interior. ◆ *n*: **the** ~ *(interior)* el interior; ~ **out** *(clothes)* al revés.

inside lane *n* AUT *(in UK)* carril *m* de la izquierda; *(in Europe, US)* carril de la derecha.

inside leg *n* medida *f* de la entrepierna.

insight ['ɪnsaɪt] *n (glimpse)* idea *f*.

insignificant [,ɪnsɪg'nɪfɪkənt] *adj* insignificante.

insinuate [ɪn'sɪnjʊeɪt] *vt* insinuar.

insist [ɪn'sɪst] *vi* insistir; **to** ~ **on doing sthg** insistir en hacer algo.

insole ['ɪnsəʊl] *n* plantilla *f*.

insolent ['ɪnsələnt] *adj* insolente.

insomnia [ɪn'sɒmnɪə] *n* insomnio *m*.

inspect [ɪnˈspekt] *vt* examinar.

inspection [ɪnˈspekʃn] *n* examen *m*.

inspector [ɪnˈspektəʳ] *n* (*on bus, train*) revisor *m*, -ra *f*; (*in police force*) inspector *m*, -ra *f*.

inspiration [ˌɪnspəˈreɪʃn] *n* (*quality*) inspiración *f*; (*source of inspiration*) fuente *f* de inspiración.

instal [ɪnˈstɔːl] *Am* = **install**.

install [ɪnˈstɔːl] *vt Br* (*equipment*) instalar.

installment [ɪnˈstɔːlmənt] *Am* = **instalment**.

instalment [ɪnˈstɔːlmənt] *n* (*payment*) plazo *m*; (*episode*) episodio *m*.

instance [ˈɪnstəns] *n* ejemplo *m*; **for ~** por ejemplo.

instant [ˈɪnstənt] *adj* instantáneo (nea). ◆ *n* instante *m*.

instant coffee *n* café *m* instantáneo.

instead [ɪnˈsted] *adv* en cambio; **~ of** en vez de.

instep [ˈɪnstep] *n* empeine *m*.

instinct [ˈɪnstɪŋkt] *n* instinto *m*.

institute [ˈɪnstɪtjuːt] *n* instituto *m*.

institution [ˌɪnstɪˈtjuːʃn] *n* (*organization*) institución *f*.

instructions [ɪnˈstrʌkʃnz] *npl* (*for use*) instrucciones *fpl*.

instructor [ɪnˈstrʌktəʳ] *n* monitor *m*, -ra *f*.

instrument [ˈɪnstrʊmənt] *n* instrumento *m*.

insufficient [ˌɪnsəˈfɪʃnt] *adj* insuficiente.

insulating tape [ˈɪnsjʊleɪtɪŋ-] *n* cinta *f* aislante.

insulation [ˌɪnsjʊˈleɪʃn] *n* aislamiento *m*.

insulin [ˈɪnsjʊlɪn] *n* insulina *f*.

insult [*n* ˈɪnsʌlt, *vb* ɪnˈsʌlt] *n* insulto *m*. ◆ *vt* insultar.

insurance [ɪnˈʃʊərəns] *n* seguro *m*.

insurance certificate *n* certificado *m* de seguro.

insurance company *n* compañía *f* de seguros.

insurance policy *n* póliza *f* de seguros.

insure [ɪnˈʃʊəʳ] *vt* asegurar.

insured [ɪnˈʃʊəd] *adj*: **to be ~** estar asegurado(da).

intact [ɪnˈtækt] *adj* intacto(ta).

intellectual [ˌɪntəˈlektjʊəl] *adj* intelectual. ◆ *n* intelectual *mf*.

intelligence [ɪnˈtelɪdʒəns] *n* (*cleverness*) inteligencia *f*.

intelligent [ɪnˈtelɪdʒənt] *adj* inteligente.

intend [ɪnˈtend] *vt*: **it's ~ed as a handbook** está pensado como un manual; **to ~ to do sthg** tener la intención de hacer algo.

intense [ɪnˈtens] *adj* intenso(sa).

intensity [ɪnˈtensətɪ] *n* intensidad *f*.

intensive [ɪnˈtensɪv] *adj* intensivo (va).

intensive care *n* cuidados *mpl* intensivos.

intent [ɪnˈtent] *adj*: **to be ~ on doing sthg** estar empeñado(da) en hacer algo.

intention [ɪnˈtenʃn] *n* intención *f*.

intentional [ɪnˈtenʃənl] *adj* deliberado(da).

intentionally [ɪnˈtenʃənəlɪ] *adv* deliberadamente.

interchange [ˈɪntətʃeɪndʒ] *n* (*on motorway*) cruce *m*.

Intercity® [ˌɪntəˈsɪtɪ] *n Br* tren rápido de largo recorrido en Gran Bretaña.

intercom [ˈɪntəkɒm] *n* portero *m*.

automático *Esp* OR eléctrico.

interest ['ɪntrəst] *n* interés *m*. ◆ *vt* interesar; **to take an ~ in sthg** interesarse en algo.

interested ['ɪntrəstɪd] *adj* interesado(da); **to be ~ in sthg** estar interesado en algo.

interesting ['ɪntrəstɪŋ] *adj* interesante.

interest rate *n* tipo *m Esp* OR tasa *f* de interés.

interfere [,ɪntə'fɪə'] *vi* (*meddle*) entrometerse; **to ~ with sthg** (*damage*) interferir en algo.

interference [,ɪntə'fɪərəns] *n* (*on TV, radio*) interferencia *f*.

interior [ɪn'tɪərɪə'] *adj* interior. ◆ *n* interior *m*.

intermediate [,ɪntə'mi:djət] *adj* intermedio(dia).

intermission [,ɪntə'mɪʃn] *n* descanso *m*.

internal [ɪn'tɜ:nl] *adj* (*not foreign*) nacional; (*on the inside*) interno(na).

internal flight *n* vuelo *m* nacional.

Internal Revenue Service *n Am* ≃ Hacienda *f*.

international [,ɪntə'næʃənl] *adj* internacional.

international flight *n* vuelo *m* internacional.

Internet ['ɪntənet] *n*: **the ~** el *Esp* OR la *Amér* Internet; **on the ~** en Internet.

Internet café *n* cibercafé *m*.

Internet Service Provider *n* Proveedor *m* de Acceso a Internet, Proveedor *m* de Servicios Internet.

interpret [ɪn'tɜ:prɪt] *vi* hacer de intérprete.

interpreter [ɪn'tɜ:prɪtə'] *n* intérprete *mf*.

interrogate [ɪn'terəgeɪt] *vt* inte-

rrogar.

interrupt [,ɪntə'rʌpt] *vt* interrumpir.

intersection [,ɪntə'sekʃn] *n* intersección *f*.

interval ['ɪntəvl] *n* intervalo *m*; *Br* (*at cinema, theatre*) intermedio *m*.

intervene [,ɪntə'vi:n] *vi* (*person*) intervenir; (*event*) interponerse.

interview ['ɪntəvju:] *n* entrevista *f*. ◆ *vt* entrevistar.

interviewer ['ɪntəvju:ə'] *n* entrevistador *m*, -ra *f*.

intestine [ɪn'testɪn] *n* intestino *m*.

intimate ['ɪntɪmət] *adj* íntimo (ma).

intimidate [ɪn'tɪmɪdeɪt] *vt* intimidar.

into ['ɪntʊ] *prep* (*inside*) en; (*against*) con; (*concerning*) en relación con; **4 ~ 20 goes 5 (times)** veinte entre cuatro a cinco; **to translate ~ Spanish** traducir al español; **to change ~ sthg** transformarse en algo; **I'm ~ music** *inf* lo mío es la música.

intolerable [ɪn'tɒlrəbl] *adj* intolerable.

intransitive [ɪn'trænzətɪv] *adj* intransitivo(va).

intricate ['ɪntrɪkət] *adj* intrincado (da).

intriguing [ɪn'tri:gɪŋ] *adj* intrigante.

introduce [,ɪntrə'dju:s] *vt* presentar; **I'd like to ~ you to Fred** me gustaría presentarte a Fred.

introduction [,ɪntrə'dʌkʃn] *n* (*to book, programme*) introducción *f*; (*to person*) presentación *f*.

introverted ['ɪntrə,vɜ:tɪd] *adj* introvertido(da).

intruder [ɪn'tru:də'] *n* intruso *m*, -sa *f*.

intuition [,ɪntju:'ɪʃn] *n* intuición *f*.

invade [ɪnˈveɪd] vt invadir.

invalid [adj ɪnˈvælɪd, n ˈɪnvəlɪd] adj nulo(la). ◆ n inválido m, -da f.

invaluable [ɪnˈvæljʊəbl] adj inestimable.

invariably [ɪnˈveərɪəblɪ] adv siempre.

invasion [ɪnˈveɪʒn] n invasión f.

invent [ɪnˈvent] vt inventar.

invention [ɪnˈvenʃn] n invención f.

inventory [ˈɪnvəntrɪ] n (list) inventario m; Am (stock) existencias fpl.

inverted commas [ɪnˈvɜːtɪd-] npl comillas fpl.

invest [ɪnˈvest] vt invertir. ◆ vi: to ~ in sthg invertir en algo.

investigate [ɪnˈvestɪgeɪt] vt investigar.

investigation [ɪnˌvestɪˈgeɪʃn] n investigación f.

investment [ɪnˈvestmənt] n inversión f.

invisible [ɪnˈvɪzɪbl] adj invisible.

invitation [ˌɪnvɪˈteɪʃn] n invitación f.

invite [ɪnˈvaɪt] vt invitar; to ~ sb to do sthg invitar a alguien a hacer algo; to ~ sb round invitar a alguien a casa.

invoice [ˈɪnvɔɪs] n factura f.

involve [ɪnˈvɒlv] vt (entail) conllevar; **what does it ~?** ¿qué implica?; **to be ~d in sthg** (scheme, activity) estar metido en algo; (accident) verse envuelto en algo.

involved [ɪnˈvɒlvd] adj: **what is ~?** ¿qué supone?

inwards [ˈɪnwədz] adv hacia dentro.

IOU n pagaré m.

IQ n C.I. m.

Ireland [ˈaɪələnd] n Irlanda.

iris [ˈaɪərɪs] (pl -es) n (flower) lirio m.

Irish [ˈaɪrɪʃ] adj irlandés(esa). ◆ n (language) irlandés m. ◆ npl: **the ~** los irlandeses.

Irish coffee n café m irlandés.

Irishman [ˈaɪrɪʃmən] (pl -men [-mən]) n irlandés m.

Irishwoman [ˈaɪrɪʃˌwʊmən] (pl -women [-ˌwɪmɪn]) n irlandesa f.

iron [ˈaɪən] n (for clothes) plancha f; (metal, golf club) hierro m. ◆ vt planchar.

ironic [aɪˈrɒnɪk] adj irónico(ca).

ironing board [ˈaɪənɪŋ-] n tabla f de planchar.

ironmonger's [ˈaɪənˌmʌŋgəz] n Br ferretería f.

irrelevant [ɪˈreləvənt] adj irrelevante.

irresistible [ˌɪrɪˈzɪstəbl] adj irresistible.

irrespective [ˌɪrɪˈspektɪv] ◆ **irrespective of** prep con independencia de.

irresponsible [ˌɪrɪˈspɒnsəbl] adj irresponsable.

irrigation [ˌɪrɪˈgeɪʃn] n riego m.

irritable [ˈɪrɪtəbl] adj irritable.

irritate [ˈɪrɪteɪt] vt irritar.

irritating [ˈɪrɪteɪtɪŋ] adj irritante.

IRS n Am ≃ Hacienda f.

is [ɪz] → **be**.

island [ˈaɪlənd] n (in water) isla f; (in road) isleta f.

isle [aɪl] n isla f.

isolated [ˈaɪsəleɪtɪd] adj aislado (da).

ISP n abbr of Internet Service Provider.

issue [ˈɪʃuː] n (problem, subject) cuestión f; (of newspaper, magazine) edición f. ◆ vt (statement) hacer público; (passport, document) expedir; (stamps, *bank notes)* emitir.

☞

it [ɪt] *pron* - **1.** *(referring to specific thing: subj)* él *m*, ella *f*; *(direct object)* lo *m*, la *f*; *(indirect object)* le *m*; ~ **'s big** es grande; **she hit** ~ lo golpeó; **give** ~ **to me** dámelo.
- **2.** *(nonspecific)* ello; ~ **'s nice here** se está bien aquí; **I can't remember** ~ no me acuerdo (de ello); **tell me about** ~ cuéntamelo; ~ **'s me** soy yo; **who is** ~ **?** ¿quién es?
- **3.** *(used impersonally)*: ~ **'s hot** hace calor; ~ **'s six o'clock** son las seis; ~ **'s Sunday** es domingo.

Italian [ɪ'tæljən] *adj* italiano(na).
♦ *n* *(person)* italiano *m*, -na *f*; *(language)* italiano *m*.

Italy ['ɪtəlɪ] *n* Italia.

itch [ɪtʃ] *vi*: **my arm is** ~**ing** me pica el brazo.

item ['aɪtəm] *n* artículo *m*; *(on agenda)* asunto *m*; **a news** ~ una noticia.

itemized bill ['aɪtəmaɪzd-] *n* factura *f* detallada.

its [ɪts] *adj* su, sus *(pl)*.

it's [ɪts] = **it is**, **it has**.

itself [ɪt'self] *pron (reflexive)* se; *(after prep)* sí mismo(ma); **the house** ~ **is fine** la casa en sí está bien.

I've [aɪv] = **I have**.

ivory ['aɪvərɪ] *n* marfil *m*.

ivy ['aɪvɪ] *n* hiedra *f*.

ⓘ **IVY LEAGUE**

El término "Ivy League" se utiliza en Estados Unidos para referirse al colegio universitario de Dartmouth y a las universidades de Brown, Columbia, Cornell, Harvard, Pensilvania, Princeton y Yale, que son algunos de los cen-tros académicos más antiguos del país. El nombre de la liga alude a la hiedra ("ivy"), que suele trepar por las paredes de los añosos edificios que alber-gan estas universidades. Un títu-lo de la Ivy League es un aval para el éxito profesional.

J

jab [dʒæb] *n Br inf (injection)* pincha-zo *m*.

jack [dʒæk] *n (for car)* gato *m*; *(play-ing card)* ≃ sota *f*.

jacket ['dʒækɪt] *n (garment)* chaque-ta *f*; *(of book)* sobrecubierta *f*; *(of pota-to)* piel *Esp*, cáscara *f Amér*.

jacket potato *n* patata *f* asada con piel *Esp*, papa *f* asada con cásca-ra *Amér*.

jack-knife *vi* derrapar la parte de-lantera.

Jacuzzi® [dʒə'kuːzɪ] *n* jacuzzi® *m*.

jade [dʒeɪd] *n* jade *m*.

jail [dʒeɪl] *n* cárcel *f*.

jam [dʒæm] *n (food)* mermelada *f*; *(of traffic)* atasco *m*; *inf (difficult situation)* apuro *m*. ♦ *vt (pack tightly)* apiñar.
♦ *vi* atascarse; **the roads are jammed** las carreteras están atascadas.

jam-packed [-'pækt] *adj inf* a tope.

Jan. [dʒæn] *(abbr of January)* ene.

January ['dʒænjʊərɪ] *n* enero *m* → **September**.

jar [dʒɑː'] *n* tarro *m*.

137

javelin [ˈdʒævlɪn] *n* jabalina *f*.

jaw [dʒɔː] *n (of person)* mandíbula *f*.

jazz [dʒæz] *n* jazz *m*.

jealous [ˈdʒeləs] *adj* celoso(sa).

jeans [dʒiːnz] *npl* vaqueros *mpl*.

Jeep® [dʒiːp] *n* jeep *m*.

Jello® [ˈdʒeləʊ] *n Am* gelatina *f*.

jelly [ˈdʒelɪ] *n (dessert)* gelatina *f*; *Am (jam)* mermelada *f*.

jellyfish [ˈdʒelɪfɪʃ] *(pl inv)* *n* medusa *f*.

jeopardize [ˈdʒepədaɪz] *vt* poner en peligro.

jerk [dʒɜːk] *n (movement)* movimiento *m* brusco; *inf (idiot)* idiota *mf*.

jersey [ˈdʒɜːzɪ] *(pl -s)* *n (garment)* jersey *m*.

jet [dʒet] *n (aircraft)* reactor *m*; *(of liquid, gas)* chorro *m*; *(outlet)* boquilla *f*.

jet lag *n* jet lag *m*.

jet-ski *n* moto *f* acuática.

jetty [ˈdʒetɪ] *n* embarcadero *m*.

Jew [dʒuː] *n* judío *m*, -a *f*.

jewel [ˈdʒuːəl] *n* piedra *f* preciosa.
□ **jewels** *npl (jewellery)* joyas *fpl*.

jeweler's [ˈdʒuːələz] *Am* = **jeweller's**.

jeweller's [ˈdʒuːələz] *n Br (shop)* joyería *f*.

jewellery [ˈdʒuːəlrɪ] *n Br* joyas *fpl*.

jewelry [ˈdʒuːəlrɪ] *Am* = **jewellery**.

Jewish [ˈdʒuːɪʃ] *adj* judío(a).

jigsaw (puzzle) [ˈdʒɪgsɔː-] *n* puzzle *m Esp*, rompecabezas *m*.

jingle [ˈdʒɪŋgl] *n (of advert)* sintonía *f (de anuncio)*.

job [dʒɒb] *n* trabajo *m*; *(function)* cometido *m*; **to lose one's ~** perder el trabajo.

job centre *n Br* oficina *f* de empleo.

judo

jockey [ˈdʒɒkɪ] *(pl -s)* *n* jockey *mf*.

jog [dʒɒg] *vt (bump)* golpear ligeramente. ◆ *vi* hacer footing. ◆ *n*: **to go for a ~** hacer footing.

jogging [ˈdʒɒgɪŋ] *n* footing *m*; **to go ~** hacer footing.

join [dʒɔɪn] *vt (club, organization)* hacerse socio de; *(fasten together)* unir, juntar; *(come together with, participate in)* unirse a; *(connect)* conectar. □ **join in** *vt fus* participar en. ◆ *vi* participar.

joint [dʒɔɪnt] *adj (responsibility, effort)* compartido(da); *(bank account, ownership)* conjunto(ta). ◆ *n (of body)* articulación *f*; *Br (of meat)* corte *m*; *(in structure)* juntura *f*.

joke [dʒəʊk] *n* chiste *m*. ◆ *vi* bromear.

joker [ˈdʒəʊkə] *n (playing card)* comodín *m*.

jolly [ˈdʒɒlɪ] *adj (cheerful)* alegre. ◆ *adv Br inf* muy.

jolt [dʒəʊlt] *n* sacudida *f*.

jot [dʒɒt] ◆ **jot down** *vt sep* apuntar.

journal [ˈdʒɜːnl] *n (magazine)* revista *f*; *(diary)* diario *m*.

journalist [ˈdʒɜːnəlɪst] *n* periodista *mf*.

journey [ˈdʒɜːnɪ] *(pl -s)* *n* viaje *m*.

joy [dʒɔɪ] *n (happiness)* alegría *f*.

joypad [ˈdʒɔɪpæd] *n (of video game)* mando *m*.

joyrider [ˈdʒɔɪraɪdə] *n* persona que se pasea en un coche robado y luego lo abandona.

joystick [ˈdʒɔɪstɪk] *n (of video game)* joystick *m*.

judge [dʒʌdʒ] *n* juez *mf*. ◆ *vt (competition)* juzgar; *(evaluate)* calcular.

judg(e)ment [ˈdʒʌdʒmənt] *n* juicio *m*; *JUR* fallo *m*.

judo [ˈdʒuːdəʊ] *n* judo *m*.

jug [dʒʌg] n jarra f.

juggernaut ['dʒʌgənɔːt] n Br camión m grande.

juggle ['dʒʌgl] vi hacer malabarismo.

juice [dʒuːs] n zumo m Esp, jugo m Amér; (from meat) jugo m.

juicy ['dʒuːsɪ] adj (food) jugoso(sa).

jukebox ['dʒuːkbɒks] n máquina f de discos.

Jul. (abbr of July) jul.

July [dʒuːˈlaɪ] n julio m → September.

jumble sale ['dʒʌmbl-] n Br rastrillo m benéfico.

jumbo ['dʒʌmbəʊ] adj inf (pack) familiar; (sausage, sandwich) gigante.

jumbo jet n jumbo m.

jump [dʒʌmp] n salto m. ◆ vi (through air) saltar; (with fright) sobresaltarse; (increase) aumentar de golpe. ◆ vt Am (train, bus) montarse sin pagar en; to ~ the queue Br colarse.

jumper ['dʒʌmpəʳ] n Br (pullover) jersey m Esp, suéter m; Am (dress) pichi m Esp, jumper m Amér.

jumper cables npl Am cables mpl de empalme.

jump leads npl Br cables mpl de empalme.

junction ['dʒʌŋkʃn] n (of roads) cruce m; (of railway lines) empalme m.

June [dʒuːn] n junio m → September.

jungle ['dʒʌŋgl] n selva f.

junior ['dʒuːnjəʳ] adj (of lower rank) de rango inferior; Am (after name) júnior (inv). ◆ n: she's my ~ es más joven que yo.

junior school n Br escuela f primaria.

junk [dʒʌŋk] n inf (unwanted things) trastos mpl.

junk food n inf comida preparada poco nutritiva o saludable.

junkie ['dʒʌŋkɪ] n inf yonqui mf.

junk shop n tienda f de objetos de segunda mano.

jury ['dʒʊərɪ] n jurado m.

just [dʒʌst] adj justo(ta). ◆ adv (exactly) justamente; (only) sólo; I'm ~ coming ahora voy; we were ~ leaving justo íbamos a salir; ~ a bit more un poquito más; ~ as good igual de bueno; ~ over an hour poco más de una hora; ~ passengers ~ arriving los pasajeros que acaban de llegar; to be ~ about to do sthg estar a punto de hacer algo; to have ~ done sthg acabar de hacer algo; (only) ~ (almost not) por los pelos; ~ a minute! ¡un minuto!

justice ['dʒʌstɪs] n justicia f.

justify ['dʒʌstɪfaɪ] vt justificar.

jut [dʒʌt] ◆ **jut out** vi sobresalir.

juvenile ['dʒuːvənaɪl] adj (young) juvenil; (childish) infantil!

K

kangaroo [ˌkæŋgəˈruː] n (pl -s) n canguro m.

karaoke [ˌkærɪˈəʊkɪ] n karaoke m.

karate [kəˈrɑːtɪ] n kárate m.

kebab [kɪˈbæb] n (shish kebab) pincho m moruno; (doner kebab) pan árabe relleno de ensalada y carne de cordero, con salsa.

keel [kiːl] n quilla f.

keen [kiːn] adj (enthusiastic) entusiasta; (eyesight, hearing) agudo(da); to be ~ on ser aficionado(da) a; to be ~ to do sthg tener ganas de hacer algo.

keep [ki:p] (*pt & pp* **kept**) *vt* (*change, book, object loaned*) quedarse con; (*job, old clothes*) conservar; (*store, not tell*) guardar; (*cause to remain*) mantener; (*promise*) cumplir; (*appointment*) acudir a; (*delay*) retener; (*record, diary*) llevar. ◆ *vi* (*food*) conservarse; (*remain*) mantenerse; **to ~ (on) doing sthg** (*do continuously*) seguir haciendo algo; (*do repeatedly*) no dejar de hacer algo; **to ~ sb from doing sthg** impedir a alguien hacer algo; **~ back!** ¡atrás!; **'~ in lane!'** señal que advierte a los conductores que se mantengan en el carril; **'~ left'** ¡circula por la izquierda!; **'~ off the grass!'** 'no pisar la hierba'; **'~ out!'** 'prohibida la entrada!'; **'~ your distance!'** señal que incita a mantener la distancia de prudencia; **to ~ clear (of)** mantenerse alejado (de). ❑ **keep up** ◆ *vt sep* mantener. ◆ *vi* (*maintain pace, level etc*) mantener el ritmo.

keep-fit *n Br* ejercicios *mpl* de mantenimiento.

kennel ['kenl] *n* caseta *f* del perro.

kept [kept] *pt & pp* ➔ **keep**.

kerb [kɜ:b] *n Br* bordillo *m*.

kerosene ['kerəsi:n] *n Am* queroseno *m*.

ketchup ['ketʃəp] *n* catsup *m*.

kettle ['ketl] *n* tetera *f* para hervir; **to put the ~ on** poner a hervir la tetera.

key [ki:] *n* (*for lock*) llave *f*; (*of piano, typewriter*) tecla *f*; (*of map*) clave *f*. ◆ *adj* clave (*inv*).

keyboard ['ki:bɔ:d] *n* teclado *m*.

keyhole ['ki:həʊl] *n* ojo *m* de la cerradura.

keypad ['ki:pæd] *n* teclado *m*.

key ring *n* llavero *m*.

kg (*abbr of kilogram*) kg.

kick [kik] *n* (*of foot*) patada *f*. ◆ *vt* (*with foot*) dar una patada.

kickoff ['kikɒf] *n* saque *m* inicial.

kid [kid] *n inf* (*child*) crío *m*, -a *f*; (*young person*) chico *m*, -ca *f*. ◆ *vi* bromear.

kidnap ['kidnæp] *vt* secuestrar.

kidnaper ['kidnæpər] *Am* = **kidnapper**.

kidnapper ['kidnæpə'] *n Br* secuestrador *m*, -ra *f*.

kidney ['kidni] (*pl* -**s**) *n* riñón *m*.

kidney bean *n* judía *f* pinta.

kill [kil] *vt* matar; **my feet are ~ing me!** ¡los pies me están matando!

killer ['kilə'] *n* asesino *m*, -na *f*.

kilo ['ki:ləʊ] (*pl* -**s**) *n* kilo *m*.

kilogram ['kilə,græm] *n* kilogramo *m*.

kilometer [kɪ'lɒmɪtər] *n Am* = **kilometre**.

kilometre ['kilə,mi:tə'] *n* kilómetro *m*.

kilt [kilt] *n* falda *f* escocesa.

kind [kaind] *adj* amable. ◆ *n* tipo *m*; **~ of** *Am inf* un poco, algo.

kindergarten ['kində,gɑ:tn] *n* jardín *m* de infancia.

kindly ['kaindli] *adv*: **would you ~ ...?** ¿sería tan amable de ...?

kindness ['kaindnis] *n* amabilidad *f*.

king [kiŋ] *n* rey *m*.

kingfisher ['kiŋ,fiʃə'] *n* martín *m* pescador.

king prawn *n* langostino *m*.

king-size bed *n* cama *f* gigante.

kiosk ['ki:ɒsk] *n* (*for newspapers etc*) quiosco *m*; *Br* (*phone box*) cabina *f*.

kipper ['kipə'] *n* arenque *m* ahumado.

kiss [kis] *n* beso *m*. ◆ *vt* besar.

kiss of life *n* boca a boca *m inv*.

kit [kɪt] n (set, clothes) equipo m; (for assembly) modelo m para armar.

kitchen ['kɪtʃɪn] n cocina f.

kitchen unit n módulo m de cocina.

kite [kaɪt] n (toy) cometa f.

kitten ['kɪtn] n gatito m.

kitty ['kɪtɪ] n (for regular expenses) fondo m común.

kiwi fruit ['ki:wi:] n kiwi m.

Kleenex® ['kli:neks] n kleenex® m (inv).

km (abbr of kilometre) km.

km/h (abbr of kilometres per hour) km/h.

knack [næk] n: I've got the ~ (of it) he cogido el tranquillo.

knackered ['nækəd] adj Br inf hecho(cha) polvo.

knapsack ['næpsæk] n mochila f.

knee [ni:] n rodilla f.

kneecap ['ni:kæp] n rótula f.

kneel [ni:l] (Br pt & pp knelt [nelt], Am pt & pp knelt OR -ed) vi (be on one's knees) estar de rodillas; (go down on one's knees) arrodillarse.

knew [nju:] pt → know.

knickers ['nɪkəz] npl Br (underwear) bragas fpl Esp, calzones mpl Amér.

knife [naɪf] (pl knives) n cuchillo m.

knight [naɪt] n (in history) caballero m; (in chess) caballo m.

knit [nɪt] vt tejer.

knitted ['nɪtɪd] adj de punto, tejido(da).

knitting ['nɪtɪŋ] n (thing being knitted) punto m Esp, tejido m; (activity) labor f de punto Esp, tejido m.

knitting needle n aguja f de hacer punto Esp, aguja f de tejer.

knitwear ['nɪtweə'] n género m de punto.

knives [naɪvz] pl → knife.

knob [nɒb] n (on door etc) pomo m, perilla f Amér; (on machine) botón m.

knock [nɒk] n (blow) golpe m. ◆ vt (hit) golpear; (one's head, leg) golpearse. ◆ vi (at door etc) llamar. ◻ **knock down** vt sep (pedestrian) atropellar; (building) derribar; (price) bajar. ◻ **knock out** vt sep (make unconscious) dejar sin conocimiento; (of competition) eliminar. ◻ **knock over** vt sep (glass, vase) volcar; (pedestrian) atropellar.

knocker ['nɒkə'] n (on door) aldaba f.

knot [nɒt] n nudo m.

know [nəʊ] (pt knew, pp known) vt (have knowledge of) saber; (language) saber hablar; (person, place) conocer; to get to ~ sb llegar a conocer a alguien; to ~ about sthg (understand) saber de algo; (have heard) saber algo; to ~ how to do sthg saber hacer algo; to ~ of conocer; to be ~n as ser conocido como; to let sb ~ sthg avisar a alguien de algo; you ~ (for emphasis) ¿sabes?

knowledge ['nɒlɪdʒ] n conocimiento m; to my ~ que yo sepa.

known [nəʊn] pp → know.

knuckle ['nʌkl] n (of hand) nudillo m; (of pork) jarrete m.

L

l (abbr of litre) l.

L (abbr of learner) L.

lab [læb] n inf laboratorio m.

label ['leɪbl] n etiqueta f.

labor ['leɪbər] *Am* = **labour.**

laboratory [*Br* lə'bɒrətrɪ, *Am* 'læbrə,tɔ:rɪ] *n* laboratorio *m*.

labour ['leɪbə'] *n Br* (*work*) trabajo *m*; in ~ *MED* de parto.

labourer ['leɪbərə'] *n* obrero *m*, -ra *f*.

Labour Party *n Br* partido *m* Laborista.

labour-saving *adj* que ahorra trabajo.

lace [leɪs] *n* (*material*) encaje *m*; (*for shoe*) cordón *m*.

lace-ups *npl* zapatos *mpl* con cordones.

lack [læk] *n* falta *f*. ♦ *vt* carecer de. ♦ *vi*: to be ~ing faltar.

lacquer ['lækə'] *n* laca *f*.

lad [læd] *n inf* chaval *m Esp*, muchacho *m*.

ladder ['lædə'] *n* (*for climbing*) escalera *f* (de mano); *Br* (*in tights*) carrera *f*.

ladies ['leɪdɪz] *n Br* lavabo *m* de señoras.

ladies' room *Am* = **ladies.**

ladieswear ['leɪdɪz,weə'] *n* ropa *f* de señoras.

ladle ['leɪdl] *n* cucharón *m*.

lady ['leɪdɪ] *n* (*woman*) señora *f*; (*woman of high status*) dama *f*.

ladybird ['leɪdɪbɜ:d] *n* mariquita *f*.

ladybug ['leɪdɪbʌg] *n Am* = **ladybird.**

lag [læg] *vi* retrasarse; to ~ behind (*move more slowly*) rezagarse.

lager ['lɑ:gə'] *n* cerveza *f* rubia.

lagoon [lə'gu:n] *n* laguna *f*.

laid [leɪd] *pt & pp* → **lay.**

lain [leɪn] *pp* → **lie.**

lake [leɪk] *n* lago *m*.

lamb [læm] *n* cordero *m*.

lamb chop *n* chuleta *f* de cordero.

lame [leɪm] *adj* cojo(ja).

lamp [læmp] *n* (*light*) lámpara *f*; (*in street*) farola *f*.

lamppost ['læmppəʊst] *n* farol *m*.

lampshade ['læmpʃeɪd] *n* pantalla *f*.

land [lænd] *n* tierra *f*; (*property*) tierras *fpl*. ♦ *vi* (*plane*) aterrizar; (*passengers*) desembarcar; (*fall*) caer.

landing ['lændɪŋ] *n* (*of plane*) aterrizaje *m*; (*on stairs*) rellano *m*.

landlady ['lænd,leɪdɪ] *n* (*of house*) casera *f*; (*of pub*) dueña *f*.

landlord ['lændlɔ:d] *n* (*of house*) casero *m*; (*of pub*) dueño *m*.

landmark ['lændmɑ:k] *n* punto *m* de referencia.

landscape ['lændskeɪp] *n* paisaje *m*.

landslide ['lændslaɪd] *n* (*of earth, rocks*) desprendimiento *m* de tierras.

lane [leɪn] *n* (*in town*) calleja *f*; (*in country, on road*) camino *m*; 'get in ~' señal que advierte a los conductores que tomen el carril adecuado.

language ['læŋgwɪdʒ] *n* (*of a people, country*) idioma *m*; (*system of communication, words*) lenguaje *m*.

lap [læp] *n* (*of person*) regazo *m*; (*of race*) vuelta *f*.

lapel [lə'pel] *n* solapa *f*.

lapse [læps] *vi* (*passport, membership*) caducar.

lard [lɑ:d] *n* manteca *f* de cerdo.

larder ['lɑ:də'] *n* despensa *f*.

large [lɑ:dʒ] *adj* grande.

largely ['lɑ:dʒlɪ] *adv* en gran parte.

large-scale *adj* de gran escala.

lark [lɑ:k] *n* alondra *f*.

laryngitis [,lærɪn'dʒaɪtɪs] *n* laringitis *f inv*.

lasagne [lə'zænjə] *n* lasaña *f*.

laser ['leɪzə'] *n* láser *m*.

lass [læs] *n inf* chavala *f*.

last [lɑːst] *adj* último(ma). ◆ *adv (most recently)* por última vez; *(at the end)* en último lugar. ◆ *pron*: the ~ to come el último en venir; the ~ but one el penúltimo (la penúltima); the time before ~ la penúltima vez; ~ year el año pasado; at ~ por fin.

lastly [lɑːstlɪ] *adv* por último.

last-minute *adj* de última hora.

latch [lætʃ] *n* pestillo *m*; to be on the ~ tener el pestillo echado.

late [leɪt] *adj (not on time)* con retraso; *(after usual time)* tardío(a); *(dead)* difunto(ta). ◆ *adv (not on time)* con retraso; *(after usual time)* tarde; in ~ June a finales de junio; in the ~ afternoon al final de la tarde; ~ in June a finales de junio; to be (running) ~ ir con retraso.

lately [leɪtlɪ] *adv* últimamente.

late-night *adj* de última hora, de noche.

later [leɪtə*r*] *adj* posterior. ◆ *adv*: ~ (on) más tarde; at a ~ date en una fecha posterior.

latest [leɪtɪst] *adj*: the ~ fashion la última moda; the ~ lo último; at the ~ como muy tarde.

lather [lɑːðə*r*] *n* espuma *f*.

Latin [lætɪn] *n* latín *m*.

Latin America *n* América Latina.

Latin American *adj* latinoamericano(na). ◆ *n* latinoamericano *m*, -na *f*.

latitude [lætɪtjuːd] *n* latitud *f*.

latter [lætə*r*] *n*: the ~ éste *m*, -ta *f*.

laugh [lɑːf] *n* risa *f*. ◆ *vi* reírse; to have a ~ *Br* inf pasarlo bomba. □ **laugh at** *vt fus* reírse de.

laughter [lɑːftə*r*] *n* risa *f*.

launch [lɔːntʃ] *vt (boat)* botar; *(new product)* lanzar.

laund(e)rette [lɔːndret] *n* lavandería *f*.

Laundromat [lɔːndrəmæt] *n Am* = **laund(e)rette**.

laundry [lɔːndrɪ] *n (washing)* ropa *f* sucia; *(place)* lavandería *f*.

lavatory [lævətrɪ] *n* servicio *m*.

lavender [lævəndə*r*] *n* lavanda *f*.

lavish [lævɪʃ] *adj (meal, decoration)* espléndido(da).

law [lɔː] *n* ley *f*; *(study)* derecho *m*; the ~ *JUR (set of rules)* la ley; to be against the ~ estar en contra de la ley.

lawn [lɔːn] *n* césped *m*.

lawnmower [lɔːn,məʊə*r*] *n* cortacésped *m*.

lawyer [lɔːjə*r*] *n* abogado *m*, -da *f*.

laxative [læksətɪv] *n* laxante *m*.

lay [leɪ] (*pt & pp* **laid**) *pt* → **lie**. ◆ *vt (place)* colocar; *(egg)* poner; to ~ the table poner la mesa. □ **lay off** *vt sep (worker)* despedir. □ **lay on** *vt sep* proveer. □ **lay out** *vt sep (display)* disponer.

lay-by (*pl* **lay-bys**) *n* área *f* de descanso.

layer [leɪə*r*] *n* capa *f*.

layman [leɪmən] (*pl* -**men** [mən]) *n* lego *m*, -ga *f*.

layout [leɪaʊt] *n (of building, streets)* trazado *m*.

lazy [leɪzɪ] *adj* perezoso(sa).

lb *(abbr of pound)* lb.

lead[1] [liːd] (*pt & pp* **led**) *vt (take)* llevar; *(be in charge of)* estar al frente de; *(be in front of)* encabezar. ◆ *vi (be winning)* ir en cabeza. ◆ *n (for dog)* correa *f*; *(cable)* cable *m*; to ~ sb to do sthg llevar a alguien a hacer algo; to ~ to *(go to)* conducir a; *(result in)* llevar a; to ~ the way guiar; to be in the ~ llevar la delantera.

lead[2] [led] *n (metal)* plomo *m*; *(for*

pencil) mina f. ◆ *adj* de plomo.

leaded petrol ['lεdɪd-] *n* gasolina f con plomo.

leader ['liːdə'] *n* líder mf.

leadership ['liːdəʃɪp] *n (position of leader)* liderazgo *m*.

lead-free [lεd-] *adj* sin plomo.

leading ['liːdɪŋ] *adj (most important)* destacado(da).

lead singer [liːd-] *n* cantante mf *(de un grupo)*.

leaf [liːf] *(pl* **leaves)** *n (of tree)* hoja f.

leaflet ['liːflɪt] *n* folleto *m*.

league [liːg] *n* liga f.

leak [liːk] *n (in hole)* agujero *m*; *(of gas, water)* escape *m*. ◆ *vi (roof, tank)* tener goteras.

lean [liːn] *(pt & pp* **leant** [lεnt] OR **-ed)** *adj (meat)* magro(gra); *(person, animal)* delgado y musculoso *(delgada y musculosa)*. ◆ *vi (bend)* inclinarse. ◆ *vt:* to ~ **sthg against** algo apoyar algo contra algo; to ~ **on** apoyarse en; to ~ **forward** inclinarse hacia delante; to ~ **over** inclinarse.

leap [liːp] *(pt & pp* **leapt** [lεpt] OR **-ed)** *vi* saltar.

leap year *n* año *m* bisiesto.

learn [lɜːn] *(pt & pp* **learnt** OR **-ed)** *vt* aprender; to ~ **(how) to do sthg** aprender a hacer algo; to ~ **about sthg** *(hear about)* enterarse de algo; *(study)* aprender algo.

learner (driver) ['lɜːnə'] *n* conductor *m* principiante.

learnt [lɜːnt] *pt & pp* → **learn**.

lease [liːs] *n* arriendo *m*. ◆ *vt* arrendar; to ~ **sthg from sb** arrendar algo de alguien; to ~ **sthg to sb** arrendar algo a alguien.

leash [liːʃ] *n* correa f.

least [liːst] *adj & adv* menos. ◆ *pron:* **(the)** ~ menos; **I like him** ~ él es el

que menos me gusta; **he paid (the)** ~ es el que menos pagó; **it's the** ~ **you could do** es lo menos que puedes hacer; **at** ~ *(with quantities, numbers)* por lo menos; *(to indicate an advantage)* al menos.

leather ['lεðə'] *n* piel f. □ **leathers** npl cazadora y pantalón de cuero utilizados por motociclistas.

leave [liːv] *(pt & pp* **left)** *vt* dejar; *(go away from)* salir de; *(not take away)* dejarse. ◆ *vi (person)* marcharse; *(train, bus etc)* salir. ◆ *n (time off work)* permiso *m*; to ~ **a message** dejar un mensaje. □ **leave behind** vt sep *(not take away)* dejar. □ **leave out** vt sep omitir.

leaves [liːvz] *pl* → **leaf.**

lecture ['lεktʃə'] *n (at university)* clase f; *(at conference)* conferencia f.

lecturer ['lεktʃərə'] *n* profesor *m*, -ra f *(de universidad)*.

lecture theatre *n* aula f.

led [lεd] *pt & pp* → **lead**[^1].

ledge [lεdʒ] *n (of window)* alféizar *m*.

leek [liːk] *n* puerro *m*.

left [lεft] *pt & pp* → **leave.** ◆ *adj (not right)* izquierdo(da). ◆ *adv* a la izquierda. ◆ *n* izquierda f; **on the** ~ a la izquierda; **there are none** ~ no queda ninguno (más).

left-hand *adj* izquierdo(da).

left-hand drive *n* vehículo *m* con el volante a la izquierda.

left-handed ['-'hændɪd] *adj (person)* zurdo(da); *(implement)* para zurdos.

left-luggage locker *n* Br consigna f automática.

left-luggage office *n* Br consigna f.

left-wing *adj* de izquierdas.

leg [lεg] *n (of person)* pierna f; *(of ani-*

mal, table, chair) pata *f*; (*of trousers*) pernera *f*; ~ **of lamb** pierna de cordero.

legal ['li:gl] *adj* legal.

legal aid *n* ayuda financiera para personas que no poseen posibilidades económicas para pagar a un abogado.

legal holiday *n Am* día *m* festivo.

legalize ['li:gəlaɪz] *vt* legalizar.

legal system *n* sistema *m* jurídico.

legend ['ledʒənd] *n* leyenda *f*.

leggings ['legɪŋz] *npl* mallas *fpl*.

legible ['ledʒɪbl] *adj* legible.

legislation [ˌledʒɪs'leɪʃn] *n* legislación *f*.

legitimate [lɪ'dʒɪtɪmət] *adj* legítimo(ma).

leisure [*Br* 'leʒəʳ, *Am* 'li:ʒər] *n* ocio *m*.

leisure centre *n* centro *m* deportivo y cultural.

leisure pool *n* piscina *f* (recreativa).

lemon ['lemən] *n* limón *m*.

lemonade [ˌlemə'neɪd] *n Br* gaseosa *f*; *Am* limonada *f*.

lemon curd [-kɜ:d] *n Br* dulce para untar hecho con limón, huevos, mantequilla y azúcar.

lemon juice *n* zumo *m Esp* OR jugo *m Amér* de limón.

lemon sole *n* platija *f*.

lemon tea *n* té *m* con limón.

lend [lend] (*pt & pp* **lent**) *vt* prestar; **to ~ sb sthg** prestarle algo a alguien.

length [leŋθ] *n* (*in distance*) longitud *f*; (*in time*) duración *f*; (*of swimming pool*) largo *m*.

lengthen ['leŋθən] *vt* alargar.

lens [lenz] *n* (*of camera*) objetivo *m*; (*of glasses*) lente *f*; (*contact lens*) lentilla *f Esp*, lente *m* de contacto *Amér*.

lent [lent] *pt & pp* → **lend**.

Lent [lent] *n* Cuaresma *f*.

lentils ['lentlz] *npl* lentejas *fpl*.

leopard ['lepəd] *n* leopardo *m*.

leopard-skin *adj* estampado(-da) en piel de leopardo.

leotard ['li:ətɑ:d] *n* body *m*.

leper ['lepəʳ] *n* leproso *m*, -sa *f*.

lesbian ['lezbɪən] *adj* lesbiano(na). ◆ *n* lesbiana *f*.

less [les] *adj, adv, pron* menos; ~ **than 20** menos de 20; **I eat ~ than her** yo como menos que ella.

lesson ['lesn] *n* (*class*) clase *f*.

let [let] (*pt & pp* **let**) *vt* (*allow*) dejar; (*rent out*) alquilar; **to ~ sb do sthg** dejar hacer algo a alguien; **to ~ go of sthg** soltar algo; **to ~ sb have sthg** prestar algo a alguien; **to ~ sb know sthg** avisar a alguien de algo; **~'s go!** ¡vamos!; **'to ~'** 'se alquila'. ❑ **let in** *vt sep* dejar entrar. ❑ **let off** *vt sep* (*not punish*) perdonar; **she ~ me off doing it** me dejó no hacerlo; **can you ~ me off at the station?** ¿puede dejarme en la estación? ❑ **let out** *vt sep* (*allow to go out*) dejar salir.

letdown ['letdaʊn] *n inf* desilusión *f*.

lethargic [lə'θɑ:dʒɪk] *adj* aletargado(da).

letter ['letəʳ] *n* (*written message*) carta *f*; (*of alphabet*) letra *f*.

letterbox ['letəbɒks] *n Br* buzón *m*.

letter carrier *n Am* cartero *m*, -ra *f*.

lettuce ['letɪs] *n* lechuga *f*.

leuk(a)emia [lu:'ki:mɪə] *n* leucemia *f*.

level ['levl] *adj* (*horizontal*) plano (na). ◆ *n* nivel *m*; (*storey*) planta *f*; **to be ~ with** (*in height*) estar a nivel de; (*in standard*) estar al mismo nivel que.

level crossing *n Br* paso *m* a nivel.

lever [*Br* 'li:vǝ', *Am* 'levǝr] *n* palanca *f*.

liability [ˌlaɪǝ'bɪlǝti] *n (responsibility)* responsabilidad *f*.

liable ['laɪǝbl] *adj*: to be ~ to do sthg tener tendencia a hacer algo; to be ~ for sthg ser responsable de algo.

liaise [lɪ'eɪz] *vi*: to ~ with mantener contacto con.

liar ['laɪǝ'] *n* mentiroso *m*, -sa *f*.

liberal ['lɪbǝrǝl] *adj (tolerant)* liberal; *(generous)* generoso(sa).

liberate ['lɪbǝreɪt] *vt* liberar.

liberty ['lɪbǝti] *n* libertad *f*.

librarian [laɪ'breǝrɪǝn] *n* bibliotecario *m*, -ria *f*.

library ['laɪbrǝrɪ] *n* biblioteca *f*.

lice [laɪs] *npl* piojos *mpl*.

licence ['laɪsǝns] *n Br* permiso *m*.
◆ *vt Am* = **license**.

license ['laɪsǝns] *vt Br* autorizar.
◆ *n Am* = **licence**.

licensed ['laɪsǝnst] *adj (restaurant, bar)* autorizado(da) para vender bebidas alcohólicas.

licensing hours ['laɪsǝnsɪŋ-] *npl Br* horario en que se autoriza la venta de bebidas alcohólicas al público en un "pub".

lick [lɪk] *vt* lamer.

lid [lɪd] *n (cover)* tapa *f*.

lie [laɪ] *(pt* lay, *pp* lain, *cont* lying) *n* mentira *f*. ◆ *vi (tell lie: pt & pp* lied) mentir; *(be horizontal)* estar echado; *(lie down)* echarse; *(be situated)* encontrarse; to tell ~s contar mentiras; to ~ about sthg mentir respecto a algo. ❑ **lie down** *vi* acostarse.

lieutenant [*Br* lef'tenǝnt, *Am* lu:-'tenǝnt] *n* teniente *m*.

life [laɪf] *(pl* lives) *n* vida *f*.

life assurance *n* seguro *m* de vida.

life belt *n* salvavidas *m inv*.

lifeboat ['laɪfbǝʊt] *n (launched from shore)* bote *m* salvavidas; *(launched from ship)* lancha *f* de salvamento.

lifeguard ['laɪfgɑ:d] *n* socorrista *mf*.

life jacket *n* chaleco *m* salvavidas.

lifelike ['laɪflaɪk] *adj* realista.

life preserver [-prɪ'zɜ:vǝr] *n Am (life belt)* salvavidas *m inv*; *(life jacket)* chaleco *m* salvavidas.

life-size *adj* de tamaño natural.

lifespan ['laɪfspæn] *n* vida *f*.

lifestyle ['laɪfstaɪl] *n* estilo *m* de vida.

lift [lɪft] *n Br (elevator)* ascensor *m*.
◆ *vt (raise)* levantar. ◆ *vi (fog)* despejarse; to give sb a ~ llevar a alguien *(en automóvil)*. ❑ **lift up** *vt sep* levantar.

light [laɪt] *(pt & pp* lit OR -ed) *adj* ligero(ra); *(in colour)* claro(ra); *(rain)* fino(na). ◆ *n* luz *f*; *(for cigarette)* fuego *m*. ◆ *vt (fire, cigarette)* encender; *(room, stage)* iluminar; have you got a ~? ¿tienes fuego?; to set ~ to sthg prender fuego a algo. ❑ **lights** *(traffic lights)* semáforo *m*. ❑ **light up** ◆ *vt sep (house, road)* iluminar. ◆ *vi inf (light a cigarette)* encender un cigarrillo.

light bulb *n* bombilla *f*.

lighter ['laɪtǝr] *n* mechero *m Esp*, encendedor *m*.

light-hearted [-'hɑ:tɪd] *adj* alegre.

lighthouse ['laɪthaʊs, *pl* -haʊzɪz] *n* faro *m*.

lighting ['laɪtɪŋ] *n* iluminación *f*.

light meter *n* contador *m* OR medidor *m Amér* de la luz.

lightning ['laɪtnɪŋ] *n* relámpagos *mpl*.

lightweight ['laɪtweɪt] *adj (clothes, object)* ligero(ra).

like [laɪk] *prep* como; *(typical of)* típico de. ◆ *vt (want)* querer; I ~ **beer** me gusta la cerveza; I ~ **them** me gustan; I ~ **doing it** me gusta hacerlo; **what's it ~?** ¿cómo es?; ~ **that** así; ~ **this** así; **to look** ~ **sb/sthg** parecerse a alguien/a algo; I'd ~ **to come** me gustaría venir; I'd ~ **to sit down** quisiera sentarme; I'd ~ **a drink** me apetece tomar algo.

likelihood ['laɪklɪhʊd] *n* probabilidad *f*.

likely ['laɪklɪ] *adj* probable.

likeness ['laɪknɪs] *n (similarity)* parecido *m*.

likewise ['laɪkwaɪz] *adv* del mismo modo.

lilac ['laɪlək] *adj* lila *(inv)*.

Lilo® ['laɪləʊ] *(pl* -**s***) n Br* colchoneta *f*.

lily ['lɪlɪ] *n* azucena *f*.

lily of the valley *n* lirio *m* de los valles.

limb [lɪm] *n* miembro *m*.

lime [laɪm] *n (fruit)* lima *f*; ~ **(juice)** refresco *m* de lima.

limestone ['laɪmstəʊn] *n* piedra *f* caliza.

limit ['lɪmɪt] *n* límite *m*. ◆ *vt* limitar; **the city** ~**s** los límites de la ciudad.

limited ['lɪmɪtɪd] *adj* limitado(da).

limp [lɪmp] *adj* flojo(ja). ◆ *vi* cojear.

line [laɪn] *n* línea *f*; *(row)* fila *f*; *Am (queue)* cola *f*; *(of words on page)* renglón *m*; *(of poem, song)* verso *m*; *(for fishing)* sedal *m*; *(for washing, rope)* cuerda *f*; *(railway track)* vía *f*; *(of business, work)* especialidad *f*; *(type of food)* surtido *m*. ◆ *vt (coat, drawers)* forrar; **in** ~ **(aligned)** alineado(da); **it's**

a bad ~ hay interferencias; **the** ~ **is engaged** está comunicando; **to drop sb a** ~ *inf* escribir unas letras a alguien; **to stand in** ~ *Am* hacer cola.
□ **line up** ◆ *vt sep (arrange)* planear. ◆ *vi* alinearse.

lined [laɪnd] *adj (paper)* de rayas.

linen ['lɪnɪn] *n (cloth)* lino *m*; *(tablecloths, sheets)* ropa *f* blanca.

liner ['laɪnə'] *n (ship)* transatlántico *m*.

linesman ['laɪnzmən] *(pl* -**men** [-mən]*) n* juez *mf* de línea.

linger ['lɪŋgə'] *vi (in place)* rezagarse.

lingerie ['lænʒərɪ] *n* lencería *f*.

lining ['laɪnɪŋ] *n* forro *m*.

link [lɪŋk] *n (connection)* conexión *f*; *(between countries, companies)* vínculo *m*. ◆ *vt (connect)* conectar; **rail** ~ enlace *m* ferroviario; **road** ~ conexión de carreteras.

lino ['laɪnəʊ] *n Br* linóleo *m*.

lion ['laɪən] *n* león *m*.

lioness ['laɪənes] *n* leona *f*.

lip [lɪp] *n* labio *m*.

lip salve [-sælv] *n* protector *m* labial.

lipstick ['lɪpstɪk] *n* barra *f* de labios, lápiz *m* labial *Amér*.

liqueur [lɪ'kjʊə'] *n* licor *m*.

liquid ['lɪkwɪd] *n* líquido *m*.

liquor ['lɪkər] *n Am* bebida *f* alcohólica.

liquor store *n Am* tienda de bebidas alcohólicas para llevar.

liquorice ['lɪkərɪs] *n* regaliz *m*.

lisp [lɪsp] *n* ceceo *m*.

list [lɪst] *n* lista *f*. ◆ *vt* hacer una lista de.

listen ['lɪsn] *vi*: **to** ~ **(to)** *(to person, sound, radio)* escuchar; *(to advice)* hacer caso (de).

listener ['lɪsnə'] n (to radio) oyente mf.

lit [lɪt] pt & pp → **light**.

liter ['li:tər] Am = **litre**.

literally ['lɪtərəlɪ] adv literalmente.

literary ['lɪtərərɪ] adj literario(ria).

literature ['lɪtrətʃə'] n literatura f; (printed information) folletos mpl informativos.

litre ['li:tə'] n Br litro m.

litter ['lɪtə'] n basura f.

litterbin ['lɪtəbɪn] n Br papelera f (en la calle).

little ['lɪtl] adj pequeño(ña); (distance, time) corto(ta); (not much) poco(ca). ♦ adv poco. ♦ pron: I have very ~ tengo muy poco; as ~ as possible lo menos posible; ~ by ~ poco a poco; a ~ un poco; a ~ sugar un poco de azúcar; a ~ while un rato.

little finger n meñique m.

live[1] [lɪv] vi vivir; to ~ with sb vivir con alguien. □ **live together** vi vivir juntos.

live[2] [laɪv] adj (alive) vivo(va); (programme, performance) en directo; (wire) cargado(da). ♦ adv en directo.

lively ['laɪvlɪ] adj (person) vivaz; (place, atmosphere) animado(da).

liver ['lɪvə'] n hígado m.

lives [laɪvz] pl → **life**.

living ['lɪvɪŋ] adj (alive) vivo(va). ♦ n: to earn a ~ ganarse la vida; what do you do for a ~? ¿en qué trabajas?

living room n sala f de estar.

lizard ['lɪzəd] n lagartija f.

load [ləʊd] n (thing carried) carga f. ♦ vt cargar; ~s of inf un montón de.

loaf [ləʊf] n (pl **loaves**) n: ~ (of bread) barra f de pan.

loan [ləʊn] n préstamo m. ♦ vt prestar.

loathe [ləʊð] vt detestar.

loaves [ləʊvz] pl → **loaf**.

lobby ['lɒbɪ] n (hall) vestíbulo m.

lobster ['lɒbstə'] n langosta f.

local ['ləʊkl] adj local. ♦ n inf (local person) vecino m (del lugar); Br (pub) ≃ bar m del barrio; Am (bus) autobús m urbano; Am (train) tren m de cercanías.

local anaesthetic n anestesia f local.

local call n llamada f urbana.

local government n administración f local.

locate [Br ləʊˈkeɪt, Am ˈləʊkeɪt] vt (find) localizar; **to be ~d** estar situado.

location [ləʊˈkeɪʃn] n (place) situación f.

loch [lɒk] n Scot lago m.

lock [lɒk] n (on door, drawer) cerradura f; (for bike) candado m; (on canal) esclusa f ♦ vt (fasten with key) cerrar con llave; (keep safely) poner bajo llave. ♦ vi (become stuck) bloquearse. □ **lock in** vt sep (accidentally) dejar encerrado. □ **lock out** vt sep (accidentally) dejar fuera accidentalmente. □ **lock up** vt sep (imprison) encarcelar. ♦ vi cerrar con llave.

locker ['lɒkə'] n taquilla f, locker m Amér.

locker room n Am vestuario m (con taquillas).

locket ['lɒkɪt] n guardapelo m.

locum ['ləʊkəm] n interino m, -na f.

lodge [lɒdʒ] n (for hunters, skiers) refugio m. ♦ vi alojarse.

lodger ['lɒdʒə'] n huésped mf.

lodgings ['lɒdʒɪŋz] npl habitación f alquilada.

loft [lɒft] n desván m.

log [lɒg] n tronco m. □ **log on** vi COMPUT acceder OR entrar al sistema. ◻ **log off** vi COMPUT salir del sistema.

logic ['lɒdʒɪk] n lógica f.

logical ['lɒdʒɪkl] adj lógico(ca).

logo ['ləʊgəʊ] (pl -s) n logotipo m.

loin [lɔɪn] n lomo m.

loiter ['lɔɪtə'] vi merodear.

lollipop ['lɒlɪpɒp] n chupachús m inv Esp, paleta f Amér.

lolly ['lɒlɪ] n inv (lollipop) chupachús m inv Esp, paleta f Amér; Br (ice lolly) polo m Esp, paleta f helada Amér.

London ['lʌndən] n Londres.

Londoner ['lʌndənə'] n londinense mf.

lonely ['ləʊnlɪ] adj (person) solo(la); (place) solitario(ria).

long [lɒŋ] adj largo(ga). ◆ adv mucho (tiempo); it's 2 metres ~ mide 2 metros de largo; it's two hours ~ dura dos horas; how ~ is it? (in distance) ¿cuánto mide (de largo)?; (in time) ¿cuánto tiempo dura?; a ~ time mucho tiempo; all day ~ todo el día; as ~ as mientras (que); for ~ mucho tiempo; I'm no ~ er interested ya no me interesa; so ~! inf ¡hasta luego! ◻ **long for** vt fus desear vivamente.

long-distance call n conferencia f (telefónica) Esp, llamada f de larga distancia.

long drink n combinado de alcohol y refresco.

long-haul adj de larga distancia.

longitude ['lɒndʒɪtjuːd] n longitud f.

long jump n salto m de longitud.

long-life adj de larga duración.

longsighted [,lɒŋ'saɪtɪd] adj présbita.

long-term adj a largo plazo.

longwearing [,lɒŋ'weərɪŋ] adj Am duradero(ra).

loo [luː] (pl -s) n Br inf wáter m Esp,

baño m Amér.

look [lʊk] n (act of looking) mirada f; (appearance) aspecto m. ◆ vi (with eyes, search) mirar; (seem) parecer; **you don't ~ well** no tienes muy buen aspecto; **to ~ onto** dar a; **to have a ~** (see) echar un vistazo; (search) buscar; **(good) ~s** atractivo m (físico); **I'm just ~ing** (in shop) solamente estoy mirando; **~ out!** ¡cuidado! ◻ **look after** vt fus (person) cuidar; (matter, arrangements) encargarse de. ◻ **look at** vt fus (observe) mirar; (examine) examinar. ◻ **look for** vt fus buscar. ◻ **look forward to** vt fus esperar (con ilusión). ◻ **look out for** vt fus estar atento a. ◻ **look round** ◆ vt fus (city, museum) visitar; (shop) mirar. ◆ vi volver la cabeza. ◻ **look up** vt sep (in dictionary, phone book) buscar.

loony ['luːnɪ] adj inf chiflado m, -da f.

loop [luːp] n lazo m.

loose [luːs] adj (not fixed firmly) flojo(ja); (sweets, sheets of paper) suelto (ta); (clothes) ancho(cha); **to let sthg/sb ~** soltar algo/a alguien.

loosen ['luːsn] vt aflojar.

lop-sided [-'saɪdɪd] adj ladeado (da).

lord [lɔːd] n (member of nobility) lord m, título de nobleza británica.

lorry ['lɒrɪ] n Br camión m.

lorry driver n Br camionero m, -ra f.

lose [luːz] (pt & pp lost) vt perder; (subj: watch, clock) atrasarse. ◆ vi perder; **to ~ weight** adelgazar.

loser ['luːzə'] n (in contest) perdedor m, -ra f.

loss [lɒs] n pérdida f.

lost [lɒst] pt & pp → **lose**. ◆ adj perdido(da); **to get ~** (lose way) perderse.

lost-and-found office n Am oficina f de objetos perdidos.

lost property office n Br oficina f de objetos perdidos.

lot [lɒt] n (group of things) grupo m; (at auction) lote m; Am (car park) aparcamiento m Esp, estacionamiento m Amér; **a ~** (large amount) mucho (cha), muchos(chas) (pl); (to a great extent, often) mucho; **a ~ of time** mucho tiempo; **a ~ of problems** muchos problemas; **~s (of)** mucho (cha), muchos(chas) (pl); **the ~** (everything) todo.

lotion ['ləʊʃn] n loción f.

lottery ['lɒtərɪ] n lotería f.

loud [laʊd] adj (voice, music, noise) alto(ta); (colour, clothes) chillón(ona).

loudspeaker [ˌlaʊd'spiːkəʳ] n altavoz m.

lounge [laʊndʒ] n (in house) salón m; (at airport) sala f de espera.

lounge bar n Br salón-bar m.

lousy ['laʊzɪ] adj inf (poor-quality) cochambroso(sa).

lout [laʊt] n gamberro m, -rra f Esp, patán m.

love [lʌv] n amor m; (strong liking) pasión f; (in tennis) cero m. ◆ vt querer; **I ~ music** me encanta la música; **I'd ~ a coffee** un café me vendría estupendamente; **I ~ playing tennis** me encanta jugar al tenis; **to be in ~ (with)** estar enamorado de; (with) **~ from** (in letter) un abrazo (de).

love affair n aventura f amorosa.

lovely ['lʌvlɪ] adj (very beautiful) guapísimo(ma); (very nice) precioso(sa).

lover ['lʌvəʳ] n amante mf.

loving ['lʌvɪŋ] adj cariñoso(sa).

low [ləʊ] adj bajo(ja); (quality, opinion) malo(la); (sound, note) grave; (supply) escaso(sa); (depressed) deprimido(da). ◆ n (area of low pressure)

zona f de baja presión (atmosférica); **we're ~ on petrol** se está terminando la gasolina.

low-alcohol adj bajo(ja) en alcohol.

low-calorie adj bajo(ja) en calorías.

low-cut adj escotado(da).

lower ['ləʊəʳ] adj inferior. ◆ vt (move downwards) bajar; (reduce) reducir.

lower sixth n Br primer curso de enseñanza secundaria pre-universitaria para alumnos de 17 años que preparan sus "A-levels".

low-fat adj de bajo contenido graso.

low tide n marea f baja.

loyal ['lɔɪəl] adj leal.

loyalty ['lɔɪəltɪ] n lealtad f.

lozenge ['lɒzɪndʒ] n (sweet) caramelo m para la tos.

L-plate n Br placa f de la L (de prácticas).

Ltd (abbr of limited) S.A.

lubricate ['luːbrɪkeɪt] vt lubricar.

luck [lʌk] n suerte f; **bad ~** mala suerte; **good ~!** ¡buena suerte!; **with ~** con un poco de suerte.

luckily ['lʌkɪlɪ] adv afortunadamente.

lucky ['lʌkɪ] adj (person, escape) afortunado(da); (event, situation) oportuno(na); (number, colour) de la suerte; **to be ~** tener suerte.

ludicrous ['luːdɪkrəs] adj ridículo(la).

lug [lʌg] vt inf arrastrar.

luggage ['lʌgɪdʒ] n equipaje m.

luggage compartment n maletero m (en tren).

luggage locker n consigna f automática.

luggage rack n (on train) redecilla f (para equipaje).

lukewarm ['luːkwɔːm] adj tibio (bia).

lull [lʌl] n intervalo m.

lullaby ['lʌləbaɪ] n nana f.

luminous ['luːmɪnəs] adj luminoso(sa).

lump [lʌmp] n (of coal, mud, butter) trozo m; (of sugar) terrón m; (on body) bulto m.

lump sum n suma f global.

lumpy ['lʌmpɪ] adj (sauce) grumoso(sa); (mattress) lleno(na) de bultos.

lunatic ['luːnətɪk] n pej loco m, -ca f.

lunch [lʌntʃ] n comida f, almuerzo m; to have ~ comer, almorzar.

lunch hour n hora f del almuerzo.

lunchtime ['lʌntʃtaɪm] n hora f del almuerzo.

lung [lʌŋ] n pulmón m.

lunge [lʌndʒ] vi: to ~ at arremeter contra.

lure [ljʊəʳ] vt atraer con engaños.

lurk [lɜːk] vi (person) estar al acecho.

lush [lʌʃ] adj exuberante.

lust [lʌst] n (sexual desire) lujuria f.

Luxembourg ['lʌksəmbɜːg] n Luxemburgo.

luxurious [lʌɡˈʒʊərɪəs] adj lujoso (sa).

luxury ['lʌkʃərɪ] adj de lujo. ◆ n lujo m.

lying ['laɪɪŋ] cont → lie.

lyrics ['lɪrɪks] npl letra f.

M

m (abbr of metre) m. ◆ abbr = mile.

M Br (abbr of motorway) A; (abbr of medium) M.

MA n (abbr of Master of Arts) máster en letras.

mac [mæk] n Br inf gabardina f.

macaroni [ˌmækəˈrəʊnɪ] n macarrones mpl.

macaroni cheese n macarrones mpl con queso.

machine [məˈʃiːn] n máquina f.

machinegun [məˈʃiːŋɡʌn] n ametralladora f.

machinery [məˈʃiːnərɪ] n maquinaria f.

machine-washable adj lavable a máquina.

mackerel ['mækrəl] (pl inv) n caballa f.

mackintosh ['mækɪntɒʃ] n Br gabardina f.

mad [mæd] adj loco(ca); (angry) furioso(sa); (uncontrolled) desenfrenado(da); to be ~ about inf (like a lot) estar loco por; like ~ (run) como un loco.

Madam ['mædəm] n señora f.

made [meɪd] pt & pp → make.

made-to-measure adj hecho (cha) a medida.

madness ['mædnɪs] n locura f.

magazine [ˌmæɡəˈziːn] n revista f.

maggot ['mæɡət] n gusano m (larva).

magic ['mædʒɪk] n magia f.

magician [məˈdʒɪʃn] n (conjurer) prestidigitador m, -ra f.

magistrate ['mædʒɪstreɪt] n magistrado m, -da f.

magnet ['mæɡnɪt] n imán m.

magnetic [mæɡˈnetɪk] adj magnético(ca).

magnificent [mæɡˈnɪfɪsənt] adj

magnífico(ca).

magnifying glass ['mægni-faiŋ-] n lupa f.

mahogany [mə'hɒgənɪ] n caoba f.

maid [meɪd] n (servant) criada f.

maiden name ['meɪdn-] n nombre m de soltera.

mail [meɪl] n (letters) correspondencia f; (system) correo m. ♦ vt Am enviar por correo.

mailbox ['meɪlbɒks] n Am buzón m.

mailman ['meɪlmən] (pl -men [-mən]) n Am cartero m.

mail order n pedido m por correo.

main [meɪn] adj principal.

main course n plato m principal.

mainland ['meɪnlənd] n: **the** ~ el continente.

main line n línea f férrea principal.

mainly ['meɪnlɪ] adv principalmente.

main road n carretera f principal.

mains [meɪnz] npl: **the** ~ (for electricity) la red eléctrica; (for gas, water) la tubería principal.

main street n Am calle f principal.

maintain [meɪn'teɪn] vt mantener.

maintenance ['meɪntənəns] n (of car, machine) mantenimiento m; (money) pensión f de manutención.

maisonette [ˌmeɪzə'net] n Br piso m dúplex.

maize [meɪz] n maíz m.

major ['meɪdʒər] adj (important) importante; (most important) principal. ♦ n MIL comandante m. ♦ vi Am: **to** ~ **in** especializarse en.

Majorca [mə'jɔːkə, mə'dʒɔːkə] n Mallorca.

majority [mə'dʒɒrətɪ] n mayoría f.

major road n carretera f principal.

─────────

make [meɪk] (pt & pp **made**) vt ~ **1.** (produce, construct) hacer; **to be made of** estar hecho de; **to** ~ **lunch/supper** hacer la comida/cena; **made in Japan** fabricado en Japón. - **2.** (perform, do) hacer; **to** ~ **a mistake** cometer un error; **to** ~ **a phone call** hacer una llamada. - **3.** (cause to be, do) hacer; **to** ~ **sb sad** poner triste a alguien; **to** ~ **sb happy** hacer feliz a alguien; **the ice made her slip** el hielo le hizo resbalar; **to** ~ **sb do sthg** (force) obligar a alguien a hacer algo. - **4.** (amount to, total) hacer; **that** ~**s £5** eso hace 5 libras. - **5.** (calculate) calcular; **I** ~ **it seven o'clock** calculo que serán las siete. - **6.** (money) ganar; (profit) obtener; (loss) sufrir. - **7.** inf (arrive in time for): **I don't think we'll** ~ **the 10 o'clock train** no creo que lleguemos para el tren de las diez. - **8.** (friend, enemy) hacer. - **9.** (have qualities for) ser; **this would** ~ **a lovely bedroom** esta habitación sería preciosa como dormitorio. - **10.** (bed) hacer. - **11.** (in phrases): **to** ~ **do** arreglárselas; **to** ~ **good** (compensate for) indemnizar; **to** ~ **it** (arrive in time) llegar a tiempo; (be able to go) poder ir.

♦ n (of product) marca f. ❑ **make out** vt sep (form) rellenar; (cheque, receipt) extender; (see) divisar; (hear) entender. ❑ **make up** vt sep (invent) inventar; (comprise) formar; (differ-

ence) cubrir. ❑ **make up for** *vt fus* compensar.

makeover ['meɪkəʊvə'] *n (person)* cambio *m* de imagen; *(building, area)* remodelación *f*.

makeshift ['meɪkʃɪft] *adj* improvisado(da).

make-up *n* maquillaje *m*.

malaria [mə'leərɪə] *n* malaria *f*.

male [meɪl] *adj (person)* masculino (na); *(animal)* macho. ◆ *n (animal)* macho *m*.

malfunction [mæl'fʌŋkʃn] *vi fml* funcionar mal.

malignant [mə'lɪgnənt] *adj (disease, tumour)* maligno(na).

mall [mɔ:l] *n* zona *f* comercial peatonal.

MALL

Con el nombre de "the Mall" se conoce una gran zona ajardinada del centro de Washington D.C. que se extiende desde el Capitolio hasta el monumento a Lincoln. A lo largo de ella se encuentran los distintos museos del Smithsonian Institute, varios museos de arte, la Casa Blanca y los monumentos a Washington y a Jefferson. En el extremo oeste se halla "the Wall", donde están inscritos los nombres de los soldados muertos en la guerra de Vietnam.

mallet ['mælɪt] *n* mazo *m*.

maltreat [mæl'tri:t] *vt* maltratar.

malt whisky *n* whisky *m* de malta.

mammal ['mæml] *n* mamífero *m*.

man [mæn] (*pl* **men**) *n* hombre *m*; *(mankind)* el hombre. ◆ *vt*: **the lines are manned 24 hours a day** las líneas están abiertas las 24 horas.

manage ['mænɪdʒ] *vt (company, business)* dirigir; *(suitcase, job, food)* poder con. ◆ *vi (cope)* arreglárselas; **can you ~ Friday?** ¿te viene bien el viernes?; **to ~ to do sthg** conseguir hacer algo.

management ['mænɪdʒmənt] *n (people in charge)* dirección *f*; *(control, running)* gestión *f*.

manager ['mænɪdʒə'] *n (of business, bank)* director *m*, -ra *f*; *(of shop)* jefe *m*, -fa *f*; *(of sports team)* ≃ entrenador *m*, -ra *f*.

manageress [,mænɪdʒə'res] *n (of business, bank)* directora *f*; *(of shop)* jefa *f*.

managing director ['mænɪdʒɪŋ-] *n* director *m*, -ra *f* general.

mandarin ['mændərɪn] *n (fruit)* mandarina *f*.

mane [meɪn] *n* crin *f*.

maneuver [mə'nu:və'] *Am* = **manoeuvre**.

mangetout [,mɒnʒ'tu:] *n vaina de guisante tierna que se come entera.*

mangle ['mæŋgl] *vt* aplastar.

mango ['mæŋgəʊ] (*pl* **-es** OR **-s**) *n* mango *m*.

Manhattan [mæn'hætən] *n* Manhattan.

MANHATTAN

Manhattan es el distrito central de Nueva York. Se divide en los tres barrios llamados "Downtown", "Midtown" y "Uptown". Allí se encuentran lugares tan conocidos como Central Park, la Quinta Avenida, Broadway, la Estatua de la Libertad y Greenwich

Village, así como rascacielos tan famosos como el Empire State Building y el Chrysler Building. La "Manhattan Skyline" es la vista famosa de Nueva York dominada por los rascacielos cuales incluían los torres gemelas del "World Trade Center" hasta la destrucción de éstas por una atrocidad terrorista en septiembre del año 2001.

---

manhole ['mænhəʊl] n registro m (de alcantarillado).

maniac ['meɪnɪæk] n inf (wild person) maníaco m, -ca f.

manicure ['mænɪkjʊəʳ] n manicura f.

manifold ['mænɪfəʊld] n colector m.

manipulate [mə'nɪpjʊleɪt] vt (person) manipular; (machine, controls) manejar.

mankind [,mæn'kaɪnd] n la humanidad.

manly ['mænlɪ] adj varonil.

man-made adj artificial.

manner ['mænəʳ] n (way) manera f. ☐ **manners** npl modales mpl.

manoeuvre [mə'nuːvəʳ] n Br maniobra f. ◆ vt Br maniobrar.

manor ['mænəʳ] n casa f solariega.

mansion ['mænʃn] n casa f solariega.

manslaughter ['mæn,slɔːtəʳ] n homicidio m no premeditado.

mantelpiece ['mæntlpiːs] n repisa f de la chimenea.

manual ['mænjʊəl] adj manual. ◆ n manual m.

manufacture [,mænjʊ'fæktʃəʳ] n fabricación f. ◆ vt fabricar.

manufacturer [,mænjʊ'fæktʃərəʳ]

n fabricante mf.

manure [mə'njʊəʳ] n estiércol m.

many ['menɪ] (compar **more**, superl **most**) adj muchos(chas). ◆ pron muchos(chas), -chas fpl; **as ~ as** ... tantos(tas) como ...; **twice as ~ as** el doble que; **how ~?** ¿cuántos(tas?); **so ~** tantos(tas); **too ~** demasiados (das).

map [mæp] n (of town) plano m; (of country) mapa m.

maple syrup ['meɪpl-] n jarabe de arce que se come con crepes etc.

Mar. (abbr of March) mar.

marathon ['mærəθn] n maratón m.

marble ['mɑːbl] n (stone) mármol m; (glass ball) canica f.

march [mɑːtʃ] n (demonstration) manifestación f. ◆ vi (walk quickly) dirigirse resueltamente.

March [mɑːtʃ] n marzo m → **September.**

mare [meəʳ] n yegua f.

margarine [,mɑːdʒə'riːn] n margarina f.

margin ['mɑːdʒɪn] n margen m.

marina [mə'riːnə] n puerto m deportivo.

marinated ['mærɪneɪtɪd] adj marinado(da).

marital status ['mærɪtl-] n estado m civil.

mark [mɑːk] n marca f; SCH nota f. ◆ vt (blemish) manchar; (put symbol on) marcar; (correct) corregir; (show position of) señalar; **(gas) ~ five** número cinco (del horno).

marker pen ['mɑːkə-] n rotulador m, marcador m Amér.

market ['mɑːkɪt] n mercado m.

marketing ['mɑːkɪtɪŋ] n marketing m.

marketplace ['mɑːkɪtpleɪs] n

mercado *m*.

markings ['mɑːkɪŋz] *npl (on road)* marcas *fpl* viales.

marmalade ['mɑːməleɪd] *n* mermelada *f (de frutos cítricos)*.

marquee [mɑːˈkiː] *n* carpa *f*.

marriage ['mærɪdʒ] *n (event)* boda *f*; *(time married)* matrimonio *m*.

married ['mærɪd] *adj* casado(da); **to get ~** casarse.

marrow ['mærəʊ] *n (vegetable)* calabacín *m* grande.

marry ['mærɪ] *vt* casarse con. ◆ *vi* casarse.

marsh [mɑːʃ] *n (area)* zona *f* pantanosa.

martial arts [ˌmɑːʃl-] *npl* artes *fpl* marciales.

marvellous ['mɑːvələs] *adj Br* maravilloso(sa).

marvelous ['mɑːvələs] *Am* = **marvellous**.

marzipan ['mɑːzɪpæn] *n* mazapán *m*.

mascara [mæsˈkɑːrə] *n* rímel *m*.

masculine ['mæskjʊlɪn] *adj* masculino(na); *(woman)* hombruno(na).

mashed potatoes [mæʃt-] *npl* puré *m* de patatas *Esp* OR papas *Amér*.

mask [mɑːsk] *n* máscara *f*.

masonry ['meɪsnrɪ] *n*: **falling ~** *materiales que se desprenden de un edificio*.

mass [mæs] *n (large amount)* montón *m*; RELIG misa *f*; **~es (of)** *inf* montones (de).

massacre ['mæsəkə] *n* masacre *f*.

massage [*Br* 'mæsɑːʒ, *Am* mə'sɑːʒ] *n* masaje *m*. ◆ *vt* dar masajes a.

masseur [mæˈsɜː] *n* masajista *m*.

masseuse [mæˈsɜːz] *n* masajista *f*.

massive ['mæsɪv] *adj* enorme.

mast [mɑːst] *n (on boat)* mástil *m*.

master ['mɑːstə] *n (at primary*

school) maestro *m*; *(at secondary school)* profesor *m*; *(of servant, dog)* amo *m*. ◆ *vt (skill, language)* dominar.

masterpiece ['mɑːstəpiːs] *n* obra *f* maestra.

mat [mæt] *n (small rug)* esterilla *f*, tapete *m Col, Méx*; *(for plate)* salvamanteles *m inv*; *(for glass)* posavasos *m inv*.

match [mætʃ] *n (for lighting)* cerilla *f Esp*, fósforo *m*; *(game)* partido *m*. ◆ *vt (in colour, design)* hacer juego con; *(be the same as)* coincidir con; *(be as good as)* competir con. ◆ *vi (in colour, design)* hacer juego.

matchbox ['mætʃbɒks] *n* caja *f* de cerillas *Esp* OR fósforos.

matching ['mætʃɪŋ] *adj* a juego.

mate [meɪt] *n inf* colega *mf*. ◆ *vi* aparearse.

material [məˈtɪərɪəl] *n (substance)* material *m*; *(cloth)* tela *f*; *(information)* información *f*. □ **materials** *npl*: **writing ~s** objetos *mpl* de escritorio.

maternity leave [məˈtɜːnətɪ-] *n* baja *f* por maternidad.

maternity ward [məˈtɜːnətɪ-] *n* sala *f* de maternidad.

math [mæθ] *Am* = **maths**.

mathematics [ˌmæθəˈmætɪks] *n* matemáticas *fpl*.

maths [mæθs] *n Br* mates *fpl*.

matinée ['mætɪneɪ] *n (at cinema)* primera sesión *f*; *(at theatre)* función *f* de tarde.

matt [mæt] *adj* mate.

matter ['mætə] *n (issue, situation)* asunto *m*; *(physical material)* materia *f*. ◆ *vi*: **winning is all** *~* lo único que importa es ganar; **it doesn't** *~* no importa; **no** *~* **what happens** pase lo que pase; **there's something the** *~* **with my car** algo le pasa a mi coche; **what's the** *~***?** ¿qué pasa?; **as a**

Medicaid

~ **of course** rutinariamente; **as a ~ of fact** en realidad.

mattress ['mætrɪs] *n* colchón *m*.

mature [mə'tjʊə] *adj (person, behaviour)* maduro(ra); *(cheese)* curado (da); *(wine)* añejo(ja).

mauve [məʊv] *adj* malva (inv).

max. [mæks] *(abbr of maximum)* máx.

maximum ['mæksɪməm] *adj* máximo(ma). ◆ *n* máximo *m*.

☞

may [meɪ] *aux vb* - **1.** *(expressing possibility)* poder; **it ~ rain** puede que llueva; **they ~ have got lost** puede que se hayan perdido.
- **2.** *(expressing permission)*: **~ I smoke?** ¿puedo fumar?; **you ~ sit, if you wish** puede sentarse si lo desea.
- **3.** *(when conceding a point)*: **it ~ be a long walk, but it's worth it** puede que sea una caminata, pero merece la pena.

May [meɪ] *n* mayo *m* → **September.**

maybe ['meɪbiː] *adv* quizás.

mayonnaise [,meɪə'neɪz] *n* mayonesa *f*.

mayor [meə²] *n* alcalde *m*.

mayoress ['meərɪs] *n* esposa *f* del alcalde.

maze [meɪz] *n* laberinto *m*.

me [miː] *pron* me; **she knows ~** me conoce; **it's ~** soy yo; **send it to ~** envíamelo; **tell ~** dime; **he's worse than ~** él aún es peor que yo; **with ~** conmigo; **without ~** sin mí.

meadow ['medəʊ] *n* prado *m*.

meal [miːl] *n* comida *f*.

mealtime ['miːltaɪm] *n* hora *f* de comer.

mean [miːn] *(pt & pp* meant) *adj*

(miserly) tacaño(ña); *(unkind)* mezquino(na). ◆ *vt (signify, matter)* significar; *(intend)* querer decir; *(be a sign of)* indicar; **I ~ it** hablo en serio; **to ~ to do sthg** pensar hacer algo; **I didn't ~ to hurt you** no quería hacerte daño; **to be meant to do sthg** deber hacer algo; **it's meant to be good** dicen que es bueno.

meaning ['miːnɪŋ] *n (of word, phrase)* significado *m*; *(intention)* sentido *m*.

meaningless ['miːnɪŋlɪs] *adj (irrelevant)* sin importancia.

means [miːnz] *(pl* inv) *n (method)* medio *m*. ◆ *npl (money)* medios *mpl*; **by all ~!** ¡por supuesto!; **by ~ of** por medio de.

meant [ment] *pt & pp* → **mean.**

meantime ['miːn,taɪm] ◆ **in the meantime** *adv* mientras tanto.

meanwhile ['miːn,waɪl] *adv* mientras tanto.

measles ['miːzlz] *n* sarampión *m*.

measure ['meʒə²] *vt* medir. ◆ *n* medida *f*; **the room ~s 10 m²** la habitación mide 10 m².

measurement ['meʒəmənt] *n* medida *f*. □ **measurements** *npl (of person)* medidas *fpl*.

meat [miːt] *n* carne *f*; **red ~** carnes rojas; **white ~** carnes blancas.

meatball ['miːtbɔːl] *n* albóndiga *f*.

mechanic [mɪ'kænɪk] *n* mecánico *m*, -ca *f*.

mechanical [mɪ'kænɪkl] *adj (device)* mecánico(ca).

mechanism ['mekənɪzm] *n* mecanismo *m*.

medal ['medl] *n* medalla *f*.

media ['miːdjə] *n or npl*: **the ~** los medios de comunicación.

Medicaid, Medicare ['medɪkeɪd, 'medɪkeə²] *n Am* un seguro *de enfermedad a los pobres, ancianos y mi-nusválidos.*

MEDICAID/ MEDICARE

Al no existir un servicio nacional de salud en los Estados Unidos, en 1965 se crearon los programas Medicaid y Medicare para ofrecer un seguro de enfermedad a los pobres, ancianos y mi-nusválidos. Medicaid ofrece asistencia sanitaria a los menores de 65 años que tienen sueldos bajos y Medicare es para los mayores de esta edad. Como ambos sistemas exigen cada vez más recursos del estado, la situación es frecuentemente objeto de polémica.

medical ['medɪkl] *adj* médico(ca). ◆ *n* chequeo *m* (médico).

medication [,medɪ'keɪʃn] *n* medicación *f*.

medicine ['medsɪn] *n* (substance) medicamento *m*; (science) medicina *f*.

medicine cabinet *n* botiquín *m*.

medieval [,medɪ'iːvl] *adj* medieval.

mediocre [,miːdɪ'əʊkə'] *adj* mediocre.

Mediterranean [,medɪtə'reɪnjən] *n*: **the** ~ el Mediterráneo.

medium ['miːdjəm] *adj* (middle-sized) mediano(na); (wine) suave, semi; (sherry) medium.

medium-dry *adj* semiseco(ca).

medium-sized [-saɪzd] *adj* de tamaño mediano.

medley ['medlɪ] *n* CULIN selec-

ción *f*.

meet [miːt] (*pt & pp* **met**) *vt* (by arrangement) reunirse con; (by chance) encontrarse con; (get to know) conocer; (go to collect) ir a buscar; (need, requirement) satisfacer; (cost, expenses) cubrir. ◆ *vi* (by arrangement) reunirse; (by chance) encontrarse; (get to know each other) conocerse; (intersect) unirse; ~ **me at the bar** espérame en el bar. □ **meet up** *vi* reunirse. □ **meet with** *vt fus* (problems, resistance) encontrarse con; *Am* (by arrangement) reunirse con.

meeting ['miːtɪŋ] *n* (for business) reunión *f*.

meeting point *n* punto *m* de encuentro.

melody ['melədɪ] *n* melodía *f*.

melon ['melən] *n* melón *m*.

melt [melt] *vi* derretirse.

member ['membə'] *n* (of group, party, organization) miembro *mf*; (of club) socio *m*, -cia *f*.

Member of Congress *n* miembro *mf* del Congreso (de EEUU).

Member of Parliament *n* diputado *m*, -da *f* (del parlamento británico).

membership ['membəʃɪp] *n* (state of being a member) afiliación *f*; (members) miembros *mpl*; (of club) socios *mpl*.

memorial [mɪ'mɔːrɪəl] *n* monumento *m* conmemorativo.

memorize ['meməraɪz] *vt* memorizar.

memory ['memərɪ] *n* (ability to remember, of computer) memoria *f*; (thing remembered) recuerdo *m*.

men [men] *pl* → **man**.

menacing ['menəsɪŋ] *adj* amenazador(ra).

mend [mend] *vt* arreglar.

menopause ['menəpɔ:z] *n* menopausia *f*.

men's room *n Am* servicio *m* OR baño *m* de caballeros.

menstruate ['menstrʊeɪt] *vi* menstruar.

menswear ['menzweə'] *n* confección *f* de caballeros.

mental ['mentl] *adj* mental.

mentally handicapped ['mentlɪ-] *adj* disminuido *m* psíquico, disminuida *f* psíquica. ◆ *npl*: the ~ los disminuidos psíquicos.

mentally ill ['mentlɪ-] *adj*: to be ~ ser un enfermo mental (ser una enferma mental).

mention ['menʃn] *vt* mencionar; don't ~ it! ¡no hay de qué!

menu ['menju:] *n* menú *m*; children's ~ menú infantil.

merchandise ['mɜ:tʃəndaɪz] *n* géneros *mpl*.

merchant marine [,mɜ:tʃəntmə'ri:n] *Am* = **merchant navy**.

merchant navy [,mɜ:tʃənt-] *n Br* marina *f* mercante.

mercy ['mɜ:sɪ] *n* compasión *f*.

mere [mɪə'] *adj* simple; a ~ two pounds tan sólo dos libras.

merely ['mɪəlɪ] *adv* solamente.

merge [mɜ:dʒ] *vi* (combine) mezclarse.

merger ['mɜ:dʒə'] *n* fusión *f*.

meringue [mə'ræŋ] *n* merengue *m*.

merit ['merɪt] *n* mérito *m*; (in exam) ≃ notable *m*.

merry ['merɪ] *adj* (cheerful) alborozado(da); *inf* (tipsy) achispado(da); Merry Christmas! ¡Feliz Navidad!

merry-go-round *n* tiovivo *m Esp*, carrusel *m*.

mess [mes] *n* (untidiness) desorden *m*; (difficult situation) lío *m*; in a ~ (untidy) desordenado. □ **mess about**, **mess around** *inf* ◆ *vi* (pass time) perder el tiempo; (potter about) entretenerse; (interfere): to ~ about with sthg manosear algo. ◆ *vt sep*: to ~ sb about vacilar a alguien.

mess about, **mess around** *inf* ◇ *vt fus* (have fun) divertirse; (behave foolishly) hacer el tonto; to ~ about with sthg (interfere) manosear algo. □ **mess up** *vt sep inf* (ruin, spoil) estropear.

message ['mesɪdʒ] *n* mensaje *m*.

messenger ['mesɪndʒə'] *n* mensajero *m*, -ra *f*.

messy ['mesɪ] *adj* desordenado (da).

met [met] *pt & pp* → **meet**.

metal ['metl] *adj* metálico(ca). ◆ *n* metal *m*.

metalwork ['metlwɜ:k] *n* (craft) metalistería *f*.

meter ['mi:tə'] *n* (device) contador *m*, medidor *m* Amér; Am = **metre**.

method ['meθəd] *n* método *m*.

methodical [mɪ'θɒdɪkl] *adj* metódico(ca).

meticulous [mɪ'tɪkjʊləs] *adj* meticuloso(sa).

metre ['mi:tə'] *n Br* metro *m*.

metric ['metrɪk] *adj* métrico(ca).

Mexican ['meksɪkn] *adj* mejicano(na) *Esp*, mexicano(na). ◆ *n* mejicano *m*, -na *f Esp*, mexicano *m*, -na *f*.

Mexico ['meksɪkəʊ] *n* Méjico *Esp*, México.

mg (abbr of milligram) mg.

miaow [mi:'aʊ] *vi Br* maullar.

mice [maɪs] *pl* → **mouse**.

microchip ['maɪkrəʊtʃɪp] *n* microchip *m*.

microphone ['maɪkrəfəʊn] *n* micrófono *m*.

microscope ['maɪkrəskəʊp] *n* microscopio *m*.

microwave (oven) ['maɪkrəweɪv-] *n* microondas *m inv*.

midday [,mɪd'deɪ] *n* mediodía *m*.

middle ['mɪdl] *n* (*in space*) centro *m*; (*in time*) medio *m*; **in the ~ of the road** en (el) medio de la carretera; **in the ~ of April** a mediados de abril; **to be in the ~ of doing sthg** estar haciendo algo.

middle-aged *adj* de mediana edad.

middle-class *adj* de clase media.

Middle East *n*: **the ~** el Oriente Medio.

middle name *n* segundo nombre *m* (de pila) (*en un nombre compuesto*).

midge [mɪdʒ] *n* mosquito *m*.

midget ['mɪdʒɪt] *n* enano *m*, -na *f*.

midnight ['mɪdnaɪt] *n* medianoche *f*.

midsummer ['mɪd'sʌmə'] *n* pleno verano *m*.

midway [,mɪd'weɪ] *adv* (*in space*) a medio camino; (*in time*) a la mitad.

midweek [*adj* 'mɪdwi:k, *adv* mɪd'wi:k] *adj* de entre semana. ◆ *adv* entre semana.

midwife ['mɪdwaɪf] (*pl* -**wives**) *n* comadrona *f*.

midwinter ['mɪd'wɪntə'] *n* pleno invierno *m*.

midwives ['mɪdwaɪvz] *pl* → **midwife**.

☞
might [maɪt] *aux vb* -**1.** (*expressing possibility*) poder; **I suppose they ~ still come** supongo que aún podrían venir.
-**2.** *fml* (*expressing permission*): **~ I have a few words?** ¿podría hablarle un momento?
-**3.** (*when conceding a point*): **it ~ be expensive, but it's good quality** puede que sea caro, pero es de buena ca-

lidad.
-**4.** (*would*): **I'd hoped you ~ come too** esperaba que tú vinieras también.
◆ *n* fuerzas *fpl*.

migraine ['mi:greɪn, 'maɪgreɪn] *n* jaqueca *f*.

mild [maɪld] *adj* (*taste, weather, detergent*) suave; (*illness, discomfort*) leve; (*slight*) ligero(ra); (*person, nature*) apacible. ◆ *n* Br cerveza de sabor suave.

mile [maɪl] *n* milla *f*; **it's ~s away** está muy lejos.

mileage ['maɪlɪdʒ] *n* distancia *f* en millas, ≃ kilometraje *m*.

mileometer [maɪ'lɒmɪtə'] *n* cuentamillas *m inv*, ≃ cuentakilómetros *m inv*.

military ['mɪlɪtrɪ] *adj* militar.

milk [mɪlk] *n* leche *f*. ◆ *vt* (*cow*) ordeñar.

milk chocolate *n* chocolate *m* con leche.

milkman ['mɪlkmən] (*pl* -**men** [-mən]) *n* lechero *m*.

milk shake *n* batido *m*, malteada *f Amér*.

milky ['mɪlkɪ] *adj* (*drink*) con mucha leche.

mill [mɪl] *n* (*flour-mill*) molino *m*; (*for grinding*) molinillo *m*; (*factory*) fábrica *f*.

millennium [mɪ'lenɪəm] *n* milenio *m*.

milligram ['mɪlɪgræm] *n* miligramo *m*.

millilitre ['mɪlɪ,li:tə'] *n* mililitro *m*.

millimetre ['mɪlɪ,mi:tə'] *n* milímetro *m*.

million ['mɪljən] *n* millón *m*; **~s of** *fig* millones de.

millionaire [,mɪljə'neə'] *n* millonario *m*, -ria *f*.

mime [maɪm] *vi* hacer mímica.

min. [mɪn] *(abbr of minute)* min.; *(abbr of minimum)* mín.

mince [mɪns] *n Br* carne *f* picada.

mincemeat ['mɪnsmiːt] *n (sweet filling)* dulce de fruta confitada con especias; *Am (mince)* carne *f* picada *Esp* molida.

mince pie *n* pastelillo navideño de pasta quebrada, rellena de fruta confitada y especias.

mind [maɪnd] *n* mente *f; (memory)* memoria *f.* ◆ *vt (look after)* cuidar de. ◆ *vi:* **do you ~ if ...?** ¿le importa si ...?; **I don't ~** *(it won't disturb me)* no me molesta; *(I'm indifferent)* me da igual; **it slipped my ~** se me olvidó; **state of ~** estado *m* de ánimo; **to my ~** en mi opinión; **to bear sthg in ~** tener algo en cuenta; **to change one's ~** cambiar de opinión; **to have sthg in ~** tener algo en mente; **to have sthg on one's ~** estar preocupado por algo; **do you ~ the noise?** ¿te molesta el ruido?; **to make one's ~ up** decidirse; **I wouldn't ~ a drink** no me importaría tomar algo; **'~ the step'** 'cuidado con el peldaño'; **never ~!** *(don't worry)* ¡no importa!

mine¹ [maɪn] *pron* mío *m,* -a *f;* **a friend of ~** un amigo mío.

mine² *n* mina *f.*

miner ['maɪnəʳ] *n* minero *m,* -ra *f.*

mineral ['mɪnərəl] *n* mineral *m.*

mineral water *n* agua *f* mineral.

minestrone [,mɪnɪ'strəʊnɪ] *n* minestrone *f.*

miniature ['mɪnətʃəʳ] *adj* en miniatura. ◆ *n (bottle of alcohol)* botellín *m (de bebida alcohólica).*

minibar ['mɪnɪbɑː] *n* minibar *m.*

minibus ['mɪnɪbʌs] *(pl* **-es)** *n* microbús *m.*

minicab ['mɪnɪkæb] *n Br* radio-

taxi *m.*

minimal ['mɪnɪml] *adj* mínimo (ma).

minimum ['mɪnɪməm] *adj* mínimo(ma). ◆ *n* mínimo *m.*

miniskirt ['mɪnɪskɜːt] *n* minifalda *f.*

minister ['mɪnɪstəʳ] *n (in government)* ministro *m,* -tra *f; (in Church)* pastor *m.*

ministry ['mɪnɪstrɪ] *n (of government)* ministerio *m.*

minor ['maɪnəʳ] *adj* menor. ◆ *n fml* menor *mf* de edad.

Minorca [mɪ'nɔːkə] *n* Menorca *f.*

minority [maɪ'nɒrətɪ] *n* minoría *f.*

minor road *n* carretera *f* secundaria.

mint [mɪnt] *n (sweet)* caramelo *m* de menta; *(plant)* menta *f.*

minus ['maɪnəs] *prep (in subtraction)* menos; **it's ~ 10°C** estamos a 10°C bajo cero.

minuscule ['mɪnəskjuːl] *adj* minúsculo(la).

minute¹ ['mɪnɪt] *n* minuto *m;* **any ~** en cualquier momento; **just a ~!** ¡espera un momento!.

minute² [maɪ'njuːt] *adj* diminuto (ta).

minute steak [,mɪnɪt-] *n* filete muy fino que se hace rápido al cocinarlo.

miracle ['mɪrəkl] *n* milagro *m.*

miraculous [mɪ'rækjʊləs] *adj* milagroso(sa).

mirror ['mɪrəʳ] *n (on wall, hand-held)* espejo *m; (on car)* retrovisor *m.*

misbehave [,mɪsbɪ'heɪv] *vi* portarse mal.

miscarriage [,mɪs'kærɪdʒ] *n* aborto *m* (natural).

miscellaneous [,mɪsə'leɪnjəs] *adj* diverso(sa).

mischievous ['mɪstʃɪvəs] adj travieso(sa).

misconduct [ˌmɪs'kɒndʌkt] n mala conducta f.

miser ['maɪzə'] n avaro m, -ra f.

miserable ['mɪzrəbl] adj (unhappy) infeliz; (depressing, small) miserable; (weather) horrible.

misery ['mɪzərɪ] n (unhappiness) desdicha f; (poor conditions) miseria f.

misfire [ˌmɪs'faɪə'] vi (car) no arrancar.

misfortune [mɪs'fɔːtʃuːn] n (bad luck) mala suerte f.

mishap ['mɪshæp] n contratiempo m.

misjudge [ˌmɪs'dʒʌdʒ] vt (distance, amount) calcular mal; (person, character) juzgar mal.

mislay [ˌmɪs'leɪ] (pt & pp -laid [-'leɪd]) vt extraviar.

mislead [ˌmɪs'liːd] (pt & pp -led [-'led]) vt engañar.

miss [mɪs] vt perder; (not notice) no ver; (regret absence of) echar de menos; (appointment) faltar a; (programme) perderse. ◆ vi fallar; **you can't ~ it** no tiene pérdida. □ **miss out** ◆ vt sep pasar por alto. ◆ vi: **to ~ out on sthg** perderse algo.

Miss [mɪs] n señorita f.

missile [Br 'mɪsaɪl, Am 'mɪsl] n (weapon) misil m; (thing thrown) proyectil m.

missing ['mɪsɪŋ] adj (lost) perdido (da); **to be ~** (not there) faltar.

missing person n desaparecido m, -da f.

mission ['mɪʃn] n misión f.

missionary ['mɪʃənrɪ] n misionario m, -ria f.

mist [mɪst] n neblina f.

mistake [mɪ'steɪk] (pt -took, pp -taken [-'teɪkn]) n error m. ◆ vt (mis-

understand) malentender; **by ~** por error; **to make a ~** equivocarse; **to ~ sthg/sb for** confundir algo/a alguien con.

Mister ['mɪstə'] n señor m.

mistook [mɪ'stʊk] pp → **mistake**.

mistress ['mɪstrɪs] n (lover) amante f; Br (secondary teacher) profesora f.

mistrust [ˌmɪs'trʌst] vt desconfiar de.

misty ['mɪstɪ] adj neblinoso(sa).

misunderstanding [ˌmɪsʌndə-'stændɪŋ] n malentendido m.

misuse [ˌmɪs'juːs] n uso m indebido.

mitten ['mɪtn] n manopla f.

mix [mɪks] vt mezclar. ◆ vi (socially) alternar. ◆ (for cake, sauce) mezcla f; **to ~ sthg with sthg** mezclar algo con algo. □ **mix up** vt sep (confuse) confundir; (put into disorder) mezclar.

mixed [mɪkst] adj (school) mixto (ta).

mixed grill n parrillada mixta de carne, champiñones y tomate.

mixed salad n ensalada f mixta.

mixed vegetables npl selección f de verduras.

mixer ['mɪksə'] n (for food) batidora f; (drink) bebida no alcohólica que se mezcla con las bebidas alcohólicas.

mixture ['mɪkstʃə'] n mezcla f.

mix-up n inf confusión f.

ml (abbr of millilitre) ml.

mm (abbr of millimetre) mm.

moan [məʊn] vi (in pain, grief) gemir; inf (complain) quejarse.

mobile ['məʊbaɪl] adj móvil.

mobile phone n teléfono m móvil Esp, celular m Amér.

mock [mɒk] adj fingido(da). ◆ vt burlarse de. ◆ n Br (exam) simulacro *m* de examen.

mode [məʊd] *n* modo *m*.

model ['mɒdl] *n* modelo *m*; *(small copy)* maqueta *f*; *(fashion model)* modelo *mf*.

modem ['məʊdem] *n* modem *m*.

moderate ['mɒdərət] *adj* moderado(da).

modern ['mɒdən] *adj* moderno (na).

modernized ['mɒdənaɪzd] *adj* modernizado(da).

modern languages *npl* lenguas *fpl* modernas.

modest ['mɒdɪst] *adj* modesto(ta); *(price)* módico(ca); *(increase, improvement)* ligero(ra).

modify ['mɒdɪfaɪ] *vt* modificar.

mohair ['məʊheəʳ] *n* mohair *m*.

moist [mɔɪst] *adj* húmedo(da).

moisture ['mɔɪstʃəʳ] *n* humedad *f*.

moisturizer ['mɔɪstʃəraɪzəʳ] *n* crema *f* hidratante.

molar ['məʊləʳ] *n* muela *f*.

mold [məʊld] *Am* = **mould**.

mole [məʊl] *n* (animal) topo *m*; *(spot)* lunar *m*.

molest [mə'lest] *vt (child)* abusar sexualmente; *(woman)* acosar.

mom [mɒm] *n Am inf* mamá *f*.

moment ['məʊmənt] *n* momento *m*; **at the ~** en este momento; **for the ~** de momento.

Mon. *(abbr of Monday)* lun.

monarchy ['mɒnəkɪ] *n*: **the ~** la familia real.

monastery ['mɒnəstrɪ] *n* monasterio *m*.

Monday ['mʌndɪ] *n* lunes *m inv* = **Saturday**.

money ['mʌnɪ] *n* dinero *m*.

money belt *n* riñonera *f*.

money order *n* giro *m* postal.

---

mongrel ['mʌŋgrəl] *n* perro *m* cruzado.

monitor ['mɒnɪtəʳ] *n (computer screen)* monitor *m*. ◆ *vt (check, observe)* controlar.

monk [mʌŋk] *n* monje *m*.

monkey ['mʌŋkɪ] *(pl* **monkeys)** *n* mono *m*.

monkfish ['mʌŋkfɪʃ] *n* rape *m*.

monopoly [mə'nɒpəlɪ] *n* monopolio *m*.

monorail ['mɒnəʊreɪl] *n* monorraíl *m Esp*, monorriel *m Amér*.

monotonous [mə'nɒtənəs] *adj* monótono(na).

monsoon [mɒn'suːn] *n* monzón *m*.

monster ['mɒnstəʳ] *n* monstruo *m*.

month [mʌnθ] *n* mes *m*; **every ~** cada mes; **in a ~'s time** en un mes.

monthly ['mʌnθlɪ] *adj* mensual. ◆ *adv* mensualmente.

monument ['mɒnjʊmənt] *n* monumento *m*.

mood [muːd] *n* humor *m*; **to be in a (bad) ~** estar de mal humor; **to be in a good ~** estar de buen humor.

moody ['muːdɪ] *adj (bad-tempered)* malhumorado(da); *(changeable)* de humor variable.

moon [muːn] *n* luna *f*.

moonlight ['muːnlaɪt] *n* luz *f* de luna.

moor [mɔːʳ] *n* páramo *m*. ◆ *vt* amarrar.

mop [mɒp] *n (for floor)* fregona *f Esp*, trapeador *m Amér*. ◆ *vt (floor)* pasar la fregona por *Esp*, trapear *Amér*. ☐ **mop up** *vt sep (clean up)* limpiar.

moped ['məʊped] *n* ciclomotor *m*.

moral ['mɒrəl] *adj* moral. ◆ *n (lesson)* moraleja *f*.

morality [mə'rælɪt] *n* moralidad *f*.

more [mɔː'] adj -1. (a larger amount of) más; **there are ~ tourists than usual** hay más turistas que de costumbre.
- 2. (additional) más; **are there any ~ cakes?** ¿hay más pasteles?; **there's no ~ wine** no hay más vino; **have some ~ rice** come un poco más de arroz.
- 3. (in phrases): **~ and more** cada vez más.
◆ adv -1. (in comparatives) más; **it's ~ difficult than before** es más difícil que antes; **speak ~ clearly** habla con más claridad.
- 2. (to a greater degree) más; **we ought to go to the cinema ~** deberíamos ir más al cine.
- 3. (longer) más; **I don't go there any ~** ya no voy más allí.
- 4. (again): **once ~** una vez más.
- 5. (in phrases): **~ or less** más o menos; **we'd be ~ than happy to help** estaríamos encantados de ayudarle.
◆ pron -1. (a larger amount) más; **I've got ~ than you** tengo más que tú; **~ than 20 types of pizza** más de 20 clases de pizzas.
- 2. (an additional amount) más; **is there any ~?** ¿hay más?

moreover [mɔː'rəʊvə'] adv fml además.

morning ['mɔːnɪŋ] n mañana f; **two o'clock in the ~** las dos de la mañana; **good ~!** ¡buenos días!; **in the ~** (early in the day) por la mañana; (tomorrow morning) mañana por la mañana.

morning-after pill n píldora f del día siguiente.

morning sickness n náuseas fpl de por la mañana.

moron ['mɔːrɒn] n inf imbécil mf.

mortgage ['mɔːɡɪdʒ] n hipoteca f.

mosaic [mə'zeɪɪk] n mosaico m.

Moslem ['mɒzləm] = **Muslim**.

mosque [mɒsk] n mezquita f.

mosquito [mə'skiːtəʊ] (pl -es) n mosquito m.

mosquito net n mosquitero m.

moss [mɒs] n musgo m.

most [məʊst] adj -1. (the majority of) la mayoría de; **~ people** la mayoría de la gente.
- 2. (the largest amount of) más; **I drank (the) ~ beer** yo fui el que bebió más cerveza.
◆ adv -1. (in superlatives) más; **the ~ expensive hotel** el hotel más caro.
- 2. (to the greatest degree) más; **I like this one ~** éste es el que más me gusta.
- 3. (very) muy; **we would be ~ grateful** le agradeceríamos mucho.
◆ pron -1. (the majority) la mayoría; **~ of the villages** la mayoría de los pueblos; **~ of the time** la mayor parte del tiempo.
- 2. (the largest amount): **she earns (the) ~** es la que más gana.
- 3. (in phrases): **at ~** como máximo; **to make the ~ of sthg** aprovechar algo al máximo.

mostly ['məʊstlɪ] adv principalmente.

MOT n Br (test) revisión anual obligatoria para todos los coches de más de tres años, ≃ ITV f.

moth [mɒθ] n polilla f.

mother ['mʌðə'] n madre f.

mother-in-law n suegra f.

mother-of-pearl n nácar m.

motif [məʊ'tiːf] n motivo m.

motion ['məʊʃn] n (movement) movimiento m. ◆ vi: **to ~ to sb** hacer una señal a alguien.

motionless ['məʊʃənlıs] *adj* inmóvil.

motivate ['məʊtıveıt] *vt* motivar.

motive ['məʊtıv] *n* motivo *m*.

motor ['məʊtəʳ] *n* motor *m*.

motorbike ['məʊtəbaık] *n* moto *f*.

motorboat ['məʊtəbəʊt] *n* lancha *f* motora.

motorcar ['məʊtəkɑ:ʳ] *n* automóvil *m*.

motorcycle ['məʊtə,saıkl] *n* motocicleta *f*.

motorcyclist ['məʊtə,saıklıst] *n* motociclista *mf*.

motorist ['məʊtərıst] *n* automovilista *mf*.

motor racing *n* automovilismo *m* (deporte).

motorway ['məʊtəweı] *n* Br autopista *f*.

motto ['mɒtəʊ] (*pl* **-s**) *n* lema *m*.

mould [məʊld] *n* Br (shape) molde *m*; (substance) moho *m*. ◆ *vt* Br moldear.

mound [maʊnd] *n* (hill) montículo *m*; (pile) montón *m*.

mount [maʊnt] *n* (for photo) marco *m*; (mountain) monte *m*. ◆ *vt* (horse) montar en; (photo) enmarcar. ◆ *vi* (increase) aumentar.

mountain ['maʊntın] *n* montaña *f*.

mountain bike *n* bicicleta *f* de montaña.

mountaineer [,maʊntı'nıəʳ] *n* montañero *m*, -ra *f*.

mountaineering [,maʊntı'nıərıŋ] *n*: **to go ~** hacer montañismo.

mountainous ['maʊntınəs] *adj* montañoso(sa).

Mount Rushmore [-'rʌʃmɔ:ʳ] *n* el monte Rushmore.

mourning ['mɔ:nıŋ] *n*: **to be in ~** estar de luto.

mouse [maʊs] (*pl* **mice**) *n* ratón *m*.

moussaka [mu:'sɑ:kə] *n* plato griego de berenjenas, tomate, salsa de queso y carne picada.

mousse [mu:s] *n* (food) mousse *m*; (for hair) espuma *f*.

moustache [mə'stɑ:ʃ] *n* Br bigote *m*.

mouth [maʊθ] *n* boca *f*; (of river) desembocadura *f*.

mouthful ['maʊθfʊl] *n* (of food) bocado *m*; (of drink) trago *m*.

mouthpiece ['maʊθpi:s] *n* (of telephone) micrófono *m*; (of musical instrument) boquilla *f*.

mouthwash ['maʊθwɒʃ] *n* elixir *m* bucal.

move [mu:v] *n* (change of house) mudanza *f*; (movement) movimiento *m*; (in games) jugada *f*; (turn to play) turno *m*; (course of action) medida *f*. ◆ *vt* (shift) mover; (emotionally) conmover. ◆ *vi* (shift) moverse; **to ~ (house)** mudarse; **to make a ~** (leave) irse. □ **move along** *vi* hacerse a un lado. □ **move in** *vi* (to house) instalarse. □ **move off** *vi* (train, car) ponerse en marcha. □ **move on** *vi* (after stop-

ping) reanudar la marcha. ❑ **move out** *vi (from house)* mudarse. ❑ **move over** *vi* hacer sitio. ❑ **move up** *vi* hacer sitio.

movement ['mu:vmǝnt] *n* movimiento *m*.

movie ['mu:vɪ] *n* película *f*.

movie theater *n Am* cine *m*.

moving ['mu:vɪŋ] *adj (emotionally)* conmovedor(ra).

mow [mǝʊ] *vt*: **to ~ the lawn** cortar el césped.

mozzarella [ˌmɒtsǝ'relǝ] *n* mozzarella *f*.

MP *abbr* = **Member of Parliament**.

mph *(abbr of miles per hour)* mph.

Mr ['mɪstǝ'] *abbr* Sr.

Mrs ['mɪsɪz] *abbr* Sra.

Ms [mɪz] *abbr abreviatura que se utiliza delante del apellido cuando no se quiere decir el estado civil de la mujer.*

MSc *n (abbr of Master of Science)* título postuniversitario de dos años en ciencias.

──────────

much [mʌtʃ] *(compar* **more**, *superl* **most**) *adj* mucho(cha); **I haven't got ~ money** no tengo mucho dinero; **as ~ food as you can eat** tanta comida como puedas comer; **how ~ time is left?** ¿cuánto tiempo queda?; **they have so ~ money** tienen tanto dinero; **we have too ~ food** tenemos demasiada comida.
 ◆ *adv* mucho; **it's ~ better** es mucho mejor; **he's ~ too good** es demasiado bueno; **I like it very ~** me gusta muchísimo; **it's not ~ good** no vale mucho; **thank you very ~** muchas gracias; **we don't go there ~** no vamos mucho allí.
 ◆ *pron* mucho; **I haven't got ~** no tengo mucho; **as ~ as you like** tanto

como quieras; **how ~ is it?** ¿cuánto es?; **you've got so ~** tienes tanto; **you've got too ~** tienes demasiado.

muck [mʌk] *n* mugre *f*. ❑ **muck about** *vi Br inf* hacer el indio. ❑ **muck up** *vt sep Br inf* fastidiar.

mud [mʌd] *n* barro *m*.

muddle ['mʌdl] *n*: **to be in a ~** estar hecho un lío.

muddy ['mʌdɪ] *adj* lleno(na) de barro.

mud flap *n Am* = **mudguard**.

mudguard ['mʌdɡɑ:d] *n* guardabarros *m inv*.

muesli ['mju:zlɪ] *n* muesli *m*.

muffin ['mʌfɪn] *n (roll)* panecillo *m*; *(cake)* especie de bollo que se come caliente.

muffler ['mʌflǝ'] *n Am (silencer)* silenciador *m*.

mug [mʌɡ] *n (cup)* tanque *m*, taza *f* grande (cilíndrica). ◆ *vt* asaltar.

mugging ['mʌɡɪŋ] *n* atraco *m*.

muggy ['mʌɡɪ] *adj* bochornoso (sa).

mule [mju:l] *n* mula *f*.

multicoloured ['mʌltɪˌkʌlǝd] *adj* multicolor.

multiple ['mʌltɪpl] *adj* múltiple.

multiplex cinema ['mʌltɪpleks-] *n* multicine *m*.

multiplication [ˌmʌltɪplɪ'keɪʃn] *n* multiplicación *f*.

multiply ['mʌltɪplaɪ] *vt* multiplicar. ◆ *vi* multiplicarse.

multistorey (car park) [ˌmʌltɪ'stɔ:rɪ-] *n* aparcamiento *m* de muchas plantas *Esp*, estacionamiento *m* de varios pisos *Amér*.

multivitamin [*Br* 'mʌltɪvɪtǝmɪn, *Am* ˌmʌltɪvaɪtǝmɪn] *n* multivitamina *f*.

mum [mʌm] *n Br inf* mamá *f*.

mummy ['mʌmɪ] *n Br inf (mother)* mamá *f*.

mumps [mʌmps] n paperas fpl.

munch [mʌntʃ] vt masticar.

municipal [mju:'nisipl] adj municipal.

mural ['mjuːərəl] n mural m.

murder ['mɜːdəˀ] n asesinato m. ◆ vt asesinar.

murderer ['mɜːdərəˀ] n asesino m, -na f.

muscle ['mʌsl] n músculo m.

museum [mju:'ziːəm] n museo m.

mushroom ['mʌʃrʊm] n (small and white) champiñón m; (darker and flatter) seta f.

music ['mjuːzɪk] n música f.

musical ['mjuːzɪkl] adj (connected with music) musical; (person) con talento para la música. ◆ n musical m.

musical instrument n instrumento m musical.

musician [mjuːˈzɪʃn] n músico m, -ca f.

Muslim ['mʊzlɪm] adj musulmán (ana). ◆ n musulmán m, -ana f.

mussels ['mʌslz] npl mejillones mpl.

must [mʌst] aux vb deber, tener que. ◆ n inf: **it's a** ~ no te lo puedes perder; **I** ~ **go** debo irme; **you** ~ **have seen it** tienes que haberlo visto; **you** ~ **see that film** no te puedes perder esa película; **you** ~ **be joking!** estás de broma ¿no?

mustache ['mʌstæʃ] Am = **moustache**.

mustard ['mʌstəd] n mostaza f.

mustn't ['mʌsənt] = **must not**.

mutter ['mʌtəˀ] vt musitar.

mutual ['mjuːtʃʊəl] adj (feeling) mutuo(tua); (friend, interest) común.

muzzle ['mʌzl] n (for dog) bozal m.

my [maɪ] adj mi, mis (pl).

myself [maɪˈself] pron (reflexive) me;

(after prep) mí mismo(ma); **I did it** ~ lo hice yo solo.

mysterious [mɪˈstɪərɪəs] adj misterioso(sa).

mystery ['mɪstərɪ] n misterio m.

myth [mɪθ] n mito m.

N

N (abbr of north) N.

nag [næg] vt regañar.

nail [neɪl] n (of finger, toe) uña f; (metal) clavo m. ◆ vt (fasten) clavar.

nailbrush ['neɪlbrʌʃ] n cepillo m de uñas.

nail file n lima f de uñas.

nail scissors npl tijeras fpl para las uñas.

nail varnish n esmalte m de uñas.

nail varnish remover [-rəˈmuːvəˀ] n quitaesmaltes m inv.

naive [naɪˈiːv] adj ingenuo(nua).

naked ['neɪkɪd] adj (person) desnudo(da).

name [neɪm] n nombre m; (surname) apellido m; (reputation) reputación f. ◆ vt (date, price) fijar; **they** ~**d him** John de nombre; **first** ~ nombre; **last** ~ apellido; **what's your** ~? ¿cómo te llamas?; **my** ~ **is** ... me llamo ...

namely ['neɪmlɪ] adv a saber.

nanny ['nænɪ] n (childminder) niñera f; inf (grandmother) abuelita f.

nap [næp] n: **to have a** ~ echar una siesta.

napkin ['næpkɪn] n servilleta f.

nappy ['næpɪ] n pañal m.

narcotic [nɑːˈkɒtik] n narcótico m.

narrow ['nærəu] adj (road, gap) estrecho(cha). ◆ vi (road, gap) estrecharse.

narrow-minded [-'maindd] adj estrecho(cha) de miras.

nasty ['nɑːsti] adj (spiteful) malintencionado(da); (accident, fall) grave; (unpleasant) desagradable.

nation ['neiʃn] n nación f.

national ['næʃənl] adj nacional. ◆ n súbdito m, -ta f.

national anthem n himno m nacional.

National Health Service n organismo gestor de la salud pública en Gran Bretaña.

National Insurance n Br (contributions) ≃ Seguridad f Social.

nationality [,næʃə'nælətɪ] n nacionalidad f.

National Lottery n Brit: the ∼ la Lotería Nacional.

national park n parque m nacional.

NATIONAL PARK

Los parques nacionales de Estados Unidos son grandes extensiones de terreno abiertas al público y protegidas para conservar su flora, fauna y belleza natural. Los más conocidos son los de Yellowstone y Yosemite. En todos ellos hay lugares donde se puede practicar el camping.

nationwide ['neiʃənwaid] adj a escala nacional.

native ['neitiv] adj (country) natal; (customs) originario(ria); (population) indígeno(na). ◆ n natural mf; a ∼ speaker of English un hablante nativo de inglés.

NATIVE AMERICAN

Las tribus de aborígenes americanos que poblaban Estados Unidos antes de la llegada de los europeos poseían cada una su propia lengua y su modo de vida. Entre los siglos XVII y XIX se vieron obligadas a defender sus tierras de los colonos europeos, a menudo luchando. Muchos indios murieron en combate o bien por haber contraído alguna de las enfermedades que los europeos trajeron a América. Otros muchos fueron obligados a vivir en reservas, territorios destinados especialmente a ellos. A lo largo del siglo XX, el gobierno estadounidense ha procurado conceder más derechos a los grupos étnicos nativos del país, y también ha ido mostrando cada vez mayor interés por su historia y su cultura tradicional.

NATO ['neitəu] n OTAN f.

natural ['nætʃrəl] adj (ability, charm) natural; (swimmer, actor) nato(ta).

natural gas n gas m natural.

naturally ['nætʃrəli] adv (of course) naturalmente.

natural yoghurt n yogur m natural.

nature ['neitʃə'] n naturaleza f.

nature reserve n reserva f natural.

naughty ['nɔːti] adj (child) travieso(sa).

nausea ['nɔːziə] n náusea f.

navigate ['nævigeit] vi (in boat,

plane) dirigir; *(in car)* guiar.

navy ['neɪvɪ] *n (ships)* armada *f.*
◆ *adj:* ~ **(blue)** azul marino.

NB *(abbr of nota bene)* N.B.

near [nɪə'] *adv* cerca. ◆ *adj (place, object)* cerca'; *(relation)* cercano(na). ◆ *prep:* ~ **(to)** *(edge, object, place)* cerca de; **in the** ~ **future** en el futuro próximo.

nearby [nɪə'baɪ] *adv* cerca. ◆ *adj* cercano(na).

nearly ['nɪəlɪ] *adv* casi.

nearsighted ['nɪərsaɪtɪd] *adj Am* miope.

neat [niːt] *adj (writing, work)* bien hecho(cha); *(room)* ordenado(da); *(whisky, vodka etc)* solo(la); *Am (very good)* genial.

neatly ['niːtlɪ] *adv (placed, arranged)* cuidadosamente, con pulcritud; *(written)* con buena letra.

necessarily [,nesə'serɪlɪ, *Br* 'nesəsralɪ] *adv:* **not** ~ no necesariamente.

necessary ['nesəsrɪ] *adj* necesario (ria); **it is** ~ **to do it** es necesario hacerlo.

necessity [nɪ'sesətɪ] *n* necesidad *f.*
❑ **necessities** *npl* artículos *mpl* de primera necesidad.

neck [nek] *n (of person, jumper, shirt)* cuello *m; (of animal)* pescuezo *m.*

necklace ['neklɪs] *n (long)* collar *m; (short)* gargantilla *f.*

nectarine ['nektərɪn] *n* nectarina *f.*

need [niːd] *n* necesidad *f* ◆ *vt* necesitar; **to** ~ **to do sthg** *(require)* necesitar hacer algo; *(be obliged)* tener que hacer algo.

needle ['niːdl] *n* aguja *f.*

needlework ['niːdlwɜːk] *n SCH* costura *f.*

needn't ['niːdənt] = **need not**.

needy ['niːdɪ] *adj* necesitado(da).

negative ['negətɪv] *adj* negativo (va). ◆ *n (in photography)* negativo *m; GRAMM* negación *f.*

neglect [nɪ'glekt] *vt (child, garden, work)* descuidar.

negligence ['neglɪdʒəns] *n* negligencia *f.*

negotiations [nɪ,gəʊʃɪ'eɪʃnz] *npl* negociaciones *fpl.*

negro ['niːgrəʊ] *(pl* -es*) n* negro *m,* -gra *f.*

neighbor ['neɪbər] *Am* = **neighbour**.

neighbour ['neɪbə'] *n* vecino *m,* -na *f.*

neighbourhood ['neɪbəhʊd] *n* barrio *m.*

neighbouring ['neɪbərɪŋ] *adj* vecino(na).

neither ['naɪðə', 'niːðə'] *adj:* ~ **bag is big enough** ninguna de las dos bolsas es bastante grande. ◆ *pron:* ~ **of us** ninguno *m* de nosotros, ninguna *f* de nosotras. ◆ *conj:* ~ **do I** yo tampoco; ~ ... **nor** ... ni ... ni ...

neon light ['niːɒn-] *n* luz *f* de neón.

nephew ['nefjuː] *n* sobrino *m.*

nerve [nɜːv] *n (in body)* nervio *m; (courage)* coraje *m;* **what a** ~ ! ¡qué caradura!

nervous ['nɜːvəs] *adj (tense by nature)* nervioso(sa); *(apprehensive)* aprensivo(va); *(uneasy)* preocupado(da).

nervous breakdown *n* crisis *f inv* nerviosa.

nest [nest] *n* nido *m.*

net [net] *n* red *f;* **the N~** la Red.

◆ adj neto(ta).

netball ['netbɔ:l] n deporte parecido al baloncesto femenino.

Netherlands ['neðələndz] npl: the ~ los Países Bajos.

nettle ['netl] n ortiga f.

network ['netwɜːk] n (of streets, trains) red f; RADIO & TV cadena f.

neurotic [,njʊə'rɒtɪk] adj neuróti-co(ca).

neutral ['nju:trəl] adj (country, person) neutral; (in colour) incoloro(ra). ◆ n AUT: in ~ en punto muerto.

never ['nevə'] adv nunca; I've ~ been to Berlin no he estado nunca en Berlín; she's ~ late (ella) nunca llega tarde; ~ mind! ¡no importa!

nevertheless [,nevəðə'les] adv sin embargo.

new [nju:] adj nuevo(va).

newly ['nju:lɪ] adv recién.

news [nju:z] n noticias fpl; a piece of ~ una noticia.

newsagent ['nju:z,eɪdʒənt] n (shop) ≃ quiosco m de periódicos.

newspaper ['nju:z,peɪpə'] n perió-dico m.

New Year n Año m Nuevo.

New Year's Day n día m de Año Nuevo.

New Year's Eve n Nochevieja f.

New Zealand [-'zi:lənd] n Nueva Zelanda.

next [nekst] adj (in the future, follow-ing) próximo(ma); (room, house) de al lado. ◆ adv (afterwards) después; (on next occasion) la próxima vez; when does the ~ bus leave? ¿a qué hora sale el próximo autobús?; ~ year/Monday el año/el lunes que viene; ~ to (by the side of) junto a; the week after ~ la semana que viene no, la otra.

next door adv en la casa de al

lado.

next of kin [-kɪn] n pariente m más próximo, pariente más próxima f.

NHS abbr = National Health Service.

nib [nɪb] n plumilla f.

nibble ['nɪbl] vt mordisquear.

Nicaragua [,nɪkə'rægjʊə] n Nicara-gua.

Nicaraguan [,nɪkə'rægjʊən] adj ni-caragüense. ◆ n nicaragüense mf.

nice [naɪs] adj (pleasant) agradable; (pretty) bonito(ta); (kind) amable; to have a ~ time pasarlo bien; ~ to see you! ¡encantado(da) de verle!

nickel ['nɪkl] n (metal) níquel m; Am (coin) moneda f de cinco centavos.

nickname ['nɪkneɪm] n apodo m.

niece [ni:s] n sobrina f.

night [naɪt] n (time when asleep) no-che f; (evening) tarde f; at ~ de no-che; by ~ por la noche; last ~ anoche.

nightclub ['naɪtklʌb] n ≃ sala f de fiestas (abierta sólo por las noches).

nightdress ['naɪtdres] n camisón m.

nightie ['naɪtɪ] n inf camisón m.

nightlife ['naɪtlaɪf] n vida f noctur-na.

nightly ['naɪtlɪ] adv cada noche.

nightmare ['naɪtmeə'] n pesadilla f.

night safe n caja f nocturna (en un banco).

night school n escuela f noctur-na.

nightshift ['naɪtʃɪft] n turno m de noche.

nil [nɪl] n SPORT cero m.

Nile [naɪl] n: the ~ el Nilo.

nine [naɪn] num nueve → **six**.

nineteen [,naɪn'tiːn] *num* diecinueve → **six**; ~ **ninety-five** mil novecientos noventa y cinco.

nineteenth [,naɪn'tiːnθ] *num* decimonoveno(na) → **sixth**.

ninetieth ['naɪntɪθ] *num* nonagésimo(ma) → **sixth**.

ninety ['naɪntɪ] *num* noventa → **six**.

ninth [naɪnθ] *num* noveno(na) → **sixth**.

nip [nɪp] *vt (pinch)* pellizcar.

nipple ['nɪpl] *n (of breast)* pezón *m*.

no [nəʊ] *adv* no. ◆ *n* no *m*; **I've got** ~ **time** no tengo tiempo; **I've got** ~ **money left** no me queda (ningún) dinero.

noble ['nəʊbl] *adj* noble.

nobody ['nəʊbədɪ] *pron* nadie.

nod [nɒd] *vi (in agreement)* asentir con la cabeza.

noise [nɔɪz] *n* ruido *m*.

noisy ['nɔɪzɪ] *adj* ruidoso(sa).

nominate ['nɒmɪneɪt] *vt* proponer.

nonalcoholic [,nɒnælkə'hɒlɪk] *adj* sin alcohol.

none [nʌn] *pron* ninguno *m*, -na *f*; **there's** ~ **left** no queda nada.

nonetheless [,nʌnðə'les] *adv* no obstante.

nonfiction [,nɒn'fɪkʃn] *n* no ficción *f*.

non-iron *adj* que no necesita plancha.

nonsense ['nɒnsəns] *n* tonterías *fpl*.

nonsmoker [,nɒn'sməʊkəʳ] *n* no fumador *m*, -ra *f*.

nonstick [,nɒn'stɪk] *adj* antiadherente.

nonstop [,nɒn'stɒp] *adj (talking, arguing)* continuo(nua); *(flight)* sin escalas. ◆ *adv (run, rain)* sin parar; *(fly, travel)* directamente.

noodles ['nuːdlz] *npl* fideos *mpl*.

noon [nuːn] *n* mediodía *m*.

no one = **nobody**.

nor [nɔːʳ] *conj* tampoco; ~ **do I** yo tampoco, neither.

normal ['nɔːml] *adj* normal.

normally ['nɔːməlɪ] *adv* normalmente.

north [nɔːθ] *n* norte *m*. ◆ *adv (fly, walk)* hacia el norte; *(be situated)* al norte; **in the** ~ **of England** en el norte de Inglaterra.

North America *n* Norteamérica.

northbound ['nɔːθbaʊnd] *adj* con dirección norte.

northeast [,nɔːθ'iːst] *n* nordeste *m*.

northern ['nɔːðən] *adj* del norte.

Northern Ireland *n* Irlanda del Norte.

North Pole *n* Polo *m* Norte.

North Sea *n* Mar *m* del Norte.

northwards ['nɔːθwədz] *adv* hacia el norte.

northwest [,nɔːθ'west] *n* noroeste *m*.

Norway ['nɔːweɪ] *n* Noruega.

Norwegian [nɔː'wiːdʒən] *adj* noruego(ga). ◆ *n (person)* noruego *m*, (ga *f*); *(language)* noruego *m*.

nose [nəʊz] *n (of person)* nariz *f*; *(of animal)* hocico *m*; *(of plane, rocket)* morro *m*.

nosebleed ['nəʊzbliːd] *n*: **he had a** ~ **le** sangraba la nariz.

nostril ['nɒstrəl] *n (of person)* ventana *f* de la nariz; *(of animal)* orificio *m* nasal.

nosy ['nəʊzɪ] *adj* fisgón(ona).

not [nɒt] *adv* no; **she's** ~ **there** no está allí; **I hope** ~ espero que no; ~ **yet** todavía no; ~ **at all** *(pleased, in-*

terested) en absoluto; *(in reply to thanks)* no hay de qué.

notably ['nəʊtəblɪ] *adv* especialmente.

note [nəʊt] *n* nota *f; (bank note)* billete *m.* ◆ *vt (notice)* notar; *(write down)* anotar; **to take ~s** tomar apuntes.

notebook ['nəʊtbʊk] *n* libreta *f.*

noted ['nəʊtɪd] *adj* célebre.

notepaper ['nəʊtpeɪpəʳ] *n* papel *m* de escribir *(para cartas).*

nothing ['nʌθɪŋ] *pron* nada; **he did ~** no hizo nada; **~ new/interesting** nada nuevo/interesante; **for ~** *(for free)* gratis; *(in vain)* para nada.

notice ['nəʊtɪs] *vt* notar. ◆ *n (written announcement)* anuncio *m; (warning)* aviso *m;* **to take ~ of** hacer caso de; **to hand in one's ~** presentar la dimisión.

noticeable ['nəʊtɪsəbl] *adj* perceptible.

notice board *n* tablón *m* Esp OR tablero *m* de anuncios.

notion ['nəʊʃn] *n* noción *f.*

notorious [nəʊ'tɔ:rɪəs] *adj* de mala reputación.

nougat ['nu:gɑ:] *n* turrón *m* de frutos secos y frutas confitadas.

nought [nɔ:t] *n* cero *m.*

noun [naʊn] *n* nombre *m*, sustantivo *m.*

nourishment ['nʌrɪʃmənt] *n* alimento *m.*

novel ['nɒvl] *n* novela *f.* ◆ *adj* original.

novelist ['nɒvəlɪst] *n* novelista *mf.*

November [nə'vembəʳ] *n* noviembre *m* → **September**.

now [naʊ] *adv* ahora. ◆ *conj:* **~ (that)** ahora que; **just ~** ahora mismo; **right ~** *(at the moment)* en este momento; *(immediately)* ahora

mismo; **by ~** ya; **from ~ on** de ahora en adelante.

nowadays ['naʊədeɪz] *adv* hoy en día.

nowhere ['nəʊweəʳ] *adv* en ninguna parte.

nozzle ['nɒzl] *n* boquilla *f.*

nuclear ['nju:klɪəʳ] *adj* nuclear.

nude [nju:d] *adj* desnudo(da).

nudge [nʌdʒ] *vt* dar un codazo a.

nuisance ['nju:sns] *n*: **it's a real ~!** ¡es una lata!; **he's such a ~!** ¡es tan pelma!

numb [nʌm] *adj (person)* entumecido(da); *(leg, arm)* dormido(da).

number ['nʌmbəʳ] *n* número *m.* ◆ *vt (give number to)* numerar.

numberplate ['nʌmbəpleɪt] *n* matrícula *f*, placa *f* Amér.

numeral ['nju:mərəl] *n* número *m.*

numerous ['nju:mərəs] *adj* numeroso(sa).

nun [nʌn] *n* monja *f.*

nurse [nɜ:s] *n* enfermera *f.* ◆ *vt (look after)* cuidar de; **male ~** enfermero *m.*

nursery ['nɜ:sərɪ] *n (in house)* cuarto *m* de los niños; *(childcare)* guardería *f; (for plants)* vivero *m.*

nursery (school) *n* escuela *f* de párvulos, guardería *f.*

nursery slope *n* pista *f* para principiantes.

nursing ['nɜ:sɪŋ] *n (profession)* enfermería *f.*

nut [nʌt] *n (to eat)* nuez *f (frutos secos en general); (of metal)* tuerca *f.*

nutcrackers ['nʌt,krækəz] *npl* cascanueces *m inv.*

nutmeg ['nʌtmeg] *n* nuez *f* moscada.

NVQ *(abbr of National Vocational Qualification) n* en Gran Bretaña, una ti-

tulación profesional orientada a personas que ya forman parte del mundo laboral.

nylon ['naɪlɒn] n nylon m. ◆ adj de nylon.

O

oak [əʊk] n roble m. ◆ adj de roble.

OAP abbr = **old age pensioner**.

oar [ɔːʳ] n remo m.

oatcake ['əʊtkeɪk] n galleta f de avena.

oath [əʊθ] n (promise) juramento m.

oatmeal ['əʊtmiːl] n harina f de avena.

oats [əʊts] npl avena f.

obedient [ə'biːdjənt] adj obediente.

obey [ə'beɪ] vt obedecer.

object [n 'ɒbdʒɪkt, vb ɒb'dʒekt] n objeto m; GRAMM objeto m, complemento m. ◆ vi: to ~ (to) oponerse (a).

objection [əb'dʒekʃn] n objeción f.

objective [əb'dʒektɪv] n objetivo m.

obligation [,ɒblɪ'geɪʃn] n obligación f.

obligatory [ə'blɪgətrɪ] adj obligatorio(ria).

oblige [ə'blaɪdʒ] vt: to ~ sb to do sthg obligar a alguien a hacer algo.

oblique [ə'bliːk] adj oblicuo(cua).

oblong ['ɒblɒŋ] adj rectangular. ◆ n rectángulo m.

obnoxious [əb'nɒkʃəs] adj detestable.

obscene [əb'siːn] adj obsceno(na).

obscure [əb'skjʊəʳ] adj (difficult to understand) oscuro(ra); (not well-known) desconocido(da).

observant [əb'zɜːvnt] adj observador(ra).

observation [,ɒbzə'veɪʃn] n observación f.

observe [əb'zɜːv] vt observar.

obsessed [əb'sest] adj obsesionado(da).

obsession [əb'seʃn] n obsesión f.

obsolete ['ɒbsəliːt] adj obsoleto(ta).

obstacle ['ɒbstəkl] n obstáculo m.

obstinate ['ɒbstənət] adj obstinado(da).

obstruct [əb'strʌkt] vt (road, path) obstruir.

obstruction [əb'strʌkʃn] n (in road, path) obstáculo m.

obtain [əb'teɪn] vt obtener.

obtainable [əb'teɪnəbl] adj asequible.

obvious ['ɒbvɪəs] adj obvio(via).

obviously ['ɒbvɪəslɪ] adv (of course) evidentemente; (clearly) claramente.

occasion [ə'keɪʒn] n (instance) vez f; (important event) acontecimiento m; (opportunity) ocasión f.

occasional [ə'keɪʒənl] adj esporádico(ca).

occasionally [ə'keɪʒnəlɪ] adv de vez en cuando.

occupant ['ɒkjʊpənt] n (of house) inquilino m, -na f; (of car, plane) ocupante mf.

occupation [,ɒkjʊ'peɪʃn] n (job) empleo m; (pastime) pasatiempo m.

occupied ['ɒkjʊpaɪd] adj (toilet) ocupado(da).

occupy ['ɒkjʊpaɪ] vt ocupar; (building) habitar.

occur [ə'kɜːʳ] vi (happen) ocurrir;

(exist) encontrarse.

occurrence [əˈkʌrəns] *n* acontecimiento *m*.

ocean [ˈəʊʃn] *n* océano *m*; **the ~** *Am (sea)* el mar.

o'clock [əˈklɒk] *adv*: **it's one ~** es la una; **it's two ~** son las dos; **at one/two ~** a la una/las dos.

Oct. *(abbr of October)* oct.

October [ɒkˈtəʊbəʳ] *n* octubre *m* → **September.**

octopus [ˈɒktəpəs] *n* pulpo *m*.

odd [ɒd] *adj (strange)* raro(ra); *(number)* impar; *(not matching)* sin pareja; *(occasional)* ocasional; **sixty ~ miles** sesenta y pico millas; **some ~ bits of paper** algunos que otros cachos de papel; **~ jobs** chapuzas *fpl*.

odds [ɒdz] *npl (in betting)* apuestas *fpl*; *(chances)* probabilidades *fpl*; **~ and ends** chismes *mpl*.

odour [ˈəʊdəʳ] *n Br* olor *m*.

of [ɒv] *prep* - **1.** *(gen)* de; **fear ~ spiders** miedo a las arañas; **he died ~ cancer** murió de cáncer; **the city ~ Glasgow** la ciudad de Glasgow; **that was very kind ~ you** fue muy amable por tu parte. - **2.** *(describing amounts, contents)* de; **a piece ~ cake** un trozo de pastel; **a glass ~ beer** un vaso de cerveza; **a fall ~ 20%** un descenso del 20%. - **3.** *(made from)* de; **it's made ~ wood** es de madera. - **4.** *(referring to time)* de; **the summer ~ 1969** el verano de 1969; **the 26th ~ August** el 26 de agosto. - **5.** *Am (in telling the time)*: **it's ten ~ four** son las cuatro menos diez.

off [ɒf] *adv* - **1.** *(away)*: **to drive/walk**

~ alejarse; to get ~ *(bus, train etc)* bajarse; **we're ~ to Austria next week** nos vamos a Austria la semana que viene. - **2.** *(expressing removal)*: **to take sthg ~** *(clothes, shoes)* quitarse algo; *(lid, wrapper)* quitar algo; *(money)* descontar algo. - **3.** *(so as to stop working)*: **to turn sthg ~** *(TV, radio, engine)* apagar; *(tap)* cerrar. - **4.** *(expressing distance or time away)*: **it's a long way ~** *(in distance)* está muy lejos; *(in time)*. - **5.** *(not at work)* libre; **I'm taking a week ~** voy a tomar una semana libre; **she's ~ ill** está enferma. - **6.** *(expressing completion)*: **to finish sthg ~** terminar algo.

◆ *prep* - **1.** *(away from)*: **to get ~ sthg** bajarse de algo; **she fell ~ the chair** se cayó de la silla. - **2.** *(indicating removal)*: **take the lid ~ the jar** quita la tapa del tarro; **we'll take £20 ~ the price** le descontaremos 20 libras del precio. - **3.** *(adjoining)*: **it's just ~ the main road** está al lado de la carretera principal. - **4.** *(absent from)*: **to be ~ work** no estar en el trabajo. - **5.** *inf (from)*: **I bought it ~ her** se lo compré (a ella). - **6.** *inf (no longer liking)*: **I'm ~ my food** no me apetece comer.

◆ *adj* - **1.** *(meat, cheese)* pasado(da); *(milk)* cortado(da); *(beer)* agrio (agria). - **2.** *(not working)* apagado(da); *(tap)* cerrado(da). - **3.** *(cancelled)* cancelado(da). - **4.** *(not available)*: **the soup's ~** no hay sopa.

offence [əˈfens] *n Br (crime)* delito *m*; *(upset)* ofensa *f*.

offend [ə'fend] *vt* ofender.

offender [ə'fendə'] *n* delincuente *mf*.

offense [ə'fens] *Am* = **offence**.

offensive [ə'fensɪv] *adj (insulting)* ofensivo(va).

offer ['ɒfə'] *n* oferta *f.* ◆ *vt* ofrecer; **on ~** *(available)* disponible; *(reduced)* en oferta *y*; **to ~ to do sthg** ofrecerse a hacer algo; **to ~ sb sthg** ofrecer algo a alguien.

office ['ɒfɪs] *n* oficina *f; Am (building)* bloque *m Esp* OR edificio de oficinas.

office block *n* bloque *m Esp* OR edificio de oficinas.

officer ['ɒfɪsə'] *n* MIL oficial *mf; (policeman)* agente *mf* de policía.

official [ə'fɪʃl] *adj* oficial. ◆ *n (of government)* funcionario *m*, -ria *f*.

officially [ə'fɪʃəlɪ] *adv* oficialmente.

off-licence *n Br* tienda de bebidas alcohólicas para llevar.

off-peak *adj* de tarifa reducida.

off-season *n* temporada *f* baja.

offshore ['ɒfʃɔː'] *adj (breeze)* costero(ra).

off side *n (for right-hand drive)* lado *m* izquierdo; *(for left-hand drive)* lado derecho.

off-the-peg *adj* confeccionado (da).

often ['ɒfn, 'ɒftn] *adv* a menudo, con frecuencia; **how ~ do the buses run?** ¿cada cuánto tiempo pasan los autobuses?; **every so ~** cada cierto tiempo.

oh [əʊ] *excl* ¡ah!, ¡oh!

oil [ɔɪl] *n* aceite *m*; *(fuel)* petróleo *m*.

oil rig *n* plataforma *f* petrolífera.

oily ['ɔɪlɪ] *adj (cloth, hands)* grasiento(ta); *(food)* aceitoso(sa).

ointment ['ɔɪntmənt] *n* pomada *f*.

OK [,əʊ'keɪ] *adv inf (expressing agreement)* vale *Esp*, okey *Amér; (satisfactorily, well)* bien. ◆ *adj inf*: **is that ~ with you?** ¿te parece bien?; **everyone's ~** todos están bien; **the film was ~** la película estuvo bien.

okay [,əʊ'keɪ] = **OK**.

old [əʊld] *adj* viejo(ja); *(former)* antiguo(gua); **how ~ are you?** ¿cuántos años tienes?; **I'm 36 years ~** tengo 36 años; **to get ~** hacerse viejo.

old age *n* vejez *f*.

old age pensioner *n* pensionista *mf*.

olive ['ɒlɪv] *n* aceituna *f*.

olive oil *n* aceite *m* de oliva.

omelette ['ɒmlɪt] *n* tortilla *f*; **mushroom ~** tortilla de champiñones.

ominous ['ɒmɪnəs] *adj* siniestro (tra).

omit [ə'mɪt] *vt* omitir.

☞

on [ɒn] *prep* - **1.** *(indicating position)* en; *(on top of)* en, sobre; **it's ~ the table** está en la mesa; **it's ~ the floor** está en el suelo; **a picture ~ the wall** un cuadro en la pared; **the exhaust ~ the car** el tubo de escape del coche; **the left/right ~ the left/right** a la izquierda/derecha; **we stayed ~ a farm** estuvimos en una granja; **~ the banks of the river** a orillas del río; **the instructions ~ the packet** las instrucciones en el paquete.
- **2.** *(with forms of transport)*: **~ the train/plane** en el tren/avión; **to get ~ a bus** subirse a un autobús.
- **3.** *(expressing means, method)* en; **~ foot** a pie; **to lean ~ one's elbows** apoyarse en los codos; **~ the radio** en la radio; **~ TV** en la televisión; **it**

runs ~ **unleaded petrol** funciona con gasolina sin plomo.

- **4.** *(about)* sobre, acerca de; **a book ~ Germany** un libro sobre Alemania.

- **5.** *(expressing time)*: **~ arrival** al llegar; **~ Tuesday** el martes; **~ Tuesdays** los martes; **~ 25th August** el 25 de agosto.

- **6.** *(with regard to)* en, sobre; **a tax ~ imports** un impuesto sobre las importaciones; **the effect ~ Britain** el impacto en Gran Bretaña.

- **7.** *(describing activity, state)*: **~ holiday** de vacaciones; **~ offer** *(reduced)* en oferta; **~ sale** en venta.

- **8.** *(in phrases)*: **do you have any money ~ you?** ¿llevas dinero?; **the drinks are ~ me** (a las copas) invito yo.

◆ *adv* - **1.** *(in place, covering)*: **put the lid ~** pon la tapa; **to put one's clothes ~** vestirse.

- **2.** *(film, play, programme)*: **the news is ~**; **what's ~ at the cinema?** ¿qué ponen en el cine?

- **3.** *(with transport)*: **to get ~** subirse.

- **4.** *(functioning)*: **to turn sthg ~** *(TV, radio, engine)* encender algo; *(tap)* abrir algo.

- **5.** *(taking place)*: **the match is already ~** ya ha empezado el partido.

- **6.** *(indicating continuing action)*: **to keep ~ doing sthg** seguir haciendo algo; **to drive ~** seguir conduciendo.

- **7.** *(in phrases)*: **have you anything ~ tonight?** ¿haces algo esta noche?

◆ *adj* *(TV, radio, light, engine)* encendido(da); *(tap)* abierto(ta); **is the game ~?** ¿se va a celebrar el partido?

once [wʌns] *adv (one time)* una vez; *(in the past)* en otro tiempo. ◆ *conj* una vez que; **at ~** *(immediately)* inmediatamente; *(at the same time)* a la vez; **for ~** por una vez; **~ a month**

una vez al mes; **~ more** *(one more time)* una vez más; *(again)* otra vez.

oncoming ['ɒn,kʌmɪŋ] *adj (traffic)* que viene en dirección contraria.

one [wʌn] *num* uno (una). ◆ *adj (only)* único(ca). ◆ *pron fml (you)* uno *m*, una *f*; **the green ~** el verde (la verde); **I want a blue ~** quiero uno azul; **thirty-~** treinta y uno; **a hundred and ~** ciento uno; **~ fifth** un quinto; **that ~** ése *m*, ésa *f*; **this ~** éste *m*, -ta *f*; **which ~?** ¿cuál?; **the ~ I told you about** aquél que te conté; **~ of my friends** uno de mis amigos; **~ day** *(in past)* un día; *(in future)* algún día.

oneself [wʌn'self] *pron (reflexive)* se; *(after prep)* uno mismo *m*, una misma *f*; **to wash ~** lavarse.

one-way *adj (street)* de dirección única; *(ticket)* de ida.

onion ['ʌnjən] *n* cebolla *f*.

only ['əʊnlɪ] *adj* único(ca). ◆ *adv* sólo; **an ~ child** hijo único; **I ~ want one** sólo quiero uno; **we've ~ just arrived** acabamos de llegar; **there's ~ just enough** apenas hay lo justo; **not ~ ... no** sólo.

onto ['ɒntu:] *prep (with verbs of movement)* encima de, sobre.

onward ['ɒnwəd] *adv* = **onwards**.

onwards ['ɒnwədz] *adv (forwards)* adelante; **from now ~** de ahora en adelante; **from October ~** de octubre en adelante.

opaque [əʊ'peɪk] *adj* opaco(ca).

open ['əʊpn] *adj* abierto(ta); *(honest)* sincero(ra). ◆ *vt* abrir; *(start)* dar comienzo a. ◆ *vi (door, window, lock)* abrirse; *(shop, office, bank)* abrir; *(start)* dar comienzo; **are you ~ at the weekend?** ¿abres el fin de semana?; **wide ~** abierto de par en par; **in the ~ (air)** al aire libre. ◆ **open**

onto *vt fus* dar a. ❑ **open up** *vi* abrir.

open-air *adj* al aire libre.

opening ['ǝupnɪŋ] *n (gap)* abertura *f; (beginning)* comienzo *m; (opportunity)* oportunidad *f.*

opening hours *npl* horario *m* de apertura.

open-minded [-'maɪndɪd] *adj* sin prejuicios.

open-plan *adj* de plano abierto.

Open University *n Br* universidad *f* a distancia.

ℹ️ OPEN UNIVERSITY

La Open University ("OU") es una universidad británica que ofrece cursos a distancia para estudiantes generalmente mayores de 25 años que desean cursar una carrera desde casa, generalmente a tiempo parcial. Las clases se imparten a través de la televisión y la radio y por correspondencia, y se complementan con cursos regionales a los cuales se puede asistir presencialmente.

***

opera ['ɒpǝrǝ] *n* ópera *f.*

opera house *n* teatro *m* de la ópera.

operate ['ɒpǝreɪt] *vt (machine)* hacer funcionar. ◆ *vi (work)* funcionar; **to ~ on sb** operar a alguien.

operating room ['ɒpǝreɪtɪŋ-] *Am* = **operating theatre.**

operating theatre ['ɒpǝreɪtɪŋ-] *n Br* quirófano *m.*

operation [,ɒpǝ'reɪʃn] *n* operación *f*; **to be in ~** *(law, system)* estar en vigor; **to have an ~** operarse.

operator ['ɒpǝreɪtǝ] *n (on phone)* operador *m*, -ra *f.*

opinion [ǝ'pɪnjǝn] *n* opinión *f*; **in my ~** en mi opinión.

opponent [ǝ'pǝunǝnt] *n SPORT* contrincante *mf; (of idea, policy, party)* adversario *m*, -ria *f.*

opportunity [,ɒpǝ'tjuːnǝtɪ] *n* oportunidad *f.*

oppose [ǝ'pǝuz] *vt* oponerse a.

opposed [ǝ'pǝuzd] *adj*: **to be ~ to** oponerse a.

opposite ['ɒpǝzɪt] *adj (facing)* de enfrente; *(totally different)* opuesto (ta). ◆ *prep* enfrente de. ◆ *n*: **the ~ (of)** lo contrario (de).

opposition [,ɒpǝ'zɪʃn] *n (objections)* oposición *f*; *SPORT* oponentes *mfpl*; **the Opposition** la oposición.

opt [ɒpt] *vt*: **to ~ to do sthg** optar por hacer algo.

optician's [ɒp'tɪʃnz] *n (shop)* óptica *f.*

optimist ['ɒptɪmɪst] *n* optimista *mf.*

optimistic [,ɒptɪ'mɪstɪk] *adj* optimista.

option ['ɒpʃn] *n* opción *f.*

optional ['ɒpʃǝnl] *adj* opcional.

or [ɔː] *conj* o, u *(before "o" or "ho"); (after negative)* ni; **I can't read ~ write** no sé (ni) leer ni escribir.

oral ['ɔːrǝl] *adj (spoken)* oral; *(of the mouth)* bucal. ◆ *n* examen *m* oral.

orange ['ɒrɪndʒ] *adj* naranja (inv). ◆ *n* naranja *f.*

orange juice *n* zumo *m Esp* OR jugo *Amér* de naranja.

orange squash *n Br* naranjada *f.*

orbit ['ɔːbɪt] *n* órbita *f.*

orchard ['ɔːtʃǝd] *n* huerto *m.*

orchestra ['ɔːkɪstrǝ] *n* orquesta *f.*

ordeal [ɔː'diːl] *n* calvario *m.*

order ['ɔːdǝ] *n (sequence, neatness, discipline)* orden *m*; *(command, in res-*

taurant) orden *f; COMM* pedido *m.*
♦ *vt (command)* ordenar; *(food, drink, taxi)* pedir; *COMM* encargar. ♦ *vi (in restaurant)* pedir; **in ~ to** para; **out of ~** *(not working)* estropeado; **in working ~** en funcionamiento; **to ~ sb to do sthg** ordenar a alguien que haga algo.

order form *n* hoja *f* de pedido.

ordinary ['ɔːdənrɪ] *adj* corriente.

oregano [ˌɒrɪ'gɑːnəʊ] *n* orégano *m.*

organ ['ɔːgən] *n* órgano *m.*

organic [ɔː'gænɪk] *adj* orgánico (ca).

organization [ˌɔːgənaɪ'zeɪʃn] *n* organización *f.*

organize ['ɔːgənaɪz] *vt* organizar.

organizer ['ɔːgənaɪzə] *n (person)* organizador *m,* -ra *f; (diary)* agenda *f; (electronic)* agenda electrónica.

orient ['ɔːrɪənt] *vt Am:* **to ~ o.s.** orientarse.

oriental [ˌɔːrɪ'entl] *adj* oriental.

orientate ['ɔːrɪənteɪt] *vt:* **to ~ o.s.** orientarse.

origin ['ɒrɪdʒɪn] *n* origen *m.*

original [ə'rɪdʒənl] *adj (first)* originario(ria); *(novel)* original.

originally [ə'rɪdʒənəlɪ] *adv* originalmente.

originate [ə'rɪdʒəneɪt] *vi:* **to ~ (from)** nacer (de).

ornament ['ɔːnəmənt] *n* adorno *m.*

ornamental [ˌɔːnə'mentl] *adj* ornamental.

orphan ['ɔːfn] *n* huérfano *m,* -na *f.*

orthodox ['ɔːθədɒks] *adj* ortodoxo(xa).

ostentatious [ˌɒstən'teɪʃəs] *adj* ostentoso(sa).

ostrich ['ɒstrɪtʃ] *n* avestruz *m.*

other ['ʌðə] *adj* otro (otra). ♦ *adv:* **~ than** excepto; **the ~ (one)** el otro (la otra); **the ~ day** el otro día; **one after the ~** uno después del otro. ❏ **others** *pron (additional ones)* otros *mpl,* otras *fpl;* **the ~s** *(remaining ones)* los demás (las demás), los otros (las otras).

otherwise ['ʌðəwaɪz] *adv (or else)* sino; *(apart from that)* por lo demás; *(differently)* de otra manera.

otter ['ɒtə] *n* nutria *f.*

ought [ɔːt] *aux vb* deber; **it ~ to be ready** debería de estar listo; **you ~ to do it** deberías hacerlo.

ounce [aʊns] *n* = 28,35g, onza *f.*

our ['aʊə] *adj* nuestro(tra).

ours ['aʊəz] *pron* nuestro *m,* -tra *f;* **a friend of ~** un amigo nuestro.

ourselves [aʊə'selvz] *pron (reflexive)* nos; *(after prep)* nosotros *mpl* mismos, nosotras *fpl* mismas; **we did it ~** lo hicimos nosotros mismos.

☞

out [aʊt] *adj (light, cigarette)* apagado(da).

♦ *adv -* **1.** *(outside)* fuera (de); **to get ~ (of)** *(car)* bajar (de); **to go ~ (of)** salir (de); **it's cold ~ today** hace frío fuera hoy.

- **2.** *(not at home, work)* fuera; **to go ~** salir; **she's ~** está fuera.

- **3.** *(extinguished)*: **put your cigarette ~** apaga tu cigarrillo.

- **4.** *(expressing removal)*: **to take sthg ~ (of)** sacar algo (de); **to pour sthg ~** *(liquid)* echar algo.

- **5.** *(outwards)* hacia fuera; **to stick ~** sobresalir.

- **6.** *(expressing exclusion)* fuera; '**keep ~**' 'prohibida la entrada'.

- **7.**: **to be ~** *(of game, competition)* perder.

- 8. (in phrases): **stay ~ of the sun** no te pongas al sol; **made ~ of wood** (hecho) de madera; **five ~ of ten women** cinco de cada diez mujeres; **I'm ~ of cigarettes** no tengo (más) cigarrillos.

outbreak ['aʊtbreɪk] n (of war) comienzo m; (of illness) epidemia f.

outburst ['aʊtbɜːst] n explosión f.

outcome ['aʊtkʌm] n resultado m.

outdated [ˌaʊt'deɪtɪd] adj anticuado(da).

outdo [ˌaʊt'duː] vt aventajar.

outdoor ['aʊtdɔːr] adj (swimming pool, activities) al aire libre.

outdoors [ˌaʊt'dɔːz] adv al aire libre.

outer ['aʊtər] adj exterior.

outer space n el espacio exterior.

outfit ['aʊtfɪt] n (clothes) traje m.

outing ['aʊtɪŋ] n excursión f.

outlet ['aʊtlet] n (pipe) desagüe m.

outline ['aʊtlaɪn] n (shape) contorno m; (description) esbozo m.

outlook ['aʊtlʊk] n (for future) perspectivas fpl; (of weather) pronóstico m; (attitude) enfoque m.

out-of-date (old-fashioned) anticuado(da); (passport, licence) caducado(da), vencido(da) Amér.

outpatients' (department) ['aʊtˌpeɪʃnts-] n departamento m de pacientes externos.

output ['aʊtpʊt] n (of factory) producción f; COMPUT (printout) impresión f.

outrage ['aʊtreɪdʒ] n (cruel act) atrocidad f.

outrageous [aʊt'reɪdʒəs] adj (shocking) indignante.

outright [aʊt'raɪt] adv (tell, deny) categóricamente; (own) totalmente.

outside [adv ˌaʊt'saɪd, adj, prep & n

'aʊtsaɪd] adv fuera, afuera Amér. ♦ prep fuera de, afuera de Amér. ♦ adj (exterior) exterior; (help, advice) independiente. ♦ n: **the ~** (of building, car, container) el exterior; **an ~ line** una línea exterior; **~ of** Am (on the outside of) fuera de; (apart from) aparte de.

outside lane n (in UK) carril m de adelantamiento; (in Europe, US) carril lento.

outsize ['aʊtsaɪz] adj (clothes) de talla grande.

outskirts ['aʊtskɜːts] npl afueras fpl.

outstanding [ˌaʊt'stændɪŋ] adj (remarkable) destacado(da); (problem, debt) pendiente.

outward ['aʊtwəd] adj (journey) de ida; (external) visible.

outwards ['aʊtwədz] adv hacia afuera.

oval ['əʊvl] adj oval.

ovation [əʊ'veɪʃn] n ovación f.

oven ['ʌvn] n horno m.

oven glove n guante m de horno.

ovenproof ['ʌvnpruːf] adj refractario(ria).

oven-ready adj listo(ta) para hornear.

☞

over ['əʊvər] prep - **1.** (above) encima de; **a lamp ~ the table** una lámpara encima de la mesa.
- 2. (across) por encima de; **to walk ~ sthg** cruzar algo (andando); **it's just ~ the road** está mismo enfrente.
- 3. (covering) sobre; **to smear the cream ~ the wound** untar la herida con la crema.
- 4. (more than) más de; **it cost ~ £1,000** costó más de mil libras.
- 5. (during) durante; **~ the past two**

years en los dos últimos años.
- 6. *(with regard to)* sobre; **an argument ~ the price** una discusión sobre el precio.

◆ *adv* - 1. *(downwards)*: **to fall ~** caerse; **to push sthg ~** empujar algo.
- 2. *(referring to position, movement)*: **to drive/walk ~** cruzar; **~ here** aquí; **~ there** allí.
- 3. *(round to other side)*: **to turn sthg ~** dar la vuelta a algo.
- 4. *(more)*: **children aged 12 and ~** niños de 12 años en adelante.
- 5. *(remaining)*: **to be (left) ~** quedar.
- 6. *(to one's house)*: **to invite sb ~ for dinner** invitar a alguien a cenar.
- 7. *(in phrases)*: **all ~** *(finished)* terminado(da); *(throughout)* por todo.

◆ *adj (finished)*: **to be ~** haber terminado.

overall [*adv* ,əʊvər'ɔ:l, *n* 'əʊvərɔ:l] *adv* en conjunto. ◆ *n Br (coat)* guardapolvo *m*; *Am (boiler suit)* mono *m Esp*, overol *m Amér*; **how much does it cost ~?** ¿cuánto cuesta en total?
❑ **overalls** *npl Br (boiler suit)* mono *m Esp*, overol *m Amér*; *Am (dungarees)* pantalones *mpl* de peto.

overboard ['əʊvəbɔ:d] *adv (from ship)* por la borda.

overbooked [,əʊvə'bʊkt] *adj*: **to be ~** tener overbooking.

overcame [,əʊvə'keɪm] *pt* → **overcome**.

overcast [,əʊvə'kɑ:st] *adj* cubierto (ta).

overcharge [,əʊvə'tʃɑ:dʒ] *vt* cobrar en exceso.

overcoat ['əʊvəkəʊt] *n* abrigo *m*.

overcome [,əʊvə'kʌm] *(pt* -**came**, *pp* -**come**) *vt (defeat)* vencer.

overcooked [,əʊvə'kʊkt] *adj* demasiado hecho(cha) *Esp*, sobrecocido(da).

overcrowded [,əʊvə'kraʊdɪd] *adj* atestado(da).

overdo [,əʊvə'du:] *(pt* -**did** [-'dɪd], *pp* -**done**) *vt (exaggerate)* exagerar; **to ~ it** exagerar.

overdone [,əʊvə'dʌn] *pp* → **overdo**. ◆ *adj (food)* demasiado hecho (cha) *Esp*, sobrecocido(da).

overdose ['əʊvədəʊs] *n* sobredosis *f inv*.

overdraft ['əʊvədrɑ:ft] *n (money owed)* saldo *m* deudor; *(credit limit)* descubierto *m*.

overdue [,əʊvə'dju:] *adj (bus, flight)* retrasado(da); *(rent, payment)* vencido(da).

over easy *adj Am (egg)* frito(ta) por ambos lados.

overexposed [,əʊvərɪk'spəʊzd] *adj* sobreexpuesto(ta).

overflow [*vb* ,əʊvə'fləʊ, *n* 'əʊvəfləʊ] *vi* desbordarse. ◆ *n (pipe)* cañería *f* de desagüe.

overgrown [,əʊvə'grəʊn] *adj* cubierto(ta) de matojos.

overhaul [,əʊvə'hɔ:l] *n (of machine, car)* revisión *f*.

overhead [*adj* 'əʊvəhed, *adv* ,əʊvə'hed] *adj* aéreo(a). ◆ *adv* por lo alto.

overhear [,əʊvə'rɪə] *(pt & pp* -**heard** [-'hɜ:d]) *vt* oír por casualidad.

overheat [,əʊvə'hi:t] *vi* recalentarse.

overland ['əʊvəlænd] *adv* por vía terrestre.

overlap [,əʊvə'læp] *vi* superponerse.

overleaf [,əʊvə'li:f] *adv* al dorso.

overload [,əʊvə'ləʊd] *vt* sobrecargar.

overlook [*vb* ,əʊvə'lʊk, *n* 'əʊvəlʊk] *vt (subj: building, room)* dar a; *(miss)* pasar por alto. ◆ *n*: **(scenic)** ~ *Am* mirador *m*.

overnight [*adv* ,əʊvə'naɪt, *adj* 'əʊvənaɪt] *adv* (during the night) durante la noche; (until next day) toda la noche. ◆ *adj* (train, journey) de noche.

overnight bag *n* bolso *m* de fin de semana.

overpass ['əʊvəpɑːs] *n* paso *m* elevado.

overpowering [,əʊvə'paʊərɪŋ] *adj* arrollador(ra).

oversaw [,əʊvə'sɔː] *pt* → **oversee**.

overseas [*adv* ,əʊvə'siːz, *adj* 'əʊvəsiːz] *adv* (go) al extranjero; (live) en el extranjero. ◆ *adj* (holiday, branch) en el extranjero; (student) extranjero(ra).

oversee [,əʊvə'siː] (*pt* -**saw**, *pp* -**seen** [-'siːn]) *vt* supervisar.

overshoot [,əʊvə'ʃuːt] (*pt* & *pp* -**shot** [-ʃɒt]) *vt* pasarse.

oversight ['əʊvəsaɪt] *n* descuido *m*.

oversleep [,əʊvə'sliːp] (*pt* & *pp* -**slept** [-'slept]) *vi* dormirse, no despertarse a tiempo.

overtake [,əʊvə'teɪk] (*pt* -**took**, *pp* -**taken** [-'teɪkən]) *vt* & *vi* adelantar; 'no overtaking' 'prohibido adelantar'.

overtime ['əʊvətaɪm] *n* horas *fpl* extra.

overtook [,əʊvə'tʊk] *pt* → **overtake**.

overture ['əʊvə,tjʊə] *n* MUS obertura *f*.

overturn [,əʊvə'tɜːn] *vi* volcar.

overweight [,əʊvə'weɪt] *adj* gordo(da).

overwhelm [,əʊvə'welm] *vt* abrumar.

owe [əʊ] *vt* deber; **to ~ sb sthg** deber algo a alguien; **owing to** debido a.

owl [aʊl] *n* búho *m*.

own [əʊn] *adj* propio(pia). ◆ *vt* poseer. ◆ *pron*: **my ~** el mío (la mía); **her ~** la suya; **his ~** el suyo; **on my ~** solo(la); **to get one's ~ back** tomarse la revancha. ◻ **own up** *vi*: **to ~ up (to sthg)** confesar (algo).

owner ['əʊnə] *n* propietario *m*, -ria *f*.

ownership ['əʊnəʃɪp] *n* propiedad *f*.

ox [ɒks] (*pl* **oxen** ['ɒksən]) *n* buey *m*.

oxtail soup ['ɒksteɪl-] *n* sopa *f* de rabo de buey.

oxygen ['ɒksɪdʒən] *n* oxígeno *m*.

oyster ['ɔɪstə] *n* ostra *f*.

oz *abbr* = **ounce**.

ozone-friendly ['əʊzəʊn-] *adj* que no daña la capa de ozono.

P

p *abbr* = **penny, pence**; (*abbr of page*) pág.

pace [peɪs] *n* paso *m*.

pacemaker ['peɪs,meɪkə] *n* (for heart) marcapasos *m inv*.

Pacific [pə'sɪfɪk] *n*: **the ~ (Ocean)** el (océano) Pacífico.

pacifier ['pæsɪfaɪə] *n* Am (for baby) chupete *m*, chupón *m* Amér.

pacifist ['pæsɪfɪst] *n* pacifista *mf*.

pack [pæk] *n* (packet) paquete *m*; (of crisps) bolsa *f*; Br (of cards) baraja *f*; (rucksack) mochila *f*. ◆ *vt* (suitcase, bag) hacer; (clothes, camera etc) meter en la maleta; (to package) empaquetar. ◆ *vi* hacer la maleta; **a ~ of lies** una sarta de mentiras; **to ~ sthg into sthg** meter algo en algo; **to ~ one's bags** hacerse las maletas. ❑ **pack up** *vi (pack suitcase)* hacer las maletas; *(tidy up)* recoger; *Br inf (machine, car)* fastidiarse, descomponerse *Amér.*

package ['pækɪdʒ] *n* paquete *m*. ◆ *vt* envasar.

package holiday *n* vacaciones *fpl* con todo incluido.

packaging ['pækɪdʒɪŋ] *n* embalaje *m*.

packed [pækt] *adj (crowded)* repleto(ta).

packed lunch *n* almuerzo preparado que se lleva al colegio, trabajo etc.

packet ['pækɪt] *n* paquete *m*; **it cost a ~** *Br inf* costó un dineral.

packing ['pækɪŋ] *n (material)* embalaje *m*; **to do one's ~** hacer el equipaje.

pad [pæd] *n (of paper)* bloc *m*; *(of cloth, cotton wool)* almohadilla *f*; **shoulder ~s** hombreras *fpl.*

padded ['pædɪd] *adj* acolchado(da).

padded envelope *n* sobre *m* acolchado.

paddle ['pædl] *n (pole)* pala *f.* ◆ *vi (wade)* pasear por la orilla; *(in canoe)* remar.

paddling pool ['pædlɪŋ-] *n (in park)* estanque *m* para chapotear.

padlock ['pædlɒk] *n* candado *m.*

page [peɪdʒ] *n* página *f.* ◆ *vt (on public system)* llamar por megafonía; *(on pager)* contactar a alguien en el buscapersonas; **'paging Mr Hill'** 'llamando a Mr Hill'.

pager [peɪdʒə'] *n* buscapersonas *m*, biper *m* *Méx.*

paid [peɪd] *pt & pp* → **pay.** ◆ *adj* pa-

gado(da).

pain [peɪn] *n (physical)* dolor *m*; *(emotional)* pena *f*; **to be in ~** sufrir dolor; **he's such a ~!** *inf* ¡es un plasta! ❑ **pains** *npl (trouble)* esfuerzos *mpl.*

painful ['peɪnful] *adj* doloroso(sa); **my leg is ~** me duele la pierna.

painkiller ['peɪnˌkɪlə'] *n* calmante *m.*

paint [peɪnt] *n* pintura *f.* ◆ *vt & vi* pintar; **to ~ one's nails** pintarse las uñas. ❑ **paints** *npl (tubes, pots etc)* pinturas *fpl.*

paintbrush ['peɪntbrʌʃ] *n (of decorator)* brocha *f*; *(of artist)* pincel *m.*

painter ['peɪntə'] *n* pintor *m*, -ra *f.*

painting ['peɪntɪŋ] *n (picture)* cuadro *m*; *(artistic activity, trade)* pintura *f.*

pair [peə'] *n (of two things)* par *m*; **in ~s** por pares; **a ~ of pliers** unos alicates; **a ~ of scissors** unas tijeras; **a ~ of shorts** unos pantalones cortos; **a ~ of tights** un par de medias; **a ~ of trousers** unos pantalones.

pajamas [pə'dʒɑːməz] *Am* = **pyjamas.**

Pakistan [*Br* ˌpɑːkɪ'stɑːn, *Am* ˌpækɪ'stæn] *n* Paquistán.

Pakistani [*Br* ˌpɑːkɪ'stɑːnɪ, *Am* ˌpækɪ'stænɪ] *adj* paquistaní. ◆ *n* paquistaní *mf.*

pakora [pə'kɔːrə] *npl* verduras rebozadas muy fritas y picantes, al estilo indio.

pal [pæl] *n inf* colega *mf.*

palace ['pælɪs] *n* palacio *m.*

palatable ['pælətəbl] *adj* sabroso(sa).

palate ['pælət] *n* paladar *m.*

pale [peɪl] *adj (not bright)* claro(ra); *(skin)* pálido(da).

pale ale *n* tipo de cerveza rubia.

palm [pɑːm] *n (of hand)* palma *f*;

~ (tree) palmera f.

palpitations [ˌpælpɪˈteɪʃnz] npl palpitaciones fpl.

pamphlet [ˈpæmflɪt] n folleto m.

pan [pæn] n cazuela f.

Panama [ˌpænəˈmɑː] n Panamá.

Panamanian [ˌpænəˈmeɪnjən] adj panameño(ña). ◆ n panameño m, -ña f.

pancake [ˈpænkeɪk] n crepe f.

pancake roll n rollito m de primavera.

panda [ˈpændə] n panda m.

panda car n Br coche m patrulla.

pane [peɪn] n cristal m.

panel [ˈpænl] n (of wood, on TV, radio) panel m; (group of experts) equipo m.

paneling [ˈpænəlɪŋ] Am = **panelling**.

panelling [ˈpænəlɪŋ] n Br paneles mpl.

panic [ˈpænɪk] (pt & pp **-ked**, cont **-king**) n pánico m. ◆ vi aterrarse.

panniers [ˈpænɪəz] npl (for bicycle) bolsas fpl para equipaje.

panoramic [ˌpænəˈræmɪk] adj panorámico(ca).

pant [pænt] vi jadear.

panties [ˈpæntɪz] npl inf bragas fpl Esp, calzones mpl Amér.

pantomime [ˈpæntəmaɪm] n Br musical humorístico infantil de Navidades.

PANTOMIME

Inspiradas normalmente en cuentos de hadas, las "pantomimes" son representaciones teatrales cómicas para niños que son tradicionales en Gran Bretaña durante las Navidades. Es costumbre que una actriz joven haga el papel de héroe, y un actor cómico, el de anciana.

pantry [ˈpæntrɪ] n despensa f.

pants [pænts] npl Br (underwear) calzoncillos mpl; Am (trousers) pantalones mpl.

panty hose [ˈpæntɪ-] npl Am medias fpl.

paper [ˈpeɪpə] n (material) papel m; (newspaper) periódico m; (exam) examen m. ◆ adj de papel. ◆ vt empapelar; a piece of ~ (sheet) un papel; (scrap) un trozo de papel. □ **papers** npl (documents) documentación f.

paperback [ˈpeɪpəbæk] n libro m en rústica.

paper bag n bolsa f de papel.

paperboy [ˈpeɪpəbɔɪ] n repartidor m de periódicos.

paper clip n clip m.

papergirl [ˈpeɪpəgɜːl] n repartidora f de periódicos.

paper shop n ≃ quiosco m de periódicos.

paperweight [ˈpeɪpəweɪt] n pisapapeles m inv.

paprika [ˈpæprɪkə] n pimentón m.

paracetamol [ˌpærəˈsiːtəmɒl] n paracetamol m.

parachute [ˈpærəʃuːt] n paracaídas m inv.

parade [pəˈreɪd] n (procession) desfile m; (of shops) hilera f.

paradise [ˈpærədaɪs] n paraíso m.

paraffin [ˈpærəfɪn] n parafina f.

paragraph [ˈpærəgrɑːf] n párrafo m.

Paraguay [ˈpærəgwaɪ] n (el) Paraguay.

Paraguayan [ˌpærəˈgwaɪən] adj paraguayo(ya). ◆ n paraguayo m, -ya f.

parallel [ˈpærəlel] adj: ~ (to) paralelo(la) (a).

paralysed ['pærəlaɪzd] *adj Br* paralizado(da).

paralyzed ['pærəlaɪzd] *Am* = paralysed.

paramedic [ˌpærə'medɪk] *n* auxiliar *m* sanitario, auxiliar sanitaria *f*.

paranoid ['pærənɔɪd] *adj* paranoico(ca).

parasite ['pærəsaɪt] *n (animal)* parásito *m*; *pej (person)* parásito *m*, -ta *f*.

parasol ['pærəsɒl] *n* sombrilla *f*.

parcel ['pɑːsl] *n* paquete *m*.

parcel post *n* servicio *m* de paquete postal.

pardon ['pɑːdn] *excl*: pardon? ¿perdón?; ~ (me)! ¡perdone!; I beg your ~ ! *(apologizing)* ¡le ruego me perdone!; I beg your ~? *(asking for repetition)* ¿cómo dice?

parents ['peərənts] *npl* padres *mpl*.

parish ['pærɪʃ] *n (of church)* parroquia *f*; *(village area)* municipio *m*.

park [pɑːk] *n* parque *m*. ♦ *vt & vi* aparcar *Esp*, estacionar *Amér*.

park and ride *n* aparcamiento en las afueras de la ciudad en donde hay autobuses al centro.

parking ['pɑːkɪŋ] *n* aparcamiento *m Esp*, estacionamiento *m Amér*.

parking brake *n Am* freno *m* de mano.

parking lot *n Am* aparcamiento *m* (al aire libre), estacionamiento *m Amér*.

parking meter *n* parquímetro *m*.

parking space *n* sitio *m* (para aparcar).

parking ticket *n* multa *f* por aparcamiento *Esp* OR estacionamiento *Amér* indebido.

parkway ['pɑːkweɪ] *n Am* avenida *f* (con zona ajardinada en el medio).

parliament ['pɑːləmənt] *n* parlamento *m*.

Parmesan (cheese) [pɑːmɪ'zæn-] *n* parmesano *m*.

parrot ['pærət] *n* loro *m*.

parsley ['pɑːslɪ] *n* perejil *m*.

parsnip ['pɑːsnɪp] *n* chirivía *f*.

parson ['pɑːsn] *n* párroco *m*.

part [pɑːt] *n* parte *f*; *(of machine, car)* pieza *f*; *(in play, film)* papel *m*; *Am (in hair)* raya *f*. ♦ *adv* en parte. ♦ *vi (couple)* separarse; in this ~ of France en esta parte de Francia; to form ~ of formar parte de; to play a ~ in desempeñar un papel en; to take ~ in tomar parte en; for my ~ por mi parte; for the most ~ en su mayoría; in these ~s por aquí.

partial ['pɑːʃl] *adj (not whole)* parcial; to be ~ to sthg ser aficionado(da) a algo.

participant [pɑː'tɪsɪpənt] *n* participante *mf*.

participate [pɑː'tɪsɪpeɪt] *vi*: to ~ (in) participar (en).

particular [pə'tɪkjʊlə] *adj (specific, fussy)* particular; *(special)* especial; in ~ en particular; nothing in ~ nada en particular. ❑ **particulars** *npl (details)* datos *mpl* personales.

particularly [pə'tɪkjʊləlɪ] *adv* especialmente.

parting ['pɑːtɪŋ] *n Br (in hair)* raya *f*.

partition [pɑː'tɪʃn] *n (wall)* tabique *m*.

partly ['pɑːtlɪ] *adv* en parte.

partner ['pɑːtnə] *n* pareja *f*; COMM socio *m*, -cia *f*.

partnership ['pɑːtnəʃɪp] *n* asociación *f*.

partridge ['pɑːtrɪdʒ] *n* perdiz *f*.

part-time *adj & adv* a tiempo parcial.

party ['pɑːtɪ] *n (for fun)* fiesta *f*; POL

partido m; (group of people) grupo m; **to have a ~** hacer una fiesta.

pass [pɑːs] vt pasar; (house, entrance etc) pasar por delante de; (person in street) cruzarse con; (test, exam) aprobar; (overtake) adelantar; (law) aprobar. ◆ vi pasar; (overtake) adelantar; (in test, exam) aprobar. ◆ n (document, SPORT) pase m; (in mountain) desfiladero m; (in exam) aprobado m; **to ~ sb sthg** pasarle algo a alguien. ❑ **pass by** ◆ vt fus (building, window etc) pasar por. ◆ vi pasar cerca. ❑ **pass on** vt sep transmitir. ❑ **pass out** vi (faint) desmayarse. ❑ **pass up** vt sep (opportunity) dejar pasar.

passable ['pɑːsəbl] adj (road) transitable; (satisfactory) pasable.

passage ['pæsɪdʒ] n (corridor) pasadizo m; (in book) pasaje m; (sea journey) travesía f.

passageway ['pæsɪdʒweɪ] n pasadizo m.

passenger ['pæsɪndʒəʳ] n pasajero m, -ra f.

passerby [‚pɑːsə'baɪ] n transeúnte mf.

passion ['pæʃn] n pasión f.

passionate ['pæʃənət] adj apasionado(da).

passive ['pæsɪv] n pasiva f.

passport ['pɑːspɔːt] n pasaporte m.

passport control n control m de pasaportes.

passport photo n foto f de pasaporte.

password ['pɑːswɜːd] n contraseña f.

past [pɑːst] adj (at earlier time) anterior; (finished) terminado(da); (last) último(ma); (former) antiguo(gua). ◆ prep (further than) más allá de; (in front of) por delante de, por enfrente

de Amér. ◆ n pasado m. ◆ adv: **to run ~** pasar corriendo; **~ (tense)** pasado; the **~ month** el mes pasado; **twenty ~ four** las cuatro y veinte; **in the ~** en el pasado.

pasta ['pæstə] n pasta f.

paste [peɪst] n (spread) paté m; (glue) engrudo m.

pastel ['pæstl] n pastel m.

pasteurized ['pɑːstʃəraɪzd] adj pasteurizado(da).

pastille ['pæstɪl] n pastilla f.

pastime ['pɑːstaɪm] n pasatiempo m.

pastry ['peɪstrɪ] n (for pie) pasta f; (cake) pastel m.

pasture ['pɑːstʃəʳ] n pasto m.

pat [pæt] vt golpear ligeramente.

patch [pætʃ] n (for clothes) remiendo m; (of colour, damp, for eye) parche m; (for skin) esparadrapo m; **a bad ~** fig un mal momento.

pâté ['pæteɪ] n paté m.

patent [Br 'peɪtənt, Am 'pætənt] n patente f.

path [pɑːθ] (pl pɑːðz) n (in garden, park, country) camino m.

pathetic [pə'θetɪk] adj pej (useless) inútil.

patience ['peɪʃns] n (quality) paciencia f; Br (card game) solitario m.

patient ['peɪʃnt] adj paciente. ◆ n paciente mf.

patio ['pætɪəʊ] n patio m.

patriotic [Br ‚pætrɪ'ɒtɪk, Am ‚peɪtrɪ'ɒtɪk] adj patriótico(ca).

patrol [pə'trəʊl] vt patrullar. ◆ n patrulla f.

patrol car n coche m patrulla.

patron ['peɪtrən] n fml (customer) cliente mf; **'~s only'** 'sólo para clientes'.

patronizing ['pætrənaɪzɪŋ] adj

condescente.

pattern ['pætn] n (of shapes, colours) diseño m; (for sewing) patrón m.

patterned ['pætənd] adj estampado(da).

pause [pɔːz] n pausa f. ◆ vi (when speaking) hacer una pausa; (in activity) detenerse.

pavement ['peɪvmənt] n Br (beside road) acera f; Am (roadway) calzada f.

pavilion [pə'vɪljən] n pabellón m.

paving stone ['peɪvɪŋ-] n losa f.

pavlova [pæv'ləʊvə] n postre de merengue relleno de fruta y nata montada.

paw [pɔː] n pata f.

pawn [pɔːn] vt empeñar. ◆ n (in chess) peón m.

pay [peɪ] (pt & pp **paid**) vt pagar. ◆ vi (give money) pagar; (be profitable) ser rentable. ◆ n paga f; to ~ sb for sthg pagar a alguien por algo; to ~ money into an account ingresar dinero en una cuenta; to ~ attention (to) prestar atención (a); to ~ sb a visit hacer una visita a alguien; to ~ by credit card pagar con tarjeta de crédito. ▫ **pay back** vt sep (money) devolver; (person) devolver el dinero a. ▫ **pay in** vt sep ingresar Esp, depositar Amér. ▫ **pay out** vt sep (money) pagar. ▫ **pay up** vi pagar.

payable ['peɪəbl] adj (bill) pagadero(ra); ~ to (cheque) a favor de.

payment ['peɪmənt] n pago m.

pay-per-view adj (television, distributor) de pago Esp, pago Amér.

payphone ['peɪfəʊn] n teléfono m público.

pay television, pay TV n televisión f de pago Esp, pago Amér.

PC n (abbr of personal computer) ordenador personal, PC m; Br (abbr of police constable) policía mf.

pea [piː] n guisante m Esp, arveja m.

peace [piːs] n paz f; to leave sb in ~ dejar a alguien en paz; ~ and quiet tranquilidad f.

peaceful ['piːsfʊl] adj (place, day, feeling) tranquilo(la); (demonstration) pacífico(ca).

peach [piːtʃ] n melocotón m Esp, durazno m Amér.

peacock ['piːkɒk] n pavo m real.

peak [piːk] n (of mountain) pico m; (of hat) visera f; fig (highest point) apogeo m.

peak hours npl horas fpl punta Esp OR pico Amér.

peak rate n (on telephone) tarifa f de hora punta Esp OR pico Amér.

peanut ['piːnʌt] n cacahuete m Esp, maní m Amér.

peanut butter n manteca f de cacahuete Esp, mantequilla f de maní Amér.

pear [peə] n pera f.

pearl [pɜːl] n perla f.

peasant ['peznt] n campesino m, -na f.

pebble ['pebl] n guijarro m.

pecan pie ['piːkæn-] n tartaleta de pacanas.

peck [pek] vi picotear.

peculiar [pɪ'kjuːljə] adj (strange) peculiar; to be ~ to ser propio(pia) de.

peculiarity [pɪ,kjuːlɪ'ærətɪ] n (special feature) peculiaridad f.

pedal ['pedl] n pedal m. ◆ vi pedalear.

pedalo ['pedələʊ] (pl -s) n patín m (de agua).

pedestrian [pɪ'destrɪən] n peatón m.

pedestrian crossing n paso m

de peatones.

pedestrianized [pɪ'destrɪənaɪzd] *adj* peatonal.

pedestrian precinct *n Br* zona *f* peatonal.

pedestrian zone *Am* = pedestrian precinct.

pee [pi:] *vi inf* mear. ◆ *n*: to have a ~ *inf* echar una meada.

peel [pi:l] *n* piel *f*. ◆ *vt* pelar. ◆ *vi (paint)* descascarillarse; *(skin)* pelarse.

peep [pi:p] *n*: to have a ~ echar una ojeada.

peer [pɪə^r] *vi* mirar con atención.

peg [peg] *n (for tent)* estaca *f*; *(hook)* gancho *m*; *(for washing)* pinza *f*.

pelican crossing [pelɪkən-] *n Br* paso de peatones con semáforo que el usuario puede accionar apretando un botón.

pelvis ['pelvɪs] *n* pelvis *f*.

pen [pen] *n (ballpoint pen)* bolígrafo *m*; *(fountain pen)* pluma *f* (estilográfica) *Esp,* pluma *f* fuente *Amér*; *(for animals)* corral *m*.

penalty ['penltɪ] *n (fine)* multa *f*; *(in football)* penalti *m*.

pence [pens] *npl Br* peniques *mpl*.

pencil ['pensl] *n* lápiz *m*.

pencil case *n* estuche *m*.

pencil sharpener [-'ʃɑːpnə^r] *n* sacapuntas *m inv*.

pendant ['pendənt] *n* colgante *m*.

pending ['pendɪŋ] *prep fml* a la espera de.

penetrate ['penɪtreɪt] *vt (pierce)* penetrar en.

penfriend ['penfrend] *n* amigo *m,* -ga *f* por correspondencia.

penguin ['peŋgwɪn] *n* pingüino *m*.

penicillin [penɪ'sɪlɪn] *n* penicilina *f*.

peninsula [pə'nɪnsjʊlə] *n* penín-

sula *f*.

penis ['piːnɪs] *n* pene *m*.

penknife ['pennaɪf] *(pl* **-knives** [-naɪvz]) *n* navaja *f*.

penny ['penɪ] *(pl* **pennies**) *n (in UK)* penique *m; (in US)* centavo *m*.

pension ['penʃn] *n* pensión *f*.

pensioner ['penʃənə^r] *n* pensionista *mf*.

penthouse ['penthaʊs, *pl* -haʊzɪz] *n* ático *m,* penthouse *m Amér*.

penultimate [pe'nʌltɪmət] *adj* penúltimo(ma).

people ['piːpl] *npl (persons)* personas *fpl; (in general)* gente *f*. ◆ *n (nation)* pueblo *m;* **the** ~ *(citizens)* el pueblo.

people carrier *n* monovolumen *m*.

pepper ['pepə^r] *n (spice)* pimienta *f; (vegetable)* pimiento *m*.

peppermint ['pepəmɪnt] *adj* de menta. ◆ *n (sweet)* caramelo *m* de menta.

pepper pot *n* pimentero *m*.

per [pɜː^r] *prep* por; ~ **person** por persona; ~ **week** por semana; **£20** ~ **night** 20 libras por noche.

perceive [pə'siːv] *vt* percibir.

per cent *adv* por ciento.

percentage [pə'sentɪdʒ] *n* porcentaje *m*.

perch [pɜːtʃ] *n (for bird)* percha *f*.

percolator ['pɜːkəleɪtə^r] *n* percolador *m*.

perfect [*adj & n* 'pɜːfɪkt, *vb* pə'fekt] *adj* perfecto(ta). ◆ *vt* perfeccionar. ◆ *n*: **the** ~ *(tense)* el perfecto.

perfection [pə'fekʃn] *n*: to do sthg to ~ hacer algo a la perfección.

perfectly ['pɜːfɪktlɪ] *adv (very well)* perfectamente.

perform [pə'fɔːm] *vt (task, opera-*

tion) realizar; *(play)* representar; *(concert)* interpretar. ◆ *vi (actor, singer)* actuar.

performance [pə'fɔ:məns] *n (of play, concert, film)* función *f; (by actor, musician)* actuación *f; (of car)* rendimiento *m*.

performer [pə'fɔ:məʳ] *n* intérprete *mf*.

perfume ['pɜ:fju:m] *n* perfume *m*.

perhaps [pə'hæps] *adv* quizás.

perimeter [pə'rɪmɪtəʳ] *n* perímetro *m*.

period ['pɪərɪəd] *n* periodo *m*; SCH hora *f*; Am *(full stop)* punto *m*. ◆ *adj* de época; **sunny ~s** intervalos *mpl* de sol.

periodic [,pɪərɪ'ɒdɪk] *adj* periódico(ca).

period pains *npl* dolores *mpl* menstruales.

periphery [pə'rɪfərɪ] *n* periferia *f*.

perishable ['perɪʃəbl] *adj* perecedero(ra).

perk [pɜ:k] *n* beneficio *m* adicional.

perm [pɜ:m] *n* permanente *f*. ◆ *vt*: **to have one's hair ~ed** hacerse una permanente.

permanent ['pɜ:mənənt] *adj* permanente.

permanent address *n* domicilio *m* fijo.

permanently ['pɜ:mənəntlɪ] *adv* permanentemente.

permissible [pə'mɪsəbl] *adj fml* lícito(ta).

permission [pə'mɪʃn] *n* permiso *m*.

permit [*vb* pə'mɪt, *n* 'pɜ:mɪt] *vt* permitir. ◆ *n* permiso *m*; **to ~ sb to do sthg** permitir a alguien hacer algo.

perpendicular [,pɜ:pən'dɪkjʊləʳ] *adj* perpendicular.

persevere [,pɜ:sɪ'vɪəʳ] *vi* persevera-

rar.

persist [pə'sɪst] *vi* persistir; **to ~ in doing sthg** empeñarse en hacer algo.

persistent [pə'sɪstənt] *adj* persistente; *(person)* tenaz.

person ['pɜ:sn] *(pl* **people)** *n* persona *f*; **in ~** en persona.

personal ['pɜ:sənl] *adj* personal; *(life, letter)* privado(da); *(rude)* ofensivo(va); **a ~ friend** un amigo íntimo.

personal assistant *n* asistente *m*, -ta *f* personal.

personal belongings *npl* efectos *mpl* personales.

personal computer *n* ordenador *m* personal *Esp*, computadora *f* personal *Amér*.

personality [,pɜ:sə'nælɪt] *n* personalidad *f*.

personally ['pɜ:snlɪ] *adv* personalmente.

personal property *n* bienes *mpl* muebles.

personal stereo *n* walkman® *m*.

personnel [,pɜ:sə'nel] *npl* personal *m*.

perspective [pə'spektɪv] *n* perspectiva *f*.

perspiration [,pɜ:spə'reɪʃn] *n* transpiración *f*.

persuade [pə'sweɪd] *vt*: **to ~ sb (to do sthg)** persuadir a alguien (para que haga algo); **to ~ sb that ...** persuadir a alguien de que ....

persuasive [pə'sweɪsɪv] *adj* persuasivo(va).

Peru [pə'ru:] *n* Perú.

Peruvian [pə'ru:vjən] *adj* peruano(na). ◆ *n* peruano *m*, -na *f*.

pervert ['pɜ:vɜ:t] *n* pervertido *m*, -da *f*.

pessimist ['pesɪmɪst] *n* pesimista *mf*.

pessimistic [,pesɪˈmɪstɪk] *adj* pesimista.

pest [pest] *n (insect)* insecto *m* nocivo; *(animal)* animal *m* nocivo; *inf (person)* pelma *mf*.

pester [ˈpestəʳ] *vt* incordiar.

pesticide [ˈpestɪsaɪd] *n* pesticida *m*.

pet [pet] *n* animal *m* de compañía; **the teacher's** ~ el favorito (la favorita) del maestro.

petal [ˈpetl] *n* pétalo *m*.

pet food *n* alimentos *mpl* para animales de compañía.

petition [pɪˈtɪʃn] *n* petición *f*.

petrified [ˈpetrɪfaɪd] *adj (frightened)* aterrado(da).

petrol [ˈpetrəl] *n Br* gasolina *f*.

petrol gauge *n Br* indicador *m* del nivel de carburante.

petrol pump *n Br* surtidor *m* de gasolina.

petrol station *n Br* gasolinera *f*.

petrol tank *n Br* depósito *m* de gasolina.

pet shop *n* tienda *f* de animales de compañía.

petticoat [ˈpetɪkəʊt] *n* combinación *f*.

petty [ˈpetɪ] *adj pej (person, rule)* mezquino(na).

petty cash *n* dinero *m* para pequeños gastos.

pew [pju:] *n* banco *m (de iglesia)*.

pewter [ˈpju:təʳ] *n* peltre *m*.

PG *(abbr of parental guidance) (film)* con algunas escenas no aptas para menores de 15 años.

pharmacist [ˈfɑ:məsɪst] *n* farmacéutico *m*, -ca *f*.

pharmacy [ˈfɑ:məsɪ] *n (shop)* farmacia *f*.

phase [feɪz] *n* fase *f*.

PhD *n (degree)* doctorado *m*.

pheasant [ˈfeznt] *n* faisán *m*.

phenomena [fɪˈnɒmɪnə] *pl* → **phenomenon**.

phenomenal [fɪˈnɒmɪnl] *adj* fenomenal.

phenomenon [fɪˈnɒmɪnən] *(pl* **-mena)** *n* fenómeno *m*.

Philippines [ˈfɪlɪpi:nz] *npl*: **the** ~ (las) Filipinas.

philosophy [fɪˈlɒsəfɪ] *n* filosofía *f*.

phlegm [flem] *n (in throat)* flema *f*.

phone [fəʊn] *n* teléfono *m*. ◆ *vt & vi Br* telefonear; **on the** ~ *(talking)* al teléfono; *(connected)* tener teléfono. ❑ **phone up** *vt sep & vi* llamar (por teléfono).

phone book *n* guía *f* telefónica.

phone booth *n* teléfono *m* público.

phone box *n Br* cabina *f* de teléfono.

phone call *n* llamada *f* telefónica.

phonecard [ˈfəʊnkɑ:d] *n* tarjeta *f* telefónica.

phone number *n* número *m* de teléfono.

photo [ˈfəʊtəʊ] *n* foto *f*; **to take a** ~ **of** *(person)* sacar una foto a; *(thing)* sacar una foto de.

photo album *n* álbum *m* de fotos.

photocopier [ˌfəʊtəʊˈkɒpɪəʳ] *n* fotocopiadora *f*.

photocopy [ˈfəʊtəʊˌkɒpɪ] *n* fotocopia *f*. ◆ *vt* fotocopiar.

photograph [ˈfəʊtəgrɑ:f] *n* fotografía *f*. ◆ *vt* fotografiar.

photographer [fəˈtɒgrəfəʳ] *n* fotógrafo *m*, -fa *f*.

photography [fəˈtɒgrəfɪ] *n* fotografía *f*.

phrase [freɪz] n frase f.

phrasebook ['freɪzbʊk] n libro m de frases.

physical ['fɪzɪkl] adj físico(ca). ◆ n reconocimiento m médico.

physical education n educación f física.

physics ['fɪzɪks] n física f.

physiotherapy [,fɪzɪəʊ'θerəpɪ] n fisioterapia f.

pianist ['pɪənɪst] n pianista mf.

piano [pɪ'ænəʊ] (pl -s) n piano m.

pick [pɪk] vt (select) escoger; (fruit, flowers) coger. ◆ n (pickaxe) piqueta f; **to ~ a fight** buscar camorra; **to ~ one's nose** hurgarse la nariz; **to take one's ~** escoger lo que uno quiera. ❏ **pick on** vt fus meterse con. ❏ **pick out** vt sep (select) escoger; (see) distinguir. ❏ **pick up** ◆ vt sep recoger; (lift up) recoger (del suelo); (bargain, habit) adquirir; (language, hints) aprender; inf (woman, man) ligar con. ◆ vi (improve) mejorar.

pickaxe ['pɪkæks] n piqueta f.

pickle ['pɪkl] n Br (food) condimento hecho con trozos de frutas y verduras maceradas hasta formar una salsa agridulce; Am (pickled cucumber) pepinillo m encurtido.

pickled onion ['pɪkld-] n cebolleta f en vinagre.

pickpocket ['pɪk,pɒkɪt] n carterista mf.

pick-up (truck) n camioneta f.

picnic ['pɪknɪk] n comida f campestre.

picnic area n ≃ zona f de picnics.

picture ['pɪktʃə'] n (painting) cuadro m; (drawing) dibujo m; (photograph) foto f; (on TV) imagen f; (film) película f. ❏ **pictures** npl: **the ~s** Br el cine.

picture frame n marco m (para fotos).

picturesque [,pɪktʃə'resk] adj pintoresco(ca).

pie [paɪ] n (savoury) empanada f; (sweet) tarta f (cubierta de hojaldre).

piece [piːs] n (in part, bit) trozo m; (component, in chess, of music) pieza f; **a 20p ~** una moneda de 20 peniques; **a ~ of advice** un consejo; **a ~ of clothing** una prenda de vestir; **a ~ of furniture** un mueble; **a ~ of paper** una hoja de papel; **to fall to ~s** deshacerse; **in one ~** (intact) intacto; (unharmed) sano y salvo.

pier [pɪə'] n paseo m marítimo (sobre malecón).

pierce [pɪəs] vt perforar; **to have one's ears ~d** hacerse agujeros en las orejas.

pig [pɪg] n (animal) cerdo m; inf (greedy person) tragón m, -ona f.

pigeon ['pɪdʒɪn] n paloma f.

pigeonhole ['pɪdʒɪnhəʊl] n casilla f.

pigtail ['pɪgteɪl] n trenza f.

pike [paɪk] n (fish) lucio m.

pilau rice ['pɪlaʊ-] n arroz de distintos colores, condimentado con especias orientales.

pilchard ['pɪltʃəd] n sardina f.

pile [paɪl] n (heap) montón m; (neat stack) pila f. ◆ vt amontonar; **~s of** inf (a lot) un montón de. ❏ **pile up** ◆ vt amontonar. ◆ vi (accumulate) acumularse.

piles [paɪlz] npl MED almorranas fpl.

pileup ['paɪlʌp] n colisión f en cadena.

pill [pɪl] n pastilla f; **the ~** la píldora.

pillar ['pɪlə'] n pilar m.

pillar box n Br buzón m.

pillion ['pɪljən] n: **to ride ~** ir sentado atrás (en moto).

pillow ['pɪləʊ] n (for bed) almohada f; (on chair, sofa) cojín m.

pillowcase ['pɪləʊkeɪs] n funda f de la almohada.

pilot ['paɪlət] n piloto mf.

pilot light n piloto m.

pimple ['pɪmpl] n grano m.

pin [pɪn] n (for sewing) alfiler m; (drawing pin) chincheta f; (safety pin) imperdible m; Am (brooch) broche m; Am (badge) chapa f, pin m. ◆ vt (fasten) prender; **a two-~ plug** un enchufe de dos clavijas; **~s and needles** hormigueo m.

pinafore ['pɪnəfɔː'] n (apron) delantal m; Br (dress) pichi m Esp, jumper m Amér.

pinball ['pɪnbɔːl] n flíper m.

pincers ['pɪnsəz] npl (tool) tenazas fpl.

pinch [pɪntʃ] vt (squeeze) pellizcar; Br inf (steal) mangar. ◆ n (of salt) pizca f.

pine [paɪn] n pino m. ◆ adj de pino.

pineapple ['paɪnæpl] n piña f.

pink [pɪŋk] adj rosa (inv). ◆ n (colour) rosa m.

pinkie ['pɪŋkɪ] n Am dedo m meñique.

PIN number n número m personal de identificación.

pint [paɪnt] n (in UK) = 0,568 litros, pinta f; (in US) = 0,473 litros, pinta; **a ~ (of beer)** Br una jarra de cerveza.

pip [pɪp] n (of fruit) pepita f.

pipe [paɪp] n (for smoking) pipa f; (for gas, water) tubería f.

pipe cleaner n limpiapipas m inv.

pipeline ['paɪplaɪn] n (for oil) oleoducto m.

pipe tobacco n tabaco m de pipa.

pirate ['paɪrət] n pirata m.

piss [pɪs] vi vulg mear, hacer pís. ◆ n: **to have a ~** vulg echar una meada; **it's ~ing down** vulg está lloviendo que te cagas.

pissed [pɪst] adj Br vulg (drunk) mamado(da) Esp, tomado(da) Amér; Am vulg (angry) cabreado(da).

pissed off adj vulg cabreado(da).

pistachio [pɪ'stɑːʃɪəʊ] n pistacho m. ◆ adj de pistacho.

pistol ['pɪstl] n pistola f.

piston ['pɪstən] n pistón m.

pit [pɪt] n (hole) hoyo m; (coalmine) mina f; (for orchestra) foso m de la orquesta; Am (in fruit) hueso m.

pitch [pɪtʃ] n Br SPORT campo m. ◆ vt (throw) lanzar; **to ~ a tent** montar una tienda de campaña.

pitcher ['pɪtʃə'] n (large jug) cántaro m; Am (small jug) jarra f.

pitfall ['pɪtfɔːl] n escollo m.

pith [pɪθ] n (of orange) parte blanca de la corteza.

pitta (bread) ['pɪtə-] n fina torta de pan ázimo.

pitted ['pɪtɪd] adj (olives) deshuesado(da).

pity ['pɪtɪ] n (compassion) lástima f; **to have ~ on sb** compadecerse de alguien; **it's a ~ (that) ...** es una pena que ...; **what a ~!** ¡qué pena!

pivot ['pɪvət] n eje m.

pizza ['piːtsə] n pizza f.

pizzeria [,piːtsə'rɪə] n pizzería f.

Pl. (abbr of Place) nombre de ciertas calles en Gran Bretaña.

placard ['plækɑːd] n pancarta f.

place [pleɪs] n (location) sitio m, lugar m; (house, flat) casa f; (seat) asiento m; (proper position) sitio m; (in race, list) lugar m; (at table) cubierto m. ◆ vt (put) colocar; (an order, bet) hacer; **in the first ~ ...** en primer lugar ...; **to**

take ~ tener lugar; **to take sb's** ~ sustituir a alguien; **all over the** ~ por todas partes; **in** ~ **of** en lugar de.

place mat n mantel m individual.

placement ['pleɪsmənt] n colocación f temporal.

place of birth n lugar m de nacimiento.

plague [pleɪg] n peste f.

plaice [pleɪs] n platija f.

plain [pleɪn] adj (not decorated) liso (sa); (simple) sencillo(lla); (clear) claro(ra); (paper) sin rayas; pej (not attractive) sin ningún atractivo. ◆ n llanura f.

plain chocolate n chocolate m amargo.

plainly ['pleɪnlɪ] adv (obviously) evidentemente; (distinctly) claramente.

plait [plæt] n trenza f. ◆ vt trenzar.

plan [plæn] n (scheme, project) plan m; (drawing) plano m. ◆ vt (organize) planear; **have you any** ~s **for tonight?** ¿tienes algún plan para esta noche?; **according to** ~ según lo previsto; **to** ~ **to do sthg, to** ~ **on doing sthg** pensar hacer algo.

plane [pleɪn] n (aeroplane) avión m; (tool) cepillo m.

planet ['plænɪt] n planeta m.

plank [plæŋk] n tablón m.

plant [plɑ:nt] n planta f. ◆ vt (seeds, tree) plantar; (land) sembrar.

plaque [plɑ:k] n placa f.

plaster ['plɑ:stəʳ] n Br (for cut) tirita® f Esp, curita® f Amér; (for walls) escayola f Esp, yeso m Amér; **in** ~ escayolado.

plaster cast n (for broken bones) escayola f Esp, yeso f Amér.

plastic ['plæstɪk] n plástico m. ◆ adj de plástico.

plastic bag n bolsa f de plástico.

Plasticine® ['plæstɪsi:n] n Br plasti-

lina® f.

plate [pleɪt] n (for food) plato m; (of metal) placa f.

plateau ['plætəʊ] n meseta f.

plate-glass adj de vidrio cilindrado.

platform ['plætfɔ:m] n (at railway station) andén m; (raised structure) plataforma f; ~ **12** la vía 12.

platinum ['plætɪnəm] n platino m.

platter ['plætəʳ] n CULIN combinado, especialmente de mariscos, servido en una fuente alargada.

play [pleɪ] vt (sport, game) jugar a; (music, instrument) tocar; (opponent) jugar contra; (CD, tape, record) poner; (role, character) representar. ◆ vi (child, in sport, game) jugar; (musician) tocar. ◆ n (in theatre, on TV) obra f (de teatro). ❏ **play back** vt sep volver a poner. ❏ **play up** vi dar guerra.

player ['pleɪəʳ] n (of sport, game) jugador m, -ra f; (of musical instrument) intérprete mf.

playful ['pleɪfʊl] adj juguetón (ona).

playground ['pleɪgraʊnd] n (in school) patio m de recreo; (in park etc) zona f recreativa.

playgroup ['pleɪgru:p] n guardería f.

playing card ['pleɪɪŋ-] n carta f.

playing field ['pleɪɪŋ-] n campo m de deportes.

playroom ['pleɪrʊm] n cuarto m de los juguetes.

playschool ['pleɪsku:l] = **playgroup**.

playtime ['pleɪtaɪm] n recreo m.

playwright ['pleɪraɪt] n dramaturgo m, -ga f.

plc Br (abbr of public limited company) ≃ S.A.

pleasant ['pleznt] adj agradable.

please [pli:z] adv por favor. ◆ vt complacer; **yes ~!** ¡sí, gracias!; **whatever you ~** lo que desee.

pleased [pli:zd] adj contento(ta); **to be ~ with** estar contento con; **~ to meet you!** ¡encantado(da) de conocerle!

pleasure ['pleʒəʳ] n placer m; **with ~** con mucho gusto; **it's a ~!** ¡es un placer!

pleat [pli:t] n pliegue m.

pleated ['pli:tɪd] adj plisado(da).

plentiful ['plentɪfʊl] adj abundante.

plenty ['plentɪ] pron de sobra; **~ of money** dinero de sobra; **~ of chairs** sillas de sobra.

pliers ['plaɪəz] npl alicates mpl.

plonk [plɒŋk] n Br inf (wine) vino m peleón.

plot [plɒt] n (scheme) complot m; (of story, film, play) trama f; (of land) parcela f.

plough [plaʊ] n Br arado m. ◆ vt Br arar.

ploughman's (lunch) ['plaʊmənz-] n Br tabla de queso servida con pan, cebolla, ensalada y salsa agridulce.

plow [plaʊ] Am = **plough**.

ploy [plɔɪ] n estratagema f.

pluck [plʌk] vt (eyebrows) depilar (con pinzas); (chicken) desplumar.

plug [plʌg] n ELEC enchufe m; (for bath, sink) tapón m. ❑ **plug in** vt sep enchufar.

plughole ['plʌghəʊl] n agujero m del desagüe.

plum [plʌm] n ciruela f.

plumber ['plʌməʳ] n fontanero m, -ra f.

plumbing ['plʌmɪŋ] n (pipes) tuberías fpl.

plump [plʌmp] adj regordete.

plunge [plʌndʒ] vi (fall, dive) zambullirse; (decrease) caer vertiginosamente.

plunger ['plʌndʒəʳ] n (for unblocking pipe) desatascador m.

pluperfect (tense) [ˌpluːˈpɜː-fɪkt-] n: **the ~** el pluscuamperfecto.

plural ['plʊərəl] n plural m; **in the ~** en plural.

plus [plʌs] prep más. ◆ adj: **30 ~** treinta o más.

p.m. (abbr of post meridiem): **at 4 ~** a las cuatro de la tarde; **at 10 ~** a las diez de la noche.

PMT n (abbr of premenstrual tension) SPM m.

pneumatic drill [njuːˈmætɪk-] n taladradora f neumática.

pneumonia [njuːˈməʊnjə] n pulmonía f.

poached egg [pəʊtʃt-] n huevo m escalfado.

poached salmon [pəʊtʃt-] n salmón m hervido.

poacher ['pəʊtʃəʳ] n (hunting) cazador m furtivo; (fishing) pescador m furtivo.

PO Box n (abbr of Post Office Box) apdo. m.

pocket ['pɒkɪt] n bolsillo m; (on car door) bolsa f. ◆ adj de bolsillo.

pocketbook ['pɒkɪtbʊk] n (notebook) libreta f; Am (handbag) bolso m Esp, cartera f Amér.

pocket money n Br propina f semanal.

podiatrist [pəˈdaɪətrɪst] n Am podólogo m, -ga f.

poem ['pəʊɪm] n poema m.

poet ['pəʊɪt] n poeta m, -tisa f.

poetry ['pəʊɪtrɪ] n poesía f.

point [pɔɪnt] n punto m; (tip) punta f; (most important thing) razón f; Br (electric socket) enchufe m. ◆ vi: to ~ to señalar; **five ~ seven** cinco coma siete; **what's the ~?** ¿para qué?; **there's no ~** no vale la pena; **to be on the ~ of doing sthg** estar a punto de hacer algo; **to come to the ~** ir al grano. ❑ **points** npl Br (on railway) agujas fpl. ❑ **point out** vt sep (object, person) señalar; (fact, mistake) hacer notar.

pointed ['pɔɪntɪd] adj (in shape) puntiagudo(da).

pointless ['pɔɪntlɪs] adj sin sentido.

point of view n punto m de vista.

poison ['pɔɪzn] n veneno m. ◆ vt (intentionally) envenenar; (unintentionally) intoxicar.

poisoning ['pɔɪznɪŋ] n (intentional) envenenamiento m; (unintentional) intoxicación f.

poisonous ['pɔɪznəs] adj (food, gas, substance) tóxico(ca); (snake, spider) venenoso(sa).

poke [pəʊk] vt (with finger, stick) dar; (with elbow) dar un codazo.

poker ['pəʊkə'] n (card game) póker m.

Poland ['pəʊlənd] n Polonia.

polar bear ['pəʊlə-] n oso m polar.

pole [pəʊl] n (of wood) palo m.

police [pə'liːs] npl: **the ~** la policía.

police car n coche m patrulla.

police force n cuerpo m de policía.

policeman [pə'liːsmən] (pl -men [-mən]) n policía m.

police officer n agente mf de policía.

police station n comisaría f de policía.

policewoman [pə'liːsˌwʊmən] (pl -women [-ˌwɪmɪn]) n mujer f policía.

policy ['pɒləsɪ] n (approach, attitude) política f; (for insurance) póliza f.

policy-holder n asegurado m, -da f.

polio ['pəʊlɪəʊ] n polio f.

polish ['pɒlɪʃ] n (for cleaning) abrillantador m. ◆ vt sacar brillo a.

Polish ['pəʊlɪʃ] adj polaco(ca). ◆ n (language) polaco m. ◆ npl: **the ~** los polacos.

polite [pə'laɪt] adj educado(da).

political [pə'lɪtɪkl] adj político(ca).

politician [ˌpɒlɪ'tɪʃn] n político m, -ca f.

politics ['pɒlətɪks] n política f.

poll [pəʊl] n (survey) encuesta f; **the ~s** (election) los comicios.

pollen ['pɒlən] n polen m.

pollute [pə'luːt] vt contaminar.

pollution [pə'luːʃn] n (of sea, air) contaminación f; (substances) agentes mpl contaminantes.

polo neck ['pəʊləʊ-] n Br (jumper) jersey m de cuello de cisne Esp, suéter m de cuello alto.

polyester [ˌpɒlɪ'estə'] n poliéster m.

polystyrene [ˌpɒlɪ'staɪriːn] n poliestireno m.

polytechnic [ˌpɒlɪ'teknɪk] n universidad donde se dan especialmente materias técnicas.

polythene ['pɒlɪθiːn] n polietileno m.

pomegranate ['pɒmɪˌgrænɪt] n granada f.

pompous ['pɒmpəs] adj (person) engreído(da).

pond [pɒnd] n estanque m.

pony ['pəʊnɪ] n poni m.

ponytail ['pəʊnɪteɪl] n cola f de caballo (peinado).

pony-trekking [-,trekɪŋ] n Br excursión f en poni.

poodle ['pu:dl] n caniche m.

pool [pu:l] n (for swimming) piscina f; (of water, blood, milk) charco m; (small pond) estanque m; (game) billar m americano. ◘ **pools** npl Br: the ~ s las quinielas.

poor [pɔ:ʳ] adj pobre; (bad) malo (la). ◆ npl: the ~ los pobres.

poorly ['pɔ:lɪ] adj Br pachucho (cha) Esp, mal. ◆ adv mal.

pop [pɒp] n (music) música f pop. ◆ vt inf (put) meter. ◆ vi (balloon) reventar; **my ears popped** me estallaron los oídos. ◘ **pop in** vi Br entrar un momento.

popcorn ['pɒpkɔ:n] n palomitas fpl (de maíz).

Pope [pəʊp] n: the ~ el Papa.

pop group n grupo m de música pop.

poplar (tree) ['pɒpləʳ] n álamo m.

pop music n música f pop.

popper ['pɒpəʳ] n Br corchete m, broche m de presión Amér.

poppy ['pɒpɪ] n amapola f.

Popsicle® ['pɒpsɪkl] n Am polo m Esp, paleta f helada Amér.

pop socks npl calcetines cortos de cristal.

pop star n estrella f del pop.

popular ['pɒpjʊləʳ] adj (person, activity) popular; (opinion, ideas) generalizado(da).

popularity [,pɒpjʊ'lærətɪ] n popularidad f.

populated ['pɒpjʊleɪtɪd] adj poblado(da).

population [,pɒpjʊ'leɪʃn] n población f.

porcelain ['pɔ:səlɪn] n porcelana f.

porch [pɔ:tʃ] n porche m.

pork [pɔ:k] n carne f de cerdo.

pork chop n chuleta f de cerdo.

pornographic [,pɔ:nə'græfɪk] adj pornográfico(ca).

porridge ['pɒrɪdʒ] n papilla f de avena.

port [pɔ:t] n (town, harbour) puerto m; (drink) oporto m.

portable ['pɔ:təbl] adj portátil.

porter ['pɔ:təʳ] n (at hotel, museum) conserje mf; (at station, airport) mozo m.

portion ['pɔ:ʃn] n (part) porción f; (of food) ración f.

portrait ['pɔ:treɪt] n retrato m.

Portugal ['pɔ:tʃʊgl] n Portugal.

Portuguese [,pɔ:tʃʊ'gi:z] adj portugués(esa). ◆ n (language) portugués m. ◆ npl: the ~ los portugueses.

pose [pəʊz] vt (problem) plantear; (threat) suponer. ◆ vi (for photo) posar.

posh [pɒʃ] adj inf (person, accent) de clase alta; (hotel, restaurant) de lujo.

position [pə'zɪʃn] n posición f; (situation) situación f; (rank, importance) rango m; fml (job) puesto m; '~ closed' 'cerrado'.

positive ['pɒzɪtɪv] adj positivo (va); (certain, sure) seguro(ra); (optimistic) optimista.

possess [pə'zes] vt poseer.

possession [pə'zeʃn] n posesión f.

possessive [pə'zesɪv] adj posesivo(va).

possibility [,pɒsə'bɪlətɪ] n posibilidad f.

possible ['pɒsəbl] adj posible; **it's ~ that we may be late** puede (ser) que lleguemos tarde; **would it be ~**

for me to use the phone? ¿podría usar el teléfono?; **as much as** ~ tanto como sea posible; **if** ~ si es posible.

possibly ['pɒsəblɪ] *adv (perhaps)* posiblemente.

post [pəʊst] *n (system, letters etc)* correo *m*; *(delivery)* reparto *m*; *(pole)* poste *m*; *fml (job)* puesto *m*. ◆ *vt (letter, parcel)* echar al correo; **by** ~ por correo.

postage ['pəʊstɪdʒ] *n* franqueo *m*; ~ **and packing** gastos *mpl* de envío; ~ **paid** franqueo pagado.

postage stamp *n fml* sello *m*, estampilla *f Amér*.

postal order ['pəʊstl-] *n* giro *m* postal.

postbox ['pəʊstbɒks] *n Br* buzón *m*.

postcard ['pəʊstkɑːd] *n* postal *f*.

postcode ['pəʊstkəʊd] *n Br* código *m* postal.

poster ['pəʊstə^r] *n* póster *m*.

post-free *adv* con porte pagado.

postgraduate [,pəʊst'grædʒʊət] *n* posgraduado *m*, -da *f*.

Post-it (note)® *n* Post-it® *m*.

postman ['pəʊstmən] *(pl* -men [-mən]) *n* cartero *m*.

postmark ['pəʊstmɑːk] *n* matasellos *m inv*.

post office *n (building)* oficina *f* de correos; **the Post Office** ≃ Correos *m inv*.

postpone [,pəʊst'pəʊn] *vt* aplazar.

posture ['pɒstʃə^r] *n* postura *f*.

postwoman ['pəʊst,wʊmən] *(pl* -women [-,wɪmɪn]) *n* cartera *f*.

pot [pɒt] *n (for cooking)* olla *f*; *(for jam)* tarro *m*; *(for paint)* bote *m*; *(for tea)* tetera *f*; *(for coffee)* cafetera *f*; *inf (cannabis)* maría *f Esp*, hierba *f*; **a** ~ **of tea** una tetera.

potato [pə'teɪtəʊ] *(pl* -es) *n* pa-

tata *f*.

potato salad *n* ensalada *f* de patatas *Esp* OR papas *Amér*.

potential [pə'tenʃl] *adj* potencial. ◆ *n* potencial *m*.

pothole ['pɒthəʊl] *n (in road)* bache *m*.

pot plant *n* planta *f* de interior.

potted ['pɒtɪd] *adj (meat, fish)* en conserva; *(plant)* en maceta.

pottery ['pɒtərɪ] *n* cerámica *f*.

potty ['pɒtɪ] *adj* chalado(da), chiflado(da).

pouch [paʊtʃ] *n (for money)* monedero *m* de atar; *(for tobacco)* petaca *f*.

poultry ['pəʊltrɪ] *n (meat)* carne *f* de pollería. ◆ *npl (animals)* aves *fpl* de corral.

pound [paʊnd] *n (unit of money)* libra *f*; *(unit of weight)* = 453,6 g, libra *f*. ◆ *vi (heart, head)* palpitar.

pour [pɔː^r] *vt (liquid etc)* verter; *(drink)* servir. ◆ *vi (flow)* manar; **it's** ~**ing (with rain)** está lloviendo a cántaros. ❑ **pour out** *vt sep (drink)* servir.

poverty ['pɒvətɪ] *n* pobreza *f*.

powder ['paʊdə^r] *n* polvo *m*.

power ['paʊə^r] *n (control, authority)* poder *m*; *(ability)* capacidad *f*; *(strength, force)* fuerza *f*; *(energy)* energía *f*; *(electricity)* corriente *f*. ◆ *vt* impulsar; **to be in** ~ estar en el poder.

power cut *n* apagón *m*.

power failure *n* corte *m* de corriente.

powerful ['paʊəfʊl] *adj (having control)* poderoso(sa); *(physically strong, forceful)* fuerte; *(machine, drug, voice)* potente; *(smell)* intenso(sa).

power point *n Br* toma *f* de corriente.

power station *n* central *f* eléctrica.

power steering *n* dirección *f* asistida.

practical ['præktɪkl] *adj* práctico (ca).

practically ['præktɪklɪ] *adv* (*almost*) prácticamente.

practice ['præktɪs] *n* (*training, training session*) práctica *f*; SPORT entrenamiento *m*; (*of doctor*) consulta *f*; (*of lawyer*) bufete *m*; (*regular activity, custom*) costumbre *f*. ◆ *vt* *Am* = **practise**; **to be out of** ~ tener falta de práctica.

practise ['præktɪs] *vt* (*sport, music, technique*) practicar. ◆ *vi* (*train*) practicar; (*doctor, lawyer*) ejercer. ◆ *n* *Am* = practice.

praise [preɪz] *n* elogio *m*. ◆ *vt* elogiar.

pram [præm] *n* *Br* cochecito *m* de niño.

prank [præŋk] *n* travesura *f*.

prawn [prɔːn] *n* gamba *f Esp*, camarón *m Amér*.

prawn cocktail *n* cóctel *m* de gambas *Esp* OR camarones *Amér*.

prawn cracker *n* pan *m* de gambas *Esp* OR camarones *Amér*.

pray [preɪ] *vi* rezar; **to** ~ **for sthg** *fig* rogar por algo.

prayer [preəʳ] *n* (*to God*) oración *f*.

precarious [prɪ'keərɪəs] *adj* precario(ria).

precaution [prɪ'kɔːʃn] *n* precaución *f*.

precede [prɪ'siːd] *vt fml* preceder.

preceding [prɪ'siːdɪŋ] *adj* precedente.

precinct ['priːsɪŋkt] *n* *Br* (*for shopping*) zona *f* comercial peatonal; *Am* (*area of town*) distrito *m*.

precious ['preʃəs] *adj* precioso (sa); (*memories*) entrañable; (*possession*) de gran valor sentimental.

precious stone *n* piedra *f* preciosa.

precipice ['presɪpɪs] *n* precipicio *m*.

precise [prɪ'saɪs] *adj* preciso(sa), exacto(ta).

precisely [prɪ'saɪslɪ] *adv* (*accurately*) con precisión; (*exactly*) exactamente.

predecessor ['priːdɪsesəʳ] *n* predecesor *m*, -ra *f*.

predicament [prɪ'dɪkəmənt] *n* apuro *m*.

predict [prɪ'dɪkt] *vt* predecir.

predictable [prɪ'dɪktəbl] *adj* (*foreseeable*) previsible; *pej* (*unoriginal*) poco original.

prediction [prɪ'dɪkʃn] *n* predicción *f*.

preface ['prefɪs] *n* prólogo *m*.

prefect ['priːfekt] *n* *Br* (*at school*) *alumno de un curso superior elegido por los profesores para mantener el orden fuera de clase.*

prefer [prɪ'fɜːʳ] *vt*: **to** ~ **sthg (to)** preferir algo (a); **to** ~ **to do sthg** preferir hacer algo.

preferable ['prefrəbl] *adj* preferible.

preferably ['prefrəblɪ] *adv* preferiblemente.

preference ['prefərəns] *n* preferencia *f*.

prefix ['priːfɪks] *n* prefijo *m*.

pregnancy ['pregnənsɪ] *n* embarazo *m*.

pregnant ['pregnənt] *adj* embarazada.

prejudice ['predʒʊdɪs] *n* prejuicio *m*.

prejudiced ['predʒʊdɪst] *adj* parcial.

preliminary [prɪ'lɪmɪnərɪ] *adj* preliminar.

premature [ˈpremətjʊəʳ] adj prematuro(ra); (arrival) anticipado(da).

premier [ˈpremjəʳ] adj primero (ra). ◆ n primer ministro m, primera ministra f.

premiere [ˈpremieəʳ] n estreno m.

premises [ˈpremisiz] npl local m.

premium [ˈpriːmjəm] n (for insurance) prima f.

premium-quality adj (meat) de calidad superior.

preoccupied [priːˈɒkjʊpaɪd] adj preocupado(da).

prepacked [ˌpriːˈpækt] adj preempaquetado(da).

prepaid [ˈpriːpeɪd] adj (envelope) con porte pagado.

preparation [ˌprepəˈreɪʃn] n (preparing) preparación f. ❑ **preparations** npl (arrangements) preparativos mpl.

preparatory school [prɪˈpærətrɪ-] n (in UK) colegio privado que prepara a alumnos de 7 a 12 años para la enseñanza secundaria; (in US) colegio privado de enseñanza media que prepara a sus alumnos para estudios superiores.

prepare [prɪˈpeəʳ] vt preparar. ◆ vi prepararse.

prepared [prɪˈpeəd] adj (ready) preparado(da); **to be ~ to do sthg** estar dispuesto(ta) a hacer algo.

preposition [ˌprepəˈzɪʃn] n preposición f.

prep school [prep-] = **preparatory school**.

prescribe [prɪˈskraɪb] vt prescribir.

prescription [prɪˈskrɪpʃn] n receta f.

presence [ˈprezns] n presencia f; **in sb's ~** en presencia de alguien.

present [adj & n ˈprezɪnt, vb prɪˈzent] adj (in attendance) presente; (current) actual. ◆ n (gift) regalo m. ◆ vt (give

as present) obsequiar; (problem, challenge, play) representar; (portray, on radio or TV) presentar; **the ~ (tense)** el presente; **at ~** actualmente; **the ~** el presente; **to ~ sb to sb** presentar a alguien a alguien.

presentable [prɪˈzentəbl] adj presentable.

presentation [ˌpreznˈteɪʃn] n (way of presenting) presentación f; (ceremony) ceremonia f de entrega.

presenter [prɪˈzentəʳ] n (of TV, radio programme) presentador m, -ra f.

presently [ˈprezntlɪ] adv (soon) dentro de poco; (now) actualmente.

preservation [ˌprezəˈveɪʃn] n conservación f.

preservative [prɪˈzɜːvətɪv] n conservante m.

preserve [prɪˈzɜːv] n (jam) confitura f. ◆ vt conservar.

president [ˈprezɪdənt] n presidente m, -ta f.

press [pres] vt (push) apretar; (iron) planchar. ◆ n: **the ~** la prensa; **to ~ sb to do sthg** presionar a alguien para que haga algo.

press conference n rueda f de prensa.

press-stud n broche m automático OR de presión Amér.

press-up n flexión f.

pressure [ˈpreʃəʳ] n presión f.

pressure cooker n olla f exprés.

prestigious [preˈstɪdʒəs] adj prestigioso(sa).

presumably [prɪˈzjuːməblɪ] adv probablemente.

presume [prɪˈzjuːm] vt suponer.

pretend [prɪˈtend] vt: **to ~ to do sthg** fingir hacer algo.

pretentious [prɪˈtenʃəs] adj pretencioso(sa).

pretty [ˈprɪtɪ] adj (person) guapo

(pa); *(thing)* bonito(ta), lindo(da) *Amér.* ◆ *adv inf (quite)* bastante; *(very)* muy.

prevent [prɪ'vent] *vt* prevenir; **to ~ sb/sthg from doing sthg** impedir que alguien/algo haga algo.

prevention [prɪ'venʃn] *n* prevención *f*.

preview ['priːvjuː] *n (of film)* preestreno *m*; *(short description)* reportaje *m (sobre un acontecimiento futuro)*.

previous ['priːvjəs] *adj (earlier)* previo(via); *(preceding)* anterior.

previously ['priːvjəslɪ] *adv* anteriormente.

price [praɪs] *n* precio *m*. ◆ *vt*: **attractively ~d** con un precio atractivo.

priceless ['praɪslɪs] *adj (expensive)* de un valor incalculable; *(valuable)* valiosísimo(ma).

price list *n* lista *f* de precios.

pricey ['praɪsɪ] *adj inf* caro(ra).

prick [prɪk] *vt (skin, finger)* pinchar; *(sting)* picar.

prickly ['prɪklɪ] *adj (plant, bush)* espinoso(sa).

prickly heat *n* sarpullido causado *por el calor.*

pride [praɪd] *n* orgullo *m*. ◆ *vt*: **to ~ o.s. on sthg** estar orgulloso de algo.

priest [priːst] *n* sacerdote *m*.

primarily ['praɪmərɪlɪ] *adv* primordialmente.

primary school ['praɪmərɪ-] *n* escuela *f* primaria.

prime [praɪm] *adj (chief)* primero (ra); *(quality, beef, cut)* de calidad superior.

prime minister *n* primer ministro *m*, primera ministra *f*.

primitive ['prɪmɪtɪv] *adj (simple)* rudimentario(ria).

primrose ['prɪmrəʊz] *n* primavera *f*.

prince [prɪns] *n* príncipe *m*.

princess [prɪn'ses] *n* princesa *f*.

principal ['prɪnsəpl] *adj* principal. ◆ *n (of school, university)* director *m*, -ra *f*.

principle ['prɪnsəpl] *n* principio *m*; **in ~** en principio.

print [prɪnt] *n (words)* letras *fpl* (de imprenta); *(photo)* foto *f*; *(of painting)* reproducción *f*; *(mark)* huella *f*. ◆ *vt (book, newspaper, photo)* imprimir; *(publish)* publicar; *(write)* escribir en letra de imprenta; **out of ~** agotado. ❑ **print out** *vt sep* imprimir.

printed matter ['prɪntɪd-] *n* impresos *mpl*.

printer ['prɪntə] *n (machine)* impresora *f*; *(person)* impresor *m*, -ra *f*.

printout ['prɪntaʊt] *n* copia *f* de impresora.

prior ['praɪə] *adj (previous)* anterior; **~ to** *fml* con anterioridad a.

priority [praɪ'ɒrɪtɪ] *n* prioridad *f*; **to have ~ over** tener prioridad sobre.

prison ['prɪzn] *n* cárcel *f*.

prisoner ['prɪznə] *n* preso *m*, -sa *f*.

prisoner of war *n* prisionero *m*, -ra *f* de guerra.

prison officer *n* funcionario *m*, -ria *f* de prisiones.

privacy [*Br* 'prɪvəsɪ, *Am* 'praɪvəsɪ] *n* intimidad *f*.

private ['praɪvɪt] *adj* privado(da); *(class, lesson)* particular; *(matter, belongings)* personal; *(quiet)* retirado (da). ◆ *n* MIL soldado *m* raso; **in ~** en privado.

private health care *n* asistencia *f* sanitaria privada.

private property *n* propiedad *f* privada.

private school *n* colegio *m*

privado.

privilege ['prɪvɪlɪdʒ] *n* privilegio *m*; **it's a ~!** ¡es un honor!

prize [praɪz] *n* premio *m*.

prize-giving [-ˌgɪvɪŋ] *n* entrega *f* de premios.

pro [prəʊ] (*pl* **-s**) *n inf (professional)* profesional *mf*. ❑ **pros** *npl*: **the ~s and cons** los pros y los contras.

probability [ˌprɒbə'bɪlətɪ] *n* probabilidad *f*.

probable ['prɒbəbl] *adj* probable.

probably ['prɒbəblɪ] *adv* probablemente.

probation officer [prə'beɪʃn-] *n* oficial encargado de la vigilancia de presos en libertad condicional.

problem ['prɒbləm] *n* problema *m*; **no ~!** *inf* ¡no hay problema!

procedure [prə'siːdʒə'] *n* procedimiento *m*.

proceed [prə'siːd] *vi fml (continue)* proseguir; *(act)* proceder; *(advance)* avanzar.

proceeds ['prəʊsiːdz] *npl* recaudación *f*.

process ['prəʊses] *n* proceso *m*; **to be in the ~ of doing sthg** estar haciendo algo.

processed cheese ['prəʊsest-] *n* queso *m* para sandwiches.

procession [prə'seʃn] *n* desfile *m*.

prod [prɒd] *vt* empujar repetidamente.

produce [*vb* prə'djuːs, *n* 'prɒdjuːs] *vt* producir; *(show)* mostrar; *(play)* poner en escena. ◆ *n* productos *mpl* agrícolas.

producer [prə'djuːsə'] *n (manufacturer)* fabricante *mf*; *(of film)* productor *m*, -ra *f*; *(of play)* director *m*, -ra *f* de escena.

product ['prɒdʌkt] *n* producto *m*.

production [prə'dʌkʃn] *n (manu-*

facture) producción *f*; *(of film, play)* realización *f*; *(play)* representación *f*.

productivity [ˌprɒdʌk'tɪvətɪ] *n* productividad *f*.

profession [prə'feʃn] *n* profesión *f*.

professional [prə'feʃənl] *adj* profesional. ◆ *n* profesional *mf*.

professor [prə'fesə'] *n (in UK)* catedrático *m*, -ca *f*; *(in US)* profesor *m*, -ra *f* de universidad.

profile ['prəʊfaɪl] *n (silhouette, outline)* perfil *m*; *(description)* corta biografía *f*.

profit ['prɒfɪt] *n (financial)* beneficio *m*. ◆ *vi*: **to ~ (from)** sacar provecho *(de)*.

profitable ['prɒfɪtəbl] *adj* rentable.

profiteroles [prə'fɪtərəʊlz] *npl* profiteroles *mpl*.

profound [prə'faʊnd] *adj* profundo(da).

program ['prəʊgræm] *n* COMPUT programa *m*; *Am* = **programme**. ◆ *vt* COMPUT programar.

programme ['prəʊgræm] *n* programa *m*.

progress [*n* 'prəʊgres, *vb* prə'gres] *n (improvement)* progreso *m*; *(forward movement)* avance *m*. ◆ *vi (move, talks, student)* progresar; *(day, meeting)* avanzar; **to make ~** *(improve)* progresar; *(in journey)* avanzar; **in ~** en curso.

progressive [prə'gresɪv] *adj (forward-looking)* progresista.

prohibit [prə'hɪbɪt] *vt* prohibir; **'smoking strictly ~ed'** 'está terminantemente prohibido fumar'.

project ['prɒdʒekt] *n (plan)* proyecto *m*; *(at school)* trabajo *m*.

projector [prə'dʒektə'] *n* proyector *m*.

prolong [prə'lɒŋ] vt prolongar.

prom [prɒm] n Am (dance) baile m de gala (en colegios).

promenade [ˌprɒmə'nɑːd] n Br (by the sea) paseo m marítimo, malecón m Amér.

prominent ['prɒmɪnənt] adj (person) eminente; (noticeable) prominente.

promise ['prɒmɪs] n promesa f. ◆ vt prometer. ◆ vi: I ~ te lo prometo; to show ~ ser prometedor; I ~ (that) I'll come te prometo que vendré; to ~ sb sthg prometer algo a alguien; to ~ to do sthg prometer hacer algo.

promising ['prɒmɪsɪŋ] adj prometedor(ra).

promote [prə'məut] vt (in job) ascender.

promotion [prə'məuʃn] n (in job) ascenso m; (of product) promoción f.

prompt [prɒmpt] adj inmediato (ta). ◆ adv: **at six o'clock** ~ a las seis en punto.

prone [prəun] adj: **to be** ~ **to sthg** ser propenso(sa) a algo; **to be** ~ **to do sthg** tender a hacer algo.

prong [prɒŋ] n diente m.

pronoun ['prəunaun] n pronombre m.

pronounce [prə'nauns] vt (word) pronunciar.

pronunciation [prəˌnʌnsɪ'eɪʃn] n pronunciación f.

proof [pruːf] n (evidence) prueba f; **it's 12%** ~ (alcohol) tiene 12 grados.

prop [prɒp] ◆ **prop up** vt sep (support) apuntalar.

propeller [prə'pelə'] n hélice f.

proper ['prɒpə'] adj (suitable) adecuado(da); (correct, socially acceptable) correcto(ta).

properly ['prɒpəlɪ] adv (suitably) bien; (correctly) correctamente.

property ['prɒpətɪ] n propiedad f; (land) finca f; fml (building) inmueble m.

proportion [prə'pɔːʃn] n proporción f.

proposal [prə'pəuzl] n (suggestion) propuesta f.

propose [prə'pəuz] vt (suggest) proponer. ◆ vi: **to** ~ **to sb** pedir la mano a alguien.

proposition [ˌprɒpə'zɪʃn] n (offer) propuesta f.

proprietor [prə'praɪətə'] n fml propietario m, -ria f.

prose [prəuz] n (not poetry) prosa f; SCH traducción f inversa.

prosecution [ˌprɒsɪ'kjuːʃn] n JUR (charge) procesamiento m.

prospect ['prɒspekt] n (possibility) posibilidad f; **I don't relish the** ~ no me apasiona la perspectiva. ❑ **prospects** npl (for the future) perspectivas fpl.

prospectus [prə'spektəs] (pl -es) n folleto m informativo.

prosperous ['prɒspərəs] adj próspero(ra).

prostitute ['prɒstɪtjuːt] n prostituta f.

protect [prə'tekt] vt proteger; **to** ~ **sthg/sb against** proteger algo/a alguien contra; **to** ~ **sthg/sb from** proteger algo/a alguien de.

protection [prə'tekʃn] n protección f.

protection factor n factor m de protección solar.

protective [prə'tektɪv] adj protector(ra).

protein ['prəutiːn] n proteína f.

protest [n 'prəutest, vb prə'test] n (complaint) protesta f; (demonstration) manifestación f. ◆ vt Am (protest

Protestant

against) protestar contra. ◆ *vi:* to ~ **(against)** protestar (contra).

Protestant ['prɒtɪstənt] *n* protestante *mf*.

protester [prə'testər] *n* manifestante *mf*.

protrude [prə'truːd] *vi* sobresalir.

proud [praud] *adj (pleased)* orgulloso(sa); *pej (arrogant)* soberbio(bia); **to be ~ of** estar orgulloso de.

prove [pruːv] *(pp* **-d** OR **proven** [pruːvn]) *vt (show to be true)* probar; *(turn out to be)* resultar.

proverb ['prɒvɜːb] *n* proverbio *m*.

provide [prə'vaɪd] *vt* proporcionar; **to ~ sb with sthg** proporcionar algo a alguien. ◻ **provide for** *vt fus (person)* mantener.

provided (that) [prə'vaɪdɪd-] *conj* con tal de que.

providing (that) [prə'vaɪdɪŋ-] = **provided (that)**.

province ['prɒvɪns] *n* provincia *f*.

provisional [prə'vɪʒənl] *adj* provisional.

provisions [prə'vɪʒnz] *npl* provisiones *fpl*.

provocative [prə'vɒkətɪv] *adj* provocador(ra).

provoke [prə'vəuk] *vt* provocar.

prowl [praul] *vi* merodear.

prune [pruːn] *n* ciruela *f* pasa. ◆ *vt* podar.

PS *(abbr of postscript)* P.D.

psychiatrist [saɪ'kaɪətrɪst] *n* psiquiatra *mf*.

psychic ['saɪkɪk] *adj* clarividente.

psychological [ˌsaɪkə'lɒdʒɪkl] *adj* psicológico(ca).

psychologist [saɪ'kɒlədʒɪst] *n* psicólogo *m*, -ga *f*.

psychology [saɪ'kɒlədʒɪ] *n* psicología *f*.

psychotherapist [ˌsaɪkəu-'θerəpɪst] *n* psicoterapeuta *mf*.

pt *abbr* = **pint**.

PTO *(abbr of please turn over)* sigue.

pub [pʌb] *n* ≃ bar *m*.

ⓘ **PUB**

El "pub" es una institución muy importante en la vida social británica, y el principal lugar de encuentro en las comunidades rurales. El acceso para menores es restringido, aunque las condiciones varían de un "pub" a otro. Hasta hace poco tiempo, su horario de apertura estaba estrictamente regulado, pero actualmente hay más libertad de horarios y la mayoría de los "pubs" abre de las once de la mañana hasta las once de la noche. Además de bebidas, los "pubs" suelen ofrecer bocadillos, platos combinados e incluso menús completos.

---

puberty ['pjuːbətɪ] *n* pubertad *f*.

public ['pʌblɪk] *adj* público(ca). ◆ *n:* **the ~** el público; **in ~** en público.

publican ['pʌblɪkən] *n Br* patrón de un "pub".

publication [ˌpʌblɪ'keɪʃn] *n* publicación *f*.

public bar *n Br* bar cuya decoración es más sencilla y cuyos precios son más bajos.

public convenience *n Br* aseos *mpl* públicos.

public footpath *n Br* camino *m* público.

public holiday *n* fiesta *f* nacional.

public house n Br fml ≃ bar m.

publicity [pʌb'lɪsɪtɪ] n publicidad f.

public school n (in UK) colegio m privado; (in US) escuela f pública.

public telephone n teléfono m público.

public transport n transporte m público.

publish ['pʌblɪʃ] vt publicar.

publisher ['pʌblɪʃə'] n (person) editor m, -ra f; (company) editorial f.

publishing ['pʌblɪʃɪŋ] n (industry) industria f editorial.

pub lunch n almuerzo generalmente sencillo en un "pub".

pudding ['pʊdɪŋ] n (sweet dish) pudín m; Br (course) postre m.

puddle ['pʌdl] n charco m.

puff [pʌf] vi (breathe heavily) resollar. ◆ n (of air) soplo m; (of smoke) bocanada f; **to ~ at** dar caladas a.

puff pastry n hojaldre m.

pull [pʊl] vt tirar de, jalar Amér; (tow) arrastrar; (trigger) apretar. ◆ vt tirar, jalar Amér. ◆ n: **to give sthg a ~** darle un tirón a algo; **to ~ a face** hacer muecas; **to ~ a muscle** dar un tirón en un músculo; **'pull'** (on door) 'tirar'. ◆ **pull apart** vt sep (machine) desmontar. ◆ **pull down** vt sep (lower) bajar; (demolish) derribar. ◆ **pull in** vi pararse. ◆ **pull out** ◆ vt sep sacar. ◆ vi (train, car) salir; (withdraw) retirarse. ◆ **pull over** vi (car) hacerse a un lado. ◆ **pull up** ◆ vt sep (socks, trousers, sleeve) subirse. ◆ vi pararse.

pulley ['pʊlɪ] (pl pulleys) n polea f.

pull-out n Am área f de descanso.

pullover ['pʊl‚əʊvə'] n jersey m Esp, suéter m Amér.

pulpit ['pʊlpɪt] n púlpito m.

pulse [pʌls] n MED pulso m.

pump [pʌmp] n (device, bicycle pump) bomba f; (for petrol) surtidor m. ◆ **pumps** npl (sports shoes) zapatillas fpl de tenis. ◆ **pump up** vt sep inflar.

pumpkin ['pʌmpkɪn] n calabaza f.

pun [pʌn] n juego m de palabras.

punch [pʌntʃ] n (blow) puñetazo m; (drink) ponche m. ◆ vt (hit) dar un puñetazo; (ticket) picar.

punctual ['pʌŋktʃʊəl] adj puntual.

punctuation [‚pʌŋktʃʊ'eɪʃn] n puntuación f.

puncture ['pʌŋktʃə'] n pinchazo m. ◆ vt pinchar.

punish ['pʌnɪʃ] vt: **to ~ sb (for sthg)** castigar a alguien (por algo).

punishment ['pʌnɪʃmənt] n castigo m.

punk [pʌŋk] n (person) punki mf; (music) punk m.

punnet ['pʌnɪt] n Br canasta f pequeña.

pupil ['pjuːpl] n (student) alumno m, -na f; (of eye) pupila f.

puppet ['pʌpɪt] n títere m.

puppy ['pʌpɪ] n cachorro m.

purchase ['pɜːtʃəs] vt fml comprar. ◆ n fml compra f.

pure [pjʊə'] adj puro(ra).

puree ['pjʊəreɪ] n puré m.

purely ['pjʊəlɪ] adv puramente.

purity ['pjʊərətɪ] n pureza f.

purple ['pɜːpl] adj morado(da).

purpose ['pɜːpəs] n propósito m; **on ~** a propósito.

purr [pɜː'] n (of cat) ronronear.

purse [pɜːs] n Br (for money) monedero m; Am (handbag) bolso m Esp, cartera f Amér.

pursue [pə'sjuː] vt (follow) perseguir; (study, inquiry, matter) continuar con.

pus [pʌs] n pus m.

push [puʃ] vt (shove) empujar; (press) apretar; (product) promocionar. ◆ vi (shove) empujar. ◆ n: to give sb/sthg a ~ dar un empujón a alguien/algo; **to ~ sb into doing sthg** obligar a alguien a hacer algo; 'push' (on door) 'empujar'. ❑ **push in** vi (in queue) colarse. ❑ **push off** vi inf (go away) largarse.

push-button telephone n teléfono m de botones.

pushchair ['puʃtʃeər] n Br silla f (de paseo).

pushed [puʃt] adj inf: **to be ~ (for time)** andar corto(ta) de tiempo.

push-ups npl flexiones fpl.

☞

put [put] (pt & pp **put**) vt poner; (pressure) ejercer; (blame) echar; (express) expresar; (a question) hacer; **~ sthg at** (estimate) estimar algo en; **to ~ a child to bed** acostar a un niño; **to ~ money into sthg** invertir dinero en algo. ❑ **put aside** vt sep (money) apartar. ❑ **put away** vt sep (tidy up) poner en su sitio. ❑ **put back** vt sep (replace) volver a poner en su sitio; (postpone) aplazar; (clock, watch) atrasar. ❑ **put down** vt sep (on floor, table, from vehicle) dejar; Br (animal) matar; (deposit) pagar como depósito. ❑ **put forward** vt sep (clock, watch) adelantar; (suggest) proponer. ❑ **put in** vt sep (insert) meter; (install) instalar. ❑ **put off** vt sep (postpone) posponer; (distract) distraer; (repel) repeler; (passenger) dejar. ❑ **put on** vt sep (clothes, glasses, make-up) ponerse; (weight) ganar; (television, light, radio) encender; (CD, tape, record) poner; (play, show) representar; **to ~ the kettle on** poner la tetera a hervir. ❑ **put out** vt sep

(cigarette, fire, light) apagar; (publish) hacer público; (hand, arm, leg) extender; (inconvenience) causar molestias a; **to ~ one's back out** fastidiarse la espalda. ❑ **put together** vt sep (assemble) montar; (combine) juntar. ❑ **put up** vt sep (tent, statue, building) construir; (umbrella) abrir; (a notice, sign) pegar; (price, rate) subir; (provide with accommodation) alojar. ◆ vi (in hotel) alojarse. ❑ **put up with** vt fus aguantar.

putting green ['pʌtɪŋ-] n minigolf m (con césped y sin obstáculos).

putty ['pʌtɪ] n masilla f.

puzzle ['pʌzl] n (game) rompecabezas m inv; (jigsaw) puzzle m; (mystery) misterio m. ◆ vt desconcertar.

puzzling ['pʌzlɪŋ] adj desconcertante.

pyjamas [pə'dʒɑːməz] npl Br pijama m, piyama f Amér.

pylon ['paɪlən] n torre f de alta tensión.

pyramid ['pɪrəmɪd] n pirámide f.

Pyrenees [ˌpɪrə'niːz] npl: **the ~** los Pirineos.

Pyrex® ['paɪreks] n pírex® m.

Q

quail [kweɪl] n codorniz f.

quail's eggs npl huevos mpl de codorniz.

quaint [kweɪnt] adj pintoresco(ca).

qualification [ˌkwɒlɪfɪ'keɪʃn] n (diploma) título m; (ability) aptitud f.

qualified ['kwɒlɪfaɪd] adj (having

qualifications) cualificado(da).

qualify ['kwɒlɪfaɪ] *vi (for competition)* clasificarse; *(pass exam)* sacar el título.

quality ['kwɒlətɪ] *n (standard, high standard)* calidad *f; (feature)* cualidad *f. ◆ adj* de calidad.

quarantine ['kwɒrəntiːn] *n* cuarentena *f.*

quarrel ['kwɒrəl] *n* riña *f. ◆ vi* reñir.

quarry ['kwɒrɪ] *n (for stone, sand)* cantera *f.*

quart [kwɔːrt] *n (in US)* = 0,946 l, ≃ litro.

quarter ['kwɔːtə'] *n (fraction)* cuarto *m; Am (coin)* cuarto de dólar; *(4 ounces)* cuatro onzas *fpl; (three months)* trimestre *m; (a)* ~ **to five** *Br* las cinco menos cuarto; *(a)* ~ **of five** *Am* las cinco menos cuarto; *(a)* ~ **past five** *Br* las cinco y cuarto; *(a)* ~ **after five** *Am* las cinco y cuarto; *(a)* ~ **of an hour** un cuarto de hora.

quarterpounder [,kwɔːtə'paʊndə'] *n* hamburguesa *f* de un cuarto de libra.

quartet [kwɔː'tet] *n* cuarteto *m.*

quartz [kwɔːts] *adj* de cuarzo.

quay [kiː] *n* muelle *m.*

queasy ['kwiːzɪ] *adj inf* mareado(da).

queen [kwiːn] *n* reina *f; (in cards)* dama *f.*

queer [kwɪə'] *adj (strange)* raro(ra); *(inf ill)* pachucho(cha) *Esp,* mal. ◆ *n inf* marica *m.*

quench [kwentʃ] *vt:* **to ~ one's thirst** apagar la sed.

query ['kwɪərɪ] *n* pregunta *f.*

question ['kwestʃn] *n (query, in exam, on questionnaire)* pregunta *f; (issue)* cuestión *f. ◆ vt (person)* interro-

gar; **it's out of the ~ es** imposible.

question mark *n* signo *m* de interrogación.

questionnaire [,kwestʃə'neə'] *n* cuestionario *m.*

queue [kjuː] *n Br* cola *f. ◆ vi Br* hacer cola. □ **queue up** *vi Br* hacer cola.

quiche [kiːʃ] *n* quiche *f.*

quick [kwɪk] *adj* rápido(da). ◆ *adv* rápidamente.

quickly ['kwɪklɪ] *adv* de prisa.

quid [kwɪd] *(pl inv) n Br inf* libra *f.*

quiet ['kwaɪət] *adj (silent, not noisy)* silencioso(sa); *(calm, peaceful)* tranquilo(la); *(voice)* bajo(ja). ◆ *n* tranquilidad *f;* **keep ~!** ¡silencio!; **to keep ~** quedarse callado(da); **to keep ~ about sthg** callarse algo.

quieten ['kwaɪətn] □ **quieten down** *vi* tranquilizarse.

quietly ['kwaɪətlɪ] *adv (silently)* silenciosamente; *(not noisily)* sin hacer ruido; *(calmly)* tranquilamente.

quilt [kwɪlt] *n (duvet)* edredón *m; (eiderdown)* colcha *f.*

quince [kwɪns] *n* membrillo *m.*

quirk [kwɜːk] *n* manía *f,* rareza *f.*

quit [kwɪt] *(pt & pp* **quit)** *vi (resign)* dimitir; *(give up)* rendirse. ◆ *vt Am (school, job)* abandonar; **to ~ doing sthg** dejar de hacer algo.

quite [kwaɪt] *adv (fairly)* bastante; *(completely)* totalmente; **there's not ~ enough** no alcanza por poco; ~ **a lot (of children)** bastantes (niños); ~ **a lot of money** bastante dinero.

quiz [kwɪz] *(pl* -**zes)** *n* concurso *m.*

quota ['kwəʊtə] *n* cuota *f.*

quotation [kwəʊ'teɪʃn] *n (phrase)* cita *f; (estimate)* presupuesto *m.*

quotation marks *npl* comillas *fpl.*

quote [kwəʊt] *vt (phrase, writer)*

citar; *(price)* dar. ◆ *n (phrase)* cita *f*; *(estimate)* presupuesto *m*.

R

rabbit ['ræbɪt] *n* conejo *m*.

rabies ['reɪbiːz] *n* rabia *f*.

RAC *n* asociación británica del automóvil, ≃ RACE *m*.

race [reɪs] *n (competition)* carrera *f*; *(ethnic group)* raza *f.* ◆ *vi (compete)* competir; *(go fast)* ir corriendo; *(engine)* acelerarse. ◆ *vt (compete against)* competir con.

racecourse ['reɪskɔːs] *n* hipódromo *m*.

racehorse ['reɪshɔːs] *n* caballo *m* de carreras.

racetrack ['reɪstræk] *n (for horses)* hipódromo *m*.

racial ['reɪʃl] *adj* racial.

racing ['reɪsɪŋ] *n*: *(horse)* ~ carreras *fpl* de caballos.

racing car *n* coche *m* de carreras.

racism ['reɪsɪzm] *n* racismo *m*.

racist ['reɪsɪst] *n* racista *mf*.

rack [ræk] *n (for coats)* percha *f*; *(for plates)* escurreplatos *m inv*; *(for bottles)* botellero *m*; *(luggage)* ~ portaequipajes *m inv*; ~ **of lamb** costillar *m* de cordero.

racket ['rækɪt] *n* SPORT raqueta *f*; *(noise)* jaleo *m*.

racquet ['rækɪt] *n* raqueta *f*.

radar ['reɪdɑːʳ] *n* radar *m*.

radiation [,reɪdɪ'eɪʃn] *n* radiación *f*.

radiator ['reɪdɪeɪtəʳ] *n* radiador *m*.

radical ['rædɪkl] *adj* radical.

radii ['reɪdɪaɪ] *pl* → **radius**.

radio ['reɪdɪəʊ] *(pl* -**s**) *n* radio *f.* ◆ *vt* radiar; **on the** ~ *(hear, be broadcast)* por la radio.

radioactive [,reɪdɪəʊ'æktɪv] *adj* radiactivo(va).

radio alarm *n* radiodespertador *m*.

radish ['rædɪʃ] *n* rábano *m*.

radius ['reɪdɪəs] *(pl* **radii**) *n* radio *m*.

raffle ['ræfl] *n* rifa *f*.

raft [rɑːft] *n (of wood)* balsa *f*; *(inflatable)* bote *m*.

rafter ['rɑːftəʳ] *n* par *m*.

rag [ræg] *n (old cloth)* trapo *m*.

rage [reɪdʒ] *n* rabia *f*.

raid [reɪd] *n (attack)* incursión *f*; *(by police)* redada *f*; *(robbery)* asalto *m*. ◆ *vt (subj: police)* hacer una redada en; *(subj: thieves)* asaltar.

rail [reɪl] *n (bar)* barra *f*; *(for curtain, train)* carril *m*; *(on stairs)* barandilla *f.* ◆ *adj* ferroviario(ria); **by** ~ por ferrocarril.

railcard ['reɪlkɑːd] *n* Br tarjeta que da derecho a una descuento al viajar en tren.

railings ['reɪlɪŋz] *npl* reja *f*.

railroad ['reɪlrəʊd] *Am* = **railway**.

railway ['reɪlweɪ] *n (system)* ferrocarril *m*; *(track)* vía *f* (férrea).

railway line *n (route)* línea *f* de ferrocarril; *(track)* vía *f* (férrea).

railway station *n* estación *f* de ferrocarril.

rain [reɪn] *n* lluvia *f.* ◆ *v impers* llover; **it's** ~**ing** está lloviendo.

rainbow ['reɪnbəʊ] *n* arco *m* iris.

raincoat ['reɪnkəʊt] *n* impermeable *m*.

raindrop ['reɪndrɒp] *n* gota *f* de lluvia.

rainfall ['reinfɔ:l] n pluviosidad f.

rainy ['reini] adj lluvioso(sa).

raise [reiz] vt (lift) levantar; (increase) aumentar; (money) recaudar; (child, animals) criar; (question, subject) plantear. ◆ n Am (pay increase) aumento m.

raisin ['reizn] n pasa f.

rake [reik] n (tool) rastrillo m.

rally ['ræli] n (public meeting) mitin m; (motor race) rally m; (in tennis, badminton, squash) peloteo m.

ram [ræm] n carnero m. ◆ vt (bang into) chocar con.

ramble ['ræmbl] n paseo m por el campo.

ramp [ræmp] n (slope) rampa f; Br (in roadworks) rompecoches m inv; Am (to freeway) acceso m; 'ramp' Br 'rampa'.

ramparts ['ræmpɑ:ts] npl murallas fpl.

ran [ræn] pt → run.

ranch [rɑ:ntʃ] n rancho m.

rancid ['rænsid] adj rancio(cia).

random ['rændəm] adj fortuito (ta). ◆ n: at ~ al azar.

rang [ræŋ] pt → ring.

range [reindʒ] n (of radio, telescope) alcance m; (of aircraft) autonomía f; (of prices, temperatures, ages) escala f; (of goods, services) variedad f; (of hills, mountains) sierra f; (for shooting) campo m de tiro; (cooker) fogón m. ◆ vi (vary) oscilar.

ranger ['reindʒə'] n guardabosques mf inv.

rank [ræŋk] n (in armed forces, police) grado m. ◆ adj (smell, taste) pestilente.

ransom ['rænsəm] n rescate m.

rap [ræp] n (music) rap m.

rape [reip] n (crime) violación f. ◆ vt violar.

rapid ['ræpid] adj rápido(da). ▫ **rapids** npl rápidos mpl.

rapidly ['ræpidli] adv rápidamente.

rapist ['reipist] n violador m.

rare [reə'] adj (not common) raro(ra); (meat) poco hecho(cha).

rarely ['reəli] adv raras veces.

rash [ræʃ] n (on skin) sarpullido m. ◆ adj precipitado(da).

raspberry ['rɑ:zbəri] n frambuesa f.

rat [ræt] n rata f.

ratatouille [rætə'twi:] n guiso de tomate, cebolla, pimiento, calabacín, berenjenas, etc.

rate [reit] n (level) índice m; (of interest) tipo m Esp, tasa f; (charge) precio m; (speed) velocidad f. ◆ vt (consider) considerar; (deserve) merecer; ~ of exchange tipo m de cambio; at any ~ de todos modos; at this ~ a este paso.

rather ['rɑːðə'] adv (quite) bastante; I'd ~ have a beer prefiero tomar una cerveza; I'd ~ not mejor que no; would you ~ ...? ¿preferirías ...?; ~ a lot bastante; ~ than antes que.

ratio ['reiʃiəu] (pl -s) n proporción f.

ration ['ræʃn] n ración f. ▫ **rations** npl (food) víveres mpl.

rational ['ræʃnl] adj racional.

rattle ['rætl] n (of baby) sonajero m. ◆ vi golpetear.

rave [reiv] n (party) fiesta multitudinaria en locales muy amplios con música de kalao y, generalmente, drogas.

raven ['reivn] n cuervo m.

ravioli [rævi'əuli] n raviolis mpl.

raw [rɔ:] adj (uncooked) crudo(da); (sugar) sin refinar.

raw material n materia f prima.

ray [rei] n rayo m.

razor ['reizə'] n (with blade) navaja f;

(electric) maquinilla f de afeitar, rasuradora f Amér.

razor blade n hoja f de afeitar.

Rd abbr = **Road**.

re [ri:] prep con referencia a.

RE n (abbr of religious education) religión f (materia).

reach [ri:tʃ] vt llegar a; (manage to touch) alcanzar; (contact) contactar con. ◆ n: **out of** ~ fuera de alcance; **within** ~ **of the beach** a poca distancia de la playa. ❑ **reach out** vi: **to** ~ **out (for)** alargar la mano (para).

react [rɪˈækt] vi reaccionar.

reaction [rɪˈækʃn] n reacción f.

read [ri:d] (pt & pp **read** [red]) vt leer; (subj: sign, note) decir; (subj: meter, gauge) marcar. ◆ vi leer; **I read about it in the paper** lo leí en el periódico. ❑ **read out** vt sep leer en voz alta.

reader [ˈri:dəʳ] n (of newspaper, book) lector m, -ra f.

readily [ˈredɪlɪ] adv (willingly) de buena gana; (easily) fácilmente.

reading [ˈri:dɪŋ] n lectura f.

reading matter n lectura f.

ready [ˈredɪ] adj (prepared) listo(ta); **to be** ~ **for sthg** (prepared) estar listo para algo; **to be** ~ **to do sthg** (willing) estar dispuesto a a hacer algo; (likely) estar a punto de hacer algo; **to get** ~ prepararse; **to get sthg** ~ preparar algo.

ready cash n dinero m contante.

ready-cooked [-kʊkt] adj precocinado(da).

ready-to-wear adj confeccionado(da).

real [ˈrɪəl] adj (existing) real; (genuine) auténtico(ca); (for emphasis) verdadero(ra). ◆ adv Am muy.

real ale n Br cerveza criada en toneles, a la manera tradicional.

real estate n propiedad f inmobiliaria.

realistic [ˌrɪəˈlɪstɪk] adj realista.

reality [rɪˈælətɪ] n realidad f; **in** ~ en realidad.

realize [ˈrɪəlaɪz] vt (become aware of, know) darse cuenta de; (ambition, goal) realizar.

really [ˈrɪəlɪ] adv realmente; **not** ~ en realidad no; ~? (expressing surprise) ¿de verdad?

realtor [ˈrɪəltəʳ] n Am agente m inmobiliario, agente f inmobiliaria.

rear [rɪəʳ] adj trasero(ra). ◆ n (back) parte f de atrás.

rearrange [ˌri:əˈreɪndʒ] vt (room, furniture) colocar de otro modo; (meeting) volver a concertar.

rearview mirror [ˈrɪəvju:-] n espejo m retrovisor.

rear-wheel drive n coche m con tracción trasera.

reason [ˈri:zn] n (motive, cause) razón f; (justification) razones fpl; **for some** ~ por alguna razón.

reasonable [ˈri:znəbl] adj razonable.

reasonably [ˈri:znəblɪ] adv (quite) razonablemente.

reasoning [ˈri:znɪŋ] n razonamiento m.

reassure [ˌri:əˈʃɔːʳ] vt tranquilizar.

reassuring [ˌri:əˈʃɔːrɪŋ] adj tranquilizador(ra).

rebate [ˈri:beɪt] n devolución f.

rebel [n ˈrebl, vb rɪˈbel] n rebelde mf. ◆ vi rebelarse.

rebound [rɪˈbaʊnd] vi rebotar.

rebuild [ˌri:ˈbɪld] (pt & pp **rebuilt** [ˌri:ˈbɪlt]) vt reconstruir.

rebuke [rɪˈbju:k] vt reprender.

recall [rɪˈkɔːl] vt (remember) recordar.

receipt [rɪ'siːt] *n (for goods, money)* recibo *m*; **on ~ of** al recibo de.

receive [rɪ'siːv] *vt* recibir.

receiver [rɪ'siːvə'] *n (of phone)* auricular *m*.

recent ['riːsnt] *adj* reciente.

recently ['riːsntlɪ] *adv* recientemente.

receptacle [rɪ'septəkl] *n fml* receptáculo *m*.

reception [rɪ'sepʃn] *n* recepción *f*.

reception desk *n* recepción *f*.

receptionist [rɪ'sepʃənɪst] *n* recepcionista *mf*.

recess ['riːses] *n (in wall)* hueco *m*; *Am SCH* recreo *m*.

recession [rɪ'seʃn] *n* recesión *f*.

recipe ['resɪpɪ] *n* receta *f*.

recite [rɪ'saɪt] *vt (poem)* recitar; *(list)* enumerar.

reckless ['reklɪs] *adj* imprudente.

reckon ['rekn] *vt inf (think)* pensar. ❑ **reckon on** *vt fus* contar con. ❑ **reckon with** *vt fus (expect)* contar con.

reclaim [rɪ'kleɪm] *vt (baggage)* reclamar.

reclining seat [rɪ'klaɪnɪŋ-] *n* asiento *m* reclinable.

recognition [ˌrekəg'nɪʃn] *n* reconocimiento *m*.

recognize ['rekəgnaɪz] *vt* reconocer.

recollect [ˌrekə'lekt] *vt* recordar.

recommend [ˌrekə'mend] *vt* recomendar; **to ~ sb to do sthg** recomendar a alguien hacer algo.

recommendation [ˌrekəmen-'deɪʃn] *n* recomendación *f*.

reconsider [ˌriːkən'sɪdə'] *vt* reconsiderar.

reconstruct [ˌriːkən'strʌkt] *vt* reconstruir.

record [*n* 'rekɔːd, *vb* rɪ'kɔːd] *n* MUS disco *m*; *(best performance, highest level)* récord *m*; *(account)* anotación *f*. ◆ *(keep account of)* anotar; *(on tape)* grabar.

recorded delivery [rɪ'kɔːdɪd-] *n Br ≃* correo *m* certificado.

recorder [rɪ'kɔːdə'] *n (tape recorder)* magnetófono *m*; *(instrument)* flauta *f*.

recording [rɪ'kɔːdɪŋ] *n* grabación *f*.

record player *n* tocadiscos *m inv*.

record shop *n* tienda *f* de música.

recover [rɪ'kʌvə'] *vt (stolen goods, lost property)* recuperar. ◆ *vi* recobrarse.

recovery [rɪ'kʌvərɪ] *n* recuperación *f*.

recovery vehicle *n Br* grúa *f* remolcadora.

recreation [ˌrekrɪ'eɪʃn] *n* recreo *m*.

recreation ground *n* campo *m* de deportes.

recruit [rɪ'kruːt] *n (to army)* recluta *mf*. ◆ *vt (staff)* contratar.

rectangle ['rek,tæŋgl] *n* rectángulo *m*.

rectangular [rek'tæŋgjulə'] *adj* rectangular.

recycle [ˌriː'saɪkl] *vt* reciclar.

red [red] *adj* rojo(ja). ◆ *n (colour)* rojo *m*; **she has ~ hair** es pelirroja; **in the ~** en números rojos.

red cabbage *n* lombarda *f*.

Red Cross *n* Cruz *f* Roja.

redcurrant ['redkʌrənt] *n* grosella *f*.

redecorate [ˌriː'dekəreɪt] *vt* cambiar la decoración de.

redhead ['redhed] *n* pelirrojo *m*, -ja *f*.

red-hot *adj* al rojo vivo.

redial [riːˈdaɪəl] vi volver a marcar OR discar *Amér.*

redirect [ˌriːdɪˈrekt] vt (letter) reexpedir; (traffic, plane) redirigir.

red pepper n pimiento m rojo.

reduce [rɪˈdjuːs] vt (make smaller) reducir; (make cheaper) rebajar. ◆ vi *Am* (slim) adelgazar.

reduced price [rɪˈdjuːst-] n precio m rebajado.

reduction [rɪˈdʌkʃn] n (in size) reducción f; (in price) descuento m.

redundancy [rɪˈdʌndənsɪ] n Br (job loss) despido m.

redundant [rɪˈdʌndənt] adj Br: to be made ~ perder el empleo.

red wine n vino m tinto.

reed [riːd] n carrizo m.

reef [riːf] n arrecife m.

reek [riːk] vi apestar.

reel [riːl] n carrete m.

refectory [rɪˈfektərɪ] n refectorio m.

refer [rɪˈfɜː'] ◆ **refer to** vt fus (speak about, relate to) referirse a; (consult) consultar.

referee [ˌrefəˈriː] n SPORT árbitro m.

reference [ˈrefrəns] n (mention) referencia f; (letter for job) referencias fpl. ◆ adj (book, library) de consulta; with ~ to con referencia a.

referendum [ˌrefəˈrendəm] n referéndum m.

refill [n ˈriːfɪl, vb ˌriːˈfɪl] vt volver a llenar. ◆ n (for pen) cartucho m de recambio; would you like a ~? inf (drink) ¿quieres tomar otra copa de lo mismo?

refinery [rɪˈfaɪnərɪ] n refinería f.

reflect [rɪˈflekt] vt reflejar. ◆ vi (think) reflexionar.

reflection [rɪˈflekʃn] n (image) reflejo m.

reflector [rɪˈflektə'] n reflector m.

reflex [ˈriːfleks] n reflejo m.

reflexive [rɪˈfleksɪv] adj reflexivo (va).

reform [rɪˈfɔːm] n reforma f. ◆ vt reformar.

refresh [rɪˈfreʃ] vt refrescar.

refreshing [rɪˈfreʃɪŋ] adj refrescante.

refreshments [rɪˈfreʃmənts] npl refrigerios mpl.

refrigerator [rɪˈfrɪdʒəreɪtə'] n refrigerador m.

refugee [ˌrefjuˈdʒiː] n refugiado m, -da f.

refund [n ˈriːfʌnd, vb rɪˈfʌnd] n reembolso m. ◆ vt reembolsar.

refundable [rɪˈfʌndəbl] adj reembolsable.

refusal [rɪˈfjuːzl] n negativa f.

refuse[1] [rɪˈfjuːz] vt (not accept) rechazar; (not allow) denegar. ◆ vi negarse; to ~ to do sthg negarse a hacer algo.

refuse[2] [ˈrefjuːs] n fml basura f.

refuse collection [ˈrefjuːs-] n fml recogida f de basuras.

regard [rɪˈgɑːd] vt (consider) considerar. ◆ n: with ~ to respecto a; as ~s por lo que se refiere a. ◆ **regards** npl (in greetings) recuerdos mpl; give them my ~s salúdales de mi parte.

regarding [rɪˈgɑːdɪŋ] prep respecto a.

regardless [rɪˈgɑːdlɪs] adv a pesar de todo; ~ of sin tener en cuenta.

reggae [ˈregeɪ] n reggae m.

regiment [ˈredʒɪmənt] n regimiento m.

region [ˈriːdʒən] n región f; in the ~ of alrededor de.

regional [ˈriːdʒənl] adj regional.

register ['redʒɪstə'] n (official list) registro m. ♦ vt registrar. ♦ vi (be officially recorded) inscribirse; (at hotel) registrarse.

registered ['redʒɪstəd] adj (letter, parcel) certificado(da).

registration [,redʒɪ'streɪʃn] n (for course) inscripción f; (at conference) entrega f de documentación.

registration (number) n (of car) número m de matrícula OR placa Amér.

registry office ['redʒɪstrɪ-] n registro m civil.

regret [rɪ'gret] n pesar m. ♦ vt lamentar; **to ~ doing sthg** lamentar haber hecho algo; **we ~ any inconvenience caused** lamentamos las molestias ocasionadas.

regrettable [rɪ'gretəbl] adj lamentable.

regular ['regjulə'] adj regular; (frequent) habitual; (normal, of normal size) normal. ♦ n cliente mf habitual.

regularly ['regjuləlɪ] adv con regularidad.

regulate ['regjuleɪt] vt regular.

regulation [,regju'leɪʃn] n (rule) regla f.

rehearsal [rɪ'hɜːsl] n ensayo m.

rehearse [rɪ'hɜːs] vt ensayar.

reign [reɪn] n reinado m. ♦ vi reinar.

reimburse [,riːm'bɜːs] vt fml reembolsar.

reindeer ['reɪn,dɪə'] (pl inv) n reno m.

reinforce [,riːm'fɔːs] vt reforzar.

reinforcements [,riːm'fɔːsmənts] npl refuerzos mpl.

reins [reɪnz] npl (for horse) riendas fpl; (for child) andadores mpl.

reject [rɪ'dʒekt] vt rechazar.

rejection [rɪ'dʒekʃn] n rechazo m.

rejoin [,riː'dʒɔɪn] vt (motorway) reincorporarse a.

relapse [rɪ'læps] n recaída f.

relate [rɪ'leɪt] vt (connect) relacionar. ♦ vi: **to ~ to** (be connected with) estar relacionado con; (concern) referirse a.

related [rɪ'leɪtɪd] adj (of same family) emparentado(da); (connected) relacionado(da).

relation [rɪ'leɪʃn] n (member of family) pariente mf; (connection) relación f; **in ~ to** en relación con. ▫ **relations** npl (international etc) relaciones fpl.

relationship [rɪ'leɪʃnʃɪp] n relación f.

relative ['relətɪv] adj relativo(va). ♦ n pariente mf.

relatively ['relətɪvlɪ] adv relativamente.

relax [rɪ'læks] vi relajarse.

relaxation [,riːlæk'seɪʃn] n relajación f.

relaxed [rɪ'lækst] adj (person) tranquilo(la); (atmosphere) desenfadado(da).

relaxing [rɪ'læksɪŋ] adj relajante.

relay ['riːleɪ] n (race) carrera f de relevos.

release [rɪ'liːs] vt (set free) liberar; (hand, brake, catch) soltar; (film) estrenar; (record) sacar. ♦ n (film) estreno m; (record) lanzamiento m.

relegate ['relɪgeɪt] vt: **to be ~d** SPORT descender.

relevant ['reləvənt] adj (connected, appropriate) pertinente; (important) importante.

reliable [rɪ'laɪəbl] adj (person, machine) fiable.

relic ['relɪk] n (vestige) reliquia f.

relief [rɪ'liːf] n (gladness) alivio m; (aid) ayuda f.

relief road n carretera f auxiliar de descongestión.

relieve [rɪˈliːv] vt (pain, headache) aliviar.

relieved [rɪˈliːvd] adj aliviado(da).

religion [rɪˈlɪdʒn] n religión f.

religious [rɪˈlɪdʒəs] adj religioso (sa).

relish [ˈrelɪʃ] n (sauce) salsa f picante.

reluctant [rɪˈlʌktənt] adj reacio (cia).

rely [rɪˈlaɪ] ◆ **rely on** vt fus (trust) contar con; (depend on) depender de.

remain [rɪˈmeɪn] vi (stay) permanecer; (continue to exist) quedar. ❒ **remains** npl restos mpl.

remainder [rɪˈmeɪndəʳ] n resto m.

remaining [rɪˈmeɪnɪŋ] adj restante.

remark [rɪˈmɑːk] n comentario m. ◆ vt comentar.

remarkable [rɪˈmɑːkəbl] adj excepcional.

remedy [ˈremədɪ] n remedio m.

remember [rɪˈmembəʳ] vt recordar. ◆ vi acordarse; **to ~ doing sthg** acordarse de haber hecho algo; **to ~ to do sthg** acordarse de hacer algo.

remind [rɪˈmaɪnd] vt: **to ~ sb of sb** recordarle a alguien a alguien; **to ~ sb to do sthg** recordar a alguien hacer algo.

reminder [rɪˈmaɪndəʳ] n (for bill, library book) notificación f.

remittance [rɪˈmɪtns] n giro m.

remote [rɪˈməʊt] adj remoto(ta).

remote control n (device) mando m (de control remoto).

removal [rɪˈmuːvl] n (taking away) extracción f.

removal van n camión m de mudanzas.

remove [rɪˈmuːv] vt quitar.

renew [rɪˈnjuː] vt renovar.

renovate [ˈrenəveɪt] vt reformar.

renowned [rɪˈnaʊnd] adj renombrado(da).

rent [rent] n alquiler m. ◆ vt alquilar.

rental [ˈrentl] n alquiler m.

repaid [riːˈpeɪd] pt & pp → **repay.**

repair [rɪˈpeəʳ] vt reparar. ◆ n: **in good ~** en buen estado. ❒ **repairs** npl reparaciones fpl.

repay [riːˈpeɪ] (pt & pp **repaid**) vt (money, favour) devolver.

repayment [riːˈpeɪmənt] n devolución f.

repeat [rɪˈpiːt] vt repetir. ◆ n (on TV, radio) reposición f.

repetition [ˌrepɪˈtɪʃn] n repetición f.

repetitive [rɪˈpetɪtɪv] adj repetitivo(va).

replace [rɪˈpleɪs] vt (substitute) sustituir; (faulty goods) reemplazar; (put back) poner en su sitio.

replacement [rɪˈpleɪsmənt] n (substitute) sustituto m, -ta f.

replay [ˈriːpleɪ] n (rematch) partido m de desempate; (on TV) repetición f.

reply [rɪˈplaɪ] n respuesta f. ◆ vt & vi responder.

report [rɪˈpɔːt] n (account) informe m; (in newspaper, on TV, radio) reportaje m; Br SCH boletín m de evaluación. ◆ vt (announce) informar; (theft, disappearance, person) denunciar. ◆ vi informar; **to ~ to sb** (go to) presentarse a alguien.

reporter [rɪˈpɔːtəʳ] n reportero m, -ra f.

represent [ˌreprɪˈzent] vt representar.

representative [ˌreprɪˈzentətɪv] n representante mf.

respect

repress [rɪ'pres] vt reprimir.

reprieve [rɪ'priːv] n (delay) tregua f.

reprimand ['reprɪmɑːnd] vt reprender.

reproach [rɪ'prəʊtʃ] vt reprochar.

reproduction [ˌriːprə'dʌkʃn] n reproducción f.

reptile ['reptaɪl] n reptil m.

republic [rɪ'pʌblɪk] n república f.

Republican [rɪ'pʌblɪkən] n (in US) republicano m, -na f. ◆ adj (in US) republicano(na).

repulsive [rɪ'pʌlsɪv] adj repulsivo (va).

reputable ['repjʊtəbl] adj de buena reputación.

reputation [ˌrepjʊ'teɪʃn] n reputación f.

request [rɪ'kwest] n petición f. ◆ vt solicitar; **to ~ sb to do sthg** rogar a alguien que haga algo; **available on ~** disponible a petición del interesado.

require [rɪ'kwaɪər] vt (need) necesitar; **passengers are ~d to show their tickets** los pasajeros han de mostrar los billetes.

requirement [rɪ'kwaɪəmənt] n requisito m.

rescue ['reskjuː] vt rescatar.

research [ˌrɪ'sɜːtʃ] n investigación f.

resemblance [rɪ'zembləns] n parecido m.

resemble [rɪ'zembl] vt parecerse a.

resent [rɪ'zent] vt tomarse a mal.

reservation [ˌrezə'veɪʃn] n (booking) reserva f; (doubt) duda f; **to make a ~** hacer una reserva.

reserve [rɪ'zɜːv] n SPORT suplente mf; (for wildlife) reserva f. ◆ vt reservar.

reserved [rɪ'zɜːvd] adj reservado (da).

reservoir ['rezəvwɑː] n pantano m.

reset [ˌriː'set] (pt & pp reset) vt (watch, meter, device) reajustar.

residence ['rezɪdəns] n fml residencia f; **place of ~** fml domicilio m.

residence permit n permiso m de residencia.

resident ['rezɪdənt] n (of country) residente mf; (of hotel) huésped mf; (of area, house) vecino m, -na f; **"~s only** (for parking)" "sólo para residentes".

residential [ˌrezɪ'denʃl] adj (area) residencial.

residue ['rezɪdjuː] n residuo m.

resign [rɪ'zaɪn] vi dimitir. ◆ vt: **to ~ o.s. to sthg** resignarse a algo.

resignation [ˌrezɪg'neɪʃn] n (from job) dimisión f.

resilient [rɪ'zɪliənt] adj resistente.

resist [rɪ'zɪst] vt (fight against) resistir a; (temptation) resistir; **I can't ~ cream cakes** me encantan los pasteles de nata; **to ~ doing sthg** resistirse a hacer algo.

resistance [rɪ'zɪstəns] n resistencia f.

resit [ˌriː'sɪt] (pt & pp resat) vt volver a presentarse a.

resolution [ˌrezə'luːʃn] n (promise) propósito m.

resolve [rɪ'zɒlv] vt (solve) resolver.

resort [rɪ'zɔːt] n (for holidays) lugar m de vacaciones; **as a last ~** como último recurso. ❑ **resort to** vt fus recurrir a; **to ~ to doing sthg** recurrir a hacer algo.

resource [rɪ'sɔːs] n recurso m.

resourceful [rɪ'sɔːsfʊl] adj habilidoso(sa).

respect [rɪ'spekt] n respeto m; (aspect) aspecto m. ◆ vt respetar; **in some ~s** en algunos aspectos; **with ~ to** con respecto a.

respectable [rɪ'spektəbl] *adj* respetable.

respective [rɪ'spektɪv] *adj* respectivo(va).

respond [rɪ'spɒnd] *vi* responder.

response [rɪ'spɒns] *n* respuesta *f*.

responsibility [rɪ,spɒnsə'bɪlətɪ] *n* responsabilidad *f*.

responsible [rɪ'spɒnsəbl] *adj* responsable; **to be ~ (for)** *(accountable)* ser responsable (de).

rest [rest] *n (relaxation, for foot)* descanso *m*; *(for head)* respaldo *m*. ◆ *vi (relax)* descansar; **the ~** el resto; **to have a ~** descansar; **to ~ against** apoyarse contra.

restaurant ['restərɒnt] *n* restaurante *m*.

restaurant car *n Br* vagón *m* restaurante.

restful ['restful] *adj* tranquilo(la).

restless ['restlɪs] *adj (bored, impatient)* impaciente; *(fidgety)* inquieto(ta).

restore [rɪ'stɔːʳ] *vt (reintroduce)* restablecer; *(renovate)* restaurar.

restrain [rɪ'streɪn] *vt* controlar.

restrict [rɪ'strɪkt] *vt* restringir.

restricted [rɪ'strɪktɪd] *adj* limitado(da).

restriction [rɪ'strɪkʃn] *n (rule)* restricción *f*; *(limitation)* limitación *f*.

rest room *n Am* aseos *mpl*.

result [rɪ'zʌlt] *n* resultado *m*. ◆ *vi*: **to ~ in** resultar en; **as a ~ of** como resultado de. ❑ **results** *npl (of test, exam)* resultados *mpl*.

resume [rɪ'zjuːm] *vi* volver a empezar.

résumé ['rezjuːmeɪ] *n (summary)* resumen *m*; *Am (curriculum vitae)* curriculum *m*.

retail ['riːteɪl] *n* venta *f* al por menor. ◆ *vt* vender (al por menor).

◆ *vi*: **to ~** at venderse a.

retailer ['riːteɪləʳ] *n* minorista *mf*.

retail price *n* precio *m* de venta al público.

retain [rɪ'teɪn] *vt fml* retener.

retaliate [rɪ'tælɪeɪt] *vi* desquitarse.

retire [rɪ'taɪəʳ] *vi (stop working)* jubilarse.

retired [rɪ'taɪəd] *adj* jubilado(da).

retirement [rɪ'taɪəmənt] *n (leaving job)* jubilación *f*; *(period after retiring)* retiro *m*.

retreat [rɪ'triːt] *vi* retirarse. ◆ *n (place)* refugio *m*.

retrieve [rɪ'triːv] *vt* recobrar.

return [rɪ'tɜːn] *n (arrival back)* vuelta *f*; *Br (ticket)* billete *m Esp* OR boleto *m Amér* de ida y vuelta. ◆ *vt (put back)* volver a poner; *(ball, serve)* restar; *(give back)* devolver. ◆ *vi (go back, come back)* volver; *(reappear)* reaparecer. ◆ *adj (journey)* de vuelta; **to ~ sthg (to sb)** devolver algo (a alguien); **by ~ of post** *Br* a vuelta de correo; **many happy ~s!** ¡y que cumplas muchos más!; **in ~ (for)** en recompensa (por).

return flight *n* vuelo *m* de regreso.

return ticket *n Br* billete *m Esp* OR boleto *Amér* de ida y vuelta.

reunite [,riːjuː'naɪt] *vt* reunir.

reveal [rɪ'viːl] *vt* revelar.

revelation [,revə'leɪʃn] *n* revelación *f*.

revenge [rɪ'vendʒ] *n* venganza *f*.

reverse [rɪ'vɜːs] *adj* inverso(sa). ◆ *n* AUT marcha *f* atrás, reversa *f Col, Méx*; *(of coin)* reverso *m*; *(of document)* dorso *m*. ◆ *vt (car)* dar marcha atrás a, echar en reversa *Col, Méx*; *(decision)* revocar. ◆ *vi* dar marcha atrás, echar en reversa *Col, Méx*; **the ~** *(opposite)* lo contrario; **in ~ order** al revés; **to ~ the charges** *Br* llamar a cobro revertido.

reverse-charge call *n Br* llamada *f* a cobro revertido, llamada *f* por cobrar *Chile, Méx.*

review [rɪ'vju:] *n (of book, record, film)* reseña *f; (examination)* repaso *m.* ◆ *vt Am (for exam)* repasar.

revise [rɪ'vaɪz] *vt* revisar. ◆ *vi Br* repasar.

revision [rɪ'vɪʒn] *n Br* repaso *m.*

revive [rɪ'vaɪv] *vt (person)* reanimar; *(economy, custom)* resucitar.

revolt [rɪ'vəult] *n* rebelión *f.*

revolting [rɪ'vəultɪŋ] *adj* asqueroso(sa).

revolution [,revə'lu:ʃn] *n* revolución *f.*

revolutionary [revə'lu:ʃnəri] *adj* revolucionario(ria).

revolver [rɪ'vɒlvə'] *n* revólver *m.*

revolving door [rɪ'vɒlvɪŋ-] *n* puerta *f* giratoria.

revue [rɪ'vju:] *n* revista *f* teatral.

reward [rɪ'wɔːd] *n* recompensa *f.* ◆ *vt* recompensar.

rewind [,ri:'waɪnd] *(pt & pp* **rewound** [,ri:'waʊnd]*)* *vt* rebobinar.

rheumatism ['ru:mətɪzm] *n* reumatismo *m.*

rhinoceros [raɪ'nɒsərəs] *(pl inv OR* **-es**) *n* rinoceronte *m.*

rhubarb ['ru:bɑ:b] *n* ruibarbo *m.*

rhyme [raɪm] *n (of poem)* rima *f.* ◆ *vi* rimar.

rhythm ['rɪðm] *n* ritmo *m.*

rib [rɪb] *n* costilla *f.*

ribbon ['rɪbən] *n* cinta *f.*

rice [raɪs] *n* arroz *m.*

rice pudding *n* arroz *m* con leche.

rich [rɪtʃ] *adj* rico(ca). ◆ *npl*: **the ~** los ricos; **to be ~ in sthg** abundar en

algo.

ricotta cheese [rɪ'kɒtə-] *n* queso *m* de ricotta.

rid [rɪd] *vt*: **to get ~ of** deshacerse de.

ridden ['rɪdn] *pp* → **ride**.

riddle ['rɪdl] *n (puzzle)* acertijo *m; (mystery)* enigma *m.*

ride [raɪd] *(pt* **rode**, *pp* **ridden**) *n (on horse, bike)* paseo *m; (in vehicle)* vuelta *f.* ◆ *vt (horse)* montar a; *(bike)* montar en. ◆ *vi (on horse)* montar a caballo; *(bike)* ir en bici; *(in car)* ir en coche; **to go for a ~** *(in car)* darse una vuelta en coche.

rider ['raɪdə'] *n (on horse)* jinete *m,* amazona *f; (on bike)* ciclista *mf.*

ridge [rɪdʒ] *n (of mountain)* cresta *f; (raised surface)* rugosidad *f.*

ridiculous [rɪ'dɪkjʊləs] *adj* ridículo(la).

riding ['raɪdɪŋ] *n* equitación *f.*

riding school *n* escuela *f* de equitación.

rifle ['raɪfl] *n* fusil *m.*

rig [rɪg] *n* torre *f* de perforación. ◆ *vt* amañar.

right [raɪt] *adj* **- 1.** *(correct)* correcto(ta); **to be ~** tener razón; **have you got the ~ time?** ¿tienes buena hora? **to be ~ to do sthg** hacer bien en hacer algo.

- 2. *(most suitable)* adecuado(da); **is this the ~ way?** ¿así está bien?

- 3. *(fair)* justo(ta); **that's not ~!** ¡eso no es justo!

- 4. *(on the right)* derecho(cha); **the ~ side of the road** la derecha de la carretera.

◆ *n* **- 1.** *(side)*: **the ~** la derecha.

- 2. *(entitlement)* derecho *m;* **to have the ~ to do sthg** tener el derecho a hacer algo.

◆ adv -**1.** *(towards the right)* a la derecha; **turn** ~ tuerza a la derecha.

-**2.** *(correctly)* bien; **am I pronouncing it** ~? ¿lo pronuncio bien?

-**3.** *(for emphasis)* justo; ~ **here** aquí mismo; ~ **the way down the road** por toda la calle abajo.

-**4.** *(immediately):* **I'll be** ~ **back** vuelvo enseguida; ~ **after** justo después; ~ **away** enseguida.

right angle n ángulo m recto.

right-hand adj derecho(cha).

right-hand drive n vehículo m con el volante a la derecha.

right-handed [-'hændɪd] adj *(person)* diestro(tra); *(implement)* para personas diestras.

rightly ['raɪtlɪ] adv *(correctly)* correctamente; *(justly)* debidamente.

right of way n AUT prioridad f; *(path)* camino m público.

right-wing adj derechista.

rigid ['rɪdʒɪd] adj rígido(da).

rim [rɪm] n borde m.

rind [raɪnd] n corteza f.

ring [rɪŋ] *(pt* **rang,** *pp* **rung)** n *(for finger)* anillo m; *(circle)* círculo m; *(sound)* timbrazo m; *(on cooker)* quemador m; *(for boxing)* cuadrilátero m; *(in circus)* pista f. ◆ vt Br *(on phone)* llamar (por teléfono); *(bell)* tocar. ◆ vi *(bell, telephone)* sonar; Br *(make phone call)* llamar (por teléfono); **to give sb a** ~ llamar a alguien (por teléfono); **to** ~ **the bell** tocar el timbre. ❏ **ring back** vt sep & vi Br volver a llamar. ❏ **ring off** vi Br colgar. ❏ **ring up** vt sep & vi Br llamar (por teléfono).

ringing tone ['rɪŋɪŋ-] n tono m de llamada.

ring road n carretera f de circunvalación.

rink [rɪŋk] n pista f.

rinse [rɪns] vt aclarar Esp, enjuagar. ❏ **rinse out** vt sep enjuagar.

riot ['raɪət] n disturbio m.

rip [rɪp] n ragón m. ◆ vt rasgar. ◆ vi rasgarse. ❏ **rip up** vt sep desgarrar.

ripe [raɪp] adj maduro(ra).

ripen ['raɪpn] vi madurar.

rip-off n estafa f.

rise [raɪz] *(pt* **rose,** *pp* **risen** ['rɪzn]) vi *(move upwards)* elevarse; *(sun, moon)* salir; *(increase)* aumentar; *(stand up)* levantarse. ◆ n *(increase)* ascenso m; Br *(pay increase)* aumento m; *(slope)* subida f.

risk [rɪsk] n *(danger)* peligro m; *(in-surance)* riesgo m. ◆ vt arriesgar; **to take a** ~ arriesgarse; **at your own** ~ bajo su cuenta y riesgo; **to** ~ **doing sthg** exponerse a hacer algo; **to** ~ **it** arriesgarse.

risky ['rɪskɪ] adj peligroso(sa).

risotto [rɪ'zɒtəʊ] *(pl* **-s)** n arroz con carne, marisco o verduras.

ritual ['rɪtʃʊəl] n ritual m.

rival ['raɪvl] adj rival. ◆ n rival mf.

river ['rɪvə'] n río m.

river bank n orilla f del río.

riverside ['rɪvəsaɪd] n ribera f del río.

roach [rəʊtʃ] n Am cucaracha f.

road [rəʊd] n *(major, roadway)* carretera f; *(minor)* camino m; *(street)* calle f; **by** ~ por carretera.

road book n libro m de carreteras.

road map n mapa m de carreteras.

road safety n seguridad f en carretera.

roadside ['rəʊdsaɪd] n: **the** ~ el borde de la carretera.

road sign n señal f de tráfico.

road tax n impuesto m de circulación.

roadway ['rəudwei] n calzada f.

road works npl obras fpl (en la carretera).

roam [rəum] vi vagar.

roar [rɔ:ʳ] n (of crowd, aeroplane) estruendo m. ◆ vi rugir.

roast [rəust] n asado m. ◆ vt asar. ◆ adj asado(da); ~ **beef** rosbif m; ~ **chicken** pollo m asado; ~ **lamb** cordero m asado; ~ **pork** cerdo m asado; ~ **potatoes** patatas fpl asadas.

rob [rɔb] vt robar; **to** ~ **sb of sthg** robar a alguien algo.

robber ['rɔbəʳ] n ladrón m, -ona f.

robbery ['rɔbəri] n robo m.

robe [rəub] n Am (bathrobe) bata f.

robin ['rɔbin] n petirrojo m.

robot ['rəubɒt] n robot m.

rock [rɔk] n (boulder) peñasco m; Am (stone) guijarro m; (substance) roca f; (music) rock m; Br (sweet) palo m de caramelo. ◆ vt (baby, boat) mecer; **on the** ~**s** (drink) con hielo.

rock climbing n escalada f (de rocas); **to go** ~ ir de escalada.

rocket ['rɔkit] n cohete m.

rocking chair ['rɔkiŋ-] n mecedora f.

rock 'n' roll [,rɔkən'rəul] n rock and roll m.

rocky ['rɔki] adj rocoso(sa).

rod [rɔd] n (wooden) vara f; (metal) barra f; (for fishing) caña f.

rode [rəud] pt → **ride**.

role [rəul] n papel m.

roll [rəul] n (of bread) bollo m, panecillo m; (of film, paper) rollo m. ◆ vi (ball, rock) rodar; (vehicle) avanzar; (ship) balancearse. ◆ vt (ball, rock) hacer rodar; (cigarette) liar; (dice) rodar.

□ **roll over** vi (person, animal) darse la vuelta; (car) volcar. □ **roll up** vt sep (map, carpet) enrollar; (sleeves, trousers) remangarse.

roller coaster ['rəulə,kəustəʳ] n montaña f rusa.

roller skate ['rəulə-] n patín m (de ruedas).

roller-skating ['rəulə-] n patinaje m sobre ruedas.

rolling pin ['rəuliŋ-] n rodillo m.

Roman Catholic n católico m (romano), católica f (romana).

romance [rəu'mæns] n (love) lo romántico; (love affair) amorío m; (novel) novela f romántica.

Romania [ruː'meinjə] n Rumanía f.

romantic [rəu'mæntik] adj romántico(ca).

romper suit ['rɔmpə-] n pelele m Esp, mameluco m Amér.

roof [ruːf] n (of building, cave) tejado m; (of car, caravan, tent) techo m.

roof rack n baca f, parrilla f Amér.

room [ruːm, rum] n habitación f; (larger) sala f; (space) sitio m.

room number n número m de habitación.

room service n servicio m de habitación.

room temperature n temperatura f ambiente.

roomy ['ruːmi] adj espacioso(sa).

root [ruːt] n raíz f.

rope [rəup] n cuerda f. ◆ vt atar con cuerda.

rose [rəuz] pt → **rise**. ◆ n rosa f.

rosé ['rəuzei] n rosado m.

rosemary ['rəuzməri] n romero m.

rot [rɒt] vi pudrirse.

rota ['rəutə] n lista f de turnos.

rotate [rəu'teit] vi girar.

rotten ['rɒtn] adj (food, wood) podrido(da); inf (not good) malísimo(ma);

I feel ~ *(ill)* me siento fatal.

rough [rʌf] *adj (surface, skin, wine)* áspero(ra); *(sea, crossing)* agitado (da); *(person)* bruto(ta); *(approximate)* aproximado(da); *(conditions)* básico(ca); *(area, town)* peligroso(sa). ◆ n *(in golf)* rough *m*; **to have a ~ time** pasar por un momento difícil.

roughly ['rʌfli] *adv (approximately)* aproximadamente; *(push, handle)* brutalmente.

round¹ [raʊnd] *adj* redondo(da).

round² n **-1.** *(of drinks)* ronda *f*; **it's my ~** es mi ronda.
- **2.** *(of sandwiches)* sándwich cortado en cuartos.
- **3.** *(of toast)* tostada *f*.
- **4.** *(of competition)* vuelta *f*.
- **5.** *(in golf)* partido *m*.
- **6.** *(in boxing)* asalto *m*.
- **7.** *(of policeman, milkman)* recorrido *m*.
◆ adv **-1.** *(in a circle)* en redondo; **to spin ~** girar.
- **2.** *(surrounding)* alrededor; **it had a wall all (the way) ~** estaba todo rodeado por un muro; **all ~** por todos lados.
- **3.** *(near)*: **~ about** alrededor.
- **4.** *(to one's house)*: **to ask some friends ~** invitar a unos amigos a casa.
- **5.** *(continuously)*: **all year ~** durante todo el año.
◆ prep **-1.** *(surrounding)* alrededor de; **they stood ~ the car** estaban alrededor del coche.
- **2.** *(circling)* alrededor de; **to go ~ the corner** doblar la esquina; **we walked ~ the lake** fuimos andando alrededor del lago.
- **3.** *(visiting)*: **to go ~ a town** recorrer una ciudad.

- **4.** *(approximately)* sobre; **~ (about) 100** unos 100; **~ ten o'clock** a eso de las diez.
- **5.** *(near)*: **~ here** por aquí.
- **6.** *(in phrases)*: **it's just ~ the corner** *(nearby)* está a la vuelta de la esquina; **~ the clock** las 24 horas. ❑ **round off** vt sep *(meal, day, visit)* terminar.

roundabout ['raʊndəbaʊt] n Br *(in road)* rotonda *f (de tráfico)*; *(in playground)* plataforma giratoria donde juegan los niños; *(at fairground)* tiovivo m Esp, carrusel m.

rounders ['raʊndəz] n Br juego parecido al béisbol.

round trip n viaje m de ida y vuelta.

route [ru:t] n ruta *f*. ◆ vt dirigir.

routine [ru:'ti:n] n rutina *f*. ◆ adj rutinario(ria).

row¹ [rəʊ] n fila *f*. ◆ vt *(boat)* remar. ◆ vi remar; **four in a ~** cuatro seguidos.

row² [raʊ] n *(argument)* pelea *f*; inf *(noise)* estruendo m; **to have a ~** tener una pelea.

rowboat ['rəʊbəʊt] Am = **rowing boat**.

rowdy ['raʊdi] adj ruidoso(sa).

rowing ['rəʊɪŋ] n remo m.

rowing boat n Br bote m de remos.

royal ['rɔɪəl] adj real.

royal family n familia f real.

royalty ['rɔɪəltɪ] n realeza f.

RRP *(abbr of recommended retail price)* P.V.P.

rub [rʌb] vt *(back, eyes)* frotar; *(polish)* sacar brillo a. ◆ vi *(with hand, cloth)* frotar; *(shoes)* rozar. ❑ **rub in** vt sep *(lotion, oil)* frotar. ❑ **rub out** vt sep borrar.

rubber ['rʌbəʳ] adj de goma. ◆ n

(material) goma *f; Br (eraser)* goma *f*
de borrar; *Am inf (condom)* goma *f.*

rubber band *n* goma *f* elástica,
liga *f Amér.*

rubber gloves *npl* guantes *mpl*
de goma.

rubber ring *n* flotador *m.*

rubbish ['rʌbɪʃ] *n (refuse)* basura *f;*
inf (worthless thing) porquería *f; inf*
(nonsense) tonterías *fpl.*

rubbish bin *n Br* cubo *m* de la basura.

rubbish dump *n Br* vertedero *m*
de basura, basural *m Amér.*

rubble ['rʌbl] *n* escombros *mpl.*

ruby ['ruːbɪ] *n* rubí *m.*

rucksack ['rʌksæk] *n* mochila *f.*

rudder ['rʌdə'] *n* timón *m.*

rude [ruːd] *adj (person)* maleduca-
do(da); *(behaviour, joke, picture)* grose-
ro(ra).

rug [rʌg] *n (for floor)* alfombra *f; Br*
(blanket) manta *f* de viaje.

rugby ['rʌgbɪ] *n* rugby *m.*

ruin ['ruːɪn] *vt* estropear. □ **ruins**
npl ruinas *fpl.*

ruined ['ruːɪnd] *adj (building)* en ruinas; *(clothes, meal, holiday)* estropea-
do(da).

rule [ruːl] *n* regla *f.* ◆ *vt* gobernar; **to**
be the ~ ser la norma; **against the**
~s contra las normas; **as a ~** por
regla general. □ **rule out** *vt sep* descartar.

ruler ['ruːlə'] *n (of country)* gobernante *mf; (for measuring)* regla *f.*

rum [rʌm] *n* ron *m.*

rumor ['ruːmər] *Am* = **rumour.**

rumour ['ruːmə'] *n* rumor *m.*

rump steak [,rʌmp-] *n* filete *m*
(grueso) de lomo.

run [rʌn] *(pt* **ran,** *pp* **run)** *vi* **- 1.** *(on*

foot) correr.
- 2. *(train, bus)* circular; **the bus ~s**
every hour hay un autobús cada hora; **the train is running an hour late** el
tren va con una hora de retraso.
- 3. *(operate)* funcionar; **to ~ on sthg**
funcionar con algo; **leave the engine**
running deja el motor en marcha.
- 4. *(tears, liquid)* correr.
- 5. *(road, river, track)* pasar; **the path**
~s along the coast el camino sigue la
costa.
- 6. *(play)* estar en cartelera; *(event)*
durar.
- 7. *(tap):* **to leave the tap running** dejar el grifo abierto.
- 8. *(nose)* moquear; *(eyes)* llorar.
- 9. *(colour, dye, clothes)* desteñir.
- 10. *(remain valid)* ser válido.
◆ *vt* **- 1.** *(on foot)* correr; **to ~ a race**
participar en una carrera.
- 2. *(manage, organize)* llevar.
- 3. *(car)* mantener; **it's cheap to ~** es
económico.
- 4. *(bus, train):* **we're running a spe-**
cial bus to the airport hemos puesto
un autobús especial al aeropuerto.
- 5. *(take in car)* llevar en coche.
- 6. *(bath):* **to ~ a bath** llenar la bañera.
◆ *n* **- 1.** *(on foot)* carrera *f;* **to go for a**
~ ir a correr.
- 2. *(in car)* paseo *m* en coche; **to go**
for a ~ dar un paseo en coche.
- 3. *(of play, show):* **it had a two-year**
~ estuvo dos años en cartelera.
- 4. *(for skiing)* pista *f.*
- 5. *(of success)* racha *f.*
- 6. *Am (in tights)* carrera *f.*
- 7. *(in phrases):* **in the long ~** a largo
plazo. □ **run away** *vi* huir. □ **run**
down
◆ *vt sep (run over)* atropellar; *(criticize)*
hablar mal de.
◆ *vi (clock)* pararse; *(battery)*

acabarse. ❑ **run into** vt fus (meet) tropezarse con; (hit) chocar con; (problem, difficulty) encontrarse con. ❑ **run out** vi (be used up) acabarse. ❑ **run out of** vt fus quedarse sin. ❑ **run over** vt sep atropellar.

runaway ['rʌnəweɪ] n fugitivo m, -va f.

rung [rʌŋ] pp → **ring**. ◆ n escalón m.

runner ['rʌnəʳ] n (person) corredor m, -ra f; (for door, drawer) corredera f; (of sledge) patín m.

runner bean n judía f escarlata Esp, habichuela f.

runner-up (pl **runners-up**) n subcampeón m, -ona f.

running ['rʌnɪŋ] n SPORT carreras fpl; (management) dirección f. ◆ adj: **three days** ~ durante tres días seguidos; **to go** ~ hacer footing.

running water n agua f corriente.

runny ['rʌnɪ] adj (egg, omelette) poco hecho(cha); (sauce) líquido(da); (nose) que moquea; (eye) lloroso(sa).

runway ['rʌnweɪ] n pista f.

rural ['rʊərəl] adj rural.

rush [rʌʃ] n (hurry) prisa f, apuro m Amér; (of crowd) tropel m de gente. ◆ vi (move quickly) ir de prisa, apurarse Amér; (hurry) apresurarse. ◆ vt (work) hacer de prisa; (meal) comer de prisa; (transport quickly) llevar urgentemente; **to be in a** ~ tener prisa; **there's no** ~! ¡no corre prisa!; **don't** ~ **me!** ¡no me metas prisa!

rush hour n hora f punta Esp, hora f pico Amér.

Russia ['rʌʃə] n Rusia.

Russian ['rʌʃn] adj ruso(sa). ◆ n (person) ruso m, (sa f); (language) ruso m.

rust [rʌst] n óxido m. ◆ vi oxidarse.

rustic ['rʌstɪk] adj rústico(ca).

rustle ['rʌsl] vi susurrar.

rustproof ['rʌstpruːf] adj inoxidable.

rusty ['rʌstɪ] adj oxidado(da).

RV n Am (abbr of recreational vehicle) casa remolque.

rye [raɪ] n centeno m.

rye bread n pan m de centeno.

S

S (abbr of south) S.; (abbr of small) P.

saccharin ['sækərɪn] n sacarina f.

sachet ['sæʃeɪ] n bolsita f.

sack [sæk] n saco m. ◆ vt despedir; **to get the** ~ ser despedido.

sacrifice ['sækrɪfaɪs] n fig sacrificio m.

sad [sæd] adj triste; (unfortunate) lamentable.

saddle ['sædl] n (on horse) silla f de montar; (on bicycle, motorbike) sillín m.

saddlebag ['sædlbæg] n (on bicycle, motorbike) cartera f; (on horse) alforja f.

sadly ['sædlɪ] adv (unfortunately) desgraciadamente; (unhappily) tristemente.

sadness ['sædnɪs] n tristeza f.

s.a.e. n Br (abbr of stamped addressed envelope) sobre con señas y franqueo.

safari park [sə'fɑːrɪ-] n safari m (reserva).

safe [seɪf] adj (not dangerous, risky) seguro(ra); (out of harm) a salvo. ◆ n caja f de caudales; **a** ~ **place** un lugar

seguro; **(have a) ~ journey!** ¡feliz viaje!; **~ and sound** sano y salvo.
safe-deposit box n caja f de seguridad.

safely ['seɪflɪ] adv (not dangerously) sin peligro; (arrive) a salvo; (out of harm) seguramente.
safety ['seɪftɪ] n seguridad f.
safety belt n cinturón m de seguridad.
safety pin n imperdible m.
sag [sæg] vi combarse.
sage [seɪdʒ] n (herb) salvia f.
said [sed] pt & pp → **say**.
sail [seɪl] n vela f. ◆ vi (boat, ship) navegar; (person) ir en barco; (depart) zarpar. ◆ vt: **to ~ a boat** gobernar un barco; **to set ~** zarpar.
sailboat ['seɪlbəʊt] Am = **sailing boat**.
sailing ['seɪlɪŋ] n (activity) vela f; (departure) salida f; **to go ~** ir a practicar la vela.
sailing boat n barco m de vela.
sailor ['seɪləʳ] n marinero m, -ra f.
saint [seɪnt] n santo m, -ta f.

ⓘ SAINT PATRICK'S DAY

El 17 de marzo, día de san Patricio, es la fiesta nacional de los irlandeses, y tanto ellos como sus descendientes la celebran por todo el mundo. Grandes desfiles recorren las calles de Dublín y Nueva York. Es tradición llevar una hoja de trébol, símbolo de Irlanda, o usar alguna prenda verde, color nacional de este país.

sake [seɪk] n: **for my/their ~** por mí/ellos; **for God's ~!** ¡por el amor de Dios!

salad ['sæləd] n ensalada f.
salad bar n (area in restaurant) bufé m de ensaladas.
salad bowl n ensaladera f.
salad cream n Br salsa parecida a la mayonesa, aunque de sabor más dulce, utilizada para aderezar ensaladas.
salad dressing n aliño m.
salami [sə'lɑːmɪ] n salami m.
salary ['sælərɪ] n sueldo m.
sale [seɪl] n (selling) venta f; (at reduced prices) liquidación f; **'for ~'** 'se vende'; **on ~** en venta. ❑ **sales** npl COMM ventas fpl; **the ~s** las rebajas.
sales assistant ['seɪlz-] n dependiente m, -ta f.
salesclerk ['seɪlzklɜːrk] Am = **sales assistant**.
salesman ['seɪlzmən] (pl -men [-mən]) n (in shop) dependiente m; (rep) representante m de ventas.
sales rep(resentative) n representante m de ventas.
saleswoman ['seɪlz,wʊmən] (pl -women [-,wɪmɪn]) n dependienta f.
saliva [sə'laɪvə] n saliva f.
salmon ['sæmən] (pl inv) n salmón m.
salon ['sælɒn] n salón m.
saloon [sə'luːn] n Br (car) turismo m; Am (bar) bar m; **~ (bar)** Br bar de un hotel o "pub", decorado lujosamente, que sirve bebidas a precios más altos que en el "public bar".
salopettes ['sælə'pets] npl pantalones mpl de peto para esquiar.
salt [sɔːlt, sɒlt] n sal f.
saltcellar ['sɔːlt,selər] n Br salero m.
salted peanuts ['sɔːltɪd-] npl cacahuetes mpl salados, maní m salado Amér.
salt shaker [-,ʃeɪkəʳ] Am = **saltcellar**.

salty ['sɔːltɪ] *adj* salado(da).

salute [sə'luːt] *n* saludo *m*. ◆ *vi* hacer un saludo.

Salvadorean [ˌsælvə'dɔːrɪən] *adj* salvadoreño *m*, -ña *f*. ◆ *n* salvadoreño/ña).

same [seɪm] *adj* mismo(ma). ◆ *pron*: the ~ (unchanged) el mismo (la misma); (in comparisons) lo mismo; they look the ~ parecen iguales; I'll have the ~ as her yo voy a tomar lo mismo que ella; you've got the ~ book as me tienes el mismo libro que yo; it's all the ~ to me me da igual.

samosa [sə'məʊsə] *n* empanadilla india picante en forma triangular, rellena de carne picada y verduras.

sample ['sɑːmpl] *n* muestra *f*. ◆ *vt* probar.

sanctions ['sæŋkʃnz] *npl* sanciones *fpl*.

sanctuary ['sæŋktʃʊərɪ] *n* (for birds, animals) reserva *f*.

sand [sænd] *n* arena *f*. ◆ *vt* lijar. ☐ **sands** *npl* playa *f*.

sandal ['sændl] *n* sandalia *f*.

sandcastle ['sænd,kɑːsl] *n* castillo *m* de arena.

sandpaper ['sænd,peɪpə] *n* papel *m* de lija.

sandwich ['sænwɪdʒ] *n* (made with roll) bocadillo *m* Esp, sandwich *m*; (made with freshly sliced bread) sándwich *m*.

sandwich bar *n* tienda donde se venden bocadillos y refrescos.

sandy ['sændɪ] *adj* (beach) arenoso (sa); (hair) de color rubio rojizo.

sang [sæŋ] *pt* → sing.

sanitary ['sænɪtrɪ] *adj* (conditions, measures) sanitario(ria); (hygienic) higiénico(ca).

sanitary napkin Am = sanitary towel.

sanitary towel *n* Br compresa *f*, toalla *f* higiénica.

sank [sæŋk] *pt* → sink.

sapphire ['sæfaɪə] *n* zafiro *m*.

sarcastic [sɑː'kæstɪk] *adj* sarcástico(ca).

sardine [sɑː'diːn] *n* sardina *f*.

SASE *n* Am (abbr of self-addressed stamped envelope) sobre con señas y franqueo.

sat [sæt] *pt & pp* → sit.

Sat. (abbr of Saturday) sáb.

ℹ️ **SAT**

El SAT (Scholastic Assessment Test) es un examen de conocimientos generales que deben hacer todos aquellos que quieran acceder a una universidad o un colegio universitario en Estados Unidos. El examen tiene lugar en ciertos días del año en toda la nación. Los estudiantes pueden presentarse más de una vez si no obtienen los resultados necesarios. La calificación obtenida en el SAT es muy importante para el acceso a la universidad, aunque también se tienen en cuenta las notas de clase y las actividades extracurriculares del estudiante.

satchel ['sætʃəl] *n* cartera *f* (para escolares).

satellite ['sætəlaɪt] *n* (in space) satélite *m*; (at airport) sala *f* de embarque auxiliar.

satellite dish *n* antena *f* parabólica.

satellite TV *n* televisión *f* por vía satélite.

scared

satin ['sætɪn] n raso m.

satisfaction [,sætɪs'fækʃn] n satisfacción f.

satisfactory [,sætɪs'fæktərɪ] adj satisfactorio(ria).

satisfied ['sætɪsfaɪd] adj satisfecho(cha).

satisfy ['sætɪsfaɪ] vt satisfacer.

satsuma [,sæt'suːmə] n Br satsuma f.

saturate ['sætʃəreɪt] vt (with liquid) empapar.

Saturday ['sætədɪ] n sábado m; it's ~ es sábado; **morning** el sábado por la mañana; **on** ~ el sábado; **on** ~s los sábados; **last** ~ el sábado pasado; **this** ~ este sábado; **next** ~ el sábado de la semana que viene; ~ **week, a week on** ~ del sábado en ocho días.

sauce [sɔːs] n salsa f.

saucepan ['sɔːspən] n (with one long handle) cazo m; (with two handles) cacerola f.

saucer ['sɔːsə'] n platillo m.

sauna ['sɔːnə] n sauna f.

sausage ['sɒsɪdʒ] n salchicha f.

sausage roll n salchicha pequeña envuelta en hojaldre y cocida al horno.

sauté [Br 'səʊteɪ, Am səʊ'teɪ] adj salteado(da).

savage ['sævɪdʒ] adj salvaje.

save [seɪv] vt (rescue) salvar; (money) ahorrar; (time, space) ganar; (reserve) reservar; SPORT parar; COMPUT guardar. ◆ n parada f. □ **save up** vi ahorrar; **to** ~ **up (for sthg)** ahorrar (para comprarse algo).

savings ['seɪvɪŋz] npl ahorros mpl.

savings bank n ≃ caja f de ahorros.

savory ['seɪvərɪ] Am = **savoury**.

savoury ['seɪvərɪ] adj salado(da).

saw [sɔː] (Br pt **-ed**, pp **sawn**, Am pt

& pp **-ed**) pt → **see**. ◆ n sierra f. ◆ vt serrar.

sawdust ['sɔːdʌst] n serrín m.

sawn [sɔːn] pp → **saw**.

saxophone ['sæksəfəʊn] n saxofón m.

say [seɪ] (pt & pp **said**) vt decir; (subj: clock, meter) marcar. ◆ n: **to have a** ~ **in sthg** tener voz y voto en algo; **could you** ~ **that again?** ¿puede repetir?; ~ **we met at nine?** ¿pongamos que nos vemos a las nueve?; **to** ~ **yes** decir que sí; **what did you** ~? ¿qué has dicho?

saying ['seɪɪŋ] n dicho m.

scab [skæb] n postilla f.

scaffolding ['skæfəldɪŋ] n andamios mpl.

scald [skɔːld] vt escaldar.

scale [skeɪl] n escala f; (extent) extensión f; (of fish, snake) escama f; (in kettle) costra f caliza. □ **scales** npl (for weighing person) báscula f; (for weighing food) balanza f.

scallion ['skæljən] n Am cebolleta f.

scallop ['skɒləp] n vieira f.

scalp [skælp] n cuero m cabelludo.

scampi ['skæmpɪ] n: **(breaded)** ~ langostinos mpl rebozados.

scan [skæn] vt (consult quickly) echar un vistazo a; MED hacer una ecografía de. ◆ n MED escáner m.

scandal ['skændl] n (disgrace) escándalo m; (gossip) habladurías fpl.

Scandinavia [,skændɪ'neɪvjə] n Escandinavia.

scar [skɑː'] n cicatriz f.

scarce ['skeəs] adj escaso(sa).

scarcely ['skeəslɪ] adv apenas.

scare [skeə'] vt asustar.

scarecrow ['skeəkrəʊ] n espantapájaros m inv.

scared [skeəd] adj asustado(da).

scarf [skɑːf] (pl **scarves**) n (woollen) bufanda f; (for women) pañoleta f.

scarlet [skɑːlət] adj escarlata.

scarves [skɑːvz] pl → **scarf**.

scary [skeərɪ] adj inf espeluznante.

scatter [skætə] vt (seeds, papers) esparcir; (birds) dispersar. ◆ vi dispersarse.

scene [siːn] n (in play, film, book) escena f; (of crime, accident) lugar m; (view) panorama m; **the music** ~ el mundo de la música; **to make a** ~ armar un escándalo.

scenery [siːnərɪ] n (countryside) paisaje m; (in theatre) decorado m.

scenic [siːnɪk] adj pintoresco(ca).

scent [sent] n (smell) fragancia f; (of animal) rastro m; (perfume) perfume m.

sceptical [skeptɪkl] adj Br escéptico(ca).

schedule [Br ʃedjuːl, Am skedʒʊl] n (of work, things to do) plan m; (timetable) horario m; (list) lista f. ◆ vt programar; **according to** ~ según lo previsto; **behind** ~ con retraso; **on** ~ a la hora prevista.

scheduled flight [Br ʃedjuːld-, Am skedʒʊld-] n vuelo m regular.

scheme [skiːm] n (plan) proyecto m; pej (dishonest plan) estratagema f.

scholarship [skɒləʃɪp] n (award) beca f.

school [skuːl] n escuela f; (institute) academia f; (university department) facultad f; Am (university) universidad f. ◆ adj escolar; **at** ~ en la escuela.

schoolbag [skuːlbæg] n cartera f.

schoolbook [skuːlbʊk] n libro m de texto.

schoolboy [skuːlbɔɪ] n alumno m.

school bus n autobús m escolar.

schoolchild [skuːltʃaɪld] n (pl -children [-tʃɪldrən]) n alumno m, -na f.

schoolgirl [skuːlɡɜːl] n alumna f.

schoolmaster [skuːlˌmɑːstə] n Br (primary) maestro m; (secondary) profesor m.

schoolmistress [skuːlˌmɪstrɪs] n Br (primary) maestra f; (secondary) profesora f.

schoolteacher [skuːlˌtiːtʃə] n (primary) maestro m, -tra f; (secondary) profesor m, -ra f.

school uniform n uniforme m escolar.

science [saɪəns] n ciencia f; SCH ciencias fpl.

science fiction n ciencia f ficción.

scientific [ˌsaɪənˈtɪfɪk] adj científico(ca).

scientist [saɪəntɪst] n científico m, -ca f.

scissors [sɪzəz] npl: (a pair of) ~ unas tijeras.

scone [skɒn] n pastelito redondo hecho con harina, manteca y a veces pasas, que suele tomarse a la hora del té.

scoop [skuːp] n (for ice cream) pinzas fpl de helado; (for flour) paleta f; (of ice cream) bola f; (in media) exclusiva f.

scooter [skuːtə] n (motor vehicle) Vespa® f.

scope [skəʊp] n (possibility) posibilidades fpl; (range) alcance m.

scorch [skɔːtʃ] vt chamuscar.

score [skɔː] n (final result) resultado m; (points total) puntuación f; (in exam) calificación f. ◆ vt SPORT marcar; (in test) obtener una puntuación de. ◆ vi SPORT marcar; **what's the** ~? ¿cómo van?

scorn [skɔːn] n desprecio m.

scorpion [skɔːpjən] n escorpión m.

Scot [skɒt] n escocés m, -esa f.

scotch [skɒtʃ] n whisky m escocés.

Scotch broth *n sopa espesa con caldo de carne, verduras y cebada.*

Scotch tape® *n Am* celo® *m Esp,* durex® *m Amér.*

Scotland ['skɒtlənd] *n* Escocia.

Scotsman ['skɒtsmən] *(pl* **-men** [-mən]) *n* escocés *m.*

Scotswoman ['skɒtswʊmən] *(pl* **-women** [-wɪmɪn]) *n* escocesa *f.*

Scottish ['skɒtɪʃ] *adj* escocés(esa).

scout [skaʊt] *n (boy scout)* explorador *m.*

SCOUTS

Los "scouts" son miembros de la "Scouting Association", fundada en Gran Bretaña en 1908 por lord Baden-Powell que promover el sentido de la responsabilidad y de la aventura entre la juventud. Se organizan en pequeños grupos de niños de 11 a 16 años bajo el mando de un adulto, y adquieren conocimientos de primeros auxilios y técnicas de supervivencia al aire libre. Para los niños menores de 11 años, existe una asociación de características similares llamada los "Cub Scouts", y también existen organizaciones paralelas para niñas, llamadas "Girl Guides" ("Girl Scouts" en Estados Unidos) y "Brownies".

scowl [skaʊl] *vi* fruncir el ceño.

scrambled eggs [ˌskræmbld-] *npl* huevos *mpl* revueltos.

scrap [skræp] *n (of paper, cloth)* trozo *m; (old metal)* chatarra *f.*

scrapbook ['skræpbʊk] *n* álbum *m* de recortes.

scrape [skreɪp] *vt (rub)* raspar;

(scratch) rasguñar.

scrap paper *n Br* papel *m* usado.

scratch [skrætʃ] *n (cut)* arañazo *m; (mark)* rayazo *m.* ◆ *vt (cut)* arañar; *(mark)* rayar; *(rub)* rascar; **to be up to** ~ tener un nivel aceptable; **to start from** ~ empezar desde el principio.

scratch paper *Am* = **scrap paper.**

scream [skri:m] *n* grito *m.* ◆ *vi* gritar.

screen [skri:n] *n (of TV, computer, for film)* pantalla *f; (hall in cinema)* sala *f* (de proyecciones); *(panel)* biombo *m.* ◆ *vt (film)* proyectar; *(programme)* emitir.

screening ['skri:nɪŋ] *n (of film)* proyección *f.*

screen wash *n* líquido *m* limpiaparabrisas.

screw [skru:] *n* tornillo *m.* ◆ *vt (fasten)* atornillar; *(twist)* enroscar.

screwdriver ['skru:ˌdraɪvə'] *n* destornillador *m.*

scribble ['skrɪbl] *vi* garabatear.

script [skrɪpt] *n (of play, film)* guión *m.*

scrub [skrʌb] *vt* restregar.

scruffy ['skrʌfɪ] *adj* andrajoso(sa).

scuba diving ['sku:bə-] *n* buceo *m* (con botellas de oxígeno).

sculptor ['skʌlptə'] *n* escultor *m,* -ra *f.*

sculpture ['skʌlptʃə'] *n (statue)* escultura *f.*

sea [si:] *n* mar *m o f; by* ~ en barco; **by the** ~ a orillas del mar.

seafood ['si:fu:d] *n* mariscos *mpl.*

seafront ['si:frʌnt] *n* paseo *m* marítimo, malecón *m Amér.*

seagull ['si:gʌl] *n* gaviota *f.*

seal [si:l] *n (animal)* foca *f; (on bottle, container)* precinto *m; (official mark)* sello m. ◆ vt (envelope, container) cerrar.

seam [si:m] n (in clothes) costura f.

search [sɜ:tʃ] n búsqueda f. ◆ vt (place) registrar; (person) cachear. ◆ vi: to ~ for buscar.

seashell ['si:ʃel] n concha f (marina).

seashore ['si:ʃɔːʳ] n orilla f del mar.

seasick ['si:sɪk] adj mareado(da) (en barco).

seaside ['si:saɪd] n: the ~ la playa.

seaside resort n lugar m de veraneo (junto al mar).

season ['si:zn] n (division of year) estación f; (period) temporada f. ◆ vt sazonar; **in ~** (holiday) en temporada alta; **strawberries are in ~** ahora es la época de las fresas; **out of ~** (fruit, vegetables) fuera de temporada; (holiday) en temporada baja.

seasoning ['si:znɪŋ] n condimento m.

season ticket n abono m.

seat [si:t] n (place, chair) asiento m; (for show) entrada f; (in parliament) escaño m. ◆ vt (subj: building, vehicle) tener cabida para.

seat belt n cinturón m de seguridad.

seaweed ['si:wi:d] n alga f marina.

secluded [sɪ'klu:dɪd] adj aislado (da).

second ['sekənd] n segundo m. ◆ num segundo(da) → **sixth**; ~ **gear** segunda marcha f. ☐ **seconds** npl (goods) artículos mpl defectuosos; **who wants ~s?** inf (food) ¿quién quiere repetir?

secondary school ['sekəndrɪ-] n instituto m de enseñanza media.

second-class adj (ticket) de segunda clase; (stamp) para el correo nacional ordinario; (inferior) de segunda categoría.

second-hand adj de segunda mano.

Second World War n: the ~ la segunda Guerra Mundial.

secret ['si:krɪt] adj secreto(ta). ◆ n secreto m.

secretary [Br 'sekrətrɪ, Am 'sekrəterɪ] n secretario m, -ria f.

Secretary of State n Am (foreign minister) ministro m, -tra f de Asuntos Exteriores; Br (government minister) ministro m, -tra f.

section ['sekʃn] n sección f.

sector ['sektəʳ] n sector m.

secure [sɪ'kjʊəʳ] adj seguro(ra). ◆ vt (fix) fijar; fml (obtain) conseguir.

security [sɪ'kjʊərətɪ] n seguridad f.

security guard n guardia mf jurado.

sedative ['sedətɪv] n sedante m.

seduce [sɪ'dju:s] vt seducir.

see [si:] (pt saw, pp seen) vt ver; (friends) visitar; (understand) entender; (accompany) acompañar; (find out) ir a ver; (consider) experimentar. ◆ vi ver; **I ~** ya veo; **to ~ if one can do sthg** ver si uno puede hacer algo; **to ~ to sthg** (deal with) encargarse de algo; (repair) arreglar algo; ~ **you!** ¡hasta la vista!; ~ **you later!** ¡hasta luego!; ~ **you soon!** ¡hasta pronto!; → **p 14** véase p. 14. ☐ **see off** vt sep (say goodbye to) despedir.

seed [si:d] n semilla f.

seeing (as) ['si:ɪŋ-] conj en vista de que.

seek [si:k] (pt & pp sought) vt fml (look for) buscar; (request) solicitar.

seem [si:m] vi parecer. ◆ v impers: it **~s (that)** ... parece que ...; **to ~ like** parecer.

seen [si:n] pp → **see**.

seesaw ['si:sɔ:] *n* balancín *m*.

segment ['segmənt] *n (of fruit)* gajo *m*.

seize [si:z] *vt (grab)* agarrar; *(drugs, arms)* incautarse de. ❑ **seize up** *vi* agarrotarse.

seldom ['seldəm] *adv* rara vez.

select [sɪ'lekt] *vt* seleccionar. ◆ *adj* selecto(ta).

selection [sɪ'lekʃn] *n (selecting)* selección *f*; *(range)* surtido *m*.

self-assured [ˌselfə'ʃʊəd] *adj* seguro de sí mismo (segura de sí misma).

self-catering [ˌself'keɪtərɪŋ] *adj* con alojamiento sólo.

self-confident [ˌself-] *adj* seguro de sí mismo (segura de sí misma).

self-conscious [ˌself-] *adj* cohibido(da).

self-contained [ˌselfkən'teɪnd] *adj (flat)* autosuficiente.

self-defence [ˌself-] *n* defensa *f* personal.

self-employed [ˌself-] *adj* autónomo(ma).

selfish ['selfɪʃ] *adj* egoísta.

self-raising flour [ˌself'reɪzɪŋ-] *n Br* harina *f* con levadura.

self-rising flour [ˌself'raɪzɪŋ-] *Am* = **self-raising flour**.

self-service [ˌself-] *adj* de autoservicio.

sell [sel] *(pt & pp* **sold**) *vt & vi* vender; **to ~ for** venderse a; **to ~ sb sthg** vender algo a alguien.

sell-by date *n* fecha *f* de caducidad.

seller ['selə] *n* vendedor *m*, -ra *f*.

Sellotape® ['seləteɪp] *n Br* celo® *m*, cinta *f* Scotch®, durex *m* *Amér*.

semester [sɪ'mestə] *n* semestre *m*.

semicircle ['semɪˌsɜ:kl] *n* semi-círculo *m*.

semicolon [ˌsemɪ'kəʊlən] *n* punto *m* y coma.

semidetached [ˌsemɪdɪ'tætʃt] *adj* adosado(da).

semifinal [ˌsemɪ'faɪnl] *n* semifinal *f*.

seminar ['semɪnɑ:] *n* seminario *m*.

semi-skimmed milk [ˌsemi-'skɪmd-] *n* leche *f* semidesnatada *Esp* or semidescremada *Amér*.

semolina [ˌsemə'li:nə] *n* sémola *f*.

send [send] *(pt & pp* **sent**) *vt* mandar; *(TV or radio signal)* transmitir; **to ~ sthg to sb** mandar algo a alguien. ❑ **send back** *vt sep* devolver. ❑ **send off** *vt sep (letter, parcel)* mandar (por correo); *SPORT* expulsar. ◆ *vi*: **to ~ off for sthg** solicitar (algo) por escrito.

sender ['sendə] *n* remitente *mf*.

senile ['si:naɪl] *adj* senil.

senior ['si:njə] *adj* superior. ◆ *n SCH* senior *mf*.

senior citizen *n* persona *f* de la tercera edad.

sensation [sen'seɪʃn] *n* sensación *f*.

sensational [sen'seɪʃənl] *adj* sensacional.

sense [sens] *n* sentido *m*. ◆ *vt* sentir; **to make ~** tener sentido; **~ of direction** sentido de la orientación; **~ of humour** sentido del humor.

sensible ['sensəbl] *adj (person)* sensato(ta); *(clothes, shoes)* práctico(ca).

sensitive ['sensɪtɪv] *adj (person, skin, device)* sensible; *(emotionally)* comprensivo(va); *(subject, issue)* delicado(da).

sent [sent] *pt & pp* → **send**.

sentence ['sentəns] *n GRAMM* oración *f*; *(for crime)* sentencia *f*. ◆ *vt* condenar.

sentimental [ˌsentɪˈmentl] *adj pej* sentimental.

separate [*adj* ˈseprət, *vb* ˈsepəreɪt] *adj (different, individual)* distinto(ta); *(not together)* separado(da). ◆ *vt (divide)* dividir; *(detach)* separar. ◆ *vi* separarse. ❑ **separates** *npl Br* prendas de vestir femeninas combinables.

separately [ˈseprətlɪ] *adv (individually)* independientemente; *(alone)* por separado.

separation [ˌsepəˈreɪʃn] *n* separación *f*.

Sept. *(abbr of September)* sep.

September [sepˈtembə] *n* septiembre *m*; **at the beginning of ~** a principios de septiembre; **at the end of ~** a finales de septiembre; **during ~** en septiembre; **every ~** todos los años en septiembre; **in ~** en septiembre; **last ~** en septiembre del año pasado; **next ~** en septiembre del próximo año; **this ~** en septiembre de este año; **2 ~ 2001** *(in letters etc)* 2 de septiembre de 2001.

septic [ˈseptɪk] *adj* séptico(ca).

septic tank *n* fosa f séptica.

sequel [ˈsiːkwəl] *n* continuación *f*.

sequence [ˈsiːkwəns] *n (series)* sucesión *f*; *(order)* orden *m*.

sequin [ˈsiːkwɪn] *n* lentejuela *f*.

sergeant [ˈsɑːdʒənt] *n (in police force)* ≃ subinspector *m*, -ra *f*; *(in army)* sargento *m*.

serial [ˈsɪərɪəl] *n* serial *m*.

series [ˈsɪəriːz] *(pl inv)* *n* serie *f*.

serious [ˈsɪərɪəs] *adj* serio(ria); *(very bad)* grave; **I'm ~** hablo en serio.

seriously [ˈsɪərɪəslɪ] *adv (really)* en serio; *(badly)* gravemente.

sermon [ˈsɜːmən] *n* sermón *m*.

servant [ˈsɜːvənt] *n* sirviente *m*, -ta *f*.

serve [sɜːv] *vt* servir. ◆ *vi SPORT* sacar; *(work)* servir. ◆ *n* saque *m*; **to ~ as** *(be used for)* servir de; **the town is ~d by two airports** la ciudad está provista de dos aeropuertos; '**~s two**' 'para dos personas'; **it ~s you right** te está bien empleado.

service [ˈsɜːvɪs] *n (in church)* oficio *m*; *SPORT* saque *m*; *(of car)* revisión *f*. ◆ *vt (car)* revisar; '**out of ~**' 'no funciona'; '**~ not included**' 'servicio no incluido'; **to be of ~ to sb** *fml* servir de ayuda a alguien. ❑ **services** *npl (on motorway)* área *f* de servicios; *(of person)* servicios *mpl*.

service area *n* área *f* de servicios.

service charge *n* servicio *m*.

service department *n* departamento *m* de servicio al cliente.

service station *n* estación *f* de servicio.

serviette [ˌsɜːvɪˈet] *n* servilleta *f*.

serving [ˈsɜːvɪŋ] *n* ración *f*.

serving spoon *n* cucharón *m*.

sesame seeds [ˈsesəmɪ-] *npl* sésamo *m*.

session [ˈseʃn] *n* sesión *f*.

☞

set [set] *(pt & pp* **set***) adj* **- 1.** *(fixed)* fijo(ja); **the ~ menu** el menú del día. **- 2.** *(text, book)* obligatorio(ria). **- 3.** *(situated)* situado(da). ◆ *n* **- 1.** *(collection)* juego *m*; *(of stamps, stickers)* colección *f*. **- 2.** *(TV)* aparato *m*; **a TV ~** un televisor. **- 3.** *(in tennis)* set *m*. **- 4.** *(of play)* decorado *m*. **- 5.** *(at hairdresser's)*: **a shampoo and ~** lavado my marcado. ◆ *vt* **- 1.** *(put)* colocar, poner. **- 2.** *(cause to be)*: **to ~ a machine going** poner una máquina en marcha; **to ~ fire to** prender fuego a.

shake

- **3.** *(clock, alarm, controls)* poner; ~ **the alarm for 7 a.m.** pon el despertador para las 7 de la mañana.
- **4.** *(fix)* fijar.
- **5.** *(essay, homework, the table)* poner.
- **6.** *(a record)* marcar.
- **7.** *(broken bone)* componer.
- **8.** *(play, film, story):* **to be ~ in** desarrollarse en.
◆ *vi* - **1.** *(sun)* ponerse.
- **2.** *(glue)* secarse; *(jelly)* cuajar. ❑ **set down** *vt sep Br (passengers)* dejar. ❑ **set off**
◆ *vt sep (alarm)* hacer saltar.
◆ *vi* ponerse en camino. ❑ **set out**
◆ *vt sep (arrange)* disponer.
◆ *vi* ponerse en camino. ❑ **set up** *vt sep (barrier, cordon)* levantar; *(equipment)* preparar; *(meeting, interview)* organizar; *(committee)* crear.

set meal *n* menú *m* (plato).

set menu *n* menú *m* del día.

settee [se'ti:] *n* sofá *m*.

setting ['setɪŋ] *n (on machine)* posición *f*; *(surroundings)* escenario *m*.

settle ['setl] *vt (argument)* resolver; *(bill)* saldar; *(stomach)* asentar; *(nerves)* calmar; *(arrange, decide on)* acordar. ◆ *vi (start to live)* establecerse; *(come to rest)* posarse; *(sediment, dust)* depositarse. ❑ **settle down** *vi (calm down)* calmarse; *(sit comfortably)* acomodarse. ❑ **settle up** *vi* saldar las cuentas.

settlement ['setlmənt] *n (agreement)* acuerdo *m*; *(place)* asentamiento *m*.

seven ['sevn] *num* siete → **six**.

seventeen [,sevn'ti:n] *num* diecisiete → **six**.

seventeenth [,sevn'ti:nθ] *num* decimoséptimo(ma) → **sixth**.

seventh ['sevnθ] *num* séptimo(ma) → **sixth**.

seventieth ['sevntjəθ] *num* septuagésimo(ma) → **sixth**.

seventy ['sevntɪ] *num* setenta → **six**.

several ['sevrəl] *adj* varios(rias).
◆ *pron* varios *mpl*, -rias *fpl*.

severe [sɪ'vɪə] *adj* severo(ra); *(illness)* grave; *(pain)* fuerte.

Seville [sə'vɪl] *n* Sevilla.

sew [səʊ] (*pp* **sewn**) *vt & vi* coser.

sewage ['su:ɪdʒ] *n* aguas *fpl* residuales.

sewing ['səʊɪŋ] *n* costura *f*.

sewing machine *n* máquina *f* de coser.

sewn [səʊn] *pp* → **sew**.

sex [seks] *n* sexo *m*; **to have ~ (with)** tener relaciones sexuales (con).

sexist ['seksɪst] *n* sexista *mf*.

sexual ['sekʃʊəl] *adj* sexual.

sexy ['seksɪ] *adj* sexi *(inv)*.

shabby ['ʃæbɪ] *adj (clothes, room)* desastrado(da); *(person)* desharrapado(da).

shade [ʃeɪd] *n (shadow)* sombra *f*; *(lampshade)* pantalla *f*; *(of colour)* tonalidad *f*. ◆ *vt (protect)* proteger. ❑ **shades** *npl inf (sunglasses)* gafas *fpl Esp* OR anteojos *mpl Amér* de sol.

shadow ['ʃædəʊ] *n (dark shape)* sombra *f*; *(darkness)* oscuridad *f*.

shady ['ʃeɪdɪ] *adj (place)* sombreado(da); *inf (person)* sospechoso(sa); *inf (deal)* turbio(bia).

shaft [ʃɑ:ft] *n (of machine)* eje *m*; *(of lift)* pozo *m*.

shake [ʃeɪk] (*pt* **shook**, *pp* **shaken** ['ʃeɪkn]) *vt (tree, rug, packet, etc)* sacudir; *(bottle)* agitar; *(person)* zarandear; *(dice)* mover; *(shock)* conmocionar. ◆ *vi* temblar; **to ~ hands with sb** estrechar la mano a alguien; **to ~ one's**

head (saying no) negar con la cabeza.

shall [weak form ʃəl, strong form ʃæl] aux vb -1. (expressing future): I ~ be ready soon estaré listo enseguida.
- 2. (in questions): ~ I buy some wine? ¿compro vino?; where ~ we go? ¿adónde vamos?
- 3. fml (expressing order): payment ~ be made within a week debe efectuarse el pago dentro de una semana.

shallot [ʃəˈlɒt] n chalote m.

shallow [ˈʃæləʊ] adj poco profundo(da).

shallow end n (of swimming pool) parte f poco profunda.

shambles [ˈʃæmblz] n desbarajuste m.

shame [ʃeɪm] n (remorse) vergüenza f; (disgrace) deshonra f; it's a ~ es una lástima; what a ~! ¡qué lástima!

shampoo [ʃæmˈpuː] (pl -s) n (liquid) champú m; (wash) lavado m.

shandy [ˈʃændɪ] n cerveza f con gaseosa.

shape [ʃeɪp] n (form) forma f; (object, person, outline) figura f; to be in good/bad ~ estar en (buena) forma/baja forma.

share [ʃeə^r] n (part) parte f; (in company) acción f. ♦ vt (room, work, cost) compartir; (divide) repartir. ❑ **share out** vt sep repartir.

shark [ʃɑːk] n tiburón m.

sharp [ʃɑːp] adj (knife, razor, teeth) afilado(da); (pin, needle) puntiagudo(da); (clear) nítido(da); (quick, intelligent) inteligente; (rise, bend) marcado(da); (change) brusco(ca); (painful) agudo(da); (food, taste) ácido(da). ♦ adv (exactly) en punto.

sharpen [ˈʃɑːpn] vt (knife) afilar;

(pencil) sacar punta a.

shatter [ˈʃætə^r] vt (break) hacer añicos. ♦ vi hacerse añicos.

shattered [ˈʃætəd] adj Br inf (tired) hecho(cha) polvo.

shave [ʃeɪv] vt afeitar. ♦ vi afeitarse. ♦ n: to have a ~ afeitarse.

shaver [ˈʃeɪvə^r] n maquinilla f de afeitar.

shaving brush [ˈʃeɪvɪŋ-] n brocha f de afeitar.

shaving foam [ˈʃeɪvɪŋ-] n espuma f de afeitar.

shawl [ʃɔːl] n chal m.

she [ʃiː] pron ella f; ~'s tall (ella) es alta.

sheaf [ʃiːf] (pl **sheaves**) n (of paper, notes) fajo m.

shears [ʃɪəz] npl (for gardening) tijeras fpl de podar.

sheaves [ʃiːvz] pl → **sheaf**.

shed [ʃed] (pt & pp **shed**) n cobertizo m. ♦ vt (tears, blood) derramar.

she'd [weak form ʃɪd, strong form ʃiːd] = **she had, she would**.

sheep [ʃiːp] (pl inv) n oveja f.

sheepdog [ˈʃiːpdɒg] n perro m pastor.

sheepskin [ˈʃiːpskɪn] adj piel f de cordero; ~ jacket zamarra f de piel de cordero.

sheer [ʃɪə^r] adj (pure, utter) puro (ra); (cliff) escarpado(da); (stockings) fino(na).

sheet [ʃiːt] n (for bed) sábana f; (of paper) hoja f; (of glass, metal, wood) lámina f.

shelf [ʃelf] (pl **shelves**) n estante m.

shell [ʃel] n (of egg, nut) cáscara f; (on beach) concha f; (of animal) caparazón m; (bomb) proyectil m.

she'll [ʃiːl] = **she will, she shall**.

shellfish [ˈʃelfɪʃ] n (food)

mariscos mpl.

shelter ['ʃeltər] n refugio m. ◆ vt (protect) proteger. ◆ v resguardarse; **to take ~** cobijarse.

sheltered ['ʃeltəd] adj protegido(da).

shelves [ʃelvz] pl→ shelf.

shepherd ['ʃepəd] n pastor m.

shepherd's pie ['ʃepədz-] n plato consistente en carne picada de vaca, cebolla y especias cubierta con una capa de puré de patata dorada al grill.

sheriff ['ʃerif] n sheriff m.

sherry ['ʃeri] n jerez m.

she's [ʃiːz] = she is, she has.

shield [ʃiːld] n escudo m. ◆ vt proteger.

shift [ʃift] n (change) cambio m; (period of work) turno m. ◆ vt mover. ◆ vi (move) moverse; (change) cambiar.

shin [ʃin] n espinilla f.

shine [ʃain] (pt & pp shone) vi brillar. ◆ vt (shoes) sacar brillo a; (torch) enfocar.

shiny ['ʃaini] adj brillante.

ship [ʃip] n barco m; **by ~** en barco.

shipwreck ['ʃiprek] n (accident) naufragio m; (wrecked ship) barco m náufrago.

shirt [ʃɜːt] n camisa f.

shit [ʃit] n vulg mierda f. ◆ excl vulg ¡mierda!

shiver ['ʃivər] vi temblar.

shock [ʃɒk] n (surprise) susto m; (force) sacudida f. ◆ vt (surprise) conmocionar; (horrify) escandalizar; **to be in ~** MED estar en estado de shock.

shocking ['ʃɒkiŋ] adj (very bad) horroroso(sa).

shoe [ʃuː] n zapato m.

shoelace ['ʃuːleis] n cordón m (de zapato).

shoe polish n betún m.

shoe repairer's [-ri,peərəz] n zapatero m (remendón).

shoe shop n zapatería f.

shone [ʃɒn] pt & pp→ shine.

shook [ʃuk] pt→ shake.

shoot [ʃuːt] (pt & pp shot) vt (kill) matar a tiros; (injure) herir (con arma de fuego); (gun, arrow) disparar; (film) rodar. ◆ vi (with gun) disparar; (move quickly) pasar disparado; SPORT chutar. ◆ n (of plant) brote m.

shop [ʃɒp] n tienda f. ◆ vi hacer compras.

shop assistant n Br dependiente m, -ta f.

shop floor n (place) taller m.

shopkeeper ['ʃɒp,kiːpər] n tendero m, -ra f.

shoplifter ['ʃɒp,liftər] n ratero m, -ra f de tiendas.

shopper ['ʃɒpər] n comprador m, -ra f.

shopping ['ʃɒpiŋ] n compras fpl; **I hate ~** odio ir de compras; **to do the ~** hacer las compras; **to go ~** ir de compras.

shopping bag n bolsa f de la compra.

shopping basket n cesta f de la compra.

shopping centre n centro m comercial.

shopping list n lista f de la compra.

shopping mall n centro m comercial.

shop steward n enlace m sindical.

shop window n escaparate m.

shore [ʃɔː] n orilla f; **on ~** en tierra.

short [ʃɔːt] adj (not tall) bajo(ja); (in length, time) corto(ta). ◆ adv (cut hair) corto. ◆ n Br (drink) licor m; (film) cortometraje m; **to be ~ of sth** andar escaso de algo; **to be ~ for sthg** (be abbreviation of) ser el diminutivo de algo; **I'm ~ of breath** me falta el aliento; **in ~** en resumen. ◆ **shorts** npl (short trousers) pantalones mpl cortos; Am (underpants) calzoncillos mpl.

shortage [ˈʃɔːtɪdʒ] n escasez f.

shortbread [ˈʃɔːtbred] n especie de torta dulce y quebradiza hecha con harina, azúcar y mantequilla.

short-circuit vi tener un cortocircuito.

shortcrust pastry [ˈʃɔːtkrʌst-] n pasta f quebrada.

short cut n atajo m.

shorten [ˈʃɔːtn] vt acortar.

shorthand [ˈʃɔːthænd] n taquigrafía f.

shortly [ˈʃɔːtlɪ] adv (soon) dentro de poco; ~ **before** poco antes de.

shortsighted [ˌʃɔːtˈsaɪtɪd] adj miope.

short-sleeved [-ˌsliːvd] adj de manga corta.

short story n cuento m.

shot [ʃɒt] pt & pp → **shoot**. ◆ n (of gun, in football) tiro m; (in tennis, golf) golpe m; (photo) foto f; (in film) plano m; inf (attempt) intento m; (drink) trago m.

shotgun [ˈʃɒtɡʌn] n escopeta f.

☞

should [ʃʊd] aux vb - **1.** (expressing desirability) deber; **we ~ leave now** deberíamos irnos ahora.
- **2.** (asking for advice): **I go too?** ¿yo también voy?
- **3.** (expressing probability) deber de; **she ~ arrive soon** debe de estar a punto de llegar.
- **4.** (ought to have) deber; **they ~ have**

won the match deberían haber ganado el partido.
- **5.** (in clauses with "that"): **we decided that you ~ do it** decidimos que lo hicieras tú.
- **6.** fml (in conditionals): ~ **you need anything, call reception** si necesita alguna cosa, llame a recepción.
- **7.** fml (expressing wish): **I ~ like to come with you** me gustaría ir contigo.

shoulder [ˈʃəʊldə] n (of person) hombro m; (of meat) espaldilla f; Am (of road) arcén m.

shoulder pad n hombrera f.

shouldn't [ˈʃʊdnt] = **should not**.

should've [ˈʃʊdəv] = **should have**.

shout [ʃaʊt] n grito m. ◆ vt & vi gritar. ❑ **shout out** vt sep gritar.

shove [ʃʌv] vt (push) empujar; (put carelessly) poner de cualquier manera.

shovel [ˈʃʌvl] n pala f.

show [ʃəʊ] (pp -ed OR **shown**) n (at theatre) función f; (on TV, radio) programa m; (exhibition) exhibición f. ◆ vt mostrar; (undergo) registrar; (represent, depict) representar; (accompany) acompañar; (film) proyectar; (TV programme) emitir. ◆ vi (be visible) verse; (film) proyectarse; **to ~ sthg to sb** enseñar algo a alguien; **to ~ sb how to do sthg** enseñar a alguien cómo se hace algo. ❑ **show off** vi presumir. ❑ **show up** vi (come along) aparecer; (be visible) resaltar.

shower [ˈʃaʊə] n (for washing) ducha f; (of rain) chubasco m. ◆ vi ducharse; **to have a ~** darse una ducha.

shower gel n gel m de baño.

shower unit n ducha f (cubículo).

showing [ˈʃəʊɪŋ] n (of film) proyección f.

shown [ʃəʊn] pp → show.

showroom [ʃəʊrʊm] n sala f de exposición.

shrank [ʃræŋk] pt → shrink.

shrimp [ʃrɪmp] n camarón m.

shrine [ʃraɪn] n santuario m.

shrink [ʃrɪŋk] (pt **shrank**, pp **shrunk**) n infl loquero m, -ra f. ◆ vi (become smaller) encoger; (diminish) reducirse.

shrub [ʃrʌb] n arbusto m.

shrug [ʃrʌg] vi encogerse de hombros. ◆ n: she gave a ~ se encogió de hombros.

shrunk [ʃrʌŋk] pp → shrink.

shuffle [ʃʌfl̩] vt (cards) barajar. ◆ vi andar arrastrando los pies.

shut [ʃʌt] (pt & pp **shut**) adj cerrado(da). ◆ vt cerrar. ◆ vi (door, mouth, eyes) cerrarse; (shop, restaurant) cerrar. ❑ **shut down** vt sep cerrar. ❑ **shut up** vi infl callarse la boca.

shutter [ʃʌtər] n (on window) contraventana f; (on camera) obturador m.

shuttle [ʃʌtl̩] n (plane) avión m de puente aéreo; (bus) autobús m de servicio regular.

shuttlecock [ʃʌtl̩kɒk] n volante m.

shy [ʃaɪ] adj tímido(da).

sick [sɪk] adj (ill) enfermo(ma); (nauseous) mareado(da); to be ~ (vomit) devolver; to feel ~ estar mareado; to be ~ of estar harto(ta) de.

sick bag n bolsa f para el mareo.

sickness [sɪknɪs] n enfermedad f.

sick pay n ≃ subsidio m de enfermedad.

side [saɪd] n lado m; (of hill, valley) ladera f; (of river) orilla f; (of paper, coin, tape, record) cara f; Br (team) equipo m; (TV channel) canal m; (page of

writing) página f. ◆ adj lateral; at the ~ of al lado de; on the other ~ al otro lado; on this ~ en este lado; ~ by ~ juntos.

sideboard [saɪdbɔːd] n aparador m.

side dish n plato m de acompañamiento.

side effect n efecto m secundario.

side order n guarnición f (no incluida en el plato).

side salad n ensalada f de acompañamiento.

side street n travesía f Esp, calle f lateral.

sidewalk [saɪdwɔːk] n Am acera f.

sideways [saɪdweɪz] adv (move) de lado; (look) de reojo.

sieve [sɪv] n tamiz m.

sigh [saɪ] n suspiro m. ◆ vi suspirar.

sight [saɪt] n (eyesight) vista f; (thing seen) imagen f; at first ~ a primera vista; to catch ~ of divisar; in ~ a la vista; to lose ~ of perder de vista; out of ~ fuera de vista. ❑ **sights** npl (of city, country) lugares mpl de interés turístico.

sightseeing [saɪtˌsiːɪŋ] n: to go ~ ir a visitar los lugares de interés turístico.

sign [saɪn] n señal f; (on shop) letrero m; (symbol) signo m. ◆ vt & vi firmar; there's no ~ of her no hay señales de ella. ❑ **sign in** vi firmar en el registro de entrada.

signal [sɪgnl̩] n señal f; Am (traffic lights) semáforo m. ◆ vi señalizar.

signature [sɪgnətʃər] n firma f.

significant [sɪgnɪfɪkənt] adj significativo(va).

signpost [saɪnpəʊst] n letrero m indicador.

silence [saɪləns] n silencio m.

silencer ['saɪlənsə'] n Br silenciador m.

silent ['saɪlənt] adj silencioso(sa).

silicon ['sɪlɪkən] n

① **SILICON VALLEY**

"Silicon Valley" es el nombre dado a la parte del norte de California donde se hayan muchas compañías de informática. Se conoce en general como el lugar de nacimiento de la industria del PC.

silk [sɪlk] n seda f.

sill [sɪl] n alféizar m.

silly ['sɪlɪ] adj tonto(ta).

silver ['sɪlvə'] n (substance) plata f; (coins) monedas fpl plateadas. ◆ adj de plata.

silver foil n papel m de aluminio.

silver-plated [-'pleɪtɪd] adj chapado(da) en plata.

similar ['sɪmɪlə'] adj similar; to be ~ to ser parecido(da) a.

similarity [,sɪmɪ'lærətɪ] n (resemblance) parecido m; (similar point) similitud f.

simmer ['sɪmə'] vi hervir a fuego lento.

simple ['sɪmpl] adj sencillo(lla).

simplify ['sɪmplɪfaɪ] vt simplificar.

simply ['sɪmplɪ] adv (just) simplemente; (easily, not elaborately) sencillamente.

simulate ['sɪmjʊleɪt] vt simular.

simultaneous [Br ,sɪməl'teɪnjəs, Am ,saɪməl'teɪnjəs] adj simultáneo(a).

simultaneously [Br ,sɪməl'teɪnjəslɪ, Am ,saɪməl'teɪnjəslɪ] adv simultáneamente.

sin [sɪn] n pecado m. ◆ vi pecar.

since [sɪns] adv desde entonces. ◆ prep desde. ◆ conj (in time) desde

que; (as) ya que; **ever** ~ desde, desde que.

sincere [sɪn'sɪə'] adj sincero(ra).

sincerely [sɪn'sɪəlɪ] adv sinceramente; **Yours** ~ (le saluda) atentamente.

sing [sɪŋ] (pt **sang**, pp **sung**) vt & vi cantar.

singer ['sɪŋə'] n cantante mf.

single ['sɪŋgl] adj (just one) solo(la); (not married) soltero(ra). ◆ n Br (ticket) billete m Esp OR boleto m Amér de ida; (record) disco m sencillo; **every** ~ cada uno (una) de. ▢ **singles** n modalidad f individual. ◆ adj (bar, club) para solteros.

single bed n cama f individual.

single cream n Br nata f líquida Esp, crema f líquida Amér.

single parent n padre m soltero, madre f soltera.

single room n habitación f individual.

singular ['sɪŋgjʊlə'] n singular m; **in the** ~ en singular.

sinister ['sɪnɪstə'] adj siniestro(tra).

sink [sɪŋk] (pt **sank**, pp **sunk**) n (in kitchen) fregadero m; (washbasin) lavabo m. ◆ vi (in water, mud) hundirse; (decrease) descender.

sink unit n fregadero m (con mueble debajo).

sinuses ['saɪnəsɪz] npl senos mpl frontales.

sip [sɪp] n sorbo m. ◆ vt beber a sorbos.

siphon ['saɪfn] n sifón m. ◆ vt sacar con sifón.

sir [sɜː'] n señor m; **Dear Sir** Muy Señor mío.

siren ['saɪərən] n sirena f.

sirloin steak [,sɜːlɔɪn-] n solomillo m.

sister ['sɪstə'] n hermana f; Br

(nurse) enfermera *f* jefe.

sister-in-law *n* cuñada *f*.

sit [sɪt] *(pt & pp* **sat)** *vi* sentarse; *(be situated)* estar situado. ◆ *vt (place)* poner; *Br (exam)* presentarse a; **to be sitting** estar sentado. ❑ **sit down** *vi* sentarse; **to be sitting down** estar sentado. ❑ **sit up** *vi (after lying down)* incorporarse; *(stay up late)* quedarse levantado.

site [saɪt] *n (place)* sitio *m*; *(building site)* obra *f* de construcción.

sitting room ['sɪtɪŋ-] *n* sala *f* de estar.

situated ['sɪtjʊeɪtɪd] *adj*: **to be ~** estar situado(da).

situation [sɪtjʊ'eɪʃn] *n* situación *f*; '**~s vacant**' 'ofertas de empleo'.

six [sɪks] *num adj* seis *inv*. ◆ *num* = seis *m inv*; **to be ~ (years old)** tener seis años (de edad); **it's ~ (o'clock)** son las seis; **a hundred and ~** ciento seis; → **Hill St** Hill St, número seis; **it's ~ minus ~ (degrees)** hay seis grados bajo cero; ◆ **out of ten** seis sobre diez.

sixteen [sɪks'tiːn] *num* dieciséis → **six**.

sixteenth [sɪks'tiːnθ] *num* decimosexto(ta) → **sixth**.

sixth [sɪksθ] *num adj* sexto(ta). ◆ *pron* sexto *m*, -ta *f*. ◆ *num* = *(fraction)* sexto *m*. ◆ *num adj* sexto; **a ~ (of)** la sexta parte (de); **the ~ (of September)** el seis (de septiembre).

sixth form *n Br* curso de enseñanza media que prepara a alumnos de 16 a 18 años para los "A-levels".

sixth-form college *n Br* centro de enseñanza que prepara a alumnos de 16 a 18 años para los "A-levels" o exámenes de formación profesional.

sixtieth ['sɪkstɪəθ] *num* sexagésimo(ma) → **sixth**.

sixty ['sɪkstɪ] *num* sesenta → **six**.

size [saɪz] *n* tamaño *m*; *(of clothes, hats)* talla *f*; *(of shoes)* número *m*; **what ~ do you take?** ¿qué talla/número usa?; **what ~ is this?** ¿de qué talla es esto?

sizeable ['saɪzəbl] *adj* considerable.

skate [skeɪt] *n (ice skate, roller skate)* patín *m*; *(fish)* raya *f*. ◆ *vi* patinar.

skateboard ['skeɪtbɔːd] *n* monopatín *m*, patineta *f Amér*.

skater ['skeɪtə^r] *n (ice-skater)* patinador *m*, -ra *f*.

skating ['skeɪtɪŋ] *n*: **to go ~** ir a patinar.

skeleton ['skelɪtn] *n* esqueleto *m*.

skeptical ['skeptɪkl] *Am* = **sceptical**.

sketch [sketʃ] *n (drawing)* bosquejo *m*; *(humorous)* sketch *m*. ◆ *vt* hacer un bosquejo de.

skewer ['skjʊə^r] *n* brocheta *f*.

ski [skiː] *(pt & pp* **skied,** *cont* **skiing)** *n* esquí *m*. ◆ *vi* esquiar.

ski boots *npl* botas *fpl* de esquí.

skid [skɪd] *n* derrape *m*. ◆ *vi* derrapar.

skier ['skiːə^r] *n* esquiador *m*, -ra *f*.

skiing ['skiːɪŋ] *n* esquí *m*; **to go ~** ir a esquiar; **a ~ holiday** unas vacaciones de esquí.

skilful ['skɪlfʊl] *adj Br* experto(ta).

ski lift *n* telesilla *m*.

skill [skɪl] *n (ability)* habilidad *f*; *(technique)* técnica *f*.

skilled [skɪld] *adj (worker, job)* especializado(da); *(driver, chef)* cualificado(da).

skillful ['skɪlfʊl] *Am* = **skilful**.

skimmed milk ['skɪmd-] *n* leche *f* desnatada *Esp* OR descremada *Amér*.

skin [skɪn] *n* piel *f*; *(on milk)* nata *f*

skin freshener [-ˌfreʃnə'] n tónico m.

skinny ['skɪnɪ] adj flaco(ca).

skip [skɪp] vi (with rope) saltar a la comba Esp Or cuerda; (jump) ir dando brincos. ◆ vt saltarse. ◆ n (container) contenedor m.

ski pants npl pantalones mpl de esquí.

ski pass n forfait m.

ski pole n bastón m para esquiar.

skipping rope ['skɪpɪŋ-] n cuerda f de saltar.

skirt [skɜ:t] n falda f.

ski slope n pista f de esquí.

ski tow n remonte m.

skittles ['skɪtlz] n bolos mpl.

skull [skʌl] n (of living person) cráneo m; (of skeleton) calavera f.

sky [skaɪ] n cielo m.

skylight ['skaɪlaɪt] n tragaluz m.

skyscraper ['skaɪˌskreɪpə'] n rascacielos m inv.

slab [slæb] n (of stone, concrete) losa f.

slack [slæk] adj (rope) flojo(ja); (careless) descuidado(da); (not busy) inactivo(va).

slacks [slæks] npl pantalones mpl (holgados).

slam [slæm] vt cerrar de golpe. ◆ vi cerrarse de golpe.

slander ['slɑ:ndə'] n calumnia f.

slang [slæŋ] n argot m.

slant [slɑ:nt] n (slope) inclinación f. ◆ vi inclinarse.

slap [slæp] n bofetada f, cachetada f Amér. ◆ vt abofetear, cachetear Amér.

slash [slæʃ] vt (cut) cortar; fig (prices) recortar drásticamente. ◆ n (written symbol) barra f (oblicua).

slate [sleɪt] n pizarra f.

slaughter ['slɔ:tə'] vt (kill) matar; fig (defeat) dar una paliza.

slave [sleɪv] n esclavo m, -va f.

sled [sled] = **sledge**.

sledge [sledʒ] n trineo m.

sleep [sli:p] (pt & pp **slept**) n (rest) descanso m; (nap) siesta f. ◆ vi dormir. ◆ vt: the house ~s six la casa tiene seis plazas; did you ~ well? ¿dormiste bien?; I couldn't get to ~ no pude conciliar el sueño; to go to ~ dormirse; to ~ with sb acostarse con alguien.

sleeper ['sli:pə'] n (train) tren m nocturno (con literas); (sleeping car) coche-cama m; Br (on railway track) traviesa f; Br (earring) aro m.

sleeping bag ['sli:pɪŋ-] n saco m de dormir.

sleeping car ['sli:pɪŋ-] n coche-cama m.

sleeping pill ['sli:pɪŋ-] n pastilla f para dormir.

sleepy ['sli:pɪ] adj soñoliento(ta).

sleet [sli:t] n aguanieve f. ◆ v impers: it's ~ing cae aguanieve.

sleeve [sli:v] n (of garment) manga f; (of record) cubierta f.

sleeveless ['sli:vlɪs] adj sin mangas.

slept [slept] pt & pp → **sleep**.

slice [slaɪs] n (of bread) rebanada f; (of meat) tajada f; (of cake, pizza) trozo m; (of lemon, sausage, cucumber) rodaja f; (of cheese, ham) loncha f Esp, rebanada f. ◆ vt cortar.

sliced bread [slaɪst-] n pan m en rebanadas.

slide [slaɪd] (pt & pp **slid** [slɪd]) n (in playground) tobogán m; (of photograph) diapositiva f; Br (hair slide) prendedor m. ◆ vi (slip) resbalar.

sliding door [ˌslaɪdɪŋ-] n puerta f corredera.

slight [slaɪt] adj (minor) leve; the ~est el menor (la menor); not in the ~est en absoluto.

slightly ['slaɪtlɪ] *adv* ligeramente.

slim [slɪm] *adj* delgado(da). ◆ *vi* adelgazar.

slimming ['slɪmɪŋ] *n* adelgazamiento *m*.

sling [slɪŋ] (*pt & pp* **slung**) *n* (*for arm*) cabestrillo *m*. ◆ *vt inf* tirar.

slip [slɪp] *vi* resbalar. ◆ *n* (*mistake*) descuido *m*; (*of paper*) papelito *m*; (*petticoat*) enaguas *fpl*. ❑ **slip up** *vi* (*make a mistake*) cometer un error.

slipper ['slɪpə^r] *n* zapatilla *f*, pantufla *f Amér*.

slippery ['slɪpərɪ] *adj* resbaladizo(za).

slit [slɪt] *n* ranura *f*.

slob [slɒb] *n inf* guarro *m*, -rra *f*.

slogan ['sləʊgən] *n* eslogan *m*.

slope [sləʊp] *n* (*incline*) inclinación *f*; (*hill*) cuesta *f*; (*for skiing*) pista *f*. ◆ *vi* inclinarse.

sloping ['sləʊpɪŋ] *adj* inclinado(da).

slot [slɒt] *n* (*for coin*) ranura *f*; (*groove*) muesca *f*.

slot machine *n* (*vending machine*) máquina *f* automática; (*for gambling*) máquina *f* tragaperras *Esp* OR tragamonedas.

Slovakia [slə'vækɪə] *n* Eslovaquia.

slow [sləʊ] *adj* (*not fast*) lento(ta); (*clock, watch*) atrasado(da); (*business*) flojo(ja); (*in understanding*) corto(ta). ◆ *adv* despacio; **a** ~ **train** ≃ un tren tranvía. ❑ **slow down** *vt sep* reducir la velocidad de. ◆ *vi* (*vehicle*) reducir la velocidad; (*person*) reducir el paso.

slowly ['sləʊlɪ] *adv* (*not fast*) despacio; (*gradually*) poco a poco.

slug [slʌg] *n* babosa *f*.

slum [slʌm] *n* (*building*) cuchitril *m*. ❑ **slums** *npl* (*district*) barrios *mpl* bajos.

slung [slʌŋ] *pt & pp* ▸ **sling**.

slush [slʌʃ] *n* nieve *f* medio derretida.

sly [slaɪ] *adj* (*cunning*) astuto(ta); (*deceitful*) furtivo(va).

smack [smæk] *n* (*slap*) cachete *m Esp*, cachetada *m Amér*. ◆ *vt* dar un cachete *Esp* OR una cachetada *Amér*.

small [smɔːl] *adj* pequeño(ña).

small change *n* cambio *m*.

smallpox ['smɔːlpɒks] *n* viruela *f*.

smart [smɑːt] *adj* (*elegant, posh*) elegante; (*clever*) inteligente.

smart card *n* tarjeta *f* con banda magnética.

smash [smæʃ] *n* SPORT mate *m*; *inf* (*car crash*) choque *m*. ◆ *vt* (*plate, window*) romper. ◆ *vi* (*plate, vase etc*) romperse.

smashing ['smæʃɪŋ] *adj Br inf* fenomenal.

smear test ['smɪə-] *n* citología *f*.

smell [smel] (*pt & pp* -**ed** OR **smelt**) *n* olor *m*. ◆ *vt & vi* oler; to ~ **of** sthg oler a algo.

smelly ['smelɪ] *adj* maloliente.

smelt [smelt] *pt & pp* ▸ **smell**.

smile [smaɪl] *n* sonrisa *f*. ◆ *vi* sonreír.

smoke [sməʊk] *n* humo *m*. ◆ *vt & vi* fumar; **to have a** ~ echarse un cigarro.

smoked [sməʊkt] *adj* ahumado(da).

smoked salmon *n* salmón *m* ahumado.

smoker ['sməʊkə^r] *n* fumador *m*, -ra *f*.

smoking ['sməʊkɪŋ] *n* el fumar; 'no ~' 'prohibido fumar'.

smoking area *n* área *f* de fumadores.

smoking compartment *n*

compartimento *m* de fumadores.

smoky ['sməʊkɪ] *adj* (*room*) lleno(na) de humo.

smooth [smu:ð] *adj* (*surface, road*) liso(sa); (*skin*) terso(sa); (*flight, journey*) tranquilo(la); (*mixture, liquid*) sin grumos; (*wine, beer*) suave; *pej* (*suave*) meloso(sa). ❏ **smooth down** *vt sep* alisar.

smother ['smʌðə'] *vt* (*cover*) cubrir.

smudge [smʌdʒ] *n* mancha *f*.

smuggle ['smʌgl] *vt* pasar de contrabando.

snack [snæk] *n* piscolabis *m inv Esp*, tentempie *m*.

snack bar *n* cafetería *f*.

snail [sneɪl] *n* caracol *m*.

snake [sneɪk] *n* (*smaller*) culebra *f*; (*larger*) serpiente *f*.

snap [snæp] *vt* (*break*) partir (en dos). ◆ *vi* (*break*) partirse (en dos). ◆ *n inf* (*photo*) foto *f*; *Br* (*card game*) guerrilla *f*.

snatch [snætʃ] *vt* (*grab*) arrebatar; (*steal*) dar el tirón.

sneakers ['sni:kəz] *npl Am* zapatos *mpl* de lona.

sneeze [sni:z] *n* estornudo *m*. ◆ *vi* estornudar.

sniff [snɪf] *vi* (*from cold, crying*) sorber. ◆ *vt* oler.

snip [snɪp] *vt* cortar con tijeras.

snob [snɒb] *n* esnob *mf*.

snog [snɒg] *vi Br inf* morrearse *Esp*, besuquearse.

snooker ['snu:kə'] *n* snooker *m*, juego parecido al billar.

snooze [snu:z] *n* cabezada *f*.

snore [snɔ:'] *vi* roncar.

snorkel ['snɔ:kl] *n* tubo *m* respiratorio.

snout [snaʊt] *n* hocico *m*.

snow [snəʊ] *n* nieve *f*. ◆ *v impers*: **it's** ~**ing** está nevando.

snowball ['snəʊbɔ:l] *n* bola *f* de nieve.

snowdrift ['snəʊdrɪft] *n* montón *m* de nieve.

snowflake ['snəʊfleɪk] *n* copo *m* de nieve.

snowman ['snəʊmæn] (*pl* **-men** [-men]) *n* muñeco *m* de nieve.

snowplough ['snəʊplaʊ] *n* quitanieves *m inv*.

snowstorm ['snəʊstɔ:m] *n* tormenta *f* de nieve.

snug [snʌg] *adj* (*person*) cómodo y calentito (cómoda y calentita); (*place*) acogedor(ra).

so [səʊ] *adv* **- 1.** (*emphasizing degree*) tan; **it's** ~ **difficult** (**that** ...) es tan difícil (que ...); ~ **many** tantos; ~ **much** tanto. **- 2.** (*referring back*): ~ **you knew already** así que ya lo sabías; **I don't think** ~ no creo; **I'm afraid** ~ me temo que sí; **if** ~ en ese caso. **- 3.** (*also*) también; ~ **do I** yo también. **- 4.** (*in this way*) así. **- 5.** (*expressing agreement*): ~ **I see** ya lo veo. **- 6.** (*in phrases*): **or** ~ más o menos; ~ **as to do sthg** para hacer algo; **come here** ~ **that I can see you** ven acá para que te vea. ◆ *conj* **- 1.** (*therefore*) así que. **- 2.** (*summarizing*) entonces; ~ **what have you been up to?** entonces ¿qué has estado haciendo?. **- 3.** (*in phrases*): ~ **what?** *inf* ¿y qué?; ~ **there!** *inf* ¡y si no te gusta aguantas!

soak [səʊk] *vt* (*leave in water*) poner en remojo; (*make very wet*) empapar.

some

◆ *vi:* to ~ **through** sthg calar algo.

❑ **soak up** *vt sep* absorber.

soaked [səʊkt] *adj* empapado(da).

soaking ['səʊkɪŋ] *adj* empapado(da).

soap [səʊp] *n* jabón *m*.

soap opera *n* telenovela *f*.

soap powder *n* detergente *m* en polvo.

sob [sɒb] *n* sollozo *m*. ◆ *vi* sollozar.

sober ['səʊbə^r] *adj (not drunk)* sobrio(bria).

soccer ['sɒkə^r] *n* fútbol *m*.

sociable ['səʊʃəbl] *adj* sociable.

social ['səʊʃl] *adj* social.

social club *n* club *m* social.

socialist ['səʊʃəlɪst] *adj* socialista. ◆ *n* socialista *mf*.

social life *n* vida *f* social.

social security *n* seguridad *f* social.

social worker *n* asistente *m*, -ta *f* social.

society [sə'saɪətɪ] *n* sociedad *f*.

sociology [ˌsəʊsɪ'ɒlədʒɪ] *n* sociología *f*.

sock [sɒk] *n* calcetín *m*.

socket ['sɒkɪt] *n (for plug, light bulb)* enchufe *m*.

sod [sɒd] *n Br vulg* cabrón *m*, -ona *f*.

soda ['səʊdə] *n (soda water)* soda *f*; *Am (fizzy drink)* gaseosa *f*.

soda water *n* soda *f*.

sofa ['səʊfə] *n* sofá *m*.

sofa bed *n* sofá-cama *f*.

soft [sɒft] *adj (not firm, stiff)* blando(da); *(not rough, loud)* suave; *(not forceful)* ligero(ra).

soft cheese *n* queso *m* blando.

soft drink *n* refresco *m*.

software ['sɒftweə^r] *n* software *m*.

soil [sɔɪl] *n* tierra *f*.

solarium [sə'leərɪəm] *n* solario *m*.

solar panel ['səʊlə-] *n* panel *m* solar.

sold [səʊld] *pt & pp* → **sell**.

soldier ['səʊldʒə^r] *n* soldado *m*.

sold out *adj* agotado(da).

sole [səʊl] *adj (only)* único(ca); *(exclusive)* exclusivo(va). ◆ *n (of shoe)* suela *f*; *(of foot)* planta *f*; *(fish: pl inv)* lenguado *m*.

solemn ['sɒləm] *adj* solemne.

solicitor [sə'lɪsɪtə^r] *n Br* abogado que actúa en los tribunales de primera instancia y prepara casos para los tribunales superiores.

solid ['sɒlɪd] *adj* sólido(da); *(table, gold, oak)* macizo(za).

solo ['səʊləʊ] *(pl -s) n* solo *m*.

soluble ['sɒljʊbl] *adj* soluble.

solution [sə'luːʃn] *n* solución *f*.

solve [sɒlv] *vt* resolver.

☞

some [sʌm] *adj* - **1.** *(certain amount of):* would you like ~ **coffee?** ¿quieres café?; **can I have** ~ **cheese?** ¿me das un poco de queso?; ~ **money** algo de dinero.

- **2.** *(certain number of)* unos (unas); ~ **sweets** unos caramelos; **have** ~ **grapes** coge uvas; ~ **people** alguna gente.

- **3.** *(large amount of)* bastante; **I had** ~ **difficulty getting here** me resultó bastante difícil llegar aquí.

- **4.** *(large number of)* bastante; **I've known him for** ~ **years** hace bastantes años que lo conozco.

- **5.** *(not all)* algunos(nas); ~ **jobs are better paid than others** algunos trabajos están mejor pagados que otros.

- **6.** *(in imprecise statements)* un (una); ~ **man phoned** llamó un hombre.

◆ *pron* - **1.** *(certain amount)* un poco

somebody

can I have ~? ¿puedo coger un poco?
- **2.** *(certain number)* algunos *mpl*, -nas *fpl*; **can I have ~?** ¿puedo coger algunos?; ~ **(of them)** left early algunos (de ellos) se fueron pronto.
♦ **adv** aproximadamente; **there were ~ 7,000 people there** había unas 7.000 personas allí.

somebody ['sʌmbədɪ] = **someone**.

somehow ['sʌmhaʊ] *adv (some way or other)* de alguna manera, *(for some reason)* por alguna razón.

someone ['sʌmwʌn] *pron* alguien.

someplace ['sʌmpleɪs] *Am* = **somewhere**.

somersault ['sʌməsɔːlt] *n* salto *m* mortal.

something ['sʌmθɪŋ] *pron* algo; **it's really ~** es algo impresionante; **or ~** *info* algo así; **~ like** algo así como.

sometime ['sʌmtaɪm] *adv* en algún momento.

sometimes ['sʌmtaɪmz] *adv* a veces.

somewhere ['sʌmweə] *adv (in or to unspecified place)* en/a alguna parte; *(approximately)* aproximadamente.

son [sʌn] *n* hijo *m*.

song [sɒŋ] *n* canción *f*.

son-in-law *n* yerno *m*.

soon [suːn] *adv* pronto; **how ~ can you do it?** ¿para cuándo estará listo?; **as ~ as** tan pronto como; **as ~ as possible** cuanto antes; **~ after** poco después; **~er or later** tarde o temprano.

soot [sʊt] *n* hollín *m*.

soothe [suːð] *vt (pain, sunburn)* aliviar; *(person, anger, nerves)* calmar.

sophisticated [sə'fɪstɪkeɪtɪd] *adj* sofisticado(da).

sorbet ['sɔːbeɪ] *n* sorbete *m*.

sore [sɔː] *adj (painful)* dolorido (da), *Am inf (angry)* enfadado(da).
♦ *n* úlcera *f*; **to have a ~ throat** tener dolor de garganta.

sorry ['sɒrɪ] *adj*: **I'm ~!** ¡lo siento!; **I'm ~ I'm late** siento llegar tarde; **I'm ~ you failed** lamento que hayas suspendido; ~? *(pardon?)* ¿perdón?; **to feel ~ for sb** sentir lástima por alguien; **to be ~ about sthg** sentir algo.

sort [sɔːt] *n* tipo *m*, clase *f.* ♦ *vt* clasificar; ~ **of** más o menos; ¿it's of difficult es algo difícil. ❑ **sort out** *vt sep (classify)* clasificar; *(resolve)* resolver.

so-so *adj & adv* inf así así.

soufflé ['suːfleɪ] *n* suflé *m*.

sought [sɔːt] *pt & pp* → **seek**.

soul [səʊl] *n (spirit)* alma *f*; *(soul music)* música *f* soul.

sound [saʊnd] *n* sonido *m*; *(individual noise)* ruido *m.* ♦ *vt (horn, bell)* hacer sonar. ♦ *vi (make a noise)* sonar; *(seem to be)* parecer. ♦ *adj (health, person)* bueno(na); *(heart)* sano(na); *(building, structure)* sólido(da); **to ~ like** *(make a noise like)* sonar como; *(seem to be)* sonar.

soundproof ['saʊndpruːf] *adj* insonorizado(da).

soup [suːp] *n* sopa *f*.

soup spoon *n* cuchara *f* sopera.

sour ['saʊə] *adj (taste)* ácido(da); *(milk)* agrio (agria); **to go ~** agriarse.

source [sɔːs] *n (supply, origin)* fuente *f*; *(cause)* origen *m*; *(of river)* nacimiento *m*.

sour cream *n* nata *f Esp* OR crema *f Amér* agria.

south [saʊθ] *n* sur *m.* ♦ *adv* al sur; **in**

the ~ of England en el sur de Inglaterra.

South America n Sudamérica.

southbound ['sauθbaund] adj con rumbo al sur.

southeast [sauθ'iːst] n sudeste m.

southern ['sʌðn] adj del sur.

South Pole n Polo m Sur.

southwards ['sauθwədz] adv hacia el sur.

southwest [sauθ'west] n suroeste m.

souvenir [ˌsuːvə'nɪər] n recuerdo m.

sow[1] [sau] (pp **sown** [saun]) vt sembrar.

sow[2] [sau] n (pig) cerda f.

soya ['sɔɪə] n soja f Esp, soya f Amér.

soya bean n semilla f de soja Esp OR soya f Amér.

soy sauce [ˌsɔɪ-] n salsa f de soja Esp OR soya f Amér.

spa [spɑː] n balneario m.

space [speɪs] n espacio m. ◆ vt espaciar.

spaceship ['speɪsʃɪp] n nave f espacial.

space shuttle n transbordador m espacial.

spacious ['speɪʃəs] adj espacioso(sa).

spade [speɪd] n (tool) pala f. □ **spades** npl (in cards) picas fpl.

spaghetti [spə'getɪ] n espaguetis mpl.

Spain [speɪn] n España.

span [spæn] pt → **spin**. ◆ n (length) duración f; (of time) periodo m.

Spaniard ['spænjəd] n español m, -la f.

spaniel ['spænjəl] n perro m de aguas.

Spanish ['spænɪʃ] adj español(la).

◆ n (language) español m.

spank [spæŋk] vt zurrar.

spanner ['spænər] n llave f (de tuercas).

spare [speər] adj (kept in reserve) de sobra; (not in use) libre. ◆ n (spare part) recambio m. ◆ vt: I can't ~ the time no tengo tiempo; with ten minutes to ~ con diez minutos de sobra.

spare part n pieza f de recambio.

spare ribs npl costillas fpl (sueltas).

spare room n habitación f de invitados.

spare time n tiempo m libre.

spark [spɑːk] n chispa f.

sparkling ['spɑːklɪŋ] adj (drink) con gas.

sparkling wine n vino m espumoso.

sparrow ['spærəu] n gorrión m.

spat [spæt] pt & pp Br → **spit**.

speak [spiːk] (pt **spoke**, pp **spoken**) vt (language) hablar; (say) decir. ◆ vi (language): **who's** ~**ing?** (on phone) ¿quién es?; **can I** ~ **to Sarah?** - ~**ing!** ¿puedo hablar con Sara? - ¡soy yo!; **to** ~ **to sb about sthg** hablar con alguien sobre algo. □ **speak up** vi (more loudly) hablar más alto.

speaker ['spiːkər] n (at conference) conferenciante mf; (loudspeaker, of stereo) altavoz m; **a Spanish** ~ un hispanohablante.

spear [spɪər] n lanza f.

special ['speʃl] adj (not ordinary) especial; (particular) particular. ◆ n (dish) plato m del día; **today's** ~ 'plato del día'.

special delivery n Br ≃ correo m urgente.

special effects npl efectos mpl

especiales.

specialist ['speʃəlɪst] n (doctor) especialista mf.

speciality [ˌspeʃɪ'ælətɪ] n especialidad f.

specialize ['speʃəlaɪz] vi: to ~ (in) especializarse (en).

specially ['speʃəlɪ] adv especialmente; (particularly) particularmente.

special offer n oferta f especial.

special school n Br escuela f especial.

specialty ['speʃltɪ] Am = **speciality**.

species ['spiː∫iːz] (pl inv) n especie f.

specific [spə'sɪfɪk] adj específico(ca).

specifications [ˌspesɪfɪ'keɪʃnz] npl (of machine, building etc) datos mpl técnicos.

specimen ['spesɪmən] n MED espécimen m; (example) muestra f.

specs [speks] npl inf gafas fpl.

spectacle ['spektəkl] n espectáculo m.

spectacles ['spektəklz] npl gafas fpl.

spectacular [spek'tækjʊləʳ] adj espectacular.

spectator [spek'teɪtəʳ] n espectador m, -ra f.

sped [sped] pt & pp → **speed**.

speech [spiːtʃ] n (ability to speak) habla f; (manner of speaking) manera f de hablar; (talk) discurso m.

speech impediment [-ɪm-ˌpedɪmənt] n impedimento m al hablar.

speed [spiːd] (pt & pp -ed OR **sped**) n velocidad f. ◆ vi (move quickly) moverse de prisa; (drive too fast) conducir con exceso de velocidad. □ **speed up** vi acelerarse.

speedboat ['spiːdbəʊt] n lancha f motora.

speed bump n banda f (sonora), guardia m tumbado Esp, lomo m de burro RP.

speeding ['spiːdɪŋ] n exceso m de velocidad.

speed limit n límite m de velocidad.

speedometer [spɪ'dɒmɪtəʳ] n velocímetro m.

spell [spel] (Br pt & pp -ed OR spelt, Am pt & pp -ed) vt (word, name) deletrear; (subj: letters) significar. ◆ n (time spent) temporada f; (of weather) racha f; (magic) hechizo m.

spell-check vt (text, file, document) corregir la ortografía de.

spell-checker [-tʃekəʳ] n corrector m de ortografía.

spelling ['spelɪŋ] n ortografía f.

spelt [spelt] pt & pp Br → **spell**.

spend [spend] (pt & pp spent [spent]) vt (money) gastar; (time) pasar.

sphere [sfɪəʳ] n esfera f.

spice [spaɪs] n especia f. ◆ vt condimentar.

spicy ['spaɪsɪ] adj picante.

spider ['spaɪdəʳ] n araña f.

spider's web n telaraña f.

spike [spaɪk] n (metal) clavo m.

spill [spɪl] (Br pt & pp -ed OR spilt [spɪlt], Am pt & pp -ed) vt derramar. ◆ vi derramarse.

spin [spɪn] (pt span OR spun, pp spun) vt (wheel, coin, chair) hacer girar; (washing) centrifugar. ◆ n (on ball) efecto m; to go for a ~ inf ir a dar una vuelta.

spinach ['spɪnɪdʒ] n espinacas fpl.

spine [spaɪn] n (of back) espina f dorsal; (of book) lomo m.

spinster ['spɪnstə'] n soltera f.

spiral ['spaɪərəl] n espiral f.

spiral staircase n escalera f de caracol.

spire ['spaɪə'] n aguja f.

spirit ['spɪrɪt] n (soul) espíritu m; (energy) vigor m; (courage) valor m; (mood) humor m. ❏ **spirits** npl Br (alcohol) licores mpl.

spit [spɪt] (Br pt & pp **spat**, Am pt & pp **spit**) vi escupir. ◆ n (saliva) saliva f; (for cooking) asador m. ◆ v impers: **it's spitting** está chispeando.

spite [spaɪt] ◆ **in spite of** prep a pesar de.

spiteful ['spaɪtfʊl] adj rencoroso(sa).

splash [splæʃ] n (sound) chapoteo m. ◆ vt salpicar.

splendid ['splendɪd] adj (beautiful) magnífico(ca); (very good) espléndido(da).

splint [splɪnt] n tablilla f.

splinter ['splɪntə'] n astilla f.

split [splɪt] (pt & pp **split**) n (tear) rasgón m; (crack) grieta f; (in skirt) abertura f. ◆ vt (wood, stone) agrietar; (tear) rasgar; (bill, profits, work) dividir. ◆ vi (wood, stone) agrietarse; (tear) rasgarse. ❏ **split up** vi (group, couple) separarse.

spoil [spɔɪl] (pt & pp **-ed** OR **spoilt** [spɔɪlt]) vt (ruin) estropear; (child) mimar.

spoke [spəʊk] pt → **speak**. ◆ n radio m.

spoken ['spəʊkn] pp → **speak**.

spokesman ['spəʊksmən] (pl **-men** [-mən]) n portavoz m.

spokeswoman ['spəʊks,wʊmən] (pl **-women** [-,wɪmɪn]) n portavoz f.

sponge [spʌndʒ] n (for cleaning, washing) esponja f.

sponge bag n Br neceser m.

sponge cake n bizcocho m.

sponsor ['spɒnsə'] n (of event, TV programme) patrocinador m, -ra f.

sponsored walk [,spɒnsəd-] n marcha f benéfica.

spontaneous [spɒn'teɪnjəs] adj espontáneo(nea).

spoon [spuːn] n cuchara f.

spoonful ['spuːnfʊl] n cucharada f.

sport [spɔːt] n deporte m.

sports car [spɔːts-] n coche m deportivo.

sports centre [spɔːts-] n centro m deportivo.

sports jacket [spɔːts-] n chaqueta f de esport.

sportsman ['spɔːtsmən] (pl **-men** [-mən]) n deportista m.

sports shop [spɔːts-] n tienda f de deporte.

sportswoman ['spɔːts,wʊmən] (pl **-women** [-,wɪmɪn]) n deportista f.

spot [spɒt] n (of paint, rain) gota f; (on clothes) lunar m; (on skin) grano m; (place) lugar m. ◆ vt notar; **on the** ~ (at once) en el acto; (at the scene) en el lugar.

spotless ['spɒtlɪs] adj inmaculado(da).

spotlight ['spɒtlaɪt] n foco m.

spotty ['spɒtɪ] adj (skin, person, face) lleno(na) de granos.

spouse [spaʊs] n fml esposo m, -sa f.

spout [spaʊt] n pitorro m Esp, pico m.

sprain [spreɪn] vt torcerse.

sprang [spræŋ] pt → **spring**.

spray [spreɪ] n (of aerosol, perfume) espray m; (droplets) rociada f; (of sea) espuma f. ◆ vt rociar.

spread [spred] (*pt* & *pp* **spread**) *vt* (*butter, jam, glue*) untar; (*map, tablecloth, blanket*) extender; (*legs, fingers, arms*) estirar; (*disease*) propagar; (*news, rumour*) difundir. ◆ *vi* (*disease, fire, stain*) propagarse; (*news, rumour*) difundirse. ◆ *n* (*food*) pasta *f* para untar. ❏ **spread out** *vi* (*disperse*) dispersarse.

spring [sprɪŋ] (*pt* **sprang**, *pp* **sprung**) *n* (*season*) primavera *f*; (*coil*) muelle *m*; (*of water*) manantial *m*. ◆ *vi* (*leap*) saltar; **in (the)** ~ en (la) primavera.

springboard ['sprɪŋbɔːd] *n* trampolín *m*.

spring-cleaning [-'kliːnɪŋ] *n* limpieza *f* general.

spring onion *n* cebolleta *f*.

spring roll *n* rollito *m* de primavera.

sprinkle ['sprɪŋkl] *vt* rociar.

sprinkler ['sprɪŋklə'] *n* aspersor *m*.

sprint [sprɪnt] *n* (*race*) esprint *m*. ◆ *vi* (*run fast*) correr a toda velocidad.

sprout [spraut] *n* (*vegetable*) col *f* de Bruselas.

spruce [spruːs] *n* picea *f*.

sprung [sprʌŋ] *pp* → **spring**. ◆ *adj* (*mattress*) de muelles.

spud [spʌd] *n inf* patata *f*.

spun [spʌn] *pt* & *pp* → **spin**.

spur [spɜː'] *n* (*for horse rider*) espuela *f*; **on the ~ of the moment** sin pensarlo dos veces.

spurt [spɜːt] *vi* salir a chorros.

spy [spaɪ] *n* espía *mf*.

squalor ['skwɒlə'] *n* miseria *f*.

square [skweə'] *adj* (*in shape*) cuadrado(da). ◆ *n* (*in shape*) cuadrado *m*; (*in town*) plaza *f*; (*of chocolate*) onza *f*; (*on chessboard*) casilla *f*; **it's 2 metres ~** tiene 2 metros cuadrados; **we're**

(all) ~ **now** quedamos en paz.

squash [skwɒʃ] *n* (*game*) squash *m*; *Br* (*drink*) refresco *m*; *Am* (*vegetable*) calabaza *f*. ◆ *vt* aplastar.

squat [skwɒt] *adj* achaparrado(da). ◆ *vi* (*crouch*) agacharse.

squeak [skwiːk] *vi* chirriar.

squeeze [skwiːz] *vt* (*orange*) exprimir; (*hand*) apretar; (*tube*) estrujar. ❏ **squeeze in** *vi* meterse.

squid [skwɪd] *n* (*food*) calamares *mpl*.

squint [skwɪnt] *n* estrabismo *m*. ◆ *vi* bizquear.

squirrel [*Br* 'skwɪrəl, *Am* 'skwɜːrəl] *n* ardilla *f*.

squirt [skwɜːt] *vi* salir a chorro.

St (*abbr of Street*) c; (*abbr of Saint*) Sto., Sta.

stab [stæb] *vt* (*with knife*) apuñalar.

stable ['steɪbl] *adj* (*unchanging*) estable; (*firmly fixed*) fijo(ja). ◆ *n* cuadra *f*.

stack [stæk] *n* (*pile*) pila *f*; **~s** *of inf* (*lots*) montones de.

stadium ['steɪdjəm] *n* estadio *m*.

staff [stɑːf] *n* (*workers*) empleados *mpl*.

stage [steɪdʒ] *n* (*phase*) etapa *f*; (*in theatre*) escenario *m*.

stagger ['stægə'] *vt* (*arrange in stages*) escalonar. ◆ *vi* tambalearse.

stagnant ['stægnənt] *adj* estancado(da).

stain [steɪn] *n* mancha *f*. ◆ *vt* manchar.

stained glass window [,steɪnd-] *n* vidriera *f*.

stainless steel [,steɪnlɪs-] *n* acero *m* inoxidable.

staircase ['steəkeɪs] *n* escalera *f*.

stairs [steəz] *npl* escaleras *fpl*.

stairwell ['steəwel] *n* hueco *m* de

la escalera.

stake [steɪk] *n (share)* participación *f; (in gambling)* apuesta *f; (post)* estaca *f;* at ~ en juego.

stale [steɪl] *adj (food)* pasado(da); *(bread)* duro(ra).

stalk [stɔːk] *n (of flower, plant)* tallo *m; (of fruit, leaf)* pecíolo *m.*

stall [stɔːl] *n (in market, at exhibition)* puesto *m.* ◆ *vi (car, plane, engine)* calarse *Esp,* pararse. ❑ **stalls** *npl Br (in theatre)* platea *f.*

stamina [ˈstæmɪnə] *n* resistencia *f.*

stammer [ˈstæməʳ] *vi* tartamudear.

stamp [stæmp] *n* sello *m.* ◆ *vt (passport, document)* sellar. ◆ *vi:* **to ~ on sthg** pisar algo; **to ~ one's foot** patear.

stamp-collecting [-kəˌlektɪŋ] *n* filatelia *f.*

stamp machine *n* máquina *f* expendedora de sellos *Esp* OR estampillas *Amér.*

stand [stænd] *(pt & pp* **stood)** *vi (be on feet)* estar de pie; *(be situated)* estar (situado); *(get to one's feet)* ponerse de pie. ◆ *vt (place)* colocar; *(bear, withstand)* soportar. ◆ *n (stall)* puesto *m; (for coats)* perchero *m; (for umbrellas)* paragüero *m; (for bike, motorbike)* patín *m* de apoyo; *(at sports stadium)* tribuna *f;* **to be ~ing** estar de pie; **to ~ sb a drink** invitar a alguien a beber algo. ❑ **stand back** *vi* echarse para atrás. ❑ **stand for** *vt fus (mean)* significar; *(tolerate)* tolerar. ❑ **stand in** *vi:* **to ~ in for sb** sustituir a alguien. ❑ **stand out** *vi (be conspicuous)* destacar; *(be superior)* sobresalir. ❑ **stand up** *vi (be on feet)* estar de pie; *(get to one's feet)* levantarse. ◆ *vt sep inf (boyfriend, girlfriend etc)* dejar plantado. ❑ **stand up for** *vt fus* salir en defen-sa de.

standard [ˈstændəd] *adj (normal)* normal. ◆ *n (level)* nivel *m; (point of comparison)* criterio *m;* **up to ~** al nivel requerido. ❑ **standards** *npl (principles)* valores *mpl* morales.

standard-class *adj Br* de segunda clase.

standby [ˈstændbaɪ] *adj* sin reserva.

stank [stæŋk] *pt* → **stink.**

staple [ˈsteɪpl] *n (for paper)* grapa *f.*

stapler [ˈsteɪpləʳ] *n* grapadora *f.*

star [stɑːʳ] *n* estrella *f.* ◆ *vt (subj: film, play etc)* estar protagonizado por. ❑ **stars** *npl (horoscope)* horóscopo *m.*

starch [stɑːtʃ] *n (for clothes)* almidón *m; (in food)* fécula *f.*

stare [steəʳ] *vi* mirar fijamente; **to ~ at** mirar fijamente.

starfish [ˈstɑːfɪʃ] *(pl inv) n* estrella *f* de mar.

starling [ˈstɑːlɪŋ] *n* estornino *m.*

Stars and Stripes *n:* **the ~** la bandera de las barras y estrellas.

ⓘ STARS AND STRIPES

Este es uno de los muchos nombres que recibe la bandera estadounidense, también conocida como "Old Glory", "Star-Spangled Banner" o "Stars and Bars". Las 50 estrellas representan los 50 estados de hoy día; las 13 barras rojas y blancas, los 13 estados fundadores de la Unión. Los estadounidenses están muy orgullosos de su bandera y muchos particulares la hacen ondear delante de su casa.

start [stɑːt] *n (beginning)* principio

m; *(starting place)* salida *f.* ◆ *vt (begin)* empezar; *(car, engine)* arrancar; *(business, club)* montar. ◆ *vi (begin)* empezar; *(car, engine)* arrancar; *(car, journey)* salir; **at the ~ of the year** a principios del año; **prices ~ at** OR **from £5** precios desde cinco libras; **to ~ doing sthg** OR **to do sthg** empezar a hacer algo; **to ~ with** *(in the first place)* para empezar; *(when ordering meal)* de primero. ❑ **start out** *vi (on journey)* salir; *(be originally)* empezar. ❑ **start up** *vt sep (car, engine)* arrancar; *(business, shop)* montar.

starter [ˈstɑːtəʳ] *n Br (of meal)* primer plato *m; (of car)* motor *m* de arranque; **for ~s** *(in meal)* de primero.

starter motor *n* motor *m* de arranque.

starting point [ˈstɑːtɪŋ-] *n* punto *m* de partida.

startle [ˈstɑːtl] *vt* asustar.

starvation [stɑːˈveɪʃn] *n* hambre *f.*

starve [stɑːv] *vi (have no food)* pasar hambre; **I'm starving!** ¡me muero de hambre!

state [steɪt] *n* estado *m.* ◆ *vt (declare)* declarar; *(specify)* indicar; **the State** el Estado; **the States** los Estados Unidos.

statement [ˈsteɪtmənt] *n (declaration)* declaración *f; (from bank)* extracto *m.*

state school *n* ≃ instituto *m.*

statesman [ˈsteɪtsmən] *(pl* -men [-mən]*) n* estadista *m.*

static [ˈstætɪk] *n* interferencias *fpl.*

station [ˈsteɪʃn] *n* estación *f; (on radio)* emisora *f.*

stationary [ˈsteɪʃnərɪ] *adj* inmóvil.

stationer's [ˈsteɪʃnəz] *n (shop)* papelería *f.*

stationery [ˈsteɪʃnərɪ] *n* objetos *mpl* de escritorio.

station wagon *n Am* furgoneta *f* familiar, camioneta *f Amér.*

statistics [stəˈtɪstɪks] *npl* datos *mpl.*

statue [ˈstætʃuː] *n* estatua *f.*

Statue of Liberty *n:* **the ~** la Estatua de la Libertad.

La Estatua de la Libertad es una gigantesca estatua que representa a una mujer con una antorcha en la mano. Se alza sobre una pequeña isla situada ("Liberty Island") a la entrada del puerto de Nueva York y puede ser visitada por el público. La estatua es un obsequio que hizo Francia a Estados Unidos en 1884, como expresión de la gran amistad existente entre las dos naciones.

status [ˈsteɪtəs] *n (legal position)* estado *m; (social position)* condición *f; (prestige)* prestigio *m.*

stay [steɪ] *n* estancia *f.* ◆ *vi (remain)* quedarse; *(as guest)* alojarse; *Scot (reside)* vivir; **to ~ the night** pasar la noche. ❑ **stay away** *vi (not attend)* no asistir; *(not go near)* no acercarse. ❑ **stay in** *vi* quedarse en casa. ❑ **stay out** *vi (from home)* quedarse fuera. ❑ **stay up** *vi* quedarse levantado.

STD code *n (abbr of subscriber trunk dialling)* prefijo para llamadas interurbanas.

steady [ˈstedɪ] *adj (not shaking, firm)* firme; *(gradual)* gradual; *(stable)* constante; *(job)* estable. ◆ *vt (stop from shaking)* mantener firme.

steak [steɪk] n (type of meat) bistec m; (piece of meat, fish) filete m.

steak and kidney pie n empanada de bistec y riñones.

steakhouse ['steɪkhaʊs, pl -haʊzɪz] n parrilla f (restaurante).

steal [stiːl] (pt **stole**, pp **stolen**) vt robar; **to ~ sthg from sb** robar algo a alguien.

steam [stiːm] n vapor m. ◆ vt (food) cocer al vapor.

steam engine n máquina f de vapor.

steam iron n plancha f de vapor.

steel [stiːl] n acero m. ◆ adj de acero.

steep [stiːp] adj (hill, path) empinado(da); (increase, drop) considerable.

steeple ['stiːpl] n torre f coronada con una aguja.

steer ['stɪə'] vt (car, boat, plane) conducir, dirigir.

steering ['stɪərɪŋ] n dirección f.

steering wheel n volante m.

stem [stem] n (of plant) tallo m; (of glass) pie m.

step [step] n paso m; (stair, rung) peldaño m; (measure) medida f. ◆ vi: **to ~ on sthg** pisar algo; **'mind the ~'** 'cuidado con el escalón'. ❏ **steps** npl (stairs) escaleras fpl. ❏ **step aside** vi (move aside) apartarse. ❏ **step back** vi (move back) echarse atrás.

step aerobics n step m.

stepbrother ['step,brʌðə'] n hermanastro m.

stepdaughter ['step,dɔːtə'] n hijastra f.

stepfather ['step,fɑːðə'] n padrastro m.

stepladder ['step,lædə'] n escalera f de tijera.

stepmother ['step,mʌðə'] n madrastra f.

stepsister ['step,sɪstə'] n hermanastra f.

stepson ['stepsʌn] n hijastro m.

stereo ['steriəʊ] (pl **-s**) adj estéreo (inv). ◆ n (hi-fi) equipo m estereofónico; (stereo sound) estéreo m.

sterile ['steraɪl] adj (germ-free) esterilizado(da).

sterilize ['sterəlaɪz] vt esterilizar.

sterling ['stɜːlɪŋ] adj (pound) esterlina. ◆ n la libra esterlina.

sterling silver n plata f de ley.

stern [stɜːn] adj severo(ra). ◆ n popa f.

stew [stjuː] n estofado m.

steward ['stjʊəd] n (on plane) auxiliar m de vuelo, sobrecargo m; (on ship) camarero m; (at public event) ayudante mf de organización.

stewardess ['stjʊədɪs] n auxiliar f de vuelo, sobrecargo m.

stewed [stjuːd] adj (fruit) en compota.

stick [stɪk] (pt & pp **stuck**) n (of wood, for sport) palo m; (thin piece) barra f; (walking stick) bastón m. ◆ vt (glue) pegar; (push, insert) meter; inf (put) poner. ◆ vi (become attached) pegarse; (jam) atrancarse. ❏ **stick to** vt fus (decision) atenerse a; (principles) ser fiel a; (promise) cumplir con. ❏ **stick up** vt sep (poster, notice) pegar. ◆ vi salir. ❏ **stick up for** vt fus defender.

sticker ['stɪkə'] n pegatina f.

stick shift n Am (car) coche m con palanca de cambios.

sticky ['stɪkɪ] adj (substance, hands, sweets) pegajoso(sa); (label, tape) adhesivo(va); (weather) húmedo(da).

stiff [stɪf] adj (firm) rígido(da); (back, neck) agarrotado(da); (door, latch, mechanism) atascado(da). ◆ adv: **to be bored ~** inf estar muerto de aburrimiento; **to feel ~** tener agujetas.

stiletto heels [stɪ'letəʊ-] *npl (shoes)* tacones *mpl* de aguja.

still [stɪl] *adv* todavía; *(despite that)* sin embargo; *(even)* aún. ◆ *adj (motionless)* inmóvil; *(quiet, calm)* tranquilo(la); *(not fizzy)* sin gas; **we've ~ got ten minutes** aún nos quedan diez minutos; **~ more** aún más; **to stand ~** estarse quieto.

stimulate ['stɪmjʊleɪt] *vt (encourage)* estimular; *(make enthusiastic)* excitar.

sting [stɪŋ] *(pt & pp* **stung)** *vt* picar. ◆ *vi*: **my eyes are ~ing** me pican los ojos.

stingy ['stɪndʒɪ] *adj* infroñoso(sa).

stink [stɪŋk] *(pt* **stank** OR **stunk**, *pp* **stunk)** *vi (smell bad)* apestar.

stipulate ['stɪpjʊleɪt] *vt* estipular.

stir [stɜː'] *vt (move around, mix)* remover.

stir-fry *n* plato que se fríe en aceite muy caliente removiendo constantemente.

stirrup ['stɪrəp] *n* estribo *m*.

stitch [stɪtʃ] *n (in sewing, knitting)* punto *m*; **to have a ~** *(cramp)* sentir pinchazos. ❑ **stitches** *npl (for wound)* puntos *mpl*.

stock [stɒk] *n (of shop, business)* existencias *fpl; (supply)* reserva *f;* FIN capital *m; (in cooking)* caldo *m.* ◆ *vt (have in stock)* tener, vender; **in ~** en existencia; **out of ~** agotado.

stock cube *n* pastilla *f* de caldo.

Stock Exchange *n* bolsa *f*.

stocking ['stɒkɪŋ] *n* media *f*.

stock market *n* mercado *m* de valores.

stodgy ['stɒdʒɪ] *adj (food)* indigesto(ta).

stole [stəʊl] *pt* → **steal**.

stolen ['stəʊln] *pp* → **steal**.

stomach ['stʌmək] *n (organ)* estómago *m; (belly)* vientre *m*.

stomachache ['stʌmʌkeɪk] *n* dolor *m* de estómago.

stomach upset [-'ʌpset] *n* trastorno *m* gástrico.

stone [stəʊn] *n (substance, pebble)* piedra *f; (in fruit)* hueso *m; (measurement)* = 6.35 kilos; *(gem)* piedra *f* preciosa. ◆ *adj* de piedra.

stonewashed ['stəʊnwɒʃt] *adj* lavado(da) a la piedra.

stood [stʊd] *pt & pp* → **stand**.

stool [stuːl] *n* taburete *m*.

stop [stɒp] *n* parada *f*. ◆ *vt* parar; *(prevent)* impedir. ◆ *vi (cease)* parar; *(stay)* quedarse; **to ~ sb/sthg from doing sthg** impedir que alguien/algo haga algo; **to ~ doing sthg** dejar de hacer algo; **to put a ~ to sthg** poner fin a algo. ❑ **stop off** *vi* hacer una parada.

stopover ['stɒp,əʊvə'] *n* parada *f*.

stopper ['stɒpə'] *n* tapón *m*.

stopwatch ['stɒpwɒtʃ] *n* cronómetro *m*.

storage ['stɔːrɪdʒ] *n* almacenamiento *m*.

store [stɔː'] *n (shop)* tienda *f; (supply)* provisión *f*. ◆ *vt* almacenar.

storehouse ['stɔːhaʊs, *pl* -haʊzɪz] *n* almacén *m*.

storeroom ['stɔːrʊm] *n* almacén *m*.

storey ['stɔːrɪ] *(pl* **-s)** *n* Br planta *f*.

stork [stɔːk] *n* cigüeña *f*.

storm [stɔːm] *n* tormenta *f*.

stormy ['stɔːmɪ] *adj (weather)* tormentoso(sa).

story ['stɔːrɪ] *n (account, tale)* cuento *m; (news item)* artículo *m; Am* = **storey**.

stout [staʊt] *adj (fat)* corpulento(ta). ◆ *n (drink)* cerveza *f* negra.

stove [stəuv] n (for cooking) cocina f; (for heating) estufa f.

straight [streɪt] adj (not curved) recto(ta); (upright, level) derecho(cha); (hair) liso(sa); (consecutive) consecutivo(va); (drink) solo(la). ◆ adv (in a straight line) en línea recta; (upright) derecho; (directly) directamente; (without delay) inmediatamente; ~ **ahead** todo derecho; ~ **away** enseguida.

straightforward [,streɪt'fɔːwəd] adj (easy) sencillo(lla).

strain [streɪn] n (force) presión f; (nervous stress) tensión f nerviosa; (tension) tensión f; (injury) torcedura f. ◆ vt (muscle) torcerse; (eyes) cansar; (food, tea) colar.

strainer ['streɪnə] n colador m.

strait [streɪt] n estrecho m.

strange [streɪndʒ] adj (unusual) raro(ra); (unfamiliar) extraño(ña).

stranger ['streɪndʒə] n (unfamiliar person) extraño m, -ña f; (person from different place) forastero m, -ra f.

strangle ['stræŋgl] vt estrangular.

strap [stræp] n (of bag, camera, watch) correa f; (of dress, bra) tirante m.

strapless ['stræplɪs] adj sin tirantes.

strategy ['strætɪdʒɪ] n estrategia f.

straw [strɔː] n paja f.

strawberry ['strɔːbərɪ] n fresa f.

stray [streɪ] adj (ownerless) callejero(ra). ◆ vi vagar.

streak [striːk] n (stripe, mark) raya f; (period) racha f.

stream [striːm] n (river) riachuelo m; (of traffic, people, blood) torrente m.

street [striːt] n calle f.

streetcar ['striːtkɑː] n Am tranvía m.

street light n farola f.

street plan n callejero m (mapa).

strength [streŋθ] n (of person, food, drink) fuerza f; (of structure) solidez f; (influence) poder m; (strong point) punto m fuerte; (of feeling, wind, smell) intensidad f; (of drug) potencia f.

strengthen ['streŋθn] vt reforzar.

stress [stres] n (tension) estrés m inv; (on word, syllable) acento m. ◆ vt (emphasize) recalcar; (word, syllable) acentuar.

stretch [stretʃ] n (of land, water) extensión f; (of road) tramo m; (of time) periodo m. ◆ vt (rope, material, body) estirar; (elastic, clothes) estirar (demasiado). ◆ vi (land, sea) extenderse; (person, animal) estirarse; **to** ~ **one's legs** fig dar un paseo. ❑ **stretch out** vt sep (hand) alargar. ◆ vi (lie down) tumbarse.

stretcher ['stretʃə] n camilla f.

strict [strɪkt] adj estricto(ta); (exact) exacto(ta).

strictly ['strɪktlɪ] adv (absolutely) terminantemente; (exclusively) exclusivamente; ~ **speaking** realmente.

stride [straɪd] n zancada f.

strike [straɪk] (pt & pp **struck**) n (of employees) huelga f. ◆ vt fml (hit) pegar; fml (collide with) chocar contra; (a match) encender. ◆ vi (refuse to work) estar en huelga; (happen suddenly) sobrevenir; **the clock struck eight** el reloj dio las ocho.

striking ['straɪkɪŋ] adj (noticeable) chocante; (attractive) atractivo(va).

string [strɪŋ] n cuerda f; (of pearls, beads) sarta f; (series) serie f; **a piece of** ~ una cuerda.

strip [strɪp] n (of paper, cloth etc) tira f; (of land, water) franja f. ◆ vt (paint, wallpaper) quitar. ◆ vi (undress) desnudarse.

stripe [straɪp] n (of colour) raya f.

striped ['straɪpt] *adj* a rayas.

strip-search *vt* registrar exhaustivamente, haciendo que se quite la ropa.

stroke [strəʊk] *n* MED derrame *m* cerebral; *(in tennis, golf)* golpe *m*; *(swimming style)* estilo *m*. ◆ *vt* acariciar; **a ~ of luck** un golpe de suerte.

stroll [strəʊl] *n* paseo *m*.

stroller ['strəʊlər] *n* Am *(pushchair)* sillita *f* (de niño).

strong [strɒŋ] *adj* fuerte; *(structure, bridge, chair)* resistente; *(influential)* poderoso(sa); *(possibility)* serio(ria); *(drug)* potente; *(accent)* marcado(da); *(point, subject)* mejor.

struck [strʌk] *pt & pp* → **strike**.

structure ['strʌktʃər] *n (arrangement, organization)* estructura *f*; *(building)* construcción *f*.

struggle ['strʌgl] *n (great effort)* lucha *f*. ◆ *vi (fight)* luchar; *(in order to get free)* forcejear; **to ~ to do sthg** esforzarse en hacer algo.

stub [stʌb] *n (of cigarette)* colilla *f*; *(of cheque)* matriz *f* Esp, talón *m* Amér; *(of ticket)* resguardo *m*.

stubble ['stʌbl] *n (on face)* barba *f* de tres días.

stubborn ['stʌbən] *adj* terco(ca).

stuck [stʌk] *pt & pp* → **stick**. ◆ *adj (jammed, unable to continue)* atascado(da); *(stranded)* colgado(da).

stud [stʌd] *n (on boots)* taco *m*; *(fastener)* automático *m*, botón *m* de presión Amér; *(earring)* pendiente *m* Esp OR arete *m* Amér *(pequeño)*.

student ['stju:dnt] *n* estudiante *mf*.

student card *n* carné *m* de estudiante.

students' union [ˌstju:dnts-] *n (place)* club *m* de alumnos.

studio ['stju:dɪəʊ] *(pl -s)* *n* estudio *m*.

studio apartment *Am* = **stu-**

dio flat.

studio flat *n* Br estudio *m*.

study ['stʌdɪ] *n* estudio *m*. ◆ *vt (learn about)* estudiar; *(examine)* examinar. ◆ *vi* estudiar.

stuff [stʌf] *n inf (substance)* cosa *f*, sustancia *f*; *(things, possessions)* cosas *fpl*. ◆ *vt (put roughly)* meter; *(fill)* rellenar.

stuffed [stʌft] *adj (food)* relleno(na); *inf (full up)* lleno(na); *(dead animal)* disecado(da).

stuffing ['stʌfɪŋ] *n* relleno *m*.

stuffy ['stʌfɪ] *adj (room, atmosphere)* cargado(da).

stumble ['stʌmbl] *vi (when walking)* tropezar.

stump [stʌmp] *n (of tree)* tocón *m*.

stun [stʌn] *vt* aturdir.

stung [stʌŋ] *pt & pp* → **sting**.

stunk [stʌŋk] *pt & pp* → **stink**.

stunning ['stʌnɪŋ] *adj (very beautiful)* imponente; *(very surprising)* pasmoso(sa).

stupid ['stju:pɪd] *adj (foolish)* estúpido(da); *inf (annoying)* puñetero(ra).

sturdy ['stɜ:dɪ] *adj* robusto(ta).

stutter ['stʌtər] *vi* tartamudear.

sty [staɪ] *n* pocilga *f*.

style [staɪl] *n (manner)* estilo *m*; *(elegance)* clase *f*; *(design)* modelo *m*. ◆ *vt (hair)* peinar.

stylish ['staɪlɪʃ] *adj* elegante.

stylist ['staɪlɪst] *n (hairdresser)* peluquero *m*, -ra *f*.

sub [sʌb] *n inf (substitute)* reserva *mf*; Br *(subscription)* suscripción *f*.

subdued [səb'dju:d] *adj (person, colour)* apagado(da); *(lighting)* tenue.

subject [*n* 'sʌbdʒekt, *vb* səb'dʒekt] *n (topic)* tema *m*; *(at school, university)* asignatura *f*; GRAMM sujeto *m*; *fml (of* *country)* ciudadano *m*, -na *f.* ◆ *vt:* to ~ sb to sthg someter a alguien a algo; ~ to availability hasta fin de existencias; they are ~ to an additional charge están sujetos a un suplemento.

subjunctive [səb'dʒʌŋktɪv] *n* subjuntivo *m*.

submarine [ˌsʌbmə'ri:n] *n* submarino *m*.

submit [səb'mɪt] *vt* presentar. ◆ *vi* rendirse.

subordinate [sə'bɔ:dɪnət] *adj* GRAMM subordinado(da).

subscribe [səb'skraɪb] *vi* (to magazine, newspaper) suscribirse.

subscription [səb'skrɪpʃn] *n* suscripción *f.*

subsequent ['sʌbsɪkwənt] *adj* subsiguiente.

subside [səb'saɪd] *vi* (ground) hundirse; (noise, feeling) apagarse.

substance ['sʌbstəns] *n* sustancia *f.*

substantial [səb'stænʃl] *adj* (large) sustancial.

substitute ['sʌbstɪtju:t] *n* (replacement) sustituto *m*, -ta *f*; SPORT suplente *mf.*

subtitles ['sʌbˌtaɪtlz] *npl* subtítulos *mpl.*

subtle ['sʌtl] *adj* (difference, change) sutil; (person, plan) ingenioso(sa).

subtract [səb'trækt] *vt* restar.

subtraction [səb'trækʃn] *n* resta *f.*

suburb ['sʌbɜ:b] *n* barrio *m* residencial; the ~s las afueras.

subway ['sʌbweɪ] *n* Br (for pedestrians) paso *m* subterráneo; Am (underground railway) metro *m.*

succeed [sək'si:d] *vi* (be successful) tener éxito. ◆ *vt fml* suceder a; to ~ in doing sthg conseguir hacer algo.

success [sək'ses] *n* éxito *m.*

successful [sək'sesful] *adj* (plan, attempt) afortunado(da); (film, book, person) de éxito; (politician, actor) popular.

succulent ['sʌkjʊlənt] *adj* suculento(ta).

such [sʌtʃ] *adj* (of stated kind) tal, semejante; (so great) tal. ◆ *adv:* ~ a lot tanto; ~ a lot of books tantos libros; it's ~ a lovely day hace un día tan bonito; ~ a thing should never have happened tal cosa nunca debería de haber pasado; ~ as tales como.

suck [sʌk] *vt* chupar.

sudden ['sʌdn] *adj* repentino(na); all of a ~ de repente.

suddenly ['sʌdnlɪ] *adv* de repente.

sue [su:] *vt* demandar.

suede [sweɪd] *n* ante *m.*

suffer ['sʌfə'] *vt* sufrir. ◆ *vi* sufrir; (experience bad effects) salir perjudicado; to ~ from (illness) padecer.

suffering ['sʌfrɪŋ] *n* (mental) sufrimiento *m*; (physical) dolor *m.*

sufficient [sə'fɪʃnt] *adj fml* suficiente.

sufficiently [sə'fɪʃntlɪ] *adv fml* suficientemente.

suffix ['sʌfɪks] *n* sufijo *m.*

suffocate ['sʌfəkeɪt] *vi* asfixiarse.

sugar ['ʃʊgə'] *n* azúcar *m.*

suggest [sə'dʒest] *vt* (propose) sugerir; to ~ doing sthg sugerir hacer algo.

suggestion [sə'dʒestʃn] *n* (proposal) sugerencia *f*; (hint) asomo *m.*

suicide ['suɪsaɪd] *n* suicidio *m*; to commit ~ suicidarse.

suit [su:t] *n* (man's clothes) traje *m*; (woman's clothes) traje de chaqueta; (in cards) palo *m*; JUR pleito *m.* ◆ *vt* (subj: clothes, colour, shoes) favorecer; (be convenient for) convenir; (be appropriate for) ser adecuado para; to be

~ed to ser apropiado para.

suitable ['su:təbl] *adj* adecuado(da); **to be ~ for** ser adecuado para.

suitcase ['su:tkeɪs] *n* maleta *f*.

suite [swi:t] *n* (set of rooms) suite *f*; (furniture) juego *m*.

sulk [sʌlk] *vi* estar de mal humor.

sultana [səl'tɑːnə] *n* Br (raisin) pasa *f* de Esmirna.

sum [sʌm] *n* suma *f*. ❏ **sum up** *vt sep* (summarize) resumir.

summarize ['sʌməraɪz] *vt* resumir.

summary ['sʌmərɪ] *n* resumen *m*.

summer ['sʌmə'] *n* verano *m*; **in (the)** ~ en verano; ~ **holidays** vacaciones *fpl* de verano.

summertime ['sʌmətaɪm] *n* verano *m*.

summit ['sʌmɪt] *n* (of mountain) cima *f*; (meeting) cumbre *f*.

summon ['sʌmən] *vt* (send for) llamar; JUR citar.

sun [sʌn] *n* sol *m*. ◆ *vt*: **to ~ o.s.** tomar el sol; **to catch the ~** coger color; **in the ~** al sol; **out of the ~** a la sombra.

Sun. (abbr of Sunday) dom.

sunbathe ['sʌnbeɪð] *vi* tomar el sol.

sunbed ['sʌnbed] *n* camilla *f* de rayos ultravioletas.

sun block *n* pantalla *f* solar.

sunburn ['sʌnbɜːn] *n* quemadura *f* de sol.

sunburnt ['sʌnbɜːnt] *adj* quemado(da) (por el sol).

Sunday ['sʌndɪ] *n* domingo *m* → Saturday.

Sunday school *n* catequesis *f* inv.

sundress ['sʌndres] *n* vestido *m* de

playa.

sundries ['sʌndrɪz] *npl* artículos *mpl* diversos.

sunflower ['sʌn,flauə'] *n* girasol *m*.

sunflower oil *n* aceite *m* de girasol.

sung [sʌŋ] *pt* → **sing**.

sunglasses ['sʌn,glɑːsɪz] *npl* gafas *fpl Esp* OR anteojos *mpl Amér* de sol.

sunhat ['sʌnhæt] *n* pamela *f*.

sunk [sʌŋk] *pp* → **sink**.

sunlight ['sʌnlaɪt] *n* luz *f* del sol.

sun lounger [-,laundʒə'] *n* tumbona *f* Esp, silla *f* de playa.

sunny ['sʌnɪ] *adj* soleado(da); **it's** ~ hace sol.

sunrise ['sʌnraɪz] *n* amanecer *m*.

sunroof ['sʌnruːf] *n* (on car) techo *m* corredizo.

sunscreen ['sʌnskriːn] *n* filtro *m* solar.

sunset ['sʌnset] *n* anochecer *m*.

sunshine ['sʌnʃaɪn] *n* luz *f* del sol; **in the** ~ al sol.

sunstroke ['sʌnstrəuk] *n* insolación *f*.

suntan ['sʌntæn] *n* bronceado *m*.

suntan cream *n* crema *f* bronceadora.

suntan lotion *n* loción *f* bronceadora.

super ['su:pə'] *adj* fenomenal. ◆ *n* (petrol) gasolina *f* súper.

ⓘ **SUPER BOWL**

La "Super Bowl" es un partido de fútbol americano en el que se enfrentan los campeones de las dos ligas o "conferences" más importantes del fútbol profesional en Estados Unidos. Tiene lugar al final de cada temporada —

hacia finales de enero — y una gran cantidad de gente en Estados Unidos y otros países presencian este encuentro por televisión.

---

superb [suː'pɜːb] adj excelente.

superficial [ˌsuːpə'fɪʃl] adj superficial.

superfluous [suː'pɜːfluəs] adj superfluo(flua).

Superglue® ['suːpəgluː] n pegamento m rápido.

superior [suː'pɪərɪər] adj superior. ◆ n superior mf.

supermarket ['suːpəˌmɑːkɪt] n supermercado m.

superstitious [ˌsuːpə'stɪʃəs] adj supersticioso(sa).

superstore ['suːpəstɔːʳ] n hipermercado m.

supervise ['suːpəvaɪz] vt supervisar.

supervisor ['suːpəvaɪzəʳ] n supervisor m, -ra f.

supper ['sʌpəʳ] n cena f.

supple ['sʌpl] adj flexible.

supplement [n 'sʌplɪmənt, vb 'sʌplɪment] n suplemento m; (of diet) complemento m. ◆ vt complementar.

supplementary [ˌsʌplɪ'mentərɪ] adj suplementario(ria).

supply [sə'plaɪ] n suministro m. ◆ vt suministrar; **to ~ sb with sthg** proveer a alguien de algo. ❑ **supplies** npl provisiones fpl.

support [sə'pɔːt] n (backing, encouragement) apoyo m; (supporting object) soporte m. ◆ vt (cause, campaign, person) apoyar; SPORT seguir; (hold up) soportar; (financially) financiar.

supporter [sə'pɔːtəʳ] n SPORT hin-

cha mf; (of cause, political party) partidario m, -ria f.

suppose [sə'pəʊz] vt suponer. ◆ conj = **supposing**; **I ~ so** supongo que sí; **it's ~d to be good** se dice que es bueno; **it was ~d to arrive yesterday** debería haber llegado ayer.

supposing [sə'pəʊzɪŋ] conj si, suponiendo que.

surcharge ['sɜːtʃɑːdʒ] n recargo m.

sure [ʃʊəʳ] adj seguro(ra). ◆ adv inf por supuesto; **to be ~ of o.s.** estar seguro de sí mismo; **to make ~ (that)** asegurarse de que; **for ~** a ciencia cierta.

surely ['ʃʊəlɪ] adv sin duda.

surf [sɜːf] n espuma f. ◆ vi hacer surf.

surface ['sɜːfɪs] n superficie f.

surface mail n correo m por vía terrestre y marítima.

surfboard ['sɜːfbɔːd] n tabla f de surf.

surfing ['sɜːfɪŋ] n surf m; **to go ~** hacer surf.

surgeon ['sɜːdʒən] n cirujano m, -na f.

surgery ['sɜːdʒərɪ] n (treatment) cirujía f; Br (building) consultorio m; Br (period) consulta f.

surname ['sɜːneɪm] n apellido m.

surprise [sə'praɪz] n sorpresa f. ◆ vt (astonish) sorprender.

surprised [sə'praɪzd] adj asombrado(da).

surprising [sə'praɪzɪŋ] adj sorprendente.

surrender [sə'rendəʳ] vi rendirse. ◆ vt fml (hand over) entregar.

surround [sə'raʊnd] vt rodear.

surrounding [sə'raʊndɪŋ] adj circundante. ❑ **surroundings** npl alrededores mpl.

survey ['sɜːveɪ] *(pl* **-s)** *n (investigation)* investigación *f; (poll)* encuesta *f; (of land)* medición *f; Br (of house)* inspección *f.*

surveyor [sə'veɪə'] *n Br (of houses)* perito *m* tasador de la propiedad; *(of land)* agrimensor *m, -ra f.*

survival [sə'vaɪvl] *n* supervivencia *f.*

survive [sə'vaɪv] *vi* sobrevivir. ◆ *vt* sobrevivir a.

survivor [sə'vaɪvə'] *n* superviviente *mf.*

suspect [*vb* sə'spekt, *n & adj* 'sʌspekt] *vt (believe)* imaginar; *(mistrust)* sospechar. ◆ *n* sospechoso *m, -sa f.* ◆ *adj* sospechoso(sa); **to ~ sb of sthg** considerar a alguien sospechoso de algo.

suspend [sə'spend] *vt* suspender; *(from team, school, work)* expulsar temporalmente.

suspender belt [sə'spendə-] *n* liguero *m.*

suspenders [sə'spendəz] *npl Br (for stockings)* ligas *fpl; Am (for trousers)* tirantes *mpl.*

suspense [sə'spens] *n* suspense *m Esp,* suspenso *m Amér.*

suspension [sə'spenʃn] *n (of vehicle)* suspensión *f; (from team, school, work)* expulsión *f* temporal.

suspicion [sə'spɪʃn] *n (mistrust)* recelo *m; (idea)* sospecha *f; (trace)* pizca *f.*

suspicious [sə'spɪʃəs] *adj (behaviour, situation)* sospechoso(sa); **to be ~ (of)** ser receloso(sa) (de).

swallow ['swɒləʊ] *n (bird)* golondrina *f.* ◆ *vt & vi* tragar.

swam [swæm] *pt* → **swim.**

swamp [swɒmp] *n* pantano *m.*

swan [swɒn] *n* cisne *m.*

swap [swɒp] *vt (possessions, places)* cambiar; *(ideas, stories)* intercambiar; **to ~ sthg for sthg** cambiar algo por algo.

swarm [swɔːm] *n (of bees)* enjambre *m.*

swear [sweə'] *(pt* **swore,** *pp* **sworn)** *vi* jurar. ◆ *vt:* **to ~ to do sthg** jurar hacer algo.

swearword ['sweəwɜːd] *n* palabrota *f.*

sweat [swet] *n* sudor *m.* ◆ *vi* sudar.

sweater ['swetə'] *n* suéter *m.*

sweat pants *n Am* pantalones *mpl* de deporte *o* de chándal *Esp.*

sweatshirt ['swetʃɜːt] *n* sudadera *f.*

swede [swiːd] *n Br* nabo *m* sueco.

Sweden ['swiːdn] *n* Suecia.

Swedish ['swiːdɪʃ] *adj* sueco(ca). ◆ *n (language)* sueco *m.* ◆ *npl:* **the ~** los suecos.

sweep [swiːp] *(pt & pp* **swept)** *vt (with brush, broom)* barrer.

sweet [swiːt] *adj (food, drink)* dulce; *(smell)* fragante; *(person, nature)* amable. ◆ *n Br (candy)* caramelo *m,* dulce *m Amér; (dessert)* postre *m.*

sweet-and-sour *adj* agridulce.

sweet corn *n* maíz *m.*

sweetener ['swiːtnə'] *n (for drink)* edulcorante *m.*

sweet potato *n* batata *f.*

sweet shop *n Br* confitería *f,* dulcería *f Amér.*

swell [swel] *(pt* **-ed,** *pp* **swollen** OR **-ed)** *vi (ankle, arm etc)* hincharse.

swelling ['swelɪŋ] *n* hinchazón *f.*

swept [swept] *pt & pp* → **sweep.**

swerve [swɜːv] *vi* virar bruscamente.

swig [swɪg] *n inf* trago *m.*

swim [swɪm] *(pt* **swam,** *pp* **swum)** *n* baño *m.* ◆ *vi* nadar; **to go for a ~** ir

a nadar.

swimmer ['swɪmə] *n* nadador *m*, -ra *f*.

swimming ['swɪmɪŋ] *n* natación *f*; **to go ~** ir a nadar.

swimming baths *npl Br* piscina *f* municipal.

swimming cap *n* gorro *m* de baño.

swimming costume *n Br* traje *m* de baño.

swimming pool *n* piscina *f*.

swimming trunks *npl* bañador *m Esp*, traje *m* de baño.

swimsuit ['swɪmsuːt] *n* traje *m* de baño.

swindle ['swɪndl] *n* estafa *f*.

swing [swɪŋ] (*pt* & *pp* **swung**) *n* (*for children*) columpio *m*. ◆ *vt* (*move from side to side*) balancear. ◆ *vi* (*move from side to side*) balancearse.

swipe [swaɪp] *vt* (*credit card etc*) pasar por el datáfono.

Swiss [swɪs] *adj* suizo(za). ◆ *n* (*person*) suizo *m*, (*-za f*). ◆ *npl*: **the ~** los suizos.

swiss roll *n* brazo *m* de gitano.

switch [swɪtʃ] *n* (*for light, power, television*) interruptor *m*. ◆ *vt* (*change*) cambiar de; (*exchange*) intercambiar. ◆ *vi* cambiar. ❑ **switch off** *vt sep* apagar. ❑ **switch on** *vt sep* encender.

Switch® *n* tarjeta de débito que ofrecen muchos bancos.

switchboard ['swɪtʃbɔːd] *n* centralita *f Esp*, conmutador *m Amér*.

Switzerland ['swɪtsələnd] *n* Suiza.

swivel ['swɪvl] *vi* girar.

swollen ['swəʊln] *pp* → **swell**. ◆ *adj* hinchado(da).

swop [swɒp] = **swap**.

sword [sɔːd] *n* espada *f*.

---

swordfish ['sɔːdfɪʃ] (*pl inv*) *n* pez *m* espada.

swore [swɔː] *pt* → **swear**.

sworn [swɔːn] *pp* → **swear**.

swum [swʌm] *pp* → **swim**.

swung [swʌŋ] *pt* & *pp* → **swing**.

syllable ['sɪləbl] *n* sílaba *f*.

syllabus ['sɪləbəs] (*pl* **-buses** OR **-bi**) *n* programa *m* (de estudios).

symbol ['sɪmbl] *n* símbolo *m*.

sympathetic [ˌsɪmpə'θetɪk] *adj* (*understanding*) comprensivo(va).

sympathize ['sɪmpəθaɪz] *vi*: **to ~ (with)** (*feel sorry*) compadecerse (de); (*understand*) comprender.

sympathy ['sɪmpəθɪ] *n* (*understanding*) comprensión *f*; (*compassion*) compasión *f*.

symphony ['sɪmfənɪ] *n* sinfonía *f*.

symptom ['sɪmptəm] *n* síntoma *m*.

synagogue ['sɪnəgɒg] *n* sinagoga *f*.

synthesizer ['sɪnθəsaɪzə] *n* sintetizador *m*.

synthetic [sɪn'θetɪk] *adj* sintético(ca).

syringe [sɪ'rɪndʒ] *n* jeringa *f*.

syrup ['sɪrəp] *n* (*for fruit etc*) almíbar *m*.

system ['sɪstəm] *n* sistema *m*; (*for gas, heating etc*) instalación *f*.

T

ta [tɑː] *excl Br inf* ¡gracias!

tab [tæb] *n* (*of cloth, paper etc*) lengüeta *f*; (*bill*) cuenta *f*; **put it on my ~**

table

254

póngalo en mi cuenta.

table ['teɪbl] n (piece of furniture) mesa f; (of figures etc) tabla f.

tablecloth ['teɪblklɒθ] n mantel m.

tablemat ['teɪblmæt] n salvamanteles m inv.

tablespoon ['teɪblspu:n] n (spoon) cuchara f grande (para servir); (amount) cucharada f grande.

tablet ['tæblɪt] n pastilla f.

table tennis n tenis m de mesa.

table wine n vino m de mesa.

tabloid ['tæblɔɪd] n periódico m sensacionalista.

tack [tæk] n (nail) tachuela f.

tackle ['tækl] n SPORT entrada f; (for fishing) aparejos mpl. ♦ vt SPORT entrar; (deal with) abordar.

tacky ['tæki] adj inf (jewellery, design etc) cutre.

taco ['tækəʊ] (pl -s) n taco m.

tact [tækt] n tacto m.

tactful ['tæktfʊl] adj discreto(ta).

tactics ['tæktɪks] npl táctica f.

tag [tæg] n (label) etiqueta f.

tagliatelle [,tæglɪə'telɪ] n tallarines mpl.

tail [teɪl] n cola f. ❑ **tails** n (of coin) cruz f. ◆ npl (formal dress) frac m.

tailgate ['teɪlgeɪt] n portón m.

tailor ['teɪlə'] n sastre m.

take [teɪk] (pt **took**, pp **taken**) vt
- **1.** gen tomar.
- **2.** (carry, drive) llevar.
- **3.** (hold, grasp) coger, agarrar (Amér).
- **4.** (do, make): **to ~ a bath** bañarse; **to ~ an exam** hacer un examen; **to ~ a photo** sacar una foto.
- **5.** (require) requerir; **how long will it ~?** ¿cuánto tiempo tardará?
- **6.** (steal) quitar.
- **7.** (size in clothes, shoes) usar; **what size do you ~?** ¿qué talla/número usas?
- **8.** (subtract) restar.
- **9.** (accept) aceptar; **do you ~ traveller's cheques?** ¿acepta cheques de viaje?; **to ~ sb's advice** seguir los consejos de alguien.
- **10.** (contain) tener cabida para.
- **11.** (react to) tomarse.
- **12.** (tolerate) soportar.
- **13.** (assume): **I ~ it that ...** supongo que ...
- **14.** (rent) alquilar. ❑ **take apart** vt sep desmontar. ❑ **take away** vt sep (remove) quitar; (subtract) restar. ❑ **take back** vt sep (return) devolver;

(accept) aceptar la devolución de; *(statement)* retirar. ◻ **take down** *vt sep (picture, curtains)* descolgar. ◻ **take in** *vt sep (include)* abarcar; *(understand)* entender; *(deceive)* engañar. ◻ **take off** *vt sep (remove)* quitar; *(clothes)* quitarse; *(as holiday)* tomarse libre. ◆ *vi (plane)* despegar. ◻ **take out** *vt sep (from container, pocket, library)* sacar; *(insurance policy)* hacerse; *(loan)* conseguir; **to ~ sb out to dinner** invitar a alguien a cenar. ◻ **take over** *vt* tomar el relevo. ◻ **take up** *vt sep (begin)* dedicarse a; *(use up)* ocupar; *(trousers, skirt, dress)* acortar.

takeaway ['teikǝ,wei] *n Br (shop)* tienda *f* de comida para llevar; *(food)* comida *f* para llevar.

taken ['teikn] *pp* → **take**.

takeoff ['teikɒf] *n (of plane)* despegue *m*.

takeout ['teikaut] *Am* = **takeaway**.

takings ['teikiŋz] *npl* recaudación *f*.

talcum powder ['tælkǝm-] *n* talco *m*.

tale [teil] *n (story)* cuento *m*; *(account)* anécdota *f*.

talent ['tælǝnt] *n* talento *m*.

talk [tɔ:k] *n (conversation)* conversación *f*; *(speech)* charla *f*. ◆ *vi* hablar; **to ~ to sb (about sthg)** hablar con alguien (sobre algo); **to ~ with sb** hablar con alguien. ◻ **talks** *npl* conversaciones *fpl*.

talkative ['tɔ:kǝtɪv] *adj* hablador(ra).

tall [tɔ:l] *adj* alto(ta); **how ~ are you?** ¿cuánto mides?; **I'm 2 metres ~** mido dos metros.

tame [teim] *adj (animal)* doméstico(ca).

tampon ['tæmpɒn] *n* tampón *m*.

tan [tæn] *n (suntan)* bronceado *m*. ◆ *vi* broncearse. ◆ *adj (colour)* de color marrón OR café *Amér* claro.

tangerine [,tændʒǝ'ri:n] *n* mandarina *f*.

tank [tæŋk] *n (container)* depósito *m*; *(vehicle)* tanque *m*.

tanker ['tæŋkǝ'] *n (truck)* camión *m* cisterna.

tanned [tænd] *adj (suntanned)* bronceado(da).

tap [tæp] *n (for water)* grifo *m*. ◆ *vt (hit)* golpear ligeramente.

tape [teip] *n* cinta *f*; *(adhesive material)* cinta adhesiva. ◆ *vt (record)* grabar; *(stick)* pegar.

tape measure *n* cinta *f* métrica.

tape recorder *n* magnetófono *m*.

tapestry ['tæpistri] *n* tapiz *m*.

tap water *n* agua *f* del grifo.

tar [tɑ:'] *n* alquitrán *m*.

target ['tɑ:git] *n (in archery, shooting)* blanco *m*; MIL objetivo *m*.

tariff ['tærif] *n (price list)* tarifa *f*, lista *f* de precios; *Br (menu)* menú *m*; *(at customs)* arancel *m*.

tarmac ['tɑ:mæk] *n (at airport)* pista *f*. ◻ **Tarmac**® *n (on road)* alquitrán *m*.

tarpaulin [tɑ:'pɔ:lin] *n* lona *f* alquitranada.

tart [tɑ:t] *n (sweet)* tarta *f*.

tartan ['tɑ:tn] *n* tartán *m*.

tartare sauce [,tɑ:tǝ-] *n* salsa *f* tártara.

task [tɑ:sk] *n* tarea *f*.

taste [teist] *n (flavour)* sabor *m*; *(discernment, sense)* gusto *m*. ◆ *vt (sample)* probar; *(detect)* notar un sabor de. ◆ *vi*: **to ~ of/like sthg**; **it ~s bad** sabe mal; **it ~s good** sabe bien; **to have a ~ of sthg** probar algo; **bad ~** mal gusto; **good ~** buen gusto.

tasteful ['teɪstful] adj de buen gusto.

tasteless ['teɪstlɪs] adj (food) soso(sa); (comment, decoration) de mal gusto.

tasty ['teɪstɪ] adj sabroso(sa).

tattoo [tə'tuː] (pl -s) n (on skin) tatuaje m; (military display) desfile m militar.

taught [tɔːt] pt & pp → teach.

taut [tɔːt] adj tenso(sa).

tax [tæks] n impuesto m. ◆ vt (goods, person) gravar.

tax disc n Br pegatina del impuesto de circulación.

tax-free adj libre de impuestos.

taxi ['tæksɪ] n taxi m. ◆ vi (plane) rodar por la pista.

taxi driver n taxista mf.

taxi rank n Br parada f de taxis.

taxi stand Am = taxi rank.

T-bone steak ['tiː-] n chuleta f de carne de vaca con un hueso en forma de T.

tea [tiː] n té m; (herbal) infusión f; (afternoon meal) ≃ merienda f; (evening meal) ≃ merienda cena.

tea bag n bolsita f de té.

teacake ['tiːkeɪk] n bollo m con pasas.

teach [tiːtʃ] (pt & pp taught) vt enseñar. ◆ vi ser profesor; **to ~ sb sthg**, **to ~ sthg to sb** enseñar algo a alguien; **to ~ sb (how) to do sthg** enseñar a alguien a hacer algo.

teacher ['tiːtʃəʳ] n (in secondary school) profesor m, -ra f; (in primary school) maestro m, -ra f.

teaching ['tiːtʃɪŋ] n enseñanza f.

tea cloth = tea towel.

teacup ['tiːkʌp] n taza f de té.

team [tiːm] n equipo m.

teapot ['tiːpɒt] n tetera f.

tear[1] [teəʳ] (pt tore, pp torn) vt

(rip) rasgar. ◆ vi (rip) romperse; (move quickly) ir a toda pastilla. ◆ n (rip) rasgón m. ◻ **tear up** vt sep hacer pedazos.

tear[2] [tɪəʳ] n lágrima f.

tearoom ['tiːrʊm] n salón m de té.

tease [tiːz] vt tomar el pelo.

tea set n juego m de té.

teaspoon ['tiːspuːn] n (utensil) cucharilla f; (amount) = teaspoonful.

teaspoonful ['tiːspuːn,fʊl] n cucharadita f.

teat [tiːt] n (of animal) teta f; Br (of bottle) tetina f.

teatime ['tiːtaɪm] n hora f de la merienda cena.

tea towel n paño m de cocina.

technical ['teknɪkl] adj técnico(ca).

technician [tek'nɪʃn] n técnico m, -ca f.

technique [tek'niːk] n técnica f.

technological [,teknə'lɒdʒɪkl] adj tecnológico(ca).

technology [tek'nɒlədʒɪ] n tecnología f.

teddy (bear) ['tedɪ-] n oso m de peluche.

tedious ['tiːdjəs] adj tedioso(sa).

teenager ['tiːn,eɪdʒəʳ] n adolescente mf.

teeth [tiːθ] pl → tooth.

teethe [tiːð] vi: to be teething estar echando los dientes.

teetotal [tiː'təʊtl] adj abstemio(mia).

telebanking ['telɪ,bæŋkɪŋ] n telebanca f.

teleconference ['telɪ,kɒnfərəns] n teleconferencia f.

telegram ['telɪgræm] n telegrama m.

telegraph pole n poste m de

telégrafos.

telephone ['telɪfəʊn] n teléfono m. ◆ vt & vi telefonear; **to be on the ~ (talking)** estar al teléfono; **(connected)** tener teléfono.

telephone booth n cabina f telefónica.

telephone box n cabina f telefónica.

telephone call n llamada f telefónica.

telephone directory n guía f telefónica.

telephone number n número m de teléfono.

telephonist [tɪ'lefənɪst] n Br telefonista mf.

telephoto lens [,telɪ'fəʊtəʊ-] n teleobjetivo m.

telescope ['telɪskəʊp] n telescopio m.

television ['telɪ,vɪʒn] n televisión f; **on (the) ~** en la televisión.

telex ['teleks] n télex m inv.

tell [tel] (pt & pp told) vt decir; (story, joke) contar. ◆ vi: **I can't ~** no lo sé; **can you ~ me the time?** ¿me puedes decir la hora?; **to ~ sb sthg** decir algo a alguien; **to ~ sb about sthg** contar a alguien acerca de algo; **to ~ sb how to do sthg** decir a alguien cómo hacer algo; **to ~ sb to do sthg** decir a alguien que haga algo; **to be able to ~ sthg** saber algo. ❏ **tell off** vt sep reñir.

teller ['telə'] n (in bank) cajero m, -ra f.

telly ['telɪ] n Br infl tele f.

temp [temp] n secretario m eventual, secretaria f eventual. ◆ vi trabajar de eventual.

temper ['tempə'] n (character) temperamento m; **to be in a ~** estar de mal humor; **to lose one's ~** perder la paciencia.

temperature ['temprətʃə'] n (heat, cold) temperatura f; MED fiebre f; **to have a ~** tener fiebre.

temple ['templ] n (building) templo m; (of forehead) sien f.

temporary ['temporarɪ] adj temporal.

tempt [tempt] vt tentar; **to be ~ed to do sthg** sentirse tentado de hacer algo.

temptation [temp'teɪʃn] n tentación f.

tempting ['temptɪŋ] adj tentador(ra).

ten [ten] num diez → **six**.

tenant ['tenənt] n inquilino m, -na f.

tend [tend] vi: **to ~ to do sthg** soler hacer algo.

tendency ['tendənsɪ] n (trend) tendencia f; (inclination) inclinación f.

tender ['tendə'] adj tierno(na); (sore) dolorido(da). ◆ vt fml (pay) pagar.

tendon ['tendən] n tendón m.

tenement ['tenəmənt] n bloque de viviendas modestas.

tennis ['tenɪs] n tenis m.

tennis ball n pelota f de tenis.

tennis court n pista f Esp OR cancha f de tenis.

tennis racket n raqueta f de tenis.

tenpin bowling ['tenpɪn-] n Br bolos mpl.

tenpins ['tenpɪnz] Am = **tenpin bowling**

tense [tens] adj tenso(sa). ◆ n tiempo m.

tension ['tenʃn] n tensión f.

tent [tent] n tienda f de campaña.

tenth [tenθ] num décimo(ma) →

sixth.

tent peg *n* estaca *f*.

tepid ['tepɪd] *adj* tibio(bia).

tequila [tɪ'ki:lə] *n* tequila *m*.

term [tɜːm] *n* (*word, expression*) término *m*; (*at school, university*) trimestre *m*; **in the long** ~ a largo plazo; **in the short** ~ a corto plazo; **in** ~**s of** por lo que se refiere a; **in business** ~**s** en términos de negocios. ◻ **terms** *npl* (*of contract*) condiciones *fpl*; (*price*) precio *m*.

terminal ['tɜːmɪnl] *adj* terminal. ◆ *n* (*for buses, at airport*) terminal *f*; COMPUT terminal *m*.

terminate ['tɜːmɪneɪt] *vi* (*train, bus*) finalizar el trayecto.

terminus ['tɜːmɪnəs] (*pl* **-ni** [-naɪ], **-nuses**) *n* terminal *f*.

terrace ['terəs] *n* (*patio*) terraza *f*; **the** ~**s** (*at football ground*) las gradas.

terraced house ['terəst-] *n* Br casa *f* adosada.

terrible ['terəbl] *adj* (*very bad, very ill*) fatal; (*very great*) terrible.

terribly ['terəblɪ] *adv* (*extremely*) terriblemente; (*very badly*) fatalmente.

terrific [tə'rɪfɪk] *adj inf* (*very good*) estupendo(da); (*very great*) enorme.

terrified ['terɪfaɪd] *adj* aterrorizado(da).

territory ['terətrɪ] *n* (*political area*) territorio *m*; (*terrain*) terreno *m*.

terror ['terə*r*] *n* (*fear*) terror *m*.

terrorism ['terərɪzm] *n* terrorismo *m*.

terrorist ['terərɪst] *n* terrorista *mf*.

terrorize ['terəraɪz] *vt* aterrorizar.

test [test] *n* (*exam*) examen *m*; (*check*) prueba *f*; (*of blood*) análisis *m inv*; (*of eyes*) revisión *f*. ◆ *vt* (*check, try out*) probar; (*give exam to*) examinar.

testicles ['testɪklz] *npl* testículos *mpl*.

tetanus ['tetənəs] *n* tétanos *m inv*.

text [tekst] *n* (*written material*) texto *m*; (*textbook*) libro *m* de texto.

textbook ['tekstbʊk] *n* libro *m* de texto.

textile ['tekstaɪl] *n* textil *m*.

texture ['tekstʃə*r*] *n* textura *f*.

Thames [temz] *n*: **the** ~ el Támesis.

than [weak form ðən, strong form ðæn] *prep, conj* que; **you're better** ~ **me** eres mejor que yo; **I'd rather stay in** ~ **go out** prefiero quedarme en casa antes que salir; **more** ~ **ten** más de diez.

thank [θæŋk] *vt*: **to** ~ **sb** (**for sthg**) agradecer a alguien (algo). ◻ **thanks** *npl* agradecimiento *m*. ◆ *excl* ¡gracias!; ~ **to** gracias a; **many** ~**s** muchas gracias.

Thanksgiving ['θæŋks,gɪvɪŋ] *n* Día *m* de Acción de Gracias.

ⓘ **THANKSGIVING**

La fiesta nacional del Día de Acción de Gracias se celebra en Estados Unidos el cuarto jueves de noviembre como signo de gratitud por la cosecha y por otros beneficios recibidos a lo largo del año. Sus orígenes se remontan al año 1621, cuando los "pilgrims" (colonizadores británicos) recogieron su primera cosecha. El menú tradicional de este día consiste en pavo asado y pastel de calabaza.

---

thank you *excl* ¡gracias!; ~ **very much** muchísimas gracias; **no** ~ no gracias.

that [ðæt, weak form of pron sense 3 &

conj ðət] (*pl* **those**) *adj* (*referring to thing, person mentioned*) ese (esa), esos (esas) (*pl*); (*referring to thing, person further away*) aquel (aquella), aquellos (aquellas) (*pl*); **I prefer ~ book** prefiero ese libro; **~ book at the back** aquel libro del fondo; **~ one** ése (ésa), aquél (aquélla).

◆ *pron* - **1.** (*referring to thing, person mentioned*) ése *m*, ésa *f*, ésos *mpl*, ésas *fpl*; (*indefinite*) eso; **what's ~?** ¿qué es?; **is ~ Lucy?** (*on the phone*) ¿eres Lucy?; (*pointing*) ¿es ésa Lucy?; **what's ~?** ¿qué es eso?; **~'s interesting** qué interesante.

- **2.** (*referring to thing, person further away*) aquél *m*, aquélla *f*, aquéllos *mpl*, aquéllas *fpl*; (*indefinite*) aquello; **I want those at the back** quiero aquéllos del fondo.

- **3.** (*introducing relative clause*) que; **a shop ~ sells antiques** una tienda que vende antigüedades; **the film ~ I saw** la película que vi; **the room ~ I sleep in** el cuarto en (el) que duermo.

◆ *adv* tan; **it wasn't ~ bad/good** no estuvo tan mal/bien; **it doesn't cost ~ much** no cuesta tanto.

◆ *conj* que; **tell him ~ I'm going to be late** dile que voy a llegar tarde.

thatched [θætʃt] *adj* (*building*) con techo de paja.

that's [ðæts] = **that is**.

thaw [θɔ:] *vi* (*snow, ice*) derretir. ◆ *vt* (*frozen food*) descongelar.

☞

the [*weak form* ðə, *before vowel* ði, *strong form* ði:] *definite article* - **1.** (*gen*) el (la, los, las) (*pl*); **~ book** el libro; **~ woman** la mujer; **~ girls** las chicas; **~ Wilsons** los Wilson; **to play ~ piano** tocar el piano; **give it to ~ man** dáselo al hombre; **the cover of ~**

book la tapa del libro.

- **2.** (*with an adjective to form a noun*) el (la); **~ British** los británicos; **~ impossible** lo imposible.

- **3.** (*in dates*): **~ twelfth of May** el doce de mayo; **~ forties** los cuarenta.

- **4.** (*in titles*): **Elizabeth ~ Second** Isabel segunda.

theater [ˈθɪətə] *n Am* (*for plays, drama*) = **theatre**; (*for films*) cine *m*.

theatre [ˈθɪətə] *n Br* teatro *m*.

theft [θeft] *n* robo *m*.

their [ðeə] *adj* su, sus (*pl*).

theirs [ðeəz] *pron* suyo *m*, -ya *f*, suyos *mpl*, -yas *fpl*; **a friend of ~** un amigo suyo.

them [*weak form* ðəm, *strong form* ðem] *pron*: **I know ~** los conozco; **it's ~** son ellos; **send it to ~** envíaselo; **tell ~ to come** diles que vengan; **he's worse than ~** él es peor que ellos.

theme [θi:m] *n* (*topic*) tema *m*; (*tune*) sintonía *f*.

theme park *n parque de atracciones basado en un tema específico.*

theme pub *n Brit* pub *m* temático.

themselves [ðəmˈselvz] *pron* (*reflexive*) se; (*after prep*) sí; **they did it ~** lo hicieron ellos mismos.

then [ðen] *adv* entonces; (*next, afterwards*) luego; **from ~ on** desde entonces; **until ~** hasta entonces.

theory [ˈθɪərɪ] *n* teoría *f*; **in ~** en teoría.

therapist [ˈθerəpɪst] *n* terapeuta *mf*.

therapy [ˈθerəpɪ] *n* terapia *f*.

there [ðeə] *adv* ahí; (*further away*) allí. ◆ *pron*: **~ is** hay; **~ are** hay; **~ it is** ahí está; **~ you are** (*when giving*) aquí lo tienes; **is Bob ~, please?** (*on phone*) ¿está Bob?; **over ~** por allí; **~ you are**

thereabouts [ˌðeərə'bauts] *adv*: or ~ o por ahí.

therefore ['ðeəfɔːʳ] *adv* por lo tanto.

there's [ðeaz] = **there is**.

thermal underwear [ˌθɜːml-] *n* ropa *f* interior térmica.

thermometer [θə'mɒmɪtəʳ] *n* termómetro *m*.

Thermos (flask)® [ˈθɜːməs-] *n* termo *m*.

thermostat ['θɜːməstæt] *n* termostato *m*.

these [ðiːz] *pl* → **this**.

they [ðeɪ] *pron* ellos *mpl*, ellas *fpl*; ~ 're good son buenos.

thick [θɪk] *adj* (*in size*) grueso(sa); (*dense*) espeso(sa); *inf* (*stupid*) necio(cia); **it's 3 metres ~** tiene 3 metros de grosor.

thicken ['θɪkn] *vt* espesar. ◆ *vi* espesarse.

thickness ['θɪknɪs] *n* espesor *m*.

thief [θiːf] (*pl* **thieves** [θiːvz]) *n* ladrón *m*, -ona *f*.

thigh [θaɪ] *n* muslo *m*.

thimble ['θɪmbl] *n* dedal *m*.

thin [θɪn] *adj* (*in size*) fino(na); (*not fat*) delgado(da); (*soup, sauce*) claro(ra).

thing [θɪŋ] *n* cosa *f*; the ~ **is** el caso es que. ❑ **things** *npl* (*clothes, possessions*) cosas *fpl*; **how are ~ s?** *inf* ¿qué tal van las cosas?

thingummyjig ['θɪŋəmɪdʒɪg] *n inf* chisme *m* Esp, cosa *f*.

think [θɪŋk] (*pt & pp* **thought**) *vt* (*believe*) creer, pensar; (*have in mind, expect*) pensar. ◆ *vi* pensar; **to ~ that** creer que; **to ~ about** (*have in mind*) pensar en; (*consider*) pensar en; **to ~ of** (*have in mind, consider*) pensar en; (*invent*) pensar; (*remember*) acordarse de; **to ~ of doing sthg** pensar en ha-

cer algo; **I ~ so** creo que sí; **I don't ~ so** creo que no; **do you ~ you could ...?** ¿cree que podría ...?; **to ~ highly of sb** apreciar mucho a alguien. ❑ **think over** *vt sep* pensar. ❑ **think up** *vt sep* idear.

third [θɜːd] *num* (*after noun, as pronoun*) tercero(ra); (*before noun*) tercer (ra) → **sixth**.

third party insurance *n* seguro *m* a terceros.

Third World *n*: **the ~** el Tercer Mundo.

thirst [θɜːst] *n* sed *f*.

thirsty ['θɜːstɪ] *adj*: **to be ~** tener sed.

thirteen [ˌθɜː'tiːn] *num* trece → **six**.

thirteenth [ˌθɜː'tiːnθ] *num* decimotercero(ra) → **sixth**.

thirtieth ['θɜːtɪəθ] *num* trigésimo(ma) → **sixth**.

thirty ['θɜːtɪ] *num* treinta → **six**.

☞

this [ðɪs] (*pl* **these**) *adj* - 1. (*referring to thing, person*) este (esta), estos (estas) (*pl*); **I prefer ~ book** prefiero este libro; **these chocolates are delicious** estos bombones son riquísimos; **~ morning/week** esta mañana/semana; **~ one** éste (ésta).
- 2. *Inf* (*when telling a story*): **~ big dog appeared** apareció un perro grande.
◆ *pron* éste *m*, ésta *f*, éstos *mpl*, éstas *fpl*; (*indefinite*) esto; **~ is for you** esto es para ti; **what are these?** ¿qué son estas cosas?; **~ is David Gregory** (*introducing someone*) te presento a David Gregory; (*on telephone*) soy David Gregory.
◆ *adv*: **it was ~ big** era así de grande; **I need ~ much** necesito un tanto así; **I don't remember it being ~ hard** no

recordaba que fuera tan difícil.

thistle ['θɪsl] *n* cardo *m*.

thorn [θɔːn] *n* espina *f*.

thorough ['θʌrə] *adj* (check, search) exhaustivo(va); (person) minucioso(sa).

thoroughly ['θʌrəlɪ] *adv* (completely) completamente.

those [ðəʊz] *pl* → **that**.

though [ðəʊ] *conj* aunque. ◆ *adv* sin embargo; **even** ~ aunque.

thought [θɔːt] *pt & pp* → **think**. ◆ *n* (idea) idea *f*; **I'll give it some** ~ lo pensaré. ❑ **thoughts** *npl* (opinion) opiniones *fpl*.

thoughtful ['θɔːtful] *adj* (quiet and serious) pensativo(va); (considerate) considerado(da).

thoughtless ['θɔːtlɪs] *adj* desconsiderado(da).

thousand ['θaʊznd] *num* mil; **a** OR **one** ~ mil; **two** ~ dos mil; ~**s of** miles de, → **six**.

thrash [θræʃ] *vt inf* (defeat heavily) dar una paliza a.

thread [θred] *n* (of cotton etc) hilo *m*. ◆ *vt* (needle) enhebrar.

threadbare ['θredbeə'] *adj* raído(da).

threat [θret] *n* amenaza *f*.

threaten ['θretn] *vt* amenazar; **to** ~ **to do sthg** amenazar con hacer algo.

threatening ['θretnɪŋ] *adj* amenazador(ra).

three [θriː] *num* tres → **six**.

three-D ['-'diː] *adj* en tres dimensiones.

three-piece suite *n* tresillo *m* Esp, juego *m* living Amér.

three-quarters ['-kwɔːtəz] ~ tres cuartos *mpl*, ~ **of an hour** tres cuartos de hora.

threshold ['θreʃhəʊld] *n* fml (of door) umbral *m*.

threw [θruː] *pt* → **throw**.

thrift shop *n* tienda de artículos de segunda mano en la que el producto de las ventas se destina a obras benéficas.

thrift store *n Am* = **thrift shop**.

thrifty ['θrɪftɪ] *adj* (person) ahorrativo(va).

thrilled [θrɪld] *adj* encantado(da).

thriller ['θrɪləʳ] *n* (film) película *f* de suspense *Esp* OR suspenso *Amér*.

thrive [θraɪv] *vi* (plant, animal) crecer mucho; (person, business, place) prosperar.

throat [θrəʊt] *n* garganta *f*.

throb [θrɒb] *vi* (head, pain) palpitar; (noise, engine) vibrar.

throne [θrəʊn] *n* trono *m*.

through [θruː] *prep* (to other side of, by means of) a través de; (because of) a causa de; (from beginning to end) durante; (across all of) por todo. ◆ *adv* (from beginning to end) hasta el final. ◆ *adj*: **to be** ~ (with sthg) (finished) haber terminado (algo); **you're** ~ (on phone) ya puedes hablar; **Monday** ~ **Thursday** *Am* de lunes a jueves; **to let sb** ~ dejar pasar a alguien; **to go** ~ (sthg) pasar (por algo); **to soak** ~ penetrar; ~ **traffic** tráfico *m* de tránsito; **a** ~ **train** un tren directo.

throughout [θruːˈaʊt] *prep* (day, morning, year) a lo largo de; (place, country, building) por todo. ◆ *adv* (all the time) todo el tiempo; (everywhere) por todas partes.

throw [θrəʊ] *(pt* **threw,** *pp* **thrown** [θrəʊn]) *vt* tirar; (ball, javelin, person) lanzar; (a switch) apretar; **to** ~ **sthg in the bin** tirar algo a la basura. ❑ **throw away** *vt sep* (get rid of) tirar. ❑ **throw out** *vt sep* (get rid of) tirar; (person) echar. ❑ **throw**

thru 262

up *vi inf (vomit)* echar la pastilla.
thru [θruː] *Am* = **through**.
thrush [θrʌʃ] *n* tordo *m*.
thud [θʌd] *n* golpe *m* seco.
thug [θʌg] *n* matón *m*.
thumb [θʌm] *n* pulgar *m*. ◆ *vt:* **to ~ a lift** hacer dedo.
thumbtack [ˈθʌmtæk] *n Am* chincheta *f.*
thump [θʌmp] *n* puñetazo *m*; *(sound)* golpe *m* seco. ◆ *vt* dar un puñetazo a.
thunder [ˈθʌndəʳ] *n* truenos *mpl.*
thunderstorm [ˈθʌndəstɔːm] *n* tormenta *f.*
Thurs. *(abbr of Thursday)* jue.
Thursday [ˈθɜːzdɪ] *n* jueves *m inv →* **Saturday.**
thyme [taɪm] *n* tomillo *m.*
tick [tɪk] *n (written mark)* marca *f* de visto bueno; *(insect)* garrapata *f.* ◆ *vt* marcar (con una señal de visto bueno). ◆ *vi* hacer tictac. ❑ **tick off** *vt sep (mark off)* marcar (con una señal de visto bueno).
ticket [ˈtɪkɪt] *n (for travel)* billete *m Esp*, boleto *m Amér*; *(for cinema, theatre, match)* entrada *f*; *(label)* etiqueta *f*; *(speeding ticket, parking ticket)* multa *f.*
ticket collector *n* revisor *m*, -ra *f.*
ticket inspector *n* revisor *m*, -ra *f.*
ticket machine *n* máquina *f* automática de venta de billetes *Esp* OR boletos *Amér.*
ticket office *n* taquilla *f*, boletería *f* *(Amér).*
tickle [ˈtɪkl] *vt (touch)* hacer cosquillas a. ◆ *vt* hacer cosquillas.
ticklish [ˈtɪklɪʃ] *adj (person)* cosquilloso(sa).
tick-tack-toe *n Am* tres *fpl* en

raya.
tide [taɪd] *n (of sea)* marea *f.*
tidy [ˈtaɪdɪ] *adj (room, desk, person)* ordenado(da); *(hair, clothes)* arreglado(da).* ❑ **tidy up** *vt sep* ordenar.
tie [taɪ] *(pt & pp* **tied**, *cont* **tying)** *n (around neck)* corbata *f*; *(draw)* empate *m*; *Am (on railway track)* traviesa *f.* ◆ *vt* atar; *(knot)* hacer. ◆ *vi (draw)* empatar. ❑ **tie up** *vt sep* atar; *(delay)* retrasar.
tier [tɪəʳ] *n (of seats)* hilera *f.*
tiger [ˈtaɪgəʳ] *n* tigre *m.*
tight [taɪt] *adj (difficult to move)* apretado(da); *(clothes, shoes)* estrecho(cha); *(rope, material)* tirante; *(bend, turn)* cerrado(da); *(schedule)* ajustado(da); *inf (drunk)* cocido(da). ◆ *adv (hold)* con fuerza; **my chest feels ~** tengo el pecho cogido.
tighten [ˈtaɪtn] *vt* apretar.
tightrope [ˈtaɪtrəʊp] *n* cuerda *f* floja.
tights [taɪts] *npl* medias *fpl*; **a pair of ~** unas medias.
tile [taɪl] *n (for roof)* teja *f*; *(for floor)* baldosa *f*; *(for wall)* azulejo *m.*
till [tɪl] *n* caja *f* registradora. ◆ *prep* hasta. ◆ *conj* hasta que.
tilt [tɪlt] *vt* inclinar. ◆ *vi* inclinarse.
timber [ˈtɪmbəʳ] *n (wood)* madera *f* *(para construir)*; *(of roof)* viga *f.*
time [taɪm] *n* tiempo *m*; *(measured by clock)* hora *f*; *(moment)* momento *m*; *(occasion)* vez *f*; *(in history)* época *f.* ◆ *vt (measure)* cronometrar; *(arrange)* programar; **I haven't got the ~** no tengo tiempo; **it's ~ to go** es hora de irse; **what's the ~?** ¿qué hora es?; **do you have the ~?** ¿tiene hora?; **two ~s** dos por dos; **five ~s as much** cinco veces más; **in a month's ~** dentro de un mes; **to have a good ~** pasárselo bien; **all the ~**

todo el tiempo; **every** ~ cada vez; **from** ~ **to** ~ de vez en cuando; **for the** ~ **being** de momento; **in** ~ *(arrive)* a tiempo; **in good** ~ con tiempo de sobra; **last** ~ la última vez; **most of the** ~ la mayor parte del tiempo; **on** ~ puntualmente; **some of the** ~ parte del tiempo; **this** ~ esta vez; **two at a** ~ de dos en dos.

time difference *n* diferencia *f* horaria.

time limit *n* plazo *m*.

timer ['taɪmə^r] *n* temporizador *m*.

time share *n* copropiedad *f*.

timetable ['taɪm,teɪbl] *n* horario *m*; *(of events)* programa *m*.

time zone *n* huso *m* horario.

timid ['tɪmɪd] *adj* tímido(da).

tin [tɪn] *n (metal)* estaño *m*; *(container)* lata *f*. ◆ *adj* de hojalata.

tinfoil ['tɪnfɔɪl] *n* papel *m* de aluminio.

tinned food [tɪnd-] *n Br* conservas *fpl*.

tin opener [-,əupnə^r] *n Br* abrelatas *m inv*.

tinsel ['tɪnsl] *n* oropel *m*.

tint [tɪnt] *n* tinte *m*.

tinted glass [,tɪntɪd-] *n* cristal *m* ahumado.

tiny ['taɪnɪ] *adj* diminuto(ta).

tip [tɪp] *n (point, end)* punta *f*; *(to waiter, taxi driver etc)* propina *f*; *(piece of advice)* consejo *m*; *(rubbish dump)* vertedero *m*. ◆ *vt (waiter, taxi driver etc)* dar una propina; *(tilt)* inclinar; *(pour)* vaciar. ❑ **tip over** *vt sep* volcar. ◆ *vi* volcarse.

ⓘ **TIPPING**

Tanto en los Estados Unidos como en Gran Bretaña, se acostumbra dar propina a cualquier

persona que proporcione un servicio. En bares y restaurantes, se deja entre el~12 y el 20% de la cuenta como propina. A los taxistas se les suele dar entre un 10 y un 15%. A los maleteros, en Gran Bretaña se les da un par de libras, mientras que en los Estados Unidos la costumbre es de un dólar por maleta. Para el peluquero se deja entre el 15 y el 20%, a menos que sea el dueño, a quien no se le da propina.

tire ['taɪə^r] *vi* cansarse. ◆ *n Am* = **tyre**.

tired ['taɪəd] *adj (sleepy)* cansado(da); **to be** ~ **of** estar cansado de.

tired out *adj* agotado(da).

tiring ['taɪərɪŋ] *adj* cansado(da).

tissue ['tɪʃu:] *n (handkerchief)* pañuelo *m* de papel.

tissue paper *n* papel *m* de seda.

tit [tɪt] *n vulg (breast)* teta *f*.

title ['taɪtl] *n* título *m*; *(Dr, Mr, Lord etc)* tratamiento *m*.

T-junction [,ti:-] *n* cruce *m* (en forma de T).

☞

to *prep* - **1.** *(indicating direction, position)* a; **to go** ~ **France** ir a Francia; **to go** ~ **school** ir a la escuela; **the road** ~ **Leeds** la carretera de Leeds; ~ **the left/right** a la izquierda/derecha. - **2.** *(expressing indirect object)* a; **to give sthg** ~ **sb** dar algo a alguien; **give it** ~ **me** dámelo; **to listen** ~ **the radio** escuchar la radio. - **3.** *(indicating reaction, effect)*: ~ **my surprise** para sorpresa mía; **it's** ~ **your advantage** va en beneficio tuyo.

- 4. *(until)* hasta; **to count ~ ten** contar hasta diez; **we work from 9 ~ 5** trabajamos de 9 a 5.
- 5. *(in stating opinion)* ~ **me, he's lying** para mí que miente.
- 6. *(indicating change of state)*: **it could lead ~ trouble** puede ocasionar problemas.
- 7. Br *(in expressions of time)* menos; **it's ten ~ three** son las tres menos diez.
- 8. *(in ratios, rates)* por; **40 miles ~ the gallon** un galón por cada 40 millas.
- 9. *(of, for)*: **the key ~ the car** la llave del coche; **a letter ~ my daughter** una carta a mi hija.
- 10. *(indicating attitude)* con; **to be rude ~ sb** tratar a alguien con grosería.
- ◆ *with infinitive* - 1. *(forming simple infinitive)*: ~ **walk** andar.
- 2. *(following another verb)*: **to begin ~ do sthg** empezar a hacer algo; **to try ~ do sthg** intentar hacer algo.
- 3. *(following an adjective)* de; **difficult ~ do** difícil de hacer; **ready ~ go** listo para marchar.
- 4. *(indicating purpose)* para; **we came here ~ look at the castle** vinimos a ver el castillo; **I'm phoning ~ ask you something** te llamo para preguntarte algo.

toad [təʊd] *n* sapo *m*.

toadstool ['təʊdstuːl] *n* seta *f* venenosa.

toast [təʊst] *n (bread)* pan *m* tostado; *(when drinking)* brindis *m inv.* ◆ *vt (bread)* tostar; **a piece** OR**slice of ~** una tostada.

toasted sandwich ['təʊstɪd-] *n* sandwich *m* (a la plancha).

toaster ['təʊstə^r] *n* tostador *m*.

toastie ['təʊstɪ] *(inf)* = **toasted**

sandwich.

tobacco [tə'bækəʊ] *n* tabaco *m*.

tobacconist's [tə'bækənɪsts] *n (shop)* estanco *m* Esp, tabaquería *f*.

toboggan [tə'bɒgən] *n* tobogán *m (de deporte)*.

today [tə'deɪ] *n* hoy *m.* ◆ *adv* hoy.

toddler ['tɒdlə^r] *n* niño *m* pequeño, niña pequeña *f*.

toe [təʊ] *n (of person)* dedo *m* del pie.

toenail ['təʊneɪl] *n* uña *f* del dedo del pie.

toffee ['tɒfɪ] *n* tofe *m*.

together [tə'geðə^r] *adv* juntos (tas); ~ **with** junto con.

toilet ['tɔɪlɪt] *n (in public place)* servicios *mpl*, baño *m* Amér; *(at home)* váter *m*; *(bowl)* retrete *m*; **to go to the ~** ir al váter; **where's the ~?** ¿dónde está el servicio?

toilet bag *n* neceser *m*.

toilet paper *n* papel *m* higiénico.

toiletries ['tɔɪlɪtrɪz] *npl* artículos *mpl* de tocador.

toilet roll *n (paper)* papel *m* higiénico.

toilet water *n* agua *f* de colonia.

token ['təʊkn] *n (metal disc)* ficha *f*.

told [təʊld] *pt & pp* → **tell**.

tolerable ['tɒlərəbl] *adj* tolerable.

tolerant ['tɒlərənt] *adj* tolerante.

tolerate ['tɒlərt] *vt* tolerar.

toll [təʊl] *n (for road, bridge)* peaje *m*.

toll-free *adj* Am gratuito(ta).

tomato [Br tə'mɑːtəʊ, Am tə'meɪtəʊ] *(pl* -**es)** *n* tomate *m*.

tomato juice *n* zumo *m* Esp OR jugo *m* Amér de tomate.

tomato ketchup *n* ketchup *m*, catsup *m*.

tomato puree *n* puré *m* de tomate concentrado.

tomato sauce *n* ketchup *m*,

catsup *m*.

tomb [tu:m] *n* tumba *f*.

tomorrow [tə'mɒrəʊ] *n* mañana *f*.
◆ *adv* mañana; **the day after** ~ pasado mañana; ~ **afternoon** mañana por la tarde; ~ **morning** mañana por la mañana; ~ **night** mañana por la noche.

ton [tʌn] *n* (*in Britain*) = 1016 kilos; (*in U.S.*) = 907 kilos; (*metric tonne*) tonelada *f*; ~**s of** *inf* un montón de.

tone [təʊn] *n* tono *m*; (*on phone*) señal *f*.

tongs [tɒŋz] *npl* (*for hair*) tenazas *fpl*; (*for sugar*) pinzas *fpl*.

tongue [tʌŋ] *n* lengua *f*.

tonic ['tɒnɪk] *n* (*tonic water*) tónica *f*; (*medicine*) tónico *m*.

tonic water *n* agua *f* tónica.

tonight [tə'naɪt] *n* esta noche *f*.
◆ *adv* esta noche.

tonne [tʌn] *n* tonelada *f* (métrica).

tonsillitis [ˌtɒnsɪ'laɪtɪs] *n* amigdalitis *f inv*.

too [tu:] *adv* (*excessively*) demasiado; (*also*) también; **it's not** ~ **good** no está muy bien; **it's** ~ **late to go out** es demasiado tarde para salir; ~ **many** demasiados(das); ~ **much** demasiado(da).

took [tʊk] *pt* → **take**.

tool [tu:l] *n* herramienta *f*.

tool kit *n* juego *m* de herramientas.

tooth [tu:θ] (*pl* **teeth**) *n* diente *m*.

toothache ['tu:θeɪk] *n* dolor *m* de muelas.

toothbrush ['tu:θbrʌʃ] *n* cepillo *m* de dientes.

toothpaste ['tu:θpeɪst] *n* pasta *f* de dientes.

toothpick ['tu:θpɪk] *n* palillo *m*.

top [tɒp] *adj* (*highest*) de arriba; (*best, most important*) mejor. ◆ *n* (*high-*

est part) parte *f* superior; (*best point*) cabeza *f*; (*of box, jar*) tapa *f*; (*of bottle, tube*) tapón *m*; (*of pen*) capuchón *m*; (*garment*) camiseta *f*; (*of street, road*) final *m*; **at the** ~ (**of**) (*stairway, pile*) en lo más alto (de); (*list, page*) al principio (de); **on** ~ **of** (*on highest part of*) encima de; (*of hill, mountain*) en lo alto de; (*in addition to*) además de; **at** ~ **speed** a toda velocidad; ~ **gear** directa *f*. □ **top up** *vt sep* (*glass, drink*) volver a llenar. ◆ *vi* (*with petrol*) repostar.

top floor *n* último piso *m*.

topic ['tɒpɪk] *n* tema *m*.

topical ['tɒpɪkl] *adj* actual.

topless ['tɒplɪs] *adj* topless (*inv*).

topped [tɒpt] *adj*: ~ **with** cubierto(ta) con.

topping ['tɒpɪŋ] *n*: **with a** ~ **of** cubierto con.

torch [tɔːtʃ] *n Br* (*electric light*) linterna *f*.

tore [tɔː] *pt* → **tear**.

torn [tɔːn] *pp* → **tear**. ◆ *adj* (*ripped*) desgarrado(da).

tortoise ['tɔːtəs] *n* tortuga *f* (de tierra).

tortoiseshell ['tɔːtəʃel] *n* carey *m*.

torture ['tɔːtʃəʳ] *n* tortura *f*. ◆ *vt* torturar.

Tory ['tɔːrɪ] *n* conservador *m*, -ra *f*.

toss [tɒs] *vt* (*throw*) tirar; (*salad*) mezclar; **it's** ~ **good** echar a cara o cruz; ~**ed in butter** con mantequilla.

total ['təʊtl] *adj* total. ◆ *n* total *m*; **in** ~ en total.

touch [tʌtʃ] *n* (*sense*) tacto *m*; (*small amount*) pizca *f*; (*detail*) toque *m*. ◆ *vt* tocar; (*move emotionally*) conmover. ◆ *vi* tocarse; **to get in** ~ (**with sb**) ponerse en contacto (con alguien); **to keep in** ~ (**with sb**) mantenerse en contacto (con alguien). □**touch down** vi aterrizar.

touching [ˈtʌtʃɪŋ] adj (moving) conmovedor(ra).

tough [tʌf] adj (resilient) fuerte; (hard, strong) resistente; (meat, regulations, policies) duro(ra); (difficult) difícil.

tour [tʊəʳ] n (journey) viaje m; (of castle etc) recorrido m; (of pop group, theatre company) gira f. ◆ vt recorrer; **on** ~ en gira.

tourism [ˈtʊərɪzm] n turismo m.

tourist [ˈtʊərɪst] n turista mf.

tourist class n clase f turista.

tourist information office n oficina f de turismo.

tournament [ˈtɔːnəmənt] n torneo m.

tour operator n touroperador m, -ra f.

tout [taʊt] n revendedor m, -ra f.

tow [təʊ] vt remolcar.

toward [təˈwɔːd] Am = **towards**.

towards [təˈwɔːdz] prep Br hacia; (to help pay for) para.

towel [ˈtaʊəl] n toalla f.

towelling [ˈtaʊəlɪŋ] n Br toalla f (tejido).

towel rail n toallero m.

tower [ˈtaʊəʳ] n torre f.

tower block n Br bloque m alto de pisos Esp, edificio m de apartamentos.

Tower Bridge n puente londinense.

Tower of London n: the ~ la Torre de Londres.

extiende sobre el Támesis sus características ramas gemelas que se izan para permitir el paso a los barcos de mayor altura. La torre de Londres, situada al norte del puente, es una fortaleza construida en el siglo XI que fue utilizada como residencia real hasta el siglo XVII. Hoy en día, la torre y el museo que alberga son una popular atracción turística.

---

town [taʊn] n (smaller) pueblo m; (larger) ciudad f; (town centre) centro m.

town centre n centro m.

town hall n ayuntamiento m.

towpath [ˈtəʊpɑːθ, pl -pɑːðz] n camino m de sirga.

towrope [ˈtəʊrəʊp] n cuerda f de remolque.

tow truck n Am grúa f.

toxic [ˈtɒksɪk] adj tóxico(ca).

toy [tɔɪ] n juguete m.

toy shop n juguetería f.

trace [treɪs] n (sign) rastro m; (small amount) pizca f. ◆ vt (find) localizar.

tracing paper [ˈtreɪsɪŋ-] n papel m de calco.

track [træk] n (path) sendero m; (of railway) vía f; SPORT pista f; (song) canción f. □ **track down** vt sep localizar.

tracksuit [ˈtræksuːt] n chándal m Esp, equipo m de deportes.

tractor [ˈtræktəʳ] n tractor m.

trade [treɪd] n COMM comercio m; (job) oficio m. ◆ vt cambiar. ◆ vi comerciar.

trademark [ˈtreɪdmɑːk] n marca f (comercial).

ⓘ **TOWER BRIDGE/ TOWER OF LONDON**

El Tower Bridge, puente neogótico construido en el siglo XIX,

trader ['treɪdə'] *n* comerciante *mf*.

tradesman ['treɪdzmən] (*pl* **-men** [-mən]) *n* (*deliveryman*) repartidor *m*; (*shopkeeper*) tendero *m*.

trade union *n* sindicato *m*.

tradition [trə'dɪʃn] *n* tradición *f*.

traditional [trə'dɪʃənl] *adj* tradicional.

traffic ['træfɪk] (*pt & pp* **-ked**) *n* tráfico *m*. ◆ *vi*: **to ~ in** traficar con.

traffic circle *n Am* rotonda *f*.

traffic island *n* isla *f* de peatones.

traffic jam *n* atasco *m*.

traffic lights *npl* semáforos *mpl*.

traffic warden *n Br* ≃ guardia *mf* de tráfico.

tragedy ['trædʒədɪ] *n* tragedia *f*.

tragic ['trædʒɪk] *adj* trágico(ca).

trail [treɪl] *n* (*path*) sendero *m*; (*marks*) rastro *m*. ◆ *vi* (*be losing*) ir perdiendo.

trailer ['treɪlə'] *n* (*for boat, luggage*) remolque *m*; *Am* (*caravan*) caravana *f*; (*for film, programme*) trailer *m*.

train [treɪn] *n* tren *m*. ◆ *vt* (*teach*) enseñar. ◆ *vi* SPORT entrenar; **by ~ en** tren.

train driver *n* maquinista *mf* (*de tren*).

trainee [treɪ'niː] *n* aprendiz *m*, -za *f*.

trainer ['treɪnə'] *n* (*of athlete etc*) entrenador *m*, -ra *f*. ☐ **trainers** *npl Br* zapatillas *fpl* de deporte.

training ['treɪnɪŋ] *n* (*instruction*) formación *f*; (*exercises*) entrenamiento *m*.

training shoes *npl Br* zapatillas *fpl* de deporte.

tram [træm] *n Br* tranvía *m*.

tramp [træmp] *n* vagabundo *m*, -da *f*.

trampoline ['træmpəliːn] *n* cama *f* elástica.

trance [trɑːns] *n* trance *m*.

tranquilizer ['træŋkwɪlaɪzə'] *Am* = **tranquillizer**.

tranquillizer ['træŋkwɪlaɪzə'] *n Br* tranquilizante *m*.

transaction [træn'zækʃn] *n* transacción *f*.

transatlantic [ˌtrænzət'læntɪk] *adj* transatlántico(ca).

transfer [*n* 'trænsfɜː', *vb* træs'fɜː'] *n* (*of money, power*) transferencia *f*; (*of sportsman*) traspaso *m*; (*picture*) calcomanía *f*; *Am* (*ticket*) clase de billete que permite hacer transbordos durante un viaje. ◆ *vt* transferir. ◆ *vi* (*change bus, plane etc*) hacer transbordo.

transform [træns'fɔːm] *vt* transformar.

transfusion [træns'fjuːʒn] *n* transfusión *f*.

transit ['trænzɪt] ◆ **in transit** *adv* de tránsito.

transitive ['trænzɪtɪv] *adj* transitivo(va).

transit lounge *n* sala *f* de tránsito.

translate [træns'leɪt] *vt* traducir.

translation [træns'leɪʃn] *n* traducción *f*.

translator [træns'leɪtə'] *n* traductor *m*, -ra *f*.

transmission [trænz'mɪʃn] *n* transmisión *f*.

transmit [trænz'mɪt] *vt* transmitir.

transparent [træns'pærənt] *adj* transparente.

transplant ['trænsplɑːnt] *n* trasplante *m*.

transport [*n* 'trænspɔːt, *vb* træn'spɔːt] *n* transporte *m*. ◆ *vt* transportar.

transportation [ˌtrænspɔː'teɪʃn]

n Am transporte *m*.

trap ['træp] *n* trampa *f*. ◆ *vt*: **to be trapped** estar atrapado.

trash [træʃ] *n Am* basura *f*.

trashcan ['træʃkæn] *n Am* cubo *m* de la basura.

trauma ['trɔːmə] *n* trauma *m*.

traumatic [trɔːˈmætɪk] *adj* traumático(ca).

travel ['trævl] *n* viajes *mpl*. ◆ *vt (distance)* recorrer. ◆ *vi* viajar.

travel agency *n* agencia *f* de viajes.

travel agent *n* empleado *m*, -da *f* de una agencia de viajes; ~'s *(shop)* agencia *f* de viajes.

travel centre *n* oficina *f* de información al viajero.

traveler ['trævlər] *Am* = **traveller**.

travel insurance *n* seguro *m* de viaje.

traveller ['trævlər] *n Br* viajero *m*, -ra *f*.

traveller's cheque ['trævləz-] *n* cheque *m* de viaje.

travelsick ['trævəlsɪk] *adj* mareado(da) por el viaje.

tray [treɪ] *n* bandeja *f*.

treacherous ['tretʃərəs] *adj (person)* traidor(ra); *(roads, conditions)* peligroso(sa).

treacle ['triːkl] *n Br* melaza *f*.

tread [tred] *n (of tyre)* banda *f*. ◆ *vi*: **to ~ on sthg** pisar algo.

treasure ['treʒər] *n* tesoro *m*.

treat [triːt] *vt* tratar. ◆ *n*: **he bought me a meal for a ~** me invitó a cenar; **to ~ sb to sthg** invitar a alguien a algo.

treatment ['triːtmənt] *n MED* tratamiento *m* ; *(of person, subject)* trato *m*.

treble ['trebl] *adj* triple.

tree [triː] *n* árbol *m*.

trek [trek] *n* viaje *m* largo y difícil.

tremble ['trembl] *vi* temblar.

tremendous [trɪˈmendəs] *adj (very large)* enorme; *inf (very good)* estupendo(da).

trench [trentʃ] *n* zanja *f*.

trend [trend] *n (tendency)* tendencia *f*; *(fashion)* moda *f*.

trendy ['trendɪ] *adj inf (person)* moderno(na); *(clothes, bar)* de moda.

trespasser ['trespəsər] *n* intruso *m*, -sa *f*.

trial ['traɪəl] *n JUR* juicio *m*; *(test)* prueba *f*; **a ~ period** un periodo de prueba.

triangle ['traɪæŋgl] *n* triángulo *m*.

triangular [traɪˈæŋgjʊlər] *adj* triangular.

tribe [traɪb] *n* tribu *f*.

trick [trɪk] *n (deception)* truco *m*; *(in magic)* juego *m* (de manos). ◆ *vt* engañar; **to play a ~ on sb** gastarle una broma a alguien.

trickle ['trɪkl] *vi* resbalar (formando un hilo).

tricky ['trɪkɪ] *adj* difícil.

tricycle ['traɪsɪkl] *n* triciclo *m*.

trifle ['traɪfl] *n (dessert)* postre de bizcocho con frutas, nata, natillas y gelatina.

trigger ['trɪgər] *n* gatillo *m*.

trim [trɪm] *n (haircut)* recorte *m*. ◆ *vt* recortar.

trio ['triːəʊ] *(pl* -s*)* trío *m*.

trip [trɪp] *n* viaje *m*. ◆ *vi* tropezar.
□ **trip up** *vi* tropezar.

triple ['trɪpl] *adj* triple.

tripod ['traɪpɒd] *n* trípode *m*.

triumph ['traɪəmf] *n* triunfo *m*.

trivial ['trɪvɪəl] *adj pej* trivial.

trod [trɒd] *pt* → **tread**.

trodden ['trɒdn] *pp* → **tread**.

trolley ['trɒlɪ] (pl -s) n Br (in supermarket, at airport, for food etc) carrito m; Am (tram) tranvía m.

trombone [trɒm'bəʊn] n trombón m.

troops [truːps] npl tropas fpl.

trophy ['trəʊfɪ] n trofeo m.

tropical ['trɒpɪkl] adj tropical.

trot [trɒt] vi trotar. ◆ n: three on the ~ inf tres seguidos.

trouble ['trʌbl] n (difficulty, problems, malfunction) problemas mpl; (pain) dolor m; (illness) enfermedad f. ◆ vt (worry) preocupar; (bother) molestar; **to be in** ~ tener problemas; **to get into** ~ meterse en líos; **to take the** ~ **to do sthg** tomarse la molestia de hacer algo; **it's no** ~ no es molestia.

trousers ['traʊzəz] npl pantalones mpl; **a pair of** ~ un pantalón.

trout [traʊt] (pl inv) n trucha f.

trowel ['traʊəl] n (for gardening) desplantador m.

truant ['truːənt] n: **to play** ~ hacer novillos.

truce [truːs] n tregua f.

truck [trʌk] n camión m.

true [truː] adj verdadero(ra); (genuine, sincere) auténtico(ca); **it's** ~ es verdad.

truly ['truːlɪ] adv: **yours** ~ le saluda atentamente.

trumpet ['trʌmpɪt] n trompeta f.

trumps [trʌmps] npl triunfo m.

truncheon ['trʌntʃən] n porra f.

trunk [trʌŋk] n (of tree) tronco m; Am (of car) maletero m; (case, box) baúl m; (of elephant) trompa f.

trunk call n Br llamada f interurbana.

trunk road n Br ≃ carretera f nacional.

trunks [trʌŋks] npl bañador m (de

hombre) Esp, traje m de baño.

trust [trʌst] n (confidence) confianza f. ◆ vt (believe, have confidence in) confiar en; fml (hope) confiar.

trustworthy ['trʌst,wɜːðɪ] adj digno(na) de confianza.

truth [truːθ] n (true facts) verdad f; (quality of being true) veracidad f.

truthful ['truːθfʊl] adj (statement, account) verídico(ca); (person) sincero(ra).

try [traɪ] n (attempt) intento m. ◆ vt (attempt) intentar; (experiment with, test) probar; (seek help from) acudir a; JUR procesar. ◆ vi intentar; **to** ~ **to do sthg** intentar hacer algo. □ **try on** vt sep probarse. □ **try out** vt sep poner a prueba.

T-shirt [tiː-] n camiseta f.

tub [tʌb] n (of margarine etc) tarrina f; inf (bath) bañera f, tina f Amér.

tube [tjuːb] n tubo m; Br inf (underground) metro m; **by** ~ en metro.

tube station n Br inf estación f de metro.

tuck [tʌk] ◆ **tuck in** vt sep (shirt) meterse; (child, person) arropar. ◆ vi inf comer con apetito.

tuck shop n Br confitería f OR dulcería f Amér (en un colegio).

Tues. (abbr of Tuesday) mar.

Tuesday ['tjuːzdɪ] n martes m inv → **Saturday**.

tuft [tʌft] n (of grass) matojo m; (of hair) mechón m.

tug [tʌg] vt tirar de.

tuition [tjuː'ɪʃn] n clases fpl.

tulip ['tjuːlɪp] n tulipán m.

tumble-dryer [tʌmbldraɪə'] n secadora f.

tumbler ['tʌmblə'] n (glass) vaso m.

tummy ['tʌmɪ] n inf barriga f.

tummy upset [-'ʌpset] n inf dolor m de barriga.

tumor ['tu:mər] *Am* = **tumour**.

tumour ['tju:mə*] *n Br* tumor *m*.

tuna (fish) [*Br* 'tju:nə, *Am* 'tu:nə] *n* atún *m*.

tune [tju:n] *n* melodía *f*. ◆ *vt* (*radio, TV*) sintonizar; (*engine*) poner a punto; (*instrument*) afinar; **in** ~ afinado; **out of** ~ desafinado.

tunic ['tju:nɪk] *n* túnica *f*.

tunnel ['tʌnl] *n* túnel *m*.

turban ['tɜ:bən] *n* turbante *m*.

turbulence ['tɜ:bjʊləns] *n* turbulencia *f*.

turf [tɜ:f] *n* (*grass*) césped *m*.

turkey ['tɜ:kɪ] (*pl* **-s**) *n* pavo *m*.

turn [tɜ:n] *n* (*in road*) curva *f*; (*of knob, key, switch*) vuelta *f*; (*go, chance*) turno *m*. ◆ *vt* (*car, page, omelette*) dar la vuelta, voltear *Amér*; (*head*) volver, voltear *Amér*; (*knob, key, switch*) girar; (*corner, bend*) doblar; (*become*) volverse; (*cause to become*) poner. ◆ *vi* girar; (*milk*) cortarse; **to** ~ **into** sthg convertirse en algo; **to** ~ sthg **into** sthg transformar algo en algo; **to** ~ **right/left** torcer a la derecha/izquierda; **it's your** ~ te toca (a ti); **at the** ~ **of the century** a finales de siglo; **to take it in** ~**s to do** sthg hacer algo por turnos; **to** ~ sthg **inside out** darle la vuelta a algo (*de dentro para afuera*). ❑ **turn back** *vt* hacer volver. ◆ *vi* volver. ❑ **turn down** *vt sep* (*radio, volume, heating*) bajar; (*offer, request*) rechazar. ❑ **turn off** *vt sep* (*light, TV*) apagar; (*water, gas, tap*) cerrar; (*engine*) parar. ◆ *vi* (*leave road*) salir. ❑ **turn on** *vt sep* (*light, TV, engine*) encender; (*water, gas, tap*) abrir. ❑ **turn out** *vt fus* (*be in the end*) resultar. ◆ *vt sep* (*light, fire*) apagar. ◆ *vi* (*come, attend*) venir; **to** ~ **out to be** sthg resultar ser algo. ❑ **turn over** *vi* (*in bed*) darse la vuelta, voltearse

Amér; *Br* (*change channels*) cambiar. ◆ *vt sep* (*page, card, omelette*) dar la vuelta, voltear *Amér*. ❑ **turn round** *vt sep* dar la vuelta a, voltear *Amér*. ◆ *vi* (*person*) darse la vuelta, voltearse *Amér*. ❑ **turn up** *vt sep* (*radio, volume, heating*) subir. ◆ *vi* aparecer.

turning ['tɜ:nɪŋ] *n* bocacalle *f*.

turnip ['tɜ:nɪp] *n* nabo *m*.

turn-up *n Br* (*on trousers*) vuelta *f*.

turquoise ['tɜ:kwɔɪz] *adj* turquesa (*inv*).

turtle ['tɜ:tl] *n* tortuga *f* (marina).

turtleneck ['tɜ:tlnek] *n* jersey *m* de cuello de cisne *Esp*, suéter *m* de cuello alto *Amér*.

tutor ['tju:tə*] *n* (*private teacher*) tutor *m*, -ra *f*.

tuxedo [tʌk'si:dəʊ] (*pl* **-s**) *n Am* esmoquin *m*.

TV *n* televisión *f*; **on** ~ en la televisión.

tweed [twi:d] *n* tweed *m*.

tweezers ['twi:zəz] *npl* pinzas *fpl*.

twelfth [twelfθ] *num* duodécimo(ma) → **sixth**.

twelve [twelv] *num* doce → **six**.

twentieth ['twentɪəθ] *num* vigésimo(ma); **the** ~ **century** el siglo XX → **sixth**.

twenty ['twentɪ] *num* veinte → **six**.

twice [twaɪs] *adj & adv* dos veces; **it's** ~ **as good** es el doble de bueno; ~ **as much** el doble.

twig [twɪg] *n* ramita *f*.

twilight ['twaɪlaɪt] *n* crepúsculo *m*.

twin [twɪn] *n* gemelo *m*, -la *f*.

twin beds *npl* dos camas *fpl*.

twist [twɪst] *vt* (*wire*) torcer; (*thread, rope*) retorcer; (*hair*) enroscar; (*bottle top, lid, knob*) girar; **to** ~ **one's ankle** torcerse el tobillo.

twisting ['twɪstɪŋ] *adj* con muchos

recodos.

two [tuː] *num* dos → **six**.

two-piece *adj* de dos piezas.

tying ['taɪɪŋ] *cont* → **tie**.

type [taɪp] *n* (*kind*) tipo *m*. ◆ *vt* teclear. ◆ *vi* escribir a máquina.

typewriter ['taɪpˌraɪtə'] *n* máquina *f* de escribir.

typhoid ['taɪfɔɪd] *n* fiebre *f* tifoidea.

typical ['tɪpɪkl] *adj* típico(ca).

typist ['taɪpɪst] *n* mecanógrafo *m*, -fa *f*.

tyre ['taɪə'] *n Br* neumático *m*, llanta *f Amér*.

U

U [juː] *adj Br* (*film*) para todos los públicos.

UCAS ['juːkas] (*abbr of Universities and Colleges Admissions Service*) *n Br* organismo que se ocupa en gestionar el proceso de admisión a la Universidad.

UFO *n* (*abbr of unidentified flying object*) OVNI *m*.

ugly ['ʌglɪ] *adj* feo(a).

UHT *adj* (*abbr of ultra heat treated*) uperizado(da) *Esp*, UHT *Amér*.

UK *n*: the ~ el Reino Unido.

ulcer ['ʌlsə'] *n* úlcera *f*.

ultimate ['ʌltɪmət] *adj* (*final*) final; (*best, greatest*) máximo(ma).

ultraviolet [ˌʌltrə'vaɪələt] *adj* ultravioleta.

umbrella [ʌm'brelə] *n* paraguas *m inv*.

umpire ['ʌmpaɪə'] *n* árbitro *m*.

UN *n* (*abbr of United Nations*): the ~ la ONU.

unable [ʌn'eɪbl] *adj*: to be ~ to do sthg ser incapaz de hacer algo.

unacceptable [ˌʌnək'septəbl] *adj* inaceptable.

unaccustomed [ˌʌnə'kʌstəmd] *adj*: to be ~ to sthg no estar acostumbrado(da) a algo.

unanimous [juː'nænɪməs] *adj* unánime.

unattended [ˌʌnə'tendɪd] *adj* desatendido(da).

unattractive [ˌʌnə'træktɪv] *adj* poco atractivo(va).

unauthorized [ˌʌn'ɔːθəraɪzd] *adj* no autorizado(da).

unavailable [ˌʌnə'veɪləbl] *adj* no disponible.

unavoidable [ˌʌnə'vɔɪdəbl] *adj* inevitable.

unaware [ˌʌnə'weə'] *adj* inconsciente; to be ~ of sthg no ser consciente de algo.

unbearable [ʌn'beərəbl] *adj* insoportable.

unbelievable [ˌʌnbɪ'liːvəbl] *adj* increíble.

unbutton [ˌʌn'bʌtn] *vt* desabrocharse.

uncertain [ʌn'sɜːtn] *adj* (*not definite*) incierto(ta); (*not sure*) indeciso(sa).

uncertainty [ʌn'sɜːtntɪ] *n* incertidumbre *f*.

uncle ['ʌŋkl] *n* tío *m*.

unclean [ˌʌn'kliːn] *adj* sucio(cia).

unclear [ˌʌn'klɪə'] *adj* poco claro(ra); (*not sure*) poco seguro(ra).

uncomfortable [ˌʌn'kʌmftəbl] *adj* incómodo(da).

uncommon [ʌn'kɒmən] *adj* poco común.

unconscious [ʌn'kɒnʃəs] *adj*: to

be ~ *(after accident)* estar inconsciente; *(unaware)* ser inconsciente.

unconvincing [ˌʌnkən'vɪnsɪŋ] *adj* poco convincente.

uncooperative [ˌʌnkəʊ'ɒpərətɪv] *adj* que no quiere cooperar.

uncork [ʌn'kɔːk] *vt* descorchar.

uncouth [ʌn'kuːθ] *adj* grosero(ra).

uncover [ʌn'kʌvər] *vt (discover)* descubrir; *(swimming pool)* dejar al descubierto; *(car)* descapotar.

under ['ʌndər] *prep (beneath)* debajo de; *(less than)* menos de; *(according to)* según; *(in classification)* en; ~ the water bajo el agua; **children** ~ ten niños menores de diez años; ~ the circumstances dadas las circunstancias; **to be** ~ **pressure** *(from a person)* estar presionado; *(stressed)* estar en tensión.

underage [ˌʌndər'eɪdʒ] *adj* menor de edad.

undercarriage ['ʌndəˌkærɪdʒ] *n* tren *m* de aterrizaje.

underdone [ˌʌndə'dʌn] *adj* poco hecho(cha).

underestimate [ˌʌndər'estɪmeɪt] *vt* subestimar.

underexposed [ˌʌndərɪk'spəʊzd] *adj (photograph)* subexpuesto(ta).

undergo [ˌʌndə'gəʊ] *(pt* **-went**, *pp* **-gone** *)* *vt (change, difficulties)* sufrir; *(operation)* someterse a.

undergraduate [ˌʌndə'grædjʊət] *n* estudiante *m* universitario (no licenciado), estudiante *f* universitaria (no licenciada).

underground ['ʌndəgraʊnd] *adj (below earth's surface)* subterráneo(a); *(secret)* clandestino(na). ◆ *n Br (railway)* metro *m*.

undergrowth ['ʌndəgrəʊθ] *n* maleza *f*.

underline [ˌʌndə'laɪn] *vt* subrayar.

underneath [ˌʌndə'niːθ] *prep* debajo de. ◆ *adv* debajo. ◆ *n* superficie *f* inferior.

underpants ['ʌndəpænts] *npl* calzoncillos *mpl*.

underpass ['ʌndəpɑːs] *n* paso *m* subterráneo.

undershirt ['ʌndəʃɜːt] *n Am* camiseta *f*.

underskirt ['ʌndəskɜːt] *n* enaguas *fpl*.

understand [ˌʌndə'stænd] *(pt & pp* **-stood** *)* *vt* entender; *(believe)* tener entendido que. ◆ *vi* entender; **I don't** ~ no entiendo; **to make o.s. understood** hacerse entender.

understanding [ˌʌndə'stændɪŋ] *adj* comprensivo(va). ◆ *n (agreement)* acuerdo *m*; *(knowledge)* entendimiento *m*; *(interpretation)* impresión *f*; *(sympathy)* comprensión *f* mutua.

understatement [ˌʌndə'steɪtmənt] *n*: **that's an** ~ eso es quedarse corto.

understood [ˌʌndə'stʊd] *pt & pp* → **understand**.

undertake [ˌʌndə'teɪk] *(pt* **-took**, *pp* **-taken** [-'teɪkn]*)* *vt* emprender; **to** ~ **to do sthg** comprometerse a hacer algo.

undertaker ['ʌndəˌteɪkər] *n* director *m*, -ra *f* de funeraria.

undertaking [ˌʌndə'teɪkɪŋ] *n (promise)* promesa *f*; *(task)* empresa *f*.

undertook [ˌʌndə'tʊk] *pt* → **undertake**.

underwater [ˌʌndə'wɔːtər] *adj* submarino(na). ◆ *adv* bajo el agua.

underwear ['ʌndəweər] *n* ropa *f* interior.

underwent [ˌʌndə'went] *pt* → **undergo**.

undo [ʌn'duː] *(pt* **-did** [-'dɪd], *pp* **-done** *)* *vt (coat, shirt)* desabrocharse;

(tie, shoelaces) desatarse; *(parcel)* abrir.

undone [ˌʌnˈdʌn] *adj (coat, shirt)* desabrochado(da); *(tie, shoelaces)* desatado(da).

undress [ˌʌnˈdres] *vi* desnudarse. ◆ *vt* desnudar.

undressed [ˌʌnˈdrest] *adj* desnudo(da); **to get ~** desnudarse.

uneasy [ʌnˈiːzɪ] *adj* intranquilo(la).

uneducated [ˌʌnˈedjʊkeɪtɪd] *adj* inculto(ta).

unemployed [ˌʌnɪmˈplɔɪd] *adj* desempleado(da). ◆ *npl*: **the ~** los parados.

unemployment [ˌʌnɪmˈplɔɪmənt] *n* paro *m Esp*, desempleo *m*.

unemployment benefit *n* subsidio *m* de desempleo.

unequal [ˌʌnˈiːkwəl] *adj* desigual.

uneven [ˌʌnˈiːvn] *adj* desigual; *(road)* lleno(na) de baches.

uneventful [ˌʌnɪˈventful] *adj* sin incidentes destacables.

unexpected [ˌʌnɪkˈspektɪd] *adj* inesperado(da).

unexpectedly [ˌʌnɪkˈspektɪdlɪ] *adv* inesperadamente.

unfair [ˌʌnˈfeəʳ] *adj* injusto(ta).

unfairly [ˌʌnˈfeəlɪ] *adv* injustamente.

unfaithful [ˌʌnˈfeɪθfʊl] *adj* infiel.

unfamiliar [ˌʌnfəˈmɪljəʳ] *adj* desconocido(da); **to be ~ with** no estar familiarizado(da) con.

unfashionable [ˌʌnˈfæʃnəbl] *adj* pasado(da) de moda.

unfasten [ˌʌnˈfɑːsn] *vt (button, belt)* desabrocharse; *(tie, knot)* desatarse.

unfavourable [ˌʌnˈfeɪvrəbl] *adj* desfavorable.

unfinished [ˌʌnˈfɪnɪʃt] *adj* incompleto(ta).

unfit [ˌʌnˈfɪt] *adj*: **to be ~** *(not healthy)* no estar en forma; **to be ~ for sthg** no ser apto(ta) para algo.

unfold [ʌnˈfəʊld] *vt* desdoblar.

unforgettable [ˌʌnfəˈgetəbl] *adj* inolvidable.

unforgivable [ˌʌnfəˈgɪvəbl] *adj* imperdonable.

unfortunate [ʌnˈfɔːtʃnət] *adj (unlucky)* desgraciado(da); *(regrettable)* lamentable.

unfortunately [ʌnˈfɔːtʃnətlɪ] *adv* desgraciadamente.

unfriendly [ˌʌnˈfrendlɪ] *adj* huraño(ña).

unfurnished [ˌʌnˈfɜːnɪʃt] *adj* sin amueblar.

ungrateful [ʌnˈgreɪtfʊl] *adj* desagradecido(da).

unhappy [ʌnˈhæpɪ] *adj (sad)* triste; *(wretched)* desgraciado(da); *(not pleased)* descontento(ta); **I'm ~ about that idea** no me gusta esa idea.

unharmed [ʌnˈhɑːmd] *adj* ileso(sa).

unhealthy [ʌnˈhelθɪ] *adj (person)* enfermizo(za); *(food, smoking)* perjudicial para la salud ; *(place)* insalubre.

unhelpful [ʌnˈhelpfʊl] *adj (person)* poco servicial; *(advice)* inútil.

unhurt [ʌnˈhɜːt] *adj* ileso(sa).

unhygienic [ˌʌnhaɪˈdʒiːnɪk] *adj* antihigiénico(ca).

unification [juːnɪfɪˈkeɪʃn] *n* unificación *f*.

uniform [ˈjuːnɪfɔːm] *n* uniforme *m*.

unimportant [ˌʌnɪmˈpɔːtənt] *adj* sin importancia.

unintelligent [ˌʌnɪnˈtelɪdʒənt] *adj* poco inteligente.

unintentional [ˌʌnɪnˈtenʃənl] *adj* no intencionado(da).

uninterested [ˌʌnˈɪntrəstɪd] *adj* indiferente.

uninteresting [ˌʌnˈɪntrestɪŋ] *adj* poco interesante.

union [ˈjuːnjən] *n (of workers)* sindicato *m*.

Union Jack *n*: the ~ *la bandera del Reino Unido*.

unique [juːˈniːk] *adj* único(ca); **to be ~ to** ser peculiar de.

unisex [ˈjuːnɪseks] *adj* unisex *(inv)*.

unit [ˈjuːnɪt] *n* unidad *f*; *(department, building)* sección *f*; *(piece of furniture)* módulo *m*; *(group)* equipo *m*.

unite [juːˈnaɪt] *vt (people)* unir; *(country, party)* unificar. ◆ *vi* unirse.

United Kingdom [juːˈnaɪtɪd-] *n*: **the ~** el Reino Unido.

United Nations [juːˈnaɪtɪd-] *npl*: **the ~** las Naciones Unidas.

United States (of America) [juːˈnaɪtɪd-] *npl*: **the ~** los Estados Unidos (de América).

unity [ˈjuːnətɪ] *n* unidad *f*.

universal [ˌjuːnɪˈvɜːsl] *adj* universal.

universe [ˈjuːnɪvɜːs] *n* universo *m*.

university [ˌjuːnɪˈvɜːsətɪ] *n* universidad *f*.

unjust [ˌʌnˈdʒʌst] *adj* injusto(ta).

unkind [ʌnˈkaɪnd] *adj* desagradable.

unknown [ʌnˈnəʊn] *adj* desconocido(da).

unleaded (petrol) [ʌnˈledɪd-] *n* gasolina *f* sin plomo.

unless [ənˈles] *conj* a menos que.

unlike [ʌnˈlaɪk] *prep (different to)* diferente a; *(in contrast to)* a diferencia de; *(not typical of)* poco característico de.

unlikely [ʌnˈlaɪklɪ] *adj (not probable)* poco probable; **she's ~ to do it** es poco probable que lo haga.

unlimited [ʌnˈlɪmɪtɪd] *adj* ilimitado(da).

unlisted [ʌnˈlɪstɪd] *adj Am (phone number)* que no figura en la guía telefónica.

unload [ˌʌnˈləʊd] *vt* descargar.

unlock [ˌʌnˈlɒk] *vt* abrir *(con llave)*.

unlucky [ʌnˈlʌkɪ] *adj (unfortunate)* desgraciado(da); *(bringing bad luck)* de la mala suerte.

unmarried [ˌʌnˈmærɪd] *adj* no casado(da).

unnatural [ʌnˈnætʃrəl] *adj (unusual)* poco normal; *(behaviour, person)* afectado(da).

unnecessary [ʌnˈnesəsərɪ] *adj* innecesario(ria).

unobtainable [ˌʌnəbˈteɪnəbl] *adj* inasequible.

unoccupied [ˌʌnˈɒkjʊpaɪd] *adj (place, seat)* libre.

unofficial [ˌʌnəˈfɪʃl] *adj* extraoficial.

unpack [ˌʌnˈpæk] *vt* deshacer, desempacar *Amér.* ◆ *vi* deshacer el equipaje, desempacar *Amér.*

unpleasant [ʌnˈpleznt] *adj (smell, weather, surprise etc)* desagradable; *(person)* antipático(ca).

unplug [ʌnˈplʌg] *vt* desenchufar.

unpopular [ˌʌnˈpɒpjʊləˀ] *adj* impopular.

unpredictable [ˌʌnprɪˈdɪktəbl] *adj* imprevisible.

unprepared [ˌʌnprɪˈpeəd] *adj*: **to be ~** no estar preparado(da).

unprotected [ˌʌnprəˈtektɪd] *adj* desprotegido(da).

unqualified [ˌʌnˈkwɒlɪfaɪd] *adj (person)* no cualificado(da).

unreal [ʌnˈrɪəl] *adj* irreal.

unreasonable [ʌnˈriːznəbl] *adj (unfair)* poco razonable; *(excessive)* excesivo(va).

unrecognizable [ˌʌnrekəg-ˈnaɪzəbl] *adj* irreconocible.

unreliable [ˌʌnrɪˈlaɪəbl] *adj* poco fiable.

unrest [ˌʌnˈrest] *n* malestar *m*.

unroll [ˌʌnˈrəʊl] *vt* desenrollar.

unsafe [ˌʌnˈseɪf] *adj* (dangerous) peligroso(sa); (in danger) inseguro(ra).

unsatisfactory [ˌʌnsætɪsˈfæktərɪ] *adj* insatisfactorio(ria).

unscrew [ˌʌnˈskruː] *vt* (lid, top) desenroscar.

unsightly [ˌʌnˈsaɪtlɪ] *adj* feo(a).

unskilled [ˌʌnˈskɪld] *adj* (worker) no cualificado(da).

unsociable [ˌʌnˈsəʊʃəbl] *adj* insociable.

unsound [ˌʌnˈsaʊnd] *adj* (building, structure) inseguro(ra); (argument, method) erróneo(a).

unspoiled [ˌʌnˈspɔɪlt] *adj* que no ha sido estropeado.

unsteady [ˌʌnˈstedɪ] *adj* inestable; (hand) tembloroso(sa).

unstuck [ˌʌnˈstʌk] *adj*: to come ~ despegarse.

unsuccessful [ˌʌnsəkˈsesfʊl] *adj* fracasado(da).

unsuitable [ˌʌnˈsuːtəbl] *adj* inadecuado(da).

unsure [ˌʌnˈʃɔː] *adj*: to be ~ (about) no estar muy seguro(ra) (de).

unsweetened [ˌʌnˈswiːtnd] *adj* no edulcorado(da).

untidy [ʌnˈtaɪdɪ] *adj* (person) desaliñado(da); (room, desk) desordenado(da).

untie [ˌʌnˈtaɪ] (cont untying) *vt* desatar.

until [ənˈtɪl] *prep* hasta. ◆ *conj* hasta que; don't start ~ I tell you no empieces hasta que no te lo diga.

untrue [ˌʌnˈtruː] *adj* falso(sa).

untrustworthy [ˌʌnˈtrʌst‚wɜːðɪ] *adj* poco fiable.

untying [ˌʌnˈtaɪɪŋ] *cont* → **untie**.

unusual [ʌnˈjuːʒl] *adj* (not common) poco común; (distinctive) peculiar.

unusually [ʌnˈjuːʒəlɪ] *adv* (more than usual) extraordinariamente.

unwell [ˌʌnˈwel] *adj* indispuesto(ta); to feel ~ sentirse mal.

unwilling [ˌʌnˈwɪlɪŋ] *adj*: to be ~ to do sthg no estar dispuesto(ta) a hacer algo.

unwind [ˌʌnˈwaɪnd] (pt & pp unwound [ˌʌnˈwaʊnd]) *vt* desenrollar. ◆ *vi* (relax) relajarse.

unwrap [ˌʌnˈræp] *vt* desenvolver.

unzip [ˌʌnˈzɪp] *vt* abrir la cremallera OR el cierre *Amér* de.

☞

up [ʌp] *adv* - 1. (towards higher position, level) hacia arriba; we walked ~ to the top fuimos andando hasta arriba del todo; to pick sthg ~ coger algo; prices are going ~ los precios están subiendo.
- 2. (in higher position) arriba; she's in her bedroom ~ está arriba, en su cuarto; ~ there allí arriba.
- 3. (into upright position): to sit ~ sentarse derecho; to stand ~ ponerse de pie.
- 4. (northwards): we're going ~ to Dewsbury vamos a subir a Dewsbury.
- 5. (in phrases): to walk ~ and down andar de un lado para otro; to jump ~ and down dar brincos; ~ to six weeks/ten people hasta seis semanas/diez personas; are you ~ to travelling? ¿estás en condiciones de viajar?; what are you ~ to? ¿qué andas tramando?; it's ~ to you depende de ti; ~ until ten o'clock hasta las diez.

◆ *prep* -1. *(towards higher position)*: **to walk** ~ **a hill** subir por un monte; **I went** ~ **the stairs** subí por las escaleras.
-2. *(in higher position)*: **an** ~ **the** alto de; ~ **a hill** en lo alto de una colina.
-3. *(at end of)*: **they live** ~ **the road from us** viven al final de nuestra calle.
◆ *adj* -1. *(out of bed)* levantado(da); **I was** ~ **at six today** hoy, me levanté a las seis.
-2. *(at an end)* terminado(da); **time's** ~ se acabó el tiempo.
-3. *(rising)*: **the** ~ **escalator** el ascensor que sube.
◆ *n*: ~ **s and downs** altibajos *mpl*.

update [ˌʌpˈdeɪt] *vt* actualizar.

uphill [ˌʌpˈhɪl] *adv* cuesta arriba.

upholstery [ʌpˈhəʊlstəri] *n* tapicería *f*.

upkeep [ˈʌpkiːp] *n* mantenimiento *m*.

up-market *adj* de mucha categoría.

upon [əˈpɒn] *prep fml (on)* en, sobre.

upper [ˈʌpəʳ] *adj* superior. ◆ *n (of shoe)* pala *f*.

upper class *n* clase *f* alta.

uppermost [ˈʌpəməʊst] *adj (highest)* más alto(ta).

upper sixth *n* Br SCH segundo año del curso optativo de dos que prepara a los alumnos de 18 años para los "A-levels".

upright [ˈʌpraɪt] *adj (person)* erguido(da); *(object)* vertical. ◆ *adv* derecho.

upset [ʌpˈset] *(pt & pp* **upset***) adj* disgustado(da). ◆ *vt (distress)* disgustar; *(cause to go wrong)* estropear; *(knock over)* volcar; **to have an** ~ **stomach** tener el estómago revuelto.

upside down [ˌʌpsaɪd-] *adj & adv* al revés.

upstairs [ˌʌpˈsteəz] *adj* de arriba.

◆ *adv* arriba; **to go** ~ ir arriba.

up-to-date [ˈʌpwədz] *adj (modern)* moderno(na); *(well-informed)* al día.

upwards [ˈʌpwədz] *adv* hacia arriba; ~ **of 100 people** más de 100 personas.

urban [ˈɜːbən] *adj* urbano(na).

urge [ɜːdʒ] *vt*: **to** ~ **sb to do sthg** incitar a alguien a hacer algo.

urgent [ˈɜːdʒənt] *adj* urgente.

urgently [ˈɜːdʒəntlɪ] *adv (immediately)* urgentemente.

urinal [jʊəˈraɪnl] *n (apparatus)* orinal *m*; *fml (place)* urinario *m*.

urinate [ˈjʊərɪneɪt] *vi fml* orinar.

urine [ˈjʊərɪn] *n* orina *f*.

URL *n (abbr of uniform resource locator) n* COMPUT URL *m*.

Uruguay [ˈjʊərəgwaɪ] *n* Uruguay.

Uruguayan [ˌjʊərəˈgwaɪən] *adj* uruguayo(ya). ◆ *n* uruguayo *m*, -ya *f*.

us [ʌs] *pron* nos; **they know** ~ nos conocen; **it's** ~ somos nosotros; **send it to** ~ envíanoslo; **tell** ~ dínos; **they're worse than** ~ son peores que nosotros.

US *n (abbr of United States)*: **the** ~ los EEUU.

USA *n (abbr of United States of America)*: **the** ~ los EEUU.

usable [ˈjuːzəbl] *adj* utilizable.

use [*n* juːs, *vb* juːz] *n* uso *m*. ◆ *vt* usar; *(exploit)* utilizar; **to be of** ~ ser útil; **to have the** ~ **of sthg** poder hacer uso de algo; **to make** ~ **of sthg** aprovechar algo; **to be in** ~ usarse; **it's no** ~ es inútil; **what's the** ~? ¿de qué vale?; **to** ~ **sthg as sthg** usar algo como algo; '~ **before ...**' 'consumir preferentemente antes de ...'. ❑ **use up** *vt separable* agotar.

used [*adj* juːzd, *aux vb* juːst] *adj* usado(da). ◆ *aux vb*: **I** ~ **to live near here** antes vivía cerca de aquí; **I** ~ **to**

there every day solía ir allí todos los días; **to be ~ to sthg** estar acostumbrado(da) a algo; **to get ~ to sthg** acostumbrarse a algo.

useful ['ju:sful] *adj* útil.

useless ['ju:slɪs] *adj* inútil; *inf (very bad)* pésimo(ma).

user ['ju:zə'] *n* usuario *m*, -ria *f*.

usher ['ʌʃə'] *n (at cinema, theatre)* acomodador *m*.

usherette [ˌʌʃə'ret] *n* acomodadora *f*.

usual ['ju:ʒəl] *adj* habitual; **as ~ (in the normal way)** como de costumbre; *(as often happens)* como siempre.

usually ['ju:ʒəlɪ] *adv* normalmente.

utensil [ju:'tensl] *n* utensilio *m*.

utilize ['ju:təlaɪz] *vt* utilizar.

utmost ['ʌtməʊst] *adj* mayor. ◆ *n*: **to do one's ~** hacer todo cuanto sea posible.

utter ['ʌtə'] *adj* completo(ta). ◆ *vt (word)* pronunciar; *(sound)* emitir.

utterly ['ʌtəlɪ] *adv* completamente.

U-turn *n* giro *m* de 180°.

V

vacancy ['veɪkənsɪ] *n (job)* vacante *f*; **'vacancies'** 'hay camas'; **'no vacancies'** completo.

vacant ['veɪkənt] *adj* libre; **'vacant'** 'libre'.

vacate [və'keɪt] *vt (fml: room, house)* desocupar.

vacation [və'keɪʃn] *n Am* vacaciones *fpl*. ◆ *vi Am* estar de vacaciones; **to go on ~** ir de vacaciones.

vaccination [ˌvæksɪ'neɪʃn] *n* vacunación *f*.

vaccine [*Br* 'væksi:n, *Am* væk'si:n] *n* vacuna *f*.

vacuum ['vækjʊəm] *vt* pasar la aspiradora por.

vacuum cleaner *n* aspiradora *f*.

vague [veɪg] *adj (plan, letter, idea)* vago(ga); *(memory, outline)* borroso(sa); *(person)* impreciso(sa).

vain [veɪn] *adj pej (conceited)* engreído(da); **in ~** en vano.

Valentine card ['vælentaɪn-] *n* tarjeta *f* del día de San Valentín.

Valentine's Day ['vælentaɪnz-] *n* día *m* de San Valentín.

valid ['vælɪd] *adj (ticket, passport)* valedero(ra).

validate ['vælɪdeɪt] *vt* validar.

valley ['vælɪ] *(pl -s)* *n* valle *m*.

valuable ['væljʊəbl] *adj* valioso(sa). ❑ **valuables** *npl* objetos *mpl* de valor.

value ['vælju:] *n (financial)* valor *m*; *(usefulness)* sentido *m*; **a ~ pack** un paquete económico; **to be good ~ (for money)** estar muy bien de precio. ❑ **values** *npl* valores *mpl* morales.

valve [vælv] *n* válvula *f*.

van [væn] *n* furgoneta *f*.

vandal ['vændl] *n* vándalo *m*, -la *f*.

vandalize ['vændəlaɪz] *vt* destrozar.

vanilla [və'nɪlə] *n* vainilla *f*.

vanish ['vænɪʃ] *vi* desaparecer.

vapor ['veɪpər] *Am* = **vapour**.

vapour ['veɪpə'] *n* vapor *m*.

variable ['veərɪəbl] *adj* variable.

varicose veins ['værɪkəʊs-] *npl* varices *fpl*.

varied ['veərɪd] *adj* variado(da).

variety [və'raɪətɪ] *n* variedad *f*.

various ['veərɪəs] *adj* varios(rias).

varnish ['vɑːnɪʃ] *n (for wood)* barniz *m*. ◆ *vt (wood)* barnizar.

vary ['veərɪ] *vt & vi* variar; **to ~ from** sthg **to** sthg variar entre algo y algo.

vase [*Br* vɑːz, *Am* veɪz] *n* florero *m*.

vast [vɑːst] *adj* inmenso(sa).

VAT [væt, viːeɪ'tiː] *n (abbr of value added tax)* IVA *m*.

VAT

El VAT es un impuesto equiparable al IVA. En Gran Bretaña, el VAT es del 17,5%, mientras que en Estados Unidos la cantidad del impuesto varía de estado a estado, desde el 0% hasta el 8,5% (en este país el impuesto se agrega al precio indicado en la etiqueta de la mercancía). No están gravados con impuestos los alimentos, en ambos países (excepto en restaurantes), así como la ropa y el calzado en algunas partes de Estados Unidos. También en algunos estados y en Gran Bretaña se permite que los turistas extranjeros soliciten la devolución de los impuestos que han pagado en sus compras.

---

vault [vɔːlt] *n (in bank)* cámara *f* acorazada; *(in church)* cripta *f; (roof)* bóveda *f*.

VCR *n (abbr of video cassette recorder)* vídeo *m Esp*, video *m*.

VDU *n (abbr of visual display unit)* monitor *m*.

veal [viːl] *n* ternera *f*.

veg [vedʒ] *n* verdura *f*.

vegan ['viːgən] *adj* de tipo vegetariano puro. ◆ *n* persona vegetariana que no consume ningún producto de procedencia ani-

mal, como leche, huevos, etc.

vegetable ['vedʒtəbl] *n* vegetal *m*; **~s** verduras *fpl*.

vegetable oil *n* aceite *m* vegetal.

vegetarian [,vedʒɪ'teərɪən] *adj* vegetariano(na). ◆ *n* vegetariano *m*, -na *f*.

vegetation [,vedʒɪ'teɪʃn] *n* vegetación *f*.

vehicle ['viːəkl] *n* vehículo *m*.

veil [veɪl] *n* velo *m*.

vein [veɪn] *n* vena *f*.

Velcro® ['velkrəʊ] *n* velcro® *m*.

velvet ['velvɪt] *n* terciopelo *m*.

vending machine ['vendɪŋ-] *n* máquina *f* de venta automática.

venetian blind [vɪ,niːʃn-] *n* persiana *f* veneciana.

Venezuela [,venɪz'weɪlə] *n* Venezuela.

Venezuelan [,venɪz'weɪlən] *adj* venezolano(na). ◆ *n* venezolano *m*, -na *f*.

venison ['venɪzn] *n* carne *f* de venado.

vent [vent] *n (for air, smoke etc)* rejilla *f* de ventilación.

ventilation [,ventɪ'leɪʃn] *n* ventilación *f*.

ventilator ['ventɪleɪtə'] *n* ventilador *m*.

venture ['ventʃə'] *n* empresa *f*. ◆ *vi (go)* aventurarse a ir.

venue ['venjuː] *n* lugar *m (de un acontecimiento)*.

veranda [və'rændə] *n* porche *m*.

verb [vɜːb] *n* verbo *m*.

verdict ['vɜːdɪkt] *n JUR* veredicto *m; (opinion)* juicio *m*.

verge [vɜːdʒ] *n (of road, lawn, path)* borde *m*.

verify ['verɪfaɪ] *vt* verificar.

vermin ['vɜːmɪn] *n* bichos *mpl*.

vermouth ['vɜːməθ] n vermut m.

versa → vice versa.

versatile ['vɜːsətaɪl] adj (person) polifacético(ca); (machine, food) que tiene muchos usos.

verse [vɜːs] n (of song, poem) estrofa f; (poetry) versos mpl.

version ['vɜːʃn] n versión f.

versus ['vɜːsəs] prep contra.

vertical ['vɜːtɪkl] adj vertical.

vertigo ['vɜːtɪgəʊ] n vértigo m.

very ['verɪ] adv muy. ◆ adj mismísimo(ma); ~ much mucho; not ~ big no muy grande; my ~ own room mi propia habitación; the ~ best el mejor de todos; the ~ person justo la persona.

vessel ['vesl] n fml (ship) nave f.

vest [vest] n Br (underwear) camiseta f; Am (waistcoat) chaleco m.

vet [vet] n Br veterinario m, -ria f.

veteran ['vetrən] n veterano m, -na f.

veterinarian [ˌvetərɪ'neərɪən] Am = vet.

veterinary surgeon ['vetərɪnrɪ-] Br fml = vet.

VHS n (abbr of video home system) VHS m.

via ['vaɪə] prep (place) pasando por; (by means of) por medio de.

viaduct ['vaɪədʌkt] n viaducto m.

vibrate [vaɪ'breɪt] vi vibrar.

vibration [vaɪ'breɪʃn] n vibración f.

vicar ['vɪkəʳ] n párroco m, -ca f.

vicarage ['vɪkərɪdʒ] n casa f parroquial.

vice [vaɪs] n vicio m; Br (tool) torno m de banco.

vice-president n vicepresidente m, -ta f.

vice versa [ˌvaɪsɪ'vɜːsə] adv vice-versa.

vicinity [vɪ'sɪnɪtɪ] n: in the ~ en las proximidades.

vicious ['vɪʃəs] adj (attack) brutal; (animal) sañoso(sa); (comment) hiriente.

victim ['vɪktɪm] n víctima f.

Victorian [vɪk'tɔːrɪən] adj victoriano(na).

victory ['vɪktərɪ] n victoria f.

video ['vɪdɪəʊ] (pl -s) n vídeo m. ◆ vt (using video recorder) grabar en vídeo; (using camera) hacer un vídeo de; on ~ en vídeo.

video camera n videocámara f.

video game n videojuego m.

video recorder n vídeo m Esp, video m.

video shop n tienda f de vídeos Esp or vídeos.

videotape ['vɪdɪəʊteɪp] n cinta f de vídeo Esp or vídeo.

view [vjuː] n (scene, line of sight) vista f; (opinion) opinión f; (attitude) visión f. ◆ vt (look at) observar; in my ~ desde mi punto de vista; in ~ of (considering) en vista de; to come into ~ aparecer; you're blocking my ~ no me dejas ver nada.

viewer ['vjuːəʳ] n (of TV) telespectador m, -ra f.

viewfinder ['vjuːˌfaɪndəʳ] n visor m.

viewpoint ['vjuːpɔɪnt] n (opinion) punto m de vista; (place) mirador m.

vigilant ['vɪdʒɪlənt] adj fml alerta.

villa ['vɪlə] n (in countryside, by sea) casa f de campo; Br (in town) chalé m.

village ['vɪlɪdʒ] n (larger) pueblo m; (smaller) aldea f.

villager ['vɪlɪdʒəʳ] n aldeano m, -na f.

villain ['vɪlən] n (of book, film) malo m, -la f; (criminal) criminal mf.

vinaigrette [ˌvɪnɪ'gret] n vinagreta f.

vine [vaɪn] n (grapevine) vid f; (climbing plant) parra f.

vinegar ['vɪnɪgəʳ] n vinagre m.

vineyard ['vɪnjəd] n viña f.

vintage ['vɪntɪdʒ] adj (wine) añejo(ja). ◆ n (year) cosecha f (de vino).

vinyl ['vaɪnɪl] n vinilo m.

viola [vɪ'əʊlə] n viola f.

violence ['vaɪələns] n violencia f.

violent ['vaɪələnt] adj violento(ta); (storm) fuerte.

violet ['vaɪələt] adj violeta (inv). ◆ n (flower) violeta f.

violin [ˌvaɪə'lɪn] n violín m.

VIP n (abbr of very important person) gran personalidad.

virgin ['vɜːdʒɪn] n virgen mf.

virtually ['vɜːtʃʊəlɪ] adv prácticamente.

virtual reality ['vɜːtʃʊəl-] n realidad f virtual.

virus ['vaɪrəs] n virus m inv.

visa ['viːzə] n visado m Esp, visa m Amér.

viscose ['vɪskəʊs] n viscosa f.

visibility [ˌvɪzɪ'bɪlətɪ] n visibilidad f.

visible ['vɪzəbl] adj visible.

visit ['vɪzɪt] vt visitar. ◆ n visita f.

visiting hours ['vɪzɪtɪŋ-] npl horas fpl de visita.

visitor ['vɪzɪtəʳ] n (to person) visita f; (to place) visitante mf.

visitors' book ['vɪzɪtəz-] n libro m de visitas.

visor ['vaɪzəʳ] n visera f.

vital ['vaɪtl] adj esencial.

vitamin [Br 'vɪtəmɪn, Am 'vaɪtəmɪn] n vitamina f.

vivid ['vɪvɪd] adj vivo(va).

V-neck ['viː-] n (in design) cuello m de pico.

vocabulary [və'kæbjʊlərɪ] n vocabulario m.

vodka ['vɒdkə] n vodka m.

voice [vɔɪs] n voz f.

voice mail n buzón m de voz; to check one's ~ escuchar los mensajes del buzón de voz.

volcano [vɒl'keɪnəʊ] (pl -es OR -s) n volcán m.

volleyball ['vɒlɪbɔːl] n voleibol m.

volt [vəʊlt] n voltio m.

voltage ['vəʊltɪdʒ] n voltaje m.

volume ['vɒljuːm] n volumen m.

voluntary ['vɒləntrɪ] adj voluntario(ria).

volunteer [ˌvɒlən'tɪəʳ] n voluntario m, -ria f. ◆ vt: to ~ to do sthg ofrecerse voluntariamente a hacer algo.

vomit ['vɒmɪt] n vómito m. ◆ vi vomitar.

vote [vəʊt] n (choice) voto m; (process) votación f; (number of votes) votos mpl. ◆ vi: to ~ (for) votar (a).

voter ['vəʊtəʳ] n votante mf.

voucher ['vaʊtʃəʳ] n bono m.

vowel ['vaʊəl] n vocal f.

voyage ['vɔɪɪdʒ] n viaje m.

vulgar ['vʌlgəʳ] adj (rude) grosero(ra); (in bad taste) chabacano(na).

vulture ['vʌltʃəʳ] n buitre m.

W

W (abbr of west) O.

wad [wɒd] n (of paper) taco m; (of banknotes) fajo m; (of cotton) bola f.

wade [weɪd] vi caminar dentro del

agua.

wading pool ['weɪdɪŋ-] *n Am* piscina *f* infantil.

wafer ['weɪfə'] *n* barquillo *m*.

waffle ['wɒfl] *n* (*pancake*) gofre *m Esp*, wafle *m Amér.* ◆ *vi* enrollarse.

wag [wæg] *vt* menear.

wage [weɪdʒ] *n* (*weekly*) salario *m*. ❑ **wages** *npl* (*weekly*) salario *m*.

wagon ['wægən] *n* (*vehicle*) carro *m*; *Br* (*of train*) vagón *m*.

waist [weɪst] *n* cintura *f*.

waistcoat ['weɪskəʊt] *n* chaleco *m*.

wait [weɪt] *n* espera *f*. ◆ *vi* esperar; **to ~ for sb to do sthg** esperar a que alguien haga algo; **I can't ~!** ¡me muero de impaciencia! ❑ **wait for** *vt fus* esperar.

waiter ['weɪtə'] *n* camarero *m*, mesero *m Amér.*

waiting room ['weɪtɪŋ-] *n* sala *f* de espera.

waitress ['weɪtrɪs] *n* camarera *f*, mesera *f Amér.*

wake [weɪk] (*pt* woke, *pp* woken) *vt* despertar. ◆ *vi* despertarse. ❑ **wake up** *vt sep* despertar. ◆ *vi* despertarse.

Wales [weɪlz] *n* (el país de) Gales.

walk [wɔːk] *n* (*journey on foot*) paseo *m*; (*path*) ruta *f* paisajística (a pie). ◆ *vi* andar *Esp*, caminar; (*as hobby*) caminar. ◆ *vt* (*distance*) andar *Esp*, caminar; (*dog*) pasear; **to go for a ~** ir a dar un paseo; **it's a short ~** está a poca distancia a pie; **to take the dog for a ~** pasear el perro; **'walk'** *Am* señal que autoriza a los peatones a cruzar. ❑ **walk away** *vi* marcharse. ❑ **walk in** *vi* entrar. ❑ **walk out** *vi* (*leave angrily*) marcharse enfurecido.

walker ['wɔːkə'] *n* caminante *mf*.

walking boots ['wɔːkɪŋ-] *npl* botas *fpl* de montaña.

walking stick ['wɔːkɪŋ-] *n* bastón *m*.

Walkman® ['wɔːkmən] *n* walkman® *m*.

wall [wɔːl] *n* (*of building, room*) pared *f*; (*in garden, countryside, street*) muro *m*.

WALL STREET

Wall Street es una calle del distrito financiero de Manhattan, en Nueva York, en la cual se encuentran la Bolsa de valores neoyorquina y varios bancos. Este término se utiliza con frecuencia para referirse de modo genérico al mundo estadounidense de las finanzas.

wallet ['wɒlɪt] *n* billetero *m*.

wallpaper ['wɔːlˌpeɪpə'] *n* papel *m* de pared.

wally ['wɒlɪ] *n Br inf* imbécil *mf*.

walnut ['wɔːlnʌt] *n* (*nut*) nuez *f* (*de nogal*).

waltz [wɔːls] *n* vals *m*.

wander ['wɒndə'] *vi* vagar.

want [wɒnt] *vt* (*desire*) querer; (*need*) necesitar; **to ~ to do sthg** querer hacer algo; **to ~ sb to do sthg** querer que alguien haga algo.

war [wɔː'] *n* guerra *f*.

ward [wɔːd] *n* (*in hospital*) sala *f*.

warden ['wɔːdn] *n* (*of park*) guarda *mf*; (*of youth hostel*) encargado *m*, -da *f*.

wardrobe ['wɔːdrəʊb] *n* armario *m*, guardarropa *m*, ropero *m Amér.*

warehouse ['weəhaʊs, *pl* -haʊzɪz] *n* almacén *m*.

warm [wɔːm] *adj* (*pleasantly hot*) caliente; (*lukewarm*) templado(da); (*day, weather, welcome*) caluroso(sa).

(clothes, blankets) que abriga; *(person, smile)* afectuoso(sa). ◆ *vt* calentar; I'm ~ tengo calor; it's ~ hace calor; are you ~ enough? no tendrás frío ¿verdad? ❑ **warm up** *vt sep* calentar. ◆ *vi (get warmer)* entrar en calor; *(do exercises)* hacer ejercicios de calentamiento; *(machine, engine)* calentarse.

warmth [wɔːmθ] *n* calor *m*.

warn [wɔːn] *vt* advertir; **to ~ sb about sthg** prevenir a alguien sobre algo; **to ~ sb not to do sthg** advertir a alguien que no haga algo.

warning [ˈwɔːnɪŋ] *n* aviso *m*.

warranty [ˈwɒrəntɪ] *n fml* garantía *f*.

warship [ˈwɔːʃɪp] *n* buque *m* de guerra.

wart [wɔːt] *n* verruga *f*.

was [wɒz] *pt* → **be**.

wash [wɒʃ] *vt* lavar. ◆ *vi* lavarse. ◆ *n*: **to give sthg a ~** lavar algo; **to have a ~** lavarse; **to ~ one's hands/ face** lavarse las manos/la cara. ❑ **wash up** *vi* **1** *Br (do washing-up)* fregar los platos; *Am (clean o.s.)* lavarse.

washable [ˈwɒʃəbl] *adj* lavable.

washbasin [ˈwɒʃˌbeɪsn] *n* lavabo *m*.

washbowl [ˈwɒʃbəʊl] *n Am* lavabo *m*.

washer [ˈwɒʃəʳ] *n (ring)* arandela *f*.

washing [ˈwɒʃɪŋ] *n (activity, clean clothes)* colada *f Esp*, ropa *f* lavada; *(dirty clothes)* ropa *f* sucia.

washing line *n* tendedero *m*.

washing machine *n* lavadora *f*.

washing powder *n* detergente *m* (en polvo).

washing-up *n Br*: **to do the ~** fregar los platos.

washing-up bowl *n Br* barreño *m*.

washing-up liquid *n Br* lavava-

jillas *m inv.*

washroom [ˈwɒʃrʊm] *n Am* aseos *mpl*, baños *mpl Amér*.

wasn't [ˈwɒznt] = **was not**.

wasp [wɒsp] *n* avispa *f*.

waste [weɪst] *n (rubbish)* desperdicios *mpl*; *(toxic, nuclear)* residuos *mpl*. ◆ *vt (energy, opportunity)* desperdiciar; *(money)* malgastar; *(time)* perder; **a ~ of money** un derroche de dinero; **a ~ of time** una pérdida de tiempo.

wastebin [ˈweɪstbɪn] *n* cubo *m* de la basura.

wastepaper basket [ˌweɪstˈpeɪpə-] *n* papelera *f*.

watch [wɒtʃ] *n (wristwatch)* reloj *m* (de pulsera). ◆ *vt (observe)* ver; *(spy on)* vigilar; *(be careful with)* tener cuidado con. ❑ **watch out** *vi (be careful)* tener cuidado; **~ out for** prestar atención a; *(look forward to)* estar a la espera de. **~ out** in a big hotel estate al tanto de un hotel grande.

watchstrap [ˈwɒtʃstræp] *n* correa *f* de reloj.

water [ˈwɔːtəʳ] *n* agua *f*. ◆ *vt* regar. ◆ *vi*: **my eyes are ~ing** me lloran los ojos; **my mouth is ~ing** se me está haciendo la boca agua.

water bottle *n* cantimplora *f*.

watercolour [ˈwɔːtəˌkʌləʳ] *n* acuarela *f*.

watercress [ˈwɔːtəkres] *n* berro *m*.

waterfall [ˈwɔːtəfɔːl] *n (small)* cascada *f*; *(large)* catarata *f*.

watering can [ˈwɔːtərɪŋ-] *n* regadera *f*.

watermelon [ˈwɔːtəˌmelən] *n* sandía *f*.

waterproof [ˈwɔːtəpruːf] *adj* impermeable.

water purification tablets [-ˌpjʊərɪfɪˈkeɪʃn-] *npl* pastillas *fpl* para depurar el agua.

water skiing *n* esquí *m* acuático.

watersports ['wɔːtəspɔːts] *npl* deportes *mpl* acuáticos.

water tank *n* depósito *m* del agua.

watertight ['wɔːtətaɪt] *adj* hermético(ca).

watt [wɒt] *n* vatio *m*; **a 60-~ bulb** una bombilla de 60 vatios.

wave [weɪv] *n* (*in sea, of crime*) ola *f*; (*in hair, of light, sound*) onda *f*. ◆ *vt* (*hand*) saludar con; (*flag*) agitar. ◆ *vi* (*when greeting*) saludar con la mano; (*when saying goodbye*) decir adiós con la mano.

wavelength ['weɪvleŋθ] *n* longitud *f* de onda.

wavy ['weɪvɪ] *adj* ondulado(da).

wax [wæks] *n* cera *f*.

way [weɪ] *n* (*manner, means*) modo *m*, manera *f*; (*route, distance travelled*) camino *m*; (*direction*) dirección *f*; **it's the wrong ~ round** es al revés; **which ~ is the station?** ¿por dónde se va a la estación?; **the town is out of our ~** la ciudad no nos queda de camino; **to be in the ~** estar en medio; **to be on the ~** (*coming*) estar de camino; **to get out of the ~** quitarse de en medio; **to get under ~** dar comienzo; **there's a long ~ to go** nos queda mucho camino; **a long ~ away** muy lejos; **to lose one's ~** perderse; **on the ~ back** a la vuelta; **on the ~ there** a la ida; **that ~** (*like that*) así; (*in that direction*) por allí; **this ~** (*like this*) así; (*in this direction*) por aquí; **'~ in'** 'entrada'; **'~ out'** 'salida'; **no ~!** *inf* ¡ni hablar!

WC *n* (*abbr of water closet*) aseos *mpl*, baños *mpl* *Amér*.

we [wiː] *pron* nosotros *mpl*, -tras *fpl*; **we're young** (nosotros) somos jóvenes.

weak [wiːk] *adj* débil; (*not solid*) frágil; (*drink*) poco cargado(da); (*soup*) líquido(da); (*poor, not good*) mediocre.

weaken ['wiːkn] *vt* debilitar.

weakness ['wiːknɪs] *n* (*weak point*) defecto *m*; (*fondness*) debilidad *f*.

wealth [welθ] *n* riqueza *f*.

wealthy ['welθɪ] *adj* rico(ca).

weapon ['wepən] *n* arma *f*.

wear [weə^r] (*pt* **wore**, *pp* **worn**) *vt* llevar. ◆ *n* (*clothes*) ropa *f*; **~ and tear** desgaste *m*. ❑ **wear off** *vi* desaparecer. ❑ **wear out** *vi* gastarse.

weary ['wɪərɪ] *adj* fatigado(da).

weather ['weðə^r] *n* tiempo *m*; **what's the ~ like?** ¿qué tiempo hace?; **to be under the ~** *inf* no encontrarse muy bien.

weather forecast *n* pronóstico *m* del tiempo.

weather forecaster [-fɔːkɑːstə^r] *n* hombre *m* del tiempo, mujer *f* del tiempo.

weather report *n* parte *m* meteorológico.

weather vane [-veɪn] *n* veleta *f*.

weave [wiːv] (*pt* **wove**, *pp* **woven**) *vt* tejer.

web [web] *n* telaraña *f*; COMPUT: **the ~ el** OR **la Web**; **on the ~** en el OR la Web.

web site *n* COMPUT sitio *m* web, web *m*.

Wed. (*abbr of Wednesday*) miér.

wedding ['wedɪŋ] *n* boda *f*.

wedding anniversary *n* aniversario *m* de boda.

wedding dress *n* vestido *m* de novia.

wedding ring *n* anillo *m* de boda.

wedge [wedʒ] *n* (*of cake*) trozo *m*; (*of wood etc*) cuña *f*.

Wednesday ['wenzdɪ] n miércoles m inv → **Saturday**.

wee [wiː] adj Scot pequeño(ña). ◆ n inf pipí m.

weed [wiːd] n mala hierba f.

week [wiːk] n semana f.

weekday ['wiːkdeɪ] n día m laborable.

weekend [,wiːk'end] n fin m de semana.

weekly ['wiːklɪ] adj semanal. ◆ adv cada semana. ◆ n semanario m.

weep [wiːp] (pt & pp **wept**) vi llorar.

weigh [weɪ] vt pesar; **how much does it ~?** ¿cuánto pesa?

weight [weɪt] n peso m; **to lose ~** adelgazar; **to put on ~** engordar. □ **weights** npl (for weight training) pesas fpl.

weightlifting ['weɪt,lɪftɪŋ] n halterofilia f.

weight training n ejercicios mpl de pesas.

weird [wɪəd] adj raro(ra).

welcome ['welkəm] adj (guest) bienvenido(da); (freely allowed) muy libre; (appreciated) grato(ta). ◆ n bienvenida f. ◆ vt (greet) dar la bienvenida a; (be grateful for) agradecer. ◆ excl ¡bienvenido!; **to make sb feel ~** recibir bien a alguien; **you're ~!** de nada.

weld [weld] vt soldar.

welfare ['welfeə] n (happiness, comfort) bienestar m; Am (money) subsidio m de la Seguridad Social.

well [wel] (compar **better**, superl **best**) adj & adv bien. ◆ n pozo m. ◆ adv bien; **to get ~** reponerse; **to go ~** ir bien; **~ before the start** mucho antes del comienzo; **~ done!** ¡muy bien! **it may ~ happen** es muy probable que ocurra; **it's ~ worth it** si que merece

la pena; **as ~** también; **as ~ as** además de.

we'll [wiːl] = **we shall, we will**.

well-behaved [-bɪ'heɪvd] adj bien educado(da).

well-built adj fornido(da).

well-done adj muy hecho(cha).

well-dressed [-'drest] adj bien vestido(da).

wellington (boot) ['welɪŋtən-] n bota f de agua.

well-known adj conocido(da).

well-off (rich) adinerado(da).

well-paid adj bien remunerado(da).

welly ['welɪ] n Br inf bota f de agua.

Welsh [welʃ] adj galés(esa). ◆ n (language) galés m. ◆ npl: **the ~** los galeses.

Welshman ['welʃmən] (pl **-men** [-mən]) n galés m.

Welshwoman ['welʃ,wumən] (pl **-women** [-,wɪmɪn]) n galesa f.

went [went] pt → **go**.

wept [wept] pt & pp → **weep**.

were [wɜː] pt → **be**.

we're [wɪə] = **we are**.

weren't [wɜːnt] = **were not**.

west [west] n oeste m. ◆ adv (fly, walk) hacia el oeste; (be situated) al oeste; **in the ~ of England** en el oeste de Inglaterra.

westbound ['westbaund] adj con dirección oeste.

West Country n: **the ~** el sudoeste de Inglaterra, especialmente los condados de Somerset, Devon y Cornualles.

western ['westən] adj occidental. ◆ n película f del oeste.

Westminster ['westmɪnstə] n Westminster.

Westminster Abbey n la abadía de Westminster.

ⓘ **WESTMINSTER/ WESTMINSTER ABBEY**

Westminster es la zona de Londres donde se halla el Parlamento británico, y la misma palabra se usa también para referirse al propio Parlamento. La abadía de Westminster, donde se corona al monarca británico, se encuentra asimismo en esta zona. Varios personajes ilustres están allí enterrados, y hay una zona especial, conocida como "Poets' Corner", que alberga los sepulcros de escritores como Chaucer, Dickens y Hardy.

westwards ['westwədz] adv hacia el oeste.

wet [wet] (pt & pp **wet** OR **-ted**) adj (soaked) mojado(da); (damp) húmedo(da); (rainy) lluvioso(sa). ◆ vt (soak) mojar; (dampen) humedecer; **to get ~** mojarse; **'~ paint'** 'recién pintado'.

wet suit n traje m de submarinista.

we've [wiːv] = **we have**.

whale [weɪl] n ballena f.

wharf [wɔːf] (pl **-s** OR **wharves** [wɔːvz]) n muelle m.

☞

what [wɒt] adj - 1. (in questions) qué; **~ colour is it?** ¿de qué color es?; **~ shape is it?** ¿qué forma tiene?; **he asked me ~ colour it was** me preguntó de qué color era
- 2. (in exclamations) qué; **~ a surprise!** ¡qué sorpresa!; **~ a beautiful day!** ¡qué día más bonito! ◆ pron - 1. (in questions) qué; **~ is**

going on? ¿qué pasa?; **~ are they doing?** ¿qué hacen?; **~ is it called?** ¿cómo se llama?; **~ are they talking about?** ¿de qué están hablando?; **she asked me ~ happened** me preguntó qué había pasado.
- 2. (introducing relative clause) lo que; **I didn't see ~ happened** no vi lo que pasó; **take ~ you want** coge lo que quieras.
- 3. (in phrases): **~ for?** ¿para qué?; **~ about going out for a meal?** ¿qué tal si salimos a cenar? ◆ excl ¡qué!

whatever [wɒt'evə] pron: **take ~ you want** coge lo que quieras; **~ I do, I'll lose** haga lo que haga, saldré perdiendo; **~ that may be** sea lo que sea eso.

wheat [wiːt] n trigo m.

wheel [wiːl] n rueda f; (steering wheel) volante m.

wheelbarrow ['wiːl,bærəʊ] n carretilla f.

wheelchair ['wiːl,tʃeə] n silla f de ruedas.

wheelclamp [,wiːl'klæmp] n cepo m.

wheezy ['wiːzɪ] adj: **to be ~** resollar.

when [wen] adv cuándo. ◆ conj cuando.

whenever [wen'evə] conj siempre que; **~ you like** cuando quieras.

where [weə] adv dónde. ◆ conj donde.

whereabouts ['weərəbaʊts] adv (por) dónde. ◆ npl paradero m.

whereas [weər'æz] conj mientras que.

wherever [weər'evə] conj dondequiera que; **~ that may be** dondequiera que esté eso; **~ you like** donde quieras.

whether ['weðə'] *conj* si; ~ **you like it or not** tanto si te gusta como si no.

☞

which [wɪtʃ] *adj* qué; ~ **room do you want?** ¿qué habitación quieres?; **she asked me** ~ **room I wanted** me preguntó qué habitación quería; ~ **one?** ¿cuál?

◆ *pron* - 1. *(in questions)* cuál; ~ **is the cheapest?** ¿cuál es el más barato?; **he asked me** ~ **was the best** me preguntó cuál era el mejor.

- 2. *(introducing relative clause)* que; **the house** ~ **is on the corner** la casa que está en la esquina; **the television** ~ **I bought** la televisión que compré; **the settee on** ~ **I'm sitting** el sofá en el que estoy sentado.

- 3. *(referring back)* lo cual; **she denied it,** ~ **surprised me** lo negó, lo cual me sorprendió.

whichever [wɪtʃ'evə'] *pron* el que *m*, la que *f*. ◆ *adj*: ~ **way you do it** lo hagas como lo hagas.

while [waɪl] *conj (during the time that)* mientras; *(although)* aunque; *(whereas)* mientras que. ◆ *n*: **a** ~ un rato; **a** ~ **ago** hace tiempo; **for a** ~ un rato; **in a** ~ dentro de un rato.

whim [wɪm] *n* capricho *m*.

whine [waɪn] *vi (make noise)* gimotear; *(complain)* quejarse.

whip [wɪp] *n* látigo *m*. ◆ *vt* azotar.

whipped cream [wɪpt-] *n* nata *f* montada *Esp*, crema *f* batida *Amér*.

whisk [wɪsk] *n* batidor *m* (de varillas). ◆ *vt (eggs, cream)* batir.

whiskers ['wɪskəz] *npl (of person)* patillas *fpl*; *(of animal)* bigotes *mpl*.

whiskey ['wɪskɪ] *(pl* -**s***) n* whisky *m* (de Irlanda o EEUU).

whisky ['wɪskɪ] *n* whisky *m* (de Escocia).

whisper ['wɪspə'] *vt* susurrar. ◆ *vi* cuchichear.

whistle ['wɪsl] *n (instrument)* silbato *m*; *(sound)* silbido *m*. ◆ *vi* silbar.

white [waɪt] *adj* blanco(ca); *(coffee, tea)* con leche. ◆ *n (colour)* blanco *m*; *(of egg)* clara *f*; *(person)* blanco *m*, -ca *f*.

white bread *n* pan *m* blanco.

White House *n*: **the** ~ la Casa Blanca.

ⓘ **WHITE HOUSE**

La Casa Blanca es tanto la residencia oficial como el lugar de trabajo del presidente de los Estados Unidos. Está situada en la capital del país y sede del gobierno federal, Washington D.C. La Casa Blanca simboliza la residencia y el poder ejecutivo del gobierno americano.

white sauce *n* salsa *f* bechamel.

white spirit *n* especie de aguarrás.

whitewash ['waɪtwɒʃ] *vt* blanquear.

white wine *n* vino *m* blanco.

whiting ['waɪtɪŋ] *(pl inv) n* pescadilla *f*.

Whitsun ['wɪtsn] *n* Pentecostés *m*.

who [hu:] *pron (in questions)* quién, quiénes *(pl)*; *(in relative clauses)* que.

whoever [hu:'evə'] *pron* quienquiera que; ~ **it is** quienquiera que sea; ~ **you like** quien quieras.

whole [həʊl] *adj* entero(ra). ◆ *n*: **the** ~ **of the journey** todo el viaje; **on the** ~ en general.

wholefoods ['həʊlfu:dz] *npl* alimentos *mpl* integrales.

wholemeal bread ['həʊlmi:l-] *n Br* pan *m* integral.

wholesale ['həʊlseɪl] *adv* al por mayor.

wholewheat bread ['həʊl,wiːt-] *Am* = **wholemeal bread**.

whom [huːm] *pron fml (in questions)* quién, quiénes *(pl)*; *(in relative clauses)* que.

whooping cough ['huːpɪŋ-] *n* tos *f* ferina.

whose [huːz] *adj (in questions)* de quién; *(in relative clauses)* cuyo(ya). ◆ *pron* de quién; ~ **book is this?** ¿de quién es este libro?

why [waɪ] *adv & conj* por qué; **this is ~ we can't do it** esta es la razón por la que no podemos hacerlo; **explain the reason ~** explícame por qué; **~ not?** *(in suggestions)* ¿por qué no?; *(all right)* por supuesto (que sí).

wick [wɪk] *n* mecha *f*.

wicked ['wɪkɪd] *adj (evil)* perverso(sa); *(mischievous)* travieso(sa).

wicker ['wɪkər] *adj* de mimbre.

wide [waɪd] *adj (in distance)* ancho(cha); *(range, variety)* amplio (plia); *(difference, gap)* grande. ◆ *adv*: **to open sthg ~** abrir bien algo; **how ~ is the road?** ¿cómo es de ancha la carretera?; **it's 12 metres ~** tiene 12 metros de ancho; **~ open** *(door, window)* abierto de par en par.

widely ['waɪdlɪ] *adv (known, found)* generalmente; *(travel)* extensamente.

widen ['waɪdn] *vt (make broader)* ensanchar. ◆ *vi (gap, difference)* aumentar.

wide screen *n* TV & CINEMA pantalla *f* ancha, pantalla *f* panorámica. ▫ **wide-screen** *adj (television)* de pantalla ancha OR panorámica; *(film)* para pantalla ancha OR panorámica.

widespread ['waɪdspred] *adj* ge-

neral.

widow ['wɪdəʊ] *n* viuda *f*.

widower ['wɪdəʊər] *n* viudo *m*.

width [wɪdθ] *n* anchura *f*; *(of swimming pool)* ancho *m*.

wife [waɪf] *(pl* **wives***) n* mujer *f*.

wig [wɪg] *n* peluca *f*.

wild [waɪld] *adj (plant)* silvestre; *(animal)* salvaje; *(land, area)* agreste; *(uncontrolled)* frenético(ca); *(crazy)* alocado(da); **to be ~ about** *inf* estar loco(ca) por.

wild flower *n* flor *f* silvestre.

wildlife ['waɪldlaɪf] *n* fauna *f*.

📳

will¹ [wɪl] *aux vb* - **1.** *(expressing future tense)*: **I ~ see you next week** te veré la semana que viene; **~ you be here next Friday?** ¿vas a venir el próximo viernes?; **yes I ~** sí; **no I won't** no.

- **2.** *(expressing willingness)*: **I won't do it** no lo haré; **no one ~ do it** nadie quiere hacerlo.

- **3.** *(expressing polite question)*: **~ you have some more tea?** ¿le apetece más té?

- **4.** *(in commands, requests)*: **~ you please be quiet!** ¿queréis hacer el favor de callaros?; **close the window, ~ you?** cierra la ventana, ¿por favor.

will² [wɪl] *n (document)* testamento *m*; **against one's ~** contra la voluntad de uno.

willing ['wɪlɪŋ] *adj*: **to be ~ (to do sthg)** estar dispuesto(ta) (a hacer algo).

willingly ['wɪlɪŋlɪ] *adv* de buena gana.

willow ['wɪləʊ] *n* sauce *m*.

win [wɪn] *(pt & pp* **won***) n* victoria *f*. ◆ *vt & vi* ganar.

wind¹ [wɪnd] *n* viento *m*; *(in stom-*

wind

ach) gases *mpl*.

wind² [waɪnd] *(pt & pp* **wound**) *vi* serpentear. ◆ *vt:* **to ~ sthg round sthg** enrollar algo alrededor de algo. ❑ **wind up** *vt sep Br inf (annoy)* vacilar; *(car window)* subir; *(clock, watch)* dar cuerda a.

windbreak ['wɪndbreɪk] *n* lona *f* de protección contra el viento.

windmill ['wɪndmɪl] *n* molino *m* de viento.

window ['wɪndəu] *n* ventana *f; (of car, plane)* ventanilla *f; (of shop)* escaparate *m*.

window box *n* jardinera *f* (de ventana).

window cleaner *n* limpiacristales *mf inv Esp*, limpiavidrios *mf inv Amér*.

windowpane ['wɪndəu,peɪn] *n* cristal *m Esp*, vidrio *m Amér*.

window seat *n* asiento *m* junto a la ventanilla.

window-shopping *n:* **to go ~** mirar los escaparates.

windowsill ['wɪndəusɪl] *n* alféizar *m*.

windscreen ['wɪndskri:n] *n Br* parabrisas *m inv*.

windscreen wipers *npl Br* limpiaparabrisas *m inv*.

windshield ['wɪndʃi:ld] *n Am* parabrisas *m inv*.

windsurfing ['wɪnd,sɜːfɪŋ] *n* windsurf *m;* **to go ~** ir a hacer windsurf.

windy ['wɪndɪ] *adj (day, weather)* de mucho viento; **it's ~** hace viento.

wine [waɪn] *n* vino *m*.

wine bar *n Br* bar de cierta distinción, *especializado en la venta de vinos y que suele servir comidas.*

wineglass ['waɪnglɑːs] *n* copa *f* (de vino).

wine list *n* lista *f* de vinos.

wine tasting [-'teɪstɪŋ] *n* cata *f* de vinos.

wine waiter *n* sommelier *m*.

wing [wɪŋ] *n* ala *f; Br (of car)* guardabarros *m inv*. ❑ **wings** *npl:* **the ~s** los bastidores.

wink [wɪŋk] *vi* guiñar el ojo.

winner ['wɪnə'] *n* ganador *m*, -ra *f*.

winning ['wɪnɪŋ] *adj (person, team)* vencedor(ra); *(ticket, number)* premiado(da).

winter ['wɪntə'] *n* invierno *m;* **in (the) ~** en invierno.

wintertime ['wɪntətaɪm] *n* invierno *m*.

wipe [waɪp] *vt* limpiar; **to ~ one's feet** limpiarse los zapatos (en el felpudo); **to ~ one's hands** limpiarse las manos. ❑ **wipe up** *vt sep (liquid)* secar; *(dirt)* limpiar. ◆ *vi (dry the dishes)* secar (los platos).

wiper ['waɪpə'] *n (windscreen wiper)* limpiaparabrisas *m inv*.

wire [waɪə'] *n* alambre *m; (electrical wire)* cable *m*. ◆ *vt (plug)* conectar el cable a.

wireless ['waɪəlɪs] *n* radio *f*.

wiring ['waɪərɪŋ] *n* instalación *f* eléctrica.

wisdom tooth ['wɪzdəm-] *n* muela *f* del juicio.

wise [waɪz] *adj (person)* sabio(bia); *(decision, idea)* sensato(ta).

wish [wɪʃ] *n* deseo *m*. ◆ *vt* desear; **I ~ I was younger** ¡ojalá fuese más joven!; **best ~es** un saludo; **to ~ for sthg** pedir algo (como deseo); **to ~ to do sthg** *fml* desear hacer algo; **to ~ sb luck/happy birthday** desear a alguien buena suerte/feliz cumpleaños; **if you ~** *fml* si usted lo desea.

witch [wɪtʃ] *n* bruja *f*.

with [wɪð] *prep* - **1.** *(in company of)* con; **I play tennis ~ her** juego al tenis con ella; **~ me** conmigo; **~ you** contigo; **~ himself/herself** consigo; **we stayed ~ friends** estuvimos en casa de unos amigos. - **2.** *(in descriptions)* con; **the man ~ the beard** el hombre de la barba. - **3.** *(indicating means, manner)* con; **I washed it ~ detergent** lo lavé con detergente; **they won ~ ease** ganaron con facilidad; **topped ~ cream** cubierto de nata; **to tremble ~ fear** temblar de miedo. - **4.** *(regarding)* con; **be careful ~ that!** ¡ten cuidado con eso! - **5.** *(indicating opposition)* contra; **to argue ~ sb** discutir con alguien.

withdraw [wɪðˈdrɔː] *(pt* **-drew**, *pp* **-drawn)** *vt (take out)* retirar; *(money)* sacar. ◆ *vi* retirarse.

withdrawal [wɪðˈdrɔːəl] *n (from bank account)* reintegro *m*.

withdrawn [wɪðˈdrɔːn] *pp* → **withdraw**.

withdrew [wɪðˈdruː] *pt* → **withdraw**.

wither [ˈwɪðəʳ] *vi* marchitarse.

within [wɪˈðɪn] *prep (inside)* dentro de; *(certain distance)* a menos de; *(certain time)* en menos de. ◆ *adv* dentro; **it's ~ ten miles of ...** está a menos de diez millas de ...; **it's ~ walking distance** se puede ir andando; **it arrived ~ a week** llegó en menos de una semana; **~ the next week** durante la próxima semana.

without [wɪˈðaʊt] *prep* sin; **~ me knowing** sin que lo supiera.

withstand [wɪðˈstænd] *(pt & pp* **-stood** [-ˈstʊd]) *vt* resistir.

witness [ˈwɪtnɪs] *n* testigo *mf*. ◆ *vt*

(see) presenciar.

witty [ˈwɪtɪ] *adj* ocurrente.

wives [waɪvz] *pl* → **wife**.

wobbly [ˈwɒblɪ] *adj (table, chair)* cojo(ja).

wok [wɒk] *n* sartén china profunda de base redondeada.

woke [wəʊk] *pt* → **wake**.

woken [ˈwəʊkn] *pp* → **wake**.

wolf [wʊlf] *(pl* **wolves** [wʊlvz]) *n* lobo *m*.

woman [ˈwʊmən] *(pl* **women** [ˈwɪmɪn]) *n* mujer *f*.

womb [wuːm] *n* matriz *f*.

women [ˈwɪmɪn] *pl* → **woman**.

won [wʌn] *pt & pp* → **win**.

wonder [ˈwʌndəʳ] *vi (ask o.s.)* preguntarse. ◆ *n (amazement)* asombro *m*; **to ~ if** preguntarse si; **I ~ if I could ask you a favour?** ¿Le importaría hacerme un favor?

wonderful [ˈwʌndəfʊl] *adj* maravilloso(sa).

won't [wəʊnt] = **will not**.

wood [wʊd] *n (substance)* madera *f*; *(small forest)* bosque *m*; *(golf club)* palo *m* de madera.

wooden [ˈwʊdn] *adj* de madera.

woodland [ˈwʊdlənd] *n* bosque *m*.

woodpecker [ˈwʊdˌpekəʳ] *n* pájaro *m* carpintero.

woodwork [ˈwʊdwɜːk] *n* carpintería *f*.

wool [wʊl] *n* lana *f*.

woolen [ˈwʊlən] *Am* = **woollen**.

woollen [ˈwʊlən] *adj Br* de lana.

woolly [ˈwʊlɪ] *adj* de lana.

wooly [ˈwʊlɪ] *Am* = **woolly**.

word [wɜːd] *n* palabra *f*; **in other ~s** es decir; **to have a ~ with sb** hablar con alguien.

wording [ˈwɜːdɪŋ] *n* formulación *f*.

word processing [ˈprəʊsesɪŋ] *n* procesamiento *m* de textos.

word processor [ˈprəʊsesəʳ] *n* procesador *m* de textos.

wore [wɔːʳ] *pt* → **wear**.

work [wɜːk] *n* trabajo *m*; *(painting, novel etc)* obra *f* ◆ *vi* trabajar; *(operate, have desired effect)* funcionar; *(take effect)* hacer efecto. ◆ *vt* (machine, controls) hacer funcionar; **out of** ~ desempleado; **to be at** ~ *(at workplace)* estar en el trabajo; *(working)* estar trabajando; **to be off** ~ estar ausente del trabajo; **the** ~ **s** *inf (everything)* todo; **how does it** ~? ¿cómo funciona?; **it's not** ~**ing** no funciona; **to** ~ **as** trabajar de. ❑ **work out** *vt sep (price, total)* calcular; *(solution, reason)* deducir; *(method, plan)* dar con; *(understand)* entender. ◆ *vi (result, turn out)* salir; *(be successful)* funcionar; *(do exercise)* hacer ejercicio; **it** ~**s out at £20 each** sale a 20 libras cada uno.

worker [ˈwɜːkəʳ] *n* trabajador *m*, -ra *f*.

working class [ˈwɜːkɪŋ-]: **the** ~ la clase obrera.

working hours [ˈwɜːkɪŋ-] *npl* horario *m* de trabajo.

workman [ˈwɜːkmən] *(pl* **-men** [-mən]*)* *n* obrero *m*.

work of art *n* obra *f* de arte.

workout [ˈwɜːkaʊt] *n* sesión *f* de ejercicios.

work permit *n* permiso *m* de trabajo.

workplace [ˈwɜːkpleɪs] *n* lugar *m* de trabajo.

workshop [ˈwɜːkʃɒp] *n* taller *m*.

work surface *n* encimera *f*.

world [wɜːld] *n* mundo *m*. ◆ *adj* mundial; **the best in the** ~ el mejor del mundo.

La "World Series" es uno de los acontecimientos deportivos anuales de mayor importancia en Estados Unidos. Consiste en una serie de hasta siete partidos de béisbol en los que se enfrentan, al final de cada temporada, los campeones de las dos ligas más importantes de Estados Unidos: la National League y la American League. Se proclama campeón el primer equipo que obtiene cuatro victorias. Marca la tradición que sea el presidente de la nación quien lance la primera bola del encuentro.

worldwide [ˌwɜːldˈwaɪd] *adv* a escala mundial.

World Wide Web *n* COMPUT: **the** ~ el OR la World Wide Web.

worm [wɜːm] *n* gusano *m*.

worn [wɔːn] *pp* → **wear**. ◆ *adj* gastado(da).

worn-out *adj (tired)* agotado(da); **to be** ~ *(clothes, shoes etc)* ya estar para tirar.

worried [ˈwʌrɪd] *adj* preocupado(da).

worry [ˈwʌrɪ] *n* preocupación *f*. ◆ *vt* preocupar. ◆ *vi*: **to** ~ **(about)** preocuparse (por).

worrying [ˈwʌrɪɪŋ] *adj* preocupante.

worse [wɜːs] *adj & adv* peor; **to get** ~ empeorar; ~ **off** *(in worse position)* en peor situación; *(poorer)* peor de dinero.

worsen [ˈwɜːsn] *vi* empeorar.

worship [ˈwɜːʃɪp] *n (church service)* oficio *m*. ◆ *vt* adorar.

worst [wɜ:st] *adj & adv* peor. ◆ *n*: **the** ~ *(person)* el peor (la peor); *(thing)* lo peor.

worth [wɜ:θ] *prep*: **how much is it** ~? ¿cuánto vale?; **it's** ~ **£50** vale 50 libras; **it's** ~ **seeing** merece la pena verlo; **it's not** ~ **it** no vale la pena; **£50** ~ **of traveller's cheques** cheques de viaje por valor de 50 libras.

worthless ['wɜ:θlɪs] *adj* sin valor.

worthwhile [,wɜ:θ'waɪl] *adj* que vale la pena.

worthy ['wɜ:ðɪ] *adj* digno(na); **to be** ~ **of sthg** merecer algo.

☞

would [wʊd] *aux vb* - 1. *(in reported speech)*: **she said she** ~ **come** dijo que vendría.

- 2. *(indicating condition)*: **what** ~ **you do?** ¿qué harías?; **what** ~ **you have done?** ¿qué habrías hecho?; **I** ~ **be most grateful** le estaría muy agradecido.

- 3. *(indicating willingness)*: **she** ~**n't go** no quería irse; **he** ~ **do anything for her** haría cualquier cosa por ella.

- 4. *(in polite questions)*: ~ **you like a drink?** ¿quieres tomar algo?; ~ **you mind closing the window?** ¿te importaría cerrar la ventana?

- 5. *(indicating inevitability)*: **he** ~ **say that** y él ¡qué va a decir?

- 6. *(giving advice)*: **I** ~ **report it if I were you** yo en tu lugar lo denunciaría.

- 7. *(expressing opinions)*: **I** ~ **prefer** yo preferiría; **I** ~ **have thought (that)** ... hubiera pensado que ...

wound[1] [wu:nd] *n* herida *f* ◆ *vt* herir.

wound[2] [waʊnd] *pt & pp* → **wind**[2].

wove [wəʊv] *pt* → **weave**.

woven ['wəʊvn] *pp* → **weave**.

wrap [ræp] *vt (package)* envolver; **to** ~ **sthg round sthg** liar algo alrededor de algo. ❑ **wrap up** *vt sep (package)* envolver. ◆ *vi* abrigarse.

wrapper ['ræpə] *n* envoltorio *m*.

wrapping ['ræpɪŋ] *n* envoltorio *m*.

wrapping paper *n* papel *m* de envolver.

wreath [ri:θ] *n* corona *f* (de flores).

wreck [rek] *n* (of plane, car) restos *mpl* del siniestro; (of ship) restos *mpl* del naufragio. ◆ *vt (destroy)* destrozar; *(spoil)* echar por tierra; **to be** ~**ed** (ship) naufragar.

wreckage ['rekɪdʒ] *n* (of plane, car) restos *mpl*; (of building) escombros *mpl*.

wrench [rentʃ] *n* *Br* (monkey wrench) llave *f* inglesa; *Am* (spanner) llave *f* de tuercas.

wrestler ['reslə] *n* luchador *m*, -ra *f*.

wrestling ['reslɪŋ] *n* lucha *f* libre.

wretched ['retʃɪd] *adj (miserable)* desgraciado(da); *(very bad)* pésimo(ma).

wring [rɪŋ] *(pt & pp* **wrung)** *vt* retorcer.

wrinkle ['rɪŋkl] *n* arruga *f*.

wrist [rɪst] *n* muñeca *f*.

wristwatch ['rɪstwɒtʃ] *n* reloj *m* de pulsera.

write [raɪt] *(pt* **wrote,** *pp* **written)** *vt* escribir; *(cheque)* extender; *(prescription)* hacer; *Am (send letter to)* escribir a. ◆ *vi* escribir; **to** ~ **(to sb)** *Br* escribir (a alguien). ❑ **write back** *vi* contestar. ❑ **write down** *vt sep* apuntar. ❑ **write off** *vt sep Br inf (car)* cargarse. ◆ *vi*: **to** ~ **off for sthg** hacer un pedido de algo (por escrito). ❑ **write out** *vt sep (list, essay)* escribir; *(cheque, receipt)* extender.

write-off *n*: the car was a ~ el coche quedó hecho un estropicio.

writer ['raɪtə] *n (author)* escritor *m*, -ra *f*.

writing ['raɪtɪŋ] *n (handwriting)* letra *f*; *(written words)* escrito *m*; *(activity)* escritura *f*.

writing desk *n* escritorio *m*.

writing pad *n* bloc *m*.

writing paper *n* papel *m* de escribir.

written ['rɪtn] *pp* → **write**. ◆ *adj (exam)* escrito(ta); *(notice, confirmation)* por escrito.

wrong [rɒŋ] *adj (incorrect)* equivocado(da); *(unsatisfactory)* malo(la); *(moment)* inoportuno(na); *(person)* inapropiado(da). ◆ *adv* mal; **to be ~** *(person)* estar equivocado; *(immoral)* estar mal; **what's ~?** ¿qué pasa?; **something's ~ with the car** el coche no marcha bien; **to be in the ~** haber hecho mal; **to get sthg ~** confundirse con algo; **to go ~** *(machine)* estropearse.

wrongly ['rɒŋlɪ] *adv* equivocadamente.

wrong number *n*: sorry, I've got the ~ perdone, me he equivocado de número.

wrote [rəʊt] *pt* → **write**.

wrought iron [rɔːt-] *n* hierro *m* forjado.

wrung [rʌŋ] *pt* & *pp* → **wring**.

WWW *(abbr of World Wide Web)* *n* COMPUT WWW *m*.

XL *(abbr of extra-large)* XL.

Xmas ['eksməs] *n inf* Navidad *f*.

X-ray [eks-] *n (picture)* radiografía *f*. ◆ *vt* hacer una radiografía a; **to have an ~** hacerse una radiografía.

yacht [jɒt] *n (for pleasure)* yate *m*; *(for racing)* balandro *m*.

Yankee [jænkɪ] *n* yanqui *m*.

 YANKEE

En sus orígenes, el término inglés "Yankee" (yanqui) hacía referencia a los inmigrantes holandeses que se establecieron principalmente en el noreste de Estados Unidos. Más tarde, se utilizó para referirse a cualquier persona procedente del noreste, de tal manera que durante la Guerra de Secesión se llamaba así a los soldados que luchaban en el bando de los estados del norte. En nuestros días, algunos estadounidenses sureños aún utilizan el término en tono despectivo para referirse a la gente del norte del país.

yard [jɑːd] n (unit of measurement) = 91,44 cm, yarda f; (enclosed area) patio m; Am (behind house) jardín m.

yard sale n Am venta de objetos de segunda mano organizada por una sola persona frente a su casa.

yarn [jɑːn] n hilo m.

yawn [jɔːn] vi bostezar.

yd abbr = **yard**.

yeah [jeə] adv inf sí.

year [jɪər] n año m; (at school) curso m; next ~ el año que viene; this ~ este año; I'm 15 ~s old tengo 15 años; I haven't seen her for ~s inf hace siglos que no la veo.

yearly [ˈjɪəlɪ] adj anual.

yeast [jiːst] n levadura f.

yell [jel] vi chillar.

yellow [ˈjeləʊ] adj amarillo(lla). ◆ n amarillo m.

yellow lines npl líneas fpl amarillas (de tráfico).

ⓘ **YELLOW LINES**

En Gran Bretaña, las líneas amarillas pintadas a lo largo del borde de una calle indican una zona de aparcamiento restringido. Una única línea amarilla prohíbe aparcar entre las 8 de la mañana y las 6.30 de la tarde en días laborables (los horarios pueden variar de una zona a otra), y una doble línea amarilla prohíbe aparcar en todo momento.

yes [jes] adv sí; to say ~ decir que sí.

yesterday [ˈjestədɪ] n ayer m. ◆ adv ayer; the day before ~ anteayer; ~ afternoon ayer por la tarde; ~ evening anoche; ~ morning ayer por la

mañana.

yet [jet] adv aún, todavía. ◆ conj sin embargo; have they arrived ~? ¿ya han llegado?; the best one ~ el mejor hasta ahora; not ~ todavía no; I've ~ to do it aún no lo he hecho; ~ again otra vez más; ~ another delay otro retraso más.

yew [juː] n tejo m.

yield [jiːld] vt (profit, interest) producir. ◆ vi (break, give way) ceder.

YMCA n asociación internacional de jóvenes cristianos.

yob [jɒb] n Br inf gamberro m, -rra f Esp, patán m.

yoga [ˈjəʊgə] n yoga m.

yoghurt [ˈjɒgət] n yogur m.

yolk [jəʊk] n yema f.

you [juː] pron - 1. (subject: singular) tú, vos (Amér); (subject: plural) vosotros mpl, -tras fpl, ustedes mfpl (Amér); (subject: polite form) usted, ustedes (pl); ~ French vosotros los franceses. - 2. (direct object: singular) te; (direct object: plural) os, les (Amér); (direct object: polite form) lo m, la f; I hate ~! ¡te odio! - 3. (indirect object: singular) te; (indirect object: plural) os, les (Amér); (indirect object: polite form) le, les (pl); I told ~ se lo dije. - 4. (after prep: singular) ti; (after prep: plural) vosotros mpl, -tras fpl, ustedes mfpl (Amér); (after prep: polite form) usted, ustedes (pl); we'll go without ~ iremos sin ti. - 5. (indefinite use) uno m, una f; ~ never know nunca se sabe.

young [jʌŋ] adj joven. ◆ npl: the ~ los jóvenes.

younger [ˈjʌŋgər] adj (brother, sister) menor.

youngest [ˈjʌŋgəst] adj (brother,

sister) menor.
youngster [ˈjʌŋstəʳ] *n* joven *mf*.

☞

your [jɔːʳ] *adj* **-1.** *(singular subject)* tu; *(plural subject)* vuestro *m*, -tra *f*; *(polite form)* su; ~ **dog** tu perro; ~ **children** tus hijos.
- 2. *(indefinite subject):* **it's good for** ~ **teeth** es bueno para los dientes.

yours [jɔːz] *pron (singular subject)* tuyo *m*, -ya *f*; *(plural subject)* vuestro *m*, -tra *f*; *(polite form)* suyo *m*, -ya *f*; **a friend of** ~ un amigo tuyo.

☞

yourself [jɔːˈself] *(pl* **-selves** [-ˈselvz]*) pron* **- 1.** *(reflexive: singular)* te; *(reflexive: plural)* os; *(reflexive: polite form)* se.
- 2. *(after prep: singular)* ti mismo(ma); *(after prep: plural)* vosotros mismos (vosotras mismas); *(after prep: polite form)* usted mismo(ma), ustedes mismos(mas) *(pl)*; **did you do it** ~**?** *(singular)* ¿lo hiciste tú mismo?; *(polite form)* ¿lo hizo usted mismo?; **did you do it yourselves?** ¿lo hicisteis vosotros mismos? *(polite form)* ¿lo hicieron ustedes mismos?

youth [juːθ] *n* juventud *f*; *(young man)* joven *m*.
youth club *n* club *m* juvenil.
youth hostel *n* albergue *m* juvenil.

yuppie [ˈjʌpɪ] *n* yuppy *mf*.

YWCA *n* asociación internacional de jóvenes cristianas.

Z

zebra [Br ˈzebrə, Am ˈziːbrə] *n* cebra *f*.
zebra crossing *n* Br paso *m* de cebra.
zero [ˈzɪərəʊ] *(pl* **-es***) n* cero *m*; **five degrees below** ~ cinco grados bajo cero.
zest [zest] *n (of lemon, orange)* ralladura *f*.
zigzag [ˈzɪgzæg] *vi* zigzaguear *m*.
zinc [zɪŋk] *n* zinc *m*.
zip [zɪp] *n* Br cremallera *f*, cierre *m* Amér. ◆ *vt* cerrar la cremallera OR el cierre de. ❑ **zip up** *vt sep* subir la cremallera OR el cierre de.
zip code *n* Am código *m* postal.
zipper [ˈzɪpəʳ] *n* Am cremallera *f*, cierre *m* Amér.
zit [zɪt] *n inf* grano *m*.
zodiac [ˈzəʊdɪæk] *n* zodiaco *m*.
zone [zəʊn] *n* zona *f*.
zoo [zuː] *(pl* **-s***) n* zoo *m*.
zoom (lens) [zuːm-] *n* zoom *m*.
zucchini [zuːˈkiːnɪ] *(pl inv) n* Am calabacín *m*.

CONVERSATION
GUIDE

GUÍA
DE
CONVERSACIÓN

GREETING SOMEONE	SALUDAR A ALGUIEN

- Good morning.

- Good afternoon.
- Good evening.
- Hello!
- How are you?

- Very well, thank you.
- Fine, thank you.
- And you?

- Buenos días./ Buen día. *(Amér)*

- Buenas tardes.
- Buenas noches.
- ¡Hola!
- ¿Cómo estás? ¿Cómo está? [polite form]
- Muy bien, gracias.
- Bien, gracias.
- ¿Y tú?/¿Y vos? *(RP)* [to a friend] ¿Y usted? [polite form]

INTRODUCING YOURSELF	PRESENTARSE

- My name is Fernando.
- I am Spanish.
- I come from Madrid.

- Me llamo Fernando.
- Soy español/española.
- Soy de Madrid.

MAKING INTRODUCTIONS	PRESENTAR A ALGUIEN

- This is Mr. Ortega.
- I'd like to introduce Mr. Ortega.

- Pleased to meet you.
- How are you?
- Welcome.

- Éste es el Sr. Ortega.
- Me gustaría presentarle al Sr. Ortega. [polite form]
- Encantado de conocerlo.
- ¿Cómo está? [polite form]
- Bienvenido/a.

SAYING GOODBYE

- Goodbye./Bye.

- See you later.
- See you soon.
- Good night.
- Enjoy your trip.

- It was nice to meet you.

SAYING THANK YOU

- Thank you (very much).
- Thank you. The same to you.
- Thank you for your help.

REPLYING TO THANKS

- Don't mention it.
- Not at all.
- You're welcome.

APOLOGIZING

- Excuse me.
- I'm sorry.
- Sorry.
- Excuse me.

- I'm sorry I'm late/to bother you.

DESPEDIRSE

- Hasta luego./Adiós./Chao./ Chau. (*Amér*)
- Hasta luego.
- Hasta pronto.
- Buenas noches.
- Que tenga un buen viaje./ Que disfrute del viaje. (*RP*)
- Encantado de conocerlo.

AGRADECER

- (Muchas) gracias.
- Gracias. Igualmente.
- Gracias por su ayuda.

RESPONDER A AGRADECIMIENTOS

- No hay de qué.
- De nada.
- De nada./Ha sido un placer.

DISCULPARSE

- Con permiso.
- Lo siento.
- Perdón.
- Perdona./Disculpa. [to a friend] Perdone./Disculpe. [polite form]
- Perdón por el retraso/ perdone que lo moleste.

ACCEPTING AN APOLOGY	ACEPTAR LAS DISCULPAS DE ALGUIEN
• It doesn't matter.	• No tiene importancia.
• That's all right.	• Vale. (*Esp*)/Está bien. (*Amér*)
• No harm done.	• No ha sido nada./No fue nada.

WISHES AND GREETINGS	DESEOS Y SALUDOS
• Good luck!	• ¡Buena suerte!
• Have fun!/Enjoy yourself!	• ¡Que vaya bien!/¡Que disfrute!
• Enjoy your meal!	• ¡Que aproveche!/¡Buen provecho!
• Happy Birthday!	• ¡Feliz cumpleaños!
• Happy Easter!	• ¡Que pases una buena Semana Santa!
• Merry Christmas!	• ¡Feliz Navidad!/¡Felices Fiestas! (*Esp*)
• Happy New Year!	• ¡Feliz Año Nuevo!
• Have a good weekend!	• ¡Que pases un buen fin de semana!
• Enjoy your holiday (*Br*) o vacation (*Am*)!	• ¡Felices vacaciones!
• Have a nice day!	• ¡Que pases un buen día!

guía de conversación   8

WHAT'S THE WEATHER LIKE?

- It's a beautiful day.
- It's nice.

- It's sunny.
- It's raining.
- It's cloudy.
- It's supposed to rain tomorrow.
- What horrible (o awful) weather!
- It's (very) hot/cold.

EXPRESSING LIKES AND DISLIKES

- I like it.
- I don't like it.
- Would you like something to drink/eat?

- Yes, please.
- No, thanks.
- Would you like to come to the park with us?

- Yes, I'd love to.

¿QUÉ TIEMPO HACE?

- Hace un día precioso.
- Hace un día agradable or lindo (*Amér*).

- Hace sol.
- Está lloviendo.
- Está nublado.
- Se espera lluvia para mañana.
- ¡Qué tiempo más horrible!

- Hace (mucho) calor/frío.

AL EXPRESAR PREFERENCIAS

- Me gusta.
- No me gusta.
- ¿Quieres tomar/comer algo?/¿Le apetece beber/comer algo? (*Esp*)/¿Te provoca tomar/comer algo? (*Carib*)/¿Querés tomar/comer algo? (*RP*)

- Sí, por favor.
- No, gracias.
- ¿Quieres ir al parque con nosotros?/¿Te apetecería ir al parque con nosotros? (*Esp*)/¿Te provoca ir al parque con nosotros? (*Carib*)/¿Querés ir al parque con nosotros? (*RP*)

- Sí, me encantaría.

PHONING	USAR EL TELÉFONO
• Hello.	• [person answering]: ¿Sí?/¿Dígame? ¿Aló? (*Andes, Carib & Méx*)/ ¿Hola? (*RP*) [person phoning]: ¿Oiga? (*Esp*) ¡Hola! (*Amér*)
• Ana Francino speaking.	• Soy Ana Francino.
• I'd like to speak to Sr. López.	• Quería hablar con el Sr. López.
• Hold the line.	• No cuelgue./Aguarde.
• There's no answer.	• No contesta nadie.
• The line's engaged (*Br*) o busy (*Am*).	• La línea está ocupada.
• I'll call back in ten minutes.	• Le vuelvo a llamar dentro de diez minutos.
• Can I leave a message for him?	• ¿Podría dejar un recado?/ ¿Puedo dejarle razón? (*Carib*)/ ¿Puedo dejarle un mensaje? (*RP*)
• Sorry, I must have dialed the wrong number.	• Perdone, me he equivocado de número.
• Who's calling?	• ¿Con quién hablo?

IN THE CAR

- How do we get to the city centre/motorway?
- Is there a car park nearby?
- Can I park here?
- I'm looking for a petrol (*Br*) o gas (*Am*) station.
- Where's the nearest garage?

EN EL COCHE

- ¿Cómo se llega al centro de la ciudad/a la autopista?
- ¿Hay un parking cerca de aquí?
- ¿Puedo aparcar aquí?/¿Se puede aparcar aquí?
- Estoy buscando una gasolinera.
- ¿Dónde está el garaje más cercano?

HIRING (*Br*) o RENTING (*Am*) A CAR

- I'd like to hire (*Br*) o rent (*Am*) a car with air-conditioning.
- What's the cost for one day?
- Is the mileage unlimited?
- How much does it cost for comprehensive insurance?
- Can I leave the car at the airport?

AL ALQUILAR UN COCHE

- Quería alquilar un coche or carro (*Amér*) con aire acondicionado.
- ¿Cuánto cuesta por día?
- ¿Incluye kilometraje ilimitado?
- ¿Cuánto cuesta el seguro a todo riesgo (*Esp*) or contra todo riesgo (*Amér*)?
- ¿Puedo devolver el coche or carro (*Amér*) en el aeropuerto?

AT THE PETROL (*Br*) o GAS (*Am*) STATION

EN LA GASOLINERA

- I've run out of petrol (*Br*) o gas (*Am*).
- Me he quedado sin gasolina.

- Fill it up, please.
- Lléneme el depósito, por favor.

- Pump number three.
- El surtidor número tres.

- I'd like to check the tyre pressure.
- Quiero comprobar el aire de las ruedas.

AT THE GARAGE

EN EL GARAJE

- I've broken down.
- Mi coche tiene una avería.

- The exhaust pipe has fallen off.
- Se me ha caído el tubo de escape.

- My car has an oil leak.
- Mi coche pierde aceite.

- The engine is overheating.
- El motor se calienta mucho.

- Could you check the breaks?
- ¿Puede comprobar los frenos?

- The battery is flat (*Br*) o dead (*Am*).
- El coche se ha quedado sin batería./Se me ha agotado la batería.

- The air-conditioning doesn't work.
- No me funciona el aire acondicionado.

- I've got a puncture (*Br*) o flat tire (*Am*). It needs to be repaired.
- Se me ha pinchado una rueda. Me la tendrían que arreglar. /Se me ponchó una llanta. Me la tendrían que reparar. (*Méx*)

- How much will the repairs cost?
- ¿Cuánto cuesta la reparación?

TAKING A TAXI (Br) o CAB (Am)

- Could you call me a taxi (Br) o cab (Am)?
- To the bus station / train station / airport, please.
- Stop here / at the lights / at the corner, please.
- Can you wait for me?
- How much is it?
- Can I have a receipt, please?
- Keep the change.

AL TOMAR UN TAXI

- ¿Me podría pedir un taxi?
- A la estación de autobuses / la estación de tren / el aeropuerto, por favor.
- Pare aquí / en la señal / en la esquina, por favor.
- ¿Me podría esperar?
- ¿Cuánto es?
- Querría un recibo, por favor.
- Quédese el cambio.

TAKING THE BUS

- What time is the next bus to Salamanca?
- Which platform does the bus go from?
- How much is a return (Br) o round-trip (Am) ticket to Chicago?
- Excuse me, is this seat taken?
- Do you have a timetable?
- Can you tell me when to get off?

AL TOMAR EL AUTOBÚS (Esp) OR BUS (Amér)

- ¿A qué hora sale el próximo autobús (Esp) OR bus (Amér) para Salamanca?
- ¿Desde qué plataforma sale el autobús (Esp) OR bus (Amér)?
- ¿Cuánto cuesta un billete OR pasaje (Amér) de ida y vuelta a Chicago?
- Perdone, ¿está ocupado este asiento?
- ¿Tiene un horario?
- ¿Puede avisarme cuando tenga que bajar?

TAKING THE TRAIN	AL TOMAR EL TREN

- Where is the ticket office?
- ¿Dónde está el mostrador de venta de billetes? (*Esp*)/ ¿Dónde está el mostrador de venta de boletos? (*Amér*)

- When does the next train for Paris leave?
- ¿A qué hora sale el próximo tren para París?

- Which platform does it leave from?
- ¿De qué andén sale?

- How much is a return to Porto?
- ¿Cuanto cuesta un billete (*Esp*) or boleto (*Amér*) de ida y vuelta para Oporto?

- Is there a left-luggage office?
- ¿Hay consigna?

- A window seat in a non-smoking coach please.
- Un billete or boleto (*Amér*) de ventanilla en un vagón de no fumadores, por favor.

- I'd like to reserve a sleeper on the 9 p.m. train to Paris.
- Quiero reservar una litera en el tren de las 21.00 horas para París.

- Where do I validate my ticket?
- ¿Dónde tengo que validar el billete?

- Excuse me, is this seat free ?
- Perdone, ¿está libre este asiento?

- Where is the restaurant car?
- ¿Donde está el vagón restaurante?

AT THE AIRPORT	EN EL AEROPUERTO
▸ Where is terminal 1/gate number 2?	▸ ¿Dónde está la terminal 1/la puerta 2?
▸ Where is the check-in desk?	▸ ¿Dónde está el mostrador de facturación?/¿Dónde es el check-in? (*Amér*)
▸ I'd like an aisle/window seat.	▸ Querría asiento de pasillo/ventana.
▸ What time is boarding?	▸ ¿A qué hora es el embarque?
▸ I've lost my boarding card.	▸ Perdí la tarjeta de embarque.
▸ I have hand luggage only.	▸ Sólo tengo equipaje de mano.
▸ Where is the baggage reclaim?	▸ ¿Dónde está la recogida de equipajes?/¿Dónde se retira el equipaje?
▸ Where is customs?	▸ ¿Dónde está la aduana?
▸ I've nothing to declare.	▸ No tengo nada que declarar.
▸ I've missed my connection. When's the next flight to Seattle?	▸ He perdido mi conexión. ¿Cuándo sale el próximo vuelo para Seattle?
▸ Where's the shuttle bus to the city centre?	▸ ¿Dónde está el autobús or bus (*Amér*) de enlace con el centro de la ciudad?

ASKING THE WAY

- Could you show me where we are on the map?
- Where is the bus station / post office?

- Excuse me, how do I get to Avenida Paulista?
- Is it far?
- Is it within walking distance?
- Will I/we have to take the bus/underground?

¿DÓNDE QUEDA?

- ¿Me podría indicar en el mapa dónde estamos?
- ¿Dónde está la estación de autobús (*Esp*) or buses (*Amér*)/correos?
- Por favor, ¿cómo se va a la Avenida Paulista?
- ¿Está lejos?
- ¿Se puede ir caminando?
- ¿Tengo/tenemos que coger el autobús/metro? (*Esp*)/ ¿Tengo/tenemos que tomar el autobús/metro? (*Amér*)

GETTING AROUND TOWN

- Which bus goes to the airport?
- Where do I catch the bus for the station?

- I'd like a single (*Br*) o one-way (*Am*)/ return (*Br*) o round-trip (*Am*) ticket to Boston.
- Could you tell me when we get there?
- Bus Stop.

AL CIRCULAR POR LA CIUDAD

- ¿Qué autobús (*Esp*) or bus (*Amér*) va al aeropuerto?
- ¿Dónde se coge el autobús a la estación? (*Esp*)/¿Dónde se toma el bus a la estación? (*Amér*)
- Quiero un billete or pasaje (*Amér*) de ida/ida y vuelta a Boston.
- ¿Me podría decir dónde me tengo que bajar?
- Parada de autobús (*Esp*) or bus (*Amér*).

SPORTS	DEPORTES
• We'd like to see a football match (*Br*) o game (*Am*). Is there one on tonight?	• Queremos ver un partido fútbol. ¿Hay uno esta noche?
• Where's the stadium?	• ¿Dónde está el estadio de fútbol?
• What time does the cycle race start?	• ¿A qué hora empieza la carrera ciclista?
• Where can we hire (*Br*) o rent (*Am*) bicycles?	• ¿Dónde podemos alquilar bicicletas?
• I'd like to book a tennis court for 7 p.m.	• Quisiéramos reservar una cancha or pista (*Esp*) de tenis para las 7 de la tarde.
• Where can we change?	• ¿Dónde podemos cambiarnos?
• Is there a ski resort nearby?	• ¿Hay una estación de esquí por aquí cerca?
• Can we hire (*Br*) o rent (*Am*) equipment?	• ¿Podemos alquilar el equipo?
• Where's the nearest pool?	• ¿Me podría decir dónde está la piscina pública más cercana?
• I'm looking for a sports shop. I want to buy a swimsuit.	• Busco una tienda de deporte. Quiero comprar un traje de baño.

AT THE HOTEL	EN EL HOTEL
• We'd like a double room/ two single rooms.	• Queremos una habitación doble/dos habitaciones individuales.
• I'd like a room for two nights, please.	• Quiero una habitación para dos noches, por favor.
• I have a reservation in the name of Jones.	• Tengo una reserva a nombre de Jones.
• I reserved a room with a shower/bathroom.	• He reservado una habitación con ducha/baño.
• Could I have the key for room 121 please?	• ¿Me da la llave de la habitación 121, por favor?
• Are there any messages for me?	• ¿Hay algún mensaje para mí?
• What time is breakfast served?	• ¿A qué hora se sirve el desayuno?
• I'd like breakfast in my room.	• Quiero tomar el desayuno en la habitación.
• I'd like a wake-up call at 7 a.m., please.	• ¿Me podría despertar a las 7 de la mañana?
• Is there a car park for hotel guests?	• ¿Hay un parking para clientes del hotel?
• I'd like to check out now.	• Me voy ya. ¿Me prepara la factura del hotel?

AT THE SHOPS	EN LAS TIENDAS

- How much is this?
- I'd like to buy sunglasses /a swimsuit (*Br*) o bathing suit (*Am*).
- I'm a size 10.

- I take a size 7 shoe.
- Can I try this on?
- Can I exchange it?
- Where are the fitting rooms?

- Do you have this in a bigger/smaller size?

- Do you have this in blue?
- Do you sell envelopes /street maps?
- I'd like to buy a film for my camera please.

- What time do you close?

- ¿Cuánto es?
- Quería comprar gafas de sol/ropa de baño.

- Mi talla es la 38./ Mi talle es el 38. (*RP*)

- Calzo el 40.
- ¿Puedo probármelo?
- ¿Puedo cambiarlo?
- ¿Dónde están los probadores?

- ¿Tiene una talla mayor/más pequeña?/¿Tiene un talle más grande/chico? (*RP*)

- ¿Tiene esto en azul?
- ¿Tiene sobres /guías de la ciudad?
- Quería comprar una película or carrete (*Esp*) para mi cámara, por favor.

- ¿A que hora cierran?

OUT AND ABOUT

- What time does the museum close?
- Where is the nearest public swimming pool?
- Could you tell me where the nearest (Catholic/Baptist) church is?
- Do you know what time mass/the next service is?
- Is there a cinema (*Br*) o movie theater (*Am*) nearby?
- How far is it to the beach?

AL PEDIR INFORMACIÓN

- ¿A qué hora cierra el museo?
- ¿Dónde está la piscina pública más cercana?
- ¿Me podría decir dónde está la iglesia (católica/baptista) más cercana?
- ¿Sabe cuál es el horario de misas/cultos?
- ¿Hay algún cine cerca de aquí?
- ¿Qué distancia hay de aquí a la playa?

AT THE CAFÉ

- Is this table/seat free?
- Excuse me!
- Two cups of black coffee/ white coffee (*Br*) o coffee with cream (*Am*), please.
- An orange juice/a mineral water.
- Can I have another beer, please?
- Where is the toilet (*Br*) o restroom (*Am*)?

EN EL CAFÉ

- ¿Está libre esta mesa/silla?
- ¡Por favor!
- Dos cafés/cafés con leche, por favor.
- Un zumo OR jugo (*Amér*) de naranja/un agua mineral.
- ¿Me podría traer una cerveza, por favor?
- ¿Dónde están los servicios?/ ¿Dónde es el baño? (*Amér*)

AT THE RESTAURANT	EN EL RESTAURANTE
▶ I'd like to reserve a table for 8 p.m.	▶ Quisiera reservar una mesa para las 8 de la tarde.
▶ A table for two, please.	▶ Una mesa para dos, por favor.
▶ Can we have a table in the non-smoking zone?	▶ ¿Podríamos tener una mesa en la zona de no fumadores?
▶ Can we see the menu / wine list?	▶ ¿Podría traer la carta / la carta de vinos?
▶ Do you have a children's / vegetarian menu?	▶ ¿Tiene menú infantil / para vegetarianos?
▶ A bottle of house white / red, please.	▶ Una botella de vino tinto / blanco de la casa, por favor.
▶ We'd like an aperitif.	▶ Quisiéramos un aperitivo.
▶ What is the house speciality?	▶ Cuál es la especialidad de la casa?
▶ What desserts do you have?	▶ ¿Qué hay de postre?
▶ Can I have the bill (*Br*) o check (*Am*) please?	▶ ¿Me trae la cuenta, por favor?
▶ I have a peanut allergy.	▶ Tengo alergia a los cacahuetes. / No puedo comer cacahuetes.
▶ It smells good!	▶ ¡Huele bien!
▶ This is delicious!	▶ ¡Qué rico está!

AT THE BANK

- I'd like to change £100 into euros please.
- In small denominations, please.

- What is the exchange rate for dollars?
- I'd like to cash some traveler's checks.
- Where is the cash dispenser (*Br*) ò ATM (*Am*)?

EN EL BANCO

- Quería cambiar 100 libras en euros, por favor.
- En billetes pequeños or chicos (*RP*), por favor.

- ¿Cuál es el cambio del dólar?
- Quería cambiar unos cheques de viaje.
- ¿Dónde hay un cajero automático?

AT THE POST OFFICE

- How much is it to send a letter/ postcard to Mexico?
- I'd like ten stamps for Chile.

- I'd like to send this parcel by registered post (*Br*) o mail (*Am*).
- How long will it take to get there?
- I'd like a 50-unit phone card.

- Can I send a fax?
- Can you tell me where I can find an Internet cafe?

EN LA OFICINA DE CORREOS

- ¿Cuánto cuesta enviar una carta/una postal a México?
- Quiero diez sellos or timbres (*Méx*) or estampillas (*RP*) para Chile.
- Quería enviar este paquete por correo certificado or registrado (*Amér*).
- ¿Cuánto tiempo tardará or demora (*Amér*) en llegar?
- Quiero una tarjeta de teléfono de 50 unidades.
- ¿Puedo enviar un fax?
- ¿Dónde puedo encontrar un cibercafé?

BUSINESS

- Hello. I'm from Biotech Ltd.

- I have an appointment with Sr. Santiago at 2.30 p.m.
- Here's my business card.

- I'd like to see the managing director.
- My e-mail address is paul@easyconnect.com

- Could you fax me some information / the sales figures please?

LOS NEGOCIOS

- Buenos días (OR tardes, etc.). Soy de Biotech Ltd.
- Tengo una cita con el Sr. Santiago a las 2.30 de la tarde.
- Aquí tiene mi tarjeta de empresa.
- Quisiera ver al director general.
- Mi dirección de correo electrónico es paul@easyconnect.com
- ¿Podría enviarme información / las cifras de ventas por fax, por favor?

EMERGENCIES

- Call a doctor / the fire brigade (Br) o fire department (Am) / the police!
- Where's the nearest hospital?

- My son's blood type is O positive.
- I've been robbed / attacked.
- There's been an accident.
- My car's been stolen.

EMERGENCIAS

- ¡Llamen a un médico / a los bomberos / a la policía!

- Donde está el hospital más cercano?
- Mi hijo es O positivo.

- Me han robado / atacado.
- Ha habido un accidente.
- Me han robado el coche.

AT THE DOCTOR'S

- I've been vomiting and I have diarrhoea.
- I have a sore throat.
- My stomach hurts.
- My son has a cough and a fever.
- I'm allergic to penicillin.
- I've got high blood pressure.
- I'm diabetic.
- How long should I follow the treatment for?

EN EL CONSULTORIO MÉDICO

- Tengo vómitos y diarrea.
- Tengo dolor de garganta.
- Tengo dolor de estómago.
- Mi hijo tiene tos y fiebre.
- Soy alérgico a la penicilina.
- Tengo la tensión alta.
- Soy diabético.
- ¿Por cuanto tiempo debo seguir el tratamiento?

AT THE DENTIST'S

- I have toothache.
- One of my molars hurts.
- I've lost a filling.

- Could you give me a local anaesthetic?

EN EL DENTISTA

- Tengo dolor de muelas.
- Me duele una muela.
- Se me ha caído un empaste OR una tapadura (*Méx*) OR una emplomadura (*RP*).

- ¿Me puede poner anestesia local?

AT THE CHEMIST'S (Br) o DRUGSTORE (Am)	EN LA FARMACIA
▸ Can you give me something for a headache/sore throat/diarrhoea?	▸ ¿Tiene algo para el dolor de cabeza/el dolor de garganta/la diarrea?
▸ Can I have some aspirin/Band-Aids®, please?	▸ ¿Tiene un analgésico/tiritas OR curitas (Amér) por favor?
▸ I need some high protection suntan lotion.	▸ Necesito una crema solar de un alto grado de protección.
▸ Do you have any insect repellent?	▸ ¿Tiene un repelente para los insectos?
▸ Could you recommend a doctor?	▸ ¿Me podría recomendar un médico?